여러분의 합격을 응원하는
해커스경찰의 특별 혜택!

FREE 경찰헌법 **동영상강의**

해커스경찰(police.Hackers.com) 접속 후 로그인 ▶ 상단의 [무료강좌 → 경찰 무료강의] 클릭하여 이용

 해커스경찰 온라인 단과강의 **20% 할인쿠폰**

E6FE89E25B62A5E8

해커스경찰(police.Hackers.com) 접속 후 로그인 ▶ 상단의 [내강의실] 클릭 ▶
[쿠폰/포인트] 클릭 ▶ 쿠폰번호 입력 후 이용

* 등록 후 7일간 사용 가능(ID당 1회에 한해 등록 가능)

합격예측 **모의고사 응시권 + 해설강의 수강권**

BEF9F3596EC63C44

해커스경찰(police.Hackers.com) 접속 후 로그인 ▶ 상단의 [내강의실] 클릭 ▶
[쿠폰/포인트] 클릭 ▶ 쿠폰번호 입력 후 이용

* ID당 1회에 한해 등록 가능

쿠폰 이용 관련 문의 **1588-4055**

단기 합격을 위한
해커스 커리큘럼

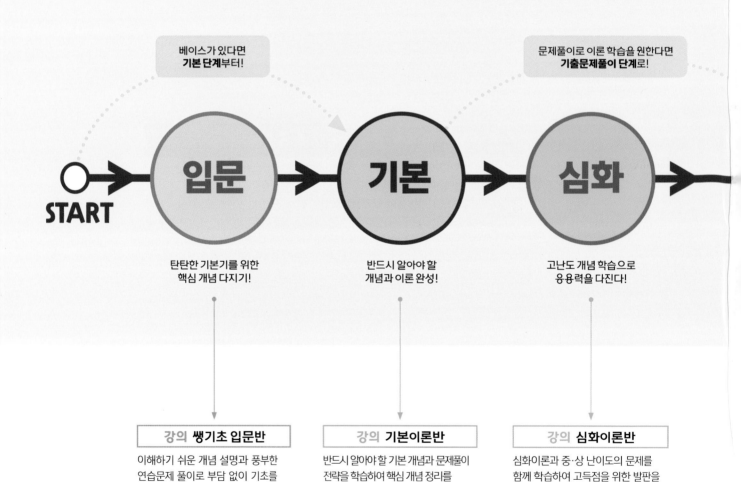

베이스가 있다면
기본 단계부터!

문제풀이로 이론 학습을 원한다면
기출문제풀이 단계로!

START → 입문 → 기본 → 심화 →

탄탄한 기본기를 위한
핵심 개념 다지기!

반드시 알아야 할
개념과 이론 완성!

고난도 개념 학습으로
응용력을 다진다!

강의 **쌩기초 입문반**

이해하기 쉬운 개념 설명과 풍부한
연습문제 풀이로 부담 없이 기초를
다질 수 있는 강의

강의 **기본이론반**

반드시 알아야 할 기본 개념과 문제풀이
전략을 학습하여 핵심 개념 정리를
완성하는 강의

강의 **심화이론반**

심화이론과 중·상 난이도의 문제를
함께 학습하여 고득점을 위한 발판을
마련하는 강의

* 커리큘럼은 과목별·선생님별로 상이할 수 있으며, 자세한 내용은 해커스경찰 사이트에서 확인하세요.

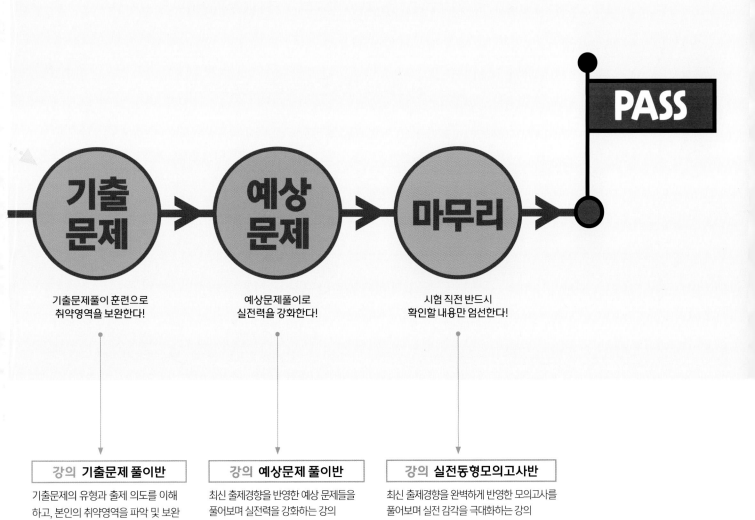

PASS

기출문제

예상문제

마무리

기출문제풀이 훈련으로
취약영역을 보완한다!

예상문제풀이로
실전력을 강화한다!

시험 직전 반드시
확인할 내용만 엄선한다!

강의 **기출문제 풀이반**

기출문제의 유형과 출제 의도를 이해
하고, 본인의 취약영역을 파악 및 보완
하는 강의

강의 **예상문제 풀이반**

최신 출제경향을 반영한 예상 문제들을
풀어보며 실전력을 강화하는 강의

강의 **실전동형모의고사반**

최신 출제경향을 완벽하게 반영한 모의고사를
풀어보며 실전 감각을 극대화하는 강의

강의 **봉투모의고사반**

시험 직전에 실제 시험과 동일한 형태의
모의고사를 풀어보며 실전력을 완성하는 강의

해커스경찰 **단기 합격생**이 말하는
경찰 합격의 비밀!

해커스경찰과 함께라면
다음 합격의 주인공은 바로 여러분입니다.

완전 노베이스로 시작,
8개월 만에 인천청 합격!

강*혁 합격생

형사법 부족한 부분은 모의고사로 채우기!

기본부터 기출문제집과 같이 **병행**해서 좋았던 것 같습니다. 그리고 1차 시험 보기 전까지 심화 강의를 끝냈는데 **개인적으로 심화강의 추천** 드립니다. 안정적인 실력이 아니라 생각해서 기출 후 **전범위 모의고사에서 부족한 부분들을 많이 채워** 나간 것 같습니다.

법 계열 전공,
1년 이내 대구청 합격!

배*성 합격생

외우기 힘든 경찰학, 방법은 회독과 복습!

경찰학의 경우 양이 워낙 방대하고 휘발성이 강한 과목이라고 생각합니다. (중략) 지속적으로 **회독**을 하였으며, **모의고사를 통해서 틀린 부분을 복습**하고 그 범위를 **다시 한 번 책**으로 돌아가서 봤습니다.

이과 계열 전공,
6개월 만에 인천청 합격!

서*범 합격생

법 과목 공부법은 기본과 기출 회독!

법 과목만큼은 **인강을 반복**해서 듣고 **기출을 반복**해서 읽고 풀었습니다. 익숙해질 필요가 있다고 생각해서 **회독에 더 집중**했었습니다. 익숙해진 이후로는 **오답도** 챙기면서 공부했습니다.

더 많은 합격수기가 궁금하다면? ▶

해커스경찰

신동욱
경찰헌법

단원별 핵심지문 OX

신동욱

약력

현 | 해커스 경찰학원 헌법 강의
　　해커스 공무원학원 헌법, 행정법 강의
전 | 경찰청 헌법특강, EBS 특강
　　경찰교육원 간부후보생 헌법특강
　　서울시교육청 핵심인재과정 헌법특강
　　교육부 평생교육진흥원 학점은행 교수
　　성균관대, 단국대, 전남대, 충북대 등 특강교수

저서

해커스경찰 신동욱 경찰헌법 실전동형모의고사 2
해커스경찰 신동욱 경찰헌법 실전동형모의고사 1
해커스경찰 신동욱 경찰헌법 최신 3개년 판례집
해커스경찰 신동욱 경찰헌법 진도별 문제풀이 500제
해커스경찰 신동욱 경찰헌법 단원별 핵심지문 OX
해커스경찰 신동욱 경찰헌법 기출문제집
해커스경찰 신동욱 경찰헌법 핵심요약집
해커스경찰 신동욱 경찰헌법 기본서
해커스경찰 신동욱 경찰행정법 기출문제집
해커스경찰 신동욱 경찰행정법 기본서
해커스공무원 신(神)헌법 실전동형모의고사 2
해커스공무원 신(神)헌법 실전동형모의고사 1
해커스공무원 신(神)헌법 단원별 기출문제집
해커스공무원 처음 헌법 조문해설집
해커스공무원 처음 헌법 만화판례집
해커스공무원 신(神)헌법 기본서
조문이론 판례분석 헌법, 법학사
스마트 신동욱 헌법, 윌비스

서문

神과 함께 결론은 합격!

본 교재는 여러분을 합격으로 이끌어 줄 최종병기가 되어 줄 것입니다.

어려워지는 난이도와 치열한 경쟁, 한 문제로 당락이 결정될 수도 있는 냉엄한 현실에서 합격점수를 받아야 합니다.
냉철한 승부사가 되어야 합니다. 알고 있는 지식을 시험장에서 정확하고 빠르게 선택해야 하고, 점수로 연결되는 공부가 되어야 합니다.
그로 인해 시험장에서는 고도로 훈련된 결과가 직관적으로 표출될 수 있어야 합니다. 빠르고 정확하게 정답 지문을 선택하는 것이 합격의 비결입니다. 기본이론, 문제풀이 등 반복된 학습과 훈련만이 확실한 대책이 될 수 있습니다. 자주 출제되는 판례와 법령은 확실하게 정리할 필요가 있습니다.
특히 점점 어려워지는 시험의 경향에, 본 교재는 지문 하나하나를 정확하게 학습할 수 있도록 하여 박스형 및 개수형과 같은 고난도 문제를 해결할 수 있는 가장 좋은 대책이 될 수 있을 겁니다. 또한, 평상시에도 기본서나 기출문제를 옆에 두고 보면 더욱 효율적으로 학습할 수 있으며 암기에도 도움이 될 것입니다.

본 교재의 특징은 다음과 같습니다.
첫째, 단원별로 자주 출제되는 핵심선지만을 중심으로 구성하였습니다.
둘째, 최신법령과 최신판례 및 변경된 판례를 반영했습니다.
셋째, 실수하기 쉬운 함정형 지문을 많이 수록하였습니다.
넷째, 평상시에는 오답노트로, 시험직전에는 최종정리 교재로 활용할 수 있습니다.
다섯째, 모든 지문에 해설을 풍부하게 달아서 본 교재만으로 정리할 수 있도록 하였습니다.

더불어 경찰공무원 시험 전문 **해커스경찰(police.Hackers.com)**에서 학원강의나 인터넷 동영상강의를 함께 이용하여 꾸준히 수강한다면 학습효과를 극대화할 수 있을 것입니다.

시험은 철저히 실용적이며 효율적인 접근을 통해서 강약조절을 할 수 있어야 빠르게 합격할 수 있습니다. 본 교재가 바로 그에 대한 해결책이 될 수 있다고 확신합니다. 출제가능성이 높은 핵심지문들, 꼭 체크해야 할 함정지문들, 이것만은 반드시 알아야 할 중요지문들만 엄선했습니다. 결론은 합격입니다. 반드시 합격할 수 있습니다. 계속 힘내시고 파이팅하십시오.
여러분의 빠른 합격을 기원합니다.

2023년 9월
신동욱

목차

제1편

헌법총론

제1장 헌법과 헌법학
제2장 대한민국헌법총설

제1장 | 헌법과 헌법학

제1절 헌법의 의의

001
10 · 06. 사시

현대 복지국가적 헌법의 기본원리라고 볼 수 있는 것은 정당정치의 활성화, 실질적 법치주의의 확립, 행정국가화의 채택, 성문헌법주의의 채택, 헌법재판제도의 강화, 재산권의 불가침성 보장 등이다. O | X

해설

[X] 성문헌법주의의 채택, 재산권의 불가침성 보장 등은 근대 입헌주의적 헌법의 내용이다.

002
08. 국가직

합헌적 법률해석은 규범통제의 과정에서만 문제되며 대체로 규범통제를 강화하는 기능을 한다. O | X

해설

[X] 합헌적 법률해석은 주로 규범통제의 과정에서 문제되지만 규범통제와 무관하게 행해지기도 하며, 규범통제를 약화시키는 기능을 한다.

003
13 · 12. 경정승진
06. 사시

헌법재판소의 합헌적 법률해석이 설사 입법목적에서 벗어났다 하더라도, 위헌법률을 무효선언하는 규범통제보다 입법부의 법률제정권을 더 침해하는 것이라 볼 수 없다. O | X

해설

[X] 합헌적 법률해석에도 한계가 있는데, 그중 법목적적 한계란 법률제정권자가 해당 법률의 제정에 의하여 추구하는 명백한 입법목적을 정면으로 무시한 합헌적 법률해석은 허용할 수 없다는 것을 의미한다. 법률에 대한 합헌적 해석으로 전혀 새로운 목적이나 내용을 가지게 할 경우에는 규범통제보다 더 강력한 입법통제적 기능을 하게 되는 결과가 되기 때문이다. 차라리 무효선언을 할 경우에 입법권자는 새로운 입법형성의 기회를 가질 수 있지만, 이러한 합헌적 법률해석의 경우에는 헌법재판소 스스로가 적극적으로 입법자가 의도하지 않은 새로운 내용을 형성하는 결과를 초래하게 된다. 따라서, 무효선언하는 규범통제보다 입법부의 법률제정권을 더 침해하는 결과가 된다.

☑ 합헌적 법률해석과 규범통제

구분	합헌적 법률해석	규범통제
이론적 근거	헌법의 최고규범성	헌법의 최고규범성
헌법의 기능	법률이 헌법과 조화되도록 하여야 한다는 해석규칙(해석기준)	헌법에 위반되는 법률은 무효가 된다는 저촉규칙(심사기준)
명시적 근거의 필요성	헌법의 최고법 성격으로부터 당연히 허용	명시적 법적 근거 필요
목표	법률의 효력 유지	헌법의 효력 유지
사법소극/적극	사법소극주의	사법적극주의

004

05. 법무사

관습헌법사항은 헌법개정의 방법에 의하여 개정될 수 있을 뿐, 이러한 방법 이외에 관습헌법이 자연히 사멸하게 되는 등 그 법적 효력이 상실되는 경우는 있을 수 없다. O | X

해설

> [X] 관습헌법은 그것을 지탱하고 있는 국민적 합의성을 상실함에 의하여 법적 효력을 상실할 수도 있다. 관습 헌법은 주권자인 국민에 의하여 유효한 헌법규범으로 인정되는 동안에만 존속하는 것이며, 관습법의 존속 요건의 하나인 국민적 합의성이 소멸되면 관습헌법으로서의 법적 효력도 상실하게 된다. 관습헌법의 요건 들은 그 성립의 요건일 뿐만 아니라 효력 유지의 요건인 것이다(헌재 2004.10.21, 2004헌마554·566).

005

06. 입시

헌법재판소는 대한민국의 수도가 서울이라는 점이 관습헌법으로 인정된다는 점과 관련하여 단순히 오랜 시간 서울이 수도였다는 사실만으로는 충분치 못하기 때문에, 수도가 서울이어야 한다는 규범적 확신을 위해서는 국민투표 등을 통해서 이를 확인할 필요가 있다고 보았다. O | X

해설

> [X] 헌법재판소는 서울이 수도라는 점은 우리의 제정헌법이 있기 전부터 전통적으로 존재하여 온 헌법적 관습 이며, 우리 헌법조항에서 명문으로 밝힌 것은 아니지만 자명하고 헌법에 전제된 규범으로서 관습헌법으로 성립된 불문헌법에 해당한다고 할 것이라고 하여, 수도가 서울이어야 한다는 규범적 확신을 위하여 국민투 표 등을 통해 이를 확인할 필요가 있다고 보지 않았다(헌재 2004.10.21, 2004헌마554·566, 신행정수도 의 건설을 위한 특별조치법 위헌확인 【위헌】).

006

11. 경정승진
06. 법행

헌법제정권과 헌법개정권의 구별론이나 헌법개정한계론은 헌법의 개별규정에 대한 위헌심사의 논거로 원용될 수 있다는 것이 우리 헌법재판소의 입장이다. O | X

해설

> [X] 우리 헌법의 각 개별규정 가운데 무엇이 헌법제정규정이고 무엇이 헌법개정규정인지를 구분하는 것이 가능 하지 아니할 뿐 아니라, 각 개별규정에 그 효력상의 차이를 인정하여야 할 형식적인 이유를 찾을 수 없다. 이러한 점과 앞에서 검토한 현행 헌법 및 헌법재판소법의 명문의 규정취지에 비추어, 헌법제정권과 헌법개 정권의 구별론이나 헌법개정한계론은 그 자체로서의 이론적 타당성 여부와 상관없이 우리 헌법재판소가 헌 법의 개별규정에 대하여 위헌심사를 할 수 있다는 논거로 원용될 수 있는 것이 아니다(헌재 1995.12.28, 95헌바3).

007

11. 법원직

헌법의 각 개별조항간에는 이념적·논리적으로 규범 상호간의 우열을 인정할 수 있으므로, 특정한 헌법 조항은 다른 헌법조항이 개정될 경우 그 위헌 여부를 심사할 수 있는 기준이 될 수 있다. O | X

해설

> [X] 헌법의 제규정간에 이념적·논리적으로는 규범 상호간의 우열을 인정할 수 있는 것이 사실이다. 그러나 이 때 인정되는 규범 상호간의 우열은 추상적 가치규범의 구체화에 따른 것으로 헌법의 통일적 해석에 있어서 는 유용할 것이지만, 그것이 헌법의 어느 특정 규정이 다른 규정의 효력을 전면적으로 부인할 수 있을 정도 의 개별적 헌법규정 상호간에 효력상의 차등을 의미하는 것이라고 볼 수 없다(헌재 1995.12.28, 95헌바3).

008
11. 경정승진

헌법개정의 한계를 벗어난 경우, 헌법의 개별규정은 헌법재판소법 제41조 제1항의 위헌법률심판의 대상은 아니지만, 헌법재판소법 제68조 제1항의 공권력 행사의 결과에는 해당한다.　　　O | X

해설

> [X] 헌법 및 헌법재판소의 규정상 위헌심사의 대상이 되는 법률은 국회의 의결을 거친 이른바 형식적 의미의 법률을 의미하는 것이므로, 헌법의 개별규정 자체는 헌법소원에 의한 위헌심사의 대상이 아니다(헌재 2001.2.22, 2000헌바38). 뿐만 아니라 헌법의 개별규정은 공권력의 행사라고 볼 수 없어 이에 대해서는 헌법소원도 불가하다.

009
08. 법원직

헌법개정안은 국회가 의결한 후 30일 이내에 국민투표에 회부하여 국회의원선거권자 과반수 이상의 찬성을 얻어야 한다.　　　O | X

해설

> [X] 헌법개정안은 국회가 의결한 후 30일 이내에 국민투표에 부쳐 국회의원선거권자 과반수의 투표와 투표자 과반수의 찬성을 얻어야 한다(헌법 제130조 제2항).

010
08. 법행

국회는 헌법개정안이 공고된 날로부터 60일 이내에 무기명투표로써 재적의원 3분의 2 이상의 찬성을 얻어 헌법개정안을 의결한다.　　　O | X

해설

> [X] 헌법개정안은 기명투표로 표결한다(국회법 제112조 제4항).

011
12. 경정승진

헌법개정안은 국회가 의결한 후 30일 이내에 국민투표에 부쳐 국회의원선거권자 과반수의 투표와 선거권자 과반수의 찬성을 얻어야 한다.　　　O | X

해설

> [X] 헌법개정안은 국회가 의결한 후 30일 이내에 국민투표에 부쳐 국회의원선거권자 과반수의 투표와 투표자 과반수의 찬성을 얻어야 한다(헌법 제130조 제2항).

012
13. 서울시

국회는 국회의원의 수를 200인 미만으로 정하는 법률을 제정할 수 있다.　　　O | X

해설

> [X] 헌법 제41조 제2항에서 "국회의원의 수는 법률로 정하되, 200인 이상으로 한다."라고 규정하고 있으므로, 200인 미만으로 정하는 법률을 제정할 경우 그 법률은 위헌이다.

013

13. 서울시
08. 국회직 8급

헌법규범 상호간에는 이념적·논리적으로뿐만 아니라 효력상으로도 특정 규정이 다른 규정의 효력을 부인할 수 있는 정도의 가치의 우열을 인정할 수 있다.　　　　　　　　　　　　　　　　　　　　　　O | X

해설

[X] 헌법은 전문과 각 개별조항이 서로 밀접한 관련을 맺으면서 하나의 통일된 가치체계를 이루고 있는 것으로서, 헌법의 제규정 가운데는 헌법의 근본가치를 보다 추상적으로 선언한 것도 있고, 이를 보다 구체적으로 표현한 것도 있으므로 이념적·논리적으로는 규범 상호간의 우열을 인정할 수 있는 것이 사실이다. 그러나, 이때 인정되는 규범 상호간의 우열은 추상적 가치규범의 구체화에 따른 것으로 헌법의 통일적 해석에 있어서는 유용할 것이지만, 그것이 헌법의 어느 특정 규정이 다른 규정의 효력을 전면적으로 부인할 수 있을 정도의 개별적 헌법규정 상호간에 효력상의 차등을 의미하는 것이라고는 볼 수 없다(헌재 1995.12.28, 95헌바3).

014

13. 서울시

헌법개정은 헌법개정안을 국민투표에 부쳐 국회의원선거권자 과반수의 투표와 투표자 과반수의 찬성을 얻고, 대통령이 이를 15일 이내에 공포하여야 확정된다.　　　　　　　　　　　　　　　　　　O | X

해설

[X] 헌법개정안은 국회가 의결한 후 30일 이내에 국민투표에 부쳐 국회의원선거권자 과반수의 투표와 투표자 과반수의 찬성을 얻어야 하며, 헌법개정안이 국민투표에서 찬성을 얻은 때에 헌법개정은 확정되고, 대통령은 즉시 이를 공포하여야 한다(헌법 제130조 제2항·제3항).

015

23. 경찰 1차
13. 서울시

헌법개정국민투표의 효력에 관하여 이의가 있는 투표인은 중앙선거관리위원회 위원장을 피고로 하여 헌법재판소에 제소할 수 있다.　　　　　　　　　　　　　　　　　　　　　　　　　　　　　　　O | X

해설

[X] 국민투표의 효력에 관하여 이의가 있는 투표인은 투표인 10만인 이상의 찬성을 얻어 중앙선거관리위원회 위원장을 피고로 하여 투표일로부터 20일 이내에 대법원에 제소할 수 있다(국민투표법 제92조).

016

13. 서울시

헌법규범과 헌법현실간에 괴리가 생긴 경우, 헌법개정은 그 괴리를 좁혀 궁극적으로 규범력을 높이는 기능을 하지만, 헌법변천은 그와 같은 기능을 기대할 수 없다.　　　　　　　　　　　　　　　　　　O | X

해설

[X] 헌법개정과 마찬가지로 헌법변천도 헌법규범과 헌법현실간에 괴리가 발생한 경우 그 괴리를 좁히는 기능을 한다. 다만, 헌법개정은 헌법이 정한 헌법개정절차에 따른 의식적인 변경이고, 헌법변천은 반복된 관행과 이에 대한 승인이 이루어지면서 발생하는 것이라는 차이가 있다.

017
11. 지방직

저항권은 사회·경제적 체제개혁이라는 적극적 목적을 위하여 행사될 수 없으며, 평화적인 방법으로만 행사되어야 한다.　　　　　　　　　　　　　　　　　　　　　　　　　　O | X

해설

[X] 저항권은 헌법질서유지를 위한 소극적인 목적을 위하여 행사되는 보충적·최후적·예비적 방법이다. 필요한 범위 내에서 합법적인 수단과 방법에 의해 최소한도 내에서 행사되어야 하나, 소극적 무력행사도 인정된다.

☑ 시민불복종권과 저항권

구분	시민불복종권	저항권
행사요건	헌법적 질서가 위협받는 경우뿐만 아니라 정의에 반하는 개별법령이나 정책에 대하여도 행사 가능	헌법적 기본질서가 근본적으로 위협받거나 부정되는 경우에만 행사 가능
폭력사용	비폭력적 방법만 가능	폭력적 수단도 가능
보충성의 제약	보충성의 제약 없음	보충적으로만 행사 가능
위법성 여부	O(위법행위)	X(정당행위)

018
12. 경정승진

대법원은 초실정법적 자연권으로서의 저항권 자체는 실정법질서에서도 존중되어야 하기 때문에, 위법성조각사유로서의 정당행위 여부를 판단할 때에는 저항권을 충분히 고려해야 한다는 입장을 견지하고 있다.　　　　　　　　　　　　　　　　　　　　　　　　O | X

해설

[X] 현대 입헌 자유민주주의 국가의 헌법이론상 자연법에서 우러나온 자연권으로서의 소위 저항권이 헌법 기타 실정법에 규정되어 있든 없든 간에 엄존하는 권리로 인정되어야 한다는 논지가 시인된다 하더라도 그 저항권이 실정법에 근거를 두지 못하고 오직 자연법에만 근거하고 있는 한 법관은 이를 재판규범으로 원용할 수 없다고 할 것인바, 헌법 및 법률에 저항권에 관하여 아무런 규정 없는 우리나라의 현단계에서는 저항권이론을 재판의 근거규범으로 채용·적용할 수 없다(대판 1980.5.20, 80도306). 즉, 대법원은 실정법에 저항권규정이 없는 한 재판규범으로서 고려할 필요가 없다는 입장이다.

019
17. 법원직

국회는 공고기간이 만료된 날로부터 60일 이내에 의결하여야 하며 국회의 의결은 재적의원 3분의 2 이상의 찬성을 얻어야 한다.　　　　　　　　　　　　　　　　　　　　　　　　　O | X

해설

[X] 국회는 헌법개정안이 공고된 날로부터 60일 이내에 의결하여야 하며, 국회의 의결은 재적의원 3분의 2 이상의 찬성을 얻어야 한다(헌법 제130조 제1항).

020
17. 법무사

저항권은 민주적 기본질서의 유지·회복을 목적으로 저항할 수 있을 뿐, 기존의 위헌적인 정권을 물러나게 하기 위한 목적으로는 행사할 수 없다.　　　　　　　　　　　　　　　　　　　　O | X

해설

[X] 이른바 저항권적 상황에서 저항권의 행사에 의하여 기존의 위헌적인 정권을 물러나게 함으로써 민주적 기본질서를 회복하고 그 이후에 민주적인 방법에 의한 집권을 하겠다는 취지로 해석할 여지가 없지는 않다(헌재 2014.12.19, 2013헌다1).

021

17. 서울시

국가기관이나 지방자치단체와 같은 공법인도 저항권의 주체가 될 수 있다. O | X

해설

[X] 국가기관이나 지방자치단체와 같은 공권력 담당자는 저항권의 객체일 수는 있어도 주체가 될 수는 없다.

022

17. 경정승진

헌법의 기본원리는 헌법의 이념적 기초인 동시에 헌법을 지배하는 지도원리로서 구체적 기본권을 도출하는 근거가 될 뿐만 아니라 기본권의 해석 및 기본권 제한입법의 합헌성 심사에 있어 해석기준의 하나로서 작용한다. O | X

해설

[X] 헌법의 기본원리는 헌법의 이념적 기초인 동시에 헌법을 지배하는 지도원리로서 입법이나 정책결정의 방향을 제시하며 공무원을 비롯한 모든 국민·국가기관이 헌법을 존중하고 수호하도록 하는 지침이 되며, 구체적 기본권을 도출하는 근거로 될 수는 없으나 기본권의 해석 및 기본권 제한입법의 합헌성 심사에 있어 해석기준의 하나로서 작용한다(헌재 1996.4.25, 92헌바47).

023

17. 경정승진

헌법의 개정은 반드시 국민투표를 거쳐야 하므로 국민은 헌법개정에 관하여 찬반투표로 그 의견을 표명할 권리를 가지는데, 헌법개정사항인 수도의 이전을 헌법개정의 절차를 밟지 아니하고 단지 단순법률의 형태로 실현시킨 것은 헌법 제130조에 따라 헌법개정에 있어서 국민이 가지는 참정권적 기본권인 국민투표권을 침해한다. O | X

해설

[O] 헌법 제130조에 의하면 헌법의 개정은 반드시 국민투표를 거쳐야만 하므로 국민은 헌법개정에 관하여 찬반투표를 통하여 그 의견을 표명할 권리를 가진다. 그런데 이 사건 법률은 헌법개정사항인 수도의 이전을 헌법개정의 절차를 밟지 아니하고 단지 단순법률의 형태로 실현시킨 것으로서 결국 헌법 제130조에 따라 헌법개정에 있어서 국민이 가지는 참정권적 기본권인 국민투표권의 행사를 배제한 것이므로 동 권리를 침해하여 헌법에 위반된다(헌재 2004.10.21, 2004헌마554).

024

23. 경찰 1차
18. 경정승진

관습헌법은 주권자인 국민에 의하여 유효한 헌법규범으로 인정되는 동안에만 존속하는 것이고, 관습법의 존속요건의 하나인 국민적 합의성이 소멸하면 관습헌법으로서의 법적 효력도 상실하게 되므로, 관습헌법의 요건들은 성립의 요건이 아니라 효력 유지의 요건이다. O | X

해설

[X] 관습헌법은 주권자인 국민에 의하여 유효한 헌법규범으로 인정되는 동안에만 존속하는 것이며, 관습법의 존속요건의 하나인 국민적 합의성이 소멸되면 관습헌법으로서의 법적 효력도 상실하게 된다. 관습헌법의 요건들은 그 성립의 요건일 뿐만 아니라 효력 유지의 요건이다(헌재 2004.10.21, 2004헌마554).

025

19. 국가직

국무총리의 권한과 위상은 기본적으로 지리적인 소재지와는 직접적으로 관련이 있다고 할 수 없고, 국무총리의 소재지는 헌법적으로 중요한 기본적 사항이라 보기 어렵고 나아가 이러한 규범이 존재한다는 국민적 의식이 형성되었는지조차 명확하지 않으므로 이러한 관습헌법의 존재를 인정할 수 없다. O | X

해설

[O] 국무총리가 서울이라는 하나의 도시에 소재하고 있어야 한다는 관습헌법의 존재를 인정할 수 없다(헌재 2005.11.24, 2005헌마579).

026

15. 지방직

우리나라는 성문헌법국가이지만 성문헌법에 모든 헌법사항을 빠짐없이 완전히 규율하는 것은 불가능하다는 점에 비추어 불문헌법 내지 관습헌법을 인정할 소지가 있다. O | X

해설

[O] 성문헌법이라고 하여도 그 속에 모든 헌법사항을 빠짐없이 완전히 규율하는 것은 불가능하고, 또한 헌법은 국가의 기본법으로서 간결성과 함축성을 추구하기 때문에 형식적 헌법전에는 기재되지 아니한 사항이라도 이를 불문헌법(不文憲法) 내지 관습헌법으로 인정할 소지가 있다.

027

10. 지방직

관습헌법은 그것을 지탱하고 있는 국민적 합의성을 상실하더라도 법적 효력을 상실하는 것은 아니다. O | X

해설

[X] 관습헌법은 그것을 지탱하고 있는 국민적 합의성을 상실함에 의하여 법적 효력을 상실할 수 있다.

028

18. 서울시 7급

관습헌법도 헌법의 일부로서 성문헌법의 경우와 동일한 효력을 가지기 때문에, 그 법규범은 최소한 헌법 제130조에 의거한 헌법개정의 방법에 의하여 개정될 수 있다. O | X

해설

[O] 관습헌법도 헌법의 일부로서 성문헌법의 경우와 동일한 효력을 가지기 때문에, 그 법규범은 최소한 헌법 제130조에 의거한 헌법개정의 방법에 의하여만 개정될 수 있다.

029

22. 경찰승진

관습헌법도 성문헌법과 마찬가지로 주권자인 국민의 헌법적 결단의 의사표현이나, 성문헌법과 동등한 효력을 가진다고 볼 수는 없고, 보충적으로 효력을 가진다고 보아야 한다. O | X

해설

[X] 관습헌법도 성문헌법과 마찬가지로 주권자인 국민의 헌법적 결단의 의사의 표현이며 성문헌법과 동등한 효력을 가진다고 보아야 한다(헌재 2004.10.21, 2004헌마554).

030
출제예상

헌법재판소는 헌법기관의 소재지, 특히 국가를 대표하는 대통령, 국무총리, 의회의 소재지를 정하는 문제는 국가의 정체성을 표현하는 실질적 헌법사항의 하나라고 보았다.　　　　O | X

해설

> [X] 수도를 설정하거나 이전하는 것은 국회와 대통령 등 최고 헌법기관들의 위치를 설정하여 국가조직의 근간을 장소적으로 배치하는 것으로서, 국가생활에 관한 국민의 근본적 결단임과 동시에 국가를 구성하는 기반이 되는 핵심적 헌법사항에 속한다(헌재 2004.10.21, 2004헌마554). 국무총리가 서울이라는 하나의 도시에 소재하고 있어야 한다는 관습헌법의 존재를 인정할 수 없다(헌재 2005.11.24, 2005헌마579).

031
23. 경찰 1차
22. 경정승진

성문헌법이라고 하여도 그 속에 모든 헌법사항을 빠짐없이 완전히 규율하는 것은 불가능하고 또한 헌법은 국가의 기본법으로서 간결성과 함축성을 추구하기 때문에 형식적 헌법전에는 기재되지 아니한 사항이라도 이를 불문헌법 내지 관습헌법으로 인정할 소지가 있다.　　　　O | X

해설

> [O] 우리나라는 성문헌법을 가진 나라로서 기본적으로 우리 헌법전(憲法典)이 헌법의 법원(法源)이 된다. 그러나 성문헌법이라고 하여도 그 속에 모든 헌법사항을 빠짐없이 완전히 규율하는 것은 불가능하고 또한 헌법은 국가의 기본법으로서 간결성과 함축성을 추구하기 때문에 형식적 헌법전에는 기재되지 아니한 사항이라도 이를 불문헌법(不文憲法) 내지 관습헌법으로 인정할 소지가 있다(헌재 2004.10.21, 2004헌마554).

032
22. 경정승진

관습헌법도 성문헌법과 마찬가지로 주권자인 국민의 헌법적 결단의 의사표현이나, 성문헌법과 동등한 효력을 가진다고 볼 수는 없고, 보충적으로 효력을 가진다고 보아야 한다.　　　　O | X

해설

> [X] 관습헌법도 성문헌법과 마찬가지로 주권자인 국민의 헌법적 결단의 의사의 표현이며 성문헌법과 동등한 효력을 가진다고 보아야 한다. 국민주권주의는 성문이든 관습이든 실정법 전체의 정립에의 국민의 참여를 요구한다고 할 것이며, 국민에 의하여 정립된 관습헌법은 입법권자를 구속하며 헌법으로서의 효력을 가진다(헌재 2004.10.21, 2004헌마554).

033
22. 경정승진

헌법 제1조 제2항에 따라 국민이 대한민국의 주권자이며, 국민은 최고의 헌법제정권력이기 때문에 성문헌법의 제·개정에 참여할 뿐만 아니라 헌법전에 포함되지 아니한 헌법사항을 필요에 따라 관습의 형태로 직접 형성할 수 있다.　　　　O | X

해설

> [O] 헌법 제1조 제2항은 '대한민국의 주권은 국민에게 있고, 모든 권력은 국민으로부터 나온다.'고 규정한다. 이와 같이 국민이 대한민국의 주권자이며, 국민은 최고의 헌법제정권력이기 때문에 성문헌법의 제·개정에 참여할 뿐만 아니라 헌법전에 포함되지 아니한 헌법사항을 필요에 따라 관습의 형태로 직접 형성할 수 있다(헌재 2004.10.21, 2004헌마554).

034
22. 경찰간부

관습헌법규범은 헌법전에 그에 상반하는 법규범을 첨가함에 의하여 폐지하게 된다.　　O | X

해설

[O] 어느 법규범이 관습헌법으로 인정된다면 그 개정가능성을 가지게 된다. 관습헌법도 헌법의 일부로서 성문헌법의 경우와 동일한 효력을 가지기 때문에 그 법규범은 최소한 헌법 제130조에 의거한 헌법개정의 방법에 의하여만 개정될 수 있다. … 다만 이 경우 관습헌법규범은 헌법전에 그에 상반하는 법규정을 첨가함에 의하여 폐지하게 되는 점에서, 헌법전으로부터 관계되는 헌법조항을 삭제함으로써 폐지되는 성문헌법규범과는 구분된다(헌재 2004.10.21, 2004헌마554 등).

035
22. 경찰간부

국민은 성문헌법의 제·개정에는 직접 참여하지만, 헌법전에 포함되지 아니한 헌법사항을 필요에 따라 관습의 형태로 직접 형성할 수 없다.　　O | X

해설

[X] 헌법 제1조 제2항은 "대한민국의 주권은 국민에게 있고, 모든 권력은 국민으로부터 나온다."고 규정한다. 이와 같이 국민이 대한민국의 주권자이며, 국민은 최고의 헌법제정권력이기 때문에 성문헌법의 제·개정에 참여할 뿐만 아니라 헌법전에 포함되지 아니한 헌법사항을 필요에 따라 관습의 형태로 직접 형성할 수 있다(헌재 2004.10.21, 2004헌마554 등).

036
23. 경찰간부

관습헌법도 성문헌법과 마찬가지로 주권자인 국민의 헌법적 결단의 의사의 표현이지만, 관습헌법이 성문헌법과 동일한 효력을 가지는 것은 아니다.　　O | X

해설

[X] 관습헌법도 성문헌법과 마찬가지로 주권자인 국민의 헌법적 결단의 의사의 표현이며 성문헌법과 동등한 효력을 가진다고 보아야 한다(헌재 2004.10.21, 2004헌마554 등).

제2절 합헌적 법률해석

037
18. 경정승진

군인사법 제48조 제4항 후단의 '무죄의 선고를 받은 때'의 의미와 관련하여, 형식상 무죄판결뿐 아니라 공소기각재판을 받았다 하더라도 그와 같은 공소기각의 사유가 없었더라면 무죄가 선고될 현저한 사유가 있는 이른바 내용상 무죄재판의 경우도 이에 포함된다고 해석하는 것은 법률의 문의적 한계를 벗어난 것으로서 합헌적 법률해석에 부합하지 아니한다.　　O | X

해설

[X] 군인사법 제48조 제4항 후단의 '무죄의 선고를 받은 때'의 의미와 관련하여, 형식상 무죄판결뿐 아니라 공소기각재판을 받았다 하더라도 그와 같은 공소기각의 사유가 없었더라면 무죄가 선고될 현저한 사유가 있는 이른바 내용상 무죄재판의 경우도 이에 포함된다고 확대 해석함이 법률의 문의적(文義的) 한계 내의 합헌적 법률해석에 부합한다(대판 2004.8.20, 2004다22377).

038

18. 경정승진

대법원은 한정위헌결정에 표현되어 있는 헌법재판소의 법률해석에 관한 견해는 법률의 의미·내용과 그 적용범위에 관한 헌법재판소의 견해를 일응 표명한 데 불과하므로, 법원에 전속되어 있는 법령의 해석·적용 권한에 대하여 어떠한 영향을 미치거나 기속력도 가질 수 없다는 입장이다. O | X

해설

[O] 한정위헌결정에 표현되어 있는 헌법재판소의 법률해석에 관한 견해는 법률의 의미·내용과 그 적용범위에 관한 헌법재판소의 견해를 일응 표명한 데 불과하여 이와 같이 법원에 전속되어 있는 법령의 해석·적용 권한에 대하여 어떠한 영향을 미치거나 기속력도 가질 수 없다(대판 1996.4.9, 95누11405).

039

18. 경정승진

종업원의 위반행위에 대하여 양벌조항으로서 개인인 영업주에게도 동일하게 무기 또는 2년 이상의 징역형의 법정형으로 처벌하도록 규정하고 있는 보건범죄단속에 관한 특별조치법 조항은 형사법상 책임원칙에 위반된다. O | X

해설

[O] 종업원의 위반행위에 대하여 양벌조항으로서 개인인 영업주에게도 동일하게 무기 또는 2년 이상의 징역형의 법정형으로 처벌하도록 규정하고 있는 '보건범죄단속에 관한 특별조치법' 제6조 중 제5조에 의한 처벌부분이 형사법상 책임원칙에 반한다(헌재 2007.11.29, 2005헌가10).

040

16. 경정승진

부실경영에 책임이 없는 임원이나 금고경영에 영향력을 행사하지 않은 과점주주에 대해서도 상호신용금고의 채무에 대하여 연대변제책임을 부과하도록 한 구 상호신용금고법 조항은 입법목적을 달성하기 위하여 필요한 범위를 넘는 과도한 제한이다. O | X

해설

[O] 상호신용금고법 제37조의3이 달성하고자 하는 바가 금고의 경영부실 및 사금고화로 인한 금고의 도산을 막고 이로써 예금주를 보호하고자 하는 데에 있다면, 이를 실현하기 위한 입법적 수단이 적용되어야 하는 인적 범위도 마찬가지로 '부실경영에 관련된 자'에 제한되어야 한다. 부실경영을 방지하는 다른 수단에 대하여 부가적으로 민사상의 책임을 강화하는 이 사건 법률조항은 원칙적으로 '최소침해의 원칙'에 부합하나, 부실경영에 아무런 관련이 없는 임원이나 과점주주에 대해서도 연대변제책임을 부과하는 것은 입법목적을 달성하기 위하여 필요한 범위를 넘는 과도한 제한이다(헌재 2002.8.29, 2000헌가5).

041

출제예상

대법원은 실지거래가액에 의한 양도소득세 산정을 규정한 구 소득세법 조항에 대한 헌법재판소의 한정위헌결정에 대하여 그 기속력을 부인하는 입장을 보인 바 있다. O | X

해설

[O] 구체적 사건에 있어서 당해 법률 또는 법률조항의 의미·내용과 적용범위가 어떠한 것인지를 정하는 권한, 즉 법령의 해석·적용 권한은 바로 사법권의 본질적 내용을 이루는 것으로서, 전적으로 대법원을 최고법원으로 하는 법원에 전속한다. … 그러므로 한정위헌결정에 표현되어 있는 헌법재판소의 법률해석에 관한 견해는 법률의 의미·내용과 그 적용범위에 관한 헌법재판소의 견해를 일응 표명한 데 불과하여 이와 같이 법원에 대하여 어떠한 영향을 미치거나 기속력을 가질 수 없다(대판 1996.4.9, 95누11405).

042

22. 경찰간부

헌법재판소의 헌법해석은 헌법이 내포하고 있는 특정한 가치를 탐색·확인하고 이를 규범적으로 관철하는 작업인 점에 비추어, 헌법재판소가 행하는 구체적 규범통제의 심사기준은 원칙적으로 법률제정 당시에 규범적 효력을 가지는 헌법이다. O I X

해설

[X] 헌법재판소가 행하는 구체적 규범통제의 심사기준은 원칙적으로 헌법재판을 할 당시에 규범적 효력을 가지는 현행 헌법이다(헌재 2013.3.21, 2010헌바70).

043

22. 경찰간부

헌법정신에 맞도록 법률의 내용을 해석·보충하거나 정정하는 '헌법합치적 법률해석'은 '유효한' 법률조항의 의미나 문구를 대상으로 하는 것이므로 입법의 공백을 방지하기 위하여 실효된 법률조항을 유효한 것으로 해석하는 결과에 이르는 것은 '헌법합치적 법률해석'을 이유로도 정당화될 수 없다. O I X

해설

[O] 헌법정신에 맞도록 법률의 내용을 해석·보충하거나 정정하는 '헌법합치적 법률해석' 역시 '유효한' 법률조항의 의미나 문구를 대상으로 하는 것이지, 이를 넘어 이미 실효된 법률조항을 대상으로 하여 헌법합치적인 법률해석을 할 수는 없는 것이어서, 유효하지 않은 법률조항을 유효한 것으로 해석하는 결과에 이르는 것은 '헌법합치적 법률해석'을 이유로도 정당화될 수 없다 할 것이다(헌재 2012.5.31, 2009헌바123).

제3절 헌법의 제정·개정 및 변천

044

17. 경정승진

헌법재판소는 헌법의 개별규정에 대하여 위헌심사를 함에 있어 헌법개정한계론을 원용하는 태도를 보이고 있다. O I X

해설

[X] 헌법제정권과 헌법개정권의 구별론이나 헌법개정한계론은 그 자체로서의 이론적 타당성 여부와 상관없이 우리 헌법재판소가 헌법의 개별규정에 대하여 위헌심사를 할 수 있다는 논거로 원용될 수 있는 것이 아니다(헌재 1995.12.8, 95헌바3).

045

17. 국회직 9급

헌법규정도 위헌제청의 적법한 대상이 된다. O I X

해설

[X] 헌법 제111조 제1항 제1호 및 헌법재판소법 제41조 제1항은 위헌법률심판의 대상에 관하여, 헌법 제111조 제1항 제5호 및 헌법재판소법 제68조 제2항, 제41조 제1항은 헌법소원심판의 대상에 관하여 그것이 법률임을 명문으로 규정하고 있으며, 여기서 위헌심사의 대상이 되는 법률이 국회의 의결을 거친 이른바 형식적 의미의 법률을 의미하는 것에 아무런 의문이 있을 수 없으므로, 헌법의 개별규정 자체는 헌법소원에 의한 위헌심사의 대상이 아니다(헌재 1995.12.28, 95헌바3).

046
16. 경정승진

헌법은 하나의 통일된 가치체계를 이루고 있기 때문에 헌법규범 상호간에는 이념적·논리적 가치의 우열과 효력상 우열은 인정되지 아니한다. OIX

해설

[X] 헌법은 전문과 단순한 개별조항의 상호관련성이 없는 집합에 지나지 않는 것이 아니고 하나의 통일된 가치체계를 이루고 있으며 헌법의 제규정 가운데는 헌법의 근본가치를 보다 추상적으로 선언한 것도 있고 이를 보다 구체적으로 표현한 것도 있으므로, 이념적·논리적으로는 헌법규범 상호간의 가치의 우열을 인정할 수 있을 것이다(헌재 1996.6.13, 94헌바20).

047
16. 경정승진

위헌심사의 대상이 되는 법률은 국회의 의결을 거친 형식적 의미의 법률을 의미하는 것이므로 헌법의 개별규정 자체는 헌법소원에 의한 위헌심사의 대상이 될 수 없다. OIX

해설

[O] 헌법 제111조 제1항 제1호·제5호 및 헌법재판소법 제41조 제1항, 제68조 제2항은 위헌심사의 대상이 되는 규범을 '법률'로 명시하고 있으며, 여기서 '법률'이라고 함은 국회의 의결을 거쳐 제정된 이른바 형식적 의미의 법률을 의미하므로 헌법의 개별규정 자체는 헌법소원에 의한 위헌심사의 대상이 아니다(헌재 1996. 6.13, 94헌바20).

048
22. 경정승진

우리 헌법은 헌법개정의 한계에 관한 규정을 두고 있으며, 헌법의 개정을 법률의 개정과는 달리 국민투표에 의하여 이를 확정하도록 규정하고 있다. OIX

해설

[X] 더욱이 헌법개정의 한계에 관한 규정을 두지 아니하고 헌법의 개정을 법률의 개정과는 달리 국민투표에 의하여 이를 확정하도록 규정하고 있는(헌법 제130조 제2항) 현행의 우리 헌법상으로는 과연 어떤 규정이 헌법핵 내지는 헌법제정규범으로서 상위규범이고 어떤 규정이 단순한 헌법개정규범으로서 하위규범인지를 구별하는 것이 가능하지 아니하며, 달리 헌법의 각 개별규정 사이에 그 효력상의 차이를 인정하여야 할 아무런 근거도 찾을 수 없다(헌재 1996.6.13, 94헌바20).

049
22. 경정승진

국회는 헌법개정안이 공고된 날로부터 60일 이내에 의결하여야 하며, 국회의 의결은 무기명투표로 한다. OIX

해설

[X] 헌법개정안은 기명투표로 표결한다.

헌법 제130조 ① 국회는 헌법개정안이 공고된 날로부터 60일 이내에 의결하여야 하며, 국회의 의결은 재적의원 3분의 2 이상의 찬성을 얻어야 한다.
국회법 제112조 ④ 헌법개정안은 기명투표로 표결한다.

050

22. 경찰 1차

우리 헌법의 각 개별규정 가운데 무엇이 헌법제정규정이고 무엇이 헌법개정규정인지를 구분하는 것이 가능하지 아니할 뿐 아니라, 각 개별규정에 그 효력상의 차이를 인정하여야 할 형식적인 이유를 찾을 수 없다.　　　　　O | X

해설

[O] 우리 헌법의 각 개별규정 가운데 무엇이 헌법제정규정이고 무엇이 헌법개정규정인지를 구분하는 것이 가능하지 아니할 뿐 아니라, 각 개별규정에 그 효력상의 차이를 인정하여야 할 형식적인 이유를 찾을 수 없다. 이러한 점과 앞에서 검토한 현행 헌법 및 헌법재판소법의 명문의 규정취지에 비추어, 헌법제정권과 헌법개정권의 구별론이나 헌법개정한계론은 그 자체로서의 이론적 타당성 여부와 상관없이 우리 헌법재판소가 헌법의 개별규정에 대하여 위헌심사를 할 수 있다는 논거로 원용될 수 있는 것이 아니다(헌재 1995.12.28, 95헌바3).

051

22. 경찰 1차

헌법개정안이 국회에서 의결된 후 60일 이내에 국민투표에 붙여 국회의원선거권자 과반수의 투표와 투표자 과반수의 찬성을 얻으면 헌법개정은 확정되며, 국회의장은 즉시 이를 공포하여야 한다.　　O | X

해설

[X] 헌법개정안이 국회에서 의결된 후 30일 이내에 국민투표에 붙여 국회의원선거권자 과반수의 투표와 투표자 과반수의 찬성을 얻으면 헌법개정은 확정되며, 대통령은 즉시 이를 공포하여야 한다(헌법 제130조).

052

22. 경찰 1차

제7차 헌법개정에서는 대통령이 제안한 헌법개정안은 국민투표로 확정되며, 국회의원이 제안한 헌법개정안은 국회의 의결을 거쳐 통일주체국민회의의 의결로 확정되도록 하였다.　　　　O | X

해설

[O] 제7차 개헌은 헌법개정방법을 이원화하였다. 대통령이 제안한 헌법개정안은 국민투표로 확정되며, 국회의원이 제안한 헌법개정안은 국회의 의결을 거쳐 통일주체국민회의의 의결로 확정되었다.

제4절 헌법의 수호

053

18. 경정승진

대법원은 저항권을 일종의 자연법상의 권리로서 인정할 수 있고, 이러한 저항권이 인정된다면 재판규범으로서의 기능을 배제할 근거가 없다는 입장이다.　　　　O | X

해설

[X] 저항권이 실정법에 근거를 두지 못하고 오직 자연법에만 근거하고 있는 한 법관은 이를 재판규범으로 원용할 수 없다고 할 것인바, 헌법 및 법률에 저항권에 관하여 아무런 규정 없는 우리나라의 현 단계에서는 저항권이론을 재판의 근거규범으로 채용·적용할 수 없다.

054
16. 경정승진

대법원은 낙선운동을 저항권의 한 형태로 인정하고 있다.　　　　　　　　　O | X

해설

[X] 시민단체의 특정 후보자에 대한 낙선운동이 시민불복종운동으로서 정당행위 또는 긴급피난에 해당한다고 볼 수 없다.

055
19. 5급

헌법재판소의 결정으로 정당이 해산될 경우에 정당의 기속성이 강한 비례대표국회의원은 의원직을 상실하나, 국민이 직접 선출한 지역구 국회의원은 의원직을 상실하지 않는다.　　　　O | X

해설

[X] 헌법재판소의 해산결정으로 정당이 해산되는 경우에 그 정당 소속 국회의원이 의원직을 상실하는지에 대하여 명문의 규정은 없으나, 정당해산심판제도의 본질은 민주적 기본질서에 위배되는 정당을 정치적 의사형성과정에서 배제함으로써 국민을 보호하는 데에 있는데, 해산정당 소속 국회의원의 의원직을 상실시키지 않는 경우 정당해산결정의 실효성을 확보할 수 없게 되므로, 이러한 정당해산제도의 취지 등에 비추어 볼 때 헌법재판소의 정당해산결정이 있는 경우 그 정당 소속 국회의원의 의원직은 당선방식을 불문하고 모두 상실되어야 한다.

056
19. 국회직

헌법재판소의 정당해산결정이 있는 경우 그 정당 소속 국회의원의 의원직은 당선방식을 불문하고 모두 상실한다.　　　　　　　　　O | X

해설

[O] 헌법재판소의 해산결정으로 정당이 해산되는 경우에 그 정당 소속 국회의원이 의원직을 상실하는지에 대하여 명문의 규정은 없으나, 정당해산심판제도의 본질은 민주적 기본질서에 위배되는 정당을 정치적 의사형성과정에서 배제함으로써 국민을 보호하는 데에 있는데, 해산정당 소속 국회의원의 의원직을 상실시키지 않는 경우 정당해산결정의 실효성을 확보할 수 없게 되므로, 이러한 정당해산제도의 취지 등에 비추어 볼 때 헌법재판소의 정당해산결정이 있는 경우 그 정당 소속 국회의원의 의원직은 당선방식을 불문하고 모두 상실되어야 한다.

057
19. 5급

헌법 제24조는 모든 국민은 법률이 정하는 바에 의하여 선거권을 가진다고 규정함으로써 법률유보의 형식을 취하고 있는데, 이것은 국민의 선거권이 법률이 정하는 바에 따라서 인정될 수 있다는 포괄적인 입법권의 유보하에 있음을 의미하는 것이다.　　　　　　　　　O | X

해설

[X] 헌법 제24조는 모든 국민은 '법률이 정하는 바에 의하여' 선거권을 가진다고 규정함으로써 법률유보의 형식을 취하고 있지만, 이것은 국민의 선거권이 '법률이 정하는 바에 따라서만 인정될 수 있다'는 포괄적인 입법권의 유보하에 있음을 의미하는 것이 아니다.

제2장 | 대한민국헌법총설

제1절 대한민국헌정사

001
06. 입시

제헌헌법은 직접민주주의적 방법과 대의민주주의적 방법을 혼용하여 제헌의회의 의결을 거쳐 국민투표로 확정되었다. O | X

해설

[X] 제헌헌법(건국헌법)은 국회의 의결만으로 제정되었으며, 국민투표로 확정된 것이 아니다.

✓ 건국헌법(1948.7.17. 공포 · 시행)의 주요내용: 대통령 · 부통령 국회에서 간선제(4년 1차중임), 헌법위원회, 탄핵재판소, 국무원(의결기관). 정당조항(제3차 개정시 도입)과 통일조항(제7차 개정시 도입)은 없었다.

002
01. 사시

헌법개정에 있어서 국민발안제를 명문으로 규정한 것은 1954년 제2차 개정헌법부터 1962년 제3공화국 헌법까지이다. O | X

해설

[X] 헌법개정에 있어서 국민발안제도는 1954년 제2차 개정헌법부터 1969년 제6차 개정헌법까지 존재하였다.

003
11 · 01. 사시

기본권의 본질적 내용의 침해금지규정을 처음으로 둔 것은 1962년 제3공화국 헌법이다. O | X

해설

[X] 기본권의 본질적 내용의 침해금지규정은 제2공화국 제3차 개정헌법(1960년)에서 신설되었다. 이는 제7차 개정헌법에서 삭제되었다가 제8차 개정헌법에서 다시 규정되었다.

004
96. 사시

제3차 개헌에 따라 위헌법률심사를 대법원이 관할하게 되었다. O | X

해설

[X] 제5차 개헌으로 헌법재판소가 폐지되면서 위헌법률심사권은 대법원에, 탄핵심판권은 탄핵심판위원회에 부여되었다.

✓ 제3차 개정헌법(1960년 6월)의 주요내용: 의원내각제, 양원제, 대통령 간선제, 헌법재판소, 대법원장 · 대법관 선거제, 중앙선거관리위원회, 정당조항 신설

005
10. 국회직 8급

헌법에서 최초로 양원제를 규정한 것은 1960년 헌법이다. O | X

해설

[X] 헌법에서 최초로 양원제를 규정한 것은 1952년 제1차 개정헌법이다. 그러나 양원제를 실제로 구성하지 않고 단원제로 운용하였으며, 실제로 양원제 국회가 구성된 것은 제2공화국(제3차 개정헌법)이다.

006
94. 사시

1962년의 제5차 헌법개정은 제2공화국 헌법규정에 따라 국민투표로서 확정되었다. O | X

해설

[X] 제2공화국 헌법상 헌법개정에는 민의원 및 참의원의 의결을 요하였으나 제5차 개헌 당시에는 국회가 없었으므로 국가재건최고회의는 비상조치법을 개정하여(1962.10.8.) 국민투표에 의한 헌법개정을 가능하게 하였다. 같은 해 10.12. 국민투표법을 제정·공포하고, 12.17. 국민투표를 통해 같은 해 12.26. 공포하였고 1963.12.17. 발효하였다.

☑ 제5차 개정헌법(1962년)의 주요내용: 인간의 존엄과 가치 신설, 대통령 직선제, 대법원에 의한 위헌법률심판(헌법재판소 폐지), 헌법개정시 필수적 국민투표, 극단적 정당국가화(무소속 출마금지, 당적이탈·변경시 의원직 상실)

007
96. 사시

1969년의 제6차 헌법개정은 대통령 연임제한규정을 철폐하였다. O | X

해설

[X] 제6차 헌법개정에서는 대통령에 대한 3선금지규정을 완화하여 대통령의 계속 재임을 3기로 연장하였으므로 연임제한규정을 철폐한 것은 아니다. 대통령에 대한 탄핵소추요건을 강화한 것도 제6차 개정헌법이다.

008
96. 사시

1972년의 제7차 헌법개정은 국회를 해산하고 국가재건최고회의에서 개헌안을 의결하였다. O | X

해설

[X] 제7차 개정헌법은 1972년의 비상조치에 따라 국회를 해산하고, 비상국무회의가 개헌 작업을 담당하였다.

☑ 제7차 개정헌법(1972년)의 주요내용: 구속적부심제 폐지, 대통령의 중임·연임조항 폐지, 통일주체국민회의 설치(대통령과 국회의원 3분의 1 선출), 긴급조치권 신설, 국정감사권 폐지, 헌법위원회 설치, 헌법개정에 대한 국민발안제 폐지

009
04. 국가직

1980년의 제8차 개정헌법에서는 인간의 존엄성 존중조항을 신설하였고, 일반법관의 임명권을 대통령에게 부여하였다. O | X

해설

[X] 인간의 존엄성조항은 제5차 개정헌법에서 신설하였다. 제7차 개정헌법에서는 모든 법관의 임명권을 대통령이 가졌으나, 제8차 개정헌법에서는 대법원장이 대법관회의의 동의를 거쳐 일반법관을 임명하도록 했으며, 징계처분에 의한 법관 파면조항을 삭제하였다.

☑ 제8차 개정헌법(1980년)의 주요내용: 행복추구권 신설, 연좌제 폐지, 구속적부심제 부활, 환경권 신설, 대통령선거인단에 의한 간선제(7년 단임제), 통일주체국민회의 폐지, 국정조사권 신설, 소비자보호운동 규정 신설

010
07. 법원직

국군의 정치적 중립성 준수에 관한 규정은 군의 정치개입 폐단을 방지하려는 의지를 천명한 것으로, 현행 헌법에서 새로이 규정된 것이다.　　　　　　　　　　　　　　　　　　　　O | X

해설

[O] 헌법 제5조 제2항에서 규정하고 있다.

☑ 제9차 개정헌법(1987년)의 주요내용: 기본권 강화(적법절차, 형사피해자의 재판절차진술권, 범죄피해자 구조청구권, 구속이유 고지제도, 최저임금제, 대학의 자율성), 대통령(5년 단임 직선제), 헌법재판소 부활, 국정감사권 부활, 긴급명령권 부활, 비상조치권 삭제, 국회해산권 삭제

011
12. 변호사

대통령의 선출방식은 1948년 헌법의 간선제, 1952년 헌법의 직선제, 1960년 헌법의 간선제, 1962년 헌법의 직선제, 1972년 헌법의 간선제, 1980년 헌법의 직선제, 1987년 헌법의 직선제로 변화되어 왔다.　　　　　　　　　　　　　　　　　　　　　　　　　　　　　　　　　　　　　O | X

해설

[X] 1980년 헌법(제8차 개정헌법)은 대통령선거인단에 의한 간선제 방식으로 대통령을 선출하였고, 현행 1987년 헌법(제9차 개정헌법)에서 국민에 의한 직선제로 개정하였다.

012
13. 경정승진

독립된 헌법기관인 중앙선거관리위원회는 3·15부정선거에 대한 반성으로 1962년 헌법개정으로 처음 도입된 이래 현재에 이르고 있다.　　　　　　　　　　　　　　　　　　　　O | X

해설

[X] 중앙선거관리위원회가 처음 도입된 것은 1960년 6월 15일 제3차 개정헌법이다. 참고로 각급 선거관리위원회가 추가적으로 헌법에 규정된 것은 1962년 제5차 개정헌법이다.

013
12. 국가직

우리 헌법사에서 국정조사제도는 1948년 헌법부터 존재하였으며, 1972년 헌법과 1980년 헌법에서는 폐지되었다가 1987년 헌법에서 다시 부활하였다.　　　　　　　　　　　　O | X

해설

[X] 국정조사제도는 1980년 제8차 개정헌법에서 처음 도입하였다. 지문은 국정감사제도에 대한 연혁이다.

014
13. 국가직

제7차 개정헌법은 환경권과 행복추구권을 신설하였다.　　　　　　　　　　　　O | X

해설

[X] 환경권과 행복추구권은 제8차 개정헌법(1980년)에서 처음 신설되었다.

015
13. 국회직

제7차 개정헌법(1972년)은 대통령에게 국회해산권과 국회의원 3분의 1의 선출권을 부여하였다. O | X

해설

[X] 제7차 개정헌법에서는 대통령의 국회해산권을 인정하였으나, 통일주체국민회의가 국회의원 정수의 3분의 1에 해당하는 수의 국회의원을 선출하도록 했다. 통일주체국민회의에서 선출되는 국회의원의 후보자는 대통령이 일괄 추천하며, 후보자 전체에 대한 찬반을 투표에 붙여 재적대의원 과반수의 출석과 출석대의원 과반수의 찬성으로 당선을 결정하게 하였다(유신헌법 제40조 참조).

016
16. 사시

우리 헌법은 제정 이래 현행 헌법에 이르기까지 줄곧 국무총리제도를 두어 의원내각제적 요소도 가미하고 있는 것으로 평가된다. O | X

해설

[X] 1954년 제2차 개정헌법에서 국무총리제도를 폐지한 바 있다.

017
16. 사시

제헌헌법에 따르면 영토의 변경을 위해서는 헌법개정이 필요하지만, 1954년 헌법은 국민투표에 의한 영토변경이 가능하도록 규정하였다. O | X

해설

[O] 1954년 제2차 개정헌법에서 주권제약과 영토변경에 대한 국민투표제를 규정하였다.

018
16. 사시

1952년 헌법은 헌법개정에 필요한 의결정족수에 미달하여 부결되었는데 이를 번복하여 가결되었으며, 1954년 헌법은 헌법이 정하는 공고절차를 거치지 않은 문제가 있었다. O | X

해설

[X] 1952년 헌법(제1차 개정)이 공고절차를 거치지 않은 문제가 있었고, 1954년 헌법(제2차 개정)은 헌법개정에 필요한 의결정족수에 미달하여 부결되었는데 이를 번복하여 가결되었다.

019
16. 사시

1962년 헌법은 국회의원의 입후보에 정당추천을 의무화하였지만, 임기 중 당적을 이탈하거나 변경하더라도 의원직을 유지하도록 하였다. O | X

해설

[X] 1962년 헌법은 국회의원의 입후보에 정당추천을 의무화하였고(무소속 출마금지), 임기 중 당적을 이탈하거나 변경하면 의원직을 상실하도록 하였다.

020
15. 국회직 8급

제7차 개정헌법(1972년)과 제8차 개정헌법(1980년)도 현행 헌법에서와 마찬가지로 국무총리 또는 국무위원에 대한 해임건의권을 규정하였다.　　　　　　　　　　　　　　　　　　　　　　　　　　　O | X

해설

[X] 제7차 개정헌법(1972년)과 제8차 개정헌법(1980년)은 현행 헌법과 다른 해임의결권을 규정하였다.

☑ 헌정사 주요 내용

구분	개정된 중요 내용
건국헌법 (1948년)	대통령·부통령 국회에서 간선(4년 1차중임제), 헌법위원회, 탄핵재판소, 국무원(의결기관), 단원제, 정당조항(제3차 개정시 도입)과 통일조항(제7차 개정시 도입)은 없었음
제1차 개정헌법 (1952년)	대통령 직선제, 양원제(구성은 안됨), 국회의 국무원 불신임제
제2차 개정헌법 (1954년)	초대대통령에 한하여 중임제한 철폐, 국무총리제 폐지, 헌법개정금지조항, 국민투표제(주권의 제약, 영토변경 등), 경제체제를 자유시장경제체제로 전환
제3차 개정헌법 (1960년 6월)	의원내각제, 양원제, 대통령 간선제, 헌법재판소, 대법원장·대법관 선거제, 중앙선거관리위원회, 정당조항 신설
제4차 개정헌법 (1960년 11월)	자유당정권하에서의 반민주행위자를 처벌하기 위한 소급입법의 근거를 마련하고 그들을 처벌하기 위한 특별재판부 및 특별감찰부를 설치하기 위한 것으로, 본문은 개정하지 않고 부칙만 개정
제5차 개정헌법 (1962년)	인간의 존엄과 가치 신설, 대통령 직선제, 대법원에 의한 위헌법률심판(헌법재판소 폐지), 헌법개정시 필수적 국민투표, 극단적 정당국가화(무소속 출마금지, 당적이탈·변경시 의원직 상실)
제6차 개정헌법 (1969년)	대통령에 대한 3선금지 규정을 완화하여 대통령의 계속 재임을 3기로 연장, 대통령에 대한 탄핵소추 요건을 강화
제7차 개정헌법 (1972년)	구속적부심제 폐지, 대통령의 중임·연임조항 폐지, 통일주체국민회의 설치(대통령과 국회의원 3분의 1 선출), 긴급조치권 신설, 국정감사권 폐지, 헌법위원회 설치, 헌법개정에 대한 국민발안제 폐지
제8차 개정헌법 (1980년)	행복추구권 신설, 연좌제 폐지, 구속적부심제 부활, 환경권 신설, 대통령선거인단에 의한 간선제(7년 단임제), 통일주체국민회의 폐지, 국정조사권 신설, 소비자보호운동 규정 신설
제9차 개정헌법 (1987년)	기본권 강화(적법절차, 형사피해자의 재판절차진술권, 범죄피해자구조청구권, 구속이유 고지제도, 최저임금제, 대학의 자율성), 대통령(5년 단임 직선제), 헌법재판소 부활, 국정감사권 부활, 긴급명령권 부활, 비상조치권 삭제, 국회해산권 삭제

021
17. 경정승진

1987년 제9차 개헌에서는 근로자의 적정임금 보장, 재외국민보호의무 규정을 신설하고 형사보상청구권을 피의자까지 확대 인정하였다.　　　　　　　　　　　　　　　　　　　　　　　　　　　　　　O | X

해설

[X] 근로자의 적정임금 보장은 1980년 제8차 개정헌법에서 인정하였다.

022
17. 경정승진

제헌헌법에서는 심의기관인 국무원을 두었으며, 대통령이 국무원의 의장이었다.　　　　　　　　O | X

해설

[X] 제헌헌법에서는 의결기관인 국무원을 두었으며, 대통령이 국무원의 의장이었다.

023
16. 국회직 8급

1960년 제3차 헌법개정에서 선거의 공정한 관리를 위하여 독립된 헌법기관인 중앙선거관리위원회 및 각급 선거관리위원회를 처음 규정하였다.　O | X

해설

[X] 1960년 제3차 헌법개정에서 중앙선거관리위원회를 규정하였으나, 각급 선거관리위원회를 처음 규정한 것은 1962년 제5차 헌법개정이다.

024
16. 국회직 9급

제3차 개정헌법은 정당에 관한 규정을 처음으로 두었고, 정당이 민주적 기본질서에 위배되는 경우에 헌법위원회의 결정에 의하여 해산될 수 있도록 하였다.　O | X

해설

[X] 제3차 개정헌법은 정당에 관한 규정을 처음으로 두었고, 정당의 목적이나 활동이 헌법의 민주적 기본질서에 위배될 때에는 정부가 대통령의 승인을 얻어 소추하고 헌법재판소가 판결로써 그 정당의 해산을 명하도록 규정하였다.

025
17. 국가직 5급

제헌헌법부터 존재하던 헌법 전문은 1972년 제7차 헌법개정에서 최초로 개정이 이루어졌다.　O | X

해설

[X] 헌법 전문은 1962년 제5차 헌법개정에서 최초로 개정이 이루어졌으며, 그 이후 제7차·제8차·제9차 헌법개정에서도 부분적으로 개정되었다.

026
17. 국회직 8급

제5차 개정헌법에 따르면 대통령은 헌법개정을 제안할 수 없다.　O | X

해설

[O] 제5차 개정헌법에서 헌법개정은 국회재적의원 3분의 1 이상과 국회의원선거권자 50만명 이상의 국민이 제안할 수 있다.

027
17. 국회직 8급

제헌헌법에 따르면 헌법개정은 국회재적의원 3분의 1 이상의 동의로 제안될 수 없다.　O | X

해설

[X] 제헌헌법에서 헌법개정은 대통령과 국회재적의원 3분의 1 이상이 제안할 수 있다.

028
17. 국회직 8급

제2차 개정헌법에 따르면 민의원선거권자 50만명 이상은 헌법개정을 제안할 수 없다.　O | X

해설

[X] 제2차 개정헌법에서 헌법개정은 대통령, 참의원 내지 민의원 재적 3분의 1 이상, 민의원선거권자 50만명 이상이 제안할 수 있다.

029

17. 국회직 8급

제3차 개정헌법에 따르면 대통령은 헌법개정을 제안할 수 없다.　　　　　　　　　　O | X

해설

[X] 제3차 개정헌법에서 헌법개정은 대통령, 참의원 내지 민의원 재적 3분의 1 이상, 민의원선거권자 50만명 이상이 제안할 수 있다.

030

17. 국회직 8급

제7차 개정헌법에 따르면 헌법개정은 국회재적의원 3분의 1 이상의 발의로 제안될 수 있다.　　　O | X

해설

[X] 제7차 개정헌법에서 헌법개정은 대통령과 국회재적의원 과반수가 제안할 수 있다.

031

18. 국가직

1962년 헌법은 인간의 존엄과 가치를 명시하고, 행복추구권을 기본권으로 신설하였다.　　　　　O | X

해설

[X] 1962년 헌법은 인간의 존엄과 가치를 명시하였고, 행복추구권은 1980년 헌법에서 신설되었다.

032

17. 국가직

1960년 제3차 개정헌법에서는 구체적 규범통제, 권한쟁의심판, 탄핵심판, 정당해산심판, 헌법소원심판에 대한 관할권을 가진 헌법재판소가 도입되었으나 실제로 설치되지는 못하였다.　　　　　　　O | X

해설

[X] 헌법소원심판은 현행 헌법에서 처음 규정되었다.

> **제3차 개정헌법(1960년) 제83조의3** 헌법재판소는 다음 각 호의 사항을 관장한다.
> 1. 법률의 위헌 여부 심사
> 2. 헌법에 관한 최종적 해석
> 3. 국가기관간의 권한쟁의
> 4. 정당의 해산
> 5. 탄핵재판
> 6. 대통령, 대법원장과 대법관의 선거에 관한 소송

033

18. 국가직

1987년 헌법은 체포 · 구속시 이유고지 및 가족통지제도를 추가하였고, 범죄피해자구조청구권을 기본권으로 새로 규정하였다.　　　　　　　　　　　　　　　　　　　　　　　　　　　　O | X

해설

[O] 1987년 헌법에서 체포 · 구속시 이유고지 및 가족통지제도, 범죄피해자구조청구권을 새로 규정하였다.

034
18. 서울시

구속적부심사제도는 제헌헌법에서부터 인정되었으며 폐지되지 않고 현행 헌법까지 유지되어 왔다.
O | X

해설

[X] 구속적부심사제도는 1948년 미군정법령에 의해 도입된 후 제헌헌법에서부터 인정되었으며, 1972년 제7차 개정헌법에서 삭제되었다가 1980년 제8차 개정헌법에서 부활하였다.

035
18. 서울시

제헌헌법에서 국회는 양원제였으며, 4년 임기의 직선으로 선출된 198명의 의원으로 구성되었다. O | X

해설

[X] 제헌헌법에서 국회는 임기 4년의 단원제였다. 제1차 개정헌법에서 양원제를 채택하였지만 단원제로 운용되었다.

036
18. 서울시

국민투표권을 최초로 규정한 것은 1962년 제5차 개헌 때였다.
O | X

해설

[X] 국민투표권을 최초로 규정한 것은 1954년 제2차 개정헌법이다. 헌법개정에 대한 국민투표제는 제5차 개정헌법에서 처음 규정하였다.

037
18. 경정승진

1987년 제9차 개정헌법에서 환경권을 최초로 규정하였다.
O | X

해설

[X] 환경권은 1980년 제8차 개정헌법에서 최초로 규정하였다.

038
19. 국회직 8급

1980년 제8차 개정헌법은 대통령선거 및 국회의원선거에서 후보자가 필수적으로 정당의 추천을 받도록 하는 조항을 추가하였다.
O | X

해설

[X] 1962년 제5차 개정헌법에 대통령선거 및 국회의원선거에서 후보자가 필수적으로 정당의 추천을 받도록 하는 조항을 추가하였다.

039
13. 경정승진

독립된 헌법기관인 중앙선거관리위원회는 3 · 15부정선거에 대한 반성으로 1962년 헌법개정으로 처음 도입된 이래 현재에 이르고 있다.
O | X

해설

[X] 중앙선거관리위원회가 처음 도입된 것은 1960년 6월 15일 제3차 개정헌법이다.

제헌헌법(1948년)에서는 영리를 목적으로 하는 사기업 근로자의 이익분배균점권, 생활무능력자의 보호를 명시하였다.　　　　　　　　　　　　　　　　　　　　　　　　　　　　　O | X

해설

[O]　제헌헌법(1948년) 제18조 근로자의 단결, 단체교섭과 단체행동의 자유는 법률의 범위 내에서 보장된다. 영리를 목적으로 하는 사기업에 있어서는 근로자는 법률의 정하는 바에 의하여 이익의 분배에 균점할 권리가 있다.
제19조 노령, 질병 기타 근로능력의 상실로 인하여 생활유지의 능력이 없는 자는 법률의 정하는 바에 의하여 국가의 보호를 받는다.

제1차 헌법개정은 정부안과 야당안을 발췌·절충한 개헌안을 대상으로 하여 헌법개정절차인 공고절차를 그대로 따랐다.　　　　　　　　　　　　　　　　　　　　　　　　　　　　　　　　　O | X

해설

[X]　1952년 제1차 헌법개정은 정부안인 대통령직선제 개헌안과 국회(야당)안인 의원내각제 개헌안이 모두 부결되고, 절충된 소위 '발췌개헌안'이 공고절차를 거치지 않고 통과되었다. 헌법에 명시된 헌법개정절차에 위배되는 위헌적인 헌법개정이라고 할 수 있다.

제7차 헌법개정에서는 대통령이 제안한 헌법개정안은 국민투표로 확정되며, 국회의원이 제안한 헌법개정안은 국회의 의결을 거쳐 통일주체국민회의의 의결로 확정되도록 하였다.　　　　O | X

해설

[O]　제7차 헌법개정(1972)에서는 헌법개정절차를 누가 제안했는지 여부에 따라서 이원화되었다. 대통령이 제안한 헌법개정안은 국민투표로 확정되며, 국회의원이 제안한 헌법개정안은 국회의 의결을 거쳐 통일주체국민회의의 의결로 확정되도록 하였다.

제3차 개정헌법은 헌법재판소가 탄핵재판, 정당의 해산, 권한쟁의, 헌법소원을 관장하도록 규정하였다.　　　　　　　　　　　　　　　　　　　　　　　　　　　　　　　　　　　　O | X

해설

[X]　제3차 개정헌법은 헌법재판소가 위헌법률심판, 탄핵심판, 정당해산심판, 권한쟁의심판을 관장하였다. 헌법소원은 현행 헌법(제9차 개정헌법)에서 최초로 도입하였다.

1960년 제3차 개정헌법은 기본권의 본질적 내용 침해금지 조항을 신설하였으며 선거권 연령을 법률로 위임하지 않고 헌법에서 직접 규정하였다.　　　　　　　　　　　　　　　　　　　　　　O | X

해설

[O]　1960년 제3차 개정헌법은 기본권의 본질적 내용 침해금지 조항을 신설하였다. 또 선거권 연령을 법률로 위임하지 않고 헌법에서 직접 규정하였다.

□□□
045
22. 국가직

제3차 헌법개정(1960년 헌법)에서는 위헌법률심판 및 헌법소원심판을 위한 헌법재판소를 설치하였다.

O | X

해설

> [X] 헌법소원심판은 제9차 개정헌법(1987년)에서 도입되었다.

□□□
046
22. 국가직

제5차 헌법개정(1962년 헌법)에서는 헌법전문(前文)을 최초로 개정하여 4·19 이념을 명문화하였다.

O | X

해설

> [O] 제5차 개정헌법(1962년)은 최초로 헌법전문을 개정하여 "4·19의거와 5·16혁명의 이념에 입각"한다고 선언하였다.

□□□
047
22. 경찰간부

1972년 제7차 개정헌법은 대통령이 제안한 헌법개정안이 통일주체국민회의의 의결로 확정하도록 규정하였고 대통령에게 국회의원 정수 3분의 2의 추천권을 부여하였다.

O | X

해설

> [X] 1972년 제7차 개정헌법은 대통령이 제안한 헌법개정안이 국민투표로, 국회의원이 제안한 경우에는 통일주체국민회의의 의결로 확정하도록 규정하였고, 대통령에게 국회의원 정수 3분의 1의 추천권을 부여하였다.

□□□
048
23. 경찰간부

제3차 헌법개정(1960년 6월 헌법)에서는 대한민국의 주권의 제약 또는 영토의 변경을 가져올 국가안위에 관한 중대사항은 국회의 가결을 거친 후에 국민투표에 부하여 민의원의원선거권자 3분지 2 이상의 투표와 유효투표 3분지 2 이상의 찬성을 얻어야 한다고 처음으로 규정하였다.

O | X

해설

> [X] 제3차 개정헌법이 아닌 제2차 개정헌법(1954년)에 대한 설명이다.

□□□
049
23. 경찰간부

제5차 헌법개정(1962년 헌법)에서 국회의원은 임기 중 당적을 이탈하거나 변경한 때 또는 소속정당이 해산된 때에는 그 자격을 상실하나, 합당 또는 제명으로 소속이 달라지는 경우에는 예외로 하도록 규정하였다.

O | X

해설

> [O] 제5차 개정헌법에 대한 옳은 내용이다.
>
> > **제5차 개정헌법 제38조** 국회의원은 임기 중 당적을 이탈하거나 변경한 때 또는 소속정당이 해산된 때에는 그 자격이 상실된다. 다만, 합당 또는 제명으로 소속이 달라지는 경우에는 예외로 한다.

050
23. 경찰간부

헌법에서 재외국민에 대한 국가의 보호를 처음으로 명시한 것은 제5공화국 헌법(제8차 개헌)이다.

O | X

해설

[O] 재외국민 보호조항은 제5공화국 헌법(제8차 개헌)에서 최초로 규정하였고, '의무'를 추가한 것은 현행 헌법(제9차 개헌)이다.

051
23. 경찰간부

헌법에서 정당조항이 처음 채택된 것은 1960년 제2공화국 헌법(제3차 개헌)이며, 제5공화국 헌법(제8차 개헌)에서 정당에 대한 국고보조금 조항을 신설하였다.

O | X

해설

[O] 1960년 제3차 개정헌법에서 정당조항을 처음 도입하였으며, 제8차 개정헌법에서 최초로 정당에 대한 국고보조금 조항을 도입하였다.

제2절 대한민국의 국가형태와 구성요소

052
11. 경정승진

헌법의 위임에 따라 국적법이 제정되나 그 내용은 국가의 구성요소인 국민의 범위를 구체화·현실화하는 법률사항을 규율하고 있는 것이다.

O | X

해설

[X] 국적은 국가와 그의 구성원간의 법적 유대이고 보호와 복종관계를 뜻하므로 이를 분리하여 생각할 수 없다. 즉, 국적은 국가의 생성과 더불어 발생하고 국가의 소멸은 바로 국적의 상실사유인 것이다. 국적은 성문의 법령을 통해서가 아니라 국가의 생성과 더불어 존재하는 것이므로, 헌법의 위임에 따라 국적법이 제정되나 그 내용은 국가의 구성요소인 국민의 범위를 구체화·현실화하는 '헌법사항'을 규율하고 있는 것이다(헌재 2000.8.31, 97헌가12).

053
04. 법행 유사
01. 법무사

비록 조선인을 부친으로 하여 출생한 자라고 하더라도 그가 북한법의 규정에 따라 북한 국적을 취득한 이상 그가 대한민국 국적을 가진다고 할 수 없다는 것이 대법원 판례의 태도이다.

O | X

해설

[X] 조선인을 부친으로 하여 출생한 자는 남조선과도정부법률 제11호 국적에 관한 임시조례의 규정에 따라 조선 국적을 취득하였다가 제헌헌법의 공포와 동시에 대한민국 국적을 취득하였다 할 것이고, 설사 그가 북한법의 규정에 따라 북한 국적을 취득하여 중국 주재 북한대사관으로부터 북한의 해외공민증을 발급받은 자라 하더라도 북한지역 역시 대한민국의 영토에 속하는 한반도의 일부를 이루는 것이어서 대한민국의 주권이 미칠 뿐이고, 대한민국의 주권과 부딪치는 어떠한 국가단체나 주권을 법리상 인정할 수 없는 점에 비추어 볼 때, 그러한 사정은 그가 대한민국 국적을 취득하고 이를 유지함에 있어 아무런 영향을 끼칠 수 없다(대판 1996.11.12, 96누1221).

054
05. 사시

북한이탈주민은 일정한 요건을 갖추어 법무부장관의 허가를 얻어 국적을 회복할 수 있다.　　O | X

해설

[X] 북한이탈주민도 대한민국 국민이므로 법무부장관의 허가를 얻을 필요가 없다.

055
05. 법행 유사·
국회직 8급

우리나라 영토에서 발견된 부모를 알 수 없는 기아는 무국적자이다.　　O | X

해설

[X] 대한민국에서 발견된 기아는 대한민국에서 출생한 것으로 추정한다(국적법 제2조 제2항).

056
01. 법무사

헌법은 영해에 대하여 규정하지 않고 있으나, 법률로써 영해의 범위를 200해리로 규정하고 있고, 대륙붕에 관해서는 국제조약과 국제관습에 따른다.　　O | X

해설

[X] 영해 및 접속수역법 제1조는 대한민국의 영해의 범위는 기선으로부터 측정하여 12해리에 이르는 수역으로 하나, 대통령령으로 일정수역에서는 12해리 이내에서 영해의 범위를 정할 수 있다고 규정하고 있다. 시행령 제3조는 대한해협은 3해리로 한다고 규정하고 있다.

057
17. 경정승진
07. 국회직 8급

외국 국적 포기의무를 이행하지 아니하여 대한민국 국적을 상실한 자가 1년 내에 그 외국 국적을 포기한 때는 법무부장관의 허가를 얻어 대한민국 국적을 재취득할 수 있다.　　O | X

해설

[X] 외국 국적 포기의무를 이행하지 않아 대한민국의 국적을 상실한 자가 그 후 1년 내에 그 외국 국적을 포기하면 법무부장관에게 신고함으로써 대한민국 국적을 재취득할 수 있다(국적법 제11조 제1항).

058
12. 경정승진

부(父)가 귀화할 때에 그 배우자의 수반취득은 허용되지 않으나, 자녀의 경우 연령에 관계없이 수반취득이 인정된다.　　O | X

해설

[X] 외국인의 자(子)로서 대한민국의 민법상 미성년인 사람은 부 또는 모가 귀화허가를 신청할 때 함께 국적 취득을 신청할 수 있다(국적법 제8조). 즉, 미성년인 자녀에 한하여 수반취득이 인정된다.

059
12. 법원직

국적선택권은 내외국민을 불문하고 자연권으로서 또는 우리 헌법상 당연히 인정되는 권리이다.　　O | X

해설

[X] 이중국적자의 국적선택권이라는 개념은 별론으로 하더라도, 일반적으로 외국인인 개인이 특정한 국가의 국적을 선택할 권리가 자연권으로서 또는 우리 헌법상 당연히 인정된다고는 할 수 없다고 할 것이다(헌재 2006.3.30, 2003헌마806).

060
12. 법행

만 20세가 되기 전에 복수국적자가 된 자는 만 22세가 되기 전까지, 만 20세가 된 후에 복수국적자가 된 자는 그때부터 2년 내에 하나의 국적을 선택하여야 하고, 위 기간 내에 국적을 선택하지 아니한 때에는 그 즉시 대한민국의 국적을 상실한다. O I X

해설

[X] 종전 국적법에 따르면 옳은 내용이지만 개정된 국적법은 국적선택명령제를 도입하였다. 즉, 법무부장관은 복수국적자로서 제12조 제1항 또는 제2항에서 정한 기간 내에 국적을 선택하지 아니한 자에게 1년 내에 하나의 국적을 선택할 것을 명하여야 한다. 국적선택의 명령을 받고도 이를 따르지 아니한 자는 그 기간이 지난 때에 대한민국 국적을 상실한다(국적법 제14조의3 참조).

061
13. 경정승진

병역을 기피할 목적으로 대한민국 국적을 상실한 자는 국적회복허가를 받아 국적을 취득할 수 있다. O I X

해설

[X] 국가나 사회에 위해(危害)를 끼친 사실이 있는 사람, 품행이 단정하지 못한 사람, 병역을 기피할 목적으로 대한민국 국적을 상실하였거나 이탈하였던 사람, 국가안전보장·질서유지 또는 공공복리를 위하여 법무부장관이 국적회복을 허가하는 것이 적당하지 아니하다고 인정하는 사람은 국적회복의 대상이 아니다(국적법 제9조 제2항).

062
13. 경정승진

대한민국의 국적을 상실한 자는 우리나라 국민이 아니면 향유할 수 없는 권리를 별도로 정하는 바가 없는 한 1년 이내에 양도하여야 한다. O I X

해설

[X] 대한민국의 국적을 상실한 자는 우리나라 국민이 아니면 향유할 수 없는 권리를 별도로 정하는 바가 없는 한 3년 이내에 양도하여야 한다(국적법 제18조 참조).

063
13. 경정승진

대한민국 국민이 자진하여 미국의 시민권을 취득하면 복수국적자가 되어 국적법에 따라 법무부장관의 허가를 얻어 대한민국의 국적을 이탈하여야 대한민국의 국적을 상실한다. O I X

해설

[X] 대한민국의 국민으로서 자진하여 외국 국적을 취득한 자는 그 외국 국적을 취득한 때에 대한민국 국적을 상실한다(국적법 제15조 제1항). 즉, 법무부장관의 허가를 얻을 필요가 없다.

064
13. 법원직

배우자가 대한민국의 국민인 외국인으로서 그 배우자와 혼인한 후 2년이 지나고 혼인한 상태로 대한민국에 1년 이상 계속하여 주소가 있는 자는 귀화허가를 받을 수 있다. O I X

해설

[X] 배우자가 대한민국의 국민인 외국인으로서 그 배우자와 혼인한 후 3년이 지나고 혼인한 상태로 대한민국에 1년 이상 계속하여 주소가 있는 사람은 귀화허가를 받을 수 있다. 혼인한 후 3년이 경과되지 않은 경우는 2년 이상 계속하여 주소가 있어야 귀화허가를 받을 수 있다(국적법 제6조 제2항 참조).

065
12. 국회직 9급

국적은 국가의 생성과 더불어 당연히 존재하는 것이 아니라 성문의 법령을 통하여 비로소 존재하게 된다.
O | X

해설

> [X] 국적은 국가의 생성과 더불어 발생하고 국가의 소멸은 바로 국적의 상실사유인 것이다. 국적은 성문의 법령을 통해서가 아니라 국가의 생성과 더불어 존재하는 것이므로, 헌법의 위임에 따라 국적법이 제정되나 그 내용은 국가의 구성요소인 국민의 범위를 구체화·현실화하는 헌법사항을 규율하고 있는 것이다(헌재 2000.8.31, 97헌가12).

066
13. 국회직

복수국적자로서 대한민국에서 외국 국적을 행사하지 아니하겠다는 뜻을 서약한 자가 그 뜻에 현저히 반하는 행위를 한 경우 법무부장관은 청문을 거쳐 대한민국 국적의 상실을 결정할 수 있다.
O | X

해설

> [X] 법무부장관은 복수국적자로서 대한민국에서 외국 국적을 행사하지 아니하겠다는 뜻을 서약한 자가 그 뜻에 현저히 반하는 행위를 한 경우에는 6개월 내에 하나의 국적을 선택할 것을 명할 수 있다(국적법 제14조의3 제2항). 국적선택의 명령을 받은 자가 대한민국 국적을 선택하려면 외국 국적을 포기하여야 한다. 또한 국적선택의 명령을 받고도 이를 따르지 아니한 자는 그 기간이 지난 때에 대한민국 국적을 상실한다(동법 제14조의3 제3항·제4항).

067
14. 국회직 8급

북한이탈주민의 보호 및 정착 지원에 관한 법률에 따르면 북한을 벗어난 후 외국의 국적을 취득한 자는 '북한이탈주민'으로 보호된다.
O | X

해설

> [X] '북한이탈주민'이란 군사분계선 이북지역(이하 '북한'이라 한다)에 주소, 직계가족, 배우자, 직장 등을 두고 있는 사람으로서 북한을 벗어난 후 외국 국적을 취득하지 아니한 사람을 말한다(북한이탈주민의 보호 및 정착지원에 관한 법률 제2조 제1호).

068
14. 국회직 8급

국적법은 출생이나 그 밖에 국적법에 따라 대한민국 국적과 외국 국적을 함께 가지게 된 자, 즉 복수국적자는 대한민국의 법령 적용에 있어서 대한민국 국민과 외국 국민으로 처우한다.
O | X

해설

> [X] 출생이나 그 밖에 이 법에 따라 대한민국 국적과 외국 국적을 함께 가지게 된 사람으로서 대통령령으로 정하는 사람(이하 '복수국적자'라 한다)은 대한민국의 법령 적용에서 대한민국 국민으로만 처우한다(국적법 제11조의2 제1항).

069
14. 법무사

병역을 기피할 목적으로 대한민국 국적을 상실하였거나 이탈하였던 자에 대한 법무부장관의 국적회복허가는 재량사항이다.
O | X

해설

> [X] 법무부장관은 병역을 기피할 목적으로 대한민국 국적을 상실하였거나 이탈하였던 사람에게는 국적회복을 허가하지 아니한다(국적법 제9조 제2항 참조). 즉, 법무부장관의 재량사항이 아니다.

남북교류협력에 관한 법률과 국가보안법의 상호관계에 대해서, 헌법재판소는 양 법률의 규제대상이 동일한 점을 들어 일반법과 특별법의 관계로 파악하고 있다. O | X

해설

[X] 국가보안법은 국가의 안정을 위태롭게 하는 반국가활동을 규제함으로써 국가의 안전과 국민의 생존 및 자유를 확보함을 목적으로 하여 제정된 법률이고, 남북교류협력에 관한 법률은 남한과 북한과의 상호교류와 협력을 촉진하기 위하여 필요한 사항을 규정함을 목적으로 하여 제정된 법률로서 상호 그 입법취지와 규제대상을 달리하고 있을 뿐만 아니라, 구 국가보안법 제6조 제1항의 잠입·탈출죄는 국가의 존립·안전을 위태롭게 하거나 자유민주적 기본질서에 위해를 준다는 정을 알면서 반국가단체의 지배하에 있는 지역으로부터 '잠입'하거나 그 지역으로 '탈출'하는 경우에 성립한다고 해석되고, 남북교류협력에 관한 법률 제27조 제2항 제1호의 죄는 재외국민이 재외공관의 장에게 신고하지 아니하고 외국에서 북한을 '왕래'한 경우에 성립하며 여기서 말하는 '왕래'라 함은 남한과 북한간의 상호교류 및 협력을 목적으로 하는 왕래에 한한다고 해석되므로 양자는 그 구성요건을 달리한다(헌재 1993.7.29, 92헌바48).

배우자가 대한민국 국민인 외국인으로서 그 배우자와 혼인에 따라 출생한 미성년의 자를 양육하고 있거나 양육하여야 할 자는 법무부장관이 상당하다고 인정하는 경우에 거주기간과 주소에 관계없이 귀화허가를 받을 수 있다. O | X

해설

[X] 혼인에 의한 간이귀화의 요건을 충족하지 못하였으나, 그 배우자와의 혼인에 따라 출생한 미성년의 자(子)를 양육하고 있거나 양육하여야 할 사람으로서 2년(혼인한 후 3년 미경과)이나 1년(혼인한 후 3년 경과)의 기간을 채웠고 법무부장관이 상당하다고 인정하는 사람은 귀화허가를 받을 수 있다(국적법 제6조 제2항 참조). 이 경우에도 거주기간과 주소요건은 충족하여야 한다.

국적법상 부모가 모두 국적이 없는 경우에는 대한민국에서 출생하더라도 대한민국의 국적을 취득할 수 없다. O | X

해설

[X] 부모가 모두 분명하지 아니한 경우나 국적이 없는 경우에는 대한민국에서 출생한 자는 출생과 동시에 대한민국 국적을 취득한다(국적법 제2조 제1항 제3호 참조). 국적법은 원칙적으로 속인주의(혈통주의)를 채택하고 있지만, 예외적으로 속지주의를 가미하고 있다.

공무원이 그 직무상 대한민국 국적을 상실한 자를 발견하면 3개월 이내에 법무부장관에게 그 사실을 통보하여야 한다. O | X

해설

[X] 공무원이 그 직무상 대한민국 국적을 상실한 자를 발견하면 지체 없이 법무부장관에게 그 사실을 통보하여야 한다.

074

22. 경찰간부

복수국적자로서 외국 국적을 선택하려는 자는 외국에 주소가 있는 경우에만 주소지 관할 재외공관의 장을 거쳐 법무부장관에게 대한민국 국적을 이탈한다는 뜻을 신고할 수 있다.　　O | X

해설

[O] 국적법 제14조 【대한민국 국적의 이탈 요건 및 절차】① 복수국적자로서 외국 국적을 선택하려는 자는 외국에 주소가 있는 경우에만 주소지 관할 재외공관의 장을 거쳐 법무부장관에게 대한민국 국적을 이탈한다는 뜻을 신고할 수 있다. 다만, 제12조 제2항 본문 또는 같은 조 제3항에 해당하는 자는 그 기간 이내에 또는 해당사유가 발생한 때부터만 신고할 수 있다.

075

22. 경찰 2차

국적회복과 귀화는 모두 외국인이 후천적으로 법무부장관의 허가라는 주권적 행정절차를 통하여 대한민국 국적을 취득하는 제도라는 점에서 동일하나, 귀화는 대한민국 국적을 취득한 사실이 없는 순수한 외국인이 법무부장관의 허가를 받아 대한민국 국적을 취득할 수 있도록 하는 절차인 데 비해, 국적회복허가는 한 때 대한민국 국민이었던 자를 대상으로 한다는 점, 귀화는 일정한 요건을 갖춘 사람에게만 허가할 수 있는 반면, 국적회복허가는 일정한 사유에 해당하는 사람에 대해서만 국적회복을 허가하지 아니한다는 점에서 차이가 있다.　　O | X

해설

[O] 국적회복이란 한 때 대한민국 국민이었던 외국인이 법무부장관의 국적회복허가를 받아 대한민국의 국적을 취득하는 것을 말한다(국적법 제9조 제1항). 국적회복과 귀화는 모두 외국인이 후천적으로 법무부장관의 허가라는 주권적 행정절차를 통하여 대한민국 국적을 취득하는 제도라는 점에서 동일하나, 귀화는 대한민국 국적을 취득한 사실이 없는 순수한 외국인이 법무부장관의 허가를 받아 대한민국 국적을 취득할 수 있도록 하는 절차인 데 비해(국적법 제4조 내지 제7조), 국적회복허가는 한 때 대한민국 국민이었던 자를 대상으로 한다는 점, 귀화는 일정한 요건을 갖춘 사람에게만 허가할 수 있는 반면(국적법 제5조 내지 제7조), 국적회복허가는 일정한 사유에 해당하는 사람에 대해서만 국적회복을 허가하지 아니한다는 점(국적법 제9조 제2항)에서 차이가 있다. 국적법이 이처럼 귀화제도와 국적회복제도를 구분하고 있는 것은 과거 대한민국 국민이었던 자의 국적취득절차를 간소화함으로써 국적취득상의 편의를 증진시키고자 하는 것이다(헌재 2020.2.27, 2017헌바434).

076

22. 경찰간부

출생 당시에 모가 자녀에게 외국 국적을 취득하게 할 목적으로 외국에서 체류 중이었던 사실이 인정되는 자는 외국 국적을 포기한 경우에만 대한민국 국적을 선택한다는 뜻을 신고할 수 있다.　　O | X

해설

[O] 국적법 제13조 【대한민국 국적의 선택 절차】③ 제1항 및 제2항 단서에도 불구하고 출생 당시에 모가 자녀에게 외국 국적을 취득하게 할 목적으로 외국에서 체류 중이었던 사실이 인정되는 자는 외국 국적을 포기한 경우에만 대한민국 국적을 선택한다는 뜻을 신고할 수 있다.

077

05. 입시

영토조항에 불구하고 통일조항에 입각하여 북한을 국가로 승인할 수 있다는 것이 헌법재판소 판례이다.   O | X

해설

[X] 헌법재판소는 "비록 남·북한이 유엔(U.N)에 동시가입하였다고 하더라도, 이는 '유엔헌장'이라는 다변조약(多變條約)에의 가입을 의미하는 것으로서 유엔헌장 제4조 제1항의 해석상 신규가맹국이 '유엔(U.N)'이라는 국제기구에 의하여 국가로 승인받는 효과가 발생하는 것은 별론으로 하고, 그것만으로 곧 다른 가맹국과의 관계에 있어서도 당연히 상호간에 국가승인이 있었다고는 볼 수 없다는 것이 현실 국제정치상의 관례이고 국제법상의 통설적인 입장이다(헌재 1997.1.16, 92헌바6 등)."라고 하여 국가로 승인하지는 않고 있다.

078

22. 국회직 8급
09. 사시
06. 법행

개별 법률의 적용 내지 준용에 있어서 남북한의 특수관계적 성격을 고려하더라도 북한지역을 외국에 준하는 지역으로, 북한주민 등을 외국인에 준하는 지위에 있는 자로 규정할 수 없다.   O | X

해설

[X] 우리 헌법이 "대한민국의 영토는 한반도와 그 부속도서로 한다."는 영토조항(제3조)을 두고 있는 이상 대한민국의 헌법은 북한지역을 포함한 한반도 전체에 그 효력이 미치고 따라서 북한지역은 당연히 대한민국의 영토가 되므로, 북한을 법 소정의 '외국'으로, 북한의 주민 또는 법인 등을 '비거주자'로 바로 인정하기는 어렵지만, 개별 법률의 적용 내지 준용에 있어서는 남북한의 특수관계적 성격을 고려하여 북한지역을 외국에 준하는 지역으로, 북한주민 등을 외국인에 준하는 지위에 있는 자로 규정할 수 있다고 할 것이다(헌재 2005.6.30, 2003헌바114).

079

11. 경정승진

북한의 의과대학은 헌법 제3조의 영토조항에도 불구하고 국내대학으로 인정될 수 없다.   O | X

해설

[O] 청구인과 같은 탈북의료인에게 국내 의료면허를 부여할 것인지 여부는 북한의 의학교육 실태와 탈북의료인의 의료수준, 탈북의료인의 자격증명방법 등을 고려하여 입법자가 그의 입법형성권의 범위 내에서 규율할 사항이지, 헌법조문이나 헌법해석에 의하여 바로 입법자에게 국내 의료면허를 부여할 입법의무가 발생한다고 볼 수는 없으므로, 이 사건 입법부작위의 위헌확인을 구하는 예비적 청구 부분은 부적법하다(헌재 2006. 11.30, 2006헌마679).

080

11. 경정승진

영토에 관한 권리를 이를테면 영토권이라 구성하여 이를 헌법소원의 대상인 기본권의 하나로 간주하는 것은 가능하다.   O | X

해설

[O] 국민의 개별적 기본권이 아니라 할지라도 기본권 보장의 실질화를 위하여서는, 영토조항만을 근거로 하여 독자적으로는 헌법소원을 청구할 수 없다 할지라도, 모든 국가권능의 정당성의 근원인 국민의 기본권 침해에 대한 권리구제를 위하여 그 전제조건으로서 영토에 관한 권리를, 이를테면 영토권이라 구성하여, 이를 헌법소원의 대상인 기본권의 하나로 간주하는 것은 가능한 것으로 판단된다(헌재 2001.3.21, 99헌마139).

081
10. 지방직
04. 국회직 8급

영토는 국가구성요소에 해당하므로 영토조항만을 근거로 하여 국민의 개별적 기본권을 인정하는 것은 가능하다. ㅇ I X

해설

[X] 국민의 개별적 기본권도 부정하며, 영토조항만을 근거로 하여 독자적으로는 헌법소원을 청구할 수도 없다고 본다(헌재 2001.3.21, 99헌마139).

082
08. 사시

1992년 2월 19일 발효된 남북 사이의 화해와 불가침 및 교류 · 협력에 관한 합의서는 남북한 당국간에 체결 · 발효된 합의문서로서 국가간의 조약에 준하는 것으로 볼 수 있다. ㅇ I X

해설

[X] 소위 남북합의서는 남북관계를 '나라와 나라 사이의 관계가 아닌 통일을 지향하는 과정에서 잠정적으로 형성되는 특수관계'(전문 참조)임을 전제로 하여 이루어진 합의문서인바, 이는 한민족공동체 내부의 특수관계를 바탕으로 한 당국간의 합의로서 남북당국의 성의 있는 이행을 상호 약속하는 일종의 공동성명 또는 신사협정에 준하는 성격을 가짐에 불과하다(헌재 1997.1.16, 92헌바6).

083
12. 경정승진

헌법상 통일 관련 조항들로부터 국민 개개인의 통일에 대한 기본권이 직접 인정되지는 않지만, 국가기관에 대하여 통일에 관련된 일정한 행동을 요구할 수 있는 권리는 도출된다. ㅇ I X

해설

[X] 헌법상의 여러 통일 관련 조항들은 국가의 통일의무를 선언한 것이기는 하지만, 그로부터 국민 개개인의 통일에 대한 기본권, 특히 국가기관에 대하여 통일과 관련된 구체적인 행위를 요구하거나 일정한 행동을 할 수 있는 권리가 도출된다고 볼 수는 없다(헌재 2000.7.20, 98헌바63).

084
16. 국가직

북한주민은 대일항쟁기 강제동원 피해조사 및 국외 강제동원희생자 등 지원에 관한 특별법상 위로금 지급 제외대상인 '대한민국 국적을 갖지 아니한 사람'에 해당한다. ㅇ I X

해설

[X] 우리 헌법이 대한민국의 영토는 한반도와 그 부속도서로 한다는 영토조항을 두고 있는 이상 대한민국 헌법은 북한 지역을 포함한 한반도 전체에 효력이 미치므로 북한 지역도 당연히 대한민국의 영토가 되고, 북한주민 역시 일반적으로 대한민국 국민에 포함되는 점, 강제동원조사법은 위로금 지원 제외대상을 '대한민국 국적을 갖지 아니한 사람'으로 정하고 있을 뿐, 북한주민을 지원대상에서 제외하는 명시적인 규정을 두고 있지 않은 점, 일제에 의한 강제동원으로 피해를 입은 사람 등의 고통을 치유하고자 하는 위 법의 입법목적에 비추어 적용 범위를 남북 분단과 6 · 25 등으로 의사와 무관하게 북한정권의 사실상 지배 아래 놓이게 된 군사분계선 이북 지역의 주민 또는 그의 유족을 배제하는 방향으로 축소해석할 이유가 없는 점 등을 종합하면, 북한주민은 강제동원조사법상 위로금 지급 제외대상인 '대한민국 국적을 갖지 아니한 사람'에 해당하지 않는다(대판 2016.1.28, 2011두24675).

085
16. 국회직 9급

부(父) 또는 모(母)가 대한민국의 국민이었던 외국인은 대한민국에 일정기간 거주하지 않아도 귀화허가를 받을 수 있다. ○ㅣX

해설

> [X] 부 또는 모가 대한민국의 국민이었던 외국인으로서 대한민국에 3년 이상 계속하여 주소가 있는 자는 귀화허가를 받을 수 있다(국적법 제6조 제1항 제1호 참조).

086
17. 법행

대한민국에 특별한 공로가 있는 외국인은 대한민국에 주소가 없어도 귀화허가를 받을 수 있다. ○ㅣX

해설

> [X] 대한민국에 특별한 공로가 있는 외국인으로서 대한민국에 주소가 있는 사람은 제5조 제1호ㆍ제1호의2ㆍ제2호 또는 제4호의 요건을 갖추지 아니하여도 귀화허가를 받을 수 있다(국적법 제7조 제1항 참조).

087
17. 법행

대한민국 국적을 취득한 외국인으로서 외국 국적도 가지고 있던 사람이 대한민국 국적을 취득한 날로부터 1년 이내에 외국 국적을 포기하지 아니하여 대한민국 국적을 상실하였더라도, 그 후 1년 내에 그 외국 국적을 포기하면 법무부장관에게 신고함으로써 대한민국 국적을 재취득할 수 있다. ○ㅣX

해설

> [O] 대한민국 국적을 취득한 외국인으로서 외국 국적을 가지고 있는 자는 대한민국 국적을 취득한 날부터 1년 내에 그 외국 국적을 포기하여야 한다(국적법 제10조 제1항). 제1항 또는 제2항을 이행하지 아니한 자는 그 기간이 지난 때에 대한민국 국적을 상실(喪失)한다(동법 제10조 제3항). 제10조 제3항에 따라 대한민국 국적을 상실한 자가 그 후 1년 내에 그 외국 국적을 포기하면 법무부장관에게 신고함으로써 대한민국 국적을 재취득할 수 있다(동법 제11조 제1항).

088
17. 법행

외국인이 귀화허가를 받기 위해서는 '품행이 단정할 것'의 요건을 갖추도록 규정한 국적법 제5조 제3호는 명확성원칙에 위배된다. ○ㅣX

해설

> [X] 외국인이 귀화허가를 받기 위해서는 '품행이 단정할 것'의 요건을 갖추도록 한 국적법 제5조 제3호는 명확성원칙에 위배되지 않는다(헌재 2016.7.28, 2014헌바421).

089
17. 법행

외국인으로서 대한민국의 국민인 부 또는 모에 의하여 인지된 사람은 국적법에 따라 법무부장관에게 신고함으로써 출생시로 소급하여 대한민국 국적을 취득할 수 있다. ○ㅣX

해설

> [X] 대한민국의 국민이 아닌 자(외국인)로서 대한민국의 국민인 부 또는 모에 의하여 인지(認知)된 자가 제1호ㆍ제2호의 요건을 모두 갖추면 법무부장관에게 신고함으로써 대한민국 국적을 취득할 수 있다(국적법 제3조 제1항 참조). 제1항에 따라 신고한 자는 그 신고를 한 때에 대한민국 국적을 취득한다(동법 제3조 제2항).

090
19. 국가직

법무부장관은 거짓이나 그 밖의 부정한 방법으로 귀화허가를 받은 자에 대하여 그 허가를 취소할 수 있으며, 법무부장관의 취소권 행사기간은 귀화허가를 한 날로부터 6개월 이내이다. O I X

해설

[X] 부정한 방법으로 귀화허가를 받았음에도 상당기간이 경과하였다고 하여 귀화허가의 효력을 그대로 둔 채 행정형벌이나 행정질서벌 등으로 제재를 가하는 것은 부정한 방법에 의한 국적취득을 용인하는 결과가 된다. 이 사건 법률조항의 위임을 받은 시행령은 귀화허가취소사유를 구체적이고 한정적으로 규정하고 있을 뿐 아니라, 법무부장관의 재량으로 위법의 정도, 귀화허가 후 형성된 생활관계, 귀화허가취소시 받게 될 당사자의 불이익 등은 물론 귀화허가시부터 취소시까지의 시간의 경과 정도 등을 고려하여 취소권 행사 여부를 결정하도록 하고 있으며, 귀화허가가 취소된다고 하더라도 외국인으로서 체류허가를 받아 계속 체류하거나 종전의 하자를 치유하여 다시 귀화허가를 받을 수 있으므로, 이 사건 법률조항이 귀화허가취소권의 행사기간을 제한하지 않았다고 하더라도 침해의 최소성원칙에 위배되지 아니한다. 한편, 귀화허가가 취소되는 경우 국적을 상실하게 됨에 따른 불이익을 받을 수 있으나, 국적 관련 행정의 적법성 확보라는 공익이 훨씬 더 크므로 법익균형성의 원칙에도 위배되지 아니한다. 따라서 이 사건 법률조항은 거주·이전의 자유 및 행복추구권을 침해하지 아니한다(헌재 2015.9.24, 2015헌바26).

091
21. 경정승진

대한민국의 국민만이 누릴 수 있는 권리 중 대한민국의 국민이었을 때 취득한 것으로서 양도할 수 있는 것은 그 권리와 관련된 법령에서 따로 정한 바가 없으면 2년 내에 대한민국의 국민에게 양도하여야 한다. O I X

해설

[X] | 국적법 제18조【국적상실자의 권리 변동】② 제1항에 해당하는 권리 중 대한민국의 국민이었을 때 취득한 것으로서 양도(讓渡)할 수 있는 것은 그 권리와 관련된 법령에서 따로 정한 바가 없으면 3년 내에 대한민국의 국민에게 양도하여야 한다.

092
22. 경정승진

영토조항만을 근거로 하여 독자적으로 헌법소원을 청구할 수 있다. O I X

해설

[X] "헌법전문에 기재된 3.1정신"은 우리나라 헌법의 연혁적·이념적 기초로서 헌법이나 법률해석에서의 해석 기준으로 작용한다고 할 수 있지만, 그에 기하여 곧바로 국민의 개별적 기본권성을 도출해낼 수는 없다고 할 것이므로, 헌법소원의 대상인 "헌법상 보장된 기본권"에 해당하지 아니한다. 국민의 개별적 기본권이 아니라 할지라도 기본권보장의 실질화를 위하여서는, 영토조항만을 근거로 하여 독자적으로는 헌법소원을 청구할 수 없다(헌재 2001.3.21, 99헌마139).

093
22. 경정승진

국민의 기본권 침해에 대한 권리구제를 위하여 그 전제조건으로서 영토에 관한 권리를 영토권이라 구성하여, 이를 헌법소원의 대상인 기본권으로 간주하는 것은 가능하다. O I X

해설

[O] 모든 국가권능의 정당성의 근원인 국민의 기본권 침해에 대한 권리구제를 위하여 그 전제조건으로서 영토에 관한 권리를, 이를테면 영토권이라 구성하여, 이를 헌법소원의 대상인 기본권의 하나로 간주하는 것은 가능한 것으로 판단된다(헌재 2001.3.21, 99헌마139).

□□□
094
22. 경정승진

외국환거래의 일방 당사자가 북한의 주민일 경우 그는 남북교류협력에 관한 법률상 '북한의 주민'에 해당하는 것이므로, 북한의 조선아시아태평양위원회가 외국환거래법 제15조에서 말하는 '거주자'나 '비거주자'에 해당하는지 또는 남북교류협력에 관한 법률상 '북한의 주민'에 해당하는지 여부는 법률해석의 문제에 불과한 것이고, 헌법 제3조의 영토조항과는 관련이 없다. O | X

해설

[O] 당해사건과 같이 남한과 북한 주민 사이의 외국환 거래에 대하여는 법 제15조 제3항에 규정되어 있는 "거주자 또는 비거주자" 부분, 즉 대한민국 안에 주소를 둔 개인 또는 법인인지 여부가 문제되는 것이 아니라, 남북교류협력에 관한 법률(이하 '남북교류법'이라 한다) 제26조 제3항의 "남한과 북한", 즉 군사분계선 이남지역과 그 이북지역의 주민인지 여부가 문제되는 것이다. 즉, 외국환거래의 일방 당사자가 북한의 주민일 경우 그는 이 사건 법률조항의 '거주자' 또는 '비거주자'가 아니라 남북교류법의 '북한의 주민'에 해당하는 것이다. 그러므로, 당해사건에서 아태위원회가 법 제15조 제3항에서 말하는 '거주자'나 '비거주자'에 해당하는지 또는 남북교류법상 '북한의 주민'에 해당하는지 여부는 법률해석의 문제에 불과한 것이고, 헌법 제3조의 영토조항과는 관련이 없다(헌재 2005.6.30, 2003헌바114).

□□□
095
23. 경찰간부

저작권법의 효력은 헌법 제3조에도 불구하고 대한민국의 주권 범위 밖에 있는 북한지역에 미치지 않는다. O | X

해설

[X] 헌법 제3조는 북한지역도 대한민국의 영토임을 선언하고 있으므로, 우리나라 저작권법의 효력은 대한민국의 주권 범위 내에 있는 북한지역에도 미친다(서울고법 2006.3.29, 2004나14033). 저작재산권은 특별한 경우를 제외하고는 저작자가 생존하는 동안과 사망 후 50년간 존속한다고 규정하고 있다. 그리고 이 법규정의 효력은 대한민국 헌법 제3조에 의하여 여전히 대한민국의 주권 범위 내에 있는 북한지역에도 미치는 것이다(대판 1990.9.28, 89누6396).

제3절 한국헌법의 기본원리

□□□
096
12. 변호사

구 세무사법상 일정한 경력 이상의 국세 관련 공무원들에 대한 자동적 세무사자격 부여제도는 그것이 40년 동안 유지되어 왔다고 하더라도, 특정한 공무원들에 대한 특혜에 불과하여 이에 대한 신뢰는 헌법적으로 보호할 가치가 있는 신뢰에 해당하지 않으므로, 신법 시행일 후 1년까지 구법상의 자격요건을 갖추게 되는 경력공무원에게만 구법규정을 적용하여 세무사자격이 부여되도록 한 세무사법 부칙조항은 그때까지 동 자격요건을 갖추지 못하는 다른 세무공무원들의 신뢰이익을 침해하는 것이 아니다. O | X

해설

[X] 청구인들의 입장에서는 이러한 제도가 단시일 내에 폐지 또는 변경되리라고 예상할 만한 별다른 사정도 없었다. 또한, 청구인들이 급여나 대우 등의 면에서 보다 유리한 직장이나 부서를 마다하고 국세관서에서 5급 이상 공무원으로 장기간 종사하기로 결정한 데에는 이러한 세무사자격 부여에 대한 강한 기대 내지 신뢰가 중요한 바탕이 되었을 것임은 결코 부인할 수 없다. 그러나 국세 관련 경력공무원에 대하여 세무사자격을 부여해 온 조치는 그간 오랫동안 존속해오던 제도로서 청구인들의 신뢰이익을 침해하면서까지 시급하게 폐지하여야 할 긴절하고도 급박한 사정이 없거니와 … 신뢰이익을 과도하게 침해한 것으로서 헌법에 위반된다(헌재 2001.9.27, 2000헌마152).

097

12. 경정승진
08. 국회직
06. 입시

세무당국에 사업자등록을 하고 운전교습에 종사해 왔음에도 불구하고, 자동차운전학원으로 등록한 경우에만 자동차운전교습업을 영위할 수 있도록 법률을 개정하는 것은 관련자들의 정당한 신뢰를 침해하는 것이다. O | X

해설

[X] 청구인들이 비록 세무당국에 사업자등록을 하고 운전교습업에 종사하였다고 하더라도, 사업자등록은 과세행정상의 편의를 위하여 납세자의 인적사항 등을 공부에 등재하는 행위에 불과하므로 운전교습업의 계속에 대하여 국가가 신뢰를 부여하였다고 보기도 어렵다. 따라서 신뢰보호의 전제가 되는 선행하는 법적 상태에 대한 신뢰 자체를 인정할 수 없는 이 사건에 있어 신뢰보호원칙에 위배하여 청구인들의 재산권과 직업의 자유를 침해하였다는 청구인들의 주장 역시, 더 나아가 살필 필요도 없이 이유 없다(헌재 2003.9.25, 2001헌마447).

098

01. 법무사

헌법재판소 판례에 의하면 헌법 전문은 헌법제정의 역사적 설명에 불과하거나 제정 유래나 목적 또는 헌법제정에 있어서의 국민의 의사를 선언한 것으로서 규범으로서의 효력은 없다고 한다. O | X

해설

[X] 우리 헌법의 전문과 본문의 전체에 담겨있는 최고 이념은 국민주권주의와 자유민주주에 입각한 입헌민주헌법의 본질적 기본원리에 기초하고 있다. 기타 헌법상의 제원칙도 여기에서 연유되는 것이므로 이는 헌법전을 비롯한 모든 법령해석의 기준이 되고, 입법형성권 행사의 한계와 정책결정의 방향을 제시하며, 나아가 모든 국가기관과 국민이 존중하고 지켜가야 하는 최고의 가치규범이다(헌재 1989.9.8, 88헌가6).

099

10. 지방직

헌법 전문에서 대한민국임시정부의 법통을 계승한다고 선언하고 있다고 하더라도 국가가 독립유공자와 그 유족에 대하여 응분의 예우를 하여야 할 헌법적 의무를 지는 것은 아니다. O | X

해설

[X] 헌법은 국가유공자 인정에 관하여 명문 규정을 두고 있지 않으나 전문(前文)에서 '3 · 1운동으로 건립된 대한민국임시정부의 법통을 계승'한다고 선언하고 있다. 이는 대한민국이 일제에 항거한 독립운동가의 공헌과 희생을 바탕으로 이룩된 것임을 선언한 것이고, 그렇다면 국가는 일제로부터 조국의 자주독립을 위하여 공헌한 독립유공자와 그 유족에 대하여는 응분의 예우를 하여야 할 헌법적 의무를 지닌다(헌재 2005.6.30, 2004헌마859).

100

09. 법행
08. 국가직

신뢰보호의 원칙은 법률이나 그 하위법규의 개폐에만 적용될 뿐, 국가관리의 입시제도와 같은 제도운영지침의 개폐에는 적용되지 않는다. O | X

해설

[X] 헌법상의 법치국가원리의 파생원칙인 신뢰보호의 원칙은 국민이 법률적 규율이나 제도가 장래에도 지속할 것이라는 합리적인 신뢰를 바탕으로 이에 적응하여 개인의 법적 지위를 형성해 왔을 때에는 국가로 하여금 그와 같은 국민의 신뢰를 되도록 보호할 것을 요구한다. 따라서 법규나 제도의 존속에 대한 개개인의 신뢰가 그 법규나 제도의 개정으로 침해되는 경우에 상실된 신뢰의 근거 및 종류와 신뢰이익의 상실로 인한 손해의 정도 등과 개정규정이 공헌하는 공공복리의 중요성을 비교교량하여 현존상태의 지속에 대한 신뢰가 우선되어야 한다고 인정될 때에는 규범정립자는 지속적 또는 과도적으로 그 신뢰보호에 필요한 조치를 취하여야 할 의무가 있다. 이 원칙은 법률이나 그 하위법규뿐만 아니라 국가관리의 입시제도와 같이 국 · 공립대학의 입시전형을 구속하여 국민의 권리에 직접 영향을 미치는 제도운영지침의 개폐에도 적용되는 것이다(헌재 1997.7.16, 97헌마38).

101

21. 경정승진

신뢰보호원칙의 위반 여부는 한편으로는 침해되는 이익의 보호가치, 침해의 정도, 신뢰의 손상 정도, 신뢰침해의 방법 등과 또 다른 한편으로는 새로운 입법을 통하여 실현하고자 하는 공익적 목적 등을 종합적으로 형량하여야 한다.　　　　　　O | X

해설

[O] 신뢰보호의 원칙의 위배 여부는 한편으로는 침해받은 이익의 보호가치, 침해의 중한 정도, 신뢰가 손상된 정도, 신뢰침해의 방법 등과 다른 한편으로는 새 입법을 통해 실현하고자 하는 공익적 목적을 종합적으로 비교·형량하여 판단하여야 하는데, 이 사건의 경우 투자유인이라는 입법목적을 감안하더라도 그로 인한 공익의 필요성이 구법에 대한 신뢰보호보다 간절한 것이라고 보여지지 아니한다(헌재 1995.10.26, 94헌바12).

102

20. 국가직

사회환경이나 경제여건의 변화에 따른 필요성에 의하여 법률이 신축적으로 변할 수 있고, 변경된 새로운 법질서와 기존의 법질서 사이에 이해관계의 상충이 불가피하더라도 국민이 가지는 모든 기대 내지 신뢰는 헌법상 권리로서 보호되어야 한다.　　　　　　O | X

해설

[X] 사회환경이나 경제여건의 변화에 따른 정책적인 필요에 의하여 공권력행사의 내용은 신축적으로 바뀔 수밖에 없고, 그 바뀐 공권력행사에 의하여 발생된 새로운 법질서와 기존의 법질서와의 사이에는 어느 정도 이해관계의 상충이 불가피하므로 국민들의 국가의 공권력행사에 관하여 가지는 모든 기대 내지 신뢰가 절대적인 권리로서 보호되는 것은 아니라고 할 것이다(헌재 1996.4.25, 94헌마119).

103

11. 사시

이미 문화적 가치로 성숙한 종교적인 의식, 행사, 유형물일지라도 이를 위한 국가의 지원은 국가중립주의를 본질로 하는 문화국가원리에 위배되며, 정교분리원칙에 반한다.　　　　　　O | X

해설

[X] 오늘날 종교적인 의식 또는 행사가 하나의 사회공동체의 문화적인 현상으로 자리잡고 있으므로, 어떤 의식, 행사, 유형물 등이 비록 종교적인 의식, 행사 또는 상징에서 유래되었다고 하더라도 그것이 이미 우리 사회공동체 구성원들 사이에서 관습화된 문화요소로 인식되고 받아들여질 정도에 이르렀다면, 이는 정교분리원칙이 적용되는 종교의 영역이 아니라 헌법적 보호가치를 지닌 문화의 의미를 갖게 된다. 그러므로 이와 같이 이미 문화적 가치로 성숙한 종교적인 의식, 행사, 유형물에 대한 국가 등의 지원은 일정 범위 내에서 전통문화의 계승·발전이라는 문화국가원리에 부합하며 정교분리원칙에 위배되지 않는다(대판 2009.5.28, 2008두16933).

104

13. 법원직

우리 헌법은 명문으로 사회국가원리를 천명하고 있다.　　　　　　O | X

해설

[X] 우리 헌법은 사회국가원리를 명문으로 규정하지 않고, 헌법 전문, 인간다운 생활을 할 권리를 비롯한 사회적 기본권의 보장(헌법 제31조 내지 제36조), 경제영역에서 적극적으로 계획하고 유도하고 재분배하여야 할 국가의 의무를 규정하는 경제에 관한 조항(헌법 제119조 제2항 이하) 등을 통하여 간접적으로 사회국가원리를 수용하고 있다(헌재 2004.10.28, 2002헌마328).

105
11. 국회직 8급

체계정당성의 원리는 동일 규범 내에서 또는 상이한 규범간에 그 규범의 구조나 내용 또는 규범의 근거가 되는 원칙면에서 상호 배치되거나 모순되어서는 안 된다는 하나의 헌법적 요청으로서 이에 위반한 경우에는 위헌이 된다. O | X

해설

[X] 체계정당성의 원리라는 것은 동일 규범 내에서 또는 상이한 규범간에 그 규범의 구조나 내용 또는 규범의 근거가 되는 원칙면에서 상호 배치되거나 모순되어서는 아니 된다는 하나의 헌법적 요청이다. 즉, 이는 규범 상호간의 구조와 내용 등이 모순됨이 없이 체계와 균형을 유지하도록 입법자를 기속하는 헌법적 원리라고 볼 수 있다. 이처럼 규범 상호간의 체계정당성을 요구하는 이유는 입법자의 자의를 금지하여 규범의 명확성, 예측가능성 및 규범에 대한 신뢰와 법적 안정성을 확보하기 위한 것이고 이는 국가공권력에 대한 통제와 이를 통한 국민의 자유와 권리의 보장을 이념으로 하는 법치주의원리로부터 도출되는 것이라고 할 수 있다. 그러나 일반적으로 일정한 공권력작용이 체계정당성에 위반한다고 해서 곧 위헌이 되는 것은 아니고, 그것이 위헌이 되기 위해서는 결과적으로 비례의 원칙이나 평등의 원칙 등 일정한 헌법의 규정이나 원칙을 위반하여야 한다(헌재 2010.6.24, 2007헌바101).

106
13. 법원직

특허청 경력공무원에 대하여 변리사자격을 부여해 왔던 변리사법을 개정하여, 기존 특허청공무원 중 일부에게만 구법을 적용하여 변리사자격을 부여하도록 한 변리사법 부칙 제3항은 신뢰보호원칙에 위배되지 않는다. O | X

해설

[X] 청구인들의 변리사자격 부여에 대한 신뢰는 보호할 필요성이 있는 합리적이고도 정당한 신뢰라 할 것이고, 위 변리사법 제3조 제1항 등의 개정으로 말미암아 청구인들이 입게 된 불이익의 정도, 즉 신뢰이익의 침해 정도는 중대하다고 아니할 수 없는 반면, 청구인들의 신뢰이익을 침해함으로써 일반응시자와의 형평을 제고한다는 공익은 위와 같은 신뢰이익 제한을 헌법적으로 정당화할 만한 사유라고 보기 어렵다. 그러므로 기존 특허청 경력공무원 중 일부에게만 구법 규정을 적용하여 변리사자격이 부여되도록 규정한 위 변리사법 부칙 제3항은 충분한 공익적 목적이 인정되지 아니함에도 청구인들의 기대가치 내지 신뢰이익을 과도하게 침해한 것으로서 헌법에 위반된다(헌재 2001.9.27, 2000헌마208 등).

107
12. 국회직 9급

헌법의 기본원리는 구체적 기본권을 도출하는 근거가 되며, 기본권의 해석 및 기본권 제한입법의 합헌심사에 있어 해석기준의 하나로 작용한다. O | X

해설

[X] 헌법의 기본원리는 헌법의 이념적 기초인 동시에 헌법을 지배하는 지도원리로서 입법이나 정책결정의 방향을 제시하며 공무원을 비롯한 모든 국민·국가기관이 헌법을 존중하고 수호하도록 하는 지침이 되며, 구체적 기본권을 도출하는 근거로 될 수는 없으나 기본권의 해석 및 기본권 제한입법의 합헌성 심사에 있어 해석기준의 하나로서 작용한다(헌재 1996.4.25, 92헌바47).

108
12. 법무사

국민이 소급입법을 예상할 수 있었다는 사정만으로는 진정소급입법이 정당화되어 허용된다고 할 수 없다.

O | X

해설

[X] 진정소급입법이라 할지라도 예외적으로 국민이 소급입법을 예상할 수 있었던 경우와 같이 소급입법이 정당화되는 경우에는 허용될 수 있다. 친일재산의 취득 경위에 내포된 민족배반적 성격, 대한민국임시정부의 법통 계승을 선언한 헌법 전문 등에 비추어 친일반민족행위자 측으로서는 친일재산의 소급적 박탈을 충분히 예상할 수 있었고, 친일재산 환수 문제는 그 시대적 배경에 비추어 역사적으로 매우 이례적인 공동체적 과업이므로 이러한 소급입법의 합헌성을 인정한다고 하더라도 이를 계기로 진정소급입법이 빈번하게 발생할 것이라는 우려는 충분히 불식될 수 있다. 따라서 이 사건 귀속조항은 진정소급입법에 해당하나 헌법 제13조 제2항에 반하지 않는다(헌재 2011.3.31, 2008헌바141 등).

109
14. 법원직

시혜적 소급입법은 수익적인 것이어서 헌법상 보장된 기본권을 침해할 여지가 없어 위헌 여부가 문제되지 않는다.

O | X

해설

[X] 시혜적 소급입법을 할 것인지의 여부는 입법재량의 문제로서 그 판단은 일차적으로 입법기관에 맡겨져 있는 것이므로, 이와 같은 시혜적 조치를 할 것인가를 결정함에 있어서는 국민의 권리를 제한하거나 새로운 의무를 부과하는 경우와는 달리 입법자에게 보다 광범위한 입법형성의 자유가 인정된다. 입법자는 입법목적, 사회실정이나 국민의 법감정, 법률의 개정이유나 경위 등을 참작하여 시혜적 소급입법을 할 것인가 여부를 결정할 수 있고, 그 판단은 존중되어야 하며, 그 결정이 합리적 재량의 범위를 벗어나 현저하게 불합리하고 불공정한 것이 아닌 한 헌법에 위반된다고 할 수 없다(헌재 2012.5.31, 2009헌마553).

110
15. 서울시

의무사관후보생의 병적에서 제외된 사람의 징집면제연령을 31세에서 36세로 상향 조정한 병역법 규정은 신뢰보호원칙에 위반되는 것이다.

O | X

해설

[X] 일반적으로 법률은 현실상황의 변화나 입법정책의 변경 등으로 언제라도 개정될 수 있는 것이다. 특히, 이 사건 법률조항은 직접적인 병력형성에 관한 영역으로서, 입법자가 급변하는 정세에 따라 탄력적으로 그 징집대상자의 범위를 결정함으로써 적정한 군사력을 유지하여야 하는 강력한 공익상 필요가 있기 때문에, 이에 관한 입법자의 입법형성권의 범위가 매우 넓다. 따라서 국민들은 이러한 영역에 관한 법률이 제반 사정에 따라 언제든지 변경될 수 있다는 것을 충분히 예측할 수 있다고 보아야 한다. … 종전 법률의 적용을 받던 개인의 신뢰이익의 보호가치, 그 신뢰이익의 침해정도, 신뢰이익의 보호를 고려한 경과조치의 존재, 법률 개정을 통하여 실현하고자 하는 공익목적의 중요성 등을 종합적으로 고려할 때 이 사건 법률조항은 헌법상의 신뢰보호원칙에 위배된다고 볼 수 없다(헌재 2002.11.28, 2002헌바45).

111
14. 경정승진

부진정소급입법은 원칙적으로 허용되는 것이기 때문에 위헌 여부 심사에 있어서 진정소급입법과 달리 공익과 비교형량하여 판단할 필요가 없다는 것이 헌법재판소의 입장이다.　　　　　O | X

해설

[X] 소급입법은 신법이 이미 종료된 사실관계에 작용하는지(과거에 완성된 사실 또는 법률관계를 규율대상으로 하는지), 아니면 과거에 시작되었으나 아직 완성되지 아니하고 현재 진행 중에 있는 사실관계에 작용하는지에 따라 이른바 '진정소급입법'과 '부진정소급입법'으로 구분되는바, 전자는 헌법적으로 허용되지 않는 것이 원칙인 반면, 후자는 원칙적으로 허용되지만 소급효를 요구하는 공익상의 사유와 신뢰보호의 요청 사이의 교량과정에서 신뢰보호의 관점이 입법자의 형성권에 제한을 가하게 된다(헌재 2011.7.28, 2009헌바311).

112
17. 변호사

3 · 1운동으로 건립된 대한민국임시정부의 법통을 계승한다는 헌법 전문으로부터 조국의 자주독립을 위하여 공헌한 독립유공자와 그 유족에 대하여 응분의 예우를 하여야 할 헌법적 의무가 도출되는 것은 아니다.　　　　　O | X

해설

[X] 헌법은 전문(前文)에서 '3 · 1운동으로 건립된 대한민국임시정부의 법통을 계승'한다고 선언하고 있다. 이는 대한민국이 일제에 항거한 독립운동가의 공헌과 희생을 바탕으로 이룩된 것임을 선언한 것이고, 그렇다면 국가는 일제로부터 조국의 자주독립을 위하여 공헌한 독립유공자와 그 유족에 대하여는 응분의 예우를 하여야 할 헌법적 의무를 지닌다고 보아야 할 것이다. 다만, 그러한 의무는 국가가 독립유공자의 인정절차를 합리적으로 마련하고 독립유공자에 대한 기본적 예우를 해주어야 한다는 것을 뜻할 뿐이며, 당사자가 주장하는 특정인을 반드시 독립유공자로 인정하여야 하는 것을 뜻할 수는 없다(헌재 2005.6.30, 2004헌마859).

113
16. 사시

국민주권의 원리는 헌법의 해석기준으로 작용하므로 그에 기하여 곧바로 국민의 개별적 기본권을 도출할 수 있다.　　　　　O | X

해설

[X] 헌법의 기본원리는 헌법의 이념적 기초인 동시에 헌법을 지배하는 지도원리로서 입법이나 정책결정의 방향을 제시하며 공무원을 비롯한 모든 국민 · 국가기관이 헌법을 존중하고 수호하도록 하는 지침이 되며, 구체적 기본권을 도출하는 근거로 될 수는 없으나 기본권의 해석 및 기본권 제한입법의 합헌성 심사에 있어 해석기준의 하나로서 작용한다. 그러므로 이 사건 심판대상조항의 위헌 여부를 심사함에 있어서도 우리 헌법의 기본원리를 그 기준으로 삼아야 할 것이다(헌재 1996.4.25, 92헌바47).

114
17. 경정승진

법적 안정성의 객관적 측면은 한번 제정된 법규범은 원칙적으로 존속력을 갖고 자신의 행위기준으로 작용하리라는 개인의 신뢰를 보호하는 것이다.　　　　　O | X

해설

[X] 법적 안정성은 객관적 요소로서 법질서의 신뢰성 · 항구성 · 법적 투명성과 법적 평화를 의미하고, 이와 내적인 상호연관관계에 있는 법적 안정성의 주관적 측면은 한번 제정된 법규범은 원칙적으로 존속력을 갖고 자신의 행위기준으로 작용하리라는 개인의 신뢰보호원칙이다(헌재 1996.2.16, 96헌가2 등).

무기징역의 집행 중에 있는 자의 가석방요건을 종전의 '10년 이상'에서 '20년 이상' 형 집행 경과로 강화한 개정 형법조항을 형법 개정 당시에 이미 수용 중인 사람에게도 적용하는 형법 부칙조항은 신뢰보호원칙에 위반된다.　　　　　　O | X

해설

[X] 수형자가 형법에 규정된 형 집행 경과기간요건을 갖춘 것만으로 가석방을 요구할 권리를 취득하는 것은 아니므로, 10년간 수용되어 있으면 가석방 적격심사대상자로 선정될 수 있었던 구 형법 제72조 제1항에 대한 청구인의 신뢰를 헌법상 권리로 보호할 필요성이 있다고 할 수 없다. 가석방제도의 실제 운용에 있어서도 구 형법 제72조 제1항이 정한 10년보다 장기간의 형 집행 이후에 가석방을 해 왔고, 무기징역형을 선고받은 수형자에 대하여 가석방을 한 예가 많지 않으며, 2002년 이후에는 20년 미만의 집행기간을 경과한 무기징역형 수형자가 가석방된 사례가 없으므로, 청구인의 신뢰가 손상된 정도도 크지 아니하다. 그렇다면 죄질이 더 무거운 무기징역형을 선고받은 수형자를 가석방할 수 있는 형 집행 경과기간이 개정 형법 시행 후에 유기징역형을 선고받은 수형자의 경우와 같거나 오히려 더 짧게 되는 불합리한 결과를 방지하고, 사회를 방위하기 위한 이 사건 부칙조항이 신뢰보호원칙에 위배되어 청구인의 신체의 자유를 침해한다고 볼 수 없다(헌재 2013.8.29, 2011헌마408).

문화국가원리와 밀접불가분의 관계를 맺게 되는 국가의 문화정책은 국가의 문화국가 실현에 관한 적극적인 역할을 감안할 때, 문화풍토의 조성이 아니라 특정 문화 그 자체의 산출에 초점을 두어야 한다.　　　　　　O | X

해설

[X] 문화국가원리는 국가의 문화국가 실현에 관한 과제 또는 책임을 통하여 실현되는바, 국가의 문화정책과 밀접불가분의 관계를 맺고 있다. 과거 국가절대주의사상의 국가관이 지배하던 시대에는 국가의 적극적인 문화간섭정책이 당연한 것으로 여겨졌다. 그러나 오늘날에 와서는 국가가 어떤 문화현상에 대하여도 이를 선호하거나, 우대하는 경향을 보이지 않는 불편부당의 원칙이 가장 바람직한 정책으로 평가받고 있다. 오늘날 문화국가에서의 문화정책은 그 초점이 문화 그 자체에 있는 것이 아니라 문화가 생겨날 수 있는 문화풍토를 조성하는 데 두어야 한다(헌재 2004.5.27, 2003헌가1 등).

오늘날 국가가 어떤 문화현상에 대하여도 이를 선호하거나 우대하는 경향을 보이지 않는 불편부당의 원칙이 가장 바람직한 정책으로 평가받고 있으며, 문화국가에서의 문화정책은 그 초점이 문화풍토 조성이 아니라 문화 그 자체에 있다.　　　　　　O | X

해설

[X] 문화국가원리는 국가의 문화국가실현에 관한 과제 또는 책임을 통하여 실현되는바, 국가의 문화정책과 밀접불가분의 관계를 맺고 있다. 과거 국가절대주의사상의 국가관이 지배하던 시대에는 국가의 적극적인 문화간섭정책이 당연한 것으로 여겨졌다. 그러나 오늘날에 와서는 국가가 어떤 문화현상에 대하여도 이를 선호하거나, 우대하는 경향을 보이지 않는 불편부당의 원칙이 가장 바람직한 정책으로 평가받고 있다. 오늘날 문화국가에서의 문화정책은 그 초점이 문화 그 자체에 있는 것이 아니라 문화가 생겨날 수 있는 문화풍토를 조성하는 데 두어야 한다(헌재 2004.5.27, 2003헌가1 등).

118

22. 경찰 2차

문화창달을 위하여 문화예술 공연관람자 등에게 예술감상에 의한 정신적 풍요의 대가로 문화예술진흥기금을 납입하게 하는 것은 헌법의 문화국가이념에 반하는 것이 아니다. O | X

해설

[X] 공연 등을 보는 국민이 예술적 감상의 기회를 가진다고 하여 이것을 집단적 효용성으로 평가하는 것도 무리이다. 공연관람자 등이 예술감상에 의한 정신적 풍요를 느낀다면 그것은 헌법상의 문화국가원리에 따라 국가가 적극 장려할 일이지, 이것을 일정한 집단에 의한 수익으로 인정하여 그들에게 경제적 부담을 지우는 것은 헌법의 문화국가이념(제9조)에 역행하는 것이다(헌재 2003.12.18, 2002헌가2).
비교》 영화관 관람객이 입장권 가액의 100분의 3을 부과금으로 부담하도록 하고 영화관 경영자는 이를 징수하여 영화진흥위원회에 납부하도록 강제하는 영화상영관 입장권 부과금 제도는 영화관 관람객의 재산권 및 영화관 경영자의 직업수행의 자유를 침해하지 아니한다. 그리고 영화관 관람객은 영화의 본래적·전형적 소비자라는 점에서 이들의 평등권도 침해하지 않는다(헌재 2008.11.27, 2007헌마860).

119

23. 경정승진

야당 후보 지지나 정부 비판적 정치 표현행위에 동참한 전력이 있는 문화예술인이나 단체를 정부의 문화예술 지원사업에서 배제하도록 지시한 행위에 대해 헌법재판소는 과잉금지원칙 심사를 하면서 목적의 정당성이 부인된다고 판단했다. O | X

해설

[O] 이 사건 지원배제 지시는 정부에 대한 비판적 견해를 가진 청구인들을 제재하기 위한 목적으로 행한 것인데, 이는 헌법의 근본원리인 국민주권주의와 자유민주적 기본질서에 반하므로, 그 목적의 정당성을 인정할 수 없어 청구인들의 표현의 자유를 침해한다(헌재 2020.12.23, 2017헌마416).

120

23. 경찰간부

문화는 사회의 자율영역을 바탕으로 하지만, 이를 근거로 혼인과 가족의 보호가 헌법이 지향하는 자유민주적 문화국가의 필수적인 전제조건이라 하기는 어렵다. O | X

해설

[X] 혼인과 가족의 보호는 헌법이 지향하는 자유민주적 문화국가의 필수적인 전제조건이다. 개별성·고유성·다양성으로 표현되는 문화는 사회의 자율영역을 바탕으로 하고, 사회의 자율영역은 무엇보다도 바로 가정으로부터 출발하기 때문이다(헌재 2000.4.27, 98헌가16).

121

17. 국가직

1948년 헌법 전문에는 3·1운동으로 건립된 대한민국임시정부의 법통과 독립정신을 규정하고 있으며, 안으로는 국민생활의 균등한 향상을 기하고 밖으로는 국제평화의 유지에 노력할 것을 언급하고 있다. O | X

해설

[X] 1948년 헌법에는 '대한민국임시정부의 법통' 규정이 없었고, 현행 헌법(제9차)에서 규정하였다.

122
17. 국가직

현행 헌법 전문은 "1948년 7월 12일에 제정되고 9차에 걸쳐 개정된 헌법을 이제 국회의 의결을 거쳐 국민투표에 의하여 개정한다."라고 규정하고 있다. O | X

해설

[X] 현행 헌법 전문은 "1948년 7월 12일에 제정되고 8차에 걸쳐 개정된 헌법을 이제 국회의 의결을 거쳐 국민투표에 의하여 개정한다."라고 규정하고 있다.

123
17. 법무사

법령에 따른 개인의 행위가 국가에 의해서 일정방향으로 유인된 신뢰의 행사라고 볼 수 있어 특별히 보호가치가 있는 신뢰이익이 인정된다면, 아무리 법적 상태의 변화에 대한 개인의 예측가능성이 있더라도 그 개인의 신뢰는 언제나 보호되어야 한다. O | X

해설

[X] 개인의 신뢰이익에 대한 보호가치는 ① 법령에 따른 개인의 행위가 국가에 의하여 일정방향으로 유인된 신뢰의 행사인지, ② 아니면 단지 법률이 부여한 기회를 활용한 것으로서 원칙적으로 사적 위험부담의 범위에 속하는 것인지 여부에 따라 달라진다. 만일 법률에 따른 개인의 행위가 단지 법률이 반사적으로 부여하는 기회의 활용을 넘어서 국가에 의하여 일정방향으로 유인된 것이라면 특별히 보호가치가 있는 신뢰이익이 인정될 수 있고, 원칙적으로 개인의 신뢰보호가 국가의 법률개정이익에 우선된다고 볼 여지가 있다. 그러나, 법적 상태의 존속에 대한 개인의 신뢰는 그가 어느 정도로 법적 상태의 변화를 예측할 수 있는지, 혹은 예측하였어야 하는지 여부에 따라서도 영향을 받을 수 있는데, 청구인들과 같이 사법시험을 준비하는 자로서는 사회의 변화에 따라 시험과목이 달라질 수 있음을 받아들여야 할 것이고, 자신이 공부해 오던 과목으로 계속하여 응시할 수 있다는 기대와 신뢰가 절대적인 것이라고 볼 수는 없다(헌재 2007.4.26, 2003헌마947).

124
17. 국가직

헌법 전문에 기재된 3·1정신은 우리나라 헌법의 연혁적·이념적 기초로서 헌법이나 법률해석에서의 해석기준으로 작용할 뿐만 아니라 곧바로 국민의 개별적 기본권성을 도출해내어, 예컨대 '영토권'을 헌법상 보장된 기본권으로 인정할 수 있다. O | X

해설

[X] '헌법 전문에 기재된 3·1정신'은 우리나라 헌법의 연혁적·이념적 기초로서 헌법이나 법률해석에서의 해석기준으로 작용한다고 할 수 있지만, 그에 기하여 곧바로 국민의 개별적 기본권성을 도출해낼 수는 없다고 할 것이므로, 헌법소원의 대상인 '헌법상 보장된 기본권'에 해당하지 아니한다(헌재 2001.3.21, 99헌마139).

125
17. 국가직

헌법 제9조의 규정취지와 민족문화유산의 본질에 비추어 볼 때, 국가가 민족문화유산을 보호하고자 하는 경우 이에 관한 헌법적 보호법익은 '민족문화유산의 존속' 그 자체를 보장하는 것에 그치지 않고, 민족문화유산의 훼손 등에 관한 가치보상이 있는지 여부도 이러한 헌법적 보호법익과 직접적인 관련이 있다. O | X

해설

[X] 헌법 제9조의 규정취지와 민족문화유산의 본질에 비추어 볼 때, 국가가 민족문화유산을 보호하고자 하는 경우 이에 관한 헌법적 보호법익은 '민족문화유산의 존속' 그 자체를 보장하는 것이고, 원칙적으로 민족문화유산의 훼손 등에 관한 가치보상이 있는지 여부는 이러한 헌법적 보호법익과 직접적인 관련이 없다(헌재 2003.1.30, 2001헌바64).

□□□
126
17. 국가직

헌법 전문(前文)과 헌법 제9조에서 말하는 '전통', '전통문화'란 역사성과 시대성을 띤 개념으로 이해하여야 하므로, 과거의 어느 일정 시점에서 역사적으로 존재하였다는 사실만으로도 헌법의 보호를 받는 전통이 되는 것이다.   O I X

해설

> [X] 헌법 전문과 헌법 제9조에서 말하는 '전통', '전통문화'란 역사성과 시대성을 띤 개념으로 이해하여야 한다. 과거의 어느 일정 시점에서 역사적으로 존재하였다는 사실만으로 모두 헌법의 보호를 받는 전통이 되는 것은 아니다(헌재 2005.2.3, 2001헌가9).

□□□
127
21. 5급

우리 헌법은 전문에서 모든 사회적 폐습과 불의를 타파한다고 규정하고 있다.   O I X

해설

> [O]
> **헌법 전문** 유구한 역사와 전통에 빛나는 우리 대한국민은 3·1운동으로 건립된 대한민국임시정부의 법통과 불의에 항거한 4·19민주이념을 계승하고, 조국의 민주개혁과 평화적 통일의 사명에 입각하여 정의·인도와 동포애로써 민족의 단결을 공고히 하고, 모든 사회적 폐습과 불의를 타파하며, 자율과 조화를 바탕으로 자유민주적 기본질서를 더욱 확고히 하여 정치·경제·사회·문화의 모든 영역에 있어서 각인의 기회를 균등히 하고, 능력을 최고도로 발휘하게 하며, 자유와 권리에 따르는 책임과 의무를 완수하게 하여, 안으로는 국민생활의 균등한 향상을 기하고 밖으로는 항구적인 세계평화와 인류공영에 이바지함으로써 우리들과 우리들의 자손의 안전과 자유와 행복을 영원히 확보할 것을 다짐하면서 1948년 7월 12일에 제정되고 8차에 걸쳐 개정된 헌법을 이제 국회의 의결을 거쳐 국민투표에 의하여 개정한다.

□□□
128
20. 국가직

의료사고 피해구제 및 의료분쟁 조정 등에 관한 법률 규정상 보상의 전제가 되는 의료사고에 관한 사항들은 의학의 발전 수준 등에 따라 변할 수 있으므로, 분담금 납부의무자의 범위와 보상재원의 분담비율을 반드시 법률에서 정해야 한다고 보기는 어렵다.   O I X

해설

> [O] 보상의 전제가 되는 의료사고에 관한 사항들은 의학의 발전 수준이나 의료환경 등에 따라 변할 수 있으므로, 보상이 필요한 의료사고인지, 보상의 범위를 어느 수준으로 할지, 그 재원을 누가 부담할지 등은 당시의 의료사고 현황이나 관련자들의 비용부담능력 등을 종합적으로 고려하여 결정해야 할 것이다. 따라서 분담금 납부의무자의 범위와 보상재원의 분담비율을 반드시 법률에서 직접 정해야 한다고 보기는 어렵고, 이를 대통령령에 위임하였다고 하여 그 자체로 법률유보원칙에 위배된다고 할 수는 없다(헌재 2018.4.26, 2015헌가13).

□□□
129
23. 경찰 1차
17. 국가직

'3·1운동으로 건립된 대한민국임시정부의 법통을 계승'한다는 것은 대한민국이 일제에 항거한 독립운동가의 공헌과 희생을 바탕으로 이룩된 것임을 선언한 것으로, 국가는 자주독립을 위하여 공헌한 독립유공자와 그 유족에 대해 응분의 예우를 해야 할 헌법적 의무를 지닌다.   O I X

해설

> [O] 헌법은 국가유공자 인정에 관하여 명문 규정을 두고 있지 않으나 전문(前文)에서 '3·1운동으로 건립된 대한민국임시정부의 법통을 계승'한다고 선언하고 있다. 이는 대한민국이 일제에 항거한 독립운동가의 공헌과 희생을 바탕으로 이룩된 것임을 선언한 것이고, 그렇다면 국가는 일제로부터 조국의 자주독립을 위하여 공헌한 독립유공자와 그 유족에 대하여는 응분의 예우를 하여야 할 헌법적 의무를 지닌다(헌재 2005.6.30, 2004헌마859).

130
21. 경정승진

현행 헌법 전문에는 '조국의 민주개혁', '국민생활의 균등한 향상', '세계평화와 인류공영에 이바지함' 등이 규정되어 있다. O | X

해설

[O] **헌법 전문** 유구한 역사와 전통에 빛나는 우리 대한국민은 3·1운동으로 건립된 대한민국임시정부의 법통과 불의에 항거한 4·19민주이념을 계승하고, 조국의 민주개혁과 평화적 통일의 사명에 입각하여 정의·인도와 동포애로써 민족의 단결을 공고히 하고, 모든 사회적 폐습과 불의를 타파하며, 자율과 조화를 바탕으로 자유민주적 기본질서를 더욱 확고히 하여 정치·경제·사회·문화의 모든 영역에 있어서 각인의 기회를 균등히 하고, 능력을 최고도로 발휘하게 하며, 자유와 권리에 따르는 책임과 의무를 완수하게 하여, 안으로는 국민생활의 균등한 향상을 기하고 밖으로는 항구적인 세계평화와 인류공영에 이바지함으로써 우리들과 우리들의 자손의 안전과 자유와 행복을 영원히 확보할 것을 다짐하면서 1948년 7월 12일에 제정되고 8차에 걸쳐 개정된 헌법을 이제 국회의 의결을 거쳐 국민투표에 의하여 개정한다.

131
22. 경정승진

우리 헌법은 '사회국가원리'를 헌법 전문과 경제질서 부분에서 명문으로 직접 규정하고 있다. O | X

해설

[X] 우리 헌법은 사회국가원리를 명문으로 규정하고 있지는 않지만, 헌법의 전문, 사회적 기본권의 보장(헌법 제31조 내지 제36조), 경제영역에서 적극적으로 계획하고 유도하고 재분배하여야 할 국가의 의무를 규정하는 경제에 관한 조항(헌법 제119조 제2항 이하) 등과 같이 사회국가원리의 구체화된 여러 표현을 통하여 사회국가원리를 수용하였다(헌재 2002.12.18, 2002헌마52).

132
22. 경정승진

사회국가란 경제·사회·문화의 모든 영역에서 정의로운 사회질서의 형성을 위하여 사회현상에 관여하고 간섭하고 분배하고 조정하는 국가이며, 궁극적으로는 국민 각자가 실제로 자유를 행사할 수 있는 그 실질적 조건을 마련해 줄 의무가 있는 국가이다. O | X

해설

[O] 사회국가란 한마디로, 사회정의의 이념을 헌법에 수용한 국가, 사회현상에 대하여 방관적인 국가가 아니라 경제·사회·문화의 모든 영역에서 정의로운 사회질서의 형성을 위하여 사회현상에 관여하고 간섭하고 분배하고 조정하는 국가이며, 궁극적으로는 국민 각자가 실제로 자유를 행사할 수 있는 그 실질적 조건을 마련해 줄 의무가 있는 국가이다(헌재 2002.12.18, 2002헌마52).

133
22. 경정승진

사회적 기본권은 입법과정이나 정책결정과정에서 사회적 기본권에 규정된 국가목표의 무조건적인 최우선적 배려를 요청하는 것이며, 이러한 의미에서 사회적 기본권은 국가의 모든 의사결정과정에서 사회적 기본권이 담고 있는 국가목표를 최우선적으로 고려하여야 할 국가의 의무를 의미한다. O | X

해설

[X] 국가는 사회적 기본권에 의하여 제시된 국가의 의무와 과제를 언제나 국가의 현실적인 재정·경제능력의 범위 내에서 다른 국가과제와의 조화와 우선순위결정을 통하여 이행할 수밖에 없다. 그러므로 사회적 기본권은 입법과정이나 정책결정과정에서 사회적 기본권에 규정된 국가목표의 무조건적인 최우선적 배려가 아니라 단지 적절한 고려를 요청하는 것이다(헌재 2002.12.18, 2002헌마52).

134

22. 경정승진 ·
경찰간부

국가가 인간다운 생활을 보장하기 위한 헌법적 의무를 다하였는지의 여부가 사법심사의 대상이 된 경우, 국가가 최저생활보장에 관한 입법을 전혀 하지 아니한 경우에만 한하여 헌법에 위반된다고 할 수 있다.

O I X

해설

[X] 국가가 인간다운 생활을 보장하기 위한 헌법적인 의무를 다하였는지의 여부가 사법적 심사의 대상이 된 경우에는, 국가가 생계보호에 관한 입법을 전혀 하지 아니하였다든가 그 내용이 현저히 불합리하여 헌법상 용인될 수 있는 재량의 범위를 명백히 일탈한 경우에 한하여 헌법에 위반된다고 할 수 있다(헌재 2004.10.28, 2002헌마328).

135

22. 경정승진

기존의 퇴직연금수급자에게 전년도 평균임금월액을 초과한 소득월액이 있는 경우에 그 초과 액수에 따라 퇴직연금 중 일부의 지급을 정지하는 것은 보호해야 할 퇴직연금수급자의 신뢰의 가치는 매우 큰 반면, 공무원연금재정의 파탄을 막고 공무원연금제도를 건실하게 유지하려는 공익적 가치는 그리 크지 않으므로 헌법상 신뢰보호의 원칙에 위반된다.

O I X

해설

[X] 기존의 퇴직연금수급자에게 전년도 평균임금월액을 초과한 소득월액이 있는 경우에만 그 초과 액수에 따라 퇴직연금 중 일부(1/2 범위 내)의 지급을 정지할 뿐이다. 즉, 퇴직한 공무원이 평균임금월액을 초과한 소득월액을 얻는 경우는 드물 것이어서 지급정지 대상자 자체가 소수일 수밖에 없고 평균적인 지급정지액 역시 적은 액수에 그칠 것으로 보이므로, 이 사건 심판대상조항에 의하여 퇴직연금수급자들이 입는 불이익은 그다지 크지 않다 할 것이다. 따라서 보호해야 할 퇴직연금수급자의 신뢰의 가치는 그리 크지 않은 반면, 공무원연금재정의 파탄을 막고 공무원연금제도를 건실하게 유지하려는 공익적 가치는 긴급하고 또한 중요한 것이므로, 이 사건 심판대상조항이 헌법상 신뢰보호의 원칙에 위반된다고 할 수 없다(헌재 2008.2.28, 2005헌마872).

136

22. 경정승진

외국에서 치과대학을 졸업한 대한민국 국민이 국내 치과의사 면허시험에 응시하기 위해서는 기존의 응시요건에 추가하여 새로이 예비시험에 합격할 것을 요건으로 규정한 의료법의 '예비시험' 조항은 외국에서 치과대학을 졸업한 국민들이 가지는 합리적 기대를 저버리는 것으로서 신뢰보호의 원칙상 허용되지 아니한다.

O I X

해설

[X] 청구인들이 장차 치과의사 면허시험을 볼 수 있는 자격요건에 관하여 가진 구법에 대한 신뢰는 합법적이고 정당한 것이므로 보호가치 있는 신뢰에 해당하는 것이지만, 한편 청구인들에게 기존의 면허시험 요건에 추가하여 예비시험을 보게 하는 것은 이미 존재하는 여러 가지 면허제도상의 법적 규제에 추가하여 새로운 규제를 하나 더 부가하는 것에 그치고, 이러한 규제가 지나치게 가혹한 것이라고 하기 어려운 반면, 이러한 제도를 통한 공익적 목적은 위에서 본 바와 같이 그 정당성이 인정된다. 따라서 경과규정은 신뢰보호의 원칙에 위배한 것이라 보기 어렵다(헌재 2003.4.24, 2002헌마611).

무기징역의 집행 중에 있는 자의 가석방 요건을 종전의 '10년 이상'에서 '20년 이상' 형 집행 경과로 강화한 개정 형법 조항을 형법 개정시에 이미 수용 중인 사람에게도 적용하는 것은 가석방을 기대하고 있던 수형자가 국가 공권력에 대해 가지고 있던 적법한 신뢰를 보호하지 않는 것으로서 신뢰보호의 원칙에 위반된다. O | X

해설

[X] 수형자가 형법에 규정된 형 집행 경과기간 요건을 갖춘 것만으로 가석방을 요구할 권리를 취득하는 것은 아니므로, 10년간 수용되어 있으면 가석방 적격심사 대상자로 선정될 수 있었던 구 형법 제72조 제1항에 대한 청구인의 신뢰를 헌법상 권리로 보호할 필요성이 있다고 할 수 없다. 가석방 제도의 실제 운용에 있어서도 구 형법 제72조 제1항이 정한 10년보다 장기간의 형 집행 이후에 가석방을 해 왔고, 무기징역형을 선고받은 수형자에 대하여 가석방을 한 예가 많지 않으며, 2002년 이후에는 20년 미만의 집행기간을 경과한 무기징역형 수형자가 가석방된 사례가 없으므로, 청구인의 신뢰가 손상된 정도도 크지 아니하다. 그렇다면 죄질이 더 무거운 무기징역형을 선고받은 수형자를 가석방할 수 있는 형 집행 경과기간이 개정 형법 시행 후에 유기징역형을 선고받은 수형자의 경우와 같거나 오히려 더 짧게 되는 불합리한 결과를 방지하고, 사회를 방위하기 위한 이 사건 부칙조항이 신뢰보호원칙에 위배되어 청구인의 신체의 자유를 침해한다고 볼 수 없다(헌재 2013.8.29, 2011헌마408).

사법연수원의 소정 과정을 마치더라도 바로 판사임용자격을 취득할 수 없고 일정 기간 이상의 법조경력을 갖추어야 판사로 임용될 수 있도록 한 법원조직법 개정조항의 시행일 및 그 경과조치에 관한 부칙은, 동법 개정 시점에 이미 사법연수원에 입소하여 사법연수생의 신분을 가지고 있었던 자가 사법연수원을 수료하는 해의 판사임용에 지원하는 경우에 적용되는 한 신뢰보호의 원칙에 위반된다. O | X

해설

[O] 종전 규정의 적용을 받게 된 이 사건 법원조직법 개정 당시 사법연수원 2년차들과 개정 규정의 적용을 받게 된 이 사건 법원조직법 개정 당시 사법연수원 1년차들인 청구인들 사이에 '판사의 임용자격을 강화하여 충분한 사회적 경험과 연륜을 갖춘 판사가 재판할 수 있도록 하려는 공익'의 실현 관점에서 이들을 달리 볼 만한 합리적인 이유를 찾기도 어렵다. 따라서 이 사건 심판대상조항이 개정법 제42조 제2항의 시행일을 2013.1.1.로 하여 법 개정 당시 이미 사법연수원에 입소한 사람들에게 적용되도록 하면서 이들에 대한 경과조치로 부칙 제2조만을 규정한 것은 청구인들의 신뢰보호에 미흡한 것으로 신뢰보호원칙에 반한다고 할 것이다(헌재 2012.11.29, 2011헌마786).

헌법에서 채택하고 있는 사회국가의 원리는 자유민주적 기본질서의 범위 내에서 이루어져야 하고, 국민 개인의 자유와 창의를 보완하는 범위 내에서 이루어지는 내재적 한계를 지니고 있다. O | X

해설

[O] 우리 헌법은 그 전문에서 "모든 영역에 있어서 각인의 기회를 균등히 하고 … 안으로는 국민생활의 균등한 향상을 기하고"라고 천명하고, 제23조 제2항과 여러 '사회적 기본권' 관련 조항, 제119조 제2항 이하의 경제질서에 관한 조항 등에서 모든 국민에게 그 생활의 기본적 수요를 충족시키려는 이른바 사회국가의 원리를 동시에 채택하여 구현하려 하고 있다. 그러나 이러한 사회국가의 원리는 자유민주적 기본질서의 범위 내에서 이루어져야 하고, 국민 개인의 자유와 창의를 보완하는 범위 내에서 이루어지는 내재적 한계를 지니고 있다 할 것이다(헌재 2001.9.27, 2000헌마238).

□□□ 140
22. 경찰 1차

실종기간이 구법 시행기간 중에 만료되는 때에도 그 실종이 개정 민법 시행일 후에 선고된 때에는 상속에 관하여 개정 민법의 규정을 적용하도록 한 민법 부칙의 조항은 재산권보장에 관한 신뢰보호원칙에 위배된다고 볼 수 없다.

O | X

해설

[O] 상속제도나 상속권의 내용은 입법정책적으로 결정하여야 할 사항으로서 원칙적으로 입법형성의 영역에 속하고, 부재자의 참여 없이 진행되는 실종선고 심판절차에서 법원으로서는 실종 여부나 실종이 된 시기 등에 대하여 청구인의 주장과 청구인이 제출한 소명자료를 기초로 실종 여부나 실종기간의 기산일을 판단하게 되는 측면이 있는바, 이로 인하여 발생할 수 있는 상속인의 범위나 상속분 등의 변경에 따른 법률관계의 불안정을 제거하여 법적 안정성을 추구하고, 실질적으로 남녀간 공평한 상속이 가능하도록 개정된 민법상의 상속규정을 개정 민법 시행 후 실종이 선고되는 부재자에게까지 확대 적용함으로써 얻는 공익이 매우 크므로, 심판대상조항은 신뢰보호원칙에 위배하여 재산권을 침해하지 아니한다(헌재 2016.10.27, 2015헌바203).

□□□ 141
22. 경찰 1차

공소시효제도가 헌법 제12조 제1항 및 제13조 제1항에 정한 죄형법정주의의 보호범위에 바로 속하지 않는다면, 소급입법의 헌법적 한계는 법적 안정성과 신뢰보호원칙을 포함하는 법치주의의 원칙에 따른 기준으로 판단하여야 한다.

O | X

해설

[O] 공소시효가 아직 완성되지 않은 경우 위 법률조항은 단지 진행 중인 공소시효를 연장하는 법률로서 이른바 부진정소급효를 갖게 되나, 공소시효제도에 근거한 개인의 신뢰와 공시시효의 연장을 통하여 달성하려는 공익을 비교형량하여 공익이 개인의 신뢰보호이익에 우선하는 경우에는 소급효를 갖는 법률도 헌법상 정당화될 수 있다. 위 법률조항의 경우에는 왜곡된 한국 반세기 헌정사의 흐름을 바로 잡아야 하는 시대적 당위성과 아울러 집권과정에서의 헌정질서파괴범죄를 범한 자들을 응징하여 정의를 회복하여야 한다는 중대한 공익이 있는 반면, 공소시효는 행위자의 의사와 관계없이 정지될 수도 있는 것이어서 아직 공소시효가 완성되지 않은 이상 예상된 시기에 이르러 반드시 시효가 완성되리라는 것에 대한 보장이 없는 불확실한 기대일 뿐이므로 공소시효에 대하여 보호될 수 있는 신뢰보호이익은 상대적으로 미약하여 위 법률조항은 헌법에 위반되지 아니한다(헌재 1996.2.16, 96헌가2).

□□□ 142
22. 경찰 1차

신뢰보호원칙은 객관적 요소로서 법질서의 신뢰성·항구성·법적 투명성과 법적 평화를 의미하고, 이와 내적인 상호연관관계에 있는 법적 안정성은 한번 제정된 법규범은 원칙적으로 존속력을 갖고 자신의 행위기준으로 작용하리라는 개인의 주관적 기대이다.

O | X

해설

[X] 법적 안정성은 객관적 요소로서 법질서의 신뢰성·항구성·법적 투명성과 법적 평화를 의미하고, 이와 내적인 상호연관관계에 있는 법적 안정성의 주관적 측면은 한번 제정된 법규범은 원칙적으로 존속력을 갖고 자신의 행위기준으로 작용하리라는 개인의 신뢰보호원칙이다(헌재 1996.2.16, 96헌가2).

□□□
143
22. 경찰간부·
경찰 1차

임차인의 계약갱신요구권 행사 기간을 10년으로 규정한 상가건물 임대차보호법의 개정법 조항을 개정법 시행 후 갱신되는 임대차에 대하여도 적용하도록 규정한 동법 부칙의 규정은 신뢰보호원칙에 위배되어 임대인의 재산권을 침해한다고 볼 수 없다. O | X

해설

[O] 개정법 조항은 상가건물 임차인의 계약갱신요구권 행사 기간을 연장함으로써 상가건물에 대한 임차인의 시설투자비, 권리금 등 비용을 회수할 수 있는 기간을 충실히 보장하기 위한 것인데, 개정법 조항을 개정법 시행 후 새로이 체결되는 임대차에만 적용할 경우 임대인들이 새로운 임대차계약에 이를 미리 반영하여 임대료가 한꺼번에 급등할 수 있고 이는 결과적으로 개정법 조항의 입법취지에도 반하는 것이다. 이에 이 사건 부칙조항은 이러한 부작용을 막고 개정법 조항의 실효성을 확보하기 위해서 개정법 조항 시행 이전에 체결되었더라도 개정법 시행 이후 갱신되는 임대차인 경우 개정법 조항의 연장된 기간을 적용하도록 정한 것이므로, 이와 같은 공익은 긴급하고도 중대하다. 따라서 이 사건 부칙조항은 신뢰보호원칙에 위배되어 임대인의 재산권을 침해한다고 볼 수 없다(헌재 2021.10.28, 2019헌마106).

□□□
144
22. 경찰간부

전부개정된 성폭력범죄의 처벌에 관한 특례법 시행 전에 행하여졌으나 아직 공소시효가 완성되지 아니한 성폭력범죄에 대해서도 공소시효의 정지·배제조항을 적용하는 성폭력범죄의 처벌에 관한 특례법 조항은 신뢰보호원칙에 위반되지 않는다. O | X

해설

[O] 형사소송법의 공소시효에 관한 조항이 적용된다는 신뢰는, 제2심판대상조항을 통해 전부개정 법률 시행 전에 행하여졌으나 아직 공소시효가 완성되지 아니한 성폭력범죄에 대해서도 공소시효의 정지·배제조항을 적용하여 범죄자를 처벌할 수 있도록 함으로써 훼손된 법질서를 회복하고 실체적 정의를 구현하고자 하는 공익에 우선하여 특별히 헌법적으로 보호할 만한 필요성이 있다고 보기 어려우므로, 제2심판대상조항은 신뢰보호원칙에 반한다고 할 수 없다(헌재 2021.6.24, 2018헌바457).

□□□
145
22. 경찰간부

실제 평균임금이 노동부장관이 고시하는 한도금액 이상일 경우 그 한도금액을 실제임금으로 의제하는 최고보상제도가 시행되기 전에 이미 재해를 입고 산재보상수급권이 확정적으로 발생한 경우에도 적용하는 산업재해보상보험법 부칙조항은 신뢰보호원칙에 위반된다. O | X

해설

[O] 심판대상조항은 신뢰보호의 원칙에 위배하여 청구인들의 재산권을 침해하는 것으로서 헌법에 위반된다(헌재 2009.5.28, 2005헌바20).

□□□
146
22. 경찰간부

부당환급 받은 세액을 징수하는 근거 규정인 개정조항을 개정된 법 시행 후 최초로 환급세액을 징수하는 분부터 적용하도록 규정한 법인세법 부칙조항은 헌법 제13조 제2항에 따라 원칙적으로 금지되는 이미 완성된 사실·법률관계를 규율하는 진정소급입법에 해당한다. O | X

해설

[O] 심판대상조항은 개정조항이 시행되기 전 환급세액을 수령한 부분까지 사후적으로 소급하여 개정된 징수조항을 적용하는 것으로서 헌법 제13조 제2항에 따라 원칙적으로 금지되는 이미 완성된 사실·법률관계를 규율하는 진정소급입법에 해당한다(헌재 2014.7.24, 2012헌바10).

□□□ 147
22. 경찰간부·지방직

위법건축물에 대해 이행강제금을 부과하도록 하면서 이행강제금제도 도입 전의 건축물에 대해 이행강제금제도 적용의 예외를 두지 않는 건축법 부칙조항은 신뢰보호원칙에 위반되지 않는다.　O | X

해설

[O] 이 사건 부칙조항은 신뢰보호원칙에 위배된다고 볼 수 없다(헌재 2015.10.21, 2013헌바248).

□□□ 148
22. 경찰 2차

'개성공단의 정상화를 위한 합의서'에는 국내법과 동일한 법적 구속력을 인정하기 어렵고, 과거 사례 등에 비추어 개성공단의 중단 가능성은 충분히 예상할 수 있었으므로, 개성공단 전면중단 조치는 신뢰보호원칙을 위반하여 개성공단 투자기업인 청구인들의 영업의 자유와 재산권을 침해하지 아니한다.　O | X

해설

[O] '개성공단의 정상화를 위한 합의서'에는 국내법과 동일한 법적 구속력을 인정하기 어렵고, 과거 사례 등에 비추어 개성공단의 중단 가능성은 충분히 예상할 수 있었으므로, 개성공단 전면중단 조치는 신뢰보호원칙을 위반하여 개성공단 투자기업인 청구인들의 영업의 자유와 재산권을 침해하지 아니한다(헌재 2022.1.27, 2016헌마364).

□□□ 149
22. 경찰 2차

구 매장 및 묘지 등에 관한 법률이 장사 등에 관한 법률로 전부개정되면서 그 부칙에서 종전의 법령에 따라 설치된 봉안시설을 신법에 의하여 설치된 봉안시설로 보도록 함으로써 구법에 따라 설치허가를 받은 봉안시설 설치·관리인의 기존의 법상태에 대한 신뢰는 이미 보호되었다고 할 것이므로, 더 나아가 신법 시행 후 추가로 설치되는 부분에 대해서까지 기존의 법상태에 대한 보호가치 있는 신뢰가 있다고 보기 어렵다.　O | X

해설

[O] 구 매장법이 장사법으로 전부개정되면서 그 부칙 제3조에서 종전의 법령에 따라 설치된 봉안시설을 장사법에 의하여 설치된 봉안시설로 보도록 함으로써 구 매장법에 따라 설치허가를 받은 봉안시설 설치·관리인의 기존의 법상태에 대한 신뢰는 이미 보호되었다. 더 나아가 장사법 시행 후 추가로 설치되는 부분에 대해서까지 기존의 법상태에 대한 보호가치 있는 신뢰가 있다고 보기 어렵다. 따라서 심판대상조항은 신뢰보호원칙에 위반되지 아니한다(헌재 2021.8.31, 2019헌바453).

□□□ 150
22. 경찰간부

'중대사고'에 대한 평가를 제외하는 '원자력이용시설 방사선환경영향평가서 작성 등에 관한 규정' 조항은 국민들이 원전과 관련하여 정확하고 공정한 여론을 형성하는 것을 방해하므로 민주주의 원리에 위반된다.　O | X

해설

[X] 민주주의 원리의 한 내용인 국민주권주의는 모든 국가권력이 국민의 의사에 기초해야 한다는 의미일 뿐 국민이 정치적 의사결정에 관한 모든 정보를 제공받고 직접 참여하여야 한다는 의미는 아니므로, 청구인들의 이 부분 주장 역시 이유 없다(헌재 2016.10.27, 2012헌마121).

□□□ 151
22. 경찰간부

친일재산을 그 취득·증여 등 원인행위시에 국가의 소유로 하도록 규정한 친일반민족행위자 재산의 국가귀속에 관한 특별법 조항은 현재 진행 중인 사실관계 또는 법률관계에 작용하는 부진정소급입법에 해당한다. O | X

해설

> [X] 이 사건 귀속조항은 진정소급입법에 해당하나 헌법 제13조 제2항에 반하지 않는다(헌재 2011.3.31, 2008헌바141).

□□□ 152
22. 경찰간부

헌법 제13조 제2항에 의하면 모든 국민은 소급입법에 의하여 재산권의 제한을 받거나 참정권을 박탈당하지 아니한다. O | X

해설

> [X] 헌법 제13조 제2항의 내용은 소급입법에 의한 '참정권의 제한'과 '재산권의 박탈'의 금지이다.

□□□ 153
22. 경찰간부

형벌불소급의 원칙은 형사소추가 "언제부터 어떠한 조건하에서" 가능한가의 문제에 관한 것이고, "얼마 동안" 가능한가의 문제에 관한 것이 아니다. O | X

해설

> [O] 우리 헌법이 규정한 형벌불소급의 원칙은 형사소추가 '언제부터 어떠한 조건하에서' 가능한가의 문제이고, '얼마 동안' 가능한가의 문제는 아니다(헌재 1996.2.16, 96헌가2).

□□□ 154
22. 경찰간부

규율대상이 기본권적 중요성을 가질수록 그리고 그에 관한 공개적 토론의 필요성 내지 상충하는 이익간 조정의 필요성이 클수록, 그것이 국회의 법률에 의해 직접 규율될 필요성 및 그 규율밀도의 요구 정도는 그만큼 더 증대되는 것으로 보아야 한다. O | X

해설

> [O] 규율대상이 기본권적 중요성을 가질수록 그리고 그에 관한 공개적 토론의 필요성 내지 상충하는 이익간 조정의 필요성이 클수록, 그것이 국회의 법률에 의해 직접 규율될 필요성 및 그 규율밀도의 요구 정도는 그만큼 더 증대되는 것으로 보아야 한다(헌재 2004.3.25, 2001헌마882).

□□□ 155
23. 경찰 1차

통일정신, 국민주권원리 등은 우리나라 헌법의 연혁적·이념적 기초로서 헌법이나 법률해석에서의 해석기준으로 작용할 뿐만 아니라 그에 기하여 곧바로 국민의 개별적 기본권성이 도출된다. O | X

해설

> [X] 통일정신, 국민주권원리 등은 우리나라 헌법의 연혁적·이념적 기초로서 헌법이나 법률해석에서의 해석기준으로 작용한다고 할 수 있지만, 그에 기하여 곧바로 국민의 개별적 기본권성을 도출해 내기는 어렵다(헌재 2008.11.27, 2008헌마517).

□□□
156
23. 경정승진

헌법 제75조, 제95조가 정하는 포괄적인 위임입법의 금지는, 그 문리해석상 정관에 위임한 경우까지 그 적용 대상으로 하고 있지 않고, 또 권력분립의 원칙을 침해할 우려가 없다는 점 등을 볼 때, 법률이 정관에 자치법적 사항을 위임한 경우에는 원칙적으로 적용되지 않는다.　　　　　　　　　　　　　O | X

해설

[O] 헌법 제75조, 제95조가 정하는 포괄적인 위임입법의 금지는, 그 문리해석상 정관에 위임한 경우까지 그 적용 대상으로 하고 있지 않고, 또 권력분립의 원칙을 침해할 우려가 없다는 점 등을 볼 때, 법률이 정관에 자치법적 사항을 위임한 경우에는 원칙적으로 적용되지 않는다(헌재 2001.4.26, 2000헌마122).

제4절　한국헌법의 기본질서

□□□
157
17. 경정승진
10. 국회직 8급

자유시장 경제질서를 기본으로 하면서도 사회국가원리를 수용하고 있는 우리 헌법의 이념에 비추어 볼 때, 일반불법행위책임에 관하여 과실책임의 원리를 기본원칙으로 하면서도 일정한 영역의 특수한 불법행위책임에 관하여 위험책임의 원리를 수용하는 것은 헌법에 의해 직접적으로 부과되는 명령이므로, 입법자의 재량에 속한다고 볼 수 없다.　　　　　　　　　　　　　O | X

해설

[X] 자유시장 경제질서를 기본으로 하면서도 사회국가원리를 수용하고 있는 우리 헌법의 이념에 비추어, 일반 불법행위책임에 관하여는 과실책임의 원리를 기본원칙으로 하면서 이 사건 법률조항과 같은 특수한 불법행위책임에 관하여 위험책임의 원리를 수용하는 것은 입법정책에 관한 사항으로서 입법자의 재량에 속한다고 할 것이므로, 이 사건 법률조항이 위험책임의 원리에 기하여 무과실책임을 지운 것만으로 자유시장 경제질서에 위반된다고 할 수 없다(헌재 1998.5.28, 96헌가4).

□□□
158
11 · 06. 사시

헌법 제119조 제2항에 규정된 '경제주체간의 조화를 통한 경제민주화'의 이념은 경제영역에서 정의로운 사회질서를 형성하기 위하여 추구할 수 있는 국가목표일 뿐, 개인의 기본권을 제한하는 국가행위를 정당화하는 헌법규범이 아니다.　　　　　　　　　　　　　O | X

해설

[X] 헌법 제119조 제2항에 규정된 '경제주체간의 조화를 통한 경제민주화'의 이념도 경제영역에서 정의로운 사회질서를 형성하기 위하여 추구할 수 있는 국가목표로서 개인의 기본권을 제한하는 국가행위를 정당화하는 헌법규범이다(헌재 2003.11.27, 2001헌바35).

159

11. 경정승진

부동산중개수수료를 법정하고 이를 초과하여 수령할 경우 행정상의 제재뿐만 아니라 형사처벌까지 가하는 것이 우리 헌법의 경제질서에 반한다고 볼 수는 없다.　　　　　O | X

해설

[O] 부동산중개업자로 하여금 법정수료 이상의 금품을 받지 못하도록 하기 위하여 행정상의 불이익을 부과하는 것에 그칠 것인지 또는 형사상의 처벌을 가하는 정도로 제재를 강화할 것인지는 일차적으로 입법자의 재량적인 정책판단에 맡겨져 있다. 법정수료제도가 추구하는 경제적 공익은 결국 국민전체의 경제생활의 안정이라 할 것이어서 대단히 중요하다고 하지 않을 수 없고, 이는 부동산중개업자의 사익에 비하여 보다 우월하다(헌재 2002.6.27, 2000헌마642).

160

18. 국가직

허가받은 지역 밖에서의 이송업의 영업을 금지하고 처벌하는 응급의료에 관한 법률 규정은 응급환자이송업체 사이의 자유경쟁을 막아 헌법상 경제질서에 위배된다.　　　　　O | X

해설

[X] 청구인 회사는 영업의 자유와 일반적 행동의 자유도 침해되고 헌법상 경제질서에도 위배된다고 주장하지만, 심판대상조항과 가장 밀접한 관계에 있는 직업수행의 자유 침해 여부를 판단하는 이상 이 부분 주장에 대해서는 별도로 판단하지 아니한다. … 국민의 생명과 건강에 직결되는 응급이송체계를 적정하게 확립한다는 공익의 중요성에 비추어 영업지역의 제한에 따라 침해되는 이송업자의 사익이 크다고 보기는 어려우므로 법익의 균형성도 인정된다. 따라서 심판대상조항은 과잉금지원칙을 위반하여 직업수행의 자유를 침해한다고 볼 수 없다(헌재 2018.2.22, 2016헌바100).

161

20. 지방직

국방상 또는 국민경제상 긴절한 필요로 인하여 법률이 정하는 경우를 제외하고는, 사영기업을 국유 또는 공유로 이전하거나 그 경영을 통제 또는 관리할 수 없다.　　　　　O | X

해설

[O]　**헌법 제126조** 국방상 또는 국민경제상 긴절한 필요로 인하여 법률이 정하는 경우를 제외하고는, 사영기업을 국유 또는 공유로 이전하거나 그 경영을 통제 또는 관리할 수 없다.

162

20. 지방직

농지소유자가 농지를 농업경영에 이용하지 아니하여 농지처분명령을 받았음에도 불구하고 정당한 사유 없이 이를 이행하지 아니하는 경우, 당해 농지가액의 100분의 20에 상당하는 이행강제금을 그 처분명령이 이행될 때까지 매년 1회 부과할 수 있도록 한 것은 합헌이다.　　　　　O | X

해설

[O] 농지를 취득한 이후에도 계속 농지를 농업경영에 이용할 의무를 부과하고, 이에 위반하여 농지소유자격이 없는 자에 대하여 농지를 처분할 의무를 부과하고 이행강제금을 부과하는 것은 입법목적을 달성하기 위한 적절한 수단이다. … 그렇다면 이 사건 법률조항들은 과잉금지원칙에 위반되거나 기본권의 본질적 내용을 침해하지 아니하므로, 청구인의 재산권을 침해하지 아니한다(헌재 2010.2.25, 2010헌바39 등).

163
20. 지방직

의약품 도매상 허가를 받기 위해 필요한 창고면적의 최소기준을 규정하고 있는 약사법 조항들은 국가의 중소기업 보호·육성의무를 위반하였다.　　　　　　　　　　　　　　　　　　　O | X

해설

> [X] 이 사건 면적조항이 규정한 264제곱미터라는 창고면적기준은 과거 의약품 도매상 창고면적에 대한 기준이 있었던 때에 시행되었던 것과 같은 것으로, 이러한 시설기준이 지나치게 과도하다는 사정을 찾을 수 없으므로 이에 대한 입법자의 정책적 판단은 존중되어야 한다. … 이 사건 법률조항들의 입법취지는 중소기업을 대상으로 하여 그 영업을 규제하려는 것이 아니며, 그 내용도 중소기업에 대해 제한을 가하는 것이 아니므로, 헌법 제123조 제3항에 규정된 국가의 중소기업 보호·육성의무를 위반하였다고 볼 수 없다(헌재 2014.4.24, 2012헌마811).

164
21. 5급

국가는 농수산물의 수급균형과 유통구조의 개선에 노력하여 가격안정을 도모함으로써 농·어민의 이익을 보호한다.　　　　　　　　　　　　　　　　　　　　　　　　　　　　　　O | X

해설

> [O] **헌법 제123조** ④ 국가는 농수산물의 수급균형과 유통구조의 개선에 노력하여 가격안정을 도모함으로써 농·어민의 이익을 보호한다.

165
21. 법원직 9급

국가는 균형 있는 국민경제의 성장 및 안정과 적정한 소득의 분배를 유지하고, 시장의 지배와 경제력의 남용을 방지하며, 경제주체간의 조화를 통한 경제의 민주화를 위하여 경제에 관한 규제와 조정을 할 수 있다.　　　　　　　　　　　　　　　　　　　　　　　　　　　　　　O | X

해설

> [O] **헌법 제119조** ② 국가는 균형 있는 국민경제의 성장 및 안정과 적정한 소득의 분배를 유지하고, 시장의 지배와 경제력의 남용을 방지하며, 경제주체간의 조화를 통한 경제의 민주화를 위하여 경제에 관한 규제와 조정을 할 수 있다.

166
03. 법행

금전채무이행 판결을 선고할 경우 법정 지연이율의 범위를 정한 소송촉진 등에 관한 특례법(1998.1.13. 법률 제5507호로 개정된 것) 제3조 제1항 중 '대통령령으로 정하는 이율' 부분은 헌법상의 포괄위임입법금지의 원칙에 반하지 않는다.　　　　　　　　　　　　　　　　　　　　　　O | X

해설

> [X] 이 사건 법률조항은 '대통령령으로 정하는 이율'에 의한다고 규정하고 있을 뿐, 그 이율의 상한이나 하한에 대한 아무런 기준이 제시되지 않아 위임의 범위를 구체적으로 명확하게 정하고 있다고 할 수 없다. 또한, 다른 법조항을 유기적·체계적으로 살펴보아도 이 사건 조항이 예측가능성을 가지고 있다고 보기 어렵다(헌재 2003.4.24, 2002헌가15).

167
12. 지방직

농지에 대해서는 경자유전의 원칙이 달성되어야 하므로 농지의 임대차와 위탁경영이 금지된다. O | X

해설

> [X] 농지의 소작제도는 금지되지만, 농지의 임대차와 위탁경영은 법률이 정하는 바에 의하여 인정된다(헌법 제121조 참조).

168
22. 지방직·
경찰간부
12. 국가직

헌법 제119조 제2항은 '적정한 소득의 분배'를 규정하고 있으며, 이로부터 소득에 대하여 누진세율에 따른 종합과세를 시행하여야 할 구체적인 헌법적 의무가 조세입법자에게 부과된다고 할 것이다. O | X

해설

> [X] 헌법 제119조 제2항은 국가가 경제영역에서 실현하여야 할 목표의 하나로서 '적정한 소득의 분배'를 들고 있지만, 이로부터 반드시 소득에 대하여 누진세율에 따른 종합과세를 시행하여야 할 구체적인 헌법적 의무가 조세입법자에게 부과되는 것이라고 할 수 없다. 오히려 입법자는 사회·경제정책을 시행함에 있어서 소득의 재분배라는 관점만이 아니라 서로 경쟁하고 충돌하는 여러 목표, 예컨대 '균형 있는 국민경제의 성장 및 안정', '고용의 안정' 등을 함께 고려하여 서로 조화시키려고 시도하여야 하고, 끊임없이 변화하는 사회·경제상황에 적응하기 위하여 정책의 우선순위를 정할 수도 있다. 그러므로 '적정한 소득의 분배'를 무조건적으로 실현할 것을 요구한다거나 정책적으로 항상 최우선적인 배려를 하도록 요구하는 것은 아니라 할 것이다(헌재 1999.11.25, 98헌마55).

169
21. 5급 공채

국민의 보건에 관한 권리는 국민이 자신의 건강을 유지하는 데 필요한 국가적 급부와 배려까지 요구할 수 있는 권리를 포함하는 것은 아니다. O | X

해설

> [X] 헌법 제36조 제3항이 규정하고 있는 국민의 보건에 관한 권리는 국민이 자신의 건강을 유지하는 데 필요한 국가적 급부와 배려를 요구할 수 있는 권리를 말하는 것으로서, 국가는 국민의 건강을 소극적으로 침해하여서는 아니 될 의무를 부담하는 것에서 한걸음 더 나아가 적극적으로 국민의 보건을 위한 정책을 수립하고 시행하여야 할 의무를 부담한다는 것을 의미한다(헌재 2012.2.23, 2011헌마123).

170
04. 법행

헌법재판소는 조약과 헌법과의 관계에 관하여 헌법우위설의 입장에 서 있으면서도 위헌결정시 조약의 상대국과의 관계를 고려하여 조약에 대하여는 위헌심판의 대상이 되지 않는다고 보고 있다. O | X

해설

> [X] '국제통화기금협정 제9조 제3항 등'은 각 국회의 동의를 얻어 체결된 것으로서, 헌법 제6조 제1항에 따라 국내법적·법률적 효력을 가지는바, 가입국의 재판권 면제에 관한 것이므로 성질상 국내에 바로 적용될 수 있는 법규범으로서 위헌법률심판의 대상이 된다(헌재 2001.9.27, 2000헌바20).

171
05. 행시

강제노동의 폐지에 관한 국제노동기구(ILO)의 제105호 조약에 대하여, 헌법재판소는 일반적으로 승인된 국제법규로서 국내법적 효력을 갖는 것으로 보고 있다.   O | X

해설

[X] 강제노동의 폐지에 관한 국제노동기구(ILO)의 제105호 조약은 우리나라가 비준한 바가 없고, 헌법 제6조 제1항에서 말하는 일반적으로 승인된 국제법규로서 헌법적 효력을 갖는 것이라고 볼 만한 근거도 없으므로 이 사건 심판대상규정의 위헌성 심사의 척도가 될 수 없다(헌재 1998.7.16, 97헌바23).

172
05. 사시

국회의 동의를 요하지 않는 조약은 헌법소원심판의 대상이 될 수 없다.   O | X

해설

[X] 국회의 동의를 요하는 조약은 법률의 효력을 가지므로 위헌법률심판의 대상이 되고, 국회의 동의를 요하지 않는 조약은 명령의 효력을 가지므로 원칙적으로 법원에 의하여 규범통제를 받아야 하나, 조약 그 자체에 의하여 직접 기본권이 침해되었을 경우에는 그 조약을 대상으로 하여 헌법소원심판을 청구할 수 있다.

173
07. 국회직 8급

조약에 의하여 처벌을 가중하는 것은 불가능하다는 것이 헌법재판소의 견해이다.   O | X

해설

[X] 마라케쉬협정도 적법하게 체결되어 공포된 조약이므로 국내법과 같은 효력을 갖는 것이어서 그로 인하여 새로운 범죄를 구성하거나 범죄자에 대한 처벌이 가중된다고 하더라도 이것은 국내법에 의하여 형사처벌을 가중한 것과 같은 효력을 갖게 되는 것이다. 따라서 마라케쉬협정에 의하여 관세법위반자의 처벌이 가중된다고 하더라도 이를 들어 법률에 의하지 아니한 형사처벌이라거나 행위시의 법률에 의하지 아니한 형사처벌이라고 할 수 없다(헌재 1998.11.26, 97헌바65).

174
07. 법무사

조약의 체결권한은 대통령에게 있고, 비준권은 국회에 속한다.   O | X

해설

[X] 조약의 체결·비준권은 대통령의 권한이고, 국회는 헌법 제60조 제1항에 열거된 조약의 체결·비준에 대한 동의권을 가진다.

175
10. 사시
07. 국회직 8급

대한민국과 일본국간의 어업에 관한 협정 체결행위는 헌법소원심판의 대상이 되는 '공권력의 행사'에 해당하지 않는다.   O | X

해설

[X] 대한민국과 일본국간의 어업에 관한 협정은 우리나라 정부가 일본 정부와의 사이에서 어업에 관해 체결·공포한 조약으로서 헌법 제6조 제1항에 의하여 국내법과 같은 효력을 가지므로, 그 체결행위는 고권적 행위로서 공권력의 행사에 해당한다(헌재 2001.3.21, 99헌마139 등).

국제통화기금협정은 국회의 동의를 얻어 체결된 것이므로 헌법 제6조 제1항에 따라 국내법적 효력을 가지지만, 그 효력의 정도는 대통령령에 준하는 효력이다. O | X

해설

[X] 이 사건 조항[국제통화기금협정 제9조(지위, 면제 및 특권) 제3항(사법절차의 면제) 및 제8항(직원 및 피용자의 면제와 특권), 전문기구의 특권과 면제에 관한 협약 제4절, 제19절(a)]은 각 국회의 동의를 얻어 체결된 것으로서, 헌법 제6조 제1항에 따라 국내법적·법률적 효력을 가지는바, 가입국의 재판권 면제에 관한 것이므로 성질상 국내에 바로 적용될 수 있는 법규범으로서 위헌법률심판의 대상이 된다(헌재 2001.9.27, 2000헌바20).

외교통상부장관이 2006.1.19. 미합중국 국무장관과 발표한 '동맹 동반자 관계를 위한 전략대화 출범에 관한 공동성명'은 국회의 동의가 필요 없는 조약이다. O | X

해설

[X] 조약은 '국가·국제기구 등 국제법 주체 사이에 권리의무관계를 창출하기 위하여 서면형식으로 체결되고 국제법에 의하여 규율되는 합의'인데, … 이 사건 공동성명은 한국과 미합중국이 상대방의 입장을 존중한다는 내용만 담고 있을 뿐, 구체적인 법적 권리·의무를 창설하는 내용을 전혀 포함하고 있지 아니하므로, 조약에 해당된다고 볼 수 없으므로 그 내용이 헌법 제60조 제1항의 조약에 해당되는지 여부를 따질 필요도 없이 이 사건 공동성명에 대하여 국회가 동의권을 가진다거나 국회의원인 청구인이 심의표결권을 가진다고 볼 수 없다(헌재 2008.3.27, 2006헌라4).

국회의 동의를 요하지 않는 조약이 헌법에 위반되는 여부가 재판의 전제가 된 경우에는 대법원이 최종적으로 심사한다. O | X

해설

[O] 국회의 동의를 요하는 조약은 국회의 동의를 얻게 되면 국내법률과 동일한 효력을 가지므로 그 위헌 여부는 헌법재판소가 위헌법률심판이나 헌법소원심판의 형태로 심사한다. 그리고 국회의 동의를 요하지 않는 조약은 대통령이 발하는 명령과 동일한 효력을 가지므로 그 위헌·위법 여부는 헌법 제107조 제2항에 따라 대법원이 최종적으로 심사하며, 기본권 침해의 직접성이 인정될 경우에는 헌법재판소가 헌법소원심판의 형태로도 심사할 수 있다.

특정 지방자치단체의 초·중·고등학교에서 실시하는 학교급식을 위해 지방자치단체에서 생산되는 우수 농산물을 우선적으로 사용하도록 한 지방자치단체의 조례안은 내국민대우원칙을 규정한 1994년 관세 및 무역에 관한 일반협정에 위반되어 그 효력이 없다. O | X

해설

[O] 특정 지방자치단체의 초·중·고등학교에서 실시하는 학교급식을 위해 위 지방자치단체에서 생산되는 우수 농수축산물과 이를 재료로 사용하는 가공식품(이하 '우수농산물'이라고 한다)을 우선적으로 사용하도록 하고 그러한 우수농산물을 사용하는 자를 선별하여 식재료나 식재료 구입비의 일부를 지원하며 지원을 받은 학교는 지원금을 반드시 우수농산물을 구입하는 데 사용하도록 하는 것을 내용으로 하는 위 지방자치단체의 조례안이 내국민대우원칙을 규정한 '1994년 관세 및 무역에 관한 일반협정'(General Agreement on Tariffs and Trade 1994)에 위반되어 그 효력이 없다(대판 2005.9.9, 2004추10).

180
11. 법원직
10. 사시

외교관계에 관한 비엔나협약에 의하여 외국의 대사관저에 대하여 강제집행을 할 수 없다는 이유로 집행관이 강제집행의 신청의 접수를 거부하여 강제집행이 불가능하게 되었다면 국가는 이러한 경우 손실을 보상하는 법률을 제정하여야 할 의무가 있다. O | X

해설

[X] 외국의 대사관저에 대하여 강제집행을 할 수 없다는 이유로 집달관이 청구인들의 강제집행의 신청의 접수를 거부하여 강제집행이 불가능하게 된 경우 국가가 청구인들에게 손실을 보상하는 법률을 제정하여야 할 헌법상의 명시적인 입법위임은 인정되지 아니하고, 헌법의 해석으로도 그러한 법률을 제정함으로써 청구인들의 기본권을 보호하여야 할 입법자의 행위의무 내지 보호의무가 발생하였다고 볼 수 없다(헌재 1998.5. 28, 96헌마44).

181
10. 국회직 8급

조약에 기하여 새로운 범죄를 구성하거나 범죄자에 대한 처벌을 가중하는 것은 헌법적으로 허용되지 않는다. O | X

해설

[X] 마라케쉬협정도 적법하게 체결되어 공포된 조약이므로 국내법과 같은 효력을 갖는 것이어서 그로 인하여 새로운 범죄를 구성하거나 범죄자에 대한 처벌이 가중된다고 하더라도 이것은 국내법에 의하여 형사처벌을 가중한 것과 같은 효력을 갖게 되는 것이다(헌재 1998.11.26, 97헌바65).

182
10. 국회직 8급

조약에 대한 위헌 여부의 심사는 헌법재판소법 제41조 제1항에 따른 위헌법률심판과 헌법재판소법 제68조 제2항에 따른 위헌심사형 헌법소원의 형태로는 가능하지만, 헌법재판소법 제68조 제1항에 따른 권리구제형 헌법소원의 형태로는 불가능하다. O | X

해설

[X] 조약이 직접 기본권을 침해하는 경우에는 헌법재판소법 제68조 제1항의 헌법소원심판의 대상이 된다는 것이 판례의 입장이다. 헌법재판소도 한일어업협정 사건에서 "이 사건 협정은 우리나라 정부가 일본 정부와의 사이에서 어업에 관해 체결·공포한 조약(조약 제1477호)으로서 헌법 제6조 제1항에 의하여 국내법과 같은 효력을 가지므로, 그 체결행위는 고권적 행위로서 '공권력의 행사'에 해당한다."라고 판시한 바 있다(헌재 2001.3.21, 99헌마139).

183
11. 사시

개인이 전쟁과 테러 혹은 무력행위로부터 자유로워야 하는 것은 인간의 존엄과 가치를 실현하고 행복을 추구하기 위한 기본전제가 되는 것이므로, 헌법 제10조와 제37조 제1항으로부터 침략전쟁에 강제되지 않고 평화적 생존을 할 수 있도록 국가에 요청할 수 있는 평화적 생존권이 도출된다. O | X

해설

[X] 평화적 생존권은 이를 헌법에 열거되지 아니한 기본권으로서 특별히 새롭게 인정할 필요성이 있다거나 그 권리내용이 비교적 명확하여 구체적 권리로서의 실질에 부합한다고 보기 어려워 헌법상 보장된 기본권이라고 할 수 없다(헌재 2009.5.28, 2007헌마369).

184

11. 법원직

한미주둔군지위협정(SOFA)은 비록 그 내용이 국민에게 재정적 부담을 지우는 입법사항을 포함하고 있다 하더라도, 그 명칭이 협정으로 되어 있어 국회의 관여 없이 체결되는 행정협정에 해당한다.   O | X

해설

[X] 우리나라의 입장에서 볼 때에는 외국군대의 지위에 관한 것이고, 국가에게 재정적 부담을 지우는 내용과 입법사항을 포함하고 있으므로 국회의 동의를 요하는 조약으로 취급되어야 한다(헌재 1999.4.29, 97헌가14).

185

12. 국가직

1960.10.5. 국제연합교육과학문화기구와 국제노동기구가 채택한 '교원의 지위에 관한 권고'는 일반적으로 승인된 국제법규에 해당하므로 직접적으로 국내법적인 효력을 가지는 것이다.   O | X

해설

[X] 국제연합의 '인권에 관한 세계선언'이나 '경제적·사회적 및 문화적 권리에 관한 국제규약' 및 '시민적 및 정치적 권리에 관한 국제규약', 국제문화기구와 국제노동기구가 채택한 '교원의 지위에 관한 권고'들은 모두 교원의 지위를 포함한 교육제도의 법정주의와 반드시 배치된다거나 직접적으로 국내법적인 효력을 가지는 것이라고도 할 수 없다(헌재 1991.7.22, 89헌가106).

186

15. 서울시

세계인권선언의 각 조항은 보편적인 법적 구속력을 가짐과 아울러 국제법적 효력을 갖는다.   O | X

해설

[X] '세계인권선언'에 관하여 보면, 이는 그 전문에 나타나 있듯이 '인권 및 기본적 자유의 보편적인 존중과 준수의 촉진을 위하여 … 사회의 각 개인과 사회 각 기관이 국제연합 가맹국 자신의 국민 사이에, 또 가맹국 관할하의 지역에 있는 시민들 사이에 기본적인 인권과 자유의 존중을 지도교육함으로써 촉진하고, 또한 그러한 보편적·효과적인 승인과 준수를 국내적·국제적인 점진적 조치에 따라 확보할 것을 노력하도록, 모든 국민과 모든 나라가 달성하여야 할 공통의 기준'으로 선언하는 의미는 있으나 그 선언내용인 각 조항이 바로 보편적인 법적 구속력을 가지거나 국제법적 효력을 갖는 것으로 볼 것은 아니다(헌재 2007.8.30, 2003헌바51 등).

187

16. 국가직

헌법 제6조 제1항의 국제법 존중주의에 따라 조약과 일반적으로 승인된 국제법규는 국내법에 우선한다.   O | X

해설

[X] 국제법과 국내법의 관계에 대한 통설·판례의 입장은 국내법우위설(헌법우위설)의 입장이다. 그렇기 때문에 조약과 국제법규에 대한 위헌 여부의 심사도 가능한 것이다. 헌법 제6조 제1항도 헌법에 의하여 체결·공포된 조약과 일반적으로 승인된 국제법규는 국내법과 같은 효력을 가진다고 규정하고 있다.

☐☐☐
188
17. 국가직

조약은 '국가 · 국제기구 등 국제법 주체 사이에 권리의무관계를 창출하기 위하여 서면 또는 구두 형식으로 체결되고 국제법에 의하여 규율되는 합의'라고 할 수 있다. O I X

해설

> [X] 조약은 국가 · 국제기구 등 국제법 주체 사이에 권리의무관계를 창출하기 위하여 서면 형식으로 체결되고 국제법에 의하여 규율되는 합의이다(헌재 2008.3.27, 2006헌라4).

☐☐☐
189
17. 국가직

조약은 국회의 동의를 얻어 체결 · 비준되었더라도 형식적 의미의 법률이 아닌 이상 헌법재판소의 위헌법률심판대상이 될 수 없다. O I X

해설

> [X] 국회의 동의를 얻어 체결 · 비준된 조약은 헌법재판소의 위헌법률심판대상이 된다.

☐☐☐
190
18. 5급

전 세계적으로 양심적 병역거부권의 보장에 관한 국제관습법이 형성되었다고 할 수 없어 양심적 병역거부가 일반적으로 승인된 국제법규로서 우리나라에 수용될 수는 없다. O I X

해설

> [O] 양심적 병역거부권을 명문으로 인정한 국제인권조약은 아직까지 존재하지 않으며, 유럽 등의 일부국가에서 양심적 병역거부권이 보장된다고 하더라도 전 세계적으로 양심적 병역거부권의 보장에 관한 국제관습법이 형성되었다고 할 수 없어 양심적 병역거부가 일반적으로 승인된 국제법규로서 우리나라에 수용될 수는 없다(헌재 2011.8.30, 2008헌가22 등).

☐☐☐
191
18. 5급

법률적 효력을 갖는 조약은 헌법재판소의 위헌법률심판의 대상이 될 수 있다. O I X

해설

> [O] 위헌심사의 대상이 되는 법률이 국회의 의결을 거친 이른바 형식적 의미의 법률을 의미하는 것에는 아무런 의문이 있을 수 없다. 따라서 형식적 의미의 법률과 동일한 효력을 갖는 조약 등은 포함된다(헌재 1995. 12.28, 95헌바3).

☐☐☐
192
18. 5급

주권의 제약에 관한 조약은 체결할 수 없다. O I X

해설

> [X] 주권의 제약에 관한 조약도 체결대상이다(헌법 제60조 제1항 참조).
>
> > **헌법 제60조** ① 국회는 상호원조 또는 안전보장에 관한 조약, 중요한 국제조직에 관한 조약, 우호통상항해조약, 주권의 제약에 관한 조약, 강화조약, 국가나 국민에게 중대한 재정적 부담을 지우는 조약 또는 입법사항에 관한 조약의 체결 · 비준에 대한 동의권을 가진다.

193

21. 경정승진

우루과이라운드의 협상결과 체결된 마라케쉬협정은 적법하게 체결되어 공포된 조약이다. O | X

해설

[O] 마라케쉬협정도 적법하게 체결되어 공포된 조약이므로 국내법과 같은 효력을 갖는 것이어서 그로 인하여 새로운 범죄를 구성하거나 범죄자에 대한 처벌이 가중된다고 하더라도 이것은 국내법에 의하여 형사처벌을 가중한 것과 같은 효력을 갖게 되는 것이다(헌재 1998.11.26, 97헌바65).

194

21. 경정승진

대한민국과 아메리카합중국간의 상호방위조약 제4조에 의한 시설과 구역 및 대한민국에서의 합중국군대의 지위에 관한 협정은 국회의 관여 없이 체결되는 행정협정이므로 국회의 동의를 요하지 않는다.
O | X

해설

[X] 이 사건 조약은 그 명칭이 '협정'으로 되어 있어 국회의 관여 없이 체결되는 행정협정처럼 보이기도 하나, 우리나라의 입장에서 볼 때에는 외국군대의 지위에 관한 것이고, 국가에게 재정적 부담을 지우는 내용과 입법사항을 포함하고 있으므로 국회의 동의를 요하는 조약으로 취급되어야 한다(헌재 1999.4.29, 97헌가14).

195

22. 경찰 1차

현행 헌법에서 직접 '자유민주적 기본질서'를 명시하고 있는 것은 헌법 전문(前文)과 제4조의 통일조항이다.
O | X

해설

[O]
> **헌법 전문** 자율과 조화를 바탕으로 자유민주적 기본질서를 더욱 확고히 하여(…생략)
> **헌법 제4조** 대한민국은 통일을 지향하며, 자유민주적 기본질서에 입각한 평화적 통일 정책을 수립하고 이를 추진한다.

196

22. 경찰간부
21. 지방직
17. 국가직

국제법적으로 조약은 국제법 주체들이 일정한 법률효과를 발생시키기 위하여 체결한 국제법의 규율을 받는 국제적 합의를 말하며 서면에 의한 경우가 대부분이지만 예외적으로 구두합의도 조약의 성격을 가질 수 있다. O | X

해설

[O] 국제법적으로, 조약은 국제법 주체들이 일정한 법률효과를 발생시키기 위하여 체결한 국제법의 규율을 받는 국제적 합의를 말하며 서면에 의한 경우가 대부분이지만 예외적으로 구두합의도 조약의 성격을 가질 수 있다. 국가는 경우에 따라 조약과는 달리 법적 효력 내지 구속력이 없는 합의도 하는데, 이러한 합의는 많은 경우 일정한 공동 목표의 확인이나 원칙의 선언과 같이 구속력을 부여하기에는 너무 추상적이거나 구체성이 없는 내용을 담고 있으며, 대체로 조약체결의 형식적 절차를 거치지 않는다. 이러한 합의도 합의 내용이 상호 준수되리라는 기대하에 체결되므로 합의를 이행하지 않는 국가에 대해 항의나 비판의 근거가 될 수는 있으나, 이는 법적 구속력과는 구분된다(헌재 2019.12.27, 2016헌마253).

☐☐☐
197
05. 국가직

제도적 보장은 재판규범도 안 되고 헌법소원도 안 된다.   O | X

해설

[X] 제도적 보장은 집행권과 사법권은 물론이고 입법권까지도 구속된다는 점에서 단순한 프로그램적 성격의 것이 아니라 직접적 효력을 가지는 재판규범이다.

☑ 기본권 보장과 제도적 보장

구분	기본권 보장(자유권)	제도적 보장
성질	주관적 공권, 전국가적	객관적 질서, 국가 내적
헌법개정권력 구속 여부	구속	구속하지 않음
보장의 정도	최대한 보장	최소한 보장
재판규범성	인정	
헌법소원 제기	○	×

☐☐☐
198
05. 법행

제도적 보장이란 것은 그 제도의 폐지나 본질적 침해를 방지하고자 하는 소극적·최소한도의 보장을 의미하는 것으로서, 그 본질적 내용이 입법에 의하여 결정된다.   O | X

해설

[X] 제도적 보장은 객관적 제도를 헌법에 규정하여 당해 제도의 본질을 유지하려는 것으로서 헌법제정권자가 특히 중요하고도 가치가 있다고 인정되고 헌법적으로도 보장할 필요가 있다고 생각하는 국가제도를 헌법에 규정함으로써 장래의 법발전·법형성의 방침과 범주를 미리 규율하려는 데 있다. 이러한 제도적 보장은 주관적 권리가 아닌 객관적 법규범이라는 점에서 기본권과 구별되기는 하지만 헌법에 의하여 일정한 제도가 보장되면 입법자는 그 제도를 설정하고 유지할 입법의무를 지게 될 뿐만 아니라 헌법에 규정되어 있기 때문에 법률로써 이를 폐지할 수 없고, 비록 내용을 제한하더라도 그 본질적 내용을 침해할 수 없다. 그러나 기본권 보장은 '최대한 보장의 원칙'이 적용됨에 반하여, 제도적 보장은 그 본질적 내용을 침해하지 아니하는 범위 안에서 입법자에게 제도의 구체적 내용과 형태의 형성권을 폭넓게 인정한다는 의미에서 '최소한 보장의 원칙'이 적용될 뿐이다(헌재 1997.4.24, 95헌바48).

☐☐☐
199
10. 법원직
07. 법행

재산권 보장에 관한 헌법 제23조를 제도적 보장으로 보게 되면 그 보장의 강도가 낮아질 수밖에 없으므로 위 조항은 기본권을 보장한 규정으로 보아야 하며 제도적 보장으로 보아서는 안 된다.   O | X

해설

[X] 위 재산권 보장은 개인이 현재 누리고 있는 재산권을 개인의 기본권으로 보장한다는 의미와 개인이 재산권을 향유할 수 있는 법제도로서의 사유재산제도를 보장한다는 이중적 의미를 가지고 있다. 이 재산권 보장으로서 사유재산제도와 경제활동에 대한 사적 자치의 원칙을 기초로 하는 자본주의 시장경제질서를 기본으로 하여 국민 개개인에게 자유로운 경제활동을 통하여 생활이 기본적 수요를 스스로 충족시킬 수 있도록 하고 사유재산의 자유로운 이용·수익과 그 처분 및 상속을 보장해 주는 것이다. 이런 보장이 자유와 창의를 보장하는 지름길이고 궁극에는 인간의 존엄과 가치를 증대시키는 최선의 방법이라는 이상을 배경으로 하고 있는 것이다(헌재 1993.7.29, 92헌바20).

200
12. 국회직 9급

제도적 보장에도 헌법 제37조가 적용되므로 기본권 보장과 같이 최대보장의 원칙에 의하여 보장하여야 한다. ○ | X

해설

> [X] 제도적 보장은 기본권 보장의 경우와는 달리 그 본질적 내용을 침해하지 아니하는 범위 안에서, 입법자에게 제도의 구체적인 내용과 형태의 형성권을 폭넓게 인정한다는 의미에서 '최소한의 보장의 원칙'이 적용될 뿐이다(헌재 1997.4.24, 95헌바48).

201
15. 서울시

우리나라의 학설과 판례에 의하면 제도는 국법질서에 의하여 국가 내에서 인정되는 객관적 법규범인 동시에 재판규범으로 기능하며, 기본권과 달리 최대한의 보장을 내용으로 한다. ○ | X

해설

> [X] 제도적 보장은 주관적 권리가 아닌 객관적 범규범이라는 점에서 기본권과 구별되기는 하지만 헌법에 의하여 일정한 제도가 보장되면 입법자는 그 제도를 설정하고 유지할 입법의무를 지게 될 뿐만 아니라 헌법에 규정되어 있기 때문에 법률로써 이를 폐지할 수 없고, 비록 내용을 제한하더라도 그 본질적 내용을 침해할 수 없다. 그러나 기본권 보장은 '최대한 보장의 원칙'이 적용됨에 반하여, 제도적 보장은 그 본질적 내용을 침해하지 아니하는 범위 안에서 입법자에게 제도의 구체적 내용과 형태의 형성권을 폭넓게 인정한다는 의미에서 '최소한 보장의 원칙'이 적용될 뿐이다(헌재 1997.4.24, 95헌바48).

202
22. 경찰 2차

재판청구권과 같은 절차적 기본권은 원칙적으로 제도적 보장의 성격이 강하기 때문에, 자유권적 기본권의 경우와 비교하여 볼 때 상대적으로 축소된 입법형성권이 인정된다. ○ | X

해설

> [X] 재판청구권과 같은 절차적 기본권은 원칙적으로 제도적 보장의 성격이 강하기 때문에, 자유권적 기본권의 경우와 비교하여 볼 때 상대적으로 광범위한 입법형성권이 인정된다. 그러나 입법자의 형성권은 무제한적인 것이 아니므로 국민의 권리보호를 위한 최소한의 사법절차는 보장되어야 하는데, 헌법상의 재판을 받을 권리의 본질적 내용은 법적 분쟁이 있는 경우 독립된 법원에 의하여 심리·검토를 받을 수 있는 기회가 부여될 권리가 인정되는 것이다(헌재 2019.7.25, 2018헌바209).

제6절 정당제도

203
04. 법행

정당의 목적이나 활동이 민주적 기본질서에 위배될 때에는 정부 또는 국회는 헌법재판소에 그 해산을 제소할 수 있고, 정당은 헌법재판소의 심판에 의하여 해산된다. ○ | X

해설

> [X] 헌법 제8조 제4항에 의하면 위헌정당해산의 제소권자는 정부만이고 국회는 해당하지 않는다.

204
05. 행시 · 사시

헌법이 정당설립의 자유를 규정하고 있지만, 정당의 등록 및 등록 취소의 요건은 형식적 요건에 한정되는 것은 아니며, 실질적 내용을 요건으로 하는 것도 허용된다. O I X

해설

[X] 헌법 제8조 제2항은 정당의 내부질서가 민주적이 아니거나 국민의 정치적 의사형성과정에 참여하기 위하여 갖추어야 할 필수적인 조직을 갖추지 못한 정당은 자유롭게 설립되어서는 아니 된다는 요청을 하고 있다. 따라서 헌법 제8조 제1항의 정당설립의 자유와 제2항의 헌법적 요청을 함께 고려하여 볼 때, 입법자가 정당으로 하여금 헌법상 부여된 기능을 이행하도록 하기 위하여 그에 필요한 절차적 · 형식적 요건을 규정함으로써 정당의 자유를 구체적으로 형성하고 동시에 제한하는 경우를 제외한다면, 정당설립에 대한 국가의 간섭이나 침해는 원칙적으로 허용되지 아니한다. 이는 곧 입법자가 정당설립과 관련하여 형식적 요건을 설정할 수는 있으나, 일정한 내용적 요건을 구비해야만 정당을 설립할 수 있다는 소위 '허가절차'는 헌법적으로 허용되지 아니한다는 것을 뜻한다(헌재 1999.12.23, 99헌마135).

205
07. 국회직 8급

헌법재판소의 해산결정에 의하여 해산된 정당의 잔여재산은 당헌이 정하는 바에 따르고, 당헌에 규정이 없으면 국고에 귀속된다. O I X

해설

[X] 헌법재판소에서 해산결정된 정당의 잔여재산은 국고에 귀속된다(정당법 제48조 참조).

☑ 등록취소와 강제해산

구분	등록취소	헌법재판소에 의한 강제해산
기존정당의 명칭 사용	가능	불가능
유사정당 설립	가능	대체정당 설립 불가
잔여재산	1차는 당헌에 따라, 나머지는 국고귀속	국고귀속
소속 의원	무소속으로 자격 유지	자격상실(다수설)

206
18. 5급
08. 법행

정당이 그 소속 국회의원을 제명함에는 당헌이 정하는 절차를 거치는 외에 그 소속 국회의원 전원의 3분의 2 이상의 찬성이 있어야 한다. O I X

해설

[X] 정당이 그 소속 국회의원을 제명하기 위해서는 당헌이 정하는 절차를 거치는 외에 그 소속 국회의원 전원의 2분의 1 이상의 찬성이 있어야 한다(정당법 제33조).

207
08. 법행

정당에 보조금을 배분함에 있어 교섭단체의 구성 여부에 따라 차등을 두는 정치자금에 관한 법률 제18조 제1항 내지 제3항은 평등원칙에 위반된다. O I X

해설

[X] 정당의 공적 기능의 수행에 있어 교섭단체의 구성 여부에 따라 차이가 나타날 수밖에 없고, 이 사건 법률조항이 교섭단체의 구성 여부만을 보조금 배분의 유일한 기준으로 삼은 것이 아니라 정당의 의석수비율과 득표수비율도 함께 고려함으로써 현행의 보조금 배분비율이 정당이 선거에서 얻은 결과를 반영한 득표수비율과 큰 차이를 보이지 않고 있는 점 등을 고려하면, 교섭단체를 구성할 정도의 다수정당과 그에 미치지 못하는 소수정당 사이에 나타나는 차등지급의 정도는 정당간의 경쟁상태를 현저하게 변경시킬 정도로 합리성을 결여한 차별이라고 보기 어렵다(헌재 2006.7.27, 2004헌마655).

208
10. 법무사

정당설립의 자유는 헌법상의 기본권은 아니므로 이를 근거로 하여 헌법소원심판을 청구할 수 없다.

O | X

해설

[X] 헌법 제8조 제1항 전단의 정당설립의 자유는 정당설립의 자유만이 아니라 누구나 국가의 간섭을 받지 아니하고 자유롭게 정당에 가입하고 정당으로부터 탈퇴할 수 있는 자유를 함께 보장한다. 구체적으로 정당의 자유는 개개인의 자유로운 정당설립 및 정당가입의 자유, 조직형식 내지 법형식 선택의 자유를 포함한다. 또한, 정당설립의 자유는 설립에 대응하는 정당해산의 자유, 합당의 자유, 분당의 자유도 포함한다. 뿐만 아니라 정당설립의 자유는 개인이 정당 일반 또는 특정 정당에 가입하지 아니할 자유, 가입했던 정당으로부터 탈퇴할 자유 등 소극적 자유도 포함한다(헌재 2006.3.30, 2004헌마246). 즉, 정당설립의 자유도 헌법상의 기본권이므로 당연히 헌법소원심판을 청구할 수 있다.

209
11. 국가직
08. 법행 · 사시

정당법에서 정당설립의 요건으로 5 이상의 시 · 도당과 각 시 · 도당에 1천인 이상의 당원이라는 조직기준을 설정하는 것은 합헌이다.

O | X

해설

[O] 이 사건 법률조항 중 제25조의 규정은 이른바 '지역정당'을 배제하려는 취지로 볼 수 있고, 제27조의 규정은 이른바 '군소정당'을 배제하려는 취지로 볼 수 있다. … 이 사건 법률조항은 헌법 제8조 제2항이 규정하고 있는 '국민의 정치적 의사형성에 참여하는 데 필요한 조직' 요건을 구체화함에 있어서 5개 이상의 시 · 도당 및 각 시 · 도당마다 1,000명 이상의 당원을 갖추도록 규정하고 있는바, 이와 같이 전국 정당으로서의 기능 및 위상을 충실히 하기 위해서 5개의 시 · 도당을 구성하는 것이 필요하다고 본 입법자의 판단이 자의적이라고 볼 수 없고, 각 시 · 도당 내에 1,000명 이상의 당원을 요구하는 것도 우리나라 전체 및 각 시 · 도의 인구를 고려해 볼 때, 청구인과 같은 군소정당 또는 신생정당이라 하더라도 과도한 부담이라고 할 수 없다(헌재 2006.3.30, 2004헌마246).

210
12. 경정승진

정당공천에서 탈락한 자가 그 공천과정의 비민주성을 이유로 정당공천의 효력을 다투고자 할 때에는 헌법소원을 청구할 수 있다.

O | X

해설

[X] 정당은 국민의 이익을 위하여 책임 있는 정치적 주장이나 정책을 추진하고 공직선거의 후보자를 추천 또는 지지함으로써 국민의 정치적 의사형성에 참여함을 목적으로 하는 국민의 자발적 조직으로, 그 법적 성격은 일반적으로 사적 · 정치적 결사 내지는 법인격 없는 사단으로 파악되고 있고, 이러한 정당의 법률관계에 대하여는 정당법의 관계 조문 이외에 일반 사법 규정이 적용되므로, 정당은 공권력 행사의 주체가 될 수 없다. 정당이 공권력 행사의 주체가 아니고, 정당의 대통령선거 후보선출은 자발적 조직 내부의 의사결정에 지나지 아니하므로, 청구인들 주장과 같이 한나라당이 대통령선거 후보경선과정에서 여론조사결과를 반영한 것을 일컬어 헌법소원심판의 대상이 되는 공권력의 행사에 해당한다 할 수 없다(헌재 2007.10.30, 2007헌마1128).

211
12. 법행

정당의 해산을 명하는 헌법재판소의 결정은 정부가 정당법에 따라 집행한다.

O | X

해설

[X] 정당의 해산을 명하는 헌법재판소의 결정은 중앙선거관리위원회가 정당법에 따라 집행한다(헌법재판소법 제60조).

□□□
212
12. 법원직

정당은 일반결사와 달리 오직 중앙선거관리위원회의 제소에 따른 헌법재판소의 심판에 의해서만 해산된다.

O | X

해설

[X] 정당의 목적이나 활동이 민주적 기본질서에 위배될 때에는 정부는 헌법재판소에 그 해산을 제소할 수 있고, 정당은 헌법재판소의 심판에 의하여 해산되며(헌법 제8조 제4항), 정당법 제45조에 의한 자진해산도 가능하다.

□□□
213
13. 법원직

정당은 수도에 소재하는 중앙당과 특별시·광역시·도에 각각 소재하는 시·도당으로 구성하는데, 정당은 5 이상의 시·도당을 가져야 하고 시·도당은 2천인 이상의 당원을 가져야 한다.

O | X

해설

[X] 정당은 수도에 소재하는 중앙당과 특별시·광역시·도에 각각 소재하는 시·도당으로 구성하는데, 정당은 5 이상의 시·도당을 가져야 하며 시·도당은 1천인 이상의 당원을 가져야 한다(정당법 제17조 및 제18조 참조).

□□□
214
12. 국회직 8급

정당이 그 소속 국회의원을 제명하는 경우 당헌이 정하는 절차 외에도 그 소속 국회의원 전원의 3분의 2 이상의 찬성이 있어야 하며, 무기명투표를 원칙으로 하되 예외적인 경우에는 서면에 의하여 의결할 수 있다.

O | X

해설

[X] 정당이 그 소속 국회의원을 제명하기 위해서는 당헌이 정하는 절차를 거치는 외에 그 소속 국회의원 전원의 2분의 1 이상의 찬성이 있어야 하며, 소속 국회의원의 제명에 관한 결의는 서면이나 대리인에 의하여 의결할 수 없다(정당법 제32조 제1항, 제33조 참조).

□□□
215
12. 국회직 8급

헌법재판소는 정당에 대한 해산결정을 한 경우 지체 없이 그 뜻을 공고하여야 하며, 그 정당은 당헌이 정하는 바에 따라 잔여재산을 처분하여야 한다.

O | X

해설

[X] 헌법재판소의 해산결정에 의하여 해산된 정당의 잔여재산은 국고에 귀속한다(정당법 제48조 제2항).

□□□
216
13. 서울시

등록이 취소된 정당의 잔여재산은 국고에 귀속함이 원칙이다.

O | X

해설

[X] 등록이 취소된 정당의 잔여재산은 당헌이 정하는 바에 따라 처분하고, 처분되지 아니한 정당의 잔여재산은 국고에 귀속한다(정당법 제48조 제1항·제2항 참조).

217
13. 국가직

정당의 조직 중 기존의 지구당과 당연락소를 강제적으로 폐지하고 이후 지구당을 설립하거나 당연락소를 설치하는 것을 금지하는 규정은, 정당조직의 자유 및 정당활동의 자유를 제한하는 것으로서 정당의 자유의 본질적 내용을 침해한다.　　　　　　　　　　　　　　　　　　　　　　　　　　　　　　　　　　　　O | X

해설

> [X] 정당의 조직 중 기존의 지구당과 당연락소를 강제적으로 폐지하고 이후 지구당을 설립하거나 당연락소를 설치하는 것을 금지하는 것은 정당으로 하여금 그 핵심적인 기능과 임무를 전혀 수행하지 못하도록 하거나 이를 수행하더라도 전혀 비민주적인 과정을 통할 수밖에 없도록 하는 것이라면 정당의 자유의 본질적 내용을 침해하는 것이 되지만, 지구당이나 당연락소가 없더라도 이러한 기능과 임무를 수행하는 것이 불가능하지 아니하고 특히 교통, 통신, 대중매체가 발달한 오늘날 지구당의 통로로서의 의미가 상당부분 완화되었기 때문에, 본질적 내용을 침해한다고 할 수 없다(헌재 2004.12.16, 2004헌마456).

218
13. 서울시

경찰청장의 퇴직 후 일정기간 동안 정당에 가입할 수 없게 하는 것은 공무원의 정치적 중립성을 보장하기 위한 것이어서 정당의 자유를 침해하는 것은 아니다.　　　　　　　　　　　　　　　　　　　　　　　O | X

해설

> [X] 경찰청장은 퇴직일부터 2년 이내에는 정당의 발기인이 되거나 당원이 될 수 없도록 한 것은 정당설립 및 가입의 자유를 침해하는 조항이다(헌재 1999.12.23, 99헌마135).

219
13. 서울시

일사부재리의 원칙은 형벌간에 적용되므로 정부는 동일한 정당에 대하여 동일한 사유로 다시 위헌정당의 해산을 제소할 수 있다.　　　　　　　　　　　　　　　　　　　　　　　　　　　　　　　　　　　　　　O | X

해설

> [X] 헌법재판소는 이미 심판을 거친 동일한 사건에 대하여는 다시 심판할 수 없다(헌법재판소법 제39조). 즉, 정당해산제소에도 일사부재리의 원칙이 적용된다.

220
14. 국회직 8급

정당은 등록이 취소된 이후에는 헌법소원의 청구인능력이 없다.　　　　　　　　　　　　　　　　　　O | X

해설

> [X] 청구인(사회당)은 등록이 취소된 이후에도, 취소 전 사회당의 명칭을 사용하면서 대외적인 정치활동을 계속하고 있고, 대내외 조직 구성과 선거에 참여할 것을 전제로 하는 당헌과 대내적 최고의사결정기구로서 당대회와, 대표단 및 중앙위원회, 지역조직으로 시·도위원회를 두는 등 계속적인 조직을 구비하고 있는 사실 등에 비추어 보면, 청구인은 등록이 취소된 이후에도 '등록정당'에 준하는 '권리능력 없는 사단'으로서의 실질을 유지하고 있다고 볼 수 있으므로 이 사건 헌법소원의 청구인능력을 인정할 수 있다(헌재 2006.3.30, 2004헌마246).

221

14. 국회직 8급

헌법재판소가 정당설립의 자유를 제한하는 법률의 합헌성을 심사하는 경우 제도보장의 법리에 따라 합리성기준에 따른 심사를 하여야 한다.　　　　　　　　　　　　　　　　　　　　　　　O | X

해설

[X] 입법자는 정당설립의 자유를 최대한 보장하는 방향으로 입법하여야 하고, 또 다른 한편에서 헌법재판소는 정당설립의 자유를 제한하는 법률의 합헌성을 심사할 때에 헌법 제37조 제2항에 따라 엄격한 비례심사를 하여야 한다. 그러므로 정당설립의 자유를 제한하는 입법은 국가안전보장·질서유지 또는 공공복리를 위하여 필요하고 불가피한 예외적인 경우에만 그 제한이 정당화될 수 있으며, 그 경우에도 정당설립의 자유의 본질적인 내용을 침해할 수 없다(헌재 2014.1.28, 2012헌마431).

222

17. 경정승진
14. 서울시

정당의 목적이나 조직이 민주적 기본질서에 위배될 때에는 정부는 헌법재판소에 그 해산을 제소할 수 있고, 정당은 헌법재판소의 심판에 의하여 해산된다.　　　　　　　　　　　　　　　　　　O | X

해설

[X] 정당의 목적이나 활동이 민주적 기본질서에 위배될 때에는 정부는 헌법재판소에 그 해산을 제소할 수 있고, 정당은 헌법재판소의 심판에 의하여 해산된다(헌법 제8조 제4항).

223

15. 법원직

정당의 등록요건으로서 5개 이상의 시·도당 및 각 시·도당마다 1,000명 이상의 당원을 갖출 것을 요구하는 것은 정당설립의 자유를 침해하기 때문에 위헌이다.　　　　　　　　　　　　　　　　O | X

해설

[X] 헌법 제8조 제2항이 규정하고 있는 '국민의 정치적 의사형성에 참여하는 데 필요한 조직' 요건을 구체화함에 있어서 5개 이상의 시·도당 및 각 시·도당마다 1,000명 이상의 당원을 갖추도록 규정하고 있는바, 이와 같이 전국 정당으로서의 기능 및 위상을 충실히 하기 위해서 5개의 시·도당을 구성하는 것이 필요하다고 본 입법자의 판단이 자의적이라고 볼 수 없고, 각 시·도당 내에 1,000명 이상의 당원을 요구하는 것도 우리나라 전체 및 각 시·도의 인구를 고려해 볼 때, 청구인과 같은 군소정당 또는 신생정당이라 하더라도 과도한 부담이라고 할 수 없다(헌재 2006.3.30, 2004헌마246).

224

15. 사시
14. 국회직 8급

국회의원선거에 참여하여 의석을 얻지 못하고 유효투표총수의 100분의 2 이상을 득표하지 못한 정당에 대해 그 등록을 취소하도록 한 구 정당법 조항은 군소정당 난립으로 인한 정치질서의 혼란을 방지하기 위한 것으로서 정당설립의 자유를 침해하지 않는다.　　　　　　　　　　　　　　　　　O | X

해설

[X] 일정기간 동안 공직선거에 참여할 기회를 수회 부여하고 그 결과에 따라 등록취소 여부를 결정하는 등 덜 기본권 제한적인 방법을 상정할 수 있고, 정당법에서 법정의 등록요건을 갖추지 못하게 된 정당이나 일정기간 국회의원선거 등에 참여하지 아니한 정당의 등록을 취소하도록 하는 등 입법목적을 실현할 수 있는 다른 법적 장치도 마련되어 있으므로, 정당등록취소조항은 침해의 최소성요건을 갖추지 못하였다. 나아가, 위 조항은 어느 정당이 대통령선거나 지방자치선거에서 아무리 좋은 성과를 올리더라도 국회의원선거에서 일정 수준의 지지를 얻는 데 실패하면 등록이 취소될 수밖에 없어 불합리하고, 신생·군소정당으로 하여금 국회의원선거에의 참여 자체를 포기하게 할 우려도 있어 법익의 균형성요건도 갖추지 못하였다. 따라서 정당등록취소조항은 과잉금지원칙에 위반되어 청구인들의 정당설립의 자유를 침해한다(헌재 2014.1.28, 2012헌마431).

225

15. 사시

구 공직선거법이 국회의원의 선거권 행사연령을 20세로 정한 것은 사회변화에 적절하게 대응하지 못한 것으로서 위헌이라는 헌법재판소의 판단에 따라, 18세부터 선거권을 행사할 수 있도록 공직선거법이 개정되었다.

O | X

해설

[X] 헌법재판소는 선거권 연령을 20세 이상으로 제한하고 있는 공직선거법 제15조 제1항에 대하여 합헌결정(헌재 2001.6.28, 2000헌마111)을 하였으나, 국회가 법개정을 통하여 18세부터 선거권을 행사할 수 있도록 하였다.

226

17. 경정승진
15. 국회직 8급

어떤 정당이 위헌정당이라는 이유로 해산이 되면 공직선거법이 정한 바에 따라 해당 정당에 소속된 모든 국회의원의 의원직이 상실된다.

O | X

해설

[X] 헌법재판소의 해산결정으로 정당이 해산되는 경우에 그 정당 소속 국회의원이 의원직을 상실하는지에 대하여 명문의 규정은 없으나, 정당해산심판제도의 본질은 민주적 기본질서에 위배되는 정당을 정치적 의사형성과정에서 배제함으로써 국민을 보호하는 데에 있는데 해산정당 소속 국회의원의 의원직을 상실시키지 않는 경우 정당해산결정의 실효성을 확보할 수 없게 되므로, 이러한 정당해산제도의 취지 등에 비추어 볼 때 헌법재판소의 정당해산결정이 있는 경우 그 정당 소속 국회의원의 의원직은 당선 방식을 불문하고 모두 상실되어야 한다(헌재 2014.12.19, 2013헌다1). 위헌정당 해산시에 소속 국회의원의 의원직 상실 여부에 대한 특별규정은 없다.

주의》 지방의원의 의원직 상실 여부는 판단하지 않았다.

227

17. 국가직

헌법 제8조 제4항이 규정하는 정당의 목적이나 활동이 민주적 기본질서에 '위배'될 때란, 민주적 기본질서에 대한 단순한 위반이나 저촉을 의미하는 것이 아니라, 민주사회의 불가결한 요소인 정당의 존립을 제약해야 할 만큼 그 정당의 목적이나 활동이 우리 사회의 민주적 기본질서에 대하여 실질적인 해악을 끼칠 수 있는 구체적 위험성을 초래하는 경우를 가리킨다.

O | X

해설

[O] 헌법 제8조 제4항은 정당해산심판의 사유를 '정당의 목적이나 활동이 민주적 기본질서에 위배될 때'로 규정하고 있는데, 여기서 말하는 민주적 기본질서의 '위배'란, 민주적 기본질서에 대한 단순한 위반이나 저촉을 의미하는 것이 아니라, 민주사회의 불가결한 요소인 정당의 존립을 제약해야 할 만큼 그 정당의 목적이나 활동이 우리 사회의 민주적 기본질서에 대하여 실질적인 해악을 끼칠 수 있는 구체적 위험성을 초래하는 경우를 가리킨다(헌재 2014.12.19, 2013헌다1).

228

정당설립의 자유를 '권리능력 없는 사단'의 실체를 가지는 등록 취소된 정당이 주장할 수 있는 기본권으로 볼 수는 없다.　　　　　　　　　　　　　　　　　　　　　　　　　　　　　　　　　　　　　O | X

해설

> [X] 정당설립의 자유는 그 성질상 등록된 정당에게만 인정되는 기본권이 아니라 청구인과 같이 등록정당은 아니지만 권리능력 없는 사단의 실체를 가지고 있는 정당에게도 인정되는 기본권이라고 할 수 있고, 청구인이 등록정당으로서의 지위를 갖추지 못한 것은 결국 이 사건 법률조항 및 같은 내용의 현행 정당법(제17조, 제18조)의 정당등록요건규정 때문이고, 장래에도 이 사건 법률조항과 같은 내용의 현행 정당법 규정에 따라 기본권 제한이 반복될 위험이 있으므로, 심판청구의 이익을 인정할 수 있다(헌재 2006.3.30, 2004헌마246).

229

정당설립의 자유는 비록 헌법 제8조 제1항 전단에 규정되어 있지만 국민 개인과 정당의 기본권이라 할 수 있다.　　O | X

해설

> [O] 정당설립의 자유는 비록 헌법 제8조 제1항 전단에 규정되어 있지만 국민 개인과 정당의 '기본권'이라 할 수 있고, 당연히 이를 근거로 하여 헌법소원심판을 청구할 수 있다(헌재 2006.3.30, 2004헌마246).

230

입법자는 정당설립의 자유를 최대한 보장하는 방향으로 입법하여야 하고, 헌법재판소는 정당설립의 자유를 제한하는 법률의 합헌성을 심사할 때에 헌법 제37조 제2항에 따라 엄격한 비례심사를 하여야 한다.　　　O | X

해설

> [O] 입법자는 정당설립의 자유를 최대한 보장하는 방향으로 입법하여야 하고, 헌법재판소는 정당설립의 자유를 제한하는 법률의 합헌성을 심사할 때에 헌법 제37조 제2항에 따라 엄격한 비례심사를 하여야 한다(헌재 2014.1.28, 2012헌마431 등).

231

정당의 활동이란 정당 기관의 행위나 주요 정당관계자, 당원 등의 행위로서 그 정당에게 귀속시킬 수 있는 활동 일반을 의미하는데, 정당 소속의 국회의원 등은 비록 정당과 밀접한 관련성을 가지지만 헌법상으로는 정당의 대표자가 아닌 국민 전체의 대표자이므로 그들의 행위를 곧바로 정당의 활동으로 귀속시킬 수는 없다.　　O | X

해설

> [O] 정당 소속의 국회의원 등은 비록 정당과 밀접한 관련성을 가지지만 헌법상으로는 정당의 대표자가 아닌 국민 전체의 대표자이므로 그들의 행위를 곧바로 정당의 활동으로 귀속시킬 수는 없겠으나, 가령 그들의 활동 중에서도 국민의 대표자의 지위가 아니라 그 정당에 속한 유력한 정치인의 지위에서 행한 활동으로서 정당과 밀접하게 관련되어 있는 행위들은 정당의 활동이 될 수도 있을 것이다(헌재 2014.12.19, 2013헌다1).

232
19. 국가직

정당의 창당준비위원회는 중앙당의 경우에는 200명 이상의, 시 · 도당의 경우에는 100명 이상의 발기인으로 구성한다.　　　　　　　　　　　　　　　　　　　　　　O | X

해설

[O] 창당준비위원회는 중앙당의 경우에는 200명 이상의, 시 · 도당의 경우에는 100명 이상의 발기인으로 구성한다(정당법 제6조).

233
19. 국가직

경찰청장으로 하여금 퇴직 후 2년간 정당의 설립과 가입을 금지하는 것은 경찰청장의 정당설립의 자유와 피선거권 및 직업의 자유를 침해하는 것이다.　　　　　　　　　　　　　　　　O | X

해설

[X] 경찰청장으로 하여금 퇴직 후 2년간 정당의 설립과 가입을 금지하는 이 사건 법률조항은, '누구나 국가의 간섭을 받지 아니하고 자유롭게 정당을 설립하고 가입할 수 있는 자유'를 국민의 기본권으로서 보장하는 '정당의 자유'를 제한하는 규정이다. … 공무담임권(피선거권)은 이 사건 법률조항에 의하여 제한되는 청구인들의 기본권이 아니므로, 직업의 자유 또한 이 사건 법률조항에 의하여 제한되는 기본권으로서 고려되지 아니한다(헌재 1999.12.23, 99헌마135).

234
21. 소방간부
후보생

정당등록취소조항에 의하여 등록취소된 정당의 명칭과 같은 명칭을 등록취소된 날부터 최초로 실시하는 임기만료에 의한 국회의원선거의 선거일까지 정당의 명칭으로 사용할 수 없도록 한 정당법 조항은 정당활동과 무관하여 정당설립의 자유를 침해하지 않는다.　　　　　　　　　　　O | X

해설

[X] 정당등록취소조항은 입법목적의 정당성과 수단의 적합성이 인정될 수 있지만 침해의 최소성과 법익의 균형성이 인정되지 않으므로 과잉금지원칙에 위배되어 청구인들의 정당설립의 자유를 침해한다. 정당명칭사용금지조항은 정당등록취소조항에 의하여 등록이 취소된 정당의 명칭을 등록취소된 날부터 최초로 실시하는 임기만료에 의한 국회의원선거의 선거일까지 정당의 명칭으로 사용할 수 없게 하는 조항인바, 이는 앞서 본 정당등록취소조항을 전제로 하고 있으므로 같은 이유에서 정당설립의 자유를 침해한다고 할 것이다(헌재 2014.1.28, 2012헌마431 등).

235
22. 경정승진

헌법 제8조 제4항이 의미하는 '민주적 기본질서'는 그 외연이 확장될수록 정당해산결정의 가능성은 확대되고 이와 동시에 정당활동의 자유는 축소될 것이므로, 헌법 제8조 제4항의 민주적 기본질서는 최대한 엄격하고 협소한 의미로 이해해야 한다.　　　　　　　　　　　　　　　O | X

해설

[O] 헌법 제8조 제4항의 민주적 기본질서 개념은 정당해산결정의 가능성과 긴밀히 결부되어 있다. 이 민주적 기본질서의 외연이 확장될수록 정당해산결정의 가능성은 확대되고, 이와 동시에 정당 활동의 자유는 축소될 것이다. 민주사회에서 정당의 자유가 지니는 중대한 함의나 정당해산심판제도의 남용가능성 등을 감안한다면, 헌법 제8조 제4항의 민주적 기본질서는 최대한 엄격하고 협소한 의미로 이해해야 한다(헌재 2014.12.19, 2013헌다).

236
22. 경정승진

정당의 설립은 자유이나 복수정당제는 헌법상 바로 보장되는 것은 아니고, 구체적인 법률의 규정이 존재하여야 비로소 보장된다.　　　　　　　　　　　　　　　　　　　　　　　　　　　　　　　　　　　O | X

해설

> [X]　헌법 제8조 ① 정당의 설립은 자유이며, 복수정당제는 보장된다.

237
22. 경정승진

정당은 그 목적·조직과 활동 및 강령이 민주적이면 족하고, 국민의 정치적 의사형성에 참여하는데 필요한 조직을 반드시 가져야 하는 것은 아니다.　　　　　　　　　　　　　　　　　　　　　　　　　　　　　　　　O | X

해설

> [X]　헌법 제8조 ② 정당은 그 목적·조직과 활동이 민주적이어야 하며, 국민의 정치적 의사형성에 참여하는데 필요한 조직을 가져야 한다.

238
22. 경정승진

정당의 목적이나 활동이 민주적 기본질서에 위배될 때에는 국회는 헌법재판소에 그 해산을 제소할 수 있고, 정당은 헌법재판소의 심판에 의하여 해산된다.　　　　　　　　　　　　　　　　　　　　　　　　　　　　O | X

해설

> [X]　헌법 제8조 ④ 정당의 목적이나 활동이 민주적 기본질서에 위배될 때에는 정부는 헌법재판소에 그 해산을 제소할 수 있고, 정당은 헌법재판소의 심판에 의하여 해산된다.

239
22. 경찰 1차

정당해산사유로서의 '민주적 기본질서의 위배'란, 민주적 기본질서에 대한 단순한 위반이나 저촉만으로도 족하며, 반드시 민주사회의 불가결한 요소인 정당의 존립을 제약해야 할 만큼 그 정당의 목적이나 활동이 민주적 기본질서에 대하여 실질적인 해악을 끼칠 수 있는 구체적 위험성을 초래하는 경우까지 포함하는 것은 아니다.　　　O | X

해설

> [X]　헌법 제8조 제4항은 정당해산심판의 사유를 "정당의 목적이나 활동이 민주적 기본질서에 위배될 때"로 규정하고 있는데, 여기서 말하는 민주적 기본질서의 '위배'란, 민주적 기본질서에 대한 단순한 위반이나 저촉을 의미하는 것이 아니라, 민주사회의 불가결한 요소인 정당의 존립을 제약해야 할 만큼 그 정당의 목적이나 활동이 우리 사회의 민주적 기본질서에 대하여 실질적인 해악을 끼칠 수 있는 구체적 위험성을 초래하는 경우를 가리킨다(헌재 2014.12.19, 2013헌다1).

정당은 권리능력 없는 사단으로서 기본권 주체성이 인정되므로 '미국산 쇠고기 수입의 위생조건에 관한 고시'와 관련하여 생명신체의 안전에 관한 기본권 침해를 이유로 헌법소원을 청구할 수 있다. O | X

해설

[X] 이 사건에서 침해된다고 하여 주장되는 기본권은 생명·신체의 안전에 관한 것으로서 성질상 자연인에게만 인정되는 것이므로, 이와 관련하여 청구인 진보신당과 같은 권리능력 없는 단체는 위와 같은 기본권의 행사에 있어 그 주체가 될 수 없다(헌재 2008.12.26, 2008헌마419).

무소속 국회의원으로서 교섭단체소속 국회의원과 동등하게 대우받을 권리는 입법권을 행사하는 국가기관인 국회를 구성하는 국회의원의 지위에서 향유할 수 있는 권한인 동시에 헌법이 일반국민에게 보장하고 있는 기본권이라고 할 수 있다. O | X

해설

[X] 무소속 국회의원으로서 교섭단체소속 국회의원과 동등하게 대우받을 권리라는 것으로서 이는 입법권을 행사하는 국가기관인 국회를 구성하는 국회의원의 지위에서 주장하는 권리일지언정 헌법이 일반국민에게 보장하고 있는 기본권이라고 할 수는 없다(헌재 2000.8.31, 2000헌마156).

공직선거법상 법원의 판결에 의하여 선거일 현재 선거권이 정지된 18세 국민이라도 정당법에 따른 정당의 발기인은 될 수 있다. O | X

해설

[X] 16세 이상의 국민은 공무원 그 밖에 그 신분을 이유로 정당가입이나 정치활동을 금지하는 다른 법령의 규정에 불구하고 누구든지 정당의 발기인 및 당원이 될 수 있다. 그러나 법원의 판결에 의하여 선거권이 없는 사람(공직선거법 제18조 제1항 제4호)은 정당의 발기인이 될 수 없다.

정당의 당원은 같은 정당의 타인의 당비를 부담할 수 없으며, 타인의 당비를 부담한 자와 타인으로 하여금 자신의 당비를 부담하게 한 자는 당비를 낸 것이 확인된 날부터 1년간 당해 정당의 당원자격이 정지된다. O | X

해설

[O] **정당법 제31조【당비】** ② 정당의 당원은 같은 정당의 타인의 당비를 부담할 수 없으며, 타인의 당비를 부담한 자와 타인으로 하여금 자신의 당비를 부담하게 한 자는 당비를 낸 것이 확인된 날부터 1년간 당해 정당의 당원자격이 정지된다.

244

23. 경찰간부

헌법 제8조 제4항의 '민주적 기본질서'는 현행 헌법이 채택한 민주주의의 구체적 모습과 동일하게 보아야 한다.　　　　　　　　　　　　　　　　　　　　　　　　　　　　　　O | X

해설

[X] 민주사회에서 정당의 자유가 지니는 중대한 함의나 정당해산심판제도의 남용가능성 등을 감안한다면, 헌법 제8조 제4항의 민주적 기본질서는 최대한 엄격하고 협소한 의미로 이해해야 한다. 따라서 민주적 기본질서를 현행 헌법이 채택한 민주주의의 구체적 모습과 동일하게 보아서는 안 된다(헌재 2014.12.19, 2013헌다1).

제7절 선거제도

245

05. 사시

선거구를 획정함에 있어서는 1인 1표와 투표가치 평등의 원칙을 고려한 선거구간의 인구의 균형을 고려하여야 하지만, 행정구역, 교통사정, 생활권 내지 역사적·전통적 일체감과 같은 정책적·기술적 요소까지 고려하여야 하는 것은 아니다.　　　　　　　　　　　　　　　　　　　　O | X

해설

[X] 우리 헌법은 제41조 제3항에서 "국회의원의 선거구와 비례대표제 기타 선거에 관한 사항은 법률로 정한다."고 규정하여 선거제도와 선거구의 획정에 관한 구체적 결정을 국회의 재량에 맡기고 있다. 따라서, 국회는 투표가치 평등의 원칙을 고려한 선거구간의 인구의 균형뿐만 아니라, 우리나라의 행정구역, 지세, 교통사정, 생활권 내지 역사적·전통적 일체감 등 여러 가지 정책적·기술적 요소를 고려하여 선거구를 획정함에 있어서 폭넓은 입법형성의 자유를 가진다고 할 것이다(헌재 2001.10.25, 2000헌마92 등).

246

06. 입시
03. 법행

고정명부식 비례대표제는 후보자와 그 순위가 유권자에 의해서가 아니라 전적으로 정당에 의하여 결정되기 때문에 실질적으로 정당에 의한 간접선거의 결과가 되므로 직접선거의 원칙에 위반된다.　　O | X

해설

[X] 비례대표후보자명단과 그 순위, 의석배분방식은 선거시에 이미 확정되어 있고, 투표 후 후보자명부의 순위를 변경하는 것과 같은 사후개입은 허용되지 않는다. 그러므로 비록 후보자 각자에 대한 것은 아니지만 선거권자가 종국적인 결정권을 가지고 있으며, 선거결과가 선거행위로 표출된 선거권자의 의사표시에만 달려있다고 할 수 있다. 따라서 고정명부식을 채택한 것 자체가 직접선거원칙에 위반된다고는 할 수 없다(헌재 2001.7.19, 2000헌마91 등, 공직선거법 제146조 제2항 위헌확인 등 【한정위헌】).

247
08. 법원직

1인 1표제를 채택하여 유권자에게 별도의 정당투표를 인정하지 않고 지역구국회의원총선거에서 얻은 득표비율에 따라 비례대표의석을 배분하는 방식은 평등선거의 원칙에 반한다고 볼 수 없다. O | X

해설

[X] 1인 1표제하에서의 비례대표의석배분방식에서, 지역구후보자에 대한 투표는 지역구의원의 선출에 기여함과 아울러 그가 속한 정당의 비례대표의원의 선출에도 기여하는 2중의 가치를 지니게 되는 데 반하여, 무소속후보자에 대한 투표는 그 무소속후보자의 선출에만 기여할 뿐 비례대표의원의 선출에는 전혀 기여하지 못하므로 투표가치의 불평등이 발생하는바, 자신이 지지하는 정당이 자신의 지역구에 후보자를 추천하지 않아 어쩔 수 없이 무소속후보자에게 투표하는 유권자들로서는 자신의 의사에 반하여 투표가치의 불평등을 강요당하게 되는바, 이는 합리적 이유 없이 무소속후보자에게 투표하는 유권자를 차별하는 것이라 할 것이므로 평등선거의 원칙에 위배된다(헌재 2001.7.19, 2000헌마91 등).

248
06. 법행

지방의회의원 및 지방자치단체의 장 선거에서 초·중등학교 교사들이 정당의 당원이 되어 선거운동을 하는 것을 금지하고 일반 공무원의 정당가입과 선거운동을 금지하는 선거법 관련 규정은 그 제한의 범위가 광범위하고 과잉적이어서 비례의 원칙에 위반된다. O | X

해설

[X] 감수성과 모방성 그리고 수용성이 왕성한 초·중등학교 학생들에게 교원이 미치는 영향은 매우 크고, 교원의 활동은 근무시간 내외를 불문하고 학생들의 인격 및 기본생활습관 형성 등에 중요한 영향을 끼치는 잠재적 교육과정의 일부분인 점을 고려하고, 교원의 정치활동은 교육수혜자인 학생의 입장에서는 수업권의 침해로 받아들여질 수 있다는 점에서 현 시점에서는 국민의 교육기본권을 더욱 보장함으로써 얻을 수 있는 공익을 우선시해야 할 것이라는 점 등을 종합적으로 감안할 때, 초·중등학교 교육공무원의 정당가입 및 선거운동의 자유를 제한하는 것은 헌법적으로 정당화될 수 있다(헌재 2004.3.25, 2001헌마710).

249
07. 법원직

선거관계법의 일부 조항이 사후 위헌으로 선언되면 그 조항을 적용하여 실시된 선거의 정치적·민주적 정당성은 상실된다. O | X

해설

[X] 비록 위헌으로 선고되는 일부 법률조항이 있다고 하여 이미 여·야 합의로 성립·시행되었던 구 대통령선거법에 의하여 치루어진 대통령선거의 정치적·민주적 정당성에 흠집이 생긴다고는 단언할 수 없다는 점이다. 어느 대통령선거 및 그에 기초하여 탄생한 정권의 민주적 정당성의 구비 여부는 선거를 둘러싼 정권창출의 정치적 전 과정에 대한 국민 총의의 향배에 달려 있다고 할 것이므로 선거관계법 중의 어느 한 조항에 대하여 사후 위헌선언된다고 하여 함부로 그러한 정당성이 상실된다고는 할 수 없기 때문이다(헌재 1994.7.29, 93헌가4·6).

250
07. 국가직·법행

헌법재판소는 해외거주자들에 대하여 부재자투표권을 인정하지 아니하는 것은 합리적인 이유가 있는 차별이고, 이로 인하여 해외거주자들의 선거권 자체가 침해되었다고 할 수 없다고 본다. O | X

해설

[X] 선거인명부에 오를 자격이 있는 국내거주자에 대해서만 부재자신고를 허용함으로써 재외국민과 단기해외체류자 등 국외거주자 전부의 국정선거권을 부인하고 있는 공직선거법 제38조 제1항은 정당한 입법목적을 갖추지 못한 것으로 헌법 제37조 제2항에 위반하여 국외거주자의 선거권과 평등권을 침해하고 보통선거원칙에도 위반된다(헌재 2007.6.28, 2004헌마644 등).

251

08. 법행

선거운동을 하거나 할 것을 표방한 노동조합 또는 단체는 그 명의 또는 그 대표의 명의로 공명선거추진
활동을 할 수 있다.   O | X

해설

[X] 사회단체 등은 선거부정을 감시하는 등 공명선거추진활동을 할 수 있다. 다만, 선거운동을 하거나 할 것을
표방한 노동조합 또는 단체는 그 명의 또는 그 대표의 명의로 공명선거추진활동을 할 수 없다(공직선거법
제10조 참조).

252

08. 법행

평등선거의 원칙이란 사회적 신분, 성별, 재산, 인종 등에 따라 선거권을 박탈 또는 제한하는 것을 금지
하고, 일정 연령에 달한 모든 자에게 원칙적으로 선거권을 인정하는 제도이다.   O | X

해설

[X] 보통선거의 원칙에 대한 설명이다.

253

08. 국회직 8급

당선소송이나 선거소송에 있어 입후보자와 그 소속정당은 원고적격을 가지나, 선거인은 원고적격을 갖지
못한다.   O | X

해설

[X] 선거인은 당선소송에서는 원고적격을 가지지 못하나, 선거소송에서는 원고적격을 가진다(공직선거법 제222
조 및 제223조 참조).

254

09. 국회직 8급

선거활동에 관하여 대통령의 정치활동의 자유와 선거중립의무가 충돌하는 경우에는 어느 하나가 강조되
거나 우선되어서는 아니 된다.   O | X

해설

[X] 공무원들이 직업공무원제에 의하여 신분을 보장받고 있다 하여도, 최종적인 인사권과 지휘감독권을 갖고
있는 대통령의 정치적 성향을 의식하지 않을 수 없으므로 대통령의 선거개입은 선거의 공정을 해할 우려가
무척 높다. 결국 선거활동에 관하여 대통령의 정치활동의 자유와 선거중립의무가 충돌하는 경우에는 후자
가 강조되고 우선되어야 한다(헌재 2008.1.17, 2007헌마700).

255

10. 사시

비례대표국회의원선거에서 유효투표총수의 100분의 5 이상을 득표하였거나 지역구국회의원총선거에서
3석 이상의 의석을 차지한 정당에 대해서만 비례대표국회의원선거에서 얻은 득표율에 따라 비례대표국
회의원 의석을 배분한다.   O | X

해설

[X] 중앙선거관리위원회는 임기만료에 따른 비례대표국회의원선거에서 전국 유효투표총수의 100분의 3 이상을
득표하였거나 임기만료에 따른 지역구국회의원선거에서 5 이상의 의석을 차지한 각 정당에 대하여 비례대
표국회의원의석을 배분한다(공직선거법 제189조 제1항 참조).

□□□
256
10. 사시
08. 법행

정당이 비례대표국회의원선거에 후보자를 추천하는 때에는 그 후보자 중 100분의 30 이상을 여성으로 추천하되, 그 후보자명부의 순위의 매 홀수에는 여성을 추천하여야 한다. O | X

해설

[X] 정당이 비례대표국회의원선거 및 비례대표지방의회의원선거에 후보자를 추천하는 때에는 그 후보자 중 100분의 50 이상을 여성으로 추천하되, 그 후보자명부의 순위의 매 홀수에는 여성을 추천하여야 한다(공직선거법 제47조 제3항).

□□□
257
10. 사시

자치구·시·군의원선거에 있어서는 정당표방이 금지되어 정당이 후보자를 공천할 수 없다. O | X

해설

[X] 종전 공직선거법은 무소속후보자뿐만 아니라 자치구·시·군의원선거 후보자에 대해서도 정당표방을 금지하였는데, 이에 대하여 헌법재판소는 위헌결정을 하였다(헌재 2003.1.30, 2001헌가4). 또한, 위헌결정에 따라 현행 공직선거법은 자치구·시·군의원선거 후보자의 정당표방금지규정을 삭제하였고(공직선거법 제47조 참조), 무소속후보자의 경우에만 정당표방을 제한하는 규정을 두고 있다(동법 제84조 참조).

□□□
258
10. 국회직 8급

선거범죄로 인하여 당선이 무효로 된 때를 비례대표지방의회의원의 의석승계 제한사유로 규정하는 것은 대의제 민주주의 원리에 위배되지만, 임기만료일 전 180일 이내에 비례대표국회의원에 궐원이 생긴 때를 비례대표국회의원 의석승계 제한사유로 규정하는 것은 대의제 민주주의 원리에 위배되지 아니한다.
O | X

해설

[X] 임기만료일 전 180일 이내에 비례대표국회의원에 궐원이 생긴 때를 비례대표국회의원 의석승계 제한사유로 규정한 공직선거법 제200조 제2항 단서 중 '임기만료일 전 180일 이내에 비례대표국회의원에 궐원이 생긴 때' 부분은 선거권자의 의사를 무시하고 왜곡하는 결과를 낳을 수 있고, 의회의 정상적인 기능 수행에 장애가 될 수 있다는 점에서 헌법의 기본원리인 대의제 민주주의 원리에 부합되지 않는다고 할 것이다(헌재 2009.6.25, 2008헌마413). 현재는 임기만료일 전 120일 이내에 비례대표국회의원에 궐원이 생긴 때를 비례대표국회의원 의석승계 제한사유로 개정하였다(공직선거법 제200조 제3항 참조).

□□□
259
10. 국회직 8급

공직선거법 제9조에서 규정하고 있는 '공무원의 선거중립의무'에서의 공무원의 범위는 원칙적으로 국가와 지방자치단체의 모든 공무원, 즉 좁은 의미의 직업공무원은 물론이고 적극적인 정치활동을 통하여 국가에 봉사하는 정치적 공무원, 예컨대 대통령, 국무총리, 국무위원, 도지사, 시장, 군수, 구청장 등 지방자치단체의 장, 국회의원과 지방의회의원까지 포함한다. O | X

해설

[X] 공직선거법 제9조는 '선거에서의 공무원의 중립의무'를 구체화하고 실현하는 법규정이다. 따라서 여기서의 공무원이란 원칙적으로 국가와 지방자치단체의 모든 공무원, 즉 좁은 의미의 직업공무원은 물론이고, 적극적인 정치활동을 통하여 국가에 봉사하는 정치적 공무원(예컨대, 대통령, 국무총리, 국무위원, 도지사, 시장, 군수, 구청장 등 지방자치단체의 장)을 포함한다. 더욱이 대통령은 행정부의 수반으로서 공정한 선거가 실시될 수 있도록 총괄·감독해야 할 의무가 있으므로, 당연히 선거에서의 중립의무를 지는 공직자에 해당하는 것이고, 이로써 공직선거법 제9조의 '공무원'에 포함된다. 다만, 정당의 대표자이자 선거운동의 주체로서의 지위로 말미암아, 선거에서의 정치적 중립성이 요구될 수 없는 국회의원과 지방의회의원은 공직선거법 제9조의 '공무원'에 해당하지 않는다(헌재 2004.5.14, 2004헌나1).

□□□ 260

11. 사시 · 국회직 8급 변형

공직선거법 조항이 개개 범죄의 종류나 내용, 불법성의 정도 등을 살피지 아니한 채 단지 금고 이상의 형을 선고받고 형의 집행을 마치지 않은 자를 기준으로 일률적으로 수형자의 선거권을 제한하는 것은 과잉금지원칙에 위반된다.　　　　　　　　　　　　　　　　　　　　　　　　　　　　　　　　　　O | X

해설

[O] [1] 범죄자가 저지른 범죄의 경중을 전혀 고려하지 않고 수형자와 집행유예자 모두의 선거권을 제한하는 것은 침해의 최소성원칙에 어긋난다. 특히 집행유예자는 집행유예선고가 실효되거나 취소되지 않는 한 교정시설에 구금되지 않고 일반인과 동일한 사회생활을 하고 있으므로, 그들의 선거권을 제한해야 할 필요성이 크지 않다. 따라서 심판대상조항은 청구인들의 선거권을 침해하고, 보통선거원칙에 위반하여 집행유예자와 수형자를 차별취급하는 것이므로 평등원칙에도 어긋난다.
[2] 심판대상조항 중 수형자에 관한 부분의 위헌성은 지나치게 전면적 · 획일적으로 수형자의 선거권을 제한한다는 데 있다. 그런데 그 위헌성을 제거하고 수형자에게 헌법합치적으로 선거권을 부여하는 것은 입법자의 형성재량에 속하므로 심판대상조항 중 수형자에 관한 부분에 대하여 헌법불합치결정을 선고한다(헌재 2014.1.28, 2012헌마409). ⇨ 종전판례변경

□□□ 261

11. 국회직 9급

부재자투표는 선거인명부에 오를 자격이 있는 국내거주자에게만 인정되고, 재외국민이나 단기해외체류자 등 국외거주자에게는 선거기술상의 이유로 인정되기가 어렵다.　　　　　　　　　　　　　O | X

해설

[X] 선거인명부에 오를 자격이 있는 국내거주자에 대해서만 부재자신고를 허용함으로써 재외국민과 단기해외체류자 등 국외거주자 전부의 국정선거권을 부인하는 것은 정당한 입법목적을 갖추지 못한 것으로 헌법 제37조 제2항에 위반하여 국외거주자의 선거권과 평등권을 침해하고 보통선거원칙에도 위반된다(헌재 2007.6.28, 2004헌마644).

□□□ 262

11. 국회직 9급

공직선거 입후보시에 일정 액수의 기탁금을 내도록 하는 것은 금전적 능력에 따른 차별을 유발하는 제도로 기탁금제도 자체가 위헌임을 면할 수 없다.　　　　　　　　　　　　　　　　　　　　　　　　O | X

해설

[X] 기탁금액은 기탁금제도에 의하여 달성하려는 공익목적과 그로 인한 기본권 제한 사이에 균형과 조화를 이루도록 적정하게 책정되어야 하는 헌법적 한계가 있다고 할 것이고, 입법자가 정한 구체적인 기탁금액이 입법자에게 허용된 입법형성권의 범위와 한계 내에서 설정되어 그 금액이 현저하게 과다하거나 불합리하지 않다면, 이를 두고 헌법에 위반된다고 단정할 수는 없다고 할 것이다(헌재 2003.8.21, 2001헌마687).

□□□ 263

12. 변호사

선거구를 획정할 때 선거구간의 인구편차의 허용한계는 국회의원선거나 지방의회의원선거에 있어서 공히 상하 50% 편차(이 경우 최대선거구 인구수와 최소선거구 인구수의 비율은 3 : 1)를 기준으로 한다.　　O | X

해설

[X] 선거구를 획정할 때 선거구간의 인구편차의 허용한계는 국회의원선거에서는 상하 33⅓% 편차(최대선거구 인구수와 최소선거구 인구수의 비율은 2 : 1)를 기준으로, 지방의회의원선거에 있어서는 상하 50% 편차(최대선거구 인구수와 최소선거구 인구수의 비율은 3 : 1)를 기준으로 한다.

□□□
264
11. 국회직 9급

헌법재판소는 지방의회의원 선거구획정에서도 국회의원과 마찬가지의 기준을 적용하고 있다. ○ | X

해설

[X] 헌법재판소는 지방의회의원(시·도의원, 시·군·구의원) 선거구획정은 선거구 평균인구수 기준 상하 50%
(3 : 1)를 기준으로 위헌성심사를 한다(헌재 2018.6.28, 2014헌마189). 그러나 국회의원 선거구획정 사건에
서는 상하 33⅓%(2 : 1)를 기준으로 심사를 하고 있다(헌재 2014.10.30, 2012헌마192).

□□□
265
12. 변호사

대통령은 국민의 선거에 의하여 취임하는 공무원이므로 선거운동을 허용할 수밖에 없다. 따라서 공직선
거법 제9조 제1항이 규정하는 '공무원 기타 정치적 중립을 지켜야 하는 자'에 대통령이 포함되지 아니하
는 것으로 해석해야 한다. ○ | X

해설

[X] 공직선거법 제9조의 '공무원'이란, 위 헌법적 요청을 실현하기 위하여 선거에서의 중립의무가 부과되어야
하는 모든 공무원, 즉 구체적으로 '자유선거원칙'과 '선거에서의 정당의 기회균등'을 위협할 수 있는 모든
공무원을 의미한다. 그런데 사실상 모든 공무원이 그 직무의 행사를 통하여 선거에 부당한 영향력을 행사
할 수 있는 지위에 있으므로, 여기서의 공무원이란 원칙적으로 국가와 지방자치단체의 모든 공무원, 즉 좁
은 의미의 직업공무원은 물론이고, 적극적인 정치활동을 통하여 국가에 봉사하는 정치적 공무원을 포함한
다. 다만, 국회의원과 지방의회의원은 정당의 대표자이자 선거운동의 주체로서의 지위로 말미암아 선거에서
의 정치적 중립성이 요구될 수 없으므로, 공직선거법 제9조의 '공무원'에 해당하지 않는다. 따라서 선거에
있어서의 정치적 중립성은 행정부와 사법부의 모든 공직자에게 해당하는 공무원의 기본적 의무이다. 더욱
이 대통령은 행정부의 수반으로서 공정한 선거가 실시될 수 있도록 총괄·감독해야 할 의무가 있으므로,
당연히 선거에서의 중립의무를 지는 공직자에 해당하는 것이고, 이로써 공직선거법 제9조의 '공무원'에 포
함된다(헌재 2004.5.14, 2004헌나1).

□□□
266
11. 국회직 8급

선거운동은 정치적 표현의 자유의 한 형태로서 민주사회를 구성하고 움직이게 하는 요소이므로 그 제한
입법의 경우에는 완화된 심사기준이 필요하다. ○ | X

해설

[X] 선거운동이 국민주권 행사의 일환일 뿐 아니라 정치적 표현의 자유의 한 형태로서 민주사회를 구성하고 움
직이게 하는 요소인 점을 고려하여 그 제한입법에 있어서도 엄격한 심사기준을 적용할 것을 정하고 있는
것으로 해석하여야 할 것이다(헌재 1999.9.16, 99헌바5).

267

12. 사시

선거범죄로 당선이 무효로 된 자에게 이미 반환받은 기탁금과 보전받은 선거비용을 다시 반환하도록 한 공직선거법 조항은 자력이 충분하지 못한 국민의 참정권을 침해하여 헌법에 위반된다.　O I X

해설

[X] 이 사건 법률조항의 제재는 공직취임을 배제하거나 공무원 신분을 박탈하는 내용이 아니므로 공무담임권의 보호영역에 속하는 사항을 규정한 것이라고 할 수 없고, 선거범죄를 저지르지 않고 선거를 치르는 대부분의 후보자는 제재대상에 포함되지 아니하여 자력이 충분하지 못한 국민의 입후보를 곤란하게 하는 효과를 갖는다고 할 수 없으므로 이 사건 법률조항은 공무담임권을 제한한다고 할 수 없다. … 이 사건 법률조항의 제재는 이미 선거의 공정을 저해한 자들에 대한 것이고, 선거범죄 유무를 불문하고 일률적으로 득표율에 따라 선거비용 보전을 해 준다면 선거범죄를 저질러서라도 득표율을 높이려고 할 수도 있다는 점 및 재선거를 치르는 경우에는 국가가 이중으로 선거비용을 지출하게 되므로 국가의 재정부담을 줄이는 조치를 해야 할 필요성도 있는 점을 고려한 것이므로, 선거공영제에 대한 입법형성권을 넘어선 것이라고 볼 수 없다 (헌재 2011.4.28, 2010헌바232).

268

12. 지방직

대통령후보자가 되려는 공무원과 국회의원은 선거일 전 60일까지 그 직에서 사임하여야 한다.　O I X

해설

[X] 공무원이 공직선거의 후보자가 되려는 경우에 선거일 전 90일까지 그 직에서 사임하여야 한다. 국회의원이 국회의원선거나 대통령선거에 출마하고자 할 때에는 그 직에서 사임하지 않아도 된다(공직선거법 제53조 참조).

269

12. 국가직

대통령선거에서 후보자등록 요건으로 5억원의 기탁금 납부를 규정한 것은 합헌이다.　O I X

해설

[X] 이 사건 조항이 설정한 5억원의 기탁금은 대통령선거에서 후보자난립을 방지하기 위한 입법목적의 달성수단으로서는 개인에게 현저하게 과다한 부담을 초래하며, 이는 고액 재산의 다과에 의하여 공무담임권 행사기회를 비합리적으로 차별하므로, 입법자에게 허용된 재량의 범위를 넘어선 것이다(헌재 2008.11.27, 2007헌마1024).

270

13. 국회직 8급

비례대표후보자를 유권자들이 직접 선택할 수 있는 이른바 자유명부식이나 가변명부식과 달리 고정명부식에서는 후보자와 그 순위가 전적으로 정당에 의하여 결정되므로 직접선거의 원칙에 위반된다.

　O I X

해설

[X] 고정명부식을 채택한 것 자체가 직접선거원칙에 위반된다고는 할 수 없다. 그러나 1인 1표제하에서의 비례대표후보자명부에 대한 별도의 투표 없이 지역구후보자에 대한 투표를 정당에 대한 투표로 의제하여 비례대표의석을 배분하는 것은 직접선거의 원칙에 반하는 것이다(헌재 2001.7.19, 2000헌마91).

부재자 투표시간을 오전 10시부터 오후 4시까지로 정하고 있는 공직선거법 규정 중 '오후 4시에 닫는 다'(투표종료시간) 부분과 달리 '오전 10시에 열고'(투표개시시간) 부분은 선거권과 평등권을 침해하여 헌법에 위반된다.   O | X

해설

[O] 이 사건 투표시간조항이 투표개시시간을 일과시간 이내인 오전 10시부터로 정한 것은 투표시간을 줄인 만큼 투표관리의 효율성을 도모하고 행정부담을 줄이는 데 있고, 그 밖에 부재자투표의 인계 · 발송절차의 지연위험 등과는 관련이 없다. 이에 반해 일과시간에 학업이나 직장업무를 하여야 하는 부재자투표자는 이 사건 투표시간조항 중 투표개시시간 부분으로 인하여 일과시간 이전에 투표소에 가서 투표할 수 없게 되어 사실상 선거권을 행사할 수 없게 되는 중대한 제한을 받는다. 따라서 이 사건 투표시간조항 중 투표개시시간부분은 수단의 적정성 · 법익균형성을 갖추지 못하므로 과잉금지원칙에 위배하여 청구인의 선거권과 평등권을 침해하는 것이다(헌재 2012.2.23, 2010헌마601).

공직선거후보자 중 일부인 소위 주요 후보만을 초청하여 3회에 걸쳐 방송토론회를 개최하겠다고 결정 · 공표한 것은 국민의 알 권리와 후보자 선택의 자유를 침해하는 것이다.   O | X

해설

[X] 방송토론회에 참석할 후보자를 당선가능성이 있는 적당한 범위 내의 후보자로 제한하여 토론의 기능을 활성화시키는 것이 모든 후보자들을 참석케 하는 것보다 오히려 유권자들로 하여금 유력한 후보자들을 적절히 비교하여 선택하게 할 수 있는 실질적이면서도 유용한 정보를 제공하는 길이 되므로 국민의 알 권리와 후보자 선택의 자유를 침해하였다는 청구인들의 주장 역시 이유 없다 할 것이다(헌재 1998.8.27, 97헌마372 등).

공직선거에 후보자로 등록하고자 하는 자가 제출하여야 하는 금고 이상의 형의 범죄경력에 실효된 형을 포함시키고 있는 공직선거법의 규정은 공직선거 후보자의 사생활의 비밀과 자유를 지나치게 제한하여 헌법에 위반된다.   O | X

해설

[X] 후보자의 실효된 형까지 포함한 금고 이상의 형의 범죄경력을 공개함으로써 국민의 알 권리를 충족하고 공정하고 정당한 선거권 행사를 보장하고자 하는 이 사건 법률조항의 입법목적은 정당하며, 이러한 입법목적을 달성하기 위하여는 선거권자가 후보자의 모든 범죄경력을 인지한 후 그 공직적합성을 판단하는 것이 효과적이다. 또한, 금고 이상의 범죄경력에 실효된 형을 포함시키는 이유는 선거권자가 공직후보자의 자질과 적격성을 판단할 수 있도록 하기 위한 점, 전과기록은 통상 공개재판에서 이루어진 국가의 사법작용의 결과라는 점, 전과기록의 범위와 공개시기 등이 한정되어 있는 점 등을 종합하면, 이 사건 법률조항은 피해최소성의 원칙에 반한다고 볼 수 없고, 공익적 목적을 위하여 공직선거 후보자의 사생활의 비밀과 자유를 한정적으로 제한하는 것이어서 법익균형성의 원칙도 충족한다. 따라서 이 사건 법률조항은 청구인들의 사생활의 비밀과 자유를 침해한다고 볼 수 없다(헌재 2008.4.24, 2006헌마402 · 531).

274

13. 국회직 8급

정당이 임기만료에 따른 지역구국회의원선거 및 지역구지방의회의원선거에 후보자를 추천하는 때에는 각각 전국지역구총수의 100분의 30 이상을 여성으로 추천하여야 한다.　　O | X

해설

[X] 정당이 임기만료에 따른 지역구국회의원선거 및 지역구지방의회의원선거에 후보자를 추천하는 때에는 각각 전국지역구총수의 100분의 30 이상을 여성으로 추천하도록 노력하여야 한다(공직선거법 제47조 제4항).

275

12. 국회직 8급

선거는 국민이 대표자에게 특정의 공무수행기능을 위임하는 위임행위이다.　　O | X

해설

[X] 선거인과 대표자의 관계는 무기속위임(자유위임)관계로 보기 때문에 대표자는 유권자의 정치적 대표일 뿐 법적 대표가 아니므로, 대표자의 개별 정책 등에 대한 판단과 결정은 정치적인 평가와 심판을 받게 된다. 선거는 특정의 공무수행기능을 위임하는 위임행위가 아니다.

276

12. 국회직 8급
변형

국회의원지역선거구의 공정한 획정을 위하여 중앙선거관리위원회에 선거구획정위원회를 둔다.　　O | X

해설

[O] 국회의원선거구획정위원회는 중앙선거관리위원회에 두되, 직무에 관하여 독립의 지위를 가진다. 국회의원 선거구획정위원회는 중앙선거관리위원회 위원장이 위촉하는 9명의 위원으로 구성하되, 위원장은 위원 중에서 호선한다(공직선거법 제24조 제2항·제3항).

277

12. 국회직 8급

국내에 3년 이상 체류하고 있는 19세 이상의 외국인은 모두 지방자치단체장의 선거에서 선거권을 행사할 수 있다.　　O | X

해설

[X] 출입국관리법 제10조에 따른 영주의 체류자격 취득일 후 3년이 경과한 외국인으로서 해당 지방자치단체의 외국인등록대장에 올라 있는 사람은 그 구역에서 선거하는 지방자치단체의 의회의원 및 장의 선거권이 있다(공직선거법 제15조 제2항 제3호).

278

13. 국회직

출입국관리법에 따른 영주의 체류자격 취득일 후 3년이 경과한 19세 이상의 외국인에게는 지방자치단체 의회의원 및 장의 선거권이 부여되어 헌법상의 정치적 기본권이 인정된다.　　O | X

해설

[X] 출입국관리법 제10조에 따른 영주의 체류자격 취득일 후 3년이 경과한 외국인으로서 해당 지방자치단체의 외국인등록대장에 올라 있는 사람은 그 구역에서 선거하는 지방자치단체의 의회의원 및 장의 선거권이 있다 (공직선거법 제15조 제2항 제3호). 즉, 외국인의 선거권은 법률상의 권리이지 헌법상의 기본권이 아니다.

279

13. 서울시

헌법재판소는 지역구 지방의회의원 선거에서 지역대표성이 엄격히 비례를 이루어야 하기 때문에 최대선거구와 최소선거구의 인구수 비율이 2 : 1을 넘으면 위헌으로 판단하고 있다. O | X

해설

[X] [1] 헌재 2007.3.29, 2005헌마985 등 결정은 인구편차 상하 60%의 기준을 시·도의원지역구 획정에서 허용되는 인구편차기준으로 보았다. 그런데 위 기준에 의하면 투표가치의 불평등이 지나치고, 위 기준을 채택한지 11년이 지났으며, 이 결정에서 제시하는 기준은 2022년에 실시되는 시·도회의원선거에 적용될 것인 점 등을 고려하면, 현시점에서 인구편차의 허용한계를 보다 엄격하게 설정할 필요가 있다.

[2] 다만, 시·도의원은 주로 지역적 사안을 다루는 지방의회의 특성상 지역대표성도 겸하고 있고, 우리나라는 도시와 농어촌간의 인구격차가 크고 각 분야에 있어서의 개발불균형이 현저하다는 특수한 사정이 존재하므로, 시·도의원지역구 획정에 있어서는 행정구역 내지 지역대표성 등 2차적 요소도 인구비례의 원칙에 못지않게 함께 고려해야 할 필요성이 크다.

[3] 인구편차 상하 50%를 기준으로 하는 방안은 투표가치의 비율이 인구비례를 기준으로 볼 때의 등가의 한계인 2 : 1의 비율에 그 50%를 가산한 3 : 1 미만이 되어야 한다는 것으로서 인구편차 상하 33⅓%를 기준으로 하는 방안보다 2차적 요소를 폭넓게 고려할 수 있고, 인구편차 상하 60%의 기준에서 곧바로 인구편차 상하 33⅓%의 기준을 채택하는 경우 시·도의원지역구를 조정함에 있어 예기치 않은 어려움에 봉착할 가능성이 매우 크므로, 현시점에서는 시·도의원지역구 획정에서 허용되는 인구편차 기준을 인구편차 상하 50%(인구비례 3 : 1)로 변경하는 것이 타당하다(헌재 2018.6.28, 2014헌마189).

280

14. 법원직

선거운동에서의 기회균등보장은 일반적 평등원칙과는 달리, 절대적이고도 획일적인 평등 내지 기회균등을 요구하는 것이다. O | X

해설

[X] 선거운동에서의 기회균등보장도 일반적 평등원칙과 마찬가지로 절대적이고도 획일적인 평등 내지 기회균등을 요구하는 것이 아니라 합리적인 근거가 없는 자의적인 차별 내지 차등만을 금지하는 것으로 이해하여야 한다(헌재 1999.1.28, 98헌마172).

281

14. 서울시

지역농협 임원선거는 국민주권 내지 대의민주주의 원리와 관계가 있는 단체의 조직구성에 관한 것으로서 공익을 위하여 상대적으로 폭넓은 법률상 규제가 불가능하다. O | X

해설

[X] 지역농협 임원선거는, 헌법에 규정된 국민주권 내지 대의민주주의 원리의 구현 및 지방자치제도의 실현이라는 이념과 직접적인 관계를 맺고 있는 공직선거법상 선거와 달리, 자율적인 단체 내부의 조직구성에 관한 것으로서 공익을 위하여 그 선거과정에서 표현의 자유를 상대적으로 폭넓게 제한하는 것이 허용된다(헌재 2013.7.25, 2012헌바112).

□□□
282
15. 국가직

집행유예자의 경우와 달리 수형자는 그 범행의 불법성이 크다고 보아 그들에 대해 격리된 기간 동안 통치조직의 구성과 공동체의 나아갈 방향을 결정짓는 선거권을 정지시키는 것은 입법목적의 달성에 필요한 정도를 벗어난 과도한 것이 아니다. O | X

해설

[X] 심판대상조항은 집행유예자와 수형자에 대하여 전면적·획일적으로 선거권을 제한하고 있다. 심판대상조항의 입법목적에 비추어 보더라도, 구체적인 범죄의 종류나 내용 및 불법성의 정도 등과 관계없이 일률적으로 선거권을 제한하여야 할 필요성이 있다고 보기는 어렵다. 범죄자가 저지른 범죄의 경중을 전혀 고려하지 않고 수형자와 집행유예자 모두의 선거권을 제한하는 것은 침해의 최소성원칙에 어긋난다. 특히 집행유예자는 집행유예선고가 실효되거나 취소되지 않는 한 교정시설에 구금되지 않고 일반인과 동일한 사회생활을 하고 있으므로, 그들의 선거권을 제한해야 할 필요성이 크지 않다. 따라서 심판대상조항은 청구인들의 선거권을 침해하고, 보통선거원칙에 위반하여 집행유예자와 수형자를 차별취급하는 것이므로 평등원칙에도 어긋난다. 심판대상조항 중 수형자에 관한 부분의 위헌성은 지나치게 전면적·획일적으로 수형자의 선거권을 제한한다는 데 있다. 그런데 그 위헌성을 제거하고 수형자에게 헌법합치적으로 선거권을 부여하는 것은 입법자의 형성재량에 속하므로 심판대상조항 중 수형자에 관한 부분에 대하여 헌법불합치결정을 선고한다(헌재 2014.1.28, 2012헌마409 등).

□□□
283
14. 경정승진

투표소를 선거일 오후 6시에 닫도록 한 공직선거법 제155조 제1항 중 '오후 6시에' 부분은 자영업 등 직업의 특성상 일과시간 중에는 투표하기 어려운 선거권자들의 선거권을 침해하는 위헌규정이다. O | X

해설

[X] 심판대상 법률조항은 선거결과의 확정 및 선거권의 행사를 보장하면서도 투표·개표관리에 소요되는 행정자원의 배분을 적정한 수준으로 유지하기 위한 것으로서 정당한 목적 달성을 위한 적합한 수단에 해당한다. 또 심판대상 법률조항은 투표일 오전 6시에 투표소를 열도록 하여 일과 시작 전 투표를 할 수 있도록 하고 있고, 근로기준법 제10조는 근로자가 근로시간 중에 투표를 위하여 필요한 시간을 청구할 수 있도록 규정하고 있으며, 통합선거인명부제도가 시행됨에 따라 사전신고를 하지 않고도 부재자투표가 가능해진 점 등을 고려하면 위 조항은 선거권 행사의 보장과 투표시간 한정의 필요성을 조화시키는 하나의 방안이 될 수 있다고 할 것이므로, 침해최소성 및 법익균형성에 반한다고 보기 어렵다. 따라서 심판대상 법률조항은 과잉금지원칙에 반하여 선거권을 침해한다고 볼 수 없다(헌재 2013.7.25, 2012헌마815 등).

□□□
284
17. 경정승진

대통령선거에서 최고득표자가 2인이어서 국회가 당선인을 결정한 경우 국회의장은 이를 중앙선거관리위원회에 통고하고 중앙선거관리위원장이 그 당선을 공고한다. O | X

해설

[X] 대통령선거에서 최고득표자가 2인 이상인 때에는 중앙선거관리위원회의 통지에 의하여 국회는 재적의원 과반수가 출석한 공개회의에서 다수표를 얻은 자를 당선인으로 결정한다. 이에 따라 당선인이 결정된 때에는 국회의장이 이를 공고하고, 지체 없이 당선인에게 당선증을 교부하여야 한다(공직선거법 제187조 제2항·제3항 참조).

□□□
285
17. 변호사

특정한 지역구의 국회의원선거에 투표하기 위해서는 국민이라는 자격만으로 충분하므로, 주민등록이 되어 있지 않고 국내거소신고도 하지 않은 재외국민에게 임기만료 지역구국회의원선거권을 인정하지 않은 것은 그 재외국민의 선거권을 침해하고 보통선거원칙에도 위배된다. O | X

해설

[X] 지역구국회의원은 국민의 대표임과 동시에 소속지역구의 이해관계를 대변하는 역할을 하고 있다. 전국을 단위로 선거를 실시하는 대통령선거와 비례대표국회의원선거에 투표하기 위해서는 국민이라는 자격만으로 충분한 데 반해, 특정한 지역구의 국회의원선거에 투표하기 위해서는 '해당 지역과의 관련성'이 인정되어야 한다. 주민등록과 국내거소신고를 기준으로 지역구국회의원선거권을 인정하는 것은 해당 국민의 지역적 관련성을 확인하는 합리적인 방법이다. 따라서 선거권조항과 재외선거인 등록신청조항이 재외선거인의 임기만료 지역구국회의원선거권을 인정하지 않은 것이 재외선거인의 선거권을 침해하거나 보통선거원칙에 위배된다고 볼 수 없다(헌재 2014.7.24, 2009헌마256 등).

□□□
286
16. 지방직

선거일의 투표마감시각 후 당선인결정 전까지 지역구국회의원후보자가 사퇴·사망하거나 등록이 무효로 된 경우에는 개표결과 유효투표의 다수를 얻은 자를 당선인으로 결정하되, 사퇴·사망하거나 등록이 무효로 된 자가 유효투표의 다수를 얻은 때에는 차순위 득표자가 당선인이 된다. O | X

해설

[X] 선거일의 투표마감시각 후 당선인결정 전까지 지역구국회의원후보자가 사퇴·사망하거나 등록이 무효로 된 경우에는 개표결과 유효투표의 다수를 얻은 자를 당선인으로 결정하되, 사퇴·사망하거나 등록이 무효로 된 자가 유효투표의 다수를 얻은 때에는 그 국회의원지역구는 당선인이 없는 것으로 한다(공직선거법 제188조 제4항).

□□□
287
22. 경찰간부
16. 변호사

지역농협은 사법인에서 볼 수 없는 공법인적 특성을 많이 가지고 있으므로, 지역농협의 조합장선거에서 조합장을 선출하거나 조합장으로 선출될 권리, 조합장선거에서 선거운동을 하는 것도 헌법에 의하여 보호되는 선거권의 범위에 포함된다. O | X

해설

[X] 사법적 성격을 지니는 농협의 조합장선거에서 조합장을 선출하거나 조합장으로 선출될 권리, 조합장선거에서 선거운동을 하는 것은 헌법에 의하여 보호되는 선거권 범위에 포함되지 않는다(헌재 2012.2.23, 2011헌바154).

□□□
288
16. 국회직 8급

전면적·획일적으로 수형자의 선거권을 제한하는 공직선거법 등 관련 규정에 대하여 헌법불합치결정이 선고되었으며, 개정된 현행법은 3년 이상의 금고형 이상을 선고받은 수형자의 선거권을 박탈하도록 되어 있다. O | X

해설

[X] 개정된 현행법은 1년 이상의 징역 또는 금고형 이상을 선고받은 수형자의 선거권을 박탈하도록 되어 있다 (공직선거법 제18조 제1항 참조).

289

17. 국회직 8급

선거운동기간 중 공개장소에서 비례대표국회의원후보자의 연설·대담을 금지하는 것은 지역구국회의원 후보자와 차별하는 것이며, 정당의 재정적 능력에 따른 선거운동기회를 부당하게 제한하여 선거운동의 자유 및 정당활동의 자유를 침해한다.   O | X

해설

[X] 이 사건 법률조항은 전국을 하나의 선거구로 하는 정당선거로서의 성격을 가지는 비례대표국회의원선거의 취지를 살리고, 각 선거의 특성에 맞는 선거운동방법을 규정함으로써 선거에 소요되는 사회적 비용을 절감하고 효율적인 선거관리를 도모하여 선거의 공정성을 달성하고자 함에 그 목적이 있는바 그 입법목적은 정당하고, 비례대표국회의원후보자에게 공개장소에서의 연설·대담을 금지하는 것은 위와 같은 입법목적을 달성함에 있어 적절한 수단이다. 공직선거법은 비례대표국회의원선거가 기본적으로 전국을 하나의 선거구로 하는 정당선거라는 점을 고려하여 그 특성에 맞추어 더 적합하고 효율적인 선거운동방법을 허용하고 있는 점, 만약 비례대표국회의원후보자에게 공개장소에서의 연설·대담을 허용한다면 각 정당은 정당의 정강이나 정책실현 의지보다는 후보자 개인의 지명도나 연설 및 홍보능력 등에 기초하여 비례대표국회의원후보자를 지명할 가능성이 높아져 비례대표국회의원선거제도의 취지가 몰각될 우려가 있고, 연설·대담에 소요되는 비용과 노력으로 인한 경제적 부담이 가중되어 정당의 재정적 능력의 차이에 따라 선거운동기회가 차별적으로 부여되는 결과가 야기될 수 있는 점 등을 종합하여 보면, 이 사건 법률조항과 동일한 효과를 가지면서도 덜 침익적인 수단을 발견할 수 없으므로, 이 사건 법률조항은 침해의 최소성원칙에 위배되지 아니한다(헌재 2013.10.24, 2012헌마311).

290

17. 국회직 8급

비례대표국회의원선거의 경우 후보자 1명마다 1,500만원이라는 기탁금액은 비례대표제의 취지를 실현하기 위해 필요한 최소한의 액수보다 지나치게 과다한 액수이다.   O | X

해설

[O] 비례대표국회의원선거 기탁금조항은 그 입법목적이 정당하고, 기탁금요건을 마련하는 것은 그 입법목적을 달성하기 위한 적합한 수단에 해당된다. 그러나 정당에 대한 선거로서의 성격을 가지는 비례대표국회의원선거는 인물에 대한 선거로서의 성격을 가지는 지역구국회의원선거와 근본적으로 그 성격이 다르고, 비례대표 기탁금조항은 공직선거법상 허용된 선거운동을 통하여 선거의 혼탁이나 과열을 초래할 여지가 지역구국회의원선거보다 훨씬 적다고 볼 수 있음에도 지역구국회의원선거에서의 기탁금과 동일한 고액의 기탁금을 설정하고 있어 최소성원칙과 법익균형성원칙에도 위반되어 공무담임권을 침해한다(헌재 2016.12.29, 2015헌마1160).

291

17. 지방직

부재자투표 종료시간을 오후 4시까지로 정한 것은 투표시간을 지나치게 짧게 정한 것으로 직장업무 및 학교수업 때문에 사실상 투표가 곤란한 부재자투표자의 선거권을 침해한다.   O | X

해설

[X] 이 사건 투표시간조항이 투표종료시간을 오후 4시까지로 정한 것은 투표 당일 부재자투표의 인계·발송절차를 밟을 수 있도록 함으로써 부재자투표의 인계·발송절차가 지연되는 것을 막고 투표관리의 효율성을 제고하고 투표함의 관리위험을 경감하기 위한 것이고, 이 사건 투표시간조항이 투표종료시간을 오후 4시까지로 정한다고 하더라도 투표개시시간을 일과시간 이전으로 변경한다면, 부재자투표의 인계·발송절차가 지연될 위험 등이 발생하지 않으면서도 일과시간에 학업·직장업무를 하여야 하는 부재자투표자가 현실적으로 선거권을 행사하는 데 큰 어려움이 발생하지 않을 것이다. 따라서 이 사건 투표시간조항 중 투표종료시간 부분은 수단의 적정성·법익균형성을 갖추고 있으므로 청구인의 선거권이나 평등권을 침해하지 않는다(헌재 2012.2.23, 2010헌마601).

292
17. 국회직 9급

입법자는 국회의원선거에 관한 법률을 규정함에 있어 폭넓은 입법형성의 자유를 가지므로 선거구에 관한 입법을 할 것인지 여부에 대해서도 입법형성의 자유가 존재한다. O | X

해설

> [X] 입법자가 국회의원선거에 관한 사항을 법률로 규정함에 있어서 폭넓은 입법형성의 자유를 가진다고 하여도, 선거구에 관한 입법을 할 것인지 여부에 대해서는 입법자에게 어떤 형성의 자유가 존재한다고 할 수 없으므로, 피청구인에게는 국회의원의 선거구를 입법할 명시적인 헌법상 입법의무가 존재한다 할 것이다 (헌재 2016.4.28, 2015헌마1177 등).

293
17. 국회직 9급

공직선거법이 소선거구제 다수대표제를 규정하여 다수의 사표가 발생할 수 있는 여지가 있다면 헌법상 요구된 선거의 대표성이나 헌법상 요구된 국민주권원리를 침해하는 것이다. O | X

해설

> [X] 소선거구 다수대표제는 다수의 사표가 발생할 수 있다는 문제점이 제기됨에도 불구하고 정치의 책임성과 안정성을 강화하고 인물 검증을 통해 당선자를 선출하는 등 장점을 가지며, 선거의 대표성이나 평등선거의 원칙 측면에서도 다른 선거제도와 비교하여 반드시 열등하다고 단정할 수 없다. … 선거제도상 모든 후보자들을 당선시키는 것은 불가능하므로 사표의 발생은 불가피한 측면이 있다(헌재 2016.5.26, 2012헌마374).

294
17. 국회직 9급

현행 공직선거법상 투표를 마친 선거인에게 국·공립 유료시설의 이용요금을 면제·할인하는 것은 허용되지 않는다. O | X

해설

> [X] 각급선거관리위원회(읍·면·동선거관리위원회는 제외한다)는 선거인의 투표참여를 촉진하기 위하여 교통이 불편한 지역에 거주하는 선거인 또는 노약자·장애인 등 거동이 불편한 선거인에 대한 교통편의 제공에 필요한 대책을 수립·시행하여야 하고, 투표를 마친 선거인에게 국·공립 유료시설의 이용요금을 면제·할인하는 등의 필요한 대책을 수립·시행할 수 있다. 이 경우 공정한 실시방법 등을 정당·후보자와 미리 협의하여야 한다(공직선거법 제6조 제2항).

295
18. 국가직

한국철도공사의 상근직원은 상근임원과 달리 그 직을 유지한 채 공직선거에 입후보하여 자신을 위한 선거운동을 할 수 있음에도, 상근직원이 타인을 위한 선거운동을 할 수 없도록 전면적으로 금지하는 공직선거법 규정은 상근직원의 선거운동의 자유를 침해한다. O | X

해설

> [O] 한국철도공사의 상근직원은 그 직을 유지한 채 공직선거에 입후보하여 자신을 위한 선거운동을 할 수 있음에도 타인을 위한 선거운동을 전면적으로 금지하는 것은 과도한 제한이다. 따라서 심판대상조항은 선거운동의 자유를 침해한다(헌재 2018.2.22, 2015헌바124).

296
18. 국가직

비례대표국회의원에 입후보하기 위하여 기탁금으로 1,500만원을 납부하도록 한 규정은 그 액수가 고액이라 거대정당에게 일방적으로 유리하고, 다양해진 국민의 목소리를 제대로 대표하지 못하여 사표를 양산하는 다수대표제의 단점을 보완하기 위하여 도입된 비례대표제의 취지에도 반하는 것이다.　O | X

해설

[O] 상대적으로 당비나 국고보조금을 지원받기 어렵고 재정상태가 열악한 신생정당이나 소수정당에게 후보자 1명마다 1천 500만원이라는 기탁금액은 선거에의 참여 자체를 위축시킬 수 있는 금액으로서, 비례대표제의 취지를 실현하기 위해 필요한 최소한의 액수보다 지나치게 과다한 액수이다(헌재 2016.12.29, 2015헌마1160 등).

297
18. 국가직

선거범으로서 100만원 이상의 벌금형의 선고를 받고 그 형이 확정된 후 5년을 경과하지 아니한 자 또는 형의 집행유예의 선고를 받고 그 형이 확정된 후 10년을 경과하지 아니한 자의 선거권을 제한하는 규정은 국민주권과 대의제 민주주의의 실현수단으로서 선거권이 가지는 의미와 보통선거원칙의 중요성을 감안하면, 필요최소한을 넘어 과도한 제한으로서 이들 선거범의 선거권을 침해한다.　O | X

해설

[X] 선거권 제한조항은 선거의 공정성을 확보하기 위한 것으로서, 선거권 제한의 대상과 요건, 기간이 제한적인 점, 선거의 공정성을 해친 바 있는 선거범으로부터 부정선거의 소지를 차단하여 공정한 선거가 이루어지도록 하기 위하여는 선거권을 제한하는 것이 효과적인 방법인 점, 법원이 선거범에 대한 형량을 결정함에 있어서 양형의 조건뿐만 아니라 선거권의 제한 여부에 대하여도 합리적 평가를 하게 되는 점, 선거권의 제한 기간이 공직선거마다 벌금형의 경우는 1회 정도, 징역형의 집행유예의 경우에는 2 ~ 3회 정도 제한하는 것에 불과한 점 등을 종합하면, 선거권 제한조항은 청구인들의 선거권을 침해한다고 볼 수 없다(헌재 2018.1. 25, 2015헌마821 등).

298
18. 5급

25세 이상의 국민은 대통령선거와 국회의원선거에서 피선거권이 있다.　O | X

해설

[X] 대통령으로 선거될 수 있는 자는 국회의원의 피선거권이 있고 선거일 현재 40세에 달하여야 한다(헌법 제67조 제4항). 18세 이상의 국민은 국회의원의 피선거권이 있다(공직선거법 제16조 제2항).

299
18. 5급

비례대표지방의회의원선거에 있어서는 당해 선거구선거관리위원회가 유효투표총수의 100분의 3 이상을 득표한 각 정당을 의석할당정당으로 확정한다.　O | X

해설

[X] 비례대표지방의회의원선거에 있어서는 당해 선거구선거관리위원회가 유효투표총수의 100분의 5 이상을 득표한 각 정당을 의석할당정당으로 확정한다(공직선거법 제190조의2 참조).

300

19. 국가직

자치구·시·군의회의원선거구획정에서 헌법상 허용되는 인구편차의 기준을 상하 50%(인구비례 3 : 1)에서 상하 33⅓%의 기준으로 변경하였다.　　　　　　　　　　　　　　　　　O | X

해설

> [X] 인구편차 상하 60%의 기준에서 곧바로 인구편차 상하 33⅓%의 기준을 채택하는 경우 선거구를 조정하는 과정에서 예기치 않은 어려움에 봉착할 가능성이 크므로, 현재의 시점에서 자치구·시·군의원선거구획정과 관련하여 헌법이 허용하는 인구편차의 기준을 인구편차 상하 50%(인구비례 3 : 1)로 변경하는 것이 타당하다(헌재 2018.6.28, 2014헌마166).

301

20. 국회직 8급

선거범으로서 100만원 이상의 벌금형의 선고를 받고 그 형이 확정된 후 5년을 경과하지 아니한 자 또는 형의 집행유예의 선고를 받고 그 형이 확정된 후 10년을 경과하지 아니한 자에게 선거권을 부여하지 않는 공직선거법 조항은 선거권을 침해하지 않는다.　　　　　　　　　　　　　　O | X

해설

> [O] 선거권 제한조항은 선거의 공정성을 확보하기 위한 것으로서, 선거권 제한의 대상과 요건, 기간이 제한적인 점, 선거의 공정성을 해친 바 있는 선거범으로부터 부정선거의 소지를 차단하여 공정한 선거가 이루어지도록 하기 위하여는 선거권을 제한하는 것이 효과적인 방법인 점, 법원이 선거범에 대한 형량을 결정함에 있어서 양형의 조건뿐만 아니라 선거권의 제한 여부에 대하여도 합리적 평가를 하게 되는 점, 선거권의 제한 기간이 공직선거마다 벌금형의 경우는 1회 정도, 징역형의 집행유예의 경우에는 2 ~ 3회 정도 제한하는 것에 불과한 점 등을 종합하면, 선거권 제한조항은 청구인들의 선거권을 침해한다고 볼 수 없다(헌재 2018.1.25, 2015헌마821 등).

302

20. 국회직 8급

인터넷언론사에 대하여 선거일 전 90일부터 선거일까지 후보자 명의의 칼럼이나 저술을 게재하는 보도를 제한하는 구 인터넷선거보도 심의기준 등에 관한 규정 제8조 제2항 본문과 인터넷선거보도 심의기준 등에 관한 규정 제8조 제2항은 인터넷언론사 홈페이지에 청구인 명의의 칼럼을 게재한 자의 표현의 자유를 침해한다.　　　　　　　　　　　　　　　　　　　　　　　　　　O | X

해설

> [O] 이 사건 시기제한조항은 선거일 전 90일부터 선거일까지 후보자 명의의 칼럼 등을 게재하는 인터넷선거보도가 불공정하다고 볼 수 있는지에 대해 구체적으로 판단하지 않고 이를 불공정한 선거보도로 간주하여 선거의 공정성을 해치지 않는 보도까지 광범위하게 제한한다. … 이 사건 시기제한조항은 과잉금지원칙에 반하여 청구인의 표현의 자유를 침해한다(헌재 2019.11.28, 2016헌마90).

303
출제예상

선거운동기간이 아닌 때에도 전화를 이용하거나 말로 하는 선거운동은 상시 허용된다.　O I X

해설

[O] 공직선거법 제59조 단서 참조

> **공직선거법 제59조【선거운동기간】** 선거운동은 선거기간개시일부터 선거일 전일까지에 한하여 할 수 있다. 다만, 다음 각 호의 어느 하나에 해당하는 경우에는 그러하지 아니하다. <개정 2020.12.29.>
> 　4. 선거일이 아닌 때에 전화(송·수화자간 직접 통화하는 방식에 한정하며, 컴퓨터를 이용한 자동 송신장치를 설치한 전화는 제외한다)를 이용하거나 말(확성장치를 사용하거나 옥외집회에서 다중을 대상으로 하는 경우를 제외한다)로 선거운동을 하는 경우

▶ 전화 또는 말로 하는 선거운동을 상시 허용하고, 후보자가 되려는 사람이 선거일 전 180일(대통령선거의 경우 선거일 전 240일)부터 명함을 주는 방식으로 선거운동을 할 수 있도록 하였다(동법 제59조 제4호 및 제5호 신설, 현행 제60조의3 제1항 제6호 및 제82조의4 제1항 삭제, 제109조 제2항).

304
23 경찰 1차·
경정승진

선거운동기간 중 인터넷언론사 홈페이지 게시판 등에 방문자가 정당·후보자에 대한 지지·반대 등의 정보를 게시할 경우 실명인증을 요구하도록 한 공직선거법 조항은 과잉금지원칙에 반하여 익명표현의 자유와 언론의 자유, 그리고 개인정보자기결정권 등을 침해한다.　O I X

해설

[O] 심판대상조항이 특히 선거운동기간 중에 익명표현의 긍정적 효과까지도 사전적·포괄적으로 차단한다는 점, 이러한 규율이 익명표현의 자유를 허용함에 따라 발생하는 구체적 위험에 기초한 것이 아니라 심판대상조항으로 인하여 위법한 표현행위가 감소할 것이라는 추상적 가능성에 의존하고 있는 점, 심판대상조항의 수범자인 '인터넷언론사'의 범위가 광범위하다는 점, 심판대상조항보다 익명표현의 자유와 개인정보자기결정권을 덜 제약하는 여러 사전적·사후적 수단들이 마련되어 있거나 쉽게 마련될 수 있다는 점 등을 종합하여 보았을 때, 심판대상조항은 침해의 최소성을 갖추지 못하였다. … 심판대상조항을 통하여 달성하려는 선거의 공정성이라는 공익이 익명표현의 자유와 개인정보자기결정권 등의 제약 정도보다 크다고 단정할 수 없는 이상 심판대상조항은 법익의 균형성 또한 갖추지 못하였다. … 과잉금지원칙에 반하여 익명표현의 자유와 언론의 자유, 그리고 개인정보자기결정권 등을 침해한다(헌재 2021.1.28, 2018헌마456).

305
20. 법행

선거관리위원회의 본질적 기능은 선거의 공정한 관리 등 행정기능이고, 그 효과적인 기능 수행과 집행의 실효성을 확보하기 위한 수단으로서 선거범죄 조사권을 인정하고 있고, 이에 대해서는 헌법상 영장주의가 적용된다.　O I X

해설

[X] 선거관리위원회의 본질적 기능은 선거의 공정한 관리 등 행정기능이고, 그 효과적인 기능 수행과 집행의 실효성을 확보하기 위한 수단으로서 선거범죄 조사권을 인정하고 있다. 심판대상조항에 의한 자료제출요구는 위와 같은 조사권의 일종으로서 행정조사에 해당하고, 선거범죄혐의 유무를 명백히 하여 공소의 제기와 유지 여부를 결정하기 위하여 범인을 발견·확보하고 증거를 수집·보전하기 위한 수사기관의 활동인 수사와는 근본적으로 그 성격을 달리한다. … 이와 같이 심판대상조항에 의한 자료제출요구는 행정조사의 성격을 가지는 것으로 수사기관의 수사와 근본적으로 그 성격을 달리하며, 청구인에 대하여 직접적으로 어떠한 물리적 강제력을 행사하는 강제처분을 수반하는 것이 아니므로 영장주의의 적용대상이 아니다(헌재 2019.9.26, 2016헌바381).

□□□
306
20. 입시

지역구국회의원선거 예비후보자의 기탁금 반환사유로 예비후보자가 당의 공천심사에서 탈락하고 후보자 등록을 하지 않았을 경우를 규정하지 않은 것은 헌법에 위배된다. O | X

해설

[O] 예비후보자가 본선거에서 정당후보자로 등록하려 하였으나 자신의 의사와 관계없이 정당 공천관리위원회의 심사에서 탈락하여 본선거의 후보자로 등록하지 아니한 것은 후보자 등록을 하지 못할 정도에 이르는 객관적이고 예외적인 사유에 해당한다. 따라서 이러한 사정이 있는 예비후보자가 납부한 기탁금은 반환되어야 함에도 불구하고, 심판대상조항이 이에 관한 규정을 두지 아니한 것은 입법형성권의 범위를 벗어난 과도한 제한이라고 할 수 있다. … 그러므로 심판대상조항은 과잉금지원칙에 반하여 청구인의 재산권을 침해한다 (헌재 2018.1.25, 2016헌마541).

□□□
307
21. 경정승진

국회의원선거에 있어서 선거의 효력에 관하여 이의가 있는 선거인·정당(후보자를 추천한 정당에 한한다) 또는 후보자는 선거일로부터 45일 이내에 헌법재판소에 소를 제기할 수 있다. O | X

해설

[X] **공직선거법 제222조【선거소송】** ① 대통령선거 및 국회의원선거에 있어서 선거의 효력에 관하여 이의가 있는 선거인·정당(후보자를 추천한 정당에 한한다) 또는 후보자는 선거일부터 30일 이내에 당해 선거구선거관리위원회위원장을 피고로 하여 대법원에 소를 제기할 수 있다.

□□□
308
22. 경정승진

지방자치단체의 장 선거권은 헌법 제24조에 의해 보호되는 기본권으로 인정된다. O | X

해설

[O] 주민자치제를 본질로 하는 민주적 지방자치제도가 안정적으로 뿌리내린 현 시점에서 지방자치단체의 장 선거권을 지방의회의원 선거권, 나아가 국회의원 선거권 및 대통령 선거권과 구별하여 하나는 법률상의 권리로, 나머지는 헌법상의 권리로 이원화하는 것은 허용될 수 없다. 그러므로 지방자치단체의 장 선거권 역시 다른 선거권과 마찬가지로 헌법 제24조에 의해 보호되는 기본권으로 인정하여야 한다(헌재 2016.10.27, 2014헌마797).

□□□
309
22. 경정승진

선거권의 제한은 불가피하게 요청되는 개별적·구체적 사유가 존재함이 명백할 경우 정당화될 수 있으며, 막연하고 추상적인 위험이나 국가의 노력에 의해 극복될 수 없는 기술상의 어려움이나 장애 등을 사유로도 그 제한이 정당화될 수 있다. O | X

해설

[X] 선거권의 제한은 불가피하게 요청되는 개별적·구체적 사유가 존재함이 명백할 경우에만 정당화될 수 있고, 막연하고 추상적인 위험이나 국가의 노력에 의해 극복될 수 있는 기술상의 어려움이나 장애 등을 사유로 그 제한이 정당화될 수 없다(헌재 2007.6.28, 2004헌마644).

310

22. 경정승진

주민등록법상 주민등록을 할 수 없는 재외국민의 대통령 선거권 행사를 전면 부정하는 것은 헌법에 위배되지 않는다.

O | X

해설

[X] 주민등록이 되어 있는지 여부에 따라 선거인명부에 오를 자격을 결정하여 그에 따라 선거권 행사 여부가 결정되도록 함으로써 엄연히 대한민국의 국민임에도 불구하고 주민등록법상 주민등록을 할 수 없는 재외국민의 선거권 행사를 전면적으로 부정하고 있는 법 제37조 제1항은 어떠한 정당한 목적도 찾기 어려우므로 헌법 제37조 제2항에 위반하여 재외국민의 선거권과 평등권을 침해하고 보통선거원칙에도 위반된다(헌재 2007.6.28, 2004헌마644).

311

22. 경정승진

민주주의 국가에서 국민주권과 대의제 민주주의의 실현수단으로서 선거권이 갖는 중요성으로 인해 입법자는 선거권을 최대한 보장하는 방향으로 입법을 하여야 하는 반면, 헌법재판소가 선거권을 제한하는 법률의 합헌성을 심사하는 경우 그 심사 강도는 완화하여야 한다.

O | X

해설

[X] 민주주의 국가에서 국민주권과 대의제 민주주의의 실현수단으로서 선거권이 갖는 이 같은 중요성으로 인해 한편으로 입법자는 선거권을 최대한 보장하는 방향으로 입법을 하여야 하며, 또 다른 한편에서 선거권을 제한하는 법률의 합헌성을 심사하는 경우에는 그 심사의 강도도 엄격하여야 하는 것이다. 따라서 선거권을 제한하는 입법은 위 헌법 제24조에 의해서 곧바로 정당화될 수는 없고, 헌법 제37조 제2항의 규정에 따라 국가안전보장·질서유지 또는 공공복리를 위하여 필요하고 불가피한 예외적인 경우에만 그 제한이 정당화될 수 있으며, 그 경우에도 선거권의 본질적인 내용을 침해할 수 없다(헌재 2007.6.28, 2004헌마644).

312

22. 경찰 1차

대통령선거에서 대통령후보자가 1인일 때에는 그 득표수가 선거권자총수의 3분의 1 이상이 아니면 대통령으로 당선될 수 없다.

O | X

해설

[O] 헌법 제67조 제3항

> 헌법 제67조 ① 대통령은 국민의 보통·평등·직접·비밀선거에 의하여 선출한다.
> ② 제1항의 선거에 있어서 최고득표자가 2인 이상인 때에는 국회의 재적의원 과반수가 출석한 공개회의에서 다수표를 얻은 자를 당선자로 한다.
> ③ 대통령후보자가 1인일 때에는 그 득표수가 선거권자 총수의 3분의 1 이상이 아니면 대통령으로 당선될 수 없다.

313
22. 경찰 1차

공직선거법상 선거일 현재 1년 이상의 징역 또는 금고의 형의 선고를 받고 그 집행이 종료되지 아니하거나 그 집행을 받지 아니하기로 확정되지 아니한 사람 및 그 형의 집행유예를 선고받고 유예기간 중에 있는 사람은 선거권이 없다.

O | X

해설

[X] 형의 집행유예를 선고받고 유예기간 중에 있는 사람은 선거권이 있다.

> 공직선거법 제18조 【선거권이 없는 자】 ① 선거일 현재 다음 각 호의 어느 하나에 해당하는 사람은 선거권이 없다.
> 1. 금치산선고를 받은 자
> 2. 1년 이상의 징역 또는 금고의 형의 선고를 받고 그 집행이 종료되지 아니하거나 그 집행을 받지 아니하기로 확정되지 아니한 사람. 다만, 그 형의 집행유예를 선고받고 유예기간 중에 있는 사람은 제외한다.

314
22. 경찰 1차

지방자치단체의 장 선거권을 지방의회의원 선거권, 나아가 국회의원 선거권 및 대통령 선거권과 구별하여 하나는 법률상의 권리로, 나머지는 헌법상의 권리로 이원화하는 것은 허용될 수 없으므로 지방자치단체의 장 선거권 역시 다른 선거권과 마찬가지로 헌법 제24조에 의해 보호되는 기본권으로 인정하여야 한다.

O | X

해설

[O] 주민자치제를 본질로 하는 민주적 지방자치제도가 안정적으로 뿌리내린 현 시점에서 지방자치단체의 장 선거권을 지방의회의원 선거권, 나아가 국회의원 선거권 및 대통령 선거권과 구별하여 하나는 법률상의 권리로, 나머지는 헌법상의 권리로 이원화하는 것은 허용될 수 없다. 그러므로 지방자치단체의 장 선거권 역시 다른 선거권과 마찬가지로 헌법 제24조에 의해 보호되는 기본권으로 인정하여야 한다(헌재 2016.10.27, 2014헌마797).

315
22. 경찰 1차

방송광고, 후보자 등의 방송연설, 방송시설주관 후보자연설의 방송, 선거방송토론위원회 주관 대담 토론회의 방송에서 한국수화언어 또는 자막의 방영을 재량사항으로 규정한 공직선거법 조항이 자의적으로 비청각장애인과 청각장애인인 청구인을 달리 취급하여 청구인의 평등권을 침해한다고 보기는 어렵다.

O | X

해설

[O] 수화방송 등을 의무사항으로 규정하지 아니한 취지는 수화방송 등이 원칙적으로 실시되어야 함을 부정하는 의미가 아니라 방송사업자 등의 시설장비나 기술수준 등에서 비롯되는 불가피한 사유로 말미암아 수화방송 등을 적시에 실시할 수 없는 경우도 있을 수 있다는 사정을 고려하였기 때문이라고 보이는 점, 현 단계에서 수화방송 등을 어떠한 예외도 없이 반드시 실시하여야만 하는 의무사항으로 규정할 경우 후보자의 선거운동의 자유와 방송사업자의 보도·편성의 자유를 제한하는 문제가 있을 수 있다는 점 등을 종합하면, 비록 심판대상조항이 수화방송 등을 할 수 없는 예외사유를 보다 제한적으로 구체화하여 규정하는 것이 바람직하다고 볼 수는 있겠지만, 이 사건에서 심판대상조항이 입법자의 입법형성의 범위를 벗어난 것으로서 청구인들의 참정권, 평등권 등 헌법상 기본권을 침해하는 정도의 것이라고 볼 수 없다(헌재 2009.5.28, 2006헌마285).

316
22. 법행

중앙선거관리위원회는 대통령선거 후보자가 유효투표총수의 100분의 15 이상을 득표한 경우에는 기탁금 전액을, 100분의 10 이상 100분의 15 미만을 득표한 경우에는 기탁금의 100분의 50에 해당하는 금액을 선거일 후 30일 이내에 기탁자에게 반환하여야 한다.　　　　　　　　　　　　　　　　　　O | X

해설

[O]　**공직선거법 제57조【기탁금의 반환 등】** ① 관할선거구선거관리위원회는 다음 각 호의 구분에 따른 금액을 선 거일 후 30일 이내에 기탁자에게 반환한다. 이 경우 반환하지 아니하는 기탁금은 국가 또는 지방자치단체에 귀속한다.
  1. 대통령선거, 지역구국회의원선거, 지역구지방의회의원선거 및 지방자치단체의 장 선거
    가. 후보자가 당선되거나 사망한 경우와 유효투표총수의 100분의 15 이상(후보자가 장애인복지법 제32조 에 따라 등록한 장애인이거나 선거일 현재 39세 이하인 경우에는 유효투표총수의 100분의 10 이상을 말한다)을 득표한 경우에는 기탁금 전액

317
22. 입법고시

국회의원선거구 획정에 있어서 인구편차 상하 $33\frac{1}{3}$%, 인구비례 2:1의 기준을 넘어 인구편차를 완화하는 것은 지나친 투표가치의 불평등을 야기하는 것으로, 이는 대의민주주의의 관점에서 바람직하지 아니하 고, 국회를 구성함에 있어 국회의원의 지역대표성이 고려되어야 한다고 할지라도 이것이 국민주권주의의 출발점인 투표가치의 평등보다 우선시될 수는 없다.　　　　　　　　　　　　　　　　O | X

해설

[O]　인구편차 상하 $33\frac{1}{3}$%를 넘어 인구편차를 완화하는 것은 지나친 투표가치의 불평등을 야기하는 것으로, 이 는 대의민주주의의 관점에서 바람직하지 아니하고, 국회를 구성함에 있어 국회의원의 지역대표성이 고려되 어야 한다고 할지라도 이것이 국민주권주의의 출발점인 투표가치의 평등보다 우선시될 수는 없다(헌재 2014.10.30, 2012헌마190).

318
22. 경찰간부

선거구구역표는 전체가 불가분의 일체를 이루는 것으로서 어느 한 부분에 위헌적 요소가 있다면 선거구 구역표 전체가 위헌적 하자가 있는 것으로 보아야 한다.　　　　　　　　　　　　　　　O | X

해설

[O]　선거구구역표는 각 선거구가 서로 유기적으로 관련을 가짐으로써 한 부분에서의 변동은 다른 부분에서도 연쇄적으로 영향을 미치는 성질을 가진다. 이러한 의미에서 선거구구역표는 전체가 불가분의 일체를 이루 는 것으로서 어느 한 부분에 위헌적인 요소가 있다면, 선거구구역표 전체가 위헌의 하자를 갖는 것이라고 보아야 한다(헌재 2014.10.30, 2012헌마192).

재외투표기간 개시일에 임박하여 또는 재외투표기간 중에 재외선거사무 중지결정이 있었고 그에 대한 재개결정이 없었던 예외적인 상황에서 재외투표기간 개시일 이후에 귀국한 재외선거인 및 국외부재자신고인에 대하여 국내에서 선거일에 투표할 수 있도록 하는 절차를 마련하지 않았더라도 선거권을 침해하지 않는다. O | X

해설

[X] 심판대상조항을 통해 달성하고자 하는 선거의 공정성은 매우 중요한 가치이다. 그러나 선거의 공정성도 결국에는 선거인의 선거권이 실질적으로 보장될 때 비로소 의미를 가진다. 심판대상조항의 불충분 · 불완전한 입법으로 인한 청구인의 선거권 제한을 결코 가볍다고 볼 수 없으며, 이는 심판대상조항으로 인해 달성되는 공익에 비해 작지 않다. 따라서 심판대상조항은 과잉금지원칙에 위배되어 청구인의 선거권을 침해한다(헌재 2022.1.27, 2020헌마895).

정당의 후보자 추천에 관한 단순한 지지 · 반대의 의견개진 및 의사표시라 하더라도 공직선거법상 선거운동에 해당한다. O | X

해설

[X] **공직선거법 제58조【정의 등】** ① 이 법에서 "선거운동"이라 함은 당선되거나 되게 하거나 되지 못하게 하기 위한 행위를 말한다. 다만, 다음 각 호의 어느 하나에 해당하는 행위는 선거운동으로 보지 아니한다.
1. 선거에 관한 단순한 의견개진 및 의사표시

제8절 공무원제도

금융기관임직원이 직무와 관련하여 수재행위를 한 경우 공무원의 뇌물죄와 마찬가지로 별도의 배임행위가 없더라도 이를 처벌하도록 한 것은 헌법에 위반된다. O | X

해설

[X] 금융기관의 임 · 직원에게는 공무원에 버금가는 정도의 청렴성과 업무의 불가매수성(不可買收性)이 요구되고, 이들이 직무와 관련하여 금품수수 등의 수재(收財)행위를 하였을 경우에는 별도의 배임행위가 있는지를 불문하고 형사제재를 가함으로써 금융업무와 관련된 각종 비리와 부정의 소지를 없애고, 금융기능의 투명성 · 공정성을 확보할 필요가 있으므로 특정경제범죄 가중처벌 등에 관한 법률 제5조 제1항에서 금융기관의 임 · 직원의 직무와 관련한 수재행위에 대하여 일반 사인과는 달리 공무원의 수뢰죄와 동일하게 처벌한다고 하더라도 거기에는 합리적인 근거가 있다(헌재 1999.5.27, 98헌바26).

□□□
322

08. 법원직
06. 행시
04. 법행

공무원의 범죄행위와 직무의 관련 유무를 묻지 않고 금고 이상의 형의 집행유예판결을 받은 것을 공무원
의 당연퇴직사유로 규정한 법률조항은 헌법에 위반된다. O | X

해설

[X] 범죄행위로 형사처벌을 받은 공무원에 대하여 형사처벌사실 그 자체를 이유로 신분상 불이익처분을 하는
방법과 별도의 징계절차를 거쳐 불이익처분을 하는 방법 중 어느 방법을 선택할 것인가는 입법자의 재량에
속하는 것인바, 공무원에게 부과되는 신분상 불이익과 보호하려는 공익이 합리적 균형을 이루는 한 법원이
범죄의 모든 정황을 고려하여 금고 이상의 형의 집행유예판결을 하였다면 그 범죄행위가 직무와 직접적 관
련이 없거나 과실에 의한 것이라 하더라도 공무원의 품위를 손상하는 것으로 당해 공무원에 대한 사회적
비난가능성이 결코 적지 아니함을 의미하므로 이를 공무원의 당연퇴직사유로 규정한 것을 위헌의 법률조항
이라고 볼 수 없고, 집행유예와 선고유예의 차이, 금고형과 벌금형의 경중을 고려할 때 이 사건 법률조항이
집행유예판결을 받은 자를 합리적 이유 없이 선고유예나 벌금형의 판결을 받은 자에 비하여 차별하는 것이
라고도 볼 수 없다(헌재 2003.12.18, 2003헌마409).

☑ **주의**
① 금고 이상의 형에 대한 선고유예판결을 받은 공무원의 당연퇴직은 '위헌'(헌재 2002.8.29, 2001헌마
788)
② '수뢰죄'를 범하여 금고 이상의 형의 선고유예판결을 받은 국가공무원의 당연퇴직은 '합헌'(헌재
2013.7.25, 2012헌바409)

□□□
323

06. 사시 변형

지방자치단체의 장이 금고 이상의 형의 선고를 받은 경우 그 형이 확정될 때까지 부단체장으로 하여금
그 권한을 대행하도록 한 법률조항이 무죄추정의 원칙에 저촉된다고 할 수 없다. O | X

해설

[X] 선거에 의하여 주권자인 국민으로부터 직접 공무담임권을 위임받는 자치단체장의 경우, 그와 같이 공무담
임권을 위임한 선출의 정당성이 무너지거나 공무담임권 위임의 본지를 배반하는 직무상 범죄를 저질렀다
면, 이러한 경우에도 계속 공무를 담당하게 하는 것은 공무담임권 위임의 본지에 부합된다고 보기 어렵다.
그러므로, 위 두 사유에 해당하는 범죄로 자치단체장이 금고 이상의 형을 선고받은 경우라면, 그 형이 확정
되기 전에 해당 자치단체장의 직무를 정지시키더라도 무죄추정의 원칙에 직접적으로 위배된다고 보기 어렵
고, 과잉금지의 원칙도 위반하였다고 볼 수 없으나, 위 두 가지 경우 이외에는 금고 이상의 형의 선고를 받
았다는 이유로 형이 확정되기 전에 자치단체장의 직무를 정지시키는 것은 무죄추정의 원칙과 과잉금지의
원칙에 위배된다. 따라서, 이 사건 법률조항에는 위헌적인 부분과 합헌적인 부분이 공존하고 있고, 위헌부
분에 의하여 청구인의 기본권이 침해되고 있는바, 이를 가려내는 일은 국회의 입법형성권에 맡기는 것이
바람직하므로, 헌법불합치결정을 할 필요성이 있다(헌재 2010.9.2, 2010헌마418). ⇨ 종전판례변경

□□□
324

12. 국가직

금고 이상의 형의 선고를 유예받은 경우에 공무원의 직에서 당연히 퇴직하는 것으로 규정한 것은 공무원
제도의 객관적인 가치질서의 보호라는 의미에서 기본권 제한의 범위 내의 제한이다. O | X

해설

[X] 공무원이 금고 이상의 형의 선고유예를 받은 경우에는 공무원직에서 당연히 퇴직하는 것으로 규정하고 있는
이 사건 법률조항은 금고 이상의 선고유예의 판결을 받은 모든 범죄를 포괄하여 규정하고 있을 뿐 아니라,
심지어 오늘날 누구에게나 위험이 상존하는 교통사고 관련 범죄 등 과실범의 경우마저 당연퇴직의 사유에서
제외하지 않고 있으므로 최소침해성의 원칙에 반한다(헌재 2002.8.29, 2001헌마788 · 2002헌마173).

325

16. 국가직 유사
10. 법원직

직업공무원제도는 헌법이 보장하는 제도적 보장 중의 하나임이 분명하므로 입법자는 직업공무원제도에 관하여 '최대한 보장'의 원칙에 의하여 입법을 형성할 책무가 있다. O | X

해설

[X] 제도적 보장은 주관적 권리가 아닌 객관적 범규범이라는 점에서 기본권과 구별되기는 하지만 헌법에 의하여 일정한 제도가 보장되면 입법자는 그 제도를 설정하고 유지할 입법의무를 지게 될 뿐만 아니라 헌법에 규정되어 있기 때문에 법률로써 이를 폐지할 수 없고, 비록 내용을 제한하더라도 그 본질적 내용을 침해할 수 없다. 그러나 기본권 보장은 '최대한 보장의 원칙'이 적용됨에 반하여, 제도적 보장은 그 본질적 내용을 침해하지 아니하는 범위 안에서 입법자에게 제도의 구체적 내용과 형태의 형성권을 폭넓게 인정한다는 의미에서 '최소한 보장의 원칙'이 적용될 뿐이다(헌재 1997.4.24, 95헌바48).

326

11. 국가직
10. 법무사

지방자치단체의 직제폐지로 인한 지방공무원의 직권면직규정은 합리적인 면직기준을 구체적으로 정함과 동시에 그 공정성을 담보할 수 있는 절차를 마련하는 경우 직업공무원제도를 위반하고 있다고는 볼 수 없다. O | X

해설

[O] 공무원의 정치적 중립과 신분보장을 통해 행정의 계속성과 안정성을 확보하여 국가기능의 효율성을 증대하고자 하는 직업공무원제도가 그 본래의 취지와 달리 공무원 개인에게 평생직업을 보장하는 장치로 변질되어 행정의 무능과 국가기능의 비효율을 초래해서는 안 된다는 점과 국가경영의 경비부담 주체가 국민이고 공무원은 국민 전체에 대한 봉사자라는 점을 감안하면, 행정의 효율성 및 생산성 제고차원에서는 행정수요가 소멸하거나 조직의 비대화로 효율성이 저하되는 경우 직제를 폐지하거나 인원을 축소하는 것은 불가피한 선택에 해당할 것이다. 그렇다면 이 사건 규정이 직업공무원제도를 위반하고 있다고는 볼 수 없다(헌재 2004.11.25, 2002헌바8).

327

23. 법원직
12. 국회직 9급

공무원의 직급이나 직렬 등에 상관없이 공무원의 특정 정당 또는 후보자를 위한 선거운동을 모두 금지하는 것은 과잉금지원칙을 위배하여 공무원의 선거운동의 자유 및 정치적 의사표현의 자유를 침해하는 것이다. O | X

해설

[X] 공무원이 공동체와 국민 모두의 이익을 실현하기 위하여 존재하는 것이라는 본질적 측면에 비추어볼 때, 공무원의 직급이나 직렬 등에 상관없이 공무원의 특정 정당 또는 후보자를 위한 선거운동을 모두 금지하는 것이 부득이하고 불가피하므로, 이 사건 투표권유동 금지조항이 침해의 최소성원칙에 위반된다고 볼 수 없다(헌재 2012.7.26, 2009헌바298).

□□□
328
23. 법원직

서울교통공사의 상근직원은 서울교통공사의 경영에 관여하거나 실질적인 영향력을 미칠 수 있는 권한이 있다고 인정하기 어려우므로, 당원이 아닌 자에게도 투표권을 부여하여 실시하는 당내경선에서 서울교통 공사의 상근직원이 경선운동을 할 수 없도록 일률적으로 금지 · 처벌하는 것은 정치적 표현의 자유를 과도하게 제한하는 것이다. O | X

해설

[O] 심판대상조항이 서울교통공사 상근임원의 경선운동을 금지하는 데 더하여 상근직원에게까지 경선운동을 금지하는 것은 당내경선의 형평성과 공정성을 확보한다는 입법목적에 비추어 보았을 때 과도한 제한이라고 볼 수 있다. 이처럼 심판대상조항이 정치적 표현의 자유를 중대하게 제한하는 반면, 당내경선의 형평성과 공정성의 확보라는 공익에 기여하는 바가 크다고 보기 어렵다. 따라서 심판대상조항은 법익의 균형성을 충족하지 못하였다. 심판대상조항은 과잉금지원칙을 위반하여 정치적 표현의 자유를 침해한다(헌재 2021.9.6, 2021헌가24).

□□□
329
13. 경정승진
11. 국가직 유사

직업공무원제도에서 말하는 공무원은 국가 또는 공공단체와 근로관계를 맺고 이른바 공법상 특별권력관계 내지 특별행정법관계 아래 공무를 담당하는 것을 직업으로 하는 협의의 공무원뿐만 아니라 정치적 공무원과 임시적 공무원을 포함하는 것이다. O | X

해설

[X] 우리나라는 직업공무원제도를 채택하고 있는데, 여기서 말하는 공무원은 국가 또는 공공단체와 근로관계를 맺고 이른바 공법상 특별권력관계 내지 특별행정법관계 아래 공무를 담당하는 것을 직업으로 하는 협의의 공무원을 말하며 정치적 공무원이라든가 임시적 공무원은 포함되지 않는 것이다(헌재 1989.12.18, 89헌마 32 · 33).

□□□
330
12. 법행

국가공무원법상 공무원과 국가배상법의 공무원의 범위는 동일하다. O | X

해설

[X] 국가공무원법상의 공무원은 직업공무원제의 적용을 받는 공무원(협의)이라면, 국가배상법상의 공무원은 공무수탁사인을 포함하는 최광의의 공무원이다(대판 2001.1.5, 98다39060).

□□□
331
21. 소방간부
후보생

공직선거법은 선거에서 공무원의 중립의무를 구체화하고 있는데, 여기서의 공무원이란 원칙적으로 좁은 의미의 직업공무원을 포함한다. O | X

해설

[O] 공직선거법 제9조의 '공무원'이란, 위 헌법적 요청을 실현하기 위하여 선거에서의 중립의무가 부과되어야 하는 모든 공무원, 즉 구체적으로 '자유선거원칙'과 '선거에서의 정당의 기회균등'을 위협할 수 있는 모든 공무원을 의미한다. 그런데 사실상 모든 공무원이 그 직무의 행사를 통하여 선거에 부당한 영향력을 행사할 수 있는 지위에 있으므로, 여기서의 공무원이란 원칙적으로 국가와 지방자치단체의 모든 공무원, 즉 좁은 의미의 직업공무원은 물론이고, 적극적인 정치활동을 통하여 국가에 봉사하는 정치적 공무원을 포함한다(헌재 2004.5.14, 2004헌나1).

순경 공개경쟁채용 선발시험의 응시연령 상한을 30세 이하로 규정한 경찰공무원 임용령 규정은 헌법에 위반되지 않는다.   O | X

해설

[X] 획일적으로 30세까지는 순경과 소방사·지방소방사 및 소방간부후보생의 직무수행에 필요한 최소한도의 자격요건을 갖추고, 30세가 넘으면 그러한 자격요건을 상실한다고 보기 어렵고, 이 점은 순경을 특별채용 하는 경우 응시연령을 40세 이하로 제한하고, 소방사·지방소방사와 마찬가지로 화재현장업무 등을 담당하는 소방교·지방소방교의 경우 특채시험의 응시연령을 35세 이하로 제한하고 있는 점만 보아도 분명하다. 따라서 이 사건 심판대상조항들이 순경 공채시험, 소방사 등 채용시험, 그리고 소방간부 선발시험의 응시연령의 상한을 '30세 이하'로 규정하고 있는 것은 합리적이라고 볼 수 없으므로 침해의 최소성원칙에 위배되어 청구인들의 공무담임권을 침해한다. 그렇다고 하여, 순경 공채시험, 소방사 등 채용시험, 소방간부 선발시험에서 응시연령의 상한을 제한하는 것이 전면적으로 허용되지 않는다고 단정하기 어렵고, 경찰 또는 소방공무원의 채용 및 공무수행의 효율성을 도모하여 국민의 생명과 재산을 보호하기 위하여 필요한 최소한도의 제한은 허용되어야 할 것인바, 그 한계는 경찰 및 소방업무의 특성 및 인사제도 그리고 인력수급 등의 상황을 고려하여 입법기관이 결정할 사항이다(헌재 2012.5.31, 2010헌마278 【헌법불합치】).

공직자선발에 관하여 능력주의에 바탕한 선발기준을 마련하지 아니하고 해당 공직이 요구하는 직무수행 능력과 무관한 요소, 예컨대 성별·종교·사회적 신분·출신지역 등을 기준으로 삼는 것은 공직취임권을 침해하는 것이 되므로 헌법상 능력주의원칙에 대한 예외는 인정되지 않는다.   O | X

해설

[X] 원칙적으로 공직자선발에 있어 해당 공직이 요구하는 직무수행능력과 무관한 요소인 성별·종교·사회적 신분·출신지역 등을 이유로 하는 어떠한 차별도 허용되지 않는다고 할 것이나, 헌법의 기본원리나 특정조항에 비추어 능력주의원칙에 대한 예외를 인정할 수 있는 경우가 있다. 그러한 헌법규범 내지 헌법원리로 는 우리 헌법의 기본원리인 사회국가원리를 들 수 있고, 헌법조항으로는 여자와 연소자의 근로의 특별보호를 규정한 헌법 제32조 제4항·제5항, 국가유공자·상이군경 및 전몰군경의 유가족에 대한 우선적 근로기회의 보장을 규정한 헌법 제32조 제6항, 여자, 노인과 청소년, 신체장애자 등에 대한 사회보장의무를 규정한 헌법 제34조 제2항 내지 제5항 등을 들 수 있다. 이와 같은 헌법적 요청이 있는 경우에는 합리적 범위 안에서 능력주의가 제한될 수 있다(헌재 2001.2.22, 2000헌마25).

직업공무원제도는 헌법이 보장하는 제도적 보장 중의 하나이므로 입법자는 직업공무원제에 관하여 '최소한 보장'의 원칙의 한계 안에서 폭넓은 입법형성의 자유를 가진다.   O | X

해설

[O] 기본권 보장은 최대한 보장이지만, 제도적 보장은 최소한 보장이다.

335
18. 서울시

공무원의 범죄행위가 직무와 직접적 관련이 없고 과실에 의한 경우라도 금고 이상 형의 선고유예판결을 받은 경우라면 당연퇴직토록 한 소정의 법률조항은 직업공무원제도와 공무원의 신분보장을 규정한 헌법 제7조 제2항에 반한다는 것이 헌법재판소의 입장이다. O | X

해설

[X] 이 사건 법률조항은 금고 이상의 선고유예의 판결을 받은 모든 범죄를 포괄하여 규정하고 있을 뿐 아니라, 심지어 오늘날 누구에게나 위험이 상존하는 교통사고 관련 범죄 등 과실범의 경우마저 당연퇴직의 사유에서 제외하지 않고 있으므로 최소침해성의 원칙에 반한다. 오늘날 사회구조의 변화로 인하여 '모든 범죄로부터 순결한 공직자 집단'이라는 신뢰를 요구하는 것은 지나치게 공익만을 우선한 것이며, 오늘날 사회국가원리에 입각한 공직제도의 중요성이 강조되면서 개개 공무원의 공무담임권 보장의 중요성이 더욱 큰 의미를 가지고 있다. 일단 공무원으로 채용된 공무원을 퇴직시키는 것은 공무원이 장기간 쌓은 지위를 박탈해 버리는 것이므로 같은 입법목적을 위한 것이라고 하여도 당연퇴직사유를 임용결격사유와 동일하게 취급하는 것은 타당하다고 할 수 없다. 결국, 지방공무원법 제61조 중 제31조 제5호 부분은 헌법 제25조의 공무담임권을 침해하였다(헌재 2002.8.29, 2001헌마788 등). 즉, 판례는 '직업공무원제도와 공무원의 신분보장을 규정한 헌법 제7조 제2항'에 위배되는 것이 아니라 '공무담임권'을 침해한다는 입장이다.

336
18. 서울시

헌법 제7조 제2항은 공무원이 정당한 이유 없이 해임되지 아니하도록 신분을 보장하여 국민 전체에 대한 봉사자로서 성실히 근무할 수 있도록 하기 위한 것임과 동시에, 공무원의 신분은 무제한 보장되나 공무의 특수성을 고려하여 헌법이 정한 신분보장의 원칙 아래 법률로 그 내용을 정할 수 있도록 한 것으로 봄이 헌법재판소의 입장이다. O | X

해설

[X] 헌법 제7조 제2항은 "공무원의 신분과 정치적 중립성은 법률이 정하는 바에 의하여 보장된다."라고 규정하고 있는바, 이는 공무원이 정당한 이유 없이 해임되지 아니하도록 신분을 보장하여 국민전체에 대한 봉사자로서 성실히 근무할 수 있도록 하기 위한 것임과 동시에, 공무원의 신분은 무제한 보장되는 것이 아니라 공무의 특수성을 고려하여 헌법이 정한 신분보장의 원칙 아래 법률로 그 내용을 정할 수 있도록 한 것이다(헌재 1997.11.27, 95헌바14).

337
18. 경정승진

지방자치단체의 직제가 폐지된 경우에 해당 공무원을 직권면직할 수 있도록 규정하고 있는 지방공무원법 조항은 헌법상 직업공무원제도를 위반한 것이다. O | X

해설

[X] 지방자치단체의 직제가 폐지된 경우에 해당 공무원을 직권면직할 수 있도록 규정하고 있는 지방공무원법 제62조 제1항 제3호는 직업공무원제도를 위반하지 않는다(헌재 2004.11.25, 2002헌바8).

338
21. 소방간부 후보생

국가공무원법상 '노동운동'의 개념은 근로자의 근로조건의 향상을 위한 단결권·단체교섭권·단체행동권 등 근로3권을 기초로 하여 이에 직접 관련된 행위를 의미하는 것으로 좁게 해석하여야 한다. O | X

해설

[O] 위 법률조항이 규정하고 있는 '노동운동'의 개념은 그 근거가 되는 헌법 제33조 제2항의 취지에 비추어 근로자의 근로조건의 향상을 위한 단결권·단체교섭권·단체행동권 등 이른바 노동3권을 기초로 하여 이에 직접 관련된 행위를 의미하는 것으로 좁게 해석하는 것이 상당하다(헌재 1992.4.28, 90헌바27).

□□□
339
20. 국회직 9급

공무원에 대하여 직무수행 중 정치적 주장을 표시·상징하는 복장 등 착용행위를 금지한 국가공무원 복무규정은 공무원의 정치적 표현의 자유를 필요 이상으로 제한하여 헌법에 위반된다.　O | X

해설

[X] 위 규정들은 공무원의 근무기강을 확립하고 공무원의 정치적 중립성을 확보하려는 입법목적을 가진 것으로서, 공무원이 직무수행 중 정치적 주장을 표시·상징하는 복장 등을 착용하는 행위는 그 주장의 당부를 떠나 국민으로 하여금 공무집행의 공정성과 정치적 중립성을 의심하게 할 수 있으므로 공무원이 직무수행 중인 경우에는 그 활동과 행위에 더 큰 제약이 가능하다고 하여야 할 것인바, 위 규정들은 오로지 공무원의 직무수행 중의 행위만을 금지하고 있으므로 침해의 최소성원칙에 위배되지 아니한다. 따라서 위 규정들은 과잉금지원칙에 반하여 공무원의 정치적 표현의 자유를 침해한다고 할 수 없다(헌재 2012.5.31, 2009헌마705 등).

□□□
340
20. 국회직 9급

입법자는 공무원의 정년을 행정조직, 직제의 변경 또는 예산의 감소 등 제반 사정을 고려하여 합리적인 범위 내에서 조정할 수 있다.　O | X

해설

[O] 공무원이 정년까지 근무할 수 있는 권리는 헌법의 공무원신분 보장규정에 의하여 보호되는 기득권으로서 그 침해 내지 제한은 신뢰보호의 원칙에 위배되지 않는 범위 내에서만 가능하다고 할 것인즉, 기존의 정년규정을 변경하여 임용 당시의 공무원법상의 정년까지 근무할 수 있다는 기대 내지 신뢰를 합리적 이유 없이 박탈하는 것은 위 공무원신분 보장규정에 위배된다 할 것이나, 임용 당시의 공무원법상의 정년까지 근무할 수 있다는 기대와 신뢰는 절대적인 권리로서 보호되어야만 하는 것은 아니고 행정조직, 직제의 변경 또는 예산의 감소 등 강한 공익상의 정당한 근거에 의하여 좌우될 수 있는 상대적이고 가변적인 것이라 할 것이므로 입법자에게는 제반 사정을 고려하여 합리적인 범위 내에서 정년을 조정할 입법형성권이 인정된다(헌재 2000.12.14, 99헌마112 등).

□□□
341
23. 경찰 1차

선거에서 대통령의 중립의무는 헌법 제7조 제2항이 보장하는 직업공무원제도로부터 나오는 헌법적 요청이다.　O | X

해설

[X] 대통령은 행정부의 수반이고 국가공무원법의 적용을 받는 공무원이다. 이러한 공무원은 선거에서 정치적 중립의무를 지고 있는바, 이는 공무원의 지위를 규정하는 헌법 제7조 제1항, 자유선거원칙을 규정하는 헌법 제47조 제1항 및 제67조 제1항, 정당의 기회균등을 보장하는 헌법 제116조 제1항에서 나오는 헌법적 요청이다(헌재 2008.1.17, 2007헌마700). 제7조 제2항이 아니다.

342
20. 국회직 9급

지방자치법상 일반지방자치단체는 시·도와 시·군·자치구이며, 특별시·광역시·특별자치시·특별자치도는 특별지방자치단체이다. O | X

해설

> [X] **지방자치법 제2조 【지방자치단체의 종류】** ① 지방자치단체는 다음의 두 가지 종류로 구분한다.
> 1. 특별시, 광역시, 특별자치시, 도, 특별자치도
> 2. 시, 군, 구
> ③ 제1항의 지방자치단체 외에 특정한 목적을 수행하기 위하여 필요하면 따로 특별지방자치단체를 설치할 수 있다.

343
03. 법무사

법률의 수권이나 위임이 없더라도 조례는 자치단체의 고유사무, 단체위임사무, 기관위임사무에 관한 사항을 그 내용으로 할 수 있다는 것이 대법원의 태도이다. O | X

해설

[X] 지방자치단체가 '자치'조례를 제정할 수 있는 것은 원칙적으로 자치사무와 단체위임사무에 한하므로, 국가사무가 지방자치단체의 장에게 위임된 기관위임사무와 같이 지방자치단체의 장이 국가기관의 지위에서 수행하는 사무일 뿐 지방자치단체 자체의 사무라고 할 수 없는 것은 원칙적으로 자치조례의 제정범위에 속하지 않는다. 다만, 기관위임사무에 있어서도 그에 관한 개별 법령에서 일정한 사항을 조례로 정하도록 위임하고 있는 경우에는 지방자치단체의 자치조례제정권과 무관하게 이른바 '위임'조례를 정할 수 있다고 하겠으나, 이때에도 그 내용은 개별 법령이 위임하고 있는 사항에 관한 것으로서 개별 법령의 취지에 부합하는 것이라야만 하고, 그 범위를 벗어난 경우에는 위임조례로서의 효력도 인정할 수 없다(대판 1999.9.17, 99추30).

344
04. 법무사

조례에 의한 벌칙의 규정이 지역에 따라 불평등한 것이 되더라도 이는 헌법이 지방자치제를 보장하고 있는 데에서 오는 불가피한 결과이므로 헌법 위반이 아니다. O | X

해설

[O] 조례에 의한 규제가 지역의 여건이나 환경 등 그 특성에 따라 다르게 나타나는 것은 헌법이 지방자치단체의 자치입법권을 인정한 이상 당연히 예상되는 불가피한 결과이므로, 이 사건 심판대상규정으로 인하여 청구인들이 다른 지역의 주민들에 비하여 더한 규제를 받게 되었다 하더라도 이를 두고 헌법 제11조 제1항의 평등권이 침해되었다고 볼 수는 없다(헌재 1995.4.20, 92헌마264 등).

345

07. 국회직 8급
05. 사시

지방자치법상 주민의 조례의 제정·개폐청구권 및 감사청구권은 헌법상 보장된 지방자치제도의 본질적 내용을 이룬다. O | X

해설

[X] 헌법은 지역 주민들이 자신들이 선출한 자치단체의 장과 지방의회를 통하여 자치사무를 처리할 수 있는 대의제 또는 대표제 지방자치를 보장하고 있을 뿐이지 주민투표에 대하여는 어떠한 규정도 두고 있지 않다. 물론 이러한 대표제 지방자치제도를 보완하기 위하여 주민발안, 주민투표, 주민소환 등의 제도가 도입될 수도 있고, 실제로 우리의 지방자치법은 주민에게 주민투표권과 조례의 제정 및 개폐청구권 및 감사청구권을 부여함으로써 주민이 지방자치사무에 직접 참여할 수 있는 길을 열어 놓고 있다. 그렇지만 이러한 제도는 어디까지나 입법에 의하여 채택된 것일 뿐, 헌법이 이러한 제도의 도입을 보장하고 있는 것은 아니다. 이 점에서 우리 헌법이 제72조에서 대표제 민주주의를 보완하기 위하여 '국민투표제'를 직접 도입한 것과 다르다(헌재 2001.6.28, 2000헌마735).

346

05. 입시

지방자치단체의 사무에 관한 그 장의 명령이나 처분이 법령에 위반되거나 현저히 부당하여 공익을 해한다고 인정될 때에는 시·도에 대하여는 주무부장관이, 시·군 및 자치구에 대하여는 시·도지사가 기간을 정하여 서면으로 시정을 명하고 그 기간 내에 이행하지 아니할 때에는 이를 취소하거나 정지할 수 있으며 이러한 시정명령이나 처분의 취소 또는 정지에 대하여 지방자치단체의 장은 소를 제기할 수 없다. O | X

해설

[X] 지방자치단체의 장은 자치사무에 관한 명령이나 처분의 취소 또는 정지에 대하여 이의가 있으면 그 취소처분 또는 정지처분을 통보받은 날부터 15일 이내에 대법원에 소를 제기할 수 있다(지방자치법 제188조 제6항).

347

03. 법행

지방의회의 의결에 대하여 지방자치단체의 장이 재의요구를 하였으나, 지방의회가 전과 같은 의결을 한 경우, 지방자치단체의 장은 그 재의결사항이 법령에 위반하거나 공익을 현저히 해한다고 인정되는 때에는 대법원에 소를 제기할 수 있다. O | X

해설

[X] 지방자치단체의 장은 제3항에 따라 재의결된 사항이 법령에 위반된다고 판단되면 재의결된 날부터 20일 이내에 대법원에 소를 제기할 수 있다(지방자치법 제192조 제4항). 즉, 공익을 현저히 해한다는 사유는 재의요구사유는 되나(지방자치법 제192조 제1항 참조), 대법원에 제소할 수 있는 사유는 아니다.

348

05. 법무사

지방자치단체 주민은 지방세의 부과·징수 또는 감면에 관한 사항에 대한 조례의 제정이나 개폐를 청구할 수 있다. O | X

해설

[X] **지방자치법 제19조【조례의 제정과 개정·폐지 청구】** ② 조례의 제정·개정 또는 폐지 청구의 청구권자·청구대상·청구요건 및 절차 등에 관한 사항은 따로 법률로 정한다.

349
05. 법행

지방의회의 의결에 대한 주무부장관 또는 시·도지사의 재의요구에 따른 재의결과 지방의회 재적의원 과반수의 출석과 출석의원 3분의 2 이상의 찬성으로 전과 같은 의결을 하는 경우, 지방자치단체의 장은 재의결된 사항이 법령에 위반된다고 판단되는 때에는 헌법재판소에 소를 제기할 수 있다. O | X

해설

[X] 지방자치단체장은 재의결된 사항이 법령에 위반된다고 인정되면 대법원에 소를 제기할 수 있다(지방자치법 제120조 제3항).

350
06. 입시

조례에 위임할 사항이 헌법 제75조 소정의 행정입법에 위임할 사항보다 더 포괄적이면 헌법에 반한다. O | X

해설

[X] 조례의 제정권자인 지방의회는 선거를 통해서 그 지역적인 민주적 정당성을 지니고 있는 주민의 대표기관이고 헌법이 지방자치단체에 포괄적인 자치권을 보장하고 있는 취지로 볼 때, 조례에 대한 법률의 위임은 법규명령에 대한 법률의 위임과 같이 반드시 구체적으로 범위를 정하여 할 필요가 없으며 포괄적인 것으로 족하다(헌재 1995.4.20, 92헌마264).

351
07. 법원직

지방자치단체의 장은 조례안의 일부에 이의가 있을 경우 그 일부에 대해서 지방의회에 재의를 요구할 수 있다. O | X

해설

[X] 지방자치단체의 장은 조례안의 일부에 대하여 또는 조례안을 수정하여 재의를 요구할 수 없다(지방자치법 제32조 제3항 제2문).

352
06. 법행

기관위임사무에 있어서는 개별법령에서 위임받은 사항에 관하여 이른바 위임조례를 제정할 수 있다. O | X

해설

[O] 지방자치법 제15조, 제9조에 의하면 지방자치단체가 자치조례를 제정할 수 있는 사항은 지방자치단체의 고유사무인 자치사무와 개별법령에 의하여 지방자치단체에 위임된 단체위임사무에 한하는 것이고, 국가사무가 지방자치단체의 장에게 위임된 기관위임사무는 원칙적으로 '자치조례'의 제정범위에 속하지 않는다 할 것이고, 다만 기관위임사무에 있어서도 그에 관한 개별법령에서 일정한 사항을 조례로 정하도록 위임하고 있는 경우에는 위임받은 사항에 관하여 개별법령의 취지에 부합하는 범위 내에서 이른바 '위임조례'를 정할 수 있다(대판 2000.5.30, 99추85).

353
07. 사시

지방자치단체의 구역은 연혁적으로 토지조사령 등 지적(地籍)관계법령에 따라 지적정리가 되었거나 그 것이 가능한 육지에 대한 구역설정을 상정한 것이지 공유수면인 바다를 대상으로 한 것이 아니기 때문에 지방자치단체의 구역에 바다가 포함되지 않으므로 공유수면에 대한 지방자치단체의 관할권한은 존재하지 않는다. O | X

해설

[X] 지방자치법 제4조 제1항에 규정된 지방자치단체의 구역은 주민·자치권과 함께 지방자치단체의 구성요소로서 자치권을 행사할 수 있는 장소적 범위를 말하며, 자치권이 미치는 관할구역의 범위에는 육지는 물론 바다도 포함되므로, 공유수면에 대한 지방자치단체의 자치권한이 존재한다(헌재 2006.8.31, 2003헌라1).

354
06. 국가직

지방자치단체의 주민은 공공시설의 설치를 반대하는 사항을 내용으로 하는 조례의 개폐를 청구할 수 있다. O | X

해설

[X] **지방자치법 제19조【조례의 제정과 개정·폐지 청구】** ② 조례의 제정·개정 또는 폐지 청구의 청구권자·청구대상·청구요건 및 절차 등에 관한 사항은 따로 법률로 정한다.

355
07. 법무사

지방의회의 조직·권한·의원선거에 관한 사항은 법률로 정하고, 지방자치단체의 장의 선임방법 기타 지방자치단체의 조직과 운영에 관한 사항은 조례로 정한다. O | X

해설

[X] 지방의회의 조직·권한·의원선거와 지방자치단체의 장의 선임방법 기타 지방자치단체의 조직과 운영에 관한 사항은 법률로 정한다(헌법 제118조 제2항).

356
09. 국가직·사시

지방자치단체 주민으로서의 자치권 또는 주민권은 헌법 전문과 헌법 제2조, 제10조, 제37조 제1항, 제117조 등에 의하여 간접 보장된 개인의 주관적 공권으로서, 지방자치단체 주민은 그 침해를 이유로 하여 자신이 거주하는 지방자치단체의 관할구역에 세워진 고속철도역의 명칭 결정의 취소를 구하는 헌법소원심판을 청구할 수 있다. O | X

해설

[X] 고속철도의 건설이나 그 역의 명칭 결정과 같은 일은 국가의 사무임이 명백하고, 국가의 사무에 대하여는 지방자치단체의 주민들이 자치권 또는 주민권을 내세워 다툴 수 없다고 할 것이다. 즉, 청구인들이 주장하는 지방자치단체 주민으로서의 자치권 또는 주민권은 '헌법에 의하여 직접 보장된 개인의 주관적 공권'이 아니어서, 그 침해를 이유로 헌법소원심판을 청구할 수 없다. 또한, 고속철도역의 명칭은 단순히 고속철도역의 명칭에 불과할 뿐이고 역 소재지 주민들의 권리관계나 법적 지위에 영향을 주는 것이 아니므로, 구체적으로 아산시의 관할구역에 세워진 이 사건 역의 명칭을 '천안아산역(온양온천)'으로 결정하였다고 하여 아산시에 거주하는 청구인들에 대하여 어떠한 기본권 기타 법률상 지위를 변동시키거나 지역 자긍심을 저하시키거나 기타 불이익한 영향을 준다고 볼 수 없다. 그렇다면 이 사건 결정은 청구인들의 기본권을 침해할 여지가 없으므로 이 사건 심판청구는 부적법하다(헌재 2006.3.30, 2003헌마837).

357

13. 경정승진
10. 사시

지방자치단체가 지방세의 과세를 면제하는 조례를 제정할 때 중앙정부의 사전허가를 받도록 하는 것은 지방자치단체의 조례제정권의 본질적 내용을 침해하는 것이다. O | X

해설

[X] 지방자치단체가 과세를 면제하는 조례를 제정하고자 할 때 중앙정부(내무부장관)의 사전허가를 얻도록 한 지방세법 제9조는 지방자치단체의 합리성 없는 과세면제의 남용을 억제하고 지방자치단체 상호간의 균형을 맞추게 함으로써 조세평등주의를 실천함과 아울러 건전한 지방세제를 확립하고 안정된 지방재정 운영에 기여하게 하는 데 그 목적이 있는 것으로서 지방자치단체의 조례제정권의 본질적 내용을 침해한다고 볼 수 없으므로 헌법에 위반되지 아니한다(헌재 1998.4.30, 96헌바62).

358

10. 법행 · 사시

지방자치단체는 법령에 위반되지 아니하는 범위 내에서 그 사무에 관하여 조례를 제정할 수 있으므로 특정사항에 관하여 그것을 규율하는 국가의 법령이 이미 존재하는 경우에는 조례제정이 불가능하다. O | X

해설

[X] 법령에 위반되지 아니하는 범위 내에서 그 사무에 관하여 조례를 제정할 수 있는 것이고, 조례가 규율하는 특정사항에 관하여 그것을 규율하는 국가의 법령이 이미 존재하는 경우에도 조례가 법령과 별도의 목적에 기하여 규율함을 의도하는 것으로서 그 적용에 의하여 법령의 규정이 의도하는 목적과 효과를 전혀 저해하는 바가 없는 때 또는 양자가 동일한 목적에서 출발한 것이라 할지라도 국가의 법령이 반드시 그 규정에 의하여 전국적으로 걸쳐 일률적으로 동일한 내용을 규율하려는 취지가 아니고 각 지방자치단체가 그 지방의 실정에 맞게 별도로 규율하는 것을 용인하는 취지라고 해석되는 때에는 그 조례가 국가의 법령에 위반되는 것은 아니라고 보아야 할 것이다(대판 1997.4.25, 96추244).

359

09. 법행

행정정보공개조례안은 행정에 대한 주민의 알 권리의 실현을 그 근본내용으로 하는 것이므로 주민의 권리를 제한하거나 의무를 부과하는 조례에 해당하여 그 제정에 있어 법률의 개별적인 위임이 필요하다. O | X

해설

[X] 지방자치단체는 그 내용이 주민의 권리의 제한 또는 의무의 부과에 관한 사항이거나 벌칙에 관한 사항이 아닌 한 법률의 위임이 없더라도 조례를 제정할 수 있다 할 것인데, 이 사건 정보공개조례안은 행정에 대한 주민의 알 권리의 실현을 그 근본내용으로 하면서도 이로 인한 개인의 권익침해 가능성을 배제하고 있으므로 이를 들어 주민의 권리를 제한하거나 의무를 부과하는 조례라고는 단정할 수 없고 따라서 그 제정에 있어서 반드시 법률의 개별적 위임이 따로 필요한 것은 아니라 할 것이다(대판 1992.6.23, 92추17).

360

10. 지방직

지방자치법상의 주민투표권은 헌법상 기본권이 아닌 법률상의 권리에 해당하므로, '당해 지방자치단체의 관할구역에 주민등록이 되어 있는 자'와 '주민등록을 할 수 없는 재외국민인 주민'을 차별하는 것은 헌법상 기본권인 평등권을 침해하는 것은 아니다. O | X

해설

[X] 주민등록만을 요건으로 주민투표권의 행사 여부가 결정되도록 함으로써 '주민등록을 할 수 없는 국내거주 재외국민'을 '주민등록이 된 국민인 주민'에 비해 차별하고 있고, 나아가 '주민투표권이 인정되는 외국인'과의 관계에서도 차별을 행하고 있는바, 그와 같은 차별에 아무런 합리적 근거도 인정될 수 없으므로 국내거주 재외국민의 헌법상 기본권인 평등권을 침해하는 것으로 위헌이다(헌재 2007.6.28, 2004헌마643).

지방자치단체의 장이 금고 이상의 형을 선고받고 그 형이 확정되지 아니한 경우 부단체장이 그 권한을 대행하도록 규정한 지방자치법 제111조 제1항 제3호는 자치단체장의 공무담임권을 침해한다.　　O | X

해설

[O] 이 사건 법률조항은 "금고 이상의 형이 선고되었다."는 사실 자체에 주민의 신뢰가 훼손되고 자치단체장으로서 직무의 전념성이 해쳐질 것이라는 부정적 의미를 부여한 후, 그러한 판결이 선고되었다는 사실만을 유일한 요건으로 하여, 형이 확정될 때까지의 불확정한 기간 동안 자치단체장으로서의 직무를 정지시키는 불이익을 가하고 있으며, 그와 같이 불이익을 가함에 있어 필요최소한에 그치도록 엄격한 요건을 설정하지도 않았으므로, 무죄추정의 원칙에 위배되고 공무담임권을 침해한다(헌재 2010.9.2, 2010헌마418).

종래 구(區)세였던 재산세를 구와 특별시의 공동세로 변경한 국회의 입법행위는 구의 재산세 수입을 종전보다 50% 감소하게 하여 구의 자치재정권을 지나치게 침해한 것이다.　　O | X

해설

[X] 이 사건 법률조항들은 종래 구(區)세였던 재산세를 구와 특별시의 공동세로 변경하였는데, 재산세를 반드시 기초자치단체에 귀속시켜야 할 헌법적 근거나 논리적 당위성이 있다고 할 수 없다. 그리고 이 사건 법률조항들로 인해 구의 재산세 수입이 종전보다 50% 감소하게 되지만 이 사건 법률조항들 및 서울특별시세조례에 의하여 특별시분 재산세가 각 자치구에 배분되므로 이를 감안하면 종전에 비하여 실질적으로 감소되는 청구인들의 재산세 수입비율은 50% 미만이 될 것이다. 이 사건 법률조항들로 인하여 청구인들의 자치재정권이 유명무실하게 될 정도로 지나치게 침해되었다고는 할 수 없다. 따라서 피청구인 국회가 이 사건 법률조항들을 제정한 행위는 헌법상 보장된 청구인들의 지방자치권의 본질적 내용을 침해하였다고 할 수 없다(헌재 2010.10.28, 2007헌라4).

지방자치단체의 자치권이 미치는 관할구역의 범위에 육지는 물론 바다도 포함되므로, 공유수면에 대한 지방자치단체의 자치권한이 존재한다.　　O | X

해설

[O] 지방자치단체의 자치권이 미치는 관할구역의 범위에 육지는 물론 바다도 포함되므로, 공유수면에 대한 지방자치단체의 자치권한이 존재한다(헌재 2004.9.23, 2000헌라2).

지방자치제도는 예전부터 내려오던 제도를 헌법상 보장하는 것이므로, 일정 지역 내의 시·군을 모두 폐지하여 지방자치단체의 중층구조를 단층화하는 것은 입법자의 입법형성권의 범위에 속하지 않는다.

O | X

해설

[X] 헌법상 지방자치제도 보장의 핵심영역 내지 본질적 부분이 특정 지방자치단체의 존속을 보장하는 것이 아니며 지방자치단체에 의한 자치행정을 일반적으로 보장하는 것이므로, 현행법에 따른 지방자치단체의 중층구조 또는 지방자치단체로서 특별시·광역시 및 도와 함께 시·군 및 구를 계속하여 존속하도록 할지 여부는 결국 입법자의 입법형성권의 범위에 들어가는 것으로 보아야 한다. 같은 이유로 일정구역에 한하여 당해 지역 내의 지방자치단체인 시·군을 모두 폐지하여 중층구조를 단층화하는 것 역시 입법자의 선택범위에 들어가는 것이다(헌재 2006.4.27, 2005헌마1190).

□□□ 365
11. 지방직

지방자치단체가 자신의 관할구역 내에 속하는 영토, 영해, 영공을 자유로이 관리하고 관할구역 내의 사람과 물건을 독자적·배타적으로 지배할 수 있는 권리는 우리 헌법과 법률상 인정되지 아니한다. O | X

해설

[O] 지방자치단체에게 자신의 관할구역 내에 속하는 영토, 영해, 영공을 자유로이 관리하고 관할구역 내의 사람과 물건을 독점적·배타적으로 지배하는 권리가 부여되어 있다고 할 수는 없다(헌재 2006.3.30, 2003헌라2).

□□□ 366
11. 국가직

국회가 지방선거의 선거비용을 지방자치단체가 부담하도록 공직선거법을 개정한 것은 지방자치단체의 자치권한을 침해하는 것이라고 볼 수 있다. O | X

해설

[X] 지방의회의원과 지방자치단체장을 선출하는 지방선거는 지방자치단체의 기관을 구성하고 그 기관의 각종 행위에 정당성을 부여하는 행위라 할 것이므로 지방선거사무는 지방자치단체의 존립을 위한 자치사무에 해당하고, 따라서 법률을 통하여 예외적으로 다른 행정주체에게 위임되지 않는 한, 원칙적으로 지방자치단체가 처리하고 그에 따른 비용도 지방자치단체가 부담하여야 한다(헌재 2008.6.26, 2005헌라7).

□□□ 367
20. 국회직 9급

지방선거사무는 전국적 통일성을 필요로 하므로 지방자치단체의 자치사무가 아니다. O | X

해설

[X] 지방의회의원과 지방자치단체장을 선출하는 지방선거는 지방자치단체의 기관을 구성하고 그 기관의 각종 행위에 정당성을 부여하는 행위라 할 것이므로 지방선거사무는 지방자치단체의 존립을 위한 자치사무에 해당하고, 따라서 법률을 통하여 예외적으로 다른 행정주체에게 위임되지 않는 한, 원칙적으로 지방자치단체가 처리하고 그에 따른 비용도 지방자치단체가 부담하여야 한다(헌재 2008.6.26, 2005헌라7).

□□□ 368
12. 변호사

헌법재판소 결정에 의할 때, 감사원이 지방자치단체를 상대로 감사를 하면서 위임사무에 대하여 뿐만 아니라 자치사무에 대하여도 합법성 감사와 더불어 합목적성 감사까지 하는 것은 그것이 법률에 근거하여 이루어진 감사행위라고 하여도 헌법상 보장된 지방자치권의 본질적 내용을 침해한 것이다. O | X

해설

[X] 헌법상 제도적으로 보장된 자치권 가운데에는 소속 공무원에 대한 인사와 처우를 스스로 결정하고 자치사무의 수행에 있어 다른 행정주체(특히 국가)로부터 합목적성에 관하여 명령·지시를 받지 않는 권한도 포함된다. 위임사무나 자치사무의 구별 없이 합법성 감사뿐만 아니라 합목적성 감사도 포함한 이 사건 감사는 감사원법에 근거한 것으로, … 헌법이 감사원을 독립된 외부감사기관으로 정하고 있는 취지, 국가기능의 총체적 극대화를 위하여 중앙정부와 지방자치단체는 서로 행정기능과 행정책임을 분담하면서 중앙행정의 효율성과 지방행정의 자주성을 조화시켜 국민과 주민의 복리증진이라는 공동목표를 추구하는 협력관계에 있다는 점에 비추어 보면, 감사원에 의한 지방자치단체의 자치사무에 대한 감사를 합법성 감사에 한정하고 있지 아니한 이 사건 관련 규정은 그 목적의 정당성과 합리성을 인정할 수 있다. … 지방자치단체의 인사권이나 자치행정의 자기책임적 판단이 말살될 정도로 지방자치권의 본질이 훼손되었다고 보기는 어렵다(헌재 2008.5.29, 2005헌라3).

369
12. 사시

주민소환투표의 청구시 주민소환의 청구사유를 명시하지 아니하고 주민소환 청구사유의 진위 여부에 대한 확인을 규정하지 아니하고 있는 주민소환에 관한 법률 조항이 청구사유를 제한하지 아니한 것은 주민소환제의 형성에 관한 입법재량의 범위를 일탈한 것이다. OIX

해설

[X] 대의민주주의 아래에서 대표자에 대한 선출과 신임은 선거의 형태로 이루어지는 것이 바람직하고, 주민소환은 대표자에 대한 신임을 묻는 것으로서 그 속성은 재선거와 다를 바 없으므로 선거와 마찬가지로 그 사유를 묻지 않는 것이 제도의 취지에 부합한다. 또한, 주민소환제는 역사적으로도 위법·탈법행위에 대한 규제보다 비민주적·독선적행위에 대한 광범위한 통제의 필요성이 강조되어 왔으므로 주민소환의 청구사유에 제한을 둘 필요가 없고, 또 업무의 광범위성이나 입법기술적 측면에서 소환사유를 구체적으로 적시하는 것도 쉽지 않다. 다만, 청구사유에 제한을 두지 않음으로써 주민소환제가 남용될 소지는 있으나, 법에서 그 남용의 가능성을 제도적으로 방지하고 있을 뿐만 아니라, 현실적으로도 시민의식 또한 성장하여 남용의 위험성은 점차 줄어들 것으로 예상할 수 있다. 그리고 청구사유를 제한하는 경우 그 해당 여부를 사법기관에서 심사하는 것이 과연 가능하고 적정한지 의문이고, 이 경우 절차가 지연됨으로써 조기에 문제를 해결하지 못할 위험성이 크다 할 수 있으므로 법이 주민소환의 청구사유에 제한을 두지 않는 데에는 상당한 이유가 있고, 입법자가 주민소환제 형성에 있어서 반드시 청구사유를 제한하여야 할 의무가 있다고 할 수도 없으며, 달리 그와 같이 청구사유를 제한하지 아니한 입법자의 판단이 현저하게 잘못되었다고 볼 사정 또한 찾아볼 수 없다. 따라서 이 사건 법률조항은 과잉금지의 원칙에 위배하여 청구인의 공무담임권을 침해한다고 볼 수 없다(헌재 2011.3.31, 2008헌마355).

370
12. 국가직·
국회직 8급

헌법상 지방의회의원 징계에 관한 제소금지조항은 없으나, 대법원은 지방의회의 의원징계의결에 대해서 행정소송으로 다툴 수 없다는 입장이다. OIX

해설

[X] 지방자치법 제78조 내지 제81조의 규정에 의거한 지방의회의 의원징계의결은 그로 인해 의원의 권리에 직접 법률효과를 미치는 행정처분의 일종으로서 행정소송의 대상이 되고, 그와 같은 의원징계의결의 당부를 다투는 소송의 관할법원에 관하여는 동법에 특별한 규정이 없으므로 일반법인 행정소송법의 규정에 따라 지방의회의 소재지를 관할하는 고등법원이 그 소송의 제1심 관할법원이 된다(대판 1993.11.26, 93누7341).

371
12. 국가직

주민소환제 자체는 지방자치의 본질적인 내용이라고 할 수 있으므로 이를 보장하지 않는 것은 위헌이고, 어떤 특정한 내용의 주민소환제를 보장해야 한다는 헌법적인 요구가 있다고 볼 수 있다. OIX

해설

[X] 주민소환제 자체는 지방자치의 본질적인 내용이라고 할 수 없으므로 이를 보장하지 않는 것이 위헌이라거나 어떤 특정한 내용의 주민소환제를 반드시 보장해야 한다는 헌법적인 요구가 있다고 볼 수는 없으나, 다만 이러한 주민소환제가 지방자치에도 적용되는 원리인 대의제의 본질적인 내용을 침해하는지 여부는 문제가 된다 할 것이다. 주민이 대표자를 수시에 임의로 소환한다면 이는 곧 명령적 위임을 인정하는 결과가 될 것이나, 대표자에게 원칙적으로 자유위임에 기초한 독자성을 보장하되 극히 예외적이고 엄격한 요건을 갖춘 경우에 한하여 주민소환을 인정한다면 이는 대의제의 원리를 보장하는 범위 내에서 적절한 수단이 될 수 있을 것이다(헌재 2009.3.26, 2007헌마843).

□□□ 372
12. 국가직

감사원이 지방자치단체에 대하여 자치사무의 합법성뿐만 아니라 합목적성까지도 감사한 행위는 법률상 권한 없이 이루어진 것이다.　　　　　O I X

해설

[X] 위임사무나 자치사무의 구별 없이 합법성 감사뿐만 아니라 합목적성 감사도 포함한 이 사건 감사는 감사원법에 근거한 것으로서, … 헌법이 감사원을 독립된 외부감사기관으로 정하고 있는 취지, 국가기능의 총체적 극대화를 위하여 중앙정부와 지방자치단체는 서로 행정기능과 행정책임을 분담하면서 중앙행정의 효율성과 지방행정의 자주성을 조화시켜 국민과 주민의 복리증진이라는 공동목표를 추구하는 협력관계에 있다는 점에 비추어 보면, 감사원에 의한 지방자치단체의 자치사무에 대한 감사를 합법성 감사에 한정하고 있지 아니한 이 사건 관련 규정은 그 목적의 정당성과 합리성을 인정할 수 있다(헌재 2008.5.29, 2005헌라3).

□□□ 373
13. 법원직

헌법상 제도적으로 보장된 자치권 가운데에는 자치사무의 수행에 있어 다른 행정주체(특히 중앙행정기관)로부터 합법성에 관하여 명령·지시를 받지 않는 권한도 포함된다고 볼 수 있다.　　　　　O I X

해설

[X] 헌법은 제117조와 제118조에서 '지방자치단체의 자치'를 제도적으로 보장하고 있는바, 그 보장의 본질적 내용은 자치단체의 보장, 자치기능의 보장 및 자치사무의 보장이다. 이와 같이 헌법상 제도적으로 보장된 자치권 가운데에는 자치사무의 수행에 있어 다른 행정주체(특히 중앙행정기관)로부터 '합목적성'에 관하여 명령·지시를 받지 않는 권한도 포함된다고 볼 수 있다. 다만, 이러한 헌법상의 자치권의 범위는 법령에 의하여 형성되고 제한된다. 헌법도 제117조 제1항 후단에서 "법령의 범위 안에서 자치에 관한 규정을 제정할 수 있다."고 하였고, 제118조 제2항에서는 "지방자치단체의 조직과 운영에 관한 사항은 법률로 정한다."고 규정하고 있다. 그러나 지방자치단체의 자치권은 헌법상 보장을 받고 있으므로 비록 법령에 의하여 이를 제한하는 것이 가능하다고 하더라도 그 제한이 불합리하여 자치권의 본질을 훼손하는 정도에 이른다면 이는 헌법에 위반된다고 보아야 할 것이다(헌재 2009.5.28, 2006헌라6).

□□□ 374
13. 법원직

법령의 위임이 없더라도 지방자치단체의 장에 위임된 기관위임사무에 관한 사항은 조례로 정할 수 있다.　　　　　O I X

해설

[X] 기관위임사무를 조례로 정할 수 있는지 또는 법률에서 기관위임사무를 조례로 정하도록 바로 위임할 수 있는지 여부에 관하여 대법원은, "지방자치법 제15조, 제9조에 의하면 지방자치단체가 '자치조례'를 제정할 수 있는 사항은 지방자치단체의 고유사무인 자치사무와 개별 법령에 의하여 지방자치단체에 위임된 단체위임사무에 한하는 것이고, 국가사무가 지방자치단체의 장에게 위임된 기관위임사무는 원칙적으로 자치조례의 제정범위에 속하지 않는다 할 것이나, 다만 기관위임사무에 있어서도 그에 관한 개별 법령에서 일정한 사항을 조례로 정하도록 위임하고 있는 경우에는 위임받은 사항에 관하여 개별 법령의 취지에 부합하는 범위 내에서 이른바 '위임조례'를 정할 수 있다."고 판시하고 있다(대판 1999.9.17, 99추30 ; 대판 2000.5.30, 99추85).

□□□
375
12. 국회직 8급

지방교육자치에 관한 법률 등을 개정하여 의무교육 관련 경비를 국가뿐만 아니라 지방자치단체에도 부담케 하는 것은 지방자치단체의 자치재정권을 침해한다.　　　　　　　　　　O | X

해설

> [X] 헌법 제31조 제2항·제3항으로부터 직접 의무교육 경비를 중앙정부로서의 국가가 부담하여야 한다는 결론은 도출되지 않으며, 그렇다고 하여 의무교육의 성질상 중앙정부로서의 국가가 모든 비용을 부담하여야 하는 것도 아니므로, 지방교육자치에 관한 법률 제39조 제1항이 의무교육 경비에 대한 지방자치단체의 부담 가능성을 예정하고 있다는 점만으로는 헌법에 위반되지 않는다(헌재 2005.12.22, 2004헌라3).

□□□
376
12. 법행

지방자치단체의 19세 이상의 주민은 지방자치단체의 조례로 정하는 일정 수 이상의 19세 이상 주민의 연서(連署)로 그 지방자치단체와 그 장의 권한에 속하는 사무의 처리가 법령에 위반되거나 공익을 현저히 해친다고 인정되면 감사원장에게 감사를 청구할 수 있다.　　　　　　　　　O | X

해설

> [X] 지방자치단체의 18세 이상의 주민은 시·도는 300명, 제198조에 따른 인구 50만 이상 대도시는 200명, 그 밖의 시·군 및 자치구는 150명 이내에서 그 지방자치단체의 조례로 정하는 수 이상의 18세 이상의 주민이 연대 서명하여 그 지방자치단체와 그 장의 권한에 속하는 사무의 처리가 법령에 위반되거나 공익을 현저히 해친다고 인정되면 시·도의 경우에는 주무부장관에게, 시·군 및 자치구의 경우에는 시·도지사에게 감사를 청구할 수 있다(지방자치법 제21조).

□□□
377
12. 국회직 9급

지방자치단체는 중앙정부의 하급행정기관으로서 자치사무에 관한 한 중앙행정기관과 지방자치단체의 관계는 상하의 감독관계에 있다.　　　　　　　　　　O | X

해설

> [X] 지방자치법 개정을 통하여 자치사무에 대한 감사를 축소한 경위 등을 살펴보면, 자치사무에 관한 한 중앙행정기관과 지방자치단체의 관계가 상하의 감독관계에서 상호보완적 지도·지원의 관계로 변화되었다(헌재 2009.5.28, 2006헌라6).

□□□
378
13. 서울시

주무부장관이 지방자치단체사무에 관한 시·도지사의 명령이나 처분에 대하여 시정명령을 할 수 있는 것은 그 명령이나 처분이 위법한 경우에 한한다.　　　　　　　　　　O | X

해설

> [X] 지방자치단체의 사무에 관한 그 장의 명령이나 처분이 법령에 위반되거나 현저히 부당하여 공익을 해친다고 인정되면 시·도에 대하여는 주무부장관이, 시·군 및 자치구에 대하여는 시·도지사가 기간을 정하여 서면으로 시정할 것을 명하고, 그 기간에 이행하지 아니하면 이를 취소하거나 정지할 수 있다. 이 경우 자치사무에 관한 명령이나 처분에 대하여는 법령을 위반하는 것에 한한다(지방자치법 제188조). 그러므로 위임사무에 관한 시정명령은 위법하거나 부당한 경우 모두 가능하다.

379
13. 서울시

지방자치단체의 19세 이상의 주민은 200명 이상의 연서로 감사원에 당해 시·도에 대한 감사를 청구할 수 있다. O | X

해설

[X] 지방자치단체의 18세 이상의 주민은 시·도는 300명, 제198조에 따른 인구 50만 이상 대도시는 200명, 그 밖의 시·군 및 자치구는 150명 이내에서 그 지방자치단체의 조례로 정하는 수 이상의 18세 이상의 주민이 연대 서명하여 그 지방자치단체와 그 장의 권한에 속하는 사무의 처리가 법령에 위반되거나 공익을 현저히 해친다고 인정되면 시·도의 경우에는 주무부장관에게, 시·군 및 자치구의 경우에는 시·도지사에게 감사를 청구할 수 있다(지방자치법 제21조).

380
13. 서울시

감사원이 지방자치단체의 사무에 대하여 감찰하는 경우 합목적성 감찰까지 포함된다고 해석하는 한 그 범위 내에서 위헌이다. O | X

해설

[X] 감사원법은 지방자치단체의 위임사무나 자치사무의 구별 없이 합법성 감사뿐만 아니라 합목적성 감사도 허용하고 있는 것으로 보이므로, 감사원의 지방자치단체에 대한 이 사건 감사는 법률상 권한 없이 이루어진 것은 아니다(헌재 2008.5.29, 2005헌라3).

381
14. 법무사

헌법은 주민에게 과도한 부담을 주는 지방자치단체의 주요 결정사항에 대한 주민투표권을 규정하고 있다. O | X

해설

[X] 자치사무의 처리에 주민들이 직접 참여하는 것을 의미하는 주민투표권을 헌법상 보장되는 기본권이라고 하거나 헌법 제37조 제1항의 '헌법에 열거되지 아니한 권리'의 하나로 보기는 어렵다. 지방자치법은 주민에게 주민투표권(지방자치법 제13조의2), 조례의 제정 및 개폐청구권(지방자치법 제13조의3), 감사청구권(지방자치법 제13조의4) 등을 부여함으로써 주민이 지방자치사무에 직접 참여할 수 있는 길을 일부 열어 놓고 있지만 이러한 제도는 어디까지나 입법에 의하여 채택된 것일 뿐 헌법에 의하여 이러한 제도의 도입이 보장되고 있는 것은 아니다. 그렇다면 주민투표권은 법률이 보장하는 권리일 뿐이지 헌법이 보장하는 기본권 또는 헌법상 제도적으로 보장되는 주관적 공권으로 볼 수 없다(헌재 2005.12.22, 2004헌마530).

382
14. 경정승진

의장 또는 부의장이 법령을 위반하거나 정당한 이유 없이 직무를 수행하지 아니하는 때에는 지방의회는 불신임을 의결할 수 있다. O | X

해설

[O] 지방의회의 의장이나 부의장이 법령을 위반하거나 정당한 사유 없이 직무를 수행하지 아니하면 지방의회는 불신임을 의결할 수 있다. 이 경우 불신임의결은 재적의원 4분의 1 이상의 발의와 재적의원 과반수의 찬성으로 행한다. 불신임의결이 있으면 의장이나 부의장은 그 직에서 해임된다(지방자치법 제62조).

383
14. 서울시

지방자치단체는 법인격 없는 사단으로 한다. O | X

해설

[X] 지방자치단체는 법인으로 한다(지방자치법 제3조 제1항).

384
15. 국회직 8급

지방의회의장의 추천권이 적극적이고 실질적으로 발휘되더라도 지방의회 사무직원의 임용권이 지방자치단체의 장에게 있다고 하면, 그것은 지방의회와 집행기관 사이의 상호견제와 균형의 원리를 침해하는 것이다. O | X

해설

[X] 지방자치단체의 장에게 지방의회 사무직원의 임용권을 부여하고 있는 심판대상조항은 지방자치법 제101조, 제105조 등에서 규정하고 있는 지방자치단체의 장의 일반적 권한의 구체화로서 우리 지방자치의 현황과 실상에 근거하여 지방의회 사무직원의 인력수급 및 운영방법을 최대한 효율적으로 규율하고 있다고 할 것이다. 심판대상조항에 따른 지방의회의장의 추천권이 적극적이고 실질적으로 발휘된다면 지방의회 사무직원의 임용권이 지방자치단체의 장에게 있다고 하더라도 그것이 곧바로 지방의회와 집행기관 사이의 상호견제와 균형의 원리를 침해할 우려로 확대된다거나 또는 지방자치제도의 본질적 내용을 침해한다고 볼 수는 없다(헌재 2014.1.28, 2012헌바216).

385
16. 사시

지방자치단체의 장에게 지방의회 사무직원의 임용권을 부여한 것은 지방의회와 집행기관 사이의 상호견제와 균형의 원리에 어긋나므로, 지방자치제도의 본질적 내용을 침해한다. O | X

해설

[X] 심판대상조항에 따른 지방의회의장의 추천권이 적극적이고 실질적으로 발휘된다면 지방의회 사무직원의 임용권이 지방자치단체의 장에게 있다고 하더라도 그것이 곧바로 지방의회와 집행기관 사이의 상호견제와 균형의 원리를 침해할 우려로 확대된다거나 또는 지방자치제도의 본질적 내용을 침해한다고 볼 수는 없다(헌재 2014.1.28, 2012헌바216).

386
16. 사시

국회의원과는 달리 지방의회의원이 지방공사 직원을 겸직하지 못하도록 한 규정은 평등원칙에 위반될 뿐 아니라, 지방공사를 설치·운영하는 지방자치단체의 의원이 아닌 경우에도 이를 획일적으로 적용하는 것은 직업선택의 자유를 침해한다. O | X

해설

[X] 지방의회의원과 국회의원은 본질적으로 동일한 비교집단이라고 볼 수 없으므로, 양자를 달리 취급하였다고 할지라도 이것이 지방의회의원인 청구인의 평등권을 침해한 것이라고 할 수는 없다(헌재 2012.4.24, 2010헌마605).

□□□
387
16. 사시

지방자치단체가 '사실상 노무에 종사하는 공무원'의 구체적인 범위를 정하는 조례를 제정하지 않음으로써 지방공무원법 제58조 제1항 단서의 '사실상 노무에 종사하는 공무원'에 해당하는 지방공무원이 단결권·단체교섭권 및 단체행동권을 행사하기 어렵게 한 입법부작위는 근로3권을 침해한다.　　　O | X

해설

[O] 이 사건 부작위는 청구인들이 단체행동권을 향유할 가능성조차 봉쇄하여 버리는 것으로 청구인들의 기본권을 침해한다(헌재 2009.7.30, 2006헌마358).

□□□
388
17. 경정승진

주민소환제 자체는 지방자치의 본질적인 내용이라고 할 수 있으므로 이를 보장하지 않는 것은 헌법에 위반된다.　　　O | X

해설

[X] 주민소환제 자체는 지방자치의 본질적인 내용이라고 할 수 없으므로 이를 보장하지 않는 것이 위헌이라거나 어떤 특정한 내용의 주민소환제를 반드시 보장해야 한다는 헌법적인 요구가 있다고 볼 수는 없다(헌재 2011.12.29, 2010헌바368).

□□□
389
16. 지방직

지방자치단체의 명칭과 구역은 종전과 같이 하고, 명칭과 구역을 바꾸거나 지방자치단체를 폐지하거나 설치하거나 나누거나 합칠 때에는 대통령령으로 정한다.　　　O | X

해설

[X] 지방자치단체의 명칭과 구역은 종전과 같이 하고, 명칭과 구역을 바꾸거나 지방자치단체를 폐지하거나 설치하거나 나누거나 합칠 때에는 법률로 정한다. 제1항에도 불구하고 지방자치단체의 구역변경 중 관할 구역 경계변경과 지방자치단체의 한자 명칭의 변경은 대통령령으로 정한다(지방자치법 제5조 제1항·제2항).

□□□
390
16. 서울시

조례제정은 원칙적으로 자치사무에 한정되며 단체위임사무와 기관위임사무에 대해서는 조례를 제정할 수 없다. 다만, 기관위임사무는 개별법령에서 위임한 경우 예외적으로 그 효력을 인정할 수 있다.　　　O | X

해설

[X] 지방자치법 제15조, 제9조에 의하면 지방자치단체가 자치조례를 제정할 수 있는 사항은 지방자치단체의 고유사무인 자치사무와 개별법령에 의하여 지방자치단체에 위임된 단체위임사무에 한하는 것이고, 국가사무가 지방자치단체의 장에게 위임된 기관위임사무는 원칙적으로 자치조례의 제정범위에 속하지 않는다 할 것이고, 다만 기관위임사무에 있어서도 그에 관한 개별법령에서 일정한 사항을 조례로 정하도록 위임하고 있는 경우에는 위임받은 사항에 관하여 개별법령의 취지에 부합하는 범위 내에서 이른바 위임조례를 정할 수 있다(대판 2000.5.30, 99추85).

□□□
391
16. 법행

지방자치단체의 장은 조례안에 대하여 이의가 있는 경우 지방의회에 재의요구를 할 수 있다. 이때 재의요구 사유에 특별한 제한은 없으며, 지방자치단체의 장은 조례안의 일부에 대하여 재의를 요구할 수 있다.

O | X

해설

[X] 지방자치단체의 장은 이송받은 조례안에 대하여 이의가 있으면 제2항의 기간에 이유를 붙여 지방의회로 환부하고, 재의를 요구할 수 있다. 이 경우 지방자치단체의 장은 조례안의 일부에 대하여 또는 조례안을 수정하여 재의를 요구할 수 없다(지방자치법 제32조 제3항).

□□□
392
16. 법행

조례가 집행행위의 개입 없이도 그 자체로서 직접 국민의 구체적인 권리의무나 법적 이익에 영향을 미치는 등의 법률상 효과를 발생하는 경우 그 조례는 항고소송의 대상이 되는 행정처분에 해당하고, 이러한 조례에 대한 무효확인소송을 제기함에 있어서 피고적격이 있는 처분 등을 행한 행정청은 행정주체인 지방자치단체이다.

O | X

해설

[X] 조례가 집행행위의 개입 없이도 그 자체로서 직접 국민의 구체적인 권리의무나 법적 이익에 영향을 미치는 등의 법률상 효과를 발생하는 경우 그 조례는 항고소송의 대상이 되는 행정처분에 해당하고, 이러한 조례에 대한 무효확인소송을 제기함에 있어서 행정소송법 제38조 제1항, 제13조에 의하여 피고적격이 있는 처분 등을 행한 행정청은, 행정주체인 지방자치단체 또는 지방자치단체의 내부적 의결기관으로서 지방자치단체의 의사를 외부에 표시한 권한이 없는 지방의회가 아니라, 구 지방자치법 제19조 제2항, 제92조에 의하여 지방자치단체의 집행기관으로서 조례로서의 효력을 발생시키는 공포권이 있는 지방자치단체의 장이다 (대판 1996.9.20, 95누8003).

□□□
393
22 · 17. 국가직

지방자치단체의 장 선거권은, 지방의회의원 선거권 나아가 국회의원 선거권 및 대통령 선거권과 구별하여 하나는 법률상의 권리로 나머지는 헌법상의 권리로 이원화되기 때문에, 헌법 제24조에 의해 보호되는 기본권으로 인정할 수 없다.

O | X

해설

[X] 헌법에서 지방자치제를 제도적으로 보장하고 있고, 지방자치는 지방자치단체가 독자적인 자치기구를 설치해서 그 자치단체의 고유사무를 국가기관의 간섭 없이 스스로의 책임 아래 처리하는 것이라는 점에서 지방자치단체의 대표인 단체장은 지방의회의원과 마찬가지로 주민의 자발적 지지에 기초를 둔 선거를 통해 선출되어야 한다. 공직선거 관련법상 지방자치단체의 장 선임방법은 '선거'로 규정되어 왔고, 지방자치단체의 장을 선거로 선출하여 온 우리 지방자치제의 역사에 비추어 볼 때, 지방자치단체의 장에 대한 주민직선제 이외의 다른 선출방법을 허용할 수 없다는 관행과 이에 대한 국민적 인식이 광범위하게 존재한다고 볼 수 있다. 주민자치제를 본질로 하는 민주적 지방자치제도가 안정적으로 뿌리내린 현 시점에서 지방자치단체의 장 선거권을 지방의회의원 선거권, 나아가 국회의원 선거권 및 대통령 선거권과 구별하여 하나는 법률상의 권리로, 나머지는 헌법상의 권리로 이원화하는 것은 허용될 수 없다. 그러므로 지방자치단체의 장 선거권 역시 다른 선거권과 마찬가지로 헌법 제24조에 의해 보호되는 기본권으로 인정하여야 한다(헌재 2016.10.27, 2014헌마797).

394

17. 국회직 8급

감사원은 지방자치단체의 자치사무에 대해 합법성과 합목적성 감사를 할 수 있으므로 특정한 위법행위가 확인되었거나 위법행위가 있었으리라는 합리적 의심이 가능한 경우에는 사전적·포괄적 감사가 예외적으로 허용된다.　　　　　　　　　　　　　　　　　　　　　　　　　　　　　　　　　　　　O | X

해설

[X] 헌법기관이라는 감사원의 성격상 감사원의 지방자치단체에 대한 감사는 합법성 감사에 한정되지 않고 자치사무에 대하여도 합목적성 감사가 가능하여, 국가감독권 행사로서 지방자치단체의 자치사무에 대한 감사원의 사전적·포괄적 감사가 인정되는 터에 여기에다 중앙행정기관에도 사전적·포괄적 감사를 인정하게 되면 지방자치단체는 그 자치사무에 대해서도 국가의 불필요한 중복감사를 면할 수 없게 된다(헌재 2009.5. 28, 2006헌라6).

395

17. 국가직

대의민주주의 아래에서 대표자에 대한 선출과 선임은 선거의 형태로 이루어지는 것이 바람직하고, 주민소환은 대표자에 대한 신임을 묻는 것으로서 그 속성은 재선거와 다를 바 없으므로, 선거와 마찬가지로 그 사유를 묻지 않는 것이 제도의 취지에 부합한다.　　　　　　　　　　　　　　　　　O | X

해설

[O] 대의민주주의 아래에서 대표자에 대한 선출과 신임은 선거의 형태로 이루어지는 것이 바람직하고, 주민소환은 대표자에 대한 신임을 묻는 것으로서 그 속성은 재선거와 다를 바 없으므로 선거와 마찬가지로 그 사유를 묻지 않는 것이 제도의 취지에 부합한다. 또한, 주민소환제는 역사적으로도 위법·탈법행위에 대한 규제보다 비민주적·독선적 행위에 대한 광범위한 통제의 필요성이 강조되어 왔으므로 주민소환의 청구사유에 제한을 둘 필요가 없고, 또 업무의 광범위성이나 입법기술적 측면에서 소환사유를 구체적으로 적시하는 것도 쉽지 않다. 다만, 청구사유에 제한을 두지 않음으로써 주민소환제가 남용될 소지는 있으나, 법에서 그 남용의 가능성을 제도적으로 방지하고 있을 뿐만 아니라, 현실적으로도 시민의식 또한 성장하여 남용의 위험성은 점차 줄어들 것으로 예상할 수 있다. 그리고 청구사유를 제한하는 경우 그 해당 여부를 사법기관에서 심사하는 것이 과연 가능하고 적정한지 의문이고, 이 경우 절차가 지연됨으로써 조기에 문제를 해결하지 못할 위험성이 크다 할 수 있으므로 법이 주민소환의 청구사유에 제한을 두지 않는 데에는 상당한 이유가 있고, 입법자가 주민소환제 형성에 있어서 반드시 청구사유를 제한하여야 할 의무가 있다고 할 수도 없으며, 달리 그와 같이 청구사유를 제한하지 아니한 입법자의 판단이 현저하게 잘못되었다고 볼 사정 또한 찾아볼 수 없다(헌재 2011.3.31, 2008헌마355).

396

17. 국가직

조례에 의한 규제가 지역 여건이나 환경 등 그 특성에 따라 다르게 나타나는 것은 헌법이 지방자치단체의 자치입법권을 인정한 이상 당연히 예상되는 결과이나, 고등학생들이 학원 교습시간과 관련하여 자신들이 거주하는 지역의 학원조례 조항으로 인하여 다른 지역 주민들에 비하여 더한 규제를 받게 되었다면 평등권이 침해되었다고 볼 수 있다.　　　　　　　　　　　　　　　　　　　　　　　　　　　　O | X

해설

[X] 조례에 의한 규제가 지역의 여건이나 환경 등 그 특성에 따라 다르게 나타나는 것은 헌법이 지방자치단체의 자치입법권을 인정한 이상 당연히 예상되는 불가피한 결과이므로, 학교교과교습학원 및 교습소의 교습시간을 05:00부터 22:00까지 규정하고 있는 '서울특별시 학원의 설립·운영 및 과외교습에 관한 조례' 조항으로 인하여 청구인들이 다른 지역의 주민들에 비하여 더한 규제를 받게 되었다 하더라도 평등권이 침해되었다고 볼 수는 없다(헌재 2009.10.29, 2008헌마635).

397

17. 국가직

지방의회의 의장이나 부의장이 법령을 위반하거나 정당한 사유 없이 직무를 수행하지 아니하면 지방의회는 불신임을 의결할 수 있는데, 불신임의결은 재적의원 4분의 1 이상의 발의와 재적의원 과반수의 출석과 출석의원 과반수의 찬성으로 행한다. O I X

해설

[X] 지방의회의 의장이나 부의장이 법령을 위반하거나 정당한 사유 없이 직무를 수행하지 아니하면 지방의회는 불신임을 의결할 수 있다. 이 경우 불신임의결은 재적의원 4분의 1 이상의 발의와 재적의원 과반수의 찬성으로 행한다(지방자치법 제62조 제1항·제2항).

398

17. 서울시

지방자치단체의 폐치·분합의 문제는 지방자치단체의 자치행정권 중 지역고권의 보장문제이므로 헌법소원심판의 대상이 될 수 없다. O I X

해설

[X] 지방자치단체의 폐치·분합에 관한 것은 지방자치단체의 자치행정권 중 지역고권의 보장문제이나, 대상지역 주민들은 그로 인하여 인간다운 생활공간에서 살 권리, 평등권, 정당한 청문권, 거주·이전의 자유, 선거권, 공무담임권, 인간다운 생활을 할 권리, 사회보장·사회복지수급권 및 환경권 등을 침해받게 될 수도 있다는 점에서 기본권과도 관련이 있어 헌법소원의 대상이 될 수 있다(헌재 1994.12.29, 94헌마201).

399

17. 서울시

학기당 2시간 정도의 인권교육의 편성·실시는 지방자치법 제9조 제2항 제5호가 지방자치단체의 사무로 예시한 교육에 관한 사무로서 초등학교·중학교·고등학교 등의 운영·지도에 관한 사무에 속한다. O I X

해설

[O] 학기당 2시간 정도의 인권교육의 편성·실시는 지방자치법 제9조 제2항 제5호가 지방자치단체의 사무로 예시한 교육에 관한 사무로서 초등학교·중학교·고등학교 등의 운영·지도에 관한 사무에 속한다(대판 2015.5.14, 2013추98).

400

22. 5급 공채

지방자치단체는 그 고유사무인 자치사무와 법령에 따라 지방자치단체에 속하는 사무에 관하여 법령에 위반되지 않는 범위 안에서 스스로 조례를 제정할 수 있지만, 국가사무인 기관위임사무에 관하여는 개별 법령에서 일정한 사항을 조례로 정하도록 위임하고 있더라도 조례를 제정할 수 없다. O I X

해설

[X] 이 때 사무란 지방자치법 제9조 제1항에서 말하는 지방자치단체의 자치사무와 법령에 의하여 지방자치단체에 속하게 된 단체위임사무를 가리키므로 지방자치단체가 자치조례를 제정할 수 있는 것은 원칙적으로 이러한 자치사무와 단체위임사무에 한하므로, 국가사무가 지방자치단체의 장에게 위임된 기관위임사무와 같이 지방자치단체의 장이 국가기관의 지위에서 수행하는 사무일 뿐 지방자치단체 자체의 사무라고 할 수 없는 것은 원칙적으로 자치조례의 제정범위에 속하지 않는다. 기관위임사무에 있어서도 그에 관한 개별 법령에서 일정한 사항을 조례로 정하도록 위임하고 있는 경우에는 지방자치단체의 자치조례 제정권과 무관하게 이른바 위임조례를 정할 수 있다(대판 1999.9.17, 99추30).

제10절 교육제도

401
05. 법행

헌법상 초등학교 및 중학교 교육은 무상의 의무교육으로 정하여져 있다. O | X

해설

[X] 모든 국민은 그 보호하는 자녀에게 적어도 초등교육과 법률이 정하는 교육을 받게 할 의무를 지며, 의무교육은 무상으로 한다(헌법 제31조 제2항·제3항). 의무교육은 6년의 초등교육 및 3년의 중등교육으로 한다(교육기본법 제8조 제1항). 즉, 헌법상 의무교육은 초등교육만이며, 중학교 교육은 법률규정에 의한 의무교육이다.

402
07. 법무사

의무취학 시기를 만 6세가 된 다음 날 이후의 학년 초로 규정하고 있는 구 교육법 제96조 제1항은, 의무교육의 취학연령을 획일적으로 정하여 기준연령 미달이지만 지적으로 성숙한 아동의 입학을 허용하지 않음으로써 헌법 제31조 제1항의 능력에 따라 균등하게 교육을 받을 권리를 본질적으로 침해한 것이다. O | X

해설

[X] 헌법 제31조 제1항에서 말하는 '능력에 따라 균등하게 교육을 받을 권리'란 법률이 정하는 일정한 교육을 받을 전제조건으로서의 능력을 갖추었을 경우 차별 없이 균등하게 교육을 받을 기회가 보장된다는 것이지 일정한 능력, 예컨대 지능이나 수학능력 등이 있다고 하여 제한 없이 다른 사람과 차별하여 어떠한 내용과 종류와 기간의 교육을 받을 권리가 보장된다는 것은 아니다. 따라서 의무취학 시기를 만 6세가 된 다음 날 이후의 학년 초로 규정하고 있는 교육법 제96조 제1항은 의무교육제도 실시를 위해 불가피한 것이며 이와 같은 아동들에 대하여 만 6세가 되기 전에 앞당겨서 입학을 허용하지 않는다고 해서 헌법 제31조 제1항의 능력에 따라 균등하게 교육을 받을 권리를 본질적으로 침해한 것으로 볼 수 없다(헌재 1994.2.24, 93헌마192).

제11절 가족제도

403
11. 법원직
06. 행시
05. 국회직

소득세법의 누진세제 체계로 인하여 자산소득합산제도의 적용을 받는 부부가 그 대상이 되지 않는 독신자나 사실혼관계의 부부보다 불이익한 취급을 받는다 하더라도 이는 국민의 생활실태와 자산소득의 특성을 고려하여 소비단위별 담세능력에 부합하는 공평한 과세를 실현하기 위한 것으로서 합리적 근거가 있다. O | X

해설

[X] 부부간의 인위적인 자산 명의의 분산과 같은 가장행위 등은 상속세 및 증여세법상 증여의제규정 등을 통해서 방지할 수 있고, 부부의 공동생활에서 얻어지는 절약가능성을 담세력과 결부시켜 조세의 차이를 두는 것은 타당하지 않으며, 자산소득이 있는 모든 납세의무자 중에서 혼인한 부부가 혼인하였다는 이유만으로 혼인하지 않은 자산소득자보다 더 많은 조세부담을 하여 소득을 재분배하도록 강요받는 것은 부당하며, 부부 자산소득합산과세를 통해서 혼인한 부부에게 가하는 조세부담의 증가라는 불이익이 자산소득합산과세를 통하여 달성하는 사회적 공익보다 크다고 할 것이므로, 소득세법 제61조 제1항이 자산소득합산과세의 대상이 되는 혼인한 부부를 혼인하지 않은 부부나 독신자에 비하여 차별취급하는 것은 헌법상 정당화되지 아니하기 때문에 헌법 제36조 제1항에 위반된다(헌재 2002.8.29, 2001헌바82).

404
11. 법원직

헌법 제9조에서 말하는 전통이란 역사성과 시대성을 띤 개념으로서 가족제도에 관한 전통·전통문화란 적어도 그것이 가족제도에 관한 헌법이념인 개인의 존엄과 양성의 평등에 반하는 것이어서는 안 된다는 한계가 있으므로, 전래의 어떤 가족제도가 헌법 제36조 제1항이 요구하는 개인의 존엄과 양성평등에 반한다면 헌법 제9조에서의 전통을 근거로 헌법적 정당성을 주장할 수 없다.　O I X

해설

[O] 전래의 어떤 가족제도가 헌법 제36조 제1항이 요구하는 개인의 존엄과 양성평등에 반한다면 헌법 제9조에서의 전통을 근거로 헌법적 정당성을 주장할 수 없다(헌재 2005.2.3, 2001헌가9).

405
11. 법원직

출생 직후의 자(子)에게 성을 부여할 당시 부(父)가 이미 사망하였거나 부모가 이혼하여 모가 단독으로 친권을 행사하고 양육할 것이 예상되는 경우에도 부의 성을 사용할 것이 강제되도록 한 법률조항은 헌법에 합치하지 아니한다.　O I X

해설

[O] 출생 직후의 자(子)에게 성을 부여할 당시 부(父)가 이미 사망하였거나 부모가 이혼하여 모가 단독으로 친권을 행사하고 양육할 것이 예상되는 경우에도 부의 성을 사용할 것이 강제되도록 한 법률조항은 헌법에 합치하지 아니한다(헌재 2005.12.22, 2003헌가5).

406
11. 법원직

혼인취소사유에 해당하는 중혼에 대해 그 취소청구권자로 직계비속을 포함하지 않은 법률조항은 혼인 당사자의 자기결정권을 침해하지 않기 위한 취지이므로 합리적 차별에 해당한다고 볼 수 있다.　O I X

해설

[X] 중혼의 취소청구권자를 규정한 이 사건 법률조항은 그 취소청구권자로 직계존속과 4촌 이내의 방계혈족을 규정하면서도 직계비속을 제외하였는바, 직계비속을 제외하면서 직계존속만을 취소청구권자로 규정한 것은 가부장적·종법적인 사고에 바탕을 두고 있고, 직계비속이 상속권 등과 관련하여 중혼의 취소청구를 구할 법률적인 이해관계가 직계존속과 4촌 이내의 방계혈족 못지않게 크며, 그 취소청구권자의 하나로 규정된 검사에게 취소청구를 구한다고 하더라도 검사로 하여금 직권발동을 촉구하는 것에 지나지 않은 점 등을 고려할 때 합리적인 이유 없이 직계비속을 차별하고 있어 평등원칙에 위반된다(헌재 2010.7.29, 2009헌가8).

407

12. 경정승진

혼인으로 세대를 합침으로써 1세대 3주택을 보유한 자에 대해 1세대 3주택에 해당한다는 사유만으로 양도소득세를 중과하는 것은 혼인과 가족생활 보장을 규정한 헌법 제36조 제1항에 위배되지 않는다. O | X

해설

[X] 이 사건 법률조항이 정하고 있는 '1세대'를 기준으로 하여 3주택 이상 보유자에 대해 중과세하는 방법은 보유 주택수를 억제하여 주거생활의 안정을 꾀하고자 하는 이 사건 법률조항의 입법목적을 위하여 일응 합리적인 방법이라 할 수 있다. 그러나 혼인으로 새로이 1세대를 이루는 자를 위하여 상당한 기간 내에 보유 주택수를 줄일 수 있도록 하고 그러한 경과규정이 정하는 기간 내에 양도하는 주택에 대해서는 혼인 전의 보유 주택수에 따라 양도소득세를 정하는 등의 완화규정을 두는 것과 같은 손쉬운 방법이 있음에도 이러한 완화규정을 두지 아니한 것은 최소침해성원칙에 위배된다고 할 것이고, 이 사건 법률조항으로 인하여 침해되는 것은 헌법이 강도높게 보호하고자 하는 헌법 제36조 제1항에 근거하는 혼인에 따른 차별금지 또는 혼인의 자유라는 헌법적 가치라 할 것이므로 이 사건 법률조항이 달성하고자 하는 공익과 침해되는 사익 사이에 적절한 균형관계를 인정할 수 없어 법익균형성원칙에도 반한다. 결국 이 사건 법률조항은 과잉금지원칙에 반하여 헌법 제36조 제1항이 정하고 있는 혼인에 따른 차별금지원칙에 위배되고, 혼인의 자유를 침해한다(헌재 2011.11.24, 2009헌바146).

408

14. 사시

원칙적으로 3년 이상 혼인 중인 부부만이 친양자 입양을 할 수 있도록 규정한 구 민법 조항은 독신자가 가족생활을 스스로 결정하고 형성할 수 있는 자유를 지나치게 제한하고 양자 입양에 있어 기혼자와 독신자를 합리적 이유 없이 차별하는 것으로서 헌법에 위반된다. O | X

해설

[X] 심판대상조항은 친양자가 안정된 양육환경을 제공할 수 있는 가정에 입양되도록 하여 양자의 복리를 증진시키기 위해, 친양자의 양친을 기혼자로 한정하였다. 독신자 가정은 기혼자 가정과 달리 기본적으로 양부 또는 양모 혼자서 양육을 담당해야 하며, 독신자를 친양자의 양친으로 하면 처음부터 편친가정을 이루게 하고 사실상 혼인 외의 자를 만드는 결과가 발생하므로, 독신자 가정은 기혼자 가정에 비하여 양자의 양육에 있어 불리할 가능성이 높다. 나아가 독신자가 친양자를 입양하게 되면 그 친양자는 아버지 또는 어머니가 없는 자녀로 가족관계등록부에 공시되어, 친양자의 친생자로서의 공시가 사실상 의미를 잃게 될 수 있다. 한편, 입양특례법에서는 독신자도 일정한 요건을 갖추면 양친이 될 수 있도록 규정하고 있으나, 입양의 대상, 요건, 절차 등에서 민법상의 친양자 입양과 다른 점이 있으므로, 입양특례법과 달리 민법에서 독신자의 친양자 입양을 허용하지 않는 것에는 합리적인 이유가 있다. 따라서 심판대상조항은 독신자의 평등권을 침해한다고 볼 수 없다(헌재 2013.9.26, 2011헌가42).

409

14. 법무사

헌법 제36조 제1항은 "혼인과 가족생활은 개인의 존엄과 양성의 평등을 기초로 성립되고 유지되어야 하며, 국가는 이를 보장한다."라고 규정하고 있는데, 위 헌법 규정은 혼인과 가족에 대한 제도를 보장하는 것이지, 혼인과 가족생활을 스스로 결정하고 형성할 수 있는 자유를 기본권으로서 보장하는 것은 아니다. O | X

해설

[X] 헌법 제36조 제1항은 혼인과 가족생활을 스스로 결정하고 형성할 수 있는 자유를 기본권으로서 보장한다(헌재 2011.2.24, 2009헌바89 등).

410

15. 법원직

독신자의 친양자 입양을 제한하는 것은 독신자의 가족생활의 자유를 침해하는 것이다. O I X

해설

[X] 독신자는 친양자 입양을 할 수 없게 되어 가족생활의 자유가 다소 제한되지만 여전히 일반입양은 할 수 있으므로 제한되는 사익이 위 공익보다 결코 크다고 할 수 없다. 결국 심판대상조항은 과잉금지원칙에 위반하여 독신자의 가족생활의 자유를 침해한다고 볼 수 없다(헌재 2013.9.26, 2011헌가42).

411

17. 변호사

헌법 제36조 제1항에서 규정하는 '혼인'이란 양성이 평등하고 존엄한 개인으로서 자유로운 의사의 합치에 의하여 생활공동체를 이루는 것을 말하므로, 법적으로 승인되지 아니한 사실혼도 헌법 제36조 제1항의 보호범위에 포함된다. O I X

해설

[X] 청구인은 사실혼 배우자에게 상속권을 인정하지 않는 것이 헌법 제36조 제1항의 국가의 혼인제도 보장의무 위반이라고 주장한다. 그러나 헌법 제36조 제1항에서 규정하는 '혼인'이란 양성이 평등하고 존엄한 개인으로서 자유로운 의사의 합치에 의하여 생활공동체를 이루는 것으로서 법적으로 승인받은 것을 말하므로, 법적으로 승인되지 아니한 사실혼은 헌법 제36조 제1항의 보호범위에 포함된다고 보기 어렵다. 따라서 이 사건 법률조항은 헌법 제36조 제1항에 위반되지 않는다(헌재 2014.8.28, 2013헌바119).

412

17. 국가직

친생부인의 소의 제척기간을 규정한 민법 제847조 제1항 중 '부(父)가 그 사유가 있음을 안 날로부터 2년 내' 부분은 친생부인의 소의 제척기간에 관한 입법재량의 한계를 일탈하지 않은 것으로서 헌법에 위반되지 아니한다. O I X

해설

[O] 친생부인의 소의 제척기간을 규정한 민법 제847조 제1항 중 '부(父)가 그 사유가 있음을 안 날로부터 2년 내' 부분은 친생부인의 소의 제척기간에 관한 입법재량의 한계를 일탈하지 않은 것으로서 헌법에 위반되지 아니한다(헌재 2015.3.26, 2012헌바357).

413

17. 국가직 · 서울시

혼인 종료 후 300일 이내에 출생한 자를 전남편의 친생자로 추정하는 민법 제844조 제2항 중 '혼인관계 종료의 날로부터 300일 이내에 출생한 자'에 관한 부분은 모가 가정생활과 신분관계에서 누려야 할 인격권, 혼인과 가족생활에 관한 기본권을 침해하지 아니한다. O I X

해설

[X] 혼인 종료 후 300일 이내에 출생한 자를 전남편의 친생자로 추정하는 민법 제844조 제2항 중 '혼인관계 종료의 날로부터 300일 이내에 출생한 자'에 관한 부분은, 아무런 예외 없이 그 자를 전남편의 친생자로 추정함으로써 친생부인의 소를 거치도록 하는 심판대상조항은 입법형성의 한계를 벗어나 모가 가정생활과 신분관계에서 누려야 할 인격권, 혼인과 가족생활에 관한 기본권을 침해한다(헌재 2015.4.30, 2013헌마623).

414
17. 국가직

육아휴직제도의 헌법적 근거를 헌법 제36조 제1항에서 구한다고 하더라도 육아휴직신청권은 헌법 제36조 제1항 등으로부터 개인에게 직접 주어지는 헌법적 차원의 권리라고 볼 수는 없다. O | X

해설

[O] 육아휴직신청권은 헌법 제36조 제1항 등으로부터 개인에게 직접 주어지는 헌법적 차원의 권리라고 볼 수는 없고, 입법자가 입법의 목적, 수혜자의 상황, 국가예산, 전체적인 사회보장수준, 국민정서 등 여러 요소를 고려하여 제정하는 입법에 적용요건, 적용대상, 기간 등 구체적인 사항이 규정될 때 비로소 형성되는 법률상의 권리이다(헌재 2008.10.30, 2005헌마1156).

415
22. 국회직 8급

수형자의 배우자에 대해 인터넷화상접견과 스마트접견을 할 수 있도록 하고 미결수용자의 배우자에 대해서는 이를 허용하지 않는 것이 미결수용자의 배우자의 평등권을 침해하는지 여부는 헌법상 혼인과 가족생활에 대한 특별한 헌법적 보호에 비추어 볼 때, 엄격한 비례성심사를 하여야 한다. O | X

해설

[X] 영상통화 방식의 접견은 헌법이 명문으로 특별히 평등을 요구하는 영역에 속하지 않고, 달리 인터넷화상접견 대상자 지침조항 및 스마트접견 대상자 지침조항에 의한 중대한 기본권의 제한 역시 인정할 수 없다. 따라서 위 각 지침조항에 의한 평등권 침해 여부는 차별에 합리적 이유가 있는지를 살펴보는 방식으로 심사하는 것이 적절하다(헌재 2021.11.25, 2018헌마598).

416
23. 법원직

헌법재판소는 8촌 이내의 혈족 사이에서는 혼인할 수 없도록 하는 민법 제809조 제1항이 혼인의 자유를 침해한다고 보았다. O | X

해설

[X] 이 사건 금혼조항은 근친혼으로 인하여 가까운 혈족 사이의 상호관계 및 역할, 지위와 관련하여 발생할 수 있는 혼란을 방지하고 가족제도의 기능을 유지하기 위한 것으로서 정당한 입법목적 달성을 위한 적합한 수단에 해당한다. 이 사건 금혼조항은, 촌수를 불문하고 부계혈족간의 혼인을 금지한 구 민법상 동성동본금혼조항에 대한 헌법재판소의 헌법불합치 결정의 취지를 존중하는 한편, 우리 사회에서 통용되는 친족의 범위 및 양성평등에 기초한 가족관계 형성에 관한 인식과 합의에 기초하여 혼인이 금지되는 근친의 범위를 한정한 것이므로 그 합리성이 인정되며, 입법목적 달성에 불필요하거나 과도한 제한을 가하는 것이라고는 볼 수 없으므로 침해의 최소성에 반한다고 할 수 없다. 나아가 이 사건 금혼조항으로 인하여 법률상의 배우자 선택이 제한되는 범위는 친족관계 내에서도 8촌 이내의 혈족으로, 넓다고 보기 어렵다. 그에 비하여 8촌 이내 혈족 사이의 혼인을 금지함으로써 가족질서를 보호하고 유지한다는 공익은 매우 중요하므로 이 사건 금혼조항은 법익균형성에 위반되지 아니한다. 그렇다면 이 사건 금혼조항은 과잉금지원칙에 위배하여 혼인의 자유를 침해하지 않는다(헌재 2022.10.27, 2018헌바115).

주의》 민법 제809조 제1항을 위반한 혼인을 무효로 하는 민법 제815조 제2호는 헌법에 합치되지 아니한다.

□□□ 417
22. 법원직

중혼취소청구권의 소멸사유나 제척기간을 두지 않고 언제든지 중혼을 취소할 수 있게 하는 것은 헌법 제36조 제1항의 규정에 의하여 국가에 부과된 개인의 존엄과 양성의 평등을 기초로 한 혼인과 가족생활의 유지·보장의무 이행과 직접적으로 관련되므로, 더 나아가 과잉금지원칙 위배 여부를 판단하여야 한다. O | X

해설

[X] 중혼을 금지하는 것은 일부일처제의 공익적 이익으로부터 비롯된 것이다. 그러나 한편으로 중혼이라 하더라도 유효하게 성립하면 또 하나의 실질적인 부부관계와 친자관계가 발생되고 그러한 신분관계는 비록 중혼이 취소되더라도 완전히 원상회복될 수 없는 한계가 존재하며, 특히 자(子)의 경우에는 그 신분관계를 보호할 사회적 이익도 인정된다. 그러므로 중혼을 무효사유로 볼 것인가, 아니면 취소사유로 볼 것인가, 취소사유로 보는 경우 어떠한 범위 내에서 취소청구권을 인정할 것인가 하는 문제는 중혼의 반사회성·반윤리성과 가족생활의 사실상 보호라는 공익과 사익을 어떻게 규율할 것인가의 문제로서 기본적으로 입법형성의 자유가 넓게 인정되는 영역이다. 따라서 이 사건 법률조항의 위헌 여부는 중혼을 취소사유로 정하면서 그 취소 청구권에 제척기간 또는 권리소멸사유를 규정하지 않은 것이 입법형성의 한계를 벗어나 현저히 부당한 것인지 여부를 심사함으로써 결정해야 할 것이다(헌재 2014.7.24, 2011헌바275).

□□□ 418
23. 경찰간부

8촌 이내의 혈족 사이에서는 혼인할 수 없도록 하는 민법 제809조 제1항은 입법목적의 달성에 필요한 범위를 넘는 과도한 제한으로서 침해의 최소성을 충족하지 못하므로 혼인의 자유를 침해한다. O | X

해설

[X] 이 사건 금혼조항은 근친혼으로 인하여 가까운 혈족 사이의 상호관계 및 역할, 지위와 관련하여 발생할 수 있는 혼란을 방지하고 가족제도의 기능을 유지하기 위한 것으로서 정당한 입법목적 달성을 위한 적합한 수단에 해당한다. 이 사건 금혼조항은, 촌수를 불문하고 부계혈족 간의 혼인을 금지한 구 민법상 동성동본금혼 조항에 대한 헌법재판소의 헌법불합치 결정의 취지를 존중하는 한편, 우리 사회에서 통용되는 친족의 범위 및 양성평등에 기초한 가족관계 형성에 관한 인식과 합의에 기초하여 혼인이 금지되는 근친의 범위를 한정한 것이므로 그 합리성이 인정되며, 입법목적 달성에 불필요하거나 과도한 제한을 가하는 것이라고는 볼 수 없으므로 침해의 최소성에 반한다고 할 수 없다(헌재 2022.10.27, 2018헌바115).

주의》 헌법재판소는 이 사건 금혼조항을 위반하여 혼인한 경우 혼인을 무효로 하는 무효조항이 입법목적 달성에 필요한 범위를 넘는 과도한 제한으로서 침해의 최소성을 충족하지 못한다고 보아 헌법불합치 판결을 내렸다. 금혼조항과 무효조항의 결론이 다르다는 것을 암기해야 한다.

□□□ 419
23. 경찰간부

육아휴직신청권은 비록 헌법에 명문으로 규정되어 있지는 아니하지만, 이는 모든 인간이 누리는 불가침의 인권으로서 혼인과 가족생활을 보장하는 헌법 제36조 제1항, 행복추구권을 보장하는 헌법 제10조 및 '국민의 자유와 권리는 헌법에 열거되지 아니한 이유로 경시되지 아니한다.'고 규정한 헌법 제37조 제1항에서 나오는 중요한 기본권이다. O | X

해설

[X] 육아휴직신청권은 헌법 제36조 제1항 등으로부터 개인에게 직접 주어지는 헌법적 차원의 권리라고 볼 수는 없고, 입법자가 입법의 목적, 수혜자의 상황, 국가예산, 전체적인 사회보장수준, 국민정서 등 여러 요소를 고려하여 제정하는 입법에 적용요건, 적용대상, 기간 등 구체적인 사항이 규정될 때 비로소 형성되는 법률상의 권리에 불과하다 할 것이다(헌재 2008.10.30, 2005헌마1156).

헌법 제36조 제1항은 혼인과 가족을 보호해야 한다는 국가의 일반적 과제를 규정하였을 뿐, 청구인들의 주장과 같이 양육비 채권의 집행권원을 얻었음에도 양육비 채무자가 이를 이행하지 아니하는 경우 그 이행을 용이하게 확보하도록 하는 내용의 구체적이고 명시적인 입법의무를 부여하였다고 볼 수 없다.

O | X

해설

[O] 헌법 제36조 제1항은 혼인과 가족을 보호해야 한다는 국가의 일반적 과제를 규정하였을 뿐, 청구인들의 주장과 같이 양육비 채권의 집행권원을 얻었음에도 양육비 채무자가 이를 이행하지 아니하는 경우 그 이행을 용이하게 확보하도록 하는 내용의 구체적이고 명시적인 입법의무를 부여하였다고 볼 수 없다. 기타 인간다운 생활을 할 권리 등을 천명하고 있는 헌법 제34조 제1항, 재산권 보장을 규정하고 있는 헌법 제23조 제1항 등 다른 헌법조항을 살펴보아도 청구인들의 주장과 같은 법률의 입법에 대한 구체적·명시적인 입법위임은 존재하지 아니한다(헌재 2021.12.23, 2019헌마168).

제2편

기본권론

제1장 | 기본권총론

제1절 기본권의 의의

001
07. 국회직 8급

1948년 헌법에서는 구금된 형사피의자가 법률이 정하는 불기소처분을 받은 경우 형사보상청구권이 인정되었다. O | X

해설

> [X] 피고인에 대한 형사보상청구권은 1948년 헌법(건국헌법)부터 인정되었으나 피의자에게도 인정된 것은 현행 헌법(제9차 개정헌법)부터이다.

002
07. 국가직

1787년 제정 당시의 미국연방헌법은 인권조항을 담고 있는 세계 최초의 헌법이었다. O | X

해설

> [X] 1787년 미국연방헌법에는 인권조항이 없었고, 1791년 개정헌법에서 인권조항이 추가되었다.

제2절 기본권의 성격

003
11. 사시

직업의 선택 혹은 수행의 자유는 주관적 공권의 성격이 두드러진 것이므로 사회적 시장경제질서라고 하는 객관적 법질서의 구성요소가 될 수는 없다. O | X

해설

> [X] 직업의 선택 혹은 수행의 자유는 각자의 생활의 수요를 충족시키는 방편이 되고, 또한 개성신장의 바탕이 된다는 점에서 주관적 공권의 성격이 두드러진 것이기는 하나, 다른 한편 국가의 사회질서와 경제질서가 형성된다는 점에서 사회적 시장경제질서라고 하는 객관적 법질서의 구성요소이기도 하다(헌재 1997.4.24, 95헌마273).

제3절 기본권의 주체

004
04. 법무사

평등권은 외국인에게는 보장되지 않는다.

O | X

해설

[X] 기본권을 그 성질에 따라 인간의 권리와 국민의 권리로 분류하는 기본권성질설의 입장에 선다면, 외국인에게도 인간의 권리에 관해서는 그 기본권 주체성을 인정하여야 한다. 헌법재판소도 "인간의 존엄과 가치, 행복추구권은 대체로 '인간의 권리'로서 외국인도 주체가 될 수 있다고 보아야 하고, 평등권도 인간의 권리로서 참정권 등에 대한 성질상의 제한 및 상호주의에 따른 제한이 있을 수 있을 뿐이다."라고 하여 외국인의 기본권 주체성을 인정한다(헌재 2001.11.29, 99헌마494).

005
05. 입시

권리능력 없는 사단으로서의 법적 형태를 가진 정당의 경우 법적 권리능력을 갖추지 못하므로 그 구성원과 별개로 독립적인 기본권의 향유주체가 될 수는 없다.

O | X

해설

[X] 정당의 법적 형태는 법인격 없는 사단(헌재 1993.7.29, 92헌마262)이고, 헌법재판소는 법인격 없는 사단(권리능력 없는 사단)에 대해 기본권 주체성을 인정하고 있다. 지방의회의원선거법은 시·도의회의원선거에 있어서는 제31조에서 정당의 후보자 추천을 인정하고, 제41조에서 정당의 선거운동을 인정하고 있으며, 제45조에서는 정당의 선거사무장 등의 선임 및 해임을 규정하는 등 정당의 선거관여를 허용하고 있는데, 민중당은 헌법상의 정당이므로 시·도의회의원선거에 있어서 정당은 직접적인 이해관계를 갖고 있다고 할 것이며, 따라서 자기(관련)성이 있다고 할 것이다(헌재 1991.3.11, 91헌마21).

006
05. 법무사

법인도 정치적 기본권을 향유할 수 있다.

O | X

해설

[X] 정치적 기본권(참정권, 피선거권 등)은 자연인인 국민의 권리이며, 실정법상의 권리이다. 법인은 정치적 기본권을 향유할 수 없다.

007
05. 법행

법인의 경우 참정권과 직업선택의 자유, 평등권이 인정될 수 있으나, 인격권은 인정될 여지가 없다.

O | X

해설

[X] 법인의 경우도 직업선택의 자유, 평등권, 인격권의 주체가 된다. 그러나 참정권(선거권, 피선거권 등)은 자연인인 국민만이 주체가 될 수 있는 기본권이다.

법인 아닌 사단의 경우 대표자가 있고 독립된 사회적 조직체로 활동하고 있다 해도 법인이 아니어서 권리의 귀속주체가 될 수 없으므로 기본권 주체성이 부인된다.

O | X

해설

[X] 우리 헌법은 법인의 기본권향유능력을 인정하는 명문의 규정을 두고 있지 않지만, 본래 자연인에게 적용되는 기본권규정이라도 언론·출판의 자유, 재산권의 보장 등과 같이 성질상 법인이 누릴 수 있는 기본권을 당연히 법인에게도 적용하여야 한 것으로 본다. 따라서 법인도 사단법인·재단법인 또는 영리법인·비영리법인을 가리지 아니하고 위 한계 내에서는 헌법상 보장된 기본권이 침해되었음을 이유로 헌법소원심판을 청구할 수 있다. 또한, 법인 아닌 사단·재단이라고 하더라도 대표자의 정함이 있고 독립된 사회적 조직체로서 활동하는 때에는 성질상 법인이 누릴 수 있는 기본권을 침해당하게 되면 그의 이름으로 헌법소원심판을 청구할 수 있다(헌재 1991.6.3, 90헌마56).

국회의 노동위원회도 기본권의 주체가 될 수 있고, 따라서 헌법소원을 제기할 수 있는 적격이 있다.

O | X

해설

[X] 국회의 노동위원회는 공권력의 주체일 뿐, 기본권의 주체가 될 수 없다(헌재 1994.12.29, 93헌마120).

국민과 유사한 지위에 있는 외국인도 기본권의 주체가 될 수 있으므로, 입국의 자유가 인정된다는 것이 통설이다.

O | X

해설

[X] 외국인의 기본권은 내국인에 비하여 더 많은 제한을 받으며, 외국인의 경우 입국의 자유는 제한된다. 다만, 입국이 허가된 외국인의 출국의 자유는 인정된다.

사업범위, 조직, 회계 등에 있어서 상공회의소법에 따른 규율을 받는 상공회의소는 특수한 공법인에 해당하므로, 결사의 자유의 주체가 될 수 없다.

O | X

해설

[X] 상공회의소는 사업범위, 조직, 회계 등에 있어서 상공회의소법에 따른 규율을 받고 있는 특수성을 가지고 있으나, 기본적으로는 관할구역의 상공업계를 대표하여 그 권익을 대변하고 회원에게 기술 및 정보 등을 제공하여 회원의 경제적·사회적 지위를 높임으로써 상공업의 발전을 꾀함을 목적으로 하는 조직으로 목적이나 설립, 관리 면에서 자주적인 단체로 사법인이라고 할 것이므로 상공회의소와 관련해서도 결사의 자유는 보장된다고 할 것이다(헌재 2006.5.25, 2004헌가1).

012
08. 법행

국가는 국민의 기본권을 최대한 보장하여야 할 의무가 있으므로 헌법재판소는 입법자가 국가의 기본권 보호의무를 최대한 실현하였는지를 기준으로 위헌 여부를 심사하여야 한다.　　　O | X

해설

[X] 물론 입법자가 기본권 보호의무를 최대한 실현하는 것이 이상적이지만, 그러한 이상적 기준이 헌법재판소가 위헌 여부를 판단하는 심사기준이 될 수는 없으며, 헌법재판소는 권력분립의 관점에서 소위 과소보호금지원칙을, 즉 국가가 국민의 기본권 보호를 위하여 적어도 적절하고 효율적인 최소한의 보호조치를 취했는가를 기준으로 심사하게 된다. 따라서 입법부작위나 불완전한 입법에 의한 기본권의 침해는 입법자의 보호의무에 대한 명백한 위반이 있는 경우에만 인정될 수 있다. 다시 말하면 국가가 국민의 법익을 보호하기 위하여 아무런 보호조치를 취하지 않았든지 아니면 취한 조치가 법익을 보호하기에 명백하게 부적합하거나 불충분한 경우에 한하여 헌법재판소는 국가의 보호의무의 위반을 확인할 수 있을 뿐이다(헌재 2008.7.31, 2004헌바81).

013
08. 국가직

지방자치단체의 장은 주민의 복리를 증진하기 위하여 활동하는 범위 내에서 기본권을 향유할 수 있다.　　　O | X

해설

[X] 지방자치단체의 장이 주민의 복리를 증진하기 위하여 활동하는 범위 내에서는 공권력 담당자로서의 지위를 가지므로 기본권 주체가 될 수 없다.

014
10. 사시

법인 등 결사체 자체는 결사의 자유의 주체가 되지 못한다.　　　O | X

해설

[X] 법인 등 결사체도 그 조직과 의사형성에 있어서, 그리고 업무수행에 있어서 자기결정권을 가지고 있어 결사의 자유의 주체가 된다고 봄이 상당하므로, 축협중앙회는 그 회원조합들과 별도로 결사의 자유의 주체가 된다(헌재 2000.6.1, 99헌마553).

015
10. 사시

정당은 선거에서 차별대우를 받는다 하더라도 평등권의 주체로서 헌법소원심판을 청구할 수 없다.　　　O | X

해설

[X] 정당도 기본권의 주체로서 헌법소원을 제기할 수 있다(헌재 2004.12.16, 2004헌마456).

016
09. 국회직

현행 헌법상 직접 기본권 행사능력이 헌법에 규정된 예로는 대통령과 국회의원의 피선거권을 들 수 있다.　　　O | X

해설

[X] 대통령의 피선거권 행사능력은 헌법(제67조 제4항 참조)에 직접 규정되어 있지만, 국회의원의 피선거권 행사능력은 공직선거법(제16조 참조)에서 규정하고 있다.

017

10. 국회직 8급

대한민국의 국적을 보유하고 있지 않은 외국인은 우리나라의 헌법재판소에 자신의 기본권 침해를 이유로 헌법소원심판을 청구할 수 없다. O | X

해설

[X] 헌법재판소법 제68조 제1항에서 기본권을 침해받은 자만이 헌법소원을 청구할 수 있다는 것은 곧 기본권의 주체라야만 헌법소원을 청구할 수 있다는 것을 의미하고, 국민과 유사한 지위에 있는 외국인도 기본권의 주체가 될 수 있다(헌재 1994.12.29, 93헌마120).

018

11. 사시

국가균형발전특별법에 의한 도지사의 혁신도시 입지선정과 관련하여 그 입지선정에서 제외된 지방자치단체는 자의적인 선정기준을 다투는 평등권의 주체가 된다. O | X

해설

[X] 지방자치단체는 기본권의 주체가 될 수 없다는 것이 헌법재판소의 입장이며, 이를 변경해야 할 만한 사정이나 필요성이 없으므로 지방자치단체인 춘천시의 헌법소원청구는 부적법하다(헌재 2006.12.28, 2006헌마312).

019

11. 경정승진

지방자치단체는 재산권의 주체가 될 수 있다. O | X

해설

[X] 지방자치단체는 기본권의 주체가 될 수 없다는 것이 헌법재판소의 입장이며, 이를 변경해야 할 만한 사정이나 필요성이 없으므로 지방자치단체인 춘천시의 헌법소원청구는 부적법하다(헌재 2006.12.28, 2006헌마312).

020

11. 사시
10. 국회직 9급

국가에 대하여 고용증진을 위한 사회적·경제적 정책을 요구할 수 있는 권리는 이른바 사회적 기본권으로서 국민에게만 인정되므로, 외국인 근로자는 기본적 생활수단을 확보하고 인간의 존엄성을 보장받기 위한 최소한의 근로조건을 요구할 수 있는 권리의 주체가 되지 않는다. O | X

해설

[X] 근로의 권리가 '일할 자리에 관한 권리'만이 아니라 '일할 환경에 관한 권리'도 함께 내포하고 있는바, 후자는 인간의 존엄성에 대한 침해를 방어하기 위한 자유권적 기본권의 성격도 갖고 있어 건강한 작업환경, 일에 대한 정당한 보수, 합리적인 근로조건의 보장 등을 요구할 수 있는 권리 등을 포함한다고 할 것이므로 외국인 근로자라고 하여 이 부분에까지 기본권 주체성을 부인할 수는 없다. 즉, 근로의 권리의 구체적인 내용에 따라 국가에 대하여 고용증진을 위한 사회적·경제적 정책을 요구할 수 있는 권리는 사회권적 기본권으로서 국민에 대하여만 인정해야 하지만, 자본주의 경제질서하에서 근로자가 기본적 생활수단을 확보하고 인간의 존엄성을 보장받기 위하여 최소한의 근로조건을 요구할 수 있는 권리는 자유권적 기본권의 성격도 아울러 가지므로 이러한 경우 외국인 근로자에게도 그 기본권 주체성을 인정함이 타당하다(헌재 2007.8.30, 2004헌마670).

021
11. 경정승진

상공회의소는 그 목적이나 설립, 관리 면에서 자주적인 단체로 사법인이라고 할 것이므로 상공회의소와 관련해서도 결사의 자유는 보장된다. O | X

해설

> [O] 상공회의소는 사업범위, 조직, 회계 등에 있어서 상공회의소법에 따른 규율을 받고 있는 특수성을 가지고 있으나, 기본적으로는 관할구역의 상공업계를 대표하여 그 권익을 대변하고 회원에게 기술 및 정보 등을 제공하여 회원의 경제적·사회적 지위를 높임으로써 상공업의 발전을 꾀함을 목적으로 하는 조직으로 목적이나 설립·관리 면에서 자주적인 단체로 사법인이라고 할 것이므로 상공회의소와 관련해서도 결사의 자유는 보장된다고 할 것이다(헌재 2006.5.25, 2004헌가1).

022
11. 국가직·
지방직

초기배아는 수정이 된 배아라는 점에서 형성 중인 생명의 첫걸음을 떼었다고 볼 여지가 있으나, 이에 대한 국가의 보호필요성이 있음은 별론으로 하고, 그 기본권 주체성이 인정되기는 어렵다. O | X

해설

> [O] 배아의 경우 현재의 과학기술 수준에서 모태 속에서 수용될 때 비로소 독립적인 인간으로의 성장가능성을 기대할 수 있다는 점, 수정 후 착상 전의 배아가 인간으로 인식된다거나 그와 같이 취급하여야 할 필요성이 있다는 사회적 승인이 존재한다고 보기 어려운 점 등을 종합적으로 고려할 때, 초기배아에 대한 국가의 보호필요성이 있음은 별론으로 하고, 청구인의 기본권 주체성을 인정하기 어렵다. 그렇다면 청구인은 기본권의 주체가 될 수 없으므로 헌법소원을 제기할 수 있는 청구인적격이 없다(헌재 2010.5.27, 2005헌마346).

023
11. 국가직

생명권은 비록 헌법에 명문의 규정이 없다 하더라도 인간의 생존본능과 존재목적에 바탕을 둔 선험적이고 자연법적인 권리로서 헌법에 규정된 모든 기본권의 전제로서 기능하는 기본권 중의 기본권이며, 형성 중의 생명인 태아에게도 생명에 대한 권리가 인정된다. O | X

해설

> [O] 생명권도 기본권이며, 태아도 생명권의 주체이다(헌재 2008.7.31, 2004헌바81).

024
11. 국가직

한국신문편집인협회는 언론인들의 협동단체로서 대표자와 총회가 있고, 단체의 명칭, 대표의 방법, 총회 운영, 재산의 관리 기타 단체의 중요한 사항이 회칙으로 규정되어 있지만 법인격이 없어 기본권의 주체가 될 수 없다. O | X

해설

> [X] 한국신문편집인협회는 언론인들의 협동단체로서 법인격은 없으나, 대표자와 총회가 있고, 단체의 명칭, 대표의 방법, 총회 운영, 재산의 관리 기타 단체의 중요한 사항이 회칙으로 규정되어 있는 등 사단으로서의 실체를 가지고 있으므로 권리능력 없는 사단이라고 할 것이고, 따라서 기본권의 성질상 자연인에게만 인정될 수 있는 기본권이 아닌 한 기본권의 주체가 될 수 있으며, 헌법상의 기본권을 향유하는 범위 내에서는 헌법소원심판청구능력도 있다고 할 것이다(헌재 1995.7.21, 92헌마177).

□□□ 025
12. 경정승진
11. 지방직·사시

대학의 자율성은 대학에게 부여된 헌법상의 기본권이다. 따라서 대학자치의 주체 역시 대학에 한정되므로 국립대학 교수나 교수회는 대학의 자율과 관련한 기본권 주체성이 없으며, 학문의 자유를 침해하는 대학의 장에 대한 관계에서도 국립대학의 교수나 교수회는 기본권의 주체가 될 수 없다. O | X

해설

[X] 대학의 자치의 주체를 기본적으로 대학으로 본다고 하더라도 국립대학 교수나 교수회의 주체성이 부정된다고 볼 수는 없고, 가령 학문의 자유를 침해하는 대학의 장에 대한 관계에서는 교수나 교수회가 주체가 될 수 있고, 또한 국가에 의한 침해에 있어서는 대학 자체 외에도 대학 전구성원이 자율성을 갖는 경우도 있을 것이므로 문제되는 경우에 따라서 대학, 교수, 교수회 모두가 단독, 혹은 중첩적으로 주체가 될 수 있다고 보아야 할 것이다(헌재 2006.4.27, 2005헌마1047).

□□□ 026
11. 사시

근로의 권리는 근로자를 개인의 차원에서 보호하기 위한 권리로서 개인인 근로자가 그 주체가 되는 것이고 노동조합은 그 주체가 될 수 없다. O | X

해설

[O] 근로의 권리는 국가의 개입·간섭을 받지 않고 자유로이 근로를 할 자유와, 국가에 대하여 근로의 기회를 제공하는 정책을 수립해 줄 것을 요구할 수 있는 권리 등을 기본적인 내용으로 하고 있고, 이때 근로의 권리는 근로자를 개인의 차원에서 보호하기 위한 권리로서 개인인 근로자가 근로의 권리의 주체가 되는 것이고, 노동조합은 그 주체가 될 수 없는 것으로 이해되고 있다(헌재 2009.2.26, 2007헌바27).

□□□ 027
12. 변호사

국가나 국가기관은 공권력 행사의 주체이자 기본권의 '수범자'로서 국민의 기본권을 보호하거나 실현해야 할 책임과 의무를 지니고 있으므로, 국가기관인 대통령은 자신의 표현의 자유가 침해되었음을 이유로 헌법소원을 제기할 수 있는 청구인적격이 없다. O | X

해설

[X] 대통령도 국민의 한사람으로서 제한적으로나마 기본권의 주체가 될 수 있는바, 대통령은 소속 정당을 위하여 정당활동을 할 수 있는 사인으로서의 지위와 국민 모두에 대한 봉사자로서 공익실현의 의무가 있는 헌법기관으로서의 지위를 동시에 갖는데 최소한 전자의 지위와 관련하여는 기본권 주체성을 갖는다고 할 수 있다(헌재 2008.1.17, 2007헌마700).

□□□ 028
14. 법무사

태아는 그 생명의 유지를 위하여 모에게 의존해야 하므로, 그 자체로 모와 별개의 생명체는 아니지만, 형성 중의 생명인 태아에게도 생명에 대한 권리가 인정되어야 한다. O | X

해설

[X] 태아는 형성 중인 인간이다. 태아는 모체(母體)의 자궁 속에서 모체로부터 영양분과 산소를 공급받아 성장하지만, 모체의 일부가 아니라, 모체와 다른 별개의 인체(人體)를 형성하고, 모체와 다른 혈액을 만들고, 모체와 다른 독립된 뇌세포와 신경조직을 형성한다. 이처럼 태아는 독립된 인간으로 자라고 있는 생명체이기 때문에, 출생하기 전에도 형성 중인 인간으로서 존엄과 가치를 가진다고 보아야 하고 이를 보호하여야 한다(헌재 2008.7.31, 2004헌바81).

029

18. 경정승진
유사
15. 서울시

외국인 근로자들은 적법하게 고용허가를 받아 적법하게 우리나라에 입국하여 우리나라에서 일정한 생활관계를 형성·유지하고 있더라도 직장선택의 자유에 대한 기본권 주체성을 인정할 수 없다. O I X

해설

[X] 직업의 자유 중 이 사건에서 문제되는 직장선택의 자유는 인간의 존엄과 가치 및 행복추구권과도 밀접한 관련을 가지는 만큼 단순히 국민의 권리가 아닌 인간의 권리로 보아야 할 것이므로 외국인도 제한적으로라도 직장선택의 자유를 향유할 수 있다고 보아야 한다. 청구인들이 이미 적법하게 고용허가를 받아 적법하게 우리나라에 입국하여 우리나라에서 일정한 생활관계를 형성·유지하는 등, 우리 사회에서 정당한 노동인력으로서의 지위를 부여받은 상황임을 전제로 하는 이상, 이 사건 청구인들에게 직장선택의 자유에 대한 기본권 주체성을 인정할 수 있다 할 것이다(헌재 2011.9.29, 2007헌마1083 등).

030

16. 사시

불법체류 중인 외국인은 다른 기본권은 별론으로 하더라도 주거의 자유의 주체가 될 수는 없다. O I X

해설

[X] 헌법재판소법 제68조 제1항 소정의 헌법소원은 기본권의 주체이어야만 청구할 수 있는데, 단순히 '국민의 권리'가 아니라 '인간의 권리'로 볼 수 있는 기본권에 대해서는 외국인도 기본권의 주체가 될 수 있다. 나아가 청구인들이 불법체류 중인 외국인들이라 하더라도, 불법체류라는 것은 관련 법령에 의하여 체류자격이 인정되지 않는다는 것일 뿐이므로, '인간의 권리'로서 외국인에게도 주체성이 인정되는 일정한 기본권에 관하여 불법체류 여부에 따라 그 인정 여부가 달라지는 것은 아니다. 청구인들이 침해받았다고 주장하고 있는 신체의 자유, 주거의 자유, 변호인의 조력을 받을 권리, 재판청구권 등은 성질상 인간의 권리에 해당한다고 볼 수 있으므로, 위 기본권들에 관하여는 청구인들의 기본권 주체성이 인정된다(헌재 2012.8.23, 2008헌마430).

031

17. 법원직

공법인은 기본권의 수범자로서 국민의 기본권을 보호 내지 실현하여야 할 책임과 의무를 지닐 뿐이므로 기본권의 주체가 될 여지가 없다. O I X

해설

[X] 국립대학인 세무대학은 공법인으로서 사립대학과 마찬가지로 대학의 자율권이라는 기본권의 보호를 받으므로, 세무대학은 국가의 간섭 없이 인사·학사·시설·재정 등 대학과 관련된 사항들을 자주적으로 결정하고 운영할 자유를 갖는다(헌재 2001.2.22, 99헌마613). 즉, 공법인도 기본권의 주체가 될 수 있다.

032

16. 서울시

외국인의 기본권 주체성은 기본권의 성질에 따라 인정 여부가 결정되어야 하는바, 공직선거법상 일정한 요건을 갖춘 외국인에게는 지방자치단체의 장에 대한 선거권이 인정되나, 주민투표법에 따른 투표의 경우에는 외국인에게 투표권이 인정되지 않는다. O I X

해설

[X] 출입국관리 관계 법령에 따라 대한민국에 계속 거주할 수 있는 자격(체류자격변경허가 또는 체류기간연장허가를 통하여 계속 거주할 수 있는 경우를 포함한다)을 갖춘 외국인으로서 지방자치단체의 조례로 정한 사람은 주민투표권이 있다(주민투표법 제5조 제1항 제2호 참조). 19세 이상의 외국인으로서 출입국관리법 제10조의 규정에 따른 영주의 체류자격 취득일 후 3년이 경과한 자 중 같은 법 제34조의 규정에 따라 당해 지방자치단체 관할구역의 외국인등록대장에 등재된 자는 주민소환투표권도 있다(주민소환에 관한 법률 제3조 제1항 제2호 참조).

033
20. 지방직

참정권은 '인간의 자유'라기보다는 '국민의 자유'이므로 공직선거법은 외국인의 선거권을 인정하지 않고 있다.　　　　　　　　　　　　　　O | X

해설

[X] 공직선거법은 18세 이상으로서 영주의 체류자격 취득일 후 3년이 경과하고 해당 지방자치단체의 외국인등록대장에 올라 있는 외국인에게 해당 지방자치단체에서 선거하는 지방자치단체의 의회의원 및 장의 선거권을 인정하고 있다.

> **공직선거법 제15조【선거권】** ② 18세 이상으로서 제37조 제1항에 따른 선거인명부작성기준일 현재 다음 각 호의 어느 하나에 해당하는 사람은 그 구역에서 선거하는 지방자치단체의 의회의원 및 장의 선거권이 있다.
> 3. 출입국관리법 제10조에 따른 영주의 체류자격 취득일 후 3년이 경과한 외국인으로서 같은 법 제34조에 따라 해당 지방자치단체의 외국인등록대장에 올라 있는 사람

034
16. 국회직 9급

MBC 문화방송은 공법상의 재단법인인 방송문화진흥회가 최다출자자인 방송사업자로서 방송법 등에 의하여 공법상의 의무를 부담하고 있으므로 헌법소원을 청구할 수 없다.　　　　　　　O | X

해설

[X] 청구인 문화방송은 공법상 재단법인인 방송문화진흥회가 최다출자자인 방송사업자로서 방송법 등 관련 규정에 의하여 공법상의 의무를 부담하고 있지만, 그 설립목적이 언론의 자유의 핵심영역인 방송사업이므로 이러한 업무수행과 관련해서는 기본권 주체가 될 수 있고, 그 운영을 광고수익에 전적으로 의존하고 있는 만큼 이를 위해 사경제 주체로서 활동하는 경우에도 기본권 주체가 될 수 있다. 이 사건 심판청구는 청구인이 그 운영을 위한 영업활동의 일환으로 방송광고를 판매하는 지위에서 그 제한과 관련하여 이루어진 것이므로 그 기본권 주체성이 인정된다(헌재 2013.9.26, 2012헌마271).

035
17. 지방직

자연인으로서 개인의 존재를 전제로 하거나 인간의 감성과 관련된 기본권은 그 성질상 법인에게 적용될 수 없으므로 법인은 인격권의 주체가 될 수 없다.　　　　　　　　　　　O | X

해설

[X] 우리 헌법은 법인 내지 단체의 기본권 향유능력에 대하여 명문의 규정을 두고 있지는 않지만 본래 자연인에게 적용되는 기본권이라도 그 성질상 법인이 누릴 수 있는 기본권은 법인에게도 적용된다. … 법인도 법인의 목적과 사회적 기능에 비추어 볼 때 그 성질에 반하지 않는 범위 내에서 인격권의 한 내용인 사회적 신용이나 명예 등의 주체가 될 수 있고 법인이 이러한 사회적 신용이나 명예 유지 내지 법인격의 자유로운 발현을 위하여 의사결정이나 행동을 어떻게 할 것인지를 자율적으로 결정하는 것도 법인의 인격권의 한 내용을 이룬다고 할 것이다(헌재 2012.8.23, 2009헌가27).

036
17. 법무사

초기배아는 수정이 된 배아라는 점에서 형성 중인 생명의 첫걸음을 떼었다고 볼 여지가 있기는 하나 아직 모체에 착상되거나 원시선이 나타나지 않은 이상 기본권 주체성 및 국가의 보호필요성을 인정할 수 없다.　　　　　　　　　　　O | X

해설

[X] 인간으로 발전할 잠재성을 갖고 있는 초기배아에 대해 국가의 보호의무는 인정되나 그 기본권 주체성은 부인된다(헌재 2010.5.27, 2005헌마346).

☐☐☐
037
22. 경찰간부
17. 지방직

공법상 재단법인인 방송문화진흥회가 최다출자자인 방송사업자는 방송법 등 관련 규정에 의하여 공법상의 의무를 부담하고 있지만, 상법에 의하여 설립된 주식회사로서 설립목적은 언론의 자유의 핵심영역인 방송사업이므로 이러한 업무수행과 관련하여 당연히 기본권 주체가 될 수 있다. O | X

해설

[O] 청구인의 경우 공법상 재단법인인 방송문화진흥회가 최다출자자인 방송사업자로서 방송법 등 관련 규정에 의하여 공법상의 의무를 부담하고 있지만, 상법에 의하여 설립된 주식회사로 설립목적은 언론의 자유의 핵심영역인 방송사업이므로 이러한 업무수행과 관련하여 당연히 기본권 주체가 될 수 있고, 그 운영을 광고수익에 전적으로 의존하고 있는 만큼 이를 위해 사경제 주체로서 활동하는 경우에도 기본권 주체가 될 수 있는 바, 이 사건 심판청구는 청구인이 그 운영을 위한 영업활동의 일환으로 방송광고를 판매하는 지위에서 그 제한과 관련하여 이루어진 것이므로 그 기본권 주체성을 인정할 수 있다(헌재 2013.9.26, 2012헌마271).

☐☐☐
038
18. 법무사

국립대학은 국가가 설립한 공법상 영조물이지만, 대학의 자율이라는 기본권의 주체이기도 하다. O | X

해설

[O] 국립대학도 기본권의 주체이다(헌재 2006.4.27, 2005헌마1119).

☐☐☐
039
18. 경정승진

사단법인 한국영화인협회 내부의 8개 분과위원회 중 하나인 한국영화인협회 감독위원회는 독자적으로 기본권의 주체가 될 수 없다. O | X

해설

[O] 영화인협회 감독위원회는 영화인협회로부터 독립된 별개의 단체가 아니고, 영화인협회의 내부에 설치된 8개의 분과위원회 가운데 하나에 지나지 아니하며, 달리 단체로서의 실체를 갖추어 당사자능력이 인정되는 법인 아닌 사단으로 볼 자료가 없으므로 헌법소원심판청구능력이 있다고 할 수 없다(헌재 1991.6.3, 90헌마56).

☐☐☐
040
18. 국회직 5급

지방자치단체는 기본권의 수범자일 뿐, 기본권의 주체가 될 수 없다. O | X

해설

[O] 공권력의 행사자인 국가, 지방자치단체나 그 기관 또는 국가조직의 일부나 공법인은 기본권의 '수범자'이지 기본권의 주체가 아니고 오히려 국민의 기본권을 보호 내지 실현해야 할 '책임'과 '의무'를 지니고 있을 뿐이다. 그렇다면 이 사건에서 지방자치단체인 청구인은 기본권의 주체가 될 수 없다(헌재 2006.2.23, 2004헌바50).

041
18. 국회직 5급

정당등록이 취소된 이후에도 '등록정당'에 준하는 권리능력 없는 사단의 실체를 가지고 있는 정당도 기본권 주체성이 인정된다.　　　　　　　　　　　　　　　　　　　　　　　　　　　　　　　O | X

해설

[O] 청구인(사회당)은 등록이 취소된 이후에도, 취소 전 사회당의 명칭을 사용하면서 대외적인 정치활동을 계속하고 있고, 대내외 조직 구성과 선거에 참여할 것을 전제로 하는 당헌과 대내적 최고의사결정기구로서 당대회와, 대표단 및 중앙위원회, 지역조직으로 시 · 도위원회를 두는 등 계속적인 조직을 구비하고 있는 사실 등에 비추어 보면, 청구인은 등록이 취소된 이후에도 '등록정당'에 준하는 '권리능력 없는 사단'으로서의 실질을 유지하고 있다고 볼 수 있으므로 이 사건 헌법소원의 청구인능력을 인정할 수 있다(헌재 2006.3.30, 2004헌마246).

042
22. 경찰 1차

불법체류 중인 외국인들이라 하더라도, 불법체류라는 것은 관련법령에 의하여 체류자격이 인정되지 않는다는 것일 뿐이므로, '인간의 권리'로서 외국인에게도 주체성이 인정되는 일정한 기본권에 관하여 불법체류 여부에 따라 그 인정 여부가 달라지는 것은 아니다.　　　　　　　　　　　　　　　　　O | X

해설

[O] 헌법재판소법 제68조 제1항 소정의 헌법소원은 기본권의 주체이어야만 청구할 수 있는데, 단순히 '국민의 권리'가 아니라 '인간의 권리'로 볼 수 있는 기본권에 대해서는 외국인도 기본권의 주체가 될 수 있다. 나아가 청구인들이 불법체류 중인 외국인들이라 하더라도, 불법체류라는 것은 관련법령에 의하여 체류자격이 인정되지 않는다는 것일 뿐이므로, '인간의 권리'로서 외국인에게도 주체성이 인정되는 일정한 기본권에 관하여 불법체류 여부에 따라 그 인정 여부가 달라지는 것은 아니다(헌재 2012.8.23, 2008헌마430).

043
22. 경찰 1차

근로의 권리의 구체적인 내용에 따라, 국가에 대하여 고용증진을 위한 사회적 · 경제적 정책을 요구할 수 있는 권리는 사회권적 기본권으로서 국민에 대하여만 인정해야 하지만, 자본주의 경제질서하에서 근로자가 기본적 생활수단을 확보하고 인간의 존엄성을 보장받기 위하여 최소한의 근로조건을 요구할 수 있는 권리는 자유권적 기본권의 성격도 아울러 가지므로 이러한 경우 외국인 근로자에게도 그 기본권 주체성을 인정함이 타당하다.　　　　　　　　　　　　　　　　　　　　　　　　　　　　　　　O | X

해설

[O] 외국인의 기본권은 원칙적으로 '국민의 권리'가 아닌 '인간의 권리'의 범위 내에서만 인정될 것이다. 근로의 권리의 구체적인 내용에 따라, 국가에 대하여 고용증진을 위한 사회적 · 경제적 정책을 요구할 수 있는 권리는 사회권적 기본권으로서 국민에 대하여만 인정해야 하지만, 자본주의 경제질서하에서 근로자가 기본적 생활수단을 확보하고 인간의 존엄성을 보장받기 위하여 최소한의 근로조건을 요구할 수 있는 권리는 자유권적 기본권의 성격도 아울러 가지므로 이러한 경우 외국인 근로자에게도 그 기본권 주체성을 인정함이 타당하다(헌재 2008.1.17, 2004헌마670).

□□□
044
22. 경찰 1차

청구인은 공법상 재단법인인 방송문화진흥회가 최다출자자인 방송사업자로서 방송법 등 관련 규정에 의하여 공법상의 의무를 부담하고 있으므로, 그 설립목적이 언론의 자유의 핵심 영역인 방송사업이라고 하더라도 이러한 업무수행과 관련해서는 기본권 주체가 될 수 없다. O | X

해설

[X] 청구인은 공법상 재단법인인 방송문화진흥회가 최다출자자인 방송사업자로서 방송법 등 관련 규정에 의하여 공법상의 의무를 부담하고 있지만, 그 설립목적이 언론의 자유의 핵심영역인 방송사업이므로 이러한 업무수행과 관련해서는 기본권 주체가 될 수 있고, 그 운영을 광고수익에 전적으로 의존하고 있는 만큼 이를 위해 사경제 주체로서 활동하는 경우에도 기본권 주체가 될 수 있다. 이 사건 심판청구는 청구인이 그 운영을 위한 영업활동의 일환으로 방송광고를 판매하는 지위에서 그 제한과 관련하여 이루어진 것이므로 그 기본권 주체성이 인정된다(헌재 2013.9.26, 2012헌마271).

□□□
045
22. 경찰 1차

대통령도 국민의 한사람으로서 제한적으로나마 기본권의 주체가 될 수 있는바, 대통령은 소속 정당을 위하여 정당활동을 할 수 있는 사인으로서의 지위와 국민 모두에 대한 봉사자로서 공익실현의 의무가 있는 헌법기관으로서의 지위를 동시에 갖는데 최소한 전자의 지위와 관련하여는 기본권 주체성을 갖는다고 할 수 있다. O | X

해설

[O] 국가기관의 직무를 담당하는 자연인이 제기한 헌법소원이 언제나 부적법하다고 볼 수는 없다. 만일 심판대상조항이나 공권력 작용이 넓은 의미의 국가조직영역 내에서 공적 과제를 수행하는 주체의 권한 내지 직무영역을 제약하는 성격이 강한 경우에는 그 기본권 주체성이 부정될 것이지만, 그것이 '일반 국민으로서 국가에 대하여 가지는 헌법상의 기본권을 제약하는 성격이 강한 경우'에는 기본권 주체성을 인정할 수 있다. 그러므로 대통령도 국민의 한 사람으로서 제한적으로나마 기본권의 주체가 될 수 있는바, 대통령은 소속 정당을 위하여 정당활동을 할 수 있는 사인으로서의 지위와 국민 모두에 대한 봉사자로서 공익실현의 의무가 있는 헌법기관으로서의 지위를 동시에 갖는데 최소한 전자의 지위와 관련하여는 기본권 주체성을 갖는다(헌재 2008.1.17, 2007헌마700).

□□□
046
22. 경찰 2차

학교안전사고 예방 및 보상에 관한 법률에 의하여 설립된 학교안전공제회는 행정관청 또는 그로부터 행정권한을 위임받은 공공단체로 공법인에 해당할 뿐, 사법인적 성격을 갖는 것은 아니므로 기본권의 주체가 될 수 없다. O | X

해설

[X] 학교안전법 제정 이전 설립·운영되어 오던 사단법인 학교안전공제회는 학교안전법 제정으로 그 권리·의무가 공제회에 포괄적으로 승계되었고, 그 직원 또한 공제회의 직원으로 간주되기에 이르렀지만[부칙(2007.1.26. 법률 제8267호) 제4조], 공제회는 민법이 적용되던 과거 학교안전공제회와 동일한 성격의 단체일 뿐, 행정관청 또는 그로부터 행정권한을 위임받은 단체로 보기 어렵다. 또한, 학교장은 공제회의 당연가입자로서 공제료를 납부하여야 하는데, 공제료에 충당하기 위한 금액의 전부 또는 일부를 피공제자로부터 징수하므로(제49조 제1항), 피공제자로부터 징수한 금액이 기금의 주된 수입원이 된다. 뿐만 아니라 학교안전법에 의하면 공제급여를 지급받고자 하는 자는 공제회에 공제급여의 지급을 청구하고, 공제회는 청구를 받은 날부터 14일 이내에 공제급여의 지급 여부를 결정하도록 하고 있으나, 공제회와 학교장 사이에 체결된 공제회 가입계약은 피해 학생 등과 같은 제3자를 위한 계약으로 위 계약에 기하여 공제회에 대한 보상금 직접 청구권을 인정하고 있는 것에 불과하므로, 이러한 청구권이 공법상 권리라고 볼 근거도 없고, 공제급여 지급결정이 항고소송의 대상인 행정처분이라고 볼 수도 없다(대판 2012.12.13, 2010두20874). 이와 같은 점들은 공제회의 사법인적 성격을 보여주는 특징이라 할 수 있다(헌재 2015.7.30, 2014헌가7).

□□□
047
23. 경찰 1차

사자(死者)에 대한 사회적 명예와 평가의 훼손은 사자와의 관계를 통하여 스스로의 인격상을 형성하고 명예를 지켜온 그들 후손의 인격권, 즉 유족의 명예 또는 유족의 사자에 대한 경애추모의 정을 침해한다.
O | X

해설

[O] 조사대상자가 사자(死者)인 경우에도 인격적 가치에 대한 중대한 왜곡으로부터 보호되어야 하고, 사자(死者)에 대한 사회적 명예와 평가의 훼손은 사자와의 관계를 통하여 스스로의 인격상을 형성하고 명예를 지켜온 그들 후손의 인격권, 즉 유족의 명예 또는 유족의 사자(死者)에 대한 경애추모의 정을 침해한다고 할 것이다(헌재 2013.5.30, 2012헌바19).

□□□
048
23. 경찰간부

축산업협동조합중앙회(이하 '축협중앙회')는 공법인성과 사법인성을 겸유한 특수한 법인으로서 기본권의 주체가 될 수 있으며, 이 경우 축협중앙회의 공법인적 특성이 축협중앙회의 기본권 행사에 제약요소로 작용하지 않는다.
O | X

해설

[X] 축협중앙회는 공법인성과 사법인성을 겸유한 특수한 법인으로서 이 사건에서 기본권의 주체가 될 수 있다고는 할 것이지만, 위와 같이 두드러진 공법인적 특성이 축협중앙회가 가지는 기본권의 제약요소로 작용하는 것만은 이를 피할 수 없다고 할 것이다(헌재 2000.6.1, 99헌마553).

□□□
049
23. 경찰간부

대한민국 국민으로 태어난 아동은 태어난 즉시 '출생등록될 권리'를 가지며, 이러한 권리는 '법 앞에 국민으로 인정받을 권리'로서 법률로써 제한할 수 있을 뿐이다.
O | X

해설

[X] 대한민국 국민으로 태어난 아동은 태어난 즉시 '출생등록될 권리'를 가진다. 이러한 권리는 '법 앞에 인간으로 인정받을 권리'로서 모든 기본권 보장의 전제가 되는 기본권이므로 법률로써도 이를 제한하거나 침해할 수 없다(대판 2020.6.8, 2020스575).

050
05. 법행

미국 판례의 입장은 결국 국가의 관여가 있거나 사인의 행위를 국가의 행위로 볼 수 있는 일정한 경우에 기본권 보장이 직접 적용된다는 것이고, 그 밖에도 사법상의 조리(Common Sense)를 접점으로 하여 사인간의 생활영역 전반에 걸쳐 직접 적용된다는 것이다.   O | X

해설

[X] 미국에서는 기본권의 대사인적 효력을 인정하지 않았으나 사인에 의한 인종차별의 문제를 중심으로 판례와 이론이 변화되면서 연방대법원이 '국가행위의제이론' 또는 '국가유사설'이라 불리는 이론을 구성하여 기본권의 대사인적 효력을 제한적으로 인정하고 있다. 국가행위의제이론은 사인에게도 기본권의 효력을 미치게 하려면 사인의 행위를 국가의 행위와 동일시하거나 적어도 국가작용인 것처럼 의제하지 않으면 아니 된다고 한다. 사인의 행위를 국가의 행위로 의제할 수 있으면 기본권규정이 사인간에도 직접 적용되고, 사인의 행위를 국가행위로 의제할 수 없다면 기본권규정이 적용되지 않는다고 본다. 따라서 사법상의 일반조항(공서양속조항·신의성실조항 등)을 통하여 직접 적용되지도 않는다.

051
06. 법행

현행 헌법상 기본권의 제3자적 효력에 관하여 학설은 여러 가지 입장을 취하고 있지만, 노동3권을 사인간에 직접 적용되는 기본권으로 보는 데에는 이론(異論)이 없다.   O | X

해설

[X] 국내의 다수설은 기본권의 대사인적 효력과 관련하여 간접 적용의 원칙을 따르고 있으며, 다만 헌법상 일정한 기본권에 대해서만은 사인관계에서도 직접 적용될 수 있다는 제한적 직접적용설을 취하는 결과, 기본권을 대사인적 효력이 부정되는 기본권, 대사인적 효력이 직접 적용되는 기본권, 대사인적 효력이 사법(私法)의 일반조항들(민법 제2조, 제103조, 제750조)을 통하여 간접 적용되는 기본권의 3가지로 분류한다. 이때 헌법상 예외적으로 사인에 대해 직접 적용될 수 있는 기본권은 무엇인지 문제되는바, 헌법상 노동3권에 대하여 다수설은 비록 사법관계에서 직접효를 인정하는 명문의 규정은 없지만 그 성질상 당연히 직접효를 가진다고 하나, 소수설은 헌법상 노동3권은 직접효를 인정하는 명문규정이 없으므로 만일 사법상 효력을 인정하고자 하는 경우에도 간접효를 가지는 데 그치는 것으로 보아야 한다고 한다.

052
13. 경정승진
08. 사시

국가의 사경제적 활동에 의하여 기본권을 침해받은 사인은 헌법소원을 제기하여 기본권 침해를 구제받을 수 있다.   O | X

해설

[X] 공공용지의 취득 및 손실보상에 관한 특례법에 의한 토지 등의 협의취득은 공공사업에 필요한 토지 등을 공공용지의 절차에 의하지 아니하고 협의에 의하여 사업시행자가 취득하는 것으로서 그 법적 성질은 사법상의 매매계약과 다를 것이 없는바, 그 협의취득에 따르는 보상금의 지급행위는 토지 등의 권리이전에 대한 반대급여의 교부행위에 지나지 아니하므로 그 역시 사법상의 행위라고 볼 수밖에 없으므로 이는 헌법소원심판의 대상이 되는 공권력의 행사라고 볼 수 없다(헌재 1992.11.12, 90헌마160).

□□□
053
09. 법무사

'입법자의 형성의 자유' 때문에 평등권의 입법권에 대한 구속력을 인정하지 않는 것이 일반적이다.

O | X

해설

[X] '법앞에 평등'이란 행정부나 사법부에 의한 법적용상의 평등을 뜻하는 것 외에도 입법권자에게 정의와 형평의 원칙에 합당하게 합헌적으로 법률을 제정하도록 하는 것을 명령하는 이른바 법내용상의 평등을 의미하고 있기 때문에 … 입법권자의 법제정상의 형성의 자유는 무한정으로 허용될 수는 없는 것이며 나아가 그 입법내용이 정의와 형평에 반하거나 자의적으로 이루어진 경우에는 평등권 등의 기본권을 본질적으로 침해한 입법권 행사로서 위헌성을 면하기 어렵다고 할 것이다(헌재 1992.4.28, 90헌바24).

□□□
054
10. 국가직

기본권의 경합과 기본권의 충돌의 문제는 기본권 해석의 문제이지, 기본권 제한의 문제는 아니라고 할 수 있다.

O | X

해설

[X] 기본권의 경합과 기본권의 충돌은 기본권 제한의 문제에서도 발생한다.

□□□
055
08. 국회직 8급

기본권의 직접적인 제3자적 효력을 주장하는 입장은 전체법질서의 통일성과 사법질서(私法秩序)의 독자성을 동시에 존중하고 있다.

O | X

해설

[X] 전체법질서의 통일성과 사법질서(私法秩序)의 독자성을 동시에 존중하는 입장은 간접적용설의 입장이다.

□□□
056
11. 지방직

공공기관이 보유·관리하는 개인정보의 공개와 관련하여 국민의 알 권리(정보공개청구권)와 개인정보 주체의 사생활의 비밀과 자유가 서로 충돌하는 경우, 국민의 알 권리(정보공개청구권)가 개인정보 주체의 사생활의 비밀과 자유보다 상위 기본권이므로 기본권의 서열이나 법익의 형량을 통하여 해결할 수 있다. 따라서 국민의 알 권리(정보공개청구권)가 개인정보 주체의 사생활의 비밀과 자유보다 우선한다. O | X

해설

[X] 국민의 알 권리(정보공개청구권)와 개인정보 주체의 사생활의 비밀과 자유가 서로 충돌하는 경우에 기본권의 서열이나 법익의 형량을 통하여 어느 한 쪽의 기본권을 우선시키고 다른 쪽의 기본권을 후퇴시킬 수는 없다. 정보공개청구권은 알 권리의 당연한 내용이며, 알 권리는 헌법 제21조의 표현의 자유에 당연히 포함되는 기본권으로서 개인의 자유권적 기본권에 해당하고, 헌법 제17조의 사생활의 비밀과 자유 또한 개인의 자유권적 기본권에 해당하므로 국민의 알 권리(정보공개청구권)와 개인정보 주체의 사생활의 비밀과 자유 중 어느 하나를 상위 기본권이라고 하거나 어느 쪽이 우월하다고 할 수는 없을 것이기 때문이다. 따라서 이러한 경우에는 헌법의 통일성을 유지하기 위하여 상충하는 기본권 모두가 최대한으로 그 기능과 효력을 발휘할 수 있도록 조화로운 방법을 모색하되(규범조화적 해석), 법익형량의 원리, 입법에 의한 선택적 재량 등을 종합적으로 참작하여 심사하여야 한다(헌재 2010.12.28, 2009헌바258).

057

12. 국회직 8급
11. 국가직

혐연권이 흡연권보다 상위의 기본권이라고 할 수는 없으나 혐연권은 사생활의 자유뿐만 아니라 생명권에까지 연결되는 것이므로 사생활의 자유를 실질적 핵으로 하는 흡연권보다 우선시되어야 한다. O I X

해설

[X] 흡연권은 사생활의 자유를 실질적 핵으로 하는 것이고 혐연권은 사생활의 자유뿐만 아니라 생명권에까지 연결되는 것이므로 혐연권이 흡연권보다 상위의 기본권이다. 상하의 위계질서가 있는 기본권끼리 충돌하는 경우에는 상위 기본권우선의 원칙에 따라 하위 기본권이 제한될 수 있으므로, 흡연권은 혐연권을 침해하지 않는 한에서 인정되어야 한다(헌재 2004.8.26, 2003헌마457).

058

13. 경정승진

기본권의 제3자적 효력에 관한 미국 판례의 입장은 결국 국가의 관여가 있거나 사인의 행위를 국가의 행위로 볼 수 있는 일정한 경우에 기본권 보장이 직접 적용된다는 것이고, 그 밖에도 사법상의 조리(Common Sense)를 접점으로 하여 사인간의 생활영역 전반에 걸쳐 직접 적용된다는 것이다. O I X

해설

[X] 미국에서는 기본권의 대사인적 효력을 인정하지 않았으나 사인에 의한 인종차별의 문제를 중심으로 판례와 이론이 변화되면서 연방대법원이 '국가행위의제이론' 또는 '국가유사설'이라 불려지는 이론을 구성하여 기본권의 대사인적 효력을 제한적으로 인정하고 있다. 국가행위의제이론은 사인에게도 기본권의 효력을 미치게 하려면 사인의 행위를 국가의 행위와 동일시하거나 적어도 국가작용인 것처럼 의제하지 않으면 아니 된다고 한다. 사인의 행위를 국가의 행위로 의제할 수 있으면 기본권규정이 사인간에도 직접 적용되고, 사인의 행위를 국가행위로 의제할 수 없다면 기본권규정이 적용되지 않는다고 본다. 따라서 사법상의 일반조항(공서양속조항·신의성실조항 등)을 통하여 직접 적용되지도 않는다. 사법상의 일반조항을 통하여 간접 적용되는 이론은 독일이나 우리나라의 다수설의 입장이다.

059

12. 국회직 8급

근로자의 단결하지 아니할 자유와 노동조합의 적극적 단결권이 충돌하게 되는 경우 후자가 전자보다 중시된다. O I X

해설

[O] 근로자에게 보장되는 적극적 단결권이 단결하지 아니할 자유보다 특별한 의미를 갖고 있고, 노동조합의 조직강제권도 이른바 자유권을 수정하는 의미의 생존권(사회권)적 성격을 함께 가지는 만큼 근로자 개인의 자유권에 비하여 보다 특별한 가치로 보장되는 점 등을 고려하면, 노동조합의 적극적 단결권은 근로자 개인의 단결하지 않을 자유보다 중시된다(헌재 2005.11.24, 2002헌바95).

060

13. 경정승진

교사의 수업권과 학생의 수학권이 충돌하는 경우 두 기본권 모두 효력을 나타내는 규범조화적 해석에 따라 기본권 충돌은 해결되어야 한다. O I X

해설

[X] 국민의 수학권(헌법 제31조 제1항의 교육을 받을 권리)과 교사의 수업의 자유는 다같이 보호되어야 하겠지만 그중에서도 국민의 수학권이 더 우선적으로 보호되어야 한다(헌재 1992.11.12, 89헌마88).

061

22. 경찰간부
17. 법무사

헌법재판소가 채권자취소권을 합헌으로 본 것은 채권자의 재산권과 채무자의 일반적 행동의 자유권 중에서 채권자의 재산권이 상위의 기본권이라고 보았기 때문이다.　　　　O | X

해설

[X] 채권자에게 채권의 실효성 확보를 위한 수단으로서 채권자취소권을 인정함으로써, 채권자의 재산권과 채무자와 수익자의 일반적 행동의 자유 내지 계약의 자유 및 수익자의 재산권이 서로 충돌하게 되는바, 위와 같은 채권자와 채무자 및 수익자의 기본권들이 충돌하는 경우에 기본권의 서열이나 법익의 형량을 통하여 어느 한쪽의 기본권을 우선시키고 다른 쪽의 기본권을 후퇴시킬 수는 없다고 할 것이다. 채권자의 재산권과 채무자 및 수익자의 일반적 행동의 자유권 중 어느 하나를 상위기본권이라고 할 수는 없을 것이고, 채권자의 재산권과 수익자의 재산권 사이에서도 어느 쪽이 우월하다고 할 수는 없을 것이기 때문이다. 따라서 이러한 경우에는 헌법의 통일성을 유지하기 위하여 상충하는 기본권 모두가 최대한으로 그 기능과 효력을 발휘할 수 있도록 조화로운 방법을 모색하되(규범조화적 해석), 법익형량의 원리, 입법에 의한 선택적 재량 등을 종합적으로 참작하여 심사하여야 할 것이다(헌재 2007.10.25, 2005헌바96).

062

17. 국회직 9급

친양자 입양은 친생부모의 기본권과 친양자가 될 자의 기본권이 서로 대립·충돌하는 관계라고 볼 수 없다.　　　　O | X

해설

[X] 친양자가 될 자의 헌법 제36조 제1항 및 헌법 제10조에 의한 가족생활에서의 기본권을 보장하기 위해 친생부모의 동의를 무시하고 친양자 입양을 성립시키는 경우에는 친생부모의 기본권이 제한되게 되고, 친생부모의 친족관계유지에 대한 기본권을 보장하기 위해 친생부모가 동의하지 않는 이상 무조건 친양자 입양이 성립되지 않는다고 보는 경우에는 친양자가 될 자의 기본권이 제한될 가능성이 발생한다. 결국 친양자 입양은 친생부모의 기본권과 친양자가 될 자의 기본권이 서로 대립·충돌하는 관계라고 볼 수 있다. 그리고 이들 기본권은 공히 가족생활에 대한 기본권으로서 그 서열이나 법익의 형량을 통하여 어느 한쪽의 기본권을 일방적으로 우선시키고 다른 쪽을 후퇴시키는 것은 부적절하다(헌재 2012.5.31, 2010헌바87).

063

22. 경정승진

상이한 복수의 기본권 주체를 전제로 한다.　　　　O | X

해설

[O] 기본권의 충돌이란 상이한 복수의 기본권 주체가 서로의 권익을 실현하기 위해 하나의 동일한 사건에서 국가에 대하여 서로 대립되는 기본권의 적용을 주장하는 경우를 말하는데, 한 기본권 주체의 기본권행사가 다른 기본권 주체의 기본권행사를 제한 또는 희생시킨다는 데 그 특징이 있다(헌재 2005.11.24, 2002헌바95).

064

22. 경정승진

충돌하는 기본권이 반드시 상이한 기본권이어야 하는 것은 아니다.　　　　O | X

해설

[O] 기본권 충돌에 있어 대립되는 기본권은 반드시 상이한 기본권일 필요는 없다.

065
22. 경정승진

상하의 위계질서가 있는 기본권끼리 충돌하는 경우에는 상위 기본권우선의 원칙에 따라 하위 기본권이 제한될 수 있다. O | X

해설

> [O] 상하의 위계질서가 있는 기본권끼리 충돌하는 경우에는 상위 기본권우선의 원칙에 따라 하위 기본권이 제한될 수 있으므로, 흡연권은 혐연권을 침해하지 않는 한에서 인정되어야 한다(헌재 2004.8.26, 2003헌마45).

066
22. 경정승진

노동조합의 적극적 단결권은 근로자 개인의 단결하지 않을 자유보다 중시된다고 할 수 없어, 노동조합에 적극적 단결권(조직강제권)을 부여하는 것은 근로자의 단결하지 아니할 자유의 본질적인 내용을 침해한다. O | X

해설

> [X] 이 사건 법률조항은 노동조합의 조직유지·강화를 위하여 당해 사업장에 종사하는 근로자의 3분의 2 이상을 대표하는 노동조합의 경우 단체협약을 매개로 한 조직강제[이른바 유니언 샵(Union Shop) 협정의 체결]를 용인하고 있다. 이 경우 근로자의 단결하지 아니할 자유와 노동조합의 적극적 단결권(조직강제권)이 충돌하게 되나, 근로자에게 보장되는 적극적 단결권이 단결하지 아니할 자유보다 특별한 의미를 갖고 있고, 노동조합의 조직강제권도 이른바 자유권을 수정하는 의미의 생존권(사회권)적 성격을 함께 가지는 만큼 근로자 개인의 자유권에 비하여 보다 특별한 가치로 보장되는 점 등을 고려하면, 노동조합의 적극적 단결권은 근로자 개인의 단결하지 않을 자유보다 중시된다고 할 것이고, 또 노동조합에게 위와 같은 조직강제권을 부여한다고 하여 이를 근로자의 단결하지 아니할 자유의 본질적인 내용을 침해하는 것으로 단정할 수는 없다(헌재 2005.11.24, 2002헌바95).

067
22. 경찰간부

형제·자매에게 가족관계등록부 등의 기록사항에 관한 증명서 교부청구권을 부여하는 것은 본인의 개인정보자기결정권을 제한하는 것으로 개인정보자기결정권 침해 여부를 판단한 이상 인간의 존엄과 가치 및 행복추구권, 사생활의 비밀과 자유는 판단하지 않는다. O | X

해설

> [O] 청구인은 형제·자매에게 가족관계등록부 등의 기록사항에 관한 증명서 교부청구권을 부여하는 이 사건 법률조항에 의하여 인간의 존엄과 가치 및 행복추구권, 사생활의 비밀과 자유가 침해된다고 주장하나, 위 기본권들은 모두 개인정보자기결정권의 헌법적 근거로 거론되는 것으로서 청구인의 개인정보에 대한 공개와 이용이 문제되는 이 사건에서 개인정보자기결정권 침해 여부를 판단하는 이상 별도로 판단하지 않는다. 개인정보가 수록된 가족관계등록법상 각종 증명서를 본인의 동의 없이도 형제자매가 발급받을 수 있도록 하는 것은 과잉금지원칙을 위반하여 개인정보자기결정권을 침해한다. … 청구인은 이 사건 법률조항에 의하여 인간의 존엄과 가치 및 행복추구권, 사생활의 비밀과 자유가 침해된다고 주장하나, 위 기본권들은 모두 개인정보자기결정권의 헌법적 근거로 거론되는 것으로서 청구인의 개인정보에 대한 공개와 이용이 문제되는 이 사건에서 개인정보자기결정권 침해 여부를 판단하는 이상 별도로 판단하지 않는다(헌재 2016.6.30, 2015헌마924).

068
22. 경찰간부

어떤 법령이 직업의 자유와 행복추구권 양자를 제한하는 외관을 띠는 경우 두 기본권의 경합문제가 발생하고, 보호영역으로서 '직업'이 문제될 때 행복추구권과 직업의 자유는 특별관계에 있다. O | X

해설

[O] 어떠한 법령이 수범자의 직업의 자유와 행복추구권 양자를 제한하는 외관을 띠는 경우 두 기본권의 경합문제가 발생하는데, 보호영역으로서 '직업'이 문제되는 경우 행복추구권과 직업의 자유는 서로 일반특별관계에 있어 기본권의 내용상 특별성을 갖는 직업의 자유의 침해 여부가 우선하므로 행복추구권 관련 위헌여부의 심사는 배제되어야 한다(헌재 2008.11.27, 2005헌마161).

069
22. 경찰간부

노동조합 및 노동관계조정법상 유니온 샵(Union Shop) 조항은 특정한 노동조합의 가입을 강제하는 단체협약의 체결을 용인하고 있으므로 근로자의 개인적 단결권과 노동조합의 집단적 단결권이 서로 충돌하는 경우에 해당하며 이를 기본권의 서열이론이나 법익형량의 원리에 입각하여 어느 기본권이 더 상위기본권이라고 단정할 수는 없다. O | X

해설

[O] 이 사건 법률조항은 특정한 노동조합의 가입을 강제하는 단체협약의 체결을 용인하고 있으므로 근로자의 개인적 단결권(단결선택권)과 노동조합의 집단적 단결권(조직강제권)이 동일한 장에서 서로 충돌한다. 이와 같이 개인적 단결권과 집단적 단결권이 충돌하는 경우 기본권의 서열이론이나 법익형량의 원리에 입각하여 어느 기본권이 더 상위기본권이라고 단정할 수는 없다. 이러한 경우 헌법의 통일성을 유지하기 위하여 상충하는 기본권 모두가 최대한으로 그 기능과 효력을 발휘할 수 있도록 조화로운 방법을 모색하되(규범조화적 해석), 법익형량의 원리, 입법에 의한 선택적 재량 등을 종합적으로 참작하여 심사하여야 한다(헌재 2005.11.24, 2002헌바95).

070
23. 경정승진

기본권의 경합이란 상이한 복수의 기본권주체가 서로의 권익을 실현하기 위해 하나의 동일한 사건에서 국가에 대하여 서로 대립되는 기본권의 적용을 주장하는 경우를 말한다. O | X

해설

[X] 기본권의 충돌이란 상이한 복수의 기본권주체가 서로의 권익을 실현하기 위해 하나의 동일한 사건에서 국가에 대하여 서로 대립되는 기본권의 적용을 주장하는 경우를 말하는데, 한 기본권주체의 기본권행사가 다른 기본권주체의 기본권행사를 제한 또는 희생시킨다는 데 그 특징이 있다(헌재 2005.11.24, 2002헌바95).

071
23. 경찰간부

청구인은 의료인이 아니라도 문신시술업을 합법적인 직업으로 영위할 수 있어야 함을 주장하고 있고, 의료법 조항의 1차적 의도도 보건위생상 위해 가능성이 있는 행위를 규율하고자 하는 경우에는 직업선택의 자유를 중심으로 위헌 여부를 살피는 이상 예술의 자유 침해 여부는 판단하지 아니한다. O | X

해설

[O] 청구인들은 의료인이 아니더라도 문신시술업을 합법적인 직업으로 영위할 수 있어야 함을 주장하고 있고, 심판대상조항의 일차적 의도도 보건위생상 위해 가능성이 있는 행위를 규율하고자 하는 데 있으며, 심판대상조항에 의한 예술의 자유 또는 표현의 자유의 제한은 문신시술업이라는 직업의 자유에 대한 제한을 매개로 하여 간접적으로 제약되는 것이라 할 것인바, 사안과 가장 밀접하고 침해의 정도가 큰 직업선택의 자유를 중심으로 심판대상조항의 위헌 여부를 살피는 이상 예술의 자유와 표현의 자유 침해 여부에 대하여는 판단하지 아니한다(헌재 2022.3.31, 2017헌마1343).

072
23. 경찰간부

선거기간 중 모임을 처벌하는 공직선거법 조항에 대한 입법자의 1차적 의도는 선거기간 중 집회를 금지하는 데 있으며, 헌법상 결사의 자유보다 집회의 자유가 두텁게 보호되고, 위 조항에 의하여 직접 제약되는 자유 역시 집회의 자유이므로 집회의 자유를 침해하는지를 살핀다. O | X

해설

[O] 심판대상조항에 대한 입법자의 일차적 의도는 선거기간 중 모임, 즉 집회를 금지하고자 하는 데 있으며, 단체의 모임은 단체의 다양한 활동 중의 하나에 불과하고, 헌법상 결사의 자유보다는 집회의 자유가 두텁게 보호되며, 위 조항에 의하여 직접 제약되는 자유 역시 집회의 자유라고 할 것이다. 따라서 아래에서는 심판대상조항이 과잉금지원칙에 위반하여 집회의 자유를 침해하는지를 살핀다(헌재 2013.12.26, 2010헌가90).

073
23. 경찰간부

국립대학교 총장임용후보자 선거시 투표에서 일정 수 이상을 득표한 경우에만 기탁금 전액이나 일부를 후보자에게 반환하고, 반환되지 않은 기탁금은 국립대학교 발전기금에 귀속시키는 기탁금귀속조항에 대해서는 재산권보다 공무담임권을 중심으로 살핀다. O | X

해설

[X] 이 사건 기탁금귀속조항은 후보자가 사망하거나 제1차 투표에서 유효투표수의 100분의 15 이상을 득표한 경우에는 기탁금 전액을, 제1차 투표에서 유효투표수의 100분의 10 이상 100분의 15 미만을 득표한 경우에는 기탁금 반액을 후보자에게 반환하고, 반환되지 않은 기탁금은 경북대학교 발전기금에 귀속되도록 하고 있다. 이하에서는 이 사건 기탁금귀속조항이 후보자의 재산권을 침해하는지 여부에 대하여 살핀다(헌재 2022.5.26, 2020헌마1219).

참고 » 기탁금 귀속조항과 달리 기탁금 납부조항은 공무담임권의 침해 여부 위주로 판단하였다.

074
23. 경찰간부

단체협약을 매개로 한 조직강제[이른바 유니언 샵(UnionShop) 협정 체결]를 용인하는 경우 근로자 개인의 단결하지 않을 자유는 노동조합의 적극적 단결권보다 중시된다. O | X

해설

[X] 헌법재판소는 근로자 개인의 단결하지 않을 자유(= 소극적 단결권)보다 적극적 단결권이 중시된다고 보았다(헌재 2005.11.24, 2002헌바95).

075
04. 법행

일반론으로는 어떠한 규정이 수익적 성격을 가지는 경우 죄형법정주의가 지배하는 형사 관련 규정에 비하여 명확성의 정도가 강화되어 더 엄격한 기준이 적용된다. O | X

해설

[X] 명확성의 원칙은 모든 법률에 있어서 동일한 정도로 요구되는 것은 아니고 개개의 법률이나 법조항의 성격에 따라 요구되는 정도의 차이가 있을 수 있으며, 각각의 구성요건의 특수성과 그러한 법률이 제정되게 된 배경이나 상황에 따라 달라질 수 있다고 할 것이다. 일반론으로는 어떠한 규정이 형벌법규와 같이 부담적 성격을 가지는 경우에는 수익적 성격을 가지는 경우에 비하여 명확성의 원칙이 더욱 엄격하게 요구된다고 할 것이다(헌재 1992.2.25, 89헌가104).

076
03. 법무사

국회의 동의를 얻은 조약은 국내법과 같은 효력을 가지지만 기본권을 제한할 수는 없다. O | X

해설

[X] 국회의 동의를 얻은 조약은 법률의 효력을 가지기 때문에 기본권 제한도 가능하다.

077
05. 사시

개별사건법률의 위헌 여부는 그 규정의 형식만으로 결정되는 것이므로 그 실질적 내용이 평등원칙에 위배되는지 여부까지 심사할 필요는 없다. O | X

해설

[X] 개별사건법률은 원칙적으로 평등원칙에 위배되는 자의적 규정이라는 강한 의심을 불러일으키는 것이지만, 개별법률금지의 원칙이 법률제정에 있어서 입법자가 평등원칙을 준수할 것을 요구하는 것이기 때문에 특정 규범이 개별사건법률에 해당한다 하여 곧바로 위헌을 뜻하는 것은 아니며, 이러한 차별적 규율이 합리적인 이유로 정당화될 수 있는 경우에는 합헌적일 수 있다. 이른바 12·12 및 5·18사건의 경우 그 이전에 있었던 다른 헌정질서파괴범과 비교해 보면, 공소시효의 완성 여부에 관한 논의가 아직 진행 중이고, 집권과정에서의 불법적 요소나 올바른 헌정사의 정립을 위한 과거청산의 요청에 미루어 볼 때 비록 특별법이 개별사건법률이라고 하더라도 입법을 정당화할 수 있는 공익이 인정될 수 있으므로 위 법률조항은 헌법에 위반되지 않는다(헌재 1996.2.16, 96헌가2 등).

078
02. 법무사 변형

형사사건으로 기소된 공무원에 대하여 필요적으로 직위해제처분을 하도록 한 국가공무원법 규정은 과잉금지원칙에 위반되지 아니한다. O | X

해설

[X] 형사사건으로 기소되기만 하면 그가 국가공무원법 제33조 제1항 제3호 내지 제6호에 해당하는 유죄판결을 받을 고도의 개연성이 있는가의 여부에 무관하게 경우에 따라서는 벌금형이나 무죄가 선고될 가능성이 큰 사건인 경우에 대해서까지도 당해 공무원에게 일률적으로 직위해제처분을 하지 않을 수 없도록 한 이 사건 규정은 헌법 제37조 제2항의 비례의 원칙에 위반되어 직업의 자유를 과도하게 침해하고 헌법 제27조 제4항의 무죄추정의 원칙에도 위반된다(헌재 1998.5.28, 96헌가12). 그러나 형사사건으로 기소된 국가공무원을 임의적으로 직위해제할 수 있도록 규정한 국가공무원법 규정에 대해서는 합헌결정을 하였다(헌재 2006. 5.25, 2004헌바12).

079
07. 법무사

노래연습장에 18세 미만자의 출입을 금지하는 것은 직업행사의 자유를 제한하고, 피해의 최소성 및 법익 균형성의 원칙에도 위배되어 헌법에 위반된다. O | X

해설

[X] 노래연습장에서의 선량한 풍속을 해하거나 청소년의 건전한 육성을 저해하는 행위 등을 규제하여 미풍양속을 보존하고 청소년을 보호한다는 이 사건 기본권 제한의 목적, 즉 공익이 이에 의하여 침해받는 노래연습장 업자의 영업수행이나 일반적 행동자유권상의 불이익보다 큰 점은 분명하므로 청구인의 직업수행의 자유, 일반적 행동의 자유 및 평등권에 대한 기본권의 제한은 헌법 제37조 제2항의 한계 내에 있는 적법한 기본권의 제한이라 할 것이다(헌재 1996.2.29, 94헌마213).

080
05. 법행

치료감호기간의 상한을 정하지 아니한 구 사회보호법 제9조 제2항은 과잉금지의 원칙에 위반하여 신체의 자유를 침해한다. O | X

해설

[X] 치료감호의 기간을 미리 법정하지 않고 계속 수용하여 치료할 수 있도록 하는 것은 정신장애자의 개선 및 재활과 사회의 안전에 모두 도움이 되고 이로서 달성되는 사회적 공익은 상당히 크다고 할 수 있다. 한편, 피치료감호자는 계속적인 치료감호를 통하여 정신장애로부터의 회복을 기대할 수 있는 이익도 있을 뿐만 아니라, 가종료, 치료위탁 등 법적 절차를 통하여 장기수용의 폐단으로부터 벗어날 수도 있으므로, 이 사건 법률조항이 치료감호에 기간을 정하지 아니함으로 말미암아 초래될 수 있는 사익의 침해는 그로써 얻게 되는 공익에 비하여 크다고 볼 수 없다. 따라서 이 사건 법률조항은 과잉금지의 원칙에 위배되지 아니하므로 청구인의 신체의 자유를 침해하는 것이라고 볼 수 없다(헌재 2005.2.3, 2003헌바1).

081
05. 법행

명확성의 원칙은 헌법상 법치국가원리의 표현이므로 부담적 성격을 가진 법률규정이나 수익적 성격을 가진 규정 등 모든 법률규정에 있어서 명확성의 원칙은 동일한 정도가 요구된다. O | X

해설

[X] 명확성의 원칙은 법치국가원리의 한 표현으로서 기본권을 제한하는 법규범의 내용은 명확하여야 한다는 헌법상의 원칙이다. 명확성의 원칙에서 명확성의 정도는 모든 법률에 있어서 동일한 정도로 요구되는 것은 아니고, 개개의 법률이나 법조항의 성격에 따라 요구되는 정도에 차이가 있을 수 있으며, 각각의 구성요건의 특수성과 그러한 법률이 제정되게 된 배경이나 상황에 따라 달라질 수 있다고 할 것이다. 일반론으로는 어떠한 규정이 부담적 성격을 가지는 경우에는 수익적 성격을 가지는 경우에 비하여 명확성의 원칙이 더욱 엄격하게 요구되고, 죄형법정주의가 지배하는 형사 관련 법률에서는 명확성의 정도가 강화되어 더 엄격한 기준이 적용되지만, 일반적인 법률에서는 명확성의 정도가 그리 강하게 요구되지 않기 때문에 상대적으로 완화된 기준이 적용된다(헌재 2004.2.26, 2003헌바4).

082
07. 법원직

특별권력관계에 있어서 기본권의 제한은 법률의 근거를 요하지 아니한다. O | X

해설

[X] 오늘날에는 특별권력관계에도 법치주의가 전면적으로 적용되므로 행정주체에 의한 자의적인 기본권 제한은 허용되지 않으며 법률적 근거가 있어야 하고, 제한하는 경우에도 본질적인 내용은 침해할 수 없다.

083
07. 국회직 8급

청소년 성매수자에 대한 신상공개제도는 헌법상 일반적 인격권 및 사생활의 비밀과 자유를 침해한 것이다.
O | X

해설

[X] 공개된 형사재판에서 밝혀진 범죄인들의 신상과 전과를 일반인이 알게 된다고 하여 그들의 인격권 내지 사생활의 비밀을 침해하는 것이라고 단정하기는 어렵다(헌재 2003.6.26, 2002헌가14).

084
09. 사시

국가가 어떠한 목적을 효과적으로 달성하기 위하여 필요한 경우 원칙적으로 최소침해성의 원칙의 적용을 배제할 수 있으며, 입법에 의하여 보호하려는 이익과 침해되는 이익을 형량하는 법익균형성의 원칙에 따라야 한다.
O | X

해설

[X] 과잉금지의 원칙은 국가작용의 한계를 명시하는 것인데 목적의 정당성, 방법의 적정성, 피해의 최소성, 법익의 균형성[보호하려는 공익이 침해되는 사익보다 더 커야 한다는 것으로서 그래야만 수인(受忍)의 기대가능성이 있다는 것]을 의미하는 것으로서 그 어느 하나에라도 저촉되면 위헌이 된다는 헌법상의 원칙이다(헌재 1989.12.22, 88헌가13).

085
10. 사시

영업주가 고용한 종업원이 그 업무와 관련하여 무면허의료행위를 한 경우에, 종업원의 범죄행위가 있으면 자동적으로 영업주도 처벌하는 것은 무면허의료행위에 대한 규제의 효율성을 위한 것이므로 형벌에 관한 책임주의에 반하지 않는다.
O | X

해설

[X] 의료법 제91조 제2항은 개인이 고용한 종업원 등의 무면허의료행위 사실이 인정되면 종업원 등의 범죄행위에 대한 영업주의 가담 여부나 종업원 등의 행위를 감독할 주의의무의 위반 여부 등을 전혀 묻지 않고 곧바로 영업주인 개인을 종업원 등과 같이 처벌하도록 규정하고 있는바, 이는 아무런 비난받을 만한 행위를 한 바 없는 자에 대해서까지 다른 사람의 범죄행위를 이유로 처벌하는 것으로서 형벌에 관한 책임주의에 반하므로 헌법에 위반된다(헌재 2009.10.29, 2009헌가6).

086
23. 경정승진
10. 지방직

신법이 피적용자에게 유리한 경우에는 이른바 시혜적인 소급입법이 가능하지만 이를 입법자의 의무라고는 할 수 없고, 그러한 소급입법을 할 것인지의 여부는 입법재량의 문제로서 그 판단은 일차적으로 입법기관에 맡겨져 있으며, 이와 같은 시혜적 조치를 할 것인가 하는 문제는 국민의 권리를 제한하거나 새로운 의무를 부과하는 경우와는 달리 입법자에게 보다 광범위한 입법형성의 자유가 인정된다.
O | X

해설

[O] 신법이 피적용자에게 유리한 경우에는 이른바 시혜적인 소급입법이 가능하지만 이를 입법자의 의무라고는 할 수 없고, 그러한 소급입법을 할 것인지의 여부는 입법재량의 문제로서 그 판단은 일차적으로 입법기관에 맡겨져 있으며, 이와 같은 시혜적 조치를 할 것인가 하는 문제는 국민의 권리를 제한하거나 새로운 의무를 부과하는 경우와는 달리 입법자에게 보다 광범위한 입법형성의 자유가 인정된다(헌재 1995.12.28, 95헌마196).

087

22. 경정승진

입법자가 임의적 규정으로도 법의 목적을 실현할 수 있는 경우, 구체적 사안의 개별성과 특수성을 고려할 수 있는 가능성을 일체 배제하는 필요적 규정을 둔다면 이는 비례원칙의 한 요소인 '수단의 적합성(적절성) 원칙'에 위배된다. OIX

해설

[X] 입법자가 임의적 규정으로도 법의 목적을 실현할 수 있는 경우에 구체적 사안의 개별성과 특수성을 고려할 수 있는 가능성을 일체 배제하는 필요적 규정을 둔다면 이는 비례의 원칙의 한 요소인 "최소침해성의 원칙"에 위배된다(헌재 2000.6.1, 99헌가11).

088

10. 법무사

과잉금지의 원칙 중 방법 또는 수단의 적정성은 입법목적을 달성하기 위한 방법 또는 수단으로서 유일하게 효과적이고도 적합한 것을 선택하여야 함을 뜻한다. OIX

해설

[X] 무릇 국가가 입법, 행정 등 국가작용을 함에 있어서는 합리적인 판단에 입각하여 추구하고자 하는 사안의 목적에 적합한 조치를 취하여야 하고, 그때 선택하는 수단은 목적을 달성함에 있어서 필요하고 효과적이며 상대방에게는 최소한의 피해를 줄 때에 한해서 그 국가작용은 정당성을 가지게 되고 상대방은 그 침해를 감수하게 되는 것이다. 그런데 국가작용에 있어서 취해진 어떠한 조치나 선택된 수단은 그것이 달성하려는 사안의 목적에 적합하여야 함은 당연하지만 그 조치나 수단이 목적달성을 위하여 유일무이한 것일 필요는 없는 것이다. 국가가 어떠한 목적을 달성함에 있어서는 어떠한 조치나 수단 하나만으로서 가능하다고 판단할 경우도 있고 다른 여러가지의 조치나 수단을 병과하여야 가능하다고 판단하는 경우도 있을 수 있으므로 과잉금지의 원칙이라는 것이 목적달성에 필요한 유일의 수단선택을 요건으로 하는 것이라고 할 수는 없는 것이다(헌재 1989.12.22, 88헌가13).

089

11. 국가직

국민의 기본권을 제한하는 경우에는 일반적 법률에 의하여야 하므로 처분적 법률은 어떠한 경우에도 허용되지 않는다. OIX

해설

[X] 우리 헌법은 처분적 법률로서의 개인대상법률 또는 개별사건법률의 정의를 따로 두고 있지 않음은 물론, 이러한 처분적 법률의 제정을 금하는 명문의 규정도 두고 있지 않으므로 특정한 규범이 개인대상 또는 개별사건법률에 해당한다고 하여 그것만으로 바로 헌법에 위반되는 것은 아니다(헌재 2008.1.10, 2007헌마1468).

090

14. 국회직 8급

기본권을 제한하는 법률에 대해 명확하고 구체적일 것을 요구하는 명확성원칙은 기본적으로 최대한의 명확성을 요구한다. OIX

해설

[X] 법규범의 문언은 어느 정도 일반적·규범적 개념을 사용하지 않을 수 없기 때문에 기본적으로 '최대한이 아닌 최소한의 명확성'을 요구하는 것으로서, 법문언이 법관의 보충적인 가치판단을 통해서 그 의미내용을 확인할 수 있고, 그러한 보충적 해석이 해석자의 개인적인 취향에 따라 좌우될 가능성이 없다면 명확성원칙에 반한다고 할 수 없다(헌재 2011.9.29, 2010헌마68).

091
11. 법원직

범죄의 설정과 법정형의 종류 및 범위의 선택은 입법자가 결정할 사항으로서 광범위한 입법재량이 인정될 수 없는 분야이므로 어느 행위를 범죄로 규정하고 그 법정형을 정한 법률이 헌법상의 평등원칙 및 비례원칙에 위반되는지 여부는 엄격한 심사척도에 의해 심사되어야 한다.　　　　O | X

해설

[X] 법정형의 종류와 범위의 선택은 여러 가지 요소를 종합적으로 고려하여 입법자가 결정할 사항으로서 광범위한 입법재량 내지 형성의 자유가 인정되어야 할 분야이다. 따라서 어느 범죄에 대한 법정형이 그 범죄의 죄질 및 이에 대한 행위자의 책임에 비하여 지나치게 가혹한 것이어서 현저히 형벌체계상의 균형을 잃고 있다거나 그 범죄에 대한 형벌 본래의 목적과 기능을 달성함에 있어 필요한 정도를 일탈하였다는 등 헌법상의 평등의 원칙 및 비례의 원칙 등에 명백히 위배되는 경우가 아닌 한 쉽사리 헌법에 위반된다고 단정하여서는 아니 된다(헌재 2006.4.27, 2005헌가2).

092
15. 법원직

법률유보의 원칙은 기본권의 제한에 있어서 법률의 근거뿐만 아니라, 그 형식도 반드시 법률의 형식일 것을 요구한다.　　　　O | X

해설

[X] 헌법 제37조 제2항의 법률유보원칙은 기본권의 제한에 있어서 원칙적으로 법률에 근거하여 제한할 것을 요구하는 것이고, 그 형식도 반드시 법률의 형식일 것을 요구하는 것은 아니다. 따라서, 국회가 제정한 형식적 의미의 법률이 아니더라도 법률과 같은 효력이 있는 대통령의 긴급명령이나 긴급재정경제명령, 국회의 동의를 거쳐 체결·비준된 조약, 법률의 위임을 받은 법규명령이나 조례에 의한 기본권 제한도 가능하다.

093
16. 법원직

입법목적을 달성하기 위하여 가능한 여러 수단들 가운데 구체적으로 어느 것을 선택할 것인가의 문제는 기본적으로 입법재량에 속하지만, 반드시 가장 합리적이며 효율적인 수단을 선택해야 한다.　　　　O | X

해설

[X] 입법목적을 달성하기 위하여 가능한 여러 수단들 가운데 구체적으로 어느 것을 선택할 것인가의 문제가 기본적으로 입법재량에 속하는 것이기는 하다. 그러나 위 입법재량이라는 것도 자유재량을 말하는 것은 아니므로 입법목적을 달성하기 위한 수단으로서 반드시 가장 합리적이며 효율적인 수단을 선택하여야 하는 것은 아니라고 할지라도 적어도 현저하게 불합리하고 불공정한 수단의 선택은 피하여야 할 것이다(헌재 1996.4.25, 92헌바47).

094
16. 법원직

입법자가 임의적 규정으로도 법의 목적을 실현할 수 있는 경우에 구체적 사안의 개별성과 특수성을 고려할 수 있는 가능성을 일체 배제하는 필요적 규정을 두었다고 해서 최소침해성의 원칙에 위배될 여지는 없다.　　　　O | X

해설

[X] 입법자가 임의적 규정으로도 법의 목적을 실현할 수 있는 경우에 구체적 사안의 개별성과 특수성을 고려할 수 있는 가능성을 일체 배제하는 필요적 규정을 둔다면 이는 비례의 원칙의 한 요소인 '최소침해성의 원칙'에 위배된다(헌재 2000.6.1, 99헌가11 등).

095
17. 국회직 9급

명확성의 원칙은 기본적으로 최소한이 아닌 최대한의 명확성을 요구하는 것이다.　　　　O | X

해설

> [X] 명확성의 원칙이란 기본적으로 최대한이 아닌 최소한의 명확성을 요구하는 것이다. 그러므로 법문언이 해석을 통해서, 즉 법관의 보충적인 가치판단을 통해서 그 의미내용을 확인해낼 수 있고, 그러한 보충적 해석이 해석자의 개인적인 취향에 따라 좌우될 가능성이 없다면 명확성의 원칙에 반한다고 할 수 없다(헌재 1998.4.30, 95헌가16).

096
17. 서울시

전문과목을 표시한 치과의원에게 그 표시한 전문과목에 해당하는 환자만을 진료하도록 한 의료법 조항은 명확성원칙에 위배된다.　　　　O | X

해설

> [X] 치과전문의가 되기 위해서는 치과의사면허를 받은 자가 치과전공의 수련과정을 거쳐 치과전문의 자격시험에 합격해야 하므로, 심판대상조항의 수범자인 치과전문의는 각 전문과목의 진료내용과 진료영역 및 전문과목간의 차이점 등을 알 수 있다. 따라서 심판대상조항은 명확성원칙에 위배되어 직업수행의 자유를 침해한다고 볼 수 없다(헌재 2015.5.28, 2013헌마799).
>
> ☑ 주의 과잉금지원칙 위반으로 인한 직업수행의 자유 침해는 인정하였다.
> 심판대상조항이 달성하고자 하는 적정한 치과 의료전달체계의 정립 및 치과전문의의 특정 전문과목에의 편중 방지라는 공익은 중요하나, 심판대상조항으로 그러한 공익이 얼마나 달성될 수 있을 것인지 의문인 반면, 치과의원의 치과전문의가 표시한 전문과목 이외의 영역에서 치과일반의로서의 진료도 전혀 하지 못하는 데서 오는 사적인 불이익은 매우 크므로, 심판대상조항은 과잉금지원칙에 위배되어 청구인들의 직업수행의 자유를 침해한다(헌재 2015.5.28, 2013헌마799).

097
17. 서울시

학원법에 따른 등록을 하지 아니하고 학원을 설립·운영한 자를 처벌하도록 한 학원법 조항은 명확성원칙에 위배된다.　　　　O | X

해설

> [X] 당초 학원설립·운영의 등록을 하였다가 변경사항을 등록하지 않아 벌금형을 선고받고 그 등록의 효력이 상실된 경우, 다시 학원설립·운영의 등록을 하지 아니한 채 학원을 운영하였다면 이 사건 처벌조항이 적용되는 것은 명백하다고 할 것이므로, 이 사건 처벌조항은 죄형법정주의의 명확성원칙에 반하지 아니한다(헌재 2014.1.28, 2011헌바252).

098
17. 서울시

공공수역에 다량의 토사를 유출하거나 버려 상수원 또는 하천·호소를 현저히 오염되게 한 자를 처벌하는 수질 및 수생태계 보전에 관한 법률 조항 중 '다량, 토사, 현저히 오염' 부분은 명확성원칙에 위배된다.　　　　O | X

해설

> [O] 이 사건 벌칙규정이나 관련 법령 어디에도 '토사'의 의미나 '다량'의 정도, '현저히 오염'되었다고 판단할 만한 기준에 대하여 아무런 규정도 하지 않고 있으므로, 일반 국민으로서는 자신의 행위가 처벌대상인지 여부를 예측하기 어렵고, 감독 행정관청이나 법관의 자의적인 법해석과 집행을 초래할 우려가 매우 크므로 이 사건 벌칙규정은 죄형법정주의의 명확성원칙에 위배된다(헌재 2013.7.25, 2011헌가26 등).

099

22. 지방직
17. 서울시

공중도덕상 유해한 업무에 취업시킬 목적으로 근로자를 파견한 사람을 형사처벌하도록 한 파견근로자보호 등에 관한 법률 조항 중 공중도덕 부분은 명확성원칙에 위배되지 않는다. O | X

해설

[X] '공중도덕(公衆道德)'은 시대상황, 사회가 추구하는 가치 및 관습 등 시간적·공간적 배경에 따라 그 내용이 얼마든지 변할 수 있는 규범적 개념이므로, 그것만으로는 구체적으로 무엇을 의미하는지 설명하기 어렵다. 파견근로자보호 등에 관한 법률(이하 '파견법'이라 한다)의 입법목적에 비추어보면, 심판대상조항은 공중도덕에 어긋나는 업무에 근로자를 파견할 수 없도록 함으로써 근로자를 보호하고 올바른 근로자파견사업 환경을 조성하려는 취지임을 짐작해 볼 수 있다. 하지만 이것만으로는 '공중도덕'을 해석함에 있어 도움이 되는 객관적이고 명확한 기준을 얻을 수 없다. 파견법은 '공중도덕상 유해한 업무'에 관한 정의조항은 물론 그 의미를 해석할 수 있는 수식어를 두지 않았으므로, 심판대상조항이 규율하는 사항을 바로 알아내기도 어렵다. 심판대상조항과 관련하여 파견법이 제공하고 있는 정보는 파견사업주가 '공중도덕상 유해한 업무'에 취업시킬 목적으로 근로자를 파견한 경우 불법파견에 해당하여 처벌된다는 것뿐이다. 파견법 전반에 걸쳐 심판대상조항과 유의미한 상호관계에 있는 다른 조항을 발견할 수 없고, 파견법 제5조, 제16조 등 일부 관련성이 인정되는 규정은 심판대상조항 해석기준으로 활용하기 어렵다. 결국, 심판대상조항의 입법목적, 파견법의 체계, 관련조항 등을 모두 종합하여 보더라도 '공중도덕상 유해한 업무'의 내용을 명확히 알 수 없다. 아울러 심판대상조항에 관한 이해관계기관의 확립된 해석기준이 마련되어 있다거나, 법관의 보충적 가치판단을 통한 법문 해석으로 심판대상조항의 의미내용을 확인할 수 있다는 사정을 발견하기도 어렵다. 심판대상조항은 건전한 상식과 통상적 법감정을 가진 사람으로 하여금 자신의 행위를 결정해 나가기에 충분한 기준이 될 정도의 의미내용을 가지고 있다고 볼 수 없으므로 죄형법정주의의 명확성원칙에 위배된다 (헌재 2016.11.24, 2015헌가23).

100

20. 변호사

건전한 상식과 통상적인 법감정을 가진 사람은 군복 및 군용장구의 단속에 관한 법률상 판매목적 소지가 금지되는 '유사군복'에 어떠한 물품이 해당하는지 예측할 수 있고, 유사군복을 정의한 조항에서 법 집행자에게 판단을 위한 합리적 기준이 제시되고 있으므로 '유사군복' 부분은 명확성원칙에 위반되지 아니한다. O | X

해설

[O] 심판대상조항의 문언과 입법취지, 위와 같은 사정을 종합하면, 건전한 상식과 통상적인 법감정을 가진 사람은 '군복 및 군용장구의 단속에 관한 법률'상 판매목적 소지가 금지되는 '유사군복'에 어떠한 물품이 해당하는지를 예측할 수 있고, 유사군복을 정의한 조항에서 법 집행자에게 판단을 위한 합리적 기준이 제시되고 있어 심판대상조항이 자의적으로 해석되고 적용될 여지가 크다고 할 수 없다. 따라서 심판대상조항은 죄형법정주의의 명확성원칙에 위반되지 아니한다(헌재 2019.4.11, 2018헌가14).

101
20. 변호사

선거운동을 위한 호별방문금지 규정에도 불구하고 '관혼상제의 의식이 거행되는 장소와 도로·시장·점포·다방·대합실 기타 다수인이 왕래하는 공개된 장소'에서의 지지호소를 허용하는 공직선거법 조항 중 '기타 다수인이 왕래하는 공개된 장소' 부분은, 해당 장소의 구조와 용도, 외부로부터의 접근성 및 개방성의 정도 등을 종합적으로 고려할 때 '관혼상제의 의식이 거행되는 장소와 도로·시장·점포·다방·대합실'과 유사하거나 이에 준하여 일반인의 자유로운 출입이 가능한 개방된 곳을 의미한다고 충분히 해석할 수 있으므로 명확성원칙에 위반된다고 할 수 없다.　　　　O | X

해설

> [O] 이 사건 지지호소 조항의 문언과 입법취지에 비추어보면, 이 사건 호별방문 조항에도 불구하고 예외적으로 선거운동을 위하여 지지호소를 할 수 있는 '기타 다수인이 왕래하는 공개된 장소'란, 해당 장소의 구조와 용도, 외부로부터의 접근성 및 개방성의 정도 등을 종합적으로 고려할 때 '관혼상제의 의식이 거행되는 장소와 도로·시장·점포·다방·대합실'과 유사하거나 이에 준하여 일반인의 자유로운 출입이 가능한 개방된 곳을 의미한다고 충분히 해석할 수 있다. 따라서 이 사건 지지호소 조항은 죄형법정주의 명확성원칙에 위반된다고 할 수 없다(헌재 2019.5.30, 2017헌바458).

102
21. 변호사

아동·청소년이용음란물을 제작한 자를 형사처벌하는 아동·청소년의 성보호에 관한 법률 조항 중 '제작' 부분은, 객관적으로 아동·청소년이용음란물을 촬영하여 재생이 가능한 형태로 저장할 것을 전체적으로 기획하고 구체적인 지시를 하는 등으로 책임을 지는 것으로 해석되므로 명확성원칙에 위배되지 않는다.　　　　O | X

해설

> [O] 심판대상조항이 규정하는 '제작'의 의미는 객관적으로 아동·청소년이용음란물을 촬영하여 재생이 가능한 형태로 저장할 것을 전체적으로 기획하고 구체적인 지시를 하는 등으로 책임을 지는 것이며, 피해자인 아동·청소년의 동의 여부나 영리목적 여부를 불문함은 물론 해당 영상을 직접 촬영하거나 기기에 저장할 것을 요하지도 않는 것으로 해석되고, 죄형법정주의의 명확성원칙에 위반되지 아니한다(헌재 2019.12.27, 2018헌바46).

103
20. 변호사

허가받은 지역 밖에서의 이송업의 영업을 금지하고 처벌하는 응급의료에 관한 법률 조항은 영업의 일반적 의미와 위 법률의 관련 규정을 유기적·체계적으로 종합하여 보더라도 허가받은 지역 밖에서 할 수 없는 이송업에 환자이송과정에서 부득이 다른 지역을 지나가는 경우 또는 허가받지 아니한 지역에서 실시되는 운동경기·행사를 위하여 부근에서 대기하는 경우 등도 포함되는지 여부가 불명확하여 명확성원칙에 위배된다.　　　　O | X

해설

> [X] 영업의 일반적 의미와 응급의료법의 관련 규정을 유기적·체계적으로 종합하여 보면, 심판대상조항의 수범자인 이송업자는 처벌조항이 처벌하고자 하는 행위가 무엇이고 그에 대한 형벌이 어떤 것인지 예견할 수 있으며, 심판대상조항의 합리적인 해석이 가능하므로, 심판대상조항은 죄형법정주의의 명확성원칙에 위배되지 아니한다(헌재 2018.2.22, 2016헌바100).

□□□
104
20. 국가직

취소소송 등의 제기시 행정소송법 조항의 집행정지의 요건으로 규정한 '회복하기 어려운 손해'는 건전한 상식과 통상적인 법감정을 가진 사람이 심판대상조항의 의미내용을 파악하기 어려우므로 명확성원칙에 위배된다.

O | X

해설

[X] 집행정지요건으로 규정한 '회복하기 어려운 손해'는 대법원 판례에 의하여 '특별한 사정이 없는 한 금전으로 보상할 수 없는 손해로서 이는 금전보상이 불능인 경우 내지는 금전보상으로는 사회관념상 행정처분을 받은 당사자가 참고 견딜 수 없거나 또는 참고 견디기가 현저히 곤란한 경우의 유형·무형의 손해'를 의미한 것으로 해석할 수 있고, '긴급한 필요'란 손해의 발생이 시간상 임박하여 손해를 방지하기 위해서 본안판결까지 기다릴 여유가 없는 경우를 의미하는 것으로, 이는 집행정지가 임시적 권리구제제도로서 잠정성, 긴급성, 본안소송에의 부종성의 특징을 지니는 것이라는 점에서 그 의미를 쉽게 예측할 수 있다. 이와 같이 심판대상조항은 법관의 법 보충작용을 통한 판례에 의하여 합리적으로 해석할 수 있고, 자의적인 법해석의 위험이 있다고 보기 어려우므로 명확성원칙에 위배되지 않는다(헌재 2018.1.25, 2016헌바208).

□□□
105
20. 국가직

정당한 이유 없이 이 법에 규정된 범죄에 공용(供用)될 우려가 있는 흉기나 그 밖의 위험한 물건을 휴대한 사람을 처벌하도록 규정한 폭력행위 등 처벌에 관한 법률 조항에서 '공용(供用)될 우려가 있는'은 흉기나 그 밖의 위험한 물건이 '사용될 위험성이 있는'의 뜻으로 해석할 수 있으므로 죄형법정주의의 명확성원칙에 위배되지 않는다.

O | X

해설

[O] '정당한 이유 없이 이 법에 규정된 범죄에 공용(供用)될 우려가 있는' 부분은 '흉기나 위험한 물건을 휴대할 만한 충분한 사유가 없이 폭력행위처벌법에 규정된 범죄에 사용될 위험성이 있는'의 의미로 구체화할 수 있으므로 죄형법정주의의 명확성원칙에 위배되지 않는다(헌재 2018.5.31, 2016헌바250).

□□□
106
21. 경정승진

어린이집이 시·도지사가 정한 수납한도액을 초과하여 보호자로부터 필요경비를 수납한 것에 대해 해당 시·도지사가 영유아보육법에 근거하여 발할 수 있도록 한 '시정 또는 변경' 명령은 명확성원칙에 위배되지 않는다.

O | X

해설

[O] 심판대상조항이 규정하고 있는 '시정 또는 변경' 명령은 '영유아보육법 제38조 위반행위에 대하여 그 위법사실을 시정하도록 함으로써 정상적인 법질서를 회복하는 것을 목적으로 행해지는 행정작용'으로, 여기에는 과거의 위반행위로 인하여 취득한 필요경비 한도초과액에 대한 환불명령도 포함됨을 어렵지 않게 예측할 수 있다. 그렇다면 심판대상조항 자체에 시정 또는 변경 명령의 내용으로 환불명령을 명시적으로 규정하지 않았다고 하여 명확성원칙에 위배된다고 볼 수 없다(헌재 2017.12.28, 2016헌바249).

□□□
107
22. 지방직

형의 선고와 함께 소송비용 부담의 재판을 받은 피고인이 '빈곤'을 이유로 해서만 집행면제를 신청할 수 있도록 한 형사소송법 규정에 따른 소송비용에 관한 부분 중 '빈곤'은 경제적 사정으로 소송비용을 납부할 수 없는 경우를 지칭하는 것으로 해석될 수 있으므로 명확성원칙에 위배되지 않는다.

O | X

해설

[O] '빈곤'은 경제적 사정으로 소송비용을 납부할 수 없는 경우를 지칭하는 것으로 해석될 수 있으므로 집행면제 신청 조항은 명확성원칙에 위배되지 않는다(헌재 2021.2.25, 2019헌바64).

108

20. 국회직 8급

법인의 대표자 등이 법인의 재산을 국외로 도피한 경우 행위자를 벌하는 외에 그 법인에도 도피액의 2배 이상 10배 이하에 상당하는 벌금형을 과하는 특정경제범죄 가중처벌 등에 관한 법률 제4조 제4항 본문 중 '법인에 대한 처벌'에 관한 부분은 책임주의에 위반되지 않는다. O | X

해설

[O] [1] 법인 대표자의 법규위반행위에 대한 법인의 책임은 법인 자신의 법규위반행위로 평가될 수 있는 행위에 대한 법인의 직접 책임이므로, 대표자의 고의에 의한 위반행위에 대하여는 법인이 고의책임을, 대표자의 과실에 의한 위반행위에 대하여는 법인이 과실책임을 부담한다. 따라서 청구인이 대표자가 범한 횡령행위의 피해자로서 손해만을 입고 아무런 이익을 얻지 못한 경우라도, 법인이 대표자를 통하여 재산국외도피를 하였다면 그 자체로 법인 자신의 법규위반행위로 평가할 수 있다. 심판대상조항 중 법인의 대표자 관련 부분은 법인의 직접책임을 근거로 하여 법인을 처벌하므로 책임주의원칙에 반하지 아니한다.

[2] 종업원 등이 재산국외도피행위를 함에 있어 법인이 그 위반행위를 방지하기 위하여 해당 업무에 관하여 상당한 주의와 감독을 게을리한 경우라면, 법인이 설령 종업원 등이 범한 횡령행위의 피해자의 지위에 있다 하더라도, 종업원 등의 범죄행위에 대한 관리감독책임을 물어 법인에도 형벌을 부과할 수 있다. 따라서 심판대상조항 중 법인의 종업원 등 관련 부분은 법인의 과실책임에 기초하여 법인을 처벌하므로 책임주의원칙에 반하지 아니한다(헌재 2019.4.11, 2015헌바443).

109

23. 경찰 1차
19. 국회직 9급

피해학생의 보호에만 치중하여 가해학생에 대하여 무기한 내지 지나치게 장기간의 출석정지조치가 취해질 수 있는, 즉 출석정지기간의 상한을 두지 아니한 징계조치조항은 침해의 최소성원칙에 위배된다. O | X

해설

[X] 이 사건 징계조치조항에서 수개의 조치를 병과하고 출석정지기간의 상한을 두지 않음으로써 구체적 사정에 따라 다양한 조치를 취할 수 있도록 한 것은, 피해학생의 보호 및 가해학생의 선도·교육을 위하여 바람직하다고 할 것이고, 이 사건 징계조치조항보다 가해학생의 학습의 자유를 덜 제한하면서, 피해학생에게 심각한 피해와 지속적인 영향을 미칠 수 있는 학교폭력에 구체적·탄력적으로 대처하고, 피해학생을 우선적으로 보호하면서 가해학생도 선도·교육하려는 입법목적을 이 사건 징계조치조항과 동일한 수준으로 달성할 수 있는 입법의 대안이 있다고 보기 어렵다. … 따라서 이 사건 징계조치조항은 침해의 최소성원칙에 위반되지 아니한다(헌재 2019.4.11, 2017헌바140).

110

19. 국회직 9급

민주화보상법이 보상금 등 산정에 있어 정신적 손해에 대한 배상을 전혀 반영하지 않고 있으므로, 이와 무관한 보상금 등을 지급한 다음 정신적 손해에 대한 배상청구마저 금지하는 것은 법익의 균형성에 위반된다. O | X

해설

[O] 민주화보상법은 보상금 등 산정에 있어 정신적 손해에 대한 배상을 전혀 반영하지 않고 있으므로, 이와 무관한 보상금 등을 지급한 다음 정신적 손해에 대한 배상청구마저 금지하는 것은 적절한 손배배상을 전제로 한 관련자의 신속한 구제와 지급결정에 안정성 부여라는 공익에 부합하지 않음에 반하여, 그로 인해 제한되는 사익은 공무원의 직무상 불법행위로 인하여 유죄판결을 받거나 해직되는 등으로 입은 정신적 고통에 대해 적절한 배상을 받지 않았음에도 불구하고 그에 대한 손해배상청구권이 박탈된다는 것으로서, 달성할 수 있는 공익에 비하여 사익 제한의 정도가 지나치게 크다. 그러므로 심판대상조항 중 정신적 손해에 관한 부분은 법익의 균형성에도 위반된다. 따라서 심판대상조항의 '민주화운동과 관련하여 입은 피해' 중 적극적·소극적 손해에 관한 부분은 과잉금지원칙에 위반되지 아니하나, 정신적 손해에 관한 부분은 과잉금지원칙에 위반되어 관련자와 그 유족의 국가배상청구권을 침해한다(헌재 2018.6.28, 2011헌바379).

111
20. 국회직 8급

출정시 청구인이 교도관과 동행하면서 교도관이 청구인에게 재판 시작 전까지 행정법정 방청석에서 보호장비를 착용하도록 한 것은 과잉금지원칙에 위배된다. O | X

해설

[X] 민사법정 내 보호장비 사용행위는 출정 기회를 이용한 도주 등 교정사고를 예방하고 법정질서 유지에 협력하기 위한 적합한 수단이다. … 출정시 수용자 의류를 입고 교도관과 동행하였으며 재판 시작 전까지 보호장비를 사용하였던 청구인이 민사법정 내에서 보호장비를 사용하게 되어 영향을 받는 인격권, 신체의 자유 정도는 제한적인 반면, 민사법정 내 교정사고를 예방하고 법정질서 유지에 협력하고자 하는 공익은 매우 중요하다. 따라서 민사법정 내 보호장비 사용행위는 과잉금지원칙에 위반되어 청구인의 인격권과 신체의 자유를 침해하지 아니한다(헌재 2018.6.28, 2017헌마181).

112
22. 경찰간부

구 공직선거법에서 지방자치단체의 장 선거 예비후보자가 정당의 공천심사에서 탈락한 후 후보자등록을 하지 않은 경우를 기탁금 반환 사유로 규정하지 않은 것은 과잉금지원칙에 위배된다. O | X

해설

[O] 예비후보자가 본선거에서 정당후보자로 등록하려 하였으나 자신의 의사와 관계없이 정당 공천관리위원회의 심사에서 탈락하여 본선거의 후보자로 등록하지 아니한 것은 후보자 등록을 하지 못할 정도에 이르는 객관적이고 예외적인 사유에 해당한다. 따라서 이러한 사정이 있는 예비후보자가 납부한 기탁금은 반환되어야 함에도 불구하고, 심판대상조항이 이에 관한 규정을 두지 아니한 것은 입법형성권의 범위를 벗어난 과도한 제한이라고 할 수 있다. … 그러므로 심판대상조항은 과잉금지원칙에 반하여 청구인의 재산권을 침해한다(헌재 2018.1.25, 2016헌마541).

113
22. 경찰간부

변호사법에서 변호사는 계쟁권리(係爭權利)를 양수할 수 없다고 규정하고 이를 위반시 형사처벌을 부과하도록 규정한 것은 변호사가 당해 업무를 처리하며 정당한 보수를 받는 방법을 일률적으로 금지하고 있으므로 과잉금지원칙에 위배된다. O | X

해설

[X] 심판대상조항으로 인하여 변호사가 보수의 명목으로 계쟁권리를 양수하지 못하게 되는 점이 있으나 이는 심판대상조항이 추구하는 입법목적인 변호사의 품위와 직무의 독립성 유지 및 의뢰인과의 이익 충돌 방지라는 공익적 중대함에 결코 미치지 못한다. 그러므로 심판대상조항은 법익의 균형성도 갖추었다(헌재 2021.10.28, 2020헌바48).

114
22. 경정승진

과잉금지원칙은 기본권 제한의 방법상 한계로서 헌법 제37조 제2항의 '필요한 경우에 한하여' 부분에서 그 근거를 찾을 수 있다. O | X

해설

[O] 헌법은 제37조 제2항에서 국민의 모든 자유와 권리는 국가안전보장·질서유지·공공이익을 위하여 필요한 경우에 한하여 법률로써 제한할 수 있지만, 제한하는 경우에도 자유와 권리의 본질적인 내용은 침해할 수 없다고 규정하고 있다. 여기에는 네 가지의 법률유보의 한계가 내포되어 있는데, 목적상의 한계는 '국가안전보장·질서유지·공공복리를 위하여'라는 규정에 있으며, 형식상의 한계는 '법률로써 제한 할 수 있다'는 규정, 내용상의 한계는 '본질적인 내용은 침해할 수 없다'라는 규정, 방법상의 한계는 '필요한 경우에 한하여'라는 규정이 바로 그것이다.

□□□
115
22. 경정승진

국민의 기본권을 제한하는 입법은 그 목적이 헌법 및 법률의 체제상 정당성이 인정되어야 하고, 그 목적의 달성을 위하여 방법이 효과적이고 적절하여야 하며, 입법권자가 선택한 방법이 설사 적절하다고 하더라도 보다 완화된 형태나 방법을 모색함으로써 기본권의 제한은 필요한 최소한도에 그치도록 하여야 하며, 입법에 의하여 보호하려는 공익과 침해되는 사익을 비교형량할 때 보호되는 공익이 더 커야 한다. O | X

해설

[O] 과잉금지의 원칙이라는 것은 국가가 국민의 기본권을 제한하는 내용의 입법활동을 함에 있어서, 준수하여야 할 기본원칙 내지 입법활동의 한계를 의미하는 것으로서 국민의 기본권을 제한하려는 입법의 목적이 헌법 및 법률의 체제상 그 정당성이 인정되어야 하고(목적의 정당성), 그 목적의 달성을 위하여 그 방법(조세의 소급우선)이 효과적이고 적절하여야 하며(방법의 적절성), 입법권자가 선택한 기본권 제한(담보물권의 기능상실과 그것에서 비롯되는 사유재산권 침해)의 조치가 입법목적달성을 위하여 설사 적절하다 할지라도 보다 완화된 형태나 방법을 모색함으로써 기본권의 제한은 필요한 최소한도에 그치도록 하여야 하며(피해의 최소성), 그 입법에 의하여 보호하려는 공익과 침해되는 사익을 비교형량할 때 보호되는 공익이 더 커야 한다(법익의 균형성)는 헌법상의 원칙이다(헌재 1990.9.3, 89헌가95).

□□□
116
22. 경정승진

입법목적을 달성하기 위한 수단으로서 반드시 가장 합리적이며 효율적인 수단을 선택하여야 하는 것은 아니라고 할지라도 적어도 현저하게 불합리하고 불공정한 수단의 선택은 피하여야 한다. O | X

해설

[O] 입법목적을 달성하기 위한 수단으로서 반드시 가장 합리적이며 효율적인 수단을 선택하여야 하는 것은 아니라고 할지라도 적어도 현저하게 불합리하고 불공정한 수단의 선택은 피하여야 할 것인바 복수조합설립금지라는 수단을 선택한 것은 현저하게 불합리하고 불공정한 것이므로 이는 위헌임이 명백하다(헌재 1996.4.25, 92헌바47).

□□□
117
22. 경정승진

입법자가 임의적 규정으로도 법의 목적을 실현할 수 있는 경우, 구체적 사안의 개별성과 특수성을 고려할 수 있는 가능성을 일체 배제하는 필요적 규정을 둔다면 이는 비례원칙의 한 요소인 '수단의 적합성(적절성)원칙'에 위배된다. O | X

해설

[X] 입법자가 임의적 규정으로도 법의 목적을 실현할 수 있는 경우에 구체적 사안의 개별성과 특수성을 고려할 수 있는 가능성을 일체 배제하는 필요적 규정을 둔다면, 이는 비례의 원칙의 한 요소인 '최소침해성의 원칙'에 위배된다(헌재 1998.5.28, 96헌가12).

118

법률유보의 원칙은 '법률에 의한' 규율만을 뜻하는 것이 아니라 '법률에 근거한' 규율을 요청하는 것이므로 기본권 제한의 형식이 반드시 법률의 형식일 필요는 없고 법률에 근거를 두면서 헌법 제75조가 요구하는 위임의 구체성과 명확성을 구비하기만 하면 위임입법에 의하여도 기본권 제한을 할 수 있다.

O | X

해설

[O] 국민의 기본권은 헌법 제37조 제2항에 의하여 국가안전보장, 질서유지 또는 공공복리를 위하여 필요한 경우에 한하여 이를 제한할 수 있으나 그 제한은 원칙적으로 법률로써만 가능하며, 제한하는 경우에도 기본권의 본질적 내용을 침해할 수 없고 필요한 최소한도에 그쳐야 한다. 이러한 법률유보의 원칙은 '법률에 의한' 규율만을 뜻하는 것이 아니라 '법률에 근거한' 규율을 요청하는 것이므로 기본권 제한의 형식이 반드시 법률의 형식일 필요는 없고 법률에 근거를 두면서 헌법 제75조가 요구하는 위임의 구체성과 명확성을 구비하기만 하면 위임입법에 의하여도 기본권 제한을 할 수 있다 할 것이다(헌재 2005.2.24, 2003헌마289).

119

텔레비전방송수신료금액의 결정은 납부의무자의 범위 등과 함께 수신료에 관한 본질적인 중요한 사항이라고 보기 어려우므로 한국방송공사법 제36조 제1항이 국회의 결정이나 관여를 배제하고 한국방송공사로 하여금 수신료금액을 결정해서 문화관광부장관의 승인을 얻도록 하더라도 법률유보원칙에 위반되지 않는다.

O | X

해설

[X] 오늘날 법률유보원칙은 단순히 행정작용이 법률에 근거를 두기만 하면 충분한 것이 아니라, 국가공동체와 그 구성원에게 기본적이고도 중요한 의미를 갖는 영역, 특히 국민의 기본권실현과 관련된 영역에 있어서는 국민의 대표자인 입법자가 그 본질적 사항에 대해서 스스로 결정하여야 한다는 요구까지 내포하고 있다(의회유보원칙). 그런데 텔레비전방송수신료는 대다수 국민의 재산권 보장의 측면이나 한국방송공사에게 보장된 방송자유의 측면에서 국민의 기본권실현에 관련된 영역에 속하고, 수신료금액의 결정은 납부의무자의 범위 등과 함께 수신료에 관한 본질적인 중요한 사항이므로 국회가 스스로 행하여야 하는 사항에 속하는 것임에도 불구하고 한국방송공사법 제36조 제1항에서 국회의 결정이나 관여를 배제한 채 한국방송공사로 하여금 수신료금액을 결정해서 문화관광부장관의 승인을 얻도록 한 것은 법률유보원칙에 위반된다(헌재 1999.5.27, 98헌바70).

120

침해의 최소성의 관점에서, 입법자는 그가 의도하는 공익을 달성하기 위하여 우선 기본권을 보다 적게 제한하는 단계인 기본권행사의 '방법'에 관한 규제로써 공익을 실현할 수 있는가를 시도하고 이러한 방법으로는 공익달성이 어렵다고 판단되는 경우에 비로소 그 다음 단계인 기본권행사의 '여부'에 관한 규제를 선택해야 한다.

O | X

해설

[O] 입법자는 공익실현을 위하여 기본권을 제한하는 경우에도 입법목적을 실현하기에 적합한 여러 수단 중에서 되도록 국민의 기본권을 가장 존중하고 기본권을 최소로 침해하는 수단을 선택해야 한다. 기본권을 제한하는 규정은 기본권행사의 '방법'에 관한 규정과 기본권행사의 '여부'에 관한 규정으로 구분할 수 있다. 침해의 최소성의 관점에서, 입법자는 그가 의도하는 공익을 달성하기 위하여 우선 기본권을 보다 적게 제한하는 단계인 기본권행사의 '방법'에 관한 규제로써 공익을 실현할 수 있는가를 시도하고 이러한 방법으로는 공익달성이 어렵다고 판단되는 경우에 비로소 그 다음 단계인 기본권행사의 '여부'에 관한 규제를 선택해야 한다(헌재 1998.5.28, 96헌가5).

□□□
121
22. 경정승진

특정규범이 개별사건법률에 해당한다 하여 곧바로 위헌을 뜻하는 것은 아니며, 비록 특정법률 또는 법률조항이 단지 하나의 사건만을 규율하려고 한다 하더라도 이러한 차별적 규율이 합리적인 이유로 정당화될 수 있는 경우에는 합헌적일 수 있다.　　　　　　　　　　　　　　　　　　　　　O | X

해설

[O] 개별사건법률은 개별사건에만 적용되는 것이므로 원칙적으로 평등원칙에 위배되는 자의적인 규정이라는 강한 의심을 불러일으킨다. 그러나 개별사건법률금지의 원칙이 법률제정에 있어서 입법자가 평등원칙을 준수할 것을 요구하는 것이기 때문에, 특정규범이 개별사건법률에 해당한다 하여 곧바로 위헌을 뜻하는 것은 아니다. 비록 특정법률 또는 법률조항이 단지 하나의 사건만을 규율하려고 한다 하더라도 이러한 차별적 규율이 합리적인 이유로 정당화될 수 있는 경우에는 합헌적일 수 있다. 따라서 개별사건법률의 위헌 여부는, 그 형식만으로 가려지는 것이 아니라, 나아가 평등의 원칙이 추구하는 실질적 내용이 정당한지 아닌지를 따져야 비로소 가려진다(헌재 1996.2.16, 96헌가2).

□□□
122
22. 경찰 1차

형법 제304조 중 "혼인을 빙자하여 음행의 상습없는 부녀를 기망하여 간음한 자" 부분은 형벌규정을 통하여 추구하고자 하는 목적 자체가 헌법에 의하여 허용되지 않는 것으로서 그 정당성이 인정되지 않는다.　　　　　　　　　　　　　　　　　　　　　O | X

해설

[O] 이 사건 법률조항의 경우 입법목적에 정당성이 인정되지 않는다. 첫째, 남성이 위력이나 폭력 등 해악적 방법을 수반하지 않고서 여성을 애정행위의 상대방으로 선택하는 문제는 그 행위의 성질상 국가의 개입이 자제되어야 할 사적인 내밀한 영역인데다 또 그 속성상 과장이 수반되게 마련이어서 우리 형법이 혼전 성관계를 처벌대상으로 하지 않고 있으므로 혼전 성관계의 과정에서 이루어지는 통상적 유도행위 또한 처벌해야 할 이유가 없다. 결국 이 사건 법률조항은 목적의 정당성, 수단의 적절성 및 피해최소성을 갖추지 못하였고 법익의 균형성도 이루지 못하였으므로, 헌법 제37조 제2항의 과잉금지원칙을 위반하여 남성의 성적 자기결정권 및 사생활의 비밀과 자유를 과잉제한하는 것으로 헌법에 위반된다(헌재 2009.11.26, 2008헌바58).

□□□
123
22. 경찰 1차

배우자 있는 자의 간통행위 및 그와의 상간행위를 2년 이하의 징역에 처하도록 규정한 형법 제241조는 선량한 성풍속 및 일부일처제에 기초한 혼인제도를 보호하고 부부간 정조의무를 지키게 하기 위한 것으로 그 입법목적의 정당성은 인정된다.　　　　　　　　　　　　　　　　　　　　　O | X

해설

[O] 심판대상조항은 선량한 성풍속 및 일부일처제에 기초한 혼인제도를 보호하고 부부간 정조 의무를 지키게 하기 위한 것으로 그 입법목적의 정당성은 인정된다. 오늘날 간통죄는 간통행위자 중 극히 일부만 처벌될 뿐만 아니라 잠재적 범죄자를 양산하여 그들의 기본권을 제한할 뿐, 혼인제도 및 정조의무를 보호하기 위한 실효성은 잃게 되었다. 혼인과 가정의 유지는 당사자의 자유로운 의지와 애정에 맡겨야지, 형벌을 통하여 타율적으로 강제될 수 없는 것이므로, 심판대상조항이 일부일처제의 혼인제도와 가정질서를 보호한다는 목적을 달성하는 데 적절하고 실효성 있는 수단이라고 할 수 없다. 결국, 심판대상조항은 수단의 적절성 및 침해최소성을 갖추지 못하였고 법익의 균형성도 상실하였으므로, 과잉금지원칙을 위반하여 국민의 성적 자기결정권 및 사생활의 비밀과 자유를 침해하는 것으로 헌법에 위반된다(헌재 2015.2.26, 2009헌바17).

□□□
124
22. 경찰 1차

운전면허를 받은 사람이 다른 사람의 자동차 등을 훔친 경우에는 운전면허를 필요적으로 취소하도록 한 구 도로교통법 조항 중 '다른 사람의 자동차 등을 훔친 경우' 부분은 다른 사람의 자동차 등을 훔친 범죄행위에 대한 행정적 제재를 강화하여 자동차 등의 운행과정에서 야기될 수 있는 교통상의 위험과 장해를 방지함으로써 안전하고 원활한 교통을 확보하고자 하는 것으로서 그 입법목적이 정당하다.　　O | X

해설

[O] 심판대상조항은 다른 사람의 자동차 등을 훔친 범죄행위에 대한 행정적 제재를 강화하여 자동차 등의 운행 과정에서 야기될 수 있는 교통상의 위험과 장해를 방지함으로써 안전하고 원활한 교통을 확보하고자 하는 것으로서 그 입법목적이 정당하다. 다른 사람의 자동차 등을 훔친 경우 운전면허를 필요적으로 취소하도록 하는 것은 이러한 입법목적을 달성하는 데 기여할 수 있으므로 수단의 적정성도 인정된다. … 자동차 등의 절도 범죄로 야기되는 교통상의 위험과 장해를 방지하기 위하여 그에 대한 행정적 제재를 강화할 필요가 있다 하더라도, 위와 같이 임의적 운전면허 취소 또는 정지사유로 규정하면서 철저한 단속과 엄격한 법집행 등을 통해 불법의 정도에 상응하는 제재수단을 선택하도록 하는 것으로도 충분히 그 목적을 달성하는 것이 가능하다. … 심판대상조항은 침해의 최소성원칙에 위반된다. … 심판대상조항은 자동차 절취행위에 이르게 된 경위, 행위의 태양, 당해 범죄의 경중이나 그 위법성의 정도, 운전자의 형사처벌 여부 등 제반 사정을 고려할 여지를 전혀 두지 아니한 채 자동차 등을 훔치는 범죄행위에 해당하는 모든 경우에 필요적으로 운전면허를 취소하도록 함으로써 그것이 달성하려는 공익의 비중에도 불구하고 운전면허 소지자의 직업의 자유 내지 일반적 행동의 자유를 과도하게 제한하고 있다. 따라서 심판대상조항은 법익의 균형성원칙에도 위반된다(헌재 2017.5.25, 2016헌가6).

□□□
125
22. 경찰 1차

형법 제269조 제1항의 자기낙태죄 조항은 태아의 생명을 보호하기 위한 것으로서 그 입법목적은 정당하지만, 낙태를 방지하기 위하여 임신한 여성의 낙태를 형사처벌하는 것은 이러한 입법목적을 달성하는 데 적절하고 실효성 있는 수단이라고 할 수 없다.　　O | X

해설

[X] 자기낙태죄 조항은 태아의 생명을 보호하기 위한 것으로서 그 입법목적이 정당하고, 낙태를 방지하기 위하여 임신한 여성의 낙태를 형사처벌하는 것은 이러한 입법목적을 달성하는 데 적합한 수단이다. … 자기낙태죄 조항은 입법목적을 달성하기 위하여 필요한 최소한의 정도를 넘어 임신한 여성의 자기결정권을 제한하고 있어 침해의 최소성을 갖추지 못하였고, 태아의 생명보호라는 공익에 대하여만 일방적이고 절대적인 우위를 부여함으로써 법익균형성의 원칙도 위반하였으므로, 과잉금지원칙을 위반하여 임신한 여성의 자기결정권을 침해한다(헌재 2019.4.11, 2017헌바127).

□□□
126
22. 경찰간부

영상물에 수록된 미성년 피해자 진술에 있어서 원진술자인 미성년 피해자에 대한 피고인의 반대신문권을 실질적으로 배제하여 피고인의 방어권을 과도하게 제한하는 구 성폭력범죄의 처벌 및 피해자보호 등에 관한 법률 조항은 피해의 최소성요건을 갖추지 못하였다.　　O | X

해설

[O] 미성년 피해자의 2차 피해를 방지하는 것은, 성폭력범죄에 관한 형사절차를 형성함에 있어 포기할 수 없는 중요한 가치이나 그 과정에서 피고인의 공정한 재판을 받을 권리도 보장되어야 한다. 성폭력범죄의 특성상 영상물에 수록된 미성년 피해자 진술이 사건의 핵심 증거인 경우가 적지 않음에도 심판대상조항은 진술증거의 오류를 탄핵할 수 있는 효과적인 방법인 피고인의 반대신문권을 보장하지 않고 있다. … 그러나 심판대상조항으로 인한 피고인의 방어권 제한의 중대성과 미성년 피해자의 2차 피해를 방지할 수 있는 여러 조화적인 대안들이 존재함을 고려할 때, 심판대상조항이 달성하려는 공익이 제한되는 피고인의 사익보다 우월하다고 쉽게 단정하기는 어렵다. 따라서 심판대상조항은 과잉금지원칙을 위반하여 공정한 재판을 받을 권리를 침해한다(헌재 2021.12.23, 2018헌바524).

□□□
127
22. 경찰간부

임차주택의 양수인이 임대인의 지위를 승계하도록 규정한 구 주택임대차보호법 조항은 임차인의 주거생활의 안정을 도모함과 동시에 주민등록이라는 공시기능을 통하여 주택 양수인의 불측의 손해를 예방할 수 있도록 하고 있으므로, 기본권 침해의 최소성원칙에 반하지 않는다.　　　　O | X

해설

[O] 심판대상조항에 따른 임대인 지위의 승계는 주택임대차보호법 제3조 제1항 소정의 대항력 요건을 갖춘 임차인이 있을 경우에만 이루어지는 것인데, 이 경우 주택임대차보호법은 대항력의 요건으로서 주택의 인도와 주민등록을 요구하고 있으므로 적어도 임차인의 이름과 전입일 만큼은 공부인 주민등록표에 의하여 공시되어 거래의 안전이 보장된다. … 결국 심판대상조항은 임차인의 주거생활의 안정을 도모함과 동시에 주민등록이라는 공시기능을 통하여 주택 양수인의 불측의 손해를 예방할 수 있도록 하고 있으므로, 과잉금지원칙에 위반된다고 볼 수 없다(헌재 2017.8.31, 2016헌바146).

□□□
128
22. 경찰간부

'변호인의 피의자신문 참여 운영 지침'상 피의자신문에 참여한 변호인이 피의자 옆에 앉는 경우 피의자 뒤에 앉는 경우보다 수사를 방해할 가능성이나 수사기밀을 유출할 가능성이 높아진다고 볼 수 있으므로, 후방착석요구행위의 목적의 정당성과 수단의 적절성이 인정된다.　　　　O | X

해설

[X] 피의자신문에 참여한 변호인이 피의자 옆에 앉는다고 하여 피의자 뒤에 앉는 경우보다 수사를 방해할 가능성이 높아진다거나 수사기밀을 유출할 가능성이 높아진다고 볼 수 없으므로, 이 사건 후방착석요구행위의 목적의 정당성과 수단의 적절성을 인정할 수 없다. 그런데 이 사건에서 변호인의 수사방해나 수사기밀의 유출에 대한 우려가 없고, 조사실의 장소적 제약 등과 같이 이 사건 후방착석요구행위를 정당화할 그 외의 특별한 사정도 없으므로, 이 사건 후방착석요구행위는 침해의 최소성요건을 충족하지 못한다. 이 사건 후방착석요구행위로 얻어질 공익보다는 변호인의 피의자신문참여권 제한에 따른 불이익의 정도가 크므로, 법익의 균형성 요건도 충족하지 못한다. 따라서 이 사건 후방착석요구행위는 변호인인 청구인의 변호권을 침해한다(헌재 2017.11.30, 2016헌마503).

제6절　기본권의 침해와 구제

□□□
129
05. 행시

부진정입법부작위는 입법부작위의 일종이므로 이를 대상으로 한 헌법소원은 헌법재판소법 소정의 제소기간을 준수할 필요 없이 언제든지 제기할 수 있다.　　　　O | X

해설

[X] '부진정입법부작위'를 대상으로, 즉 입법의 내용·범위·절차 등의 결함을 이유로 헌법소원을 제기하려면 이 경우에는 결함이 있는 당해 입법규정 그 자체를 대상으로 하여 그것이 평등의 원칙에 위배된다는 등 헌법 위반을 내세워 적극적인 헌법소원을 제기하여야 하며, 이 경우에는 헌법재판소법 소정의 제소기간(청구기간)을 준수하여야 한다(헌재 1996.10.4, 94헌마108).

□□□
130
08. 법행 유사
05. 법행

헌법재판소법 제68조 제2항에 의한 헌법소원은 '법률'의 위헌성을 다투는 제도이므로 같은 조항에 의하여 '법률의 부존재', 즉 입법부작위도 다툴 수 있다.　　　　　　　　　　　　　　　　　O | X

해설

> [X] 헌법재판소법 제68조 제2항에 의한 헌법소원은 '법률'의 위헌성을 적극적으로 다투는 제도이므로 '법률의 부존재', 즉 입법부작위를 다투는 것은 그 자체로 허용되지 아니한다. 다만, 법률이 불완전 · 불충분하게 규정되었음을 근거로 법률 자체의 위헌성을 다투는 취지로 이해될 경우에는 그 법률이 당해 사건의 재판의 전제가 된다는 것을 요건으로 허용될 수 있다(헌재 2004.1.29, 2002헌바36 등). 헌법재판소법 제68조 제2항에 의한 헌법소원(위헌심사형 헌법소원)은 위헌법률심판의 실질을 가지고 있다. 따라서 심판대상은 형식적 의미의 '법률' 또는 법률적 효력을 갖는 조약, 긴급명령 등이며 '법률의 부존재', 즉 공권력의 불행사인 '입법부작위'는 헌법재판소법 제68조 제1항의 헌법소원(권리구제형 헌법소원)을 통하여 다투어야 한다.

□□□
131
08. 법행 유사
05. 법행

입법자가 헌법상 입법의무가 있는 어떤 사항에 관하여 입법은 하였으나 그 입법의 내용 · 범위 · 절차 등을 불완전 · 불충분 또는 불공정하게 규율함으로써 입법행위에 결함이 있는 이른바 부진정입법부작위의 경우에도 입법부작위로서 헌법소원의 대상으로 삼을 수 있으며, 반드시 그 불완전한 규정을 대상으로 하여 그것이 헌법 위반이라는 적극적인 헌법소원을 청구하여야 하는 것은 아니다.　　　　　　　　　O | X

해설

> [X] 불완전입법에 대하여 재판상 다툴 경우에는 그 입법규정 자체를 대상으로 하여 그것이 헌법 위반이라는 적극적인 헌법소원을 제기하여야 할 것이고, 이때에는 헌법재판소법 제69조 제1항 소정의 청구기간의 적용을 받는다(헌재 1993.3.11, 89헌마79).

☑ 진정입법부작위와 부진정입법부작위

구제방법	진정입법부작위	부진정입법부작위
청원권 행사	입법제정청원	입법개폐청원
위헌법률심판	위헌법률심판대상은 '법률'이므로 '입법부작위'를 대상으로 할 수 없음	불완전한 '법률' 자체가 재판의 전제가 된 경우에 가능, 헌법재판소법 제68조 제2항의 위헌소원도 가능(위헌제청신청이 기각된 경우)
헌법소원심판	'공권력의 불행사'에 해당하므로 '입법부작위' 헌법소원 가능	법률이 직접 기본권을 침해하는 경우에 '법률' 자체를 직접 대상으로 헌법소원 가능(적극적인 헌법소원 또는 법률헌법소원)
제소기간 제한	제소기간 제한 없음	제소기간 제한 있음

□□□
132
09. 국회직

부진정입법부작위의 경우, 즉 법률이 불완전한 경우는 그 법률을 대상으로 위헌법률심판을 제기할 수 있으나, 불완전한 법률 자체를 대상으로 하여 그것이 헌법 위반이라는 적극적인 헌법소원은 제기할 수 없다.　　　　　　　　　　　　　　　　O | X

해설

> [X] 부진정입법부작위의 경우, 즉 법률이 불완전한 경우에는 그 법률을 대상으로 위헌법률심판을 제기하거나 불완전한 법률 자체를 대상으로 하여 그것이 헌법 위반이라는 적극적인 헌법소원은 제기할 수 있다. 그러나 '입법부작위'를 이유로 한 헌법소원심판은 제기할 수 없다.

133

05. 국회직 8급

국가인권위원회법의 적용범위는 대한민국 국적을 가진 자에 한한다.   O | X

해설

[X] 이 법은 대한민국 국민과 대한민국의 영역에 있는 외국인에 대하여 적용된다(국가인권위원회법 제4조).

134

06. 행시 ·
입시 유사

국가인권위원회는 인권의 보호와 향상에 중대한 영향을 미치는 재판이 계속(係屬) 중인 경우 법원 또는 헌법재판소의 요청이 있는 때에 한하여 법원의 담당재판부 또는 헌법재판소에 법률상의 사항에 관하여 의견을 제출할 수 있다.   O | X

해설

[X] 위원회는 인권의 보호와 향상에 중대한 영향을 미치는 재판이 계속 중인 경우 법원 또는 헌법재판소의 요청이 있거나 필요하다고 인정하는 때에는 법원의 담당 재판부 또는 헌법재판소에 법률상의 사항에 관하여 의견을 제출할 수 있다(국가인권위원회법 제28조 제1항).

135

07. 사시
06. 입시 유사

국회의 입법 또는 법원 · 헌법재판소의 재판에 의하여 헌법 제10조 내지 제22조에 보장된 인권을 침해당하거나 차별행위를 당한 경우, 그 인권침해를 당한 사람이나 단체는 국가인권위원회에 그 내용을 진정할 수 있다.   O | X

해설

[X] 국회의 입법 및 법원 · 헌법재판소의 재판은 인권위원회에 진정할 수 있는 대상이 아니다(국가인권위원회법 제30조 제1항 참조).

136

10. 법무사
07. 법행

위원은 국회가 선출하는 4명(상임위원 2명을 포함한다), 대통령이 지명하는 4명, 대법원장이 지명하는 4명을 대통령이 임명하되, 4명 이상은 여성으로 임명한다.   O | X

해설

[X] 위원은 국회가 선출하는 4명(상임위원 2명을 포함한다), 대통령이 지명하는 4명(상임위원 1명을 포함한다), 대법원장이 지명하는 3명을 대통령이 임명한다(국가인권위원회법 제5조 제2항 참조). 위원은 특정 성(性)이 10분의 6을 초과하지 아니하도록 하여야 한다(국가인권위원회법 제5조 제7항). 따라서 특정 성별은 5인 이상이어야 한다.

137

10. 법무사

국가기관의 업무수행과 관련하여 헌법상 보장된 기본권을 침해당한 피해자는 기본권의 종류를 막론하고 국가인권위원회에 진정할 수 있다.   O | X

해설

[X] 국가기관, 지방자치단체, 초 · 중등교육법 제2조, 고등교육법 제2조와 그 밖의 다른 법률에 따라 설치된 각급 학교, 공직윤리법 제3조의2 제1항에 따른 공직유관단체 또는 구금 · 보호시설의 업무수행(국회의 입법 및 법원 · 헌법재판소의 재판은 제외한다)과 관련하여 헌법 제10조부터 제22조까지의 규정에서 보장된 인권을 침해당하거나 차별행위를 당한 경우에 진정할 수 있다(국가인권위원회법 제30조 제1항 제1호 참조).

138

21. 경정승진

국가인권위원회는 피해자의 명시한 의사에 반하여 피해자를 위한 법률구조 요청을 할 수 없다. O | X

해설

[O] 국가인권위원회법 제47조 【피해자를 위한 법률구조 요청】 ① 위원회는 진정에 관한 위원회의 조사, 증거의 확보 또는 피해자의 권리 구제를 위하여 필요하다고 인정하면 피해자를 위하여 대한법률구조공단 또는 그 밖의 기관에 법률구조를 요청할 수 있다.
② 제1항에 따른 법률구조 요청은 피해자의 명시한 의사에 반하여 할 수 없다.

139

08. 사시

기본권 주체인 사인에 의한 위법한 침해 또는 침해의 위험으로부터 기본권적 법익을 보호하여야 하는 기본권 보호의무를 국가가 이행하였는지 여부에 대한 심사는 제3자의 기본권 보호차원에서 엄격한 과잉금지원칙에 입각하여야 한다. O | X

해설

[X] 국가의 기본권 보호의무의 이행은 입법자의 입법을 통하여 비로소 구체화되는 것이고, 국가가 그 보호의무를 어떻게 어느 정도로 이행할 것인지는 원칙적으로 한 나라의 정치 · 경제 · 사회 · 문화적인 제반 여건과 재정 사정 등을 감안하여 입법정책적으로 판단하여야 하는 입법재량의 범위에 속하는 것이다. 국가의 보호의무를 입법자가 어떻게 실현하여야 할 것인가 하는 문제는 입법자의 책임범위에 속하므로, 헌법재판소는 권력분립의 관점에서 소위 '과소보호금지원칙'을, 즉 국가가 국민의 법익보호를 위하여 적어도 적절하고 효율적인 최소한의 보호조치를 취했는가를 기준으로 심사하게 되어, 결국 헌법재판소로서는 국가가 특정조치를 취해야만 당해 법익을 효율적으로 보호할 수 있는 유일한 수단인 특정조치를 취하지 않은 때에 보호의무의 위반을 확인하게 된다(헌재 1997.1.16, 90헌마110).

140

23. 경찰 1차
09. 국회직

헌법재판소는 교통사고처리 특례법이 교통사고 피해자가 업무상 과실 또는 중대한 과실로 인하여 중상해를 입은 경우까지 면책되도록 규정한 것은 국민의 신체와 생명에 대한 국가의 보호의무를 위반하는 것이라고 결정하였다. O | X

해설

[X] 교통사고 피해자가 업무상 과실 또는 중대한 과실로 인하여 중상해를 입은 경우까지 면책되도록 규정한 것이 피해자의 재판절차진술권과 평등권 침해라는 점은 인정하였으나, 기본권 보호의무를 위반한 것이라고는 보지 않았다(헌재 2009.2.26, 2005헌마764).

141

12. 경정승진

교통사고처리 특례법 제4조 제1항 본문 중 업무상 과실 또는 중대한 과실에 의한 교통사고로 중상해를 입은 피해자와 중상해가 아닌 상해를 입은 피해자의 재판절차진술권을 침해한 것이라 할 것이다.

O | X

해설

[X] 이 사건 법률조항이 교통사고로 인한 피해자에게 중상해가 아닌 상해의 결과만을 야기한 경우 가해 운전자에 대하여 가해차량이 종합보험 등에 가입되어 있음을 이유로 공소를 제기하지 못하도록 규정한 한도 내에서는, 그 제정목적인 교통사고로 인한 피해의 신속한 회복을 촉진하고 국민생활의 편익을 도모하려는 공익과 동 법률조항으로 인하여 침해되는 피해자의 재판절차에서의 진술권과 비교할 때 상당한 정도 균형을 유지하고 있으며, 단서조항에 해당하지 않는 교통사고의 경우에는 대부분 가해 운전자의 주의의무태만에 대한 비난가능성이 높지 아니하고, 경미한 교통사고 피의자에 대하여는 비형벌화하려는 세계적인 추세 등에 비추어도 위와 같은 목적의 정당성, 방법의 적절성, 피해의 최소성, 이익의 균형성을 갖추었으므로 과잉금지의 원칙에 반하지 않는다(헌재 2009.2.26, 2005헌마764 등).

☑ 교통사고처리 특례법 제4조 제1항 사건 정리

구분	피해자가 '중상해'를 입은 경우	피해자가 '중상해가 아닌 상해'를 입은 경우
재판절차진술권 침해	○	×
평등권 침해	○	×
기본권 보호의무 위반	×	×

142

09. 국가직

국민의 기본권을 보호하는 것은 국민주권의 원리상 국가의 가장 기본적인 의무이므로 입법자는 기본권 보호의무를 최대한 실현하여야 하며, 헌법재판소는 입법자의 기본권 보호의무를 엄밀하게 심사하여야 한다.

O | X

해설

[X] 국가가 국민의 생명·신체의 안전에 대한 보호의무를 다하지 않았는지 여부를 헌법재판소가 심사할 때에는 국가가 이를 보호하기 위하여 적어도 적절하고 효율적인 최소한의 보호조치를 취하였는가 하는 이른바 '과소보호금지원칙'의 위반 여부를 기준으로 삼아, 국민의 생명·신체의 안전을 보호하기 위한 조치가 필요한 상황인데도 국가가 아무런 보호조치를 취하지 않았든지 아니면 취한 조치가 법익을 보호하기에 전적으로 부적합하거나 매우 불충분한 것임이 명백한 경우에 한하여 국가의 보호의무의 위반을 확인하여야 한다(헌재 2008.12.26, 2008헌마419·423·436).

143

10. 법행

진정입법부작위에 대하여는 헌법에서 기본권보장을 위하여 법령에 명시적인 입법위임을 하였는데도 입법자가 상당한 기간 내에 이를 이행하지 아니한 경우에만 헌법재판소법 제68조 제1항의 '공권력의 불행사'로서 헌법소원의 대상이 될 수 있다.

O | X

해설

[X] 진정입법부작위가 헌법소원의 대상이 되려면, ① 헌법에서 기본권보장을 위해 법률에 명시적으로 입법위임을 하였음에도 불구하고 입법자가 이를 이행하지 않고 있는 경우 또는 ② 헌법 해석상 특정인의 기본권을 보호하기 위한 국가의 입법의무가 발생하였음이 명백함에도 불구하고 입법자가 아무런 입법조치를 취하지 않고 있는 경우이어야 한다(헌재 2003.5.15, 2000헌마192·508).

□□□
144
12. 경정승진

부진정입법부작위의 경우 입법부작위로서 헌법소원의 대상으로 삼을 수는 없고, 불완전한 법규 자체를 대상으로 적극적인 헌법소원을 제기하여야 하며, 이때 청구기간은 문제되지 않는다. O | X

해설

[X] '부진정입법부작위'를 대상으로, 즉 입법의 내용·범위·절차 등의 결함을 이유로 헌법소원을 제기하려면 이 경우에는 결함이 있는 당해 입법규정 그 자체를 대상으로 하여 그것이 평등의 원칙에 위배된다는 등 헌법 위반을 내세워 적극적인 헌법소원을 제기하여야 하며, 이 경우에는 헌법재판소법 소정의 제소기간(청구기간)을 준수하여야 한다(헌재 1996.10.4, 94헌마108).

□□□
145
23. 경찰 1차
11. 경정승진

민법 조항들이 권리능력의 존재 여부를 출생시를 기준으로 확정하고 태아에 대해서는 살아서 출생할 것을 조건으로 손해배상청구권을 인정하더라도 태아에 대한 국가의 생명권 보호의무를 위반한 것이라 볼 수 없다. O | X

해설

[O] 이 사건 법률조항들이 권리능력의 존재 여부를 출생시를 기준으로 확정하고 태아에 대해서는 살아서 출생할 것을 조건으로 손해배상청구권을 인정한다 할지라도 이러한 입법적 태도가 입법형성권의 한계를 명백히 일탈한 것으로 보기는 어려우므로 이 사건 법률조항들이 국가의 생명권 보호의무를 위반한 것이라 볼 수 없다(헌재 2008.7.31, 2004헌바81).

□□□
146
11. 법원직

국가인권위원회는 법률에 설치근거를 둔 국가기관이고, 헌법에 의하여 설치되고 헌법과 법률에 의하여 독자적인 권한을 부여받은 국가기관이라고 할 수는 없으므로, 독립성이 보장된 기관이기는 하더라도 그 기관이 갖는 권한의 침해 여부에 대해 국가를 상대로 권한쟁의심판을 청구할 당사자능력은 없다. O | X

해설

[O] 국가인권위원회는 법률에 설치근거를 둔 국가기관이고, 헌법에 의하여 설치되고 헌법과 법률에 의하여 독자적인 권한을 부여받은 국가기관이라고 할 수는 없으므로, 독립성이 보장된 기관이기는 하더라도 그 기관이 갖는 권한의 침해 여부에 대해 국가를 상대로 권한쟁의심판을 청구할 당사자능력은 없다(헌재 2010.10. 28, 2009헌라6).

□□□
147

12. 경정승진 변형
11. 법원직

국가인권위원회가 진정에 대해 각하 또는 기각결정을 하면 이 결정은 헌법소원의 보충성요건을 결하여 헌법소원의 대상이 되지 못한다.　　　　　　　　　　　　　　　　　　　　　　　　　　　O I X

해설

[O] 국가인권위원회는 법률상의 독립된 국가기관이고, 피해자인 진정인에게는 국가인권위원회법이 정하고 있는 구제조치를 신청할 법률상 신청권이 있는데 국가인권위원회가 진정을 각하 및 기각결정을 할 경우 피해자인 진정인으로서는 자신의 인격권 등을 침해하는 인권침해 또는 차별행위 등이 시정되고 그에 따른 구제조치를 받을 권리를 박탈당하게 되므로, 진정에 대한 국가인권위원회의 각하 및 기각결정은 피해자인 진정인의 권리 행사에 중대한 지장을 초래하는 것으로서 항고소송의 대상이 되는 행정처분에 해당하므로, 그에 대한 다툼은 우선 행정심판이나 행정소송에 의하여야 할 것이다. 따라서 이 사건 심판청구는 행정심판이나 행정소송 등의 사전구제절차를 모두 거친 후 청구된 것이 아니므로 보충성요건을 충족하지 못하였다. 헌법재판소는 종전 결정에서 국가인권위원회의 진정 각하 또는 기각결정에 대해 보충성요건을 충족하였다고 보고 본안판단은 한 바 있으나, 이 결정의 견해와 저촉되는 부분은 변경한다(헌재 2015.3.26, 2013헌마214 등).

□□□
148

12. 국회직 8급

국회의 입법 또는 법원·헌법재판소의 재판에 의하여 헌법 제10조 내지 제22조에 보장된 인권을 침해당한 경우, 그 인권침해를 당한 사람이나 단체는 국가인권위원회에 그 내용을 진정할 수 있다.　　　　　O I X

해설

[X] 국회의 입법 및 법원·헌법재판소의 재판은 국가인권위원회에의 진정대상에서 제외된다(국가인권위원회법 제30조 제1항 제1호 참조).

□□□
149

11. 사시

경찰공무원을 비롯한 공무원의 근무관계인 이른바 특별권력관계에 있어서 행정청의 위법한 처분 또는 공권력의 행사·불행사 등으로 인하여 권리 또는 법적 이익을 침해당한 자는 행정소송 등에 의하여 그 위법한 처분 등의 취소를 구할 수 없다.　　　　　　　　　　　　　　　　　　　　　　　　　　　O I X

해설

[X] 경찰공무원을 비롯한 공무원의 근무관계인 이른바 특별권력관계에 있어서도 일반행정법관계에 있어서와 마찬가지로 행정청의 위법한 처분 또는 공권력의 행사·불행사 등으로 인하여 권리 또는 법적 이익을 침해당한 자는 행정소송 등에 의하여 그 위법한 처분 등의 취소를 구할 수 있다고 보아야 할 것이다(헌재 1993.12.23, 92헌마247).

국가인권위원회의 공정한 조사를 받을 권리는 헌법상 기본권이므로 불법체류 외국인에 대한 보호조치와 강제퇴거는 불법체류 외국인의 노동3권 제한이다. O I X

해설

[X] 헌법재판소법 제68조 제1항 소정의 헌법소원은 기본권의 주체이어야만 청구할 수 있는데, 단순히 '국민의 권리'가 아니라 '인간의 권리'로 볼 수 있는 기본권에 대해서는 외국인도 기본권의 주체가 될 수 있다. 나아가 청구인들이 불법체류 중인 외국인들이라 하더라도, 불법체류라는 것은 관련 법령에 의하여 체류자격이 인정되지 않는다는 것일 뿐이므로, '인간의 권리'로서 외국인에게도 주체성이 인정되는 일정한 기본권에 관하여 불법체류 여부에 따라 그 인정 여부가 달라지는 것은 아니다. 청구인들이 침해받았다고 주장하고 있는 신체의 자유, 주거의 자유, 변호인의 조력을 받을 권리, 재판청구권 등은 성질상 인간의 권리에 해당한다고 볼 수 있으므로, 위 기본권들에 관하여는 청구인들의 기본권 주체성이 인정된다. 그러나 '국가인권위원회의 공정한 조사를 받을 권리'는 헌법상 인정되는 기본권이라고 하기 어렵고, 이 사건 보호 및 강제퇴거가 청구인들의 노동3권을 직접 제한하거나 침해한 바 없음이 명백하므로, 위 기본권들에 대하여는 본안판단에 나아가지 아니한다(헌재 2012.8.23, 2008헌마430).

국가인권위원회법은 국가인권위원회의 진정 기각에 대한 불복수단으로 어떠한 구제절차도 마련해 놓고 있지 않고, 법원의 확립된 판례에 의하여 그 행정처분성이 인정된다고 보기도 어려우므로, 국가인권위원회의 진정 기각에 대한 헌법소원심판청구는 보충성요건을 충족한다. O I X

해설

[X] 국가인권위원회는 법률상의 독립된 국가기관이고, 피해자인 진정인에게는 국가인권위원회법이 정하고 있는 구제조치를 신청할 법률상 신청권이 있는데, 국가인권위원회가 진정을 각하 및 기각결정을 할 경우 피해자인 진정인으로서는 자신의 인격권 등을 침해하는 인권침해 또는 차별행위 등이 시정되고 그에 따른 구제조치를 받을 권리를 박탈당하게 되므로, 진정에 대한 국가인권위원회의 각하 및 기각결정은 피해자인 진정인의 권리행사에 중대한 지장을 초래하는 것으로서 항고소송의 대상이 되는 행정처분에 해당하므로, 그에 대한 다툼은 우선 행정심판이나 행정소송에 의하여야 할 것이다. 따라서 이 사건 심판청구는 행정심판이나 행정소송 등의 사전구제절차를 모두 거친 후 청구된 것이 아니므로 보충성요건을 충족하지 못하였다. 헌법재판소는 종전 결정에서 국가인권위원회의 진정 각하 또는 기각결정에 대해 보충성요건을 충족하였다고 보고 본안판단을 한 바 있으나, 이 결정의 견해와 저촉되는 부분은 변경한다(헌재 2015.3.26, 2013헌마214 등).

교통사고처리 특례법 중 업무상 과실 또는 중대한 과실로 인한 교통사고로 말미암아 피해자로 하여금 상해를 입게 한 경우 공소를 제기할 수 없도록 한 부분은 과소보호금지원칙에 위반한 것이다. O I X

해설

[X] 국가의 신체와 생명에 대한 보호의무는 교통과실범의 경우 발생한 침해에 대한 사후처벌뿐 아니라, 무엇보다도 우선적으로 운전면허취득에 관한 법규 등 전반적인 교통관련법규의 정비, 운전자와 일반국민에 대한 지속적인 계몽과 교육, 교통안전에 관한 시설의 유지 및 확충, 교통사고 피해자에 대한 보상제도 등 여러 가지 사전적·사후적 조치를 함께 취함으로써 이행된다 할 것이므로, 형벌은 국가가 취할 수 있는 유효적절한 수많은 수단 중의 하나일 뿐이지, 결코 형벌까지 동원해야만 보호법익을 유효적절하게 보호할 수 있다는 의미의 최종적인 유일한 수단이 될 수는 없다 할 것이다. 따라서 교통사고처리 특례법 제4조 제1항 본문 중 업무상 과실 또는 중대한 과실로 인한 교통사고로 말미암아 피해자로 하여금 상해에 이르게 한 경우 공소를 제기할 수 없도록 한 부분은 국가의 기본권 보호의무의 위반 여부에 관한 심사기준인 과소보호금지의 원칙에 위반한 것이라고 볼 수 없다(헌재 2009.2.26, 2005헌마764).

153

16. 변호사

헌법 제34조 제5항의 '신체장애자'에 대한 국가보호의무조항은 사회국가원리를 구체화한 것이므로, 이 조항으로부터 장애인을 위하여 저상버스를 도입해야 한다는 구체적 내용의 의무가 도출된다.　O | X

해설

[X] 장애인의 복지를 향상해야 할 국가의 의무가 다른 다양한 국가과제에 대하여 최우선적인 배려를 요청할 수 없을 뿐 아니라, 나아가 헌법의 규범으로부터는 '장애인을 위한 저상버스의 도입'과 같은 구체적인 국가의 행위의무를 도출할 수 없는 것이다. 국가에게 헌법 제34조에 의하여 장애인의 복지를 위하여 노력을 해야 할 의무가 있다는 것은, 장애인도 인간다운 생활을 누릴 수 있는 정의로운 사회질서를 형성해야 할 국가의 일반적인 의무를 뜻하는 것이지, 장애인을 위하여 저상버스를 도입해야 한다는 구체적 내용의 의무가 헌법 으로부터 나오는 것은 아니다(헌재 2002.12.18, 2002헌마52).

154

22. 경찰 2차
17. 국가직

원전 건설을 내용으로 하는 전원개발사업 실시계획에 대한 승인권한을 다른 전원개발과 마찬가지로 산업통상자원부장관에게 부여하고 있다 하더라도, 국가가 국민의 생명·신체의 안전을 보호하기 위하여 필요한 최소한의 보호조치를 취하지 아니한 것이라고 보기는 어렵다.　O | X

해설

[O] 전원개발사업을 실시할 때에는 우리나라 전체의 전력수급상황이나 장기적인 에너지 정책에 부합하는지 여부 등을 고려하여 그 필요성을 따져보아야 하므로, 이를 종합적으로 검토하기 위하여 전원개발사업 실시 단계에서 일률적으로 산업통상자원부장관의 승인을 받도록 한 것은 그 타당성이 있다. … 그런데 국가는 원전의 건설·운영을 산업통상자원부장관의 전원개발사업 실시계획 승인만으로 가능하도록 한 것이 아니라, '원자력안전법'에서 규정하고 있는 건설허가 및 운영허가 등의 절차를 거치도록 하고 있다. 원전 사고로 인한 방사능 피해는 전원개발사업 실시계획 승인단계에서가 아니라 원전의 건설·운영과정에서 발생하므로 원전 건설·운영의 허가단계에서 보다 엄격한 기준을 마련하여 원전으로 인한 피해가 발생하지 않도록 조치들을 강구하고 있다. 따라서 이 사건 승인조항에서 원전 건설을 내용으로 하는 전원개발사업 실시계획에 대한 승인권한을 다른 전원개발과 마찬가지로 산업통상자원부장관에게 부여하고 있다 하더라도, 국가가 국민의 생명·신체의 안전을 보호하기 위하여 필요한 최소한의 보호조치를 취하지 아니한 것이라고 보기는 어렵다(헌재 2016.10.27, 2015헌바358).

155

17. 국가직

국가가 국민의 생명·신체의 안전에 대한 보호의무를 다하지 않았는지 여부를 헌법재판소가 심사할 때에는 이른바 '과소보호금지원칙'의 위반 여부를 기준으로 삼아, 국민의 생명·신체의 안전을 보호하기 위한 조치가 필요한 상황인데도 국가가 아무런 보호조치를 취하지 않았든지 아니면 취한 조치가 법익을 보호하기에 전적으로 부적합하거나 매우 불충분한 것임이 명백한 경우에 한하여, 국가의 보호의무의 위반을 확인하여야 한다.　O | X

해설

[O] 국가가 국민의 생명·신체의 안전에 대한 보호의무를 다하지 않았는지 여부를 헌법재판소가 심사할 때에는 국가가 이를 보호하기 위하여 적어도 적절하고 효율적인 최소한의 보호조치를 취하였는가 하는 이른바 '과소보호금지원칙'의 위반 여부를 기준으로 삼아, 국민의 생명·신체의 안전을 보호하기 위한 조치가 필요한 상황인데도 국가가 아무런 보호조치를 취하지 않았든지 아니면 취한 조치가 법익을 보호하기에 전적으로 부적합하거나 매우 불충분한 것임이 명백한 경우에 한하여 국가의 보호의무의 위반을 확인하여야 한다(헌재 2008.12.26, 2008헌마419 등).

156

17. 국가직

태평양전쟁 전후 강제동원된 자 중 '국외'로 강제동원된 자에 대해서만 의료지원금을 지급하도록 한 법률규정은, 국가가 국내 강제동원자들을 위하여 아무런 보호조치를 취하지 아니하였기 때문에, 이는 국민에 대한 국가의 기본권 보호의무에 위배된다. O | X

해설

[X] 비록 태평양전쟁 관련 강제동원자들에 대한 국가의 지원이 충분하지 못한 점이 있다 하더라도, 이 사건은 국가가 국내 강제동원자들을 위하여 아무런 보호조치를 취하지 아니하였다거나 아니면 국가가 취한 조치가 전적으로 부적합하거나 매우 불충분한 것임이 명백한 경우라고 단정하기 어려우므로, 이 사건 법률조항이 국민에 대한 국가의 기본권 보호의무에 위배된다고 볼 수 없다(헌재 2011.2.24, 2009헌마94).

157

17. 국가직

국가인권위원회는 피해자의 권리 구제를 위해 필요하다고 인정하면 피해자를 위하여 피해자의 명시한 의사에 관계없이 대한법률구조공단 또는 그 밖의 기관에 법률구조를 요청할 수 있다. O | X

해설

[X] 위원회는 진정에 관한 위원회의 조사, 증거의 확보 또는 피해자의 권리 구제를 위하여 필요하다고 인정하면 피해자를 위하여 대한법률구조공단 또는 그 밖의 기관에 법률구조를 요청할 수 있다. 법률구조 요청은 피해자의 명시한 의사에 반하여 할 수 없다(국가인권위원회법 제47조 제1항 · 제2항).

158

18. 경정승진
17. 국가직

진정에 대한 국가인권위원회의 기각결정은 항고소송의 대상이 되는 행정처분이 아니므로 헌법재판소법 제68조 제1항에 의한 헌법소원의 대상이 된다. O | X

해설

[X] 진정에 대한 국가인권위원회의 각하 및 기각결정은 피해자인 진정인의 권리행사에 중대한 지장을 초래하는 것으로서 항고소송의 대상이 되는 행정처분에 해당하므로, 그에 대한 다툼은 우선 행정심판이나 행정소송에 의하여야 할 것이다. 따라서 이 사건 심판청구는 행정심판이나 행정소송 등의 사전구제절차를 모두 거친 후 청구된 것이 아니므로 보충성요건을 충족하지 못하였다(헌재 2015.3.26, 2013헌마214).

159

18. 경정승진

국가인권위원회는 위원장 1명과 상임위원 3명을 포함한 11명의 인권위원으로 구성되며, 국회가 선출하는 4명, 대통령이 지명하는 4명, 대법원장이 지명하는 3명을 대통령이 임명한다. O | X

해설

[O] 국가인권위원회법 제5조 제1항 · 제2항 참조

160
18. 경정승진

국가인권위원회의 진정에 대한 조사·조정 및 심의는 비공개로 한다. 다만, 위원회의 의결이 있을 때에는 공개할 수 있다.　　O | X

해설

　[O] 위원회의 진정에 대한 조사·조정 및 심의는 비공개로 한다. 다만, 위원회의 의결이 있을 때에는 공개할 수 있다(국가인권위원회법 제49조).

161
18. 경정승진

인권위원이 퇴직 후 2년간 교육공무원이 아닌 공무원으로 임명되거나 공직선거법에 의한 선거에 출마할 수 없도록 규정한 국가인권위원회법 제11조는 인권위원의 참정권 등 기본권을 제한함에 있어서 준수하여야 할 과잉금지원칙에 위배된다.　　O | X

해설

　[O] 국가인권위원회의 인권위원은 퇴직 후 2년간 교육공무원이 아닌 공무원으로 임명되거나 공직선거 및 선거부정방지법에 의한 선거에 출마할 수 없도록 규정한 국가인권위원회법 제11조가 인권위원의 참정권 등 기본권을 제한함에 있어서 준수하여야 할 과잉금지의 원칙에 위배된다(헌재 2004.1.29, 2002헌마788).

162
19. 국회직 8급

국가의 기본권 보호의무란 사인인 제3자에 의한 생명이나 신체에 대한 침해로부터 이를 보호하여야 할 국가의 의무를 말하는 것으로, 국가가 직접 주방용 오물분쇄기의 사용을 금지하여 개인의 기본권을 제한하는 경우에는 국가의 기본권 보호의무 위반 여부가 문제되지 않는다.　　O | X

해설

　[O] 국가의 기본권 보호의무란 사인인 제3자에 의한 생명이나 신체에 대한 침해로부터 이를 보호하여야 할 국가의 의무를 말하는 것으로, 이 사건처럼 국가가 직접 주방용 오물분쇄기의 사용을 금지하여 개인의 기본권을 제한하는 경우에는 국가의 기본권 보호의무 위반 여부가 문제되지 않는다. 따라서 청구인들의 위 주장에 대해서는 판단하지 않는다(헌재 2018.6.28, 2016헌마1151).

163
22. 경정승진

기본권 보호의무란 국민의 기본권적 법익을 기본권 주체인 사인에 의한 위법한 침해 또는 침해의 위험으로부터 보호하여야 하는 국가의 의무를 말하며, 주로 사인인 제3자에 의한 개인의 생명이나 신체의 훼손에서 문제된다.　　O | X

해설

　[O] 헌법상 기본권 보호의무란 기본권적 법익을 기본권 주체인 사인에 의한 위법한 침해 또는 침해의 위험으로부터 보호하여야 하는 국가의 의무를 말하며, 주로 사인인 제3자에 의한 개인의 생명이나 신체의 훼손에서 문제되는 것이다. 이러한 법리에 비추어 살펴보면, 관련 법령이 정신병원 등의 개설에 관하여는 허가제로, 정신과의원 개설에 관하여는 신고제로 각 규정하고 있는 것은 각 의료기관의 개설 목적 및 규모 등 차이를 반영한 합리적 차별로서 평등의 원칙에 반한다고 볼 수 없다. 또한 신고제 규정으로 사인인 제3자에 의한 개인의 생명이나 신체 훼손의 위험성이 증가한다고 할 수 없어 기본권 보호의무에 위반된다고 볼 수도 없다(대판 2018.10.25, 2018두44302).

164
22. 경정승진

국가의 기본권보호의무의 이행은 입법자의 입법을 통하여 비로소 구체화되는 것이고, 국가가 그 보호의무를 어떻게 어느 정도로 이행할 것인지는 원칙적으로 한 나라의 정치·경제·사회·문화적인 제반 여건과 재정 사정 등을 감안하여 입법정책적으로 판단하여야 하는 입법재량의 범위에 속한다. O | X

해설

[O] 국가의 기본권보호의무의 이행은 입법자의 입법을 통하여 비로소 구체화되는 것이고, 국가가 그 보호의무를 어떻게 어느 정도로 이행할 것인지는 입법자가 제반 사정을 고려하여 입법정책적으로 판단하여야 하는 입법재량의 범위에 속하는 것이기 때문이다(헌재 2008.7.31, 2004헌바81).

165
22. 경정승진·
경찰 1차

국가가 국민의 생명·신체의 안전에 대한 보호의무를 다하지 않았는지 여부를 헌법재판소가 심사할 때에는 국가가 이를 보호하기 위하여 적어도 적절하고 효율적인 최소한의 보호조치를 취하였는가 하는 이른바 '과소보호금지원칙' 위반 여부를 기준으로 한다. O | X

해설

[O] 헌법재판소는 권력분립의 관점에서 소위 "과소보호금지원칙"을, 즉 국가가 국민의 기본권 보호를 위하여 적어도 적절하고 효율적인 최소한의 보호조치를 취했는가를 기준으로 심사하게 된다. 따라서 입법부작위나 불완전한 입법에 의한 기본권의 침해는 입법자의 보호의무에 대한 명백한 위반이 있는 경우에만 인정될 수 있다. 다시 말하면 국가가 국민의 법익을 보호하기 위하여 아무런 보호조치를 취하지 않았든지 아니면 취한 조치가 법익을 보호하기에 명백하게 부적합하거나 불충분한 경우에 한하여 헌법재판소는 국가의 보호의무의 위반을 확인할 수 있을 뿐이다(헌재 2008.7.31, 2004헌바81).

166
22. 경정승진

사산된 태아에게 불법적인 생명침해로 인한 손해배상청구권을 인정하지 않는 것은 입법형성권의 한계를 명백히 일탈한 것으로서 국가의 기본권보호의무를 위반한 것이다. O | X

해설

[X] 입법자는 형법과 모자보건법 등 관련규정들을 통하여 태아의 생명에 대한 직접적 침해위험을 규범적으로 충분히 방지하고 있으므로, 이 사건 법률조항들이 태아가 사산한 경우에 한해서 태아 자신에게 불법적인 생명침해로 인한 손해배상청구권을 인정하지 않고 있다고 하여 단지 그 이유만으로 입법자가 태아의 생명보호를 위해 국가에게 요구되는 최소한의 보호조치마저 취하지 않은 것이라 비난할 수 없다(헌재 2008.7.31, 2004헌바81).

167
22. 국회직 8급

가축사육시설의 환경이 지나치게 열악할 경우 그러한 시설에서 사육되고 생산된 축산물을 섭취하는 인간의 건강도 악화될 우려가 있으므로, 국가로서는 건강하고 위생적이며 쾌적한 시설에서 가축을 사육할 수 있도록 필요한 적절하고도 효율적인 조치를 취함으로써 소비자인 국민의 생명·신체의 안전에 관한 기본권을 보호할 구체적인 헌법적 의무가 있다. O | X

해설

[O] 이 사건 기준은 가축사육업 허가를 받거나 등록을 하고자 할 경우 가축사육시설이 갖추어야 하는 기준이다. 그런데 가축사육시설의 환경이 지나치게 열악할 경우 그러한 시설에서 사육되고 생산된 축산물을 섭취하는 인간의 건강도 악화될 우려가 있다. 따라서 국가로서는 건강하고 위생적이며 쾌적한 시설에서 가축이 서식할 수 있도록 필요한 적절하고도 효율적인 조치를 취함으로써, 소비자인 국민의 생명·신체의 안전에 관한 기본권을 보호할 구체적인 헌법적 의무가 있다(헌재 2015.9.24, 2013헌마384).

대통령은 행정부의 수반으로서 국가가 국민의 생명과 신체의 안전 보호의무를 충실하게 이행할 수 있도록 권한을 행사하고 직책을 수행하여야 하는 의무를 부담하므로, 국민의 생명이 위협받는 재난상황이 발생한 경우 직접 구조 활동에 참여하여야 하는 등 구체적이고 특정한 행위의무까지 발생한다고 볼 수 있다.

O I X

해설

[X] 대통령은 행정부의 수반으로서 국가가 국민의 생명과 신체의 안전 보호의무를 충실하게 이행할 수 있도록 권한을 행사하고 직책을 수행하여야 하는 의무를 부담한다. 하지만 국민의 생명이 위협받는 재난상황이 발생하였다고 하여 대통령이 직접 구조 활동에 참여하여야 하는 등 구체적이고 특정한 행위의무까지 바로 발생한다고 보기는 어렵다(헌재 2017.3.10, 2016헌나1).

제2장 | 인간의 존엄과 가치, 행복추구권, 법 앞의 평등

제1절 인간의 존엄과 가치

□□□
001
10. 법원직

교도관이 마약류사범에 대해 검사의 취지와 방법을 설명하고 반입금지품을 제출하도록 안내한 후 외부와 차단된 검사실에서 같은 성별의 교도관 앞에서 행해진 것이라고 하더라도 하의를 내린 채 상체를 숙이고 양손으로 둔부를 벌려 항문을 보이게 하는 방법으로 실시한 정밀신체검사는 과잉금지원칙에 위배하여 인격권을 침해한 것이다.

O | X

해설

[X] 교도관이 마약류사범에게 검사의 취지와 방법을 설명하고 반입금지품을 제출하도록 안내한 후 외부와 차단된 검사실에서 같은 성별의 교도관 앞에 돌아서서 하의속옷을 내린 채 상체를 숙이고 양손으로 둔부를 벌려 항문을 보이는 방법으로 실시한 정밀신체검사는 수용자에 대한 생명 · 신체에 대한 위해를 방지하고 구치소 내의 안전과 질서를 유지하기 위한 것이고(목적의 정당성), 청구인은 메스암페타민(일명 필로폰)을 음용한 전과가 있고 이번에 수감된 사유도 마약류 음용이며, 마약류 등이 항문에 은닉될 경우 촉수검사, 속옷을 벗고 가운을 입은 채 쪼그려 앉았다 서기를 반복하는 방법 등에 의하여는 은닉물을 찾아내기 어려우며(수단의 적절성), 다른 사람이 볼 수 없는 차단막이 쳐진 공간에서 같은 성별의 교도관과 1 대 1의 상황에서 짧은 시간 내에 손가락이나 도구를 사용하지 않고 시각적으로 항문의 내부를 보이게 한 후 검사를 마쳤고, 그 검사 전에는 검사를 하는 취지와 방법 등을 설명하면서 미리 소지한 반입금지품을 자진 제출하도록 하였으며(최소침해성), 청구인이 수인하여야 할 모욕감이나 수치심에 비하여 반입금지품을 차단함으로써 얻을 수 있는 수용자들의 생명과 신체의 안전, 구치소 내의 질서유지 등의 공익이 보다 크므로(법익균형성), 과잉금지의 원칙에 위배되었다고 할 수 없다(헌재 2006.6.29, 2004헌마826).

□□□
002
12. 법원직

교정시설에 수용할 때마다 알몸 상태의 수용자를 전자영상 검사기로 수용자의 항문 부위를 관찰하는 신체검사는 과잉금지원칙에 위배되어 인격권을 침해한다.

O | X

해설

[X] 수용자를 교정시설에 수용할 때마다 전자영상 검사기를 이용하여 수용자의 항문 부위에 대한 신체검사를 하는 것으로 인하여 수용자가 느끼는 모욕감이나 수치심이 결코 작다고 할 수는 없지만, 흉기 기타 위험물이나 금지물품을 교정시설 내로 반입하는 것을 차단함으로써 수용자 및 교정시설 종사자들의 생명 · 신체의 안전과 교정시설 내의 질서를 유지한다는 공적인 이익이 훨씬 크다 할 것이므로, 법익의 균형성요건 또한 충족되므로, 필요한 최소한도를 벗어나 과잉금지원칙에 위배되어 청구인의 인격권 내지 신체의 자유를 침해한다고 볼 수 없다(헌재 2011.5.26, 2010헌마775).

003
09. 법행

태아의 성별에 대해 임신기간 동안 이를 알려주는 것을 금지하는 것은 태아 부모의 태아 성별에 대한 알 권리를 침해하는 것이다.　　　　　　　　　　　　　　　　　　　　　　　　　　　　　　　　　　O | X

해설

[X] 헌법 제10조부터 도출되는 일반적 인격권에는 각 개인이 그 삶을 사적으로 형성할 수 있는 자율영역에 대한 보장이 포함되어 있음을 감안할 때, 장래 가족의 구성원이 될 태아의 성별 정보에 대한 접근을 국가로부터 방해받지 않을 부모의 권리는 이와 같은 일반적 인격권에 의하여 보호된다고 보아야 할 것인바, 이 사건 규정은 일반적 인격권으로부터 나오는 부모의 태아 성별 정보에 대한 접근을 방해받지 않을 권리를 제한하고 있다고 할 것이다. … 이 사건 규정은 과잉금지원칙을 위반하여 의사의 직업수행의 자유 및 임부나 그 가족이 태아 성별 정보에 대한 접근을 방해받지 않을 권리 등을 침해하고 있으므로 헌법에 위반된다 할 것이다(헌재 2008.7.31, 2004헌마1010・2005헌바90).

004
12. 경정승진
11. 사시

임부의 생명을 위태롭게 할 위험이 있음에도 불구하고 임신 후반기에 태아의 성별을 이유로 낙태할 가능성이 있으므로 임부 및 태아의 생명보호와 성비의 불균형 해소를 위해서 전체 임신기간 동안 태아의 성별 고지를 금지하는 것은 헌법상 정당화된다.　　　　　　　　　　　　　　　　　　　　　　　O | X

해설

[X] 이 사건 규정의 태아 성별 고지 금지는 낙태, 특히 성별을 이유로 한 낙태를 방지함으로써 성비의 불균형을 해소하고 태아의 생명권을 보호하기 위해 입법된 것이다. 그런데 임신기간이 통상 40주라고 할 때, 낙태가 비교적 자유롭게 행해질 수 있는 시기가 있는 반면, 낙태를 할 경우 태아는 물론, 산모의 생명이나 건강에 중대한 위험을 초래하여 낙태가 거의 불가능하게 되는 시기도 있는데, 성별을 이유로 하는 낙태가 임신기간의 전 기간에 걸쳐 이루어질 것이라는 전제하에, 이 사건 규정이 낙태가 사실상 불가능하게 되는 임신 후반기에 이르러서도 태아에 대한 성별 정보를 태아의 부모에게 알려 주지 못하게 하는 것은 최소침해성원칙을 위반하는 것이고, 이와 같이 임신 후반기 공익에 대한 보호의 필요성이 거의 제기되지 않는 낙태 불가능 시기 이후에도 의사가 자유롭게 직업수행을 하는 자유를 제한하고, 임부나 그 가족의 태아 성별 정보에 대한 접근을 방해하는 것은 기본권 제한의 법익균형성 요건도 갖추지 못한 것이다. 따라서 이 사건 규정은 헌법에 위반된다 할 것이다(헌재 2008.7.31, 2004헌마1010).

005
12. 법원직

민사법정에 출석하는 수형자에게 운동화착용을 불허하고 고무신을 신게 하였더라도 신발의 종류를 제한한 것에 불과하여 법익침해의 최소성 및 균형성을 충족한다.　　　　　　　　　　　　　　　　O | X

해설

[O] 유죄판결이 확정된 청구인의 경우에는 무죄추정원칙이라든가 방어권이 문제될 여지가 없고, 청구인이 출석한 재판은 민사재판이었으므로 운동화 대신 고무신을 착용하였다고 하여 공정한 재판을 받을 권리가 침해되었다고 볼 여지가 없다. 또한, 미결수용자와 형이 확정된 수용자는 구금되어 있다는 점에서만 유사점이 있을 뿐 본질적으로 동질적인 집단이라고 할 수 없으므로 평등권 침해 역시 문제되지 않는다. 이 사건 운동화착용불허행위는 시설 바깥으로의 외출이라는 기회를 이용한 도주를 예방하기 위한 것으로서 그 목적이 정당하고, 위와 같은 목적을 달성하기 위한 적합한 수단이라 할 것이다. 또한, 신발의 종류를 제한하는 것에 불과하여 법익침해의 최소성과 균형성도 갖추었다 할 것이므로, 이 사건 운동화착용불허행위가 기본권 제한에 있어서의 과잉금지원칙에 반하여 청구인의 인격권과 행복추구권을 침해하였다고 볼 수 없다(헌재 2011.2.24, 2009헌마209).

일본군위안부 피해자들이 일본국에 대하여 가지는 배상청구권이 소멸되었는지에 관한 한·일 양국간 해석상 분쟁이 존재함에도 불구하고, 대한민국의 외교통상부장관이 이러한 분쟁을 해결하기 위한 조처를 취하지 않은 것은 헌법상 재산권 문제에 국한되고, 근원적인 인간으로서의 존엄과 가치의 침해와는 직접 관련이 없다.

O | X

해설

[X] 일본국에 의하여 광범위하게 자행된 반인도적 범죄행위에 대하여 일본군위안부 피해자들이 일본에 대하여 가지는 배상청구권은 헌법상 보장되는 재산권일 뿐만 아니라, 그 배상청구권의 실현은 무자비하고 지속적으로 침해된 인간으로서의 존엄과 가치 및 신체의 자유를 사후적으로 회복한다는 의미를 가지는 것이므로 피청구인의 부작위로 인하여 침해되는 기본권이 매우 중대하다. 또한, 일본군위안부 피해자는 모두 고령으로서, 더 이상 시간을 지체할 경우 일본군위안부 피해자의 배상청구권을 실현함으로써 역사적 정의를 바로 세우고 침해된 인간의 존엄과 가치를 회복하는 것은 영원히 불가능해질 수 있으므로, 기본권 침해구제의 절박성이 인정되며, 이 사건 협정의 체결 경위 및 그 전후의 상황, 일련의 국내외적인 움직임을 종합해 볼 때 구제가능성이 결코 작다고 할 수 없다. 국제정세에 대한 이해를 바탕으로 한 전략적 선택이 요구되는 외교행위의 특성을 고려한다고 하더라도, 피청구인이 부작위의 이유로 내세우는 '소모적인 법적 논쟁으로의 발전가능성'이나 '외교관계의 불편'이라는 매우 불분명하고 추상적인 사유를 들어, 기본권 침해의 중대한 위험에 직면한 청구인들에 대한 구제를 외면하는 타당한 사유라거나 진지하게 고려되어야 할 국익이라고 보기는 힘들다. 이상과 같은 점을 종합하면, 결국 이 사건 협정 제3조에 의한 분쟁해결절차로 나아가는 것만이 국가기관의 기본권 기속성에 합당한 재량권 행사라 할 것이고, 피청구인의 부작위로 인하여 청구인들에게 중대한 기본권의 침해를 초래하였다 할 것이므로, 이는 헌법에 위반된다(헌재 2011.8.30, 2006헌마788).

인격권은 자연적 생명체인 개인의 존재를 전제로 하는 기본권으로서 그 성질상 법인에게는 적용될 수 없으므로, 법인인 방송사업자에게 그 의사에 반한 사과방송을 강제하더라도 법인의 인격권이 제한된다고 할 수 없다.

O | X

해설

[X] 심의규정을 위반한 방송사업자에게 '주의 또는 경고'만으로도 반성을 촉구하고 언론사로서의 공적 책무에 대한 인식을 제고시킬 수 있고, 위 조치만으로도 심의규정에 위반하여 '주의 또는 경고'의 제재조치를 받은 사실을 공표하게 되어 이를 다른 방송사업자나 일반 국민에게 알리게 됨으로써 여론의 왜곡 형성 등을 방지하는 한편, 해당 방송사업자에게는 해당 프로그램의 신뢰도 하락에 따른 시청률 하락 등의 불이익을 줄 수 있다. 또한, '시청자에 대한 사과'에 대하여는 '명령'이 아닌 '권고'의 형태를 취할 수도 있다. 이와 같이 기본권을 보다 덜 제한하는 다른 수단에 의하더라도 이 사건 심판대상조항이 추구하는 목적을 달성할 수 있으므로 이 사건 심판대상조항은 침해의 최소성원칙에 위배된다. 또한, 이 사건 심판대상조항은 시청자 등 국민들로 하여금 방송사업자가 객관성이나 공정성 등 저버린 방송을 했다는 점을 스스로 인정한 것으로 생각하게 만듦으로써 방송에 대한 신뢰가 무엇보다 중요한 방송사업자에 대하여 그 사회적 신용이나 명예를 저하시키고 법인격의 자유로운 발현을 저해하는 것인바, 방송사업자의 인격권에 대한 제한의 정도가 이 사건 심판대상조항이 추구하는 공익에 비해 결코 작다고 할 수 없으므로 이 사건 심판대상조항은 법익의 균형성원칙에도 위배된다(헌재 2012.8.23, 2009헌가27).

008
13. 국가직

개인이 자연인으로서 향유하게 되는 기본권은 그 성질상 당연히 법인에게 적용될 수 없다. 따라서 인간의 존엄과 가치에서 유래하는 인격권은 그 성질상 법인에게는 적용될 수 없다. O | X

해설

[X] 법인도 법인의 목적과 사회적 기능에 비추어 볼 때 그 성질에 반하지 않는 범위 내에서 인격권의 한 내용인 사회적 신용이나 명예 등의 주체가 될 수 있고 법인이 이러한 사회적 신용이나 명예 유지 내지 법인격의 자유로운 발현을 위하여 의사결정이나 행동을 어떻게 할 것인지를 자율적으로 결정하는 것도 법인의 인격권의 한 내용을 이룬다고 할 것이다(헌재 2012.8.23, 2009헌가27).

009
13. 변호사

우리 헌법은 전문에서 '3·1운동으로 건립된 대한민국 임시정부의 법통'의 계승을 천명하고 있지만, 우리 헌법의 제정 전의 일인 일제강점기에 일본군위안부로 강제동원된 피해자들의 인간의 존엄과 가치를 회복시켜야 할 의무는 입법자에 의해 구체적으로 형성될 내용이고 헌법에서 유래하는 작위의무라고 할 수 없다. O | X

해설

[X] 우리 헌법은 전문에서 '3·1운동으로 건립된 대한민국임시정부의 법통'의 계승을 천명하고 있는바, 비록 우리 헌법이 제정되기 전의 일이라 할지라도 국가가 국민의 안전과 생명을 보호하여야 할 가장 기본적인 의무를 수행하지 못한 일제강점기에 일본군위안부로 강제동원되어 인간의 존엄과 가치가 말살된 상태에서 장기간 비극적인 삶을 영위하였던 피해자들의 훼손된 인간의 존엄과 가치를 회복시켜야 할 의무는 대한민국 임시정부의 법통을 계승한 지금의 정부가 국민에 대하여 부담하는 가장 근본적인 보호의무에 속한다고 할 것이다. 위와 같은 헌법 규정들 및 대한민국과 일본국간의 재산 및 청구권에 관한 문제의 해결과 경제협력에 관한 협정 제3조의 문언에 비추어 볼 때, 피청구인이 위 제3조에 따라 분쟁해결의 절차로 나아갈 의무는 일본국에 의해 자행된 조직적이고 지속적인 불법행위에 의하여 인간의 존엄과 가치를 심각하게 훼손당한 자국민들이 배상청구권을 실현할 수 있도록 협력하고 보호하여야 할 헌법적 요청에 의한 것으로서, 그 의무의 이행이 없으면 청구인들의 기본권이 중대하게 침해될 가능성이 있으므로, 피청구인의 작위의무는 헌법에서 유래하는 작위의무로서 그것이 법령에 구체적으로 규정되어 있는 경우라고 할 것이다. 나아가 특히, 우리 정부가 직접 일본군위안부 피해자들의 기본권을 침해하는 행위를 한 것은 아니지만, 위 피해자들의 일본에 대한 배상청구권의 실현 및 인간으로서의 존엄과 가치의 회복을 하는 데 있어서 현재의 장애상태가 초래된 것은 우리 정부가 청구권의 내용을 명확히 하지 않고 '모든 청구권'이라는 포괄적 개념을 사용하여 이 사건 협정을 체결한 것에도 책임이 있다는 점에 주목한다면, 피청구인에게 그 장애상태를 제거하는 행위로 나아가야 할 구체적 작위의무가 있음을 부인하기 어렵다(헌재 2011.8.30, 2006헌마788).

010
22. 국가직
14. 사시

변호사 정보제공 웹사이트 운영자가 변호사들의 개인신상정보를 기반으로 변호사들의 '인맥지수'를 산출하여 공개하는 서비스를 제공한 경우, 그 인맥지수 서비스 제공행위는 변호사들의 개인정보에 관한 인격권을 침해하는 위법한 행위라 할 수 없다. O | X

해설

[X] 변호사 정보제공 웹사이트 운영자가 변호사들의 개인신상정보를 기반으로 변호사들의 인맥지수를 산출하여 공개하는 서비스를 제공한 사안에서, 인맥지수의 사적·인격적 성격, 산출과정에서 왜곡 가능성, 인맥지수 이용으로 인한 변호사들의 이익 침해와 공적 폐해의 우려, 그에 반하여 이용으로 달성될 공적인 가치의 보호 필요성 정도 등을 종합적으로 고려하면, 운영자가 변호사들의 개인신상정보를 기반으로 한 인맥지수를 공개하는 표현행위에 의하여 얻을 수 있는 법적 이익이 이를 공개하지 않음으로써 보호받을 수 있는 변호사들의 인격적 법익에 비하여 우월하다고 볼 수 없어, 결국 운영자의 인맥지수 서비스 제공행위는 변호사들의 개인정보에 관한 인격권을 침해하는 위법한 것이다[대판 2011.9.2, 2008다42430(전합)].

011

14. 사시

재판에 출정하기 위하여 수용시설 밖으로 나가는 수형자에게 고무신의 착용을 강제하는 것은 수형자의 도주의 방지를 위한 불가피한 수단이라고 보기 어렵고, 수형자에 대한 효과적인 도주 방지의 수단이 될 수 없으며, 수형자의 신분을 일반인에게 노출시켜 모욕감과 수치심을 갖게 할 뿐이므로, 수형자의 인격권과 행복추구권을 침해한다.   O | X

해설

[X] 이 사건 운동화착용불허행위는 시설 바깥으로의 외출이라는 기회를 이용한 도주를 예방하기 위한 것으로서 그 목적이 정당하고, 위와 같은 목적을 달성하기 위한 적합한 수단이라 할 것이다. 또한, 신발의 종류를 제한하는 것에 불과하여 법익침해의 최소성과 균형성도 갖추었다 할 것이므로, 이 사건 운동화착용불허행위가 기본권 제한에 있어서의 과잉금지원칙에 반하여 청구인의 인격권과 행복추구권을 침해하였다고 볼 수 없다(헌재 2011.2.24, 2009헌마209).

012

16. 변호사

피의자에 대한 촬영허용은 초상권을 포함한 일반적 인격권을 제한하지만 범죄사실에 관하여 일반국민에게 알려야 할 공공성이 있으므로, 공인이 아니며 보험사기를 이유로 체포된 피의자가 경찰서에 수갑을 차고 얼굴을 드러낸 상태에서 조사받는 과정을 기자들로 하여금 촬영하도록 허용하는 행위는 기본권 제한의 목적의 정당성이 인정된다.   O | X

해설

[X] 원칙적으로 '범죄사실' 자체가 아닌 그 범죄를 저지른 자에 관한 부분은 일반 국민에게 널리 알려야 할 공공성을 지닌다고 할 수 없고, 이에 대한 예외는 공개수배의 필요성이 있는 경우 등에 극히 제한적으로 인정될 수 있을 뿐이다. 피청구인은 기자들에게 청구인이 경찰서 내에서 수갑을 차고 얼굴을 드러낸 상태에서 조사받는 모습을 촬영할 수 있도록 허용하였는데, 청구인에 대한 이러한 수사 장면을 공개 및 촬영하게 할 어떠한 공익 목적도 인정하기 어려우므로 촬영허용행위는 목적의 정당성이 인정되지 아니한다. 피의자의 얼굴을 공개하더라도 그로 인한 피해의 심각성을 고려하여 모자, 마스크 등으로 피의자의 얼굴을 가리는 등 피의자의 신원이 노출되지 않도록 침해를 최소화하기 위한 조치를 취하여야 하는데, 피청구인은 그러한 조치를 전혀 취하지 아니하였으므로 침해의 최소성원칙도 충족하였다고 볼 수 없다. 또한, 촬영허용행위는 언론 보도를 보다 실감나게 하기 위한 목적 외에 어떠한 공익도 인정할 수 없는 반면, 청구인은 피의자로서 얼굴이 공개되어 초상권을 비롯한 인격권에 대한 중대한 제한을 받았고, 촬영한 것이 언론에 보도될 경우 범인으로서의 낙인 효과와 그 파급효는 매우 가혹하여 법익균형성도 인정되지 아니하므로, 촬영허용행위는 과잉금지원칙에 위반되어 청구인의 인격권을 침해하였다(헌재 2014.3.27, 2012헌마652).

013

16. 법행

법인은 결사의 자유를 바탕으로 하여 법률에 의해 비로소 창설된 법인격의 주체여서 관념상 결사의 자유에 앞서 존재하는 인간으로서의 존엄과 가치를 가진다 할 수 없고, 그 행동영역도 법률에 의해 형성될 뿐이며, 기본권의 성질상 법인에게 적용될 수 있는 경우에 한하여 해당 기본권의 주체가 될 수 있다. 따라서 인간의 존엄과 가치에서 유래하는 인격권은 자연적 생명체로서 개인의 존재를 전제로 하는 기본권으로서 그 성질상 법인에게는 적용될 수 없다.   O | X

해설

[X] 법인도 법인의 목적과 사회적 기능에 비추어 볼 때 그 성질에 반하지 않는 범위 내에서 인격권의 한 내용인 사회적 신용이나 명예 등의 주체가 될 수 있고 법인이 이러한 사회적 신용이나 명예 유지 내지 법인격의 자유로운 발현을 위하여 의사결정이나 행동을 어떻게 할 것인지를 자율적으로 결정하는 것도 법인의 인격권의 한 내용을 이룬다고 할 것이다(헌재 2012.8.23, 2009헌가27).

014

16. 국회직 8급

법인의 인격을 자유롭게 발현할 권리가 무엇을 뜻하는지 그 헌법적 근거가 무엇인지 분명하지 않으므로, 선거기사심의위원회가 불공정한 선거기사를 게재하였다고 판단한 언론사에 대하여 사과문 게재명령을 하도록 한 공직선거법상의 사과문 게재조항은 언론사인 법인의 인격권을 침해하는 것이 아니라 소극적 표현의 자유나 일반적 행동의 자유를 제한할 뿐이다. O | X

해설

[X] 이 사건 사과문 게재조항은 정기간행물 등을 발행하는 언론사가 보도한 선거기사의 내용이 공정하지 아니하다고 인정되는 경우 선거기사심의위원회의 사과문 게재결정을 통하여 해당 언론사로 하여금 그 잘못을 인정하고 용서를 구하게 하고 있다. 이는 언론사 스스로 인정하거나 형성하지 아니한 윤리적·도의적 판단의 표시를 강제하는 것으로서 언론사가 가지는 인격권을 제한하는 정도가 매우 크다. 더욱이 이 사건 처벌조항은 형사처벌을 통하여 그 실효성을 담보하고 있다. 그런데 공직선거법에 따르면, 언론사가 불공정한 선거기사를 보도하는 경우 선거기사심의위원회는 사과문 게재명령 외에도 정정보도문의 게재명령을 할 수 있다. 또한, 해당 언론사가 '공정보도의무를 위반하였다는 결정을 선거기사심의위원회로부터 받았다는 사실을 공표'하도록 하는 방안, 사과의 의사표시가 필요한 경우에도 사과의 '권고'를 하는 방법을 상정할 수 있다. 나아가, 이 사건 법률조항들이 추구하는 목적, 즉 선거기사를 보도하는 언론사의 공적인 책임의식을 높임으로써 민주적이고 공정한 여론형성 등에 이바지한다는 공익이 중요하다는 점에는 이론의 여지가 없으나, 언론에 대한 신뢰가 무엇보다 중요한 언론사에 대하여 그 사회적 신용이나 명예를 저하시키고 인격의 자유로운 발현을 저해함에 따라 발생하는 인격권 침해의 정도는 이 사건 법률조항들이 달성하려는 공익에 비해 결코 작다고 할 수 없다. 결국 이 사건 법률조항들은 언론사의 인격권을 침해하여 헌법에 위반된다(헌재 2015.7.30, 2013헌가8).

015

16. 국회직 8급

수형자라 하더라도 확정되지 않은 별도의 형사재판에서만큼은 미결수용자와 같은 지위에 있으므로, 이러한 수용자로 하여금 형사재판 출석시 아무런 예외 없이 사복착용을 금지하고 재소자용 의류를 입도록 하는 것은 소송관계자들에게 유죄의 선입견을 줄 수 있어 무죄추정의 원칙에 위배될 소지가 클 뿐만 아니라 공정한 재판을 받을 권리, 인격권, 행복추구권을 침해한다. O | X

해설

[O] 수형자라 하더라도 확정되지 않은 별도의 형사재판에서만큼은 미결수용자와 같은 지위에 있으므로, 이러한 수형자로 하여금 형사재판 출석시 아무런 예외 없이 사복착용을 금지하고 재소자용 의류를 입도록 하여 인격적인 모욕감과 수치심 속에서 재판을 받도록 하는 것은 재판부나 검사 등 소송관계자들에게 유죄의 선입견을 줄 수 있고, 이미 수형자의 지위로 인해 크게 위축된 피고인의 방어권을 필요 이상으로 제약하는 것이다. 또한, 형사재판에 피고인으로 출석하는 수형자의 사복착용을 추가로 허용함으로써 통상의 미결수용자와 구별되는 별도의 계호상 문제점이 발생된다고 보기 어렵다. 따라서 심판대상조항이 형사재판의 피고인으로 출석하는 수형자에 대하여 사복착용을 허용하지 아니한 것은 청구인의 공정한 재판을 받을 권리, 인격권, 행복추구권을 침해한다(헌재 2015.12.23, 2013헌마712).

016

16. 국회직 8급

민사재판에 당사자로 출석하는 수형자의 사복착용을 불허하는 것은 수형자의 공정한 재판을 받을 권리, 인격권, 행복추구권을 침해하지 아니한다. O | X

해설

[O] 민사재판에서 법관이 당사자의 복장에 따라 불리한 심증을 갖거나 불공정한 재판진행을 하게 되는 것은 아니므로, 심판대상조항이 민사재판의 당사자로 출석하는 수형자에 대하여 사복착용을 불허하는 것으로 공정한 재판을 받을 권리가 침해되는 것은 아니다(헌재 2015.12.23, 2013헌마712).

017
17. 국회직 8급

방송사업자의 의사에 반한 사과행위를 강제하는 구 방송법 규정은 방송사업자의 인격권을 침해하지 않는다. O | X

해설

> [X] 방송사업자의 의사에 반한 사과행위를 강제하는 구 방송법 규정은 방송사업자의 인격권을 침해한다(헌재 2012.8.23, 2009헌가27).

018
17. 지방직

교정시설의 1인당 수용면적이 수형자의 인간으로서의 기본 욕구에 따른 생활조차 어렵게 할 만큼 지나치게 협소하더라도 교정시설의 형편상 불가피한 것이라면 인간의 존엄과 가치를 침해하는 것이 아니다. O | X

해설

> [X] 수형자가 인간 생존의 기본조건이 박탈된 교정시설에 수용되어 인간의 존엄과 가치를 침해당하였는지 여부를 판단함에 있어서는 1인당 수용면적뿐만 아니라 수형자 수와 수용거실 현황 등 수용시설 전반의 운영 실태와 수용기간, 국가 예산의 문제 등 제반 사정을 종합적으로 고려할 필요가 있다. 그러나 교정시설의 1인당 수용면적이 수형자의 인간으로서의 기본 욕구에 따른 생활조차 어렵게 할 만큼 지나치게 협소하다면, 이는 그 자체로 국가형벌권 행사의 한계를 넘어 수형자의 인간의 존엄과 가치를 침해하는 것이다(헌재 2016.12.29, 2013헌마142).

019
18. 법원직

민사재판의 당사자로 출석하는 수형자에 대하여 사복착용을 허용하지 않는 규정은 인격권과 행복추구권을 침해하였다. O | X

해설

> [X] 민사재판에 출석하는 수형자에 대하여 사복착용을 허용하지 아니한 것은 청구인의 인격권과 행복추구권을 침해하지 아니한다. 다만, '형사재판의 피고인으로 출석하는 수형자'에 대하여 사복착용을 불허하는 것은 공정한 재판을 받을 권리, 인격권, 행복추구권을 침해한다고 판시하였다(헌재 2015.12.23, 2013헌마712).

020
18. 국회직 5급

'카메라나 그 밖에 이와 유사한 기능을 갖춘 기계장치를 이용하여 성적 욕망 또는 수치심을 유발할 수 있는 다른 사람의 신체를 그 의사에 반하여 촬영한 자'를 처벌하는 것은, '자신의 신체를 함부로 촬영당하지 않을 자유' 등 인격권 보호를 목적으로 '몰래 카메라'의 폐해를 방지하기 위한 것으로서, 일반적 행동자유권은 침해하지 않는다. O | X

해설

> [O] 심판대상조항으로 행위자는 구성요건의 엄격한 해석하에 일반적 행동자유권을 제한받는 데 반하여, 이를 통해 피해자 개인의 '함부로 촬영당하지 않을 자유'를 보호하고 사회일반의 건전한 성적 풍속 및 성도덕을 보호하며 공공의 혐오감과 불쾌감을 방지할 수 있으므로, 결국 보호하여야 할 공익이 더욱 크다고 할 수 있다. 따라서 심판대상조항이 과잉금지원칙에 위배되어 청구인의 일반적 행동자유권을 침해한다고 볼 수 없다(헌재 2017.6.29, 2015헌바243).

021
18. 국회직 5급

인수자가 없는 시체를 생전의 본인의 의사와는 무관하게 해부용 시체로 제공될 수 있도록 규정하는 것은, 본인이 해부용 시체로 제공되는 것에 대해 반대하는 의사표시를 명시적으로 표시할 수 있는 절차를 마련하지 않고 있다는 점에서, 시체처분에 대한 자기결정권을 침해한다. O | X

해설

> [O] 이 사건 법률조항이 추구하는 공익이 사후 자신의 시체가 자신의 의사와는 무관하게 해부용 시체로 제공됨으로써 침해되는 사익보다 크다고 할 수 없으므로 이 사건 법률조항은 청구인의 시체처분에 대한 자기결정권을 침해한다(헌재 2015.11.26, 2012헌마940).

022
18. 국회직 5급

사람은 자신의 의사에 반하여 신체적 특징에 관하여 함부로 촬영당하지 아니할 권리를 가지고 있지만, 범죄를 저지른 자에 대한 부분을 국민에게 널리 알릴 공공성이 있어, 기자들에게 경찰서 내에서 수갑을 차고 조사받는 모습을 촬영하도록 한 것은 피의자의 인격권을 침해하지 않는다. O | X

해설

> [X] 청구인에 대한 이러한 수사 장면을 공개 및 촬영하게 할 어떠한 공익 목적도 인정하기 어려우므로 촬영허용행위는 목적의 정당성이 인정되지 아니한다. … 촬영허용행위는 과잉금지원칙에 위반되어 청구인의 인격권을 침해하였다(헌재 2014.3.27, 2012헌마652).

023
19. 지방직

교정시설의 1인당 수용면적이 수형자의 인간으로서의 기본 욕구에 따른 생활조차 어렵게 할 만큼 지나치게 협소하다면, 이는 그 자체로 국가형벌권 행사의 한계를 넘어 수형자의 인간의 존엄과 가치를 침해하는 것이다. O | X

해설

> [O] 수형자가 인간 생존의 기본조건이 박탈된 교정시설에 수용되어 인간의 존엄과 가치를 침해당하였는지 여부를 판단함에 있어서는 1인당 수용면적뿐만 아니라 수형자 수와 수용거실 현황 등 수용시설 전반의 운영 실태와 수용기간, 국가 예산의 문제 등 제반 사정을 종합적으로 고려할 필요가 있다. 그러나 교정시설의 1인당 수용면적이 수형자의 인간으로서의 기본 욕구에 따른 생활조차 어렵게 할 만큼 지나치게 협소하다면, 이는 그 자체로 국가형벌권 행사의 한계를 넘어 수형자의 인간의 존엄과 가치를 침해하는 것이다(헌재 2016.12.29, 2013헌마142).

024
19. 지방직

혼인 종료 후 300일 이내에 출생한 자(子)를 전남편의 친생자로 추정하는 민법 조항은 혼인관계가 해소된 이후에 자가 출생하고 생부가 출생한 자를 인지하려는 경우마저도, 아무런 예외 없이 그 자를 전남편의 친생자로 추정함으로써 친생부인의 소를 거치도록 하는 것은 모가 가정생활과 신분관계에서 누려야 할 인격권을 침해한다. O | X

해설

> [O] 민법 제정 이후의 사회적 · 법률적 · 의학적 사정변경을 전혀 반영하지 아니한 채, 이미 혼인관계가 해소된 이후에 자가 출생하고 생부가 출생한 자를 인지하려는 경우마저도, 아무런 예외 없이 그 자를 전남편의 친생자로 추정함으로써 친생부인의 소를 거치도록 하는 심판대상조항은 입법형성의 한계를 벗어나 모가 가정생활과 신분관계에서 누려야 할 인격권, 혼인과 가족생활에 관한 기본권을 침해한다(헌재 2015.4.30, 2013헌마623).

025

19. 지방직

법무부훈령인 법무시설 기준규칙은 수용동의 조도기준을 취침 전 200룩스 이상, 취침 후 60룩스 이하로 규정하고 있는데, 수용자의 도주나 자해 등을 막기 위해서 취침시간에도 최소한의 조명을 유지하는 것은 수용자의 숙면방해로 인하여 인간의 존엄과 가치를 침해한다.　　　　　　　　　　　　　　　　　　　　　　　O | X

해설

[X] 교정시설의 안전과 질서유지를 위해서는 수용거실 안에 일정한 수준의 조명을 유지할 필요가 있다. 수용자의 도주나 자해 등을 막기 위해서는 취침시간에도 최소한의 조명은 유지할 수밖에 없다. 조명점등행위는 법무시설 기준규칙이 규정하는 조도기준의 범위 안에서 이루어지고 있는데, 이보다 더 어두운 조명으로도 교정시설의 안전과 질서유지라는 목적을 같은 정도로 달성할 수 있다고 볼 수 있는 자료가 없다. 또 조명점등행위로 인한 청구인의 권익 침해가 교정시설 안전과 질서유지라는 공익 보호보다 더 크다고 보기도 어렵다. 그렇다면 조명점등행위가 과잉금지원칙에 위배하여 청구인의 기본권을 침해한다고 볼 수 없다(헌재 2018.8.30, 2017헌마440).

026

20. 법행

아동복지법상 아동학대 관련 범죄전력자 취업제한 조항은 아동학대를 예방함으로써 아동들이 행복하고 안전하게 자라나게 하고, 체육시설 및 학교에 대한 윤리성과 신뢰성을 높여 아동 및 그 보호자가 이들 기관을 믿고 이용할 수 있도록 하려는 것이 입법목적이고, 이러한 입법목적은 정당하다.　　　　　　O | X

해설

[O] 이 사건 법률조항은 아동학대 관련 범죄전력자를 10년 동안 아동관련기관인 체육시설 및 '초·중등교육법' 제2조 각 호의 학교에 취업을 제한하는 방법으로 아동학대를 예방함으로써, 아동들이 행복하고 안전하게 자라나게 하는 동시에 체육시설 및 학교에 대한 윤리성과 신뢰성을 높여 아동 및 그 보호자가 이들 기관을 믿고 이용할 수 있도록 하는 입법목적을 지니는바 이러한 입법목적은 정당하다(헌재 2018.6.28, 2017헌마130 등).

027

20. 국회직 8급

대학수학능력시험의 문항 수 기준 70%를 EBS 교재와 연계하여 출제한다는 대학수학능력시험 시행기본계획은 대학수학능력시험을 준비하는 자의 자유로운 인격발현권을 제한한다.　　　　　　　　　　　　O | X

해설

[O] 청구인 권O환, 허O민은 수능시험을 준비하는 사람들로서 심판대상계획에서 정한 출제방향과 원칙에 영향을 받을 수밖에 없다. 따라서 수능시험을 준비하면서 무엇을 어떻게 공부하여야 할지에 관하여 스스로 결정할 자유가 심판대상계획에 따라 제한된다. 이는 자신의 교육에 관하여 스스로 결정할 권리, 즉 교육을 통한 자유로운 인격발현권을 제한받는 것으로 볼 수 있다. 한편, 청구인들은 심판대상계획으로 인해 교육을 받을 권리가 침해된다고 주장하지만, 심판대상계획이 헌법 제31조 제1항의 능력에 따라 균등하게 교육을 받을 권리를 직접 제한한다고 보기는 어렵다. 청구인들은 행복추구권도 침해된다고 주장하지만, 행복추구권에서 도출되는 자유로운 인격발현권 침해 여부에 대하여 판단하는 이상 행복추구권 침해 여부에 대해서는 다시 별도로 판단하지 않는다(헌재 2018.2.22, 2017헌마691).

028
22. 국가직
19. 경정승진

이미 출국 수속 과정에서 일반적인 보안검색을 마친 승객을 상대로, 촉수검색(patdown)과 같은 추가적인 보안검색 실시를 예정하고 있는 국가항공보안계획은 과잉금지원칙에 위반되지 않아 청구인의 인격권을 침해하지 않는다.　　　　　　　　　　　　　　　　　　　　　　　　　　O | X

해설

> [O] 이 사건 국가항공보안계획은 이미 출국 수속 과정에서 일반적인 보안검색을 마친 승객을 상대로 촉수검색(patdown)과 같은 추가적인 보안검색 실시를 예정하고 있으므로, 이로 인한 인격권 및 신체의 자유 침해 여부가 문제된다. 이 사건 국가항공보안계획은 민간항공 보안에 관한 국제협약의 준수 및 항공기 안전과 보안을 위한 것으로 입법목적의 정당성 및 수단의 적합성이 인정되고, 항공운송사업자가 다른 체약국의 추가 보안검색 요구에 응하지 않을 경우 항공기의 취항 자체가 거부될 수 있으므로 이 사건 국가항공보안계획에 따른 추가 보안검색 실시는 불가피하며, 관련 법령에서 보안검색의 구체적 기준 및 방법 등을 마련하여 기본권 침해를 최소화하고 있으므로 침해의 최소성도 인정된다. 또한, 국내외적으로 항공기 안전사고와 테러 위협이 커지는 상황에서, 민간항공의 보안 확보라는 공익은 매우 중대한 반면, 추가 보안검색 실시로 인해 승객의 기본권이 제한되는 정도는 그리 크지 아니하므로 법익의 균형성도 인정된다. 따라서 이 사건 국제항공보안계획은 헌법상 과잉금지원칙에 위반되지 않으므로, 청구인의 기본권을 침해하지 아니한다(헌재 2018.2.22, 2016헌마780).

029
19. 경정승진

변호사에 대한 징계결정정보를 인터넷 홈페이지에 공개하도록 한 변호사법 조항과 징계결정정보의 공개범위와 시행방법을 정한 변호사법 시행령 조항은 청구인의 인격권을 침해하지 않는다.　　　O | X

해설

> [O] 징계결정 공개조항은 위와 같이 전문적인 법률지식과 윤리적 소양 및 공정성과 신뢰성을 갖추어야 할 변호사가 변론불성실, 비밀누설 등 직무상 의무 또는 직업윤리를 위반하여 징계를 받은 경우, 국민이 이러한 사정을 쉽게 알 수 있도록 하여 법률사무를 맡길 변호사를 선택할 권리를 보장하고 변호사의 윤리의식을 고취시킴으로써 법률사무에 대한 전문성·공정성 및 신뢰성을 확보하여 국민의 기본권을 보호하고 사회정의를 실현하기 위한 것이다. 따라서 징계결정 공개조항의 입법목적은 정당하다. … 따라서 징계결정 공개조항은 과잉금지원칙에 위배되지 아니하므로 청구인의 인격권을 침해하지 아니한다(헌재 2018.7.26, 2016헌마1029).

030
21. 경정승진

상체승의 포승과 수갑을 채우고 별도의 포승으로 다른 수용자와 연승한 행위는 인격권을 침해하지 않는다.　　　　　　　　　　　　　　　　　　　　　　　　　　　　　　　　　　　　　O | X

해설

> [O] 수형자를 다른 교도소로 이송하는 경우에는 도주 등 교정사고의 우려가 높아지기 때문에 교정시설 안에서의 계호보다 높은 수준의 계호가 요구된다. 이에 피청구인이 도주 등의 교정사고를 예방하기 위하여 이 사건 보호장비 사용행위를 한 것은 그 목적이 정당하고, 상체승의 포승과 앞으로 사용한 수갑은 이송하는 경우의 보호장비로서 적절하다. … 따라서 이 사건 보호장비 사용행위는 그 기본권 제한의 범위 내에서 이루어진 것이므로 청구인의 인격권과 신체의 자유를 침해하지 않는다(헌재 2012.7.26, 2011헌마426).

□□□
031
21. 경정승진

성명(姓名)은 개인의 정체성과 개별성을 나타내는 인격의 상징으로서 개인이 사회 속에서 자신의 생활영역을 형성하고 발현하는 기초가 되는 것이므로 자유로운 성(姓)의 사용은 헌법상 인격권으로부터 보호된다.   O | X

해설

[O] 헌법은 제10조에서 "모든 국민은 인간으로서의 존엄과 가치를 가지며 행복을 추구할 권리가 있다."고 규정하여 모든 국민이 자신의 존엄한 인격권을 바탕으로 자율적으로 자신의 생활영역을 형성해 나갈 수 있는 권리를 보장하고 있는데 성명은 개인의 정체성과 개별성을 나타내는 인격의 상징으로서 개인이 사회 속에서 자신의 생활영역을 형성하고 발현하는 기초가 되는 것이라 할 것이므로 자유로운 성의 사용 역시 헌법상 인격권으로부터 보호된다고 할 수 있다(헌재 2005.12.22, 2003헌가5 등).

□□□
032
22. 경정승진 · 지방직

헌법 제10조로부터 도출되는 일반적 인격권에는 개인의 명예에 관한 권리도 당연히 포함되며, '명예'에는 사람이나 그 인격에 대한 '사회적 평가', 즉 객관적 · 외부적 가치평가뿐만 아니라 주관적 · 내면적인 명예감정도 포함된다.   O | X

해설

[X] 헌법 제10조가 보호하는 명예는 사람이나 그 인격에 대한 사회적 평가, 즉 객관적 · 외부적 가치평가를 가리키며 단순한 주관적 · 내면적 명예감정은 헌법이 보호하는 명예에 포함되지 않는다(헌재 2010.11.25, 2009헌마147).

□□□
033
22. 경정승진

헌법 제10조의 행복추구권은 국민이 행복을 추구하기 위하여 필요한 급부를 국가에게 적극적으로 요구할 수 있는 것을 내용으로 하는 것이 아니라, 국민이 행복을 추구하기 위한 활동을 국가권력의 간섭없이 자유롭게 할 수 있다는 포괄적인 의미의 자유권으로서의 성격을 가진다.   O | X

해설

[O] 헌법 제10조의 행복추구권은 국민이 행복을 추구하기 위하여 필요한 급부를 국가에게 적극적으로 요구할 수 있는 것을 내용으로 하는 것이 아니라, 국민이 행복을 추구하기 위한 활동을 국가권력의 간섭없이 자유롭게 할 수 있다는 포괄적(包括的)인 의미의 자유권으로서의 성격을 가지므로 국민에 대한 일정한 보상금의 수급기준을 정하고 있는 이 사건 규정이 행복추구권을 침해한다고 할 수 없다(헌재 1995.7.21, 93헌가14).

□□□
034
22. 경정승진

인수자가 없는 시체를 생전의 본인의 의사와는 무관하게 해부용 시체로 제공될 수 있도록 규정한 시체해부 및 보존에 관한 법률의 조항은 시체의 처분에 대한 자기결정권을 침해한다.   O | X

해설

[O] 이 사건 법률조항은 본인이 해부용 시체로 제공되는 것에 대해 반대하는 의사표시를 명시적으로 표시할 수 있는 절차도 마련하지 않고 본인의 의사와는 무관하게 해부용 시체로 제공될 수 있도록 규정하고 있다는 점에서 침해의 최소성원칙을 충족했다고 보기 어렵고, 실제로 해부용 시체로 제공된 사례가 거의 없는 상황에서 이 사건 법률조항이 추구하는 공익이 사후 자신의 시체가 자신의 의사와는 무관하게 해부용 시체로 제공됨으로써 침해되는 사익보다 크다고 할 수 없으므로 이 사건 법률조항은 청구인의 시체 처분에 대한 자기결정권을 침해한다(헌재 2015.11.26, 2012헌마940).

035
22. 경정승진

비어업인이 잠수용 스쿠버장비를 사용하여 수산자원을 포획·채취하는 것을 금지하는 수산자원관리법 시행규칙의 규정 중 '잠수용 스쿠버장비 사용'에 관한 부분은 일반적 행동의 자유를 침해하지 않는다.
O | X

해설

[O] 여가생활 또는 오락으로 잠수용 스쿠버다이빙을 즐기면서 수산자원을 포획하거나 채취하지 못함으로 인하여 청구인이 입는 불이익에 비해 수산자원을 보호해야 할 공익은 현저히 크다고 할 것이므로, 이 사건 규칙조항은 침해의 최소성과 법익의 균형성도 갖추었다. 따라서 이 사건 규칙조항은 청구인의 일반적 행동의 자유를 침해하지 아니한다(헌재 2016.10.27, 2013헌마450).

036
22. 경찰 1차

친생부인의 소의 제척기간을 규정한 민법 규정 중 "부(夫)가 그 사유가 있음을 안 날부터 2년 내" 부분은 부(夫)가 가정생활과 신분관계에서 누려야 할 인격권을 침해한다.
O | X

해설

[X] 헌법재판소 1997.3.27, 95헌가14 등 결정의 취지에 따라 2005.3.31. 법률 제7427호로 개정된 민법 제847조 제1항은 '친생부인의 사유가 있음을 안 날'을 제척기간의 기산점으로 삼음으로써 부(夫)가 혈연관계의 진실을 인식할 때까지 기간의 진행을 유보하고, '그로부터 2년'을 제척기간으로 삼음으로써 부(夫)의 친생부인의 기회를 실질적으로 보장하고 있다. 또한 2년이란 기간은 자녀의 불안정한 지위를 장기간 방치하지 않기 위한 것으로서 지나치게 짧다고 볼 수 없다. 따라서 민법 제847조 제1항 중 "부(夫)가 그 사유가 있음을 안 날부터 2년 내" 부분은 친생부인의 소의 제척기간에 관한 입법재량의 한계를 일탈하지 않은 것으로서 헌법에 위반되지 아니한다(헌재 2015.3.26, 2012헌바357).

037
22. 경찰 1차

수용자를 교정시설에 수용할 때마다 전자영상 검사기를 이용하여 수용자의 항문 부위에 대한 신체검사를 하는 것이 수용자의 인격권을 침해하는 것은 아니다.
O | X

해설

[O] 이 사건 신체검사는 교정시설의 안전과 질서를 유지하기 위한 것으로 그 목적이 정당하고, 항문 부위에 대한 금지물품의 은닉 여부를 효과적으로 확인할 수 있는 적합한 검사방법으로 그 수단이 적절하다. 교정시설을 이감·수용할 때마다 전자영상 신체검사를 실시하는 것은, 수용자가 금지물품을 취득하여 소지·은닉하고 있을 가능성을 배제할 수 없고, 외부관찰 등의 방법으로는 쉽게 확인할 수 없기 때문이다. 이 사건 신체검사는 사전에 검사의 목적과 방법을 고지한 후, 다른 사람이 볼 수 없는 차단된 장소에서 실시하는 등 검사받는 사람의 모욕감 내지 수치심 유발을 최소화하는 방법으로 실시하였는바, 기본권 침해의 최소성 요건을 충족하였다. 또한 이 사건 신체검사로 인하여 수용자가 느끼는 모욕감이나 수치심이 결코 작다고 할 수는 없지만, 흉기 기타 위험물이나 금지물품을 교정시설 내로 반입하는 것을 차단함으로써 수용자 및 교정시설 종사자들의 생명·신체의 안전과 교정시설 내의 질서를 유지한다는 공적인 이익이 훨씬 크다 할 것이므로, 법익의 균형성요건 또한 충족된다. 이 사건 신체검사는 필요한 최소한도를 벗어나 과잉금지원칙에 위배되어 청구인의 인격권 내지 신체의 자유를 침해한다고 볼 수 없다(헌재 2011.5.26, 2010헌마775).

외부 민사재판에 출정할 때 운동화를 착용하게 해달라는 수형자인 청구인의 신청에 대하여 이를 불허한 피청구인 교도소장의 행위는 청구인의 인격권을 침해한다고 볼 수 없다. O | X

해설

[O] 이 사건 운동화착용불허행위는 시설 바깥으로의 외출이라는 기회를 이용한 도주를 예방하기 위한 것으로서 그 목적이 정당하고, 위와 같은 목적을 달성하기 위한 적합한 수단이라 할 것이다. 또한 신발의 종류를 제한하는 것에 불과하여 법익침해의 최소성과 균형성도 갖추었다 할 것이므로, 이 사건 운동화착용불허행위가 기본권 제한에 있어서의 과잉금지원칙에 반하여 청구인의 인격권과 행복추구권을 침해하였다고 볼 수 없다(헌재 2011.2.24, 2009헌마209).

선거기사심의위원회가 불공정한 선거기사를 보도하였다고 인정한 언론사에 대하여 언론중재위원회를 통하여 사과문을 게재할 것을 명하도록 하는 공직선거법 조항 중 '사과문 게재' 부분과, 해당 언론사가 사과문 게재명령을 지체 없이 이행하지 않을 경우 형사처벌하는 구 공직선거법 규정 중 해당 부분은 언론사의 인격권을 침해한다. O | X

해설

[O] 이 사건 사과문 게재 조항은 정기간행물 등을 발행하는 언론사가 보도한 선거기사의 내용이 공정하지 아니하다고 인정되는 경우 선거기사심의위원회의 사과문 게재결정을 통하여 해당 언론사로 하여금 그 잘못을 인정하고 용서를 구하게 하고 있다. 이는 언론사 스스로 인정하거나 형성하지 아니한 윤리적 · 도의적 판단의 표시를 강제하는 것으로서 언론사가 가지는 인격권을 제한하는 정도가 매우 크다. 더욱이 이 사건 처벌조항은 형사처벌을 통하여 그 실효성을 담보하고 있다. 그런데 공직선거법에 따르면, 언론사가 불공정한 선거기사를 보도하는 경우 선거기사심의위원회는 사과문 게재명령 외에도 정정보도문의 게재명령을 할 수 있다. 또한 해당 언론사가 '공정보도의무를 위반하였다는 결정을 선거기사심의위원회로부터 받았다는 사실을 공표'하도록 하는 방안, 사과의 의사표시가 필요한 경우에도 사과의 '권고'를 하는 방법을 상정할 수 있다. 나아가, 이 사건 법률조항들이 추구하는 목적, 즉 선거기사를 보도하는 언론사의 공적인 책임의식을 높임으로써 민주적이고 공정한 여론 형성 등에 이바지한다는 공익이 중요하다는 점에는 이론의 여지가 없으나, 언론에 대한 신뢰가 무엇보다 중요한 언론사에 대하여 그 사회적 신용이나 명예를 저하시키고 인격의 자유로운 발현을 저해함에 따라 발생하는 인격권 침해의 정도는 이 사건 법률조항들이 달성하려는 공익에 비해 결코 작다고 할 수 없다. 결국 이 사건 법률조항들은 언론사의 인격권을 침해하여 헌법에 위반된다(헌재 2015.7.30, 2013헌가8).

지역아동센터의 시설별 신고정원의 80% 이상을 돌봄취약아동으로 구성하도록 한 보건복지부 '2019년 지역아동센터 지원사업안내' 관련 부분은 돌봄취약아동과 일반아동을 분리함으로써 아동들의 인격권을 침해한다. O | X

해설

[X] 이 사건 이용아동규정이 돌봄취약아동을 지역아동센터 시설별 신고정원의 80% 이상 유지하도록 한 것이 수권법률조항의 목적에 배치되거나 관련 조항의 내용을 위반함으로써 법률유보원칙을 위반하여 청구인들의 기본권을 침해한다고 할 수 없다. 이 사건 이용아동규정은 과잉금지원칙에 위반하여 청구인 운영자들의 직업수행의 자유 및 청구인 아동들의 인격권을 침해하지 않는다(헌재 2022.1.27, 2019헌마583).

출국 수속 과정에서 일반적인 보안검색을 마친 승객을 상대로, 촉수검색(patdown)과 같은 추가적인 보안검색 실시를 예정하고 있는 '국가항공보안계획'은 청구인의 인격권을 침해하지 않는다.　　　　O I X

해설

[O] 이 사건 국가항공보안계획은 민간항공 보안에 관한 국제협약의 준수 및 항공기 안전과 보안을 위한 것으로 입법목적의 정당성 및 수단의 적합성이 인정되고, 항공운송사업자가 다른 체약국의 추가 보안검색 요구에 응하지 않을 경우 항공기의 취항 자체가 거부될 수 있으므로 이 사건 국가항공보안계획에 따른 추가 보안검색 실시는 불가피하며, 관련 법령에서 보안검색의 구체적 기준 및 방법 등을 마련하여 기본권 침해를 최소화하고 있으므로 침해의 최소성도 인정된다. 또한 국내외적으로 항공기 안전사고와 테러 위협이 커지는 상황에서, 민간항공의 보안 확보라는 공익은 매우 중대한 반면, 추가 보안검색 실시로 인해 승객의 기본권이 제한되는 정도는 그리 크지 아니하므로 법익의 균형성도 인정된다. 따라서 이 사건 국제항공보안계획은 헌법상 과잉금지원칙에 위반되지 않으므로, 청구인의 기본권을 침해하지 아니한다(헌재 2018.2.22, 2016헌마780).

학교폭력 가해학생에 대한 조치로 피해학생에 대한 서면사과를 규정한 구 학교폭력예방 및 대책에 관한 법률상 조항은 가해학생의 인격권을 침해한다.　　　　O I X

해설

[X] 서면사과 조치는 내용에 대한 강제 없이 자신의 행동에 대한 반성과 사과의 기회를 제공하는 교육적 조치로 마련된 것이고, 가해학생에게 의견진술 등 적정한 절차적 기회를 제공한 뒤에 학교폭력 사실이 인정되는 것을 전제로 내려지는 조치이며, 이를 불이행하더라도 추가적인 조치나 불이익이 없다. 또한 이러한 서면사과의 교육적 효과는 가해학생에 대한 주의나 경고 또는 권고적인 조치만으로는 달성하기 어렵다. 따라서 이 사건 서면사과조항이 가해학생의 양심의 자유와 인격권을 과도하게 침해한다고 보기 어렵다(헌재 2023.2.23, 2019헌바93).

043
05. 사시

무면허 의료행위는 국민의 생명과 건강에 중대한 위험을 초래할 수 있는 행위이므로, 취미, 일시적 활동 또는 무상의 봉사활동으로 하는 경우에도 일반적 행동자유권의 보호영역에 포섭되지 아니한다. O I X

해설

[X] 취미, 일시적 활동 또는 무상의 봉사활동으로 하는 경우에 일반적 행동자유권의 보호영역에는 포섭되지만 (기본권의 제한에는 해당하지만) 기본권 제한은 비례의 원칙에 부합하는 것으로 정당화된다(기본권 침해는 아니다)는 것이 헌법재판소의 입장이다. 헌법재판소는 "이 사건 법률조항은 국민 누구나가 의료행위를 할 수 있는 것이 아니라 의과대학을 졸업하고 국가시험에 합격하여 면허를 받은 자만이 의료행위를 할 수 있도록 규정함으로써 일정 직업의 정상적인 수행을 보장하기 위하여 요구되는 최소한의 요건, 예컨대 학력, 경력, 일정 자격요건 등을 규정하는 조항이다. 이로써 이 사건 법률조항은 '의료행위'를 개인의 경제적 소득활동의 기반이자 자아실현의 근거로 삼으려는 청구인의 기본권, 즉 직업선택의 자유를 제한하거나, 또는 청구인이 의료행위를 지속적인 소득활동이 아니라 취미, 일시적 활동 또는 무상의 봉사활동으로 삼는 경우에는 헌법 제10조의 행복추구권에서 파생하는 일반적 행동의 자유를 제한하는 규정이다."라고 판시하고 있다 (헌재 2002.12.18, 2001헌마370).

044
06. 입시

도로교통법상의 음주운전측정과 관련하여 불응하는 운전자를 형사처벌하는 것은 일반적인 행동자유권을 침해하는 것이다. O I X

해설

[X] 이 사건 법률조항에 의하여 일반적 행동이 자유가 제한될 수 있으나, 그 입법목적의 중대성, 음주측정의 불가피성, 국민에게 부과되는 부담의 정도, 처벌의 요건과 정도에 비추어 헌법 제37조 제2항의 과잉금지의 원칙에 어긋나는 것이라고 할 수 없으므로, 이 사건 법률조항은 헌법 제10조에 규정된 행복추구권에서 도출되는 일반적 행동의 자유를 침해하는 것이라고도 할 수 없다(헌재 1997.3.27, 96헌가11).

045
06. 행시

일반적 행동자유권은 헌법상 개별적 기본권이 적용되는 경우에도 병행 적용되어야 한다. O I X

해설

[X] 일반적 행동의 자유는 이른바 보충적 자유이다. … 따라서 직업의 자유와 같은 개별 기본권이 적용되는 경우에는 일반적 행동의 자유는 제한되는 기본권으로서 고려되지 아니한다(헌재 2002.10.31, 99헌바76 등).

046
20. 국회직 8급

주방용 오물분쇄기의 판매와 사용을 금지하는 것은 주방용 오물분쇄기를 사용하려는 자의 일반적 행동자유권을 제한한다. O I X

해설

[O] 주방용 오물분쇄기를 사용하고자 하는 청구인들은 심판대상조항이 주방용 오물분쇄기의 사용을 금지하고 있어 이를 이용하여 자유롭게 음식물 찌꺼기 등을 처리할 수 없으므로, 행복추구권으로부터 도출되는 일반적 행동자유권을 제한받는다(헌재 2018.6.28, 2016헌마1151).

047
06. 법행

교도소에 수용된 때에 국민건강보험급여를 정지하는 것은 행복추구권을 침해한다.　O | X

해설

[X] 이 사건 규정은 수용자에 대한 의료보장제도의 합리적 운영이라는 공익을 위하여 일시적으로 보험급여를 정지하는 것일 뿐, 수용자의 의료보장수급권을 직접 제약하는 규정이 아니다. 가사 국가의 예산상의 이유로 수용자들이 적절한 의료보장을 받지 못하는 것이 현실이라고 하더라도 이는 수용자에 대한 국가의 보건의무불이행에 기인하는 것이지 이 사건 규정에 기인하는 것으로 볼 수는 없다. 한편, 수용자에 대한 의료보장을 국비로 처리할 것인지, 아니면 건강보험체계로 할 것인지는 수형자에 대한 국가형벌권의 적정한 행사 및 미결수용자에 대한 구금의 목적과 국민건강보험 체계를 고려하여 입법자가 정책적으로 결정할 사항이다. 이 사건 규정은 수용자의 의료보장을 일차적으로 국가가 부담한다는 전제하에 건강보험급여를 일시 중지하는 것으로 그러한 입법자의 판단이 자의적이거나 입법재량을 벗어나 수용자의 건강권을 침해하거나 수용자에 대한 국가의 보건의무를 저버린 것으로 볼 수 없으므로 수용자의 건강권, 인간의 존엄성, 행복추구권, 인간다운 생활을 할 권리를 침해하는 것이라 할 수 없다(헌재 2005.2.24, 2003헌마31 등).

048
18. 국회직 5급

세월호피해지원에 관한 배상금을 수령하는 경우, 세월호 참사에 관하여 어떤 방법으로도 일체의 이의를 제기하지 않을 것을 서약하도록 하는 것은 일반적 행동의 자유를 침해한다.　O | X

해설

[O] 이의제기금지조항은 법률유보원칙을 위반하여 법률의 근거 없이 대통령령으로 청구인들에게 세월호 참사와 관련된 일체의 이의제기금지의무를 부담시킴으로써 일반적 행동의 자유를 침해한다(헌재 2017.6.29, 2015헌마654).

049
08. 사시

구 독점규제 및 공정거래에 관한 법률상의 법위반사실의 공표명령제도는 법위반행위자가 자신의 행복추구를 위하여 내키지 않는 일을 하지 않을 일반적 행동자유권과 인격발현 혹은 사회적 신용유지를 위하여 보호되어야 할 명예권과 양심의 자유를 침해하는 것이다.　O | X

해설

[X] 헌법 제19조에서 보호하는 양심은 옳고 그른 것에 대한 판단을 추구하는 가치적·도덕적 마음가짐으로, 개인의 소신에 따른 다양성이 보장되어야 하고 그 형성과 변경에 외부적 개입과 억압에 의한 강요가 있어서는 아니 되는 인간의 윤리적 내심영역이다. 따라서 단순한 사실관계의 확인과 같이 가치적·윤리적 판단이 개입될 여지가 없는 경우는 물론, 법률해석에 관하여 여러 견해가 갈리는 경우처럼 다소의 가치관련성을 가진다고 하더라도 개인의 인격형성과는 관계가 없는 사사로운 사유나 의견 등은 그 보호대상이 아니다. 이 사건의 경우와 같이 경제규제법적 성격을 가진 공정거래법에 위반하였는지 여부에 있어서도 각 개인의 소신에 따라 어느 정도의 가치판단이 개입될 수 있는 소지가 있고 그 한도에서 다소의 윤리적·도덕적 관련성을 가질 수도 있겠으나, 이러한 법률판단의 문제는 개인의 인격형성과는 무관하며, 대화와 토론을 통하여 가장 합리적인 것으로 그 내용이 동화되거나 수렴될 수 있는 포용성을 가지는 분야에 속한다고 할 것이므로 헌법 제19조에 의하여 보장되는 양심의 영역에 포함되지 아니한다(헌재 2002.1.31, 2001헌바43).

050

08. 국회직 8급

공무담임권과 같이 우선적으로 적용되는 개별 기본권이 존재하여 그 침해 여부를 판단하여도 그 다음에는 포괄적인 기본권인 행복추구권 침해 여부를 판단할 필요가 있다는 것이 일관된 헌법재판소의 입장이다.

O | X

해설

[X] 행복추구권은 다른 기본권에 대한 보충적 기본권으로서의 성격을 지니므로, 공무담임권이라는 우선적으로 적용되는 기본권이 존재하여 그 침해 여부를 판단하는 이상, 행복추구권 침해 여부를 독자적으로 판단할 필요가 없다(헌재 2000.12.14, 99헌마112).

051

09. 법행

의학적으로 환자가 의식의 회복가능성이 없고 생명과 관련된 중요한 생체기능의 상실을 회복할 수 없으며 환자의 신체상태에 비추어 짧은 시간 내에 사망에 이를 수 있음이 명백한 경우 환자가 자기결정권을 행사하는 것으로 인정되는 경우에는 특별한 사정이 없는 한 연명치료의 중단이 허용될 수 있고, 이러한 환자의 연명치료 거부 내지 중단에 관한 의사는 명시적인 것이어야 하지, 여러 사정을 종합하여 이를 추정하여서는 아니 된다.

O | X

해설

[X] 환자의 평소 가치관이나 신념 등에 비추어 연명치료를 중단하는 것이 객관적으로 환자의 최선의 이익에 부합한다고 인정되어 환자에게 자기결정권을 행사할 수 있는 기회가 주어지더라도 연명치료의 중단을 선택하였을 것이라고 볼 수 있는 경우에는, 그 연명치료 중단에 관한 환자의 의사를 추정할 수 있다고 인정하는 것이 합리적이고 사회상규에 부합된다. 이러한 환자의 의사 추정은 객관적으로 이루어져야 한다. 따라서 환자의 의사를 확인할 수 있는 객관적인 자료가 있는 경우에는 반드시 이를 참고하여야 하고, 환자가 평소 일상생활을 통하여 가족, 친구 등에 대하여 한 의사표현, 타인에 대한 치료를 보고 환자가 보인 반응, 환자의 종교, 평소의 생활태도 등을 환자의 나이, 치료의 부작용, 환자가 고통을 겪을 가능성, 회복불가능한 사망의 단계에 이르기까지의 치료 과정, 질병의 정도, 현재의 환자 상태 등 객관적인 사정과 종합하여, 환자가 현재의 신체상태에서 의학적으로 충분한 정보를 제공받는 경우 연명치료 중단을 선택하였을 것이라고 인정되는 경우라야 그 의사를 추정할 수 있다[대판 2009.5.21, 2009다17417(전합)].

052

10. 지방직

결혼식 등을 축하하러 온 하객들에게 주류와 음식물을 접대하는 행위는 헌법 제10조의 행복추구권에 포함되는 일반적 행동자유권의 보호영역에 속하지 않는다.

O | X

해설

[X] 결혼식 등의 당사자가 자신을 축하하러 온 하객들에게 주류와 음식물을 접대하는 행위는 인류의 오래된 보편적인 사회생활의 한 모습으로서 개인의 일반적인 행동의 자유영역에 속하는 행위이므로 이는 헌법 제37조 제1항에 의하여 경시되지 아니하는 기본권이며 헌법 제10조가 정하고 있는 행복추구권에 포함되는 일반적 행동자유권으로서 보호되어야 할 기본권이다(헌재 1998.10.15, 98헌마168).

053

11. 사시
10. 국회직 8급 ·
법무사

개인이 전쟁과 테러 혹은 무력행위로부터 자유로워야 하는 것은 인간의 존엄과 가치를 실현하고 행복을 추구하기 위한 기본전제가 되는 것이므로, 헌법 제10조와 제37조 제1항으로부터 침략전쟁에 강제되지 않고 평화적 생존을 할 수 있도록 국가에 요청할 수 있는 평화적 생존권이 도출된다.　　　　　O | X

해설

[X] 평화적 생존권은 이를 헌법에 열거되지 아니한 기본권으로서 특별히 새롭게 인정할 필요성이 있다거나 그 권리내용이 비교적 명확하여 구체적 권리로서의 실질에 부합한다고 보기 어려워 헌법상 보장된 기본권이라고 할 수 없다(헌재 2009.5.28, 2007헌마369). 종전 '침략전쟁에 강제되지 않고 평화적 생존을 할 수 있도록 국가에 요청할 수 있는 권리'로서 '평화적 생존권'을 구체적 기본권으로 인정하였던 헌법재판소의 결정은 이 사건 결정에 저촉되는 범위 내에서 변경되었다.

054

11. 법원직

구치소의 미결수용자가 일반적으로 접근가능한 신문을 구독하는 것은 알 권리의 보호영역에 속하지 않는다.　　　　　O | X

해설

[X] 국민의 알 권리는 정보에의 접근 · 수집 · 처리의 자유를 뜻하며 그 자유권적 성질의 측면에서는 일반적으로 정보에 접근하고 수집 · 처리함에 있어서 국가권력의 방해를 받지 아니한다고 할 것이므로, 개인은 일반적으로 접근가능한 정보원, 특히 신문, 방송 등 매스미디어로부터 방해받음이 없이 알 권리를 보장받아야 할 것이다. 미결수용자에게 자비로 신문을 구독할 수 있도록 한 것은 일반적으로 접근할 수 있는 정보에 대한 능동적 접근에 관한 개인의 행동으로서 이는 알 권리의 행사이다(헌재 1998.10.29, 98헌마4).

055

11. 법원직

흡연자들이 자유롭게 흡연할 권리는 행복추구권을 규정한 헌법 제10조와 사생활의 자유를 규정한 헌법 제17조에 의하여 뒷받침되는 기본권이 아니다.　　　　　O | X

해설

[X] 흡연자들이 자유롭게 흡연할 권리를 흡연권이라고 한다면, 흡연권은 인간의 존엄과 행복추구권을 규정한 헌법 제10조와 사생활의 자유를 규정한 헌법 제17조에 의하여 뒷받침된다(헌재 2004.8.26, 2003헌마457).

056

11. 법원직

국가의 간섭을 받지 않고 자유로이 기부금품 모집행위를 할 수 있는 기회의 보장은 재산권의 보호범위에 포함되지 않고, 행복추구권에서 파생되는 일반적 행동의 자유에 의하여 보호된다.　　　　　O | X

해설

[O] 기부금품 모집행위를 할 수 있는 기회의 보장은 재산권의 보호범위에 포함되지 않고, 행복추구권에서 파생되는 일반적 행동의 자유에 의하여 보호된다(헌재 1998.5.28, 96헌가5).

057

11. 국가직

좌석안전띠를 매지 않을 자유는 헌법 제10조의 행복추구권에서 나오는 일반적 행동자유권의 보호영역에 속하지 않는다.　　　　　　　　　　　　　　　　　　　　　O | X

해설

[X] 좌석안전띠를 매지 않을 자유는 헌법 제10조의 행복추구권에서 나오는 일반적 행동자유권의 보호영역에 속한다(헌재 2003.10.30, 2002헌마518).

058

11. 국가직

계약자유의 원칙은 헌법상의 행복추구권 속에 함축된 일반적 행동자유권으로부터 파생되는 것이 아니다.　　　　　　　　　　　　　　　　　　　　　　　　　　　　　　　　O | X

해설

[X] 이른바 계약자유의 원칙이란 계약을 체결할 것인가의 여부, 체결한다면 어떠한 내용의, 어떠한 상대방과의 관계에서, 어떠한 방식으로 계약을 체결하느냐 하는 것도 당사자 자신이 자기의사로 결정하는 자유뿐만 아니라, 원치 않으면 계약을 체결하지 않을 자유를 말하여, 이는 헌법상의 행복추구권 속에 함축된 일반적 행동자유권으로부터 파생되는 것이라 할 것이다(헌재 1991.6.3, 89헌마204).

059

11. 국가직

도로교통법상 주취 중 운전금지규정을 3회 위반한 경우 운전면허를 필요적으로 취소하도록 규정한 것은 과잉금지원칙에 반하여 일반적 행동자유권을 침해하는 것이다.　　　　　　　　　O | X

해설

[X] 주취 중 운전금지규정을 3회 위반한 경우 운전면허를 필요적으로 취소하도록 규정한 것은 과잉금지의 원칙에 반하여 직업의 자유 내지 일반적 행동의 자유를 침해하지 아니한다(헌재 2006.5.25, 2005헌바91).

060

11. 국가직

결혼식 등의 당사자가 자신을 축하하러 온 하객들에게 주류와 음식물을 접대하는 행위는 인류의 오래된 보편적인 사회생활의 한 모습으로서 개인의 일반적인 행동의 자유영역에 속한다.　　　　　O | X

해설

[O] 결혼식 등의 당사자가 자신을 축하하러 온 하객들에게 주류와 음식물을 접대하는 행위는 인류의 오래된 보편적인 사회생활의 한 모습으로서 개인의 일반적인 행동의 자유영역에 속하는 행위이므로 이는 헌법 제37조 제1항에 의하여 경시되지 아니하는 기본권이며 헌법 제10조가 정하고 있는 행복추구권에 포함되는 일반적 행동자유권으로서 보호되어야 할 기본권이다. … 혼인 등의 하객들에게 주류 및 음식물의 접대를 원칙적으로 금지하고, 가정의례의 참뜻에 비추어 합리적인 범위 안에서만 허용하는 가정의례에 관한 법률 제4조 제1항 제7호는 죄형법정주의 명확성원칙을 위배하여 청구인의 일반적 행동자유권을 침해하였다(헌재 1998.10.15, 98헌마168).

061
13. 국회직
12. 경정승진

기부금품의 모집이나 기부행위 자체는 사회적으로 해로운 행위가 아니고 기부금품 모집과정에서의 위법 행위는 형법 등으로 규제되므로, 기부금품의 모집에 허가를 받도록 한 것은 일반적 행동의 자유를 침해 한다. O I X

해설

[X] 이 사건 허가조항은 기부금품의 과잉모집이나 적정하지 못한 사용을 방지하기 위한 것으로서 정당한 목적 달성을 위한 적합한 수단이 된다. 또한, 기속적인 기부금품 모집허가를 규정하고, 기부금품 모집을 허가해 야 할 사업의 범위를 넓게 규정하면서 일반조항을 통하여 대부분의 공익사업에 대한 기부금품 모집이 가능 하도록 하고 있는 점 등을 고려할 때 기본권의 최소침해성원칙이나 법익균형성원칙에 반한다고 보기도 어 렵다. 따라서 이 사건 허가조항은 헌법 제37조 제2항의 과잉금지원칙에 위반하여 기부금품을 모집할 일반 적 행동의 자유를 침해하지 않는다(헌재 2010.2.25, 2008헌바83).

062
12. 경정승진

경찰버스들로 서울광장을 둘러싸 일반시민들의 통행을 제지한 행위는 과잉금지원칙을 위반하여 청구인 들의 일반적 행동자유권을 침해한 것으로서 위헌이다. O I X

해설

[O] 이 사건 통행제지행위는 서울광장에서 개최될 여지가 있는 일체의 집회를 금지하고 일반시민들의 통행조차 금지하는 전면적이고 광범위하며 극단적인 조치이므로 집회의 조건부 허용이나 개별적 집회의 금지나 해산 으로는 방지할 수 없는 급박하고 명백하며 중대한 위험이 있는 경우에 한하여 비로소 취할 수 있는 거의 마지막 수단에 해당한다. … 대규모의 불법·폭력 집회나 시위를 막아 시민들의 생명·신체와 재산을 보호 한다는 공익은 중요한 것이지만, 당시의 상황에 비추어 볼 때 이러한 공익의 존재 여부나 그 실현 효과는 다소 가상적이고 추상적인 것이라고 볼 여지도 있고, 비교적 덜 제한적인 수단에 의하여도 상당 부분 달성 될 수 있었던 것으로 보여 일반 시민들이 입은 실질적이고 현존하는 불이익에 비하여 결코 크다고 단정하 기 어려우므로 법익의 균형성요건도 충족하였다고 할 수 없다(헌재 2011.6.30, 2009헌마406).

063
12. 사시

시민이 서울광장이라는 공물을 이용할 수 있는 요건을 갖추는 한 공물을 사용·이용하게 해달라고 국가 에 대하여 청구할 수 있는 권리, 즉 공물이용권은 행복추구권에 포함되는 청구권적 기본권이다. O I X

해설

[X] 청구인들은 시민이 공물을 이용할 수 있는 요건을 갖추는 한 공물을 사용·이용하게 해달라고 국가에 대하 여 청구할 수 있는 권리, 즉 공물이용권이 행복추구권에 포함되는 청구권적 기본권이라고 주장한다. 그러나 헌법 제10조의 행복추구권은 국민이 행복을 추구하기 위한 활동을 국가권력의 간섭 없이 자유롭게 할 수 있다는 포괄적인 의미의 자유권으로서의 성격을 갖는 것인바, 청구인들이 주장하는 공물을 사용·이용하게 해달라고 청구할 수 있는 권리는 청구인들의 주장 자체에 의하더라도 청구권의 영역에 속하는 것이므로 이 러한 권리가 포괄적인 자유권인 행복추구권에 포함된다고 할 수 없다(헌재 2011.6.30, 2009헌마406).

행복추구권이란 국민이 행복을 추구하기 위한 활동을 국가권력의 간섭 없이 자유롭게 할 수 있다는 소극적 권리의 성격만을 가지는 것이 아니라 국민이 행복을 추구하기 위해 필요한 급부를 국가에게 요구할 수 있는 적극적 권리의 성격도 가진다. O I X

해설

[X] 헌법 제10조의 행복추구권은 국민이 행복을 추구하기 위하여 필요한 급부를 국가에게 적극적으로 요구할 수 있는 것을 내용으로 하는 것이 아니라, 국민이 행복을 추구하기 위한 활동을 국가권력의 간섭 없이 자유롭게 할 수 있다는 포괄적인 의미의 자유권으로서의 성격을 가진다(헌재 2000.6.1, 98헌마216).

일반적 행동자유권은 가치 있는 행동만 보호영역으로 하는 것인바, 개인이 대마를 자유롭게 수수하고 흡연할 자유가 일반적 행동자유권의 보호영역에 속하지는 아니한다. O I X

해설

[X] 헌법 제10조 전문은 "모든 국민은 인간으로서의 존엄과 가치를 지니며, 행복을 추구할 권리를 가진다."고 규정하여 행복추구권을 보장하고 있는바, 인간으로서의 존엄과 가치를 실현하고 행복을 추구하기 위하여서는 누구나 자유로이 의사를 결정하고 그에 기하여 자율적인 생활을 형성할 수 있어야 하므로, 행복추구권은 그의 구체적인 표현으로서 일반적인 행동자유권을 포함한다. 일반적 행동자유권은 적극적으로 자유롭게 행동을 하는 것은 물론 소극적으로 행동을 하지 않을 자유도 포함되고, 가치 있는 행동만 보호영역으로 하는 것은 아닌 것인바, 개인이 대마를 자유롭게 수수하고 흡연할 자유도 헌법 제10조의 행복추구권에서 나오는 일반적 행동자유권의 보호영역에 속한다. 이 사건 법률조항은 대마의 흡연과 수수를 금지하고 그 위반행위에 대하여 형벌을 가함으로써 청구인의 행복추구권을 제한하고 있다. … 이 사건 법률조항은 대마의 사용으로 인해 국민 건강에 미치는 악영향을 방지함으로써 국민보건 향상과 아울러 대마 흡연행위와 관련된 사회적 위험발생의 예방을 도모하고 있고, 이러한 공익은 이 사건 법률조항으로 인하여 제한되는 개인의 대마초 흡연 및 수수의 자유에 비하여 크다고 할 것이어서 법익의 균형성도 갖추었다. 그렇다면, 이 사건 법률조항은 과잉금지원칙에 위반하여 행복추구권을 침해하는 것이 아니다(헌재 2010.11.25, 2009헌바246).

연명치료 중단에 관한 환자의 의사 추정은 주관적으로 이루어져야 한다. 따라서 환자가 평소 일상생활을 통하여 가족, 친구 등에 대하여 한 의사표현, 타인에 대한 치료를 보고 환자가 보인 반응, 환자의 종교, 평소의 생활태도 등을 통해 그 의사를 추정할 수 있다. O I X

해설

[X] 환자의 사전 의료지시가 없는 상태에서 회복불가능한 사망의 단계에 진입한 경우 연명치료 중단에 관한 환자의 의사 추정은 객관적으로 이루어져야 한다. 따라서 환자의 의사를 확인할 수 있는 객관적인 자료가 있는 경우에는 반드시 이를 참고하여야 하고, 환자가 평소 일상생활을 통하여 가족, 친구 등에 대하여 한 의사표현, 타인에 대한 치료를 보고 환자가 보인 반응, 환자의 종교, 평소의 생활태도 등을 환자의 나이, 치료의 부작용, 환자가 고통을 겪을 가능성, 회복불가능한 사망의 단계에 이르기까지의 치료 과정, 질병의 정도, 현재의 환자 상태 등 객관적인 사정과 종합하여, 환자가 현재의 신체상태에서 의학적으로 충분한 정보를 제공받는 경우 연명치료 중단을 선택하였을 것이라고 인정되는 경우라야 그 의사를 추정할 수 있다[대판 2009.5.21, 2009다17417(전합)].

067
13. 사시

대학 부근 학교환경위생정화구역 내에서의 극장시설 및 영업을 금지하는 것은 유해환경을 방지하고 학생들에게 평온하고 건강한 환경을 마련해 주기 위한 것으로서 대학생의 자유로운 문화향유에 관한 권리 등 행복추구권을 침해한다고 볼 수 없다.　　　　　　　　　　　　　　　　　　　　　O | X

해설

[X] 오늘날 영화 및 공연을 중심으로 하는 문화산업은 높은 부가가치를 실현하는 첨단산업으로서의 의미를 가지고 있다. 따라서 직업교육이 날로 강조되는 대학교육에 있어서 문화에의 손쉬운 접근가능성은 중요한 기본권으로서의 의미를 갖게 된다. 이 사건 법률조항은 대학생의 자유로운 문화향유에 관한 권리 등 행복추구권을 침해하고 있다(헌재 2004.5.27, 2003헌가1 등).

068
13. 국회직 8급

기부금품의 모집에 허가를 받도록 하는 것은 과잉금지원칙을 위반하여 일반적 행동자유권에 대한 침해이다.　　　　　　　　　　　　　　　　　　　　　　　　　　　O | X

해설

[X] 이 사건 허가조항은 기부금품의 과잉모집이나 적정하지 못한 사용을 방지하기 위한 것으로서 정당한 목적 달성을 위한 적합한 수단이 된다. 또한, 기속적인 기부금품 모집허가를 규정하고, 기부금품 모집을 허가해야 할 사업의 범위를 넓게 규정하면서 일반조항을 통하여 대부분의 공익사업에 대한 기부금품 모집이 가능하도록 하고 있는 점 등을 고려할 때 기본권의 최소침해성원칙이나 법익균형성원칙에 반한다고 보기도 어렵다. 따라서 이 사건 허가조항은 헌법 제37조 제2항의 과잉금지원칙에 위반하여 기부금품을 모집할 일반적 행동의 자유를 침해하지 않는다(헌재 2010.2.25, 2008헌바83).

069
14. 사시

011 · 016 · 017 · 018 · 019의 개인휴대통신 서비스 이용자들이 010으로 변경하는 데 동의하는 경우에만 아이엠티(IMT) 서비스나 와이브로(Wibro), 엘티이(LTE) 등의 새로운 정보통신서비스를 이용 또는 사용할 수 있도록 한 방송통신위원회의 전기통신사업자들에 대한 이행명령은 011 · 016 · 017 · 018 · 019의 개인휴대통신 서비스 이용자들의 행복추구권을 침해한다.　　　　　　　　　O | X

해설

[X] 번호 통합은 충분한 번호자원을 확보하고, 식별번호의 브랜드화 문제를 해결하기 위한 것으로서 그 필요성을 인정할 수 있고, 그 목적달성을 위하여 번호이동의 제한은 불가피하다. 또 이 사건 이행명령은 사용자의 의사에 반하는 번호의 변경을 강제하는 것은 아니고, 번호변경에 따르는 사용자의 불편을 줄이기 위한 여러 방편도 마련하고 있다는 점에서 청구인들에게 수인하기 어려운 부담을 지우는 것이라 보기도 어렵다. 따라서 이 사건 이행명령이 합리적 이유 없이 청구인들의 행복추구권을 침해한다고 볼 수 없다(헌재 2013.7.25, 2011헌마63).

070
15. 사시

부모의 분묘를 가꾸고 봉제사를 하고자 하는 권리는 행복추구권의 내용이 된다.　　　　O | X

해설

[O] 부모의 분묘를 가꾸고 봉제사를 하고자 하는 권리는 헌법 제34조의 사회보장권이 아닌 헌법 제10조의 행복추구권의 한 내용으로 봄이 타당하다(헌재 2009.9.24, 2007헌마872).

□□□
071
15. 사시

지역 방언을 자신의 언어로 선택하여 공적 또는 사적인 의사소통과 교육의 수단으로 사용하는 것은 행복추구권에서 파생되는 일반적 행동의 자유 내지 개성의 자유로운 발현의 내용이 된다.　　　O I X

해설

[O] 언어는 의사소통수단으로서 다른 동물과 인간을 구별하는 하나의 주요한 특징으로 인식되고, 모든 언어는 지역, 세대, 계층에 따라 각기 상이한 방언을 가지고 있는바, 이들 방언은 이를 공유하는 사람들의 의사소통에 중요한 역할을 담당하며, 방언 가운데 특히 지역 방언은 각 지방의 고유한 역사와 문화 등 정서적 요소를 그 배경으로 하기 때문에 같은 지역주민들간의 원활한 의사소통 및 정서교류의 기초가 되므로, 이와 같은 지역 방언을 자신의 언어로 선택하여 공적 또는 사적인 의사소통과 교육의 수단으로 사용하는 것은 행복추구권에서 파생되는 일반적 행동의 자유 내지 개성의 자유로운 발현의 한 내용이 된다 할 것이다(헌재 2009.5.28, 2006헌마618).

□□□
072
15. 서울시

광장에서 여가활동이나 문화활동을 하는 것은 일반적 행동자유권의 보호영역에 포함되지만, 그 광장 주변을 출입하고 통행하는 개인의 행위는 거주·이전의 자유로 보장될 뿐 일반적 행동자유권의 내용으로는 보장되지 아니한다.　　　O I X

해설

[X] 일반 공중에게 개방된 장소인 서울광장을 개별적으로 통행하거나 서울광장에서 여가활동이나 문화활동을 하는 것은 일반적 행동자유권의 내용으로 보장됨에도 불구하고, 피청구인이 이 사건 통행제지행위에 의하여 청구인들의 이와 같은 행위를 할 수 없게 하였으므로 청구인들의 일반적 행동자유권의 침해 여부가 문제된다. … 이 사건 통행제지행위는 과잉금지원칙을 위반하여 청구인들의 일반적 행동자유권을 침해하였다고 할 것이다(헌재 2011.6.30, 2009헌마406).

□□□
073
14. 경정승진

형의 집행을 유예하면서 사회봉사를 명할 수 있도록 한 형법 제62조의2는 일반적 행동의 자유를 과도하게 제한하여 과잉금지원칙에 반한다.　　　O I X

해설

[X] 이 사건 법률조항에 의하여 형의 집행유예와 동시에 사회봉사명령을 선고받은 청구인은 자신의 의사와 무관하게 사회봉사를 하지 않을 수 없게 되어 헌법 제10조의 행복추구권에서 파생하는 일반적 행동의 자유를 제한받게 된다. 청구인은 이 사건 법률조항이 신체의 자유를 제한한다고 주장하나, 이 사건 법률조항에 의한 사회봉사명령은 청구인에게 근로의무를 부과함에 그치고 공권력이 신체를 구금하는 등의 방법으로 근로를 강제하는 것은 아니어서 이 사건 법률조항이 신체의 자유를 제한한다고 볼 수 없다. … 사회봉사명령으로 인하여 범죄인은 정해진 시간 동안 정해진 장소에서 본인의 의사와 무관하게 근로를 하지 않을 수 없는 불이익을 입게 되나, 앞서 본 바와 같이 사회봉사명령은 자유형의 집행으로 인한 자유의 제한을 완화하여 주는 것으로서 범죄인에게 유리할 뿐만 아니라, 범죄인에게 사회봉사활동을 하게 하여 사회와 통합하고 재범방지 및 사회복귀를 용이하게 함으로써 달성하는 공익은 범죄인이 입게 되는 위 불이익보다 훨씬 중요하고 크므로, 이 사건 법률조항은 법익의 균형성원칙에 위배된다고 할 수 없다(헌재 2012.3.29, 2010헌바100).

074

17. 경정승진

도로교통법상 주취 중 운전금지규정을 3회 위반한 경우 운전면허를 필요적으로 취소하도록 규정한 것은 과잉금지원칙에 반하여 일반적 행동자유권을 침해하는 것이다.　O | X

해설

[X] 증가하는 교통사고에 대응하여 교통질서를 확립하고자 필요적 면허취소 규정을 두고 이를 계속 확대하는 과정에서 이 사건 법률조항이 신설된 점, 음주운전을 방지하고 이를 규제함으로써 도로교통에서 일어나는 국민의 생명 또는 신체에 대한 위험과 장해를 방지·제거하여 안전하고 원활한 교통질서를 확립하고자 하는 입법목적, 이 사건 법률조항에 해당하여 운전면허가 취소되는 경우 운전면허 결격기간이 법이 정한 기간 중 비교적 단기간인 2년인 점, 음주단속에 있어서의 시간적·공간적 한계를 고려할 때 음주운전으로 3회 이상 단속되었을 경우에는 음주운전행위 사이의 기간에 관계없이 운전자에게 교통법규에 대한 준법정신이나 안전의식이 현저히 결여되어 있음을 충분히 인정할 수 있는 점 등에 비추어 보면, 이 사건 법률조항은 직업의 자유를 제한함에 있어 필요 최소한의 범위를 넘었다고 볼 수는 없고 음주운전으로 인하여 발생할 국민의 생명, 신체에 대한 위험을 예방하고 교통질서를 확립하려는 공익과 자동차 등을 운전하고자 하는 사람의 기본권이라는 사익간의 균형성을 도외시한 것이라고 보기 어려우므로 법익균형성의 원칙에 반하지 아니한다. 따라서 이 사건 법률조항은 과잉금지원칙을 위반하여 직업의 자유 내지 일반적 행동의 자유를 침해하지 아니한다(헌재 2010.3.25, 2009헌바83).

075

17. 경정승진

비록 연명치료 중단에 관한 결정 및 그 실행이 환자의 생명단축을 초래한다 하더라도 이를 생명에 대한 임의적 처분으로서 자살이라고 평가할 수 없고, 오히려 이는 생명권의 한 내용으로서 보장된다.　O | X

해설

[X] 비록 연명치료 중단에 관한 결정 및 그 실행이 환자의 생명단축을 초래한다 하더라도 이를 생명에 대한 임의적 처분으로서 자살이라고 평가할 수 없고, 오히려 인위적인 신체침해행위에서 벗어나서 자신의 생명을 자연적인 상태에 맡기고자 하는 것으로서 인간의 존엄과 가치에 부합한다 할 것이다. 그렇다면 환자가 장차 죽음에 임박한 상태에 이를 경우에 대비하여 미리 의료인 등에게 연명치료 거부 또는 중단에 관한 의사를 밝히는 등의 방법으로 죽음에 임박한 상태에서 인간으로서의 존엄과 가치를 지키기 위하여 연명치료의 거부 또는 중단을 결정할 수 있다 할 것이고, 위 결정은 헌법상 기본권인 자기결정권의 한 내용으로서 보장된다 할 것이다(헌재 2009.11.26, 2008헌마385).

076

16. 법행

일반적 행동자유권은 개인이 행위를 할 것인가의 여부에 대하여 자유롭게 결단하는 것을 전제로 하여 이성적이고 책임감 있는 사람이라면 자기에 관한 사항은 스스로 처리할 수 있을 것이라는 생각에서 인정되는 것이므로, 가치 있는 행동만 그 보호영역으로 하며 위험한 스포츠를 즐길 권리와 같은 위험한 생활방식으로 살아갈 권리는 그 보호영역에 포함되지 않는다.　O | X

해설

[X] 일반적 행동자유권은 가치 있는 행동만 그 보호영역으로 하는 것은 아니다. 그 보호영역에는 개인의 생활방식과 취미에 관한 사항도 포함되며, 여기에는 위험한 스포츠를 즐길 권리와 같은 위험한 생활방식으로 살아갈 권리도 포함된다(헌재 2016.2.25, 2015헌가11).

077
17. 국가직 · 서울시

아동 · 청소년 대상 성범죄자에게 1년마다 정기적으로 새로 촬영한 사진을 제출하도록 하고 정당한 사유 없이 사진제출의무를 위반한 경우 형사처벌을 하도록 한 것은 일반적 행동자유권에 대한 침해이다.

O | X

해설

[X] 아동 · 청소년 대상 성범죄자의 신상정보를 등록하게 하고, 그중 사진의 경우에는 1년마다 새로 촬영하여 제출하게 하고 이를 보존하는 것은 신상정보 등록대상자의 재범을 억제하고, 재범한 경우에는 범인을 신속하게 검거하기 위한 것이므로 그 입법목적이 정당하고, 사진이 징표하는 신상정보인 외모는 쉽게 변하고, 그 변경 유무를 객관적으로 판단하기 어려우므로 1년마다 사진제출의무를 부과하는 것은 그러한 입법목적 달성을 위한 적합한 수단이다. 외모라는 신상정보의 특성에 비추어 보면 변경되는 정보의 보관을 위하여 정기적으로 사진을 제출하게 하는 방법 외에는 다른 대체수단을 찾기 어렵고, 등록의무자에게 매년 새로 촬영된 사진을 제출하게 하는 것이 그리 큰 부담은 아닐 뿐만 아니라, 의무위반시 제재방법은 입법자에게 재량이 있으며 형벌 부과는 입법재량의 범위 내에 있고, 또한 명백히 잘못되었다고 할 수는 없으며, 법정형 또한 비교적 경미하므로 침해의 최소성원칙 및 법익균형성원칙에도 위배되지 아니한다. 따라서 이 사건 심판대상조항은 일반적 행동의 자유를 침해하지 아니한다(헌재 2015.7.30, 2014헌바257).

078
17. 국회직 8급

한자 학습을 통하여 사고력 · 응용력 · 창의력을 기를 수 있고, 동아시아에서의 문화적 연대를 확산시킬 수 있으므로 공문서의 한글전용을 규정한 국어기본법은 공무원들의 행복추구권을 침해한다. O | X

해설

[X] 국민들은 공문서를 통하여 공적 생활에 관한 정보를 습득하고 자신의 권리 의무와 관련된 사항을 알게 되므로 우리 국민 대부분이 읽고 이해할 수 있는 한글로 작성할 필요가 있다. 한자어를 굳이 한자로 쓰지 않더라도 앞뒤 문맥으로 그 뜻을 이해할 수 있는 경우가 대부분이고, 뜻을 정확히 전달하기 위하여 필요한 경우에는 괄호 안에 한자를 병기할 수 있으므로 한자혼용방식에 비하여 특별히 한자어의 의미 전달력이나 가독성이 낮아진다고 보기 어렵다. 따라서 이 사건 공문서 조항은 청구인들의 행복추구권을 침해하지 아니한다(헌재 2016.11.24, 2012헌마854).

079
17. 국회직 8급

형사재판의 피고인으로 출석하는 수형자에 대하여 사복착용을 허용하지 아니한 것은 행복추구권을 침해한다.

O | X

해설

[O] 형사재판의 피고인으로 출석하는 수형자에 대하여 사복착용을 허용하지 아니한 것은 청구인의 공정한 재판을 받을 권리, 인격권, 행복추구권을 침해한다(헌재 2015.12.23, 2013헌마712).

주의》 '민사재판'에 출석하는 수형자에 대하여 사복착용을 허용하지 아니한 것은 합헌이다.

080
17. 국회직 8급

초 · 중등학교에서 한자교육을 선택적으로 받도록 한 '초 · 중등학교 교육과정'의 'Ⅱ 학교 급별 교육과정 편성과 운영' 중 한자교육 및 한문 관련 부분은 학생의 자유로운 인격발현권을 침해하지 않는다. O | X

해설

[O] 한자를 국어과목의 일환이 아닌 독립과목으로 편제하고 학교 재량에 따라 선택적으로 가르치도록 하였다고 하여 학생들의 자유로운 인격발현권이나 부모의 자녀교육권을 침해한다고 볼 수 없다(헌재 2016.11.24, 2012헌마854).

081

17. 국가직

비어업인이 잠수용 스쿠버장비를 사용하여 수산자원을 포획·채취하는 것을 금지하는 것은 일반적 행동자유권의 침해가 아니다.　　　　O | X

해설

[O] 이 사건 규칙조항은 수산자원을 유지·보존하고 어업인들의 재산을 보호함으로써, 단기적으로는 어업인의 생계를 보장하고 장기적으로는 수산업의 생산성을 향상시키고자 함에 그 목적이 있는바 이러한 입법목적에는 정당성이 인정되며, 비어업인이 잠수용 스쿠버장비를 사용하여 수산자원을 포획·채취하는 것을 금지하는 것은 이러한 입법목적을 달성하기 위한 적절한 수단이다. 잠수용 스쿠버장비를 사용하여 잠수하는 경우에는 해수면 상에서 잠수 여부를 쉽게 확인할 수 없고, 잠수시간이 길어 단속을 쉽게 피할 수 있으므로, 잠수용 스쿠버장비의 사용을 허용하면서 구체적인 행위태양이나 포획·채취한 수산자원의 종류와 양, 포획·채취가 이루어진 지역 등을 통제하는 것은 현실적으로 거의 불가능하다. 그리고 여가생활 또는 오락으로 잠수용 스쿠버다이빙을 즐기면서 수산자원을 포획하거나 채취하지 못함으로 인하여 청구인이 입는 불이익에 비해 수산자원을 보호해야 할 공익은 현저히 크다고 할 것이므로, 이 사건 규칙조항은 침해의 최소성과 법익의 균형성도 갖추었다. 따라서 이 사건 규칙조항은 청구인의 일반적 행동의 자유를 침해하지 아니한다(헌재 2016.10.27, 2013헌마450).

082

17. 국가직

형의 집행유예와 동시에 사회봉사명령을 선고받는 경우, 신체의 자유가 제한될 뿐이지 일반적 행동자유권이 제한되는 것은 아니다.　　　　O | X

해설

[X] 이 사건 법률조항에 의하여 형의 집행유예와 동시에 사회봉사명령을 선고받은 청구인은 자신의 의사와 무관하게 사회봉사를 하지 않을 수 없게 되어 헌법 제10조의 행복추구권에서 파생하는 일반적 행동의 자유를 제한받게 된다. 청구인은 이 사건 법률조항이 신체의 자유를 제한한다고 주장하나, 이 사건 법률조항에 의한 사회봉사명령은 청구인에게 근로의무를 부과함에 그치고 공권력이 신체를 구금하는 등의 방법으로 근로를 강제하는 것은 아니어서 이 사건 법률조항이 신체의 자유를 제한한다고 볼 수 없다(헌재 2012.3.29, 2010헌바100).

083

17. 국가직

이동통신사업자 등으로부터 이동통신단말장치를 구입하는 경우 이동통신단말장치 구매 지원금 상한제를 규정하는 단말기유통법은, 이동통신단말장치를 구입하여 이동통신서비스를 이용하고자 하는 사람들의 계약의 자유를 제한하지만 과잉금지원칙에 위배되지는 않는다.　　　　O | X

해설

[O] 지원금 상한조항은 이동통신단말장치의 공정하고 투명한 유통질서를 확립하여 이동통신산업의 건전한 발전과 이용자의 권익을 보호하기 위한 것으로 이러한 입법목적에는 정당성이 인정되며, 이동통신단말장치 구매 지원금 상한제는 이러한 목적을 달성하기 위한 적절한 수단이다. … 지원금 상한조항으로 인하여 일부 이용자들이 종전보다 적은 액수의 지원금을 지급받게 될 가능성이 있다고 할지라도, 이러한 불이익에 비해 이동통신산업의 건전한 발전과 이용자의 권익을 보호한다는 공익이 매우 중대하다고 할 것이므로, 지원금 상한조항은 법익의 균형성도 갖추었다. 따라서 지원금 상한조항은 청구인들의 계약의 자유를 침해하지 아니한다(헌재 2017.5.25, 2014헌마844).

084
19. 국가직

혼인을 빙자하여 부녀를 간음한 남자를 처벌하는 형법 조항은 사생활의 비밀과 자유를 제한하는 것이라고 할 수 있지만, 혼인을 빙자하여 부녀를 간음한 남자의 성적 자기결정권을 제한하는 것은 아니다.

O | X

해설

[X] 이 사건 법률조항은 목적의 정당성, 수단의 적절성 및 피해최소성을 갖추지 못하였고 법익의 균형성도 이루지 못하였으므로, 헌법 제37조 제2항의 과잉금지원칙을 위반하여 남성의 성적 자기결정권 및 사생활의 비밀과 자유를 과잉제한하는 것으로 헌법에 위반된다(헌재 2009.11.26, 2008헌바58 등).

085
17. 국가직

'카메라나 그 밖에 이와 유사한 기능을 갖춘 기계장치를 이용하여 성적 욕망 또는 수치심을 유발할 수 있는 다른 사람의 신체를 그 의사에 반하여 촬영한 자'를 형사처벌하는 법률규정은, 행위자의 일반적 행동자유권을 제한하지만 과잉금지원칙에 위배되지는 않는다.

O | X

해설

[O] 심판대상조항은 최근 사회적으로 물의가 되고 있는 '몰래카메라'의 폐해를 방지하기 위한 것으로서, '자신의 신체를 함부로 촬영당하지 않을 자유' 등 인격권을 보호하는 것을 목적으로 한다. 최근의 급격한 기술발전에 따라 카메라 등 이용 촬영죄의 피해자가 입는 피해는 매우 심각하므로, 민사상 손해배상청구, 과태료 등은 그 피해를 방지하기 위한 적절한 대체수단으로 볼 수 없다. … 구 성폭력처벌법상 다른 범죄의 법정형과 비교해 볼 때 심판대상조항이 입법재량의 한계를 일탈하였다고 보이지는 않고, 심판대상조항은 법정형의 하한을 두고 있지 아니하므로 행위의 개별성에 맞추어 책임에 부합하는 형을 선고하는 것이 가능하다. 심판대상조항으로 행위자는 구성요건의 엄격한 해석하에 일반적 행동자유권을 제한받는 데 반하여, 이를 통해 피해자 개인의 '함부로 촬영당하지 않을 자유'를 보호하고 사회일반의 건전한 성적 풍속 및 성도덕을 보호하며 공공의 혐오감과 불쾌감을 방지할 수 있으므로, 결국 보호하여야 할 공익이 더욱 크다고 할 수 있다. 따라서 심판대상조항이 과잉금지원칙에 위배되어 청구인의 일반적 행동자유권을 침해한다고 볼 수 없다(헌재 2017.6.29, 2015헌바243).

086
17. 서울시

의료인이 태아의 성별 정보에 대하여 임부나 그 가족 기타 다른 사람에게 고지하는 것을 금지하는 것은 부모의 행복추구권을 침해하는 것이다.

O | X

해설

[X] 헌법 제10조로부터 도출되는 일반적 인격권에는 각 개인이 그 삶을 사적으로 형성할 수 있는 자율영역에 대한 보장이 포함되어 있음을 감안할 때, 장래 가족의 구성원이 될 태아의 성별 정보에 대한 접근을 국가로부터 방해받지 않을 부모의 권리는 이와 같은 일반적 인격권에 의하여 보호된다고 보아야 할 것인바, 이 사건 규정은 일반적 인격권으로부터 나오는 부모의 태아 성별 정보에 대한 접근을 방해받지 않을 권리를 제한하고 있다고 할 것이다. … 이 사건 규정은 과잉금지원칙을 위반하여 의사의 직업수행의 자유 및 임부나 그 가족이 태아 성별 정보에 대한 접근을 방해받지 않을 권리 등을 침해하고 있으므로 헌법에 위반된다(헌재 2008.7.31, 2004헌마1010 등).

□□□ 087
19. 지방직

인수자가 없는 시체를 생전의 본인의 의사와는 무관하게 해부용 시체로 제공될 수 있도록 규정한 시체 해부 및 보존에 관한 법률 조항은 연고가 없는 자의 시체처분에 대한 자기결정권을 침해한다. O I X

해설

[O] 시신 자체의 제공과는 구별되는 장기나 인체조직에 있어서는 본인이 명시적으로 반대하는 경우 이식·채취될 수 없도록 규정하고 있음에도 불구하고, 이 사건 법률조항은 본인이 해부용 시체로 제공되는 것에 대해 반대하는 의사표시를 명시적으로 표시할 수 있는 절차도 마련하지 않고 본인의 의사와는 무관하게 해부용 시체로 제공될 수 있도록 규정하고 있다는 점에서 침해의 최소성원칙을 충족했다고 보기 어렵고, 실제로 해부용 시체로 제공된 사례가 거의 없는 상황에서 이 사건 법률조항이 추구하는 공익이 사후 자신의 시체가 자신의 의사와는 무관하게 해부용 시체로 제공됨으로써 침해되는 사익보다 크다고 할 수 없으므로 이 사건 법률조항은 청구인의 시체처분에 대한 자기결정권을 침해한다(헌재 2015.11.26, 2012헌마940).

□□□ 088
22. 경찰 1차

헌법 제10조 전문의 행복추구권에는 일반적 행동자유권이 포함되는바, 이는 적극적으로 자유롭게 행동을 하는 것은 물론 소극적으로 행동을 하지 않을 자유도 포함하는 권리로 포괄적인 의미의 자유권이다. O I X

해설

[O] 헌법 제10조 전문은 모든 국민은 인간으로서의 존엄과 가치를 지니며, 행복을 추구할 권리를 가진다고 규정하여 행복추구권을 보장하고 있고, 행복추구권은 그의 구체적인 표현으로서 일반적인 행동자유권과 개성의 자유로운 발현권을 포함한다. 일반적 행동자유권은 개인이 행위를 할 것인가의 여부에 대하여 자유롭게 결단하는 것을 전제로 하여 이성적이고 책임감 있는 사람이라면 자기에 관한 사항은 스스로 처리할 수 있을 것이라는 생각에서 인정되는 것이다. 일반적 행동자유권에는 적극적으로 자유롭게 행동을 하는 것은 물론 소극적으로 행동을 하지 않을 자유, 즉 부작위의 자유도 포함되며, 포괄적인 의미의 자유권으로서 일반조항적인 성격을 가진다(헌재 2003.10.30, 2002헌마518).

□□□ 089
22. 경찰 1차·
경찰간부

육군 장교가 민간법원에서 약식명령을 받아 확정되면 자진신고할 의무를 규정한, '2020년도 장교 진급지시'의 해당 부분 중 '민간법원에서 약식명령을 받아 확정된 사실이 있는 자'에 관한 부분은 청구인인 육군 장교의 일반적 행동의 자유를 침해한다. O I X

해설

[X] 형사사법정보시스템과 육군 장교 관련 데이터베이스를 연동하여 신분을 확인하는 방법 또는 범죄경력자료를 조회하는 방법 등은, 군사보안 및 기술상의 한계가 존재하고 파악할 수 있는 약식명령의 범위도 한정되므로, 자진신고의무를 부과하는 방법과 같은 정도로 입법목적을 달성하기 어렵다. 청구인들이 자진신고의무를 부담하는 것은 수사 및 재판 단계에서 의도적으로 신분을 밝히지 않은 행위에서 비롯된 것으로서 이미 예상가능한 불이익인 반면, '군사법원에서 약식명령을 받아 확정된 경우'와 그 신분을 밝히지 않아 '민간법원에서 약식명령을 받아 확정된 경우' 사이에 발생하는 인사상 불균형을 방지함으로써 군 조직의 내부 기강 및 질서를 유지하고자 하는 공익은 매우 중대하다. 20년도 육군지시 자진신고조항 및 21년도 육군지시 자진신고조항은 과잉금지원칙에 반하여 일반적 행동의 자유를 침해하지 않는다(헌재 2021.8.31, 2020헌마12).

090
22. 경찰 1차

일반적 행동자유권의 보호영역에는 가치 있는 행동뿐만 아니라 개인의 생활방식과 취미에 관한 사항도 포함되며, 여기에는 위험한 스포츠를 즐길 권리와 같은 위험한 생활방식으로 살아갈 권리도 포함된다. 따라서 운전 중 휴대용 전화를 사용할 자유는 헌법 제10조의 행복추구권에서 나오는 일반적 행동자유권의 보호영역에 속한다.　　　　　　　　　　　　　　　　　　　　　　　　　　　　　　　　　O | X

해설

[O] 헌법 제10조 전문의 행복추구권에는 그 구체적인 표현으로서 일반적 행동자유권이 포함된다. 일반적 행동자유권의 보호영역에는 가치 있는 행동뿐만 아니라 개인의 생활방식과 취미에 관한 사항도 포함되며, 여기에는 위험한 스포츠를 즐길 권리와 같은 위험한 생활방식으로 살아갈 권리도 포함된다. 따라서 운전 중 휴대용 전화를 사용할 자유는 헌법 제10조의 행복추구권에서 나오는 일반적 행동자유권의 보호영역에 속한다(헌재 2021.6.24, 2019헌바5).

091
22. 경찰 1차

의료분쟁조정신청의 대상인 의료사고가 사망에 해당하는 경우 한국의료분쟁조정중재원의 원장은 지체 없이 조정절차를 개시해야 한다고 규정한 의료사고 피해구제 및 의료분쟁조정 등에 관한 법률 제27조 제9항 전문 중 '사망'에 관한 부분이 청구인의 일반적 행동의 자유를 침해한다고 할 수 없다.　　O | X

해설

[O] 환자의 사망이라는 중한 결과가 발생한 경우 환자 측으로서는 피해를 신속·공정하게 구제하기 위해 조정절차를 적극적으로 활용할 필요가 있고, 보건의료인의 입장에서도 이러한 경우 분쟁으로 비화될 가능성이 높아 원만하게 분쟁을 해결할 수 있는 절차가 마련될 필요가 있으므로, 의료분쟁조정절차를 자동으로 개시할 필요성이 인정된다. 조정절차가 자동으로 개시되더라도 피신청인은 이의신청을 통해 조정절차에 참여하지 않을 수 있고, 조정의 성립까지 강제되는 것은 아니므로 합의나 조정결정의 수용 여부에 대해서는 자유롭게 선택할 수 있으며, 채무부존재확인의 소 등을 제기하여 소송절차에 따라 분쟁을 해결할 수도 있다. 따라서 의료사고로 사망의 결과가 발생한 경우 의료분쟁조정절차를 자동으로 개시하도록 한 심판대상조항이 청구인의 일반적 행동의 자유를 침해한다고 할 수 없다(헌재 2021.5.27, 2019헌마321).

092
22. 법원직

증여계약의 합의해제에 따라 신고기한 이내에 증여받은 재산을 반환하는 경우 처음부터 증여가 없었던 것으로 보는 대상에서 '금전'을 제외한 규정은 수증자의 계약의 자유를 침해한다.　　　　　　O | X

해설

[X] 금전증여의 경우에는 증여와 동시에 본래 수증자가 보유하고 있던 자산에 혼입되어 수증자의 자산에서 증여받은 금전만을 분리하여 특정할 수 없게 되므로 설령 사후에 증여자가 수증자로부터 같은 액수의 금전을 돌려받더라도 그 동일성을 인정할 수 없어 증여받은 금전 자체의 반환이라고 하기 어려운 점 등에 비추어 보면, 합의해제에 의하여 같은 액수의 금전 반환이 이루어졌다 하더라도 법률적인 측면은 물론 경제적인 측면에서도 수증자의 재산이 실질적으로 증가되었다고 볼 수밖에 없다. 나아가 금전증여의 경우 합의해제가 행해지는 통상의 동기가 조세회피 내지 편법적 절세에 있는 이상, 보호하여야 할 사적 자치의 이익이 크다고 할 수 없어 법익의 균형성도 충족되므로 심판대상조항은 과잉금지원칙에 위배되어 수증자의 계약의 자유 및 재산권을 침해한다고 할 수 없다(헌재 2015.12.23, 2013헌바117).

093
22. 법원직

석조, 석회조, 연와조 또는 이와 유사한 견고한 건물 기타 공작물의 소유를 목적으로 하는 토지임대차나 식목, 채염을 목적으로 하는 토지임대차를 제외한 임대차의 존속기간을 예외 없이 20년으로 제한한 조항은 사적 자치에 의한 자율적 거래관계 형성을 왜곡하므로 계약의 자유를 침해한다. O I X

해설

[O] 임대차계약을 통하여 합리적이고 효과적인 임차물 관리 및 개량방식의 설정이 가능함에도 불구하고, 임대인 또는 소유자가 임차물의 가장 적절한 관리자라는 전제하에 임대차의 존속기간을 제한함으로써 임차물 관리 및 개량의 목적을 이루고자 하는 것은 임차물의 관리소홀 및 개량미비로 인한 가치하락 방지라는 목적 달성을 위한 필요한 최소한의 수단이라고 볼 수 없다. … 지하매설물 설치를 위한 토지임대차나 목조건물과 같은 소위 비견고건물의 소유를 위한 토지임대차의 경우 이 사건 법률조항으로 인해 임대차기간이 갱신되지 않는 한 20년이 경과한 후에는 이를 제거 또는 철거해야 하는데, 이는 사회경제적으로도 손실이 아닐 수 없다. 이 사건 법률조항은 입법취지가 불명확하고, 사회경제적 효율성 측면에서 일정한 목적의 정당성이 인정된다 하더라도 과잉금지원칙을 위반하여 계약의 자유를 침해한다(헌재 2013.12.26, 2011헌바234).

094
22. 경찰 2차

지역 주민의 의사가 반영되지 않은 채 이루어진 미군기지의 이전은 인근 지역에 거주하는 주민들의 삶을 결정함에 있어서 사회적으로 영향을 미치므로 헌법상 보장된 개인의 자기결정권을 제한하는 것이다. O I X

해설

[X] 미군기지의 이전은 공공정책의 결정 내지 시행에 해당하는 것으로서 인근 지역에 거주하는 사람들의 삶을 결정함에 있어서 사회적 영향을 미치게 되나, 개인의 인격이나 운명에 관한 사항은 아니며 각자의 개성에 따른 개인적 선택에 직접적인 제한을 가하는 것이 아니다. 따라서 그와 같은 사항은 헌법상 자기결정권의 보호범위에 포함된다고 볼 수 없다(헌재 2006.2.23, 2005헌마268).

095
22. 지방직

교통사고 발생에 고의나 과실이 있는 운전자는 물론, 아무런 책임이 없는 무과실 운전자도 자신이 운전하는 차로 인하여 교통사고가 발생하기만 하면 즉시 정차하여 사상자를 구호하는 등 필요한 조치를 할 의무를 규정하고, 교통사고 발생시 사상자 구호 등 필요한 조치를 하지 않은 자를 형사처벌하는 도로교통법 조항은 과잉금지원칙에 위반되어 운전자의 일반적 행동자유권을 침해한다. O I X

해설

[X] 사고발생에 고의나 과실이 있는 운전자는 물론 아무런 책임 없는 무과실 운전자도 자신이 운전하는 차로 인하여 교통사고가 발생하기만 하면 즉시 정차하여 사상자를 구호하는 등 필요한 조치를 할 의무가 발생한다. … 교통사고 발생시 조치의무를 형사처벌로 강제하는 심판대상조항은, 교통사고로 인한 사상자의 신속한 구호 및 교통상의 위험과 장해의 방지·제거를 통하여 안전하고 원활한 교통을 확보하기 위한 것으로, 입법목적의 정당성 및 수단의 적합성을 인정할 수 있다. … 따라서 심판대상조항은 청구인의 일반적 행동자유권을 침해하지 않는다(헌재 2019.4.11, 2017헌가28).

협의상 이혼을 하고자 하는 경우 부부가 함께 관할 가정법원에 출석하여 협의이혼의사확인신청서를 제출하도록 하는 가족관계의 등록 등에 관한 규칙상 조항은 청구인의 일반적 행동자유권을 침해하지 않는다.

O | X

해설

[O] 이 사건 규칙조항에서 협의이혼의사확인신청을 할 때 부부 쌍방으로 하여금 직접 법원에 출석하여 신청서를 제출하도록 한 것은, 일시적 감정이나 강압에 의한 이혼을 방지하고 협의상 이혼이 그 절차가 시작될 때부터 당사자 본인의 의사로 진지하고 신중하게 이루어지도록 하기 위한 것이므로, 목적의 정당성 및 수단의 적합성이 인정된다. 이 사건 규칙조항은 협의상 이혼의 사유 자체를 제한하거나 당사자에게 과도한 부담이 되는 절차를 요구하는 것이 아닌 반면에, 이 사건 규칙조항을 통해 협의상 이혼이 당사자의 자유롭고 진지한 의사에 기하도록 함으로써 달성될 수 있는 공익은 결코 작지 않으므로, 법익의 균형성도 인정된다. 따라서 이 사건 규칙조항은 과잉금지원칙에 반하여 청구인의 일반적 행동자유권을 침해하지 않는다(헌재 2016.6.30, 2015헌마894).

누구든지 금융회사 등에 종사하는 자에게 타인의 금융거래의 내용에 관한 정보 또는 자료를 요구하는 것을 금지하고 이를 위반시 형사처벌하는 구 금융실명거래 및 비밀보장에 관한 법률상 조항은 과잉금지원칙에 반하여 일반적 행동자유권을 침해하지 않는다.

O | X

해설

[X] 심판대상조항이 정보제공요구를 하게 된 사유나 행위의 태양, 요구한 거래정보의 내용을 고려하지 아니하고 일률적으로 일반 국민들이 거래정보의 제공을 요구하는 것을 금지하고 그 위반시 형사처벌을 하는 것은 그 공익에 비하여 지나치게 일반 국민의 일반적 행동자유권을 제한하는 것이다. 따라서 심판대상조항은 과잉금지원칙에 반하여 일반적 행동자유권을 침해한다(헌재 2022.2.24, 2020헌가5).

어린이보호구역에서 제한속도 준수의무 또는 안전운전의무를 위반하여 어린이를 상해에 이르게 한 경우 가중처벌하는 특정범죄 가중처벌 등에 관한 법률상 조항은 과잉금지원칙에 위반되어 청구인들의 일반적 행동자유권을 침해한다.

O | X

해설

[X] 어린이 보호구역에서 제한속도 준수의무 또는 안전운전의무를 위반하여 어린이를 상해에 이르게 한 경우 1년 이상 15년 이하의 징역 또는 500만원 이상 3천만원 이하의 벌금에, 사망에 이르게 한 경우 무기 또는 3년 이상의 징역에 처하도록 규정한 '특정범죄 가중처벌 등에 관한 법률' 제5조의13은 과잉금지원칙에 위반되어 청구인들의 일반적 행동자유권을 침해하지 않는다(헌재 2023.2.23, 2020헌마460).

099
23. 경찰간부

만성신부전증환자에 대한 외래 혈액투석 의료급여수가의 기준을 정액수가로 규정한 '의료급여수가의 기준 및 일반기준'상 조항은 과잉금지원칙에 반하여 수급권자인 청구인의 의료행위선택권을 침해한다. O I X

해설

[X] 심판대상조항에 의한 정액수가제는 혈액투석에 소요되는 과도한 비용을 효율적으로 관리함으로써 의료급여 재정을 안정화하여 더 많은 환자들에게 의료급여의 혜택이 돌아가게 하려는 것으로서 입법목적의 정당성과 수단의 적합성이 인정된다. … 그렇다면 한정된 의료재정의 범위 내에서 적정하고 지속적인 의료서비스를 제공하기 위해서는 환자의 의료행위선택권 역시 제한될 수밖에 없으며, 의료재정의 범위 내에서 의료급여 수급권자에 대한 의료의 질을 유지하기 위하여 현행 정액수가제와 같은 정도로 입법목적을 달성하면서 기본권을 덜 제한하는 수단이 명백히 존재한다고 보기 어려우므로, 심판대상조항은 침해의 최소성과 법익의 균형성을 갖추었다. 따라서 심판대상조항은 수급권자인 청구인의 의료행위선택권을 침해하지 아니한다(헌재 2020.4.23, 2017헌마103).

제3절 법 앞의 평등

100
03. 법행 변형

국가유공자와 그 유족 등 취업보호대상자가 국가기관이 실시하는 채용시험에 응시하는 경우에 10%의 가점을 주도록 한 가산점제도는 2001년 결정에서 합헌결정을 했으나, 2006년 결정에서 단순위헌결정을 하였다. O I X

해설

[X] 종전 결정에서 헌법재판소는 헌법 제32조 제6항의 "국가유공자·상이군경 및 전몰군경의 유가족은 법률이 정하는 바에 의하여 우선적으로 근로의 기회를 부여받는다."는 규정을 넓게 해석하여, 이 조항이 국가유공자 본인뿐만 아니라 가족들에 대한 취업보호제도(가산점)의 근거가 될 수 있다고 보았다. 그러나 오늘날 가산점의 대상이 되는 국가유공자와 그 가족의 수가 과거에 비하여 비약적으로 증가하고 있는 현실과, 취업보호대상자에서 가족이 차지하는 비율, 공무원시험의 경쟁이 갈수록 치열해지는 상황을 고려할 때, 위 조항의 폭넓은 해석은 필연적으로 일반 응시자의 공무담임의 기회를 제약하게 되는 결과가 될 수 있으므로 위 조항은 엄격하게 해석할 필요가 있다. 이러한 관점에서 위 조항의 대상자는 조문의 문리해석대로 '국가유공자', '상이군경', 그리고 '전몰군경의 유가족'이라고 봄이 상당하다. … 이 사건 조항의 위헌성은 국가유공자 등과 그 가족에 대한 가산점제도 자체가 입법정책상 전혀 허용될 수 없다는 것이 아니고, 그 차별의 효과가 지나치다는 것에 기인한다. 그렇다면 입법자는 공무원시험에서 국가유공자의 가족에게 부여되는 가산점의 수치를, 그 차별효과가 일반 응시자의 공무담임권 행사를 지나치게 제약하지 않는 범위 내로 낮추고, 동시에 가산점 수혜 대상자의 범위를 재조정하는 등의 방법으로 그 위헌성을 치유하는 방법을 택할 수 있을 것이다. 따라서 이 사건 조항의 위헌성의 제거는 입법부가 행하여야 할 것이므로 이 사건 조항에 대하여는 헌법불합치결정을 하기로 한다. 한편, 입법자가 이 사건 조항을 개정할 때까지 가산점 수혜대상자가 겪을 법적 혼란을 방지할 필요가 있으므로, 그때까지 이 사건 조항의 잠정적용을 명한다(헌재 2006.2.23, 2004헌마675 등).

☑ 가산점 사건 비교

구분	제대군인 가산점제도	국가유공자 가산점제도 (2001년 결정)	국가유공자 가산점제도 (2006년 결정)
헌법상 근거유무	헌법상 근거 없음	헌법 제32조 제6항 (유공자 본인뿐만 아니라 가족 포함)	국가유공자 본인만 헌법 제32조 제6항, 가족은 헌법상 근거 없음
위헌성 심사기준	엄격한 비례성심사	완화된 비례성심사	비례성심사
가산점제도를 통해 실현되는 법익	입법정책상의 법익	헌법 제32조 제6항의 헌법상 법익 (유공자 본인과 가족 포함)	유공자 본인은 헌법상 법익, 유공자의 가족은 입법정책상의 법익
공무담임권 침해 여부	위헌	합헌	헌법불합치

101
04. 법무사

헌법재판소 판례는 평등권의 입법자구속성을 인정하지 않는다.　　　O | X

해설

[X] 헌법재판소는 '헌법 제11조 제1항의 법 앞에 평등의 원칙은 법을 적용함에 있어서뿐만 아니라 입법을 함에 있어서도 불합리한 차별대우를 하여서는 아니 된다는 것을 뜻한다. 즉, 사리에 맞는 합리적인 근거 없이 법을 차별하여 적용하여서는 아니 됨은 물론 그러한 내용의 입법을 하여서도 아니 된다는 것'이라고 판시하여 법내용평등설(입법자구속설)을 취하고 있다(헌재 1989.5.24, 89헌가37 등).

102
04. 국회직 8급

개별사건법률은 평등원칙에 위배되기 때문에 곧바로 위헌이라는 것이 헌법재판소의 입장이다.　O | X

해설

[X] 개별사건법률은 원칙적으로 평등원칙에 위배되는 자의적 규정이라는 강한 의심을 불러일으키는 것이지만, 개별법률금지의 원칙이 법률제정에 있어서 입법자가 평등원칙을 준수할 것을 요구하는 것이기 때문에 특정 규범이 개별사건법률에 해당한다 하여 곧바로 위헌을 뜻하는 것은 아니며, 이러한 차별적 규율이 합리적인 이유로 정당화될 수 있는 경우에는 합헌적일 수 있다(헌재 1996.2.16, 96헌가2).

103
08. 법원직
04. 국회직 유사

국·공립사범대학 및 교육대학 졸업자를 교사로 우선하여 채용하도록 한 것은 헌법상 평등의 원칙을 위반한 것이 아니다.　　　O | X

해설

[X] 국·공립교육대학, 사범대학 기타 교원양성기관의 졸업자 또는 수료자를 교사의 신규채용에 있어 우선 채용하도록 규정한 것은 사범대학이 국·공립인지 사립인지에 따라 교육과정 등에 본질적 차이가 있는 것이 아님에도 국·공립학교의 교사채용에 있어 특혜를 부여한 것은 합리적 근거 없는 평등원칙의 위반이다(헌재 1990.10.8, 89헌마89).

104
04. 국가직

무소속후보자보다 정당공천후보자에게 유리한 선거제도는 선거운동의 기회균등의 원칙에 위배되어 어떠한 경우에도 허용될 수 없다.　　　O | X

해설

[X] 의석을 가진 정당후보자, 의석 없는 정당후보자, 무소속후보자간에 후보자기호결정에 관하여 상대적으로 차별을 두고 있다 하더라도, 이는 정당제도의 존재의의에 비추어 그 목적이 정당할 뿐만 아니라 당적유무, 의석순, 정당명 또는 후보자성명의 가, 나, 다 순 등 합리적 기준에 의하고 있으므로 위헌이라 할 수 없다(헌재 1997.10.30, 96헌마94).

105
04. 법행

존속상해치사를 가중처벌하도록 규정한 형법 조항은 평등의 원칙에 위반된다고 보는 것이 헌법재판소 판례이다.　O | X

해설

[X] 비속의 직계존속에 대한 존경과 사랑은 봉건적 가족제도의 유산이라기보다는 우리 사회윤리의 본질적 구성부분을 이루고 있는 가치질서로서, 특히 유교적 사상을 기반으로 전통적 문화를 계승·발전시켜 온 우리나라의 경우는 더욱 그러한 것이 현실인 이상, '비속'이라는 지위에 의한 가중처벌의 이유와 그 정도의 타당성 등에 비추어 그 차별적 취급에는 합리적 근거가 있으므로, 이 사건 법률조항은 헌법 제11조 제1항의 평등원칙에 반한다고 할 수 없다(헌재 2002.3.28, 2000헌바53).

106
05. 국회직 8급

농촌지도관과 농촌지도사의 정년에 차등을 두는 것은 평등의 원칙에 반한다.　O | X

해설

[X] 농촌지도관(61세)과 농촌지도사(58세)의 정년에 차등을 둘 수 있도록 한 것은 일반적으로 농촌지도관의 직무내용이 정책결정 등 고도의 판단작용임에 비하여 농촌지도사의 직무내용은 단순한 업무집행 또는 업무보조가 대부분이라는 점, 그리고 농촌지도관과 농촌지도사의 구성정원에 차이가 있으므로 원활한 인사정책을 유지하기 위해서는 정년연령에 있어서 어느 정도의 차등은 불가피하다는 점 등 여러 사정을 감안한 결과로서 그와 같은 차등은 합리적이고 정당한 것이라 할 것이므로 이 사건 심판대상조항은 헌법상 평등원칙에 위배되지 아니한다(헌재 1997.3.27, 96헌바86).

107
05. 법행

평등권은 자연인인 국민만이 주체이고, 외국인이나 법인은 그 주체가 될 수 없다.　O | X

해설

[X] 평등권은 국민뿐만 아니라 외국인이나 법인도 그 주체가 될 수 있다. 인간의 존엄과 가치, 행복추구권은 대체로 '인간의 권리'로서 외국인도 주체가 될 수 있다고 보아야 하고, 평등권도 인간의 권리로서 참정권 등에 대한 성질상의 제한 및 상호주의에 따른 제한이 있을 수 있을 뿐이다(헌재 2001.11.29, 99헌마494). 우리 헌법은 법인의 기본권 향유능력을 인정하는 명문의 규정을 두고 있지 않지만, 본래 자연인에게 적용되는 기본권 규정이라도 언론·출판의 자유, 재산권의 보장 등과 같이 성질상 법인이 누릴 수 있는 기본권에 관한 규정은 당연히 법인에게도 적용하여야 할 것이므로 법인도 사단법인·재단법인 또는 영리법인·비영리법인을 가리지 아니하고 위 한계 내에서는 헌법상 보장된 기본권이 침해되었음을 이유로 헌법소원심판을 청구할 수 있다(헌재 2006.1.26, 2005헌마424).

108
07. 국회직 8급

국가유공자의 가족에 대한 가산점제도는 헌법적 명령이어서 완화된 심사가 적용되어 합헌으로 보아야 한다.　O | X

해설

[X] 종전 결정은 국가유공자와 그 가족에 대한 가산점제도는 모두 헌법 제32조 제6항에 근거를 두고 있으므로 평등권 침해 여부에 관하여 보다 완화된 기준을 적용한 비례심사를 하였으나, 국가유공자 본인의 경우는 별론으로 하고, 그 가족의 경우는 위에서 본 바와 같이 헌법 제32조 제6항이 가산점제도의 근거라고 볼 수 없으므로 그러한 완화된 심사는 부적절한 것이다(헌재 2006.2.23, 2004헌마675 등).

교섭단체 소속 의원의 입법활동을 보좌하기 위하여 정책연구위원을 두도록 하는 것은 교섭단체를 구성한 정당과 그렇지 못한 정당을 불합리하게 차별하여 평등원칙에 위반된다. O | X

해설

[X] 국회의 역할 중 가장 중요한 것은 국민의 요구와 기대를 수렴하여 입법화하는 일이다. 그런데 국민의 의사를 수렴하여 정책을 수립하고 이를 법률안으로 구체화하는 일은 국회의원 개개인보다 그들의 결사체인 정당 등 교섭단체가 하는 것이 더 적절하고 효율적일 것이다. 나아가 원내에서도 법률안을 발의하는 데에는 의원 10인 이상의 찬성이 있어야 하는 점, 이를 심의하기 위한 의사일정에 관하여 교섭단체간의 타협과 조정이 필요한 점, 법률안 심의는 주로 본회의가 아닌 소관 상임위원회 중심으로 이루어지는데 상임위원회 수가 17개에 달하는 점, 법안이 의결되기 위하여는 재적의원 과반수의 출석과 출석의원 과반수의 찬성을 필요로 하는 점 등을 고려하여 볼 때, 일정수 이상의 소속 의원을 가진 교섭단체가 입법활동을 주도할 가능성이 높다. 이러한 상황에서 국회 입법활동의 활성화와 효율화를 이루기 위하여는 우선적으로 교섭단체의 전문성을 제고시켜야 하며, 교섭단체가 필요로 하는 전문인력을 공무원 신분인 정책연구위원으로 임용하여 그 소속 의원들의 입법활동을 보좌하도록 할 필요성이 발생하므로 교섭단체에 한하여 정책연구위원을 배정하는 것은 입법재량의 범위 내로서 그 차별에 합리적인 이유가 있다 할 것이다(헌재 2008.3.27, 2004헌마654).

변호사법 제81조 제4항 내지 제6항이 변호사 징계사건에 대하여 법원에 의한 사실심리의 기회를 배제함으로써, 징계처분을 다투는 의사 · 공인회계사 등 다른 전문자격 종사자에 비교하여 변호사를 차별대우함은 변호사의 직업적 특성들을 감안할 때 차별을 합리화할 정당한 목적이 있는 것이다. O | X

해설

[X] 변호사법 제81조 제4항 내지 제6항은 변호사 징계사건에 대하여는 법원에 의한 사실심리의 기회를 배제함으로써, 징계처분을 다투는 의사 · 공인회계사 · 세무사 · 건축사 등 다른 전문자격 종사자에 비교하여 변호사를 차별대우하고 있는데, 변호사의 자유성 · 공공성 · 단체자치성 · 자율성 등 두드러진 직업적 특성들을 감안하더라도 이러한 차별을 합리화할 정당한 목적이 있다고 할 수 없다(헌재 2000.6.29, 99헌가9).

다른 전문직 종사자들과는 달리 법무사에 대하여만 사무원 수를 제한하는 것은 위헌이다. O | X

해설

[X] 법무사 사무원의 수를 제한하는 것은 법무사 사무원의 업무수행상 특수성으로 인하여 법무사의 사무원에 대한 감독권을 강화하고 업무의 파행적 운영을 막아 사건 의뢰인의 이익을 보호하고 사법운영의 원활화 및 사법에 대한 국민의 신뢰를 구축한다는 입법목적을 달성함에 있어 유효적절한 수단 중의 하나임이 분명하고 달리 현저하게 불합리하고 불공정한 것이라고 볼 사정이 없으므로 헌법에 위반되지 아니한다(헌재 1996.4.25, 95헌마331).

거주지를 기준으로 중 · 고등학교의 입학을 제한하는 것은 합리적인 이유 없이 차별한 것이라고 할 수 있다. O | X

해설

[X] 거주지를 기준으로 중 · 고등학교 입학을 제한하는 것은 합리적인 이유 없이 차별한 것이라고 할 수 없다(헌재 1995.2.23, 91헌마204).

113
08. 법행

주민투표권은 헌법상의 열거되지 아니한 권리 등 그 명칭의 여하를 불문하고 헌법상의 기본권성이 부정된다는 것이 헌법재판소의 일관된 입장이다. 따라서 헌법상 기본권이 아닌 주민투표권은 평등권 심사의 대상에 포함되지 않는다. O I X

해설

[X] 주민투표권은 헌법상의 열거되지 아니한 권리 등 그 명칭의 여하를 불문하고 헌법상의 기본권성이 부정된다는 것이 우리 재판소의 일관된 입장이라 할 것인데, 이 사건에서 그와 달리 보아야 할 아무런 근거를 발견할 수 없다. 그렇다면 이 사건 심판청구는 헌법재판소법 제68조 제1항의 헌법소원을 통해 그 침해 여부를 다툴 수 있는 기본권을 대상으로 하고 있는 것이 아니므로 그러한 한에서 이유 없다. 하지만 주민투표권이 헌법상 기본권이 아닌 법률상의 권리에 해당한다 하더라도 비교집단 상호간에 차별이 존재할 경우에 헌법상의 평등권 심사까지 배제되는 것은 아니다(헌재 2007.6.28, 2004헌마643).

114
10. 국회직 8급

평등원칙은 행위규범으로서 입법자에게, 객관적으로 같은 것은 같게 다른 것은 다르게, 규범의 대상을 실질적으로 평등하게 규율할 것을 요구하고 있으므로 헌법재판소가 행하는 규범에 대한 심사는 그것이 가장 합리적이고 타당한 수단인가를 원칙적으로 엄격하게 심사하여야 한다. O I X

해설

[X] 평등원칙은 행위규범으로서 입법자에게, 객관적으로 같은 것은 같게 다른 것은 다르게, 규범의 대상을 실질적으로 평등하게 규율할 것을 요구하고 있다. 그러나 헌법재판소의 심사기준이 되는 통제규범으로서의 평등원칙은 단지 자의적인 입법의 금지기준만을 의미하게 되므로 헌법재판소는 입법자의 결정에서 차별을 정당화할 수 있는 합리적인 이유를 찾아 볼 수 없는 경우에만 평등원칙의 위반을 선언하게 된다. 즉, 헌법에 따른 입법자의 평등실현의무는 헌법재판소에 대하여는 단지 자의금지원칙으로 그 의미가 한정축소된다(헌재 1997.1.16, 90헌마110).

115
11. 사시

경찰공무원은 그 직무 범위와 권한이 포괄적인 점, 특히 경사 계급은 현장수사의 핵심인력으로서 직무수행과 관련하여 많은 대민접촉이 이루어지므로 민사 분쟁에 개입하거나 금품을 수수하는 등의 비리 개연성이 높다는 점 등에 비추어, 대민접촉이 거의 전무한 교육공무원이나 군인 등과 달리 비교적 하위직급인 경사 계급까지 재산등록의무를 부과한 것은 합리적인 이유가 있다. O I X

해설

[O] 경찰공무원은 그 직무 범위와 권한이 포괄적인 점, 특히 경사 계급은 현장수사의 핵심인력으로서 직무수행과 관련하여 많은 대민접촉이 이루어지므로 민사 분쟁에 개입하거나 금품을 수수하는 등의 비리 개연성이 높다는 점 등을 종합하여 보면, 대민접촉이 거의 전무한 교육공무원이나 군인 등과 달리 경찰업무의 특수성을 고려하여 경사 계급까지 등록의무를 부과한 것은 합리적인 이유가 있는 것이므로 이 사건 시행령 조항이 청구인의 평등권을 침해한다고 볼 수 없다(헌재 2010.10.28, 2009헌마544).

116
11. 사시

고등교육법이 '2년제 전문대학을 졸업한 자'와는 달리 '3년제 전문대학의 2년 이상 과정을 이수한 자'에게 대학·산업대학 또는 원격대학 편입학 자격을 부여하지 아니한 것은 자의적인 차별이다. O | X

해설

[X] 이 사건 법률조항은 대학에 편입학하기 위하여는 전문대학을 졸업할 것을 요구하고 있어, '3년제 전문대학의 2년 이상 과정을 이수한 자'는 편입학을 할 수 없다. 우선 '3년제 전문대학의 2년 이상 과정을 이수한 자'를 '2년제 전문대학을 졸업한 자'와 비교하여 보면 객관적인 과정인 졸업이라는 요건을 갖추지 못하였다. 또한, '4년제 대학에서 2년 이상 과정을 이수한 자'와 비교하여 보면, 고등교육법이 그 목적과 운영방법에서 전문대학과 대학을 구별하고 있는 이상, 전문대학 과정의 이수와 대학과정의 이수를 반드시 동일하다고 볼 수 없어, 3년제 전문대학의 2년 이상 과정을 이수한 자에게 편입학 자격을 부여하지 아니한 것이 현저하게 불합리한 자의적인 차별이라고 볼 수 없다. 나아가 평생교육을 포함한 교육시설의 입학자격에 관하여는 입법자에게 광범위한 형성의 자유가 있다고 할 것이어서, 3년제 전문대학의 2년 이상의 이수자에게 의무교육기관이 아닌 대학에의 일반 편입학을 허용하지 않는 것이 교육을 받을 권리나 평생교육을 받을 권리를 본질적으로 침해하지 않는다. 따라서 이 사건 법률조항은 청구인의 기본권을 침해하지 아니한다(헌재 2010.11.25, 2010헌마144).

117
11. 경정승진

국가가 사경제적 주체로서 활동을 하는 경우에도 국가를 국민보다 우대하는 것은 합리적 이유가 있다. O | X

해설

[X] 국유재산법 제5조 제2항이 동법의 국유재산 중 잡종재산에 대하여까지 시효취득의 대상이 되지 아니한다고 규정한 것은 비록 국가라 할지라도 국고작용으로 인한 민사관계에 있어서는 사경제적 주체로서 사인과 대등하게 다루어져야 한다는 헌법의 기본원리와 헌법 제11조 제1항에 위반된다(헌재 1991.5.13, 89헌가97).

118
11. 지방직

모든 국민은 법 앞에 평등하다. 여기서 법은 국회의결을 거친 형식적 의미의 법률에 한하며, 실질적 의미의 법은 포함되지 않는다. O | X

해설

[X] '법 앞에 평등'이라고 할 때의 '법'은 일체의 성문법과 불문법을 의미하는 것으로 관습법, 조리, 판례 등도 포함하는 광의의 법이다.

□□□
119
12. 경정승진
11. 법원직

비례의 원칙에 의한 평등심사는 문제의 차별적 취급으로 인하여 관련 기본권에 대한 중대한 제한이 초래되는 경우에 하는 심사방식으로서, 광범위한 입법형성권을 인정하는 심사방식이다.　　　　O | X

해설

[X] 엄격한 심사를 한다는 것은 자의금지에 따른 심사, 즉 합리적 이유의 유무를 심사하는 것에 그치지 아니하고 비례성원칙에 따른 심사를 하는 것인데, 헌법에서 특별히 평등을 요구하고 있는 경우와 차별적 취급으로 인하여 관련 기본권에 대한 중대한 제한을 초래하게 된다면 입법형성권은 축소되어 보다 엄격한 심사척도가 적용되어야 할 것이다(헌재 1999.12.23, 98헌마363).

□□□
120
12. 경정승진
11. 국회직

개인과외교습이나 인터넷 통신강좌와 같은 사교육의 교습시간을 제한하지 않으면서, 학원 및 교습소의 교습시간만 제한하는 것은 합리적 이유가 없는 차별이다.　　　　O | X

해설

[X] 교육방송 및 다른 사교육에 대하여는 교습시간을 제한하지 않으면서 학원 및 교습소의 교습시간만 제한하였다고 하여도 공영방송인 한국교육방송공사가 사교육 주체인 학원과 동일한 지위에 있다고 보기 어렵고, 다른 사교육인 개인과외교습이나 인터넷 통신강좌에 의한 심야교습이 초래하게 될 사회적 영향력이나 문제점이 학원에 의한 심야교습보다 적으므로 학원 및 교습소의 교습시간만 제한하였다고 하여 이를 두고 합리적 이유 없는 차별이라고 보기는 어려운바, 이 사건 조항이 학원 운영자 등의 평등권을 침해하였다고 보기는 어렵다(헌재 2009.10.29, 2008헌마454).

□□□
121
12. 사시

친고죄에 있어서 고소취소가 가능한 시기를 제1심 판결선고 전까지로 제한한 형사소송법 조항은 수사단계에서부터 제1심 판결선고 전까지의 기간이 부당하게 짧은 기간이라고 하기 어렵고 형사소송법상 제1, 2심이 근본적으로 동일하다고 볼 수 없으므로, 제1심 판결선고 전에 고소취소를 받은 피고인과 그 이후에 고소취소를 받은 피고인을 합리적인 이유 없이 차별하지 않는다.　　　　O | X

해설

[O] 친고죄의 고소취소를 인정할 것인지의 문제 및 이를 인정한다고 하더라도 형사소송절차 중 어느 시점까지 이를 허용할 것인지의 문제는 국가형벌권과 국가소추주의에 대한 국민 일반의 가치관과 법감정, 범죄피해자의 이익보호 등을 종합적으로 고려하여 정할 수 있는 입법정책의 문제이다. 이 사건 법률조항은 고소인과 피고소인 사이에 자율적인 화해가 이루어질 수 있도록 어느 정도의 시간을 보장함으로써 국가형벌권의 남용을 방지하는 동시에 국가형벌권의 행사가 전적으로 고소인의 의사에 의해 좌우되는 것 또한 방지하는 한편, 가급적 고소취소가 제1심 판결선고 전에 이루어지도록 유도함으로써 남상소를 막고, 사법자원이 효율적으로 분배될 수 있도록 하는 역할을 한다. 또한, 경찰·검찰의 수사단계에서부터 제1심 판결선고 전까지의 기간이 고소인과 피고소인 상호간에 숙고된 합의를 이루어낼 수 없을 만큼 부당하게 짧은 기간이라고 하기 어렵고, 현행 형사소송법상 제1심과 제2심이 모두 사실심이기는 하나 제2심은 제1심에 대한 항소심인 이상 두 심급이 근본적으로 동일하다고 볼 수는 없다. 따라서 이 사건 법률조항이 항소심 단계에서 고소취소된 사람을 자의적으로 차별하는 것이라고 할 수는 없다(헌재 2011.2.24, 2008헌바40).

122

12. 법원직

국회의원과 지방의회의원을 선거에 영향을 미치는 행위가 금지되는 주체에서 제외하면서 지방자치단체의 장을 제외하지 않은 것은 합리적인 근거가 없는 차별로서 평등원칙에 위배된다.　O | X

해설

> [X] 국회의원과 지방의회의원은 선거에서의 정치적 중립의무가 요구되지 않으므로 선거운동이 금지되는 주체에서도 제외되나, 지방자치단체장은 선거에서의 정치적 중립성이 엄격히 요구됨에 따라 선거운동이 금지된다. 이 사건 법률조항에서 국회의원과 지방의회의원을 선거에 영향을 미치는 행위가 금지되는 주체에서 제외하면서 지방자치단체장을 제외하지 않은 것은 선거에서 정치적 중립의무가 요구되는 정도에 따른 것이므로 합리적인 근거 없는 차별로서 평등원칙에 위배된다고 볼 수 없다(헌재 2005.6.30, 2004헌바33).

123

12. 사시

남성에게만 병역의무를 부과하는 것은 헌법 제11조 제1항 후문이 예시하는 '성별'에 의한 차별에 해당하고, 이는 헌법에서 특별히 평등을 요구하고 있는 영역이므로, 입법형성권은 축소되고 보다 엄격한 심사척도가 적용되어야 한다.　O | X

해설

> [X] 이 사건 법률조항은 헌법이 특별히 양성평등을 요구하는 경우나 관련 기본권에 중대한 제한을 초래하는 경우의 차별취급을 그 내용으로 하고 있다고 보기 어려우며, 징집대상자의 범위 결정에 관하여는 입법자의 광범위한 입법형성권이 인정된다는 점에 비추어 이 사건 법률조항이 평등권을 침해하는지 여부는 완화된 심사기준에 따라 판단하여야 한다. 집단으로서의 남자는 집단으로서의 여자에 비하여 보다 전투에 적합한 신체적 능력을 갖추고 있으며, 개개인의 신체적 능력에 기초한 전투적합성을 객관화하여 비교하는 검사체계를 갖추는 것이 현실적으로 어려운 점, 신체적 능력이 뛰어난 여자의 경우에도 월경이나 임신, 출산 등으로 인한 신체적 특성상 병력자원으로 투입하기에 부담이 큰 점 등에 비추어 남자만을 징병검사의 대상이 되는 병역의무자로 정한 것이 현저히 자의적인 차별취급이라 보기 어렵다. 한편, 보충역이나 제2국민역 등은 국가비상사태에 즉시 전력으로 투입될 수 있는 예비적 전력으로서 병력동원이나 근로소집의 대상이 되는바, 평시에 현역으로 복무하지 않는다고 하더라도 병력자원으로서 일정한 신체적 능력이 요구된다고 할 것이므로 보충역 등 복무의무를 여자에게 부과하지 않은 것이 자의적이라 보기도 어렵다. 결국 이 사건 법률조항이 성별을 기준으로 병역의무자의 범위를 정한 것은 자의금지원칙에 위배하여 평등권을 침해하지 않는다(헌재 2010.11.25, 2006헌마328).

124

18. 국가직
12. 법행

자기 또는 배우자의 직계존속을 고소하지 못하도록 규정한 형사소송법 제224조는 비속을 차별 취급하여 평등권을 침해하므로 위헌이다.　O | X

해설

> [X] 범죄피해자의 고소권은 형사절차상의 법적인 권리에 불과하므로 원칙적으로 입법자가 그 나라의 고유한 사법문화와 윤리관, 문화전통을 고려하여 합목적적으로 결정할 수 있는 넓은 입법형성권을 갖는다. 가정의 영역에서는 법률의 역할보다 전통적 윤리의 역할이 더 강조되고, 그 윤리에는 인류 공통의 보편적인 윤리와 더불어 그 나라와 사회가 선택하고 축적해 온 고유한 문화전통과 윤리의식이 강하게 작용할 수밖에 없다. 우리는 오랜 세월 동안 유교적 전통을 받아들이고 체화시켜 이는 현재에 이르기까지 일정한 부분 엄연히 우리의 고유한 의식으로 남아 있다. 이러한 측면에서 '효'라는 우리 고유의 전통규범을 수호하기 위하여 비속이 존속을 고소하는 행위의 반윤리성을 억제하고자 이를 제한하는 것은 합리적인 근거가 있는 차별이라고 할 수 있다(헌재 2011.2.24, 2008헌바56).

125
12. 국회직 8급

남자에 한하여 병역의무를 부과하는 법률조항이 평등권을 침해하는지 여부는 엄격한 심사척도에 따라 비례원칙 위반 여부에 의하여 판단하여야 한다. O I X

해설

[X] 대한민국 국민인 남자에 한하여 병역의무를 부과한 법률조항은 헌법이 특별히 양성평등을 요구하는 경우나 관련 기본권에 중대한 제한을 초래하는 경우의 차별취급을 그 내용으로 하고 있다고 보기 어려우며, 징집대상자의 범위 결정에 관하여는 입법자의 광범위한 입법형성권이 인정된다는 점에 비추어 이 사건 법률조항이 평등권을 침해하는지 여부는 완화된 심사기준에 따라 판단하여야 한다(헌재 2010.11.25, 2006헌마328).

126
13. 경정승진

지방자치단체장의 계속 재임을 3기로 제한한 것은 공무담임권에 중대한 제한을 초래하므로 엄격한 심사척도에 의해 심사되어야 한다. O I X

해설

[X] 이 사건 법률조항은 공무담임권을 제한하고 있는바, 이는 헌법이 차별을 특히 금지하고 있는 영역이거나 차별적 취급으로 인하여 관련 기본권에 대한 중대한 제한을 초래하고 있다고 볼 수 없다. 그리고 공무담임권의 제한의 경우는 그 직무가 가지는 공익실현이라는 특수성으로 인하여 그 직무의 본질에 반하지 아니하고 결과적으로 다른 기본권의 침해를 야기하지 아니하는 한 상대적으로 강한 합헌성이 추정될 것이므로, 주로 평등의 원칙이나 목적과 수단의 합리적인 연관성 여부가 심사대상이 될 것이며, 법익형량에 있어서도 상대적으로 다소 완화된 심사를 하게 된다. 따라서 이 사건 법률조항에 대한 평등권 심사는 합리성 심사로 족하다. … 같은 선출직공무원인 지방의회의원 등과 비교해볼 때, 지방자치의 민주성과 능률성, 지방의 균형적 발전의 저해요인이 될 가능성이 상대적으로 큰 지방자치단체장의 장기 재임만을 규제대상으로 삼아 달리 취급하는 데에는 합리적인 이유가 있다고 할 것이므로, 평등권을 침해하지 않는다(헌재 2006.2.23, 2005헌마403).

127
13. 법원직

의료급여수급자와 건강보험가입자는 사회보장의 한 형태로서 의료보장의 대상인 점에서 공통점이 있고, 그 선정방법, 법적 지위, 재원조달방식, 자기기여 여부 등에서는 차이가 있기는 하지만 본질적으로는 동일한 비교집단으로 볼 수 있으므로 의료급여수급자를 대상으로 선택병의원제도 및 비급여항목 등을 건강보험의 경우와 달리 규정하고 있는 것은 평등권을 침해하는 것이다. O I X

해설

[X] 건강보험제도는 사회보험으로서 이 제도하에서는 법이 정하는 요건을 충족시키는 국민에게 가입의무가 부과됨으로써 보험에의 가입이 법적으로 강제되며 보험법적 관계가 당사자의 의사와 관계없이 법률에 의하여 성립된다. 건강보험제도에 따른 건강보험수급권은 사회보장수급권의 하나에 속하고 헌법 제34조 제1항에 의한 인간다운 생활을 보장하기 위한 사회적 기본권에 속한다. 보험급여를 받을 권리인 의료보험수급권은 의료보험법이라는 입법에 의하여 구체적으로 형성된 권리이며 의료보험법상 재산권의 보장을 받는 공법상의 권리이다. 한편, 의료급여제도는 생활유지능력이 없거나 경제능력을 상실한 사람들을 대상으로 정부가 의료서비스를 제공하는 공공부조제도로서, 의료급여수급권은 순수하게 사회정책적 목적에서 주어지는 권리이다. … 따라서 의료급여수급자와 건강보험가입자는 본질적으로 동일한 비교집단이라고 보기 어렵고 의료급여수급자를 대상으로 선택병의원제도 및 비급여항목 등을 달리 규정하고 있는 것을 두고, 본질적으로 동일한 것을 다르게 취급하고 있다고 볼 수는 없으므로 이 사건 개정법령의 규정이 청구인들의 평등권을 침해한다고 볼 수 없다(헌재 2009.11.26, 2007헌마734).

평등권의 침해 여부에 대한 심사는 그 심사기준에 따라 자의금지원칙에 의한 심사와 비례의 원칙에 의한 심사로 크게 나누어 볼 수 있다. 자의심사의 경우에는 단순히 합리적인 이유의 존부 문제가 아니라 차별을 정당화하는 이유와 차별간의 상관관계에 대한 심사, 즉 비교대상간의 사실상의 차이의 성질과 비중 또는 입법목적(차별목적)의 비중과 차별의 정도에 적정한 균형관계가 이루어져 있는가를 심사한다.   O | X

해설

> [X] 자의심사의 경우에는 차별을 정당화하는 합리적인 이유가 있는지만을 심사하기 때문에 그에 해당하는 비교대상간의 사실상의 차이나 입법목적(차별목적)의 발견·확인에 그치는 반면에, 비례심사의 경우에는 단순히 합리적인 이유의 존부 문제가 아니라 차별을 정당화하는 이유와 차별간의 상관관계에 대한 심사, 즉 비교대상간의 사실상의 차이의 성질과 비중 또는 입법목적(차별목적)의 비중과 차별의 정도에 적정한 균형관계가 이루어져 있는가를 심사한다(헌재 2007.2.22, 2005헌마548).

중혼의 취소청구권자로 직계존속과 4촌 이내의 방계혈족을 규정하면서도 직계비속을 제외하는 민법 규정에 대한 평등원칙 위반 여부는 엄격한 심사척도를 적용함이 상당하다.   O | X

해설

> [X] 중혼의 취소청구권자를 규정하면서 직계비속을 취소청구권자에 포함시키지 아니한 법률조항에서, 중혼의 취소청구권자를 어느 범위까지 포함할 것인지 여부에 관하여는 입법자의 입법재량의 폭이 넓은 영역이라 할 것이어서, 이 사건 법률조항이 평등원칙을 위반했는지 여부를 판단함에 있어서는 자의금지원칙 위반 여부를 심사하는 것으로 족하다고 할 것이다(헌재 2010.7.29, 2009헌가8).

직계존속 및 4촌 이내의 방계혈족에게는 중혼의 취소청구권을 부여하고, 직계비속에게는 중혼의 취소청구권을 부여하지 않은 것은 합리적인 이유가 있으므로 평등의 원칙에 위반되지 않는다.   O | X

해설

> [X] 중혼의 취소청구권자를 규정한 이 사건 법률조항은 그 취소청구권자로 직계존속과 4촌 이내의 방계혈족을 규정하면서도 직계비속을 제외하였는바, 직계비속을 제외하면서 직계존속만을 취소청구권자로 규정한 것은 가부장적·종법적인 사고에 바탕을 두고 있고, 직계비속이 상속권 등과 관련하여 중혼의 취소청구를 구할 법률적인 이해관계가 직계존속과 4촌 이내의 방계혈족 못지않게 크며, 그 취소청구권자의 하나로 규정된 검사에게 취소청구를 구한다고 하여도 검사로 하여금 직권발동을 촉구하는 것에 지나지 않은 점 등을 고려할 때, 합리적인 이유 없이 직계비속을 차별하고 있어, 평등원칙에 위반된다(헌재 2010.7.29, 2009헌가8).

131
13. 국가직

지방의회의원은 지방자치법의 목적에 비추어 지방자치단체의 장 및 교육감과 유사한 지위에 있는 선출직 공무원임에도 불구하고, 세종시를 신설하면서 세종시장과 세종시교육감은 선출하고 세종시의회의원은 선출하지 않는 것은 양자를 합리적 이유 없이 차별하는 것이므로 세종시의회의원이 되고자 하는 자의 평등권을 침해한다.　　　　　　O | X

해설

[X] 세종특별자치시를 신설함에 있어, 세종특별자치시에 편입되는 종전 행정구역의 일부를 대표하는 단체장은 나머지 선거구 주민을 대표할 민주적 정당성이 흠결되어 있으므로 그러한 단체장 중 1인을 임의로 정하여 세종특별자치시의 단체장으로 인정하는 것은 불가능한 반면, 세종특별자치시에 편입되는 선거구에서 이미 선출된 지방의회의원에게 세종특별자치시의회의원의 자격을 부여하더라도 민주적 정당성이 문제될 것은 없으므로 세종특별자치시의 시장 및 교육감과 달리 세종특별자치시의회의원선거를 실시하지 아니하기로 한 데에는 합리적인 이유가 있으므로, 이 사건 부칙조항은 평등권을 침해하지 아니한다(헌재 2013.2.28, 2012헌마131).

132
13. 국가직

공인회계사시험의 응시자격을 대학 등에서 일정과목에 대하여 일정학점 이상을 이수하거나 학점인정을 받은 자로 제한하는 것은 법무사, 세무사, 변리사시험 등에서는 이러한 응시자격의 제한 규정을 두고 있지 않는 것에 비추어, 법무사시험 등에 응시하려는 사람과 공인회계사시험에 응시하려는 사람을 합리적 이유 없이 차별하는 것으로 독학으로 공인회계사시험을 준비하는 사람의 평등권을 침해한다.
　　　　　　O | X

해설

[X] 법무사, 세무사, 변리사 등 다른 전문자격시험들과 공인회계사 시험은 본질적으로 서로 같지 아니하므로 다른 시험에서 학점이수제도를 두지 않고 있다는 이유로 이 사건 법률조항이 공인회계사시험에 응시하려는 자들을 자의적으로 차별하고 있다고 볼 수는 없다. 한편, 학점이수제도에 대해서는 공인회계사의 전문성 강화라는 정당한 입법목적이 인정되고, 학점이수 대상이 공인회계사 업무와 밀접한 관련이 있는 과목에 한정되어 있을 뿐 아니라 학점이수요건 충족을 위한 다양한 수단을 마련하고 있으며, 학점이수제도가 대학교육의 정상화 및 국가인력자원 배분의 효율성 증진이라는 공익에 기여하는 측면이 있으므로, 학점이수요건을 갖추지 아니한 사람이 공인회계사시험에 응시하기 위해서는 사전에 별도의 노력을 들여야 한다고 하더라도 이를 가리켜 자의적인 차별취급이라고 할 수는 없다(헌재 2012.11.29, 2011헌마801).

133
13. 국회직 8급

A형 혈우병 환자들의 출생 시기에 따라 이들에 대한 유전자재조합제제의 요양급여 허용 여부를 달리 취급하는 것은 합리적 근거 없는 차별이다.　　　　　　O | X

해설

[O] 1983.1.1. 이후 출생한 A형 혈우병 환자에 한하여 유전자재조합제제에 대한 요양급여를 인정하는 이 사건 고시조항이 수혜자 한정의 기준으로 정한 환자의 출생 시기는 그 부모가 언제 혼인하여 임신, 출산을 하였는지와 같은 우연한 사정에 기인하는 결과의 차이일 뿐, 이러한 차이로 인해 A형 혈우병 환자들에 대한 치료제인 유전자재조합제제의 요양급여 필요성이 달라진다고 할 수는 없으므로, A형 혈우병 환자들의 출생 시기에 따라 이들에 대한 유전자재조합제제의 요양급여 허용 여부를 달리 취급하는 것은 합리적인 이유가 있는 차별이라고 할 수 없다. 따라서 이 사건 고시조항은 청구인들의 평등권을 침해하는 것이다(헌재 2012.6.27, 2010헌마716).

□□□ 134
14. 국회직 8급

학교용지 확보 등에 관한 특례법 제5조 제1항 단서 제5호 중 도시 및 주거환경정비법 제2조 제2호 '다목'의 규정에 따른 '주택재건축사업'에 관한 부분이 매도나 현금청산대상이 되어 제3자에게 분양됨으로써 기존에 비하여 가구 수가 증가하지 아니하는 개발사업분을 학교용지부담금 부과대상에서 제외하는 규정을 두지 아니한 것은 평등원칙에 위배된다.　　　　　　　　　　　　　　　　　O | X

해설

[O] 주택재건축사업의 경우 학교용지부담금 부과대상에서 '기존 거주자와 토지 및 건축물의 소유자에게 분양하는 경우'에 해당하는 개발사업분만 제외하고, 매도나 현금청산의 대상이 되어 제3자에게 분양됨으로써 기존에 비하여 가구 수가 증가하지 아니하는 개발사업분을 제외하지 아니한 것은, 주택재건축사업의 시행자들 사이에 학교시설 확보의 필요성을 유발하는 정도와 무관한 불합리한 기준으로 학교용지부담금의 납부액을 달리하는 차별을 초래하므로 평등원칙에 위배된다(헌재 2013.7.25, 2011헌가32).

□□□ 135
14. 국회직 8급

형법상 존속살해죄는 헌법이 보장하는 민주적인 가족관계와 조화된다고 보기 어렵고, 범행동기 등을 감안하지 않고 일률적으로 형의 하한을 높여 합리적인 양형을 어렵게 하며, 비교법적으로도 그 예를 찾기 어려운 것으로서 차별의 합리성을 인정할 수 없어 평등원칙에 위반된다.　　　　　　　　　　O | X

해설

[X] 조선시대 이래 현재에 이르기까지 존속살해죄에 대한 가중처벌은 계속되어 왔고, 그러한 입법의 배경에는 우리 사회의 효를 강조하는 유교적 관념 내지 전통사상이 자리 잡고 있는 점, 존속살해는 그 패륜성에 비추어 일반 살인죄에 비하여 고도의 사회적 비난을 받아야 할 이유가 충분한 점, 이 사건 법률조항의 법정형이 종래의 '사형 또는 무기징역'에서 '사형, 무기 또는 7년 이상의 징역'으로 개정되어 기존에 제기되었던 양형에 있어서의 구체적 불균형의 문제도 해소된 점을 고려할 때 이 사건 법률조항이 형벌체계상 균형을 잃은 자의적 입법으로서 평등원칙에 위반된다고 볼 수 없다(헌재 2013.7.25, 2011헌바267).

□□□ 136
14. 법무사

변호사시험의 시험장으로 서울 소재 4개 대학교를 선정한 것은 서울 응시자에 비하여 지방 응시자를 자의적으로 차별하여 지방 응시자인 청구인들의 평등권을 침해한 것으로 위헌이다.　　　　　O | X

해설

[X] 이 사건 시험장 선정행위는 서울 응시자에 비하여 지방 응시자를 차별하는 것인데, 변호사시험은 선택형·사례형·기록형의 문제유형으로 구성되므로 업무처리절차가 복잡하다는 점, 변호사시험은 휴일을 포함하여 총 5일에 걸쳐 실시되는데, 이처럼 수일간 실시되는 사법시험·공인회계사시험·변리사시험·법무사시험·5급공채의 각 2차시험들도 모두 하나의 지역에서 실시되고 있는 점, 수일간 시행되는 시험의 특성상 출제·인쇄·시험시행·답안보관의 각 시설들은 지리적 근접연결성이 강하게 요구되는 점, 그럼에도 불구하고 변호사시험을 분산실시한다면 시험사고의 위험이 증대하여 변호사시험의 공정성과 통일성을 해할 우려가 있다는 점을 종합적으로 고려할 때, '변호사시험을 하나의 지역에서 집중실시한 것'은 합리적 이유가 있다. 법학전문대학원 정원 2,000명 중 과반수 이상이 서울 권역 법학전문대학원 소속인 점, 지방 권역별 법학전문대학원 소속 응시자들의 접근성 측면에서 볼 때 항공·육상 교통의 중심지인 서울이 다른 지역에 비하여 상대적으로 접근에 더 용이한 점, 다수 응시자의 편의, 시험사고의 위험성, 가용한 인적·물적 자원 등을 전문적으로 판단하여 시험장을 선정하는 시험주관청의 재량 등을 고려할 때, 피청구인이 '변호사시험이 집중실시될 지역으로 서울을 선택한 것'은 합리적 이유가 있다(헌재 2013.9.26, 2011헌마782).

□□□
137
14. 국회직 8급

'법 앞에 평등'이란 법의 적용과 집행이 평등하여야 한다는 '법 제정의 평등'만이 아니라, 법의 내용도 평등해야 한다는 '법 적용의 평등'을 의미한다. O | X

해설

[X] 우리 헌법이 선언하고 있는 '인간의 존엄성'과 '법 앞에 평등'은 행정부나 사법부에 의한 법 적용상의 평등만을 의미하는 것이 아니고, 입법권자에게 정의와 형평의 원칙에 합당하게 합헌적으로 법률을 제정하도록 하는 것을 명하는 '법 내용상의 평등'을 의미하고 있다(헌재 1992.4.28, 90헌바24).

□□□
138
14. 경정승진

비례의 원칙에 의한 평등심사는 문제의 차별적 취급으로 인하여 관련 기본권에 대한 중대한 제한이 초래되는 경우에 하는 심사방식으로서, 광범위한 입법형성권을 인정하는 심사방식이다. O | X

해설

[X] 평등위반 여부를 심사함에 있어 엄격한 심사척도에 의할 것인지, 완화된 심사척도에 의할 것인지는 입법자에게 인정되는 입법형성권의 정도에 따라 달라지게 될 것이다. 먼저 헌법에서 특별히 평등을 요구하고 있는 경우 엄격한 심사척도가 적용될 수 있다. 헌법이 스스로 차별의 근거로 삼아서는 아니 되는 기준을 제시하거나 차별을 특히 금지하고 있는 영역을 제시하고 있다면 그러한 기준을 근거로 한 차별이나 그러한 영역에서의 차별에 대하여 엄격하게 심사하는 것이 정당화된다. 다음으로 차별적 취급으로 인하여 관련 기본권에 대한 중대한 제한을 초래하게 된다면 입법형성권은 축소되어 보다 엄격한 심사척도가 적용되어야 할 것이다. … 엄격한 심사를 한다는 것은 자의금지원칙에 따른 심사, 즉 합리적 이유의 유무를 심사하는 것에 그치지 아니하고 비례성원칙에 따른 심사, 즉 차별취급의 목적과 수단간에 엄격한 비례관계가 성립하는지를 기준으로 한 심사를 행함을 의미한다(헌재 1999.12.23, 98헌마363).

□□□
139
14. 법무사

시각장애인들에게만 안마사 자격을 인정한 것은 비시각장애인들의 평등권을 침해한 것으로서 위헌이다. O | X

해설

[X] 이 사건 자격조항은 시각장애인에게 안마업을 독점시킴으로써 그들의 생계를 지원하고 직업활동에 참여할 수 있는 기회를 제공하는 것인바, 신체장애자 보호에 대한 헌법적 요청에 의하여 시각장애인의 생계, 인간다운 생활을 할 권리를 보장하기 위한 것으로서 정당한 목적 달성을 위한 적절한 수단이 된다. 시각장애인의 생존권보장을 위한 불가피한 선택에 해당하는 점, 이에 반하여 일반국민은 안마업 외에도 선택할 수 있는 직업이 많다는 점 등을 고려하면 이 사건 자격조항이 최소침해성원칙에 반한다고 할 수 없다. 또한, 시각장애인 안마사제도는 생활전반에 걸쳐 시각장애인에게 가해진 유·무형의 사회적 차별을 보상해 주고 실질적인 평등을 이룰 수 있는 수단이며, 이 사건 자격조항은 시각장애인과 비시각장애인을 둘러싼 여러 상황을 적절하게 형량한 것으로서 법익 불균형이 발생한다고 할 수 없으므로, 이 사건 자격조항이 비시각장애인을 시각장애인에 비하여 비례의 원칙에 반하여 차별하는 것이라고 할 수 없을 뿐 아니라, 비시각장애인의 직업선택의 자유를 과도하게 침해하여 헌법에 위반된다고 보기도 어렵다(헌재 2013.6.27, 2011헌가39 등).

독립유공자의 유족 중 나이가 많은 자에게 보상금 지급의 우선순위를 주는 것은, 우리의 문화를 고려한 정당한 차별로서 다른 유족들의 평등권을 침해하지 아니한다. O I X

해설

[X] 산업화에 따른 핵가족화, 직업이나 보유재산에 따라 연장자가 경제적으로 형편이 더 나은 경우도 있는 점 등을 고려하면, 이 사건 심판대상조항이 나이를 기준으로 하여 연장자에게 우선하여 보상금을 지급하는 것 역시 보상금 수급권이 갖는 사회보장적 성격에 부합하지 아니한다. 비록 독립유공자를 주로 부양한 자나, 협의에 의해 지정된 자를 보상금 수급권자로 할 수 있도록 하는 일정한 예외조항을 마련해 놓고 있으나, 조부모에 대한 부양가능성이나 나이가 많은 손자녀가 협조하지 않는 경우 등을 고려하면 그 실효성을 인정하기도 어렵다. 비금전적 보훈혜택 역시 유족에 대한 보상금 지급과 동일한 정도로 유족들의 생활보호에 기여한다고 볼 수 없으므로, 이 사건 심판대상조항은 합리적인 이유 없이 상대적으로 나이가 적은 손자녀인 청구인을 차별하여 평등권을 침해한다(헌재 2013.10.24, 2011헌마724).

국회의원 지역선거구에 있어, 전국 선거구의 최대인구수와 최소인구수의 비율이 3 : 1 이하로 유지되면 평등선거의 원칙에 위배되지 않는다. O I X

해설

[X] 인구편차 상하 33⅓%(2 : 1)를 넘어 인구편차를 완화하는 것은 지나친 투표가치의 불평등을 야기하는 것으로, 이는 대의민주주의의 관점에서 바람직하지 아니하고, 국회를 구성함에 있어 국회의원의 지역대표성이 고려되어야 한다고 할지라도 이것이 국민주권주의의 출발점인 투표가치의 평등보다 우선시될 수는 없다. … 이러한 사정들을 고려할 때, 현재의 시점에서 헌법이 허용하는 인구편차의 기준을 인구편차 상하 33⅓%를 넘어서지 않는 것으로 봄이 타당하다. 따라서 심판대상 선거구구역표 중 인구편차 상하 33⅓%의 기준을 넘어서는 선거구에 관한 부분은 위 선거구가 속한 지역에 주민등록을 마친 청구인들의 선거권 및 평등권을 침해한다(헌재 2014.10.30, 2012헌마192 등).

행정관서요원으로 근무한 공익근무요원과는 달리, 국제협력요원으로 근무한 공익근무요원을 국가유공자법에 의한 보상에서 제외한 것은 병역의무의 이행이라는 동일한 취지로 소집된 요원임에도 불구하고 합리적인 이유 없이 양자를 차별하고 있어 평등권을 침해한다. O I X

해설

[X] 행정관서요원제도는 방위제도가 폐지되면서, 여전히 현역병 등으로 입영하여 군복무를 이행할 수 없는 신체적 사유 등이 있는 병역의무자의 경우 이들을 행정관서요원으로 소집하여 병역의무를 이행하도록 하기 위하여 고안된 제도임에 반하여, 국제협력요원은 국제봉사요원이 개발도상국에서 자발적으로 봉사활동을 하게 된 것이 국제사회에 긍정적인 영향을 끼치고 있다는 점을 감안하여, 위와 같은 국제봉사활동을 체계적 · 지속적으로 계속할 자원을 병역의무자 중에서 충원한다는 차원에서 마련된 것에 기인한다는 차이가 있으므로, 입법자가 위와 같은 차이들에 근거하여 국제협력요원과 행정관서요원을 달리 취급하는 것을 입법형성권을 벗어난 자의적인 것이라고 할 수 없어, 이 사건 조항은 헌법상의 평등권을 침해하지 아니한다(헌재 2010.7.29, 2009헌가13).

□□□
143
15. 법무사

금고 이상의 실형을 선고받고 그 집행이 끝나거나 집행이 면제된 날로부터 3년이 지나지 아니한 사람은 행정사가 될 수 없다고 규정한 것은 그 결격사유를 공인중개사나 다른 국가자격 직역에 비해 합리적인 이유 없이 엄격하게 규정한 것으로 평등권을 침해하는 것이다. O | X

해설

[X] 이 사건 법률조항이 행정사의 업무 특성을 고려하여, 그 결격사유를 금고 이상의 실형을 선고받더라도 자격취득은 가능하지만 사무소 개설등록만 할 수 없는 공인중개사나, 업무와 관련한 불법행위로 등록취소가 되지 않는 한 자격 취득 자체에는 특별한 제한을 두지 않는 국가기술자격 소지자와 같이 상대적으로 낮은 수준의 공정성 및 신뢰성을 요구하는 다른 국가자격 직역에 비해 다소 엄격하게 규정하고 있는 것은 합리적인 이유가 있는 것이므로, 청구인의 평등권을 침해하지 아니한다(헌재 2015.3.26, 2013헌마131).

□□□
144
15. 국가직

형법 조항과 똑같은 구성요건을 규정하면서 법정형만 상향 조정한 특정범죄 가중처벌 등에 관한 법률 조항은 인간의 존엄성과 가치를 보장하는 헌법의 기본원리에 위배될 뿐만 아니라 그 내용에 있어서도 평등원칙에 위반된다. O | X

해설

[O] 심판대상조항은 별도의 가중적 구성요건표지를 규정하지 않은 채 형법 조항과 똑같은 구성요건을 규정하면서 법정형만 상향 조정하여 어느 조항으로 기소하는지에 따라 벌금형의 선고 여부가 결정되고, 선고형에 있어서도 심각한 형의 불균형을 초래하게 함으로써 형사특별법으로서 갖추어야 할 형벌체계상의 정당성과 균형을 잃어 인간의 존엄성과 가치를 보장하는 헌법의 기본원리에 위배될 뿐만 아니라 그 내용에 있어서도 평등원칙에 위반되어 위헌이다(헌재 2015.2.26, 2014헌가16 등).

□□□
145
15. 국가직

의사 또는 치과의사의 지도하에서만 의료기사가 업무를 할 수 있도록 규정하고, 한의사의 지도하에서는 의료기사인 물리치료사가 물리치료는 물론 한방물리치료를 할 수 없도록 하는 의료기사 등에 관한 법률의 조항은 평등권을 침해한다. O | X

해설

[X] 의료행위와 한방의료행위를 구분하고 있는 이원적 의료체계하에서 의사의 의료행위를 지원하는 행위 중 전문적 지식 및 기술을 요하는 부분에 대하여 별도의 자격제도를 마련한 의료기사제도의 입법 취지, 물리치료사 양성을 위한 교육과정 및 그 업무영역 등을 고려할 때, 물리치료사의 업무가 한방의료행위와도 밀접한 연관성이 있다고 보기 어렵고, 물리치료사 업무영역에 대한 의사와 한의사의 지도능력에도 차이가 있으므로, 의사에 대해서만 물리치료사 지도권한을 인정하고 한의사에게는 이를 배제하고 있는 데에 합리적 이유가 있다. 따라서 이 사건 조항은 한의사의 평등권을 침해하지 않는다(헌재 2014.5.29, 2011헌마552).

□□□
146
15. 법원직

적극적 평등실현조치는 결과의 평등보다는 기회의 평등을 추구하기 때문에 합헌적 정책이다. O | X

해설

[X] 적극적 평등실현조치는 '기회의 평등'보다는 '결과의 평등'을 추구하기 때문에 합헌적 정책이다.

□□□
147
15. 서울시

국가유공자와 그 가족에 대한 가산점제도에 있어서 국가유공자 가족의 경우는 평등권 침해 여부에 관하여 보다 완화된 기준을 적용한 비례심사가 필요하다. O | X

해설

[X] 종전 결정은 국가유공자와 그 가족에 대한 가산점제도는 모두 헌법 제32조 제6항에 근거를 두고 있으므로 평등권 침해 여부에 관하여 보다 완화된 기준을 적용한 비례심사를 하였으나, 국가유공자 본인의 경우는 별론으로 하고, 그 가족의 경우는 위에서 본 바와 같이 헌법 제32조 제6항이 가산점제도의 근거라고 볼 수 없으므로 그러한 완화된 심사는 부적절한 것이다. … 이 사건 조항은 입법목적과 수단간에 비례성을 구비하지 못하였으므로 청구인들과 같은 일반 공직시험 응시자의 평등권을 침해한다(헌재 2006.2.23, 2004헌마675 등【헌법불합치】).

□□□
148
16. 사시

국·공립대학 교원과 사립대학 교원은 신분이나 적용 법률에 차이가 있음에도 불구하고 양자 모두에게 국회의원으로 당선된 경우 임기개시일 전까지 그 직을 사직하도록 한 것은 사립대학 교원의 평등권을 침해한다. O | X

해설

[X] 일단 교원의 직을 유지한 채 국회의원선거에 입후보하는 것 자체는 허용하면서 국회의원 당선이 확정된 이후에 비로소 사립대학 교원의 직을 사직하도록 하고 있는 것은 출마를 위해 사직하도록 하는 초·중등학교 교원에 비해 제한의 정도가 크지 않으므로, 침해의 최소성원칙에 위반되지 않는다. 심판대상조항은 국회의원의 직무수행에 있어 공정성과 전념성을 확보하여 국회가 본연의 기능을 충실히 수행하도록 하는 동시에 대학교육을 정상화하기 위한 것이므로, 입법자가 이를 심판대상조항으로 인해 발생하는 공무담임권 및 직업선택의 자유에 대한 제한보다 중시한다고 해서 법익의 균형성원칙에도 위반된다고 보기 어렵다. 심판대상조항은 국회의원으로서의 공정성과 직무전념성을 확보함과 동시에 교원들의 국회진출로 인하여 학생들의 수업권이 부당하게 침해되는 것을 방지하고자 함에 그 목적이 있고, 이러한 입법취지를 달성함에 있어 국·공립대학 교원과 사립대학 교원을 다르게 취급할 이유가 없으므로, 심판대상조항은 청구인의 평등권을 침해하지 않는다(헌재 2015.4.30, 2014헌마621).

□□□
149
16. 사시

주민투표권은 헌법상 기본권이 아닌 법률상의 권리에 해당하므로, 주민투표권에 관하여 비교집단 상호간에 차별이 존재하더라도 헌법상의 평등권은 문제되지 아니한다. O | X

해설

[X] 주민투표권이 헌법상 기본권이 아닌 법률상의 권리에 해당한다 하더라도 비교집단 상호간에 차별이 존재할 경우에 헌법상의 평등권 심사까지 배제되는 것은 아니다(헌재 2007.6.28, 2004헌마643).

150
16. 사시

공무상 질병 또는 부상으로 '퇴직 이후에 폐질상태가 확정된 군인'에 대해서 상이연금 지급에 관한 규정을 두지 않은 것은 평등원칙에 위반된다. O | X

해설

[O] 공무상 질병 또는 부상으로 '퇴직 이후에 폐질상태가 확정된 군인'에 대해서 상이연금 지급에 관한 규정을 두지 아니한 이 사건 법률조항은, 군인과 본질적인 차이가 없는 일반 공무원의 경우에는 퇴직 이후에 폐질상태가 확정된 경우에도 장해급여수급권이 인정되고 있는 것과 달리, 군인과 일반 공무원을 차별취급하고 있고, 또 폐질상태의 확정이 퇴직 이전에 이루어진 군인과 그 이후에 이루어진 군인을 차별취급하고 있는데, 군인이나 일반 공무원이 공직 수행 중 얻은 질병으로 퇴직 이후 폐질상태가 확정된 것이라면 그 질병이 퇴직 이후의 생활에 미치는 정도나 사회보장의 필요성 등의 측면에서 차이가 없을 뿐만 아니라 폐질상태가 확정되는 시기는 근무환경이나 질병의 특수성 등 우연한 사정에 의해 좌우될 수 있다는 점에서 볼 때, 위와 같은 차별취급은 합리적인 이유가 없어 정당화되기 어려우므로 평등의 원칙을 규정한 헌법 제11조 제1항에 위반된다(헌재 2010.6.24, 2008헌바128).

151
16. 사시

전문적으로 교수 · 연구활동을 담당하는 직위인 수석교사들이 일반 교사들과는 달리 임기 중에 각급 학교의 교장 자격을 취득할 수 없도록 한 것은 수석교사들의 평등권을 침해한다. O | X

해설

[X] 일원적 · 수직적인 교원승진체계에서 벗어나 전문적으로 교수 · 연구활동을 담당하도록 신설된 별도의 직위인 수석교사를 교장 등 관리직 교원과 달리 운영하고 이를 조기에 정착시키려는 데에 이 사건 법률조항의 입법목적이 있다. 이러한 입법목적을 실현하기 위해서는 수석교사들이 교장 등 관리직에 지원하거나 관리직으로 나아가기 위한 경력 관리를 하는 것을 제한하는 것이 불가피하다. 그리고 일반 교사로 남아 교장 등 관리직 자격을 취득할지 수석교사가 되어 연구 · 교수 지원활동에만 전념할지 여부는 본인의 자발적인 선택에 달려 있다. 또한, 수석교사를 그만두고 일반 교원으로 복귀하면 교장 등 관리직 승진을 위한 자격 취득이 가능하다. 이러한 사정을 고려할 때, 이 사건 법률조항이 일반 교사와 달리 수석교사 임기 중에 교장 등 관리직 자격취득을 제한하는 것은 합리적인 이유가 있는 것이므로, 청구인들의 평등권을 침해하지 아니한다(헌재 2015.6.25, 2012헌마494).

152
16. 사시

디엔에이감식시료 채취대상 범죄로 징역이나 금고 이상의 실형을 선고받아 그 형이 확정된 자 중에서 디엔에이신원확인정보의 이용 및 보호에 관한 법률 시행 당시에 수용 중인 자에 대하여만 위 법률을 소급적용하도록 하는 부칙조항은 위 법률 시행 당시 수용 중인 자의 평등권을 침해한다. O | X

해설

[X] 디엔에이신원확인정보의 수집 · 이용은 수형인 등에게 심리적 압박으로 인한 범죄예방효과를 가진다는 점에서 보안처분의 성격을 지니지만, 처벌적인 효과가 없는 비형벌적 보안처분으로서 소급입법금지원칙이 적용되지 않는다. 이 사건 법률의 소급적용으로 인한 공익적 목적이 당사자의 손실보다 더 크므로, 이 사건 부칙조항이 법률 시행 당시 디엔에이감식시료 채취대상 범죄로 실형이 확정되어 수용 중인 사람들까지 이 사건 법률을 적용한다고 하여 소급입법금지원칙에 위배되는 것은 아니다. 전과자 중 수용 중인 사람에 대하여만 이 사건 법률을 소급적용하는 것은 입법형성권의 범위 내에 있으며, 법률 시행 전 이미 형이 확정되어 수용 중인 사람의 신뢰가치는 낮은 반면 재범의 가능성, 데이터베이스 제도의 실효성 추구라는 공익은 상대적으로 더 크다. 따라서 이 사건 부칙조항이 이 사건 법률 시행 전 형이 확정되어 수용 중인 사람의 신체의 자유 및 개인정보자기결정권을 과도하게 침해한다고 볼 수 없다. 이 사건 법률 시행 당시 이미 출소한 사람은 재범의 위험성이 현재 수용 중인 사람보다 낮다고 볼 수 있고, 평온한 사회생활을 영위하고 있는 사람에게까지 소급적용하는 것은 지나치므로, 이 사건 부칙조항이 수용 중인 사람에 대하여만 소급적용하는 것은 평등권을 침해한다고 볼 수 없다(헌재 2014.8.28, 2011헌마28 등).

헌법 제11조 제1항 제2문은 차별금지사유로서 성별을 명시하고 있으므로 대한민국 국민인 남자에 한하여 병역의무를 부과하는 병역법 조항이 평등권을 침해하는지 여부는 완화된 심사척도인 자의금지원칙 위반 여부가 아니라 엄격한 심사기준을 적용하여 판단하여야 한다.   O | X

해설

[X] 이 사건 법률조항은 헌법이 특별히 양성평등을 요구하는 경우나 관련 기본권에 중대한 제한을 초래하는 경우의 차별취급을 그 내용으로 하고 있다고 보기 어려우며, 징집대상자의 범위 결정에 관하여는 입법자의 광범위한 입법형성권이 인정된다는 점에 비추어 이 사건 법률조항이 평등권을 침해하는지 여부는 완화된 심사기준에 따라 판단하여야 한다. 집단으로서의 남자는 집단으로서의 여자에 비하여 보다 전투에 적합한 신체적 능력을 갖추고 있으며, 개개인의 신체적 능력에 기초한 전투적합성을 객관화하여 비교하는 검사체계를 갖추는 것이 현실적으로 어려운 점, 신체적 능력이 뛰어난 여자의 경우에도 월경이나 임신, 출산 등으로 인한 신체적 특성상 병력자원으로 투입하기에 부담이 큰 점 등에 비추어 남자만을 징병검사의 대상이 되는 병역의무자로 정한 것이 현저히 자의적인 차별취급이라 보기 어렵다. 한편, 보충역이나 제2국민역 등은 국가비상사태에 즉시 전력으로 투입될 수 있는 예비적 전력으로서 병력동원이나 근로소집의 대상이 되는바, 평시에 현역으로 복무하지 않는다고 하더라도 병력자원으로서 일정한 신체적 능력이 요구된다고 할 것이므로 보충역 등 복무의무를 여자에게 부과하지 않은 것이 자의적이라 보기도 어렵다. 결국 이 사건 법률조항이 성별을 기준으로 병역의무자의 범위를 정한 것은 자의금지원칙에 위배하여 평등권을 침해하지 않는다(헌재 2011.6.30, 2010헌마460).

'수사가 진행 중이거나 형사재판이 계속 중이었다가 그 사유가 소멸한 경우'에는 잔여 퇴직급여 등에 대해 이자를 가산하는 규정을 두면서, '형이 확정되었다가 그 사유가 소멸한 경우'에는 이자 가산 규정을 두지 않은 군인연금법(2013.3.22. 법률 제11632호로 개정된 것) 제33조 제2항은 평등원칙을 위반한다.   O | X

해설

[O] '금고 이상의 형을 받았다가 재심으로 무죄판결을 받은 사람'은 군 복무 중 급여제한사유에 해당함이 없이 직무상 의무를 다한 성실한 군인이라는 점에서 '수사 중이거나 형사재판 계속 중이었다가 불기소처분 등을 받은 사람'과 차이가 없다. 급여제한사유에 해당하지 않는 사람임이 뒤늦게라도 밝혀졌다면, 수사 중이거나 형사재판 계속 중이어서 잠정적·일시적으로 지급을 유보하였던 경우인지, 아니면 당해 형사절차가 종료되어 확정적으로 지급을 제한하였던 경우인지에 따라 잔여 퇴직급여에 대한 이자 가산 여부를 달리 할 이유가 없다. 또한, 이들은 "퇴직급여 등을 본래 지급받을 수 있었던 때 지급받지 못하고 일정한 기간이 경과한 후에 지급받는다."는 점에서도 차이가 없다. 금고 이상의 형이 확정되었다가 재심에서 무죄판결을 받은 사람은 처음부터 유죄판결이 없었던 것과 같은 상태가 되었으므로 '유죄판결을 받지 않았다면 본래 퇴직급여 등을 받을 수 있었던 날'에 퇴직급여를 지급받을 수 있었던 사람들이다. 따라서 미지급기간동안 잔여 퇴직급여에 발생하였을 경제적 가치의 증가를 전혀 반영하지 않고 잔여 퇴직급여 원금만을 지급하는 것은 제대로 된 권리회복이라고 볼 수 없다. 이러한 점들을 종합하면, 잔여 퇴직급여에 대한 이자 지급 여부에 있어 양자를 달리 취급하는 것은 합리적 이유 없는 차별로서 평등원칙을 위반한다(헌재 2016.7.28, 2015헌바20).

□□□
155
16. 서울시

사법시험에 합격하여 사법연수원의 과정을 마친 자와 달리 변호사시험 합격자들에게 6개월의 실무수습을 거치도록 한 것은 평등권을 침해한다.　　　　　　　　　　　　　　　　　　　　　　　O | X

해설

[X] 심판대상조항은 훌륭한 법조인을 양성하고 국민들에게 양질의 법률서비스를 제공하기 위하여 변호사시험 합격자가 6개월의 법률사무 종사 또는 연수를 통해 법률사무 수행능력을 키우도록 하고 그 기간 동안 법률사무소의 개설과 수임을 금지하는 것으로서 입법목적의 정당성과 수단의 적합성이 인정된다. 심판대상조항은 변호사시험 합격자들에게 법률사무 종사와 연수라는 두 가지 실무수습방법을 선택할 수 있도록 하고, 실무수습기간 동안 취업 활동에는 아무런 제한을 두지 않는 점 등을 고려하면 침해최소성원칙에 어긋난다고 보기 어렵다. 법학전문대학원 출신 변호사들의 실무능력 향상을 통한 법조인 양성과 국민의 편익 증진 도모라는 공익이 제한되는 사익보다 결코 작다고 할 수 없어 법익의 균형성도 갖추었으므로, 심판대상조항은 청구인의 직업수행의 자유를 침해하지 아니한다. 사법시험에 합격하여 사법연수원의 과정을 마친 자와 판사나 검사의 자격이 있는 자는 사법연수원의 정형화된 이론과 실무수습을 거치거나, 법조실무경력이 있는 반면, 청구인들과 같은 변호사시험 합격자들의 실무수습은 법학전문대학원별로 편차가 크고 비정형적으로 이루어지고 있으므로, 변호사시험 합격자들에게 6개월의 실무수습을 거치도록 하는 것을 합리적 이유가 없는 자의적 차별이라고 보기는 어렵다. 따라서 심판대상조항은 청구인들의 평등권을 침해하지 아니한다(헌재 2014.9.25, 2013헌마424).

□□□
156
16. 서울시

친양자의 양친을 기혼자로 한정하고 독신자는 친양자 입양을 할 수 없도록 한 법률 규정은 평등권을 침해한다.　　　　　　　　　　　　　　　　　　　　　　　　　　　O | X

해설

[X] 심판대상조항은 친양자가 안정된 양육환경을 제공할 수 있는 가정에 입양되도록 하여 양자의 복리를 증진시키기 위해, 친양자의 양친을 기혼자로 한정하였다. 독신자 가정은 기혼자 가정과 달리 기본적으로 양부 또는 양모 혼자서 양육을 담당해야 하며, 독신자를 친양자의 양친으로 하면 처음부터 편친가정을 이루게 하고 사실상 혼인 외의 자를 만드는 결과가 발생하므로, 독신자 가정은 기혼자 가정에 비하여 양자의 양육에 있어 불리할 가능성이 높다. 나아가 독신자가 친양자를 입양하게 되면 그 친양자는 아버지 또는 어머니가 없는 자녀로 가족관계등록부에 공시되어, 친양자의 친생자로서의 공시가 사실상 의미를 잃게 될 수 있다. 한편, 입양특례법에서는 독신자도 일정한 요건을 갖추면 양친이 될 수 있도록 규정하고 있으나, 입양의 대상, 요건, 절차 등에서 민법상의 친양자 입양과 다른 점이 있으므로, 입양특례법과 달리 민법에서 독신자의 친양자 입양을 허용하지 않는 것에는 합리적인 이유가 있다. 따라서 심판대상조항은 독신자의 평등권을 침해한다고 볼 수 없다(헌재 2013.9.26, 2011헌가42).

□□□
157
16. 서울시

1차 의료기관의 전문과목 표시와 관련하여 의사전문의·한의사전문의와 달리 치과전문의의 경우에만 진료과목의 표시를 이유로 진료범위를 제한하는 것은 평등권을 침해하지 않는다.　　　　　　O | X

해설

[X] 1차 의료기관의 전문과목 표시와 관련하여 의사전문의, 한의사전문의와 치과전문의 사이에 본질적인 차이가 있다고 볼 수 없으므로, 의사전문의, 한의사전문의와 달리 치과전문의의 경우에만 전문과목의 표시를 이유로 진료범위를 제한하는 것은 합리적인 근거를 찾기 어렵고, 치과일반의는 전문과목을 불문하고 모든 치과 환자를 진료할 수 있음에 반하여, 치과전문의는 치과의원에서 전문과목을 표시하였다는 이유로 자신의 전문과목 이외의 다른 모든 전문과목의 환자를 진료할 수 없게 되는바, 이는 보다 상위의 자격을 갖춘 치과의사에게 오히려 훨씬 더 좁은 범위의 진료행위만을 허용하는 것으로서 합리적인 이유를 찾기 어렵다. 따라서 심판대상조항은 청구인들의 평등권을 침해한다(헌재 2015.5.28, 2013헌마799).

158

16. 법행

헌법상 평등원칙은 법률이 일반적으로 적용되어야지 어떤 개별사건에만 적용되어서는 아니 될 것을 요구하며, 만일 입법자가 개별사건에만 적용되는 법률을 제정하였다면 그 자체로 자의적인 입법으로서 허용되지 아니한다. O | X

해설

[X] 우리 재판소는, 특정한 법률이 이른바 처분적 법률에 해당한다고 하더라도 그러한 이유만으로 곧바로 헌법에 위반되는 것은 아니라는 점을 수차 밝혀 왔다. 즉, 우리 헌법은 처분적 법률로서의 개인대상법률 또는 개별사건법률의 정의를 따로 두고 있지 않음은 물론, 이러한 처분적 법률의 제정을 금하는 명문의 규정도 두고 있지 않으므로 특정한 규범이 개인대상 또는 개별사건법률에 해당한다고 하여 그것만으로 바로 헌법에 위반되는 것은 아니다. 다만, 이러한 법률이 일반국민을 그 규율대상으로 하지 아니하고 특정 개인이나 사건만을 대상으로 함으로써 차별이 발생하는바, 그 차별적 규율이 합리적인 이유로 정당화되는 경우에는 허용된다고 할 것이다(헌재 2008.1.10, 2007헌마1468).

159

17. 국회직 8급

학교급식의 실시에 필요한 시설·설비에 요하는 경비를 학교의 설립경영자에게 부담하도록 하는 것은 사립학교와 국·공립학교를 차별적으로 취급하는 것으로 평등원칙에 위반된다. O | X

해설

[X] 사립학교의 경우에도 국·공립학교와 마찬가지로 학교급식 시설·경비의 원칙적 부담을 학교의 설립경영자로 하는 것은 합리적이라고 할 것이어서, 평등원칙에 위반되지 않는다(헌재 2010.7.29, 2009헌바40).

160

16. 법원직

선거로 취임하는 공무원인 지방자치단체장을 공무원연금법의 적용대상에서 제외하는 법률조항은, 지방자치단체장도 국민 전체에 대한 봉사자로서 공무원법상 각종 의무를 부담하고 영리업무 및 겸직 금지 등 기본권 제한이 수반된다는 점에서 경력직공무원 또는 다른 특수경력직공무원 등과 차이가 없는데도 공무원연금법의 적용에 있어 지방자치단체장을 다른 공무원에 비하여 합리적 이유 없이 차별하는 것으로, 지방자치단체장들의 평등권을 침해한다. O | X

해설

[X] 지방자치단체장은 특정 정당을 정치적 기반으로 할 수 있는 선출직공무원으로 임기가 4년이고 계속 재임도 3기로 제한되어 있어, 장기근속을 전제로 하는 공무원을 주된 대상으로 하고 이들이 재직기간 동안 납부하는 기여금을 일부 재원으로 하여 설계된 공무원연금법의 적용대상에서 지방자치단체장을 제외하는 것에는 합리적 이유가 있다. 선출직공무원의 경우 선출 기반 및 재임가능성이 모두 투표권자에게 달려 있고, 정해진 임기가 대체로 짧으며, 공무원연금의 전체 기금은 기본적으로 기여금 및 국가 또는 지방자치단체의 비용으로 운용되는 것이므로 공무원연금급여의 종류를 구별하여 기여금 납부를 전제로 하지 않는 급여의 경우 선출직공무원에게 지급이 가능하다고 보기도 어렵다. 따라서 심판대상조항은 청구인들의 평등권을 침해하지 않는다(헌재 2014.6.26, 2012헌마459).

161

17. 국회직 8급

흉기 기타 위험한 물건을 휴대하여 형법상 폭행죄를 범한 사람에 대하여 징역형의 하한을 기준으로 최대 6배에 이르는 엄한 형을 규정한 구 폭력행위 등 처벌에 관한 법률 제3조 제1항은 평등원칙에 합치한다.

O | X

해설

[X] 흉기 기타 위험한 물건을 휴대하여 폭행죄를 범하는 경우, 검사는 폭력행위 등 처벌에 관한 법률(이하 '폭처법'이라 한다)상 폭행죄 조항을 적용하여 기소하는 것이 특별법 우선의 법리에 부합하나, 형법 제261조를 적용하여 기소할 수도 있다. 그런데 위 두 조항 중 어느 조항이 적용되는지에 따라 피고인에게 벌금형이 선고될 수 있는지 여부가 달라지고, 징역형의 하한을 기준으로 최대 6배에 이르는 심각한 형의 불균형이 발생한다. 따라서 폭처법상 폭행죄 조항은 형벌체계상의 정당성과 균형을 잃은 것이 명백하므로, 인간의 존엄성과 가치를 보장하는 헌법의 기본원리에 위배될 뿐만 아니라 그 내용에 있어서도 평등원칙에 위배된다(헌재 2015.9.24, 2015헌가17).

162

17. 국회직 8급

가구별 인원수만을 기준으로 최저생계비를 결정한 2002년도 최저생계비고시는 장애인가구를 비장애인가구에 비하여 차별취급하여 평등권을 침해한다.

O | X

해설

[X] 국가가 생활능력 없는 장애인의 인간다운 생활을 보장하기 위한 조치를 취함에 있어서 국가가 실현해야 할 객관적 내용의 최소한도의 보장에도 이르지 못하였다거나 헌법상 용인될 수 있는 재량의 범위를 명백히 일탈하였다고는 보기 어렵고, 또한 장애인가구와 비장애인가구에게 일률적으로 동일한 최저생계비를 적용한 것을 자의적인 것으로 볼 수는 없다. 따라서, 보건복지부장관이 2002년도 최저생계비를 고시함에 있어 장애로 인한 추가지출비용을 반영한 별도의 최저생계비를 결정하지 않은 채 가구별 인원수만을 기준으로 최저생계비를 결정한 것은 생활능력 없는 장애인가구 구성원의 인간의 존엄과 가치 및 행복추구권, 인간다운 생활을 할 권리, 평등권을 침해하였다고 할 수 없다(헌재 2004.10.28, 2002헌마328).

163

17. 국가직

대통령령으로 정하는 공공기관 및 공기업으로 하여금 3년간 한시적으로 매년 정원의 100분의 3 이상씩 34세 이하의 청년미취업자를 채용하도록 하는 법률규정은 합리적 이유 없이 능력주의 내지 성적주의를 배제한 채 단순히 생물학적인 나이를 기준으로 특정 연령층에게 특혜를 부여함으로써 다른 연령층의 공공기관 취업기회를 제한하기 때문에, 35세 이상 미취업자들의 평등권을 침해한다.

O | X

해설

[X] 청년할당제는 일정 규모 이상의 기관에만 적용되고, 전문적인 자격이나 능력을 요하는 경우에는 적용을 배제하는 등 상당한 예외를 두고 있다. 더욱이 3년간 한시적으로만 시행하며, 청년할당제가 추구하는 청년실업해소를 통한 지속적인 경제성장과 사회 안정은 매우 중요한 공익인 반면, 청년할당제가 시행되더라도 현실적으로 35세 이상 미취업자들이 공공기관 취업기회에서 불이익을 받을 가능성은 크다고 볼 수 없다. 따라서 이 사건 청년할당제가 청구인들의 평등권, 공공기관 취업의 자유를 침해한다고 볼 수 없다(헌재 2014. 8.28, 2013헌마553).

□□□
164
17. 국가직

선거운동에 있어서 후보자의 배우자가 그와 함께 다니는 사람 중에서 지정한 1명도 명함교부를 할 수 있도록 한 공직선거법 규정은, 배우자의 유무라는 우연한 사정에 근거하여 합리적 이유 없이 배우자 없는 후보자와 배우자 있는 후보자를 차별 취급하므로 평등권을 침해한다. O | X

해설

[O] 3호 관련 조항은, 1호 관련 조항에 더하여 배우자가 그와 함께 다니는 사람 중에서 지정한 1명까지 명함을 교부할 수 있도록 하여 배우자 유무에 따른 차별효과를 더욱 커지게 하고 있다. 또한, 배우자가 아무런 제한 없이 함께 다닐 수 있는 사람을 지정할 수 있도록 함으로써, 결과적으로 배우자 있는 후보자는 배우자 없는 후보자에 비하여 선거운동원 1명을 추가로 지정하는 효과를 누릴 수 있게 되는바, 이는 헌법 제116조 제1항의 선거운동의 기회균등원칙에도 반한다. 그러므로 3호 관련 조항은 배우자의 유무라는 우연한 사정에 근거하여 합리적 이유 없이 배우자 없는 후보자와 배우자 있는 후보자를 차별 취급하므로 평등권을 침해한다(헌재 2016.9.29, 2016헌마287).

□□□
165
17. 국가직

공직자 등을 수범자로 하고 부정청탁 및 금품 등 수수를 금지하는 법률 규정은, 민간부문 중에서는 사립학교관계자와 언론인만 '공직자 등'에 포함시켜 이들에게 공직자와 같은 의무를 부담시키고 있는데, 해당 규정이 사립학교 관계자와 언론인의 일반적 행동자유권 등을 침해하지 않는 이상, 민간부문 중 우선 이들만 '공직자 등'에 포함시킨 입법자의 결단이 자의적 차별이라 보기는 어렵다. O | X

해설

[O] 공무원에 버금가는 정도의 공정성·청렴성 및 직무의 불가매수성이 요구되는 각종 분야에 종사하는 사람 중 어느 범위까지 청탁금지법의 적용을 받도록 할 것인지는 업무의 공공성, 청탁관행이나 접대문화의 존재 및 그 심각성의 정도, 국민의 인식, 사회에 미치는 파급효 등 여러 요소를 고려하여 입법자가 선택할 사항으로 입법재량이 인정되는 영역이다. 부정청탁금지조항과 금품수수금지조항 및 신고조항과 제재조항은 전체 민간부문을 대상으로 하지 않고 사립학교 관계자와 언론인만 '공직자 등'에 포함시켜 공직자와 같은 의무를 부담시키고 있는데, 이들 조항이 청구인들의 일반적 행동자유권 등을 침해하지 않는 이상, 민간부문 중 우선 이들만 '공직자 등'에 포함시킨 입법자의 결단이 자의적 차별이라 보기는 어렵다. 교육과 언론은 공공성이 강한 영역으로 공공부문과 민간부문이 함께 참여하고 있고, 참여 주체의 신분에 따른 차별을 두기 어려운 분야이다. 따라서 사립학교 관계자와 언론인 못지않게 공공성이 큰 민간분야 종사자에 대해서 청탁금지법이 적용되지 않는다는 이유만으로 부정청탁금지조항과 금품수수금지조항 및 신고조항과 제재조항이 청구인들의 평등권을 침해한다고 볼 수 없다(헌재 2016.7.28, 2015헌마236 등).

□□□
166
17. 지방직

국민건강보험법상 보험료의 국고지원에 있어서 지역가입자와 직장가입자의 차별취급은 사회국가원리의 관점에서 합리적인 차별이 아니므로 평등원칙에 위반된다. O | X

해설

[X] 국민건강보험법 제67조 제3항은 재정통합 후에도 지역가입자에 대해서만 국가가 보험료의 일부를 부담할 수 있도록 규정함으로써, 직장가입자와 지역가입자를 달리 취급하고 있다. 그러나 직장가입자에 비하여, 지역가입자에는 노인, 실업자, 퇴직자 등 소득이 없거나 저소득의 주민이 다수 포함되어 있고, 이러한 저소득층 지역가입자에 대하여 국가가 국고지원을 통하여 보험료를 보조하는 것은, 경제적·사회적 약자에게도 의료보험의 혜택을 제공해야 할 사회국가적 의무를 이행하기 위한 것으로서, 국고지원에 있어서의 지역가입자와 직장가입자의 차별취급은 사회국가원리의 관점에서 합리적인 차별에 해당하는 것으로서 평등원칙에 위반되지 아니한다(헌재 2000.6.29, 99헌마289).

□□□ 167
17. 국회직 9급

일정 규모 이상의 사업주에게 직장보육시설 설치 의무를 부과하는 것은, 여러 가지 요인을 종합적으로 고려함이 없이, 해당 사업주에게만 그 의무를 부담시키는 것으로서 자의적인 차별이다.　　O I X

해설

[X] 직장보육시설 설치 의무 등은 경제적 여건이나 종업원 수 등 사업장의 규모 등을 고려하여 일정 규모 이상의 사업주에게만 그 의무를 부담시키고 있다. 이는 아동 보육에 대한 수요가 어느 정도 클 것으로 예상되는 사업주에게만 그 의무를 부담시키므로 자의적인 차별이라고는 보기 어려우므로 평등원칙에 위반되지 아니한다(헌재 2011.11.24, 2010헌바373).

□□□ 168
17. 국회직 9급

선발예정인원 3명 이하인 채용시험에서 취업지원대상자가 국가유공자법상 가점을 받지 못하게 하는 것은, 공정경쟁이라는 가치를 지키기 위한 부득이한 조치로서 자의적인 차별이 아니다.　　O I X

해설

[O] 국가유공자법상 가산점제도는 일반 응시자가 부여받을 수 있는 근로의 기회를 축소시키게 되므로, 이러한 제도 형성에 있어서는 일반 국민의 채용기회 확보와 국가유공자 등에 대한 보호 사이에 적절한 조화를 이루도록 하는 것이 필요하다. 심판대상조항이 선발예정인원 3명 이하인 채용시험에서 취업지원대상자가 국가유공자법상 가점을 받지 못하게 한 것은 채용시험의 핵심인 균등한 기회제공을 통한 공정경쟁이라는 가치가 형해화되지 않도록 하기 위한 부득이한 조치로서 이것이 현저히 합리성을 결여한 자의적인 차별이라고 보기 어려우므로, 심판대상조항은 청구인의 평등권을 침해하지 않는다(헌재 2016.9.29, 2014헌마541).

□□□ 169
17. 국회직 9급

불특정인을 상대로 한 성매매와 특정인을 상대로 한 성매매를 달리 취급하여, 불특정인에 대한 성매매만을 금지대상으로 하는 법률 규정은 평등권을 침해하지 않는다.　　O I X

해설

[O] 불특정인을 상대로 한 성매매와 특정인을 상대로 한 성매매는, 건전한 성풍속 및 성도덕에 미치는 영향, 제3자의 착취 문제 등에 있어 다르다고 할 것이므로, 불특정인에 대한 성매매만을 금지대상으로 규정하고 있는 것이 평등권을 침해한다고 볼 수도 없다(헌재 2016.3.31, 2013헌가2).

□□□ 170
17. 국회직 9급

학교폭력에 있어서, 가해학생은 자신에 대한 모든 조치에 대해 당사자로서 소송을 제기할 수 있으므로, 가해학생에 대한 모든 조치에 대해 피해학생 측에는 재심을 허용하면서, 가해학생 측에는 퇴학과 전학의 경우에만 재심을 허용하는 것은 불합리한 차별이 아니다.　　O I X

해설

[O] 학교폭력에 대해 가해학생에게 내려진 조치는 피해학생에게도 중대한 영향을 미치는데, 가해학생은 자신에 대한 모든 조치에 대해 당사자로서 소송을 제기할 수 있지만, 피해학생은 그 조치의 당사자가 아니므로 결과에 불만이 있더라도 소송을 통한 권리 구제를 도모할 수 없다. 따라서 가해학생에 대한 모든 조치에 대해 피해학생 측에는 재심을 허용하면서, 소송으로 다툴 수 있는 가해학생 측에는 퇴학과 전학의 경우에만 재심을 허용하고 나머지 조치에 대해서는 재심을 허용하지 않더라도 가해학생과 그 보호자의 평등권을 침해한다고 볼 수 없다(헌재 2013.10.24, 2012헌마832).

171
18. 국가직

후보자의 선거운동에서 독자적으로 후보자의 명함을 교부할 수 있는 주체를 후보자의 배우자와 직계존비속으로 제한한 공직선거법 규정은 배우자나 직계존비속이 있는 후보자와 그렇지 않은 후보자를 합리적 이유 없이 달리 취급하고 있기에 평등권을 침해한다.　O | X

해설

[X] 후보자의 선거운동에서 독자적으로 후보자의 명함을 교부할 수 있는 주체를 후보자의 배우자와 직계존비속으로 제한한 공직선거법 제93조 제1항 제1호 중 제60조의3 제2항 제1호에 관한 부분(이하 '1호 관련 조항'이라 한다)이 배우자나 직계존비속이 있는 후보자와 그렇지 않은 후보자를 달리 취급하고 있다고 할 수 있으나, 그 입법목적 및 명함의 속성 등을 고려하면, 1호 관련 조항에서 후보자의 정치 · 경제력과는 무관하게 존재가능하고 후보자와 동일시할 수 있는 배우자나 직계존비속에 한정하여 명함을 교부할 수 있도록 한 것에는 합리적 이유가 있다 할 것이므로, 평등권을 침해하지 아니한다(헌재 2016.9.29, 2016헌마287).

172
18. 국가직

보훈보상대상자의 부모에 대한 유족보상금 지급시, 부모 중 수급권자를 1인에 한정하고 어떠한 예외도 두지 않는 보훈보상대상자 지원에 관한 법률 규정은 보상금을 지급받지 못하는 부모 일방의 평등권을 침해하지 아니한다.　O | X

해설

[X] 국가의 재정부담을 늘리지 않으면서도 보훈보상대상자 유족의 실질적인 생활보호에 충실할 수 있는 방안이 존재하는 상황에서, 부모에 대한 보상금 지급에 있어서 예외 없이 오로지 1명에 한정하여 지급해야 할 필요성이 크다고 볼 수 없다. 심판대상조항이 국가의 재정부담능력의 한계를 이유로 하여 부모 1명에 한정하여 보상금을 지급하도록 하면서 어떠한 예외도 두지 않은 것에는 합리적 이유가 있다고 보기 어렵다(헌재 2018.6.28, 2016헌가14).

173
18. 국가직

주민등록법상 재외국민으로 등록 · 관리되고 있는 영유아를 보육료 · 양육수당의 지원대상에서 제외한 규정은 국가의 재정능력에 비추어 보았을 때 국내에 거주하면서 재외국민인 영유아를 양육하는 부모를 차별하고 있더라도 평등권을 침해하지는 않는다.　O | X

해설

[X] 단순한 단기체류가 아니라 국내에 거주하는 재외국민, 특히 외국의 영주권을 보유하고 있으나 상당한 기간 국내에서 계속 거주하고 있는 자들은 주민등록법상 재외국민으로 등록 · 관리될 뿐 '국민인 주민'이라는 점에서는 다른 일반 국민과 실질적으로 동일하므로, 단지 외국의 영주권을 취득한 재외국민이라는 이유로 달리 취급할 아무런 이유가 없어 위와 같은 차별은 청구인들의 평등권을 침해한다(헌재 2018.1.25, 2015헌마1047).

174
18. 국가직

구 소년법 규정이 소년으로 범한 죄에 의하여 형의 선고를 받은 자가 그 집행을 종료하거나 면제받은 때와 달리 집행유예를 선고받은 소년범에 대한 자격완화 특례규정을 두지 아니하여 자격제한을 함에 있어 군인사법 등 해당 법률의 적용을 받도록 한 것은 불합리한 차별이라 할 것이므로 평등원칙에 위반된다.　O | X

해설

[O] 집행유예기간을 경과한 자의 경우에는 원칙적으로 형의 선고에 의한 법적 효과가 장래를 향하여 소멸하고 향후 자격제한 등의 불이익을 받지 아니함에도, 이 사건 구법 조항에 따르면 집행유예를 선고받은 자의 자격제한을 완화하지 아니하여 집행유예기간이 경과한 경우에도 그 후 일정 기간 자격제한을 받게 되었으므로, 명백히 자의적인 차별에 해당하여 평등원칙에 위반된다(헌재 2018.1.25, 2017헌가7 등).

175
19. 국가직

월급근로자로서 6개월이 되지 못한 자를 해고예고제도의 적용에서 배제시키는 것은 평등원칙에 위반되지 않는다고 하였다가 평등원칙에 위반된다고 하였다.　O | X

해설

[O] '월급근로자로서 6월이 되지 못한 자'는 대체로 기간의 정함이 없는 근로계약을 한 자들로서 근로관계의 계속성에 대한 기대가 크다고 할 것이므로, 이들에 대한 해고 역시 예기치 못한 돌발적 해고에 해당한다. 따라서 6개월 미만 근무한 월급근로자 또한 전직을 위한 시간적 여유를 갖거나 실직으로 인한 경제적 곤란으로부터 보호받아야 할 필요성이 있다. 그럼에도 불구하고 합리적 이유 없이 '월급근로자로서 6개월이 되지 못한 자'를 해고예고제도의 적용대상에서 제외한 이 사건 법률조항은 근무기간이 6개월 미만인 월급근로자의 근로의 권리를 침해하고, 평등원칙에도 위배된다(헌재 2015.12.23, 2014헌바3).

□□□

176
19. 지방직

민법상 손해배상청구권 등 금전채권은 10년의 소멸시효기간이 적용되는 데 반해, 사인이 국가에 대하여 가지는 손해배상청구권 등 금전채권은 국가재정법상 5년의 소멸시효기간이 적용되는 것은 차별취급에 합리적인 사유가 존재한다.　O | X

해설

[O] 국가의 채권·채무관계를 조기에 확정하고 예산 수립의 불안정성을 제거하여 국가재정을 합리적으로 운용할 필요성이 있는 점, 국가의 채무는 법률에 의하여 엄격하게 관리되므로 채무이행에 대한 신용도가 매우 높은 반면, 법률상태가 조속히 확정되지 않을 경우 국가 예산 편성의 불안정성이 커지게 되는 점, 특히 손해배상청구권과 같이 예측가능성이 낮고 불안정성이 높은 채무의 경우 단기간에 법률관계를 안정시켜야 할 필요성이 큰 점, 일반사항에 관한 예산·회계 관련 기록물들의 보존기간이 5년인 점 등에 비추어 보면, 차별취급에 합리적인 사유가 존재한다고 할 것이다. 따라서 심판대상조항은 평등원칙에 위배되지 아니한다(헌재 2018.2.22, 2016헌바470).

□□□

177
19. 지방직

형법이 반의사불벌죄 이외의 죄를 범하고 피해자에게 자복한 사람에 대하여 반의사불벌죄를 범하고 피해자에게 자복한 사람과 달리 임의적 감면의 혜택을 부여하지 않은 것은 자의적인 차별이어서 평등의 원칙에 반한다.　O | X

해설

[X] 통상의 경우 자복 그 자체만으로는, 자수와 같이 범죄자가 형사법절차 속으로 스스로 들어왔다거나 국가형벌권의 적정한 행사에 기여하였다고 단정하기 어려우므로, 이 사건 법률조항에서 통상의 자복에 관하여 자수와 동일한 법적 효과를 부여하지 않았다고 하여 자의적이라 볼 수는 없다. 반의사불벌죄에서의 자복은, 형사소추권의 행사 여부를 좌우할 수 있는 자에게 자신의 범죄를 알리는 행위란 점에서 자수와 그 구조 및 성격이 유사하므로, 이 사건 법률조항이 청구인과 같이 반의사불벌죄 이외의 죄를 범하고 피해자에게 자복한 사람에 대하여 반의사불벌죄를 범하고 피해자에게 자복한 사람과 달리 임의적 감면의 혜택을 부여하지 않고 있다 하더라도 이를 자의적인 차별이라고 보기 어렵다. 따라서 이사건 법률조항은 평등원칙에 위반되지 아니한다(헌재 2018.3.29, 2016헌바270).

178
19. 지방직

애국지사 본인과 순국선열의 유족은 본질적으로 다른 집단이므로, 구 독립유공자예우에 관한 법률 시행령 조항이 같은 서훈등급임에도 순국선열의 유족보다 애국지사 본인에게 높은 보상금 지급액 기준을 두고 있다 하여 곧 순국선열의 유족의 평등권이 침해되었다고 볼 수 없다. O | X

해설

[O] 애국지사는 일제의 국권침탈에 반대하거나 항거한 사실이 있는 당사자로서 조국의 자주독립을 위하여 직접 공헌하고 희생한 사람이지만, 순국선열의 유족은 일제의 국권침탈에 반대하거나 항거하다가 그로 인하여 사망한 당사자의 유가족으로서 독립유공자법이 정하는 바에 따라 그 공로에 대한 예우를 받는 지위에 있다. 독립유공자의 유족에 대하여 국가가 독립유공자법에 의한 보상을 하는 것은 유족 그 자신이 조국의 자주독립을 위하여 직접 공헌하고 희생하였기 때문이 아니라, 독립유공자의 공헌과 희생에 대한 보은과 예우로서 그와 한가족을 이루고 가족공동체로서 함께 살아온 그 유족에 대하여서도 그에 상응한 예우를 하기 위함이다. 애국지사 본인과 순국선열의 유족은 본질적으로 다른 집단이므로, 같은 서훈등급임에도 순국선열의 유족보다 애국지사 본인에게 높은 보상금 지급액 기준을 두고 있다 하여 곧 청구인의 평등권이 침해되었다고 볼 수 없다(헌재 2018.1.25, 2016헌마319).

179
19. 지방직

버스운송사업에 있어서는 운송비용 전가 문제를 규제할 필요성이 없으므로 택시운송사업에 한하여 택시운송사업의 발전에 관한 법률에 운송비용전가의 금지조항을 둔 것은 규율의 필요성에 따른 합리적인 차별이어서 평등원칙에 위반되지 아니한다. O | X

해설

[O] 이 사건 금지조항은 택시업종만을 규제하고 화물자동차나 대중버스 등 다른 운송수단에는 적용되지 않으나, 화물차운수사업은 여객이 아닌 화물을 운송하는 것을 목적으로 하고 있으며, 대중버스의 경우 운송비용 전가 문제가 발생하고 있지 않다. 따라서, 택시운송사업에 한하여 운송비용 전가 문제를 규제할 필요성이 인정되므로 다른 운송수단에 대하여 동일한 규제를 하지 않는다고 하더라도 평등원칙에 위반되지 아니한다(헌재 2018.6.28, 2016헌마1153).

180
19. 국회직 9급

단순한 단기체류가 아니라 국내에 거주하는 재외국민, 특히 외국의 영주권을 보유하고 있으나 상당한 기간 국내에서 계속 거주하고 있는 자들은 일반 국민과 실질적으로 동일하므로, 국내에 거주하는 대한민국 국민을 대상으로 하는 보육료·양육수당 지원에 있어 양자를 달리 취급할 아무런 이유가 없다. O | X

해설

[O] 단순한 단기체류가 아니라 국내에 거주하는 재외국민, 특히 외국의 영주권을 보유하고 있으나 상당한 기간 국내에서 계속 거주하고 있는 자들은 주민등록법상 재외국민으로 등록·관리될 뿐 소득활동이 있을 경우 납세의무를 부담하며 남자의 경우 병역의무이행의 길도 열려 있는 등 '국민인 주민'이라는 점에서는 다른 일반 국민과 실질적으로 동일하다. 그러므로 국내에 거주하는 대한민국 국민을 대상으로 하는 보육료·양육수당 지원에 있어 양자에 대한 차별을 정당화할 어떠한 사유도 존재하지 않는다(헌재 2018.1.25, 2015헌마1047).

181

20. 입시

대통령선거 및 지역구국회의원선거의 예비후보자들과 달리 광역자치단체장선거의 예비후보자를 후원회 지정권자에서 제외하고 있는 것은 광역자치단체장선거 예비후보자의 평등권을 침해하지 않는다.

O | X

해설

[X] 그동안 정치자금법이 여러 차례 개정되어 후원회지정권자의 범위가 지속적으로 확대되어 왔음에도 불구하고, 국회의원선거의 예비후보자 및 그 예비후보자에게 후원금을 기부하고자 하는 자와 광역자치단체장선거의 예비후보자 및 이들 예비후보자에게 후원금을 기부하고자 하는 자를 계속하여 달리 취급하는 것은 불합리한 차별에 해당하고, 입법재량을 현저히 남용하거나 한계를 일탈한 것이다. 따라서 심판대상조항 중 광역자치단체장선거의 예비후보자에 관한 부분은 청구인들 중 광역자치단체장선거의 예비후보자 및 이들 예비후보자에게 후원금을 기부하고자 하는 자의 평등권을 침해한다(헌재 2019.12.27, 2018헌마301).

182

23. 경찰 1차
20. 입시

자율형 사립고등학교를 후기학교로 정하여 신입생을 일반고와 동시에 선발하도록 한 것은 자율형 사립고등학교 법인의 평등권을 침해한다.

O | X

해설

[X] 과학고는 '과학분야의 인재 양성'이라는 설립 취지나 전문적인 교육과정의 측면에서 과학 분야에 재능이나 소질을 가진 학생을 후기학교보다 먼저 선발할 필요성을 인정할 수 있으나, 자사고의 경우 교육과정 등을 고려할 때 후기학교보다 먼저 특정한 재능이나 소질을 가진 학생을 선발할 필요성은 적다. 따라서 이 사건 동시선발조항이 자사고를 후기학교로 규정함으로써 과학고와 달리 취급하고, 일반고와 같이 취급하는 데에는 합리적인 이유가 있으므로 청구인 학교법인의 평등권을 침해하지 아니한다(헌재 2019.4.11, 2018헌마221).

183

20. 국가직

자율형 사립고등학교를 지원한 학생에게 평준화지역 후기학교 주간부에 중복지원하는 것을 금지한 것이 자율형 사립고등학교에 진학하고자 하는 학생의 평등권을 침해하는지 여부는 기본권 침해 여부의 심사에서 과잉금지원칙(비례원칙)이 적용된 경우이다.

O | X

해설

[O] 비록 고등학교 교육이 의무교육은 아니지만 매우 보편화된 일반교육임을 알 수 있다. 따라서 고등학교 진학 기회의 제한은 대학 등 고등교육기관에 비하여 당사자에게 미치는 제한의 효과가 더욱 크므로 보다 더 엄격히 심사하여야 한다. 따라서 이 사건 중복지원금지조항의 차별 목적과 차별의 정도가 비례원칙을 준수하는지 살펴본다(헌재 2019.4.11, 2018헌마221).

184

19. 국회직 9급

입법자가 세무관청과 관련된 실무적 업무에 필요한 세무회계 및 세법 지식이 검증된 공인회계사에게 세무대리업무등록부에 등록을 하면 세무조정업무를 할 수 있도록 허용하면서도, 세무사 자격 보유 변호사의 세무조정업무 수행을 일체 제한하는 것은 평등권을 침해하지 아니한다.

O | X

해설

[X] 심판대상조항은 과잉금지원칙을 위반하여 세무사 자격 보유 변호사의 직업선택의 자유를 침해하므로 헌법에 위반된다. 제청법원은 심판대상조항이 평등원칙에 위반된다는 주장도 하나, 심판대상조항이 세무사 자격 보유 변호사의 직업선택의 자유를 침해하여 헌법에 위반된다고 판단하는 이상, 위 주장에 대해서는 더 나아가 판단하지 아니한다(헌재 2018.4.26, 2015헌가19).

□□□
185
20. 국회직 9급

대학의 교원은 헌법과 법률로써 신분이 보장되고 정당가입과 선거운동 등이 가능하여 노조형태의 단결체가 꼭 필요한 것은 아니므로, 초·중등학교의 교원과 달리 법률로써 단결권을 인정하지 않는다고 하여 평등권을 침해하는 것은 아니다.

O | X

해설

[X] 심판대상조항으로 인하여 교육공무원 아닌 대학 교원들이 향유하지 못하는 단결권은 헌법이 보장하고 있는 근로3권의 핵심적이고 본질적인 권리이다. 심판대상조항의 입법목적이 재직 중인 초·중등교원에 대하여 교원노조를 인정해 줌으로써 교원노조의 자주성과 주체성을 확보한다는 측면에서는 그 정당성을 인정할 수 있을 것이나, 교원노조를 설립하거나 가입하여 활동할 수 있는 자격을 초·중등교원으로 한정함으로써 교육공무원이 아닌 대학 교원에 대해서는 근로기본권의 핵심인 단결권조차 전면적으로 부정한 측면에 대해서는 그 입법목적의 정당성을 인정하기 어렵고, 수단의 적합성 역시 인정할 수 없다. … 최근 들어 대학 사회가 다층적으로 변화하면서 대학 교원의 사회·경제적 지위의 향상을 위한 요구가 높아지고 있는 상황에서 단결권을 행사하지 못한 채 개별적으로만 근로조건의 향상을 도모해야 하는 불이익은 중대한 것이므로, 심판대상조항은 과잉금지원칙에 위배된다(헌재 2018.8.30, 2015헌가38).

□□□
186
21. 변호사

부마민주항쟁 관련자의 명예회복 및 보상 등에 관한 법률은 부마민주항쟁이 단기간 사이에 집중적으로 발생한 민주화운동이라는 상황적 특수성을 감안하여 민주화운동에 관한 일반법과 별도로 제정된 것인데, 부마민주항쟁을 이유로 30일 미만 구금된 자를 보상금 또는 생활지원금의 지급대상에서 제외하여 부마민주항쟁 관련자 중 8.1%만 보상금 및 생활지원금을 지급받는 결과에 이르게 한 것은 이 법을 별도로 제정한 목적과 취지에 반하여 평등권을 침해한다.

O | X

해설

[X] 부마항쟁보상법에 따라 지급되는 보상금 등 수급권은 부마항쟁보상법에 의하여 비로소 인정되는 권리로서, 그 수급권에 관한 구체적인 사항을 정하는 것은 입법자의 입법형성의 영역에 속한다. 이 사건 보상금조항이 보상금의 지급대상으로 규정하고 있는 관련자는 그 희생의 정도가 다른 관련자에 비하여 크고, 그 유족도 다른 관련자의 가족에 비하여 희생의 정도 및 사회경제적 어려움에 처했을 가능성이 더 크므로, 이 사건 보상금조항에서 부마민주항쟁과 관련하여 생명 또는 신체의 손상을 입은 경우에만 보상금을 지급하도록 한 것이 현저히 불합리하다고 보기 어렵다. 생활지원금을 비롯한 부마항쟁보상법상 보상금 등은 국가가 관련자의 경제활동이나 사회생활에 미치는 영향, 생활정도 등을 고려하여 지급대상자와 지원금의 액수를 정하여 지급할 수 있으므로, 이 사건 생활지원금조항이 일정한 요건을 갖춘 자들에 한하여 생활지원금을 지급할 수 있도록 하는 것이 불합리하다고 보기 어렵다. 따라서 심판대상조항은 청구인의 평등권을 침해하지 아니한다(헌재 2019.4.11, 2016헌마418).

□□□
187
22. 경정승진

고소인이나 고발인만을 항고권자로 규정한 검찰청법 조항은 동법상 항고를 통하여 불복할 수 없게 된 기소유예처분을 받은 피의자를 고소인이나 고발인에 비하여 합리적 이유 없이 차별하는 것이라 할 수 없다.

O | X

해설

[O] 검찰청법상 항고제도의 인정 여부는 기본적으로 입법정책에 속하는 문제로서 그 주체, 대상의 범위 등의 제한도 그것이 현저히 불합리하지 아니한 이상 헌법에 위반되는 것이라 할 수 없고, 고소인·고발인과 피의자는 기본적으로 대립적 이해관계에서 기소유예처분에 불복할 이익을 지니며, 검찰청법상 항고제도의 성격과 취지 및 한정된 인적·물적 사법자원의 측면, 그리고 이 사건 법률조항이 헌법소원심판청구 등 피의자의 다른 불복수단까지 원천적으로 봉쇄하는 것은 아닌 점 등을 종합하면, 이 사건 법률조항이 피의자를 고소인·고발인에 비하여 합리적 이유 없이 차별하는 것이라 할 수 없다(헌재 2012.7.26, 2010헌마642).

188

22. 경정승진

경찰공무원은 교육훈련 또는 직무수행 중 사망한 경우 국가 유공자 등 예우 및 지원에 관한 법률상 순직 군경으로 예우받을 수 있는 것과는 달리, 소방공무원은 화재진압, 구조·구급 업무수행 또는 이와 관련된 교육훈련 중 사망한 경우에 한하여 순직 군경으로서 예우를 받을 수 있도록 하는 소방공무원법 규정은 소방공무원에 대한 합리적인 이유없는 차별에 해당한다.　　　　　O | X

해설

[X] 소방공무원과 경찰공무원은 업무의 내용이 서로 다르고, 그로 인해 업무수행 중에 노출되는 위험상황의 성격과 정도에 있어서도 서로 동일하다고 볼 수 없다. 더욱이 경찰공무원의 경우에는 전쟁이 발생하거나 이에 준하는 상황이 발생하는 경우 군인과 마찬가지로 고도의 위험을 무릅쓰고 부여된 업무를 수행할 것이 기대되므로 정책적인 배려에서 예우법은 군인이나 경찰공무원이 직무수행 중 사망한 경우에는 순직군경으로 예우하도록 하고 있다. 그리고 그동안 국가는 소방공무원이 국가유공자로 예우를 받게 되는 대상자의 범위 등을 국가의 재정능력, 전체적인 사회보장의 수준과 국가에 대한 공헌과 희생의 정도 등을 감안하여 합리적인 범위 내에서 단계적으로 확대해왔다. 그렇다면 국가에 대한 공헌과 희생, 업무의 위험성의 정도, 국가의 재정상태 등을 고려하여 화재진압, 구조·구급 업무수행 또는 이와 관련된 교육훈련 이외의 사유로 직무수행 중 사망한 소방공무원에 대하여 순직군경으로서의 보훈혜택을 부여하지 않는다고 해서 이를 합리적인 이유없는 차별에 해당한다고 볼 수 없다(헌재 2005.9.29, 2004헌바53).

189

22. 경정승진

대한민국 국민인 남자에 한하여 병역의무를 부과한 구 병역법 조항이 평등권을 침해하는지 여부는 완화된 심사척도에 따라 자의금지원칙 위반 여부에 의하여 판단한다.　　　　　O | X

해설

[O] 이 사건 법률조항은 헌법이 특별히 양성평등을 요구하는 경우나 관련 기본권에 중대한 제한을 초래하는 경우의 차별취급을 그 내용으로 하고 있다고 보기 어려우며, 징집대상자의 범위 결정에 관하여는 입법자의 광범위한 입법형성권이 인정된다는 점에 비추어 이 사건 법률조항이 평등권을 침해하는지 여부는 완화된 심사기준에 따라 판단하여야 한다(헌재 2011.6.30, 2010헌마460).

190

22. 경정승진

일반 형사소송절차와 달리 소년심판절차에서 검사에게 상소권이 인정되지 않는 것은 객관적이고 합리적인 이유가 있어 피해자의 평등권을 침해한다고 볼 수 없다.　　　　　O | X

해설

[O] 소년심판은 형사소송절차와는 달리 소년에 대한 후견적 입장에서 소년의 환경조정과 품행교정을 위한 보호처분을 하기 위한 심문절차이며, 보호처분을 함에 있어 범행의 내용도 참작하지만 주로 소년의 환경과 개인적 특성을 근거로 소년의 개선과 교화에 부합하는 처분을 부과하게 되므로 일반 형벌의 부과와는 차이가 있다. 그리고 소년심판은 심리의 객체로 취급되는 소년에 대한 후견적 입장에서 법원의 직권에 의해 진행되므로 검사의 관여가 반드시 필요한 것이 아니고 이에 따라 소년심판의 당사자가 아닌 검사가 상소 여부에 관여하는 것이 배제된 것이다. 위와 같은 소년심판절차의 특수성을 감안하면, 차별대우를 정당화하는 객관적이고 합리적인 이유가 존재한다고 할 것이어서 이 사건 법률조항은 청구인의 평등권을 침해하지 않는다(헌재 2012.7.26, 2011헌마232).

초·중등학교 교원에 대하여는 정당가입을 금지하면서 대학교원에게는 허용하는 것은 기초적인 지식전달, 연구기능 등 직무의 본질이 서로 다른 점을 고려한 합리적 차별이므로 평등원칙에 반하지 아니한다.

O | X

해설

> [O] 정치적 중립성, 초·중등학교 학생들에 대한 교육기본권 보장이라는 공익은 공무원들이 제한받는 사익에 비해 중대하므로 법익의 균형성 또한 인정된다. 따라서 이 사건 정당가입 금지조항은 과잉금지원칙에 위배되지 않는다. 이 사건 정당가입 금지조항이 초·중등학교 교원에 대해서는 정당가입의 자유를 금지하면서 대학의 교원에게 이를 허용한다 하더라도, 이는 기초적인 지식전달, 연구기능 등 양자 간 직무의 본질과 내용, 근무 태양이 다른 점을 고려한 합리적인 차별이므로 평등원칙에 위배되지 않는다(헌재 2014.3.27, 2011헌바42).

친일반민족행위자의 후손이라는 점이 헌법 제11조 제1항 후문의 사회적 신분에 해당한다면 헌법에서 특별히 평등을 요구하고 있는 경우에 해당하여 친일반민족행위자의 후손에 대한 차별은 평등권 침해 여부의 심사에서 엄격한 기준을 적용해야 한다.

O | X

해설

> [X] 이 사건 귀속조항은 그 차별취급으로 기본권에 대한 중대한 제한을 초래하는 경우라고 할 수 없으므로, 역시 평등권 침해 여부의 심사에서 엄격한 기준을 적용해야 하는 경우에 해당하지 않는다. 따라서 이 사건 귀속조항으로 인한 차별이 청구인들의 평등권을 침해하였는지 여부에 대한 심사는 완화된 기준이 적용되어야 한다(헌재 2011.3.31, 2008헌바141).

국민연금법이 형제자매를 사망일시금 수급권자로 규정하고 있는 것과는 달리 공무원연금법이 형제자매를 연금수급권자에서 제외하고 있다 하여도 합리적인 이유에 의한 차별로서 국민연금법상의 수급권의 범위와 비교하여 헌법상 평등권을 침해하였다고 볼 수 없다.

O | X

해설

> [O] 공무원연금과 국민연금은 사회보장적 성격을 가진다는 점에서 동일하기는 하나, 양자는 제도의 도입 목적과 배경, 재원의 조성 등에 차이가 있고, 특히 공무원연금은 국민연금에 비해 재정건전성 확보를 통하여 국가의 재정 부담을 낮출 필요가 절실하다는 점 등에 비추어 볼 때, 공무원연금의 수급권자에서 형제자매를 제외한 것은 합리적인 이유가 있다. 따라서 이 사건 법률조항이 산재보험법이나 국민연금법상의 수급권자의 범위와 비교하여 청구인들의 평등권을 침해하였다고 볼 수 없다(헌재 2014.5.29, 2012헌마555).

임대의무기간이 10년인 공공건설임대주택의 분양전환가격을 임대의무기간이 5년인 공공건설임대주택의 분양전환가격과 서로 다른 기준으로 산정하는 구 임대주택법 시행규칙 조항은 10년 임대주택에 거주하는 임차인의 평등권을 침해한다.

O | X

해설

> [X] 심판대상조항이 중·대형임대주택을 분양전환가격 산정기준 적용 대상에서 제외한 데에는 합리적 이유가 있으므로, 심판대상조항으로 인하여 중·대형임대주택에 거주하는 임차인의 평등권은 침해되지 아니한다(헌재 2021.4.29, 2020헌마923).

195

23. 경찰 1차
22. 경찰간부

공익신고자 보호법상 보상금의 의의와 목적을 고려하면 공익신고 유도 필요성에 있어 차이가 있는 내부 공익신고자와 외부 공익신고자를 달리 취급하는 것은 합리성을 인정할 수 있다.　　　　O | X

해설

[O] 공익침해행위의 효율적인 발각과 규명을 위해서는 내부 공익신고가 필수적인데, 내부 공익신고자는 조직 내에서 배신자라는 오명을 쓰기 쉬우며, 공익신고로 인하여 신분상, 경제상 불이익을 받을 개연성이 높다. 이 때문에 보상금이라는 경제적 지원조치를 통해 내부 공익신고를 적극적으로 유도할 필요성이 인정된다. 반면, '내부 공익신고자가 아닌 공익신고자'(이하 '외부 공익신고자'라 한다)는 공익신고로 인해 불이익을 입을 개연성이 높지 않기 때문에 공익신고 유도를 위한 보상금 지급이 필수적이라 보기 어렵다. '공익신고자 보호법'상 보상금의 의의와 목적을 고려하면, 이와 같이 공익신고 유도 필요성에 있어 차이가 있는 내부 공익신고자와 외부 공익신고자를 달리 취급하는 것에 합리성을 인정할 수 있다. 또한, 무차별적 신고로 인한 행정력 낭비 등 보상금이 초래한 전문신고자의 부작용 문제를 근본적으로 해소하고 공익신고의 건전성을 제고하고자 보상금 지급대상을 내부 공익신고자로 한정한 입법자의 판단이 충분히 납득할만한 점, 외부 공익신고자도 일정한 요건을 갖추는 경우 포상금, 구조금 등을 지급 받을 수 있는 점 등을 아울러 고려할 때, 이 사건 법률조항이 평등원칙에 위배된다고 볼 수 없다(헌재 2021.5.27, 2018헌바127).

196

22. 지방직

주택재개발사업에서 부과하는 임대주택공급의무는 재개발로 발생하는 세입자들의 주거문제를 해결하기 위한 제도이고, 재건축사업에서 임대주택공급제도는 개발이익의 환수차원에서 부과되는 의무라 할 것이므로, 두 사업 모두에 임대주택공급의무를 부과하는 것은 재건축조합의 조합원 등의 평등권을 침해하고 있다.　　　　O | X

해설

[X] 임대주택공급의무는 이 사건 재건축사업뿐만이 아니라 재개발사업에도 부과되고 있으나, 주택재개발사업에서 부과하는 임대주택공급의무는 재개발로 발생하는 세입자들의 주거문제를 해결하기 위한 제도이고, 이 사건 재건축임대주택공급제도는 개발이익의 환수차원에서 부과되는 의무라 할 것이므로 두 사업 모두에 임대주택공급의무를 부과하고 있더라도 이것이 평등권을 침해하고 있다고는 볼 수 없다(헌재 2008.10.30, 2005헌마222).

197

23. 법원직

근로자의 날을 관공서의 공휴일에 포함시키지 않은 '관공서의 공휴일에 관한 규정' 제2조 본문은 공무원의 평등권을 침해하지 않는다.　　　　O | X

해설

[O] 심판대상조항이 근로자의 날을 공무원의 유급휴일로 규정하지 않았다고 하여 일반근로자에 비해 현저하게 부당하거나 합리성이 결여되어 있다고 보기 어려우므로, 헌법재판소의 위 선례의 입장은 그대로 타당하고, 심판대상조항은 청구인들의 평등권을 침해한다고 볼 수 없다(헌재 2022.8.31, 2020헌마1025).

198

23. 법원직

현역병 및 사회복무요원과 달리 공무원의 초임호봉 획정에 인정되는 경력에 산업기능요원의 경력을 제외하도록 한 공무원보수규정은 산업기능요원의 평등권을 침해하지 않는다.　　　　O | X

해설

[O] 심판대상조항은 이와 같은 실질적 차이를 고려하여 상대적으로 열악한 환경에서 병역의무를 이행한 것으로 평가되는 현역병 및 사회복무요원의 공로를 보상하도록 한 것으로 산업기능요원과의 차별취급에 합리적 이유가 있으므로, 청구인의 평등권을 침해하지 아니한다(헌재 2016.6.30, 2014헌마192).

근로자가 사업주의 지배관리 아래 출퇴근하던 중 발생한 사고로 부상 등이 발생한 경우만 업무상 재해로 인정하는 산업재해보상보험법(2007.12.14. 법률 제8694호로 전부개정된 것) 제37조 제1항 제1호 다목은 평등원칙에 위반된다. O | X

해설

[O] 심판대상조항이 신법 조항의 소급적용을 위한 경과규정을 두지 않음으로써 개정법 시행일 전에 통상의 출퇴근 사고를 당한 비혜택근로자를 보호하기 위한 최소한의 조치도 취하지 않은 것은, 산재보험의 재정상황 등 실무적 여건이나 경제상황 등을 고려한 것이라고 하더라도, 그 차별을 정당화할 만한 합리적인 이유가 있는 것으로 보기 어렵고, 이 사건 헌법불합치결정의 취지에도 어긋난다. 따라서 심판대상조항은 헌법상 평등원칙에 위반된다(헌재 2019.9.26, 2018헌바218).

개정 전 공직자윤리법 조항에 따라 이미 재산등록을 한 혼인한 여성 등록의무자에게만 배우자의 직계존 · 비속의 재산을 등록하도록 예외를 규정한 공직자윤리법 부칙조항은 평등원칙에 위배되지 않는다. O | X

해설

[X] 이 사건 부칙조항은 개정 전 공직자윤리법 조항이 혼인관계에서 남성과 여성에 대한 차별적 인식에 기인한 것이라는 반성적 고려에 따라 개정 공직자윤리법 조항이 시행되었음에도 불구하고, 일부 혼인한 여성 등록의무자에게 이미 개정 전 공직자윤리법 조항에 따라 재산등록을 하였다는 이유만으로 남녀차별적인 인식에 기인하였던 종전의 규정을 따를 것을 요구하고 있다. … 이는 성별에 의한 차별금지 및 혼인과 가족생활에서의 양성의 평등을 천명하고 있는 헌법에 정면으로 위배되는 것으로 그 목적의 정당성을 인정할 수 없다. 따라서 이 사건 부칙조항은 평등원칙에 위배된다(헌재 2021.9.30, 2019헌가3).

주택재개발사업의 경우 학교용지부담금 부과 대상에서 '기존거주자와 토지 및 건축물의 소유자에게 분양하는 경우'에 해당하는 개발사업분만 제외하고, 현금청산의 대상이 되어 제3자에게 일반분양됨으로써 기존에 비하여 가구 수가 증가하지 아니하는 개발사업분을 학교용지부담금 부과 대상에서 제외하지 아니한 것은 평등원칙에 위배되지 않는다. O | X

해설

[X] 심판대상조항이 주택재개발사업의 경우 학교용지부담금 부과 대상에서 '기존 거주자와 토지 및 건축물의 소유자에게 분양하는 경우'에 해당하는 개발사업분만 제외하고, 현금청산의 대상이 되어 제3자에게 분양됨으로써 기존에 비하여 가구 수가 증가하지 아니하는 개발사업분을 제외하지 아니한 것은, 주택재개발사업의 시행자들 사이에 학교시설 확보의 필요성을 유발하는 정도와 무관한 불합리한 기준으로 학교용지부담금의 납부액을 달리 하는 차별을 초래하므로, 심판대상조항은 평등원칙에 위배된다(헌재 2014.4.24, 2013헌가28).

202

23. 경찰간부

'가구 내 고용활동'에 대해서는 근로자퇴직급여 보장법을 적용하지 않도록 규정한 같은 법 제3조 단서 중 '가구 내 고용활동' 부분은 합리적 이유가 있는 차별로서 평등원칙에 위배되지 아니한다. O I X

해설

[O] 가사사용인 이용 가정의 경우 일반적인 사업 또는 사업장과 달리 퇴직급여법이 요구하는 사항들을 준수할 만한 여건과 능력을 갖추지 못한 경우가 대부분인 것이 현실이다. 이러한 현실을 무시하고 퇴직급여법을 가사사용인의 경우에도 전면 적용한다면 가사사용인 이용자가 감당하기 어려운 경제적·행정적 부담을 가중시키는 부작용을 초래할 우려가 있다. ⋯ 심판대상조항이 가사사용인을 일반 근로자와 달리 퇴직급여법의 적용범위에서 배제하고 있다 하더라도 합리적 이유가 있는 차별로서 평등원칙에 위배되지 아니한다(헌재 2022.10.27, 2019헌바454).

203

23. 경찰간부

사관생도의 사관학교 교육기간을 현역병 등의 복무기간과 달리 연금 산정의 기초가 되는 군 복무기간으로 산입할 수 있도록 규정하지 아니한 구 군인연금법상 조항은 현저히 자의적인 차별이라고 볼 수 없다. O I X

해설

[O] 군인연금법상 군 복무기간 산입제도의 목적과 취지, 현역병 등과 사관생도의 신분, 역할, 근무환경 등을 종합적으로 고려하면, 심판대상조항이 사관학교에서의 교육기간을 현역병 등의 복무기간과 달리 연금 산정의 기초가 되는 복무기간으로 산입하도록 규정하지 않은 것이 현저히 자의적인 차별이라고 볼 수 없다(헌재 2022.6.30, 2019헌마150).

204

23. 경찰간부

국공립어린이집, 사회복지법인어린이집, 법인·단체등 어린이집등과 달리 민간어린이집에는 보육교직원 인건비를 지원하지 않는 '2020년도 보육사업안내(2020.1.10. 보건복지부지침)'상 조항은 합리적 근거 없이 민간어린이집을 운영하는 청구인을 차별하여 청구인의 평등권을 침해한다. O I X

해설

[X] 민간어린이집, 가정어린이집은 인건비 지원을 받지 않지만 만 3세 미만의 영유아를 보육하는 등 일정한 요건을 충족하면 보육교직원 인건비 등에 대한 조사를 바탕으로 산정된 기관보육료를 지원받는다. 보건복지부장관이 민간어린이집, 가정어린이집에 대하여 국공립어린이집 등과 같은 기준으로 인건비 지원을 하는 대신 기관보육료를 지원하는 것은 전체 어린이집 수, 어린이집 이용 아동수를 기준으로 할 때 민간어린이집, 가정어린이집의 비율이 여전히 높고 보육예산이 한정되어 있는 상황에서 이들에 대한 지원을 국공립어린이집 등과 같은 수준으로 당장 확대하기 어렵기 때문이다. 이와 같은 어린이집에 대한 이원적 지원 체계는 기존의 민간어린이집을 공적 보육체계에 포섭하면서도 나머지 민간어린이집은 기관보육료를 지원하여 보육의 공공성을 확대하는 방향으로 단계적 개선을 이루어나가고 있다. 이상을 종합하여 보면, 심판대상조항이 합리적 근거 없이 민간어린이집을 운영하는 청구인을 차별하여 청구인의 평등권을 침해하였다고 볼 수 없다(헌재 2022.2.24, 2020헌마177).

205
23. 경찰간부

정부수립이전이주동포를 재외동포의 출입국과 법적 지위에 관한 법률의 적용대상에서 제외함으로써 정부수립이후이주동포와 차별하는 것은 평등원칙에 위배되지 않는다.　　　　O | X

해설

[X] 정부수립이전이주동포를 재외동포법의 적용대상에서 제외한 것은 합리적 이유없이 정부수립이전이주동포를 차별하는 자의적인 입법이어서 헌법 제11조의 평등원칙에 위배된다(헌재 2001.11.29, 99헌마494).

206
23. 경찰간부

국립묘지 안장 대상자의 사망 당시의 배우자가 재혼한 경우에는 국립묘지에 안장된 안장 대상자와 합장할 수 없도록 규정한 국립묘지의 설치 및 운영에 관한 법률상 조항은 재혼한 배우자를 불합리하게 차별한 것으로 평등원칙에 위배된다.　　　　O | X

해설

[X] 국립묘지 안장 대상자의 사망 당시의 배우자가 재혼한 경우에는 국립묘지에 안장된 안장 대상자와 합장할 수 없도록 한 것은 평등원칙에 위배되지 않는다(헌재 2022.11.24, 2020헌바463).

207
23. 경찰간부

1991년 개정 농어촌의료법이 적용되기 전에 공중보건의사로 복무한 사람이 사립학교교직원으로 임용된 경우 공중보건의사로 복무한 기간을 사립학교교직원 재직기간에 산입하도록 규정하지 않은 사립학교교직원 연금법상 조항은 공중보건의사가 출·퇴근을 하며 병역을 이행한다는 점에서 그 복무기간을 재직기간에 산입하지 않는 것에 합리적 이유가 있다.　　　　O | X

해설

[X] 구 병역법 등의 규정에 의하면 의사·치과의사 등의 자격이 있는 사람이 병적에 편입되어 공중보건의사와 군의관 중 어떠한 형태로 복무할 것인지는 본인의 의사가 아니라 국방부장관에 의하여 결정되는 점, 군의관과 공중보건의사는 모두 병역의무 이행의 일환으로 의료분야의 역무를 수행한 점, 공중보건의사는 접적지역, 도서, 벽지 등 의료취약지역에서 복무하면서 그 지역 안에서 거주하여야 하고 그 복무에 관하여 국가의 강력한 통제를 받았던 점 등을 종합하면, 1991년 개정 농어촌의료법 시행 전에 공중보건의사로 복무하였던 사람이 사립학교교직원으로 임용되었을 경우 현역병 등과 달리 공중보건의사 복무기간을 재직기간에 반영하도록 규정하지 아니한 것은 차별취급에 합리적인 이유가 없다. 따라서 심판대상조항은 평등원칙에 위배된다(헌재 2016.2.25, 2015헌가15).

police.Hackers.com

2024 해커스경찰 신동욱 경찰헌법 단원별 핵심지문 OX

제1절 인신의 자유권

제1항 생명권

□□□
001
03. 법무사

생명권은 적극적으로 제3자의 침해로부터 보호하여 줄 것을 국가에 대하여 요구할 수 있는 보호청구권의 성격을 가지고 있을 뿐 소극적으로 국가에 의한 침해로부터 생명을 방어하려는 대국가적 방어권의 성격은 갖고 있지 아니하다. ○ | X

해설

> [X] 생명권은 적극적으로 제3자의 침해로부터 보호하여 줄 것을 국가에 대하여 요구할 수 있는 보호청구권의 성격을 가지고 있을 뿐만 아니라 소극적으로 국가에 의한 침해로부터 생명을 방어하려는 대국가적 방어권의 성격도 가지고 있다.

□□□
002
17. 경정승진
12. 법원직

생명권은 헌법 제37조 제2항에 의한 일반적 법률유보의 대상이 아니다. ○ | X

해설

> [X] 헌법은 절대적 기본권을 명문으로 인정하고 있지 아니하며, 헌법 제37조 제2항에서는 국민의 모든 자유와 권리는 국가안전보장·질서유지 또는 공공복리를 위하여 필요한 경우에 한하여 법률로써 제한할 수 있도록 규정하고 있어, 비록 생명이 이념적으로 절대적 가치를 지닌 것이라 하더라도 생명에 대한 법적 평가가 예외적으로 허용될 수 있다고 할 것이므로, 생명권 역시 헌법 제37조 제2항에 의한 일반적 법률유보의 대상이 될 수밖에 없다(헌재 2010.2.25, 2008헌가23).

□□□
003
20. 국회직 9급

헌법은 사형제도의 허용을 직접적으로 규정하고 있다. ○ | X

해설

> [X] 헌법 제110조 제4항 단서에서 간접적이나마 법률에 의하여 사형이 형벌로서 정해지고 또 적용될 수 있음을 인정하고 있다(헌재 2010.2.25, 2008헌가23).

004

11. 사시

비상계엄하의 군사재판에서 사형을 선고하는 경우를 정하는 헌법 규정은 비상계엄하의 군사재판에서 사형을 선고할 경우에는 불복할 수 있어야 한다는 것을 천명한 것으로 제한적으로 해석되어야 하므로 이 규정을 이유로 헌법이 사형제도를 간접적으로라도 인정한다고 볼 수는 없다. O | X

해설

[X] 우리 헌법은 사형제도에 대하여 그 금지나 허용을 직접적으로 규정하고 있지는 않다. 그러나, 헌법 제12조 제1항은 "모든 국민은 … 법률과 적법절차에 의하지 아니하고는 처벌·보안처분 또는 강제노역을 받지 아니한다."고 규정하는 한편, 헌법 제110조 제4항은 "비상계엄하의 군사재판은 군인·군무원의 범죄나 군사에 관한 간첩죄의 경우와 초병·초소·유독음식물공급·포로에 관한 죄 중 법률이 정한 경우에 한하여 단심으로 할 수 있다. 다만, 사형을 선고한 경우에는 그러하지 아니하다."고 규정하고 있다. 이는 법률에 의하여 사형이 형벌로서 규정되고, 그 형벌조항의 적용으로 사형이 선고될 수 있음을 전제로 하여, 사형을 선고한 경우에는 비상계엄하의 군사재판이라도 단심으로 할 수 없고, 사법절차를 통한 불복이 보장되어야 한다는 취지의 규정이라 할 것이다. 따라서 우리 헌법은 적어도 문언의 해석상 사형제도를 간접적으로나마 인정하고 있다고 할 것이다(헌재 2010.2.25, 2008헌가23).

005

23. 법원직
17. 국가직

생명권도 헌법 제37조 제2항에 의한 일반적 법률유보의 대상이 될 수밖에 없으며, 나아가 생명권의 경우, 다른 일반적인 기본권 제한의 구조와는 달리, 생명의 일부 박탈이라는 것을 상정할 수 없기 때문에 생명권에 대한 제한은 필연적으로 생명권의 완전한 박탈을 의미하게 되는바, 생명권의 제한이 정당화될 수 있는 예외적인 경우에는 생명권의 박탈이 초래된다 하더라도 곧바로 기본권의 본질적인 내용을 침해하는 것이라 볼 수는 없다. O | X

해설

[O] 헌법은 절대적 기본권을 명문으로 인정하고 있지 아니하며, 헌법 제37조 제2항에서는 국민의 모든 자유와 권리는 국가안전보장·질서유지 또는 공공복리를 위하여 필요한 경우에 한하여 법률로써 제한할 수 있도록 규정하고 있어, 비록 생명이 이념적으로 절대적 가치를 지닌 것이라 하더라도 생명에 대한 법적 평가가 예외적으로 허용될 수 있다고 할 것이므로, 생명권 역시 헌법 제37조 제2항에 의한 일반적 법률유보의 대상이 될 수밖에 없다. 나아가 생명권의 경우, 다른 일반적인 기본권 제한의 구조와는 달리, 생명의 일부 박탈이라는 것을 상정할 수 없기 때문에 생명권에 대한 제한은 필연적으로 생명권의 완전한 박탈을 의미하게 되는바, 위와 같이 생명권의 제한이 정당화될 수 있는 예외적인 경우에는 생명권의 박탈이 초래된다 하더라도 곧바로 기본권의 본질적인 내용을 침해하는 것이라 볼 수는 없다(헌재 2010.2.25, 2008헌가23).

006

19. 법무사

형법 제269조 제1항은 부녀가 약물 기타 방법으로 낙태한 때에는 1년 이하의 징역 또는 200만원 이하의 벌금에 처하도록 규정하고 있다. 이러한 자기낙태죄 조항의 위헌 여부는 임신한 여성의 자기결정권과 태아의 생명권의 직접적인 충돌이 문제되므로 헌법을 규범조화적으로 해석하여 사안을 해결하여야 한다. O | X

해설

[X] 이 사안은 국가가 태아의 생명보호를 위해 확정적으로 만들어 놓은 자기낙태죄 조항이 임신한 여성의 자기결정권을 제한하고 있는 것이 과잉금지원칙에 위배되어 위헌인지 여부에 대한 것이다. 자기낙태죄 조항의 존재와 역할을 간과한 채 임신한 여성의 자기결정권과 태아의 생명권의 직접적인 충돌을 해결해야 하는 사안으로 보는 것은 적절하지 않다(헌재 2019.4.11, 2017헌바127).

007

23. 경정승진
19. 법무사

모든 인간은 헌법상 생명권의 주체가 되며, 형성 중의 생명인 태아에게도 생명에 대한 권리가 인정되어야 한다. 따라서 국가는 헌법 제10조 제2문에 따라 태아의 생명을 보호할 의무가 있고, 생명을 보호하는 입법적 조치를 취함에 있어 인간생명의 발달단계에 따라 그 보호정도나 보호수단을 달리하여서는 아니된다. O | X

해설

> [X] 국가에게 태아의 생명을 보호할 의무가 있다고 하더라도 생명의 연속적 발전과정에 대하여 생명이라는 공통요소만을 이유로 하여 언제나 동일한 법적 효과를 부여하여야 하는 것은 아니다(헌재 2019.4.11, 2017헌바127).

008

19. 법무사

이른바 임신 제1삼분기(대략 마지막 생리기간의 첫날부터 14주 무렵까지)에는 어떠한 사유를 요구함이 없이 임신한 여성이 자신의 숙고와 판단 아래 낙태할 수 있도록 하여야 한다. O | X

해설

> [X] 태아가 모체를 떠난 상태에서 독자적으로 생존할 수 있는 시점인 임신 22주 내외에 도달하기 전이면서 동시에 임신 유지와 출산 여부에 관한 자기결정권을 행사하기에 충분한 시간이 보장되는 시기까지의 낙태에 대해서는 국가가 생명보호의 수단 및 정도를 달리 정할 수 있다고 봄이 타당하다(헌재 2019.4.11, 2017헌바127).
>
> ▶ (4인의 단순위헌의견) 여기에서 더 나아가 이른바 '임신 제1삼분기(first trimester, 대략 마지막 생리기간의 첫날부터 14주 무렵까지)'에는 어떠한 사유를 요구함이 없이 임신한 여성이 자신의 숙고와 판단 아래 낙태할 수 있도록 하여야 한다는 점, 자기낙태죄 조항 및 의사낙태죄 조항(이하 '심판대상조항들'이라 한다)에 대하여 단순위헌결정을 하여야 한다는 점에서 헌법불합치의견과 견해를 달리 한다(헌재 2019.4.11, 2017헌바127).

009

19. 법무사

업무상동의낙태죄와 자기낙태죄는 대향범이므로, 임신한 여성의 자기낙태를 처벌하는 것이 위헌이라고 판단되는 경우에는 동일한 목표를 실현하기 위해 부녀의 촉탁 또는 승낙을 받아 낙태하게 한 의사를 형사처벌하는 의사낙태죄 조항도 당연히 위헌이 되는 관계에 있다. O | X

해설

> [O] 업무상동의낙태죄와 자기낙태죄는 대향범이므로, 임신한 여성의 자기낙태를 처벌하는 것이 위헌이라고 판단되는 경우에는 동일한 목표를 실현하기 위해 부녀의 촉탁 또는 승낙을 받아 낙태하게 한 의사를 형사처벌하는 의사낙태죄 조항도 당연히 위헌이 되는 관계에 있다(헌재 2019.4.11, 2017헌바127).
>
> ▶ 사회적 · 경제적 사유는 모자보건법상의 낙태 정당화사유에 포함되지 않는다.

010
19. 법행

임신·출산·육아는 여성의 삶에 근본적이고 결정적인 영향을 미칠 수 있는 중요한 문제이므로, 임신한 여성이 임신을 유지 또는 종결할 것인지를 결정하는 것은 스스로 선택한 인생관·사회관을 바탕으로 자신이 처한 신체적·심리적·사회적·경제적 상황에 대한 깊은 고민을 한 결과를 반영하는 전인적 결정이다. O | X

해설

[O] 자기낙태죄 조항은 태아의 생명을 보호하기 위한 것으로서, 정당한 입법목적을 달성하기 위한 적합한 수단이다. 임신·출산·육아는 여성의 삶에 근본적이고 결정적인 영향을 미칠 수 있는 중요한 문제이므로, 임신한 여성이 임신을 유지 또는 종결할 것인지 여부를 결정하는 것은 스스로 선택한 인생관·사회관을 바탕으로 자신이 처한 신체적·심리적·사회적·경제적 상황에 대한 깊은 고민을 한 결과를 반영하는 전인적(全人的) 결정이다(헌재 2019.4.11, 2017헌바127).

011
19. 법행

태아가 모체를 떠난 상태에서 독자적으로 생존할 수 있는 시점인 임신 22주 내외에 도달하기 전이면서 동시에 임신 유지와 출산 여부에 관한 자기결정권을 행사하기에 충분한 시간이 보장되는 시기까지의 낙태에 대해서는 국가가 생명보호의 수단 및 정도를 달리 정할 수 있다. O | X

해설

[O] 이러한 점들을 모두 고려한다면, 태아가 모체를 떠난 상태에서 독자적으로 생존할 수 있는 시점인 임신 22주 내외에 도달하기 전이면서 동시에 임신 유지와 출산 여부에 관한 자기결정권을 행사하기에 충분한 시간이 보장되는 시기(이하 착상시부터 이 시기까지를 '결정가능기간'이라 한다)까지의 낙태에 대해서는 국가가 생명보호의 수단 및 정도를 달리 정할 수 있다고 봄이 타당하다(헌재 2019.4.11, 2017헌바127).

012
19. 법행

자기낙태죄 조항은 입법목적을 달성하기 위하여 필요한 최소한의 정도를 넘어 임신한 여성의 자기결정권을 제한하고 있어 침해의 최소성을 갖추지 못하였고, 태아의 생명보호라는 공익에 대하여만 일방적이고 절대적인 우위를 부여함으로써 법익균형성의 원칙도 위반하였다. O | X

해설

[O] 자기낙태죄 조항은 입법목적을 달성하기 위하여 필요한 최소한의 정도를 넘어 임신한 여성의 자기결정권을 제한하고 있어 침해의 최소성을 갖추지 못하였고, 태아의 생명보호라는 공익에 대하여만 일방적이고 절대적인 우위를 부여함으로써 법익균형성의 원칙도 위반하였으므로, 과잉금지원칙을 위반하여 임신한 여성의 자기결정권을 침해한다(헌재 2019.4.11, 2017헌바127).

013
19. 법행

태아의 생명을 보호하기 위하여 낙태를 금지하고 형사처벌하는 것 자체가 모든 경우에 헌법에 위반된다고 볼 수는 없다. O | X

해설

[O] 앞서 본 것처럼 자기낙태죄 조항과 의사낙태죄 조항의 위헌성은 모자보건법에서 정한 사유에 해당하지 않는다면 결정가능기간 중에 다양하고 광범위한 사회적·경제적 사유로 인하여 낙태갈등상황을 겪고 있는 경우까지도 예외 없이 전면적·일률적으로 임신의 유지 및 출산을 강제하고, 이를 위반하여 낙태한 경우 형사처벌함으로써 임신한 여성의 자기결정권을 과도하게 침해한다는 점에 있는 것이고, 태아의 생명을 보호하기 위하여 낙태를 금지하고 형사처벌하는 것 자체가 모든 경우에 헌법에 위반된다고 볼 수는 없다(헌재 2019.4.11, 2017헌바127).

태아가 비록 그 생명의 유지를 위하여 모에게 의존해야 하지만, 그 자체로 모와 별개의 생명체이고 특별한 사정이 없는 한 인간으로 성장할 가능성이 크므로 태아에게도 생명권이 인정되어야 하며, 태아가 독자적 생존능력을 갖추었는지 여부를 그에 대한 낙태 허용의 판단기준으로 삼을 수는 없다. ○ | X

해설

[X] 태아가 모체를 떠난 상태에서 독자적으로 생존할 수 있는 시점인 임신 22주 내외에 도달하기 전이면서 동시에 임신 유지와 출산 여부에 관한 자기결정권을 행사하기에 충분한 시간이 보장되는 시기(이하 착상시부터 이 시기까지를 '결정가능기간'이라 한다)까지의 낙태에 대해서는 국가가 생명보호의 수단 및 정도를 달리 정할 수 있다고 봄이 타당하다(헌재 2019.4.11, 2017헌바127).

자기낙태죄 조항은 모자보건법에서 정한 사유에 해당하지 않는다면 결정가능기간 중에 다양하고 광범위한 사회적 · 경제적 사유를 이유로 낙태갈등상황을 겪고 있는 경우까지도 예외 없이 전면적 · 일률적으로 임신의 유지 및 출산을 강제하고 이를 위반한 경우 형사처벌하고 있으므로 임신한 여성의 자기결정권을 제한하고 있어 침해의 최소성을 갖추지 못하였다. ○ | X

해설

[O] 자기낙태죄 조항은 모자보건법에서 정한 사유에 해당하지 않는다면 결정가능기간 중에 다양하고 광범위한 사회적 · 경제적 사유를 이유로 낙태갈등상황을 겪고 있는 경우까지도 예외 없이 전면적 · 일률적으로 임신의 유지 및 출산을 강제하고, 이를 위반한 경우 형사처벌하고 있다. 따라서, 자기낙태죄 조항은 입법목적을 달성하기 위하여 필요한 최소한의 정도를 넘어 임신한 여성의 자기결정권을 제한하고 있어 침해의 최소성을 갖추지 못하였고, 태아의 생명보호라는 공익에 대하여만 일방적이고 절대적인 우위를 부여함으로써 법익균형성의 원칙도 위반하였으므로, 과잉금지원칙을 위반하여 임신한 여성의 자기결정권을 침해한다(헌재 2019.4.11, 2017헌바127).

자기낙태죄는 임신한 여성의 자기결정권에 대한 과도한 제한이라고 보기 어려워 헌법에 위반되지 않는다. ○ | X

해설

[X] 입법자는 자기낙태죄 조항을 형성함에 있어 태아의 생명보호와 임신한 여성의 자기결정권의 실제적 조화와 균형을 이루려는 노력을 충분히 하지 아니하여 태아의 생명보호라는 공익에 대하여만 일방적이고 절대적인 우위를 부여함으로써 공익과 사익간의 적정한 균형관계를 달성하지 못하였다. 자기낙태죄 조항은 입법목적을 달성하기 위하여 필요한 최소한의 정도를 넘어 임신한 여성의 자기결정권을 제한하고 있어 침해의 최소성을 갖추지 못하고 있으며, 법익균형성의 원칙도 위반하였다고 할 것이므로, 과잉금지원칙을 위반하여 임신한 여성의 자기결정권을 침해하는 위헌적인 규정이다(헌재 2019.4.11, 2017헌바127).

017

20. 입시

태아는 생명의 유지를 모(母)에게 의존하는 형성 중의 생명이라는 점에서 국가가 헌법 제10조 제2문에 따라 태아의 생명을 보호할 의무를 부담한다고 볼 수는 없다. O | X

해설

[X] 모든 인간은 헌법상 생명권의 주체가 되며, 형성 중의 생명인 태아에게도 생명에 대한 권리가 인정되어야 한다. 태아가 비록 그 생명의 유지를 위하여 모(母)에게 의존해야 하지만, 그 자체로 모(母)와 별개의 생명체이고, 특별한 사정이 없는 한, 인간으로 성장할 가능성이 크기 때문이다. 따라서 태아도 헌법상 생명권의 주체가 되며, 국가는 헌법 제10조 제2문에 따라 태아의 생명을 보호할 의무가 있다(헌재 2019.4.11, 2017헌바127).

018

20. 입시

국가가 생명을 보호하는 입법적 조치를 취함에 있어 인간생명의 발달단계에 따라 그 보호정도나 보호수단을 달리하는 것은 불가능하지 않다. O | X

해설

[O] 생명의 전체적 과정에 대해 법질서가 언제나 동일한 법적 보호 내지 효과를 부여하고 있는 것은 아니다. 따라서 국가가 생명을 보호하는 입법적 조치를 취함에 있어 인간생명의 발달단계에 따라 그 보호정도나 보호수단을 달리하는 것은 불가능하지 않다(헌재 2019.4.11, 2017헌바127).

019

20. 입시

헌법재판소는 임신 제1삼분기(임신 14주 무렵까지)에는 사유를 불문하고 낙태가 허용되어야 하므로 자기낙태죄 규정에 대하여 단순위헌결정을 하였다. O | X

해설

[X] 자기낙태죄 조항과 의사낙태죄 조항에 대하여 각각 단순위헌결정을 할 경우, 임신기간 전체에 걸쳐 행해진 모든 낙태를 처벌할 수 없게 됨으로써 용인하기 어려운 법적 공백이 생기게 된다. 더욱이 입법자는 결정가능기간을 어떻게 정하고 결정가능기간의 종기를 언제까지로 할 것인지, 결정가능기간 중 일정한 시기까지는 사회적·경제적 사유에 대한 확인을 요구하지 않을 것인지 여부까지를 포함하여 결정가능기간과 사회적·경제적 사유를 구체적으로 어떻게 조합할 것인지, 상담요건이나 숙려기간 등과 같은 일정한 절차적 요건을 추가할 것인지 여부 등에 관하여 앞서 헌법재판소가 설시한 한계 내에서 입법재량을 가진다. 따라서 자기낙태죄 조항과 의사낙태죄 조항에 대하여 단순위헌결정을 하는 대신 각각 헌법불합치결정을 선고하되, 다만 입법자의 개선입법이 이루어질 때까지 계속적용을 명함이 타당하다(헌재 2019.4.11, 2017헌바127).

▶ (보충설명) 낙태죄 사건에서 단순위헌의견 3인, 헌법불합치의견이 4인이었으며, 헌법재판소의 법정의견은 헌법불합치결정이다. 해당지문은 단순위헌의견에 해당하는 지문이다.

020

22. 경정승진

국가는 헌법 제10조, 제12조 등에 따라 태아의 생명을 보호할 의무가 있지만, 태아는 헌법상 생명권의 주체로 인정되지 않는다. O | X

해설

[X] 생명권은 비록 헌법에 명문의 규정이 없다 하더라도 인간의 생존본능과 존재목적에 바탕을 둔 선험적이고 자연법적인 권리로서 헌법에 규정된 모든 기본권의 전제로서 기능하는 기본권 중의 기본권이다. 모든 인간은 헌법상 생명권의 주체가 되며, 형성 중의 생명인 태아에게도 생명에 대한 권리가 인정되어야 한다. 따라서 태아도 헌법상 생명권의 주체가 되며, 국가는 헌법 제10조에 따라 태아의 생명을 보호할 의무가 있다(헌재 2008.7.31, 2004헌바81).

□□□
021
22. 경정승진

인간이라는 생명체의 형성이 출생 이전의 그 어느 시점에서 시작됨을 인정하더라도, 법적으로 사람의 시기를 출생의 시점에서 시작되는 것으로 보는 것은 헌법적으로 금지된다.　　　　　　O | X

해설

[X] 법치국가원리로부터 나오는 법적 안정성의 요청은 인간의 권리능력이 언제부터 시작되는가에 관하여 가능한 한 명확하게 그 시점을 확정할 것을 요구한다. 따라서 인간이라는 생명체의 형성이 출생 이전의 그 어느 시점에서 시작됨을 인정하더라도, 법적으로 사람의 시기를 출생의 시점에서 시작되는 것으로 보는 것이 헌법적으로 금지된다고 할 수 없다(헌재 2008.7.31, 2004헌바81).

□□□
022
22. 경정승진

연명치료 중단, 즉 생명단축에 관한 자기결정은 생명권 보호의 헌법적 가치와 충돌하므로 '연명치료 중단에 관한 자기결정권'의 인정 여부가 문제되는 '죽음에 임박한 환자'란 '의학적으로 환자가 의식의 회복 가능성이 없고 생명과 관련된 중요한 생체기능의 상실을 회복할 수 없으며 환자의 신체상태에 비추어 짧은 시간 내에 사망에 이를 수 있음이 명백한 경우'를 의미한다.　　　　　　O | X

해설

[O] 환자가 장차 죽음에 임박한 상태에 이를 경우에 대비하여 미리 의료인 등에게 연명치료 거부 또는 중단에 관한 의사를 밝히는 등의 방법으로 죽음에 임박한 상태에서 인간으로서의 존엄과 가치를 지키기 위하여 연명치료의 거부 또는 중단을 결정할 수 있다 할 것이고, 위 결정은 헌법상 기본권인 자기결정권의 한 내용으로서 보장된다 할 것이다(헌재 2009.11.26. 2008헌마).

□□□
023
22. 경찰 2차

환자가 장차 죽음에 임박한 상태에 이를 경우에 대비하여 미리 의료인 등에게 연명치료 거부 또는 중단에 관한 의사를 밝히는 등의 방법으로 죽음에 임박한 상태에서 인간으로서의 존엄과 가치를 지키기 위하여 연명치료의 거부 또는 중단을 결정할 수 있다 할 것이고, 위 결정은 헌법상 기본권인 자기결정권의 한 내용으로 보장이 되나, 입법자에게 헌법 해석상 '연명치료 중단 등에 관한 법률'을 제정할 입법의무까지 인정된다고 보기는 어렵다.　　　　　　O | X

해설

[O] 환자가 장차 죽음에 임박한 상태에 이를 경우에 대비하여 미리 의료인 등에게 연명치료 거부 또는 중단에 관한 의사를 밝히는 등의 방법으로 죽음에 임박한 상태에서 인간으로서의 존엄과 가치를 지키기 위하여 연명치료의 거부 또는 중단을 결정할 수 있다 할 것이고, 위 결정은 헌법상 기본권인 자기결정권의 한 내용으로서 보장된다 할 것이다. … '연명치료 중단에 관한 자기결정권'을 보장하는 방법으로서 '법원의 재판을 통한 규범의 제시'와 '입법' 중 어느 것이 바람직한가는 입법정책의 문제로서 국회의 재량에 속한다 할 것이다. 그렇다면 헌법해석상 '연명치료 중단 등에 관한 법률'을 제정할 국가의 입법의무가 명백하다고 볼 수 없다(헌재 2009.11.26, 2008헌마385).

제2항 신체의 자유

024

06. 행시 유사
04. 법무사

과태료는 형벌은 아니나 행정질서벌로서 형벌에 준하는 것이므로 죄형법정주의의 적용을 받는다.

O | X

해설

[X] 죄형법정주의는 무엇이 범죄이며 그에 대한 형벌이 어떠한 것인가는 국민의 대표로 구성된 입법부가 제정한 법률로써 정하여야 한다는 원칙인데, 이 사건 법률조항이 정하고 있는 과태료는 행정상의 질서유지를 위한 행정질서벌에 해당할 뿐 형벌이라고 할 수 없어 죄형법정주의의 규율대상에 해당하지 아니하므로 청구인의 위 주장은 받아들일 수 없다(헌재 1998.5.28, 96헌바83, 부동산등기 특별조치법 제11조 위헌소원).

025

02. 법무사

과태료처분을 받아 과태료를 납부한 후에 다시 형사처벌하는 것은 일사부재리의 원칙에 위배된다.

O | X

해설

[X] 헌법 제13조 제1항이 정한 '이중처벌금지의 원칙'은 동일한 범죄행위에 대하여 국가가 형벌권을 거듭 행사할 수 없도록 함으로써 국민의 기본권 특히 신체의 자유를 보장하기 위한 것이므로, 그 '처벌'은 원칙으로 범죄에 대한 국가의 형벌권 실행으로서의 과벌을 의미하는 것이고, 국가가 행하는 일체의 제재나 불이익처분을 모두 그에 포함된다고 할 수는 없다. 구 건축법 제54조 제1항에 의한 형사처벌의 대상이 되는 범죄의 구성요건은 당국의 허가 없이 건축행위 또는 건축물의 용도변경행위를 한 것이고, 동법 제56조의2 제1항에 의한 과태료는 건축법령에 위반되는 위법건축물에 대한 시정명령을 받고도 건축주 등이 이를 시정하지 아니할 때 과하는 것이므로, 양자는 처벌 내지 제재대상이 되는 기본적 사실관계로서의 행위를 달리하는 것이다. 그리고, 전자가 무허가건축행위를 한 건축주 등의 행위 자체를 위법한 것으로 보아 처벌하는 것인데 대하여, 후자는 위법건축물의 방치를 막고자 행정청이 시정조치를 명하였음에도 건축주 등이 이를 이행하지 아니한 경우에 행정명령의 실효성을 확보하기 위하여 제재를 과하는 것이므로 양자는 그 보호법익과 목적에서도 차이가 있고, 또한 무허가건축행위에 대한 형사처벌시에 위법건축물에 대한 시정명령의 위반행위까지 평가된다고 할 수 없으므로 시정명령위반행위가 무허가건축행위의 불가벌적 사후행위라고 할 수도 없다. 이러한 점에 비추어 구 건축법 제54조 제1항에 의한 무허가건축행위에 대한 형사처벌과 동법 제56조의2 제1항에 의한 과태료의 부과는 헌법 제13조 제1항이 금지하는 이중처벌에 해당한다고 할 수 없다(헌재 1994.6.30, 92헌바38).

026

17. 국가직 유사
04. 국회직 8급

행위 당시의 판례에 의하면 처벌대상이 아니었던 행위를 판례의 변경에 따라 처벌하는 것은 죄형법정주의의 파생원칙인 형벌불소급의 원칙에 반한다.

O | X

해설

[X] 형사처벌의 근거가 되는 것은 법률이지 판례가 아니고, 형법 조항에 관한 판례의 변경은 그 법률조항의 내용을 확인하는 것에 지나지 아니하여 이로써 그 법률조항 자체가 변경된 것이라고 볼 수는 없으므로, 행위 당시의 판례에 의하면 처벌대상이 되지 아니하는 것으로 해석되었던 행위를 판례의 변경에 따라 확인된 내용의 형법 조항에 근거하여 처벌한다고 하여 그것이 헌법상 평등의 원칙과 형벌불소급의 원칙에 반한다고 할 수는 없다(대판 1999.9.17, 97도3349).

□□□
027
04. 법무사

무죄추정의 원칙은 판결 이전의 절차에서는 물론 판결 자체와 판결형성의 과정에서도 준수되어야 할 원칙이다. O | X

해설

[O] 무죄추정의 원칙은 수사절차에서뿐만 아니라 판결 자체와 판결형성의 과정에서도 존중되어야 한다. 그러나, 형사재판에서의 유죄확정 전에 징계처분을 하는 것은 형사재판의 유죄확정 여부와는 무관한 것이므로 무죄추정에 관한 헌법 제27조 제4항 규정에 위배되지 않는다(대판 1986.6.10, 85누407).

□□□
028
07. 국가직

무죄추정권은 자기부죄거부특권(自己負罪拒否特)의 또 다른 표현이다. O | X

해설

[X] 자기부죄거부특권은 진술거부권의 다른 표현이다.

□□□
029
03. 법무사

헌법재판소는 미결수용자에게 재소자용 의류를 입게 하는 것은 구금 목적의 달성 등을 위한 필요최소한의 제한으로서 정당성·합리성을 갖추고 있으므로, 수용시설 안에서나 수사·재판과정에서의 착용은 정당하다고 선언하였다. O | X

해설

[X] 구치소 등 수용시설 안에서는 재소자용 의류를 입더라도 일반인의 눈에 띄지 않고, 수사 또는 재판에서 변해(辯解)·방어권을 행사하는 데 지장을 주는 것도 아닌 반면에, 미결수용자에게 사복을 입도록 하면 의복의 수선이나 세탁 및 계절에 따라 의복을 바꾸는 과정에서 증거인멸 또는 도주를 기도하거나 흉기, 담배, 약품 등 소지금지품이 반입될 염려 등이 있으므로 미결수용자에게 시설 안에서 재소자용 의류를 입게 하는 것은 구금 목적의 달성, 시설의 규율과 안전유지를 위한 필요최소한의 제한으로서 정당성·합리성을 갖춘 재량의 범위 내의 조치이다. … 수사 및 재판단계에서 유죄가 확정되지 아니한 미결수용자에게 재소자용 의류를 입게 하는 것은 미결수용자로 하여금 모욕감이나 수치심을 느끼게 하고, 심리적인 위축으로 방어권을 제대로 행사할 수 없게 하여 실체적 진실의 발견을 저해할 우려가 있으므로, 도주 방지 등 어떠한 이유를 내세우더라도 그 제한은 정당화될 수 없어 헌법 제37조 제2항의 기본권 제한에서의 비례원칙에 위반되는 것으로서, 무죄추정의 원칙에 반하고 인간으로서의 존엄과 가치에서 유래하는 인격권과 행복추구권, 공정한 재판을 받을 권리를 침해하는 것이다(헌재 1999.5.27, 97헌마137 등).

□□□
030
03. 법행

미결수용자가 수감되어 있는 동안 구치소 등 수용시설 안에서 사복을 입지 못하게 하고 재소자용 의류를 입게 하는 것은 무죄추정의 원칙에 반하여 위헌이다. O | X

해설

[X] '구치소 등 수용시설 안'에서는 재소자용 의류를 입더라도 일반인의 눈에 띄지 않고, 수사 또는 재판에서 변해(辯解)·방어권을 행사하는 데 지장을 주는 것도 아닌 반면에, 미결수용자에게 사복을 입도록 하면 의복의 수선이나 세탁 및 계절에 따라 의복을 바꾸는 과정에서 증거인멸 또는 도주를 기도하거나 흉기, 담배, 약품 등 소지금지품이 반입될 염려 등이 있으므로 미결수용자에게 시설 안에서 재소자용 의류를 입게 하는 것은 구금 목적의 달성, 시설의 규율과 안전유지를 위한 필요최소한의 제한으로서 정당성·합리성을 갖춘 재량의 범위 내의 조치이다(헌재 1999.5.27, 98헌마5·137).

031
13. 경정승진
05. 행시

법원이 직권으로 발부하는 영장은 허가장으로서의 성질을 갖지만, 수사기관의 청구에 의하여 법관이 발부하는 구속영장은 명령장으로서의 성질을 갖는다.　　　　O | X

해설

[X] 법원이 직권으로 발부하는 영장과 수사기관의 청구에 의하여 발부하는 구속영장의 법적 성격은 같지 않다. 즉, 전자는 명령장으로서의 성질을 갖지만 후자는 허가장으로서의 성질을 갖는 것으로 이해되고 있다(헌재 1997.3.27, 96헌바28 등).

032
05. 법무사

즉결심판에 있어서 피고인의 자백이 그에게 불리한 유일한 증거일 때에는 이를 유죄의 증거로 삼거나 이를 이유로 처벌할 수 없다.　　　　O | X

해설

[X] 정식재판에 있어서 피고인의 자백이 그에게 불리한 유일한 증거일 때에는 이를 유죄의 증거로 삼거나 이를 이유로 처벌할 수 없다(헌법 제12조 제7항 후문 참조).

033
03. 법무사

법률의 위임이 있더라도 조례로는 벌칙을 정할 수 없다.　　　　O | X

해설

[X] 지방자치법은 주민의 권리제한 또는 의무부과에 관한 사항은 법률의 위임이 있어야 한다고 규정하고 있으며, 조례에 의한 벌칙규정도 법률의 위임이 있으면 허용된다.

034
14. 국회직 9급
유사

일사부재리의 원칙에서 처벌은 국가가 행하는 일체의 제재나 불이익처분을 모두 포함하는 개념이다.　　　　O | X

해설

[X] 헌법 제13조 제1항에서 말하는 처벌은 원칙적으로 범죄에 대한 국가의 형벌권실행으로서의 과벌을 의미하는 것이고 국가가 행하는 일체의 제재나 불이익처분을 모두 그 처벌에 포함시킬 수는 없다고 할 것이다(헌재 1994.6.30, 92헌바38).

035
05. 사시

형사절차가 종료되어 교정시설에 수용 중인 수형자도 원칙적으로 변호인의 조력을 받을 권리의 주체가 된다는 것이 판례이다.　　　　O | X

해설

[X] 형사절차가 종료되어 교정시설에 수용 중인 수형자는 원칙적으로 변호인의 조력을 받을 권리의 주체가 될 수 없다. 다만, 수형자의 경우에도 재심절차 등에는 변호인 선임을 위한 일반적인 교통·통신이 보장될 수도 있겠으나, 기록에 의하면 청구인은 교도소 내에서의 처우를 왜곡하여 외부인과 연계, 교도소 내의 질서를 해칠 목적으로 변호사에게 이 사건 서신을 발송하려는 것이므로 이와 같은 경우에는 변호인의 조력을 받을 권리가 보장되는 경우에 해당한다고 할 수 없다(헌재 1998.8.27, 96헌마398).

036

04. 법행

체포 · 구속 · 압수 또는 수색을 할 때에는 예외 없이 사전에 법관이 발부한 영장을 제시하여야 한다.

O | X

해설

[X] 헌법 제12조 제3항은 "현행범인인 경우와 장기 3년 이상의 형에 해당하는 죄를 범하고 도피 또는 증거인멸의 염려가 있을 때에는 사후에 영장을 청구할 수 있다."고 하여 사전영장주의의 예외를 규정하고 있다.

037

06. 행시

헌법 제12조 제4항의 해석상 변호인의 조력을 받을 권리는 체포 · 구속된 피의자와 형사피고인에 대하여만 보장되는 것이고, 불구속피의자에 대하여까지 보장되는 것은 아니라고 보아야 한다.

O | X

해설

[X] 우리 헌법은 변호인의 조력을 받을 권리가 불구속피의자 · 피고인 모두에게 포괄적으로 인정되는지 여부에 관하여 명시적으로 규율하고 있지는 않지만, 불구속피의자의 경우에도 변호인의 조력을 받을 권리는 우리 헌법에 나타난 법치국가원리, 적법절차원칙에서 인정되는 당연한 내용이고, 헌법 제12조 제4항도 이를 전제로 특히 신체구속을 당한 사람에 대하여 변호인의 조력을 받을 권리의 중요성을 강조하기 위하여 별도로 명시하고 있다. 피의자 · 피고인의 구속 여부를 불문하고 조언과 상담을 통하여 이루어지는 변호인의 조력자로서의 역할은 변호인선임권과 마찬가지로 변호인의 조력을 받을 권리의 내용 중 가장 핵심적인 것이고, 변호인과 상담하고 조언을 구할 권리는 변호인의 조력을 받을 권리의 내용 중 구체적인 입법형성이 필요한 다른 절차적 권리의 필수적인 전제요건으로서 변호인의 조력을 받을 권리 그 자체에서 막바로 도출되는 것이다(헌재 2004.9.23, 2000헌마138).

038

05. 법무사

변호인의 조력을 받을 권리는 변호인과 미결수용자 사이의 서신교환에는 적용되지 않는다.

O | X

해설

[X] 변호인의 조력을 받을 권리는 변호인과 미결수용자 사이의 접견뿐만 아니라 서신교환에도 적용되어 그 비밀이 보장될 것을 요구한다(헌재 1995.7.21, 92헌마144).

039

07. 법행
06. 사시

대통령에 대한 국회의 탄핵소추의결은 대통령의 권한행사를 정지시킴으로써 국민의 선출에 의하여 대통령직을 수행하는 개인으로서의 대통령의 공무담임권을 제한하게 되는 불이익을 주는 것이므로, 국가기관이 국민과의 관계에서 공권력을 행사함에 있어서 준수해야 할 적법절차의 원칙은 탄핵소추절차에서도 준수되어야 한다.

O | X

해설

[X] 적법절차원칙이란 국가공권력이 국민에 대하여 불이익한 결정을 하기에 앞서 국민은 자신의 견해를 진술할 기회를 가짐으로써 절차의 진행과 그 결과에 영향을 미칠 수 있어야 한다는 법원리를 말한다. 그런데 이 사건의 경우, 국회의 탄핵소추절차는 국회와 대통령이라는 헌법기관 사이의 문제이고, 국회의 탄핵소추의결에 의하여 사인으로서의 대통령의 기본권이 침해되는 것이 아니라, 국가기관으로서의 대통령의 권한행사가 정지되는 것이다. 따라서 국가기관이 국민과의 관계에서 공권력을 행사함에 있어서 준수해야 할 법원칙으로서 형성된 적법절차의 원칙을 국가기관에 대하여 헌법을 수호하고자 하는 탄핵소추절차에는 직접 적용할 수 없다고 할 것이고, 그 외 달리 탄핵소추절차와 관련하여 피소추인에게 의견진술의 기회를 부여할 것을 요청하는 명문의 규정도 없으므로, 국회의 탄핵소추절차가 적법절차원칙에 위배되었다는 주장은 이유 없다(헌재 2004.5.14, 2004헌나1).

040
07. 국회직 8급

형사사건으로 기소된 사립학교 교원에 대하여 인사권자가 필요적으로 직위해제처분을 하도록 규정한 사립학교법 조항은 헌법에 위반되지 않는다.   OㅣX

해설

[X] 형사사건으로서 공소가 제기된 경우, 당해 교원이 자기에게 유리한 사실의 진술이나 증거를 제출할 방법조차 없이 일률적으로 판결의 확정시까지 직위해제처분을 하는 것은, 징계절차에서도 청문의 기회가 보장되고 정직처분도 3월 이하만 가능한 사정 등과 비교하면, 사립학교법 제58조의2 제1항 단서 규정은 방법의 적정성·피해의 최소성·법익의 균형성을 갖추지 못하였다고 할 것이므로, 헌법 제15조, 제27조 제4항 및 제37조 제2항에 위반되어 위헌이다(헌재 1994.7.29, 93헌가3 등).

041
08. 법무사

형의 집행 및 수용자의 처우에 관한 법률 시행령 제145조 제2항 중 "금치의 처분을 받은 자는 접견, 서신수발, 운동을 금지한다."는 부분은 헌법에 위반되지 않는다.   OㅣX

해설

[X] 금치 징벌의 목적 자체가 징벌실에 수용하고 엄격한 격리에 의하여 개전을 촉구하고자 하는 것이므로 접견·서신수발의 제한은 불가피하며, 형의 집행 및 수용자의 처우에 관한 법률(이하 '행형법'이라 한다) 시행령 제145조 제2항은 금치기간 중의 접견·서신수발을 금지하면서도, 그 단서에서 소장으로 하여금 '교화 또는 처우상 특히 필요하다고 인정되는 때'에는 금치기간 중이라도 접견·서신수발을 허가할 수 있도록 예외를 둠으로써 과도한 규제가 되지 않도록 조치하고 있으므로, 금치 수형자에 대한 접견·서신수발의 제한은 수용시설 내의 안전과 질서 유지라는 정당한 목적을 위하여 필요·최소한의 제한이다. 실외운동은 구금되어 있는 수형자의 신체적·정신적 건강 유지를 위한 최소한의 기본적 요청이라고 할 수 있는데, 금치처분을 받은 수형자는 일반 독거 수용자에 비하여 접견, 서신수발, 전화통화, 집필, 작업, 신문·도서 열람, 라디오청취, 텔레비전 시청 등이 금지되어(행형법 시행령 제145조 제2항 본문) 외부세계와의 교통이 단절된 상태에 있게 되며, 환기가 잘 안 되는 1평 남짓한 징벌실에 최장 2개월 동안 수용된다는 점을 고려할 때, 금치 수형자에 대하여 일체의 운동을 금지하는 것은 수형자의 신체적 건강뿐만 아니라 정신적 건강을 해칠 위험성이 현저히 높다. 따라서 금치처분을 받은 수형자에 대한 절대적인 운동의 금지는 징벌의 목적을 고려하더라도 그 수단과 방법에 있어서 필요한 최소한도의 범위를 벗어난 것으로서, 수형자의 헌법 제10조의 인간의 존엄과 가치 및 신체의 안전성이 훼손당하지 아니할 자유를 포함하는 제12조의 신체의 자유를 침해하는 정도에 이르렀다고 판단된다(헌재 2004.12.16, 2002헌마478).

042
08. 법무사

현행 형사소송법은 법원의 체포, 구속의 적부심사결정에 대하여 검사는 항고하지 못한다고 규정하고 있으므로, 피의자는 항고할 수 있다.   OㅣX

해설

[X] 법원의 체포, 구속의 적부심사결정에 대하여 검사는 물론 피의자도 항고하지 못한다(형사소송법 제214조의2 제8항 참조).

043

06. 국가직

범죄구성요건에 법관의 보충적 해석을 통해서 비로소 그 내용이 확정될 수 있는 개념을 사용하였다면 죄형법정주의에 위반된다.　　　　　O | X

해설

[X] 모든 법규범의 문언을 순수하게 기술적 개념만으로 구성하는 것은 입법기술적으로 불가능하고 또 바람직하지도 않기 때문에 어느 정도 가치개념을 포함한 일반적·규범적 개념을 사용하지 않을 수 없다. 따라서 명확성의 원칙이란 기본적으로 최대한이 아닌 최소한의 명확성을 요구하는 것이다. 그러므로 법문언이 해석을 통해서, 즉 법관의 보충적인 가치판단을 통해서 그 의미내용을 확인해낼 수 있고, 그러한 보충적 해석이 해석자의 개인적인 취향에 따라 좌우될 가능성이 없다면 명확성의 원칙에 반한다고 할 수 없다 할 것이다(헌재 1998.4.30, 95헌가16).

044

06. 국가직

영장주의가 행정상 즉시강제에 적용되는지 논란이 있으나, 행정상 즉시강제에는 원칙적으로 영장주의가 적용된다는 것이 헌법재판소의 입장이다.　　　　　O | X

해설

[X] 영장주의가 행정상 즉시강제에도 적용되는지에 관하여는 논란이 있으나, 행정상 즉시강제는 상대방의 임의이행을 기다릴 시간적 여유가 없을 때 하명 없이 바로 실력을 행사하는 것으로서, 그 본질상 급박성을 요건으로 하고 있어 법관의 영장을 기다려서는 그 목적을 달성할 수 없다고 할 것이므로, 원칙적으로 영장주의가 적용되지 않는다고 보아야 할 것이다(헌재 2002.10.31, 2000헌가12).

045

07. 법행

누구든지 체포·구속을 당한 때에는 즉시 변호인의 조력을 받을 권리를 가지고, 형사피고인이 스스로 변호인을 구할 수 없을 때에는 언제든지 국선변호인의 조력을 받을 수 있다.　　　　　O | X

해설

[X] 누구든지 체포 또는 구속을 당한 때에는 즉시 변호인의 조력을 받을 권리를 가진다. 다만, 형사피고인이 스스로 변호인을 구할 수 없을 때에는 '법률이 정하는 바'에 의하여 국가가 변호인을 붙인다(헌법 제12조 제4항).

046

09. 법행
08. 사시

헌법 제12조 제3항에서 영장발부에 관하여 '검사의 신청'에 의하게 한 취지는 수사단계에서 검사 이외의 다른 수사기관은 영장신청을 못하게 함으로써 인권유린의 폐해를 방지하는 데에 있다. 따라서 공판단계에서 법원이 직권으로 구속영장을 발부할 수 있도록 하는 법규정은 헌법에 위반된다.　　　　　O | X

해설

[X] 헌법 제12조 제3항이 영장의 발부에 관하여 '검사의 신청'에 의할 것을 규정한 취지는 모든 영장의 발부에 검사의 신청이 필요하다는 데에 있는 것이 아니라 수사단계에서 영장의 발부를 신청할 수 있는 자를 검사로 한정함으로써 검사 아닌 다른 수사기관의 영장신청에서 오는 인권유린의 폐해를 방지하고자 함에 있으므로, 공판단계에서 법원이 직권에 의하여 구속영장을 발부할 수 있음을 규정한 형사소송법 제70조 제1항 및 제73조 중 "피고인을 … 구인 또는 구금함에는 구속영장을 발부하여야 한다." 부분은 헌법 제12조 제3항에 위반되지 아니한다(헌재 1997.3.27, 96헌바28).

047

08. 국가직

법원이 직권으로 발부하는 영장과 수사기관의 청구에 의하여 발부하는 구속영장의 법적 성격은 같다.

O | X

해설

[X] 법원이 직권으로 발부하는 영장과 수사기관의 청구에 의하여 발부하는 구속영장의 법적 성격은 같지 않다. 즉, 전자는 명령장으로서의 성질을 가지나 후자는 허가장으로서의 성질을 가지는 것으로 이해되고 있다(헌재 1997.3.27, 96헌바28 · 31 · 32).

048

09. 법무사

외국에서 형사처벌을 과하는 확정판결을 받은 행위에 대하여 국내에서 다시 형사처벌을 과하는 것은 일사부재리의 원칙에 비추어 허용될 수 없다.

O | X

해설

[X] 외국에서 형사처벌을 과하는 확정판결을 받은 행위에 대하여 국내에서 다시 형사처벌을 과하는 것은 일사부재리의 원칙에 위반되지 않는다(대판 1983.10.25, 83도2366).

049

21. 경정승진

체포 · 구속 · 압수 또는 수색을 할 때에는 적법한 절차에 따라 검사의 신청에 의하여 법관이 발부한 영장을 제시하여야 한다. 다만, 현행범인인 경우와 장기 3년 이상의 형에 해당하는 죄를 범하고 도피 또는 증거인멸의 염려가 없을 때에는 사후에 영장을 청구할 수 있다.

O | X

해설

[X] 헌법 제12조 ③ 체포 · 구속 · 압수 또는 수색을 할 때에는 적법한 절차에 따라 검사의 신청에 의하여 법관이 발부한 영장을 제시하여야 한다. 다만, 현행범인인 경우와 장기 3년 이상의 형에 해당하는 죄를 범하고 도피 또는 증거인멸의 염려가 있을 때에는 사후에 영장을 청구할 수 있다.

050

09. 법행

구속된 피의자 · 피고인이 갖는 변호인과의 접견교통권은 헌법 제12조 제4항의 변호인의 조력을 받을 권리의 가장 중요한 내용에 속하나, 피구속자와 변호인 아닌 자, 변호인이 아닌 자와 피구속자가 접견할 권리는 헌법상 보호되는 기본권이 아니다.

O | X

해설

[X] 구속된 피의자 또는 피고인이 갖는 변호인 아닌 자와의 접견교통권은 피구속자가 가족 등 외부와 연결될 수 있는 통로를 적절히 개방하고 유지함으로써 한편으로는 가족 등 타인과 교류하는 인간으로서의 기본적인 생활관계가 인신의 구속으로 인하여 완전히 단절되어 파멸에 이르는 것을 방지하고, 다른 한편으로는 피의자 또는 피고인의 방어를 준비하기 위하여 반드시 보장되지 않으면 안 되는 인간으로서의 기본적인 권리에 해당하므로, 이는 성질상 헌법상의 기본권에 속한다고 보아야 할 것이다. 헌법재판소는 비록 헌법에 열거되지는 아니하였지만, 헌법 제10조의 행복추구권에 포함되는 기본권의 하나로서 일반적 행동자유권을 인정하고 있는데 미결수용자의 접견교통권은 이러한 일반적 행동자유권으로부터 나온다고 보아야 할 것이고 다른 한편으로는 무죄추정의 원칙을 규정한 헌법 제27조 제4항도 미결수용자의 접견교통권 보장의 한 근거가 될 것이다(헌재 2003.11.27, 2002헌마193).

□□□
051
10. 법원직
08. 법행

정당방위 규정은 법 각칙 전체의 구성요건조항에 대한 소극적 한계를 정하고 있는 규정으로서, 위법성을 조각시켜 범죄의 성립을 부정하는 기능을 하므로 죄형법정주의가 요구하는 명확성원칙이 적용되지 않는다.

O | X

해설

[X] 정당방위 규정은 법 각칙 전체의 구성요건조항에 대한 소극적 한계를 정하고 있는 규정으로서, 한편으로는 위법성을 조각시켜 범죄의 성립을 부정하는 기능을 하지만, 다른 한편으로는 정당방위가 인정되지 않는 경우 위법한 행위로서 범죄의 성립을 인정하게 하는 기능을 하므로 적극적으로 범죄성립을 정하는 구성요건 규정은 아니라 하더라도 죄형법정주의가 요구하는 명확성원칙이 적용된다(헌재 2001.6.28, 99헌바31).

□□□
052
08. 법행

불구속피의자나 피고인의 경우 형사소송법상 특별한 명문의 규정이 없더라도 스스로 선임한 변호인의 조력을 받기 위하여 변호인을 옆에 두고 조언과 상담을 구하는 것은 수사절차의 개시에서부터 재판절차의 종료에 이르기까지 언제나 가능하다.

O | X

해설

[O] 불구속피의자나 피고인의 경우 형사소송법상 특별한 명문의 규정이 없더라도 스스로 선임한 변호인의 조력을 받기 위하여 변호인을 옆에 두고 조언과 상담을 구하는 것은 수사절차의 개시에서부터 재판절차의 종료에 이르기까지 언제나 가능하다(헌재 2004.9.23, 2000헌마138).

□□□
053
08. 국회직 8급

헌법상 영장주의는 신체에 대한 직접적이고 현실적인 강제력이 행사되는 경우에만 적용되므로 한나라당 대통령후보 이명박의 주가조작 등 범죄혐의의 진상규명을 위한 특별검사의 임명 등에 관한 법률상 참고인에 대한 동행명령조항과 같이 형벌에 의한 불이익을 통해 심리적 · 간접적으로 일정한 행위를 강요하는 것에는 영장주의가 적용되지 않는다.

O | X

해설

[X] 참고인에 대한 동행명령제도는 참고인의 신체의 자유를 사실상 억압하여 일정 장소로 인치하는 것과 실질적으로 같으므로 헌법 제12조 제3항이 정한 영장주의원칙이 적용되어야 한다. 그럼에도 불구하고 법관이 아닌 특별검사가 동행명령장을 발부하도록 하고 정당한 사유 없이 이를 거부한 경우 벌금형에 처하도록 함으로써, 실질적으로는 참고인의 신체의 자유를 침해하여 지정된 장소에 인치하는 것과 마찬가지의 결과가 나타나도록 규정한 이 사건 동행명령조항은 영장주의원칙을 규정한 헌법 제12조 제3항에 위반되거나 적어도 위 헌법상 원칙을 잠탈하는 것이다(헌재 2008.1.10, 2007헌마1468).

054
09. 사시

마약류반응검사를 위하여 하는 소변채취는 법관의 영장을 필요로 하는 강제처분이라고 할 수 있으므로, 위 소변채취가 법관의 영장 없이 실시되었다는 것은 헌법 제12조 제3항의 영장주의를 위배한 것이다. O I X

해설

[X] 이 사건 소변채취는 교정시설의 안전과 질서유지를 위한 목적에서 행하는 것으로 수사에 필요한 처분이 아닐 뿐만 아니라 청구인과 같은 검사대상자에게 소변을 종이컵에 채취하여 제출하도록 한 것으로서 당사자의 협력이 불가피하므로 이를 두고 강제처분이라고 할 수도 없을 것이다. 따라서, 이 사건 소변채취를 법관의 영장을 필요로 하는 강제처분이라고 할 수 없어 구치소 등 교정시설 내에서 위와 같은 방법에 의한 소변채취가 법관의 영장이 없이 실시되었다고 하여 헌법 제12조 제3항의 영장주의에 위배하였다고 할 수는 없다(헌재 2006.7.27, 2005헌마277).

055
11. 경정승진

판결선고 전 구금일수의 산입시 일부만을 산입할 수 있도록 하는 것은 무죄추정원칙에 위반되지 않는다. O I X

해설

[X] 형법 제57조 제1항은 해당 법관으로 하여금 미결구금일수를 형기에 산입하되, 그 산입범위는 재량에 의하여 결정하도록 하고 있는바, 이처럼 미결구금일수 산입범위의 결정을 법관의 자유재량에 맡기는 이유는 피고인이 고의로 부당하게 재판을 지연시키는 것을 막아 형사재판의 효율성을 높이고, 피고인의 남상소를 방지하여 상소심 법원의 업무부담을 줄이는 데 있다. 그러나 미결구금을 허용하는 것 자체가 헌법상 무죄추정의 원칙에서 파생되는 불구속수사의 원칙에 대한 예외인데, 형법 제57조 제1항 중 '또는 일부' 부분은 그 미결구금일수 중 일부만을 본형에 산입할 수 있도록 규정하여 그 예외에 대하여 사실상 다시 특례를 설정함으로써, 기본권 중에서도 가장 본질적인 신체의 자유에 대한 침해를 가중하고 있다. 또한, 형법 제57조 제1항 중 '또는 일부' 부분이 상소제기 후 미결구금일수의 일부가 산입되지 않을 수 있도록 하여 피고인의 상소의사를 위축시킴으로써 남상소를 방지하려 하는 것은 입법목적 달성을 위한 적절한 수단이라고 할 수 없고, 남상소를 방지한다는 명목으로 오히려 구속 피고인의 재판청구권이나 상소권의 적정한 행사를 저해한다. 더욱이 구속 피고인이 고의로 재판을 지연하거나 부당한 소송행위를 하였다고 하더라도 이를 이유로 미결구금기간 중 일부를 형기에 산입하지 않는 것은 처벌되지 않는 소송상의 태도에 대하여 형벌적 요소를 도입하여 제재를 가하는 것으로서 적법절차의 원칙 및 무죄추정의 원칙에 반한다(헌재 2009.6.25, 2007헌바25).

056
10. 사시

무죄추정의 원칙은 이미 공소가 제기된 형사피고인에게만 적용될 뿐이고, 아직 공소가 제기되지 아니한 형사피의자에게는 적용되지 아니한다. O I X

해설

[X] 무죄추정의 원칙은 형사절차와 관련하여 아직 공소의 제기가 없는 피의자는 물론이고 공소가 제기된 피고인까지도 유죄의 판결이 확정될 때까지는 원칙적으로 죄가 없는 자에 준하여 다루어져야 하고, 그 불이익은 최소한에 그쳐야 한다는 원칙을 말한다(헌재 1990.11.19, 90헌가48).

057

10. 법행

특별검사가 참고인에게 지정된 장소까지 동행할 것을 명령할 수 있게 하고 동행명령을 받은 참고인이 정당한 이유 없이 이를 거부한 경우 벌금형에 처하도록 하는 것은 영장주의원칙에 위반된다.   O | X

해설

[O] 참고인에 대한 동행명령제도는 참고인의 신체의 자유를 사실상 억압하여 일정 장소로 인치하는 것과 실질적으로 같으므로 헌법 제12조 제3항이 정한 영장주의원칙이 적용되어야 한다. 그럼에도 불구하고 법관이 아닌 특별검사가 동행명령장을 발부하도록 하고 정당한 사유 없이 이를 거부한 경우 벌금형에 처하도록 함으로써, 실질적으로는 참고인의 신체의 자유를 침해하여 지정된 장소에 인치하는 것과 마찬가지의 결과가 나타나도록 규정한 이 사건 동행명령조항은 영장주의원칙을 규정한 헌법 제12조 제3항에 위반되거나 적어도 위 헌법상 원칙을 잠탈하는 것이다(헌재 2008.1.10, 2007헌마1468).

058

10. 국회직 8급

이중처벌금지의 원칙에 있어서 '처벌'이라고 함은 범죄에 대한 국가의 형벌권 실행으로서의 과벌(課罰)뿐만 아니라, 국가가 행하는 일체의 제재나 경제적인 불이익처분도 모두 포함된다.   O | X

해설

[X] 헌법 제13조 제1항 후단에 규정된 일사부재리 또는 이중처벌금지의 원칙에 있어서 '처벌'이라고 함은 원칙적으로 범죄에 대한 국가의 형벌권 실행으로서의 과벌을 의미하는 것이고 국가가 행하는 일체의 제재나 경제적인 불이익처분이 모두 그에 포함된다고는 할 수 없다(헌재 1995.6.29, 91헌마50).

059

10. 국회직 8급

영업주가 고용한 종업원이 그 업무와 관련하여 무면허의료행위를 한 경우에, 그와 같은 종업원의 범죄행위에 대해 영업주가 비난받을 만한 행위가 있었는지 여부, 가령 종업원의 범죄행위에 실질적으로 가담하였거나 지시 또는 도움을 주었는지, 아니면 영업주의 업무와 관련한 종업원의 행위를 지도하고 감독하는 노력을 게을리하였는지 여부와는 관계없이 종업원의 범죄행위가 있으면 자동적으로 영업주도 처벌하는 것은 무면허의료행위의 근절을 위해 불가피한 수단으로서 형벌에 관한 책임주의에 반하지 않는다.   O | X

해설

[X] 법인이 종업원 등의 위반행위와 관련하여 선임·감독상의 주의의무를 다하여 아무런 잘못이 없는 경우까지도 법인에게 형벌을 부과될 수밖에 없게 되어 법치국가의 원리 및 죄형법정주의로부터 도출되는 책임주의원칙에 반하므로 헌법에 위반된다(헌재 2009.7.30, 2008헌가16).

060

10. 국회직 8급

관계행정청이 등급분류를 받지 아니하거나 등급분류를 받은 게임물과 다른 내용의 게임물을 발견한 경우 관계공무원으로 하여금 이를 수거·폐기하게 할 수 있도록 하는 경우, 수거·폐기에 앞서 청문이나 의견제출 등 절차보장에 관한 규정을 두고 있지 않으면, 적법절차의 원칙에 위반된다.   O | X

해설

[X] 관계공무원이 당해 게임물 등을 수거한 때에는 그 소유자 또는 점유자에게 수거증을 교부하도록 하고 있고, 수거 등 처분을 하는 관계공무원이나 협회 또는 단체의 임·직원은 그 권한을 표시하는 증표를 지니고 관계인에게 이를 제시하도록 하는 등의 절차적 요건을 규정하고 있으므로, 이 사건 법률조항이 적법절차의 원칙에 위배되는 것으로 보기도 어렵다(헌재 2002.10.31, 2000헌가12).

061
11. 사시

무죄추정의 원칙상 금지되는 불이익은 형사절차 내에서의 불이익을 말하며, 일반 법생활영역에서의 기본권 제한과 같은 경우에는 적용되지 않는다.　　　　　　　　　　　　　　　　O | X

해설

[X] 우리 헌법 제27조 제4항은 "형사피고인은 유죄의 판결이 확정될 때까지는 무죄로 추정된다."고 명시하고 있고, 이같은 무죄추정의 원칙은 비단 형사절차에만 적용되는 것이 아니라 기타 일반 법생활영역에서의 기본권 제한과 같은 경우에도 적용되는 원칙이므로, 이 사건 법률조항이 무죄추정의 원칙에 반하는지 여부가 판단되어야 한다. 또한, 이 사건 법률조항에 의한 직무정지는 선거에 의하여 선출된 자치단체장의 직무를 불확정된 기한까지 정지하는 것으로서 실질적으로 당연퇴직에 상응할 만큼 공무담임권을 제한하는 것이고, 헌법상 무죄추정의 원칙과도 관련되어 있으므로, 그 기본권 제한이 적정한지 여부는 비례의 원칙에 따라 엄격하게 심사되어야 한다(헌재 2010.9.2, 2010헌마418).

062
11. 사시

법관으로 하여금 미결구금일수를 형기에 산입하되, 그 산입범위는 재량에 의하여 결정하도록 하는 형법규정은 신체의 자유를 침해한다.　　　　　　　　　　　　　　　　　　　　　　　O | X

해설

[O] 형법 제57조 제1항은 해당 법관으로 하여금 미결구금일수를 형기에 산입하되, 그 산입범위는 재량에 의하여 결정하도록 하고 있는바, 미결구금을 허용하는 것 자체가 헌법상 무죄추정의 원칙에서 파생되는 불구속수사의 원칙에 대한 예외인데, 형법 제57조 제1항 중 '또는 일부' 부분은 그 미결구금일수 중 일부만을 본형에 산입할 수 있도록 규정하여 그 예외에 대하여 사실상 다시 특례를 설정함으로써, 기본권 중에서도 가장 본질적인 신체의 자유에 대한 침해를 가중하고 있다. … 미결구금은 신체의 자유를 침해받는 피의자 또는 피고인의 입장에서 보면 실질적으로 자유형의 집행과 다를 바 없으므로, 인권보호 및 공평의 원칙상 형기에 전부 산입되어야 한다. 따라서 형법 제57조 제1항 중 '또는 일부' 부분은 헌법상 무죄추정의 원칙 및 적법절차의 원칙 등을 위배하여 합리성과 정당성 없이 신체의 자유를 침해한다(헌재 2009.6.25, 2007헌바25).

063
10. 법원직

유죄판결이 확정되어 교정시설에 수용 중인 수형자(受刑者)가 변호인과 주고받은 서신을 검열한 행위는 변호인의 조력을 받을 권리를 침해한 것이다.　　　　　　　　　　　　　　　　　　　O | X

해설

[X] 형사절차가 종료되어 교정시설에 수용 중인 수형자는 원칙적으로 변호인의 조력을 받을 권리의 주체가 될 수 없다. 다만, 수형자의 경우에도 재심절차 등에는 변호인 선임을 위한 일반적인 교통·통신이 보장될 수도 있겠으나, 기록에 의하면 청구인은 교도소 내에서의 처우를 왜곡하여 외부인과 연계, 교도소 내의 질서를 해칠 목적으로 변호사에게 이 사건 서신을 발송하려는 것이므로 이와 같은 경우에는 변호인의 조력을 받을 권리가 보장되는 경우에 해당한다고 할 수 없다(헌재 1998.8.27, 96헌마398).

064

10. 법행

헌법 제12조 제4항은 누구든지 체포 또는 구속을 당한 때에는 즉시 변호인의 조력을 받을 권리를 가지고 있다고 규정하고 있고, 형사피고인이 스스로 변호인을 구할 수 없을 때에는 법률이 정하는 바에 의하여 국가가 변호인을 붙인다고 규정하고 있다. 위 규정은 피의자에 대하여 일반적으로 국선변호인의 조력을 받을 권리가 있음을 천명한 것이라고 볼 수 있으므로, 사법경찰관은 피의자신문을 받는 단계에 있는 피의자가 제출하는 국선변호인 선정신청서를 법원에 제출하여야 할 의무가 있다. O | X

해설

[X] 일반적으로 형사사건에 있어 변호인의 조력을 받을 권리는 피의자나 피고인을 불문하고 보장되나, 그중 특히 국선변호인의 조력을 받을 권리는 피고인에게만 인정되는 것으로 해석함이 상당하다 할 것이고, 따라서 그 헌법 규정이 피의자에 대하여 일반적으로 국선변호인의 조력을 받을 권리가 있음을 천명한 것이라고 볼 수 없으며, 그 밖에 헌법상의 다른 규정을 살펴보아도 명시적이나 해석상으로 이를 인정할 근거가 없음은 물론, 더 나아가 사법경찰관이 피의자가 제출하는 국선변호인 선임신청서를 법원에 제출할 의무가 있다고 볼 헌법상의 근거도 없다(헌재 2008.9.25, 2007헌마1126).

065

10. 사시

변호인의 접견교통권은 신체를 구속당한 피고인이나 피의자의 인권보장과 방어준비를 위하여 필수불가결한 권리이므로 법령 또는 법원의 결정에 의한 제한이 없는 한, 수사기관의 처분으로 제한할 수는 없다. O | X

해설

[X] 변호인과의 자유로운 접견권은 변호인의 조력을 받을 권리의 가장 중요한 내용으로서 국가안전보장, 질서유지, 공공복리 등 어떠한 명분으로도 제한될 수 있는 성질의 것이 아니다(헌재 1992.1.28, 91헌마111). 형사소송법 제34조가 규정한 변호인의 접견교통권은 신체구속을 당한 피고인이나 피의자의 인권보장과 방어준비를 위하여 필수불가결한 권리이므로, 법령에 의한 제한이 없는 한 수사기관의 처분은 물론, 법원의 결정으로도 이를 제한할 수 없는 것이다(대결 1990.2.13, 89모37).

066

10. 법행

수사서류에 대한 법원의 열람·등사 허용 결정이 있음에도 불구하고 이를 거부하는 것은 그 거부행위 자체로써 피고인의 기본권을 침해한다. O | X

해설

[O] 법원의 열람·등사 허용 결정에도 불구하고 검사가 이를 신속하게 이행하지 아니하는 경우에는 해당 증인 및 서류 등을 증거로 신청할 수 없는 불이익을 받는 것에 그치는 것이 아니라, 그러한 검사의 거부행위는 피고인의 열람·등사권을 침해하고, 나아가 피고인의 신속·공정한 재판을 받을 권리 및 변호인의 조력을 받을 권리까지 침해하게 되는 것이다(헌재 2010.6.24, 2009헌마257).

067
10. 사시

형사피의사건의 구속적부심절차에서 피구속자의 변호를 맡은 변호사가 피구속자에 대한 고소장과 경찰의 피의자신문조서를 열람하여 그 내용을 제대로 파악하지 못한다면 피구속자를 충분히 조력할 수 없으므로, 위 서류들에 대한 변호사의 열람권은 피구속자의 변호인의 조력을 받을 권리와 뗄 수 없는 표리의 관계에 있어 헌법상의 기본권으로서 보호된다.　　　　　　　　　　　　　　　　　O | X

해설

> [O] 피구속자를 조력할 변호인의 권리 중 그것이 보장되지 않으면 피구속자가 변호인으로부터 조력을 받는다는 것이 유명무실하게 되는 핵심적인 부분은 '조력을 받을 피구속자의 기본권'과 표리의 관계에 있기 때문에 이러한 핵심부분에 관한 변호인의 조력할 권리 역시 헌법상의 기본권으로서 보호되어야 한다. … 구속적부심절차에서 피구속자에 대한 고소장과 경찰의 피의자신문조서의 열람은 피구속자를 충분히 조력하기 위하여 변호인인 청구인에게 그 열람이 반드시 보장되지 않으면 안되는 핵심적 권리로서 청구인의 기본권에 속한다 할 것이다. … 그렇다면 고소장과 피의자신문조서에 대한 열람 및 등사를 거부한 피청구인의 정보비공개결정은 청구인의 피구속자를 조력할 권리 및 알 권리를 침해하여 헌법에 위반된다고 할 것이다(헌재 2003.3.27, 2000헌마474).

068
10. 국회직 8급

음주운전 여부 단속을 위한 호흡측정을 거부하는 행위도 신체의 상태에 대한 진술거부에 속하는 것이긴 하나, 음주운전 여부 단속을 위한 호흡측정은 질서유지를 위한 정당한 제한이라고 보는 것이 헌법재판소의 판례이다.　　　　　　　　　　　　　　　　　　　　　　　　　　　　　O | X

해설

> [X] 주취운전의 혐의자에게 호흡측정기에 의한 주취 여부의 측정에 응할 것을 요구하고 이에 불응할 경우 처벌한다고 하여도 이는 형사상 불리한 '진술'을 강요하는 것에 해당한다고 할 수 없으므로 헌법 제12조 제2항의 진술거부권 조항에 위배되지 아니한다(헌재 1997.3.27, 96헌가11).

069
12. 경정승진

관계행정청이 등급분류를 받지 않은 게임물을 발견하여 관계공무원으로 하여금 이를 수거 · 폐기하게 할 수 있도록 하는 경우, 수거 · 폐기에 앞서 청문이나 의견제출 등 절차보장에 관한 규정을 두고 있지 않으면, 적법절차의 원칙에 위반된다.　　　　　　　　　　　　　　　　　　　　　O | X

해설

> [X] 이 사건 법률조항은 앞에서 본 바와 같이 급박한 상황에 대처하기 위한 것으로서 그 불가피성과 정당성이 충분히 인정되는 경우이므로, 이 사건 법률조항이 영장 없는 수거를 인정한다고 하더라도 이를 두고 헌법상 영장주의에 위배되는 것으로는 볼 수 없고, 위 구 음반 · 비디오물 및 게임물에 관한 법률 제24조 제4항에서 관계공무원이 당해 게임물 등을 수거한 때에는 그 소유자 또는 점유자에게 수거증을 교부하도록 하고 있고, 동조 제6항에서 수거 등 처분을 하는 관계공무원이나 협회 또는 단체의 임 · 직원은 그 권한을 표시하는 증표를 지니고 관계인에게 이를 제시하도록 하는 등의 절차적 요건을 규정하고 있으므로, 이 사건 법률조항이 적법절차의 원칙에 위배되는 것으로 보기도 어렵다(헌재 2002.10.31, 2000헌가12).

□□□ 070
11. 국회직 8급

독점규제 및 공정거래에 관한 법률상 불공정 거래행위에 해당하는 부당내부거래를 했다고 하더라도 아직은 법원의 유·무죄 판단이 가려지지 않은 상태라면 과징금을 부과할 수 없다. O | X

해설

> [X] 공정거래위원회로 하여금 부당내부거래를 한 사업자에 대하여 그 매출액의 2% 범위 내에서 부과하도록 한 과징금은 형사처벌이 아닌 행정상의 제재이고, 행정소송에 관한 판결이 확정되기 전에 행정청의 처분에 대하여 공정력과 집행력을 인정하는 것은 이사건 과징금에 국한되는 것이 아니라 우리 행정법체계에서 일반적으로 채택되고 있는 것이므로, 과징금 부과처분에 대하여 공정력과 집행력을 인정한다고 하여 이를 확정판결 전의 형벌집행과 같은 것으로 보아 무죄추정의 원칙에 위반된다고 할 수 없다(헌재 2003.7.24, 2001헌가25).

□□□ 071
11. 국회직 9급

형사절차가 종료되어 교정시설에 수용 중인 수형자도 원칙적으로는 변호인의 조력을 받을 권리의 주체가 된다. O | X

해설

> [X] 형사절차가 종료되어 교정시설에 수용 중인 수형자는 원칙적으로 변호인의 조력을 받을 권리의 주체가 될 수 없다(헌재 1998.8.27, 96헌마398).

□□□ 072
11. 국회직 9급

적법절차원리는 형사절차, 행정절차, 입법작용 등에까지 광범위하게 적용되는 헌법상 원리로서 국회의 대통령에 대한 탄핵소추절차에도 직접 적용된다. O | X

해설

> [X] 국가기관이 국민과의 관계에서 공권력을 행사함에 있어서 준수해야 할 법원칙으로서 형성된 적법절차의 원칙을 국가기관에 대하여 헌법을 수호하고자 하는 탄핵소추절차에는 직접 적용할 수 없다(헌재 2004.5.14, 2004헌나1).

□□□ 073
11. 국회직 9급

수사상 필요에 의하여 수사기관이 직접강제에 의하여 지문을 채취하려 하는 경우에는 영장주의가 적용되지 않는다. O | X

해설

> [X] 신원확인 목적의 지문채취는 영장주의가 적용되지 않지만, 수사상 필요에 의하여 수사기관이 직접강제에 의하여 지문을 채취하려 하는 경우에는 반드시 법관이 발부한 영장에 의하여야 한다(헌재 2004.9.23, 2002헌가17).

074

12. 지방직

헌법 제12조 제4항에서 변호인의 조력을 받을 권리를 보장하는 목적은 피의자 또는 피고인의 방어권 행사를 보장하기 위한 것이므로 미결수용자 또는 변호인이 원하는 특정한 시점에 접견이 이루어지지 못한 경우 이는 곧바로 변호인의 조력을 받을 권리가 침해되었다고 보아야 한다. O | X

해설

[X] 미결수용자 또는 변호인이 원하는 특정한 시점에 접견이 이루어지지 못하였다 하더라도 그것만으로 곧바로 변호인의 조력을 받을 권리가 침해되었다고 단정할 수는 없는 것이고, 변호인의 조력을 받을 권리가 침해되었다고 하기 위해서는 접견이 불허된 특정한 시점을 전후한 수사 또는 재판의 진행 경과에 비추어 보아, 그 시점에 접견이 불허됨으로써 피의자 또는 피고인의 방어권 행사에 어느 정도는 불이익이 초래되었다고 인정할 수 있어야만 하며, 그 시점을 전후한 변호인 접견의 상황이나 수사 또는 재판의 진행과정에 비추어 미결수용자가 방어권을 행사하기 위해 변호인의 조력을 받을 기회가 충분히 보장되었다고 인정될 수 있는 경우에는, 비록 미결수용자 또는 그 상대방인 변호인이 원하는 특정 시점에는 접견이 이루어지지 못하였다 하더라도 변호인의 조력을 받을 권리가 침해되었다고 할 수 없는 것이다(헌재 2011.5.26, 2009헌마341).

075

13. 법원직

변호인의 조력을 받을 권리의 내용 중 하나인 미결수용자의 변호인접견권은 어떠한 경우에도 제한될 수 없다. O | X

해설

[X] 헌법재판소가 91헌마111 결정에서 미결수용자와 변호인과의 접견에 대해 어떠한 명분으로도 제한할 수 없다고 한 것은 구속된 자와 변호인간의 접견이 실제로 이루어지는 경우에 있어서의 '자유로운 접견', 즉 '대화내용에 대하여 비밀이 완전히 보장되고 어떠한 제한, 영향, 압력 또는 부당한 간섭 없이 자유롭게 대화할 수 있는 접견'을 제한할 수 없다는 것이지, 변호인과의 접견 자체에 대해 아무런 제한도 가할 수 없다는 것을 의미하는 것이 아니므로 미결수용자의 변호인접견권 역시 국가안전보장 · 질서유지 또는 공공복리를 위해 필요한 경우에는 법률로써 제한될 수 있음은 당연하다(헌재 2011.5.26, 2009헌마341).

076

12. 지방직

변호인의 수사기록 열람 · 등사에 대한 제한은 변호인의 기본권을 제한하는 것으로 피고인에게 보장된 변호인의 조력을 받을 권리와는 관계없는 것이다. O | X

해설

[X] 피고인의 신속 · 공정한 재판을 받을 권리 및 변호인의 조력을 받을 권리는 헌법이 보장하고 있는 기본권이고, 변호인의 수사서류 열람 · 등사권은 피고인의 신속 · 공정한 재판을 받을 권리 및 변호인의 조력을 받을 권리라는 헌법상 기본권의 중요한 내용이자 구성요소이며 이를 실현하는 구체적인 수단이 된다. 따라서 변호인의 수사서류 열람 · 등사를 제한함으로 인하여 결과적으로 피고인의 신속 · 공정한 재판을 받을 권리 또는 변호인의 충분한 조력을 받을 권리가 침해된다면 이는 헌법에 위반되는 것이다(헌재 2010.6.24, 2009헌마257).

077
23. 경찰 1차

법원이 검사의 열람·등사 거부처분에 정당한 사유가 없다고 판단하고 그러한 거부처분이 피고인의 헌법상 기본권을 침해한다는 취지에서 수사서류의 열람·등사를 허용하도록 명한 이상 검사로서는 당연히 법원의 그러한 결정에 지체 없이 따라야 하지만, 별건으로 공소제기되어 확정된 관련 형사사건 기록에 관한 경우에는 이를 따르지 않을 수 있다. O | X

해설

[X] 법원이 검사의 열람·등사 거부처분에 정당한 사유가 없다고 판단하고 그러한 거부처분이 피고인의 헌법상 기본권을 침해한다는 취지에서 수사서류의 열람·등사를 허용하도록 명한 이상, 법치국가와 권력분립의 원칙상 검사로서는 당연히 법원의 그러한 결정에 지체 없이 따라야 하며, 이는 별건으로 공소제기되어 확정된 관련 형사사건 기록에 관한 경우에도 마찬가지이다(헌재 2022.6.30, 2019헌마356).

078
23. 경찰간부

난민인정신청을 하였으나 난민인정심사불회부 결정을 받고 인천공항 송환대기실에 계속 수용된 외국인의 경우 형사절차에서 구속된 자로 볼 수는 없으므로 변호인의 조력을 받을 권리는 보장되지 않는다. O | X

해설

[X] 헌법 제12조 제4항 본문에 규정된 "구속"은 사전적 의미의 구속 중에서도 특히 사람을 강제로 붙잡아 끌고 가는 구인과 사람을 강제로 일정한 장소에 가두는 구금을 가리키는데, 이는 형사절차뿐 아니라 행정절차에서도 가능하다. 위와 같은 점을 종합해 보면, 헌법 제12조 제4항 본문에 규정된 "구속"을 형사절차상 구속뿐 아니라 행정절차상 구속까지 의미하는 것으로 보아도 문언해석의 한계를 넘지 않는다. 헌법 제12조 제4항 본문의 문언 및 헌법 제12조의 조문 체계, 변호인 조력권의 속성, 헌법이 신체의 자유를 보장하는 취지를 종합하여 보면 헌법 제12조 제4항 본문에 규정된 "구속"은 사법절차에서 이루어진 구속뿐 아니라, 행정절차에서 이루어진 구속까지 포함하는 개념이다. 따라서 헌법 제12조 제4항 본문에 규정된 변호인의 조력을 받을 권리는 행정절차에서 구속을 당한 사람에게도 즉시 보장된다(헌재 2018.5.31, 2014헌마346).

079
23. 경찰간부

살인미수 등 사건의 수형자이면서 공무집행방해 등 사건의 미결수용자와 같은 지위에 있는 수형자의 변호인이 위 수형자에게 보낸 서신을 교도소장이 금지물품 동봉 여부를 확인하기 위하여 개봉한 후 교부한 행위는 위 수형자가 갖는 변호인의 조력을 받을 권리를 침해하지 않는다. O | X

해설

[O] 이 사건 서신개봉행위로 인하여 미결수용자가 변호인과 자유롭게 소송관련 서신을 수수함으로써 누릴 수 있는 편익이 일부 제한되었다고 하더라도, 변호인과의 서신 수수 이외에도 형집행법상 변호인과의 접견, 전화통화 등을 통해 변호인의 충분한 조력이 가능한 이상 위와 같은 정도의 사익의 제한이 달성되는 공익에 비하여 중대하다고 보기 어렵다. … 이 사건 서신개봉행위는 과잉금지원칙에 위반되지 아니하므로 청구인의 변호인의 조력을 받을 권리를 침해하지 아니한다(헌재 2021.10.28, 2019헌마973).

080

23. 경찰간부

별건으로 공소제기 후 확정되어 검사가 보관하고 있는 서류에 대해 법원의 열람·등사 허용 결정이 있었음에도 불구하고 청구인에 대한 형사사건과 별건이라는 이유로 검사가 해당 서류의 열람·등사를 허용하지 아니한 행위는 청구인이 갖는 변호인의 조력을 받을 권리를 침해한다. O | X

해설

[O] 법원이 열람·등사 허용 결정을 하였음에도 검사가 이를 신속하게 이행하지 아니하는 경우에는 해당 증인 및 서류 등을 증거로 신청할 수 없는 불이익을 받는 것에 그치는 것이 아니라, 그러한 검사의 거부행위는 피고인의 열람·등사권을 침해하고, 나아가 피고인의 신속·공정한 재판을 받을 권리 및 변호인의 조력을 받을 권리까지 침해하게 되는 것이다(헌재 2022.6.30, 2019헌마356).

081

23. 경찰간부

미결수용자와 변호인 아닌 자와의 접견내용을 녹음·녹화함으로써 증거인멸이나 형사 법령 저촉 행위의 위험을 방지하고 교정시설 내의 안전과 질서유지에 기여하려는 공익은 미결수용자가 받게 되는 사익의 제한보다 훨씬 크고 중요한 것이므로 법익의 균형성이 인정된다. O | X

해설

[O] 청구인의 접견내용을 녹음함으로써 증거인멸이나 형사법령 저촉행위의 위험을 방지하고, 교정시설 내의 안전과 질서유지에 기여하려는 공익은 청구인의 사익의 제한보다 훨씬 크고 중요한 것이라고 할 것이므로, 법익의 불균형을 인정하기도 어렵다(헌재 2012.12.27, 2010헌마153).

082

12. 국회직 9급

헌법 제27조 제4항에서 "형사피고인은 유죄의 판결이 확정될 때까지는 무죄로 추정된다."고 규정하고 있으므로, 형사피의자 단계에서는 이 원칙이 적용되지 않는다. O | X

해설

[X] 헌법이 신체의 자유를 철저히 보장하기 위하여 두고 있는 여러 규정 중의 하나인 헌법 제27조 제4항은 "형사피고인은 유죄의 판결이 확정될 때까지는 무죄로 추정된다."라고 하여 무죄추정의 원칙 내지 피고인의 무죄추정권을 규정하고 있는데, 이러한 무죄추정권은 공판절차에 선행하는 수사절차의 단계에 위치한 피의자에 대하여도 당연히 인정된다(헌재 2003.11.27, 2002헌마193).

083

12. 법행

범죄의 피의자로 입건된 사람이 경찰공무원이나 검사의 신문을 받으면서 자신의 신원을 밝히지 않고 지문채취에 불응하는 경우 그로 하여금 벌금, 과료, 구류의 형사처벌을 받도록 하고 있는 구 경범죄 처벌법의 조항은 적법절차원칙에 위배된다. O | X

해설

[X] 이 사건 법률조항은 피의자의 신원확인을 원활하게 하고 수사활동에 지장이 없도록 하기 위한 것으로 그 목적은 정당하고, 적절한 방법이라 할 수 있다. 그리고 신원을 확인할 수 있는 다른 수단이 없는 경우에 보충적으로만 적용하도록 하고 있으므로 피의자에 대한 피해를 최소화하기 위한 고려를 하고 있는 것으로 볼 수 있다. … 적법절차원칙에 위배되지 않는다고 볼 것이다(헌재 2004.9.23, 2002헌가17 등).

084

12. 지방직

공판절차에서 참고인이라 할 수 있는 증인을 구인하는 경우에는 영장주의가 적용되지 않는다.　O | X

해설

[X] 검사 또는 사법경찰관은 수사에 필요한 때에는 피의자 아닌 자, 즉 참고인의 출석을 요구하여 진술을 들을 수 있다(형사소송법 제221조 제1항 전문 참조). 그런데 만일 수사기관이 참고인에 대하여 신체의 자유를 억압하여 출석을 강제하려 한다면 이 경우에 헌법 제12조 제3항의 영장주의가 적용됨은 두말할 나위도 없다. 왜냐하면 헌법 제12조 제1항과 제3항이 그 적용대상을 '모든 국민'으로 규정하여 그 범위를 피의자나 피고인으로 한정하고 있지 않을 뿐 아니라, 참고인은 수사에 대한 협조자이므로 그 신체의 자유는 범죄혐의자인 피의자의 그것보다 훨씬 더 보호되어야 하고, 공판절차에서의 참고인이라 할 수 있는 증인을 구인하는 경우에도 영장주의(형사소송법 제73조, 제152조, 제153조)가 적용되기 때문이다.

085

12. 지방직

현행범으로 체포된 피의자에 대하여 구속영장을 청구받은 지방법원판사는 피의자 또는 그 변호인, 법정대리인, 배우자, 직계친족, 형제자매, 호주, 가족이나 동거인 또는 고용주의 신청이 있을 때에만 피의자를 심문할 수 있다.　O | X

해설

[X] 형사소송법 제200조의2(영장에 의한 체포), 제200조의3(긴급체포) 또는 제212조(현행범인의 체포)에 따라 체포된 피의자에 대하여 구속영장을 청구받은 판사는 지체 없이 피의자를 심문하여야 한다. 이 경우 특별한 사정이 없는 한 구속영장이 청구된 날의 다음 날까지 심문하여야 한다(형사소송법 제201조의2 제1항 참조). 과거에는 '임의적 심문'이었지만 형사소송법 개정으로 현재는 '필요적 심문'이다.

086

12. 법행

무죄추정의 원칙은 우리나라에서는 제3공화국 헌법에서 신설된 후, 현행 헌법에서는 공소제기된 형사피고인에 적용되는 것으로 규정되어 있지만, 공소제기 전의 형사피의자에 대한 무죄추정 역시 인정된다는 것이 판례의 입장이다.　O | X

해설

[X] 무죄추정의 원칙은 1980년 제8차 개정헌법에서 처음 명문화되었다.

087

12. 법행

특정 범죄자에 대한 위치추적 전자장치 부착 등에 관한 법률에 의한 전자감시제도는 성폭력범죄로부터 국민을 보호함을 목적으로 하는 일종의 보안처분이나, 전자감시제도의 목적과 성격, 그 운영에 관한 위 법률의 규정 내용 및 취지 등을 종합해 보면, 형벌에 관한 소급입법금지의 원칙이 그대로 적용되어야 한다.　O | X

해설

[X] 특정 범죄자에 대한 위치추적 전자장치 부착 등에 관한 법률에 의한 전자감시제도는 성폭력범죄자의 재범방지와 성행교정을 통한 재사회화를 위하여 그의 행적을 추적하여 위치를 확인할 수 있는 전자장치를 신체에 부착하게 하는 부가적인 조치를 취함으로써 성폭력범죄로부터 국민을 보호함을 목적으로 하는 일종의 보안처분이다. 이러한 전자감시제도의 목적과 성격, 그 운영에 관한 위 법률의 규정 내용 및 취지 등을 종합해 보면, 전자감시제도는 범죄행위를 한 자에 대한 응보를 주된 목적으로 그 책임을 추궁하는 사후적 처분인 형벌과 구별되어 그 본질을 달리하는 것으로서 형벌에 관한 소급입법금지의 원칙이 그대로 적용되지 않으므로, 위 법률이 개정되어 부착명령기간을 연장하도록 규정하고 있더라도 그것이 소급입법금지의 원칙에 반한다고 볼 수 없다(대판 2010.12.23, 2010도11996 · 2010전도86).

088
13. 사시

치료감호의 종료시점을 일정한 기간의 도과시점으로 정하지 않고 치유의 완성시점으로 정하는 것은 보안처분의 본질에 부합하지 않는다는 것이 헌법재판소의 입장이다. O | X

해설

[X] 치료감호의 기간을 미리 법정하지 않고 계속 수용하여 치료할 수 있도록 하는 것은 정신장애자의 개선 및 재활과 사회의 안전에 모두 도움이 되고 이로서 달성되는 사회적 공익은 상당히 크다고 할 수 있다. 한편, 피치료감호자는 계속적인 치료감호를 통하여 정신장애로부터의 회복을 기대할 수 있는 이익도 있을 뿐만 아니라, 가종료, 치료위탁 등 법적 절차를 통하여 장기수용의 폐단으로부터 벗어날 수도 있으므로, 이 사건 법률조항이 치료감호에 기간을 정하지 아니함으로 말미암아 초래될 수 있는 사익의 침해는 그로써 얻게 되는 공익에 비하여 크다고 볼 수 없다. 따라서 이 사건 법률조항은 과잉금지의 원칙에 위배되지 아니하므로 청구인의 신체의 자유를 침해하는 것이라고 볼 수 없다(헌재 2005.2.3, 2003헌바1).

089
13. 사시

진술거부권은 현재 피의자나 피고인으로서 수사 또는 공판절차에 계속 중인 자뿐만 아니라 장차 피의자나 피고인이 될 자에게도 보장되며, 형사절차뿐 아니라 행정절차나 국회에서의 조사절차 등에서도 보장되어야 하는 것이지만 법률로써 진술을 강제하는 것은 진술거부권의 침해에 해당되지 아니한다. O | X

해설

[X] 진술거부권을 국민의 기본적 권리로 보장하는 것은 첫째 피고인 또는 피의자의 인권을 실체적 진실발견이나 사회정의의 실현이라는 국가이익보다 우선적으로 보호함으로써 인간의 존엄성과 가치를 보장하고 나아가 비인간적인 자백의 강요와 고문을 근절하려는 데 있고, 둘째 피고인 또는 피의자와 검사 사이에 무기평등을 도모하여 공정한 재판의 이념을 실현하려는 데 있다. 이와 같은 의미를 지닌 진술거부권은 형사절차뿐만 아니라 행정절차나 국회에서의 조사절차 등에서도 보장되며, 현재 피의자나 피고인으로서 수사 또는 공판절차에 계속 중인 자뿐만 아니라 장차 피의자나 피고인이 될 자에게도 보장된다. 또한, 진술거부권은 고문 등 폭행에 의한 강요는 물론 법률로써도 진술을 강요당하지 아니함을 의미한다(헌재 2005.12.22, 2004헌바25).

090
13. 경정승진

마약류 관련 수형자에 대하여 마약류반응검사를 위하여 소변을 받아 제출하게 한 것은 수사에 필요한 처분이므로, 법관이 발부한 영장을 필요로 한다. O | X

해설

[X] 이 사건 소변채취는 교정시설의 안전과 질서유지를 위한 목적에서 행하는 것으로 수사에 필요한 처분이 아닐 뿐만 아니라 청구인과 같은 검사대상자에게 소변을 종이컵에 채취하여 제출하도록 한 것으로서 당사자의 협력이 불가피하므로 이를 두고 강제처분이라고 할 수도 없을 것이다. 따라서, 이 사건 소변채취를 법관의 영장을 필요로 하는 강제처분이라고 할 수 없어 구치소 등 교정시설 내에서 위와 같은 방법에 의한 소변채취가 법관의 영장이 없이 실시되었다고 하여 헌법 제12조 제3항의 영장주의에 위배하였다고 할 수는 없다(헌재 2006.7.27, 2005헌마277).

정치자금의 수입·지출에 관한 내역을 회계장부에 허위기재하거나 관할 선거관리위원회에 허위보고한 정당의 회계책임자를 형사처벌하는 구 정치자금에 관한 법률의 규정은 헌법 제12조 제2항이 보장하는 진술거부권을 침해하여 헌법에 위반된다.　　　　　　　　　　　　　　　　　　　　　　　　　　　　O | X

해설

[X] 정치자금법 제31조 제1호 중 제22조 제1항의 허위기재 부분과 제24조 제1항의 허위보고 부분은 궁극적으로 정치자금의 투명성을 확보하여 민주정치의 건전한 발전을 도모하려는 것으로서 그 입법목적이 정당하고, 위 조항들이 규정하고 있는 정치자금에 대한 정확한 수입과 지출의 기재·신고에 의하여 정당의 수입과 지출에 관하여 정확한 정보를 얻고 이를 검증할 수 있게 되므로, 이는 위 입법목적과 밀접한 관련을 갖는 적절한 수단이다. 또한, 정치자금에 관한 사무를 처리하는 선거관리위원회가 모든 정당·후원회·국회의원 등의 모든 정치자금내역을 파악한다는 것은 거의 불가능에 가까우므로 만일 불법 정치자금의 수수내역을 기재하고 이를 신고하는 조항이 없다면 '정치자금의 투명성 확보'라는 정치자금법 본연의 목적을 달성할 수 없게 된다는 점에서 위 조항들의 시행은 정치자금법의 입법목적을 달성하기 위한 필수불가결한 조치라고 할 것이고, 달리 이보다 진술거부권을 덜 침해하는 방안을 현실적으로 찾을 수 없다. 마지막으로, 위 조항들을 통하여 달성하고자 하는 정치자금의 투명한 공개라는 공익은 불법 정치자금을 수수한 사실을 회계장부에 기재하고 신고해야 할 의무를 지키지 않은 채 진술거부권을 주장하는 사익보다 우월하다. 결국, 정당의 회계책임자가 불법 정치자금이라도 그 수수내역을 회계장부에 기재하고 이를 신고할 의무가 있다고 규정하고 있는 위 조항들은 헌법 제12조 제2항이 보장하는 진술거부권을 침해한다고 할 수 없다(헌재 2005.12.22, 2004헌바25).

이중처벌금지원칙을 규정한 헌법 제13조 제1항, 즉 "모든 국민은 … 동일한 범죄에 대하여 거듭 처벌받지 아니한다."에서 말하는 '처벌'은 범죄에 대한 국가의 형벌권 실행으로서의 과벌뿐만 아니라, 국가가 행하는 일체의 제재나 불이익처분 모두가 그 '처벌'에 포함된다.　　　　　　　　　　　　　　　　　　　　　　　　O | X

해설

[X] 헌법 제13조 제1항이 정한 '이중처벌금지의 원칙'은 동일한 범죄행위에 대하여 국가가 형벌권을 거듭 행사할 수 없도록 함으로써 국민의 기본권 특히 신체의 자유를 보장하기 위한 것이므로, 그 '처벌'은 원칙적으로 범죄에 대한 국가의 형벌권 실행으로서의 과벌을 의미하는 것이고, 국가가 행하는 일체의 제재나 불이익처분을 모두 그에 포함된다고 할 수는 없다(헌재 2008.7.31, 2007헌바85).

교도소·구치소에 수용 중인 자를 기초생활보장급여의 지급대상에서 제외시키는 것은 무죄추정의 원칙에 반한다.　　O | X

해설

[X] '국민기초생활 보장법'상의 수급권자가 구치소에 수감되어 형이 확정되지 않은 상황에서 개별가구에서 제외되는 것은 그 사람을 유죄로 취급하여 어떠한 불이익을 주기 위한 것이 아니라 '국민기초생활 보장법'의 보충급여의 원칙에 따라 다른 법령에 의하여 생계유지의 보호를 받게 되는 경우, 중복적인 보장을 피하기 위해 개별가구에서 제외시키는 것으로 이를 '유죄인정의 효과'로서의 불이익이라고 볼 수 없는바, 이 사건 조항이 무죄추정의 원칙에 위반된다고 볼 수도 없다(헌재 2011.3.31, 2009헌마617).

094

13. 변호사
12. 지방직

지방자치단체의 장이 공소제기된 후 구금상태에 있는 경우 부단체장이 그 권한을 대행하도록 한 지방자치법 조항은 유죄판결이나 그 확정을 기다리지 아니한 채 바로 단체장의 직무를 정지시키고 있으므로 무죄추정의 원칙에 반한다.　　　　　　　　　　　　　　　　　　　　　　　　　　　　　O I X

해설

[X] '공소제기된 후 구금상태'에 있음을 이유로 형사피고인의 지위에 있는 자치단체장의 직무를 정지시키는 것은, 공소제기된 자로서 구금되었다는 사실 자체에 사회적 비난의 의미를 부여한다거나 그 유죄의 개연성에 근거하여 직무를 정지시키는 것이 아니라, 구금의 효과, 즉 구속되어 있는 자치단체장의 물리적 부재상태로 인해 객관적으로 업무의 효율성이 저하되고 자치단체행정의 원활하고 계속적인 운영에 위험이 발생할 것이 명백하므로 이를 미연에 방지하기 위하여 직무를 정지시키는 것이다. 따라서 이 사건 법률조항이 가하고 있는 직무정지는 '범죄사실의 인정 또는 유죄의 인정에서 비롯되는 불이익'이라거나 '유죄를 근거로 하는 사회윤리적 비난'이라고 볼 수 없으므로, 이 사건 법률조항은 헌법 제27조 제4항이 선언하는 무죄추정의 원칙에 위배되지 않는다 할 것이다(헌재 2011.4.28, 2010헌마474).

095

13. 경정승진

러·일전쟁 개전시부터 1945년 8월 15일까지 친일반민족행위자가 취득한 재산을 친일행위의 대가로 취득한 재산으로 추정하는 친일반민족행위자 재산의 국가귀속에 관한 특별법 조항은 추정 번복을 어렵게 하고 있어 법치국가원리가 요구하는 적법절차원칙에 반한다.　　　　　　　　　　　　　　O I X

해설

[X] 친일재산의 국가귀속이 해방 이후 오랜 시간이 경과한 상황에서 이루어지고 있어서 친일재산 여부를 국가 측이 일일이 입증하는 것은 곤란한 반면, 일반적으로 재산의 취득자 측은 취득내역을 잘 알고 있을 개연성이 높다. 또한, 이 사건 추정조항이 친일반민족행위자 측에 전적으로 입증책임을 전가한 것도 아니고, 행정소송을 통해 추정을 번복할 수 있는 방도도 마련되어 있으며, 가사 처분청 또는 법원이 이러한 추정의 번복을 쉽게 인정하지 않는다 할지라도 이는 처분청 또는 법원이 추정조항의 취지를 충분히 실현하지 못한 결과이지 추정조항을 활용한 입법적 재량이 일탈·남용되었다고 보기 어렵다. 따라서 이 사건 추정조항이 재판청구권을 침해한다거나 적법절차원칙에 반한다고 할 수 없다(헌재 2011.3.31, 2008헌바141 등).

096

13. 국가직

압수물에 대한 소유권포기가 있다면, 사법경찰관이 법에서 정한 압수물폐기의 요건과 상관없이 임의로 압수물을 폐기하였어도 이것이 적법절차원칙을 위반한 것은 아니다.　　　　　　　　　　　　O I X

해설

[X] 압수물은 검사의 이익을 위해서뿐만 아니라 이에 대한 증거신청을 통하여 무죄를 입증하고자 하는 피고인의 이익을 위해서도 존재하므로 사건종결시까지 이를 그대로 보존할 필요성이 있다. 따라서 사건종결 전 일반적 압수물의 폐기를 규정하고 있는 형사소송법 제130조 제2항은 엄격히 해석할 필요가 있으므로, 위 법률조항에서 말하는 '위험발생의 염려가 있는 압수물'이란 사람의 생명, 신체, 건강, 재산에 위해를 줄 수 있는 물건으로서 보관 자체가 대단히 위험하여 종국판결이 선고될 때까지 보관하기 매우 곤란한 압수물을 의미하는 것으로 보아야 하고, 이러한 사유에 해당하지 아니하는 압수물에 대하여는 설사 피압수자의 소유권포기가 있다 하더라도 폐기가 허용되지 아니한다고 해석하여야 한다. 피청구인은 이 사건 압수물을 보관하는 것 자체가 위험하다고 볼 수 없을 뿐만 아니라 이를 보관하는 데 아무런 불편이 없는 물건임이 명백함에도 압수물에 대하여 소유권포기가 있다는 이유로 이를 사건종결 전에 폐기하였는바, 위와 같은 피청구인의 행위는 적법절차의 원칙을 위반하고, 청구인의 공정한 재판을 받을 권리를 침해한 것이다(헌재 2012. 12.27, 2011헌마351).

097

13. 경정승진

각급 선거관리위원회의 의결을 거쳐 행하는 사항에 대하여 행정절차법의 규정을 적용하는 것은 선거운동의 특성상 선거법 위반행위인지 여부와 그에 대한 조치가 공정하고 신중하게 결정되어야 하기 때문이다.

O | X

해설

[X] 각급 선거관리위원회의 의결을 거쳐 행하는 사항에 대하여는 원칙적으로 행정절차에 관한 규정이 적용되지 않는바(행정절차법 제3조 제2항 제4호), 이는 권력분립의 원리와 선거관리위원회 의결절차의 합리성을 고려한 것으로 보인다. 또한, 선거운동의 특성상 선거법 위반행위인지 여부와 그에 대한 조치는 가능하면 신속하게 결정되어야 할 뿐 아니라, 선거관리위원회법 제14조의2의 조치가 위반행위자에 대하여 종국적 법률효과를 발생시키는 것도 아니므로, 위반행위자에게 의견진술의 기회를 보장하는 것이 반드시 필요하거나 적절하다고 보기는 어렵다. 이와 같이 선거관리의 특성, 이 사건 조치가 규율하는 행위의 성격, 위 조치의 제재효과 및 기본권침해의 정도 등을 종합하여 볼 때, 청구인에게 위 조치 전에 의견진술의 기회를 부여하지 않은 것이 적법절차원칙에 어긋나서 청구인의 기본권을 침해한다고 볼 수 없다(헌재 2008.1.17, 2007헌마700).

098

13. 국회직

법원의 구속집행정지결정에 대하여 검사가 즉시항고할 수 있도록 한 형사소송법 조항은 영장주의원칙과 적법절차원칙에도 위배된다.

O | X

해설

[O] 법원이 피고인의 구속 또는 그 유지 여부의 필요성에 관하여 한 재판의 효력이 검사나 다른 기관의 이견이나 불복이 있다 하여 좌우되거나 제한받는다면 이는 영장주의에 위반된다고 할 것인바, 구속집행정지결정에 대한 검사의 즉시항고를 인정하는 이 사건 법률조항은 검사의 불복을 그 피고인에 대한 구속집행을 정지할 필요가 있다는 법원의 판단보다 우선시킬 뿐만 아니라, 사실상 법원의 구속집행정지결정을 무의미하게 할 수 있는 권한을 검사에게 부여한 것이라는 점에서 헌법 제12조 제3항의 영장주의원칙에 위배된다. 또한, 헌법 제12조 제3항의 영장주의는 헌법 제12조 제1항의 적법절차원칙의 특별규정이므로, 헌법상 영장주의원칙에 위배되는 이 사건 법률조항은 헌법 제12조 제1항의 적법절차원칙에도 위배된다(헌재 2012.6.27, 2011헌가36 【위헌】).

099

13. 서울시

죄형법정주의가 요구하는 명확성의 원칙은 적극적으로 범죄성립을 정하는 구성요건 규정에는 적용되지만, 위법성조각사유와 같이 범죄의 성립을 부정하는 규정에 대하여는 적용되지 않는다.

O | X

해설

[X] 정당방위 규정은 법 각칙 전체의 구성요건조항에 대한 소극적 한계를 정하고 있는 규정으로서, 한편으로는 위법성을 조각시켜 범죄의 성립을 부정하는 기능을 하지만, 다른 한편으로는 정당방위가 인정되지 않는 경우 위법한 행위로서 범죄의 성립을 인정하게 하는 기능을 하므로 적극적으로 범죄성립을 정하는 구성요건 규정은 아니라 하더라도 죄형법정주의가 요구하는 명확성원칙의 적용이 완전히 배제된다고는 할 수 없다. 따라서 범죄의 성립과 처벌은 법률에 의하여야 한다는 죄형법정주의 본래의 취지에 비추어 볼 때 정당방위와 같은 위법성조각사유 규정에도 죄형법정주의의 명확성원칙은 적용된다 할 것이다(헌재 2001.6.28, 99헌바31).

☐☐☐
100
14. 경정승진

수뢰죄를 범하여 금고 이상의 형의 선고유예를 받은 국가공무원은 별도의 징계절차를 거치지 아니하고 당연퇴직하도록 규정한 국가공무원법 제69조 단서 중 '형법 제129조 제1항'에 관한 부분이 적법절차원칙에 위배되는 것은 아니다. O | X

해설

[O] 심판대상조항은 공무원 직무수행에 대한 국민의 신뢰 및 직무의 정상적 운영의 확보, 공무원범죄의 예방, 공직사회의 질서 유지를 위한 것으로서 목적이 정당하고, 형법 제129조 제1항의 수뢰죄를 범하여 금고 이상 형의 선고유예를 받은 국가공무원을 공직에서 배제하는 것은 적절한 수단에 해당한다. 수뢰죄는 수수액의 다과에 관계없이 공무원 직무의 불가매수성과 염결성을 치명적으로 손상시키고, 직무의 공정성을 해치며 국민의 불신을 초래하므로 일반 형법상 범죄와 달리 엄격하게 취급할 필요가 있다. 수뢰죄를 범하더라도 자격정지형의 선고유예를 받은 경우 당연퇴직하지 않을 수 있으며, 당연퇴직의 사유가 직무 관련 범죄로 한정되므로 심판대상조항은 침해의 최소성원칙에 위반되지 않고, 이로써 달성되는 공익이 공무원 개인이 입는 불이익보다 훨씬 크므로 법익균형성원칙에도 반하지 아니한다. 따라서 심판대상조항은 과잉금지원칙에 반하여 청구인의 공무담임권을 침해하지 아니한다. … 심판대상조항이 청구인의 공무담임권 등을 침해하지 아니하는 이상 적법절차원칙에 위반되지 아니한다(헌재 2013.7.25, 2012헌바409).

☐☐☐
101
14. 법원직

무죄추정의 원칙은 형사절차 내에서 원칙으로 형사절차 이외의 기타 일반 법생활영역에서의 기본권 제한과 같은 경우에는 적용되지 않는다. O | X

해설

[X] 무죄추정의 원칙상 금지되는 '불이익'이란 '범죄사실의 인정 또는 유죄를 전제로 그에 대하여 법률적·사실적 측면에서 유형·무형의 차별취급을 가하는 유죄인정의 효과로서의 불이익'을 뜻하고, 이는 비단 형사절차 내에서의 불이익뿐만 아니라 기타 일반 법생활영역에서의 기본권 제한과 같은 경우에도 적용된다(헌재 2011.4.28, 2010헌마474).

☐☐☐
102
14. 법원직

미결수용자가 변호인의 조력을 받을 기회가 충분히 보장되었다고 인정될 수 있는 경우라도, 미결수용자 또는 그 상대방인 변호인이 원하는 특정 시점에 접견이 이루어지지 못한 경우에는 변호인의 조력을 받을 권리가 침해된 것이다. O | X

해설

[X] 변호인의 조력을 받을 권리를 보장하는 목적은 피의자 또는 피고인의 방어권 행사를 보장하기 위한 것이므로, 미결수용자 또는 변호인이 원하는 특정한 시점에 접견이 이루어지지 못하였다 하더라도 그것만으로 곧바로 변호인의 조력을 받을 권리가 침해되었다고 단정할 수는 없는 것이고, 변호인의 조력을 받을 권리가 침해되었다고 하기 위해서는 접견이 불허된 특정한 시점을 전후한 수사 또는 재판의 진행 경과에 비추어 보아, 그 시점에 접견이 불허됨으로써 피의자 또는 피고인의 방어권 행사에 어느 정도는 불이익이 초래되었다고 인정할 수 있어야만 하며, 그 시점을 전후한 변호인 접견의 상황이나 수사 또는 재판의 진행과정에 비추어 미결수용자가 방어권을 행사하기 위해 변호인의 조력을 받을 기회가 충분히 보장되었다고 인정될 수 있는 경우에는, 비록 미결수용자 또는 그 상대방인 변호인이 원하는 특정 시점에는 접견이 이루어지지 못하였다 하더라도 변호인의 조력을 받을 권리가 침해되었다고 할 수 없다(헌재 2011.5.26, 2009헌마341).

누구든지 체포 또는 구속을 당한 때에는 즉시 변호인의 조력을 받을 권리를 가진다. 다만, 형사피의자가 스스로 변호인을 구할 수 없을 때에는 법률이 정하는 바에 의하여 국가가 변호인을 붙인다.　　О | X

해설

[X] 누구든지 체포 또는 구속을 당한 때에는 즉시 변호인의 조력을 받을 권리를 가진다. 다만, 형사피고인이 스스로 변호인을 구할 수 없을 때에는 법률이 정하는 바에 의하여 국가가 변호인을 붙인다(헌법 제12조 제4항).

국가 또는 지방자치단체의 정책결정에 관한 사항이나 기관의 관리·운영에 관한 사항으로서 근무조건과 직접 관련되지 아니하는 사항을 공무원노동조합의 단체교섭대상에서 제외하고 있는 공무원의 노동조합 설립 및 운영 등에 관한 법률 제8조 제1항 단서 중 '직접' 부분은 명확성원칙에 위반된다.　　О | X

해설

[X] 국가 또는 지방자치단체의 정책결정에 관한 사항은 일정한 목적 실현을 위해 국가 또는 지방자치단체가 법령 등에 근거하여 자신의 권한과 책임으로 행하여야 할 사항을 의미하고, 기관의 관리·운영에 관한 사항은 법령 등에 근거하여 설치, 조직된 기관이 그 목적 달성을 위하여 해당 기관의 판단과 책임에 따라 업무를 처리하도록 정해져 있는 사항을 의미하며, 이 사항들 중 근무조건과 '직접' 관련되어 교섭대상이 되는 사항은 공무원이 공무를 제공하는 조건이 되는 사항 그 자체를 의미하는 것이므로, 이 사건 규정에서 말하는 공무원노동조합의 비교섭대상은 정책결정에 관한 사항과 기관의 관리·운영에 관한 사항 중 그 자체가 공무를 제공하는 조건이 되는 사항을 제외한 사항이 될 것이다. 따라서 이 사건 규정상의 '직접'의 의미가 법집행기관의 자의적인 법집행을 초래할 정도로 불명확하다고 볼 수 없으므로 명확성원칙에 위반된다고 볼 수 없다(헌재 2013.6.27, 2012헌바169).

공무원의 '공무 외의 일을 위한 집단행위'를 금지하는 국가공무원법 규정은 어떤 행위가 허용되고 금지되는지를 예측할 수 없으므로 명확성원칙에 위배된다.　　О | X

해설

[X] 이 사건 국가공무원법 규정의 '공무 외의 일을 위한 집단행위'는 언론·출판·집회·결사의 자유를 보장하고 있는 헌법 제21조 제1항과 국가공무원법의 입법취지, 국가공무원법상 공무원의 성실의무와 직무전념의무 등을 종합적으로 고려할 때, '공익에 반하는 목적을 위하여 직무전념의무를 해태하는 등의 영향을 가져오거나, 공무에 대한 국민의 신뢰에 손상을 가져올 수 있는 공무원 다수의 결집된 행위'를 말하는 것으로 한정해석되므로 명확성원칙에 위반된다고 볼 수 없다(헌재 2014.8.28, 2011헌바32 등).

법률사건의 수임에 관하여 알선의 대가로 금품을 제공하거나 이를 약속한 변호사를 형사처벌하는 구 변호사법 조항 중 '법률사건'과 '알선'은 처벌법규의 구성요건으로 그 의미가 불분명하기에 명확성원칙에 위배된다.　　О | X

해설

[X] 이 사건 법률조항이 규정하는 '법률사건'이란 '법률상의 권리·의무의 발생·변경·소멸에 관한 다툼 또는 의문에 관한 사건'을 의미하고, '알선'이란 법률사건의 당사자와 그 사건에 관하여 대리 등의 법률사무를 취급하는 상대방(변호사 포함) 사이에서 양자간에 법률사건이나 법률사무에 관한 위임계약 등의 체결을 중개하거나 그 편의를 도모하는 행위를 말하는바, 이 사건 법률조항에 의하여 금지되고, 처벌되는 행위의 의미가 문언상 불분명하다고 할 수 없으므로 이 사건 법률조항은 죄형법정주의의 명확성원칙에 위배되지 않는다(헌재 2013.2.28, 2012헌바62).

107
15. 국가직

방송통신심의위원회의 직무의 하나로 '건전한 통신윤리의 함양을 위하여 필요한 사항으로서 대통령령이 정하는 정보의 심의 및 시정요구'를 규정하고 있는 방송통신위원회의 설치 및 운영에 관한 법률조항 중 '건전한 통신윤리'라는 부분은 각 개인의 가치관에 따라 달리 해석될 수 있기에 명확성원칙에 위배된다.
O | X

해설

[X] 이 사건 법률조항 중 '건전한 통신윤리'라는 개념은 다소 추상적이기는 하나, 전기통신회선을 이용하여 정보를 전달함에 있어 우리 사회가 요구하는 최소한의 질서 또는 도덕률을 의미하고, '건전한 통신윤리의 함양을 위하여 필요한 사항으로서 대통령령이 정하는 정보(이하 '불건전정보'라 한다)'란 이러한 질서 또는 도덕률에 저해되는 정보로서 심의 및 시정요구가 필요한 정보를 의미한다고 할 것이며, 정보통신영역의 광범위성과 빠른 변화속도, 그리고 다양하고 가변적인 표현형태를 문자화하기에 어려운 점을 감안할 때, 위와 같은 함축적인 표현은 불가피하다고 할 것이어서, 이 사건 법률조항이 명확성의 원칙에 반한다고 할 수 없다(헌재 2012.2.23, 2011헌가13).

108
15. 법무사

적법절차의 원칙은 기본권제한이 있음을 전제로 하여 적용된다.
O | X

해설

[X] 적법절차의 원칙은 헌법조항에 규정된 형사절차상의 제한된 범위 내에서만 적용되는 것이 아니라 국가작용으로서 기본권제한과 관련되든 관련되지 않든 모든 입법작용 및 행정작용에도 광범위하게 적용된다고 해석하여야 할 것이다(헌재 1992.12.24, 92헌가8).

109
15. 법무사

가사소송에서 당사자가 변호사를 대리인으로 선임하여 그 조력을 받는 것은 헌법 제12조 제4항의 변호인의 조력을 받을 권리의 보호영역에 포함된다고 보기 어렵다.
O | X

해설

[O] 법 제12조 제4항의 변호인의 조력을 받을 권리는 신체의 자유에 관한 영역으로서 가사소송에서 당사자가 변호사를 대리인으로 선임하여 그 조력을 받는 것을 그 보호영역에 포함된다고 보기 어렵고, 이 사건 법률조항이 가사소송의 당사자가 변호사의 조력을 얻어 소송수행을 하는 데 제약을 가하는 것도 아니므로, 재판청구권을 침해하는 것이라 볼 수도 없다(헌재 2012.10.25, 2011헌마598).

110
15. 법무사

일반적으로 형사사건에 있어 변호인의 조력을 받을 권리는 피고인에게만 인정된다.
O | X

해설

[X] 변호인의 조력을 받을 권리란 국가권력의 일방적인 형벌권행사에 대항하여 자신에게 부여된 헌법상·소송법상의 권리를 효율적이고 독립적으로 행사하기 위하여 변호인의 도움을 얻을 피의자·피고인의 권리를 의미한다(헌재 2004.9.23, 2000헌마138).

111

15. 법무사

변호인의 조력을 받을 권리는 국가안전보장·질서유지 또는 공공복리를 위하여 필요한 경우에도 법률로써 제한할 수 없다. O | X

해설

[X] 변호인의 조력을 받을 권리 역시 다른 모든 헌법상 기본권과 마찬가지로 국가안전보장·질서유지 또는 공공복리를 위하여 필요한 경우에는 법률로써 제한할 수 있는 것이다(헌법 제37조 제2항). 그렇다면 변호인의 조력을 받을 권리의 내용 중 하나인 미결수용자의 변호인 접견권 역시 국가안전보장·질서유지 또는 공공복리를 위해 필요한 경우에는 법률로써 제한될 수 있음은 당연하다(헌재 2011.5.26, 2009헌마341).

112

15. 법무사

변호인의 조력을 받을 권리를 보장하는 목적은 피의자 또는 피고인의 방어권 행사를 보장하기 위한 것이므로, 미결수용자 또는 변호인이 원하는 특정한 시점에 접견이 이루어지지 못하였다면 변호인의 조력을 받을 권리가 침해된 것이다. O | X

해설

[X] 변호인의 조력을 받을 권리를 보장하는 목적은 피의자 또는 피고인의 방어권 행사를 보장하기 위한 것이므로, 미결수용자 또는 변호인이 원하는 특정한 시점에 접견이 이루어지지 못하였다 하더라도 그것만으로 곧바로 변호인의 조력을 받을 권리가 침해되었다고 단정할 수는 없는 것이고, 변호인의 조력을 받을 권리가 침해되었다고 하기 위해서는 접견이 불허된 특정한 시점을 전후한 수사 또는 재판의 진행 경과에 비추어 보아, 그 시점에 접견이 불허됨으로써 피의자 또는 피고인의 방어권 행사에 어느 정도는 불이익이 초래되었다고 인정할 수 있어야만 하며, 그 시점을 전후한 변호인 접견의 상황이나 수사 또는 재판의 진행과정에 비추어 미결수용자가 방어권을 행사하기 위해 변호인의 조력을 받을 기회가 충분히 보장되었다고 인정될 수 있는 경우에는, 비록 미결수용자 또는 그 상대방인 변호인이 원하는 특정 시점에는 접견이 이루어지지 못하였다 하더라도 변호인의 조력을 받을 권리가 침해되었다고 할 수 없다(헌재 2011.5.26, 2009헌마341).

113

15. 국가직

보호관찰이나 사회봉사 또는 수강명령의 준수사항이나 명령을 위반하고 그 정도가 무거운 때 집행유예가 취소되어 본형이 부활되는 것은 동일한 사건에 대한 심판의 결과가 아니므로 일사부재리원칙과는 무관하나 이미 수행된 의무이행부분이 부활되는 형기에 반영되지 않는 것은 적법절차에 위배된다. O | X

해설

[X] 집행유예의 취소시 부활되는 본형은 집행유예의 선고와 함께 선고되었던 것으로 판결이 확정된 동일한 사건에 대하여 다시 심판한 결과 부과되는 것이 아니므로 일사부재리의 원칙과 무관하고, 사회봉사명령 또는 수강명령은 그 성격, 목적, 이행방식 등에서 형벌과 본질적 차이가 있어 이중처벌금지원칙에서 말하는 '처벌'이라 보기 어려우므로, 이 사건 법률조항은 이중처벌금지원칙에 위반되지 아니한다(헌재 2013.6.27, 2012헌바345 등).

114

16. 사시

미결수용자가 민사재판·행정재판·헌법재판과 관련하여 변호사와 접견하는 것도 원칙적으로 변호인의 조력을 받을 권리에 의해 보호된다. O | X

해설

[X] 헌법 제27조 제1항은 "모든 국민은 헌법과 법률이 정한 법관에 의하여 법률에 의한 재판을 받을 권리를 가진다."고 규정하여 재판청구권을 보장하고 있고, 이때 재판을 받을 권리에는 헌법재판·민사재판·형사재판, 행정재판 등이 모두 포함된다. 법률에 의한 재판을 받을 권리를 보장하기 위해서는 입법자에 의한 재판청구권의 구체적인 형성이 필요하지만, 이는 상당한 정도로 권리구제의 실효성이 보장되도록 하는 것이어야 한다. 따라서 현대사회의 복잡다단한 소송에서의 법률전문가의 증대되는 역할, 민사법상 무기 대등의 원칙 실현, 헌법소송의 변호사강제주의 적용 등을 감안할 때, 교정시설 내 수용자와 그 소송대리인인 변호사 사이의 접견교통권의 보장은 헌법상 보장되는 재판청구권의 한 내용 또는 그로부터 파생되는 권리로 볼 수 있다(헌재 2015.11.26, 2012헌마858).

115

16. 사시

예시적 입법형식이 명확성원칙에 위반되지 않으려면 예시한 구체적인 사례(개개 구성요건)들이 그 자체로 일반조항의 해석을 위한 판단지침을 내포하는 것으로 충분하고, 일반조항 자체가 그러한 구체적인 예시들을 포괄할 수 있는 의미까지 담고 있어야 하는 것은 아니다. O | X

해설

[X] 예시적 입법형식의 경우 구성요건의 대전제인 일반조항의 내용이 지나치게 포괄적이어서 법관의 자의적인 해석을 통하여 그 적용범위를 확장할 가능성이 있다면 죄형법정주의의 명확성원칙에 위반될 수 있다. 그러므로 예시적 입법형식이 명확성의 원칙에 위반되지 않으려면 예시한 구체적인 사례들이 그 자체로 일반조항의 해석을 위한 판단지침을 내포하고 있어야 할 뿐 아니라, 그 일반조항 자체가 그러한 구체적인 예시들을 포괄할 수 있는 의미를 담고 있는 개념이어야 한다(헌재 2016.7.28, 2012헌바258).

116

16. 사시

형벌법규의 명확성원칙은 범죄구성요건에 관한 문제이므로 형벌의 종류나 형량에 대해서까지 명확성원칙이 적용되는 것은 아니다. O | X

해설

[X] 죄형법정주의에서 파생되는 명확성원칙은 처벌하고자 하는 행위가 무엇이며 그에 대한 형벌이 어떤 것인지 누구나 예견할 수 있고, 그에 따라 자신의 행위를 결정할 수 있도록 구성요건을 명확하게 규정하는 것을 의미한다(헌재 2015.2.26, 2013헌바107).

□□□
117
17. 변호사

형사재판 중인 사람은 6개월 이내의 범위에서 출국을 금지할 수 있도록 한 출입국관리법 제4조 제1항 제1호는 무죄추정의 원칙에서 금지하는 유죄 인정의 효과로서의 불이익, 즉 유죄를 근거로 형사재판에 계속 중인 사람에게 사회적 비난 내지 응보적 의미의 제재를 가하는 것이므로 무죄추정의 원칙에 위배된다.　　O | X

해설

> [X] 심판대상조항은 형사재판에 계속 중인 사람이 국가의 형벌권을 피하기 위하여 해외로 도피할 우려가 있는 경우 법무부장관으로 하여금 출국을 금지할 수 있도록 하는 것일 뿐으로, 무죄추정의 원칙에서 금지하는 유죄 인정의 효과로서의 불이익, 즉 유죄를 근거로 형사재판에 계속 중인 사람에게 사회적 비난 내지 응보적 의미의 제재를 가하려는 것이라고 보기 어렵다. 따라서 심판대상조항은 무죄추정의 원칙에 위배된다고 볼 수 없다(헌재 2015.9.24, 2012헌바302).

□□□
118
16. 사시

군사기밀을 누설하고 뇌물을 수수한 혐의로 구속된 군인에 대해 군사법경찰관의 구속기간 연장을 허용하는 구 군사법원법 규정은 정보수사기관에 의한 구속기간 연장을 허용하는 국가보안법 규정과 마찬가지로 국가안보와 직접적인 관련성을 가지므로 그 정당성이 인정되어 합헌이다.　　O | X

해설

> [X] 군사법원법의 적용대상 중에 특히 수사를 위하여 구속기간의 연장이 필요한 경우가 있음을 인정한다고 하더라도, 이 사건 법률규정과 같이 군사법원법의 적용대상이 되는 모든 범죄에 대하여 수사기관의 구속기간의 연장을 허용하는 것은 그 과도한 광범성으로 인하여 과잉금지의 원칙에 어긋난다고 할 수 있을 뿐만 아니라, 국가안보와 직결되는 사건과 같이 수사를 위하여 구속기간의 연장이 정당화될 정도의 중요사건이라면 더 높은 법률적 소양이 제도적으로 보장된 군검찰관이 이를 수사하고 필요한 경우 그 구속기간의 연장을 허용하는 것이 더 적절하기 때문에, 군사법경찰관의 구속기간을 연장까지 하면서 이러한 목적을 달성하려는 것은 부적절한 방식에 의한 과도한 기본권의 제한으로서, 과잉금지의 원칙에 위반하여 신체의 자유 및 신속한 재판을 받을 권리를 침해하는 것이다(헌재 2003.11.27, 2002헌마193).

□□□
119
17. 경정승진

경범죄 처벌법 제3조 제1항 제33호(과다노출) '여러 사람의 눈에 뜨이는 곳에서 공공연하게 알몸을 지나치게 내놓거나 가려야 할 곳을 내놓아 다른 사람에게 부끄러운 느낌이나 불쾌감을 준 사람'의 부분은 죄형법정주의의 명확성원칙에 위배된다.　　O | X

해설

> [O] 심판대상조항은 알몸을 '지나치게 내놓는' 것이 무엇인지 그 판단기준을 제시하지 않아 무엇이 지나친 알몸노출행위인지 판단하기 쉽지 않고, '가려야 할 곳'의 의미도 알기 어렵다. 심판대상조항 중 '부끄러운 느낌이나 불쾌감'은 사람마다 달리 평가될 수밖에 없고, 노출되었을 때 부끄러운 느낌이나 불쾌감을 주는 신체부위도 사람마다 달라 '부끄러운 느낌이나 불쾌감'을 통하여 '지나치게'와 '가려야 할 곳' 의미를 확정하기도 곤란하다. 심판대상조항은 '선량한 성도덕과 성풍속'을 보호하기 위한 규정인데, 이러한 성도덕과 성풍속이 무엇인지 대단히 불분명하므로, 심판대상조항의 의미를 그 입법목적을 고려하여 밝히는 것에도 한계가 있다. 대법원은 "신체노출행위가 단순히 다른 사람에게 부끄러운 느낌이나 불쾌감을 주는 정도에 불과한 경우 심판대상조항에 해당한다."라고 판시하나, 이를 통해서도 '가려야 할 곳', '지나치게'의 의미를 구체화할 수 없다. 심판대상조항의 불명확성을 해소하기 위해 노출이 허용되지 않는 신체부위를 예시적으로 열거하거나 구체적으로 특정하여 분명하게 규정하는 것이 입법기술상 불가능하거나 현저히 곤란하지도 않다. 예컨대 이른바 '바바리맨'의 성기노출행위를 규제할 필요가 있다면 노출이 금지되는 신체부위를 '성기'로 명확히 특정하면 될 것이다. 따라서 심판대상조항은 죄형법정주의의 명확성원칙에 위배된다(헌재 2016.11.24, 2016헌가3).

120

17. 경정승진
16. 법행

변호인의 조력을 받을 권리는 '형사사건'에서의 변호인의 조력을 받을 권리에 국한되는 것은 아니므로, 수형자가 형사사건의 변호인이 아닌 민사사건·행정사건·헌법소원사건 등에서 변호사와 접견할 경우에도 헌법상 변호인의 조력을 받을 권리의 주체가 될 수 있다.　　　　　　　　　　　　O I X

해설

> [X] 헌법재판소는 변호인의 조력을 받을 권리가 수형자의 경우에도 그대로 보장되는지에 대하여, 변호인의 조력을 받을 권리에 대한 헌법과 법률의 규정 및 취지에 비추어 보면 형사절차가 종료되어 교정시설에 수용 중인 수형자는 원칙적으로 변호인의 조력을 받을 권리의 주체가 될 수 없다고 선언한 바 있다. 즉, 변호인의 조력을 받을 권리는 '형사사건'에서의 변호인의 조력을 받을 권리를 의미한다. 따라서 수형자가 형사사건의 변호인이 아닌 민사사건·행정사건·헌법소원사건 등에서 변호사와 접견할 경우에는 원칙적으로 헌법상 변호인의 조력을 받을 권리의 주체가 될 수 없다 할 것이므로, 이 사건 녹취행위에 의하여 청구인의 변호인의 조력을 받을 권리가 침해되었다고 할 수는 없다(헌재 2013.9.26, 2011헌마398).

121

17. 경정승진

보호의무자 2인의 동의와 정신건강의학과 전문의 1인의 진단으로 정신질환자에 대한 보호입원이 가능하도록 한 정신보건법 조항은 보호입원 대상자의 신체의 자유를 과도하게 제한하는 등 과잉금지원칙을 위배하여 신체의 자유를 침해한다.　　　　　　　　　　　　O I X

해설

> [O] 보호의무자 2인의 동의와 정신건강의학과 전문의 1인의 진단으로 정신질환자에 대한 보호입원이 가능하도록 한 정신보건법 조항은 보호입원 대상자의 신체의 자유를 과도하게 제한하는 등 과잉금지원칙을 위배하여 신체의 자유를 침해한다(헌재 2016.9.29, 2014헌가9).

122

17. 법원직

뇌물죄의 적용에 있어 공무원으로 의제되는 정부출연연구기관의 직원을 직접 법률에 열거하여 규정하지 않은 것은 포괄위임에 해당하여 죄형법정주의에 반한다.　　　　　　　　　　　　O I X

해설

> [X] 정부출연연구기관의 조직과 업무에 따라서 그 직원에게 요구되는 청렴성의 요구는 정도를 달리할 수 있으며, 그 정도에 따라 뇌물죄의 적용에 있어 공무원으로 의제할지 여부를 결정하는 것이 바람직한데, 정부출연연구기관의 업무영역 및 조직상의 특성은 각 기관별로 상이하고, 유동적이므로 입법자가 국회제정의 형식적 법률에 비하여 더 탄력성이 있는 대통령령 등 하위법규에 의제 범위를 위임할 입법기술상의 필요성이 인정된다. 또한, 이 사건 법률조항이 '간부직원 중 대통령령이 정하는 직원'과 같이 한정적으로 명시하고 있지 않다고 하더라도 그 규정형식상 '임원'과 같이 주요 업무에 종사하는 직원에 한정하여 규정될 것임을 충분히 예측할 수 있다. 따라서 이 사건 법률조항이 포괄위임에 해당되어 죄형법정주의 위반이라 볼 수는 없다(헌재 2006.11.30, 2004헌바86 등).

범칙금 통고처분을 받고도 납부기간 이내에 범칙금을 납부하지 아니한 사람에 대하여 행정청에 대한 이의제기나 의견진술 등의 기회를 주지 않고 경찰서장이 곧바로 즉결심판을 청구하도록 한 구 도로교통법 조항은 적법절차원칙에 위배된다. O | X

해설

[X] 도로교통법상 범칙금 납부통고는 위반행위에 대한 제재를 신속·간편하게 종결할 수 있게 하는 제도로서, 이에 불복하여 범칙금을 납부하지 아니한 자에게는 재판절차라는 완비된 절차적 보장이 주어진다. 도로교통법 위반사례가 격증하고 있는 현실에서 통고처분에 대한 이의제기 등 행정청 내부 절차를 추가로 둔다면 절차의 중복과 비효율을 초래하고 신속한 사건처리에 저해가 될 우려도 있다. 따라서 이 사건 즉결심판청구 조항에서 의견진술 등의 별도의 절차를 두지 않은 것이 현저히 불합리하여 적법절차원칙에 위배된다고 보기 어렵다(헌재 2014.8.28, 2012헌바433).

공판단계에서 피고인에 대하여 법관이 영장을 발부하는 경우에도 형식상 검사의 신청이 필요하며, 그렇지 아니한 경우에는 적법절차의 원칙에 위배된다. O | X

해설

[X] 헌법 제12조 제3항이 영장의 발부에 관하여 '검사의 신청'에 의할 것을 규정한 취지는 모든 영장의 발부에 검사의 신청이 필요하다는 데에 있는 것이 아니라 수사단계에서 영장의 발부를 신청할 수 있는 자를 검사로 한정함으로써 검사 아닌 다른 수사기관의 영장신청에서 오는 인권유린의 폐해를 방지하고자 함에 있으므로, 공판단계에서 법원이 직권에 의하여 구속영장을 발부할 수 있음을 규정한 형사소송법 제70조 제1항 및 제73조 중 "피고인을 … 구인 또는 구금함에는 구속영장을 발부하여야 한다." 부분은 헌법 제12조 제3항에 위반되지 아니한다(헌재 1997.3.27, 96헌바28 등).

헌법재판소에 따르면 행정상 즉시강제는 급박한 행정상 장해를 제거하기 위한 목적에 의한 것이지만, 국가가 개인에게 직접 신체나 재산에 실력을 행사하는 것이므로 원칙적으로 영장주의가 적용된다. O | X

해설

[X] 영장주의가 행정상 즉시강제에도 적용되는지에 관하여는 논란이 있으나, 행정상 즉시강제는 상대방의 임의이행을 기다릴 시간적 여유가 없을 때 하명 없이 바로 실력을 행사하는 것으로서, 그 본질상 급박성을 요건으로 하고 있어 법관의 영장을 기다려서는 그 목적을 달성할 수 없다고 할 것이므로, 원칙적으로 영장주의가 적용되지 않는다고 보아야 할 것이다(헌재 2002.10.31, 2000헌가12).

교도소 측에서 상대방이 변호인이라는 사실을 확인할 수 없더라도 미결수용자와 변호인 사이의 서신은 원칙적으로 그 비밀을 보장받을 수 있다. O | X

해설

[X] 미결수용자와 변호인 사이의 서신으로서 그 비밀을 보장받기 위하여는 첫째, 교도소 측에서 상대방이 변호인이라는 사실을 확인할 수 있어야 하고 둘째, 서신을 통하여 마약 등 소지금지품의 반입을 도모한다든가 그 내용에 도주·증거인멸·수용시설의 규율과 질서의 파괴·기타 형벌법령에 저촉되는 내용이 기재되어 있다고 의심할 만한 합리적인 이유가 있는 경우가 아니어야 한다(헌재 1995.7.21, 92헌마144).

127

16. 법행

과태료는 형벌이 아니므로 과태료 부과절차에는 적법절차원칙이 적용될 여지가 없다. O | X

해설

[X] 과태료는 형벌은 아니지만 불이익한 제재이기 때문에 적법절차원칙은 당연히 적용된다.

128

16. 법행

징계부가금을 행정처분의 형식으로 부과하는 것은 허용되나, 이에 대한 행정소송이 제기되어 판결이 확정되기 전에 징계부가금의 집행을 실시하는 것은 무죄추정원칙에 위배되므로 허용되지 아니한다. O | X

해설

[X] 행정소송에 관한 판결이 확정되기 전에 행정청의 처분에 대하여 공정력과 집행력을 인정하는 것은 징계부가금에 국한되는 것이 아니라 우리 행정법체계에서 일반적으로 채택되고 있는 것이므로, 징계부가금 부과처분에 대하여 공정력과 집행력을 인정한다고 하여 이를 확정판결 전의 형벌집행과 같은 것으로 보아 곧바로 무죄추정원칙에 위배된다고 할 수 없다(헌재 2015.2.26, 2012헌바435).

129

16. 법행

특별검사가 참고인에게 지정된 장소까지 동행할 것을 명령할 수 있게 하고 참고인이 정당한 이유 없이 동행명령을 거부한 경우 처벌하는 것은 심리적·간접적인 강제를 통하여 참고인의 출석을 확보하고자 하는 것일 뿐, 동행명령에 불응하는 참고인의 신체에 대하여 직접적이고 현실적인 강제력의 행사를 허용하는 것이 아니므로 신체의 자유를 침해하지 아니한다. O | X

해설

[X] 참고인은 수사의 협조자에 불과하므로 원칙적으로 출석의무가 없는 점, 입법론적으로 특별검사가 참고인을 강제로 소환할 절실한 필요가 있는 경우 법관에게 그 소환을 요청하여 법관의 명령으로 참고인을 소환하도록 하더라도 수사의 목적 달성에 큰 지장이 없는 점, 특별검사는 형사소송법상 출석요구에 응하지 않는 참고인에 대하여 증거보전절차(제184조) 또는 제1회 공판기일 전 증인신문의 청구절차(제221조의2)에 의하여 '진상을 규명하기 위해 필수불가결한 참고인의 진술을 확보'할 수 있는 점 등에 비추어 보면, 이 사건 동행명령조항에 의한 신체의 자유의 제한이 입법목적 달성을 위한 필요 최소한에 그쳤다고는 볼 수 없다. 또한, 참고인 진술의 수사상 효용가치에 한계가 있기 때문에 이 사건 동행명령조항으로 달성하고자 하는 '진상을 규명하기 위해 필수불가결한 참고인의 진술 확보'라는 공익은 그 실현 여부가 분명하지 않은 데 반하여, 위 조항으로 인하여 청구인들이 감수해야 할 신체의 자유에 대한 침해는 지나치게 크다. 결국 이 사건 동행명령조항은 과잉금지원칙에 위배하여 청구인들의 신체의 자유와 평등권을 침해한다(헌재 2008.1.10, 2007헌마1468).

130
16. 법행

형벌불소급의 원칙은 좁은 의미에서는 소급적인 범죄의 설정과 형벌의 가중을 금지하는 것이지만, 넓은 의미에서는 형사소추가 가능한 기간을 연장하여 상대방의 법적 지위를 현저히 불리하게 하는 것도 포함하므로 공소시효기간을 연장하는 것은 형벌불소급의 원칙에 반한다.　　O | X

해설

[X] 우리 헌법이 규정한 형벌불소급의 원칙은 형사소추가 '언제부터 어떠한 조건하에서' 가능한가의 문제에 관한 것이고, '얼마 동안' 가능한가의 문제에 관한 것은 아니다. 다시 말하면 헌법의 규정은 '행위의 가벌성'에 관한 것이기 때문에 소추가능성에만 연관될 뿐, 가벌성에는 영향을 미치지 않는 공소시효에 관한 규정(결과적으로 그 기간을 연장하는 것)은 원칙적으로 그 효력범위에 포함되지 않는다. 행위의 가벌성은 행위에 대한 소추가능성의 전제조건이지만 소추가능성은 가벌성의 조건이 아니므로 공소시효의 정지규정을 과거에 이미 행한 범죄에 대하여 적용하도록 하는 법률이라 하더라도 그 사유만으로 헌법 제12조 제1항 및 제13조 제1항에 규정한 죄형법정주의의 파생원칙인 형벌불소급의 원칙에 언제나 위배되는 것으로 단정할 수는 없다(헌재 1996.2.16, 96헌가2 등).

131
16. 국회직 9급

범죄에 대한 형벌권은 대한민국에 있기 때문에 범죄를 저지르고 외국에서 형의 전부 혹은 일부의 집행을 받은 경우에 형을 감경 혹은 면제할 것인가의 여부를 법원이 임의로 판단할 수 있도록 한 것은 헌법에 위반되지 않는다.　　O | X

해설

[X] 외국에서 실제로 형의 집행을 받았음에도 불구하고 우리 형법에 의한 처벌시 이를 전혀 고려하지 않는다면 신체의 자유에 대한 과도한 제한이 될 수 있으므로 그와 같은 사정은 어느 범위에서든 반드시 반영되어야 하고, 이러한 점에서 입법형성권의 범위는 다소 축소될 수 있다. 입법자는 국가형벌권의 실현과 국민의 기본권 보장의 요구를 조화시키기 위하여 형을 필요적으로 감면하거나 외국에서 집행된 형의 전부 또는 일부를 필요적으로 산입하는 등의 방법을 선택하여 청구인의 신체의 자유를 덜 침해할 수 있음에도, 이 사건 법률조항과 같이 우리 형법에 의한 처벌시 외국에서 받은 형의 집행을 전혀 반영하지 아니할 수도 있도록 한 것은 과잉금지원칙에 위배되어 신체의 자유를 침해한다(헌재 2015.5.28, 2013헌바129).

132
17. 국회직 8급

적법절차의 원칙은 영미법계 국가에서 인권보장을 위한 원리로 발전되어 온 것으로서, 우리나라는 제8차 개정헌법에서 비로소 헌법전에 규정된 바 있다.　　O | X

해설

[X] 적법절차의 원칙이 우리나라 헌법에 최초로 규정된 것은 현행 헌법(제9차 개정헌법)이다.

133
17. 국가직

죄형법정주의가 적용되는 대상으로는 형벌뿐 아니라 과태료 등의 행정질서벌까지 포함된다.　　O | X

해설

[X] 과태료는 행정상의 질서유지를 위한 행정질서벌에 해당할 뿐 형벌이라고 할 수 없어, 죄형법정주의의 규율대상에 해당하지 아니한다(헌재 1998.5.28, 96헌바83).

134

17. 국가직

보호의무자 2인의 동의와 정신건강의학과 전문의 1인의 진단으로 정신질환자에 대한 보호입원이 가능하도록 한 정신보건법 조항은 보호입원이 정신질환자 본인에 대한 치료와 사회의 안전 도모라는 측면에서 긍정적인 효과가 있으므로 정신질환자의 신체의 자유를 침해하지 아니한다. O | X

해설

[X] 보호의무자 2인의 동의 및 정신과전문의 1인의 진단을 요건으로 정신질환자를 정신의료기관에 보호입원시켜 치료를 받도록 하는 것은, 목적의 정당성 및 수단의 적절성은 인정되나 입원의 필요성에 대한 판단에 있어 객관성과 공정성을 담보할 만한 장치를 두고 있지 않고, 보호입원대상자의 의사 확인이나 부당한 강제입원에 대한 불복제도도 충분히 갖추고 있지 아니하여, 보호입원대상자의 신체의 자유를 과도하게 제한하고 있어, 침해의 최소성에 반하므로 과잉금지원칙을 위반하여 신체의 자유를 침해한다(헌재 2016.9.29, 2014헌가9).

135

17. 서울시

사회보호법에서 치료감호기간의 상한을 정하지 아니한 것, 법관 아닌 사회보호위원회가 치료감호의 종료 여부를 결정하도록 한 것은 위헌이다. O | X

해설

[X] 이 사건 법률조항은 법관의 선고에 의하여 개시된 치료감호를 사회보호위원회가 그 종료 여부를 결정하도록 규정하고 있으나, 피치료감호자 등은 치료감호의 종료 여부를 심사·결정하여 줄 것을 사회보호위원회에 신청할 수 있고, 위원회가 신청을 기각하는 경우에 이들은 그 결정에 대하여 행정소송을 제기하여 법관에 의한 재판을 받을 수 있다고 해석되므로, 피치료감호자 등의 재판청구권이 침해된 것이 아니다. 사회보호위원회의 구성이나 심사, 의결 및 결정절차에 비추어 보면 사회보호위원회는 독립성과 전문성을 갖춘 특별위원회로서 준사법적 성격을 겸유하는 점, 판사·검사 또는 변호사의 자격이 있는 자와 의사의 자격이 있는 자로 구성된 사회보호위원회로 하여금 재범의 위험성이 상존하는지 여부를 판단하도록 한 것은 정신의학적 평가와 법률적 평가의 불가결적 연계성에 기초한 합리적인 조치로서 그 정당성을 인정할 수 있는 점, 치료감호의 종료에 대한 피치료감호자 측의 신청권이 보장되어 있고 그 절차에의 참여권이 피치료감호자 측에게 어느 정도 보장되어 있으며, 피치료감호자 측이 신청한 치료감호의 종료청구가 기각될 경우 이에 대한 행정소송이 가능한 점 등을 고려할 때, 이 사건 법률조항이 사회보호위원회에 치료감호의 종료 여부를 결정할 권한을 부여한 것이 적법절차에 위배된다고 할 수 없다(헌재 2005.2.3, 2003헌바1).

136

17. 법행

적법절차의 원칙에서 도출되는 가장 중요한 절차적 요청은 당사자에게 적절한 고지를 행할 것, 당사자에게 의견 및 자료 제출의 기회를 부여할 것이므로, 국민의 기본권을 제한하는 불이익처분의 근거법률에 이러한 요소가 누락되어 있다면 그 법률은 적법절차의 원칙을 위반한 것이므로 위헌이다. O | X

해설

[X] 적법절차원칙에서 도출할 수 있는 가장 중요한 절차적 요청 중의 하나로, 당사자에게 적절한 고지(告知)를 행할 것, 당사자에게 의견 및 자료 제출의 기회를 부여할 것을 들 수 있겠으나, 이 원칙이 구체적으로 어떠한 절차를 어느 정도로 요구하는지는 일률적으로 말하기 어렵고, 규율되는 사항의 성질, 관련 당사자의 사익(私益), 절차의 이행으로 제고될 가치, 국가작용의 효율성, 절차에 소요되는 비용, 불복의 기회 등 다양한 요소들을 형량하여 개별적으로 판단할 수밖에 없을 것이다(헌재 2003.7.24, 2001헌가25).

137
19. 변호사

헌법 제12조 제4항 본문에 규정된 변호인의 조력을 받을 권리는 형사절차에서 피의자 또는 피고인의 방어권을 보장하기 위한 것으로서 출입국관리법상 보호 또는 강제퇴거의 절차에는 적용되지 않는다.

O | X

해설

[X] 헌법 제12조 제4항 본문에 규정된 변호인의 조력을 받을 권리는 행정절차에서 구속을 당한 사람에게도 즉시 보장된다. 종래 이와 견해를 달리하여 헌법 제12조 제4항 본문에 규정된 변호인의 조력을 받을 권리는 형사절차에서 피의자 또는 피고인의 방어권을 보장하기 위한 것으로서 출입국관리법상 보호 또는 강제퇴거의 절차에도 적용된다고 보기 어렵다고 판시한 우리 재판소 결정(헌재 2012.8.23, 2008헌마430)은, 이 결정 취지와 저촉되는 범위 안에서 변경한다(헌재 2018.5.31, 2014헌마346).

138
19. 법원직

형사소송법 제34조는 "변호인 또는 변호인이 되려는 자는 신체구속을 당한 피고인 또는 피의자와 접견하고 서류 또는 물건을 수수할 수 있으며 의사로 하여금 진료하게 할 수 있다."라고 규정하고 있으므로, 변호인이 되려는 의사를 표시한 자가 객관적으로 변호인이 될 가능성이 있다는 사정만으로는 당연히 접견교통권이 보장되는 것은 아니어서 원칙적으로는 그 제한이 가능하다.

O | X

해설

[X] 형사소송법 제34조는 "변호인 또는 변호인이 되려는 자는 신체구속을 당한 피고인 또는 피의자와 접견하고 서류 또는 물건을 수수할 수 있으며 의사로 하여금 진료하게 할 수 있다."라고 규정하고 있으므로, 변호인이 되려는 의사를 표시한 자가 객관적으로 변호인이 될 가능성이 있다고 인정되는데도, 형사소송법 제34조에서 정한 '변호인 또는 변호인이 되려는 자'가 아니라고 보아 신체구속을 당한 피고인 또는 피의자와 접견하지 못하도록 제한하여서는 아니 된다(대판 2017.3.9, 2013도16162).

139
19. 지방직

검찰수사관이 피의자신문에 참여한 변호인에게 피의자 후방에 앉으라고 요구한 행위는 변호인의 피의자신문참여권 행사에 어떠한 지장도 초래하지 않으므로 변호인의 변호권을 침해하지 아니한다.

O | X

해설

[X] 이 사건 후방착석요구행위는 변호인인 청구인의 피의자신문참여권을 과도하게 제한한다. 그런데 이 사건에서 변호인의 수사방해나 수사기밀의 유출에 대한 우려가 없고, 조사실의 장소적 제약 등과 같이 이 사건 후방착석요구행위를 정당화할 그 외의 특별한 사정도 없으므로, 이 사건 후방착석요구행위는 침해의 최소성요건을 충족하지 못한다. 이 사건 후방착석요구행위로 얻어질 공익보다는 변호인의 피의자신문참여권 제한에 따른 불이익의 정도가 크므로, 법익의 균형성요건도 충족하지 못한다. 따라서 이 사건 후방착석요구행위는 변호인인 청구인의 변호권을 침해한다(헌재 2017.11.30, 2016헌마503).

140
23. 경정승진
19. 국회직 8급

'변호인으로 선임된 자'뿐 아니라 '변호인이 되려는 자'의 접견교통권도 헌법상 기본권이므로 '변호인이 되려는 자'의 접견교통권 침해를 이유로 한 헌법소원심판청구는 적법하다.   O | X

해설

[O] '변호인이 되려는 자'의 접견교통권은 피의자 등을 조력하기 위한 핵심적인 부분으로서, 피의자 등이 가지는 헌법상의 기본권인 '변호인이 되려는 자'와의 접견교통권과 표리의 관계에 있다. 따라서 피의자 등이 가지는 '변호인이 되려는 자'의 조력을 받을 권리가 실질적으로 확보되기 위해서는 '변호인이 되려는 자'의 접견교통권 역시 헌법상 기본권으로서 보장되어야 한다(헌재 2019.2.28, 2015헌마1204).

141
23. 경찰 1차
19. 지방직

피의자·피고인의 구속 여부를 불문하고 변호인과 상담하고 조언을 구할 권리는 변호인의 조력을 받을 권리의 내용 중 구체적인 입법형성이 필요한 다른 절차적 권리의 필수적인 전제요건으로서 변호인의 조력을 받을 권리 그 자체에서 막바로 도출되는 것이다.   O | X

해설

[O] 피의자·피고인의 구속 여부를 불문하고 조언과 상담을 통하여 이루어지는 변호인의 조력자로서의 역할은 변호인선임권과 마찬가지로 변호인의 조력을 받을 권리의 내용 중 가장 핵심적인 것이고, 변호인과 상담하고 조언을 구할 권리는 변호인의 조력을 받을 권리의 내용 중 구체적인 입법형성이 필요한 다른 절차적 권리의 필수적인 전제요건으로서 변호인의 조력을 받을 권리 그 자체에서 막바로 도출되는 것이다(헌재 2004.9.23, 2000헌마138).

142
19. 지방직

형사절차가 종료되어 교정시설에 수용 중인 수형자나 미결수용자가 형사사건의 변호인이 아닌 민사재판·행정재판·헌법재판 등에서 변호사와 접견할 경우에는 원칙적으로 변호인의 조력을 받을 권리의 주체가 될 수 없다.   O | X

해설

[O] 변호인의 조력을 받을 권리에 대한 헌법과 법률의 규정 및 취지에 비추어 보면, '형사사건에서 변호인의 조력을 받을 권리'를 의미한다고 보아야 할 것이므로 형사절차가 종료되어 교정시설에 수용 중인 수형자나 미결수용자가 형사사건의 변호인이 아닌 민사재판·행정재판·헌법재판 등에서 변호사와 접견할 경우에는 원칙적으로 헌법상 변호인의 조력을 받을 권리의 주체가 될 수 없다(헌재 2013.8.29, 2011헌마122).

143
19. 지방직

피의자 등이 가지는 '변호인이 되려는 자'의 조력을 받을 권리가 실질적으로 확보되기 위해서는 '변호인이 되려는 자'의 접견교통권 역시 헌법상 기본권으로서 보장되어야 한다.   O | X

해설

[O] 변호인 선임을 위하여 피의자·피고인(이하 '피의자 등'이라 한다)이 가지는 '변호인이 되려는 자'와의 접견교통권은 헌법상 기본권으로 보호되어야 하고, '변호인이 되려는 자'의 접견교통권은 피의자 등이 변호인을 선임하여 그로부터 조력을 받을 권리를 공고히 하기 위한 것으로서, 그것이 보장되지 않으면 피의자 등이 변호인 선임을 통하여 변호인으로부터 충분한 조력을 받는다는 것이 유명무실하게 될 수밖에 없다. 이와 같이 '변호인이 되려는 자'의 접견교통권은 피의자 등을 조력하기 위한 핵심적인 부분으로서, 피의자 등이 가지는 헌법상의 기본권인 '변호인이 되려는 자'와의 접견교통권과 표리의 관계에 있다. 따라서 피의자 등이 가지는 '변호인이 되려는 자'의 조력을 받을 권리가 실질적으로 확보되기 위해서는 '변호인이 되려는 자'의 접견교통권 역시 헌법상 기본권으로서 보장되어야 한다(헌재 2019.2.28, 2015헌마1204).

'여러 사람의 눈에 뜨이는 곳에서 공공연하게 알몸을 지나치게 내놓거나 가려야 할 곳을 내놓아 다른 사람에게 부끄러운 느낌이나 불쾌감을 준 사람'을 처벌하는 경범죄 처벌법 조항은 그 의미를 알기 어렵고 확정하기도 곤란하므로 명확성원칙에 위배된다. O | X

해설

[O] 알몸을 '지나치게 내놓는' 것이 무엇인지 그 판단기준을 제시하지 않아 무엇이 지나친 알몸노출행위인지 판단하기 쉽지 않고, '가려야 할 곳'의 의미도 알기 어렵다. 심판대상조항 중 '부끄러운 느낌이나 불쾌감'은 사람마다 달리 평가될 수밖에 없고, 노출되었을 때 부끄러운 느낌이나 불쾌감을 주는 신체부위도 사람마다 달라 '부끄러운 느낌이나 불쾌감'을 통하여 '지나치게'와 '가려야 할 곳' 의미를 확정하기도 곤란하다. … 심판대상조항은 죄형법정주의의 명확성원칙에 위배된다(헌재 2016.11.24, 2016헌가3).

모양이 총포와 아주 비슷하여 '범죄에 악용될 소지가 현저한 것'을 모의총포의 기준으로 정한 총포·도검·화약류 등의 안전관리에 관한 법률 시행령 조항은 건전한 상식과 통상적인 법감정을 가진 사람이 어떠한 물건이 모의총포에 해당하는지 알 수 없기 때문에 명확성원칙에 위배된다. O | X

해설

[X] 이 사건 시행령 조항에서 '범죄에 악용될 소지가 현저한 것'은 진정한 총포로 오인·혼동되어 위협 수단으로 사용될 정도로 총포와 모양이 유사한 것을 의미하고, '인명·신체상 위해를 가할 우려가 있는 것'은 사람에게 상해나 사망의 결과를 가할 우려가 있을 정도로 진정한 총포의 기능과 유사한 것을 의미한다. 따라서 이 사건 시행령 조항은 문언상 그 의미가 명확하므로, 죄형법정주의의 명확성원칙에 위반되지 않는다(헌재 2018.5.31, 2017헌마167).

구 군형법 조항에서 금지하는 연설, 문서 또는 그 밖의 방법으로 '정치적 의견을 공표'하는 행위는 법집행 당국의 자의적인 해석과 집행을 가능하게 한다고 보기 어려우므로 명확성원칙에 위배되지 않는다. O | X

해설

[O] 심판대상조항에서 금지하는 '정치적 의견을 공표'하는 행위는 '군무원이 그 지위를 이용하여 특정 정당이나 특정 정치인 또는 그들의 정책이나 활동 등에 대한 지지나 반대의견 등을 공표하는 행위로서 군조직의 질서와 규율을 무너뜨리거나 민주헌정체제에 대한 국민의 신뢰를 훼손할 수 있는 의견을 공표하는 행위'로 한정할 수 있다. … 따라서 심판대상조항은 수범자의 예측가능성을 해한다거나 법집행 당국의 자의적인 해석과 집행을 가능하게 한다고 보기는 어렵다. 이상을 종합하여 보면, 심판대상조항이 죄형법정주의의 명확성원칙에 위반된다고 할 수 없다(헌재 2018.7.26, 2016헌바139).

147
20. 국회직 8급

군사기밀 보호법 조항 중 "외국인을 위하여 제12조 제1항에 규정된 죄를 범한 경우에는 그 죄에 해당하는 형의 2분의 1까지 가중처벌한다."는 부분(이하 '외국인 가중처벌 조항'이라 한다) 중 '외국인을 위하여'라는 의미는 '외국인 가중처벌 조항'에 의하여 금지된 행위가 무엇인지 명확하다고 볼 수 없기 때문에 명확성원칙에 위배된다.

O | X

해설

[X] 건전한 상식과 통상적인 법감정을 가진 사람이라면 외국인 가중처벌 조항 중 '외국인을 위하여'의 의미는 '외국인에게 군사적이거나 경제적이거나를 불문하고 일체의 유·무형의 이익 내지는 도움이 될 수 있다는, 즉 외국인을 이롭게 할 수 있다는 인식 내지는 의사'를 의미한다고 충분히 알 수 있으므로, 외국인 가중처벌 조항에 의하여 금지된 행위가 무엇인지 불명확하다고 볼 수 없다. 따라서 외국인 가중처벌 조항은 죄형법정주의의 명확성원칙에 위반되지 아니한다(헌재 2018.1.25, 2015헌바367).

148
20. 국회직 8급

교도소·구치소의 수용자가 교정시설 외부로 나갈 경우 도주방지를 위하여 해당 수용자의 발목에 전자장치를 부착하도록 한 수용자 도주방지를 위한 위치추적전자장치 운영방안에 따른 전자장치 부착행위는 적법절차원칙에 위반된다.

O | X

해설

[X] 수용자에 대해서는 교정시설의 안전과 구금생활의 질서유지를 위하여 신체의 자유 등 기본권 제한이 어느 정도 불가피한 점, 행형 관계 법령에 따라 행하는 사항에 대하여는 의견청취·의견제출 등에 관한 행정절차법 조항이 적용되지 않는 점(행정절차법 제3조 제2항 제6호), 전자장치 부착은 도주 우려 등의 사유가 있어 관심대상수용자로 지정된 수용자를 대상으로 하는 점, 형집행법상 소장에 대한 면담 신청이나 법무부장관 등에 대한 청원절차가 마련되어 있는 점(제116조, 제117조)을 종합해 보면, 이 사건 부착행위는 적법절차원칙에 위반되어 수용자인 청구인들의 인격권과 신체의 자유를 침해하지 아니한다(헌재 2018.5.31, 2016헌마191 등).

149
20. 국회직 8급

연락운송 운임수입의 배분에 관한 협의가 성립하지 아니한 때에는 당사자의 신청을 받아 국토교통부장관이 결정하도록 한 도시철도법 조항 중 "제1항에 따른 운임수입의 배분에 관한 협의가 성립되지 아니한 때에는 당사자의 신청을 받아 국토교통부장관이 결정한다." 부분은 국토교통부장관의 결정에 의해 이루어지므로 적법절차원칙에 위배된다.

O | X

해설

[X] 심판대상조항이 국토교통부장관이 운임수입 배분에 관한 결정을 하기 전에 거쳐야 하는 일반적인 절차에 대해 따로 규정하고 있지는 않지만, 행정절차법은 처분의 사전통지, 의견제출의 기회, 처분의 이유 제시 등을 규정하고 있고, 이는 국토교통부장관의 결정에도 적용되어 절차적 보장이 이루어지므로, 심판대상조항은 적법절차원칙에 위배되지 아니한다(헌재 2019.6.28, 2017헌바135).

150
20. 국회직 8급

독립행위가 경합하여 상해의 결과를 발생하게 한 경우 원인된 행위가 판명되지 아니한 때에는 공동정범의 예에 의하도록 규정한 형법 제263조는 책임주의원칙에 위반된다. O | X

해설

[X] 신체에 대한 가해행위는 그 자체로 상해의 결과를 발생시킬 위험을 내포하고 있으므로, 독립한 가해행위가 경합하여 상해가 발생한 경우 상해의 발생 또는 악화에 전혀 기여하지 않은 가해행위의 존재라는 것은 상정하기 어렵고, 각 가해행위가 상해의 발생 또는 악화에 어느 정도 기여하였는지를 계량화할 수 있는 것도 아니다. 이에 입법자는 피해자의 법익 보호와 일반예방적 효과를 높일 필요성을 고려하여 다른 독립행위가 경합하는 경우와 구분하여 심판대상조항을 마련한 것이다. … 또한, 법관은 피고인이 가해행위에 이르게 된 동기, 가해행위의 태양과 폭력성의 정도, 피해회복을 위한 피고인의 노력 정도 등을 모두 참작하여 피고인의 행위에 상응하는 형을 선고하므로, 가해행위자는 자신의 행위를 기준으로 형사책임을 부담한다. 이러한 점을 종합하여 보면, 심판대상조항은 책임주의원칙에 반한다고 볼 수 없다(헌재 2018.3.29, 2017헌가10).

151
20. 국회직 8급

구 친일반민족행위자 재산의 국가귀속에 관한 특별법(이하 친일재산귀속법이라 한다) 제2조 제1호에 따라 친일반민족행위자로 결정한 경우에는 현행 친일재산귀속법 제2조 제1호에 따라 결정한 것으로 보는 현행 친일재산귀속법 부칙조항은 친일재산귀속법의 입법목적을 관철하기 위하여 불가피한 입법적 결단을 한 것으로 보이므로 적법절차원칙에 위반된다고 볼 수 없다. O | X

해설

[O] 이 사건 경과조치조항이 적용되는 경우 친일반민족행위자 재산조사위원회(이하 '재산조사위원회'라 한다)가 구 친일재산귀속법 제2조 제1호에 따라 행한 국가귀속결정 또는 친일재산확인결정(이하 이들을 합하여 '종전 결정'이라 한다)이 존속하나, 이 사건 경과조치조항에 따라 종전 결정이 현행 친일재산귀속법 제2조 제1호에 의하여 이루어진 것으로 의제된다. … 친일재산귀속법 자체가 태생적으로 과거의 행위를 역사적 · 법적으로 재평가하기 위한 진정소급입법에 해당하는 점과 현행 친일재산귀속법 제2조 제1호의 개정 경위를 아울러 종합하여 보면, 입법자는 친일재산귀속법의 입법목적을 관철하기 위하여 과거의 행위를 법적으로 재평가하는 매우 특수하고 이례적인 공동체적 과업을 계속해서 수행해 나가는 과정에서 불가피한 입법적 결단을 한 것으로 보인다. 따라서 이 사건 경과조치조항이 적법절차원칙 등에 위반된다고 볼 수 없다(헌재 2018.4.26, 2016헌바454).

152
20. 입시

경찰서장이 최루액을 물에 혼합한 용액을 살수차를 이용하여 살수한 행위는 신체의 자유를 침해하는 것이다. O | X

해설

[O] 집회나 시위 해산을 위한 살수차 사용은 집회의 자유 및 신체의 자유에 대한 중대한 제한을 초래하므로 살수차 사용요건이나 기준은 법률에 근거를 두어야 하고, 살수차와 같은 위해성 경찰장비는 본래의 사용방법에 따라 지정된 용도로 사용되어야 하며 다른 용도나 방법으로 사용하기 위해서는 반드시 법령에 근거가 있어야 한다. 혼합살수방법은 법령에 열거되지 않은 새로운 위해성 경찰장비에 해당하고 이 사건 지침에 혼합살수의 근거규정을 둘 수 있도록 위임하고 있는 법령이 없으므로, 이 사건 지침은 법률유보원칙에 위배되고 이 사건 지침만을 근거로 한 이 사건 혼합살수행위 역시 법률유보원칙에 위배된다. 따라서 이 사건 혼합살수행위는 청구인들의 신체의 자유와 집회의 자유를 침해한다(헌재 2018.5.31, 2015헌마476).

153
19. 변호사

제헌헌법 이래 신체의 자유보장규정에서 '구금'이라는 용어를 사용해 오다가 현행 헌법 개정시에 이를 '구속'으로 바꾸었는데, '국민의 신체와 생명에 대한 보호를 강화'하는 것이 현행 헌법의 주요 개정이유임을 고려하면, '구금'을 '구속'으로 바꾼 것은 헌법에 규정된 신체의 자유의 보장 범위를 구금된 사람뿐 아니라 구인된 사람에게까지 넓히기 위한 것으로 해석하는 것이 타당하다. O I X

해설

[O] 우리 헌법은 제헌헌법 이래 신체의 자유를 보장하는 규정을 두었는데, 원래 '구금'이라는 용어를 사용해 오다가 현행 헌법 개정시에 이를 '구속'이라는 용어로 바꾸었다. 현행 헌법 개정시에 종전의 '구금'을 '구속'으로 바꾼 이유를 정확히 확인할 수 있는 자료를 찾기는 어렵다. 다만, '국민의 신체와 생명에 대한 보호를 강화'하는 것이 현행 헌법의 주요 개정이유임을 고려하면, 현행 헌법이 종래의 '구금'을 '구속'으로 바꾼 것은 헌법 제12조에 규정된 신체의 자유의 보장 범위를 구금된 사람뿐 아니라 구인된 사람에게까지 넓히기 위한 것으로 해석하는 것이 타당하다(헌재 2018.5.31, 2014헌마346).

154
19. 법원직 9급

영장주의란 적법절차원칙에서 도출되는 원리로서, 형사절차와 관련하여 체포·구속·압수·수색의 강제처분을 함에 있어서는 사법권 독립에 의하여 신분이 보장되는 법관이 발부한 영장에 의하지 않으면 아니 된다는 원칙이다. O I X

해설

[O] 헌법 제12조 제3항의 영장주의는 적법절차원칙에서 도출되는 원리로서, 형사절차와 관련하여 체포·구속·압수·수색의 강제처분을 함에 있어서는 사법권 독립에 의하여 신분이 보장되는 법관이 발부한 영장에 의하지 않으면 아니 된다는 원칙이다(헌재 2018.4.26, 2015헌바370).

155
20. 변호사

헌법 제12조 제3항이 정한 영장주의는 수사기관이 강제처분을 함에 있어 중립적 기관인 법원의 허가를 얻어야 함을 의미하는 것 외에 법원에 의한 사후통제까지 마련되어야 함을 의미한다. O I X

해설

[X] 헌법 제12조 제3항이 정한 영장주의가 수사기관이 강제처분을 함에 있어 중립적 기관인 법원의 허가를 얻어야 함을 의미하는 것 외에 법원에 의한 사후통제까지 마련되어야 함을 의미한다고 보기 어렵고, 청구인의 주장은 결국 인터넷회선 감청의 특성상 집행 단계에서 수사기관의 권한 남용을 방지할 만한 별도의 통제장치를 마련하지 않는 한 통신 및 사생활의 비밀과 자유를 과도하게 침해하게 된다는 주장과 같은 맥락이므로, 이 사건 법률조항이 과잉금지원칙에 반하여 청구인의 기본권을 침해하는지 여부에 대하여 판단하는 이상, 영장주의 위반 여부에 대해서는 별도로 판단하지 아니한다(헌재 2018.8.30, 2016헌마263).

체포영장을 발부받아 피의자를 체포하는 경우에 필요한 때에는 영장 없이 타인의 주거 등 내에서 피의자 수사를 할 수 있도록 한 형사소송법 조항은 별도로 영장을 발부받기 어려운 긴급한 사정이 있는지 여부를 구별하지 않고 피의자가 소재할 개연성만 소명되면 영장 없이 타인의 주거 등을 수색할 수 있도록 허용하고 있어 헌법 제16조의 영장주의에 위반된다.　　　　　　　　　　　　　　　　　　　　O | X

해설

[O] 심판대상조항은 체포영장을 발부받아 피의자를 체포하는 경우에 필요한 때에는 영장 없이 타인의 주거 등 내에서 피의자 수사를 할 수 있다고 규정함으로써, 앞서 본 바와 같이 별도로 영장을 발부받기 어려운 긴급한 사정이 있는지 여부를 구별하지 아니하고 피의자가 소재할 개연성만 소명되면 영장 없이 타인의 주거 등을 수색할 수 있도록 허용하고 있다. 이는 체포영장이 발부된 피의자가 타인의 주거 등에 소재할 개연성은 소명되나, 수색에 앞서 영장을 발부받기 어려운 긴급한 사정이 인정되지 않는 경우에도 영장 없이 피의자 수색을 할 수 있다는 것이므로, 헌법 제16조의 영장주의 예외요건을 벗어나는 것으로서 영장주의에 위반된다(헌재 2018.4.26, 2015헌바370 등).

수사기관이 공사단체 등에 범죄수사에 관련된 사실을 조회하는 행위는 강제력이 개입되지 아니한 임의수사에 해당하므로, 이에 응하여 이루어진 국민건강보험공단의 개인정보제공행위에는 영장주의가 적용되지 않는다.　　　　　　　　　　　　　　　　　　　　　　　　　O | X

해설

[O] 이 사건 사실조회행위는 강제력이 개입되지 아니한 임의수사에 해당하므로, 이에 응하여 이루어진 이 사건 정보제공행위에도 영장주의가 적용되지 않는다. 그러므로 이 사건 정보제공행위가 영장주의에 위배되어 청구인들의 개인정보자기결정권을 침해한다고 볼 수 없다(헌재 2018.8.30, 2014헌마368).

통신사실 확인자료 제공요청은 수사 또는 내사의 대상이 된 가입자 등의 동의나 승낙을 얻지 않고도 공공기관이 아닌 전기통신사업자를 상대로 이루어지는 것으로 통신비밀보호법이 정한 수사기관의 강제처분이므로 통신사실 확인자료 제공요청에는 헌법상 영장주의가 적용된다.　　　　　　　　　　　　　　O | X

해설

[O] 통신사실 확인자료 제공요청은 수사 또는 내사의 대상이 된 가입자 등의 동의나 승낙을 얻지 아니하고도 공공기관이 아닌 전기통신사업자를 상대로 이루어지는 것으로 통신비밀보호법이 정한 수사기관의 강제처분이다. 이러한 통신사실 확인자료 제공요청과 관련된 수사기관의 권한 남용 및 그로 인한 정보주체의 기본권 침해를 방지하기 위해서는 법원의 통제를 받을 필요가 있으므로, 통신사실 확인자료 제공요청에는 헌법상 영장주의가 적용된다(헌재 2018.6.28, 2012헌마191 등).

159

20. 입시

피의자가 가지는 '변호인이 되려는 자'의 조력을 받을 권리뿐 아니라 '변호인이 되려는 자'의 접견교통권 역시 헌법상 기본권으로서 보장되어야 한다. O | X

해설

[O] 변호인 선임을 위하여 피의자 · 피고인이 가지는 '변호인이 되려는 자'와의 접견교통권은 헌법상 기본권으로 보호되어야 하고, '변호인이 되려는 자'의 접견교통권은 피의자 등이 변호인을 선임하여 그로부터 조력을 받을 권리를 공고히 하기 위한 것으로서, 그것이 보장되지 않으면 피의자 등이 변호인 선임을 통하여 변호인으로부터 충분한 조력을 받는다는 것이 유명무실하게 될 수밖에 없다. 이와 같이 '변호인이 되려는 자'의 접견교통권은 피의자 등을 조력하기 위한 핵심적인 부분으로서, 피의자 등이 가지는 헌법상의 기본권인 '변호인이 되려는 자'와의 접견교통권과 표리의 관계에 있다. 따라서 피의자 등이 가지는 '변호인이 되려는 자'의 조력을 받을 권리가 실질적으로 확보되기 위해서는 '변호인이 되려는 자'의 접견교통권 역시 헌법상 기본권으로서 보장되어야 한다(헌재 2019.2.28, 2015헌마1204).

160

20. 법행

피의자 또는 피고인(이하 '피의자 등'이라고 한다)에게는 체포 또는 구속 여부에 불구하고 헌법상 변호인의 조력을 받을 권리가 인정된다. O | X

해설

[O] 피의자 또는 피고인(이하 '피의자 또는 피고인'을 '피의자 등'이라고 한다)에게는 체포 또는 구속 여부에 불구하고 변호인의 조력을 받을 권리가 인정된다(헌재 2019.2.28, 2015헌마1204).

161

20. 법행

헌법 제12조 제4항 본문은 체포 또는 구속을 당한 때에 '즉시' 변호인의 조력을 받을 권리를 가진다고 규정함으로써 변호인이 선임되기 이전에도 피의자 등에게 변호인의 조력을 받을 권리가 있음을 분명히 하고 있다. O | X

해설

[O] 헌법 제12조 제4항 본문은 체포 또는 구속을 당한 때에 '즉시' 변호인의 조력을 받을 권리를 가진다고 규정함으로써 변호인이 선임되기 이전에도 피의자 등에게 변호인의 조력을 받을 권리가 있음을 분명히 하고 있다. 이와 같이 아직 변호인을 선임하지 않은 피의자 등의 변호인 조력을 받을 권리는 변호인 선임을 통하여 구체화되는데, 피의자 등의 변호인선임권은 변호인의 조력을 받을 권리의 출발점이자 가장 기초적인 구성부분으로서 법률로써도 제한할 수 없는 권리이다(헌재 2004.9.23, 2000헌마138).

▶ 변호인 선임을 위하여 피의자 등이 가지는 '변호인이 되려는 자'와의 접견교통권 역시 헌법상 기본권으로 보호되어야 한다(헌재 2019.2.28, 2015헌마1204).

아직 변호인을 선임하지 않은 피의자 등의 변호인의 조력을 받을 권리는 변호인 선임을 통하여 구체화되는데, 피의자 등의 변호인선임권은 변호인의 조력을 받을 권리의 출발점이자 가장 기초적인 구성부분으로서 법률로써도 제한할 수 없는 권리이다. 따라서 피의자 등이 가지는 '변호인이 되려는 자'와의 접견교통권 역시 헌법상 기본권으로 보호되어야 한다.   O I X

해설

[O] 헌법 제12조 제4항 본문은 체포 또는 구속을 당한 때에 '즉시' 변호인의 조력을 받을 권리를 가진다고 규정함으로써 변호인이 선임되기 이전에도 피의자 등에게 변호인의 조력을 받을 권리가 있음을 분명히 하고 있다. 이와 같이 아직 변호인을 선임하지 않은 피의자 등의 변호인 조력을 받을 권리는 변호인 선임을 통하여 구체화되는데, 피의자 등의 변호인선임권은 변호인의 조력을 받을 권리의 출발점이자 가장 기초적인 구성부분으로서 법률로써도 제한할 수 없는 권리이다(헌재 2004.9.23, 2000헌마138).

▶ 변호인 선임을 위하여 피의자 등이 가지는 '변호인이 되려는 자'와의 접견교통권 역시 헌법상 기본권으로 보호되어야 한다(헌재 2019.2.28, 2015헌마1204).

헌법 제12조 제4항 본문에 규정된 변호인의 조력을 받을 권리는 행정절차에서 구속을 당한 사람에게도 보장된다.   O I X

해설

[O] 헌법 제12조 제4항 본문의 문언 및 헌법 제12조의 조문 체계, 변호인 조력권의 속성, 헌법이 신체의 자유를 보장하는 취지를 종합하여 보면 헌법 제12조 제4항 본문에 규정된 '구속'은 사법절차에서 이루어진 구속뿐 아니라, 행정절차에서 이루어진 구속까지 포함하는 개념이다. 따라서 헌법 제12조 제4항 본문에 규정된 변호인의 조력을 받을 권리는 행정절차에서 구속을 당한 사람에게도 즉시 보장된다(헌재 2018.5.31, 2014헌마346).

난민인정심사불회부결정을 받은 외국인을 인천국제공항 송환대기실에 수개월째 수용하고 환승구역으로 출입을 막으면서 변호인 접견신청을 거부한 것은 변호인의 조력을 받을 권리를 침해한 것은 아니다.   O I X

해설

[X] 이 사건 변호인 접견신청 거부는 현행법상 아무런 법률상 근거가 없이 청구인의 변호인의 조력을 받을 권리를 제한한 것이므로, 청구인의 변호인의 조력을 받을 권리를 침해한 것이다. 또한, 청구인에게 변호인 접견신청을 허용한다고 하여 국가안전보장, 질서유지, 공공복리에 어떠한 장애가 생긴다고 보기는 어렵고, 필요한 최소한의 범위 내에서 접견장소 등을 제한하는 방법을 취한다면 국가안전보장이나 환승구역의 질서유지 등에 별다른 지장을 주지 않으면서도 청구인의 변호인 접견권을 제대로 보장할 수 있다. 따라서 이 사건 변호인 접견신청 거부는 국가안전보장이나 질서유지, 공공복리를 위해 필요한 기본권 제한조치로 볼 수도 없다(헌재 2018.5.31, 2014헌마346).

▶ 변호인 접견신청 거부는 청구인의 변호인의 조력을 받을 권리를 침해하므로 헌법에 위반된다.

165
22. 경정승진

신상정보 공개·고지명령은 형벌과는 목적이나 심사대상 등을 달리하는 보안처분에 해당하므로 동일한 범죄행위에 대하여 형벌이 부과된 이후 다시 신상정보 공개·고지명령이 선고 및 집행된다고 하여 이중처벌금지원칙에 위반된다고 할 수 없다. O | X

해설

[O] 이중처벌은 처벌 또는 제재가 동일한 행위를 대상으로 거듭 행해질 때 발생하는 문제이다. 그런데 신상정보 공개·고지명령은 형벌과는 목적이나 심사대상 등을 달리하는 보안처분에 해당하므로 동일한 범죄행위에 대하여 형벌이 부과된 이후 다시 신상정보 공개·고지명령이 선고 및 집행된다고 하여 이중처벌금지의 원칙에 위반된다고 할 수 없다(헌재 2016.12.29, 2015헌바196).

166
22. 경정승진

헌법 제13조 제1항에서 말하는 '처벌'은 범죄에 대한 국가의 형벌권 실행으로서의 과벌을 의미하는 것인바, 국가가 행하는 일체의 제재나 불이익처분 모두 그 '처벌'에 포함이 된다. O | X

해설

[X] 헌법 제13조 제1항에서 말하는 '처벌'은 원칙으로 범죄에 대한 국가의 형벌권 실행으로서의 과벌을 의미하는 것이고, 국가가 행하는 일체의 제재나 불이익처분을 모두 그 '처벌'에 포함시킬 수는 없다 할 것이다(헌재 1994.6.30, 92헌바38).

167
22. 경정승진

일정한 성폭력범죄를 범한 사람에게 유죄판결을 선고하는 경우 성폭력치료프로그램 이수명령을 병과하도록 한 것은 그 목적이 과거의 범죄행위에 대한 제재로서 대상자의 건전한 사회복귀 및 범죄예방과 사회보호에 있어 형벌과 본질적 차이가 나지 않는 보안처분에 해당하므로, 동일한 범죄행위에 대하여 형벌과 병과될 경우 이중처벌금지원칙에 위배된다. O | X

해설

[X] 이수명령은 형벌과 본질적 차이가 있는 보안처분에 해당하므로, 동일한 범죄행위에 대하여 형벌과 병과되더라도 이중처벌금지원칙에 위배된다고 할 수 없다(헌재 2016.12.29, 2016헌바153).

168
22. 경정승진·
경찰 2차

헌법재판소는 외국에서 형의 전부 또는 일부의 집행을 받은 자에 대하여 형을 감경 또는 면제할 수 있도록 규정한 형법 제7조가 이중처벌금지원칙에 위배되어 위헌이라고 판시하였다. O | X

해설

[X] 외국의 형사판결은 원칙적으로 우리 법원을 기속하지 않으므로 동일한 범죄행위에 관하여 다수의 국가에서 재판 또는 처벌을 받는 것이 배제되지 않는다. 따라서 이중처벌금지원칙은 동일한 범죄에 대하여 대한민국 내에서 거듭 형벌권이 행사되어서는 안 된다는 뜻으로 새겨야 할 것이므로 이 사건 법률조항은 헌법 제13조 제1항의 이중처벌금지원칙에 위배되지 아니한다(헌재 2015.5.28, 2013헌바129).

169
22. 경정승진

미결수용자와 변호인간에 주고받는 서류를 확인하고 이를 소송관계서류처리부에 등재하는 행위는 그 자체만으로는 미결수용자의 변호인 접견교통권을 제한하는 행위라고 볼 수는 없다. O I X

해설

[X] 변호인의 조력을 받을 권리의 한 내용인 변호인 접견교통권에는 접견 자체뿐만 아니라 미결수용자와 변호인간의 서류 또는 물건의 수수도 포함되고, 이에 따라 형사소송법 제34조는 변호인 또는 변호인이 되려는 자는 신체구속을 당한 피고인 또는 피의자와 접견하고 서류 또는 물건을 수수할 수 있으며 의사로 하여금 진료하게 할 수 있도록 규정하였다. 따라서 미결수용자와 변호인간에 주고받는 서류를 확인하고 이를 소송관계서류처리부에 등재하는 행위는 미결수용자의 변호인 접견교통권을 제한하는 행위이다(헌재 2016.4.28, 2015헌마243).

170
22. 경정승진

피고인에게 보장된 변호인의 조력을 받을 권리는 변호인과의 자유로운 접견교통권에 그치지 아니하고 더 나아가 변호인을 통하여 수사서류를 포함한 소송관계서류를 열람·등사하고 이에 대한 검토결과를 토대로 공격과 방어의 준비를 할 수 있는 권리도 포함된다. O I X

해설

[O] 변호인의 조력을 받을 권리는 변호인과의 자유로운 접견교통권에 그치지 아니하고 더 나아가 변호인을 통하여 수사서류를 포함한 소송관계서류를 열람·등사하고 이에 대한 검토결과를 토대로 공격과 방어의 준비를 할 수 있는 권리도 포함된다고 보아야 할 것이므로 변호인의 수사기록 열람·등사에 대한 지나친 제한은 결국 피고인에게 보장된 변호인의 조력을 받을 권리를 침해하는 것이다(헌재 1997.11.27, 94헌마60).

171
22. 경정승진

변호인과의 자유로운 접견은 신체구속을 당한 사람에게 보장된 변호인의 조력을 받을 권리의 가장 중요한 내용이어서 국가안전보장·질서유지 또는 공공복리 등 어떠한 명분으로도 제한될 수 있는 성질의 것이 아니라고 할 것이나, 이는 구속된 자와 변호인간의 접견이 실제로 이루어지는 경우에 있어서의 '자유로운 접견', 즉 '대화내용에 대하여 비밀이 완전히 보장되고 어떠한 제한, 영향, 압력 또는 부당한 간섭 없이 자유롭게 대화할 수 있는 접견'을 제한할 수 없다는 것이지, 변호인과의 접견 자체에 대해 아무런 제한도 가할 수 없다는 것을 의미하는 것은 아니다. O I X

해설

[O] 미결수용자와 변호인과의 접견에 대해 어떠한 명분으로도 제한할 수 없다고 한 것은 구속된 자와 변호인간의 접견이 실제로 이루어지는 경우에 있어서의 '자유로운 접견', 즉 '대화내용에 대하여 비밀이 완전히 보장되고 어떠한 제한, 영향, 압력 또는 부당한 간섭 없이 자유롭게 대화할 수 있는 접견'을 제한할 수 없다는 것이지, 변호인과의 접견 자체에 대해 아무런 제한도 가할 수 없다는 것을 의미하는 것이 아니므로 미결수용자의 변호인 접견권 역시 국가안전보장·질서유지 또는 공공복리를 위해 필요한 경우에는 법률로써 제한될 수 있음은 당연하다(헌재 2011.5.26, 2009헌마341).

172
22. 경정승진

변호인의 조력을 받을 권리는 '형사사건에서 변호인의 조력을 받을 권리'를 의미한다고 보아야 할 것이므로 형사절차가 종료되어 교정시설에 수용 중인 수형자나 미결수용자가 형사사건의 변호인이 아닌 민사재판, 행정재판, 헌법재판 등에서 변호사와 접견할 경우에는 원칙적으로 헌법상 변호인의 조력을 받을 권리의 주체가 될 수 없다. OIX

해설

> [O] 변호인의 조력을 받을 권리에 대한 헌법과 법률의 규정 및 취지에 비추어 보면, '형사사건에서 변호인의 조력을 받을 권리'를 의미한다고 보아야 할 것이므로 형사절차가 종료되어 교정시설에 수용 중인 수형자나 미결수용자가 형사사건의 변호인이 아닌 민사재판, 행정재판, 헌법재판 등에서 변호사와 접견할 경우에는 원칙적으로 헌법상 변호인의 조력을 받을 권리의 주체가 될 수 없다(헌재 2013.8.29, 2011헌마122).

173
22. 경정승진

적법절차원칙은 법률이 정한 형식적 절차와 실체적 내용이 모두 합리성과 정당성을 갖춘 적정한 것이어야 한다는 실질적 의미를 지니고 있는 것으로 이해된다. OIX

해설

> [O] 적법절차원칙은 기본권 제한과 관련되든 아니든 모든 입법작용 및 행정작용에 광범위하게 적용되는 것으로서, 법률이 정한 형식적 절차와 실체적 내용이 모두 합리성과 정당성을 갖춘 적정한 것이어야 한다는 실질적 의미를 지니고 있으며, 형사소송절차와 관련하여서는 형벌권의 실행절차인 형사소송의 전반을 규율하는 기본원리로 이해하여야 한다(헌재 1992.12.24, 92헌가8).

174
22. 경정승진

형사소송절차와 관련하여 보면 적법절차원칙은 형벌권의 실행절차인 형사소송의 전반을 규율하는 기본원리로서, 형사피고인의 기본권이 공권력에 의하여 침해당할 수 있는 가능성을 최소화하도록 절차를 형성·유지할 것을 요구하고 있다. OIX

해설

> [O] 헌법 제12조 제3항 본문은 동조 제1항과 함께 적법절차원리의 일반조항에 해당하는 것으로서, 형사절차상의 영역에 한정되지 않고 입법, 행정 등 국가의 모든 공권력의 작용에는 절차상의 적법성뿐만 아니라 법률의 구체적 내용도 합리성과 정당성을 갖춘 실체적인 적법성이 있어야 한다는 적법절차의 원칙을 헌법의 기본원리로 명시하고 있다(헌재 1992.12.24, 92헌가8).

175
22. 경정승진

죄형법정주의는 범죄와 형벌이 법률로 정하여져야 함을 의미하는 것으로 이러한 죄형법정주의에서 파생되는 명확성의 원칙은 누구나 법률이 처벌하고자 하는 행위가 무엇이며, 그에 대한 형벌이 어떠한 것인지를 예견할 수 있어야 하나, 반드시 그에 따라 자신의 행위를 결정할 수 있도록 하는 구성요건의 명확성까지 요구하는 것은 아니다. OIX

해설

> [X] 죄형법정주의는 범죄와 형벌이 법률로 정하여져야 함을 의미하는 것으로 이러한 죄형법정주의에서 파생되는 명확성의 원칙은 누구나 법률이 처벌하고자 하는 행위가 무엇이며, 그에 대한 형벌이 어떠한 것인지를 예견할 수 있고, 그에 따라 자신의 행위를 결정할 수 있도록 구성요건이 명확할 것을 의미하는 것이다(헌재 2001.1.18, 99헌바112).

176

22. 경정승진

형벌 구성요건의 실질적 내용을 법률에서 직접 규정하지 아니하고 새마을금고의 정관에 위임한 것은 범죄와 형벌에 관하여는 입법부가 제정한 형식적 의미의 법률로써 정하여야 한다는 죄형법정주의 원칙에 위반된다.　O | X

해설

[O] 형벌 구성요건의 실질적 내용을 법률에서 직접 규정하지 아니하고 금고의 정관에 위임한 것은 범죄와 형벌에 관하여는 입법부가 제정한 형식적 의미의 "법률"로써 정하여야 한다는 죄형법정주의 원칙에 위반된다(헌재 2001.1.18, 99헌바112).

177

22. 경정승진

법정형의 폭이 지나치게 넓게 되면 자의적인 형벌권의 행사가 가능하게 되어 형벌체계상의 불균형을 초래할 수 있을 뿐만 아니라, 피고인이 구체적인 형의 예측이 현저하게 곤란해지고 죄질에 비하여 무거운 형에 처해질 위험에 직면하게 되므로 법정형의 폭이 지나치게 넓어서는 아니 된다는 것은 죄형법정주의의 한 내포라고 할 수 있다.　O | X

해설

[O] 법정형의 폭이 지나치게 넓게 되면 자의적인 형벌권의 행사가 가능하게 되어 형벌체계상의 불균형을 초래할 수 있을 뿐만 아니라, 피고인이 구체적인 형의 예측이 현저하게 곤란해지고 죄질에 비하여 무거운 형에 처해질 위험성에 직면하게 된다고 할 수 있으므로 법정형의 폭이 지나치게 넓어서는 아니 된다는 것은 죄형법정주의의 한 내포라고도 할 수 있다(헌재 1997.9.25, 96헌가16).

178

22. 경정승진

처벌을 규정하고 있는 법률조항이 구성요건이 되는 행위를 같은 법률조항에서 직접 규정하지 않고 다른 법률조항에서 이미 규정한 내용을 원용하였다거나 그 내용 중 일부를 괄호 안에 규정한 경우 그 사실만으로 명확성원칙에 위반된다.　O | X

해설

[X] 처벌을 규정하고 있는 법률조항이 구성요건이 되는 행위를 같은 법률조항에서 직접 규정하지 않고 다른 법률조항에서 이미 규정한 내용을 원용하였다거나 그 내용 중 일부를 괄호 안에 규정하였다는 사실만으로 명확성원칙에 위반된다고 할 수는 없다(헌재 2010.3.25, 2009헌바121).

179

22. 경정승진

교도소 내 엄중격리대상자에 대하여 이동시 계구를 사용하고 교도관이 동행계호하는 행위 및 1인 운동장을 사용하게 하는 처우가 필요한 경우에 한하여 부득이한 범위 내에서 실시되고 있으므로 신체의 자유를 과도하게 제한하여 헌법을 위반한 것이라고 볼 수 없다.　O | X

해설

[O] 교도소 내 엄중격리대상자에 대하여 이동 시 계구를 사용하고 교도관이 동행계호하는 행위 및 1인 운동장을 사용하게 하는 처우는 신체의 자유를 과도하게 제한하는 것이 아니다(헌재 2008.5.29, 2005헌마137).

180

22. 경정승진

과태료는 행정상 의무위반자에게 부과하는 행정질서벌로서 그 기능과 역할이 형벌에 준하는 것이므로 죄형법정주의의 규율대상에 해당한다.　O | X

해설

[X] 죄형법정주의는 무엇이 범죄이며 그에 대한 형벌이 어떠한 것인가는 국민의 대표로 구성된 입법부가 제정한 법률로써 정하여야 한다는 원칙인데, 과태료는 행정상의 질서유지를 위한 행정질서벌에 해당할 뿐 형벌이라고 할 수 없어 죄형법정주의의 규율대상에 해당하지 아니한다(헌재 2003.12.18, 2002헌바49).

181

22. 경정승진

행위 당시의 판례에 의하면 처벌대상이 되지 아니하는 것으로 해석되었던 행위를 판례의 변경에 따라 확인된 내용의 형법 조항에 근거하여 처벌한다고 하여 그것이 형벌불소급원칙에 위반된다고 할 수 없다.　O | X

해설

[O] 형사처벌의 근거가 되는 것은 법률이지 판례가 아니고, 형법 조항에 관한 판례의 변경은 그 법률조항의 내용을 확인하는 것에 지나지 아니하여 이로써 그 법률조항 자체가 변경된 것이라고 볼 수는 없으므로, 행위 당시의 판례에 의하면 처벌대상이 되지 아니하는 것으로 해석되었던 행위를 판례의 변경에 따라 확인된 내용의 형법 조항에 근거하여 처벌한다고 하여 그것이 헌법상 평등의 원칙과 형벌불소급의 원칙에 반한다고 할 수는 없다(대판 1999.9.17, 97도3349).

182

22. 경정승진

법관으로 하여금 미결구금일수를 형기에 산입하되, 그 미결구금일수 중 일부를 산입하지 않을 수 있게 허용하는 형법 규정은 무죄추정의 원칙 및 적법절차의 원칙 등을 위배하여 신체의 자유를 침해한다.　O | X

해설

[O] 형법 제57조 제1항은 해당 법관으로 하여금 미결구금일수를 형기에 산입하되, 그 산입범위는 재량에 의하여 결정하도록 하고 있는바, 이처럼 미결구금일수 산입범위의 결정을 법관의 자유재량에 맡기는 이유는 피고인이 고의로 부당하게 재판을 지연시키는 것을 막아 형사재판의 효율성을 높이고, 피고인의 남상소를 방지하여 상소심 법원의 업무부담을 줄이는 데 있다. 그러나 미결구금을 허용하는 것 자체가 헌법상 무죄추정의 원칙에서 파생되는 불구속수사의 원칙에 대한 예외인데, 형법 제57조 제1항 중 "또는 일부 부분"은 그 미결구금일수 중 일부만을 본형에 산입할 수 있도록 규정하여 그 예외에 대하여 사실상 다시 특례를 설정함으로써, 기본권 중에서도 가장 본질적인 신체의 자유에 대한 침해를 가중하고 있다(헌재 2009.6.25, 2007헌바25).

183
22. 경정승진

디엔에이감식시료채취영장 발부 과정에서 채취대상자에게 자신의 의견을 밝히거나 영장 발부 후 불복할 수 있는 절차 등에 관하여 규정하지 아니한 디엔에이신원확인정보의 이용 및 보호에 관한 법률의 규정은 과잉금지원칙을 위반하여 채취대상자의 재판청구권을 침해한다. O | X

해설

[O] 디엔에이감식시료채취영장 발부 여부는 채취대상자에게 자신의 디엔에이감식시료가 강제로 채취당하고 그 정보가 영구히 보관·관리됨으로써 자신의 신체의 자유, 개인정보자기결정권 등의 기본권이 제한될 것인지 여부가 결정되는 중대한 문제이다. 그럼에도 불구하고 이 사건 영장절차 조항은 채취대상자에게 디엔에이감식시료채취영장 발부 과정에서 자신의 의견을 진술할 수 있는 기회를 절차적으로 보장하고 있지 않을 뿐만 아니라, 발부 후 그 영장 발부에 대하여 불복할 수 있는 기회를 주거나 채취행위의 위법성 확인을 청구할 수 있도록 하는 구제절차마저 마련하고 있지 않다. 위와 같은 입법상의 불비가 있는 이 사건 영장절차 조항은 채취대상자인 청구인들의 재판청구권을 과도하게 제한하므로, 침해의 최소성원칙에 위반된다. 따라서 이 사건 영장절차 조항은 과잉금지원칙을 위반하여 청구인들의 재판청구권을 침해한다(헌재 2018.8.30, 2016헌마344·2017헌마630).

184
22. 경정승진

수사기관이 법원으로부터 영장 또는 감정처분허가장을 발부받지 아니한 채 피의자의 동의 없이 피의자의 신체로부터 혈액을 채취하고 사후에도 지체 없이 영장을 발부받지 아니한 채 그 혈액 중 알코올농도에 관한 감정을 의뢰하였다면, 이러한 과정을 거쳐 얻은 감정의뢰회보 등은 원칙적으로 그 절차위반행위가 적법절차의 실질적인 내용을 침해하여 피고인이나 변호인의 동의가 있더라도 유죄의 증거로 사용할 수 없다. O | X

해설

[O] 수사기관이 법원으로부터 영장 또는 감정처분허가장을 발부받지 아니한 채 피의자의 동의 없이 피의자의 신체로부터 혈액을 채취하고 사후에도 지체 없이 영장을 발부받지 아니한 채 혈액 중 알코올농도에 관한 감정을 의뢰하였다면, 이러한 과정을 거쳐 얻은 감정의뢰회보 등은 형사소송법상 영장주의 원칙을 위반하여 수집하거나 그에 기초하여 획득한 증거로서, 원칙적으로 절차위반행위가 적법절차의 실질적인 내용을 침해하여 피고인이나 변호인의 동의가 있더라도 유죄의 증거로 사용할 수 없다(대판 2012.11.15, 2011도15258).

185
22. 경정승진

체포영장을 집행하는 경우 필요한 때에는 타인의 주거 등에서 피의자 수사를 할 수 있도록 한 형사소송법 규정의 해당 부분이 체포영장이 발부된 피의자가 타인의 주거 등에 소재할 개연성은 소명되나 수색에 앞서 영장을 발부받기 어려운 긴급한 사정이 인정되지 않더라도 영장 없이 피의자 수색을 할 수 있도록 한 것은 영장주의에 위반되지 않는다. O | X

해설

[X] 심판대상조항은 체포영장을 발부받아 피의자를 체포하는 경우에 필요한 때에는 영장 없이 타인의 주거 등 내에서 피의자 수사를 할 수 있다고 규정함으로써, 앞서 본 바와 같이 별도로 영장을 발부받기 어려운 긴급한 사정이 있는지 여부를 구별하지 아니하고 피의자가 소재할 개연성만 소명되면 영장 없이 타인의 주거 등을 수색할 수 있도록 허용하고 있다. 이는 체포영장이 발부된 피의자가 타인의 주거 등에 소재할 개연성은 소명되나, 수색에 앞서 영장을 발부받기 어려운 긴급한 사정이 인정되지 않는 경우에도 영장 없이 피의자 수색을 할 수 있다는 것이므로, 헌법 제16조의 영장주의 예외 요건을 벗어나는 것으로서 영장주의에 위반된다(헌재 2018.4.26, 2015헌바370).

186
22. 경정승진

압수 · 수색영장을 발부받아 압수 · 수색의 방법으로 소변을 채취하는 경우 압수대상물인 피의자의 소변을 확보하기 위한 수사기관의 노력에도 불구하고, 피의자가 인근 병원 응급실 등 소변 채취에 적합한 장소로 이동하는 것에 동의하지 않거나 저항하는 등 임의동행을 기대할 수 없는 사정이 있는 때에는 수사기관으로서는 소변 채취에 적합한 장소로 피의자를 데려가기 위해서 필요 최소한의 유형력을 행사하는 것이 허용되며, 이는 '압수 · 수색영장의 집행에 필요한 처분'에 해당한다.　　　　O | X

해설

[O] 압수 · 수색의 방법으로 소변을 채취하는 경우 압수대상물인 피의자의 소변을 확보하기 위한 수사기관의 노력에도 불구하고, 피의자가 인근 병원 응급실 등 소변 채취에 적합한 장소로 이동하는 것에 동의하지 않거나 저항하는 등 임의동행을 기대할 수 없는 사정이 있는 때에는 수사기관으로서는 소변 채취에 적합한 장소로 피의자를 데려가기 위해서 필요 최소한의 유형력을 행사하는 것이 허용된다. 이는 형사소송법 제219조, 제120조 제1항에서 정한 '압수 · 수색영장의 집행에 필요한 처분'에 해당한다고 보아야 한다(대판 2018.7.12, 2018도6219).

187
22. 경찰 1차

모든 국민은 신체의 자유를 가진다. 누구든지 법률과 적법절차에 의하지 아니하고는 체포 · 구속 · 압수 수색을 받지 아니하며, 법률에 의하지 아니하고는 심문 · 처벌 · 보안처분 또는 강제노역을 받지 아니한다.　　　　O | X

해설

[X] 모든 국민은 신체의 자유를 가진다. 누구든지 법률에 의하지 아니하고는 체포 · 구속 · 압수 · 수색 또는 심문을 받지 아니하며, 법률과 적법한 절차에 의하지 아니하고는 처벌 · 보안처분 또는 강제노역을 받지 아니한다(헌법 제12조 제1항).

188
22. 국가직

음주운전 금지규정을 2회 이상 위반한 사람을 2년 이상 5년 이하의 징역이나 1천만원 이상 2천만원 이하의 벌금에 처하도록 한 구 도로교통법 조항은 보호법익에 미치는 위험 정도가 비교적 낮은 유형의 재범 음주운전행위도 일률적으로 그 법정형의 하한인 2년 이상의 징역 또는 1천만원 이상의 벌금을 기준으로 처벌하도록 하고 있어 책임과 형벌간의 비례원칙에 위반된다.　　　　O | X

해설

[O] 심판대상조항은 과거 위반 전력, 혈중알코올농도 수준 등에 비추어, 보호법익에 미치는 위험 정도가 비교적 낮은 유형의 재범 음주운전행위도 일률적으로 그 법정형의 하한인 2년 이상의 징역 또는 1천만원 이상의 벌금을 기준으로 처벌하도록 하고 있어 책임과 형벌 사이의 비례성을 인정하기 어렵다. 따라서 심판대상조항은 책임과 형벌간의 비례원칙에 위반된다(헌재 2021.11.25, 2019헌바446).

189
23. 경정승진
22. 법원직

병(兵)에 대한 징계처분으로 일정기간 부대나 함정(艦艇) 내의 영창, 그 밖의 구금장소에 감금하는 영창처분이 가능하도록 규정한 조항은 병(兵)의 신체의 자유를 침해하지 않는다.　　　　O | X

해설

[X] 심판대상조항은 병의 신체의 자유를 필요 이상으로 과도하게 제한하므로, 침해의 최소성원칙에 어긋난다(헌재 2020.9.24, 2017헌바157).

□□□
190
22. 국회직 8급 ·
경찰 2차

병(兵)에 대한 징계처분으로 일정기간 부대나 함정(艦艇) 내의 영창에 감금하는 처분이 가능하도록 규정한 구 군인사법 조항은 군(軍)이라는 특수한 신분관계에서 오는 불가피성 및 그 내용과 집행의 실질, 효과 등에 비추어 볼 때, 그 본질이 일반 형사절차에서 이루어지는 인신구금과 동일하게 취급하기 어렵다는 측면에서 영장주의 원칙이 적용되지 않는다. O | X

<u>해설</u>

[X] 해당 사안에서 법정의견에는 영장주의에 위배되는지에 대한 언급이 없다. 다만, 이와 유사한 사안인 전투경찰순경에 대한 영창처분판례(헌재 2016.3.31, 2013헌바190)에서는 영창처분에는 (영장주의가 적용될 대상이 아니므로) 영장주의가 적용되지 않아도 적법절차원칙에 위배되지 아니한다고 보았다.

▶ (보충의견) 영창처분은 형식적으로는 형벌이 아니라 하더라도 실질적으로는 징역 · 금고 · 구류 등의 인신구금이 행하여지는 형사처벌과 다르다는 평가를 내리기 어렵다. 따라서 심판대상조항에 의한 영창처분은 그 본질이 사실상 형사절차에서 이루어지는 인신구금과 같이 기본권에 중대한 침해를 가져오는 것으로 헌법 제12조 제1항, 제3항의 영장주의 원칙이 적용된다(헌재 2020.9.24, 2017헌바157, 2018헌가10).

□□□
191
22. 경찰간부

각급 선거관리위원회 위원 · 직원의 선거범죄조사에 있어서 자료제출요구에 응할 의무를 부과하고 허위자료를 제출하는 경우 형사처벌을 규정한 구 공직선거법 조항은 자료제출요구가 대상자의 자발적 협조를 전제하고 물리적 강제력을 수반하지 않으므로 영장주의의 적용대상이 아니다. O | X

<u>해설</u>

[O] 심판대상조항은 피조사자로 하여금 자료제출요구에 응할 의무를 부과하고, 허위자료를 제출한 경우 형사처벌하고 있으나, 이는 형벌에 의한 불이익이라는 심리적, 간접적 강제수단을 통하여 진실한 자료를 제출하도록 함으로써 조사권 행사의 실효성을 확보하기 위한 것이다. 이와 같이 심판대상조항에 의한 자료제출요구는 행정조사의 성격을 가지는 것으로 수사기관의 수사와 근본적으로 그 성격을 달리하며, 청구인에 대하여 직접적으로 어떠한 물리적 강제력을 행사하는 강제처분을 수반하는 것이 아니므로 영장주의의 적용대상이 아니다(헌재 2019.9.26, 2016헌바381).

□□□
192
23. 경찰 1차
22. 국회직 8급 ·
경찰간부 유사

헌법에 규정된 영장신청권자로서의 검사는 검찰권을 행사하는 국가기관인 검사로서 공익의 대표자이자 수사단계에서의 인권옹호기관으로서의 지위에서 그에 부합하는 직무를 수행하는 자를 의미하는 것이지, 검찰청법상 검사만을 지칭하는 것으로 보기 어렵다. O | X

<u>해설</u>

[O] 헌법에서 수사단계에서의 영장신청권자를 검사로 한정한 것은 다른 수사기관에 대한 수사지휘권을 확립시켜 인권유린의 폐해를 방지하고, 법률전문가인 검사를 거치도록 함으로써 기본권침해가능성을 줄이고자 한 것이다. 헌법에 규정된 영장신청권자로서의 검사는 검찰권을 행사하는 국가기관인 검사로서 공익의 대표자이자 수사단계에서의 인권옹호기관으로서의 지위에서 그에 부합하는 직무를 수행하는 자를 의미하는 것이지, 검찰청법상 검사만을 지칭하는 것으로 보기 어렵다(헌재 2021.1.28, 2020헌마264 등).

193
22. 법행

강제퇴거명령을 받은 사람을 즉시 대한민국 밖으로 송환할 수 없으면 송환할 수 있을 때까지 보호시설에 보호할 수 있도록 한 출입국관리법 규정은 불법체류외국인 등의 신체의 자유를 침해한다. O | X

해설

> [O] 심판대상조항이 달성하고자 하는 공익이 중대하고 강제퇴거대상자에 대한 보호가 그러한 공익의 달성을 위하여 필요하기는 하나, 이를 감안하더라도 기간의 상한이 없는 보호로 인하여 피보호자의 신체의 자유가 제한되는 정도가 지나치게 크므로, 심판대상조항은 침해의 최소성 및 법익의 균형성 요건을 충족하지 못한다. 따라서 심판대상조항은 과잉금지원칙에 위배되어 피보호자의 신체의 자유를 침해한다. 또한 심판대상조항은 보호의 개시나 연장 단계에서 공정하고 중립적인 기관에 의한 통제절차가 없고, 행정상 인신구속을 함에 있어 의견제출의 기회도 전혀 보장하고 있지 아니하므로, 헌법상 적법절차원칙에 위반된다(헌재 2023.3.23, 2020헌가1 등).

194
23. 경찰 1차

사회복무요원의 정치적 행위를 금지하는 병역법 조항 중 '정치적 목적을 지닌 행위'는 '특정 정당, 정치인을 지지·반대하거나 공직선거에 있어서 특정 후보자를 당선·낙선하게 하는 등 그 정파성·당파성에 비추어 정치적 중립성을 훼손할 가능성이 높은 행위'로 한정하여 해석되므로 명확성원칙에 위배되지 않는다. O | X

해설

> [X] 이 사건 법률조항 중 '정치적 목적을 지닌 행위'에 관한 부분은 법적용기관인 법관의 보충적 법해석을 통하여도 그 규범내용이 확정될 수 없는 모호하고 막연한 개념을 사용하고 있으므로 명확성원칙에 위반되어 청구인의 결사의 자유와 정치적 표현의 자유를 침해한다(헌재 2021.11.25, 2019헌마534).

195
23. 경찰 1차

징계절차를 진행하지 아니함을 통보하지 않은 경우에는 징계시효가 연장되지 않는다는 예외규정을 두지 않은 구 지방공무원법 조항은, 수사 중인 사건에 대하여 징계절차를 진행하지 않음에도 징계시효가 당연히 연장되어 징계혐의자는 징계시효가 연장되는지를 알지 못한 채 불이익을 입을 수 있어 적법절차원칙에 위배된다. O | X

해설

> [X] 수사 중인 사건에 대하여 징계절차를 진행하지 아니하더라도 징계혐의자는 수사가 종료되는 장래 어느 시점에서 징계절차가 진행될 수 있다는 점을 충분히 예측하여 대비할 수 있고, 수사가 종료되어 징계절차가 진행되는 경우에도 징계혐의자는 관련 법령에 따라 방어권을 충분히 보호받을 수 있다. 심판대상조항을 통해 달성되는 공정한 징계제도 운용이라는 이익은, 징계혐의자가 징계절차를 진행하지 아니함을 통보받지 못하여 징계시효가 연장되었음을 알지 못함으로써 입는 불이익보다 크다. 그렇다면 심판대상조항이 징계시효 연장을 규정하면서 징계절차를 진행하지 아니함을 통보하지 아니한 경우에는 징계시효가 연장되지 않는다는 예외규정을 두지 않았다고 하더라도 적법절차원칙에 위배되지 아니한다(헌재 2017.6.29, 2015헌바29).

수사기관 등이 전기통신사업자에게 통신자료 제공을 요청하면 전기통신사업자가 그 요청에 따를 수 있다고 정한 전기통신사업법 제83조와 관련해서, 헌법상 영장주의는 체포 · 구속 · 압수 · 수색 등 기본권을 제한하는 강제처분에 적용되므로 강제력이 개입되지 않은 임의수사에 해당하는 수사기관의 통신자료 취득에 영장주의가 적용되지 않는다. O I X

해설

[O] 이 사건 법률조항은 수사기관 등이 전기통신사업자에 대하여 통신자료의 제공을 요청할 수 있는 권한을 부여하면서 전기통신사업자는 '그 요청에 따를 수 있다'고 규정하고 있을 뿐, 전기통신사업자에게 수사기관 등의 통신자료 제공요청에 응하거나 협조하여야 할 의무를 부과하지 않으며, 달리 전기통신사업자의 통신자료 제공을 강제할 수 있는 수단을 마련하고 있지 아니하다. 따라서 이 사건 법률조항에 따른 통신자료 제공요청은 강제력이 개입되지 아니한 임의수사에 해당하고 이를 통한 수사기관 등의 통신자료 취득에는 영장주의가 적용되지 아니하는바, 이 사건 법률조항은 헌법상 영장주의에 위배되지 아니한다(헌재 2022.7.21, 2016헌마388 등).

'검사 또는 수사관서의 장, 정보수사기관의 장의 수사, 형의 집행 또는 국가안전보장에 대한 위해 방지를 위한 정보수집을 위한 통신자료 제공요청'을 규정한 전기통신사업법 제83조의 '국가안전보장에 대한 위해를 방지하기 위한 정보수집'은 국가의 존립이나 헌법의 기본질서에 대한 위험을 방지하기 위한 목적을 달성함에 있어 요구되는 최소한의 범위 내에서의 정보수집을 의미하는 것으로 해석되므로 명확성원칙에 위배되지 않는다. O I X

해설

[O] 전기통신사업법 제83조는 통신비밀을 보호하기 위한 조항으로 제1항과 제2항에서 전기통신사업자가 취급 중에 있는 통신의 비밀이나 전기통신업무에 종사하는 사람이 재직 중에 통신에 관하여 알게 된 타인의 비밀 등을 누설하여서는 아니 된다고 정하고 있는바, 통신의 비밀에 대한 엄격한 보호를 규정하고 있는 전기통신사업법 제83조의 취지에 비추어 볼 때 '국가안전보장에 대한 위해를 방지하기 위한 정보수집'은 국가의 존립이나 헌법의 기본질서에 대한 위험을 방지하기 위한 목적을 달성함에 있어 요구되는 최소한의 범위 내에서의 정보수집을 의미하는 것으로 해석된다. 그렇다면 이 사건 법률조항은 건전한 상식과 통상적인 법감정을 가진 사람이라면 그 취지를 충분히 예측할 수 있다고 할 것인바, 명확성원칙에 위배되지 아니한다(헌재 2022.7.21, 2016헌마388 등).

효율적인 수사와 정보수집의 신속성, 밀행성 등의 필요성을 고려하여 정보수집 대상자에게 통신자료 제공내역을 통지하도록 하는 것이 적절하지 않기 때문에, 수사기관 등이 전기통신사업자에게 통신자료 제공을 요청하면 전기통신사업자가 그 요청에 따를 수 있다고 정한 전기통신사업법 제83조가 통신자료 취득에 대한 사후통지절차를 두지 않은 것은 적법절차원칙에 위배되지 않는다. O I X

해설

[X] 효율적인 수사와 정보수집의 신속성, 밀행성 등의 필요성을 고려하여 사전에 정보주체인 이용자에게 그 내역을 통지하도록 하는 것이 적절하지 않다면 수사기관 등이 통신자료를 취득한 이후에 수사 등 정보수집의 목적에 방해가 되지 않는 범위 내에서 통신자료의 취득사실을 이용자에게 통지하는 것이 얼마든지 가능하다. 그럼에도 이 사건 법률조항은 통신자료 취득에 대한 사후통지절차를 두지 않아 적법절차원칙에 위배된다(헌재 2022.7.21, 2016헌마388 등).

199
23. 법원직

절대적 종신형제도는 사형제도와는 또 다른 위헌성 문제를 야기할 수 있고, 현행 형사법령하에서도 가석 방제도의 운영 여하에 따라 사회로부터의 영구적 격리가 가능한 절대적 종신형과 상대적 종신형의 각 취지를 살릴 수 있다는 점 등을 고려하면, 현행 무기징역형제도가 상대적 종신형 외에 절대적 종신형을 따로 두고 있지 않은 것이 형벌체계상 정당성과 균형을 상실하여 헌법 제11조의 평등원칙에 반한다거나 형벌이 죄질과 책임에 상응하도록 비례성을 갖추어야 한다는 책임원칙에 반한다고 단정하기 어렵다. O | X

해설

[O] 절대적 종신형제도는 사형제도와는 또 다른 위헌성 문제를 야기할 수 있고, 현행 형사법령하에서도 가석방 제도의 운영 여하에 따라 사회로부터의 영구적 격리가 가능한 절대적 종신형과 상대적 종신형의 각 취지를 살릴 수 있다는 점 등을 고려하면, 현행 무기징역형제도가 상대적 종신형 외에 절대적 종신형을 따로 두고 있지 않은 것이 형벌체계상 정당성과 균형을 상실하여 헌법 제11조의 평등원칙에 반한다거나 형벌이 죄질과 책임에 상응하도록 비례성을 갖추어야 한다는 책임원칙에 반한다고 단정하기 어렵다(헌재 2010.2.25, 2008헌가23).

200
23. 법원직

형사재판에 계속 중인 사람에 대하여 출국을 금지할 수 있다고 규정한 출입국관리법 조항에 따른 법무부장 관의 출국금지결정은 형사재판에 계속 중인 국민의 출국의 자유를 제한하는 행정처분일 뿐이고, 영장주의가 적용되는 신체에 대하여 직접적으로 물리적 강제력을 수반하는 강제처분이라고 할 수 없다. O | X

해설

[O] 형사재판에 계속 중인 사람에 대하여 출국을 금지할 수 있다고 규정한 출입국관리법 조항에 따른 법무부장 관의 출국금지결정은 형사재판에 계속 중인 국민의 출국의 자유를 제한하는 행정처분일 뿐이고, 영장주의 가 적용되는 신체에 대하여 직접적으로 물리적 강제력을 수반하는 강제처분이라고 할 수는 없다. 따라서 심판대상조항이 헌법 제12조 제3항의 영장주의에 위배된다고 볼 수 없다(헌재 2015.9.24, 2012헌바302).

201
23. 법원직

심급제도에 대한 입법재량의 범위와 범죄인인도심사의 법적 성격, 그리고 범죄인인도법에서의 심사절차에 관한 규정 등을 종합할 때, 범죄인인도심사를 서울고등법원의 단심제로 정하고 있는 것은 적법절차원칙에서 요구되는 합리성과 정당성을 결여한 것이라고 볼 수 없다. O | X

해설

[O] 심급제도에 대한 입법재량의 범위와 범죄인인도심사의 법적 성격, 그리고 범죄인인도법에서의 심사절차에 관한 규정 등을 종합할 때, 이 사건 법률조항이 범죄인인도심사를 서울고등법원의 단심제로 하고 있다고 해서 적법절차원칙에서 요구되는 합리성과 정당성을 결여한 것이라 볼 수 없다(헌재 2003.1.30, 2001헌바95).

□□□
202
22. 경찰 2차

공직선거법위반죄를 범하여 형사처벌을 받은 공무원에 대하여 당선무효라는 불이익을 가하는 것은 공직선거법위반 행위 자체에 대한 국가의 형벌권 실행으로서의 과벌에 해당하므로, 이중처벌금지원칙에 위배될 가능성이 크다.

O | X

해설

[X] 공직선거법위반죄를 범하여 형사처벌을 받은 공무원에 대하여 당선무효라는 불이익을 가하는 것은 선거의 공정성을 해친 자에게 일정한 불이익을 줌으로써 선거의 공정성을 확보하고, 불법적인 방법으로 당선된 공직자에 의한 장래의 부적절한 공직수행을 차단하기 위한 법적 조치로서, 공직선거법위반 행위 자체에 대한 국가의 형벌권 실행으로서의 과벌에 해당하지 아니하므로, 헌법 제13조 제1항이 금지하는 이중처벌금지원칙이 적용되지 않는다. 따라서 공직선거법위반죄를 범함으로 인하여 징역형의 선고를 받은 공직자의 당선을 무효로 하는 당선무효조항은 이중처벌금지원칙에 위반되지 아니한다(헌재 2015.2.26, 2012헌마581).

□□□
203
22. 경찰 2차

변호인접견실에 CCTV를 설치하여 교도관이 그 CCTV를 통해 미결수용자와 변호인간의 접견을 관찰한 행위는 변호인의 조력을 받을 권리를 침해한다.

O | X

해설

[X] 금지물품의 수수나 폭행 등 교정사고를 방지하고 적절하게 대처하기 위해서는 변호인접견실 또한 계호할 필요가 있으며, 변호인접견실에 CCTV를 설치하는 것은 교도관의 육안에 의한 시선계호를 CCTV 장비에 의한 시선계호로 대체한 것에 불과하므로, 이 사건 CCTV 관찰행위는 그 목적의 정당성과 수단의 적합성이 인정된다. … 따라서 이 사건 CCTV 관찰행위는 청구인의 변호인의 조력을 받을 권리를 침해하지 아니한다 (헌재 2016.4.28, 2015헌마243).

□□□
204
23. 경정승진

예비군대원 본인의 부재시 예비군훈련 소집통지서를 수령한 같은 세대 내의 가족 중 성년자가 정당한 사유없이 소집통지서를 본인에게 전달하지 아니한 경우 형사처벌을 하는 예비군법 조항은 책임과 형벌 사이의 비례원칙에 위배되지 않는다.

O | X

해설

[X] 심판대상조항은 국가안보 등에 관한 현실의 변화를 외면한 채 여전히 예비군대원 본인과 세대를 같이 하는 가족 중 성년자에 대하여 단지 소집통지서를 본인에게 전달하지 아니하였다는 이유로 형사처벌을 하고 있는데, 그 필요성과 타당성에 깊은 의문이 들지 않을 수 없다. 심판대상조항은 행정절차적 협력의무에 불과한 소집통지서 전달의무의 위반에 대하여 과태료 등의 행정적 제재가 아닌 형사처벌을 부과하고 있는데, 이는 형벌의 보충성에 반하고, 책임에 비하여 처벌이 지나치게 과도하여 비례원칙에도 위반된다. 위와 같은 사정들에 비추어 보면, 심판대상조항은 책임과 형벌간의 비례원칙에 위반된다(헌재 2022.5.26, 2019헌가12).

205
23. 경정승진

초·중등학교 교원이 자신이 보호하는 아동에 대하여 아동학대범죄를 범한 때에는 그 죄에 정한 형의 2분의 1까지 가중하여 처벌하도록 한 아동학대범죄의 처벌 등에 관한 특례법 조항은 책임과 형벌 사이의 비례원칙에 위배되지 않는다. O | X

해설

> [O] 아동학대범죄를 발견하고 신고하여야 할 법적 의무를 지고 있는 초·중등교육법상 교원이 오히려 자신이 보호하는 아동에 대하여 아동학대범죄를 저지르는 행위에 대해서는 높은 비난가능성과 불법성이 인정되는 점, 심판대상조항이 각 죄에 정한 형의 2분의 1을 가중하도록 하고 있다고 하더라도 이는 법정형의 범위를 넓히는 것일 뿐이어서, 법관은 구체적인 행위의 태양, 죄질의 정도와 수법 등을 고려하여 법정형의 범위 내에서 행위자의 책임에 따른 적절한 형벌을 과하는 것이 가능한 점 등을 종합하여 보면, 심판대상조항이 책임과 형벌간의 비례원칙에 어긋나는 과잉형벌을 규정하였다고 볼 수 없다(헌재 2021.3.25, 2018헌바388).

206
23. 경정승진

헌법재판소는 공무원의 징계 사유가 공금 횡령인 경우에는 해당 징계 외에 공금 횡령액의 5배 내의 징계부가금을 부과하도록 한 지방공무원법 조항에 대하여, 징계부가금이 제재적 성격을 지니고 있더라도 이를 헌법 제13조 제1항에서 말하는 '처벌'에 해당한다고 볼 수 없으므로 이중처벌금지원칙에 위배되지 않는다고 판단하였다. O | X

해설

> [O] 징계부가금은 공무원의 업무질서를 유지하기 위하여 공금의 횡령이라는 공무원의 의무 위반 행위에 대하여 지방자치단체가 사용자의 지위에서 행정 절차를 통해 부과하는 행정적 제재이다. 비록 징계부가금이 제재적 성격을 지니고 있더라도 이를 두고 헌법 제13조 제1항에서 금지하는 국가형벌권 행사로서의 '처벌'에 해당한다고 볼 수 없으므로, 심판대상조항은 이중처벌금지원칙에 위배되지 않는다(헌재 2015.2.26, 2012헌바435).

207
23. 경찰간부

육군 장교가 민간법원에서 약식명령을 받아 확정되면 자진신고할 의무를 규정한 '2020년도 장교 진급지시' 중 '민간법원에서 약식명령을 받아 확정된 사실이 있는 자'에 관한 부분은 육군 장교인 청구인의 진술거부권을 침해한다. O | X

해설

> [X] 헌법재판소는 진술거부권이 제한당하지 않는다고 보았다. 설령 자진신고로 인해 확정된 약식명령에 대하여, 군사법원법 제2조 제1항 제1호에서 규정한 신분적 재판권 위반을 이유로 형사소송법 제441조에 따른 비상상고 절차가 개시될 수 있다고 하더라도, 원판결이 피고인에게 불이익한 때에만 다시 판결을 하게 되므로(형사소송법 제446조 제1호 참조), 비상상고 절차가 청구인 김○○에게 형사상 불이익하게 작용할 여지는 없다. 따라서 20년도 육군지시 자진신고조항은 어느 모로 보나 형사상 불이익한 진술을 강요한다고 볼 수 없으므로, 진술거부권을 제한하지 아니한다(헌재 2021.8.31, 2020헌마12).

208
23. 경찰간부

피의자가 수사기관에서 신문을 받음에 있어서 진술거부권을 제대로 행사하기 위해서 뿐만 아니라 진술거부권을 행사하지 않고 적극적으로 진술하기 위해서는 변호인이 피의자의 후방에 착석하는 것으로도 충분하다.　O | X

해설

[X] 피의자신문과정이 위압적으로 진행되는 과정에서 발생할 수 있는 인권 침해의 요소를 방지하기 위하여 진술거부권의 고지, 증거능력의 배제와 같은 규정들이 마련되어 있다(형사소송법 제244조의3, 제309조). 그러나 진술거부권이 규정되어 있다고 하더라도, 피의자가 수사기관에서 신문을 받음에 있어서 진술거부권을 제대로 행사하기 위해서 뿐만 아니라 진술거부권을 행사하지 않고 적극적으로 진술하기 위해서는 변호인이 피의자의 후방에 착석할 것이 아니라 피의자의 옆에 앉아 조력할 필요가 있다(헌재 2017.11.30, 2016헌마503).

209
23. 경찰간부

'대체유류'를 제조하였다고 신고하는 것이 곧 석유사업법위반죄를 시인하는 것이나 마찬가지라고 할 수 없고, 신고의무 이행시 과세절차가 곧바로 석유사업법위반죄의 처벌을 위한 자료의 수집·획득 절차로 이행되는 것도 아니므로 유사석유제품을 제조하여 조세를 포탈한 자를 처벌하도록 규정한 구 조세범처벌법 조항이 형사상 불리한 진술을 강요하는 것이라고 볼 수 없다.　O | X

해설

[O] '대체유류'를 제조하였다고 신고하는 것이 곧 석유사업법위반죄를 시인하는 것이나 마찬가지라고 할 수 없고, 신고의무 이행시 과세절차가 곧바로 석유사업법위반죄의 처벌을 위한 자료의 수집·획득 절차로 이행되는 것도 아니므로, 교통·에너지·환경세 등의 납부 의무가 발생하고 그 세금을 신고·납부기한 내에 납부하지 아니하는 등의 사유로 심판대상조항에 따라 처벌된다고 하더라도 이를 두고 심판대상조항이 형사상 불리한 진술을 강요하는 것이라고 볼 수 없다. 따라서 심판대상조항은 진술거부권을 제한하지 아니한다(헌재 2017.7.27, 2012헌바323).

210
23. 경찰간부

성매매를 한 자를 형사처벌하도록 규정한 성매매알선 등 행위의 처벌에 관한 법률상 자발적 성매매와 성매매피해자를 구분하는 차별적 범죄화는 성판매자로 하여금 성매매피해자로 구제받기 위하여 성매매 사실을 스스로 진술하게 하므로 성판매자의 진술거부권을 침해한다.　O | X

해설

[X] 제청법원은 심판대상조항이 진술거부권을 침해하고 국제협약에 위반된다고 주장하나, 심판대상조항은 성판매자에게 형사상 불이익한 진술의무를 부과하는 조항이라 볼 수 없으므로 진술거부권을 제한하지 아니하며, 국내법과 동일한 효력을 가지는 국제협약은 위헌심사의 기준이 되지 못한다는 점에서 위 주장은 모두 이유 없다(헌재 2016.3.31, 2013헌가2).

211
23. 경찰간부

음주운항 전력이 있는 사람이 다시 음주운항을 한 경우 2년 이상 5년 이하의 징역이나 2천만원 이상 3천만원 이하의 벌금에 처하도록 규정한 해사안전법상 조항은 책임과 형벌의 비례원칙에 위반되지 않는다.

O | X

해설

[X] 음주운항 전력이 있는 사람이 다시 음주운항을 한 경우 2년 이상 5년 이하의 징역이나 2천만원 이상 3천만원 이하의 벌금에 처하도록 규정한 해사안전법 제104조의2 제2항 중 '제41조 제1항을 위반하여 2회 이상 술에 취한 상태에서 선박의 조타기를 조작한 운항자'에 관한 부분은 책임과 형벌간의 비례원칙에 위반된다(헌재 2022.8.31, 2022헌가10).

212
23. 경찰간부

예비군대원의 부재시 예비군훈련 소집통지서를 수령한 같은 세대 내의 가족 중 성년자가 정당한 사유 없이 소집통지서를 본인에게 전달하지 아니한 경우 6개월 이하의 징역 또는 500만원 이하의 벌금에 처하도록 규정한 예비군법상 조항은 책임과 형벌의 비례원칙에 위반되지 않는다.

O | X

해설

[X] 예비군대원 본인과 세대를 같이 하는 가족 중 성년자라면 특별한 사정이 없는 한 소집통지서를 본인에게 전달함으로써 훈련불참으로 인한 불이익을 받지 않도록 각별히 신경을 쓸 것임이 충분히 예상되고, 설령 그들이 소집통지서를 전달하지 아니하여 행정절차적 협력의무를 위반한다고 하여도 과태료 등의 행정적 제재를 부과하는 것만으로도 그 목적의 달성이 충분히 가능하다고 할 것임에도 불구하고, 심판대상조항은 훨씬 더 중한 형사처벌을 하고 있어 그 자체만으로도 형벌의 보충성에 반하고, 책임에 비하여 처벌이 지나치게 과도하여 비례원칙에도 위반된다고 할 것이다(헌재 2022.5.26, 2019헌가12).

213
23. 경찰간부

주거침입강제추행죄 및 주거침입준강제추행죄에 대하여 무기징역 또는 7년 이상의 징역에 처하도록 한 성폭력범죄의 처벌 등에 관한 특례법상 조항은 책임과 형벌의 비례원칙에 위반되지 않는다.

O | X

해설

[X] 주거침입강제추행죄 및 주거침입준강제추행죄에 대하여 무기징역 또는 7년 이상의 징역에 처하도록 한 심판대상조항은 그 법정형이 형벌 본래의 목적과 기능을 달성함에 있어 필요한 정도를 일탈하였고, 각 행위의 개별성에 맞추어 그 책임에 알맞은 형을 선고할 수 없을 정도로 과중하므로, 책임과 형벌간의 비례원칙에 위배된다(헌재 2023.2.23, 2021헌가9).

금융회사 등의 임직원이 그 직무에 관하여 금품이나 그 밖의 이익을 수수, 요구 또는 약속한 경우 5년 이하의 징역 또는 10년 이하의 자격정지에 처하도록 규정한 특정경제범죄 가중처벌 등에 관한 법률상 조항은 책임과 형벌의 비례원칙에 위반되지 않는다.　　　　　　　　　　　　　　　　　　　　　　O | X

해설

　[O] 금융회사 등의 업무는 국가경제와 국민생활에 중대한 영향을 미치므로 금융회사 등 임직원의 직무 집행의 투명성과 공정성을 확보하는 것은 매우 중요하고, 이러한 필요성에 있어서는 임원과 직원 사이에 차이가 없다. 그리고 금융회사 등 임직원이 금품 등을 수수, 요구, 약속하였다는 사실만으로 직무의 불가매수성은 심각하게 손상되고, 비록 그 시점에는 부정행위가 없었다고 할지라도 장차 실제 부정행위로 이어질 가능성도 배제할 수 없다. 따라서 부정한 청탁이 있었는지 또는 실제 배임행위로 나아갔는지를 묻지 않고 금품 등을 수수·요구 또는 약속하는 행위를 처벌하고 있는 수재행위처벌조항은 책임과 형벌간의 비례원칙에 위배되지 아니한다(헌재 2020.3.26, 2017헌바129).

"이 법 시행 전의 행위에 대한 벌칙의 적용에 있어서는 종전의 규정에 따른다."는 도로교통법 부칙 (2010.7.23. 법률 제10382호) 조항은 헌법 제13조 제1항의 형벌불소급원칙 보호영역에 포섭된다.
　　　　　　　　　　　　　　　　　　　　　　O | X

해설

　[X] 청구인은, 이 사건 부칙조항이 죄형법정주의 파생원칙인 형벌불소급원칙에 위반된다고 주장하나, 형벌불소급원칙이란 형벌법규는 시행된 이후의 행위에 대해서만 적용되고 시행 이전의 행위에 대해서는 소급하여 불리하게 적용되어서는 안 된다는 원칙인바, 이 사건 부칙조항은 개정된 법률 이전의 행위를 소급하여 형사처벌하도록 규정하고 있는 것이 아니라 형사처벌을 규정하고 있던 행위시법이 사후 폐지되었음에도 신법이 아닌 행위시법에 의하여 형사처벌하도록 규정한 것으로서, 헌법 제13조 제1항의 형벌불소급원칙 보호영역에 포섭되지 아니한다(헌재 2015.2.26, 2012헌바268).

노역장유치조항의 시행 전에 행해진 범죄행위에 대해서 공소제기의 시기가 노역장유치조항의 시행 이후이면 노역장유치조항을 적용하도록 하는 것은 헌법상 형벌불소급원칙에 위반된다.　　　　　　　O | X

해설

　[O] 부칙조항은 노역장유치조항의 시행 전에 행해진 범죄행위에 대해서도 공소제기의 시기가 노역장유치조항의 시행 이후이면 이를 적용하도록 하고 있으므로, 이는 범죄행위 당시보다 불이익한 법률을 소급 적용하도록 하는 것으로서 헌법상 형벌불소급원칙에 위반된다(헌재 2017.10.26, 2015헌바239).

디엔에이신원확인정보의 수집·이용이 범죄의 예방효과를 가지는 보안처분으로서의 성격을 일부 지닌다고 하더라도 이는 비형벌적 보안처분으로서 소급입법금지원칙이 적용되지 않는다.　　　　　　O | X

해설

　[O] 디엔에이신원확인정보의 수집·이용은 수형인등에게 심리적 압박으로 인한 범죄예방효과를 가진다는 점에서 보안처분의 성격을 지니지만, 처벌적인 효과가 없는 비형벌적 보안처분으로서 소급입법금지원칙이 적용되지 않는다(헌재 2014.8.28, 2011헌마28).

□□□ 218
23. 경찰간부

아동·청소년의 성보호에 관한 법률이 정하고 있는 아동·청소년대상 성범죄자의 아동·청소년 관련 교육기관 등에의 취업제한제도는 형법이 규정하고 있는 형벌에 해당되지 않으므로 헌법 제13조 제1항 전단의 형벌불소급원칙이 적용되지 않는다. O | X

해설

[O] 헌법 제13조 제1항 전단은 소급적인 범죄구성요건의 제정과 소급적인 형벌의 가중을 엄격히 금하고 있다. 헌법재판소는 이 형벌불소급원칙을 엄격히 해석하여, 비형벌적 보안처분에는 이 원칙이 적용되지 않는다고 판단해 왔다. 청소년성보호법이 정하고 있는 취업제한제도로 인해 성범죄자에게 일정한 직종에 종사하지 못하는 제재가 부과되기는 하지만, 위 취업제한제도는 형법이 규정하고 있는 형벌에 해당하지 않으므로, 헌법 제13조 제1항 전단의 형벌불소급원칙이 적용되지 않는다(헌재 2016.3.31, 2013헌마585).

□□□ 219
23. 경찰간부

서울용산경찰서장이 국민건강보험공단에 청구인들의 요양급여내역의 제공을 요청한 사실조회행위는 임의수사에 해당하나 이에 응해 이루어진 정보제공행위에 대해서는 헌법상 영장주의가 적용된다. O | X

해설

[X] 이 사건 사실조회행위는 강제력이 개입되지 아니한 임의수사에 해당하므로, 이에 응하여 이루어진 이 사건 정보제공행위에도 영장주의가 적용되지 않는다. 그러므로 이 사건 정보제공행위가 영장주의에 위배되어 청구인들의 개인정보자기결정권을 침해한다고 볼 수 없다(헌재 2018.8.30, 2014헌마368).

□□□ 220
23. 경찰간부

구 도시 및 주거환경정비법 조항이 정비예정구역 내 토지등소유자의 100분의 30 이상의 해제 요청이라는 비교적 완화된 요건만으로 정비예정구역 해제 절차에 나아갈 수 있도록 하였다고 하여 적법절차원칙에 위반된다고 보기는 어렵다. O | X

해설

[O] 심판대상조항은 정비예정구역으로 지정되어 있는 상태에서 정비사업이 장기간 방치됨으로써 발생하는 법적 불안정성을 해소하고, 정비예정구역 내 토지등소유자의 재산권 행사를 보장하기 위한 것이다. 아직 정비계획의 수립 및 정비구역 지정이 이루어지지 않고 있는 정비예정구역을 대상으로 하는 점, 경기, 사업성 또는 주민갈등 등 다양한 사유로 인하여 정비예정구역에 대한 정비계획 수립 등이 이루어지지 않을 가능성도 있는 점, 정비예정구역으로 지정되어 있을 뿐인 단계에서부터 토지등소유자의 100분의 30 이상이 정비예정구역 해제를 요구하고 있는 상황이라면 추후 정비사업의 시행이 지연되거나 좌초될 가능성이 큰 점, 토지등소유자에게는 정비계획의 입안을 제안할 수 있는 방법이 있는 점, 정비예정구역 해제를 위해서는 지방도시계획위원회의 심의를 거쳐야 하고, 정비예정구역의 해제는 해제권자의 재량적 행위인 점, 정비예정구역 해제에 관한 위법이 있는 경우 항고소송을 통하여 이를 다툴 수 있는 점 등을 종합적으로 고려하면, 심판대상조항이 적법절차원칙에 위반된다고 볼 수 없다(헌재 2023.6.29, 2020헌바63).

221

강제퇴거명령을 받은 사람을 보호할 수 있도록 하면서 보호기간의 상한을 마련하지 아니한 출입국관리법상 보호는 그 개시 또는 연장단계에서 공정하고 중립적인 기관에 의한 통제절차가 없고 당사자에게 의견을 제출할 기회도 보장하고 있지 아니하므로 헌법상 적법절차원칙에 위배된다.　　　　O | X

해설

[O] 행정절차상 강제처분에 의해 신체의 자유가 제한되는 경우 강제처분의 집행기관으로부터 독립된 중립적인 기관이 이를 통제하도록 하는 것은 적법절차원칙의 중요한 내용에 해당한다. 심판대상조항에 의한 보호는 신체의 자유를 제한하는 정도가 박탈에 이르러 형사절차상 '체포 또는 구속'에 준하는 것으로 볼 수 있는 점을 고려하면, 보호의 개시 또는 연장 단계에서 그 집행기관인 출입국관리공무원으로부터 독립되고 중립적인 지위에 있는 기관이 보호의 타당성을 심사하여 이를 통제할 수 있어야 한다. 그러나 현재 출입국관리법상 보호의 개시 또는 연장 단계에서 집행기관으로부터 독립된 중립적 기관에 의한 통제절차가 마련되어 있지 아니하다. 또한 당사자에게 의견 및 자료 제출의 기회를 부여하는 것은 적법절차원칙에서 도출되는 중요한 절차적 요청이므로, 심판대상조항에 따라 보호를 하는 경우에도 피보호자에게 위와 같은 기회가 보장되어야 하나, 심판대상조항에 따른 보호명령을 발령하기 전에 당사자에게 의견을 제출할 수 있는 절차적 기회가 마련되어 있지 아니하다. 따라서 심판대상조항은 적법절차원칙에 위배되어 피보호자의 신체의 자유를 침해한다(헌재 2023.3.23, 2020헌가1).

제2절　사생활의 자유권

제1항 사생활의 비밀과 자유

222

법인이나 사자(死者)도 원칙적으로 사생활의 비밀과 자유의 주체가 될 수 있다.　　　　O | X

해설

[X] 원칙적으로 생존하고 있는 자연인만이 누릴 수 있고 사자(死者)는 그 주체가 될 수 없다. 또한, 사생활의 비밀과 자유는 인간의 존엄성을 존중하고 인격적 가치를 보호하려는 것이므로, 법인이나 단체 등도 원칙적으로 그 주체가 될 수 없다.

223

신문보도의 명예훼손적 표현의 피해자가 공적 인물인지 아니면 사인(私人)인지, 그 표현이 공적인 관심 사안에 관한 것인지 순수한 사적인 영역에 속하는 사안인지의 여부에 따라 헌법적 심사기준에 차이를 두어서는 안 된다.　　　　O | X

해설

[X] 신문보도의 명예훼손적 표현의 피해자가 공적 인물인지 아니면 사인인지, 그 표현이 공적인 관심 사안에 관한 것인지 순수한 사적인 영역에 속하는 사안인지의 여부에 따라 헌법적 심사기준에는 차이가 있어야 한다. 객관적으로 국민이 알아야 할 공공성·사회성을 갖춘 사실은 민주제의 토대인 여론형성이나 공개토론에 기여하므로 형사제재로 인하여 이러한 사안의 게재를 주저하게 만들어서는 안 된다. 신속한 보도를 생명으로 하는 신문의 속성상 허위를 진실한 것으로 믿고서 한 명예훼손적 표현에 정당성을 인정할 수 있거나, 중요한 내용이 아닌 사소한 부분에 대한 허위보도는 모두 형사제재의 위협으로부터 자유로워야 한다(헌재 1999.6.24, 97헌마265).

□□□
224
10. 법무사
08. 사시

졸업생의 성명, 생년월일, 졸업일자 등은 내밀한 사적 영역에 속하는 개인정보로서 이를 교육정보시스템 (NEIS)에 보유하는 것은 개인정보자기결정권을 침해한다.　　　　　　　　　　　　　　　O | X

해설

[X] 개인정보의 종류 및 성격, 수집목적, 이용형태, 정보처리방식 등에 따라 개인정보자기결정권의 제한이 인격 권 또는 사생활의 자유에 미치는 영향이나 침해의 정도는 달라지므로 개인정보자기결정권의 제한이 정당한 지 여부를 판단함에 있어서는 위와 같은 요소들과 추구하는 공익의 중요성을 헤아려야 하는바, 피청구인들 이 졸업증명서 발급업무에 관한 민원인의 편의 도모, 행정효율성의 제고를 위하여 개인의 존엄과 인격권에 심대한 영향을 미칠 수 있는 민감한 정보라고 보기 어려운 성명, 생년월일, 졸업일자 정보만을 NEIS에 보 유하고 있는 것은 목적의 달성에 필요한 최소한의 정보만을 보유하는 것이라 할 수 있고, 공공기관의 개인 정보보호에 관한 법률에 규정된 개인정보의 보호를 위한 법규정들의 적용을 받을 뿐만 아니라 피청구인들 이 보유목적을 벗어나 개인정보를 무단 사용하였다는 점을 인정할 만한 자료가 없는 한 NEIS라는 자동화 된 전산시스템으로 그 정보를 보유하고 있다는 점만으로 피청구인들의 적법한 보유행위 자체의 정당성마저 부인하기는 어렵다(헌재 2005.7.21, 2003헌마282 · 425).

□□□
225
10 · 09. 법행

4급 이상 공무원들의 병역 면제사유인 질병명을 관보와 인터넷을 통해 공개하도록 하는 것은 사생활의 자유를 침해한다.　　　　　　　　　　　　　　　　　　　　　　　　　　　O | X

해설

[O] 이 사건 법률조항이 공적 관심의 정도가 약한 4급 이상의 공무원들까지 대상으로 삼아 모든 질병명을 아무 런 예외 없이 공개토록 한 것은 입법목적 실현에 치중한 나머지 사생활 보호의 헌법적 요청을 현저히 무시 한 것이고, 이로 인하여 청구인들을 비롯한 해당 공무원들의 헌법 제17조가 보장하는 기본권인 사생활의 비 밀과 자유를 침해하는 것이다(헌재 2007.5.31, 2005헌마1139).

□□□
226
12. 경정승진
09. 사시

교도소의 수형자 중 엄중격리대상자의 수용거실에 CCTV를 설치하여 24시간 감시하는 행위는 형의 집 행 및 수용자의 처우에 관한 법률 및 교도관직무규칙 등에 규정된 교도관의 계호활동 중 육안에 의한 시 선계호와는 그 기본권 제한의 정도와 방법이 상이하여 단순히 육안에 의한 계호를 CCTV 장비에 의한 계호로 대체한 것에 불과하다고 보기 어려우므로, 별도의 특별한 법적 근거가 없는 한 법률유보의 원칙 에 위배되어 사생활의 비밀과 자유를 침해한다.　　　　　　　　　　　　　　　　　O | X

해설

[X] 이 사건 CCTV 설치행위는 형의 집행 및 수용자의 처우에 관한 법률(이하 '행형법'이라 한다) 및 교도관직 무규칙 등에 규정된 교도관의 계호활동 중 육안에 의한 시선계호를 CCTV 장비에 의한 시선계호로 대체한 것에 불과하므로, 이 사건 CCTV 설치행위에 대한 특별한 법적 근거가 없더라도 일반적인 계호활동을 허용 하는 법률규정에 의하여 허용된다고 보아야 한다. 한편, CCTV에 의하여 감시되는 엄중격리대상자에 대하 여 지속적이고 부단한 감시가 필요하고 자살 · 자해나 흉기 제작 등의 위험성 등을 고려하면, 제반사정을 종합하여 볼 때 기본권 제한의 최소성요건이나 법익균형성의 요건도 충족하고 있다(헌재 2008.5.29, 2005 헌마137 등).

법률에 의하여 그 공개가 강제되는 질병명은 내밀한 사적 영역에 근접하는 민감한 개인정보이지만, 공무원이 국민 전체에 대한 봉사자로서 국민에 대하여 책임을 지는 지위에 있음을 고려할 때, 이러한 개인정보를 공개함으로써 사생활의 비밀과 자유를 제한하는 국가적 조치에 대한 위헌 여부 심사는 완화된 심사방법에 따라 행해져야 한다.

O | X

해설

[X] 사람의 육체적·정신적 상태나 건강에 대한 정보, 성생활에 대한 정보와 같은 것은 인간의 존엄성이나 인격의 내적 핵심을 이루는 요소이다. 따라서 외부세계의 어떤 이해관계에 따라 그에 대한 정보를 수집하고 공표하는 것이 쉽게 허용되어서는 개인의 내밀한 인격과 자기정체성이 유지될 수 없다. '공직자 등의 병역사항 신고 및 공개에 관한 법률' 제8조 제1항 본문 가운데 '4급 이상의 공무원 본인의 질병명에 관한 부분'에 의하여 그 공개가 강제되는 질병명은 내밀한 사적 영역에 근접하는 민감한 개인정보로서, 특별한 사정이 없는 한 타인의 지득(知得), 외부에 대한 공개로부터 차단되어 개인의 내밀한 영역 내에 유보되어야 하는 정보이다. 이러한 성격의 개인정보를 공개함으로써 사생활의 비밀과 자유를 제한하는 국가적 조치는 엄격한 기준과 방법에 따라 섬세하게 행하여지지 않으면 아니 된다(헌재 2007.5.31, 2005헌마1139).

개인정보자기결정권의 보호대상이 되는 개인정보는 개인의 신체, 신념, 사회적 지위, 신분 등과 같이 개인의 인격주체성을 특징짓는 사항으로서 그 개인의 동일성을 식별할 수 있게 하는 정보로서 개인의 내밀한 영역이나 사사(私事)의 영역에 속하는 정보에 국한하고, 공적 생활에서 형성되었거나 이미 공개된 개인정보까지 포함하는 것은 아니다.

O | X

해설

[X] 개인정보자기결정권의 보호대상이 되는 개인정보는 개인의 신체, 신념, 사회적 지위, 신분 등과 같이 개인의 인격주체성을 특징짓는 사항으로서 그 개인의 동일성을 식별할 수 있게 하는 일체의 정보라고 할 수 있고, 반드시 개인의 내밀한 영역이나 사사(私事)의 영역에 속하는 정보에 국한되지 않고 공적 생활에서 형성되었거나 이미 공개된 개인정보까지 포함한다. 또한, 그러한 개인정보를 대상으로 한 조사·수집·보관·처리·이용 등의 행위는 모두 원칙적으로 개인정보자기결정권에 대한 제한에 해당한다(헌재 2005.7.21, 2003헌마282·425).

보험회사 직원이 보험회사를 상대로 손해배상청구소송을 제기한 교통사고 피해자들의 장해 정도에 관한 증거자료를 수집할 목적으로 피해자들의 일상생활을 촬영하는 행위는 사생활의 자유를 침해한다.

O | X

해설

[O] 대법원은 "보험회사 직원이 보험회사를 상대로 손해배상청구소송을 제기한 교통사고 피해자들의 장해 정도에 관한 증거자료를 수집할 목적으로 피해자들의 일상생활을 촬영한 행위가 초상권 및 사생활의 비밀과 자유를 침해하는 불법행위에 해당한다(대판 2006.10.13, 2004다16280)."고 보았다.

230

10. 법행

구 국군보안사령부가 군과 관련된 첩보 수집, 특정한 군사법원 관할 범죄의 수사 등 법령에 규정된 직무 범위를 벗어나 민간인들을 대상으로 평소의 동향을 감시·파악할 목적으로 지속적으로 개인의 집회·결사에 관한 활동이나 사생활에 관한 정보를 미행, 망원활용, 탐문채집 등의 방법으로 비밀리에 수집·관리하는 행위는 사생활의 자유를 침해한다.   O | X

해설

[O] 구 국군보안사령부가 군과 관련된 첩보 수집, 특정한 군사법원 관할 범죄의 수사 등 법령에 규정된 직무 범위를 벗어나 민간인들을 대상으로 평소의 동향을 감시·파악할 목적으로 지속적으로 개인의 집회·결사에 관한 활동이나 사생활에 관한 정보를 미행, 망원활용, 탐문채집 등의 방법으로 비밀리에 수집·관리한 경우, 이는 헌법에 의하여 보장된 기본권을 침해한 것으로서 불법행위를 구성한다(대판 1998.7.24, 96다42789).

231

12. 경정승진

인터넷언론사의 공개된 게시판·대화방에서 스스로의 의사에 의하여 정당·후보자에 대한 지지·반대의 글을 게시하는 행위는 사생활 비밀의 자유에 의하여 보호되는 영역에 포함된다.   O | X

해설

[X] 인터넷언론사의 공개된 게시판·대화방에서 스스로의 의사에 의하여 정당·후보자에 대한 지지·반대의 글을 게시하는 행위가 양심의 자유나 사생활 비밀의 자유에 의하여 보호되는 영역이라고 할 수 없다(헌재 2010.2.25, 2008헌마324 등).

232

12. 경정승진

공직선거에 후보자로 등록하려는 자가 제출하여야 하는 '금고 이상의 형의 범죄경력'에 이미 실효된 형까지 포함시키는 법률조항은 공직선거후보자의 사생활의 비밀과 자유를 과도하게 제한하는 것이어서 과잉금지원칙에 반한다.   O | X

해설

[X] 금고 이상의 범죄경력에 실효된 형을 포함시키는 이유는 선거권자가 공직후보자의 자질과 적격성을 판단할 수 있도록 하기 위한 점, 전과기록은 통상 공개재판에서 이루어진 국가의 사법작용의 결과라는 점, 전과기록의 범위와 공개시기 등이 한정되어 있는 점 등을 종합하면, 이 사건 법률조항은 피해최소성의 원칙에 반한다고 볼 수 없고, 공익적 목적을 위하여 공직선거후보자의 사생활의 비밀과 자유를 한정적으로 제한하는 것이어서 법익균형성의 원칙도 충족한다. 따라서 이 사건 법률조항은 청구인들의 사생활의 비밀과 자유를 침해한다고 볼 수 없다(헌재 2008.4.24, 2006헌마402).

233

12. 경정승진

보험회사 직원이 보험회사를 상대로 손해배상청구소송을 제기한 교통사고 피해자들의 장해 정도에 관한 증거자료를 수집할 목적으로 피해자들의 일상생활을 촬영하는 행위는 초상권 및 사생활의 비밀과 자유를 침해하는 행위에 해당하지 않는다.   O | X

해설

[X] 보험회사 직원이 보험회사를 상대로 손해배상청구소송을 제기한 교통사고 피해자들의 장해 정도에 관한 증거자료를 수집할 목적으로 피해자들의 일상생활을 촬영한 행위가 초상권 및 사생활의 비밀과 자유를 침해하는 불법행위에 해당한다(대판 2006.10.13, 2004다16280).

234

12. 법행

의료기관에게 환자들의 의료비 내역에 관한 정보를 국세청에 제출하는 의무를 부과하고 있는 소득세법 규정이 개인정보자기결정권을 침해하는 것은 아니다. O | X

해설

[O] 근로소득자인 청구인들의 진료정보가 본인들의 동의 없이 국세청 등으로 제출·전송·보관되는 것은 위 청구인들의 개인정보자기결정권을 제한하는 것으로서, … 이 사건 법령조항은 의료비 특별공제를 받고자 하는 근로소득자의 연말정산을 위한 소득공제증빙자료 제출의 불편을 해소하는 동시에 이에 따른 근로자와 사업자의 시간적·경제적 비용을 절감하고 부당한 소득공제를 방지하려는 데 그 목적이 있고 … 근로소득자들의 개인정보자기결정권을 침해하였다고 볼 수 없다(헌재 2008.10.30, 2006헌마1401 등).

235

12. 국가직 ·
법원직 ·
법무사

개인정보자기결정권의 보호대상이 되는 개인정보는 개인의 내밀한 영역이나 사사의 영역에 속하는 정보를 의미하므로 공적 생활에서 형성되었거나 이미 공개된 개인정보는 제외된다. O | X

해설

[X] 개인정보자기결정권의 보호대상이 되는 개인정보는 개인의 신체, 신념, 사회적 지위, 신분 등과 같이 개인의 인격주체성을 특징짓는 사항으로서 그 개인의 동일성을 식별할 수 있게 하는 일체의 정보라고 할 수 있고, 반드시 개인의 내밀한 영역이나 사사(私事)의 영역에 속하는 정보에 국한되지 않고 공적 생활에서 형성되었거나 이미 공개된 개인정보까지 포함한다. 또한, 그러한 개인정보를 대상으로 한 조사·수집·보관·처리·이용 등의 행위는 모두 원칙적으로 개인정보자기결정권에 대한 제한에 해당한다(헌재 2005.5.26, 99헌마513 · 2004헌마190).

236

13. 경정승진

국민의 알 권리(정보공개청구권)와 개인정보 주체의 사생활의 비밀과 자유가 서로 충돌하는 경우 개인정보 주체의 사생활의 비밀과 자유가 국민의 알 권리(정보공개청구권)보다 더 상위의 기본권에 해당하므로, 국민의 알 권리(정보공개청구권)는 개인의 사생활의 비밀과 자유를 침해하지 않는 한에서 인정될 수 있다. O | X

해설

[X] 정보공개청구권은 알 권리의 당연한 내용이며, 알 권리는 헌법 제21조의 표현의 자유에 당연히 포함되는 기본권으로서 개인의 자유권적 기본권에 해당하고, 헌법 제17조의 사생활의 비밀과 자유 또한 개인의 자유권적 기본권에 해당하므로 국민의 알 권리(정보공개청구권)와 개인정보 주체의 사생활의 비밀과 자유 중 어느 하나를 상위 기본권이라고 하거나 어느 쪽이 우월하다고 할 수는 없다. 따라서 이러한 경우에는 헌법의 통일성을 유지하기 위하여 상충하는 기본권 모두가 최대한으로 그 기능과 효력을 발휘할 수 있도록 조화로운 방법을 모색하되(규범조화적 해석), 법익형량의 원리, 입법에 의한 선택적 재량 등을 종합적으로 참작하여 심사하여야 한다(헌재 2010.12.28, 2009헌바258).

□□□
237
12. 법원직

자동차 안에서 이루어지는 활동은 사생활의 영역에 속한다 할 것이므로, 운전할 때 운전자가 좌석안전띠를 착용하는 문제는 사생활영역의 문제로서 좌석안전띠의 착용을 강제하는 것이 사생활의 비밀과 자유를 침해하는지 여부에 대하여는 과잉금지원칙에 따른 비례심사를 하여야 한다. O I X

해설

[X] 일반 교통에 사용되고 있는 도로는 국가와 지방자치단체가 그 관리책임을 맡고 있는 영역이며, 수많은 다른 운전자 및 보행자 등의 법익 또는 공동체의 이익과 관련된 영역으로, 그 위에서 자동차를 운전하는 행위는 더 이상 개인적인 내밀한 영역에서의 행위가 아니며, 자동차를 도로에서 운전하는 중에 좌석안전띠를 착용할 것인가 여부의 생활관계가 개인의 전체적 인격과 생존에 관계되는 '사생활의 기본조건'이라거나 자기결정의 핵심적 영역 또는 인격적 핵심과 관련된다고 보기 어려워 더 이상 사생활영역의 문제가 아니므로, 운전할 때 운전자가 좌석안전띠를 착용할 의무는 청구인의 사생활의 비밀과 자유를 침해하는 것이라 할 수 없다(헌재 2003.10.30, 2002헌마518).

□□□
238
13. 경정승진

채무불이행자명부나 그 부본을 누구든지 보거나 복사할 것을 신청할 수 있도록 하는 것은 채무불이행자명부에 등재된 사람들의 개인정보자기결정권을 침해하는 것이다. O I X

해설

[X] 채무불이행자명부에 등재되는 경우는 채무이행과 관련하여 채무자의 불성실함이 인정되어 그 명예와 신용에 타격을 가할 필요성이 인정되는 경우라고 할 것이므로, 채무불이행자명부에 등재되는 채무자의 개인정보를 보호할 사익보다는 이 사건 법률조항이 추구하는 채무이행의 간접강제 및 거래의 안전도모라는 공익이 더 크다고 할 것이어서 이 사건 법률조항은 법익균형성의 원칙에도 반하지 아니한다(헌재 2010.5.27, 2008헌마663).

□□□
239
12. 지방직

선거운동과정에서 자신의 인격권이나 명예권을 보호하기 위하여 대외적으로 해명을 하는 행위도 사생활의 자유에 의하여 보호되는 범주에 속한다. O I X

해설

[X] 자신의 인격권이나 명예권을 보호하기 위하여 대외적으로 해명을 하는 행위는 표현의 자유에 속하는 영역이라고 할 수 있을 뿐 이미 사생활의 자유에 의하여 보호되는 범주를 벗어난 행위라고 볼 것이므로, 위 청구인의 사생활의 자유가 침해된다고는 볼 수 없다(헌재 2001.8.30, 99헌바92 등).

□□□
240
13. 법원직

대법원은 헌법 제17조는 개인의 사생활 활동이 타인으로부터 침해되거나 사생활이 함부로 공개되지 아니할 소극적인 권리를 보장하는 것에 국한되고, 자신에 대한 정보를 자율적으로 통제할 수 있는 적극적인 권리까지 보장하는 것은 아니라고 판시한 바 있다. O I X

해설

[X] 헌법 제10조는 "모든 국민은 인간으로서의 존엄과 가치를 가지며, 행복을 추구할 권리를 가진다. 국가는 개인이 가지는 불가침의 기본적 인권을 확인하고 이를 보장할 의무를 진다."고 규정하고, 헌법 제17조는 "모든 국민은 사생활의 비밀과 자유를 침해받지 아니한다."고 규정하고 있다. 이들 헌법 규정은 개인의 사생활 활동이 타인으로부터 침해되거나 사생활이 함부로 공개되지 아니할 소극적인 권리는 물론, 오늘날 고도로 정보화된 현대사회에서 자신에 대한 정보를 자율적으로 통제할 수 있는 적극적인 권리까지도 보장하려는 데에 그 취지가 있는 것으로 해석된다(대판 2011.9.2, 2008다42430).

□□□
241
12. 국회직 8급

변호사의 수임사건의 건수 및 수임액을 보고하게 하는 것은 변호사들의 사생활의 비밀과 자유를 침해하는 것이다.　　　　　　　　　　　　　　　　　　　　　　　　　　　O | X

해설

[X] 일반적으로 경제적 내지 직업적 활동은 복합적인 사회적 관계를 전제로 하여 다수 주체간의 상호작용을 통하여 이루어지는 것이고, 특히 변호사의 업무는 다른 어느 직업적 활동보다도 강한 공공성을 내포한다는 점 등을 감안하여 볼 때, 변호사의 업무와 관련된 수임사건의 건수 및 수임액이 변호사의 내밀한 개인적 영역에 속하는 것이라고 보기 어렵고, 따라서 변호사에게 전년도에 처리한 수임사건의 건수 및 수임액을 소속 지방변호사회에 보고하도록 규정하고 있는 구 변호사법 조항은 사생활의 비밀과 자유를 침해하는 것이라 할 수 없다(헌재 2009.10.29, 2007헌마667).

□□□
242
15. 법무사

구치소장이 미결수용자가 배우자와 접견하는 것을 녹음하는 행위는 미결수용자의 사생활의 비밀과 자유를 침해하는 것으로 헌법에 위반된다.　　　　　　　　　　　　　　　　O | X

해설

[X] 이 사건 녹음행위는 교정시설 내의 안전과 질서유지에 기여하기 위한 것으로서 그 목적이 정당할 뿐 아니라 수단이 적절하다. 또한, 소장은 미리 접견내용의 녹음 사실 등을 고지하며, 접견기록물의 엄격한 관리를 위한 제도적 장치도 마련되어 있는 점 등을 고려할 때 침해의 최소성요건도 갖추었고, 이 사건 녹음행위는 미리 고지되어 청구인의 접견내용은 사생활의 비밀로서의 보호가치가 그리 크지 않다고 할 것이므로 법익의 불균형을 인정하기도 어려워, 과잉금지원칙에 위반하여 청구인의 사생활의 비밀과 자유를 침해하였다고 볼 수 없다(헌재 2012.12.27, 2010헌마153).

□□□
243
15. 국가직

범죄의 경중·재범의 위험성 여부를 불문하고 모든 신상정보 등록대상자의 등록정보를 20년 동안 보존·관리하도록 한 성폭력범죄의 처벌 등에 관한 특례법 관련 규정은 신상정보 등록대상자의 개인정보자기결정권을 침해한다.　　　　　　　　　　　　　　　　O | X

해설

[O] 이 사건 관리조항이 추구하는 공익이 중요하더라도 침해의 최소성과 관련하여 살핀 바와 같이, 모든 등록대상자에게 20년 동안 신상정보를 등록하게 하고, 위 기간 동안 변경정보를 제출하고 1년마다 사진 촬영을 위해 관할 경찰관서를 출석해야 할 의무를 부여하며 위 의무들을 위반할 경우 형사처벌하는 것은 비교적 경미한 등록대상 성범죄를 저지르고 재범의 위험성도 인정되지 않는 자들에 대해서는 달성되는 공익과 침해되는 사익 사이의 불균형이 발생할 수 있다. 따라서 이 사건 관리조항은 법익의 균형성이 인정되지 않는다. 이 사건 관리조항은 과잉금지원칙을 위반하여 청구인들의 개인정보자기결정권을 침해하므로 헌법에 위반된다(헌재 2015.7.30, 2014헌마340 등).

244
15. 국가직

특정 범죄자에 대한 보호관찰 및 전자장치 부착 등에 관한 법률에 의한 전자장치 부착기간 동안 다른 범죄를 저질러 구금된 경우, 그 구금기간이 부착기간에 포함되지 않은 것으로 규정한 위 법률조항은 사생활의 비밀과 자유, 개인정보자기결정권을 침해한다.　　　　　　　　　　　　　　　　　　　　　O | X

해설

[X] 심판대상 법률조항은 전자장치 부착명령을 집행할 수 없는 기간 동안 집행을 정지하고 다시 집행이 가능해졌을 때 잔여기간을 집행함으로써 재범방지 및 재사회화라는 전자장치부착의 목적을 달성하기 위한 것으로서 입법목적의 정당성 및 수단의 적절성이 인정되며, 부착명령 집행이 불가능한 기간 동안 집행을 정지하는 것 이외에 덜 침해적인 수단이 있다고 보기도 어렵다. 또한, 특정 범죄자의 재범방지 및 재사회화라는 공익을 고려하면, 침해되는 사익이 더 크다고 볼 수 없어 법익균형성도 인정되므로, 심판대상 법률조항은 과잉금지원칙에 위배되지 아니한다(헌재 2013.7.25, 2011헌마781).

245
14. 사시

접견기록물을 제공할 필요성이 인정된다 하더라도, 검사가 범죄혐의사실을 구체적으로 적시하지 않고 어느 범위의 접견녹음파일의 제공이 필요한지 알 수 없을 정도로 광범위한 범위의 녹음파일을 요청하면, 범죄수사에 필요한 범위를 넘어서 범죄수사와 무관한 미결수용자의 사사로운 대화내용까지 누설될 수 있어 개인정보자기결정권을 침해한다.　　　　　　　　　　　　　　　　　　O | X

해설

[X] 이 사건 제공행위는 형사사법의 실체적 진실을 발견하고 이를 통해 형사사법의 적정한 수행을 도모하기 위한 것으로 그 목적이 정당하고, 수단 역시 적합하다. 또한, 접견기록물의 제공은 제한적으로 이루어지고, 제공된 접견내용은 수사와 공소제기 등에 필요한 범위 내에서만 사용하도록 제도적 장치가 마련되어 있으며, 사적 대화내용을 분리하여 제공하는 것은 그 구분이 실질적으로 불가능하고, 범죄와 관련 있는 대화내용을 쉽게 파악하기 어려워 전체제공이 불가피한 점 등을 고려할 때 침해의 최소성요건도 갖추고 있다. 나아가 접견내용이 기록된다는 사실이 미리 고지되어 그에 대한 보호가치가 그리 크다고 볼 수 없는 점 등을 고려할 때, 법익의 불균형을 인정하기도 어려우므로, 과잉금지원칙에 위반하여 청구인의 개인정보자기결정권을 침해하였다고 볼 수 없다(헌재 2012.12.27, 2010헌마153).

246
16. 서울시 ·
　　법원직 ·
　　사시

여러 입법을 통하여 주민등록번호의 유출이나 오·남용에 대한 사전적 예방과 사후적 제재 및 피해 구제 등의 조치가 마련되어 있기 때문에, 주민등록번호 변경에 관한 규정을 두지 않은 것만으로는 개인정보자기결정권을 침해한다고 볼 수 없다.　　　　　　　　　　　　　　　　　　　　　　　O | X

해설

[X] 비록 국가가 개인정보 보호법 등으로 정보보호를 위한 조치를 취하고 있더라도, 여전히 주민등록번호를 처리하거나 수집·이용할 수 있는 경우가 적지 아니하며, 이미 유출되어 발생된 피해에 대해서는 뚜렷한 해결책을 제시해 주지 못하므로, 국민의 개인정보를 충분히 보호하고 있다고 보기 어렵다. 한편, 개별적인 주민등록번호 변경을 허용하더라도 변경 전 주민등록번호와의 연계 시스템을 구축하여 활용한다면 개인식별기능 및 본인 동일성 증명기능에 혼란이 발생할 가능성이 없고, 일정한 요건하에 객관성과 공정성을 갖춘 기관의 심사를 거쳐 변경할 수 있도록 한다면 주민등록번호 변경절차를 악용하려는 시도를 차단할 수 있으며, 사회적으로 큰 혼란을 불러일으키지도 않을 것이다. 따라서 주민등록번호 변경에 관한 규정을 두고 있지 않은 심판대상조항은 과잉금지원칙에 위배되어 개인정보자기결정권을 침해한다(헌재 2015.12.23, 2013헌바68 등).

247

16. 국가직

주민등록법에서 주민등록번호 변경에 관한 규정을 두고 있지 않은 것이 주민등록번호 불법 유출 등을 원인으로 자신의 주민등록번호를 변경하고자 하는 사람들의 개인정보자기결정권을 침해하는 것은 아니다.

O | X

해설

[X] 주민등록번호는 표준식별번호로 기능함으로써 개인정보를 통합하는 연결자로 사용되고 있어, 불법 유출 또는 오·남용될 경우 개인의 사생활뿐만 아니라 생명·신체·재산까지 침해될 소지가 크므로 이를 관리하는 국가는 이러한 사례가 발생하지 않도록 철저히 관리하여야 하고, 이러한 문제가 발생한 경우 그로 인한 피해가 최소화되도록 제도를 정비하고 보완하여야 할 의무가 있다. 그럼에도 불구하고 주민등록번호 유출 또는 오·남용으로 인하여 발생할 수 있는 피해 등에 대한 아무런 고려 없이 주민등록번호 변경을 일체 허용하지 않는 것은 그 자체로 개인정보자기결정권에 대한 과도한 침해가 될 수 있다. … 주민등록번호 변경에 관한 규정을 두고 있지 않은 심판대상조항은 과잉금지원칙에 위배되어 개인정보자기결정권을 침해한다(헌재 2015.12.23, 2013헌바68 등).

248

14. 사시

구치소장이 미결수용자와 그 배우자의 접견을 녹음한 행위는 교정시설 내의 안전과 질서유지에 기여하기 위한 것이고, 구치소장이 미리 그 접견내용에 대한 녹음 사실 등을 고지하여 미결수용자의 접견내용은 사생활의 비밀로서의 보호가치가 그리 크지 않다는 점 등에 비추어 볼 때 미결수용자와 그 배우자의 접견을 녹음한 행위는 미결수용자의 헌법상 사생활의 비밀과 자유를 침해하지 않는다.

O | X

해설

[O] 미결수용자와 그 배우자의 접견을 녹음한 행위는 미결수용자의 헌법상 사생활의 비밀과 자유를 침해하지 않는다(헌재 2012.12.27, 2010헌마153).

249

16. 법원직

국회의원인 甲 등이 '각급학교 교원의 교원단체 및 교원노조 가입현황 실명자료'를 인터넷을 통하여 공개한 사안에서, 대법원은 위 정보가 개인정보자기결정권의 보호대상이 되는 개인정보에 해당하므로 이를 일반 대중에게 공개하는 행위는 해당 교원들의 개인정보자기결정권과 전국교직원노동조합의 존속·유지·발전에 관한 권리를 침해할 여지가 있다고 보았으나, 甲 등이 위 정보를 공개한 표현행위로 인하여 얻을 수 있는 법적 이익이 이를 공개하지 않음으로써 보호받을 수 있는 해당 교원 등의 법적 이익보다 우월하므로, 甲 등의 정보공개행위는 적법하다고 보았다.

O | X

해설

[X] 국회의원인 甲 등이 '각급학교 교원의 교원단체 및 교원노조 가입현황 실명자료'를 인터넷을 통하여 공개한 사안에서, 위 정보는 개인정보자기결정권의 보호대상이 되는 개인정보에 해당하므로 이를 일반 대중에게 공개하는 행위는 해당 교원들의 개인정보자기결정권과 전국교직원노동조합의 존속·유지·발전에 관한 권리를 침해하는 것이고, 甲 등이 위 정보를 공개한 표현행위로 인하여 얻을 수 있는 법적 이익이 이를 공개하지 않음으로써 보호받을 수 있는 해당 교원 등의 법적 이익에 비하여 우월하다고 할 수 없으므로, 甲 등의 정보공개행위가 위법하다(대판 2014.7.24, 2012다49933).

250

16. 국회직 8급

선거운동기간 중 인터넷언론사 게시판 등에 정당·후보자에 대한 지지·반대의 정보를 게시하려고 할 경우 실명확인을 받도록 한 구 공직선거법 관련 조항은 게시판 이용자의 개인정보자기결정권을 침해한다.

O | X

해설

[O] 인터넷을 이용한 선거범죄에 대하여는 명예훼손죄나 후보자비방죄 등 여러 사후적 제재수단이 이미 마련되어 있다. 현재 기술 수준에서 공직선거법에 규정된 수단을 통하여서도 정보통신망을 이용한 행위로서 공직선거법에 위반되는 행위를 한 사람의 인적사항을 특정하고, 궁극적으로 선거의 공정성을 확보할 수 있다. 심판대상조항은 정치적 의사표현이 가장 긴요한 선거운동기간 중에 인터넷언론사 홈페이지 게시판 등 이용자로 하여금 실명확인을 하도록 강제함으로써 익명표현의 자유와 언론의 자유를 제한하고, 모든 익명표현을 규제함으로써 대다수 국민의 개인정보자기결정권도 광범위하게 제한하고 있다는 점에서 이와 같은 불이익은 선거의 공정성 유지라는 공익보다 결코 과소평가될 수 없다. 그러므로 심판대상조항은 과잉금지원칙에 반하여 인터넷언론사 홈페이지 게시판 등 이용자의 익명표현의 자유와 개인정보자기결정권, 인터넷언론사의 언론의 자유를 침해한다(헌재 2021.1.28, 2018헌마456).

251

16. 국가직

학교폭력 가해학생에 대한 조치사항을 학교생활기록부에 기재하고 졸업할 때까지 보존하는 것은 과잉금지원칙에 위배되어 가해학생의 개인정보자기결정권을 침해한다.

O | X

해설

[X] 이 사건 기재조항 및 보존조항은 학교폭력 가해학생에 대한 교정 및 선도와 학교폭력 예방을 그 목적으로 하므로, 목적의 정당성 및 수단의 적합성이 인정된다. 학교폭력 관련 조치사항들을 학교생활기록부에 기재하고 보존하는 것은 가해학생을 선도하고 교육할 수 있는 유용한 정보가 되고, 특히 상급학교로의 진학 자료로 사용됨으로써 학생들의 경각심을 고취시켜 학교폭력을 예방하고 재발을 방지하는 가장 효과적인 수단이 된다. 그러므로 비록 경미한 조치라 하더라도 학교생활기록부에의 기재 및 보존의 필요성이 있고, 관련 조항들에서 목적 외 사용금지 등 활용목적의 확대 및 남용에 따른 부수적인 기본권침해도 방지하고 있으므로, 침해의 최소성도 인정된다. 안전하고 건전한 학교생활보장 및 학생보호라는 공익은 학교폭력의 가해자인 학생이 입게 되는 기본권 제한의 정도에 비해 그 보호가치가 결코 작지 않으므로, 법익의 균형성도 인정된다. 따라서 이 사건 기재조항 및 보존조항은 과잉금지원칙에 위배되어 청구인의 개인정보자기결정권을 침해하지 않는다(헌재 2016.4.28, 2012헌마630).

252

16. 국회직 8급

성폭력범죄의 처벌 등에 관한 특례법 위반(카메라 등 이용 촬영, 카메라 등 이용 촬영 미수)죄로 유죄판결이 확정된 자를 신상정보 등록대상자가 되도록 규정한 심판대상조항은 개인정보자기결정권을 침해한다.

O | X

해설

[X] 성범죄자의 재범을 억제하고 수사의 효율성을 제고하기 위하여, 일정한 성범죄를 저지른 자로부터 신상정보를 제출받아 보존·관리하는 것은 정당한 목적을 위한 적합한 수단이다. 처벌범위 확대, 법정형 강화만으로 카메라 등 이용 촬영 범죄를 억제하기에 한계가 있으므로 위 범죄로 처벌받은 사람에 대한 정보를 국가가 관리하는 것은 재범을 방지하는 유효하고 현실적인 방법이 될 수 있다. 카메라 등 이용 촬영죄의 행위태양, 불법성의 경중은 다양할 수 있으나, 결국 인격체인 피해자의 성적 자유 및 함부로 촬영당하지 않을 자유를 침해하는 성범죄로서의 본질은 같으므로 입법자가 개별 카메라 등 이용 촬영죄의 행위태양, 불법성을 구별하지 않은 것이 지나친 제한이라고 볼 수 없고, 신상정보 등록대상자가 된다고 하여 그 자체로 사회복귀가 저해되거나 전과자라는 사회적 낙인이 찍히는 것은 아니므로 침해되는 사익은 크지 않은 반면 이 사건 등록조항을 통해 달성되는 공익은 매우 중요하다. 따라서 이 사건 등록조항은 개인정보자기결정권을 침해하지 않는다(헌재 2015.7.30, 2014헌마340 등).

통신매체이용음란죄로 유죄판결이 확정된 사람을 일률적으로 신상정보 등록대상자가 되도록 하는 것은 침해의 최소성에 위배되어 개인정보자기결정권을 침해한다.　　　　O | X

해설

[O] 통신매체이용음란죄의 구성요건에 해당하는 행위태양은 행위자의 범의·범행 동기·행위 상대방·행위 횟수 및 방법 등에 따라 매우 다양한 유형이 존재하고, 개별 행위유형에 따라 재범의 위험성 및 신상정보 등록 필요성은 현저히 다르다. 그런데 심판대상조항은 통신매체이용음란죄로 유죄판결이 확정된 사람은 누구나 법관의 판단 등 별도의 절차 없이 필요적으로 신상정보 등록대상자가 되도록 하고 있고, 등록된 이후에는 그 결과를 다툴 방법도 없다. 그렇다면 심판대상조항은 통신매체이용음란죄의 죄질 및 재범의 위험성에 따라 등록대상을 축소하거나, 유죄판결 확정과 별도로 신상정보 등록 여부에 관하여 법관의 판단을 받도록 하는 절차를 두는 등 기본권 침해를 줄일 수 있는 다른 수단을 채택하지 않았다는 점에서 침해의 최소성원칙에 위배된다. 또한, 심판대상조항으로 인하여 비교적 불법성이 경미한 통신매체이용음란죄를 저지르고 재범의 위험성이 인정되지 않는 이들에 대하여는 달성되는 공익과 침해되는 사익 사이에 불균형이 발생할 수 있다는 점에서 법익의 균형성도 인정하기 어렵다(헌재 2016.3.31, 2015헌마688).

형제·자매에게 가족관계등록부 등의 기록사항에 관한 증명서 교부청구권을 부여하는 것은 본인의 개인정보자기결정권을 제한하는 것으로 개인정보자기결정권 침해 여부를 판단한 이상 인간의 존엄과 가치 및 행복추구권, 사생활의 비밀과 자유는 판단하지 않는다.　　　　O | X

해설

[O] 이 사건 법률조항은 가족관계등록법 제15조에 규정된 각종 증명서에 대한 교부청구권을 형제자매에게 부여하는 규정으로, 이러한 증명서에는 본인의 등록기준지·성명·성별·본·출생연월일 및 주민등록번호와, 출생·사망, 국적상실·취득 및 회복 등에 관한 사항, 혼인 및 이혼에 관한 사항, 입양 및 파양에 관한 사항 등이 기록된다. 그러므로 개인의 출생, 인지, 입양, 파양, 혼인, 이혼, 사망 등의 신고를 통해 작성되고 보관·관리되는 개인정보가 수록된 각종 증명서를 본인의 동의 없이도 형제자매가 발급받을 수 있도록 하는 것은 개인정보자기결정권을 제한하는 것이다. 청구인은 이 사건 법률조항에 의하여 인간의 존엄과 가치 및 행복추구권, 사생활의 비밀과 자유가 침해된다고 주장하나, 위 기본권들은 모두 개인정보자기결정권의 헌법적 근거로 거론되는 것으로서 청구인의 개인정보에 대한 공개와 이용이 문제되는 이 사건에서 개인정보자기결정권 침해 여부를 판단하는 이상 별도로 판단하지 않는다(헌재 2016.6.30, 2015헌마924).

교정시설의 장이 수용자가 범죄의 증거를 인멸하거나 형사 법령에 저촉되는 행위를 할 우려가 있는 때에 교도관으로 하여금 수용자의 접견내용을 청취·기록·녹음 또는 녹화하게 하는 것은 미결수용자의 사생활을 침해한다.　　　　O | X

해설

[X] 교정시설의 장이 수용자가 범죄의 증거를 인멸하거나 형사 법령에 저촉되는 행위를 할 우려가 있는 때에 교도관으로 하여금 수용자의 접견내용을 청취·기록·녹음 또는 녹화하게 하는 것은 과잉금지원칙에 위배되어 사생활의 비밀과 자유 및 통신의 비밀을 침해하지 아니한다(헌재 2016.11.24, 2014헌바401).

256
16. 국가직

기소유예처분에 관한 수사경력자료를 최장 5년까지 보존하도록 하는 것은 기소유예처분을 받은 자의 개인정보자기결정권을 침해한다.　　　　　　　　　　　　　　　　　　　　　　　　　　　　O | X

해설

[X] 기소유예처분에 관한 수사경력자료를 보존하도록 하는 것은 재기소나 재수사 상황에 대비한 기초자료를 제공하고, 수사 및 재판과정에서 적정한 양형 등을 통해 사법정의를 실현하기 위한 것으로서 그 목적이 정당하고 수단의 적합성이 인정된다. 보존되는 정보가 최소한에 그치고 이용범위도 제한적이며, 수사경력자료의 누설이나 목적 외 취득과 사용이 엄격히 금지될 뿐만 아니라 법정 보존기간이 합리적 범위 안에 있어 침해의 최소성에 반한다고 볼 수 없고, 수사경력자료의 보존으로 청구인이 현실적으로 입게 되는 불이익이 그다지 크지 않으므로 법익의 균형성도 갖추고 있다. 따라서 심판대상조항은 과잉금지원칙을 위반하여 청구인의 개인정보자기결정권을 침해하지 아니한다(헌재 2016.6.30, 2015헌마828).

257
17. 서울시

미결수용자와 변호인 아닌 자와의 접견시 그 대화내용을 녹음·녹화할 수 있도록 한 것은 미결수용자의 사생활의 비밀과 자유를 침해한다.　　　　　　　　　　　　　　　　　　　　　　　　　　　O | X

해설

[X] 이 사건 녹음조항은 수용자의 증거인멸의 가능성 및 추가범죄의 발생 가능성을 차단하고, 교정시설 내의 안전과 질서유지를 위한 것으로 목적의 정당성이 인정되며, 수용자는 증거인멸 또는 형사 법령 저촉행위를 할 경우 쉽게 발각될 수 있다는 점을 예상하여 이를 억제하게 될 것이므로 수단의 적합성도 인정된다. 미결수용자는 접견시 지인 등을 통해 자신의 범죄에 대한 증거를 인멸할 가능성이 있고, 마약류사범의 경우 그 중독성으로 인하여 교정시설 내부로 마약을 반입하여 복용할 위험성도 있으므로 교정시설 내의 안전과 질서를 유지할 필요성은 매우 크다. 또한, 교정시설의 장은 미리 접견내용의 녹음 사실 등을 고지하며, 접견기록물의 엄격한 관리를 위한 제도적 장치도 마련되어 있는 점 등을 고려할 때 침해의 최소성요건도 갖추고 있다. 나아가 청구인의 접견내용을 녹음·녹화함으로써 증거인멸이나 형사 법령 저촉행위의 위험을 방지하고, 교정시설 내의 안전과 질서유지에 기여하려는 공익은 미결수용자가 받게 되는 사익의 제한보다 훨씬 크고 중요하므로 법익의 균형성도 인정된다. 따라서 이 사건 녹음조항은 과잉금지원칙에 위배되어 청구인의 사생활의 비밀과 자유 및 통신의 비밀을 침해하지 아니한다(헌재 2016.11.24, 2014헌바401).

258
17. 국가직

구치소장이 미결수용자와 그 배우자 사이의 접견내용을 녹음한 행위는 과잉금지원칙에 위반하여 미결수용자의 사생활의 비밀과 자유를 침해한다.　　　　　　　　　　　　　　　　　　　　　　　O | X

해설

[X] 구치소장이 미결수용자와 그 배우자 사이의 접견내용을 녹음한 행위는 과잉금지원칙에 위반하여 청구인의 사생활의 비밀과 자유를 침해하였다고 볼 수 없다(헌재 2012.12.27, 2010헌마153).

□□□
259
17. 국회직 9급

국회의원이 각급학교 교원의 교원단체 가입현황과 교원노조 가입현황에 관한 실명자료를 인터넷을 통해 공개하는 것은 공익을 위해서 적정한 것으로서 위헌이 아니다. O | X

해설

[X] 국회의원인 甲 등이 '각급학교 교원의 교원단체 및 교원노조 가입현황 실명자료'를 인터넷을 통하여 공개한 사안에서, 위 정보는 개인정보자기결정권의 보호대상이 되는 개인정보에 해당하므로 이를 일반 대중에게 공개하는 행위는 해당 교원들의 개인정보자기결정권과 전국교직원노동조합의 존속·유지·발전에 관한 권리를 침해하는 것이고, 甲 등이 위 정보를 공개한 표현행위로 인하여 얻을 수 있는 법적 이익이 이를 공개하지 않음으로써 보호받을 수 있는 해당 교원 등의 법적 이익에 비하여 우월하다고 할 수 없으므로, 甲 등의 정보공개행위가 위법하다(대판 2014.7.24, 2012다49933).

□□□
260
17. 입시

가축전염병의 발생 예방 및 확산 방지를 위해 축산관계시설 출입차량에 차량무선인식장치를 설치하여 이동경로를 파악할 수 있도록 한 구 가축전염병예방법 제17조의3 제2항은 축산관계시설에 출입하는 자의 개인정보자기결정권을 침해한다. O | X

해설

[X] 심판대상조항은 축산관계시설 출입차량의 출입 정보를 국가가축방역통합정보시스템으로 송신하여 차량의 이동경로를 신속하게 파악함으로써 구제역과 같은 가축전염병이 발생한 경우 신속한 역학조사를 통해 가축전염병의 확산을 방지하고 효과적으로 대응하고자 하는 것으로 입법목적의 정당성과 수단의 적절성이 인정된다. 예방접종만으로는 감염 자체를 완전히 방지하기 어렵고, 축산관계시설 운영자에게 시설출입차량 정보를 기록하게 하더라도 현실적으로 이를 철저하게 작성하기 어려울 뿐만 아니라 설사 철저하게 작성되었다 하더라도 시설출입차량의 출입기록만으로는 전후 이동경로까지 파악할 수는 없으며, 가축전염병예방법상의 이동중지명령은 원칙적으로 48시간을 초과할 수 없고 1회 연장될 수 있을 뿐이어서 확산 방지에는 한계가 있다. 또한, 차량무선인식장치 장착대상 차량의 범위를 최소한으로 한정하고 차량출입정보의 수집 범위와 용도를 제한하는 등 심판대상조항으로 인한 기본권 침해를 최소화하기 위한 조치들이 마련되어 있고, 이로 인해 제한되는 청구인들의 개인정보자기결정권에 비하여 가축전염병의 확산 방지를 통해 달성하고자 하는 공익이 결코 작다고 할 수 없으므로, 심판대상조항은 청구인들의 개인정보자기결정권을 침해하지 아니한다(헌재 2015.4.30, 2013헌마81).

□□□
261
17. 서울시

금융감독원의 4급 이상 직원에 대하여 공직자윤리법상 재산등록의무를 부과하는 것은 금융감독원의 4급 이상 직원의 사생활의 비밀의 자유를 침해하지 않는다. O | X

해설

[O] 이 사건 재산등록조항은 금융감독원 직원의 비리유혹을 억제하고 업무집행의 투명성 및 청렴성을 확보하기 위한 것으로 입법목적이 정당하고, 금융기관의 업무 및 재산상황에 대한 검사 및 감독과 그에 따른 제재를 업무로 하는 금융감독원의 특성상 소속 직원의 금융기관에 대한 실질적인 영향력 및 비리 개연성이 클 수 있다는 점을 고려할 때 일정 직급 이상의 금융감독원 직원에게 재산등록의무를 부과하는 것은 적절한 수단이다. 재산등록제도는 재산공개제도와 구별되는 것이고, 재산등록사항의 누설 및 목적 외 사용금지 등 재산등록사항이 외부에 알려지지 않도록 보호하는 조치가 마련되어 있다. 재산등록대상에 본인 외에 배우자와 직계존비속도 포함되나 이는 등록의무자의 재산은닉을 방지하기 위하여 불가피한 것이며, 고지거부제도 운용 및 혼인한 직계비속인 여자, 외조부모 등을 대상에서 제외함으로써 피해를 최소화하고 있다. 또한, 이 사건 재산등록조항에 의하여 제한되는 사생활영역은 재산관계에 한정됨에 비하여 이를 통해 달성할 수 있는 공익은 금융감독원 업무의 투명성 및 책임성 확보 등으로 중대하므로 법익균형성도 충족하고 있다. 따라서 이 사건 재산등록조항은 청구인들의 사생활의 비밀과 자유를 침해하지 아니한다(헌재 2014.6.26, 2012헌마331).

262

17. 법행

이미 공개된 개인정보를 정보주체의 동의가 있었다고 객관적으로 인정되는 범위 내에서 수집·이용·제공 등 처리를 할 때에라도 이를 영리목적으로 이용하는 이상 원칙적으로 정보주체의 별도의 동의를 받아야 한다.

O | X

해설

[X] 이미 공개된 개인정보를 정보주체의 동의가 있었다고 객관적으로 인정되는 범위 내에서 수집·이용·제공 등 처리를 할 때는 정보주체의 별도의 동의는 불필요하다고 보아야 하고, 별도의 동의를 받지 아니하였다고 하여 개인정보 보호법 제15조나 제17조를 위반한 것으로 볼 수 없다. 그리고 정보주체의 동의가 있었다고 인정되는 범위 내인지는 공개된 개인정보의 성격, 공개의 형태와 대상 범위, 그로부터 추단되는 정보주체의 공개 의도 내지 목적뿐만 아니라, 정보처리자의 정보제공 등 처리의 형태와 정보제공으로 공개의 대상 범위가 원래의 것과 달라졌는지, 정보제공이 정보주체의 원래의 공개 목적과 상당한 관련성이 있는지 등을 검토하여 객관적으로 판단하여야 한다(대판 2016.8.17, 2014다235080).

263

20. 국회직 8급

검사 또는 사법경찰관이 수사를 위하여 필요한 경우에 전기통신사업자에게 위치정보추적자료의 열람이나 제출을 요청할 수 있도록 하는 규정은 수사기관에 수사대상자의 민감한 개인정보인 위치정보추적자료 제공을 허용하여 수사대상자의 기본권을 과도하게 제한하면서도 절차적 통제가 제대로 이루어지고 있지 않으므로 개인정보자기결정권을 침해한다.

O | X

해설

[O] 수사기관은 위치정보추적자료를 통해 특정 시간대 정보주체의 위치 및 이동상황에 대한 정보를 취득할 수 있으므로 위치정보추적자료는 충분한 보호가 필요한 민감한 정보에 해당되는 점, 그럼에도 이 사건 요청조항은 수사기관의 광범위한 위치정보추적자료 제공요청을 허용하여 정보주체의 기본권을 과도하게 제한하는 점, … 수사기관의 위치정보추적자료 제공요청에 대해 법원의 허가를 거치도록 규정하고 있으나 수사의 필요성만을 그 요건으로 하고 있어 절차적 통제마저도 제대로 이루어지기 어려운 현실인 점 등을 고려할 때, 이 사건 요청조항은 과잉금지원칙에 반하여 청구인들의 개인정보자기결정권과 통신의 자유를 침해한다(헌재 2018.6.28, 2012헌마191 등).

264

20. 국회직 8급

건강에 관한 정보는 민감정보에 해당하지만, 국민건강보험공단 이사장이 경찰서장의 요청에 따라 질병명이 기재되지 않은 수사대상자의 요양급여내역만을 제공한 행위 자체만으로는 수사대상자의 개인정보자기결정권이 침해되었다고 볼 수는 없다.

O | X

해설

[X] 이 사건 정보제공행위에 의하여 제공된 청구인 김○환의 약 2년 동안의 총 44회 요양급여내역 및 청구인 박○만의 약 3년 동안의 총 38회 요양급여내역은 건강에 관한 정보로서 '개인정보 보호법' 제23조 제1항이 규정한 민감정보에 해당한다. … 이 사건 정보제공행위로 인한 청구인들의 개인정보자기결정권에 대한 침해는 매우 중대하다. 그렇다면 이 사건 정보제공행위는 이 사건 정보제공조항 등이 정한 요건을 충족한 것으로 볼 수 없고, 침해의 최소성 및 법익의 균형성에 위배되어 청구인들의 개인정보자기결정권을 침해하였다(헌재 2018.8.30, 2014헌마368).

익명휴대전화를 이용하는 자들이 언제나 범죄의 목적을 가진다고 볼 수 없고 익명통신은 도덕적으로 중립적이므로, 익명휴대전화를 금지하기 위해 이동통신서비스 가입시 본인확인절차를 거치도록 한다면 그 규정은 정당한 입법목적을 가지고 있다고 볼 수 없으므로 개인정보자기결정권을 침해한다. O | X

해설

[X] 심판대상조항이 이동통신서비스 가입시 본인확인절차를 거치도록 함으로써 타인 또는 허무인의 이름을 사용한 휴대전화인 이른바 대포폰이 보이스피싱 등 범죄의 범행도구로 이용되는 것을 막고, 개인정보를 도용하여 타인의 명의로 가입한 다음 휴대전화소액결제나 서비스요금을 그 명의인에게 전가하는 등 명의도용범죄의 피해를 막고자 하는 입법목적은 정당하고, 이를 위하여 본인확인절차를 거치게 한 것은 적합한 수단이다. … 개인정보자기결정권, 통신의 자유가 제한되는 불이익과 비교했을 때, 명의도용피해를 막고, 차명휴대전화의 생성을 억제하여 보이스피싱 등 범죄의 범행도구로 악용될 가능성을 방지함으로써 잠재적 범죄 피해방지 및 통신망 질서유지라는 더욱 중대한 공익의 달성효과가 인정된다. 따라서 심판대상조항은 청구인들의 개인정보자기결정권 및 통신의 자유를 침해하지 않는다(헌재 2019.9.26, 2017헌마1209).

아동·청소년에 대한 강제추행죄로 유죄판결이 확정된 자를 신상정보 등록대상자로 정하여 신상정보 관할 경찰관서의 장에게 신상정보를 제출하도록 하고 신상정보가 변경될 경우 그 사유와 변경내용을 제출하도록 하는 규정은 재범의 위험성에 대한 심사 없이 유죄판결을 받은 모든 자를 일률적으로 등록대상자로 정하므로 과잉금지원칙에 위반된다. O | X

해설

[X] 제출조항은 범죄 수사 및 예방을 위하여 일정한 신상정보를 제출하도록 하는 것으로서, 목적의 정당성 및 수단의 적합성이 인정된다. … 제출조항으로 인하여 청구인은 일정한 신상정보를 제출해야 하는 불이익을 받게 되나, 이에 비하여 제출조항이 달성하려는 공익이 크다고 보이므로 법익의 균형성도 인정된다. 따라서 제출조항은 청구인의 개인정보자기결정권을 침해하지 않는다(헌재 2016.3.31, 2014헌마457).

'각급 학교 교원의 교원단체 및 교원노조 가입현황 실명자료'는 개인정보자기결정권의 보호대상이 되나 이를 공개한 표현행위로 인하여 얻을 수 있는 법적 이익이 이를 공개하지 않음으로써 보호받을 수 있는 해당 교원 등의 법적 이익에 비하여 우월하다고 할 수 있으므로 해당 정보공개행위가 위법하다고 볼 수 없다. O | X

해설

[X] 국회의원인 甲 등이 '각급 학교 교원의 교원단체 및 교원노조 가입현황 실명자료'를 인터넷을 통하여 공개한 사안에서, 위 정보는 개인정보자기결정권의 보호대상이 되는 개인정보에 해당하므로 이를 일반 대중에게 공개하는 행위는 해당 교원들의 개인정보자기결정권과 전국교직원노동조합의 존속·유지·발전에 관한 권리를 침해하는 것이고, 甲 등이 위 정보를 공개한 표현행위로 인하여 얻을 수 있는 법적 이익이 이를 공개하지 않음으로써 보호받을 수 있는 해당 교원 등의 법적 이익에 비하여 우월하다고 할 수 없으므로, 甲 등의 정보공개행위가 위법하다(대판 2014.7.24, 2012다49933).

268
19. 경정승진

국민건강보험공단이 서울용산경찰서장에게 청구인들의 요양급여내역을 제공한 행위는 검거 목적에 필요한 최소한의 정보에 해당하는 '급여일자와 요양기관명'만을 제공하였기 때문에, 과잉금지원칙에 위배되지 않아 청구인들의 개인정보자기결정권을 침해하지 않는다.　　　　　　　　　　　　　　　O | X

해설

[X] 서울용산경찰서장은 청구인들을 검거하기 위하여 청구인들의 요양급여정보를 제공받는 것이 불가피한 상황이 아니었음에도 불구하고 이 사건 정보제공요청을 하였고, 국민건강보험공단은 이 사건 정보제공조항 등이 정한 요건에 해당하는지 여부에 대하여 실질적으로 판단하지 아니한 채 민감정보에 해당하는 청구인들의 요양급여정보를 제공한 것이므로, 이 사건 정보제공행위는 '청구인들의 민감정보를 제공받는 것이 범죄의 수사를 위하여 불가피할 것'이라는 요건을 갖춘 것으로 볼 수 없다. … 그렇다면 이 사건 정보제공행위는 침해의 최소성에 위배된다. 앞서 본 바와 같이 서울용산경찰서장은 청구인들의 소재를 파악한 상태였거나 다른 수단으로 충분히 파악할 수 있었으므로 이 사건 정보제공행위로 얻을 수 있는 수사상의 이익은 거의 없거나 미약하였던 반면, 청구인들은 자신도 모르는 사이에 민감정보인 요양급여정보가 수사기관에 제공되어 개인정보자기결정권에 대한 중대한 불이익을 받게 되었으므로, 이 사건 정보제공행위는 법익의 균형성도 갖추지 못하였다. 이 사건 정보제공행위는 과잉금지원칙에 위배되어 청구인들의 개인정보자기결정권을 침해하였다(헌재 2018.8.30, 2014헌마368).

269
23. 경찰 1차
20. 경정승진

A시장이 B경찰서장의 사실조회 요청에 따라 B경찰서장에게 청구인들의 이름, 생년월일, 전화번호, 주소를 제공한 행위는 사생활의 비밀과 자유 또는 개인정보자기결정권을 침해한다.　　　　　　O | X

해설

[X] 김포시장은 이 사건 정보제공조항에 따라 범죄의 수사를 위하여 필요한 경우 정보주체 또는 제3자의 이익을 부당하게 침해할 우려가 있을 때를 제외하고 개인정보를 수사기관에게 제공할 수 있다. … 이름, 생년월일, 주소는 수사의 초기 단계에서 범죄의 피의자를 특정하기 위하여 필요한 가장 기초적인 정보이고, 전화번호는 피의자 등에게 연락을 하기 위하여 필요한 정보이다. 또한, 활동지원급여가 제공된 시간을 확인하기 위해서 수급자에 대하여도 조사를 할 필요성을 인정할 수 있다. … 이와 같은 점에 더하여, 활동보조인의 부정 수급 관련 범죄의 수사를 가능하게 함으로써 실체적 진실 발견과 국가형벌권의 적정한 행사에 기여하고자 하는 공익은 매우 중대한 것인 점을 고려하면, 이 사건 정보제공행위는 과잉금지원칙에 위배되어 청구인들의 개인정보자기결정권을 침해하였다고 볼 수 없다(헌재 2018.8.30, 2016헌마483).

집회 참가자들에 대한 경찰의 촬영행위는 개인정보자기결정권의 보호대상이 되는 신체, 특정인의 집회·시위 참가 여부 및 그 일시·장소 등의 개인정보를 정보주체의 동의 없이 수집하였다는 점에서 개인정보자기결정권을 제한할 수 있다.   O | X

해설

[O] 개인정보자기결정권은 자신에 관한 정보가 언제 누구에게 어느 범위까지 알려지고 또 이용되도록 할 것인지를 그 정보주체가 스스로 결정할 수 있는 권리이다. 개인정보자기결정권의 보호대상이 되는 개인정보는 개인의 신체, 신념, 사회적 지위, 신분 등과 같이 개인이 인격주체성을 특징짓는 사항으로서 개인의 동일성을 식별할 수 있게 하는 일체의 정보라고 할 수 있고, 반드시 개인의 내밀한 영역이나 사사(私事)의 영역에 속하는 정보에 국한되지 않고 공적 생활에서 형성되었거나 이미 공개된 정보까지 포함한다. 또한, 이러한 개인정보를 대상으로 한 조사·수집·보관·처리·이용 등의 행위는 원칙적으로 개인정보자기결정권에 대한 제한에 해당한다. 따라서 경찰의 촬영행위는 개인정보자기결정권의 보호대상이 되는 신체, 특정인의 집회·시위 참가 여부 및 그 일시·장소 등의 개인정보를 정보주체의 동의 없이 수집하였다는 점에서 개인정보자기결정권을 제한할 수 있다(헌재 2018.8.30, 2014헌마843).

▶ 경찰의 촬영행위는 일반적 인격권, 개인정보자기결정권, 집회의 자유 등 기본권 제한을 수반하는 것이므로 수사를 위한 것이라고 하더라도 필요최소한에 그쳐야 한다. 다만, 옥외 집회나 시위 참가자 등에 대한 촬영은 사적인 영역이 아니라 공개된 장소에서의 행위에 대한 촬영인 점과 독일 연방집회법 등과 달리 현행 '집회 및 시위에 관한 법률'(이하 '집시법'이라 한다)에서는 옥외집회·시위 참가자가 신원확인을 방해하는 변장을 하는 것 등이 금지되고 있지 아니하는 점이 고려될 수 있다. … 한편, 근접촬영과 달리 먼 거리에서 집회·시위 현장을 전체적으로 촬영하는 소위 조망촬영이 기본권을 덜 침해하는 방법이라는 주장도 있으나, 최근 기술의 발달로 조망촬영과 근접촬영 사이에 기본권 침해라는 결과에 있어서 차이가 있다고 보기 어려우므로, 경찰이 이러한 집회·시위에 대해 조망촬영이 아닌 근접촬영을 하였다는 이유만으로 헌법에 위반되는 것은 아니다. 옥외집회·시위에 대한 경찰의 촬영행위는 증거보전의 필요성 및 긴급성, 방법의 상당성이 인정되는 때에는 헌법에 위반된다고 할 수 없으나, 경찰이 옥외집회 및 시위 현장을 촬영하여 수집한 자료의 보관·사용 등은 엄격하게 제한하여, 옥외집회·시위 참가자 등의 기본권 제한을 최소화해야 한다. 옥외집회·시위에 대한 경찰의 촬영행위에 의해 취득한 자료는 '개인정보'의 보호에 관한 일반법인 '개인정보 보호법'이 적용될 수 있다. 이 사건에서 피청구인이 신고범위를 벗어난 동안에만 집회참가자들을 촬영한 행위가 과잉금지원칙을 위반하여 집회참가자인 청구인들의 일반적 인격권, 개인정보자기결정권 및 집회의 자유를 침해한다고 볼 수 없다(헌재 2018.8.30, 2014헌마843).

개인정보자기결정권은 헌법에 명시된 기본권이다.   O | X

해설

[X] 개인정보자기결정권의 헌법상 근거로는 헌법 제17조의 사생활의 비밀과 자유, 헌법 제10조 제1문의 인간의 존엄과 가치 및 행복추구권에 근거를 둔 일반적 인격권 또는 위 조문들과 동시에 우리 헌법의 자유민주적 기본질서 규정 또는 국민주권원리와 민주주의원리 등을 고려할 수 있으나, 개인정보자기결정권으로 보호하려는 내용을 위 각 기본권들 및 헌법원리들 중 일부에 완전히 포섭시키는 것은 불가능하다고 할 것이므로, 그 헌법적 근거를 굳이 어느 한 두개에 국한시키는 것은 바람직하지 않은 것으로 보이고, 오히려 개인정보자기결정권은 이들을 이념적 기초로 하는 독자적 기본권으로서 헌법에 명시되지 아니한 기본권이라고 보아야 할 것이다(헌재 2005.5.26, 99헌마513 등).

272
22. 경정승진

성폭력범죄의 처벌 등에 관한 특례법상 공중밀집장소에서의 추행죄로 유죄판결이 확정된 자를 신상정보 등록대상자로 규정한 부분은 해당 신상정보 등록대상자의 개인정보자기결정권을 침해하지 않는다.

O | X

해설

[O] 공중밀집장소추행죄로 유죄판결이 확정되면 모두 신상정보 등록대상자가 되도록 함으로써 그 관리의 기초를 마련하기 위한 것이므로, 등록대상 여부를 결정함에 있어 대상 성범죄로 인한 유죄판결 이외에 반드시 재범의 위험성을 고려해야 한다고 보기 어렵고, 현재 사용되는 재범의 위험성 평가 도구의 오류 가능성을 배제하기 어려워 일정한 성폭력범죄자를 일률적으로 등록대상자가 되도록 하는 것이 불가피한 점, 등록대상 성폭력범죄로 유죄판결을 선고할 경우 등록대상자에게 등록대상자라는 사실과 신상정보 제출의무가 있음을 알려주도록 하며, 등록대상자의 범위, 신상정보 제출의무의 내용 및 신상정보의 등록·보존·관리 또한 법률에서 규율하고 있는 점 등을 고려할 때, 헌법재판소의 2016헌마1124 결정은 이 사건에서도 타당하다. 따라서 심판대상조항은 청구인의 개인정보자기결정권을 침해하였다고 볼 수 없다(헌재 2020.6.25, 2019헌마699).

273
23. 법원직
22. 경정승진

소년에 대한 수사경력자료의 삭제와 보존기간에 대하여 규정하면서 법원에서 불처분결정된 소년부송치 사건에 대하여 규정하지 않은 구 형의 실효 등에 관한 법률의 규정은 과잉금지원칙을 위반하여 소년부송치 후 불처분결정을 받은 자의 개인정보자기결정권을 침해한다.

O | X

해설

[O] 어떤 범죄가 행해진 후 시간이 흐를수록 수사의 단서로서나 상습성 판단자료, 양형자료로서의 가치는 감소하므로, 모든 소년부송치 사건의 수사경력자료를 해당 사건의 경중이나 결정 이후 경과한 시간 등에 대한 고려 없이 일률적으로 당사자가 사망할 때까지 보존할 필요가 있다고 보기는 어렵고, 불처분결정된 소년부송치 사건의 수사경력자료가 조회 및 회보되는 경우에도 이를 통해 추구하는 실체적 진실발견과 형사사법의 정의 구현이라는 공익에 비해, 당사자가 입을 수 있는 실질적 또는 심리적 불이익과 그로 인한 재사회화 및 사회복귀의 어려움이 더 크다. 따라서 심판대상조항은 과잉금지원칙을 위반하여 소년부송치 후 불처분결정을 받은 자의 개인정보자기결정권을 침해한다(헌재 2021.6.24, 2018헌가2).

274
22. 경정승진

법무부장관은 변호사시험 합격자가 결정되면 즉시 명단을 공고하여야 한다고 규정한 변호사시험법 규정 중 '명단 공고' 부분은 변호사시험 응시자들의 개인정보자기결정권을 침해한다.

O | X

해설

[X] 심판대상조항은 법무부장관이 시험 관리 업무를 위하여 수집한 응시자의 개인정보 중 합격자의 성명을 공개하도록 하는 데 그치므로, 청구인들의 개인정보자기결정권이 제한되는 범위와 정도는 매우 제한적이다. 합격자 명단이 공고되면 누구나, 언제든지 이를 검색할 수 있으므로, 심판대상조항은 공공성을 지닌 전문직인 변호사의 자격 소지에 대한 일반 국민의 신뢰를 형성하는 데 기여하며, 변호사에 대한 정보를 얻는 수단이 확보되어 법률서비스 수요자의 편의가 증진된다. 합격자 명단을 공고하는 경우, 시험 관리 당국이 더 엄정한 기준과 절차를 통해 합격자를 선정할 것이 기대되므로 시험 관리 업무의 공정성과 투명성이 강화될 수 있다. 따라서 심판대상조항이 과잉금지원칙에 위배되어 청구인들의 개인정보자기결정권을 침해한다고 볼 수 없다(헌재 2020.3.26, 2018헌마77).

275
22. 경정승진

개인정보에 관한 인격권 보호에 의하여 얻을 수 있는 이익과 정보처리행위로 얻을 수 있는 이익, 즉 정보처리자의 '알 권리'와 이를 기반으로 한 정보수용자의 '알 권리' 및 표현의 자유, 정보처리자의 영업의 자유, 사회 전체의 경제적 효율성 등의 가치를 구체적으로 비교형량하여 어느 쪽 이익이 더 우월한 것으로 평가할 수 있는지에 따라 정보처리행위의 최종적인 위법성 여부를 판단하여야 한다. O | X

해설

[O] 개인정보에 관한 인격권 보호에 의하여 얻을 수 있는 이익과 정보처리행위로 얻을 수 있는 이익, 즉 정보처리자의 '알 권리'와 이를 기반으로 한 정보수용자의 '알 권리' 및 표현의 자유, 정보처리자의 영업의 자유, 사회 전체의 경제적 효율성 등의 가치를 구체적으로 비교형량하여 어느 쪽 이익이 더 우월한 것으로 평가할 수 있는지에 따라 정보처리행위의 최종적인 위법성 여부를 판단하여야 하고, 단지 정보처리자에게 영리목적이 있었다는 사정만으로 곧바로 정보처리행위를 위법하다고 할 수는 없다(대판 2016.8.17, 2014다235080).

276
22. 경찰 1차

아동 · 청소년 성매수죄로 유죄가 확정된 자는 신상정보 등록대상자가 되도록 규정한 성폭력범죄의 처벌 등에 관한 특례법 제42조 제1항 중 "구 아동 · 청소년의 성보호에 관한 법률 제2조 제2호 가운데 제10조 제1항의 범죄로 유죄판결이 확정된 자는 신상정보 등록대상자가 된다."는 부분은 청구인의 개인정보자기결정권을 침해하지 않는다. O | X

해설

[O] 아동 · 청소년 성매수죄로 처벌받은 사람에 대한 정보를 국가가 관리하는 것은 재범을 방지하는 유효한 방법이 될 수 있다. 전과기록이나 수사경력자료는 상대적으로 좁은 범위의 신상정보를 담고 있고 정보의 변경이 반영되지 않아 등록조항에 의한 정보 수집과 같은 효과를 거둘 수 없다. 아동 · 청소년 성매수죄는 그 죄질이 무겁고, 그 행위 태양 및 불법성이 다양하다고 보기 어려우므로, 입법자가 개별 아동 · 청소년 성매수죄의 행위 태양, 불법성을 구별하지 않은 것이 불필요한 제한이라고 볼 수 없다. 또한, 신상정보 등록대상자가 된다고 하여 그 자체로 사회복귀가 저해되거나 전과자라는 사회적 낙인이 찍히는 것은 아니므로 침해되는 사익은 크지 않고, 반면 등록조항을 통해 달성되는 공익은 매우 중요하다. 따라서 등록조항은 청구인의 개인정보자기결정권을 침해하지 않는다(헌재 2016.2.25, 2013헌마830).

277
22. 경찰 1차

성적목적공공장소침입죄로 형을 선고받아 유죄판결이 확정된 자는 신상정보 등록대상자가 된다고 규정한 성폭력범죄의 처벌 등에 관한 특례법 제42조 제1항 중 "제12조의 범죄로 유죄판결이 확정된 자"에 관한 부분은 청구인의 개인정보자기결정권을 침해하지 않는다. O | X

해설

[O] 성적목적공공장소침입죄는 공공화장실 등 일정한 장소를 침입하는 경우에 한하여 성립하므로 등록조항에 따른 등록대상자의 범위는 이에 따라 제한되는바, 등록조항은 침해의 최소성원칙에 위배되지 않는다. 등록조항으로 인하여 제한되는 사익에 비하여 성범죄의 재범 방지와 사회 방위라는 공익이 크다는 점에서 법익의 균형성도 인정된다. 따라서 등록조항은 청구인의 개인정보자기결정권을 침해하지 않는다(헌재 2016.10.27, 2014헌마709).

278

22. 경찰 1차

통신매체이용음란죄로 유죄판결이 확정된 자는 신상정보 등록대상자가 된다고 규정한 성폭력범죄의 처벌 등에 관한 특례법 제42조 제1항 중 "제13조의 범죄로 유죄판결이 확정된 자는 신상정보 등록대상자가 된다."는 부분은 청구인의 개인정보자기결정권을 침해한다. O I X

해설

[O] 통신매체이용음란죄의 구성요건에 해당하는 행위 태양은 행위자의 범의·범행 동기·행위 상대방·행위 횟수 및 방법 등에 따라 매우 다양한 유형이 존재하고, 개별 행위유형에 따라 재범의 위험성 및 신상정보 등록 필요성은 현저히 다르다. 그런데 심판대상조항은 통신매체이용음란죄로 유죄판결이 확정된 사람은 누구나 법관의 판단 등 별도의 절차 없이 필요적으로 신상정보 등록대상자가 되도록 하고 있고, 등록된 이후에는 그 결과를 다툴 방법도 없다. 그렇다면 심판대상조항은 통신매체이용음란죄의 죄질 및 재범의 위험성에 따라 등록대상을 축소하거나, 유죄판결 확정과 별도로 신상정보 등록 여부에 관하여 법관의 판단을 받도록 하는 절차를 두는 등 기본권 침해를 줄일 수 있는 다른 수단을 채택하지 않았다는 점에서 침해의 최소성 원칙에 위배된다. 또한, 심판대상조항으로 인하여 비교적 불법성이 경미한 통신매체이용음란죄를 저지르고 재범의 위험성이 인정되지 않는 이들에 대하여는 달성되는 공익과 침해되는 사익 사이에 불균형이 발생할 수 있다는 점에서 법익의 균형성도 인정하기 어렵다(헌재 2016.3.31, 2015헌마688).

279

22. 경찰 1차

가상의 아동·청소년이용음란물배포죄로 유죄판결이 확정된 자는 신상정보 등록대상자가 되도록 규정한 성폭력범죄의 처벌 등에 관한 특례법 제42조 제1항 중 구 아동·청소년의 성보호에 관한 법률 제8조 제4항의 아동·청소년이용음란물 가운데 "아동·청소년으로 인식될 수 있는 사람이나 표현물이 등장하는 것"에 관한 부분으로 유죄판결이 확정된 자에 관한 부분은 청구인의 개인정보자기결정권을 침해한다. O I X

해설

[X] 아동·청소년이용음란물배포죄는 아동·청소년이 실제로 등장하는지 여부를 불문하고 아동·청소년의 성에 대한 왜곡된 인식과 비정상적인 태도를 광범위하게 형성하게 할 수 있다는 점에서 죄질이 경미하다고 할 수 없고, 헌법재판소와 대법원은 가상의 아동·청소년이용음란물에 대하여 제한적으로 해석하고 있어 등록조항에 따른 등록대상자의 범위는 이에 따라 제한되므로, 등록조항은 침해의 최소성을 갖추었다. 등록조항으로 인하여 제한되는 사익에 비하여 아동·청소년대상 성범죄 방지 및 사회 방위라는 공익이 더 크므로 법익의 균형성도 인정된다. 따라서 등록조항은 개인정보자기결정권을 침해하지 않는다(헌재 2016.3.31, 2014헌마785).

280

23. 법원직
22. 국회직 8급·
경찰간부

보안관찰처분대상자가 교도소 등에서 출소한 후 7일 이내에 출소사실을 신고하도록 하고 이를 위반할 경우 처벌하도록 정한 법률조항은, 보다 완화된 방법으로도 입법목적을 충분히 달성할 수 있다는 점에서 과잉금지원칙에 반하여 그 대상자의 개인정보자기결정권을 침해하는 것이다. O I X

해설

[X] 출소 후 출소사실을 신고하여야 하는 신고의무 내용에 비추어 보안관찰처분대상자의 불편이 크다거나 7일의 신고기간이 지나치게 짧다고 할 수 없다. 보안관찰해당범죄는 민주주의체제의 수호와 사회질서의 유지, 국민의 생존 및 자유에 중대한 영향을 미치는 범죄인 점, 보안관찰법은 대상자를 파악하고 재범의 위험성 등 보안관찰처분의 필요성 유무의 판단 자료를 확보하기 위하여 위와 같은 신고의무를 규정하고 있다는 점 등에 비추어 출소 후 신고의무 위반에 대한 제재수단으로 형벌을 택한 것이 과도하다거나 법정형이 다른 법률들에 비하여 각별히 과중하다고 볼 수도 없다. 따라서 출소후신고조항 및 위반시 처벌조항은 과잉금지원칙을 위반하여 청구인의 사생활의 비밀과 자유 및 개인정보자기결정권을 침해하지 아니한다(헌재 2021. 6.24, 2017헌바479).

281

23. 경찰 1차

전기통신사업자 A가 검사 乙의 통신자료 제공요청에 따라 乙에게 제공한 시민 甲의 성명, 주민등록번호, 주소, 전화번호, 아이디, 가입일 또는 해지일은 甲의 동일성을 식별할 수 있게 해주는 개인정보에 해당하므로 수사기관 등이 전기통신사업자에게 통신자료 제공을 요청하면 전기통신사업자가 그 요청에 따를 수 있다고 정한 전기통신사업법 제83조는 甲의 개인정보자기결정권을 제한한다. O | X

해설

[O] 전기통신사업자가 수사기관 등의 통신자료 제공요청에 따라 수사기관 등에 제공하는 이용자의 성명, 주민등록번호, 주소, 전화번호, 아이디, 가입일 또는 해지일은 청구인들의 동일성을 식별할 수 있게 해주는 개인정보에 해당하므로, 이 사건 법률조항은 개인정보자기결정권을 제한한다(헌재 2022.7.21, 2016헌마388 등).

282

23. 법원직

'가족관계의 등록 등에 관한 법률' 제14조 제1항 본문 중 '직계혈족이 제15조에 규정된 증명서 가운데 가족관계증명서 및 기본증명서의 교부를 청구'하는 부분이 가정폭력 피해자의 개인정보를 보호하기 위한 구체적 방안을 마련하지 아니하였다고 하더라도 가정폭력 피해자인 청구인의 개인정보자기결정권을 침해하는 것은 아니다. O | X

해설

[X] 이 사건 법률조항은 가정폭력 가해자에 대한 별도의 제한 없이 직계혈족이기만 하면 사실상 자유롭게 그 자녀의 가족관계증명서와 기본증명서의 교부를 청구하여 발급받을 수 있도록 함으로써, 그로 인하여 가정폭력 피해자인 청구인의 개인정보가 가정폭력 가해자인 전 배우자에게 무단으로 유출될 수 있는 가능성을 열어놓고 있다. 따라서 과잉금지원칙에 위배되어 청구인의 개인정보자기결정권을 침해한다(헌재 2020.8.28, 2018헌마927).

283

23. 경정승진

영유아보육법은 CCTV 열람의 활용 목적을 제한하고 있고, 어린이집 원장은 열람시간 지정 등을 통해 보육활동에 지장이 없도록 보호자의 열람 요청에 적절히 대응할 수 있으므로 동법의 CCTV 열람조항으로 보육교사의 개인정보자기결정권이 필요 이상으로 과도하게 제한된다고 볼 수 없다. O | X

해설

[O] 법은 CCTV 열람의 활용 목적을 제한하고 있고, 어린이집 원장은 열람시간 지정 등을 통해 보육활동에 지장이 없도록 보호자의 열람 요청에 적절히 대응할 수 있으므로 이 조항으로 어린이집 원장이나 보육교사 등의 기본권이 필요 이상으로 과도하게 제한된다고 볼 수 없다(헌재 2017.12.28, 2015헌마994).

□□□ 284
23. 경찰간부

통신매체이용음란죄로 유죄판결이 확정된 자를 신상정보 등록대상자로 규정한 조항은 청구인의 개인정보자기결정권을 침해하지 않는다. O | X

해설

[X] 통신매체이용음란죄의 구성요건에 해당하는 행위 태양은 행위자의 범의·범행 동기·행위 상대방·행위 횟수 및 방법 등에 따라 매우 다양한 유형이 존재하고, 개별 행위유형에 따라 재범의 위험성 및 신상정보 등록 필요성은 현저히 다르다. 그런데 심판대상조항은 통신매체이용음란죄로 유죄판결이 확정된 사람은 누구나 법관의 판단 등 별도의 절차 없이 필요적으로 신상정보 등록대상자가 되도록 하고 있고, 등록된 이후에는 그 결과를 다툴 방법도 없다. 그렇다면 심판대상조항은 통신매체이용음란죄의 죄질 및 재범의 위험성에 따라 등록대상을 축소하거나, 유죄판결 확정과 별도로 신상정보 등록 여부에 관하여 법관의 판단을 받도록 하는 절차를 두는 등 기본권 침해를 줄일 수 있는 다른 수단을 채택하지 않았다는 점에서 침해의 최소성원칙에 위배된다(헌재 2016.3.31, 2015헌마688).

□□□ 285
23. 경찰간부

공중밀집장소추행죄로 유죄판결이 확정된 자를 신상정보 등록대상자로 규정한 조항은 청구인의 개인정보자기결정권을 침해한다. O | X

해설

[X] 공중밀집장소추행죄로 유죄판결이 확정된 자를 신상정보 등록대상자로 규정한 조항은 청구인의 개인정보자기결정권을 침해하지 않는다(헌재 2020.6.25, 2019헌마699).

□□□ 286
23. 경찰간부

카메라등이용촬영죄로 유죄판결이 확정된 자의 신상등록정보를 최초 등록일부터 20년간 법무부장관이 보존·관리하여야 한다고 규정한 조항은 청구인들의 개인정보자기결정권을 침해한다. O | X

해설

[O] 모든 등록대상자에게 20년 동안 신상정보를 등록하게 하고 위 기간 동안 각종 의무를 부과하는 것은 비교적 경미한 등록대상 성범죄를 저지르고 재범의 위험성도 많지 않은 자들에 대해서는 달성되는 공익과 침해되는 사익 사이의 불균형이 발생할 수 있으므로 이 사건 관리조항은 개인정보자기결정권을 침해한다(헌재 2015.7.30, 2014헌마340).

□□□ 287
23. 경찰간부

강제추행죄로 유죄판결이 확정된 자는 신상정보 등록대상자로서 성명, 주민등록번호 등을 제출하여야 하고, 이 정보가 변경된 경우 그 사유와 변경내용을 제출하여야 한다고 규정한 조항은 청구인의 개인정보자기결정권을 침해한다. O | X

해설

[X] 제출조항은 등록대상자의 동일성 식별 및 동선 파악을 위하여 필요한 범위 내에서 정보 제출을 요청할 뿐이고, 성범죄 억제 및 수사 효율이라는 중대한 공익을 위하여 필요하다. 제출조항은 과잉금지원칙을 위반하여 청구인의 개인정보자기결정권을 침해하지 아니한다(헌재 2019.11.28, 2017헌마399).

제2항 주거의 자유

☐☐☐ 288
05. 국회직 8급

주거의 자유는 거주하는 설비와 관련이 있고 사생활의 비밀과 자유도 거주하는 설비와 관련이 있기에, 주거의 자유는 사생활의 비밀과 자유보다 넓은 개념이다. O | X

해설

[X] 사생활에 관한 자유와 권리는 그 체계가 헌법 제17조 사생활의 비밀과 자유의 불가침을 기본조항 내지 목적조항으로 하고, 제16조 주거의 불가침, 제14조 거주·이전의 자유, 제18조 통신의 불가침 등을 그 실현수단조항으로 하고 있다. 따라서 사생활의 비밀과 자유가 주거의 자유보다 넓은 개념이라 할 수 있다.

☐☐☐ 289
19. 국가직

헌법 제12조 제3항과는 달리 헌법 제16조 후문은 "주거에 대한 압수나 수색을 할 때에는 검사의 신청에 의하여 법관이 발부한 영장을 제시하여야 한다."라고 규정하고 있을 뿐 영장주의에 대한 예외를 명문화하고 있지 않으므로 영장주의가 예외 없이 반드시 관철되어야 함을 의미하는 것이다. O | X

해설

[X] 헌법 제12조 제3항과는 달리 헌법 제16조 후문은 "주거에 대한 압수나 수색을 할 때에는 검사의 신청에 의하여 법관이 발부한 영장을 제시하여야 한다."라고 규정하고 있을 뿐 영장주의에 대한 예외를 명문화하고 있지 않다. 그러나 헌법 제12조 제3항과 헌법 제16조의 관계, 주거공간에 대한 긴급한 압수·수색의 필요성, 주거의 자유와 관련하여 영장주의를 선언하고 있는 헌법 제16조의 취지 등을 종합하면, 헌법 제16조의 영장주의에 대해서도 그 예외를 인정하되, 이는 ① 그 장소에 범죄혐의 등을 입증할 자료나 피의자가 존재할 개연성이 소명되고, ② 사전에 영장을 발부받기 어려운 긴급한 사정이 있는 경우에만 제한적으로 허용될 수 있다고 보는 것이 타당하다(헌재 2018.4.26. 2015헌바370 등).

☐☐☐ 290
21. 경정승진

주거용 건축물의 사용·수익관계를 정하고 있는 도시 및 주거환경정비법 조항은 헌법 제16조에 의해 보호되는 주거의 자유를 제한하지 않는다. O | X

해설

[O] 이 사건 수용조항은 정비사업조합에 수용권한을 부여하여 주택재개발사업에 반대하는 청구인의 토지 등을 강제로 취득할 수 있도록 하고 있다. 따라서 이 사건 수용조항이 토지 등 소유자의 재산권을 침해하는지 여부가 문제된다. 청구인은 이 사건 수용조항으로 인하여 거주·이전의 자유도 제한된다고 주장하고 있다. 주거로 사용하던 건물이 수용될 경우 그 효과로 거주지도 이전하여야 하는 것은 사실이나, 이는 토지 및 건물 등의 수용에 따른 부수적 효과로서 간접적·사실적 제약에 해당하므로 거주·이전의 자유 침해 여부는 별도로 판단하지 않는다(헌재 2019.11.28. 2017헌바241).

□□□
291
21. 경정승진

점유할 권리 없는 자의 점유라고 하더라도 그 주거의 평온은 보호되어야 할 것이므로, 권리자가 그 권리를 실행함에 있어 법에 정하여진 절차에 의하지 아니하고 그 건조물 등에 침입한 경우에 주거침입죄가 성립한다.　　　　　　　　　　　　　　　　　　　　　　　　　　　　　　　　　　　　　O | X

해설

[O] 주거침입죄는 사실상의 주거의 평온을 보호법익으로 하는 것이므로 그 주거자 또는 간수자가 건조물 등에 거주 또는 간수할 권리를 가지고 있는가의 여부는 범죄의 성립을 좌우하는 것이 아니며, 점유할 권리 없는 자의 점유라고 하더라도 그 주거의 평온은 보호되어야 할 것이므로, 권리자가 그 권리를 실행함에 있어 법에 정하여진 절차에 의하지 아니하고 그 건조물 등에 침입한 경우에는 주거침입죄가 성립한다(대판 1987. 11.10, 87도1760).

제3항 거주 · 이전의 자유

□□□
292
04. 법무사

1980년 해직공무원의 보상금 산출기간을 산정함에 있어 해외이민을 제한사유로 정했다면 이는 사실상 국외이주자에게 불이익을 주어 국외이주를 제한하는 것으로서 거주 · 이전의 자유를 중대하게 침해한 것이다.　　　　　　　　　　　　　　　　　　　　　　　　　　　　　　　　　　　　　O | X

해설

[X] 헌법상 거주 · 이전의 자유 속에 국외거주의 자유가 포함된다고 하여도 1980년 해직공무원의 보상 등에 관한 특별조치법 제2조 제5항은 그 자체 청구인이나 대한민국 국민 누구에게도 거주 · 이전의 자유를 제한하는 것이라거나 국외이주를 제한하는 규정이 아니므로, 동 조항에 따른 보상의 차별이 있더라도 동 규정이 헌법상 재외국민의 평등권을 침해하였다고 할 수 없는 것과 마찬가지로 거주 · 이전의 자유를 침해한 것이라 할 수 없다(헌재 1993.12.23, 89헌마189).

□□□
293
04. 법행

거주 · 이전의 자유는 자연인과 법인, 내국인과 외국인에게 동등하게 보장된다.　　　　O | X

해설

[X] 거주 · 이전의 자유는 한국 국적을 가진 모든 자연인과 국내법인이 그 주체가 된다. 외국인에 대해서는 원칙적으로 거주 · 이전의 자유가 보장되지 아니하므로 외국인은 그에 관하여 허가를 받아야 한다(다수설).

□□□
294
12. 경정승진

생활의 근거지에 이르지 못하는 일시적인 이동을 위한 장소의 선택과 변경도 거주 · 이전의 자유의 보호영역에 포함된다.　　　　　　　　　　　　　　　　　　　　　　　　　　　　　　　　　　　　　O | X

해설

[X] 거주 · 이전의 자유는 거주지나 체류지라고 볼 만한 정도로 생활과 밀접한 연관을 갖는 장소를 선택하고 변경하는 행위를 보호하는 기본권인바, 이 사건에서 서울광장이 청구인들의 생활형성의 중심지인 거주지나 체류지에 해당한다고 할 수 없고, 서울광장에 출입하고 통행하는 행위가 그 장소를 중심으로 생활을 형성해 나가는 행위에 속한다고 볼 수도 없으므로 청구인들의 거주 · 이전의 자유가 제한되었다고 할 수 없다(헌재 2011.6.30, 2009헌마406).

295
09. 사시

거주·이전의 자유는 국민에게 그가 선택할 직업을 그가 선택하는 임의의 장소에서 자유롭게 행사할 수 있는 권리까지 보장하는 것이므로, 법인의 대도시 내 부동산취득에 대하여 통상보다 높은 세율인 5배의 등록세를 부과함으로써 법인의 대도시 내 활동을 간접적으로 억제하는 것은 거주·이전의 자유를 침해하는 것이다.

O | X

해설

[X] 지방세법 제138조 제1항 제3호가 법인의 대도시 내의 부동산등기에 대하여 통상세율의 5배를 규정하고 있다 하더라도 그것이 대도시 내에서 업무용 부동산을 취득할 정도의 재정능력을 갖춘 법인의 담세능력을 일반적으로 또는 절대적으로 초과하는 것이어서 그 때문에 법인이 대도시 내에서 향유하여야 할 직업수행의 자유나 거주·이전의 자유의 자유가 형해화할 정도에 이르러 그 기본적인 내용이 침해되었다고 볼 수 없다 (헌재 1998.2.27, 97헌바79).

296
09. 사시

거주지를 중심으로 중·고등학교의 입학을 제한하는 입학제도는 특정학교에 자녀를 입학시키려고 하는 부모에게 해당 학교가 소재하고 있는 지역으로의 이주를 사실상 강제하는 것으로 거주·이전의 자유를 침해하고 있는 것이다.

O | X

해설

[X] 학부모는 원하는 경우 언제든지 자유로이 거주지를 이전할 수 있으므로 그와 같은 생활상의 불이익만으로는 이 사건 규정이 거주·이전의 자유를 제한한다고는 할 수 없고, 설혹 이 사건 규정이 거주·이전의 자유를 다소 제한한다고 하더라도 앞서 본 바와 같이 그 입법목적 및 입법수단이 정당하므로 그 제한의 정도는 기본권의 본질적인 내용을 침해하였다거나 이를 과도하게 제한한 경우에 해당하지 않으므로 헌법 제14조 및 헌법 제37조 제2항에 위반되지 아니한다고 할 것이어서, 이 사건 규정이 청구인의 거주·이전의 자유를 침해하는 것이라고는 할 수 없다(헌재 1995.2.23, 91헌마204).

297
10. 법행

거주·이전의 자유에는 대한민국의 국적을 이탈할 수 있는 '국적변경의 자유'는 포함되지 않는다.

O | X

해설

[X] 거주·이전의 자유는 국가의 간섭 없이 자유롭게 거주와 체류지를 정할 수 있는 자유로서 정치·경제·사회·문화 등 모든 생활영역에서 개성신장을 촉진함으로써 헌법상 보장되고 있는 다른 기본권들의 실효성을 증대시켜주는 기능을 한다. 구체적으로는 국내에서 체류지와 거주지를 자유롭게 정할 수 있는 자유영역뿐 아니라 나아가 국외에서 체류지와 거주지를 자유롭게 정할 수 있는 '해외여행 및 해외이주의 자유'를 포함하고 덧붙여 대한민국의 국적을 이탈할 수 있는 '국적변경의 자유' 등도 그 내용에 포섭된다고 보아야 한다. 따라서 해외여행 및 해외이주의 자유는 필연적으로 외국에서 체류 또는 거주하기 위해서 대한민국을 떠날 수 있는 '출국의 자유'와 외국체류 또는 거주를 중단하고 다시 대한민국으로 돌아올 수 있는 '입국의 자유'를 포함한다(헌재 2004.10.28, 2003헌가18).

☐☐☐
298

12. 사시

경찰청장이 불법집회를 막는다는 이유로 경찰버스들로 서울광장을 둘러싸 시민들의 통행을 전면적으로 제지한 행위는 가사 전면적이고 광범위한 집회방지조치를 취할 필요성이 있었다고 하더라도 서울광장에의 출입을 완전히 통제하는 경우 일반시민들의 통행이나 여가·문화 활동 등의 이용까지 제한되므로, 그와 같은 제지를 당한 시민들의 거주·이전의 자유를 침해한다.　O | X

해설

[X] 거주·이전의 자유는 거주지나 체류지라고 볼 만한 정도로 생활과 밀접한 연관을 갖는 장소를 선택하고 변경하는 행위를 보호하는 기본권인바, 이 사건에서 서울광장이 청구인들의 생활형성의 중심지인 거주지나 체류지에 해당한다고 할 수 없고, 서울광장에 출입하고 통행하는 행위가 그 장소를 중심으로 생활을 형성해 나가는 행위에 속한다고 볼 수도 없으므로 청구인들의 거주·이전의 자유가 제한되었다고 할 수 없다. … 일반 공중에게 개방된 장소인 서울광장을 개별적으로 통행하거나 서울광장에서 여가활동이나 문화활동을 하는 것은 일반적 행동자유권의 내용으로 보장됨에도 불구하고, 피청구인이 이 사건 통행제지행위에 의하여 청구인들의 이와 같은 행위를 할 수 없게 하였으므로 청구인들의 일반적 행동자유권의 침해 여부가 문제된다. … 결국 이 사건 통행제지행위는 과잉금지원칙을 위반하여 청구인들의 일반적 행동자유권을 침해하였다고 할 것이다(헌재 2011.6.30, 2009헌마406).

☐☐☐
299

12. 국회직 9급

이중국적자의 국적이탈의 자유는 거주·이전의 자유가 아니라 일반적 행동의 자유에 포함된다.　O | X

해설

[X] 국적을 이탈하거나 변경하는 것은 헌법 제14조가 보장하는 거주·이전의 자유에 포함된다(헌재 2006.11.30, 2005헌마739).

☐☐☐
300

17. 변호사

형사재판 중인 사람은 6개월 이내의 범위에서 출국을 금지할 수 있도록 한 출입국관리법 제4조 제1항 제1호는 외국에 주된 생활의 근거지가 있거나 업무상 해외출장이 잦은 불구속 피고인의 경우와 같이 출국의 필요성이 강하게 요청되는 사람의 기본권을 과도하게 제한할 소지가 있으므로 출국의 자유를 침해한다.　O | X

해설

[X] 심판대상조항으로 인하여 형사재판에 계속 중인 사람이 입게 되는 불이익은 일정 기간 출국이 금지되는 것인 반면, 심판대상조항을 통하여 얻는 공익은 국가 형벌권을 확보함으로써 실체적 진실발견과 사법정의를 실현하고자 하는 것으로서 중대하므로 법익의 균형성도 충족된다. 따라서 심판대상조항은 과잉금지원칙에 위배되어 출국의 자유를 침해하지 아니한다(헌재 2015.9.24, 2012헌바302).

□□□
301
16. 법행

법무부령이 정하는 금액 이상의 추징금을 납부하지 않은 자에 대한 출국금지를 규정한 구 출입국관리법 조항은 국가형벌권 실현을 확보하고자 하는 국가의 이익과 출국의 자유에 대한 제한으로 인한 개인의 불이익을 비교형량할 때 개인의 거주·이전의 자유를 침해한다.
O I X

해설

[X] 출국금지의 대상이 되는 추징금은 2,000만원 이상으로 규정하여 비교적 고액의 추징금 미납자에 대하여서만 출국의 자유를 제한할 수 있도록 하고 있으며 실무상 추징금 미납을 이유로 출국금지처분을 함에 있어서는 재산의 해외도피 우려를 중요한 기준으로 삼고 있다. 출입국관리법 제4조 제1항 제4호는 출입국관리법 시행령과 출국금지업무처리규칙의 관련 조항들과 유기적으로 결합하여 살피면 일정한 액수의 추징금 미납사실 외에 '재산의 해외도피 우려'라는 국가형벌권 실현의 목적에 부합하는 요건을 추가적으로 요구함으로써 출국과 관련된 기본권의 제한을 최소한에 그치도록 배려하고 있다. 또한, 간접강제제도나 재산명시명령의 불이행에 대한 감치처분, 강제집행면탈죄로 처벌하는 규정과, 사기파산죄 등과 대비하여 볼 때 재산의 해외도피 우려가 있는 추징금 미납자에 대하여 하는 출국금지처분이 결코 과중한 조치가 아닌 최소한의 기본권 제한조치라고 아니할 수 없다(헌재 2004.10.28, 2003헌가18).

□□□
302
16. 법행

기간의 제한 없이 귀화허가를 취소할 수 있도록 규정한 국적법 제21조는 과잉금지원칙에 위반하여 청구인의 거주·이전의 자유를 침해하지 아니한다.
O I X

해설

[O] 부정한 방법으로 귀화허가를 받았음에도 상당기간이 경과하였다고 하여 귀화허가의 효력을 그대로 둔 채 행정형벌이나 행정질서벌 등으로 제재를 가하는 것은 부정한 방법에 의한 국적취득을 용인하는 결과가 된다. 이 사건 법률조항의 위임을 받은 시행령은 귀화허가취소사유를 구체적이고 한정적으로 규정하고 있을 뿐 아니라, 법무부장관의 재량으로 위법의 정도, 귀화허가 후 형성된 생활관계, 귀화허가취소시 받게 될 당사자의 불이익 등은 물론 귀화허가시부터 취소시까지의 시간의 경과 정도 등을 고려하여 취소권 행사 여부를 결정하도록 하고 있으며, 귀화허가가 취소된다고 하더라도 외국인으로서 체류허가를 받아 계속 체류하거나 종전의 하자를 치유하여 다시 귀화허가를 받을 수 있으므로, 이 사건 법률조항이 귀화허가취소권의 행사기간을 제한하지 않았다고 하더라도 침해의 최소성원칙에 위배되지 아니한다. 한편, 귀화허가가 취소되는 경우 국적을 상실하게 됨에 따른 불이익을 받을 수 있으나, 국적 관련 행정의 적법성 확보라는 공익이 훨씬 더 크므로 법익균형성의 원칙에도 위배되지 아니한다. 따라서 이 사건 법률조항은 거주·이전의 자유 및 행복추구권을 침해하지 아니한다(헌재 2015.9.24, 2015헌바26).

□□□
303
16. 국가직

서울광장으로 출입하고 통행하는 행위를 제지하는 것은 거주·이전의 자유를 제한한다.
O I X

해설

[X] 거주·이전의 자유는 거주지나 체류지라고 볼 만한 정도로 생활과 밀접한 연관을 갖는 장소를 선택하고 변경하는 행위를 보호하는 기본권인바, 이 사건에서 서울광장이 청구인들의 생활형성의 중심지인 거주지나 체류지에 해당한다고 할 수 없고, 서울광장에 출입하고 통행하는 행위가 그 장소를 중심으로 생활을 형성해 나가는 행위에 속한다고 볼 수도 없으므로 청구인들의 거주·이전의 자유가 제한되었다고 할 수 없다. … 이 사건 통행제지행위에 의하여 청구인들의 이와 같은 행위를 할 수 없게 하였으므로 청구인들의 일반적 행동자유권의 침해 여부가 문제된다(헌재 2011.6.30, 2009헌마406).

304
16. 국가직

대한민국 국민의 거주 · 이전의 자유에는 대한민국을 떠날 수 있는 출국의 자유와 다시 대한민국으로 돌아올 수 있는 입국의 자유뿐만 아니라 대한민국 국적을 이탈할 수 있는 국적변경의 자유가 포함된다.

O | X

해설

[O] 거주 · 이전의 자유는 국가의 간섭 없이 자유롭게 거주와 체류지를 정할 수 있는 자유로서 정치 · 경제 · 사회 · 문화 등 모든 생활영역에서 개성신장을 촉진함으로써 헌법상 보장되고 있는 다른 기본권들의 실효성을 증대시켜주는 기능을 한다. 구체적으로는 국내에서 체류지와 거주지를 자유롭게 정할 수 있는 자유영역뿐 아니라 나아가 국외에서 체류지와 거주지를 자유롭게 정할 수 있는 '해외여행 및 해외이주의 자유'를 포함하고 덧붙여 대한민국의 국적을 이탈할 수 있는 '국적변경의 자유' 등도 그 내용에 포섭된다고 보아야 한다. 따라서 해외여행 및 해외이주의 자유는 필연적으로 외국에서 체류 또는 거주하기 위해서 대한민국을 떠날 수 있는 '출국의 자유'와 외국체류 또는 거주를 중단하고 다시 대한민국으로 돌아올 수 있는 '입국의 자유'를 포함한다(헌재 2004.10.28, 2003헌가18).

305
16. 국가직

이른바 세입자입주권의 매매계약에 있어 "매도자는 어떠한 경우에도 현 거주지에서 세입자카드가 발급될 때까지 살아야 한다."라는 조건을 붙였다면 계약당사자의 자유로운 의사에 기하여 약정되었다 하더라도 거주 · 이전의 자유를 제한하여 헌법에 위반된다.

O | X

해설

[X] 주택개량사업구역 내의 주택에 거주하는 세입자가 주택개량재개발조합으로부터 장차 신축될 아파트의 방 1칸을 분양받을 수 있는 피분양권(이른바 세입자입주권)을 15매나 매수하였고 또 그것이 투기의 목적으로 행하여진 것이라 하여 그것만으로 그 피분양권매매계약이 사회질서에 반하는 법률행위로서 무효로 된다고 할 수 없다. 위 세입자입주권의 매매계약에 있어 매도자는 어떠한 경우에도 현 거주지에서 세입자카드가 발급될 때까지 살아야 한다는 조건을 붙였다고 하더라도 그 계약상의 조건이 계약당사자의 자유로운 의사에 기하여 약정된 것인 이상 그러한 조건이 거주 · 이전의 자유를 제한하는 약정으로서 헌법에 위반되고 사회질서에 반하는 약정으로서 무효로 된다고 할 수 없다(대판 1991.5.28, 90다19770).

306
16. 국가직

한약업사의 허가 및 영업행위에 대하여 지역적 제한을 가하는 것은 평등의 원칙과 거주 · 이전의 자유를 침해한다.

O | X

해설

[X] 과거 우리나라에 이와 같은 전문약사가 부족하였을 때 국민보건을 완벽하게 담당하기에 미흡했던 실정을 감안하여 판매지역 · 판매행위 등 제한된 범위 내에서 영업을 할 수 있도록 약종상, 한약종상, 매약상 등의 영업을 허가하였던 것이다. 특히 한약업사의 경우에는 위에서 본 바와 같이 시험을 공고할 때 영업허가 예정지역과 그 허가 예정인원을 공고하고, 그 시험에 응시하고자 하는 자는 응시원서에 영업예정지 및 약도를 첨부하도록 하고 있으며, 미리 공고한 영업허가예정지별로 허가 예정인원수를 합격시키고 있어 한약업사는 처음부터 지역적 제한과 인원제한이 있음을 전제로 시험을 치르고 영업허가도 받게 된다. 이러한 까닭에 한약업사는 그 업무내용도 약사와 달리 한약을 비롯한 의약품일반이기는 하나 한약에 한하여서만 조제를 전제로 한 혼합판매권을 가지는 것으로 규정하고 있다. 위에서 본 현행 약사법체계상 한약업사의 지위는 약사가 없는 제한된 지역에서 약사업무의 일부를 수행하는 보충적인 직종에 속하는 것으로 보여지고, 이와는 달리 의약품 가운데에서 한약만을 독자적으로 분류하여 그 조제, 판매권을 한약업사에게 전속적 · 배타적으로 부여하고 있는 규정은 찾아볼 수 없다. 따라서 한약업사가 영업지 제한의 규제를 받는 것이 그의 거주 · 이전의 자유 또는 직업선택의 자유를 제한하는 것이거나 평등의 원칙에 위배된다고 할 수 없다(헌재 1991.9.16, 89헌마231).

307

17. 법행

형사재판에 계속 중인 사람에 대하여 6개월의 범위 내에서 출국을 금지할 수 있도록 규정한 출입국관리법 조항은 출국금지된 사람의 거주·이전의 자유를 침해하지 않는다. O | X

해설

[O] 형사재판에 계속 중인 사람의 해외도피를 막아 국가 형벌권을 확보함으로써 실체적 진실발견과 사법정의를 실현하고자 하는 심판대상조항은 그 입법목적이 정당하고, 형사재판에 계속 중인 사람의 출국을 일정 기간 동안 금지할 수 있도록 하는 것은 이러한 입법목적을 달성하는 데 기여할 수 있으므로 수단의 적정성도 인정된다. 법무부장관은 출국금지 여부를 결정함에 있어 출국금지의 기본원칙, 출국금지 대상자의 범죄사실, 연령 및 가족관계, 해외도피 가능성 등 피고인의 구체적 사정을 반드시 고려하여야 하며, 실무에서도 심판대상조항에 따른 출국금지는 매우 제한적으로 운용되고 있다. 그 밖에 출국금지 해제제도, 사후통지제도, 이의신청, 행정소송 등 형사재판에 계속 중인 사람의 기본권 제한을 최소화하기 위한 여러 방안이 마련되어 있으므로 침해의 최소성원칙에 위배되지 아니한다. 심판대상조항으로 인하여 형사재판에 계속 중인 사람이 입게 되는 불이익은 일정 기간 출국이 금지되는 것인 반면, 심판대상조항을 통하여 얻는 공익은 국가 형벌권을 확보함으로써 실체적 진실발견과 사법정의를 실현하고자 하는 것으로서 중대하므로 법익의 균형성도 충족된다. 따라서 심판대상조항은 과잉금지원칙에 위배되어 출국의 자유를 침해하지 아니한다(헌재 2015.9.24, 2012헌바302).

308

23. 경찰 1차
21. 경정승진

복수국적자에 대하여 제1국민역에 편입된 날부터 3개월 이내에 대한민국 국적을 이탈하지 않으면 병역의무를 해소한 후에야 이를 가능하도록 한 국적법 조항은 복수국적자의 국적이탈의 자유를 침해한다. O | X

해설

[O] 복수국적자는 제1국민역에 편입된 날부터 3개월 이내에 대한민국 국적을 이탈하지 않으면 병역의무를 해소한 후에야 국적이탈이 가능하도록 한 것은 과잉금지원칙에 위반하여 복수국적자의 국적이탈의 자유를 침해한다(헌재 2020.9.24, 2016헌마889).

제4항 통신의 자유

309

16. 사시

수용자가 내보내려는 모든 서신을 봉함하지 않은 상태로 교정시설에 제출하도록 한 규정은 교정시설의 안전과 질서유지, 수용자의 교화 및 사회복귀를 원활하게 하기 위한 것이므로 수용자의 통신의 자유를 침해하지 않는다. O | X

해설

[X] 형의 집행 및 수용자의 처우에 관한 법률 시행령 제65조 제1항은 교정시설의 안전과 질서유지, 수용자의 교화 및 사회복귀를 원활하게 하기 위해 수용자가 밖으로 내보내는 서신을 봉함하지 않은 상태로 제출하도록 한 것이나, 이와 같은 목적은 교도관이 수용자의 면전에서 서신에 금지물품이 들어 있는지를 확인하고 수용자로 하여금 서신을 봉함하게 하는 방법, 봉함된 상태로 제출된 서신을 X-ray 검색기 등으로 확인한 후 의심이 있는 경우에만 개봉하여 확인하는 방법, 서신에 대한 검열이 허용되는 경우에만 무봉함 상태로 제출하도록 하는 방법 등으로도 얼마든지 달성할 수 있다고 할 것인바, 위 시행령 조항이 수용자가 보내려는 모든 서신에 대해 무봉함 상태의 제출을 강제함으로써 수용자의 발송 서신 모두를 사실상 검열 가능한 상태에 놓이도록 하는 것은 기본권 제한의 최소침해성요건을 위반하여 수용자인 청구인의 통신비밀의 자유를 침해하는 것이다(헌재 2012.2.23, 2009헌마333).

310
07. 법원직

미결수용자의 일반인에 대한 서신 및 변호인에 대한 서신의 검열은 필요하고 일반적으로 허용된다.

O | X

해설

[X] 헌법 제12조 제4항 본문은 신체구속을 당한 사람에 대하여 변호인의 조력을 받을 권리를 규정하고 있는바, 이를 위하여서는 신체구속을 당한 사람에게 변호인과 사이의 충분한 접견교통을 허용함은 물론 교통내용에 대하여 비밀이 보장되고 부당한 간섭이 없어야 하는 것이며, 이러한 취지는 접견의 경우뿐만 아니라 변호인과 미결수용자 사이의 서신에도 적용되어 그 비밀이 보장되어야 할 것이다. 다만, 미결수용자와 변호인 사이의 서신으로서 그 비밀을 보장받기 위하여는 첫째, 교도소 측에서 상대방이 변호인이라는 사실을 확인할 수 있어야 하고, 둘째, 서신을 통하여 마약 등 소지금지품의 반입을 도모한다든가 그 내용에 도주·증거인멸·수용시설의 규율과 질서의 파괴·기타 형벌법령에 저촉되는 내용이 기재되어 있다고 의심할 만한 합리적인 이유가 있는 경우가 아니어야 한다(헌재 1995.7.21, 92헌마144).

311
07. 국회직 8급

검사, 사법경찰관 또는 정보수사기관의 장은 일정한 중대한 범죄수사를 위한 경우로서 긴급한 사유가 있는 때에는 법원의 허가 없이 긴급통신제한조치를 할 수 있으나, 이 경우 36시간 이내에 법원에 허가청구를 하여야 한다.

O | X

해설

[X] 검사, 사법경찰관 또는 정보수사기관의 장은 통신비밀보호법 제1항의 규정에 의한 통신제한조치(이하 '긴급통신제한조치'라 한다)의 집행착수 후 지체 없이 제6조 및 제7조 제3항의 규정에 의하여 법원에 허가청구를 하여야 하며, 그 긴급통신제한조치를 한 때부터 36시간 이내에 법원의 허가를 받지 못한 때에는 즉시 이를 중지하여야 한다(통신비밀보호법 제8조 제2항).

312
12. 사시

통신제한조치기간의 연장을 허가함에 있어 총연장기간 또는 총연장횟수의 제한을 두지 아니한 통신비밀보호법 조항은 통신의 비밀을 침해한다.

O | X

해설

[O] 통신제한조치가 내려진 피의자나 피내사자는 자신이 감청을 당하고 있다는 사실을 모르는 기본권 제한의 특성상 방어권을 행사하기 어려운 상태에 있으므로 통신제한조치기간의 연장을 허가함에 있어 총연장기간 또는 총연장횟수의 제한이 없을 경우 수사와 전혀 관계없는 개인의 내밀한 사생활의 비밀이 침해당할 우려도 심히 크기 때문에 기본권 제한의 법익균형성요건도 갖추지 못하였다. 따라서 이 사건 법률조항은 헌법에 위반된다 할 것이다(헌재 2010.12.28, 2009헌가30).

313
13. 경정승진

육군의 신병훈련소에서 교육훈련을 받는 동안 전화사용을 통제하는 내용의 육군 신병교육지침서 부분은 신병교육훈련생들의 통신의 자유 등 기본권을 필요한 정도를 넘어 과도하게 제한하는 것이다.

O | X

해설

[X] 이 사건 지침은 신병교육훈련을 받고 있는 군인의 통신의 자유를 제한하고 있으나, 신병들을 군인으로 육성하고 교육훈련과 병영생활에 조속히 적응시키기 위하여 신병교육기간에 한하여 신병의 외부 전화통화를 통제한 것이다. 또한, 긴급한 전화통화의 경우는 지휘관의 통제하에 허용될 수 있다는 점, 신병들이 부모 및 가족에 대한 편지를 작성하여 우편으로 송부하도록 하고 있는 점 등을 종합하여 고려하여 보면, 기본권을 필요한 정도를 넘어 과도하게 제한하는 것이라고 보기 어렵다(헌재 2010.10.28, 2007헌마890).

□□□
314
13. 서울시

수용자가 밖으로 내보내는 모든 서신을 봉함하지 않은 상태로 교정시설에 제출하도록 규정하고 있는 형의 집행 및 수용자의 처우에 관한 법률 시행령 제65조 제1항은 통신비밀의 자유를 침해하지 아니한다.

O | X

해설

[X] 수용자가 밖으로 내보내는 모든 서신을 봉함하지 않은 상태로 교정시설에 제출하도록 규정하고 있는 '형의 집행 및 수용자의 처우에 관한 법률 시행령'(2008.10.29. 대통령령 21095호로 개정된 것) 제65조 제1항이 수용자가 보내려는 모든 서신에 대해 무봉함 상태의 제출을 강제함으로써 수용자의 발송 서신 모두를 사실상 검열 가능한 상태에 놓이도록 하는 것은 수용자인 청구인의 통신비밀의 자유를 침해하는 것이다(헌재 2012.2.23, 2009헌마333).

□□□
315
05. 법행

징역형 등이 확정되어 교정시설에서 수용 중인 수형자는 통신의 자유의 주체가 될 수 없다. O | X

해설

[X] 교정시설에 수용 중인 수형자도 원칙적으로 통신의 자유의 주체가 될 수 있다. 다만, 수용자의 서신검열이 허용되며 교도관의 참여하에 서신을 수발하게 하는 등 일반인에 비해 많은 제한을 받으나, 이는 필요한 제한이며 통신의 자유의 본질적 내용을 침해하는 것은 아니라고 본다(형의 집행 및 수용자의 처우에 관한 법률 제43조, 헌재 2003.12.18, 2001헌마826 참조).

□□□
316
22. 지방직
17. 경정승진

수용자가 작성한 집필문의 외부반출을 불허하고 이를 영치할 수 있도록 한 것은 수용자의 통신의 자유와 표현의 자유를 제한한다. O | X

해설

[X] 청구인은 심판대상조항에 의해 표현의 자유 또는 예술창작의 자유가 제한된다고 주장하나, 심판대상조항은 집필문을 창작하거나 표현하는 것을 금지하거나 이에 대한 허가를 요구하는 조항이 아니라 이미 표현된 집필문을 외부의 특정한 상대방에게 발송할 수 있는지 여부에 대해 규율하는 것이므로, 제한되는 기본권은 헌법 제18조에서 정하고 있는 통신의 자유로 봄이 상당하다. 따라서 심판대상조항이 사전검열에 해당한다는 청구인의 주장에 대해서는 판단하지 아니하고, 통신의 자유 침해 여부에 대해서만 판단하기로 한다(헌재 2016.5.26, 2013헌바98).

□□□
317
17. 국회직 9급

사생활의 비밀과 통신의 비밀이 경합하는 경우 특별한 기본권인 사생활의 비밀의 침해 여부를 심사하면 된다. O | X

해설

[X] 이 사건 법률조항은 범죄수사를 위하여 통신제한조치를 받고 있는 자에게 법원의 허가를 통하여 그 통신제한조치기간을 2월의 범위 내에서 횟수 제한 없이 연장받을 수 있도록 하는 근거가 되어 헌법 제18조 통신의 자유 중에서도 가장 핵심내용인 '통신의 비밀'을 제한하고 있다. 제청법원은 그 밖에 이 사건 법률조항이 사생활의 비밀을 침해한다고도 주장하지만, 이 사건 법률조항은 사생활의 비밀의 특별한 영역으로 헌법이 개별적인 기본권으로 보호하는 통신의 비밀을 제한하고 있다는 점에서 별도로 사생활의 비밀을 침해하는지 여부를 검토할 필요는 없다(헌재 2001.3.21, 2000헌바25).

318
16. 국가직

국가기관의 감청설비 보유·사용에 대한 관리와 통제를 위한 법적·제도적 장치가 마련되어 있을지라도, 국가기관이 인가 없이 감청설비를 보유·사용할 수 있다는 사실만 가지고 바로 국가기관에 의한 통신비밀침해행위를 예상할 수 있으므로 국가기관이 감청설비의 보유 및 사용에 있어서 주무장관의 인가를 받지 않아도 된다는 것은 통신의 자유를 침해한다.　　　　　　　　　　　　　　　　　　　　　　　O | X

해설

[X] 통신비밀보호법 제10조 제1항에서 사인이 감청설비를 제조·수입·판매 등을 하기 위해서는 정보통신부장관의 인가를 받도록 규정한 것은 사인에 의한 통신비밀침해행위를 사전에 예방하기 위한 것이다. 국가기관의 경우에는 감청설비의 보유 및 사용이 당해 기관 내·외부기관에 의하여 관리·감독되고, 사인에 대한 통신비밀침해행위를 통제하기 위한 여러 가지 법률적 장치들이 법에 마련되어 있다. 따라서, 국가기관에 대해서는 정보통신부장관의 인가를 요구하는 방식으로 규제할 필요성이 사인에 비하여 현저히 적으며 이러한 규제수단이 적절하다고 하기도 어렵다. 그러므로 이 사건 법률조항이 사인만 인가를 받도록 규정하고 있다고 하여 이를 두고 자의적인 차별이라 할 수는 없다. 이와 같이 국가기관의 감청설비 보유·사용에 대한 관리와 통제를 위한 법적·제도적 장치가 마련되어 있으므로, 국가기관이 인가 없이 감청설비를 보유·사용할 수 있다는 사실만 가지고 바로 국가기관에 의한 통신비밀침해행위를 용이하게 하는 결과를 초래함으로써 통신의 자유를 침해한다고 볼 수는 없다(헌재 2001.3.21, 2000헌바25).

319
17. 지방직

수용자가 밖으로 내보내는 서신을 봉함하지 않은 상태로 교정시설에 제출하도록 규정하고 있는 관련 규정의 본래의 목적은, 교도관이 수용자의 면전에서 서신에 금지물품이 들어 있는지를 확인하고 수용자로 하여금 서신을 봉함하게 하는 방법, 봉함된 상태로 제출된 서신을 X-ray 검색기 등으로 확인한 후 의심이 있는 경우에만 개봉하여 확인하는 방법, 서신에 대한 검열이 허용되는 경우에만 무봉함 상태로 제출하도록 하는 방법 등으로도 얼마든지 달성할 수 있다고 할 것이므로 수용자인 청구인의 통신비밀의 자유를 침해하는 것이다.　　　　　　　　　　　　　　　　　　　　　O | X

해설

[O] 형의 집행 및 수용자의 처우에 관한 법률 시행령 제65조 제1항은 교정시설의 안전과 질서유지, 수용자의 교화 및 사회복귀를 원활하게 하기 위해 수용자가 밖으로 내보내는 서신을 봉함하지 않은 상태로 제출하도록 한 것이나, 이와 같은 목적은 교도관이 수용자의 면전에서 서신에 금지물품이 들어 있는지를 확인하고 수용자로 하여금 서신을 봉함하게 하는 방법, 봉함된 상태로 제출된 서신을 X-ray 검색기 등으로 확인한 후 의심이 있는 경우에만 개봉하여 확인하는 방법, 서신에 대한 검열이 허용되는 경우에만 무봉함 상태로 제출하도록 하는 방법 등으로도 얼마든지 달성할 수 있다고 할 것인바, 위 시행령 조항이 수용자가 보내려는 모든 서신에 대해 무봉함 상태의 제출을 강제함으로써 수용자의 발송 서신 모두를 사실상 검열 가능한 상태에 놓이도록 하는 것은 기본권제한의 최소침해성요건을 위반하여 수용자인 청구인의 통신비밀의 자유를 침해하는 것이다(헌재 2012.2.23, 2009헌마333).

320

19. 지방직

마약류사범인 미결수용자와 변호인이 아닌 접견인 사이의 화상접견내용이 모두 녹음·녹화된 경우 이는 화상접견시스템이라는 전기통신수단을 이용하여 개인간의 대화내용을 녹음·녹화하는 것으로 미결수용자의 통신의 비밀을 침해하지 아니한다. O | X

해설

[O] 이 사건 녹음조항은 수용자의 증거인멸의 가능성 및 추가범죄의 발생 가능성을 차단하고, 교정시설 내의 안전과 질서유지를 위한 것으로 목적의 정당성이 인정되며, 수용자는 증거인멸 또는 형사 법령 저촉행위를 할 경우 쉽게 발각될 수 있다는 점을 예상하여 이를 억제하게 될 것이므로 수단의 적합성도 인정된다. … 따라서 이 사건 녹음조항은 과잉금지원칙에 위배되어 청구인의 사생활의 비밀과 자유 및 통신의 비밀을 침해하지 아니한다(헌재 2016.11.24, 2014헌바401).

321

19. 지방직

인터넷회선 감청은 서버에 저장된 정보가 아니라, 인터넷상에서 발신되어 수신되기까지의 과정 중에 수집되는 정보, 즉 전송 중인 정보의 수집을 위한 수사이므로, 압수·수색에 해당된다. O | X

해설

[X] 인터넷회선 감청은 검사가 법원의 허가를 받으면, 피의자 및 피내사자에 해당하는 감청대상자나 해당 인터넷회선의 가입자의 동의나 승낙을 얻지 아니하고도, 전기통신사업자의 협조를 통해 해당 인터넷회선을 통해 송·수신되는 전기통신에 대해 감청을 집행함으로써 정보주체의 기본권을 제한할 수 있으므로, 법이 정한 강제처분에 해당한다. 또한, 인터넷회선 감청은 서버에 저장된 정보가 아니라, 인터넷상에서 발신되어 수신되기까지의 과정 중에 수집되는 정보, 즉 전송 중인 정보의 수집을 위한 수사이므로, 압수·수색과 구별된다(헌재 2018.8.30, 2016헌마263).

322

19. 국회직 9급

인터넷회선 감청은 인터넷회선을 통하여 흐르는 전기신호 형태의 패킷을 중간에 확보한 다음 재조합 기술을 거쳐 그 내용을 파악하는 패킷 감청의 방식으로 이루어지는 것으로서 개인의 통신 및 사생활의 비밀과 자유를 제한한다. O | X

해설

[O] 인터넷회선 감청은 인터넷회선을 통하여 흐르는 전기신호 형태의 '패킷'을 중간에 확보한 다음 재조합 기술을 거쳐 그 내용을 파악하는 이른바 '패킷 감청'의 방식으로 이루어진다. 따라서 이를 통해 개인의 통신뿐만 아니라 사생활의 비밀과 자유가 제한된다. … 이 사건 법률조항은 인터넷회선 감청의 특성을 고려하여 그 집행 단계나 집행 이후에 수사기관의 권한 남용을 통제하고 관련 기본권의 침해를 최소화하기 위한 제도적 조치가 제대로 마련되어 있지 않은 상태에서, 범죄수사목적을 이유로 인터넷회선 감청을 통신제한조치 허가대상 중 하나로 정하고 있으므로 침해의 최소성요건을 충족한다고 할 수 없다. 이러한 여건하에서 인터넷회선의 감청을 허용하는 것은 개인의 통신 및 사생활의 비밀과 자유에 심각한 위협을 초래하게 되므로 이 사건 법률조항으로 인하여 달성하려는 공익과 제한되는 사익 사이의 법익균형성도 인정되지 아니한다. 그러므로 이 사건 법률조항은 과잉금지원칙에 위반하는 것으로 청구인의 기본권을 침해한다(헌재 2018. 8.30, 2016헌마263).

□□□
323
19. 지방직

자유로운 의사소통은 통신내용의 비밀을 보장하는 것만으로는 충분하지 아니하고 구체적인 통신관계의 발생으로 야기된 모든 사실관계, 특히 통신관여자의 인적 동일성·통신장소·통신횟수·통신시간 등 통신의 외형을 구성하는 통신이용의 전반적 상황의 비밀까지도 보장한다.　　　　　　O | X

해설

[O] 자유로운 의사소통은 통신내용의 비밀을 보장하는 것만으로는 충분하지 아니하고 구체적인 통신으로 발생하는 외형적인 사실관계, 특히 통신관여자의 인적 동일성·통신시간·통신장소·통신횟수 등 통신의 외형을 구성하는 통신이용의 전반적 상황의 비밀까지도 보장해야 한다(헌재 2018.6.28, 2012헌마191 등).

□□□
324
19. 지방직

수사를 위하여 필요한 경우 수사기관으로 하여금 법원의 허가를 얻어 전기통신사업자에게 특정 시간대 특정 기지국에서 발신된 모든 전화번호의 제공을 요청할 수 있도록 하는 것은 그 통신서비스이용자의 개인정보자기결정권과 통신의 자유를 침해한다.　　　　　　O | X

해설

[O] 이동전화의 이용과 관련하여 필연적으로 발생하는 통신사실 확인자료는 비록 비 내용적 정보이지만 여러 정보의 결합과 분석을 통해 정보주체에 관한 정보를 유추해낼 수 있는 민감한 정보인 점, 수사기관의 통신사실 확인자료 제공요청에 대해 법원의 허가를 거치도록 규정하고 있으나 수사의 필요성만을 그 요건으로 하고 있어 제대로 된 통제가 이루어지기 어려운 점, 기지국수사의 허용과 관련하여서는 유괴·납치·성폭력범죄 등 강력범죄나 국가안보를 위협하는 각종 범죄와 같이 피의자나 피해자의 통신사실 확인자료가 반드시 필요한 범죄로 그 대상을 한정하는 방안 또는 다른 방법으로는 범죄수사가 어려운 경우(보충성)를 요건으로 추가하는 방안 등을 검토함으로써 수사에 지장을 초래하지 않으면서도 불특정 다수의 기본권을 덜 침해하는 수단이 존재하는 점을 고려할 때, 이 사건 요청조항은 과잉금지원칙에 반하여 청구인의 개인정보자기결정권과 통신의 자유를 침해한다(헌재 2018.6.28, 2012헌마538 등).

▶ 위 조항들에 대하여 단순위헌결정을 하는 대신 헌법불합치결정을 선고하되, 2020.3.31.을 시한으로 입법자가 이들 조항의 위헌성을 제거하고 합리적인 내용으로 법률을 개정할 때까지 이들 조항이 계속 적용되도록 할 필요가 있다.

□□□
325
20. 법원직 9급

통신의 비밀이란 서신·우편·전신의 통신수단을 통하여 개인간에 의사나 정보의 전달과 교환이 이루어지는 경우, 통신의 내용과 통신이용의 상황이 개인의 의사에 반하여 공개되지 아니할 자유를 의미하므로, 휴대전화 통신계약 체결 단계에서는 아직 통신의 비밀에 대한 제한이 이루어진다고 보기 어렵다.　　　　　　O | X

해설

[O] 통신의 비밀이란 서신·우편·전신의 통신수단을 통하여 개인간에 의사나 정보의 전달과 교환(의사소통)이 이루어지는 경우, 통신의 내용과 통신이용의 상황이 개인의 의사에 반하여 공개되지 아니할 자유를 의미한다. 그러나 가입자의 인적사항이라는 정보는 통신의 내용·상황과 관계없는 '비 내용적 정보'이며 휴대전화 통신계약 체결 단계에서는 아직 통신수단을 통하여 어떠한 의사소통이 이루어지는 것이 아니므로 통신의 비밀에 대한 제한이 이루어진다고 보기는 어렵다. … 심판대상조항은 가입자의 개인정보에 대한 제공·이용 여부를 스스로 결정할 권리를 제한하고 있으므로, 개인정보자기결정권을 제한한다(헌재 2019.9.26, 2017헌마1209).

326

20. 법원직 9급

통신의 자유란 통신수단을 자유로이 이용하여 의사소통할 권리이고, 이러한 '통신수단의 자유로운 이용'에는 자신의 인적사항을 누구에게도 밝히지 않는 상태로 통신수단을 이용할 자유, 즉 통신수단의 익명성 보장도 포함된다.　　　　　O | X

해설

[O] 헌법 제18조로 보장되는 기본권인 통신의 자유란 통신수단을 자유로이 이용하여 의사소통할 권리이다. '통신수단의 자유로운 이용'에는 자신의 인적사항을 누구에게도 밝히지 않는 상태로 통신수단을 이용할 자유, 즉 통신수단의 익명성 보장도 포함된다. 심판대상조항은 휴대전화를 통한 문자·전화·모바일 인터넷 등 통신기능을 사용하고자 하는 자에게 반드시 사전에 본인확인절차를 거치는 데 동의해야만 이를 사용할 수 있도록 하므로, 익명으로 통신하고자 하는 청구인들의 통신의 자유를 제한한다(헌재 2019.9.26, 2017헌마1209).

327

20. 법원직 9급

전기통신역무제공에 관한 계약을 체결하는 경우 전기통신사업자로 하여금 가입자에게 본인임을 확인할 수 있는 증서 등을 제시하도록 요구하고 부정가입방지시스템 등을 이용하여 본인인지 여부를 확인하도록 한 전기통신사업법령 조항들은 휴대전화를 통한 문자·전화·모바일 인터넷 등 통신기능을 사용하고자 하는 자에게 반드시 사전에 본인확인절차를 거치는 데 동의해야만 이를 사용할 수 있도록 하므로, 익명으로 통신하고자 하는 청구인들의 통신의 자유를 침해한다.　　　　　O | X

해설

[X] 심판대상조항이 이동통신서비스 가입시 본인확인절차를 거치도록 함으로써 타인 또는 허무인의 이름을 사용한 휴대전화인 이른바 대포폰이 보이스피싱 등 범죄의 범행도구로 이용되는 것을 막고, 개인정보를 도용하여 타인의 명의로 가입한 다음 휴대전화 소액결제나 서비스요금을 그 명의인에게 전가하는 등 명의도용범죄의 피해를 막고자 하는 입법목적은 정당하고, 이를 위하여 본인확인절차를 거치게 한 것은 적합한 수단이다. … 개인정보자기결정권, 통신의 자유가 제한되는 불이익과 비교했을 때, 명의도용피해를 막고, 차명 휴대전화의 생성을 억제하여 보이스피싱 등 범죄의 범행도구로 악용될 가능성을 방지함으로써 잠재적 범죄 피해방지 및 통신망 질서유지라는 더욱 중대한 공익의 달성효과가 인정된다. 따라서 심판대상조항은 청구인들의 개인정보자기결정권 및 통신의 자유를 침해하지 않는다(헌재 2019.9.26, 2017헌마1209).

▶ 통신의 자유를 제한하나, 침해하는 것은 아니다.

328

19. 국가직

수사기관이 전기통신사업자에게 통신사실 확인자료 제공을 요청함에 있어 관할 지방법원 또는 지원의 허가를 받도록 규정하고 있는 통신비밀보호법 규정은 영장주의에 위배되지 아니한다.　　　　　O | X

해설

[O] 이 사건 허가조항은 기지국 수사의 필요성, 실체진실의 발견 및 신속한 범죄수사의 요청, 통신사실 확인자료의 특성, 수사현실 등을 종합적으로 고려하여, 수사기관으로 하여금 법원의 허가를 받아 특정 시간대 특정 기지국에서 발신된 모든 전화번호 등 통신사실 확인자료의 제공을 요청할 수 있도록 하고 있다. 영장주의의 본질이 강제처분을 함에 있어서는 인적·물적 독립을 보장받는 중립적인 법관이 구체적 판단을 거쳐야만 한다는 데에 있음을 고려할 때, 통신비밀보호법이 정하는 방식에 따라 관할 지방법원 또는 지원의 허가를 받도록 하고 있는 이 사건 허가조항은 실질적으로 영장주의를 충족하고 있다 할 것이다(헌재 2018. 6.28, 2012헌마538).

329

20. 법원직 9급

온라인서비스제공자가 자신이 관리하는 정보통신망에서 아동·청소년이용음란물을 발견하기 위하여 대통령령으로 정하는 조치를 취하지 아니하거나 발견된 아동·청소년이용음란물을 즉시 삭제하고, 전송을 방지 또는 중단하는 기술적인 조치를 취하지 아니한 경우 처벌하는 '아동·청소년의 성보호에 관한 법률' 규정은 통신의 비밀과 표현의 자유를 침해한다.　　　　　　　　　　　　　O | X

해설

[X] 심판대상조항은 온라인서비스제공자의 직업의 자유, 구체적으로는 영업수행의 자유를 제한하며, 서비스이용자의 통신의 비밀과 표현의 자유를 제한한다. … 심판대상조항을 통하여 아동음란물의 광범위한 유통·확산을 사전적으로 차단하고 이를 통해 아동음란물이 초래하는 각종 폐해를 방지하며 특히 관련된 아동·청소년의 인권 침해 가능성을 사전적으로 차단할 수 있는바, 이러한 공익이 사적 불이익보다 더 크다. 따라서 심판대상조항은 온라인서비스제공자의 영업수행의 자유, 서비스이용자의 통신의 비밀과 표현의 자유를 침해하지 아니한다(헌재 2018.6.28, 2016헌가15).

330

22. 경정승진

통신비밀보호법 제3조의 규정에 위반하여, 불법검열에 의하여 취득한 우편물이나 그 내용 및 불법감청에 의하여 지득 또는 채록된 전기통신의 내용은 재판 또는 징계절차에서 증거로 사용할 수 없다.　　O | X

해설

[O] 통신비밀보호법 제3조의 규정에 위반하여, 불법검열에 의하여 취득한 우편물이나 그 내용 및 불법감청에 의하여 지득 또는 채록된 전기통신의 내용은 재판 또는 징계절차에서 증거로 사용할 수 없다(헌재 2011.8.30, 2009헌바42).

331

22. 경정승진

통신비밀보호법상 '감청'이란 대상이 되는 전기통신의 송·수신과 동시에 이루어지는 경우만을 의미하고 이미 수신이 완료된 전기통신의 내용을 지득하는 등의 행위는 포함되지 아니한다.　　　　　O | X

해설

[O] 통신비밀보호법상 '감청'이란 대상이 되는 전기통신의 송·수신과 동시에 이루어지는 경우만을 의미하고, 이미 수신이 완료된 전기통신의 내용을 지득하는 등의 행위는 포함되지 않는다(대판 2012.10.25, 2012도4644).

332

22. 경정승진

통신제한조치기간의 연장을 허가함에 있어 총연장기간 내지 총연장횟수의 제한을 두지 아니하고 무제한 연장을 허가할 수 있도록 규정한 통신비밀보호법 중 전기통신에 관한 '통신제한조치기간의 연장'에 관한 부분은 과잉금지원칙을 위반하여 통신의 비밀을 침해한다.　　　　　　　　　　O | X

해설

[O] 통신제한조치기간의 연장을 허가함에 있어 총연장기간 또는 총연장횟수의 제한을 두고 그 최소한의 연장기간동안 범죄혐의를 입증하지 못하는 경우 통신제한조치를 중단하게 한다고 하여도, 여전히 통신제한조치를 해야 할 필요가 있으면 법원에 새로운 통신제한조치의 허가를 청구할 수 있으므로 이로써 수사목적을 달성하는데 충분하다. 그럼에도 통신제한조치기간을 연장함에 있어 법운용자의 남용을 막을 수 있는 최소한의 한계를 설정하지 않은 이 사건 법률조항은 침해의 최소성원칙에 위반한다. 그러므로 이 사건 법률조항은 과잉금지원칙에 위반하여 청구인의 통신의 비밀을 침해하였다고 할 것이다(헌재 2010.12.28, 2009헌가30).

□□□
333
23. 법원직
22. 경정승진

피청구인 구치소장이 구치소에 수용 중인 수형자에게 온 서신에 '허가 없이 수수되는 물품'인 녹취서와 사진이 동봉되어 있음을 확인하여 서신수수를 금지하고 발신인인 청구인에게 위 물품을 반송한 것은 과잉금지원칙에 위반되어 청구인의 통신의 자유를 침해한다.　　　　　　　　　　　　　　　　　　　　　　　O | X

해설

[X] 피청구인 ○○구치소장이 ○○구치소에 수용 중인 수형자에게 온 서신에 '허가 없이 수수되는 물품'인 녹취서와 사진이 동봉되어 있음을 확인하여 서신수수를 금지하고 발신인인 청구인에게 위 물품을 반송한 것은 교정사고를 미연에 방지하고 교정시설의 안전과 질서유지를 위하여 불가피한 측면이 있다. 또한 청구인은 관심대상수용자로 지정된 자이고, 서신에 동봉된 녹취서는 청구인이 원고인 민사사건 증인의 증언을 녹취한 소송서류로서 타인의 실명과 개인정보가 기재되어 있다. 한편, 수용자 사이에 사진을 자유롭게 교환할 수 있도록 하는 경우 각종 교정사고가 발생할 가능성이 있다. 이와 같은 점을 종합적으로 고려하면, 이 사건 반송행위는 과잉금지원칙에 위반되어 청구인의 통신의 자유를 침해하지 않는다(헌재 2019.12.27, 2017헌마413).

□□□
334
22. 경찰 1차·
국회직 8급

전기통신역무제공에 관한 계약을 체결하는 경우 전기통신사업자로 하여금 가입자에게 본인임을 확인할 수 있는 증서 등을 제시하도록 요구하고 부정가입방지시스템 등을 이용하여 본인인지 여부를 확인하도록 한 전기통신사업법 조항 및 전기통신사업법 시행령 조항은 이동통신서비스에 가입하려는 청구인들의 통신의 비밀을 제한한다.　　　　　　　　　　　　　　　　　　　　　　　O | X

해설

[X] 심판대상조항에 의하여 휴대전화 통신계약 체결을 원하는 자가 이동통신사에 제공하는 데 동의해야 하는 정보는 성명, 생년월일, 주소(여기까지는 온라인·대면 가입 공통), 대면 가입의 경우에는 주민등록번호와 신분증 발급일자, 온라인 가입의 경우에는 공인인증정보나 신용카드정보로서, 개인의 동일성을 식별할 수 있게 하는 정보에 해당한다. 가입자가 이러한 정보 제공에 동의하지 않으면 이동통신사는 휴대전화 통신계약 체결을 거부할 수 있다. 따라서 심판대상조항은 가입자의 개인정보에 대한 제공·이용 여부를 스스로 결정할 권리를 제한하고 있으므로, 개인정보자기결정권을 제한한다. … 통신의 자유란 통신수단을 자유로이 이용하여 의사소통할 권리(헌재 2010.10.28, 2007헌마890 참조)이고, 이러한 '통신수단의 자유로운 이용'에는 자신의 인적사항을 누구에게도 밝히지 않는 상태로 통신수단을 이용할 자유, 즉 통신수단의 익명성 보장도 포함된다. 따라서 심판대상조항은 익명으로 통신하고자 하는 청구인들의 통신의 자유를 제한한다. 반면, 심판대상조항이 통신의 비밀을 제한하는 것은 아니다. 통신의 비밀이란 서신·우편·전신의 통신수단을 통하여 개인간에 의사나 정보의 전달과 교환(의사소통)이 이루어지는 경우, 통신의 내용과 통신이용의 상황이 개인의 의사에 반하여 공개되지 아니할 자유를 의미한다. 그러나 가입자의 인적사항이라는 정보는 통신의 내용·상황과 관계없는 '비 내용적 정보'이며 휴대전화 통신계약 체결 단계에서는 아직 통신수단을 통하여 어떠한 의사소통이 이루어지는 것이 아니므로 통신의 비밀에 대한 제한이 이루어진다고 보기는 어렵다. … 심판대상조항은 청구인들의 개인정보자기결정권 및 통신의 자유를 침해하지 아니한다(헌재 2019.9.26, 2017헌마1209).

□□□ 335
22. 경찰 1차

통신비밀보호법 조항 중 '인터넷회선을 통하여 송·수신하는 전기통신'에 관한 부분은 인터넷회선 감청의 특성을 고려하여 그 집행 단계나 집행 이후에 수사기관의 권한 남용을 통제하고 관련 기본권의 침해를 최소화하기 위한 제도적 조치가 제대로 마련되어 있지 않은 상태에서, 범죄수사목적을 이유로 인터넷회선 감청을 통신제한조치 허가대상 중 하나로 정하고 있으므로 청구인의 기본권을 침해한다. O | X

해설

[O] 통신의 자유란 통신수단을 자유로이 이용하여 의사소통할 권리(헌재 2010.10.28, 2007헌마890 참조)이고, 이러한 '통신수단의 자유로운 이용'에는 자신의 인적사항을 누구에게도 밝히지 않는 상태로 통신수단을 이용할 자유, 즉 통신수단의 익명성 보장도 포함된다. 따라서 심판대상조항은 익명으로 통신하고자 하는 청구인들의 통신의 자유를 제한한다(헌재 2019.9.26, 2017헌마1209, 이동통신서비스 가입 본인확인 사건).

□□□ 336
22. 경찰 1차

미결수용자가 교정시설 내에서 규율위반행위 등을 이유로 금치처분을 받은 경우 금치기간 중 서신수수, 접견, 전화통화를 제한하는 형의 집행 및 수용자의 처우에 관한 법률 조항 중 미결수용자에게 적용되는 부분은 미결수용자인 청구인의 통신의 자유를 침해하지 않는다. O | X

해설

[O] 금치처분을 받은 미결수용자에 대하여 금치기간 중 서신수수, 접견, 전화통화를 제한하는 것은 대상자를 구속감과 외로움 속에 반성에 전념하게 함으로써 수용시설 내 안전과 질서를 유지하기 위한 것이다. 접견이나 서신수수의 경우에는 교정시설의 장이 수용자의 권리구제 등을 위해 필요하다고 인정한 때에는 예외적으로 허용할 수 있도록 하여 기본권 제한을 최소화하고 있다. 전화통화의 경우에는 위와 같은 예외가 규정되어 있지는 않으나, 증거인멸 우려 등의 측면에서 미결수용자의 전화통화의 자유를 제한할 필요성이 더 크다고 할 수 있다. 나아가 금치처분을 받은 자는 수용시설의 안전과 질서유지에 위반되는 행위, 그중에서도 가장 중하다고 평가된 행위를 한 자이므로 이에 대하여 금치기간 중 일률적으로 전화통화를 금지한다 하더라도 과도하다고 보기 어렵다. 따라서 이 사건 서신수수·접견·전화통화 제한조항은 청구인의 통신의 자유를 침해하지 아니한다(헌재 2016.4.28, 2012헌마549, 금치처분받은 미결수용자에 대한 처우제한 사건 기각).

□□□ 337
23. 경찰간부

기지국 수사를 허용하는 통신사실 확인자료 제공요청의 경우 관할 지방법원 또는 지원의 허가를 받도록 규정한 통신비밀보호법상 조항은 헌법상 영장주의에 위배되지 않는다. O | X

해설

[O] 이 사건 허가조항은 기지국 수사의 필요성, 실체진실의 발견 및 신속한 범죄수사의 요청, 통신사실 확인자료의 특성, 수사현실 등을 종합적으로 고려하여, 수사기관으로 하여금 법원의 허가를 받아 특정 시간대 특정 기지국에서 발신된 모든 전화번호 등 통신사실 확인자료의 제공을 요청할 수 있도록 하고 있다. 영장주의의 본질이 강제처분을 함에 있어서는 인적·물적 독립을 보장받는 중립적인 법관이 구체적 판단을 거쳐야만 한다는 데에 있음을 고려할 때, 통신비밀보호법이 정하는 방식에 따라 관할 지방법원 또는 지원의 허가를 받도록 하고 있는 이 사건 허가조항은 실질적으로 영장주의를 충족하고 있다 할 것이다. 따라서 이 사건 허가조항은 헌법상 영장주의에 위배되지 아니한다(헌재 2018.6.28, 2012헌마538).

338

23. 경찰간부

전기통신역무제공에 관한 계약을 체결하는 경우 전기통신사업자로 하여금 가입자에게 본인임을 확인할 수 있는 증서 등을 제시하도록 요구하고 부정가입방지시스템 등을 이용하여 본인인지 여부를 확인하도록 규정한 전기통신사업법상 조항은 자신들의 인적 사항을 밝히지 않은 채 통신하고자 하는 자들의 통신의 자유를 침해한다. O | X

해설

[X] 심판대상조항이 이동통신서비스 가입 시 본인확인절차를 거치도록 함으로써 타인 또는 허무인의 이름을 사용한 휴대전화인 이른바 대포폰이 보이스피싱 등 범죄의 범행도구로 이용되는 것을 막고, 개인정보를 도용하여 타인의 명의로 가입한 다음 휴대전화 소액결제나 서비스요금을 그 명의인에게 전가하는 등 명의도용범죄의 피해를 막고자 하는 입법목적은 정당하고, 이를 위하여 본인확인절차를 거치게 한 것은 적합한 수단이다. 가입자는 자신의 주민등록번호를 제공해야 하지만 특히 뒷자리 중 성별을 지칭하는 숫자 외의 6자리는 일회적인 확인 후 폐기되므로 주민등록번호가 이동통신사에 보관되어 계속적으로 이용되는 것이 아니다. 가입자는 대면(오프라인)가입 대신 온라인 가입절차에서 공인인증서로 본인확인하는 방법을 택하여 주민등록번호의 직접 제공을 피할 수도 있다. … 개인정보자기결정권, 통신의 자유가 제한되는 불이익과 비교했을 때, 명의도용피해를 막고, 차명휴대전화의 생성을 억제하여 보이스피싱 등 범죄의 범행도구로 악용될 가능성을 방지함으로써 잠재적 범죄 피해 방지 및 통신망 질서 유지라는 더욱 중대한 공익의 달성효과가 인정된다. 따라서 심판대상조항은 청구인들의 개인정보자기결정권 및 통신의 자유를 침해하지 않는다(헌재 2019.9.26, 2017헌마1209).

339

23. 경찰간부

검사 또는 사법경찰관이 수사를 위하여 필요한 경우 전기통신사업법에 의한 전기통신사업자에게 위치정보 추적자료의 열람이나 제출을 요청할 수 있도록 하는 통신비밀보호법상 조항은 과잉금지원칙에 반하여 정보주체의 통신의 자유를 침해한다. O | X

해설

[O] 이동전화의 이용과 관련하여 필연적으로 발생하는 통신사실 확인자료는 비록 비내용적 정보이지만 여러 정보의 결합과 분석을 통해 정보주체에 관한 정보를 유추해낼 수 있는 민감한 정보인 점, 수사기관의 통신사실 확인자료 제공요청에 대해 법원의 허가를 거치도록 규정하고 있으나 수사의 필요성만을 그 요건으로 하고 있어 제대로 된 통제가 이루어지기 어려운 점, 기지국수사의 허용과 관련하여서는 유괴·납치·성폭력범죄 등 강력범죄나 국가안보를 위협하는 각종 범죄와 같이 피의자나 피해자의 통신사실 확인자료가 반드시 필요한 범죄로 그 대상을 한정하는 방안 또는 다른 방법으로는 범죄수사가 어려운 경우(보충성)를 요건으로 추가하는 방안 등을 검토함으로써 수사에 지장을 초래하지 않으면서도 불특정 다수의 기본권을 덜 침해하는 수단이 존재하는 점을 고려할 때, 이 사건 요청조항은 과잉금지원칙에 반하여 청구인의 개인정보자기결정권과 통신의 자유를 침해한다(헌재 2018.6.28, 2012헌마538).

340

23. 경찰간부

범죄수사 목적을 이유로 통신제한조치 허가 대상 중 하나로 정하는 인터넷회선 감청의 경우 그 집행단계나 집행 이후에 수사기관의 권한 남용을 통제하고 관련 기본권의 침해를 최소화하기 위한 제도적 조치가 제대로 마련되지 않은 상태에서는 침해의 최소성 요건을 충족하지 않는다. O | X

해설

[O] 이 사건 법률조항은 인터넷회선 감청의 특성을 고려하여 그 집행 단계나 집행 이후에 수사기관의 권한 남용을 통제하고 관련 기본권의 침해를 최소화하기 위한 제도적 조치가 제대로 마련되어 있지 않은 상태에서, 범죄수사 목적을 이유로 인터넷회선 감청을 통신제한조치 허가 대상 중 하나로 정하고 있으므로 침해의 최소성 요건을 충족한다고 할 수 없다. 이러한 여건하에서 인터넷회선의 감청을 허용하는 것은 개인의 통신 및 사생활의 비밀과 자유에 심각한 위협을 초래하게 되므로 이 사건 법률조항으로 인하여 달성하려는 공익과 제한되는 사익 사이의 법익 균형성도 인정되지 아니한다. 그러므로 이 사건 법률조항은 과잉금지원칙에 위반하는 것으로 청구인의 기본권을 침해한다(헌재 2018.8.30, 2016헌마263).

제1항 양심의 자유

☐☐☐
341
04. 국회직 8급

보안관찰법상 보안관찰처분은 그 대상자가 보안관찰 해당 범죄를 다시 저지를 위험성이라는 내심의 영역을 문제삼기 때문에 양심의 자유를 보장한 헌법 규정에 위배된다. O | X

해설

[X] 헌법이 보장한 양심의 자유는 정신적인 자유로서 어떠한 사상·감정을 가지고 있다고 하더라도 그것이 내심에 머무르는 한 절대적인 자유이므로 제한할 수 없는 것이나, 보안관찰법상의 보안관찰처분은 보안관찰처분 대상자의 내심의 작용을 문제삼는 것이 아니라, 보안관찰처분대상자가 보안관찰 해당 범죄를 다시 저지를 위험성이 내심의 영역을 벗어나 외부에 표출되는 경우에 재범의 방지를 위하여 내려지는 특별예방적 목적의 처분이므로, 양심의 자유를 보장한 헌법 규정에 위반된다고 할 수 없다(헌재 1997.11.27, 92헌바28).

☐☐☐
342
03. 법행

헌법 제19조가 보호하고 있는 양심의 자유에는 양심적 결정을 외부로 표현하고 실현할 수 있는 양심실현의 자유는 포함되지 아니한다는 것이 헌법재판소의 입장이다. O | X

해설

[X] 헌법 제19조가 보호하고 있는 양심의 자유는 양심형성의 자유와 양심적 결정의 자유를 포함하는 내심적 자유(forum internum)뿐만 아니라, 양심적 결정을 외부로 표현하고 실현할 수 있는 양심실현의 자유(forum externum)를 포함한다고 할 수 있다. 내심적 자유, 즉 양심형성의 자유와 양심적 결정의 자유는 내심에 머무르는 한 절대적 자유라고 할 수 있지만, 양심실현의 자유는 타인의 기본권이나 다른 헌법적 질서와 저촉되는 경우 헌법 제37조 제2항에 따라 국가안전보장·질서유지 또는 공공복리를 위하여 법률에 의하여 제한될 수 있는 상대적 자유라고 할 수 있다(헌재 1998.7.16, 96헌바35).

☐☐☐
343
05. 행시

헌법재판소는 전투경찰대설치법에 대한 헌법소원에서 전투경찰순경이 법률에 근거한 경찰공무원으로서 시위진압업무를 수행하는 것이 양심의 자유를 침해한다고 판시한 바 있다. O | X

해설

[X] 일반적으로 불법한 집회 및 시위의 진압은 공공의 안녕과 질서유지라는 경찰의 기본 임무로서 집회 및 시위에 관한 법률 및 경찰관 직무집행법 등에 근거한 적법한 행위이고, 경찰관은 누구나 돌발사태의 진압 또는 공공질서가 교란되었거나 교란될 우려가 현저한 지역의 경비를 위하여 파견되거나 경찰기동대로 편성될 수 있는 것이므로 불법한 집회 및 시위로 말미암아 공공질서가 교란되었거나 교란될 우려가 있는 경우 대간첩작전의 수행을 임무로 하는 전투경찰순경에 대하여 경찰의 본래의 임무인 공공의 안녕과 질서유지를 위하여 시위진압명령을 한 것이 행복추구권 및 양심의 자유를 침해한 것이라고 볼 수 없다(헌재 1995.12.28, 91헌마80).

344

국가보안법 위반 및 집회 및 시위에 관한 법률 위반 수형자의 가석방 결정시 "출소 후 대한민국의 국법질서를 준수하겠다."는 준법서약서를 제출하도록 한 가석방심사 등에 관한 규칙 제14조는 준법서약의 내용상 서약자의 양심의 영역을 침범하는 것이다.   O | X

해설

[X] 내용상 단순히 국법질서나 헌법체제를 준수하겠다는 취지의 서약을 할 것을 요구하는 이 사건 준법서약은 국민이 부담하는 일반적 의무를 장래를 향하여 확인하는 것에 불과하며, 어떠한 가정적 혹은 실제적 상황하에서 특정의 사유(思惟)를 하거나 특별한 행동을 할 것을 새로이 요구하는 것이 아니다. 따라서 이 사건 준법서약은 어떤 구체적이거나 적극적인 내용을 담지 않은 채 단순한 헌법적 의무의 확인·서약에 불과하다 할 것이어서 양심의 영역을 건드리는 것이 아니다(헌재 2002.4.25, 98헌마425 등).

345

헌법재판소의 결정에 의하면 공정거래법 위반사실에 대하여 법원에서 유죄로 확정되기도 전에 공정거래위원회로 하여금 법위반사실의 공표를 할 수 있도록 규정한 독점규제 및 공정거래에 관한 법률 제27조는 양심의 자유를 침해한다.   O | X

해설

[X] 헌법재판소는 "헌법 제19조에서 보호하는 양심은 옳고 그른 것에 대한 판단을 추구하는 가치적·도덕적 마음가짐으로, 개인의 소신에 따른 다양성이 보장되어야 하고 그 형성과 변경에 외부적 개입과 억압에 의한 강요가 있어서는 아니 되는 인간의 윤리적 내심영역이다. 따라서 단순한 사실관계의 확인과 같이 가치적·윤리적 판단이 개입될 여지가 없는 경우는 물론, 법률해석에 관하여 여러 견해가 갈리는 경우처럼 다소의 가치관련성을 가진다고 하더라도 개인의 인격형성과는 관계가 없는 사사로운 사유나 의견 등은 그 보호대상이 아니다."고 하여 양심의 자유 침해를 인정하지 않았다(헌재 2002.1.31, 2001헌바43).

346

법률해석에 관한 의견은 양심의 자유의 보호범위에 속한다.   O | X

해설

[X] 헌법 제19조에서 보호하는 양심은 옳고 그른 것에 대한 판단을 추구하는 가치적·도덕적 마음가짐으로, 개인의 소신에 따른 다양성이 보장되어야 하고 그 형성과 변경에 외부적 개입과 억압에 의한 강요가 있어서는 아니 되는 인간의 윤리적 내심영역이다. 따라서 단순한 사실관계의 확인과 같이 가치적·윤리적 판단이 개입될 여지가 없는 경우는 물론, 법률해석에 관하여 여러 견해가 갈리는 경우처럼 다소의 가치관련성을 가진다고 하더라도 개인의 인격형성과는 관계가 없는 사사로운 사유나 의견 등은 그 보호대상이 아니다. 이 사건의 경우와 같이 경제규제법적 성격을 가진 공정거래법에 위반하였는지 여부에 있어서도 각 개인의 소신에 따라 어느 정도의 가치판단이 개입될 수 있는 소지가 있고 그 한도에서 다소의 윤리적·도덕적 관련성을 가질 수도 있겠으나, 이러한 법률판단의 문제는 개인의 인격형성과는 무관하며, 대화와 토론을 통하여 가장 합리적인 것으로 그 내용이 동화되거나 수렴될 수 있는 포용성을 가지는 분야에 속한다고 할 것이므로 헌법 제19조에 의하여 보장되는 양심의 영역에 포함되지 아니한다(헌재 2002.1.31, 2001헌바43).

347 종교의 자유의 핵심적 내용은 신앙의 자유이므로, 무신앙의 자유는 종교의 자유에 의해서가 아니라 일반
10. 사시 적 행동의 자유에 의해서만 보호된다. O I X

해설

[X] 종교의 자유는 무엇보다도 종교를 믿고 안 믿을 자유, 신앙고백을 강요당하지 않을 자유, 신앙·불신앙으로
인하여 불이익을 받지 않을 자유 등을 포함하는 신앙의 자유를 본질적 요소로 하는데, 종교교육의 자유가
학교라는 교육기관의 형태를 취할 때에는 그 학교에서 수학하는 학생들의 기본권인 이러한 신앙의 자유 등
과 충돌할 가능성이 많고, 특히 현재의 주요 대도시의 경우와 같이 고등학교 평준화 정책에 의하여 본인이
신앙하는 종교와는 무관하게 학교가 강제로 배정되는 제도 아래에서는 더욱 그러한바, 이러한 경우 원칙적
으로 학생들의 신앙의 자유는 학교를 설립한 종교단체의 선교나 신앙 실행의 자유보다 더 본질적이며 인격
적 가치를 지닌 상위의 기본권에 해당하므로 이러한 학생들의 기본권이 보다 더 존중되지 않으면 안 된다
(대판 2007.10.5, 2005가단305176).

348 타인의 명예를 훼손한 자에 대하여 법원이 명하는 '명예회복에 적당한 처분(민법 제764조)'에 사죄광고
09. 법무사 를 포함시키는 것은 양심의 자유를 침해한다. O I X

해설

[O] 사죄광고의 강제는 양심도 아닌 것이 양심인 것처럼 표현할 것의 강제로 인간양심의 왜곡·굴절이고 겉과
속이 다른 이중인격형성의 강요인 것으로서 침묵의 자유의 파생인 양심에 반하는 행위의 강제금지에 저촉
되는 것이며 따라서 우리 헌법이 보호하고자 하는 정신적 기본권의 하나인 양심의 자유의 제약(법인의 경
우라면 그 대표자에게 양심표명의 강제를 요구하는 결과가 된다)이라고 보지 않을 수 없다(헌재 1991.4.1,
89헌마160).

349 사용자가 근로자에게 자신의 잘못을 반성하고 사죄한다는 내용의 시말서 제출을 명령하는 것은 양심의
10. 법무사· 자유를 침해한다. O I X
법원직 유사

해설

[O] 취업규칙에서 사용자가 사고나 비위행위 등을 저지른 근로자에게 시말서를 제출하도록 명령할 수 있다고
규정하는 경우, 그 시말서가 단순히 사건의 경위를 보고하는 데 그치지 않고 더 나아가 근로관계에서 발생
한 사고 등에 관하여 자신의 잘못을 반성하고 사죄한다는 내용이 포함된 사죄문 또는 반성문을 의미하는
것이라면, 이는 헌법이 보장하는 내심의 윤리적 판단에 대한 강제로서 양심의 자유를 침해하는 것이므로,
그러한 취업규칙 규정은 헌법에 위반되어 근로기준법 제96조 제1항에 따라 효력이 없고, 그에 근거한 사용
자의 시말서 제출명령은 업무상 정당한 명령으로 볼 수 없다(대판 2010.1.14, 2009두6605).

350
10. 지방직

법률상의 환자의료비내역 제출의무에 응할 것인지 여부에 대한 의사의 결정은 양심의 자유의 보호영역에 속한다고 볼 수 없다.　　　　　　　　　　　　　　　　　　　　　　　　　　　　　O | X

해설

[X] 소득공제증빙서류 제출의무자들인 의료기관인 의사로서는 과세자료를 제출하지 않을 경우 국세청으로부터 행정지도와 함께 세무조사와 같은 불이익을 받을 수 있다는 심리적 강박감을 가지게 되는바, 결국 이 사건 법령조항에 대하여는 의무불이행에 대하여 간접적이고 사실적인 강제수단이 존재하므로 법적 강제수단의 존부와 관계없이 의사인 청구인들의 양심의 자유를 제한한다. 그러나 이 사건 법령조항으로 얻게 되는 납세자의 편의와 사회적 제비용의 절감을 위한 연말정산 간소화라는 공익이 이로 인하여 제한되는 의사들의 양심실현의 자유에 비하여 결코 적다고 할 수 없으므로, 이 사건 법령조항은 피해의 최소성원칙과 법익의 균형성도 충족하고 있다. 따라서 이 사건 법령조항은 헌법에 위반되지 아니한다(헌재 2008.10.30, 2006헌마1401).

351
10. 법원직 ·
　　법무사

시말서가 단순히 사건의 경위를 보고하는 데 그치지 않고 더 나아가 근로관계에서 발생한 사고 등에 관하여 자신의 잘못을 반성하고 사죄한다는 내용이 포함된 사죄문 또는 반성문을 의미하는 것이라면, 이는 헌법이 보장하는 내심의 윤리적 판단에 대한 강제로서 양심의 자유를 침해하는 것이다.　　　　　　O | X

해설

[O] 취업규칙에서 사용자가 사고나 비위행위 등을 저지른 근로자에게 시말서를 제출하도록 명령할 수 있다고 규정하는 경우, 그 시말서가 단순히 사건의 경위를 보고하는 데 그치지 않고 더 나아가 근로관계에서 발생한 사고 등에 관하여 자신의 잘못을 반성하고 사죄한다는 내용이 포함된 사죄문 또는 반성문을 의미하는 것이라면, 이는 헌법이 보장하는 내심의 윤리적 판단에 대한 강제로서 양심의 자유를 침해하는 것이므로, 그러한 취업규칙 규정은 헌법에 위반되어 근로기준법 제96조 제1항에 따라 효력이 없고, 그에 근거한 사용자의 시말서 제출명령은 업무상 정당한 명령으로 볼 수 없다(대판 2010.1.14, 2009두6605).

352
11. 경정승진

단순한 사실관계 확인과 같이 가치적 · 윤리적 판단이 개입될 여지가 없는 경우와는 달리 법률해석에 관하여 여러 견해가 갈리는 경우처럼 다소의 가치관련성을 가지는 경우에는 양심의 자유에 의해 보호된다.　　　　　　　　　　　　　　　　　　　　　　　　　　　O | X

해설

[X] 헌법 제19조에서 보호하는 양심은 옳고 그른 것에 대한 판단을 추구하는 가치적 · 도덕적 마음가짐으로, 개인의 소신에 따른 다양성이 보장되어야 하고 그 형성과 변경에 외부적 개입과 억압에 의한 강요가 있어서는 아니 되는 인간의 윤리적 내심영역이다. 따라서 단순한 사실관계의 확인과 같이 가치적 · 윤리적 판단이 개입될 여지가 없는 경우는 물론, 법률해석에 관하여 여러 견해가 갈리는 경우처럼 다소의 가치관련성을 가진다고 하더라도 개인의 인격형성과는 관계가 없는 사사로운 사유나 의견 등은 그 보호대상이 아니다(헌재 2002.1.31, 2001헌바43).

□□□
353
12. 국회직 8급

병역거부자에 대한 병역의무를 부과하고 이를 위반시 처벌하는 병역법 제88조는 병역거부자의 양심의 자유와 종교의 자유를 함께 제한한다. 양심의 자유는 종교적 신념에 기초한 양심뿐만 아니라 비종교적 양심도 포괄하는 기본권이고 종교의 자유는 종교적 신념만을 보호하여 종교의 자유가 특별한 기본권이므로 종교의 자유를 중심으로 위헌 여부를 판단한다.　　　　　　　　　　　　　　　O | X

해설

[X] 헌법 제20조 제1항은 종교의 자유를 따로 보장하고 있으므로 양심적 병역거부가 종교의 교리나 종교적 신념에 따라 이루어진 것이라면, 이 사건 법률조항에 의하여 양심적 병역거부자의 종교의 자유도 함께 제한된다. 그러나 양심의 자유는 종교적 신념에 기초한 양심뿐만 아니라 비종교적인 양심도 포함하는 포괄적인 기본권이므로, 이하에서는 양심의 자유를 중심으로 살펴보기로 한다(헌재 2004.8.26, 2002헌가1).

□□□
354
15. 서울시

사업자단체의 독점규제 및 공정거래에 관한 법률 위반행위가 있을 때 공정거래위원회가 당해 사업자단체에 대하여 법위반사실의 공표를 명할 수 있도록 한 위 법의 관계 규정은 양심의 자유를 침해한다.　　　　　　　　　　　　　　　　　　　　　　　　　　　　　　　O | X

해설

[X] '법위반사실의 공표명령'은 법규정의 문언상으로 보아도 단순히 법위반사실 자체를 공표하라는 것일 뿐, 사죄 내지 사과하라는 의미요소를 가지고 있지는 아니하다. 공정거래위원회의 실제 운용에 있어서도 '특정한 내용의 행위를 함으로써 공정거래법을 위반하였다는 사실'을 일간지 등에 공표하라는 것이어서 단지 사실관계와 법을 위반하였다는 점을 공표하라는 것이지 행위자에게 사죄 내지 사과를 요구하고 있는 것으로는 보이지 않는다. 따라서 이 사건 법률조항의 경우 사죄 내지 사과를 강요함으로 인하여 발생하는 양심의 자유의 침해문제는 발생하지 않는다. 그렇다면 이 사건 법률조항 중 '법위반사실의 공표' 부분은 위반행위자의 양심의 자유를 침해한다고 볼 수 없다(헌재 2002.1.31, 2001헌바43).

□□□
355
14. 국회직 8급
09. 사시

양심의 자유가 보장하고자 하는 양심은 민주적 다수의 사고나 가치관과 일치하는 것이 아니라, 개인적 현상으로서 지극히 주관적인 것이다. 양심은 그 대상이나 내용 또는 동기에 의하여 판단될 수 없으며, 특히 양심상의 결정이 이성적·합리적인가, 타당한가 또는 법질서나 사회규범, 도덕률과 일치하는가 하는 관점은 양심의 존재를 판단하는 기준이 될 수 있다.　　　　　　　　　　　　　　　　　　　　　O | X

해설

[X] '양심의 자유'가 보장하고자 하는 '양심'은 민주적 다수의 사고나 가치관과 일치하는 것이 아니라, 개인적 현상으로서 지극히 주관적인 것이다. 양심은 그 대상이나 내용 또는 동기에 의하여 판단될 수 없으며, 특히 양심상의 결정이 이성적·합리적인가, 타당한가 또는 법질서나 사회규범, 도덕률과 일치하는가 하는 관점은 양심의 존재를 판단하는 기준이 될 수 없다(헌재 2004.8.26, 2002헌가1).

356

14. 경정승진·법원직

양심상의 결정이 양심의 자유에 의하여 보장되기 위해서는 어떠한 종교관·세계관 또는 그 외의 가치체계에 기초하고 있어야 한다.   O | X

해설

[X] 양심은 그 대상이나 내용 또는 동기에 의하여 판단될 수 없고, 양심상의 결정이 이성적·합리적인지, 타당한지 또는 법질서나 사회규범, 도덕률과 일치하는지 여부는 양심의 존재를 판단하는 기준이 될 수 없다. 일반적으로 민주적 다수는 법과 사회의 질서를 그들의 정치적 의사와 도덕적 기준에 따라 형성하기 때문에, 국가의 법질서나 사회의 도덕률과 갈등을 일으키는 양심은 현실적으로 이러한 법질서나 도덕률에서 벗어나려는 소수의 양심이다. 그러므로 양심상 결정이 어떠한 종교관·세계관 또는 그 밖의 가치체계에 기초하고 있는지와 관계없이, 모든 내용의 양심상 결정이 양심의 자유에 의하여 보장되어야 한다(헌재 2011.8.30, 2008헌가22 등).

357

19. 변호사

대체복무제를 도입함으로써 병역자원을 확보하고 병역부담의 형평을 기할 수 있음에도 불구하고, 양심적 병역거부자에 대한 처벌의 예외를 인정하지 않고 일률적으로 형벌을 부과하는 처벌조항은 양심적 병역거부자의 양심의 자유를 침해한다.   O | X

해설

[X] 처벌조항에 의하여 달성되는 공익은 국가공동체의 안전보장과 국토방위를 수호함으로써, 헌법의 핵심적 가치와 질서를 확보하고 국민의 생명과 자유, 안전과 행복을 지키는 것이다. 따라서 처벌조항에 의하여 제한되는 사익이 달성하려는 공익에 비하여 우월하다고 할 수 없으므로, 처벌조항은 법익의 균형성요건을 충족한다. 그렇다면 처벌조항은 과잉금지원칙을 위반하여 양심의 자유를 침해하지 아니한다(헌재 2018.6.28, 2011헌바379 등).

358

19. 변호사

국가의 존립과 안전을 위한 불가결한 헌법적 가치를 담고 있는 국방의 의무와 개인의 인격과 존엄의 기초가 되는 양심의 자유라는 헌법적 가치가 서로 충돌하는 경우에도 그에 대한 심사는 헌법상 비례원칙에 의하여야 한다.   O | X

해설

[O] 헌법 제37조 제2항의 비례원칙은, 단순히 기본권제한의 일반원칙에 그치지 않고, 모든 국가작용은 정당한 목적을 달성하기 위하여 필요한 범위 내에서만 행사되어야 한다는 국가작용의 한계를 선언한 것이므로, 비록 이 사건 법률조항이 헌법 제39조에 규정된 국방의 의무를 형성하는 입법이라 할지라도 그에 대한 심사는 헌법상 비례원칙에 의하여야 한다(헌재 2018.6.28, 2011헌바379 등).

359
19. 법원직

각종 병역의 종류를 규정하고 있는 병역법상 병역종류조항은 병역부담의 형평을 기하고 병역자원을 효과적으로 확보하여 효율적으로 배분함으로써 국가안보를 실현하고자 하는 것이기는 하나, 대체복무제를 규정하고 있지 않은 이상 정당한 입법목적을 달성하기 위한 적합한 수단에 해당한다고 보기는 어렵다.

O | X

해설

[X] 병역종류조항은 병역의 종류와 각 병역의 내용 및 범위를 법률로 정하여 병역부담의 형평을 기하고, 병역의무자의 신체적 특성과 개인적 상황, 병력수급사정 등을 고려하여 병역자원을 효율적으로 배분할 수 있도록 함과 동시에, 병역의 종류를 한정적으로 열거하고 그에 대한 예외를 인정하지 않음으로써 병역자원을 효과적으로 확보할 수 있도록 하기 위한 것이다. 이는 궁극적으로 국가안전보장이라는 헌법적 법익을 실현하고자 하는 것이므로 위와 같은 입법목적은 정당하고, 병역종류조항은 그러한 입법목적을 달성하기 위한 적합한 수단이다 … 대체복무제라는 대안이 있음에도 불구하고 군사훈련을 수반하는 병역의무만을 규정한 병역종류조항은 침해의 최소성원칙에 어긋난다. 병역종류조항이 추구하는 '국가안보' 및 '병역의무의 공평한 부담'이라는 공익은 대단히 중요하나, 앞서 보았듯이 병역종류조항에 대체복무제를 도입한다고 하더라도 위와 같은 공익은 충분히 달성할 수 있다고 판단된다. 반면, 병역종류조항이 대체복무제를 규정하지 아니함으로 인하여 양심적 병역거부자들은 최소 1년 6월 이상의 징역형과 그에 따른 막대한 유·무형의 불이익을 감수하여야 한다. 양심적 병역거부자들에게 공익 관련 업무에 종사하도록 한다면, 이들을 처벌하여 교도소에 수용하고 있는 것보다는 넓은 의미의 안보와 공익실현에 더 유익한 효과를 거둘 수 있을 것이다. 따라서 병역종류조항은 법익의 균형성요건을 충족하지 못하였다. 그렇다면 양심적 병역거부자에 대한 대체복무제를 규정하지 아니한 병역종류조항은 과잉금지원칙에 위배하여 양심적 병역거부자의 양심의 자유를 침해한다(헌재 2018.6.28, 2011헌바379 등).

360
19. 5급

양심적 결정을 외부로 표현하고 실현할 수 있는 권리인 양심실현의 자유는 법질서에 위배되거나 타인의 권리를 침해할 수 있기 때문에 법률에 의하여 제한될 수 있다.

O | X

해설

[O] 특정한 내적인 확신 또는 신념이 양심으로 형성된 이상 그 내용 여하를 떠나 양심의 자유에 의해 보호되는 양심이 될 수 있으므로, 헌법상 양심의 자유에 의해 보호받을 '양심'으로 인정할 것인지의 판단은 그것이 깊고, 확고하며, 진실된 것인지 여부에 따르게 된다. 그리하여 양심적 병역거부를 주장하는 사람은 자신의 '양심'을 외부로 표명하여 증명할 최소한의 의무를 진다. 물론 그렇게 형성된 양심에 대한 사회적·도덕적 판단이나 평가는 당연히 가능하며, '양심'이기 때문에 무조건 그 자체로 정당하다거나 도덕적이라는 의미는 아니다. 양심의 자유 중 양심형성의 자유는 내심에 머무르는 한, 절대적으로 보호되는 기본권이라 할 수 있는 반면, 양심적 결정을 외부로 표현하고 실현할 수 있는 권리인 양심실현의 자유는 법질서에 위배되거나 타인의 권리를 침해할 수 있기 때문에 법률에 의하여 제한될 수 있다(헌재 2018.6.28, 2011헌바379).

361

19. 법원직 9급

국가가 관리하는 객관적이고 공정한 사전심사절차와 엄격한 사후관리절차를 갖추고, 현역복무와 대체복무 사이에 복무의 난이도나 기간과 관련하여 형평성을 확보해 현역복무를 회피할 요인을 제거한다면, 심사의 곤란성과 양심을 빙자한 병역기피자의 증가 문제를 해결할 수 있다. 따라서 대체복무제를 도입하면서도 병역의무의 형평을 유지하는 것은 충분히 가능하다.　　　　　O | X

해설

[O] 국가가 관리하는 객관적이고 공정한 사전심사절차와 엄격한 사후관리절차를 갖출 경우, 진정한 양심적 병역거부자와 그렇지 않은 자를 가려내는 데 큰 어려움은 없을 것으로 보인다. … 무엇보다, 현역복무와 대체복무 사이에 복무의 난이도나 기간과 관련하여 형평성을 확보해 현역복무를 회피할 요인을 제거한다면, 심사의 곤란성과 병역기피자의 증가 문제를 효과적으로 해결할 수 있다. … 따라서 양심적 병역거부자에 대한 대체복무제를 도입할 경우 병역기피자가 증가하고 병역의무의 형평성이 붕괴되어 전체 병역제도의 실효성이 훼손될 것이라는 견해는 다소 추상적이거나 막연한 예측에 가깝다. 반면, 이미 상당한 기간 동안 세계의 많은 나라들이 양심적 병역거부를 인정하면서도 여러 문제들을 효과적으로 해결하여 징병제를 유지해오고 있다는 사실은 대체복무제를 도입하면서도 병역의무의 형평을 유지하는 것이 충분히 가능하다는 사실을 강력히 시사한다(헌재 2018.6.28, 2011헌바379).

362

19. 법원직 9급

양심적 병역거부자의 수는 병역자원의 감소를 논할 정도가 아니고, 이들을 처벌한다고 하더라도 교도소에 수감할 수 있을 뿐 병역자원으로 활용할 수는 없으므로, 대체복무제 도입으로 병역자원의 손실이 발생한다고 할 수 없다. 전체 국방력에서 병역자원이 차지하는 중요성이 낮아지고 있는 점을 고려하면, 대체복무제를 도입하더라도 우리나라의 국방력에 의미있는 수준의 영향을 미친다고 보기는 어렵다. 따라서 대체복무제라는 대안이 있음에도 불구하고 군사훈련을 수반하는 병역의무만을 규정한 병역종류조항은 침해의 최소성원칙에 어긋난다.　　　　　O | X

해설

[O] 우리나라의 양심적 병역거부자는 연평균 약 600명 내외일 뿐이므로 병역자원이나 전투력의 감소를 논할 정도로 의미있는 규모는 아니다. 더구나 양심적 병역거부자들을 처벌한다고 하더라도 이들을 교도소에 수감할 수 있을 뿐 입영시키거나 소집에 응하게 하여 병역자원으로 활용할 수는 없으므로, 대체복무제의 도입으로 양심적 병역거부자들이 대체복무를 이행하게 된다고 해서 병역자원의 손실이 발생한다고 할 수 없다. … 오늘날의 국방력은 인적 병역자원에만 의존하는 것은 아니고, 현대전은 정보전·과학전의 양상을 띠므로, 전체 국방력에서 병역자원이 차지하는 중요성은 상대적으로 낮아지고 있다. … 이러한 사정을 고려하면, 양심적 병역거부자에게 대체복무를 부과하더라도 우리나라의 국방력에 의미있는 수준의 영향을 미친다고 보기는 어려울 것이다. … 이와 같이 대체복무제라는 대안이 있음에도 불구하고 군사훈련을 수반하는 병역의무만을 규정한 병역종류조항은 침해의 최소성원칙에 어긋난다(헌재 2018.6.28, 2011헌바379).

363

19. 법원직 9급

병역종류조항은 병역의 종류를 현역, 예비역, 보충역, 병역준비역, 전시근로역의 다섯 가지로 한정적으로 열거하고 있다. 그런데 위 병역들은 모두 군사훈련을 받는 것을 전제하고 있으므로, 양심적 병역의무자에게 병역종류조항에 규정된 병역을 부과할 경우 그들의 양심과 충돌을 일으킬 수밖에 없다.　　　　　O | X

해설

[O] 병역종류조항은 앞에서 본 바와 같이 병역의 종류를 현역, 예비역, 보충역, 병역준비역, 전시근로역의 다섯 가지로 한정적으로 열거하고, 그 이외에 다른 병역의 종류나 내용을 상정하지는 않고 있다. 그런데 위 병역들은 모두 군사훈련을 받는 것을 전제하고 있으므로, 양심적 병역거부자에게 병역종류조항에 규정된 병역을 부과할 경우 필연적으로 그들의 양심과 충돌을 일으킬 수밖에 없다(헌재 2018.6.28, 2011헌바379).

□□□
364
19. 국회직 9급

입법자가 병역의 종류에 관하여 입법은 하였으나 그 내용이 양심적 병역거부자를 위한 비군사적 내용의 대체복무제를 포함하지 아니한 것은 진정입법부작위로서 헌법에 위반된다. OㅣX

해설

[X] 비군사적 성격을 갖는 복무도 입법자의 형성에 따라 병역의무의 내용에 포함될 수 있고, 대체복무제는 그 개념상 병역종류조항과 밀접한 관련을 갖는다. 따라서 병역종류조항에 대한 이 사건 심판청구는 입법자가 아무런 입법을 하지 않은 진정입법부작위를 다투는 것이 아니라, 입법자가 병역의 종류에 관하여 입법은 하였으나 그 내용이 양심적 병역거부자를 위한 대체복무제를 포함하지 아니하여 불완전·불충분하다는 부진정입법부작위를 다투는 것이라고 봄이 상당하다(헌재 2018.6.28, 2011헌바379).

□□□
365
20. 지방직

현역입영 또는 소집통지서를 받은 자가 정당한 사유 없이 입영하지 않거나 소집에 응하지 않은 경우를 처벌하는 구 병역법 처벌조항은 과잉금지원칙을 위배하여 양심적 병역거부자의 양심의 자유를 침해한다. OㅣX

해설

[X] 양심적 병역거부자에 대한 처벌은 대체복무제를 규정하지 아니한 병역종류조항의 입법상 불비와 양심적 병역거부는 처벌조항의 '정당한 사유'에 해당하지 않는다는 법원의 해석이 결합되어 발생한 문제일 뿐, 처벌조항 자체에서 비롯된 문제가 아니므로 처벌조항이 과잉금지원칙을 위반하여 양심적 병역거부자의 양심의 자유를 침해한다고 볼 수는 없다(헌재 2018.6.28, 2011헌바379).

□□□
366
13. 국가직

양심적 병역거부자에 대하여 3년 이하의 징역이라는 형사처벌을 가하는 법률조항은 양심의 자유를 침해하지 않는다. OㅣX

해설

[O] 양심적 병역거부자에 대한 처벌은 대체복무제를 규정하지 아니한 병역종류조항의 입법상 불비와 양심적 병역거부는 처벌조항의 '정당한 사유'에 해당하지 않는다는 법원의 해석이 결합되어 발생한 문제일 뿐, 처벌조항 자체에서 비롯된 문제가 아니므로 처벌조항이 과잉금지원칙을 위반하여 양심적 병역거부자의 양심의 자유를 침해한다고 볼 수는 없다(헌재 2018.6.28, 2011헌바379).

□□□
367
20. 5급

특정한 내적인 확신 또는 신념이 양심으로 형성된 이상 그 내용 여하를 떠나 양심의 자유에 의해 보호되는 양심이 될 수 있으므로, 헌법상 양심의 자유에 의해 보호받는 양심으로 인정할 것인지의 판단은 그것이 깊고, 확고하며, 진실된 것인지 여부와 관계없다. OㅣX

해설

[X] 특정한 내적인 확신 또는 신념이 양심으로 형성된 이상 그 내용 여하를 떠나 양심의 자유에 의해 보호되는 양심이 될 수 있으므로, 헌법상 양심의 자유에 의해 보호받는 '양심'으로 인정할 것인지의 판단은 그것이 깊고, 확고하며, 진실된 것인지 여부에 따르게 된다. 그리하여 양심적 병역거부를 주장하는 사람은 자신의 '양심'을 외부로 표명하여 증명할 최소한의 의무를 진다(헌재 2018.6.28, 2011헌바379·383).

368
20. 경정승진

'양심적' 병역거부는 실상 당사자의 '양심에 따른' 혹은 '양심을 이유로 한' 병역거부를 가리키는 것일 뿐만 아니라 병역거부가 '도덕적이고 정당하다'는 의미를 내포한다. O | X

해설

[X] '양심적' 병역거부는 실상 당사자의 '양심에 따른' 혹은 '양심을 이유로 한' 병역거부를 가리키는 것일 뿐이지 병역거부가 '도덕적이고 정당하다'는 의미는 아닌 것이다. 따라서 '양심적' 병역거부라는 용어를 사용한다고 하여 병역의무이행은 '비양심적'이 된다거나, 병역을 이행하는 거의 대부분의 병역의무자들과 병역의무이행이 국민의 숭고한 의무라고 생각하는 대다수 국민들이 '비양심적'인 사람들이 되는 것은 결코 아니다 (헌재 2018.6.28, 2011헌바379 등).

369
20. 경정승진

양심적 병역거부의 바탕이 되는 양심상의 결정은 종교적 동기뿐만 아니라 윤리적·철학적 또는 이와 유사한 동기로부터도 형성될 수 있는 것이므로 양심적 병역거부자의 기본권 침해 여부는 양심의 자유를 중심으로 판단한다. O | X

해설

[O] 종교적 신앙에 의한 행위라도 개인의 주관적·윤리적 판단을 동반하는 것인 한 양심의 자유에 포함시켜 고찰할 수 있고, 앞서 보았듯이 양심적 병역거부의 바탕이 되는 양심상의 결정은 종교적 동기뿐만 아니라 윤리적·철학적 또는 이와 유사한 동기로부터도 형성될 수 있는 것이므로, 이 사건에서는 양심의 자유를 중심으로 기본권 침해 여부를 판단하기로 한다(헌재 2018.6.28, 2011헌바379 등).

370
19. 법행

비군사적 성격을 갖는 복무도 입법자의 형성에 따라 병역의무의 내용에 포함될 수 있고, 대체복무제는 그 개념상 병역종류조항과 밀접한 관련을 갖는다. 따라서 병역종류조항에 대한 이 사건 심판청구는 입법자가 대체복무제에 관한 입법을 하지 않은 진정입법부작위를 다투는 것이다. O | X

해설

[X] 비군사적 성격을 갖는 복무도 입법자의 형성에 따라 병역의무의 내용에 포함될 수 있고, 대체복무제는 그 개념상 병역종류조항과 밀접한 관련을 갖는다. 따라서 병역종류조항에 대한 이 사건 심판청구는 입법자가 아무런 입법을 하지 않은 진정입법부작위를 다투는 것이 아니라, 입법자가 병역의 종류에 관하여 입법은 하였으나 그 내용이 양심적 병역거부자를 위한 대체복무제를 포함하지 아니하여 불완전·불충분하다는 부진정입법부작위를 다투는 것이라고 봄이 상당하다(헌재 2018.6.28, 2011헌바379).

371
19. 법행

병역종류조항이 대체복무제를 포함하고 있지 않다는 이유로 위헌으로 결정된다면, 양심적 병역거부자가 현역입영 또는 소집통지서를 받은 후 3일 내에 입영하지 아니하거나 소집에 불응하더라도 대체복무의 기회를 부여받지 않는 한 당해 형사사건을 담당하는 법원이 무죄를 선고할 가능성이 있으므로, 병역종류조항은 재판의 전제성이 인정된다. O | X

해설

[O] 병역종류조항이 대체복무제를 포함하고 있지 않다는 이유로 위헌으로 결정된다면, 양심적 병역거부자가 현역입영 또는 소집통지서를 받은 후 3일 내에 입영하지 아니하거나 소집에 불응하더라도 대체복무의 기회를 부여받지 않는 한 당해 형사사건을 담당하는 법원이 무죄를 선고할 가능성이 있으므로, 병역종류조항은 재판의 전제성이 인정된다(헌재 2018.6.28, 2011헌바379).

□□□
372
19. 법행

양심적 병역거부자에 대한 대체복무제를 규정하지 아니한 병역종류조항은 과잉금지원칙에 위배하여 양심적 병역거부자의 양심의 자유를 침해한다.　　　　　　　　　　　　　　　　　　　　　　O | X

해설

[O] 병역종류조항은 병역부담의 형평을 기하고 병역자원을 효과적으로 확보하여 효율적으로 배분함으로써 국가안보를 실현하고자 하는 것이므로 정당한 입법목적을 달성하기 위한 적합한 수단이다. 병역종류조항이 규정하고 있는 병역들은 모두 군사훈련을 받는 것을 전제하고 있으므로, 양심적 병역거부자에게 그러한 병역을 부과할 경우 그들의 양심과 충돌을 일으키는데, 이에 대한 대안으로 대체복무제가 논의되어 왔다. 양심적 병역거부자의 수는 병역자원의 감소를 논할 정도가 아니고, 이들을 처벌한다고 하더라도 교도소에 수감할 수 있을 뿐 병역자원으로 활용할 수는 없으므로, 대체복무제를 도입하더라도 우리나라의 국방력에 의미 있는 수준의 영향을 미친다고 보기는 어렵다. 국가가 관리하는 객관적이고 공정한 사전심사절차와 엄격한 사후관리절차를 갖추고, 현역복무와 대체복무 사이에 복무의 난이도나 기간과 관련하여 형평성을 확보해 현역복무를 회피할 요인을 제거한다면, 심사의 곤란성과 양심을 빙자한 병역기피자의 증가 문제를 해결할 수 있으므로, 대체복무제를 도입하면서도 병역의무의 형평을 유지하는 것은 충분히 가능하다. 따라서 대체복무제라는 대안이 있음에도 불구하고 군사훈련을 수반하는 병역의무만을 규정한 병역종류조항은 침해의 최소성원칙에 어긋난다. 병역종류조항이 추구하는 '국가안보' 및 '병역의무의 공평한 부담'이라는 공익은 대단히 중요하나, 앞서 보았듯이 병역종류조항에 대체복무제를 도입한다고 하더라도 위와 같은 공익은 충분히 달성할 수 있다고 판단된다. 반면, 병역종류조항이 대체복무제를 규정하지 아니함으로 인하여 양심적 병역거부자들은 최소 1년 6월 이상의 징역형과 그에 따른 막대한 유·무형의 불이익을 감수하여야 한다. 양심적 병역거부자들에게 공익 관련 업무에 종사하도록 한다면, 이들을 처벌하여 교도소에 수용하고 있는 것보다는 넓은 의미의 안보와 공익실현에 더 유익한 효과를 거둘 수 있을 것이다. 따라서 병역종류조항은 법익의 균형성요건을 충족하지 못하였다. 그렇다면 양심적 병역거부자에 대한 대체복무제를 규정하지 아니한 병역종류조항은 과잉금지원칙에 위배하여 양심적 병역거부자의 양심의 자유를 침해한다(헌재 2018.6.28, 2011헌바379).

□□□
373
19. 법행

병역종류조항에 대해 단순위헌결정을 할 경우 병역의 종류와 각 병역의 구체적인 범위에 관한 근거규정이 사라지게 되어 일체의 병역의무를 부과할 수 없게 되므로, 용인하기 어려운 법적 공백이 생기게 된다.　　　　　　　　　　　　　　　　　　　　　　O | X

해설

[O] 병역종류조항에 대해 단순위헌결정을 할 경우 병역의 종류와 각 병역의 구체적인 범위에 관한 근거규정이 사라지게 되어 일체의 병역의무를 부과할 수 없게 되므로, 용인하기 어려운 법적 공백이 생기게 된다. 더욱이 입법자는 대체복무제를 형성함에 있어 그 신청절차, 심사주체 및 심사방법, 복무분야, 복무기간 등을 어떻게 설정할지 등에 관하여 광범위한 입법재량을 가진다. 따라서 병역종류조항에 대하여 헌법불합치결정을 선고하되, 다만 입법자의 개선입법이 이루어질 때까지 계속적용을 명하기로 한다. 입법자는 늦어도 2019. 12.31.까지는 대체복무제를 도입하는 내용의 개선입법을 이행하여야 하고, 그때까지 개선입법이 이루어지지 않으면 병역종류조항은 2020.1.1.부터 효력을 상실한다(헌재 2018.6.28, 2011헌바379).

입법자는 대체복무제를 형성함에 있어 그 신청절차, 심사주체 및 심사방법, 복무분야, 복무기간 등을 어떻게 설정할지 등에 관하여 광범위한 입법재량을 가진다. 따라서 병역종류조항에 대하여 헌법불합치결정을 선고한다.　　　　　　　　　　　　　　　　　　　　　　　　　　　　　　　　　　O | X

해설

[O] 병역종류조항에 대해 단순위헌결정을 할 경우 병역의 종류와 각 병역의 구체적인 범위에 관한 근거규정이 사라지게 되어 일체의 병역의무를 부과할 수 없게 되므로, 용인하기 어려운 법적 공백이 생기게 된다. 더욱이 입법자는 대체복무제를 형성함에 있어 그 신청절차, 심사주체 및 심사방법, 복무분야, 복무기간 등을 어떻게 설정할지 등에 관하여 광범위한 입법재량을 가진다. 따라서 병역종류조항에 대하여 헌법불합치결정을 선고하되, 다만 입법자의 개선입법이 이루어질 때까지 계속적용을 명하기로 한다. 입법자는 늦어도 2019. 12.31.까지는 대체복무제를 도입하는 내용의 개선입법을 이행하여야 하고, 그때까지 개선입법이 이루어지지 않으면 병역종류조항은 2020.1.1.부터 효력을 상실한다(헌재 2018.6.28, 2011헌바379).

대체복무제라는 대안이 있음에도 불구하고 군사훈련을 수반하는 병역의무만을 규정한 병역종류조항은 침해의 최소성원칙에 어긋난다.　　　　　　　　　　　　　　　　　　　　　　　　　　O | X

해설

[O] 대체복무제를 도입하더라도 우리의 국방력에 유의미한 영향이 있을 것이라고 보기는 어려운 반면, 대체복무 편입여부를 판정하는 객관적이고 공정한 심사절차를 마련하고 현역복무와 대체복무 사이의 형평성이 확보되도록 제도를 설계한다면, 대체복무제의 도입은 병역자원을 확보하고 병역부담의 형평을 기하고자 하는 입법목적을 병역종류조항과 같은 정도로 충분히 달성할 수 있다고 판단된다. 이와 같이 대체복무제라는 대안이 있음에도 불구하고 군사훈련을 수반하는 병역의무만을 규정한 병역종류조항은 침해의 최소성원칙에 어긋난다(헌재 2018.6.28, 2011헌바379).

양심적 병역거부자에 대한 관용은 결코 병역의무의 면제와 특혜의 부여에 대한 관용이 아니며, 대체복무제는 병역의무의 일환으로 도입되는 것이므로 현역복무와의 형평을 고려하여 최대한 등가성을 가지도록 설계되어야 한다.　　　　　　　　　　　　　　　　　　　　　　　　　　　　　O | X

해설

[O] 양심적 병역거부자에 대한 관용은 결코 병역의무의 면제와 특혜의 부여에 대한 관용이 아니다. 대체복무제는 병역의무의 일환으로 도입되는 것이고 현역복무와의 형평을 고려하여 최대한 등가성을 가지도록 설계되어야 하는 것이기 때문이다(헌재 2018.6.28, 2011헌바379 등).

양심적 병역거부자에 대한 대체복무제를 규정하지 아니한 병역종류조항과 양심상의 결정에 따라 입영을 거부하거나 소집에 불응하는 자에 대하여 형벌을 부과하는 처벌조항은 '양심에 반하는 행동을 강요당하지 아니할 자유', 즉, '부작위에 의한 양심실현의 자유'를 제한한다.　　　　　　　　　　　　O | X

해설

[O] 병역종류조항에 대체복무제가 마련되지 아니한 상황에서, 양심상의 결정에 따라 입영을 거부하거나 소집에 불응하는 이 사건 청구인 등이 현재의 대법원 판례에 따라 처벌조항에 의하여 형벌을 부과받음으로써 양심에 반하는 행동을 강요받고 있으므로, 이 사건 법률조항은 '양심에 반하는 행동을 강요당하지 아니할 자유', 즉, '부작위에 의한 양심실현의 자유'를 제한하고 있다(헌재 2018.6.28, 2011헌바379 등).

□□□ 378
22. 경정승진

주민등록증 발급을 위해 열 손가락의 지문을 날인케 하는 것은 신원확인기능의 효율적인 수행을 도모하고, 신원확인의 정확성 내지 완벽성을 제고하기 위한 것이므로 양심의 자유에 대한 최소한의 제한이라고 할 수 있다.　　　　　　　　　　　　　　　　　　　　　　　　　　　　　　　　　　O | X

해설

[X] 지문을 날인할 것인지 여부의 결정이 선악의 기준에 따른 개인의 진지한 윤리적 결정에 해당한다고 보기는 어려워, 열 손가락 지문날인의 의무를 부과하는 이 사건 시행령 조항에 대하여 국가가 개인의 윤리적 판단에 개입한다거나 그 윤리적 판단을 표명하도록 강제하는 것으로 볼 여지는 없다고 할 것이므로, 이 사건 시행령 조항에 의한 양심의 자유의 침해가능성 또한 없는 것으로 보인다(헌재 2005.5.26, 99헌마513).

□□□ 379
22. 경정승진

양심의 자유가 보장하고자 하는 '양심'은 민주적 다수의 사고나 가치관과 일치하는 것이어야 하며, 양심상의 결정이 이성적 합리적인지, 타당한지 또는 법질서나 사회규범, 도덕률과 일치하는지 여부는 양심의 존재를 판단하는 기준이 될 수 있다.　　　　　　　　　　　　　　　　　　　　　　　O | X

해설

[X] 양심은 그 대상이나 내용 또는 동기에 의하여 판단될 수 없고, 양심상의 결정이 이성적·합리적인지, 타당한지 또는 법질서나 사회규범, 도덕률과 일치하는지 여부는 양심의 존재를 판단하는 기준이 될 수 없다. 일반적으로 민주적 다수는 법과 사회의 질서를 그들의 정치적 의사와 도덕적 기준에 따라 형성하기 때문에, 국가의 법질서나 사회의 도덕률과 갈등을 일으키는 양심은 현실적으로 이러한 법질서나 도덕률에서 벗어나려는 소수의 양심이다. 그러므로 양심상 결정이 어떠한 종교관·세계관 또는 그 밖의 가치체계에 기초하고 있는지와 관계없이, 모든 내용의 양심상 결정이 양심의 자유에 의하여 보장되어야 한다(헌재 2011.8.30, 2008헌가22 등).

□□□ 380
22. 경정승진

재산목록을 제출하고 그 진실함을 법관 앞에서 선서하는 것은 개인의 인격형성에 관계되는 내심의 가치적·윤리적 판단에 해당하지 않아 양심의 자유의 보호대상이 아니다.　　　　　　　　　　　　　　O | X

해설

[O] 재산목록을 제출하고 그 진실함을 법관 앞에서 선서하는 것은 개인의 인격형성에 관계되는 내심의 가치적·윤리적 판단에 해당하지 않아 양심의 자유의 보호대상이 아니고, 감치의 제재를 통해 이를 강제하는 것이 형사상 불이익한 진술을 강요하는 것이라고 할 수 없으므로, 심판대상조항은 청구인의 양심의 자유 및 진술거부권을 침해하지 아니한다(헌재 2014.9.25, 2013헌마11).

381
22. 경정승진

양심형성의 자유는 내심에 머무르는 한 타인의 기본권이나 다른 헌법적 질서와 저촉되는 경우 헌법 제37조 제2항에 따라 국가 안전보장·질서유지 또는 공공복리를 위하여 법률에 의하여 제한될 수 있는 상대적 자유라고 할 수 있다.　　　　　　　　　　　　　　　　　　　　　O | X

해설

[X] 헌법 제19조가 보호하고 있는 양심의 자유는 양심형성의 자유와 양심적 결정의 자유를 포함하는 내심적 자유(forum internum)뿐만 아니라, 양심적 결정을 외부로 표현하고 실현할 수 있는 양심실현의 자유(forum externum)를 포함한다고 할 수 있다. 내심적 자유, 즉 양심형성의 자유와 양심적 결정의 자유는 내심에 머무르는 한 절대적 자유라고 할 수 있지만, 양심실현의 자유는 타인의 기본권이나 다른 헌법적 질서와 저촉되는 경우 헌법 제37조 제2항에 따라 국가안전보장·질서유지 또는 공공복리를 위하여 법률에 의하여 제한될 수 있는 상대적 자유라고 할 수 있다(헌재 1998.7.16, 96헌바35).

382
23. 경찰간부

양심적 병역거부는 실상 당사자의 양심에 따른 혹은 양심을 이유로 한 병역거부를 가리키는 것이며 병역거부가 도덕적이고 정당하다는 의미도 갖는다.　　　　　　　　　　　　　　　　　　O | X

해설

[X] 일상생활에서 '양심적' 병역거부라는 말은 병역거부가 '양심적', 즉 도덕적이고 정당하다는 것을 가리킴으로써, 그 반면으로 병역의무를 이행하는 사람은 '비양심적'이거나 '비도덕적'인 사람으로 치부하게 될 여지가 있다. 하지만 앞에서 살펴 본 양심의 의미에 따를 때, '양심적' 병역거부는 실상 당사자의 '양심에 따른' 혹은 '양심을 이유로 한' 병역거부를 가리키는 것일 뿐이지 병역거부가 '도덕적이고 정당하다'는 의미는 아닌 것이다(헌재 2018.6.28, 2011헌바379).

383
23. 경찰간부

보호되어야 할 양심에는 세계관·인생관·주의·신조 등은 물론 널리 개인의 인격형성에 관계되는 내심에 있어서의 가치적·윤리적 판단이나 단순한 사실관계의 확인과 같이 가치적·윤리적 판단이 개입될 여지가 없는 경우까지도 포함될 수 있다.　　　　　　　　　　　　　　　　　　　　O | X

해설

[X] 보호되어야 할 양심에는 세계관·인생관·주의·신조 등은 물론, 이에 이르지 아니하여도 보다 널리 개인의 인격형성에 관계되는 내심에 있어서의 가치적·윤리적 판단도 포함될 수 있다. 그러나 단순한 사실관계의 확인과 같이 가치적·윤리적 판단이 개입될 여지가 없는 경우는 물론, 법률해석에 관하여 여러 견해가 갈리는 경우처럼 다소의 가치관련성을 가진다고 하더라도 개인의 인격형성과는 관계가 없는 사사로운 사유나 의견 등은 그 보호대상이 아니라고 할 것이다(헌재 2002.1.31, 2001헌바43).

384
23. 경찰간부

양심상의 결정이 이성적·합리적인가, 타당한가 또는 법질서나 사회규범, 도덕률과 일치하는가 하는 관점은 양심의 존재를 판단하는 기준이 될 수 있다.　　　　　　　　　　　　　　　　　　　O | X

해설

[X] '양심의 자유'가 보장하고자 하는 '양심'은 민주적 다수의 사고나 가치관과 일치하는 것이 아니라, 개인적 현상으로서 지극히 주관적인 것이다. 양심은 그 대상이나 내용 또는 동기에 의하여 판단될 수 없으며, 특히 양심상의 결정이 이성적·합리적인가, 타당한가 또는 법질서나 사회규범, 도덕률과 일치하는가 하는 관점은 양심의 존재를 판단하는 기준이 될 수 없다(헌재 2004.8.26, 2002헌가1).

□□□ 385
23. 경찰간부

의사로 하여금 환자의 진료비 내역 정보를 국세청에 제출하도록 하는 소득세법 해당 조항으로 얻게 되는 납세자의 편의와 사회적 제비용의 절감을 위한 연말정산 간소화라는 공익이 이로 인하여 제한되는 의사들의 양심실현의 자유에 비하여 결코 적다고 할 수 없다.   O | X

해설

> [O] 또 이 사건 법령조항에 의하여 국세청장에게 제출되는 내용은, 환자의 민감한 정보가 아니고, 과세관청이 소득세 공제액을 산정하기 위한 필요최소한의 내용이며, 이 사건 법령조항으로 얻게 되는 납세자의 편의와 사회적 제비용의 절감을 위한 연말정산 간소화라는 공익이 이로 인하여 제한되는 의사들의 양심실현의 자유에 비하여 결코 적다고 할 수 없으므로, 이 사건 법령조항은 피해의 최소성원칙과 법익의 균형성도 충족하고 있다. 따라서 이 사건 법령조항은 헌법에 위반되지 아니한다(헌재 2008.10.30, 2006헌마1401).

□□□ 386
23. 경찰간부

병역의 종류를 현역, 예비역, 보충역, 병역준비역, 전시근로역의 다섯 가지로 한정하여 규정하는 병역종류조항은 대체복무제라는 대안이 있음에도 불구하고 군사훈련을 수반하는 병역의무만을 규정하고 있으므로 정당한 입법목적을 달성하기 위한 적합한 수단에 해당한다고 보기는 어렵다.   O | X

해설

> [X] 병역종류조항은, 병역부담의 형평을 기하고 병역자원을 효과적으로 확보하여 효율적으로 배분함으로써 국가안보를 실현하고자 하는 것이므로 정당한 입법목적을 달성하기 위한 적합한 수단이다. 국가가 관리하는 객관적이고 공정한 사전심사절차와 엄격한 사후관리절차를 갖추고, 현역복무와 대체복무 사이에 복무의 난이도나 기간과 관련하여 형평성을 확보해 현역복무를 회피할 요인을 제거한다면, 심사의 곤란성과 양심을 빙자한 병역기피자의 증가 문제를 해결할 수 있으므로, 대체복무제를 도입하면서도 병역의무의 형평을 유지하는 것은 충분히 가능하다. 따라서 대체복무제라는 대안이 있음에도 불구하고 군사훈련을 수반하는 병역의무만을 규정한 병역종류조항은, 침해의 최소성원칙에 어긋난다(헌재 2018.6.28, 2011헌바379).
>
> **주의》** 목적의 정당성과 수단의 적합성은 인정하였으나, 최소침해성원칙을 위반하였다는 것을 주의해야 한다.

□□□ 387
23. 경찰간부

수범자가 스스로 수혜를 포기하거나 권고를 거부함으로써 법질서와 충돌하지 아니한 채 자신의 양심을 유지, 보존할 수 있는 경우에는 양심의 자유에 대한 침해가 될 수 없다.   O | X

해설

> [O] 양심의 자유는 내심에서 우러나오는 윤리적 확신과 이에 반하는 외부적 법질서의 요구가 서로 회피할 수 없는 상태로 충돌할 때에만 침해될 수 있다. 그러므로 당해 실정법이 특정의 행위를 금지하거나 명령하는 것이 아니라 단지 특별한 혜택을 부여하거나 권고 내지 허용하고 있는 데에 불과하다면, 수범자는 수혜를 스스로 포기하거나 권고를 거부함으로써 법질서와 충돌하지 아니한 채 자신의 양심을 유지, 보존할 수 있으므로 양심의 자유에 대한 침해가 된다 할 수 없다(헌재 2002.4.25, 98헌마425).

제2항 종교의 자유

388
22. 경찰 2차
08. 법행

사립대학이 학칙으로 6학기 동안 대학예배에 참석할 것을 졸업요건으로 학칙을 제정하였다면 그 학칙은 헌법상 종교의 자유에 반하는 것으로서 위헌무효이다. O | X

해설

[X] 기독교 재단이 설립한 사립대학이 학칙으로 대학예배의 6학기 참석을 졸업요건으로 정한 경우, 위 대학교의 대학예배는 목사에 의한 예배뿐만 아니라 강연이나 드라마 등 다양한 형식을 취하고 있고 학생들에 대하여도 예배시간의 참석만을 졸업의 요건으로 할 뿐 그 태도나 성과 등을 평가하지는 않는 사실 등에 비추어 볼 때, 위 대학교의 예배는 복음 전도나 종교인 양성에 직접적인 목표가 있는 것이 아니고 신앙을 가지지 않을 자유를 침해하지 않는 범위 내에서 학생들에게 종교교육을 함으로써 진리·사랑에 기초한 보편적 교양인을 양성하는 데 목표를 두고 있다고 할 것이므로, 대학예배에의 6학기 참석을 졸업요건으로 정한 위 대학교의 학칙은 헌법상 종교의 자유에 반하는 위헌무효의 학칙이 아니다(대판 1998.11.10, 96다37268).

389
13 · 09. 사시
11. 경정승진

종교전파의 자유는 누구에게나 자신의 종교 또는 종교적 확신을 알리고 선전하는 자유를 말하며, 포교행위 또는 선교행위가 이에 해당한다. 이러한 종교전파의 자유는 국민에게 그가 선택한 임의의 장소에서 자유롭게 행사할 수 있는 권리까지 보장하고, 그 임의의 장소가 대한민국의 주권이 미치지 아니하는 지역인 경우에도 그러하다. O | X

해설

[X] 종교의 자유에는 신앙의 자유, 종교적 행위의 자유가 포함되며, 종교적 행위의 자유에는 신앙고백의 자유, 종교적 의식 및 집회·결사의 자유, 종교전파·교육의 자유 등이 있다. 이 사건에서 문제되는 종교의 자유는 종교전파의 자유로서 누구에게나 자신의 종교 또는 종교적 확신을 알리고 선전하는 자유를 말하며, 포교행위 또는 선교행위가 이에 해당한다. 그러나 이러한 종교전파의 자유는 국민에게 그가 선택한 임의의 장소에서 자유롭게 행사할 수 있는 권리까지 보장한다고 할 수 없으며, 그 임의의 장소가 대한민국의 주권이 미치지 아니하는 지역 나아가 국가에 의한 국민의 생명·신체 및 재산의 보호가 강력히 요구되는 해외 위난지역인 경우에는 더욱 그러하다(헌재 2008.6.26, 2007헌마1366).

390
10. 법무사

특정 종교의 의식, 행사, 유형물이 우리 사회공동체 구성원들 사이에서 관습화된 문화요소로 인식되고 받아들여질 정도에 이르렀다면, 그에 대한 국가의 지원은 정교분리의 원칙에 위배되지 않는다. O | X

해설

[O] 오늘날 종교적인 의식 또는 행사가 하나의 사회공동체의 문화적인 현상으로 자리잡고 있으므로, 어떤 의식, 행사, 유형물 등이 비록 종교적인 의식, 행사 또는 상징에서 유래되었다고 하더라도 그것이 이미 우리 사회공동체 구성원들 사이에서 관습화된 문화요소로 인식되고 받아들여질 정도에 이르렀다면, 이는 정교분리원칙이 적용되는 종교의 영역이 아니라 헌법적 보호가치를 지닌 문화의 의미를 갖게 된다. 그러므로 이와 같이 이미 문화적 가치로 성숙한 종교적인 의식, 행사, 유형물에 대한 국가 등의 지원은 일정 범위 내에서 전통문화의 계승·발전이라는 문화국가원리에 부합하며 정교분리원칙에 위배되지 않는다(대판 2009.5.28, 2008두16933).

□□□ 391
11. 사시

종교의 자유는 양심의 자유에 우선하여 적용되는 특별법적 지위에 있으므로, 종교적 신념에 따라 병역을 거부한 경우에는 종교의 자유 침해 여부에 대해서만 심사한다. O | X

해설

[X] 헌법 제20조 제1항은 종교의 자유를 따로 보장하고 있으므로 양심적 병역거부가 종교의 교리나 종교적 신념에 따라 이루어진 것이라면, 이 사건 법률조항에 의하여 양심적 병역거부자의 종교의 자유도 함께 제한된다. 그러나 양심의 자유는 종교적 신념에 기초한 양심뿐만 아니라 비종교적인 양심도 포함하는 포괄적인 기본권이므로, 이하에서는 양심의 자유를 중심으로 살펴보기로 한다(헌재 2004.8.26, 2002헌가1).

□□□ 392
11. 사시

이미 문화적 가치로 성숙한 종교적인 의식, 행사, 유형물일지라도 이를 위한 국가의 지원은 국가중립주의를 본질로 하는 문화국가원리에 위배되며, 정교분리원칙에 반한다. O | X

해설

[X] 오늘날 종교적인 의식 또는 행사가 하나의 사회공동체의 문화적인 현상으로 자리잡고 있으므로, 어떤 의식, 행사, 유형물 등이 비록 종교적인 의식, 행사 또는 상징에서 유래되었다고 하더라도 그것이 이미 우리 사회공동체 구성원들 사이에서 관습화된 문화요소로 인식되고 받아들여질 정도에 이르렀다면, 이는 정교분리원칙이 적용되는 종교의 영역이 아니라 헌법적 보호가치를 지닌 문화의 의미를 갖게 된다. 그러므로 이와 같이 이미 문화적 가치로 성숙한 종교적인 의식, 행사, 유형물에 대한 국가 등의 지원은 일정 범위 내에서 전통문화의 계승·발전이라는 문화국가원리에 부합하며 정교분리원칙에 위배되지 않는다(대판 2009.5.28, 2008두16933).

□□□ 393
13. 사시

공범이나 동일사건 관련자가 있는지 여부를 불문하고 미결수용자에 대하여만 일률적으로 종교행사 등에의 참석을 불허하는 것은 미결수용자의 종교의 자유를 나머지 수용자의 종교의 자유보다 더욱 엄격하게 제한하는 것으로서 미결수용자의 종교의 자유를 침해한다. O | X

해설

[O] '형의 집행 및 수용자의 처우에 관한 법률' 제45조는 종교행사 등에의 참석대상을 '수용자'로 규정하고 있어 수형자와 미결수용자를 구분하고 있지도 아니하고, 무죄추정의 원칙이 적용되는 미결수용자들에 대한 기본권 제한은 징역형 등의 선고를 받아 그 형이 확정된 수형자의 경우보다는 더 완화되어야 할 것임에도, 피청구인이 수용자 중 미결수용자에 대하여만 일률적으로 종교행사 등에의 참석을 불허한 것은 미결수용자의 종교의 자유를 나머지 수용자의 종교의 자유보다 더욱 엄격하게 제한한 것이다. 나아가 공범 등이 없는 경우 내지 공범 등이 있는 경우라도 공범이나 동일사건 관련자를 분리하여 종교행사 등에의 참석을 허용하는 등의 방법으로 미결수용자의 기본권을 덜 침해하는 수단이 존재함에도 불구하고 이를 전혀 고려하지 아니하였으므로 이 사건 종교행사 등 참석불허 처우는 침해의 최소성요건을 충족하였다고 보기 어렵다. 그리고, 이 사건 종교행사 등 참석불허 처우로 얻어질 공익의 정도가 무죄추정의 원칙이 적용되는 미결수용자들이 종교행사 등에 참석을 하지 못함으로써 입게 되는 종교의 자유의 제한이라는 불이익에 비하여 결코 크다고 단정하기 어려우므로 법익의 균형성요건 또한 충족하였다고 할 수 없다. 따라서, 이 사건 종교행사 등 참석불허 처우는 과잉금지원칙을 위반하여 청구인의 종교의 자유를 침해하였다(헌재 2011.12.29, 2009헌마527).

□□□
394
11. 사시

고등학교 평준화정책에 따라 종교단체가 설립한 사립고등학교에 강제배정된 학생의 경우, 이 학교가 특정 종교의 교리를 전파하는 종교과목 수업을 실시하면서 참가 거부가 사실상 불가능한 분위기를 조성하고 대체과목을 개설하지 않은 것은 종교를 갖지 않은 학생의 기본권을 고려하지 않아 그 학생의 종교에 관한 인격적 법익을 침해한다.　　　　　　　　　　　　　　　　　　　　　　　　　　O | X

해설

[O] 종립학교가 고등학교 평준화정책에 따라 강제배정된 학생들을 상대로 특정 종교의 교리를 전파하는 종파적인 종교행사와 종교과목 수업을 실시하면서 참가 거부가 사실상 불가능한 분위기를 조성하고 대체과목을 개설하지 않는 등 신앙을 갖지 않거나 학교와 다른 신앙을 가진 학생의 기본권을 고려하지 않은 것은 우리 사회의 건전한 상식과 법감정에 비추어 용인될 수 있는 한계를 벗어나 학생의 종교에 관한 인격적 법익을 침해하는 위법한 행위이고, 그로 인하여 인격적 법익을 침해받는 학생이 있을 것임이 충분히 예견가능하고 그 침해가 회피가능하므로 과실 역시 인정된다(대판 2010.4.22, 2008다38288).

□□□
395
13. 사시
12. 경정승진

종교단체가 종교적 행사를 위하여 종교집회장 내에 납골시설을 설치하여 운영하는 것은 종교행사의 자유와 관련된 것이라 할 것이므로, 학교정화구역 내의 납골시설의 설치·운영을 일반적·절대적으로 금지하는 것은 종교의 자유를 침해한다.　　　　　　　　　　　　　　　　　　　　　　　O | X

해설

[X] 우리 사회는 전통적으로 사망한 사람의 시신이나 무덤을 경원하고 기피하는 풍토와 정서를 가지고 살아왔다. 입법자는 학교 부근의 납골시설이 현실적으로 학생들의 정서교육에 해로운 영향을 끼칠 가능성이 있다고 판단하고 학생들에 대한 정서교육의 환경을 보호하기 위하여 학교 부근의 납골시설을 규제하기로 결정한 것이다. 납골시설을 기피하는 풍토와 정서가 과학적인 합리성이 없다고 하더라도, 그러한 풍토와 정서가 현실적으로 학생들의 정서발달에 해로운 영향을 끼칠 가능성이 있는 이상, 규제하여야 할 필요성과 공익성을 부정하기 어렵다. 학교 정화구역 내에 납골시설을 금지할 필요성은 납골시설의 운영주체가 국가·지방자치단체 등의 공공기관이거나 개인·문중·종교단체·재단법인이든 마찬가지라고 할 것이다. 따라서 납골시설의 유형이나 설치주체를 가리지 아니하고 일률적으로 금지한다고 하여 불합리하거나 교육환경에 관한 입법형성권의 한계를 벗어났다고 보기 어렵다(헌재 2009.7.30, 2008헌가2).

□□□
396
13. 사시

종교적 행위의 자유는 질서유지와 공공복리를 위하여 법률로 제한할 수 있다고 하더라도, 중립적이고 일반적으로 적용되는 법률에 의하여 종교시설의 건축행위에도 기반시설부담금을 부과한다면 고도의 정신적 자유의 핵심에 해당하는 종교의 자유를 침해하게 된다.　　　　　　　　　　　　　　　　O | X

해설

[X] 종교의 자유에서 종교에 대한 적극적인 우대조치를 요구할 권리가 직접 도출되거나 우대할 국가의 의무가 발생하지 아니한다. 종교시설의 건축행위에만 기반시설부담금을 면제한다면 국가가 종교를 지원하여 종교를 승인하거나 우대하는 것으로 비칠 소지가 있어 헌법 제20조 제2항의 국교금지·정교분리에 위배될 수도 있다고 할 것이므로 종교시설의 건축행위에 대하여 기반시설부담금 부과를 제외하거나 감경하지 아니하였더라도, 종교의 자유를 침해하는 것이 아니다. 또한, 부담금의 감면은 광범위한 입법재량사항이고, 기반시설부담금에 관한 법률 제8조 제1항·제2항·제3항에 규정한 사항들은 일정한 사회·경제정책을 실현하기 위한 것으로, 그 대상 선정에 합리적인 이유가 있으므로 입법재량을 벗어나 평등권을 침해하는 것이 아니다(헌재 2010.2.25, 2007헌바131 등).

397
15. 법무사

종교단체가 운영하는 학교 형태 혹은 학원 형태의 교육기관도 예외 없이 학교설립인가 혹은 학원설립등록을 받도록 규정한 것은 종교의 자유를 침해하여 헌법에 위반된다. O I X

해설

[X] 헌법 제31조 제6항이 교육제도에 관한 기본사항을 법률로 입법자가 정하도록 한 취지, 종교교육기관이 자체 내부의 순수한 성직자 양성기관이 아니라 학교 혹은 학원의 형태로 운영될 경우 일반국민들이 받을 수 있는 부실한 교육의 피해의 방지, 현행 법률상 학교 내지 학원의 설립절차가 지나치게 엄격하다고 볼 수 없는 점 등을 고려할 때, 위 조항들이 청구인의 종교의 자유 등을 침해하였다고 볼 수 없고, 또한 위 조항들로 인하여 종교교단의 재정적 능력에 따라 학교 내지 학원의 설립상 차별을 초래한다고 해도 거기에는 위와 같은 합리적 이유가 있으므로 평등원칙에 위배된다고 할 수 없다(헌재 2000.3.30, 99헌바14).

398
16. 법행

군대 내에서 군종장교는 성직자로서의 신분과 국가공무원인 참모장교로서의 신분을 함께 가지고 있으므로, 군종장교가 주재하는 종교활동을 수행함에 있어 다른 종교를 비판하였다면, 국가공무원법에서 정한 종교적 중립을 준수할 의무를 위반한 직무상의 위법이 있다. O I X

해설

[X] 군대 내에서 군종장교는 국가공무원인 참모장교로서의 신분뿐 아니라 성직자로서의 신분을 함께 가지고 소속 종단으로부터 부여된 권한에 따라 설교·강론 또는 설법을 행하거나 종교의식 및 성례를 할 수 있는 종교의 자유를 가지는 것이므로, 군종장교가 최소한 성직자의 신분에서 주재하는 종교활동을 수행함에 있어 소속 종단의 종교를 선전하거나 다른 종교를 비판하였다고 할지라도 그것만으로 종교적 중립을 준수할 의무를 위반한 직무상의 위법이 있다고 할 수 없다(대판 2007.4.26, 2006다87903).

399
16. 법원직

구치소장이 수용자 중 미결수용자에 대하여 일률적으로 종교행사 등에의 참석을 불허한 것은 미결수용자의 종교의 자유를 나머지 수용자의 종교의 자유보다 엄격하게 제한한 것이나, 교정시설의 여건 및 수용관리의 적정성을 기하기 위한 것으로서 목적과 수단이 정당하고 일부 수용자에 대한 최소한의 제한에 해당하므로 종교의 자유를 침해한 것으로 볼 수 없다. O I X

해설

[X] 무죄추정의 원칙이 적용되는 미결수용자들에 대한 기본권 제한은 징역형 등의 선고를 받아 그 형이 확정된 수형자의 경우보다는 더 완화되어야 할 것임에도, 피청구인이 수용자 중 미결수용자에 대하여만 일률적으로 종교행사 등에의 참석을 불허한 것은 미결수용자의 종교의 자유를 나머지 수용자의 종교의 자유보다 더욱 엄격하게 제한한 것이다. 나아가 공범 등이 없는 경우 내지 공범 등이 있는 경우라도 공범이나 동일사건 관련자를 분리하여 종교행사 등에의 참석을 허용하는 등의 방법으로 미결수용자의 기본권을 덜 침해하는 수단이 존재함에도 불구하고 이를 전혀 고려하지 아니하였으므로 이 사건 종교행사 등 참석불허 처우는 침해의 최소성요건을 충족하였다고 보기 어렵다. 그리고, 이 사건 종교행사 등 참석불허 처우로 얻어질 공익의 정도가 무죄추정의 원칙이 적용되는 미결수용자들이 종교행사 등에 참석을 하지 못함으로써 입게 되는 종교의 자유의 제한이라는 불이익에 비하여 결코 크다고 단정하기 어려우므로 법익의 균형성요건 또한 충족하였다고 할 수 없다. 따라서, 이 사건 종교행사 등 참석불허 처우는 과잉금지원칙을 위반하여 청구인의 종교의 자유를 침해하였다(헌재 2011.12.29, 2009헌마527).

400
16. 국회직 8급

종교단체가 양로시설을 설치하고자 하는 경우 신고하도록 의무를 부담시키는 것은 종교단체의 종교의 자유와 인간다운 생활을 할 권리를 제한한다.　　　　　　　　　　　　　　　　　　　　　　　　　　　O | X

해설

[X] 청구인은 심판대상조항이 노인들의 거주·이전의 자유 및 인간다운 생활을 할 권리를 침해한다고 주장한다. 그러나 심판대상조항은 종교단체에서 운영하는 양로시설도 일정규모 이상의 경우 신고하도록 한 규정일 뿐, 거주·이전의 자유나 인간다운 생활을 할 권리의 제한을 불러온다고 볼 수 없으므로 이에 대해서는 별도로 판단하지 아니한다. 청구인은 심판대상조항이 법인의 인격권 및 법인운영의 자유를 침해한다고 주장하나, 위에서 본 바와 같이 종교단체의 복지시설 운영은 종교의 자유의 영역이므로 종교의 자유를 침해하는지 여부에 대한 문제로 귀결된다(헌재 2016.6.30, 2015헌바46).

401
23. 경찰 1차

육군훈련소장이 훈련병에게 개신교, 불교, 천주교, 원불교종교행사 중 하나에 참석하도록 한 것은 국가가 종교를 군사력강화라는 목적을 달성하기 위한 수단으로 전락시키거나, 반대로 종교단체가 군대라는 국가권력에 개입하여 선교행위를 하는 등 영향력을 행사할 수 있는 기회를 제공하므로, 국가와 종교의 밀접한 결합을 초래한다는 점에서 헌법상 정교분리원칙에 위배된다.　　　　　　　　　O | X

해설

[O] 피청구인이 청구인들로 하여금 개신교, 천주교, 불교, 원불교 4개 종교의 종교행사 중 하나에 참석하도록 한 것은 그 자체로 종교적 행위의 외적 강제에 해당한다. 이는 피청구인이 위 4개 종교를 승인하고 장려한 것이자, 여타 종교 또는 무종교보다 이러한 4개 종교 중 하나를 가지는 것을 선호한다는 점을 표현한 것이라고 보여질 수 있으므로 국가의 종교에 대한 중립성을 위반하여 특정 종교를 우대하는 것이다. 또한, 이 사건 종교행사 참석조치는 국가가 종교를, 군사력 강화라는 목적을 달성하기 위한 수단으로 전락시키거나, 반대로 종교단체가 군대라는 국가권력에 개입하여 선교행위를 하는 등 영향력을 행사할 수 있는 기회를 제공하므로, 국가와 종교의 밀접한 결합을 초래한다는 점에서 정교분리원칙에 위배된다(헌재 2022.11.24, 2019헌마941).

402
23. 경찰간부

구치소에 종교행사 공간이 1개뿐이고, 종교행사는 종교, 수형자와 미결수용자, 성별, 수용동별로 진행되며, 미결수용자는 공범이나 동일사건 관련자가 있는 경우 분리하여 참석하게 해야 하는 점을 고려하더라도, 구치소장이 종교행사를 4주에 1회 실시한 것은 미결수용자의 종교의 자유를 침해한다.　　　　　O | X

해설

[X] ○○구치소에 종교행사 공간이 1개뿐이고, 종교행사는 종교, 수형자와 미결수용자, 성별, 수용동별로 진행되며, 미결수용자는 공범이나 동일사건 관련자가 있는 경우 이를 분리하여 참석하게 해야 하는 점을 고려하면 피청구인이 미결수용자 대상 종교행사를 4주에 1회 실시했더라도 종교의 자유를 과도하게 제한하였다고 보기 어렵고, 구치소의 인적·물적 여건상 하루에 여러 종교행사를 동시에 하기 어려우며, 개신교의 경우에만 그 교리에 따라 일요일에 종교행사를 허용할 경우 다른 종교와의 형평에 맞지 않고, 공휴일인 일요일에 종교행사를 할 행정적 여건도 마련되어 있지 않다는 점을 고려하면, 이 사건 종교행사 처우는 청구인의 종교의 자유를 침해하지 않는다(헌재 2015.4.30, 2013헌마190).

제3항 언론·출판의 자유

□□□
403
05. 입시

정부에 대한 국민의 일반적 정보공개를 구할 권리는 추상적 권리로서, 이를 구체화하는 법률의 제정이 없으면 헌법 제21조에서 직접 보장된다고 할 수는 없다. O | X

해설

[X] 헌법 제21조는 언론·출판의 자유, 즉 표현의 자유를 규정하고 있는데 이 자유는 전통적으로 사상 또는 의견의 자유로운 표명(발표의 자유)과 그것을 전파할 자유(전달의 자유)를 의미하는 것으로서 사상 또는 의견의 자유로운 표명은 자유로운 의사의 형성을 전제로 한다. 자유로운 의사의 형성은 정보에의 접근이 충분히 보장됨으로써 비로소 가능한 것이며, 그러한 의미에서 정보에의 접근·수집·처리의 자유, 즉 '알 권리'는 표현의 자유와 표리일체의 관계에 있으며 자유권적 성질과 청구권적 성질을 공유하는 것이다. 자유권적 성질은 일반적으로 정보에 접근하고 수집·처리함에 있어서 국가권력의 방해를 받지 아니한다는 것을 말하며, 청구권적 성질을 의사형성이나 여론 형성에 필요한 정보를 적극적으로 수집하고 수집을 방해하는 방해제거를 청구할 수 있다는 것을 의미하는바 이는 정보수집권 또는 정보공개청구권으로 나타난다. 나아가 현대사회가 고도의 정보화사회로 이행해 감에 따라 '알 권리'는 한편으로 생활권적 성질까지도 획득해 나가고 있다. … 알 권리의 실현은 법률의 제정이 뒤따라 이를 구체화시키는 것이 충실하고도 바람직하지만, 그러한 법률이 제정되어 있지 않다고 하더라도 불가능한 것은 아니고 헌법 제21조에 의해 직접 보장될 수 있다고 하는 것이 헌법재판소의 확립된 판례인 것이다(헌재 1991.5.13, 90헌마133).

□□□
404
04. 국가직

법원 방영금지가처분결정도 현행 헌법에서 금지하는 사전검열에 해당한다. O | X

해설

[X] 헌법 제21조 제2항에서 규정한 검열금지의 원칙은 모든 형태의 사전적인 규제를 금지하는 것이 아니고 단지 의사표현의 발표 여부가 오로지 행정권의 허가에 달려있는 사전심사만을 금지하는 것을 뜻하므로, 이 사건 법률조항에 의한 방영금지가처분은 행정권에 의한 사전심사나 금지처분이 아니라 개별 당사자간의 분쟁에 관하여 사법부가 사법절차에 의하여 심리, 결정하는 것이어서 헌법에서 금지하는 사전검열에 해당하지 아니한다(헌재 2001.8.30, 2000헌바36).

☑ 사전검열 해당 여부(헌재결정례)

사전검열에 해당 ○	사전검열에 해당 ×
• 공연윤리위원회의 영화·음반·비디오물 사전심의	• 정기간행물 등록제도
• 공연윤리위원회의 비디오물복제 사전심의	• 영화제작업자 등록제도
• 한국공연예술진흥협의회의 비디오물 사전심의	• 영화 등급심사제도
• 영상물등급위원회의 영화상영 등급분류보류제도	• 비디오 등급분류
• 영상물등급위원회의 비디오물 등급분류보류제도	• 방송사업허가제
• 영상물등급위원회의 외국비디오물 수입추천제도	• 게임물판매업자 등록제도
• 영상물등급위원회의 외국음반 국내제작 추천제도	• 정기간행물의 공보처장관에의 납본제도
• 방송통신심의위원회의 방송광고 사전심의제	• 교과서 국정제 및 검·인정제
• 의사협회의 의료광고 사전심의제	• 법원에 의한 방영금지가처분
• 건강기능식품 사전심의제	• 옥외광고물 사전허가·신고제

헌법상 검열금지원칙은 검열의 주체와 관계없이 모든 형태의 사전적인 규제를 금지하는 것이다. O I X

해설

[X] 검열은 개인이 사상이나 의견 등을 발표하기 이전에 행정권이 주체가 되어 예방적 조치로서 미리 그 내용을 심사, 선별하여 일정한 범위 내에서 발표를 사전에 억제하는, 즉 허가받지 아니한 것의 발표를 금지하는 제도를 뜻하는 것으로서, 검열금지의 원칙은 모든 형태의 사전적인 규제를 금지하는 것이 아니고, 단지 의사표현의 발표 여부가 오로지 행정권의 허가에 달려있는 사전심사만을 금지하는 것을 뜻한다 할 것이다. 그런데, 이 사건 법률조항에 의한 방영금지가처분은 비록 제작 또는 방영되기 이전, 즉 사전에 그 내용을 심사하여 금지하는 것이기는 하나, 이는 행정권에 의한 사전심사나 금지처분이 아니라 개별 당사자간의 분쟁에 관하여 사법부가 사법절차에 의하여 심리, 결정하는 것이므로, 헌법에서 금지하는 사전검열에 해당하지 아니한다(헌재 2001.8.30, 2000헌바36).

외국비디오물을 수입할 경우에 반드시 영상물등급위원회로부터 수입추천을 받도록 규정하고 있는 구 음반·비디오물 및 게임물에 관한 법률 제16조 제1항은 사전검열에 해당하지 않는다. O I X

해설

[X] 외국비디오물을 수입할 경우에 반드시 영상물등급위원회로부터 수입추천을 받도록 규정하고 있는 구 음반·비디오물 및 게임물에 관한 법률 제16조 제1항 등에 의한 외국비디오물 수입추천제도는 외국비디오물의 수입·배포라는 의사표현행위 전에 표현물을 행정기관의 성격을 가진 영상물등급위원회에 제출토록 하여 표현행위의 허용 여부를 행정기관의 결정에 좌우되게 하고, 이를 준수하지 않는 자들에 대하여 형사처벌 등의 강제조치를 규정하고 있는바, 허가를 받기 위한 표현물의 제출의무, 행정권이 주체가 된 사전심사절차, 허가를 받지 아니한 의사표현의 금지, 심사절차를 관철할 수 있는 강제수단이라는 요소를 모두 갖추고 있으므로, 우리나라 헌법이 절대적으로 금지하고 있는 사전검열에 해당한다(헌재 2005.2.3, 2004헌가8).

전자우편은 기존의 우편과 마찬가지로 비밀보호의 대상이 되는 통신에 해당하지만, 의사표현의 수단이 된다는 점에서 표현의 자유에 의한 보호도 받는다. 그러나 영리를 목적으로 하는 광고성 정보인 스팸메일은 영업의 자유에 의해 보호를 받을 수는 있지만, 사상·의견의 전달이 아니기 때문에 표현의 자유에 의한 보호의 대상이 될 수 없다. O I X

해설

[X] 헌법 제21조가 보장하는 표현의 자유는 전통적으로는 사상 또는 의견의 자유로운 표명(발표의 자유)과 그것을 전파할 자유(전달의 자유)를 의미하고, 그 내용으로서는 의사표현·전파의 자유, 정보의 자유, 신문의 자유 및 방송·방영의 자유 등이 있는데, 의사표현·전파의 자유에 있어서 매개체는 담화·연설·토론·연극·방송·음악·영화·가요 등과 문서·소설·시가·도화·사진·조각·서화 등 모든 형상의 의사표현 또는 의사전파의 매개체를 포함한다. 현행법상 청소년유해매체물로 결정된 인터넷 정보라 하더라도 당연히 불법적인 것은 아니며, 청소년에게 차단되어야 하는 것일 뿐 성인에게는 일반적으로 허용되는 것이다. 청소년유해매체물로 결정된 매체물 내지 인터넷 정보라 하더라도 이들은 의사형성적 작용을 하는 의사의 표현·전파의 형식 중의 하나이므로 언론·출판의 자유에 의하여 보호되는 의사표현의 매개체에 해당된다고 볼 것이다(헌재 2004.1.29, 2001헌마894). 표현의 자유의 매개체는 어떠한 형태이든 그 제한이 없다. 인터넷 등 온라인매체도 의사표현의 매개체이기 때문에 인터넷을 통한 스팸메일도 표현의 자유에 의한 보호대상이 될 수 있다.

□□□ 408
06. 법행

옥외광고물의 경우에는 그 종류, 외형, 설치방법 등을 규제할 뿐 아니라 그 내용을 심사·선별하더라도 사전허가·검열에 해당하지 않는다.　　　　O | X

해설

[X] 옥외광고물 등의 내용을 심사·선별한다면 사전허가·검열에 해당한다. 헌법재판소는 "헌법 제21조 제2항에서 정하는 허가나 검열은 행정권이 주체가 되어 사상이나 의견 등이 발표되기 이전에 예방적 조치로서 그 내용을 심사·선별하여 발표를 사전에 억제하는, 즉 허가받지 아니한 것의 발표를 금지하는 제도를 뜻한다. 옥외광고물 등 관리법 제3조는 일정한 지역·장소 및 물건에 광고물 또는 게시시설을 표시하거나 설치하는 경우에 그 광고물 등의 종류·모양·크기·색깔, 표시 또는 설치의 방법 및 기간 등을 규제하고 있을 뿐, 광고물 등의 내용을 심사·선별하여 광고물을 사전에 통제하려는 제도가 아님은 명백하므로, 헌법 제21조 제2항이 정하는 사전허가·검열에 해당되지 아니한다."고 판시하였다(헌재 1998.2.27, 96헌바2).

□□□ 409
06. 국가직

언론·출판에 대한 검열금지의 원칙은 외국영상물의 수입에는 적용되지 아니한다.　　　　O | X

해설

[X] 외국비디오물 수입추천제도는 외국비디오물의 수입·배포라는 의사표현행위 전에 표현물을 행정기관의 성격을 가진 영상물등급위원회에 제출토록 하여 표현행위의 허용 여부를 행정기관의 결정에 좌우되게 하고, 이를 준수하지 않는 자들에 대하여 형사처벌 등의 강제조치를 규정하고 있는바, 허가를 받기 위한 표현물의 제출의무, 행정권이 주체가 된 사전심사절차, 허가를 받지 아니한 의사표현의 금지, 심사절차를 관철할 수 있는 강제수단이라는 요소를 모두 갖추고 있으므로, 우리나라 헌법이 절대적으로 금지하고 있는 사전검열에 해당한다(헌재 2005.2.3, 2004헌가8).

□□□ 410
08. 국가직

종합유선방송 등에 대한 사업허가제는 언론·출판에 대한 허가나 검열로서 헌법상 허용되지 아니한다.　　　　O | X

해설

[X] 내용규제 그 자체가 아니거나 내용규제의 효과를 초래하는 것이 아니라면 헌법 제21조 제2항의 금지된 '허가'에는 해당되지 않는다. 한편, 헌법 제21조 제3항은 통신·방송의 시설기준을 법률로 정하도록 규정하여 일정한 방송시설기준을 구비한 자에 대해서만 방송사업을 허가하는 허가제가 허용될 여지를 주는 한편 행정부에 의한 방송사업허가제의 자의적 운영이 방지되도록 하고 있다. 정보유통 통로의 유한성, 사회적 영향력 등 방송매체의 특성을 감안할 때, 그리고 위 헌법 제21조 제3항의 규정에 비추어 보더라도, 종합유선방송 등에 대한 사업허가제를 두는 것 자체는 허용된다(헌재 2001.5.31, 2000헌바43·52).

□□□ 411
09. 법무사

정보에의 접근·수집·처리의 자유는 자유권적 성질뿐 아니라 청구권적 성질도 가지기 때문에, 이를 구체화하는 법률이 제정되어 있지 않으면 그 실현이 불가능하다.　　　　O | X

해설

[X] 헌법재판소는 알 권리를 구체화하는 법률이 제정되어 있지 않아도 헌법 제21조에 의하여 직접 보장되는 구체적 권리라는 입장이다(헌재 1991.5.13, 90헌마133).

412
09. 국가직

일간신문과 지상파방송간의 겸영을 금지하는 것은 언론의 다양성을 보장하기 위한 필요한 한도 내의 제한이라고 할 수 없어 신문의 자유를 침해한다.

O | X

해설

[X] 일간신문이 뉴스통신이나 방송사업과 같은 이종미디어를 겸영하는 것을 어떻게 규율할 것인가 하는 것은 고도의 정책적 접근과 판단이 필요한 분야로서, 겸영금지의 규제정책을 지속할 것인지, 지속한다면 어느 정도로 규제할 것인지의 문제는 입법자의 미디어정책적 판단에 맡겨져 있다. 신문법 제15조 제2항은 신문의 다양성을 보장하기 위하여 필요한 한도 내에서 그 규제의 대상과 정도를 선별하여 제한적으로 규제하고 있다고 볼 수 있다. 규제대상을 일간신문으로 한정하고 있고, 겸영에 해당하지 않는 행위, 즉 하나의 일간신문법인이 복수의 일간신문을 발행하는 것 등은 허용되며, 종합편성이나 보도전문편성이 아니어서 신문의 기능과 중복될 염려가 없는 방송채널사용사업이나 종합유선방송사업, 위성방송사업 등을 겸영하는 것도 가능하다. 그러므로 신문법 제15조 제2항은 헌법에 위반되지 아니한다(헌재 2006.6.29, 2005헌마165 등).

주의 » 판례에서는 합헌결정을 하였으나 이후 법개정으로 현재는 겸영이 가능하다.

413
10. 법무사

의회는 행정기관으로 하여금 영화의 상영 전에 내용을 심사하여 등급분류를 보류할 수 있도록 하고 등급분류를 받지 않은 영화의 상영을 금지하는 법률을 제정할 수 있다.

O | X

해설

[X] 영상물등급위원회에 의한 등급분류보류제도는 영상물등급위원회가 영화의 상영에 앞서 영화를 제출받아 그 심의 및 상영등급분류를 하되, 등급분류를 받지 아니한 영화는 상영이 금지되고 만약 등급분류를 받지 않은 채 영화를 상영한 경우 과태료, 상영금지명령에 이어 형벌까지 부과할 수 있도록 하며, 등급분류보류의 횟수제한이 없어 실질적으로 영상물등급위원회의 허가를 받지 않는 한 영화를 통한 의사표현이 무한정 금지될 수 있으므로 검열에 해당한다(헌재 2001.8.30, 2000헌가9).

414
08. 법행

상영 및 광고·선전에 있어 일정한 제한이 필요한 영화를 제한상영가 영화로 상영등급분류한 구 영화진흥법 조항이나 영화 및 비디오물 진흥에 관한 법률 조항은 헌법에 합치되지 않는다.

O | X

해설

[O] 영화 및 비디오물의 진흥에 관한 법률(이하 '영진법'이라 한다) 제21조 제3항 제5호는 '제한상영가' 등급의 영화를 '상영 및 광고·선전에 있어서 일정한 제한이 필요한 영화'라고 규정하고 있는데, 이 규정은 제한상영가 등급의 영화가 어떤 영화인지를 말해주기보다는 제한상영가 등급을 받은 영화가 사후에 어떠한 법률적 제한을 받는지를 기술하고 있는바, 이것으로는 제한상영가 영화가 어떤 영화인지를 알 수가 없고, 따라서 영진법 제21조 제3항 제5호는 명확성원칙에 위배된다. 한편, 영진법 제21조 제7항 후문 중 '제3항 제5호' 부분의 위임 규정은 영화상영등급분류의 구체적 기준을 영상물등급위원회의 규정에 위임하고 있는데, 이 사건 위임 규정에서 위임하고 있는 사항은 제한상영가 등급분류의 기준에 대한 것으로 그 내용이 사회현상에 따라 급변하는 내용들도 아니고, 특별히 전문성이 요구되는 것도 아니며, 그렇다고 기술적인 사항도 아닐 뿐만 아니라, 더욱이 표현의 자유의 제한과 관련되어 있다는 점에서 경미한 사항이라고도 할 수 없는데도, 이 사건 위임 규정은 영상물등급위원회 규정에 위임하고 있는바, 이는 그 자체로서 포괄위임금지원칙을 위반하고 있다고 할 것이다. 나아가 이 사건 위임 규정은 등급분류의 기준에 관하여 아무런 언급 없이 영상물등급위원회가 그 규정으로 이를 정하도록 하고 있는바, 이것만으로는 무엇이 제한상영가 등급을 정하는 기준인지에 대해 전혀 알 수 없고, 다른 관련규정들을 살펴보더라도 위임되는 내용이 구체적으로 무엇인지 알 수 없으므로 이는 포괄위임금지원칙에 위반된다 할 것이다(헌재 2008.7.31, 2007헌가4【헌법불합치】).

415
08. 법행

비디오물 등급분류는 비디오물 유통으로 인해 청소년이 받게 될 악영향을 미리 차단하고자 공개나 유통에 앞서 이용 연령을 분류하는 절차에 불과하여 사전검열에 해당하지 않는다.　O | X

해설

[O] 비디오물 등급분류는 의사 표현물의 공개 내지 유통을 허가할 것인가 말 것인가를 영상물등급위원회가 사전적으로 결정하는 절차가 아니라 그 발표나 유통으로 인한 실정법 위반 사태를 미연에 방지하고, 비디오물 유통으로 인해 청소년이 받게 될 악영향을 미리 차단하고자 공개나 유통에 앞서 이용 연령을 분류하는 절차에 불과하다(헌재 2007.10.4, 2004헌바36).

　☑ 주의 '비디오물 등급분류보류'는 검열에 해당하며 위헌이다.

　영상물등급위원회에 의한 등급분류보류는 비디오물 등급분류의 일환으로 유통 전에 비디오물을 제출받아 그 내용을 심사하여 이루어질 뿐 아니라, 영상물등급위원회는 그 위원을 대통령이 위촉하고, 위원회의 운영에 필요한 경비를 국고에서 보조할 수 있으며, 국고 예산 등이 수반되는 사업계획 등은 미리 문화관광부장관과 협의하도록 규정하고 있고, 등급을 분류받지 아니한 비디오물은 유통이 금지되어 등급분류가 보류된 비디오물이나 등급분류를 받지 아니한 비디오물에 대하여 문화관광부장관 등은 관계공무원으로 하여금 이를 수거하여 폐기하게 할 수도 있고 이를 유통 또는 시청에 제공한 자에게는 형벌까지 부과될 수 있으며, 등급분류보류의 횟수제한이 설정되어 있지 않아 무한정 등급분류가 보류될 수 있다. 따라서, 영상물등급위원회는 실질적으로 행정기관인 검열기관에 해당하고, 이에 의한 등급분류보류는 비디오물 유통 이전에 그 내용을 심사하여 허가받지 아니한 것의 발표를 금지하는 제도, 즉 검열에 해당되므로 헌법에 위반된다(헌재 2008.10.30, 2004헌가18).

416
09. 사시
08. 법행

텔레비전 방송광고에 대한 사전심의는 민간기구인 한국광고자율심의기구가 담당하고 있으나 그 실질은 방송위원회가 위탁이라는 방법으로 그 업무의 범위를 확장하고 있는 것에 지나지 않으므로 헌법이 금지하는 사전검열에 해당한다.　O | X

해설

[O] 한국광고자율심의기구는 행정기관적 성격을 가진 방송위원회로부터 위탁을 받아 이 사건 텔레비전 방송광고 사전심의를 담당하고 있는바, 한국광고자율심의기구는 민간이 주도가 되어 설립된 기구이기는 하나, 그 구성에 행정권이 개입하고 있고, 행정법상 공무수탁사인으로서 그 위탁받은 업무에 관하여 국가의 지휘·감독을 받고 있으며, 방송위원회는 텔레비전 방송광고의 심의기준이 되는 방송광고 심의규정을 제정·개정할 권한을 가지고 있고, 자율심의기구의 운영비나 사무실 유지비, 인건비 등을 지급하고 있다. 그렇다면 한국광고자율심의기구가 행하는 방송광고 사전심의는 방송위원회가 위탁이라는 방법에 의해 그 업무의 범위를 확장한 것에 지나지 않는다고 할 것이므로 한국광고자율심의기구가 행하는 이 사건 텔레비전 방송광고 사전심의는 행정기관에 의한 사전검열로서 헌법이 금지하는 사전검열에 해당한다(헌재 2008.6.26, 2005헌마506).

신문기업 자료의 신고 · 공개제도는 신문의 투명성 확보라는 그 입법목적이 모호할 뿐만 아니라, 신문기업의 주식 소유자에 대한 정보공개는 개인의 프라이버시를 노출시키게 되고, 그 결과 특정 신문에 대한 개인의 투자를 저해할 수도 있으므로, 과잉금지원칙에 위배되어 신문의 자유를 침해하는 것이다.

O | X

해설

[X] 신문법 제16조가 신문기업 자료의 신고 · 공개제도를 둔 것은 신문시장의 투명성을 제고하고, 신문법 제15조의 겸영금지 및 소유제한 규정의 실효성을 담보함으로써 신문의 다양성이라는 헌법적 요청을 구현하기 위해서이다. 신문기업은 일반기업에 비하여 공적 기능과 사회적 책임이 크기 때문에 그 소유구조는 물론 경영활동에 관한 자료를 신고 · 공개하도록 함으로써 그 투명성을 높이고 신문시장의 경쟁질서를 정상화할 필요성이 더욱 크다. 신문법 제16조에서 신고 · 공개하도록 규정하고 있는 사항 중 상당 부분은 상법 등 다른 법률에 의해 이미 공시 또는 공개되고 있는 것들이고, 그 밖에 발행부수, 광고수입 등과 같은 사항을 추가적으로 신고 · 공개하도록 하고 있지만, 이는 신문 특유의 기능보장을 위하여 필요한 범위 내의 것이다. 따라서 이 조항들이 신문의 자유를 지나치게 침해한다거나, 일반 사기업에 비하여 평등원칙에 반하는 차별을 가하는 위헌규정이라 할 수 없다(헌재 2006.6.29, 2005헌마165).

상업광고행위는 인격발현과 개성신장에 미치는 효과가 중대하여 표현의 자유의 보호영역에 속하므로, 비례의 원칙 심사에 있어서 사상이나 지식에 관한 정치적 · 시민적 표현행위와 차이가 없다. O | X

해설

[X] 상업광고에 대한 규제에 의한 표현의 자유 내지 직업수행의 자유의 제한은 헌법 제37조 제2항에서 도출되는 비례의 원칙(과잉금지원칙)을 준수하여야 하지만, 상업광고는 사상이나 지식에 관한 정치적 · 시민적 표현행위와는 차이가 있고, 인격발현과 개성신장에 미치는 효과가 중대한 것은 아니므로, 비례의 원칙 심사에 있어서 '피해의 최소성'원칙은 '입법목적을 달성하기 위하여 필요한 범위 내의 것인지'를 심사하는 정도로 완화되는 것이 상당하다(헌재 2005.10.27, 2003헌가3).

419
10. 사시

정정보도청구에 대한 심리절차를 가처분절차에 의하도록 하고 있는 것은 허위보도로 인한 피해를 신속하게 구제하기 위하여 필요하고도 적절한 수단이라 할 것이고, 허위보도를 정정하는 것은 진실보도의무를 부담하는 언론사가 당연히 취해야 할 조치이다. 따라서 정정보도청구에 대한 심리를 가처분절차에 의한다고 하여 신문사업자의 공정한 재판을 받을 권리와 언론의 자유를 침해한다고 볼 수 없다. O | X

해설

[X] 정정보도청구권이 비록 허위의 보도로 인한 피해를 구제하기 위한 제도이긴 하지만 언론사의 고의·과실을 불문하므로 그러한 제도로 인한 언론의 위축효과는 최소화되지 않으면 안 된다. 그렇다면 정정보도청구의 소를 소명만으로 인용하고 언론사에게 충분한 증거제출이나 방어 기회를 제공하지 않는 것은 피해자의 보호만을 우선하여 언론의 자유를 합리적인 이유 없이 지나치게 제한하는 것이 되어 위헌임을 면할 수 없다. … 결국 정정보도청구의 소를 가처분절차에 따라 재판하도록 규정한 언론중재 및 피해구제 등에 관한 법률 제26조 제6항 본문 전단은 이상과 같은 이유로 언론의 자유를 침해하는 위헌의 법률로 인정된다(헌재 2006.6.29, 2005헌마165 등).

☑ 정정보도청구권과 반론보도청구권

구분	정정보도청구권	반론보도청구권
공통점	• 사실적 주장에 대해서만 가능 • 보도 있음을 안 날로부터 3월 이내 또는 보도 있은 후로부터 6월까지 언론사에 청구 • 언론사의 고의·과실, 위법성을 요하지 않음 • 언론중재위원회의 중재절차는 임의적 절차	
차이점	진실하지 않은 보도내용이 대상	보도내용의 진실 여부 불문
	가처분절차에 의하도록 한 것: 위헌	가처분절차에 의하도록 한 것: 합헌
	민사소송법의 소송절차	민사집행법의 가처분절차

420
21. 소방간부
후보생

사실적 주장에 관한 언론보도 등으로 인하여 피해를 입은 자는 그 보도내용에 관한 반론보도를 언론사 등에 청구할 수 있다. O | X

해설

[O] 언론중재 및 피해구제 등에 관한 법률 제16조 【반론보도청구권】 ① 사실적 주장에 관한 언론보도 등으로 인하여 피해를 입은 자는 그 보도내용에 관한 반론보도를 언론사 등에 청구할 수 있다.

421
10. 사시

국가가 개인의 표현행위를 규제하는 경우, 표현내용에 대한 규제는 원칙적으로 중대한 공익의 실현을 위하여 불가피한 경우에 한하여 엄격한 요건하에서 허용되는 반면, 표현내용과 무관하게 표현의 방법을 규제하는 것은 합리적인 공익상의 이유로 상대적으로 넓은 제한이 가능하다. O | X

해설

[O] 국가가 개인의 표현행위를 규제하는 경우, 표현'내용'에 대한 규제는 원칙적으로 중대한 공익의 실현을 위하여 불가피한 경우에 한하여 엄격한 요건하에서 허용되는 반면, 표현내용과 무관하게 표현의 '방법'을 규제하는 것은 합리적인 공익상의 이유로 폭넓은 제한이 가능하다(헌재 2002.12.18, 2000헌마764).

□□□
422

10. 지방직

외국비디오물을 수입할 때 영상물등급위원회의 추천을 받도록 하는 것은 사전검열이 아니다.   O | X

해설

> [X] 외국비디오물을 수입할 경우에 반드시 영상물등급위원회로부터 수입추천을 받도록 규정하고 있는 것은 허가를 받기 위한 표현물의 제출의무, 행정권이 주체가 된 사전심사절차, 허가를 받지 아니한 의사표현의 금지, 심사절차를 관철할 수 있는 강제수단이라는 요소를 모두 갖추고 있으므로, 우리나라 헌법이 절대적으로 금지하고 있는 사전검열에 해당한다(헌재 2005.2.3, 2004헌가8).

□□□
423

11. 경정승진

"교통수단을 이용한 광고는 교통수단 소유자에 관한 광고에 한하여 할 수 있다."라고 규정하고 있는 옥외광고물 등 관리법 시행령 규정은 표현방법에 따른 규제가 아니라 표현내용을 금지하거나 제한하려는 것이다.   O | X

해설

> [X] 국가가 개인의 표현행위를 규제하는 경우, 표현'내용'에 대한 규제는 원칙적으로 중대한 공익의 실현을 위하여 불가피한 경우에 한하여 엄격한 요건하에서 허용되는 반면, 표현내용과 무관하게 표현의 '방법'을 규제하는 것은 합리적인 공익상의 이유로 폭넓은 제한이 가능하다. 헌법상 표현의 자유가 보호하고자 하는 가장 핵심적인 것이 바로 "표현행위가 어떠한 내용을 대상으로 한 것이든 보호를 받아야 한다."는 것이며, "국가가 표현행위를 그 내용에 따라 차별함으로써 특정한 견해나 입장을 선호하거나 억압해서는 안 된다."는 것이다. … 이 사건 시행령 조항이 자신에 관한 광고를 허용하면서 타인에 관한 광고를 금지한 것은 특정한 표현내용을 금지하거나 제한하려는 것이 아니라 광고의 매체로 이용될 수 있는 차량을 제한하고자 하는 표현방법에 따른 규제로서, 표현의 방법에 대한 제한은 합리적인 공익상의 이유로 비례의 원칙의 준수하에서 가능하다고 할 것이다. 자동차란 매체를 이용하여 자유롭게 광고를 하는 표현행위가 개인의 인격발현에 대하여 가지는 의미·중요성과 다른 한편으로는 자동차를 이용한 광고행위를 제한해야 할 공익상의 이유를 서로 비교형량하여 볼 때, 자동차에 타인에 관한 광고표시를 허용함으로써 보장되는 표현의 자유를 통해 얻을 수 있는 개인의 이익보다는 자동차에 타인에 관한 광고를 금지함으로써 얻을 수 있는 공익이 더 크다고 할 것이다. 따라서 이 사건 시행령 조항이 표현의 자유를 침해한다고 볼 수 없다(헌재 2002.12.18, 2000헌마764).

□□□
424

11. 사시

'공익을 해할 목적'의 허위의 통신을 금지하는 전기통신기본법 조항은, '공익'이라는 표현이 헌법상 '국가안전보장·질서유지' 및 '공중도덕이나 사회윤리'와 비교할 때 동어반복이라고 할 수 있을 정도로 전혀 구체화되어 있지 않아서 명확성원칙에 위반된다.   O | X

해설

> [O] '공익을 해할 목적'의 허위의 통신을 금지하는 전기통신기본법 조항은, '공익'이라는 표현이 헌법상 '국가안전보장·질서유지' 및 '공중도덕이나 사회윤리'와 비교할 때 동어반복이라고 할 수 있을 정도로 전혀 구체화되어 있지 않아서 명확성원칙에 위반된다(헌재 2010.12.28, 2008헌바157·2009헌바88).

□□□
425
12. 경정승진
11. 사시

건강기능식품의 기능성 표시·광고의 사전심의는 건강기능식품협회가 담당하고 있지만 그 실질은 식약
처장이 위탁이라는 방법으로 그 업무의 범위를 확장하고 있는 것에 지나지 않으므로, 건강기능식품협회
가 행하는 사전심의절차는 헌법이 금지하는 행정기관에 의한 사전검열에 해당한다.   O | X

해설

[O] 현행 헌법상 사전검열은 표현의 자유 보호대상이면 예외 없이 금지된다. 건강기능식품의 기능성 광고는 인
체의 구조 및 기능에 대하여 보건용도에 유용한 효과를 준다는 기능성 등에 관한 정보를 널리 알려 해당
건강기능식품의 소비를 촉진시키기 위한 상업광고이지만, 헌법 제21조 제1항의 표현의 자유의 보호대상이
됨과 동시에 같은 조 제2항의 사전검열 금지대상도 된다. 광고의 심의기관이 행정기관인지 여부는 기관의
형식에 의하기보다는 그 실질에 따라 판단되어야 하고, 행정기관의 자의로 개입할 가능성이 열려 있다면
개입 가능성의 존재 자체로 헌법이 금지하는 사전검열이라고 보아야 한다. 건강기능식품법(이하 '법'이라
한다)상 기능성 광고의 심의는 식약처장으로부터 위탁받은 한국건강기능식품협회에서 수행하고 있지만, 법
상 심의주체는 행정기관인 식약처장이며, 언제든지 그 위탁을 철회할 수 있고, 심의위원회의 구성에 관하여
도 법령을 통해 행정권이 개입하고 지속적으로 영향을 미칠 가능성이 존재하는 이상 그 구성에 자율성이
보장되어 있다고 볼 수 없다. 따라서 이 사건 건강기능식품 기능성 광고 사전심의는 그 검열이 행정권에
의하여 행하여진다 볼 수 있고, 헌법이 금지하는 사전검열에 해당하므로 헌법에 위반된다(헌재 2018.6.28.
2016헌가8·2017헌바476).

□□□
426
17. 국가직

건강기능식품의 기능성 표시·광고를 하고자 하는 자가 사전에 건강기능식품협회의 심의절차를 거치도
록 하는 것은 헌법이 금지하는 사전검열에 해당하지는 않지만 과잉금지원칙에 위반하여 건강기능식품
판매업자의 표현의 자유를 침해한다.   O | X

해설

[X] 헌법상 사전검열은 표현의 자유 보호대상이면 예외 없이 금지된다. 건강기능식품의 기능성 광고는 인체의
구조 및 기능에 대하여 보건용도에 유용한 효과를 준다는 기능성 등에 관한 정보를 널리 알려 해당 건강기
능식품의 소비를 촉진시키기 위한 상업광고이지만, 헌법 제21조 제1항의 표현의 자유의 보호대상이 됨과 동
시에 같은 조 제2항의 사전검열금지대상도 된다(헌재 2019.5.30. 2019헌가4).

□□□
427
20. 경정승진

건강기능식품 기능성 광고 사전심의가 헌법이 금지하는 사전검열에 해당하려면 심사절차를 관철할 수
있는 강제수단이 존재할 것을 필요로 하는데, 영업허가취소와 같은 행정제재나 벌금형과 같은 형벌의 부
과는 사전심의절차를 관철하기 위한 강제수단에 해당한다.   O | X

해설

[O] 심의받은 내용과 다른 내용의 광고를 한 경우, 이 사건 제재조항은 대통령령으로 정하는 바에 따라 영업허
가를 취소·정지하거나, 영업소의 폐쇄를 명할 수 있도록 하고, 이 사건 처벌조항은 5년 이하의 징역 또는
5천만원 이하의 벌금에 처하도록 하고 있다. 이와 같은 행정제재나 형벌의 부과는 사전심의절차를 관철하
기 위한 강제수단에 해당한다(헌재 2018.6.28. 2016헌가8 등).

428

13. 지방직

건강기능식품 광고에 관한 사전심의절차를 법률로 규정한 것은 사전검열금지원칙에 위배되지 않는다.

O | X

해설

[X] 한국건강기능식품협회나 위 협회에 설치된 표시·광고심의위원회가 사전심의업무를 수행함에 있어서 식약처장 등 행정권의 영향력에서 벗어나 독립적이고 자율적으로 심의를 하고 있다고 보기 어렵고, 결국 건강기능식품 기능성 광고 심의는 행정권이 주체가 된 사전심사라고 할 것이다. … 한국건강기능식품협회가 행하는 이 사건 건강기능식품 기능성 광고 사전심의는 헌법이 금지하는 사전검열에 해당하므로 헌법에 위반된다(헌재 2018.6.28, 2016헌가8).

429

12. 변호사·
경정승진

'음란'이란 인간존엄 내지 인간성을 왜곡하는 노골적이고 적나라한 성표현으로서 오로지 성적 흥미에만 호소할 뿐 전체적으로 보아 하등의 문학적·예술적·과학적 또는 정치적 가치를 지니지 않은 것으로서, 사회의 건전한 성도덕을 크게 해칠 뿐만 아니라 사상의 경쟁메커니즘에 의해서도 그 해악이 해소되기 어려워, 음란한 표현은 언론·출판의 자유의 보호영역에 포함되지 아니한다.

O | X

해설

[X] 음란표현은 헌법 제21조가 규정하는 언론·출판의 자유의 보호영역 내에 있다고 볼 것인바, 종전에 이와 견해를 달리하여 음란표현은 헌법 제21조가 규정하는 언론·출판의 자유의 보호영역에 해당하지 아니한다는 취지로 판시한 우리 재판소의 의견은 변경한다(헌재 2009.5.28, 2006헌바109). ⇨ 종전판례변경

430

12. 경정승진

상업광고 규제에 관한 비례의 원칙 심사에 있어서 '피해의 최소성'원칙은 입법목적을 달성하기 위하여 필요한 범위 내의 것인지를 심사하는 정도로 완화되는 것이 아니라, 같은 목적을 달성하기 위하여 달리 덜 제약적인 수단이 없을 것인지 혹은 입법목적을 달성하기 위하여 필요한 최소한의 제한인지를 심사하는 것이다.

O | X

해설

[X] 상업광고는 표현의 자유의 보호영역에 속하지만 사상이나 지식에 관한 정치적·시민적 표현행위와는 차이가 있고, 한편 직업수행의 자유의 보호영역에 속하지만 인격발현과 개성신장에 미치는 효과가 중대한 것은 아니다. 그러므로 상업광고 규제에 관한 비례의 원칙 심사에 있어서 '피해의 최소성'원칙은 같은 목적을 달성하기 위하여 달리 덜 제약적인 수단이 없을 것인지 혹은 입법목적을 달성하기 위하여 필요한 최소한의 제한인지를 심사하기 보다는 '입법목적을 달성하기 위하여 필요한 범위 내의 것인지'를 심사하는 정도로 완화되는 것이 상당하다(헌재 2005.10.27, 2003헌가3).

431

13. 경정승진

신문 등의 자유와 기능보장에 관한 법률 제16조 등 위헌확인 등 사건에서, 신문기업 활동의 외적 조건을 규제하는 신문법 조항에 대한 위헌심사는 신문의 자유가 갖는 헌법적 중요성을 감안할 때 신문의 내용을 규제하여 언론의 자유를 제한하는 경우 못지않게 엄격한 기준이 요구된다고 보았다.

O | X

해설

[X] 신문법 제15조가 비록 신문기업 활동의 외적 조건을 규제하여 신문의 자유를 제한하는 효과를 가진다고 하더라도 그 위헌 여부를 심사함에 있어 신문의 내용을 직접적으로 규제하는 경우와 동일하게 취급할 수는 없다. 결국 신문기업 활동의 외적 조건을 규제하는 신문법 조항에 대한 위헌심사는 신문의 내용을 규제하여 언론의 자유를 제한하는 경우에 비하여 그 기준이 완화된다(헌재 2006.6.29, 2005헌마165).

□□□
432
12. 국회직 8급

정정보도청구의 요건으로 언론사의 고의 · 과실이나 위법성을 요하지 않도록 규정한 언론중재 및 피해구제 등에 관한 법률 제14조 제2항, 제31조 후문은 신문사업자인 청구인들의 언론의 자유를 침해한다.

O | X

해설

> [X] 정정보도청구의 요건으로 언론사의 고의 · 과실이나 위법성을 요하지 않도록 규정한 언론중재 및 피해구제 등에 관한 법률 제14조 제2항, 제31조 후문은 언론의 자유를 침해하지 않는다(헌재 2006.6.29, 2005헌마165).

□□□
433
13. 법원직

'자유로운' 표명과 전파의 자유에는 자신의 신원을 누구에게도 밝히지 아니한 채 익명 또는 가명으로 자신의 사상이나 견해를 표명하고 전파할 익명표현의 자유까지도 그 보호영역에 포함된다고 할 수는 없다.

O | X

해설

> [X] 헌법 제21조에서 보장하고 있는 표현의 자유는 전통적으로는 사상 또는 의견의 자유로운 표명(발표의 자유)과 그것을 전파할 자유(전달의 자유)를 의미하는 것으로서, 개인이 인간으로서의 존엄과 가치를 유지하고 행복을 추구하며 국민주권을 실현하는 데 필수불가결한 것이고, 종교의 자유, 양심의 자유, 학문과 예술의 자유 등의 정신적인 자유를 외부적으로 표현하는 자유이다. 이러한 '자유로운' 표명과 전파의 자유에는 자신의 신원을 누구에게도 밝히지 아니한 채 익명 또는 가명으로 자신의 사상이나 견해를 표명하고 전파할 익명표현의 자유도 그 보호영역에 포함된다고 할 것이다(헌재 2010.2.25, 2008헌마324 등).

□□□
434
21. 소방간부
후보생

정치적 표현의 자유는 선거과정에서의 선거운동을 통하여 국민이 정치적 의견을 자유로이 발표 · 교환함으로써 비로소 그 기능을 다하게 된다고 할지라도, 선거운동의 자유는 헌법에 정한 언론 · 출판 · 집회 · 결사의 자유보장규정에 의한 보호를 받는 것이 아니라 선거원칙을 규정하고 있는 헌법 제41조 제1항 및 제67조 제1항과 헌법 제10조 행복추구권으로부터 유래되는 일반적 행동자유권 등에 의해서 우선적으로 보호된다.

O | X

해설

> [X] 선거운동의 자유는 널리 선거과정에서 자유로이 의사를 표현할 자유의 일환이므로 표현의 자유의 한 태양이기도 하다. 표현의 자유, 특히 정치적 표현의 자유는 선거과정에서의 선거운동을 통하여 국민이 정치적 의견을 자유로이 발표 · 교환함으로써 비로소 그 기능을 다하게 된다 할 것이므로, 선거운동의 자유는 헌법에 정한 언론 · 출판 · 집회 · 결사의 자유보장규정에 의한 보호를 받는다(헌재 2001.8.30, 99헌바92 등).

새마을금고의 임원선거와 관련하여 법률에서 정하고 있는 방법 외의 방법으로 선거운동을 할 수 없도록 하고 이를 위반한 경우 형사처벌하도록 정하고 있는 새마을금고법 규정은 표현의 자유를 침해하지 않는다.

O | X

해설

[O] 새마을금고 임원선거의 과열과 혼탁을 방지함으로써 선거의 공정성을 담보하고자 하는 심판대상조항의 입법목적은 정당하고, 임원선거와 관련하여 법정된 선거운동방법만을 허용하되 허용되지 아니하는 방법으로 선거운동을 하는 경우 형사처벌하는 것은 이러한 입법목적을 달성하기 위한 적절한 수단이다. 새마을금고 임원선거는 선거인들이 비교적 소수이고, 선거인들간의 연대 및 지역적 폐쇄성이 강하여 선거과정에서 공정성을 확보하는 데 많은 어려움이 있는데 비해 불법적인 행태의 적발이 어렵다는 특수성을 가지므로, 공직선거법에 의해 시행되는 선거에 비해 선거운동의 방법을 제한할 필요성이 인정된다. 특히, 호별 방문을 통한 개별적인 지지 호소를 허용하게 되면, 선거가 과열되어 상호비방 등에 의한 혼탁선거가 이루어질 우려가 있고, 선거 결과가 친소관계에 의해 좌우될 가능성은 높아지는 반면 이러한 행위에 대한 단속이나 적발은 더욱 어려워지게 된다. 또한, 허용되는 선거운동 방법을 통해서도 후보자들은 선거인들에게 자신을 충분히 알릴 수 있고, 선거인들 역시 후보자들의 경력이나 공약 등에 관하여 파악할 수 있는 기회를 가질 수 있으므로, 심판대상조항은 침해의 최소성요건을 갖추었다. 공공성을 가진 특수법인으로 유사금융기관으로서의 지위를 가지는 새마을금고의 임원선거에서 공정성을 확보하는 것은 임원의 윤리성을 담보하고 궁극적으로는 새마을금고의 투명한 경영을 도모하고자 하는 것으로, 이러한 공익이 이로 인하여 제한되는 사익에 비해 훨씬 크다고 할 것이므로, 심판대상조항은 법익의 균형성도 갖추었다. 따라서 심판대상조항은 청구인의 결사의 자유 및 표현의 자유를 침해하지 아니한다(헌재 2018.2.22, 2016헌바364).

저작자 아닌 자를 저작자로 하여 실명·이명을 표시하여 저작물을 공표한 자를 처벌하는 저작권법 규정은 표현의 자유를 침해하지 않는다.

O | X

해설

[O] 심판대상조항은 저작자 및 자신의 의사에 반하여 저작자로 표시된 사람의 권리를 보호하고, 저작자 명의에 관한 사회일반의 신뢰를 보호하기 위한 것으로 입법목적이 정당하고, 저작자 아닌 사람을 저작자로 표시하는 행위를 금지하는 것은 적합한 수단이다. 저작자 아닌 사람을 저작자로 표기하는 데 관련된 사람들의 이해관계가 일치하는 경우가 있고, 저작권법은 여러 사람이 창작에 관여하고 이에 따라 저작자 표시를 하는 것을 금지하는 것도 아니며, 저작자 표시를 사실과 달리하는 행위를 금지하지 않으면 저작자 명의에 관한 사회일반의 신뢰라는 공익을 위 조항과 같은 정도로 달성하기 어려우므로 침해의 최소성도 충족된다. 저작물이 가지는 학문적·문화적 중요성과 이용자에게 미치는 영향 등을 고려할 때 저작자의 표시에 관한 사회적 신뢰를 유지한다는 공익이 중요한 반면, 위 조항으로 인한 불이익은 저작자 표시를 사실과 달리하여 얻을 수 있는 이익을 얻지 못하는 것에 불과하여, 위 조항은 법익의 균형성도 갖추었다. 심판대상조항은 표현의 자유 또는 일반적 행동의 자유를 침해하지 아니한다(헌재 2018.8.30, 2017헌바158).

옥외광고물 등의 종류·모양·크기 등을 규제하는 것은 광고물 등의 내용을 심사·선별하여 광고물을 사전에 통제하는 것이므로 사전허가·검열에 해당한다.

O | X

해설

[X] 옥외광고물 등 관리법 제3조는 일정한 지역·장소 및 물건에 광고물 또는 게시시설을 표시하거나 설치하는 경우에 그 광고물 등의 종류·모양·크기·색깔, 표시 또는 설치의 방법 및 기간 등을 규제하고 있을 뿐, 광고물 등의 내용을 심사·선별하여 광고물을 사전에 통제하려는 제도가 아님은 명백하므로, 헌법 제21조 제2항이 정하는 사전허가·검열에 해당되지 아니한다(헌재 1998.2.27, 96헌바2).

□□□
438
13. 국가직

'제한상영가' 등급의 영화를 '상영 및 광고·선전에 있어서 일정한 제한이 필요한 영화'라고 규정하고 있는 법률규정은 '제한상영가' 등급의 영화란 영화의 내용이 지나치게 선정적, 폭력적, 또는 비윤리적이어서 청소년에게는 물론 일반적인 정서를 가진 성인에게조차 혐오감을 주거나 악영향을 끼치는 영화로 해석될 수 있으므로 명확성원칙에 위반되지 않는다. O | X

해설

[X] 영화 및 비디오물의 진흥에 관한 법률(이하 '영진법'이라 한다) 제21조 제3항 제5호는 '제한상영가' 등급의 영화를 '상영 및 광고·선전에 있어서 일정한 제한이 필요한 영화'라고 규정하고 있는데, 이 규정은 제한상영가 등급의 영화가 어떤 영화인지를 말해주기보다는 제한상영가 등급을 받은 영화가 사후에 어떠한 법률적 제한을 받는지를 기술하고 있는바, 이것으로는 제한상영가 영화가 어떤 영화인지를 알 수가 없고, 따라서 영진법 제21조 제3항 제5호는 명확성원칙에 위배된다(헌재 2008.7.31, 2007헌가4).

□□□
439
13. 국회직

의사표현의 자유는 언론·출판의 자유에 속하고 의사표현의 매개체는 어떠한 형태이건 제한이 없으나, 여론형성의 본질상 언어 이외의 전달방식은 보호대상이 되지 않는다. O | X

해설

[X] 언론·출판의 자유의 내용 중 의사표현·전파의 자유에 있어서 의사표현 또는 전파의 매개체는 어떠한 형태이건 가능하며 그 제한이 없다. 즉, 담화·연설·토론·연극·방송·음악·영화·가요 등과 문서·소설·시가·도화·사진·조각·서화 등 모든 형상의 의사표현 또는 의사전파의 매개체를 포함한다(헌재 1993.5.13, 91헌바17).

□□□
440
13. 국회직

자유언론제도의 역기능을 방지하기 위해서 이종미디어(신문, 통신, 방송)간의 겸영을 금지하고 모든 일간신문의 지배주주가 신문을 복수소유하는 것을 일률적으로 금지하는 것은 헌법적으로 허용된다. O | X

해설

[X] 신문의 다양성을 보장하기 위하여 신문의 복수소유를 제한하는 것 자체가 헌법에 위반된다고 할 수 없지만, 신문의 복수소유가 언론의 다양성을 저해하지 않거나 오히려 이에 기여하는 경우도 있을 수 있는데, 이 조항은 신문의 복수소유를 일률적으로 금지하고 있어서 필요 이상으로 신문의 자유를 제약하고 있다. 그러나 신문의 다양성 보장을 위한 복수소유 규제의 기준을 어떻게 설정할지의 여부는 입법자의 재량에 맡겨져 있으므로 이 조항에 대해서는 단순위헌이 아닌 헌법불합치결정을 선고한다(헌재 2006.6.29, 2005헌마165).

□□□
441
16. 사시

국회에 대하여 입법과정의 공개를 요구할 권리는 국민의 알 권리에 포함되나, 국회의 의사에 관한 직접적인 이해관계가 없는 경우에는 이에 대한 일반적 정보공개청구권을 가진다고 볼 수 없다. O | X

해설

[X] 국민은 헌법상 보장된 알 권리의 한 내용으로서 국회에 대하여 입법과정의 공개를 요구할 권리를 가지며, 국회의 의사에 대하여는 직접적인 이해관계 유무와 상관없이 일반적 정보공개청구권을 가진다고 할 수 있다. 다만, 의사공개의 원칙 및 알 권리 역시 절대적인 것이 아니고 헌법유보조항인 헌법 제21조 제4항과 일반적 법률유보조항인 헌법 제37조 제2항에 의하여 제한될 수 있음은 물론이며, 알 권리에서 파생되는 일반적 정보공개청구권 역시 마찬가지이다(헌재 2009.9.24, 2007헌바17).

□□□
442
16. 사시

사전심의를 받지 아니한 의료광고를 금지하고 이를 위반한 경우 처벌하는 의료법상의 규정은 사전검열 금지원칙에 위반되지 않는다.　　　　　　　　　　　　　　　　　　　　　　　　　　　　　　　O | X

해설

[X] 헌법이 특정한 표현에 대해 예외적으로 검열을 허용하는 규정을 두지 않은 점, 이러한 상황에서 표현의 특성이나 규제의 필요성에 따라 언론·출판의 자유의 보호를 받는 표현 중에서 사전검열금지원칙의 적용이 배제되는 영역을 따로 설정할 경우 그 기준에 대한 객관성을 담보할 수 없다는 점 등을 고려하면, 헌법상 사전검열은 예외 없이 금지되는 것으로 보아야 하므로 의료광고 역시 사전검열금지원칙의 적용대상이 된다. 의료광고의 사전심의는 보건복지부장관으로부터 위탁을 받은 각 의사협회가 행하고 있으나 사전심의의 주체인 보건복지부장관은 언제든지 위탁을 철회하고 직접 의료광고 심의업무를 담당할 수 있는 점, 의료법 시행령이 심의위원회의 구성에 관하여 직접 규율하고 있는 점, 심의기관의 장은 심의 및 재심의 결과를 보건복지부장관에게 보고하여야 하는 점, 보건복지부장관은 의료인 단체에 대해 재정지원을 할 수 있는 점, 심의기준·절차 등에 관한 사항을 대통령령으로 정하도록 하고 있는 점 등을 종합하여 보면, 각 의사협회는 행정권의 영향력에서 벗어나 독립적이고 자율적으로 사전심의업무를 수행하고 있다고 보기 어렵다. 따라서 이 사건 법률규정들은 사전검열금지원칙에 위배된다(헌재 2015.12.23, 2015헌바75).

□□□
443
16. 법원직

변호사시험 성적을 합격자에게 공개하지 않도록 규정한 변호사시험법의 규정은 법학전문대학원간의 과다경쟁 등을 방지하기 위한 것으로 그 수단의 적절성이 인정되어 과잉금지원칙에 반하지 않는다.　　O | X

해설

[X] 변호사시험 성적의 비공개는 기존 대학의 서열화를 고착시키는 등의 부작용을 낳고 있으므로 수단의 적절성이 인정되지 않는다. 또한, 법학교육의 정상화나 교육 등을 통한 우수 인재 배출, 대학원간의 과다경쟁 및 서열화 방지라는 입법목적은 법학전문대학원 내의 충실하고 다양한 교과과정 및 엄정한 학사관리 등과 같이 알 권리를 제한하지 않는 수단을 통해서 달성될 수 있고, 변호사시험 응시자들은 자신의 변호사시험 성적을 알 수 없게 되므로, 심판대상조항은 침해의 최소성 및 법익의 균형성요건도 갖추지 못하였다. 따라서 심판대상조항은 과잉금지원칙에 위배하여 청구인들의 알 권리를 침해한다(헌재 2015.6.25, 2011헌마769 등).

□□□
444
16. 국회직 8급

방송사업허가제는 방송의 공적 기능을 보장하기 위한 제도로서 표현내용에 대한 가치판단에 입각한 사전봉쇄 내지 그와 같은 실질을 가진다고 볼 수 있으므로, 헌법상 금지되는 언론·출판에 대한 허가에 해당한다.　　　　　　　　　　　　　　　　　　　　　　　　　　　　　　　　　　　　　　O | X

해설

[X] 내용규제 그 자체가 아니거나 내용규제의 효과를 초래하는 것이 아니라면 헌법 제21조 제2항의 금지된 '허가'에는 해당되지 않는다. 한편, 헌법 제21조 제3항은 통신·방송의 시설기준을 법률로 정하도록 규정하여 일정한 방송시설기준을 구비한 자에 대해서만 방송사업을 허가하는 허가제가 허용될 여지를 주는 한편, 행정부에 의한 방송사업허가제의 자의적 운영이 방지되도록 하고 있다. 정보유통 통로의 유한성, 사회적 영향력 등 방송매체의 특성을 감안할 때, 그리고 위 헌법 제21조 제3항의 규정에 비추어 보더라도 종합유선방송 등에 대한 사업허가제를 두는 것 자체는 허용된다(헌재 2001.5.31, 2000헌바43 등).

445

16. 국가직

수용자가 작성한 집필문의 외부반출을 불허하고 이를 영치할 수 있도록 한 것은 수용자의 통신의 자유와 표현의 자유를 제한한다. O | X

해설

[X] 청구인은 심판대상조항에 의해 표현의 자유 또는 예술창작의 자유가 제한된다고 주장하나, 심판대상조항은 집필문을 창작하거나 표현하는 것을 금지하거나 이에 대한 허가를 요구하는 조항이 아니라 이미 표현된 집 필문을 외부의 특정한 상대방에게 발송할 수 있는지 여부에 대해 규율하는 것이므로, 제한되는 기본권은 헌법 제18조에서 정하고 있는 통신의 자유로 봄이 상당하다. 따라서 심판대상조항이 사전검열에 해당한다 는 청구인의 주장에 대해서는 판단하지 아니하고, 통신의 자유 침해 여부에 대해서만 판단하기로 한다(헌재 2016.5.26, 2013헌바98).

446

16. 국회직 9급

광고물 등의 모양, 크기, 색깔 등을 규제하는 것도 검열에 해당한다. O | X

해설

[X] 옥외광고물 등 관리법 제3조는 일정한 지역·장소 및 물건에 광고물 또는 게시시설을 표시하거나 설치하는 경우에 그 광고물 등의 종류·모양·크기·색깔, 표시 또는 설치의 방법 및 기간 등을 규제하고 있을 뿐, 광고물 등의 내용을 심사·선별하여 광고물을 사전에 통제하려는 제도가 아님은 명백하므로, 헌법 제21조 제2항이 정하는 사전허가·검열에 해당되지 아니하며, 언론·출판의 자유를 침해한다고 볼 수 없다(헌재 1998.2.27, 96헌바2).

447

17. 국회직 8급

인터넷신문을 발행하려는 사업자가 취재 인력 3인 이상을 포함하여 취재 및 편집 인력 5인 이상을 상시 고용하지 않는 경우 인터넷신문으로 등록할 수 없도록 하는 것은 직업의 자유의 문제이고 언론의 자유를 제한하지는 않는다. O | X

해설

[X] 언론의 자유에 의하여 보호되는 것은 정보의 획득에서부터 뉴스와 의견의 전파에 이르기까지 언론의 기능 과 본질적으로 관련되는 모든 활동이다. 이런 측면에서 인터넷신문을 발행하려는 사업자가 취재 인력 3인 이상을 포함하여 취재 및 편집 인력 5인 이상을 상시 고용하지 않는 경우 인터넷신문으로 등록할 수 없도 록 하는 고용조항은 인터넷신문의 발행을 제한하는 효과를 가지고 있으므로 언론의 자유를 제한하는 규정 에 해당한다. 그런데 고용조항의 입법목적이 인터넷신문의 신뢰성 제고이고, 신문법 규정들은 언론사로서의 인터넷신문의 규율 및 보호를 위한 규정들이므로 고용조항으로 인하여 청구인들의 직업수행의 자유보다는 언론의 자유가 보다 직접적으로 제한된다고 보인다(헌재 2016.10.27, 2015헌마1206).

448
17. 국회직 8급

지역농협 이사선거의 경우 전화(문자메시지를 포함한다)·컴퓨터통신(전자우편을 포함한다)을 이용한 지지 호소의 선거운동방법을 금지하는 것은 표현의 자유를 침해한다.　　　　　　　　　　　　　　O | X

해설

[O] 전화·컴퓨터통신은 누구나 손쉽고 저렴하게 이용할 수 있는 매체인 점, 농업협동조합법에서 흑색선전 등을 처벌하는 조항을 두고 있는 점을 고려하면 입법목적 달성을 위하여 위 매체를 이용한 지지 호소까지 금지할 필요성은 인정되지 아니한다. 이 사건 법률조항들이 달성하려는 공익이 결사의 자유 및 표현의 자유 제한을 정당화할 정도로 크다고 보기는 어려우므로, 법익의 균형성도 인정되지 아니한다. 따라서 지역농협 이사 선거의 경우 전화(문자메시지를 포함한다)·컴퓨터통신(전자우편을 포함한다)을 이용한 지지 호소의 선거운동방법을 금지하고, 이를 위반한 자를 처벌하는 것은 과잉금지원칙을 위반하여 결사의 자유, 표현의 자유를 침해하여 헌법에 위반된다(헌재 2016.11.24, 2015헌바62).

449
17. 국회직 8급

비의료인의 의료에 관한 광고를 금지하고 처벌하는 것은 국민의 생명권 등을 보호하는 것이어서 표현의 자유를 침해하지 않는다.　　　　　　　　　　　　　　O | X

해설

[O] 비의료인의 의료에 관한 광고를 금지하고 처벌하는 것은 국민의 생명권과 건강권을 보호하고 국민의 보건에 관한 국가의 보호의무를 이행하기 위하여 필요한 최소한도 내의 제한이라고 할 것이므로, 비의료인의 표현의 자유, 직업수행의 자유를 침해한다고 볼 수 없다(헌재 2016.9.29, 2015헌바325).

450
17. 국가직

헌법이 특정한 표현에 대해 예외적으로 검열을 이용하는 규정을 두지 않은 점, 이러한 상황에서 표현의 특성이나 규제의 필요성에 따라 언론·출판의 자유의 보호를 받는 표현 중에서 사전검열금지원칙의 적용이 배제되는 영역을 따로 설정할 경우 그 기준에 대한 객관성을 담보할 수 없다는 점 등을 고려하면, 헌법상 사전검열은 예외 없이 금지되는 것으로 보아야 하므로 의료광고 역시 사전검열금지원칙의 적용대상이 된다.　　　　　　　　　　　　　　O | X

해설

[O] 헌법이 특정한 표현에 대해 예외적으로 검열을 허용하는 규정을 두지 않은 점, 이러한 상황에서 표현의 특성이나 규제의 필요성에 따라 언론·출판의 자유의 보호를 받는 표현 중에서 사전검열금지원칙의 적용이 배제되는 영역을 따로 설정할 경우 그 기준에 대한 객관성을 담보할 수 없다는 점 등을 고려하면, 헌법상 사전검열은 예외 없이 금지되는 것으로 보아야 하므로 의료광고 역시 사전검열금지원칙의 적용대상이 된다(헌재 2015.12.23, 2015헌바75).

□□□
451
17. 법행

외국비디오물에 대한 영상물등급위원회의 수입추천제도는 영상물에 대한 필요하고도 적절한 사전검증절차로서 우리 헌법이 금지하고 있는 사전검열이 아니라는 것이 헌법재판소의 법정의견이다. O | X

해설

[X] 외국비디오물 수입추천제도는 외국비디오물의 수입·배포라는 의사표현행위 전에 표현물을 행정기관의 성격을 가진 영상물등급위원회에 제출하도록 하여 표현행위의 허용 여부를 행정기관의 결정에 좌우되게 하고, 이를 준수하지 않는 자들에 대하여 형사처벌 등의 강제조치를 규정하고 있는바, 허가를 받기 위한 표현물의 제출의무, 행정권이 주체가 된 사전심사절차, 허가를 받지 아니한 의사표현의 금지, 심사절차를 관철할 수 있는 강제수단이라는 요소를 모두 갖추고 있으므로, 우리나라 헌법이 절대적으로 금지하고 있는 사전검열에 해당한다(헌재 2005.2.3, 2004헌가8).

□□□
452
20. 국회직 8급

세종특별자치시 옥외광고물 관리 조례에서 특정구역 안에서 업소별로 표시할 수 있는 옥외광고물의 총수량을 원칙적으로 1개로 제한한 것은 표현의 자유를 침해한다. O | X

해설

[X] 특정구역 안에서의 옥외광고물의 표시방법을 제한하는 심판대상조항들은 옥외광고물의 난립을 막아 쾌적하고 조화로운 도시미관을 조성함과 동시에 도시의 정체성을 확립하고, 공중에 대한 위해를 방지하고자 하는 것으로서 그 목적의 정당성 및 수단의 적정성이 인정된다. … 심판대상조항들에 의하여 달성하려는 공익에 비하여 중대하다고 할 수 없어 법익균형성도 충족된다. 따라서 심판대상조항들이 비례의 원칙에 위배되어 청구인들의 표현의 자유 및 직업수행의 자유를 침해한다고 볼 수 없다(헌재 2016.3.31, 2014헌마794).

□□□
453
20. 국회직 9급

대한민국을 모욕할 목적으로 국기를 훼손하는 행위를 처벌하도록 한 것은 표현의 방법이 아닌 표현의 내용에 대한 규제이므로 표현의 자유를 침해한다. O | X

해설

[X] 국기는 국가의 역사와 국민성, 이상 등을 응축하고 헌법이 보장하는 질서와 가치를 담아 국가의 정체성을 표현하는 국가의 대표적 상징물이다. 심판대상조항은 국기를 존중·보호함으로써 국가의 권위와 체면을 지키고, 국민들이 국기에 대하여 가지는 존중의 감정을 보호하려는 목적에서 입법된 것이다. 심판대상조항은 국기가 가지는 고유의 상징성과 위상을 고려하여 일정한 표현방법을 규제하는 것에 불과하므로, 국기모독행위를 처벌한다고 하여 이를 정부나 정권, 구체적 국가기관이나 제도에 대한 비판을 허용하지 않거나 이를 곤란하게 하는 것으로 볼 수 없다. … 그러므로 심판대상조항은 과잉금지원칙에 위배되어 청구인의 표현의 자유를 침해한다고 볼 수 없고, 표현의 자유의 본질적 내용을 침해한다고도 할 수 없다(헌재 2019.12.27, 2016헌바96).

□□□
454
06. 국회직 8급

헌법재판소는 알 권리는 표현의 자유에 당연히 포함되는 것으로 보아야 한다는 입장이다. O | X

해설

[O] 알 권리는 표현의 자유에 당연히 포함되는 것으로 보아야 한다(헌재 2018.6.28, 2016헌가8).

□□□
455
22. 경찰 2차

공판조서의 절대적 증명력을 규정한 형사소송법 조항은 공판조서의 증명력을 규정하고 있을 뿐 공판조서의 내용에 대한 접근·수집·처리 등에 관한 규정이 아니어서, 정보에의 접근·수집·처리의 자유를 의미하는 알 권리에 어떠한 제한이 있다고 보기 어렵다. O I X

해설

[O] 형사소송법 제56조가 알 권리를 침해한다고 주장하나, 위 법률조항은 공판조서의 증명력을 규정하고 있을 뿐 공판조서의 내용에 대한 접근·수집·처리 등에 관한 규정이 아니어서, 정보에의 접근·수집·처리의 자유를 의미하는 알 권리에 어떠한 제한이 있다고 보기 어렵다(헌재 2013.8.29, 2011헌바253).

□□□
456
23. 경찰간부

인터넷 등 전자적 방법에 의한 판결서 열람·복사의 범위를 개정법 시행 이후 확정된 사건의 판결서로 한정하고 있는 군사법원법 부칙조항은 청구인의 정보공개청구권을 침해한다. O I X

해설

[X] 이 사건 부칙조항은 판결서 공개제도를 실현하는 과정에서 그 공개범위를 일정 부분 제한하여 판결서 공개에 필요한 국가의 재정이나 용역의 부담을 경감·조정하고자 하는 것이다. 어떤 새로운 제도를 도입할 때에는 그에 따른 사회적 비용도 함께 고려하여 부분적인 개선 방식을 취할 수도 있으므로, 입법자는 현실적인 조건들을 감안해서 위 부칙조항과 같이 판결서 열람·복사에 관한 개정법의 적용 범위를 일정 부분 제한할 수 있으며, 청구인은 비록 전자적 방법은 아니라 해도 군사법원법 제93조의2에 따라 개정법 시행 이전에 확정된 판결서를 열람·복사할 수 있다. 이 사건 부칙조항으로 인해 청구인이 전자적 방법을 통해 열람·복사할 수 있는 판결서의 범위가 제한된다 하더라도 이는 입법재량의 한계 내에 있으므로, 위 부칙조항이 청구인의 정보공개청구권을 침해한다고 할 수 없다(헌재 2015.12.23, 2014헌마185).

□□□
457
23. 경찰간부

신문의 편집인 등으로 하여금 아동보호사건에 관련된 아동학대행위자를 특정하여 파악할 수 있는 인적사항 등을 신문 등 출판물에 싣거나 방송매체를 통하여 방송할 수 없도록 하는 아동학대범죄의 처벌 등에 관한 특례법상 보도금지조항은 국민의 알 권리를 침해하지 않는다. O I X

해설

[O] 따라서 아동학대행위자에 대한 식별정보의 보도를 금지하는 것이 과도하다고 보기 어렵다. 보도금지조항은 아동학대사건 보도를 전면금지하지 않으며 오직 식별정보에 대한 보도를 금지할 뿐으로, 익명화된 형태의 사건보도는 가능하다. 따라서 보도금지조항으로 제한되는 사익은 아동학대행위자의 식별정보 보도라는 자극적인 보도의 금지에 지나지 않는 반면 이를 통해 달성하려는 2차 피해로부터의 아동보호 및 아동의 건강한 성장이라는 공익은 매우 중요하다. 따라서 보도금지조항은 언론·출판의 자유와 국민의 알 권리를 침해하지 않는다(헌재 2022.10.27, 2021헌가4).

□□□
458
23. 경찰간부

정치자금법에 따라 회계보고된 자료의 열람기간을 3월간으로 제한한 동법상 열람기간제한 조항은 청구인의 알 권리를 침해한다. O | X

해설

> [O] 이를 종합하면 정치자금을 둘러싼 분쟁 등의 장기화 방지 및 행정부담의 경감을 위해 열람기간의 제한 자체는 둘 수 있다고 하더라도, 현행 기간이 지나치게 짧다는 점은 명확하다. 짧은 열람기간으로 인해 청구인 신○○는 회계보고된 자료를 충분히 살펴 분석하거나, 문제를 발견할 실질적 기회를 갖지 못하게 되는바, 달성되는 공익과 비교할 때 이러한 사익의 제한은 정치자금의 투명한 공개가 민주주의 발전에 가지는 의미에 비추어 중대하다. 그렇다면 이 사건 열람기간제한 조항은 과잉금지원칙에 위배되어 청구인 신○○의 알 권리를 침해한다(헌재 2021.5.27, 2018헌마1168).

□□□
459
23. 경찰간부

변호사시험성적 공개청구기간을 변호사시험법 시행일부터 6개월 내로 제한하는 동법 부칙조항은 청구인의 정보공개청구권을 침해한다. O | X

해설

> [O] 변호사시험 합격자는 성적 공개청구기간 내에 열람한 성적 정보를 인쇄하는 등의 방법을 통해 개별적으로 자신의 성적 정보를 보관할 수 있으나, 성적 공개청구기간이 지나치게 짧아 정보에 대한 접근을 과도하게 제한하는 이상, 이러한 점을 들어 기본권 제한이 충분히 완화되어 있다고 보기도 어렵다. 이상을 종합하면, 특례조항은 과잉금지원칙에 위배되어 청구인의 정보공개청구권을 침해한다(헌재 2019.7.25, 2017헌마1329).

□□□
460
20. 국회직 8급

인터넷언론사에 대하여 선거일 전 90일부터 선거일까지 후보자 명의의 칼럼이나 저술을 게재하는 보도를 제한하는 구 인터넷선거보도 심의기준 등에 관한 규정 제8조 제2항 본문과 인터넷선거보도 심의기준 등에 관한 규정 제8조 제2항은 인터넷언론사 홈페이지에 청구인 명의의 칼럼을 게재한 자의 표현의 자유를 침해한다. O | X

해설

> [O] 이 사건 시기제한조항은 선거일 전 90일부터 선거일까지 후보자 명의의 칼럼 등을 게재하는 인터넷선거보도가 불공정하다고 볼 수 있는지에 대해 구체적으로 판단하지 않고 이를 불공정한 선거보도로 간주하여 선거의 공정성을 해치지 않는 보도까지 광범위하게 제한한다. … 이 사건 시기제한조항의 입법목적을 달성할 수 있는 덜 제약적인 다른 방법들이 이 사건 심의기준 규정과 공직선거법에 이미 충분히 존재한다. 따라서 이 사건 시기제한조항은 과잉금지원칙에 반하여 청구인의 표현의 자유를 침해한다(헌재 2019.11.28, 2016헌마90).

□□□
461
20. 국가직

일반적으로 표현의 자유는 정보의 전달 또는 전파와 관련지어 생각되므로 구체적인 전달이나 전파의 상대방이 없는 집필의 단계를 표현의 자유의 보호영역에 포함시킬 것인지 의문이 있을 수 있으나, 집필은 문자를 통한 모든 의사표현의 기본 전제가 된다는 점에서 당연히 표현의 자유의 보호영역에 속해 있다고 보아야 한다.   O | X

해설

[O] 집필행위는 사람의 내면에 있는 생각이 외부로 나타나는 첫 단계의 행위란 점에서 문자를 통한 표현행위의 가장 기초적이고도 전제가 되는 행위라 할 것이다. 일반적으로 표현의 자유는 정보의 전달 또는 전파와 관련지어 생각되므로 구체적인 전달이나 전파의 상대방이 없는 집필의 단계를 표현의 자유의 보호영역에 포함시킬 것인지 의문이 있을 수 있으나, 집필은 문자를 통한 모든 의사표현의 기본 전제가 된다는 점에서 당연히 표현의 자유의 보호영역에 속해 있다고 보아야 한다(헌재 2005.2.24, 2003헌마289).

□□□
462
22. 경정승진

광고가 단순히 상업적인 상품이나 서비스에 관한 사실을 알리는 경우에는 그 내용이 공익을 포함하고 있더라도 헌법 제21조의 표현의 자유에 의하여 보호되는 것은 아니다.   O | X

해설

[X] 광고가 단순히 상업적인 상품이나 서비스에 관한 사실을 알리는 경우에도 그 내용이 공익을 포함하는 때에는 헌법 제21조의 표현의 자유에 의하여 보호된다. 헌법은 제21조 제1항에서 "모든 국민은 언론·출판의 자유 … 를 가진다."라고 규정하여 현대 자유민주주의의 존립과 발전에 필수불가결한 기본권으로 언론·출판의 자유를 강력하게 보장하고 있는바, 광고물도 사상·지식·정보 등을 불특정 다수인에게 전파하는 것으로서 언론·출판의 자유에 의한 보호를 받는 대상이 됨은 물론이다(헌재 1998.2.27, 96헌바2).

□□□
463
22. 경정승진

음란표현도 헌법 제21조가 규정하는 언론·출판의 자유의 보호영역에는 해당하나, 헌법 제37조 제2항에 따라 국가안전보장·질서유지 또는 공공복리를 위하여 제한할 수 있는 것이다.   O | X

해설

[O] 음란표현도 헌법 제21조가 규정하는 언론·출판의 자유의 보호영역에는 해당하되, 다만 헌법 제37조 제2항에 따라 국가 안전보장·질서유지 또는 공공복리를 위하여 제한할 수 있는 것이라고 해석하여야 할 것이다. 결국 이 사건 법률조항의 음란표현은 헌법 제21조가 규정하는 언론·출판의 자유의 보호영역 내에 있다고 볼 것인바, 종전에 이와 견해를 달리하여 음란표현은 헌법 제21조가 규정하는 언론·출판의 자유의 보호영역에 해당하지 아니한다는 취지로 판시한 우리 재판소의 의견은 이를 변경하기로 하며, 이하에서는 이를 전제로 하여 이 사건 법률 조항의 위헌 여부를 심사하기로 한다(헌재 2009.5.28, 2006헌바109 등).

464
22. 경정승진

개인의 외적 명예에 관한 인격권 보호의 필요성, 일단 훼손되면 완전한 회복이 사실상 불가능하다는 보호법익의 특성, 사회적으로 명예가 중시되나 명예훼손으로 인한 피해는 더 커지고 있는 우리 사회의 특수성, 명예훼손죄의 비범죄화에 관한 국민적 공감대의 부족 등을 종합적으로 고려하면, 공연히 사실을 적시하여 다른 사람의 명예를 훼손하는 행위를 금지하고 위반시 형사처벌하도록 정하고 있다고 하여 바로 과도한 제한이라 단언하기 어렵다. O | X

해설

[O] 이처럼 개인의 외적 명예에 관한 인격권 보호의 필요성, 일단 훼손되면 완전한 회복이 사실상 불가능하다는 보호법익의 특성, 사회적으로 명예가 중시되나 명예훼손으로 인한 피해는 더 커지고 있는 우리 사회의 특수성, 명예훼손죄의 비범죄화에 관한 국민적 공감대의 부족 등을 종합적으로 고려하면, 공연히 사실을 적시하여 다른 사람의 명예를 훼손하는 행위를 금지하고 위반시 형사처벌하도록 정하고 있다고 하여 바로 과도한 제한이라 단언하기 어렵다(헌재 2021.2.25, 2017헌마1113).

465
22. 경정승진

신문보도의 명예훼손적 표현의 피해자가 공적 인물인지 아니면 사인인지, 그 표현이 공적인 관심 사안에 관한 것인지 순수한 사적인 영역에 속하는 사안인지의 여부에 따라 헌법적 심사기준에는 차이가 있어야 한다. O | X

해설

[O] 신문보도의 명예훼손적 표현의 피해자가 공적 인물인지 아니면 사인인지, 그 표현이 공적인 관심 사안에 관한 것인지 순수한 사적인 영역에 속하는 사안인지의 여부에 따라 헌법적 심사기준에는 차이가 있어야 한다(헌재 1999.6.24, 97헌마265).

466
22. 경찰 1차

'익명표현'은 표현의 자유를 행사하는 하나의 방법으로서 그 자체로 규제되어야 하는 것은 아니고, 부정적 효과가 발생하는 것이 예상되는 경우에 한하여 규제될 필요가 있다. O | X

해설

[O] 인터넷홈페이지의 게시판 등에서 이루어지는 정치적 익명표현을 규제할 경우 정치적 보복의 우려때문에 일반 국민은 자기 검열 아래 비판적 표현을 자제하게 되고, 설령 그러한 우려를 극복하고 익명으로 비판적 표현을 한 경우에도 심판대상조항에 따른 실명확인을 거치지 않았다는 이유만으로 그 표현이 삭제될 수 있기 때문이다. 이는 인터넷이 형성한 '사상의 자유시장'에서의 다양한 의견 교환을 억제하는 것이고, 이로써 국민의 의사표현 자체가 위축될 수 있으며, 민주주의의 근간을 이루는 자유로운 여론 형성이 방해될 수 있다. 익명표현은 표현의 자유를 행사하는 하나의 방법으로서 그 자체로 규제되어야 하는 것은 아니고, 부정적 효과가 발생하는 것이 예상되는 경우에 한하여 규제될 필요가 있다(헌재 2021.1.28, 2018헌마456).

헌법 제21조 제4항 전문은 "언론·출판은 타인의 명예나 권리 또는 공중도덕이나 사회윤리를 침해하여서는 아니 된다."라고 규정하고 있는바, 이는 헌법상 표현의 자유의 보호영역에 대한 한계를 설정한 것이라고 보아야 한다.   O | X

해설

[X] 헌법 제21조 제4항은 "언론·출판은 타인의 명예나 권리 또는 공중도덕이나 사회윤리를 침해하여서는 아니 된다."고 규정하고 있는바, 이는 언론·출판의 자유에 따르는 책임과 의무를 강조하는 동시에 '언론·출판의 자유에 대한 제한의 요건'을 명시한 규정으로 볼 것이고, 헌법상 표현의 자유의 보호영역 한계를 설정한 것이라고는 볼 수 없다(헌재 2009.5.28, 2006헌바109).

'음란표현'은 헌법상 언론·출판의 자유의 보호영역 밖에 있다고 보아야 한다.   O | X

해설

[X] 음란표현이 언론·출판의 자유의 보호영역에 해당하지 아니한다고 해석할 경우 음란표현에 대하여는 언론·출판의 자유의 제한에 대한 헌법상의 기본원칙, 예컨대 명확성의 원칙, 검열금지의 원칙 등에 입각한 합헌성 심사를 하지 못하게 될 뿐만 아니라, 기본권 제한에 대한 헌법상의 기본원칙, 예컨대 법률에 의한 제한, 본질적 내용의 침해금지원칙 등도 적용하기 어렵게 되는 결과, 모든 음란표현에 대하여 사전검열을 받도록 하고 이를 받지 않은 경우 형사처벌을 하거나, 유통목적이 없는 음란물의 단순소지를 금지하거나, 법률에 의하지 아니하고 음란물출판에 대한 불이익을 부과하는 행위 등에 대한 합헌성 심사도 하지 못하게 됨으로써, 결국 음란표현에 대한 최소한의 헌법상 보호마저도 부인하게 될 위험성이 농후하게 된다는 점을 간과할 수 없다. 따라서 음란표현은 헌법 제21조가 규정하는 언론·출판의 자유의 보호영역 내에 있다(헌재 2009.5.28, 2006헌바109).

인터넷언론사에 대하여 선거일 전 90일부터 선거일까지 후보자 명의의 칼럼이나 저술을 게재하는 보도를 제한하는 구 인터넷선거보도 심의기준 등에 관한 규정은 인터넷선거보도의 공정성과 선거의 공정성을 확보하려는 것이므로 후보자인 청구인의 표현의 자유를 침해하지 않는다.   O | X

해설

[X] 이 사건 시기제한조항은 선거일 전 90일부터 선거일까지 후보자 명의의 칼럼 등을 게재하는 인터넷선거보도가 불공정하다고 볼 수 있는지에 대해 구체적으로 판단하지 않고 이를 불공정한 선거보도로 간주하여 선거의 공정성을 해치지 않는 보도까지 광범위하게 제한한다. 인터넷언론의 특성과 그에 따른 언론시장에서의 영향력 확대에 비추어 볼 때, 인터넷언론에 대하여는 자율성을 최대한 보장하고 언론의 자유에 대한 제한을 최소화하는 것이 바람직하고, 계속 변화하는 이 분야에서 규제 수단 또한 헌법의 틀 안에서 다채롭고 새롭게 강구되어야 한다. 이 사건 시기제한조항의 입법목적을 달성할 수 있는 덜 제약적인 다른 방법들이 이 사건 심의기준 규정과 공직선거법에 이미 충분히 존재한다. 따라서 이 사건 시기제한조항은 과잉금지원칙에 반하여 청구인의 표현의 자유를 침해한다(헌재 2019.11.28, 2016헌마90).

470
22. 국가직

학교 구성원으로 하여금 성별 등의 사유를 이유로 차별적 언사나 행동, 혐오적 표현 등을 통해 다른 사람의 인권을 침해하지 못하도록 한 서울특별시 학생인권조례 규정은 학교 구성원들의 표현의 자유를 침해한 것이라고 볼 수 없다. O | X

해설

[O] 이 사건 조례 제5조 제3항은 과잉금지원칙에 위배되어 학교 구성원인 청구인들의 표현의 자유를 침해하지 아니한다(헌재 2019.11.28, 2017헌마1356).

471
22. 경찰간부 · 국회직 8급

시청자는 왜곡된 보도에 대해서 의견 개진 내지 비판을 할 수 있음에도, 방송편성에 관하여 간섭을 금지하는 방송법조항의 '간섭'에 관한 부분 및 그 위반 행위자를 처벌하는 구 방송법조항의 '간섭'에 관한 부분은 청구인의 표현의 자유를 침해한다. O | X

해설

[X] 방송의 자유는 민주주의의 원활한 작동을 위한 기초인바, 국가권력은 물론 정당, 노동조합, 광고주 등 사회의 여러 세력이 법률에 정해진 절차에 의하지 아니하고 방송편성에 개입한다면 국민 의사가 왜곡되고 민주주의에 중대한 위해가 발생하게 된다. 심판대상조항은 방송편성의 자유와 독립을 보장하기 위하여 방송에 개입하여 부당하게 영향력을 행사하는 '간섭'에 이르는 행위만을 금지하고 처벌할 뿐이고, 방송법과 다른 법률들은 방송보도에 대한 의견 개진 내지 비판의 통로를 충분히 마련하고 있다. 따라서 심판대상조항이 과잉금지원칙에 반하여 표현의 자유를 침해한다고 볼 수 없다(헌재 2021.8.31, 2019헌바439).

472
22. 경찰간부

헌법상 사전검열은 표현의 자유의 보호대상이더라도 예외 없이 금지되지는 않는다. O | X

해설

[X] 현행 헌법상 사전검열은 표현의 자유 보호대상이면 예외 없이 금지된다. 의료기기에 대한 광고는 의료기기의 성능이나 효능 및 효과 또는 그 원리 등에 관한 정보를 널리 알려 해당 의료기기의 소비를 촉진시키기 위한 상업광고로서 헌법 제21조 제1항의 표현의 자유의 보호대상이 됨과 동시에 같은 조 제2항의 사전검열금지원칙의 적용대상이 된다. 광고의 심의기관이 행정기관인지 여부는 기관의 형식에 의하기보다는 그 실질에 따라 판단되어야 하고, 행정기관의 자의로 민간심의기구의 심의업무에 개입할 가능성이 열려 있다면 개입 가능성의 존재 자체로 헌법이 금지하는 사전검열이라고 보아야 한다(헌재 2020.8.28, 2017헌가35 등).

473
22. 국가직

인터넷신문의 언론으로서의 신뢰성을 제고하기 위해 5인 이상의 취재 및 편집 인력을 정식으로 고용하도록 강제하고, 이에 대한 확인을 위하여 국민연금 등 가입사실을 확인하는 것은 언론의 자유를 침해한다고 할 수 없다. O | X

해설

[X] 고용조항 및 확인조항은 소규모 인터넷신문이 언론으로서 활동할 수 있는 기회 자체를 원천적으로 봉쇄할 수 있음에 비하여, 인터넷신문의 신뢰도 제고라는 입법목적의 효과는 불확실하다는 점에서 법익의 균형성도 잃고 있다. 따라서 고용조항 및 확인조항은 과잉금지원칙에 위배되어 청구인들의 언론의 자유를 침해한다(헌재 2016.10.27, 2015헌마1206 등).

474
23. 경찰 1차

헌법 제21조 제4항은 "언론·출판은 타인의 명예나 권리 또는 공중도덕이나 사회윤리를 침해하여서는 아니 된다."고 규정하고 있는 바, 이는 언론·출판의 자유에 따르는 책임과 의무를 강조하는 동시에 언론·출판의 자유에 대한 제한의 요건을 명시한 규정으로 볼 것이고, 헌법상 표현의 자유의 보호영역 한계를 설정한 것이라고는 볼 수 없다. O | X

해설

[O] 헌법 제21조 제4항 전문은 "언론·출판은 타인의 명예나 권리 또는 공중도덕이나 사회윤리를 침해하여서는 아니 된다."라고 규정한다. 이는 언론·출판의 자유에 따르는 책임과 의무를 강조하는 동시에 언론·출판의 자유에 대한 제한의 요건을 명시한 규정일 뿐, 헌법상 표현의 자유의 보호영역에 대한 한계를 설정한 것이라고 볼 수는 없으므로, 공연한 사실의 적시를 통한 명예훼손적 표현 역시 표현의 자유의 보호영역에 해당한다(헌재 2021.2.25, 2017헌마1113 등).

475
23. 경찰간부

변호사 또는 소비자로부터 대가를 받고 법률상담 또는 사건들을 소개·알선·유인하기 위하여 변호사등을 광고·홍보·소개하는 행위를 금지하는 대한변호사협회의 '변호사광고에 관한 규정' 중 대가수수 광고금지규정은 과잉금지원칙을 위반하여 청구인들의 표현의 자유를 침해한다. O | X

해설

[O] 이 사건 대가수수 광고금지규정으로 인하여 청구인 변호사들은 광고업자에게 유상으로 광고를 의뢰하는 것이 사실상 금지되어 표현의 자유, 직업의 자유에 중대한 제한을 받게 되고, 청구인 회사로서도 변호사들로부터 광고를 수주하지 못하게 되어 영업에 중대한 제한을 받게 된다. 따라서 위 규정은 법익의 균형성도 갖추지 못하였다. 그러므로 이 사건 대가수수 광고금지규정은 과잉금지원칙을 위반하여 청구인들의 표현의 자유, 직업의 자유를 침해한다(헌재 2022.5.26, 2021헌마619).

476
23. 경찰간부

인터넷언론사는 선거운동기간 중 당해 홈페이지 게시판 등에 정당·후보자에 대한 지지·반대의 정보를 게시하는 경우 실명을 확인받는 기술적 조치를 하도록 정한 공직선거법 조항 중 "인터넷언론사" 및 "지지·반대" 부분은 명확성원칙에 위배된다. O | X

해설

[X] 공직선거법 및 관련 법령이 구체적으로 '인터넷언론사'의 범위를 정하고 있고, 중앙선거관리위원회가 설치·운영하는 인터넷선거보도심의위원회가 심의대상인 인터넷언론사를 결정하여 공개하는 점 등을 종합하면 '인터넷언론사'는 불명확하다고 볼 수 없으며, '지지·반대'의 사전적 의미와 심판대상조항의 입법목적, 공직선거법 관련 조항의 규율내용을 종합하면, 건전한 상식과 통상적인 법 감정을 가진 사람이면 자신의 글이 정당·후보자에 대한 '지지·반대'의 정보를 게시하는 행위인지 충분히 알 수 있으므로, 실명확인 조항 중 "인터넷언론사" 및 "지지·반대" 부분은 명확성원칙에 반하지 않는다(헌재 2021.1.28, 2018헌마456).

477

23. 경찰간부

공공기관등이 설치·운영하는 모든 게시판에 본인확인조치를 한 경우에만 정보를 게시하도록 하는 것은 게시판에 자신의 사상이나 견해를 표현하고자 하는 사람에게 표현의 내용과 수위등에 대한 자기검열 가능성을 높이는 것이므로 익명표현의 자유를 침해한다. O | X

해설

[X] 공공기관등이 게시판을 설치·운영하려면 그 게시판 이용자의 본인확인을 위한 방법 및 절차의 마련 등 대통령령으로 정하는 필요한 조치를 하도록 정한 심판대상조항으로 인한 기본권 제한의 정도가 크지 않다. 그에 반해 공공기관등이 설치·운영하는 게시판에 언어폭력, 명예훼손, 불법정보의 유통이 이루어지는 것을 방지함으로써 얻게 되는 건전한 인터넷 문화 조성이라는 공익은 중요하다. 따라서 심판대상조항은 청구인의 익명표현의 자유를 침해하지 않는다(헌재 2022.12.22, 2019헌마654).

478

23. 경찰간부

'인터넷선거보도 심의기준 등에 관한 규정' 중 선거일 전 90일부터 선거일까지 인터넷 언론에 후보자 명의의 칼럼 등의 게재를 금지하는 시기제한조항은 과잉금지원칙에 반하여 청구인의 표현의 자유를 침해하지 않는다. O | X

해설

[X] 공직선거법상 인터넷 선거보도 심의의 대상이 되는 인터넷언론사의 개념은 매우 광범위한데, 이 사건 시기제한조항이 정하고 있는 일률적인 규제와 결합될 경우 이로 인해 발생할 수 있는 표현의 자유 제한이 작다고 할 수 없다. 인터넷언론의 특성과 그에 따른 언론시장에서의 영향력 확대에 비추어 볼 때, 인터넷언론에 대하여는 자율성을 최대한 보장하고 언론의 자유에 대한 제한을 최소화하는 것이 바람직하고, 계속 변화하는 이 분야에서 규제 수단 또한 헌법의 틀 안에서 다채롭고 새롭게 강구되어야 한다. 이 사건 시기제한조항의 입법목적을 달성할 수 있는 덜 제약적인 다른 방법들이 이 사건 심의기준 규정과 공직선거법에 이미 충분히 존재한다. 따라서 이 사건 시기제한조항은 <u>과잉금지원칙에</u> 반하여 청구인의 표현의 자유를 침해한다 (헌재 2019.11.28, 2016헌마90).

주의》 한편 헌재는 이 사건 시기제한조항이 모법의 위임범위를 벗어났다고 볼 수 없으므로 <u>법률유보원칙에</u> 반하여 청구인의 표현의 자유를 침해하지 않는다고 했다.

제4항 집회·결사의 자유

479

02. 법무사

집단적인 시위는 사회불안을 야기할 수 있으므로 관할 관청의 허가를 받아야 한다. O | X

해설

[X] 헌법 제21조 제2항에 의해 집회 또는 결사에 대한 허가제는 금지된다.

480

04. 국회직 8급

결사의 자유의 주체는 자연인에 한정된다. O | X

해설

[X] 법인도 결사의 자유의 주체가 될 수 있다. 헌법재판소도 축협중앙회라는 결사체도 그 결사의 구성원인 회원조합들과 별도로 결사의 자유의 주체가 될 수 있다고 하였다.

국내 주재 외국의 외교기관 청사의 경계지점으로부터 100m 이내의 옥외집회를 전면 금지하는 법률 조항은 국제평화주의 및 외교관의 특권에 비추어 위헌이라 할 수 없다. O | X

해설

[X] 입법자가 "외교기관 인근에서의 집회의 경우에는 일반적으로 고도의 법익충돌위험이 있다."는 예측판단을 전제로 하여 이 장소에서의 집회를 원칙적으로 금지할 수는 있으나, 일반·추상적인 법규정으로부터 발생하는 과도한 기본권제한의 가능성이 완화될 수 있도록 일반적 금지에 대한 예외조항을 두어야 할 것이다. 즉, 이 사건 법률조항의 보호법익에 대한 위험이 구체적으로 존재하지 않는 경우에 대하여 예외적으로 집회를 허용하는 규정을 두어야만 이 사건 법률조항은 비례의 원칙에 부합하는 것이다. 그럼에도 불구하고 이 사건 법률조항은 전제된 위험상황이 구체적으로 존재하지 않는 경우에도 이를 함께 예외 없이 금지하고 있는데, 이는 입법목적을 달성하기에 필요한 조치의 범위를 넘는 과도한 제한인 것이다. 그러므로 이 사건 법률조항은 최소침해의 원칙에 위반되어 집회의 자유를 과도하게 침해하는 위헌적인 규정이다(헌재 2003. 10.30, 2000헌바67 등).

관할 경찰관서장에 대하여 사전신고를 하지 아니하고 옥외집회나 시위를 주최한 자에 대하여 행정질서벌인 과태료가 아닌 형벌을 과하도록 규정되어 있는 집회 및 시위에 관한 법률의 규정은 헌법에 위배된다. O | X

해설

[X] 무릇 어떤 행정법규 위반행위에 대하여, 이를 단지 간접적으로 행정상의 질서에 장해를 줄 위험성이 있음에 불과한 경우(단순한 의무태만 내지 의무위반)로 보아 행정질서벌인 과태료를 과할 것인가, 아니면 직접적으로 행정목적과 공익을 침해한 행위로 보아 행정형벌을 과할 것인가, 그리고 행정형벌을 과할 경우 그 법정형의 형종과 형량을 어떻게 정할 것인가는, 당해 위반행위가 위의 어느 경우에 해당하는가에 대한 법적 판단을 그르친 것이 아닌 한 그 처벌내용은 기본적으로 입법권자가 제반 사정을 고려하여 결정할 그 입법재량에 속하는 문제라고 할 수 있다(헌재 1994.4.28, 91헌바14).

헌법은 집회의 자유를 국민의 기본권으로 보장하므로, 평화적 집회 그 자체는 공공의 안녕질서에 대한 위험이나 침해로서 평가되어서는 아니 되지만, 개인이 집회의 자유를 집단적으로 행사함으로써 불가피하게 발생하는 일반 대중에 대한 불편함이나 법익에 대한 위험이 국가와 제3자에 의하여 수인되어야 하는 것은 아니다. O | X

해설

[X] 집회의 자유에 의하여 보호되는 것은 단지 '평화적' 또는 '비폭력적' 집회이다. 집회의 자유는 민주국가에서 정신적 대립과 논의의 수단으로서, 평화적 수단을 이용한 의견의 표명은 헌법적으로 보호되지만, 폭력을 사용한 의견의 강요는 헌법적으로 보호되지 않는다. 헌법은 집회의 자유를 국민의 기본권으로 보장함으로써, 평화적 집회 그 자체는 공공의 안녕질서에 대한 위험이나 침해로서 평가되어서는 아니 되며, 개인이 집회의 자유를 집단적으로 행사함으로써 불가피하게 발생하는 일반 대중에 대한 불편함이나 법익에 대한 위험은 보호법익과 조화를 이루는 범위 내에서 국가와 제3자에 의하여 수인되어야 한다는 것을 헌법 스스로 규정하고 있는 것이다(헌재 2003.10.30, 2000헌바67 등).

□□□
484
09. 법무사

국내 주재 외교기관이나 각급 법원의 인근에서의 집회와 시위를 금지한 집회 및 시위에 관한 법률 제11조의 규정은 입법목적을 달성하기에 필요한 조치의 범위를 넘는 과도한 제한으로 위헌이다.　O | X

해설

[O] '국내 주재 외교기관' 인근에서 금지한 것은 위헌이며(헌재 2003.10.30, 2000헌바67 등), '각급 법원' 인근에서 금지한 것은 합헌이라는 입장이었으나(헌재 2005.11.24, 2004헌가17), 최근 헌법불합치결정을 하였다. '국회' 인근에서 금지한 것에 대해서는 헌법불합치결정을 한 바 있다(헌재 2018.5.31, 2013헌바322 등). 각급 법원의 경계지점으로부터 100미터 이내의 장소에서 옥외집회 또는 시위의 전면적 금지는 입법목적을 달성하는 데 필요한 최소한도의 범위를 넘어 규제가 불필요하거나 또는 예외적으로 허용 가능한 옥외집회·시위까지도 일률적·전면적으로 금지하고 있으므로, 침해의 최소성원칙 등에 위반하여 집회의 자유를 침해한다(헌재 2018.7.26, 2018헌바137).

□□□
485
08. 법행

선순위 접수를 다투며 상반되는 이해관계를 가진 자들로부터 각각 같은 시간과 장소에서의 옥외집회신고를 받은 관할경찰서장이 같은 시간과 장소에서의 집회로 상호충돌이 염려된다는 이유로 양측의 집회신고서를 모두를 반려한 것은 옥외집회의 질서를 유지하기 위하여 필요하고도 적절한 것이므로 헌법이 보장하는 집회 및 시위의 자유를 침해한 것으로 보기 어렵다.　O | X

해설

[X] 만일 접수순위를 정하기 어렵다는 현실적인 이유로 중복신고된 모든 옥외집회의 개최가 법률적 근거 없이 불허되는 것이 용인된다면, 집회의 자유를 보장하고 집회의 사전허가를 금지한 헌법 제21조 제1항 및 제2항은 무의미한 규정으로 전락할 위험성이 있다. 결국 이 사건 반려행위는 법률의 근거 없이 청구인들의 집회의 자유를 침해한 것으로서 헌법상 법률유보원칙에 위반된다고 할 것이다(헌재 2008.5.29, 2007헌마712).

□□□
486
08. 국회직 8급

중앙선거관리위원회의 경계지점으로부터 100m 이내 장소에서의 옥외집회 또는 시위는 금지된다.　O | X

해설

[X] 금지되는 장소에는 국회의사당, 각급 법원, 헌법재판소, 대통령 관저, 국회의장 공관, 대법원장 공관, 헌법재판소장 공관, 국무총리 공관(행진은 가능), 국내 주재 외국의 외교기관이나 외교사절의 숙소(해당 외교기관 또는 외교사절의 숙소를 대상으로 하지 아니하는 경우, 대규모 집회 또는 시위로 확산될 우려가 없는 경우, 외교기관의 업무가 없는 휴일에 개최하는 경우는 허용) 등이 있다.

□□□
487
10. 법원직

사전허가제는 집회의 자유의 본질적 내용에 대한 침해라고 볼 수 없다.　O | X

해설

[X] 헌법 제21조 제2항은 집회에 대한 허가제는 집회에 대한 검열제와 마찬가지이므로 이를 절대적으로 금지하겠다는 헌법개정권력자인 국민들의 헌법가치적 합의이며 헌법적 결단이다(헌재 2009.9.24, 2008헌가25).

□□□
488
11. 경정승진

경찰서장이 옥외집회신고서상의 집회 시간 및 장소가 경합되어 상호방해 및 충돌의 우려가 있다는 이유로 두 신고서 모두를 반려한 것은 집회의 자유를 침해한 것이 아니다.　　O I X

해설

> [X] 법의 집행을 책임지고 있는 국가기관인 피청구인으로서는 집회의 자유를 제한함에 있어 실무상 아무리 어렵더라도 법에 규정된 방식에 따라야 할 책무가 있고, 이 사건 집회신고에 관한 사무를 처리하는 데 있어서도 적법한 절차에 따라 접수순위를 확정하려는 최선의 노력을 한 후, 집회 및 시위에 관한 법률 제8조 제2항에 따라 후순위로 접수된 집회의 금지 또는 제한을 통고하였어야 한다. 만일 접수순위를 정하기 어렵다는 현실적인 이유로 중복신고된 모든 옥외집회의 개최가 법률적 근거 없이 불허되는 것이 용인된다면, 집회의 자유를 보장하고 집회의 사전허가를 금지한 헌법 제21조 제1항 및 제2항은 무의미한 규정으로 전락할 위험성이 있다. 결국 이 사건 반려행위는 법률의 근거 없이 청구인들의 집회의 자유를 침해한 것으로서 헌법상 법률유보원칙에 위반된다고 할 것이다(헌재 2008.5.29, 2007헌마712).

□□□
489
12. 경정승진

집회신고는 신고 자체로 효력이 발생하므로 집회신고서의 반려행위는 신고의 효력에 아무런 영향을 미칠 수 없는 행위에 불과하여 헌법소원심판청구의 대상이 되는 공권력의 행사로 볼 수 없다.　　O I X

해설

> [X] 이러한 반려행위에 대하여, 청구인들의 입장에서는 피청구인이 위 옥외집회신고의 접수를 거부하거나 집회의 금지를 통고하는 것으로 보지 않을 수 없고, 그 결과 위와 같은 형사적 처벌이나 집회의 해산을 받지 않기 위하여 위 집회의 개최를 포기할 수밖에 없었다고 할 것이다. 결국 피청구인의 이 사건 반려행위는 주무(主務) 행정기관에 의한 행위로서 청구인들의 집회의 자유를 침해하였다고 할 것이므로, 이는 기본권 침해 가능성이 있는 공권력의 행사에 해당한다고 할 것이다(헌재 2008.5.29, 2007헌마712).

□□□
490
11. 국회직 8급

집회장소로부터 귀가를 방해하거나 참가자에 대한 검문방법으로 시간을 지연하여 집회장소에 접근을 방해하는 등 집회와 관련하여 제3자나 참가자의 행동의 자유를 제한하는 조치는 허용된다.　　O I X

해설

> [X] 집회의 자유는 집회의 시간, 장소, 방법과 목적을 스스로 결정할 권리를 보장한다. 집회의 자유에 의하여 구체적으로 보호되는 주요행위는 집회의 준비 및 조직, 지휘, 참가, 집회장소·시간의 선택이다. 따라서 집회의 자유는 개인이 집회에 참가하는 것을 방해하거나 또는 집회에 참가할 것을 강요하는 국가행위를 금지할 뿐만 아니라, 예컨대 집회장소로의 여행을 방해하거나, 집회장소로부터 귀가하는 것을 방해하거나, 집회 참가자에 대한 검문의 방법으로 시간을 지연시킴으로써 집회장소에 접근하는 것을 방해하는 등 집회의 자유행사에 영향을 미치는 모든 조치를 금지한다(헌재 2003.10.30, 2000헌바67).

491
14. 경정승진

옥외집회의 신고는 수리를 요하지 아니하는 정보제공적 신고이므로, 경찰서장이 이미 접수된 옥외집회 신고서를 반려하는 행위는 공권력의 행사에 해당하지 아니한다. O | X

해설

[X] 피청구인 서울남대문경찰서장은 옥외집회의 관리 책임을 맡고 있는 행정기관으로서 이미 접수된 청구인들의 옥외집회신고서에 대하여 법률상 근거 없이 이를 반려하였는바, 청구인들의 입장에서는 이 반려행위를 옥외집회신고에 대한 접수거부 또는 집회의 금지통고로 보지 않을 수 없었고, 그 결과 형사적 처벌이나 집회의 해산을 받지 않기 위하여 집회의 개최를 포기할 수밖에 없었다고 할 것이므로 피청구인의 이 사건 반려행위는 주무(主務) 행정기관에 의한 행위로서 기본권침해 가능성이 있는 공권력의 행사에 해당한다(헌재 2008.5.29, 2007헌마712).

492
14. 법원직

집회의 자유는 표현의 자유의 일종인바, 장소선택의 자유는 집회의 자유의 내용에 포함되지 않는다. O | X

해설

[X] 집회·시위의 자유에는 집회·시위의 장소를 스스로 결정할 장소선택의 자유가 포함된다. 집회·시위장소는 집회·시위의 목적을 달성하는 데 있어서 매우 중요한 역할을 수행하는 경우가 많기 때문에 집회·시위 장소를 자유롭게 선택할 수 있어야만 집회·시위의 자유가 비로소 효과적으로 보장되므로 장소선택의 자유는 집회·시위의 자유의 한 실질을 형성한다(헌재 2005.11.24, 2004헌가17).

493
14. 국회직 8급

집회의 자유에 대한 신고제는 집회의 자유에 대한 일반적 금지가 원칙이고 예외적으로 행정권의 허가가 있을 때에만 이를 허용한다는 점에서 헌법이 금지하는 허가제와는 집회의 자유에 대한 이해와 접근방법의 출발점을 달리하고 있는 것이다. O | X

해설

[X] 헌법 제21조 제2항에서 금지하고 있는 '허가'제는 집회의 자유에 대한 일반적 금지가 원칙이고 예외적으로 행정권의 허가가 있을 때에만 이를 허용한다는 점에서, 집회의 자유가 원칙이고 금지가 예외인 집회에 대한 신고제와는 집회의 자유에 대한 이해와 접근방법의 출발점을 달리하고 있는 것이다(헌재 2009.9.24, 2008헌가25).

494
15. 사시

해가 뜨기 전이나 해가 진 후의 시위를 금지하는 집회 및 시위에 관한 법률 제10조 본문에는 위헌적인 부분과 합헌적인 부분이 공존하고 있으므로, 동 규정을 이미 보편화된 야간의 일상적인 생활의 범주에 속하는 '해가 진 후부터 같은 날 24시까지의 시위'에 적용하는 한 헌법에 위반된다. O | X

해설

[O] 야간시위를 금지하는 집회 및 시위에 관한 법률(이하 '집시법'이라 한다) 제10조 본문에는 위헌적인 부분과 합헌적인 부분이 공존하고 있으며, 위 조항 전부의 적용이 중지될 경우 공공의 질서 내지 법적 평화에 대한 침해의 위험이 높아, 일반적인 옥외집회나 시위에 비하여 높은 수준의 규제가 불가피한 경우에도 대응하기 어려운 문제가 발생할 수 있으므로, 현행 집시법의 체계 내에서 시간을 기준으로 한 규율의 측면에서 볼 때 규제가 불가피하다고 보기 어려움에도 시위를 절대적으로 금지하여 위헌성이 명백한 부분에 한하여 위헌결정을 한다. 심판대상조항들은 이미 보편화된 야간의 일상적인 생활의 범주에 속하는 '해가 진 후부터 같은 날 24시까지의 시위'에 적용하는 한 헌법에 위반된다(헌재 2014.3.27, 2010헌가2 【한정위헌】).

□□□
495
15. 법원직

헌법재판소는 야간시위를 금지하는 조항에 대하여, 이미 보편화된 야간의 일상적인 생활의 범주에 속하는 시간대까지 이를 적용하는 것은 과잉금지의 원칙에 반하여 위헌을 면할 수 없으나, 헌법재판소가 그러한 시간대를 직접 특정하는 것은 입법부와의 권력분립 측면에서 적절하지 않다는 점을 들어 헌법불합치의 주문을 선고하였다. O | X

해설

[X] 헌법불합치 결정이 아닌 한정위헌 결정을 하였다. 야간시위를 금지하는 집회 및 시위에 관한 법률(이하 '집시법'이라 한다) 제10조 본문에는 위헌적인 부분과 합헌적인 부분이 공존하고 있으며, 위 조항 전부의 적용이 중지될 경우 공공의 질서 내지 법적 평화에 대한 침해의 위험이 높아, 일반적인 옥외집회나 시위에 비하여 높은 수준의 규제가 불가피한 경우에도 대응하기 어려운 문제가 발생할 수 있으므로, 현행 집시법의 체계 내에서 시간을 기준으로 한 규율의 측면에서 볼 때 규제가 불가피하다고 보기 어려움에도 시위를 절대적으로 금지하여 위헌성이 명백한 부분에 한하여 위헌결정을 한다. 심판대상조항들은 이미 보편화된 야간의 일상적인 생활의 범주에 속하는 '해가 진 후부터 같은 날 24시까지의 시위'에 적용하는 한 헌법에 위반된다(헌재 2014.3.27, 2010헌가2).

□□□
496
15. 국회직 8급

24시 이후의 시위를 금지하고 이에 위반한 시위 참가자를 형사처벌하는 법률 조항은 집회의 자유를 침해한다. O | X

해설

[X] 야간시위를 금지하는 집회 및 시위에 관한 법률(이하 '집시법'이라 한다) 제10조 본문에는 위헌적인 부분과 합헌적인 부분이 공존하고 있으며, 위 조항 전부의 적용이 중지될 경우 공공의 질서 내지 법적 평화에 대한 침해의 위험이 높아, 일반적인 옥외집회나 시위에 비하여 높은 수준의 규제가 불가피한 경우에도 대응하기 어려운 문제가 발생할 수 있으므로, 현행 집시법의 체계 내에서 시간을 기준으로 한 규율의 측면에서 볼 때 규제가 불가피하다고 보기 어려움에도 시위를 절대적으로 금지하여 위헌성이 명백한 부분에 한하여 위헌결정을 한다. 심판대상조항들은 이미 보편화된 야간의 일상적인 생활의 범주에 속하는 '해가 진 후부터 같은 날 24시까지의 시위'에 적용하는 한 헌법에 위반된다(헌재 2014.3.27, 2010헌가2 등).

□□□
497
15. 법무사

원칙적으로 공공의 안녕질서에 대한 위협이 예상되는 경우에는 집회를 해산할 수 있다. O | X

해설

[X] 집회의 자유에 대한 제한은 다른 중요한 법익의 보호를 위하여 반드시 필요한 경우에 한하여 정당화되는 것이며, 특히 집회의 금지와 해산은 원칙적으로 공공의 안녕질서에 대한 직접적인 위협이 명백하게 존재하는 경우에 한하여 허용될 수 있다. 집회의 금지와 해산은 집회의 자유를 보다 적게 제한하는 다른 수단, 즉 조건(예컨대 시위참가자 수의 제한, 시위대상과의 거리제한, 시위방법, 시기, 소요시간의 제한 등)을 붙여 집회를 허용하는 가능성을 모두 소진한 후에 비로소 고려될 수 있는 최종적인 수단이다(헌재 2003.10.30, 2000헌바67 등).

□□□
498
17. 경정승진

집회는 일정한 장소를 전제로 하여 특정 목적을 가진 다수인이 일시적으로 회합하는 것을 의미하여, 그 공동의 목적은 '내적인 유대관계'뿐만 아니라 공동의 의사표현을 전제로 한다. O | X

해설

[X] 일반적으로 집회는, 일정한 장소를 전제로 하여 특정 목적을 가진 다수인이 일시적으로 회합하는 것을 말하는 것으로 일컬어지고 있고, 그 공동의 목적은 '내적인 유대관계'로 족하다(헌재 2014.1.28, 2011헌바174 등).

499

17. 경정승진

재판에 영향을 미칠 염려가 있거나 미치게 하기 위한 집회 또는 시위를 금지하고 이를 위반한 자를 형사처벌하는 구 집회 및 시위에 관한 법률 조항은 집회의 자유를 침해하지 않는다. ○ | X

해설

[X] 구 집회 및 시위에 관한 법률의 옥외집회·시위에 관한 일반규정 및 형법에 의한 규제 및 처벌에 의하여 사법의 독립성을 확보할 수 있음에도 불구하고, 이 사건 제2호 부분은 재판에 영향을 미칠 염려가 있거나 미치게 하기 위한 집회·시위를 사전적·전면적으로 금지하고 있을 뿐 아니라, 어떠한 집회·시위가 규제 대상에 해당하는지를 판단할 수 있는 아무런 기준도 제시하지 아니함으로써 사실상 재판과 관련된 집단적 의견표명 일체가 불가능하게 되어 집회의 자유를 실질적으로 박탈하는 결과를 초래하므로 최소침해성원칙에 반한다. 더욱이 이 사건 제2호 부분으로 인하여 달성하고자 하는 공익실현 효과는 가정적이고 추상적인 반면, 이 사건 제2호 부분으로 인하여 침해되는 집회의 자유에 대한 제한 정도는 중대하므로 법익균형성도 상실하였다. 따라서 이 사건 제2호 부분은 과잉금지원칙에 위배되어 집회의 자유를 침해한다(헌재 2016.9.29. 2014헌가3 등).

500

17. 경정승진

미신고 시위에 대한 해산명령에 불응하는 자를 처벌하도록 규정한 집회 및 시위에 관한 법률 조항은 과잉금지원칙을 위반하여 집회의 자유를 침해한다. ○ | X

해설

[X] 집회 및 시위에 관한 법률상 해산명령은 미신고 시위라는 이유만으로 발할 수 있는 것이 아니라, 미신고 시위로 인하여 타인의 법익이나 공공의 안녕질서에 대한 위험이 명백하게 발생한 경우에만 발할 수 있고, 먼저 자진 해산을 요청한 후 참가자들이 자진 해산 요청에 따르지 아니하는 경우에 해산명령을 내리도록 하고 이에 불응하는 경우에만 처벌하는 점 등을 고려하면, 심판대상조항은 집회의 자유에 대한 제한을 최소화하고 있다. 해산명령에 불응하는 행위는 단순히 행정질서에 장해를 줄 위험성이 있는 정도의 의무태만 내지 의무위반이 아니고, 직접적으로 행정목적을 침해하고 나아가 공익을 침해할 고도의 개연성을 띤 행위라고 볼 수 있으므로, 심판대상조항이 법정형의 종류 및 범위의 선택에 관한 입법재량의 한계를 벗어난 과중한 처벌을 규정하였다고도 볼 수 없다. 또한, 심판대상조항이 달성하려는 공공의 안녕질서 유지 및 회복이라는 공익과 심판대상조항으로 인하여 제한되는 청구인의 집회의 자유 사이의 균형을 상실하였다고 보기 어려우므로, 심판대상조항은 과잉금지원칙을 위반하여 집회의 자유를 침해한다고 볼 수 없다(헌재 2016.9.29. 2014헌바492).

501

17. 변호사

사전신고를 하지 않은 옥외집회는 불법집회이므로 관할경찰관서장은 언제나 해산명령을 내릴 수 있으며, 이에 불응하는 경우에는 처벌할 수 있다고 보아야 한다. ○ | X

해설

[X] 신고를 하지 아니하였다는 이유만으로 그 옥외집회 또는 시위를 헌법의 보호범위를 벗어나 개최가 허용되지 않는 집회 내지 시위라고 단정할 수 없다. 그렇다면 심판대상조항이 미신고 시위를 해산명령의 대상으로 하면서 별도의 해산요건을 정하고 있지 않더라도, 그 시위로 인하여 타인의 법익이나 공공의 안녕질서에 대한 직접적인 위험이 명백하게 초래된 경우에 한하여 위 조항에 기하여 해산을 명할 수 있고, 이러한 요건을 갖춘 해산명령에 불응하는 경우에만 집회 및 시위에 관한 법률(이하 '집시법'이라 한다) 제24조 제5호에 의하여 처벌할 수 있다. 또한, 집시법은 관할경찰관서장이 해산명령의 대상이 되는 집회·시위에 대하여 상당한 시간 이내에 자진 해산할 것을 요청하고, 이에 따르지 아니하는 경우에만 해산을 명할 수 있도록 규정하고 있다(집시법 제20조 제1항). 집시법 시행령 제17조에 의하면 해산명령은 관할경찰관서장 또는 관할경찰관서장으로부터 권한을 부여받은 국가경찰공무원이 먼저 주최자에게 집회 또는 시위의 종결선언을 요청하고, 종결 선언 요청에 따르지 아니하거나 종결 선언에도 불구하고 집회 또는 시위의 참가자들이 집회 또는 시위를 계속하는 경우에는 직접 참가자들에 대하여 자진 해산할 것을 요청하고, 참가자들이 자진 해산 요청에 따르지 아니하는 경우 세 번 이상 자진 해산할 것을 명령하는 방식으로 이루어지고 참가자들이 해산명령에도 불구하고 해산하지 아니하면 직접 해산시킬 수 있다(헌재 2016.9.29. 2014헌바492).

502
17. 경정승진

집회의 시간과 장소가 중복되는 2개 이상의 신고가 있을 경우 관할경찰관서장은 먼저 신고된 집회가 다른 집회의 개최를 봉쇄하기 위한 가장집회신고에 해당하는지 여부에 관하여 판단할 권한이 없으므로 뒤에 신고된 집회에 대하여 집회 자체를 금지하는 통고를 하여야 한다.　　　　　　O | X

해설

> [X] 집회의 시간과 장소가 중복되는 2개 이상의 신고가 있는 경우 그 목적으로 보아 서로 상반되거나 방해가 된다고 인정되면 뒤에 접수된 집회에 대하여 관할경찰관서장이 그 금지를 통고할 수 있다(집회 및 시위에 관한 법률 제8조 제2항). 이와 같이 집회의 자유는 반드시 법률에 의하여만 제한될 수 있고, 이 경우에도 그 본질적 내용을 침해하지 않는 필요최소한의 범위에 그쳐야 한다. 그럼에도 불구하고 해당 국가기관이 법에서 정한 이외의 사유로 집회의 자유를 제한한다면 이는 법률유보의 원칙을 위반하여 국민의 기본권을 침해하는 것으로 위헌임을 면치 못할 것이다(헌재 2008.5.29, 2007헌마712).
>
> > **집회 및 시위에 관한 법률 제8조 【집회 및 시위의 금지 또는 제한 통고】** ② 관할경찰관서장은 집회 또는 시위의 시간과 장소가 중복되는 2개 이상의 신고가 있는 경우 그 목적으로 보아 서로 상반되거나 방해가 된다고 인정되면 각 옥외집회 또는 시위간에 시간을 나누거나 장소를 분할하여 개최하도록 권유하는 등 각 옥외집회 또는 시위가 서로 방해되지 아니하고 평화적으로 개최 · 진행될 수 있도록 노력하여야 한다.
> > ③ 관할경찰관서장은 제2항에 따른 권유가 받아들여지지 아니하면 뒤에 접수된 옥외집회 또는 시위에 대하여 제1항에 준하여 그 집회 또는 시위의 금지를 통고할 수 있다.

503
17. 법원직 · 경정승진

입법자가 법률로써 일반적으로 집회를 제한하는 것도 원칙적으로 헌법 제21조 제2항에서 금지하는 '사전허가'에 해당한다.　　　　　　O | X

해설

> [X] 헌법 제21조 제2항의 '허가'는 '행정청이 주체가 되어 집회의 허용 여부를 사전에 결정하는 것'으로서 행정청에 의한 사전허가는 헌법상 금지되지만, 입법자가 법률로써 일반적으로 집회를 제한하는 것은 헌법상 '사전허가금지'에 해당하지 않는다. 따라서 입법자는 법률로써 옥외집회에 대하여 일반적으로 시간적 · 장소적 및 방법적인 제한을 할 수 있고, 실제로도 우리 집회 및 시위에 관한 법률은 이 사건 집회조항에 의한 시간적 제한 이외에도, 국회의사당 등 특정장소에서의 집회 금지와 같은 장소적 제한(제11조), 교통소통을 위한 제한(제12조)이나 확성기 등 사용의 제한(제14조) 등과 같은 방법적 제한에 관하여 규정하고 있다. 물론 이러한 법률적 제한이 실질적으로는 행정청의 허가 없는 옥외집회를 불가능하게 하는 것이라면 헌법상 금지되는 사전허가제에 해당되지만, 그에 이르지 않는 한 헌법 제21조 제2항에 반하는 것이 아니라, 위 법률적 제한이 헌법 제37조 제2항에 위반하여 집회의 자유를 과도하게 제한하는지 여부만이 문제된다고 할 것이다(헌재 2014.4.24, 2011헌가29).

504
16. 법원직

외교기관의 경계지점으로부터 반경 100m 이내 지점에서의 집회 및 시위를 원칙적으로 금지하되 외교기관의 기능이나 안녕을 침해할 우려가 없다고 인정되는 예외적인 경우에 집회 및 시위를 허용하는 법률조항은, 외교기관을 대상으로 하는 경우에는 그 경계지점으로부터 100m 이내의 장소에서는 개별 집회·시위의 내용과 성질을 불문하고 일체의 집회·시위를 전면 금지하고 있는 것으로서 집회의 자유를 과도하게 침해하여 헌법에 위반된다. O | X

해설

[X] 이 사건 법률조항은 외교기관의 경계지점으로부터 반경 100m 이내 지점에서의 집회 및 시위를 원칙적으로 금지하되, 그 가운데에서도 외교기관의 기능이나 안녕을 침해할 우려가 없다고 인정되는 세 가지의 예외적인 경우에는 이러한 집회 및 시위를 허용하고 있는바, 이는 입법기술상 가능한 최대한의 예외적 허용 규정이며, 그 예외적 허용 범위는 적절하다고 보이므로 이보다 더 넓은 범위의 예외를 인정하지 않는 것을 두고 침해의 최소성원칙에 반한다고 할 수 없다. 그리고 이 사건 법률조항으로 달성하고자 하는 공익은 외교기관의 기능과 안전의 보호라는 국가적 이익이며, 이 사건 법률조항은 법익충돌의 위험성이 없는 경우에는 외교기관 인근에서의 집회나 시위도 허용함으로써 구체적인 상황에 따라 상충하는 법익간의 조화를 이루고 있다. 따라서 이 사건 법률조항이 청구인의 집회의 자유를 침해한다고 할 수 없다(헌재 2010.10.28, 2010헌마111).

505
20. 국회직 9급

국회의사당의 경계지점으로부터 100미터 이내의 장소에서 옥외집회 또는 시위를 한 자를 처벌하는 집회 및 시위에 관한 법률 규정은 국회의 헌법적 기능을 보호하기 위한 것으로서 집회의 자유를 침해하지 않는다. O | X

해설

[X] 심판대상조항은 입법목적을 달성하는 데 필요한 최소한도의 범위를 넘어, 규제가 불필요하거나 또는 예외적으로 허용하는 것이 가능한 집회까지도 이를 일률적·전면적으로 금지하고 있으므로 침해의 최소성원칙에 위배된다. … 심판대상조항으로 달성하려는 공익이 제한되는 집회의 자유 정도보다 크다고 단정할 수는 없다고 할 것이므로 심판대상조항은 법익의 균형성원칙에도 위배된다. 심판대상조항은 과잉금지원칙을 위반하여 집회의 자유를 침해한다(헌재 2018.5.31, 2013헌바322).

506
20. 지방직

국무총리 공관 경계지점으로부터 100m 이내의 장소에서 옥외집회 또는 시위를 예외 없이 절대적으로 금지하고 있는 법률조항은 집회의 자유를 침해한다. O | X

해설

[O] 이 사건 금지장소 조항은 국무총리 공관의 기능과 안녕을 직접 저해할 가능성이 거의 없는 '소규모 옥외집회·시위의 경우', '국무총리를 대상으로 하는 옥외집회·시위가 아닌 경우'까지도 예외 없이 옥외집회·시위를 금지하고 있는바, 이는 입법목적 달성에 필요한 범위를 넘는 과도한 제한이다. … 이 사건 금지장소 조항은 그 입법목적을 달성하는 데 필요한 최소한도의 범위를 넘어, 규제가 불필요하거나 또는 예외적으로 허용하는 것이 가능한 집회까지도 이를 일률적·전면적으로 금지하고 있다고 할 것이므로 침해의 최소성원칙에 위배된다. … 따라서 이 사건 금지장소 조항은 과잉금지원칙을 위반하여 집회의 자유를 침해한다(헌재 2018.6.28, 2015헌가28).

507
20. 5급

집회·시위 등 현장에서 집회·시위 참가자에 대한 사진이나 영상촬영 등의 행위는 집회·시위 참가자들에게 심리적 부담으로 작용하여 여론형성 및 민주적 토론절차에 영향을 주고 집회의 자유를 전체적으로 위축시키는 결과를 가져올 수 있으므로 집회의 자유를 제한한다. O | X

해설

[O] 집회의 자유는 그 내용에 있어 집회참가자가 기본권 행사를 이유로 혹은 기본권 행사와 관련하여 국가의 감시를 받게 되거나, 경우에 따라서는 어떠한 불이익을 받을 수도 있다는 것을 걱정할 필요가 없는, 즉 자유로운 심리상태의 보장이 전제되어야 한다. 개인이 가능한 외부의 영향을 받지 않고 집회의 준비와 실행에 참여할 수 있고, 집회참가자 상호간 및 공중과의 의사소통이 가능한 방해받지 않아야 한다. 따라서 집회·시위 등 현장에서 집회·시위 참가자에 대한 사진이나 영상촬영 등의 행위는 집회·시위 참가자들에게 심리적 부담으로 작용하여 여론형성 및 민주적 토론절차에 영향을 주고 집회의 자유를 전체적으로 위축시키는 결과를 가져올 수 있으므로 집회의 자유를 제한한다고 할 수 있다(헌재 2018.8.30, 2014헌마843).

508
20. 법원직 9급

각급 법원 인근에 집회·시위금지 장소를 설정하는 것은 입법목적 달성을 위한 적합한 수단으로 볼 수 없다. O | X

해설

[X] 법관의 독립은 공정한 재판을 위한 필수 요소로서 다른 국가기관이나 사법부 내부의 간섭으로부터의 독립뿐만 아니라 사회적 세력으로부터의 독립도 포함한다. 심판대상조항의 입법목적은 법원 앞에서 집회를 열어 법원의 재판에 영향을 미치려는 시도를 막으려는 것이다. 이런 입법목적은 법관의 독립과 재판의 공정성 확보라는 헌법의 요청에 따른 것이므로 정당하다. 각급 법원 인근에 집회·시위금지장소를 설정하는 것은 입법목적 달성을 위한 적합한 수단이다. … 심판대상조항은 입법목적을 달성하는 데 필요한 최소한도의 범위를 넘어 규제가 불필요하거나 또는 예외적으로 허용 가능한 옥외집회·시위까지도 일률적·전면적으로 금지하고 있으므로, 침해의 최소성원칙에 위배된다. 심판대상조항은 각급 법원 인근의 모든 옥외집회를 전면적으로 금지함으로써 상충하는 법익 사이의 조화를 이루려는 노력을 전혀 기울이지 않아, 법익의 균형성원칙에도 어긋난다. 심판대상조항은 과잉금지원칙을 위반하여 집회의 자유를 침해한다(헌재 2018.7.26, 2018헌바137).

509
18. 국회직 9급

국회의 헌법적 기능을 무력화시키거나 저해할 우려가 있는 집회의 금지는 집회·시위의 자유를 침해한다. O | X

해설

[X] 심판대상조항은 국회의 헌법적 기능을 무력화시키거나 저해할 우려가 있는 집회를 금지하는 데 머무르지 않고, 그 밖의 평화적이고 정당한 집회까지 전면적으로 제한함으로써 구체적인 상황을 고려하여 상충하는 법익간의 조화를 이루려는 노력을 전혀 기울이지 않고 있다. 심판대상조항으로 달성하려는 공익이 제한되는 집회의 자유 정도보다 크다고 단정할 수는 없다고 할 것이므로 심판대상조항은 법익의 균형성원칙에도 위배된다. 심판대상조항은 과잉금지원칙을 위반하여 집회의 자유를 침해한다(헌재 2018.5.31, 2013헌바322).
▶ 국회의 헌법적 기능을 무력화시키거나 저해할 우려가 있는 집회의 금지는 헌법상 허용되나, 그 밖의 평화적이고 정당한 집회까지 전면적으로 제한하는 경우 헌법에 위반된다는 의미이다.

□□□ 510
16. 국가직

집회란 다수인이 일정한 장소에서 공동목적을 가지고 회합하는 일시적인 결합체를 의미하기 때문에 2인이 모인 집회는 집회 및 시위에 관한 법률의 규제대상이 되지 않는다.　O | X

해설

[X] 구 집회 및 시위에 관한 법률에 의하여 보장 및 규제의 대상이 되는 집회란 '특정 또는 불특정 다수인이 공동의 의견을 형성하여 이를 대외적으로 표명할 목적 아래 일시적으로 일정한 장소에 모이는 것'을 말하고, 모이는 장소나 사람의 다과에 제한이 있을 수 없으므로, 2인이 모인 집회도 위 법의 규제대상이 된다고 보아야 한다(대판 2012.5.24, 2010도11381).

□□□ 511
17. 경정승진

헌법 제21조 제1항에 의해 보호되는 결사의 개념에는 공공목적에 의해 구성원의 자격이 정해진 특수단체나 공법상의 결사도 포함된다.　O | X

해설

[X] 결사란 자연인 또는 법인의 다수가 상당한 기간 동안 공동목적을 위하여 자유의사에 기하여 결합하고 조직화된 의사형성이 가능한 단체를 말하는 것으로, 공법상의 결사나 법이 특별한 공공목적에 의하여 구성원의 자격을 정하고 있는 특수단체의 조직활동은 이에 포함되지 아니한다(헌재 2006.5.25, 2004헌가1).

□□□ 512
17. 국가직 5급

외교기관 인근에서의 집회가 일반적으로 다른 장소와 비교할 때 중요한 보호법익과의 충돌상황을 야기할 수 있다거나, 이로써 법익에 대한 침해로 이어질 개연성이 높다고는 할 수 없다.　O | X

해설

[X] 외교기관 인근에서의 집회는 일반적으로 다른 장소와 비교할 때 중요한 보호법익과의 충돌상황을 야기할 수 있고, 이로써 법익에 대한 침해로 이어질 개연성이 높으므로, 이 사건 법률조항은 이와 같은 고도의 법익충돌상황을 사전에 효과적으로 방지하기 위하여 외교기관 인근에서의 집회를 전면적으로 금지한 것이다. 이 사건 법률조항의 보호법익으로는 국내주재 외교기관에의 자유로운 출입 및 원활한 업무의 보장, 외교관의 신체적 안전이 고려된다. … 입법자가 "외교기관 인근에서의 집회의 경우에는 일반적으로 고도의 법익충돌위험이 있다."는 예측판단을 전제로 하여 이 장소에서의 집회를 원칙적으로 금지할 수는 있으나, 일반·추상적인 법규정으로부터 발생하는 과도한 기본권 제한의 가능성이 완화될 수 있도록 일반적 금지에 대한 예외조항을 두어야 할 것이다. 그럼에도 불구하고 이 사건 법률조항은 전제된 위험상황이 구체적으로 존재하지 않는 경우에도 이를 함께 예외 없이 금지하고 있는데, 이는 입법목적을 달성하기에 필요한 조치의 범위를 넘는 과도한 제한인 것이다. 그러므로 이 사건 법률조항은 최소침해의 원칙에 위반되어 집회의 자유를 과도하게 침해하는 위헌적인 규정이다(헌재 2003.10.30, 2000헌바67 등).

농협은 기본적으로 사법인의 성격을 지니므로, 농업협동조합법에서 정하는 특정한 국가적 목적을 위하여 설립되는 공공성이 강한 법인으로서 공적인 역할을 수행한다고 하더라도, 농협의 구성원들이 기본권 침해를 주장하여 과잉금지원칙 위배 여부를 판단할 때에는 사적인 임의결사의 기본권이 제한되는 경우와 마찬가지로 엄격한 심사기준이 적용된다.　　　　　　　　　　　　　　　　　　　　　O | X

해설

[X] 농협은 앞서 본 바와 같이 기본적으로 사법인의 성격을 지니지만, 농협법에서 정하는 특정한 국가적 목적을 위하여 설립되는 공공성이 강한 법인으로, 그 수행하는 사업 내지 업무가 국민경제에서 상당한 비중을 차지하고 국민경제 및 국가 전체의 경제와 관련된 경제적 기능에 있어서 금융기관에 준하는 공공성을 가진다. … 공적인 역할을 수행하는 결사 또는 그 구성원들이 기본권의 침해를 주장하는 경우에 과잉금지원칙 위배 여부를 판단할 때에는, 순수한 사적인 임의결사의 기본권이 제한되는 경우의 심사에 비해서는 완화된 기준을 적용할 수 있다. 이 사건에서도 농협의 공법인적 성격과 조합장선거 관리의 공공성 등의 특성상 기본권 제한의 과잉금지원칙 위배 여부를 심사함에 있어 농협 및 농협조합장선거의 공적인 측면을 고려해야 할 것이다(헌재 2012.12.27, 2011헌마562 등).

지역농협 이사선거의 경우 문자메시지를 포함한 전화 및 전자우편을 포함한 컴퓨터통신을 이용한 지지 호소의 선거운동방법을 금지하고 이를 위반한 자를 처벌하는 법률조항은 선거가 과열되는 과정에서 후보자들의 경제력 차이에 따른 불균형한 선거운동 및 흑색선전을 통한 부당한 경쟁이 이루어짐으로써 선거의 공정이 해쳐지는 것을 방지하기 위한 것으로 결사의 자유를 침해하지 아니한다.　　　　O | X

해설

[X] 이 사건 법률조항들은 지역농협 이사선거가 과열되는 과정에서 후보자들의 경제력 차이에 따른 불균형한 선거운동 및 흑색선전을 통한 부당한 경쟁이 이루어짐으로써 선거의 공정이 해쳐지는 것을 방지하기 위하여 선거 공보의 배부를 통한 선거운동만을 허용하고 전화·컴퓨터통신을 이용한 지지 호소의 선거운동을 금지하며 이를 위반하여 선거운동을 한 자를 처벌하는바, 입법목적의 정당성 및 수단의 적합성이 인정된다. 그러나 전화·컴퓨터통신은 누구나 손쉽고 저렴하게 이용할 수 있는 매체인 점, 농업협동조합법에서 흑색선전 등을 처벌하는 조항을 두고 있는 점을 고려하면 입법목적 달성을 위하여 위 매체를 이용한 지지 호소까지 금지할 필요성은 인정되지 아니한다. 이 사건 법률조항들이 달성하려는 공익이 결사의 자유 및 표현의 자유 제한을 정당화할 정도로 크다고 보기는 어려우므로, 법익의 균형성도 인정되지 아니한다. 따라서 이 사건 법률조항들은 과잉금지원칙을 위반하여 결사의 자유, 표현의 자유를 침해하여 헌법에 위반된다(헌재 2016.11.24, 2015헌바62).

515
17. 국가직

'대한민국고엽제전우회'의 회원으로 가입한 사람은 '월남전참전자회'의 회원이 될 수 없도록 한 법률규정은 이미 설립된 고엽제전우회와의 중복가입에 따른 단체간 마찰을 최소화하고 인적 구성을 분리하기 위한 것이지만, 이로 인해 월남전참전자 중 고엽제 관련자가 양 법인 중에서 회원으로 가입할 법인을 선택할 수 있는 결사의 자유를 과도하게 침해한다. O | X

해설

[X] 심판대상조항의 입법목적은 양 법인의 중복가입에 따라 발생할 수 있는 두 단체 사이의 마찰, 중복지원으로 인한 예산낭비, 중복가입자의 이해상반행위를 방지하기 위한 것이다. 월남전참전자회의 회원 범위가 고엽제 관련자까지 확대될 경우 상대적으로 고엽제전우회의 조직 구성력이 약화되어 고엽제 관련자에 대한 특별한 보호가 약화될 우려가 있기 때문에, 심판대상조항이 기존에 운영 중인 고엽제전우회의 회원이 월남전참전자회에 중복가입하는 것을 제한한 것은 불가피한 조치라 할 것이다. 또한, 심판대상조항으로 인하여 고엽제 관련자가 월남전참전자회의 회원이 될 수 없는 것이 아니라 월남전참전자 중 고엽제 관련자는 양 법인 중에서 회원으로 가입할 법인을 선택할 수 있고 언제라도 그 선택의 변경이 가능하므로 심판대상조항이 청구인의 결사의 자유를 전면적으로 제한하는 것은 아니다. 따라서 심판대상조항은 과잉금지원칙에 위배된다고 볼 수 없다(헌재 2016.4.28, 2014헌바442).

516
17. 국가직

지역농협 이사선거의 경우 전화·컴퓨터통신을 이용한 지지 호소의 선거운동방법을 금지하고, 이를 위반한 자를 처벌하는 것은 해당 선거 후보자의 결사의 자유와 표현의 자유를 침해한다. O | X

해설

[O] 지역농협 이사선거의 경우 전화·컴퓨터통신을 이용한 지지 호소의 선거운동방법을 금지하고, 이를 위반한 자를 처벌하는 것은 과잉금지원칙을 위반하여 결사의 자유, 표현의 자유를 침해하여 헌법에 위반된다(헌재 2016.11.24, 2015헌바62).

517
22. 경정승진

집회의 자유는 개인의 인격발현의 요소이자 민주주의를 구성하는 요소라는 이중적 헌법적 기능을 가지고 있다. O | X

해설

[O] 집회의 자유는 개인의 인격발현의 요소이자 민주주의를 구성하는 요소라는 이중적 헌법적 기능을 가지고 있다. 인간의 존엄성과 자유로운 인격발현을 최고의 가치로 삼는 우리 헌법질서 내에서 집회의 자유도 다른 모든 기본권과 마찬가지로 일차적으로는 개인의 자기결정과 인격발현에 기여하는 기본권이다. 뿐만 아니라, 집회를 통하여 국민들이 자신의 의견과 주장을 집단적으로 표명함으로써 여론의 형성에 영향을 미친다는 점에서, 집회의 자유는 표현의 자유와 더불어 민주적 공동체가 기능하기 위하여 불가결한 근본요소에 속한다(헌재 2003.10.30, 2000헌바67 등).

집회의 자유는 집회를 통하여 형성된 의사를 집단으로 표현하고 이를 통하여 불특정 다수인의 의사에 영향을 줄 자유를 포함하므로 이를 내용으로 하는 시위의 자유 또한 집회의 자유를 규정한 헌법 제21조 제1항에 의하여 보호되는 기본권이다.　　　　　　　　　　　　　　　　　　　　　　　　　　　　　O | X

해설

[O] 헌법 제21조 제1항은 "모든 국민은 언론·출판의 자유와 집회·결사의 자유를 가진다."고 규정하여 집회의 자유를 표현의 자유로서 언론·출판의 자유와 함께 국민의 기본권으로 보장하고 있다. 집회의 자유에는 집회를 통하여 형성된 의사를 집단적으로 표현하고 이를 통하여 불특정 다수인의 의사에 영향을 줄 자유를 포함한다(헌재 2016.9.29, 2014헌바492).

집회나 시위 해산을 위한 살수차 사용은 집회의 자유 및 신체의 자유에 대한 중대한 제한을 초래하므로 살수차 사용요건이나 기준은 법률에 근거를 두어야 하고, 살수차와 같은 위해성 경찰장비는 본래의 사용방법에 따라 지정된 용도로 사용되어야 하며 다른 용도나 방법으로 사용하기 위해서는 반드시 법령에 근거가 있어야 한다.　　　　　　　　　　　　　　　　　　　　　　　　　　　　　　　　O | X

해설

[O] 집회나 시위 해산을 위한 살수차 사용은 집회의 자유 및 신체의 자유에 대한 중대한 제한을 초래하므로 살수차 사용요건이나 기준은 법률에 근거를 두어야 하고, 살수차와 같은 위해성 경찰장비는 본래의 사용방법에 따라 지정된 용도로 사용되어야 하며 다른 용도나 방법으로 사용하기 위해서는 반드시 법령에 근거가 있어야 한다(헌재 2018.5.31, 2015헌마476).

일출시간 전, 일몰시간 후의 옥외집회 또는 시위를 원칙적으로 금지하면서 다만 옥외집회의 경우 예외적으로 관할 경찰관서장이 허용할 수 있도록 하고, 이에 위반하여 옥외집회 또는 시위에 참가한 자를 형사처벌하는 구 집회 및 시위에 관한 법률 조항은 헌법 제21조 제2항의 사전허가제금지에 위배되어 집회의 자유를 침해한다.　　　　　　　　　　　　　　　　　　　　　　　　　　　　　O | X

해설

[X] 헌법 제21조 제2항에 의하여 금지되는 '허가'는 '행정청이 주체가 되어 집회의 허용 여부를 사전에 결정하는 것'으로, 법률적 제한이 실질적으로 행정청의 허가 없는 옥외집회를 불가능하게 하는 것이라면 헌법상 금지되는 사전허가제에 해당하지만, 그에 이르지 아니하는 한 헌법 제21조 제2항에 반하는 것은 아니다. 이 사건 법률조항의 단서 부분은 본문에 의한 제한을 완화시키려는 것이므로 헌법이 금지하고 있는 '옥외집회에 대한 일반적인 사전허가'라고 볼 수 없다. 한편, 이 사건 법률조항 중 단서 부분은 시위에 대하여 적용되지 않으므로 야간시위의 금지와 관련하여 헌법상 '허가제 금지' 규정의 위반 여부는 문제되지 아니한다(헌재 2014.4.24, 2011헌가29).

□□□ 521
22. 경찰간부 · 경찰 2차

대한민국을 방문하는 외국의 국가 원수를 경호하기 위하여 지정된 경호구역 안에서 서울종로경찰서장이 안전 활동의 일환으로 청구인들의 삼보일배행진을 제지한 행위 등은 과잉금지원칙을 위반하여 청구인들의 집회의 자유 등을 침해한다. O | X

해설

[X] 이 사건 공권력 행사는 경호대상자의 안전 보호 및 국가간 친선관계의 고양, 질서유지 등을 위한 것이다. 돌발적이고 경미한 변수의 발생도 대비하여야 하는 경호의 특수성을 고려할 때, 경호활동에는 다양한 취약요소들에 사전적 · 예방적으로 대비할 수 있는 안전조치가 충분히 이루어질 필요가 있고, 이 사건 공권력 행사는 집회장소의 장소적 특성과 미합중국 대통령의 이동경로, 집회 참가자와의 거리, 질서유지에 필요한 시간 등을 고려하여 경호 목적 달성을 위한 최소한의 범위에서 행해진 것으로 침해의 최소성을 갖추었다. 또한, 이 사건 공권력행사로 인해 제한된 사익은 집회 또는 시위의 자유 일부에 대한 제한으로서 국가 간 신뢰를 공고히 하고 발전적인 외교관계를 맺으려는 공익이 위 제한되는 사익보다 덜 중요하다고 할 수 없다. 따라서 이 사건 공권력 행사는 과잉금지원칙을 위반하여 청구인들의 집회의 자유 등을 침해하였다고 할 수 없다(헌재 2021.10.28, 2019헌마1091).

□□□ 522
23. 경찰 1차

집단적인 폭행 · 협박 · 손괴 · 방화 등으로 공공의 안녕질서에 직접적인 위협을 가할 것이 명백한 집회 또는 시위의 주최를 금지하는 구 집회 및 시위에 관한 법률 조항은 집회의 자유를 침해하지 아니한다. O | X

해설

[O] 이 사건 법률조항들을 통해 달성하려는 공공의 안녕질서 유지, 기본권 보호의 필요성은 양보하기 어려운 것이므로, 그로 인해 제한되는 사익과의 관계에서 현저한 불균형이 존재한다고 보기도 어렵다. 따라서 이 사건 법률조항들은 과잉금지원칙에 위반하여 집회의 자유를 침해하지 아니한다(헌재 2010.4.29, 2008헌바118).

□□□ 523
23. 경찰 1차

국가공무원법 제65조 제1항 중 '그 밖의 정치단체'에 관한 부분은 명확성원칙에 위배되어 공무원의 정치적 표현의 자유 및 결사의 자유를 침해한다. O | X

해설

[O] 국가공무원법조항 중 '그 밖의 정치단체'에 관한 부분은 어떤 단체에 가입하는가에 관한 집단적 형태의 '표현의 내용'에 근거한 규제이므로, 더욱 규제되는 표현의 개념을 명확하게 규정할 것이 요구된다. 그럼에도 위 조항은 '그 밖의 정치단체'라는 불명확한 개념을 사용하여, 수범자에 대한 위축효과와 법 집행 공무원의 자의적 판단 위험을 야기하고 있다. 위 조항이 명확성원칙에 위배되어 나머지 청구인들의 정치적 표현의 자유, 결사의 자유를 침해하여 헌법에 위반되는 점이 분명한 이상, 과잉금지원칙에 위배되는지 여부에 대하여는 더 나아가 판단하지 않는다(헌재 2020.4.23, 2018헌마551).

국회의장 공관의 경계지점으로부터 100미터 이내의 장소에서의 옥외집회 또는 시위를 일률적으로 금지하고, 이를 위반한 집회·시위의 참가자를 처벌하는 것은 해당 장소에서 옥외집회·시위가 개최되더라도 국회의장에게 물리적 위해를 가하거나 국회의장 공관으로의 출입 내지 안전에 위협을 가할 우려가 없는 장소까지 포함되어 있다는 점에서 입법목적 달성에 필요한 범위를 넘어 집회의 자유를 과도하게 제한하는 것으로 집회의 자유를 침해한다. O | X

해설

[O] '집회 및 시위에 관한 법률'은 국회의장 공관의 기능과 안녕을 보호할 다양한 규제 수단을 마련하고 있고, 집회·시위 과정에서의 폭력행위나 업무방해 행위 등은 형사법상의 범죄행위로 처벌되므로, 국회의장 공관 인근에서 예외적으로 옥외집회·시위를 허용한다고 하더라도 국회의장 공관의 기능과 안녕은 충분히 보장될 수 있다. 그럼에도 심판대상조항은 국회의장 공관 인근 일대를 광범위하게 전면적인 집회 금지 장소로 설정함으로써 입법목적 달성에 필요한 범위를 넘어 집회의 자유를 과도하게 제한하고 있는바, 과잉금지원칙에 반하여 집회의 자유를 침해한다(헌재 2023.3.23, 2021헌가1).

재판에 영향을 미칠 염려가 있거나 미치게 하기 위한 집회 또는 시위를 금지하고 이를 위반한 자를 형사처벌하는 구 집회 및 시위에 관한 법률상 조항은 과잉금지원칙을 위반하여 집회의 자유를 침해한다고 볼 수 없다. O | X

해설

[X] 이 사건 제2호 부분은 법관의 직무상 독립을 보호하여 사법작용의 공정성과 독립성을 확보하기 위한 것으로 입법목적의 정당성은 인정되나, 국가의 사법권한 역시 국민의 의사에 정당성의 기초를 두고 행사되어야 한다는 점과 재판에 대한 정당한 비판은 오히려 사법작용의 공정성 제고에 기여할 수도 있는 점을 고려하면 사법의 독립성을 확보하기 위한 적합한 수단이라 보기 어렵다. … 이 사건 제2호 부분으로 인하여 달성하고자 하는 공익 실현 효과는 가정적이고 추상적인 반면, 이 사건 제2호 부분으로 인하여 침해되는 집회의 자유에 대한 제한 정도는 중대하므로 법익균형성도 상실하였다. 따라서 이 사건 제2호 부분은 과잉금지원칙에 위배되어 집회의 자유를 침해한다(헌재 2016.9.29, 2014헌가3).

지역농협 이사 선거의 경우 전화·컴퓨터통신을 이용한 지지·호소의 선거운동방법을 금지하고 이를 위반한 자에 대한 형사처벌을 규정한 구 농업협동조합법상 조항은 결사의 자유를 침해한다. O | X

해설

[O] 전화·컴퓨터통신은 누구나 손쉽고 저렴하게 이용할 수 있는 매체인 점, 농업협동조합법에서 흑색선전 등을 처벌하는 조항을 두고 있는 점을 고려하면 입법목적 달성을 위하여 위 매체를 이용한 지지 호소까지 금지할 필요성은 인정되지 아니한다. 이 사건 법률조항들이 달성하려는 공익이 결사의 자유 및 표현의 자유 제한을 정당화할 정도로 크다고 보기는 어려우므로, 법익의 균형성도 인정되지 아니한다. 따라서 이 사건 법률조항들은 과잉금지원칙을 위반하여 결사의 자유, 표현의 자유를 침해하여 헌법에 위반된다(헌재 2016.11.24, 2015헌바62).

제5항 학문과 예술의 자유

527
04. 법무사

헌법재판소의 판례에 의하면 중학교의 국어교과서에 대한 국정교과서제도는 교과서라는 형태의 도서에 대하여 국가가 이를 독점하는 것으로서 학문의 자유를 침해하는 것이다. O | X

해설

> [X] 국정교과서제도는 교과서라는 형태의 도서에 대하여 국가가 이를 독점하는 것이지만, 국민의 수학권의 보호라는 차원에서 학년과 학과에 따라 어떤 교과용 도서에 대하여 이를 자유발행제로 하는 것이 온당하지 못한 경우가 있을 수 있고 그러한 경우 국가가 관여할 수밖에 없다는 것과 관여할 수 있는 헌법적 근거가 있다는 것을 인정한다면 그 인정의 범위 내에서 국가가 이를 검·인정제로 할 것인가 또는 국정제로 할 것인가에 대하여 재량권을 갖는다고 할 것이므로 중학교의 국어교과서에 관한 한, 교과용 도서의 국정제는 학문의 자유나 언론·출판의 자유를 침해하는 제도가 아님은 물론 교육의 자주성·전문성·정치적 중립성과도 무조건 양립되지 않는 것이라 하기 어렵다(헌재 1992.11.12, 89헌마88).

528
10. 국가직

헌법재판소는 교수의 재임용을 절차적 보장이 없더라도 임용권자의 의사에 맡긴 것은 위헌이 아니라고 본다. O | X

해설

> [X] 객관적인 기준의 재임용 거부사유와 재임용에서 탈락하게 되는 교원이 자신의 입장을 진술할 수 있는 기회 그리고 재임용거부를 사전에 통지하는 규정 등이 없으며, 나아가 재임용이 거부되었을 경우 사후에 그에 대해 다툴 수 있는 제도적 장치를 전혀 마련하지 않고 있는 이 사건 법률조항은 현대사회에서 대학교육이 갖는 중요한 기능과 그 교육을 담당하고 있는 대학 교원의 신분의 부당한 박탈에 대한 최소한의 보호요청에 비추어 볼 때 헌법 제31조 제6항에서 정하고 있는 교원지위법정주의에 위반된다고 볼 수밖에 없다(헌재 2003.2.27, 2000헌바26).

529
09. 사시

대학의 자율성은 헌법 제22조 제1항이 보장하는 학문의 자유의 확실한 보장수단으로서 대학에 부여된 헌법상의 기본권이다. 따라서 대학의 자치의 주체는 대학이며, 그 주체의 범위에 교수회까지 포함할 수는 있다고 하여도 개별 교수가 단독으로 그 주체성을 주장할 수는 없다. O | X

해설

> [X] 대학의 자치의 주체를 기본적으로 대학으로 본다고 하더라도 교수나 교수회의 주체성이 부정된다고 볼 수는 없고, 가령 학문의 자유를 침해하는 대학의 장에 대한 관계에서는 교수나 교수회가 주체가 될 수 있고, 또한 국가에 의한 침해에 있어서는 대학 자체 외에도 대학 전구성원이 자율성을 갖는 경우도 있을 것이므로 문제되는 경우에 따라서 대학, 교수, 교수회 모두가 단독, 혹은 중첩적으로 주체가 될 수 있다고 보아야 할 것이다(헌재 2006.4.27, 2005헌마1047 등).

국립대학도 국가의 간섭 없이 인사 · 학사 · 시설 · 재정 등 대학과 관련된 사항들을 자주적으로 결정하고 운영할 자유를 가지며, 이러한 대학의 자율성은 원칙적으로 대학 자체의 계속적 존립에까지 미친다.

O | X

해설

[X] 대학의 자율성은 그 보호영역이 원칙적으로 당해 대학 자체의 계속적 존립에까지 미치는 것은 아니다. 즉, 이러한 자율성은 법률의 목적에 의해서 세무대학이 수행해야 할 과제의 범위 내에서만 인정되는 것으로서, 세무대학의 설립과 폐교가 국가의 합리적인 고도의 정책적 결단 그 자체에 의존하고 있는 이상 세무대학의 계속적 존립과 과제수행을 자율성의 한 내용으로 요구할 수는 없다고 할 것이다. 따라서 세무대학설치법폐지법률에 의해서 세무대학을 폐교한다고 해서 세무대학의 자율성이 침해되는 것은 아니다(헌재 2001.2.22, 99헌마613).

531
09. 사시

극장의 자유로운 운영에 대한 제한은 공연물 · 영상물이 지니는 표현물, 예술작품으로서의 성격에 기하여 예술의 자유의 제한과 관련성이 있으므로, 학교정화구역 내의 극장시설 및 영업을 일률적으로 금지하고 있는 학교보건법은 정화구역 내에서 극장업을 하고자 하는 극장운영자의 예술의 자유를 과도하게 침해한다.

O | X

해설

[O] 학교정화구역 내의 극장시설 및 영업을 일률적으로 금지하고 있는 학교보건법은 정화구역 내에서 극장업을 하고자 하는 극장운영자의 예술의 자유를 과도하게 침해한다(헌재 2004.5.27, 2003헌가1 등).

532
09. 사시

예술표현의 자유는 창작한 예술품을 일반대중에게 전시 · 공연 · 보급할 수 있는 자유인바, 예술품 보급의 자유와 관련해서 예술품 보급을 목적으로 하는 예술출판자 등도 이러한 의미에서의 예술의 자유의 보호를 받는다.

O | X

해설

[O] 예술품 보급의 자유와 관련해서 예술품 보급을 목적으로 하는 예술출판자 등도 이러한 의미에서의 예술의 자유의 보호를 받는다(헌재 1993.5.13, 91헌바17).

533
12. 국회직 8급

학교정화구역 내 극장영업금지를 규정한 학교보건법 제6조는 극장영업자의 직업의 자유와 예술의 자유를 제한하나 예술의 자유는 간접적으로 제약되고 입법자의 객관적 동기를 참작하여 볼 때 사안과 가장 밀접한 관계에 있고 또 침해의 정도가 가장 큰 주된 기본권은 직업의 자유이므로 직업의 자유 침해만을 판단하는 것으로 족하므로 예술의 자유 침해 여부를 판단할 필요는 없다.

O | X

해설

[X] 학교정화구역 내 극장영업금지를 규정한 학교보건법 제6조에 의한 표현 및 예술의 자유의 제한은 극장 운영자의 직업의 자유에 대한 제한을 매개로 하여 간접적으로 제약되는 것이라 할 것이고, 입법자의 객관적인 동기 등을 참작하여 볼 때 사안과 가장 밀접한 관계에 있고 또 침해의 정도가 가장 큰 주된 기본권은 직업의 자유라고 할 것이다. 따라서 이하에서는 직업의 자유의 침해 여부를 중심으로 살피는 가운데 표현 · 예술의 자유의 침해 여부에 대하여도 부가적으로 살펴보기로 한다(헌재 2004.5.27, 2003헌가1).

534

17. 국회직 8급

대학교수가 반국가단체로서의 북한의 활동을 찬양·고무·선전 또는 이에 동조할 목적 아래 '한국전쟁과 민족통일'이란 논문을 제작·반포하거나 발표한 것은 헌법이 보장하는 학문의 자유의 범위 안에 있지 않다.

O | X

해설

[O] 대학교수인 피고인이 제작·반포한 '한국전쟁과 민족통일'이라는 제목의 논문 및 피고인이 작성한 강연 자료, 기고문 등의 이적표현물에 대하여, 그 반포·게재된 경위 및 피고인의 사회단체 활동내용 등에 비추어 피고인이 절대적으로 누릴 수 있는 연구의 자유의 영역을 벗어나 헌법 제37조 제2항과 국가보안법 제7조 제1항·제5항에 따른 제한의 대상이 되었고, 또한 피고인이 북한문제와 통일문제를 연구하는 학자로서 순수한 학문적인 동기와 목적 아래 위 논문 등을 제작·반포하거나 발표하였다고 볼 수 없을 뿐만 아니라, 피고인이 반국가단체로서의 북한의 활동을 찬양·고무·선전 또는 이에 동조할 목적 아래 위 논문 등을 제작·반포하거나 발표한 것이어서 그것이 헌법이 보장하는 학문의 자유의 범위 내에 있지 않다(대판 2010. 12.9, 2007도10121).

535

17. 국회직 8급

학교정화구역 내에서의 극장시설 및 영업을 일반적으로 금지하는 구 학교보건법 제6조 제1항은 표현·예술의 자유의 중요성을 간과하고 학교교육의 보호만을 과도하게 강조하였다.

O | X

해설

[O] 학교정화구역 내의 극장시설 및 영업을 금지하고 있는 것은 극장운영자의 표현의 자유 및 예술의 자유도 필요한 이상으로 과도하게 침해하고 있으며, 표현·예술의 자유의 보장과 공연장 및 영화상영관 등이 담당하는 문화국가형성의 기능의 중요성을 간과하고 있다. 따라서 이 사건 법률조항은 표현의 자유 및 예술의 자유를 침해하는 위헌적인 규정이다(헌재 2004.5.27, 2003헌가1).

536

17. 국회직 8급

사립학교 교원이 선거범죄로 100만원 이상의 벌금형을 선고받아 그 형이 확정되면 당연퇴직되도록 규정한 것은 교수의 자유를 침해하지 않는다.

O | X

해설

[O] 사립학교 교원이 선거범죄로 100만원 이상의 벌금형을 선고받아 그 형이 확정되면 당연퇴직되도록 규정한 것은 선거범죄를 범하여 형사처벌을 받은 교원에 대하여 일정한 신분상 불이익을 가하는 규정일 뿐, 청구인의 연구·활동내용이나 그러한 내용을 전달하는 방식을 규율하는 것은 아니므로 청구인의 교수의 자유를 침해하지 아니한다(헌재 2008.4.24, 2005헌마857).

537

18. 경정승진

학생의 수학권과 교사의 수업권은 대등한 지위에 있으므로, 학생의 수학권의 보장을 위하여 교사의 수업권을 일정한 범위 내에서 제약할 수 없다.

O | X

해설

[X] 교사의 수업권은 전술과 같이 교사의 지위에서 생겨나는 직권인데, 그것이 헌법상 보장되는 기본권이라고 할 수 있느냐에 대하여서는 이를 부정적으로 보는 견해가 많으며, 설사 헌법상 보장되고 있는 학문의 자유 또는 교육을 받을 권리의 규정에서 교사의 수업권이 파생되는 것으로 해석하여 기본권에 준하는 것으로 간주하더라도 수업권을 내세워 수학권을 침해할 수는 없으며 국민의 수학권의 보장을 위하여 교사의 수업권은 일정범위 내에서 제약을 받을 수밖에 없는 것이다(헌재 1992.11.2, 89헌마88).

□□□
538
18. 법무사

대학의 자율성은 학문의 자유를 보장하기 위한 수단으로서 대학에 부여된 헌법상 기본권이다.   O I X

해설

[O] 교육의 자주성이나 대학의 자율성은 헌법 제22조 제1항이 보장하고 있는 학문의 자유의 확실한 보장수단으로 꼭 필요한 것으로서 이는 대학에게 부여된 헌법상의 기본권이다(헌재 2006.4.27, 2005헌마1119).

□□□
539
18. 법무사

대학의 자치의 주체를 기본적으로 대학으로 본다고 하더라도 교수나 교수회의 주체성이 부정된다고 볼 수는 없고, 가령 학문의 자유를 침해하는 대학의 장에 대한 관계에서는 교수나 교수회가 주체가 될 수 있고, 또한 국가에 의한 침해에 있어서는 대학 자체 외에도 대학 전구성원이 자율성을 갖는 경우도 있을 것이므로 문제되는 경우에 따라서 대학, 교수, 교수회 모두가 단독, 혹은 중첩적으로 주체가 될 수 있다.   O I X

해설

[O] 전통적으로 대학자치는 학문활동을 수행하는 교수들로 구성된 교수회가 누려오는 것이었고, 현행법상 국립대학의 장 임명권은 대통령에게 있으나, 1990년대 이후 국립대학에서 총장 후보자에 대한 직접선거방식이 도입된 이래 거의 대부분 대학 구성원들이 추천하는 후보자 중에서 대학의 장을 임명하여 옴으로써 대통령이 대학총장을 임명함에 있어 대학 교원들의 의사를 존중하여 온 점을 고려하면, 청구인들에게 대학총장 후보자 선출에 참여할 권리가 있고 이 권리는 대학의 자치의 본질적인 내용에 포함된다고 할 것이므로 결국 헌법상의 기본권으로 인정할 수 있다(헌재 2006.4.27, 2005헌마1047).

□□□
540
18. 법무사

대학의 자율성에 대한 규율의 정도는 그 시대의 사정과 각급 학교에 따라 다를 수밖에 없는 것이므로 교육의 본질을 침해하지 않는 한 궁극적으로는 입법권자의 형성의 자유에 속한다.   O I X

해설

[O] 대학의 자율성에 대한 규율은 입법자의 재량이 넓게 인정되는 영역이다.

□□□
541
22. 경찰 1차

대학 본연의 기능인 학술의 연구나 교수, 학생선발 지도 등과 관련된 교무·학사행정의 영역에서는 대학구성원의 결정이 우선한다고 볼 수 있으나, 대학의 재정, 시설 및 인사 등의 영역에서는 학교법인이 기본적인 윤곽을 결정하게 되므로, 대학구성원에게는 이러한 영역에 대한 참여권이 인정될 여지가 없다.   O I X

해설

[X] 대학 본연의 기능인 학술의 연구나 교수, 학생선발·지도 등과 관련된 교무·학사행정의 영역에서는 대학구성원의 결정이 우선한다고 볼 수 있으나, 학교법인으로서도 설립 목적을 구현하는 차원에서 조정적 개입은 가능하다고 할 것이고, 우리 법제상 학교법인에게만 권리능력이 인정되므로 각종 법률관계의 형성이나 법적 분쟁의 해결에는 법인이 대학을 대표하게 될 것이다. 한편, 대학의 재정, 시설 및 인사 등의 영역에서는 학교법인이 기본적인 윤곽을 결정하되, 대학구성원에게는 이러한 영역에 대하여 일정 정도 참여권을 인정하는 것이 필요하다(헌재 2013.11.28, 2007헌마1189).

□□□ 542
22. 경찰 1차

헌법 제31조 제4항이 규정하는 교육의 자주성 및 대학의 자율성은 헌법 제22조 제1항이 보장하는 학문의 자유의 확실한 보장을 위해 꼭 필요한 것으로서 대학에 부여된 헌법상 기본권인 대학의 자율권이므로, 국립대학인 청구인도 이러한 대학의 자율권의 주체로서 헌법소원심판의 청구인능력이 인정된다. O | X

해설

[O] 헌법 제31조 제4항이 규정하는 교육의 자주성 및 대학의 자율성은 헌법 제22조 제1항이 보장하는 학문의 자유의 확실한 보장을 위해 꼭 필요한 것으로서 대학에 부여된 헌법상 기본권인 대학의 자율권이므로, 국립대학인 청구인도 이러한 대학의 자율권의 주체로서 헌법 소원심판의 청구인능력이 인정된다(헌재 2015.12.23, 2014헌마1149).

□□□ 543
22. 경찰 1차

대학의 자율성 즉, 대학의 자치란 대학이 그 본연의 임무인 연구와 교수를 외부의 간섭 없이 수행하기 위하여 인사 · 학사시설 재정 등의 사항을 자주적으로 결정하여 운영하는 것을 말한다. 따라서 연구 · 교수활동의 담당자인 교수가 그 핵심주체라 할 것이나, 연구 · 교수활동의 범위를 좁게 한정할 이유가 없으므로 학생, 직원 등도 포함될 수 있다. O | X

해설

[O] 대학의 자율성 즉, 대학의 자치란 대학이 그 본연의 임무인 연구와 교수를 외부의 간섭 없이 수행하기 위하여 인사 · 학사 · 시설 · 재정 등의 사항을 자주적으로 결정하여 운영하는 것을 말한다. 따라서 연구 · 교수활동의 담당자인 교수가 그 핵심주체라 할 것이나, 연구 · 교수활동의 범위를 좁게 한정할 이유가 없으므로 학생, 직원 등도 포함될 수 있다(헌재 2013.11.28, 2007헌마1189).

□□□ 544
22. 경찰 1차

이사회와 재경위원회에 일정 비율 이상의 외부인사를 포함하는 내용 등을 담고 있는 구 국립대학법인 서울대학교 설립 · 운영에 관한 법률 규정의 이른바 '외부인사 참여 조항'이 대학의 자율의 본질적인 부분을 침해하였다고 볼 수 없다. O | X

해설

[O] 학교법인의 이사회 등에 외부인사를 참여시키는 것은 다양한 이해관계자의 참여를 통해 개방적인 의사결정을 보장하고, 외부의 환경 변화에 민감하게 반응함과 동시에 외부의 감시와 견제를 통해 대학의 투명한 운영을 보장하기 위한 것이며, 대학 운영의 투명성과 공공성을 높이기 위해 정부도 의사형성에 참여하도록 할 필요가 있는 점, 사립학교의 경우 이사와 감사의 취임시 관할청의 승인을 받도록 하고, 관련법령을 위반하는 경우 관할청이 취임 승인을 취소할 수 있도록 하고 있는 점 등을 고려하면, 외부인사 참여 조항은 대학의 자율의 본질적인 부분을 침해하였다고 볼 수 없다(헌재 2014.4.24, 2011헌마612).

□□□
545
22. 경찰 2차

자신의 미적 감상 등을 문신시술을 통하여 시각적으로 표현할 수 있다는 측면에서 문신시술이 예술의 자유 또는 표현의 자유의 영역에 포함될 수 있다. O I X

해설

[O] 청구인들은 심판대상조항이 예술의 자유와 표현의 자유도 제한한다고 주장하고, 청구인들이 자신의 미적 감상 등을 문신시술을 통하여 시각적으로 표현할 수 있다는 측면에서 문신시술이 예술의 자유 또는 표현의 자유의 영역에 포함될 수 있다. 그런데 하나의 규제로 인해 여러 기본권이 동시에 제약을 받는 기본권경합의 경우에는 기본권침해를 주장하는 청구인의 의도 및 기본권을 제한하는 입법자의 객관적 동기 등을 참작하여 사안과 가장 밀접한 관계에 있고 또 침해의 정도가 큰 주된 기본권을 중심으로 해서 그 제한의 한계를 따져 보아야 할 것이다(헌재 1998.4.30, 95헌가16; 헌재 2004.5.27, 2003헌가1 등). 이 사건에서 청구인들은 의료인이 아니더라도 문신시술업을 합법적인 직업으로 영위할 수 있어야 함을 주장하고 있으며, 심판대상조항의 일차적 의도도 보건위생상 위해 가능성이 있는 행위를 규율하고자 하는 데 있으며, 심판대상조항에 의한 예술의 자유 또는 표현의 자유의 제한은 문신시술업이라는 직업의 자유에 대한 제한을 매개로 하여 간접적으로 제약되는 것이라 할 것인바, 사안과 가장 밀접하고 침해의 정도가 큰 직업선택의 자유를 중심으로 심판대상조항의 위헌 여부를 살피는 이상 예술의 자유와 표현의 자유 침해 여부에 대하여는 판단하지 아니한다(헌재 2022.3.31, 2017헌마1343).

police.Hackers.com

제1절 재산권

□□□
001
04. 법행

공공필요에 의하여 재산권을 수용할 때에는 법률이 정하는 바에 의하여 상당한 보상을 지급하여야 한다.

O | X

해설

> [X] 헌법 제23조 제3항에서 '정당한 보상'의 지급을 규정하고 있다.

□□□
002
04. 국회직 8급

헌법재판소는 강제집행권은 국가 통치권의 한 작용으로 헌법상 보호되는 재산권에 속하지 않는다고 하였다.

O | X

해설

> [O] 강제집행은 채권자의 신청에 의하여 국가의 집행기관이 채권자를 위하여 채무명의에 표시된 사법상의 이행청구권을 국가권력에 의하여 강제적으로 실현하는 법적 절차를 지칭하는 것이다. 강제집행권은 국가가 보유하는 통치권의 한 작용으로서 민사사법권에 속하는 것이고, 채권자인 청구인들은 국가에 대하여 강제집행권의 발동을 구하는 공법상의 권능인 강제집행청구권만을 보유하고 있을 따름으로서 청구인들이 강제집행권을 침해받았다고 주장하는 권리는 헌법 제23조 제3항 소정의 재산권에 해당되지 아니한다(헌재 1998. 5.28, 96헌마44).

□□□
003
07. 국회직 8급
05. 사시

사회부조와 같이 수급자의 자기기여 없이 국가가 일방적으로 주는 급부를 내용으로 하는 공법상의 권리도 헌법상의 재산권보장 대상이다.

O | X

해설

> [X] 공법상의 권리가 헌법상의 재산권보장의 보호를 받기 위해서는 다음과 같은 요건을 갖추어야 한다. 첫째, 공법상의 권리가 권리주체에게 귀속되어 개인의 이익을 위하여 이용 가능해야 하며(사적 유용성), 둘째, 국가의 일방적인 급부에 의한 것이 아니라 권리주체의 노동이나 투자, 특별한 희생에 의하여 획득되어 자신이 행한 급부의 등가물에 해당하는 것이어야 하며(수급자의 상당한 자기기여), 셋째, 수급자의 생존의 확보에 기여해야 한다. 이러한 요건을 통하여 사회부조와 같이 국가의 일방적인 급부에 대한 권리는 재산권의 보호대상에서 제외되고, 단지 사회법상의 지위가 자신의 급부에 대한 등가물에 해당하는 경우에 한하여 사법상의 재산권과 유사한 정도로 보호받아야 할 공법상의 권리가 인정된다. 즉, 공법상의 법적 지위가 사법상의 재산권과 비교될 정도로 강력하여 그에 대한 박탈이 법치국가원리에 반하는 경우에 한하여, 그러한 성격의 공법상의 권리가 재산권의 보호대상에 포함되는 것이다(헌재 2000.6.29, 99헌마289).

004
13. 지방직

의료급여수급권은 저소득 국민에 대한 국가의 지원정책이고 국가에 대한 공법적 청구권이므로 헌법상 재산권에 해당한다. O | X

해설

[X] 의료급여수급권은 공공부조의 일종으로서 순수하게 사회정책적 목적에서 주어지는 권리이므로 개인의 노력과 금전적 기여를 통하여 취득되는 재산권의 보호대상에 포함된다고 보기 어려워, 이 사건 시행령 조항 및 시행규칙 조항이 청구인들의 재산권을 침해한다고 할 수 없다(헌재 2009.9.24, 2007헌마1092).

005
05. 법행

시혜적 입법의 시혜대상이 될 경우 얻을 수 있는 재산상 이익의 기대가 성취되지 않은 경우 그러한 재산상 이익의 기대도 헌법이 보호하는 재산권의 영역에 포함된다. O | X

해설

[X] 재산권에 관계되는 시혜적 입법의 시혜대상에서 제외되었다는 이유만으로 재산권침해가 생기는 것은 아니고, 시혜적 입법의 시혜대상이 될 경우 얻을 수 있는 재산상 이익의 기대가 성취되지 않았다고 하여도 그러한 단순한 재산상 이익의 기대는 헌법이 보호하는 재산권의 영역에 포함되지 않으므로, 이 사건에서 재산권침해가 문제되지는 않는다(헌재 2002.12.18, 2001헌바55).

006
08. 사시

헌법상의 재산권보장은 토지소유자가 이용 가능한 모든 용도로 토지를 자유로이 최대한 사용할 권리와 가장 경제적 또는 효율적으로 사용할 수 있는 권리를 보장하는 것을 의미한다. O | X

해설

[X] 헌법상의 재산권은 토지소유자가 이용 가능한 모든 용도로 토지를 자유로이 최대한 사용할 권리나 가장 경제적 또는 효율적으로 사용할 수 있는 권리를 보장하는 것을 의미하지는 않는다. 입법자는 중요한 공익상의 이유로 토지를 일정 용도로 사용하는 권리를 제한할 수 있다. 따라서, 토지의 개발이나 건축은 합헌적 법률로 정한 재산권의 내용과 한계 내에서만 가능한 것일 뿐만 아니라, 토지재산권의 강한 사회성 내지는 공공성으로 말미암아 이에 대하여는 다른 재산권에 비하여 보다 강한 제한과 의무가 부과될 수 있다. 그러나 그렇다고 하더라도 토지재산권에 대한 제한입법 역시 다른 기본권을 제한하는 입법과 마찬가지로 과잉금지의 원칙(비례의 원칙)을 준수해야 하고, 재산권의 본질적 내용인 사용·수익권과 처분권을 부인해서는 안 된다(헌재 2002.8.29, 2000헌마556).

007
09. 국가직

재산권의 내용을 새로이 형성하는 법률이 합헌적이기 위하여서는 장래에 적용될 법률이 헌법에 합치하면 되는 것이지 과거의 법적 상태에 의하여 부여된 구체적 권리에 대한 침해를 정당화하는 이유가 존재하여야 하는 것은 아니다. O | X

해설

[X] 재산권의 내용을 새로이 형성하는 규정은 비례의 원칙을 기준으로 판단하였을 때 공익에 의하여 정당화되는 경우에만 합헌적이다. 즉, 재산권의 내용을 새로이 형성하는 법률이 합헌적이기 위하여서는 장래에 적용될 법률이 헌법에 합치하여야 할 뿐만 아니라, 또한 과거의 법적 상태에 의하여 부여된 구체적 권리에 대한 침해를 정당화하는 이유가 존재하여야 하는 것이다(헌재 1999.4.29, 94헌바37).

008

08. 법행

지방자치단체는 재산권의 주체가 될 수 있다.

O | X

해설

[X] 지방자치단체인 청구인은 기본권의 주체가 될 수 없고 따라서 청구인의 재산권침해 여부는 더 나아가 살펴볼 필요가 없다(헌재 2006.2.23, 2004헌바50).

009

08. 법행

우체국보험금에 대하여 압류를 금지하도록 한 조항은 국가가 우체국보험으로 얻어진 수익을 사회보장 등 공공정책을 위한 자금으로 사용하고 보험이라는 사회안전망의 일부를 국가가 담당하는 등 그 정당성이 인정되고 우체국보험이 주로 농어촌을 중심으로 한 지방의 서민들이 가입하는 경우가 많아 그 수급권자를 보호할 필요성이 상대적으로 크다고 할 것이므로, 우체국보험금채권을 압류하고자 하는 채권자들의 재산권을 침해한 것으로 보기 어렵다.

O | X

해설

[X] 국가가 운영하는 우체국보험에 가입한다는 사정만으로, 일반 보험회사의 인보험에 가입한 경우와는 달리 그 수급권이 사망, 장해나 입원 등으로 인하여 발생한 것인지, 만기나 해약으로 발생한 것인지 등에 대한 구별조차 없이 그 전액에 대하여 무조건 압류를 금지하여 우체국보험 가입자를 보호함으로써 우체국보험 가입자의 채권자를 일반 인보험 가입자의 채권자에 비하여 불합리하게 차별취급하는 것이므로, 헌법 제11조 제1항의 평등원칙에 위반된다(헌재 2008.5.29, 2006헌바5).

010

09. 사시

공법상의 권리가 헌법상의 재산권으로 보장되기 위해서는 사적 유용성, 수급자의 상당한 자기기여 및 수급자의 생존확보에 기여 등 세 가지 요건을 충족해야 하기 때문에 사회부조(社會扶助)와 같이 국가의 일방적인 급부에 대한 권리는 재산권의 보호대상에서 제외된다.

O | X

해설

[O] 공법상의 권리가 헌법상의 재산권보장의 보호를 받기 위해서는 다음과 같은 요건을 갖추어야 한다. 첫째, 공법상의 권리가 권리주체에게 귀속되어 개인의 이익을 위하여 이용 가능해야 하며(사적 유용성), 둘째, 국가의 일방적인 급부에 의한 것이 아니라 권리주체의 노동이나 투자, 특별한 희생에 의하여 획득되어 자신이 행한 급부의 등가물에 해당하는 것이어야 하며(수급자의 상당한 자기기여), 셋째, 수급자의 생존의 확보에 기여해야 한다. 이러한 요건을 통하여 사회부조와 같이 국가의 일방적인 급부에 대한 권리는 재산권의 보호대상에서 제외되고, 단지 사회법상의 지위가 자신의 급부에 대한 등가물에 해당하는 경우에 한하여 사법상의 재산권과 유사한 정도로 보호받아야 할 공법상의 권리가 인정된다. 즉, 공법상의 법적 지위가 사법상의 재산권과 비교될 정도로 강력하여 그에 대한 박탈이 법치국가원리에 반하는 경우에 한하여, 그러한 성격의 공법상의 권리가 재산권의 보호대상에 포함되는 것이다(헌재 2000.6.29, 99헌마289).

011

10. 사시

토지재산권은 강한 사회성·공공성을 지니고 있어 이에 대하여는 다른 재산권에 비하여 보다 강한 제한과 의무를 부과할 수 있으므로 위헌심사기준으로 비례성원칙을 적용할 수 없다.

O | X

해설

[X] 재산권의 사회적 기속성에 기한 제한 역시 다른 기본권에 대한 제한입법과 마찬가지로 비례원칙을 준수하여야 하고 재산권의 본질적 내용인 사적 이용권과 원칙적인 처분권을 부인하여서는 아니 되며, 이는 사회적 기속성이 더욱 강한 토지재산권에 관하여도 마찬가지이다(헌재 2006.7.27, 2003헌바18).

012
09. 사시

헌법상 보장되는 재산권은 사적 유용성 및 그에 대한 원칙적인 처분권을 내포하는 구체적인 권리이므로 영리획득의 단순한 기회나 기업활동의 사실적·법적 여건은 재산권에 속하는 것으로 볼 수 없지만, 그것이 개인이나 기업에게 중요한 의미를 갖는 경우에는 재산권보장의 대상이 된다. O I X

해설

[X] 헌법상 보장된 재산권은 사적 유용성 및 그에 대한 원칙적인 처분권을 내포하는 재산가치 있는 구체적인 권리이므로, 구체적 권리가 아닌 단순한 이익이나 영리획득의 단순한 기회 또는 기업활동의 사실적·법적 여건은 기업에게는 중요한 의미를 갖는다고 하더라도 재산권보장의 대상이 아니다(헌재 1996.8.29, 95헌바36).

013
10. 국회직 8급

헌법 제23조 제3항에 규정된 '정당한 보상'의 원칙은 모든 경우에 예외 없이 개별적 시가에 의한 보상을 요구하는 것을 의미한다. O I X

해설

[X] 헌법 제23조 제3항은 "공공필요에 의한 재산권의 수용·사용 또는 제한 및 그에 대한 보상은 법률로써 하되, 정당한 보상을 지급하여야 한다."고 규정하고 있다. 여기서 '정당한 보상'이란 '원칙적으로' 피수용재산의 객관적인 재산가치를 완전하게 보상하는 것이어야 한다는 완전보상을 뜻하는 것으로서, 재산권의 객체가 갖는 객관적 가치란 그 물건의 성질에 정통한 사람들의 자유로운 거래에 의하여 도달할 수 있는 합리적인 매매가능가격, 즉 시가에 의하여 산정되는 것이 '보통이다'. 그러나 헌법 제23조 제3항에 규정된 '정당한 보상'의 원칙이 모든 경우에 예외 없이 개별적 시가에 의한 보상을 요구하는 것이라고 할 수 없다. 헌법재판소는 거듭, 토지의 경우에는 그 특성상 인근 유사토지의 거래가격을 기준으로 하여 토지의 가격형성에 미치는 제 요소를 종합적으로 고려한 합리적 조정을 거쳐서 객관적인 가치를 평가할 수밖에 없음을 전제로, 토지수용으로 인한 손실보상액의 산정을 '공시지가'를 기준으로 한 것이 헌법상의 정당보상의 원칙에 위배되는 것이 아니라고 하였다(헌재 2002.12.18, 2002헌가4).

014
10. 사시

종합부동산세의 세대별 합산과세가 혼인한 자를 독신자, 사실혼 관계의 부부 등과 차별취급하는 것은 합리적 근거가 없으나, 자산소득에 대한 부부간 합산과세는 자산소득의 특성을 고려하여 소비단위별 담세력에 부합하는 공평한 과세를 실현하기 위한 것으로서 합리적 근거가 있다. O I X

해설

[X] [1] **종합부동산세 세대별 합산과세 사건:** 이 사건 세대별 합산규정(종합부동산세 세대별 합산과세)은 혼인한 자 또는 가족과 함께 세대를 구성한 자를 비례의 원칙에 반하여 개인별로 과세되는 독신자, 사실혼 관계의 부부, 세대원이 아닌 주택 등의 소유자 등에 비하여 불리하게 차별하여 취급하고 있으므로, 헌법 제36조 제1항에 위반된다(헌재 2008.11.13, 2006헌바112).
[2] **자산소득에 대한 부부간 합산과세 사건:** 자산소득이 있는 모든 납세의무자 중에서 혼인한 부부가 혼인하였다는 이유만으로 혼인하지 않은 자산소득자보다 더 많은 조세부담을 하여 소득을 재분배하도록 강요받는 것은 부당하며, 부부 자산소득 합산과세를 통해서 혼인한 부부에게 가하는 조세부담의 증가라는 불이익이 자산소득 합산과세를 통하여 달성하는 사회적 공익보다 크다고 할 것이므로, 소득세법 제61조 제1항이 자산소득 합산과세의 대상이 되는 혼인한 부부를 혼인하지 않은 부부나 독신자에 비하여 차별취급하는 것은 헌법상 정당화되지 아니하기 때문에 헌법 제36조 제1항에 위반된다(헌재 2002. 8.29, 2001헌바82).

015

개별 재산권이 갖는 자유보장적 기능이 강할수록, 즉 국민 개개인의 자유실현의 물질적 바탕이 되는 정도가 강할수록, 그러한 재산권에 대한 제한에 대해서는 엄격한 심사가 이루어져야 한다. O | X

해설

[O] 재산권 제한에 대하여는 이 사건 재래시장과 같이 재산권 행사의 대상이 되는 객체가 지닌 사회적인 연관성과 사회적 기능이 크면 클수록 입법자에 의한 보다 광범위한 제한이 허용되고, 개별 재산권이 갖는 자유보장적 기능이 강할수록, 즉 국민 개개인의 자유실현의 물질적 바탕이 되는 정도가 강할수록 그러한 제한에 대해서는 엄격한 심사가 이루어져야 한다(헌재 2006.7.27, 2003헌바18).

016

헌법 제23조 제3항은 정당한 보상을 전제로 하여 재산권의 수용에 관한 가능성을 규정하면서도 재산권 수용의 주체를 한정하지 않고 있지만 재산권 수용의 주체는 국가에 한정되고 민간기업에는 수용권이 허용될 수 없다. O | X

해설

[X] 헌법 제23조 제3항은 정당한 보상을 전제로 하여 재산권의 수용 등에 관한 가능성을 규정하고 있지만, 재산권 수용의 주체를 한정하지 않고 있다. 위 헌법조항의 핵심은 당해 수용이 공공필요에 부합하는가, 정당한 보상이 지급되고 있는가 여부 등에 있는 것이지, 그 수용의 주체가 국가인지 민간기업인지 여부에 달려 있다고 볼 수 없다. 또한, 국가 등의 공적 기관이 직접 수용의 주체가 되는 것이든 그러한 공적 기관의 최종적인 허부판단과 승인결정하에 민간기업이 수용의 주체가 되는 것이든, 양자 사이에 공공필요에 대한 판단과 수용의 범위에 있어서 본질적인 차이를 가져올 것으로 보이지 않는다. 따라서 위 수용 등의 주체를 국가 등의 공적 기관에 한정하여 해석할 이유가 없다(헌재 2009.9.24, 2007헌바114).

017

건축허가를 받은 자가 그 허가를 받은 날로부터 1년 이내에 공사에 착수하지 아니한 경우 건축허가를 필수적으로 취소하도록 규정한 건축법 제11조 제7항은 건축주의 재산권을 침해하는 위헌적인 규정이라고 할 것이다. O | X

해설

[X] 이 사건 법률조항은 건축행위의 규제에 있어 건축물과 관련된 안전의 확보 및 위험의 방지뿐만 아니라 국토의 효율적인 이용 및 환경보전 등 다양한 공익적 고려요소를 시의에 맞도록 합리적으로 반영하기 위한 것이므로 그 입법목적의 정당성이 인정되고, 건축주로 하여금 건축허가 이후 1년 이내에 공사에 필요한 제반 준비를 하여 착공하도록 유도하는 한편, 공사에 착수하지 않고 1년이 지난 후에 계속 건축을 원하는 경우에는 새로운 시점에서의 허가요건을 갖추어 다시 건축허가를 받도록 함으로써 수단의 적합성도 인정된다(헌재 2010.2.25, 2009헌바70).

018
11. 국회직 8급

개발제한구역 지정으로 인하여 토지를 종래의 목적으로도 사용할 수 없거나 더 이상 법적으로 허용된 토지이용의 방법이 없기 때문에 실질적으로 토지의 사용·수익의 길이 없는 경우, 토지소유자에게 헌법 제23조 제3항에 의한 정당한 보상이 지급되어야 한다. O | X

해설

[X] 이 사건 법률조항에 의한 재산권의 제한은 개발제한구역으로 지정된 토지를 원칙적으로 지정 당시의 지목과 토지현황에 의한 이용방법에 따라 사용할 수 있는 한, 재산권에 내재하는 사회적 제약을 비례의 원칙에 합치하게 합헌적으로 구체화한 것이라고 할 것이나, 종래의 지목과 토지현황에 의한 이용방법에 따른 토지의 사용도 할 수 없거나 실질적으로 사용·수익을 전혀 할 수 없는 예외적인 경우에도 아무런 보상 없이 이를 감수하도록 하고 있는 한, 비례의 원칙에 위반되어 당해 토지소유자의 재산권을 과도하게 침해하는 것으로서 헌법에 위반된다 할 것이다. 따라서 입법자가 이 사건 법률조항을 통하여 국민의 재산권을 비례의 원칙에 부합하게 합헌적으로 제한하기 위해서는, 수인의 한계를 넘어 가혹한 부담이 발생하는 예외적인 경우에는 이를 완화하는 보상규정을 두어야 한다. 이러한 보상규정은 입법자가 '헌법 제23조 제1항 및 제2항'에 의하여 재산권의 내용을 구체적으로 형성하고 공공의 이익을 위하여 재산권을 제한하는 과정에서 이를 합헌적으로 규율하기 위하여 두어야 하는 규정이다. 재산권의 침해와 공익간의 비례성을 다시 회복하기 위한 방법은 헌법상 반드시 금전보상만을 해야 하는 것은 아니다. 입법자는 지정의 해제 또는 토지매수청구권제도와 같이 금전보상에 갈음하거나 기타 손실을 완화할 수 있는 제도를 보완하는 등 여러 가지 다른 방법을 사용할 수 있다. 즉, 입법자에게는 헌법적으로 가혹한 부담의 조정이란 '목적'을 달성하기 위하여 이를 완화·조정할 수 있는 '방법'의 선택에 있어서는 광범위한 형성의 자유가 부여된다(헌재 1998.12.24, 89헌마214).

019
13. 법원직
12. 사시

건설공사를 위하여 문화재 발굴허가를 받아 매장문화재를 발굴하는 경우 그 발굴비용을 사업시행자로 하여금 부담하게 하는 것은 문화재 보존을 위해 사업시행자에게 일방적인 희생을 강요하는 것이므로 재산권을 침해한다. O | X

해설

[X] 건설공사 과정에서 매장문화재의 발굴로 인하여 문화재 훼손 위험을 야기한 사업시행자에게 원칙적으로 발굴경비를 부담시킴으로써, 각종 개발행위로 인한 무분별한 문화재 발굴로부터 매장문화재를 보호하는 것이어서 입법목적의 정당성, 방법의 적절성이 인정되고, 사업시행자가 발굴조사비용을 감당하기 어렵다고 판단하는 경우에는 더 이상 사업시행에 나아가지 아니할 수 있고, 대통령령으로 정하는 경우에는 예외적으로 국가 등이 발굴비용을 부담할 수 있는 완화규정을 두고 있어 최소침해성원칙, 법익균형성원칙에도 반하지 아니하므로, 과잉금지원칙에 위배되지 아니한다(헌재 2011.7.28, 2009헌바244).

020
12. 법원직

토지재산권의 사회적 제약에 관하여는 넓은 입법재량이 인정되므로 다른 기본권에 대한 제한입법과는 달리 비례원칙을 준수할 필요가 없다. O | X

해설

[X] 토지의 개발이나 건축은 합헌적 법률로 정한 재산권의 내용과 한계 내에서만 가능한 것일 뿐만 아니라, 토지재산권의 강한 사회성 내지는 공공성으로 말미암아 이에 대하여는 다른 재산권에 비하여 보다 강한 제한과 의무가 부과될 수 있다. 그러나 그렇다고 하더라도 토지재산권에 대한 제한입법 역시 다른 기본권을 제한하는 입법과 마찬가지로 과잉금지의 원칙(비례의 원칙)을 준수해야 하고, 재산권의 본질적 내용인 사용·수익권과 처분권을 부인해서는 안 된다(헌재 2002.8.29, 2000헌마556).

□□□ 021

12. 국가직

일본국에 의하여 광범위하게 자행된 반인도적 범죄행위에 대하여 일본군위안부 피해자들이 일본에 대하여 가지는 배상청구권은 인간으로서의 존엄과 가치의 침해와 직접 관련이 있을 뿐 이를 헌법상 보장되는 재산권이라고 할 수는 없다. O | X

해설

[X] 일본국에 의하여 광범위하게 자행된 반인도적 범죄행위에 대하여 일본군위안부 피해자들이 일본에 대하여 가지는 배상청구권은 헌법상 보장되는 재산권일 뿐만 아니라, 그 배상청구권의 실현은 무자비하고 지속적으로 침해된 인간으로서의 존엄과 가치 및 신체의 자유를 사후적으로 회복한다는 의미를 가지는 것이므로 피청구인의 부작위로 인하여 침해되는 기본권이 매우 중대하다. … 결국 이 사건 협정 제3조에 의한 분쟁 해결절차로 나아가는 것만이 국가기관의 기본권 기속성에 합당한 재량권 행사라 할 것이고, 피청구인의 부작위로 인하여 청구인들에게 중대한 기본권의 침해를 초래하였다 할 것이므로, 이는 헌법에 위반된다(헌재 2011.8.30, 2006헌마788).

□□□ 022

12. 법무사

헌법 제23조의 재산권은 민법상의 소유권뿐만 아니라, 재산적 가치 있는 사법상의 물권, 채권 등 모든 권리를 포함하며, 또한 자기 노력의 대가나 자본의 투자 등 특별한 희생을 통하여 얻은 공법상의 권리는 물론 국가로부터의 일방적인 급부를 받는 경우도 포함한다. O | X

해설

[X] 공법상의 권리가 헌법상의 재산권보장의 보호를 받기 위해서는 다음과 같은 요건을 갖추어야 한다. 첫째, 공법상의 권리가 권리주체에게 귀속되어 개인의 이익을 위하여 이용 가능해야 하며(사적 유용성), 둘째, 국가의 일방적인 급부에 의한 것이 아니라 권리주체의 노동이나 투자, 특별한 희생에 의하여 획득되어 자신이 행한 급부의 등가물에 해당하는 것이어야 하며(수급자의 상당한 자기기여), 셋째, 수급자의 생존의 확보에 기여해야 한다. 이러한 요건을 통하여 사회부조와 같이 국가의 일방적인 급부에 대한 권리는 재산권의 보호대상에서 제외되고, 단지 사회법상의 지위가 자신의 급부에 대한 등가물에 해당하는 경우에 한하여 사법상의 재산권과 유사한 정도로 보호받아야 할 공법상의 권리가 인정된다(헌재 2000.6.29, 99헌마289).

□□□ 023

12. 지방직

상호신용금고의 예금채권자에게 예탁금의 한도 안에서 상호신용금고의 총재산에 대하여 다른 채권자에 우선하여 변제받을 권리를 부여하는 것은 공적자금 등의 보호필요성에 근거하므로 다른 일반 채권자의 재산권을 침해하지 않는다. O | X

해설

[X] 이 사건 예금자우선변제제도가 도입된 배경에 비추어 보면 영세상공인이 주로 거래하는 서민금융기관의 공신력을 보장하고 서민예금채권자를 보호하기 위한 것이라고 할 수 있다. 그런데 이 사건 법률조항이 예금의 종류나 한도를 묻지 아니하고 예탁금 전액에 대하여 우선변제권을 부여하는 것은 위와 같은 입법취지를 벗어난 것이라고 볼 여지가 있다. 상호신용금고의 예금채권을 특별히 보호해야 할 필요성이 있다고 하더라도 입법자는 예금의 종류나 한도를 묻지 않고 무제한적인 우선변제권을 줄 것이 아니라 입법취지에 맞게 예금의 종류나 한도를 제한하여 다른 일반 채권자의 재산권 침해를 최소화할 헌법상 의무가 있는 것이다. 결국 이 사건 예금자우선변제제도는 상호신용금고의 예금채권자를 우대하기 위하여 상호신용금고의 일반 채권자를 불합리하게 희생시킴으로써 일반 채권자의 평등권 및 재산권을 침해한다고 하지 않을 수 없으므로, 이 사건 법률조항은 헌법 제11조 제1항과 제23조 제1항에 위반된다(헌재 2006.11.30, 2003헌가14·15).

024

12. 국가직

명예퇴직공무원이 재직 중의 사유로 금고 이상의 형을 받은 때에는 명예퇴직수당을 필요적으로 환수하도록 한 것은 재산권을 침해한다. O | X

해설

[X] 명예퇴직수당은 공무원의 조기퇴직을 유도하기 위한 특별장려금이고, 퇴직 전 근로에 대한 공로보상적 성격도 갖는다고 할 것이어서, 입법자가 명예퇴직수당 수급권의 구체적인 지급요건·방법·액수 등을 형성함에 있어서 상대적으로 폭넓은 재량이 허용되고, 공무원으로 하여금 국민 전체에 대한 봉사자로서 재직 중 성실하고 청렴하게 근무하도록 유도하기 위한 것으로서 그 목적의 정당성과 수단의 적합성이 인정된다. 또한, 명예퇴직수당은 예산이 허용하는 범위 내에서 처분권자의 재량에 따라 지급되는 점, 직무와 관련 없는 사유 중에도 법률적·사회적 비난가능성이 큰 범죄가 존재하는 점, 과실범 등과 관련하여서는 형사재판과정에서 해당 사유를 참작한 법관의 양형에 의하여 구체적 부당함이 보정될 수 있는 점, 명예퇴직희망자가 제출하여야 하는 명예퇴직수당 지급신청서에 금고 이상의 형을 받는 경우에는 명예퇴직수당을 반납하여야 한다고 기재되어 있는 점 등에 비추어 볼 때, 이 사건 법률조항은 피해의 최소성 및 법익균형성을 갖추었다고 할 것이어서, 재산권을 침해하지 않는다(헌재 2010.11.25, 2010헌바93).

025

14. 법무사

임용결격사유가 존재함에도 불구하고 공무원으로 임용되어 20년 이상 근무한 자에 대해 법이 정한 퇴직연금 수급권을 부여하지 않은 것은, 당해 공무원에 대한 신뢰보호원칙에 위배되어 재산권을 침해하는 것으로서 위헌이다. O | X

해설

[X] 공무원연금법에 의한 퇴직급여 등은 적법한 공무원으로서의 신분을 취득하여 근무하다가 퇴직하는 경우에 지급되는 것이고, 임용 당시 공무원임용 결격사유가 있었다면 비록 국가의 과실에 의하여 임용결격자임을 밝혀내지 못하였다고 하더라도 그 임용행위는 당연무효로 보아야 하고, 당연무효인 임용행위에 의하여 공무원의 신분을 취득하거나 근로고용관계가 성립할 수는 없으므로, 임용결격자가 공무원으로 임용되어 사실상 근무하여 왔다고 하더라도 적법한 공무원으로서의 신분을 취득하지 못한 자로서는 공무원연금법 소정의 퇴직급여 등을 청구할 수 없으며, 임용결격사유가 소멸된 후에 계속 근무하여 왔다고 하더라도 그때부터 무효인 임용행위가 유효로 되어 적법한 공무원의 신분을 회복하고 퇴직급여 등을 청구할 수 있다고 볼 수 없다(대판 1996.7.12, 96누3333).

026

13. 변호사

공공필요에 의한 재산권의 수용에 있어서 수용의 주체는 국가 등의 공적 기관에 한정된다고 할 것이므로 민간기업에게 산업단지개발사업에 필요한 토지 등을 수용할 수 있도록 하는 것은 헌법 제23조 제3항에 위반된다.

O | X

해설

[X] 헌법 제23조 제3항은 정당한 보상을 전제로 하여 재산권의 수용 등에 관한 가능성을 규정하고 있지만, 재산권 수용의 주체를 한정하지 않고 있다. 위 헌법조항의 핵심은 당해 수용이 공공필요에 부합하는가, 정당한 보상이 지급되고 있는가 여부 등에 있는 것이지, 그 수용의 주체가 국가인지 민간기업인지 여부에 달려 있다고 볼 수 없다. 또한, 국가 등의 공적 기관이 직접 수용의 주체가 되는 것이든 그러한 공적 기관의 최종적인 허부판단과 승인결정하에 민간기업이 수용의 주체가 되는 것이든, 양자 사이에 공공필요에 대한 판단과 수용의 범위에 있어서 본질적인 차이를 가져올 것으로 보이지 않는다. 따라서 위 수용 등의 주체를 국가 등의 공적 기관에 한정하여 해석할 이유가 없다. 오늘날 산업단지의 개발에 투입되는 자본은 대규모로 요구될 수 있는데, 이러한 경우 산업단지개발의 사업시행자를 국가나 지방자치단체로 제한한다면 예산상의 제약으로 인해 개발사업의 추진에 어려움이 있을 수 있고, 만약 이른바 공영개발방식만을 고수할 경우에는 수요에 맞지 않는 산업단지가 개발되어 자원이 비효율적으로 소모될 개연성도 있다. 또한, 기업으로 하여금 산업단지를 직접 개발하도록 한다면, 기업들의 참여를 유도할 수 있는 측면도 있을 것이다. 그렇다면 민간기업을 수용의 주체로 규정한 자체를 두고 위헌이라고 할 수 없으며, 나아가 이 사건 수용조항을 통해 민간기업에게 사업시행에 필요한 토지를 수용할 수 있도록 규정할 필요가 있다는 입법자의 인식에도 합리적인 이유가 있다 할 것이다(헌재 2009.9.24, 2007헌바114).

027

13. 서울시

개인택시면허는 경제적 가치가 있는 사법상의 권리로서 헌법에 의하여 보호되는 재산권에 해당되지는 아니한다.

O | X

해설

[X] 개인택시운송사업자는 장기간의 모범적인 택시운전에 대한 보상의 차원에서 개인택시면허를 취득하였거나, 고액의 프리미엄을 지급하고 개인택시면허를 양수한 사람들이므로 개인택시면허는 자신의 노력으로 혹은 금전적 대가를 치르고 얻은 재산권이라고 할 수 있다(헌재 2012.3.29, 2010헌마443).

028

15. 국가직

물건에 대한 재산권 행사에 비하여 동물에 대한 재산권 행사는 사회적 연관성과 사회적 기능이 적다 할 것이므로 이를 제한하는 경우 입법재량의 범위를 좁게 인정함이 타당하다.

O | X

해설

[X] 일반적인 물건에 대한 재산권 행사에 비하여 동물에 대한 재산권 행사는 사회적 연관성과 사회적 기능이 매우 크다 할 것이므로 이를 제한하는 경우 입법재량의 범위를 폭넓게 인정함이 타당하다. 그러므로 이 사건 법률조항이 과잉금지원칙을 위반하여 재산권을 침해하는지 여부를 살펴보되 심사기준을 완화하여 적용함이 상당하다(헌재 2013.10.24, 2012헌바431).

029

15. 변호사

헌법재판소는 도로의 지표 지하 50m 이내의 장소에서는 관할 관청의 허가나 소유자 또는 이해관계인의 승낙이 없으면 광물을 채굴할 수 없도록 규정한 구 광업법 조항에 대하여, 다른 권리와의 충돌가능성이 내재되어 있는 광업권의 특성을 감안하더라도 위와 같은 제한은 광업권자가 수인하여야 하는 사회적 제약의 범주를 벗어나 광업권자의 재산권을 침해한다고 판시하였다. O | X

해설

[X] 심판대상조항은 광업권이 정당한 토지사용권 등 공익과 충돌하는 것을 조정하는 정당한 입법목적이 있고, 도로와 일정 거리 내에서는 허가 또는 승낙하에서만 채굴할 수 있도록 하는 것은 적절한 수단이 되며, 정당한 이유 없이 허가 또는 승낙을 거부할 수 없도록 하여 광업권이 합리적인 이유 없이 제한되는 일이 없도록 하므로 최소침해성의 원칙에도 부합하고, 실현하고자 하는 공익과 광업권의 침해 정도를 비교형량할 때 적정한 비례관계가 성립하므로 법익균형성도 충족된다. 또한, 광업권의 특성을 감안할 때 심판대상조항에 의한 제한은 광업권자가 수인하여야 하는 사회적 제약의 범주에 속하는 것이다. 따라서 심판대상조항은 광업권자의 재산권을 침해하지 아니한다(헌재 2014.2.27, 2010헌바483).

030

15. 법원직

우편법에 의한 우편물의 지연배달에 따른 손해배상청구권은 헌법상 보호되는 재산권이 아니다. O | X

해설

[X] 우편물의 수취인인 청구인은 우편물의 지연배달에 따른 손해배상청구권을 갖게 되는바, 이는 헌법이 보장하는 재산권의 내용에 포함되는 권리라 할 것이다(헌재 2013.6.27, 2012헌마426).

031

15. 국가직

국회의원이 보유한 직무관련성 있는 주식의 매각 또는 백지신탁을 명하고 있는 구 공직자윤리법 조항은 과잉금지원칙에 위반되어 국회의원의 재산권을 침해하는 것이다. O | X

해설

[X] 이 사건 법률조항은 국회의원으로 하여금 직무관련성이 인정되는 주식을 매각 또는 백지신탁하도록 하여 그 직무와 보유주식간의 이해충돌을 원천적으로 방지하고 있는바, 헌법상 국회의원의 국가이익 우선의무, 지위남용 금지의무조항 등에 비추어 볼 때 이는 정당한 입법목적을 달성하기 위한 적절한 수단이다. 나아가 이 사건 법률조항은 국회의원이 보유한 모든 주식에 대해 적용되는 것이 아니라 직무관련성이 인정되는 금 3천만원 이상의 주식에 대하여 적용되어 그 적용범위를 목적달성에 필요한 범위 내로 최소화하고 있는 점, 당사자에 대한 사후적 제재수단인 형사처벌이나 부당이득환수 또는 보다 완화된 사전적 이해충돌회피 수단이라 할 수 있는 직무회피나 단순보관신탁만으로는 이 사건 법률조항과 같은 수준의 입법목적 달성효과를 가져올 수 있을지 단정할 수 없다는 점에 비추어 최소침해성원칙에 반한다고 볼 수 없고, 국회의원의 공정한 직무수행에 대한 국민의 신뢰확보는 가히 돈으로 환산할 수 없는 가치를 지니는 점 등을 고려해 볼 때, 이 사건 법률조항으로 인한 사익의 침해가 그로 인해 확보되는 공익보다 반드시 크다고는 볼 수 없으므로 법익균형성원칙 역시 준수하고 있다. 따라서 이 사건 법률조항은 당해사건 원고의 재산권을 침해하지 아니한다(헌재 2012.8.23, 2010헌가65).

032

16. 국회직 9급

재건축사업 진행단계에 상관없이 임대인이 갱신거절권을 행사할 수 있도록 한 구 상가건물 임대차보호법 제10조 제1항 단서 제7호는 상가임차인의 재산권을 침해한다.　O | X

해설

[X] 재건축사업 진행단계에 상관없이 임대인이 갱신거절권을 행사할 수 있도록 한 구 상가건물 임대차보호법 제10조 제1항 단서 제7호는 과도하게 상가임차인의 재산권을 침해한다고 볼 수 없다(헌재 2014.8.28, 2013헌바76).

033

17. 경정승진

사립학교교직원 연금법상 퇴직급여 및 퇴직수당을 받을 권리는 사회적 기본권의 하나인 사회보장수급권에는 해당하지만, 헌법 제23조에 의하여 보장되는 재산권에는 해당하지 아니한다.　O | X

해설

[X] 사립학교교직원 연금법상 퇴직급여 및 퇴직수당을 받을 권리는 사회적 기본권의 하나인 사회보장수급권인 동시에 경제적 가치가 있는 권리로서 헌법 제23조에 의하여 보장되는 재산권이다(헌재 2013.9.26, 2013헌바170).

034

16. 사시

2009.12.31. 개정된 공무원연금법 제64조 제1항을 2009.1.1.까지 소급하여 적용하도록 규정함으로써 재직 중에 직무관련성 있는 범죄로 금고 이상의 형을 받은 공무원의 연금을 소급적으로 환수하는 것은 소급입법금지원칙에 위반되지 않는다.　O | X

해설

[X] 이 사건 부칙조항은 이미 이행기가 도래하여 청구인들이 퇴직연금을 모두 수령한 부분까지 사후적으로 소급하여 적용되는 것으로서 헌법 제13조 제2항에 의하여 원칙적으로 금지되는 이미 완성된 사실·법률관계를 규율하는 소급입법에 해당한다. 헌법재판소의 위 헌법불합치결정에 따라 개선입법이 이루어질 것이 미리 예정되어 있기는 하였으나 그 결정이 내려진 2007.3.29.부터 잠정적용시한인 2008.12.31.까지 상당한 시간적 여유가 있었는데도 국회에서 개선입법이 이루어지지 아니하였다. 그에 따라 청구인들이 2009.1.1.부터 2009.12.31.까지 퇴직연금을 전부 지급받았는데 이는 전적으로 또는 상당 부분 국회가 개선입법을 하지 않은 것에 기인한 것이다. 그럼에도 이미 받은 퇴직연금 등을 환수하는 것은 국가기관의 잘못으로 인한 법집행의 책임을 퇴직공무원들에게 전가시키는 것이며, 퇴직급여를 소급적으로 환수당하지 않을 것에 대한 청구인들의 신뢰이익이 적다고 할 수도 없다. 이 사건 부칙조항으로 달성하려는 공무원범죄의 예방, 공무원의 성실 근무 유도, 공무원에 대한 국민의 신뢰 제고, 제재의 실효성 확보 등은 범죄를 저지른 공무원을 당연퇴직시키거나, 장래 지급될 퇴직연금을 감액하는 방법으로 충분히 달성할 수 있고, 이 사건 부칙조항으로 보전되는 공무원연금의 재정규모도 그리 크지 않을 것으로 보이는 반면, 헌법불합치결정에 대한 입법자의 입법개선의무의 준수, 신속한 입법절차를 통한 법률관계의 안정 등은 중요한 공익상의 사유라고 볼 수 있다. 따라서 이 사건 부칙조항은 헌법 제13조 제2항에서 금지하는 소급입법에 해당하며 예외적으로 소급입법이 허용되는 경우에도 해당하지 아니하므로, 소급입법금지원칙에 위반하여 청구인들의 재산권을 침해한다(헌재 2013.8.29, 2010헌바354 등).

035

16. 사시

농업경영에 이용하지 않는 경우에도 예외적으로 농지 소유를 허용하면서 그러한 예외에 종중(宗中)을 포함하지 않은 규정은 과잉금지원칙에 위반하여 종중의 재산권을 침해한다. O | X

해설

[X] 만약, 종중에게 농지 소유를 허용하면 비농업인에 의한 농지법상의 규제를 잠탈할 우려 및 다른 단체와의 형평성 문제가 발생할 수 있어 헌법상 경자유전의 원칙이 형해화될 수 있고, 종중이 위토인 농지를 경작하여 그 수확물로 제사를 지내는 관습이 퇴조하고 있는 현실에서 종중이라는 이유로 농지 소유 제한에 대한 예외를 인정할 필요성도 크지 않다. ... 나아가 농지의 효율적인 이용과 관리를 통한 안정적인 식량생산기반의 유지 및 헌법상 경자유전의 원칙을 실현한다는 공익은, 청구인이 제한받게 되는 농지에 대한 재산권 행사의 제한이라는 사익보다 현저히 크다고 할 것이다. 따라서 이 사건 법률조항은 과잉금지원칙에 반하여 재산권을 침해한다고 볼 수 없다(헌재 2013.6.27, 2011헌바278).

036

16. 사시

행정기관이 개발촉진지구 지역개발사업으로 실시계획을 승인하고 이를 고시하면 고급골프장 사업과 같이 공익성이 낮은 사업에 대해서까지도 시행자인 민간개발자에게 수용권한을 부여하는 규정은 헌법 제23조 제3항에 위반된다. O | X

해설

[O] 헌법 제23조 제3항에서 규정하고 있는 '공공필요'는 '국민의 재산권을 그 의사에 반하여 강제적으로라도 취득해야 할 공익적 필요성'으로서, '공공필요'의 개념은 '공익성'과 '필요성'이라는 요소로 구성되어 있는바, '공익성'의 정도를 판단함에 있어서는 공용수용을 허용하고 있는 개별법의 입법목적, 사업내용, 사업이 입법목적에 이바지하는 정도는 물론, 특히 그 사업이 대중을 상대로 하는 영업인 경우에는 그 사업시설에 대한 대중의 이용ㆍ접근가능성도 아울러 고려하여야 한다. 그리고 '필요성'이 인정되기 위해서는 공용수용을 통하여 달성하려는 공익과 그로 인하여 재산권을 침해당하는 사인의 이익 사이의 형량에서 사인의 재산권침해를 정당화할 정도의 공익의 우월성이 인정되어야 하며, 사업시행자가 사인인 경우에는 그 사업 시행으로 획득할 수 있는 공익이 현저히 해태되지 않도록 보장하는 제도적 규율도 갖추어져 있어야 한다. 그런데 이 사건에서 문제된 지구개발사업의 하나인 '관광휴양지 조성사업' 중에는 고급골프장, 고급리조트 등(이하 '고급골프장 등'이라 한다)의 사업과 같이 입법목적에 대한 기여도가 낮을 뿐만 아니라, 대중의 이용ㆍ접근가능성이 작아 공익성이 낮은 사업도 있다. 또한, 고급골프장 등 사업은 그 특성상 사업 운영 과정에서 발생하는 지방세수 확보와 지역경제 활성화는 부수적인 공익일 뿐이고, 이 정도의 공익이 그 사업으로 인하여 강제수용당하는 주민들의 기본권침해를 정당화할 정도로 우월하다고 볼 수는 없다. 따라서 이 사건 법률조항은 공익적 필요성이 인정되기 어려운 민간개발자의 지구개발사업을 위해서까지 공공수용이 허용될 수 있는 가능성을 열어두고 있어 헌법 제23조 제3항에 위반된다(헌재 2014.10.30, 2011헌바172 등).

037
16. 사시

구 태평양전쟁 전후 국외 강제동원희생자 등 지원에 관한 법률에 규정된 위로금 등의 각종 지원은 태평양전쟁이라는 특수한 상황에서 일제에 의한 강제동원희생자와 그 유족이 입은 고통을 치유하기 위한 시혜적 조치이며, 이러한 시혜적 급부를 받을 권리 역시 헌법 제23조에 의하여 보장되는 재산권에 해당한다.

O | X

해설

[X] 헌법재판소는 구 '태평양전쟁 전후 국외 강제동원희생자 등 지원에 관한 법률'에 규정된 위로금 등 각종 지원이 태평양전쟁이라는 특수한 상황에서 일제에 의한 강제동원으로 인해 피해를 입은 자와 그 유족이 입은 고통을 치유하기 위한 시혜적 조치라고 판시한 바 있다(헌재 2011.2.24, 2009헌마94 참조). 그런데 국외강제동원자지원법은 구 '태평양전쟁 전후 국외 강제동원희생자 등 지원에 관한 법률'에 규정된 위로금 등과 실질적으로 동일한 내용의 지원에 대해 규정하고 있고, 강제동원희생자와 그 유족에게 인도적 차원에서 위로금을 지원함으로써 이들의 고통을 치유하고 국민화합에 기여함을 목적으로 함을 명시적으로 밝히고 있으며(제1조), 강제동원희생자의 유족의 범위를 민법상의 상속인이 아닌 강제동원으로 인한 고통과 슬픔을 함께하는 일부 친족으로 한정하고(제3조), 유족을 강제동원희생자와 함께 독자적인 위로금지급 대상자로 규정하고 있다(제4조). 이러한 점들을 종합할 때, 이 사건 위로금은 피해자나 유족들이 받은 손해를 보상 내지 배상하는 것이라기보다는 시혜적인 성격의 위로금이라고 보는 것이 타당하다(헌재 2015.12.23, 2011헌바139).

038
17. 경정승진

배우자의 상속공제를 인정받기 위한 요건으로 배우자상속재산분할기한까지 배우자의 상속재산을 분할하여 신고할 것을 요구하면서 위 기한이 경과하면 일률적으로 배우자의 상속공제를 부인하고 있는 구 상속세 및 증여세법(2002.12.18. 법률 제6780호로 개정되고, 2010.1.1. 법률 제9916호로 개정되기 전의 것) 제19조 제2항은 배우자인 상속인의 재산권을 침해한다고 볼 수 없다.

O | X

해설

[X] 이 사건 법률조항은 피상속인의 배우자가 상속공제를 받은 후에 상속재산을 상속인들에게 이전하는 방법으로 부의 무상이전을 시도하는 것을 방지하고 상속세에 대한 조세법률관계를 조기에 확정하기 위한 정당한 입법목적을 가진 것이나, 상속재산분할심판과 같이 상속에 대한 실체적 분쟁이 계속 중이어서 법정기한 내에 재산분할을 마치기 어려운 부득이한 사정이 있는 경우, 후발적 경정청구 등에 의해 그러한 심판의 결과를 상속세 산정에 추후 반영할 길을 열어두지도 않은 채, 위 기한이 경과하면 일률적으로 배우자 상속공제를 부인함으로써 비례원칙에 위배되어 청구인들의 재산권을 침해하고, 나아가 소송계속 등 부득이한 사유로 법정기한 내에 상속분할을 마치지 못한 상속인들을 그렇지 아니한 자와 동일하게 취급하는 것으로서 그 차별의 합리성이 없으므로 청구인들의 평등권을 침해한다(헌재 2012.5.31, 2009헌바190).

039
17. 법원직

공용수용으로 생업의 근거를 상실한 자에 대하여 상업용지 또는 상가분양권 등을 공급하는 생활대책은 헌법 제23조 제3항에 규정된 정당한 보상에 포함되므로 생활대책 수립 여부는 입법자의 입법정책적 재량의 영역에 속하지 아니한다.

O | X

해설

[X] '생업의 근거를 상실하게 된 자에 대하여 일정 규모의 상업용지 또는 상가분양권 등을 공급하는' 생활대책은 헌법 제23조 제3항에 규정된 정당한 보상에 포함되는 것이라기보다는 생활보상의 일환으로서 국가의 정책적인 배려에 의하여 마련된 제도이므로, 그 실시 여부는 입법자의 입법정책적 재량의 영역에 속한다(헌재 2013.7.25, 2012헌바71).

040
17. 지방직

경과실의 범죄로 인한 사고는 개념상 우연한 사고의 범위를 벗어나지 않으므로 경과실로 인한 범죄행위에 기인하는 보험사고에 대하여 의료보험급여를 부정하는 것은 우연한 사고로 인한 위험으로부터 다수의 국민을 보호하고자 하는 사회보장제도로서의 의료보험의 본질을 침해하여 헌법에 위반된다. O | X

해설

[O] 법률에 의하여 구체적으로 형성된 의료보험수급권에 대하여 헌법재판소는 이를 재산권의 보장을 받는 공법상의 권리로서 헌법상의 사회적 기본권의 성격과 재산권의 성격을 아울러 지니고 있다고 보므로, 보험급여를 받을 수 있는 가입자가 만일 이 사건 법률조항의 급여제한 규정에 의하여 보험급여를 받을 수 없게 된다면 이것은 헌법상의 재산권과 사회적 기본권에 대한 제한이 된다. … 경과실의 범죄로 인한 사고는 개념상 우연한 사고의 범위를 벗어나지 않으므로 경과실로 인한 범죄행위에 기인하는 보험사고에 대하여 의료보험급여를 부정하는 것은 우연한 사고로 인한 위험으로부터 다수의 국민을 보호하고자 하는 사회보장제도로서의 의료보험의 본질을 침해하여 헌법에 위반된다(헌재 2003.12.18, 2002헌바1).

041
16. 지방직

장기미집행 도시계획시설결정의 실효제도는 도시계획시설부지로 하여금 도시계획시설결정으로 인한 사회적 제약으로부터 벗어나게 하는 것으로서 결과적으로 개인의 재산권이 보다 보호되는 측면이 있는 것은 사실이며, 이와 같은 보호는 헌법상 재산권으로부터 당연히 도출되는 권리이다. O | X

해설

[X] 장기미집행 도시계획시설결정의 실효제도는 도시계획시설부지로 하여금 도시계획시설결정으로 인한 사회적 제약으로부터 벗어나게 하는 것으로서 결과적으로 개인의 재산권이 보다 보호되는 측면이 있는 것은 사실이나, 이와 같은 보호는 입법자가 새로운 제도를 마련함에 따라 얻게 되는 법률에 기한 권리일 뿐 헌법상 재산권으로부터 당연히 도출되는 권리는 아니다(헌재 2005.9.29, 2002헌바84 등).

042
16. 서울시

도로 등 영조물 주변 일정 범위에서 관할 관청 또는 소유자 등의 허가나 승낙하에서만 광업권자의 채굴행위를 허용하는 것은 광업권자의 재산권을 침해하지 아니한다. O | X

해설

[O] 심판대상조항이 광업권자의 일부 채굴행위를 제한하더라도, 광업권의 특성상 다른 권리와의 충돌가능성이 내재되어 있으며 심판대상조항에 의한 제한은 충돌하는 권리 사이의 조정을 위한 최소한의 제한이라는 점에서 광업권자가 수인하여야 하는 사회적 제약의 범주에 속하는 것이다. 결국 심판대상조항은 헌법 제23조가 정하는 재산권에 대한 사회적 제약의 범위 내에서 광업권을 제한한 것으로 비례의 원칙에 위배되지 않고 재산권의 본질적 내용도 침해하지 않는 것이어서 청구인의 재산권을 침해하지 않는다(헌재 2014.2.27, 2010헌바483).

043
16. 서울시

건축허가를 받은 자가 1년 이내에 공사에 착수하지 아니한 경우 건축허가를 필수적으로 취소하도록 규정한 것은 건축주의 재산권을 침해한다.　　　　　　　　　　　　　　　　　　　　　　　　　　　O | X

해설

> [X] 이 사건 법률조항은 건축행위의 규제에 있어 건축물과 관련된 안전의 확보 및 위험의 방지뿐만 아니라 국토의 효율적인 이용 및 환경보전 등 다양한 공익적 고려요소를 시의에 맞도록 합리적으로 반영하기 위한 것이므로 그 입법목적의 정당성이 인정되고, 건축주로 하여금 건축허가 이후 1년 이내에 공사에 필요한 제반 준비를 하여 착공하도록 유도하는 한편, 공사에 착수하지 않고 1년이 지난 후에 계속 건축을 원하는 경우에는 새로운 시점에서의 허가요건을 갖추어 다시 건축허가를 받도록 함으로써 수단의 적합성도 인정된다 (헌재 2010.2.25, 2009헌바70).

044
16. 법원직

영화관 관람객이 입장권 가액의 100분의 3을 부담하도록 하는 영화상영관 입장권 부과금제도는, 영화라는 특정 산업의 진흥에 직접적 근접성 및 책임성과 효용성이 인정되는 집단은 영화산업의 종사자들임에도 불구하고 영화관 관람객에 대해 부과하는 것으로서, 재정조달목적 부담금의 헌법적 허용 한계를 벗어나 영화관 관람객의 재산권을 침해하는 것이다.　　　　　　　　　　　　　　　　O | X

해설

> [X] 이 사건 부과금은 부담금관리기본법에 따라 그 징수의 타당성 및 적정성에 대하여 국회의 지속적 통제를 받으므로 재정에 대한 민주적 통제체계로부터 일탈하는 수단으로 남용될 위험성도 크지 않다. 한편, 영화상영관 경영자에게 관람객과 가까이 있다는 이유로 부과금 징수 및 납부의무를 부담시킨 것은 부과금의 납부의무자가 불특정 다수의 관람객이라는 점에서 그 징수 업무의 효율성을 달성하기에 합리적인 수단이다. 또한, 관람객이 부담하는 실제 부담액이 입장권 가액의 100분의 3에 불과하여 과다하지 아니하고, 부과금의 모금 기간을 2007.7.1.부터 2014.12.31.까지 7년 6개월로 법정하여 한시적으로 정하였으며, 영화관 경영자에 대하여는 부과금 징수 과정에서 그 미납에 대하여 의견을 진술할 기회를 주도록 되어 있고, 애니메이션 영화·소형영화·단편영화 또는 영화진흥위원회가 인정하는 예술영화를 연간 상영일수의 100분의 60 이상 상영하는 전용상영관에 대하여는 징수·납부의무를 면제하는 등 그 피해를 최소화하고 있다. 그리고 이와 같은 정도로 제한되는 관람객의 재산권과 영화관 경영자의 직업수행의 자유에 비하여 한국영화의 발전 및 영화산업의 진흥이라는 공익이 결코 작다고 할 수 없어 법익의 균형성 또한 인정된다. 그러므로 영화상영관 입장권에 대한 부과금 제도는 과잉금지원칙에 반하여 영화관 관람객의 재산권과 영화관 경영자의 직업수행의 자유를 침해하였다고 볼 수 없다(헌재 2008.11.27, 2007헌마860).

045
16. 법원직

공무원연금법상의 각종 급여는 후불임금으로서의 성격을 띠므로, 그에 관한 입법자의 입법재량은 일반적인 재산권과 유사하게 제한된다.　　　　　　　　　　　　　　　　　　　　　　　　　　O | X

해설

> [X] 공무원연금법상의 퇴직연금 수급권은 기본적으로 사회보장적 급여로서의 성격을 가짐과 동시에 공로보상 내지 후불임금으로서의 성격도 함께 가진다고 할 것이고, 이러한 퇴직연금 수급권은 경제적 가치 있는 권리로서 헌법 제23조에 의하여 보장되는 재산권으로서의 성격을 가진다고 할 수 있는데, 다만 그 구체적인 급여의 내용, 기여금의 액수 등을 형성하는 데에 있어서는 직업공무원제도나 사회보험원리에 입각한 사회보장적 급여로서의 성격으로 인하여 일반적인 재산권에 비하여 입법자에게 상대적으로 보다 폭넓은 재량이 헌법상 허용된다고 볼 수 있다(헌재 2015.12.23, 2013헌바259).

046

16. 서울시
08. 국회직 8급

성매매에 제공되는 사실을 알면서 건물을 제공하는 행위를 한 자를 처벌하는 것은 집창촌에서 건물을 소유하거나 그 권리권한을 가지고 있는 자의 재산권을 침해한다. O | X

해설

[X] 이 사건 법률조항은 성매매, 성매매알선 등 행위를 근절하고, 성매매피해자의 인권을 보호하는 데에 이바지하고자 하는 것으로서 입법목적의 정당성이 인정되고, 성매매에 제공되는 사실을 알면서 건물을 제공함으로써 성매매와 성매매알선이 용이해지고 그로 인한 재산상의 이익은 성매매에 대한 건물제공의 유인 동기가 되므로, 이를 형사처벌하는 것은 입법목적을 달성하기 위한 적절한 수단이다. 한편, 우리 사회의 심각한 성매매 실태에 비추어 볼 때 건물제공행위로 인하여 성매매가 지속적으로 이루어지는 점, 직접 성매매를 알선한 자만 처벌해서는 성매매 근절에 한계가 있으며, 성매매는 그 자체가 유해한 범죄행위로서 그것을 용이하게 한 건물제공행위를 범죄행위로 보고 형사처벌을 택한 것이 결코 과도한 기본권 제한이라고 볼 수 없는 점, 청구인은 성매매가 아닌 다른 목적의 임대를 통해 당해 건물을 사용·수익하는 것이 충분히 가능한 반면, 성매매에 제공되는 사실을 알면서 건물을 제공하는 행위를 규제함으로써 보호하고자 하는 성매매 근절 등의 공익이 더 크고 중요하다는 점을 고려하면, 이 사건 법률조항이 과잉금지원칙에 위반하여 재산권을 침해한다고 할 수 없다(헌재 2012.12.27, 2011헌바235).

047

16. 국회직 8급

국가의 간섭을 받지 아니하고 자유로이 기부행위를 할 수 있는 기회의 보장은 헌법상 보장된 재산권의 보호범위에 포함된다. O | X

해설

[X] 국가의 간섭을 받지 아니하고 자유로이 기부행위를 할 수 있는 기회의 보장은 헌법상 보장된 재산권의 보호범위에 포함되지 않는다(헌재 1998.5.28, 96헌가5). 기부금품의 모집행위 및 기부행위를 할 수 있는 기회의 보장은 행복추구권에 의하여 보호된다.

048

16. 국가직

일반음식점 영업소에 음식점 시설 전체를 금연구역으로 지정하여 운영하여야 할 의무를 부담시키는 것은 음식점 운영자의 직업수행의 자유와 음식점 시설에 대한 재산권을 제한한다. O | X

해설

[X] 청구인은 심판대상조항에 따라 음식점 시설 전체를 금연구역으로 지정하여 운영하여야 할 의무를 부담하게 되었으나, 음식점의 개설·영업행위 자체가 금지되는 것은 아니다. 심판대상조항은 청구인이 선택한 직업을 영위하는 방식과 조건을 규율하고 있으므로 청구인의 직업수행의 자유를 제한한다. 한편, 심판대상조항은 청구인으로 하여금 음식점 시설과 그 내부 장비 등을 철거하거나 변경하도록 강제하는 내용이 아니므로, 이로 인하여 청구인의 음식점 시설 등에 대한 권리가 제한되어 재산권이 침해되는 것은 아니다. 일반적으로 영업권이란 오랜 기간에 걸쳐 확고하게 형성되거나 획득된 고객관계, 입지조건, 영업상 비결, 신용, 영업능력, 사업연락망 등을 포함하는 영업재산이나 영업조직으로서 경제적으로 유용하면서 처분에 의한 환가가 가능한 재산적 가치를 말한다. 그런데 심판대상조항으로 인하여 개업 시점부터 현재까지 음식점을 흡연 가능 시설로 운영하지 못하고 있는 청구인에게는 영업권이 문제될 여지가 없다. 아울러, 청구인은 심판대상조항이 행복추구권을 침해한다고 주장하나, 그 주장에 대한 판단은 결국 직업수행의 자유의 침해 여부에 대한 판단과 중복되므로 이 부분 주장에 대하여는 따로 판단하지 아니한다(헌재 2016.6.30, 2015헌마813).

049
20. 법행

군인연금법상의 연금수급권, 공무원연금법상의 연금수급권, 국가유공자의 보상수급권, 국민연금법상 사망일시금은 헌법상의 재산권에 포함된다.　　　　　　　　　　　　　　　　　　　　　　O | X

해설

[X] 헌법재판소는 종래의 결정에서 군인연금법상의 연금수급권(헌재 1994.6.30, 92헌가9), 공무원연금법상의 연금수급권(헌재 1995.7.21, 94헌바27), 국가유공자의 보상수급권(헌재 1995.7.21, 93헌가14)을 헌법상의 재산권에 포함시켰다(헌재 2000.06.29, 99헌마289).

▶ 사망일시금제도는 유족연금 또는 반환일시금을 지급받지 못하는 가입자 등의 가족에게 사망으로 소요되는 비용의 일부를 지급함으로써 국민연금제도의 수혜범위를 확대하고자 하는 차원에서 도입되었는데, 국민연금제도가 사회보장에 관한 헌법규정인 제34조 제1항·제2항·제5항을 구체화한 제도로서, 국민연금법상 연금수급권 내지 연금수급기대권이 재산권의 보호대상인 사회보장적 급여라고 한다면 사망일시금은 사회보험의 원리에서 다소 벗어난 장제부조적·보상적 성격을 갖는 급여로 사망일시금은 헌법상 재산권에 해당하지 아니하므로, 이 사건 사망일시금 한도 조항이 청구인들의 재산권을 제한한다고 볼 수 없다(헌재 2019.2.28, 2017헌마432).

050
20. 법원직 9급

주거로 사용하던 건물이 수용될 경우 그 효과로 거주지도 이전하여야 하는 것은 사실이나 이는 토지 및 건물 등의 수용에 따른 부수적 효과로서 간접적·사실적 제약에 해당하므로, 정비사업조합에 수용권한을 부여하여 주택재개발사업에 반대하는 청구인의 토지 등을 강제로 취득할 수 있도록 한 도시 및 주거환경정비법 조항이 청구인의 재산권을 침해하였는지 여부를 판단하는 이상 거주·이전의 자유 침해 여부는 별도로 판단하지 않는다.　　　　　　　　　　　　　　　　　　　　　　O | X

해설

[O] 이 사건 수용조항은 정비사업조합에 수용권한을 부여하여 주택재개발사업에 반대하는 청구인의 토지 등을 강제로 취득할 수 있도록 하고 있다. 따라서 이 사건 수용조항이 토지 등 소유자의 재산권을 침해하는지 여부가 문제된다. 청구인은 이 사건 수용조항으로 인하여 거주·이전의 자유도 제한된다고 주장하고 있다. 주거로 사용하던 건물이 수용될 경우 그 효과로 거주지도 이전하여야 하는 것은 사실이나, 이는 토지 및 건물 등의 수용에 따른 부수적 효과로서 간접적·사실적 제약에 해당하므로 거주·이전의 자유 침해 여부는 별도로 판단하지 않는다(헌재 2019.11.28, 2017헌바241).

051
21. 법원직 9급

헌법상 재산권에 관한 규정은 그 내용과 한계가 법률에 의해 구체적으로 형성되는 기본권 형성적 법률유보의 형태를 띠고 있고, 헌법이 보장하는 재산권의 내용과 한계는 국회에 의하여 제정되는 형식적 의미의 법률에 의하여 정해진다.　　　　　　　　　　　　　　　　　　　　　　O | X

해설

[O] 헌법상의 재산권에 관한 규정은 다른 기본권 규정과는 달리 그 내용과 한계가 법률에 의해 구체적으로 형성되는 기본권 형성적 법률유보의 형태를 띠고 있다. 그리하여 헌법이 보장하는 재산권의 내용과 한계는 국회에서 제정되는 형식적 의미의 법률에 의하여 정해지므로, 재산권의 구체적 모습은 재산권의 내용과 한계를 정하는 법률에 의하여 형성된다(헌재 2005.7.21, 2004헌바57).

052

19. 국회직 8급

친일반민족행위자 재산의 국가귀속에 관한 특별법(이하 '친일재산귀속법'이라 한다)에 따라 그 소유권이 국가에 귀속되는 '친일재산'의 범위를 '친일반민족행위자가 국권침탈이 시작된 러·일전쟁 개전시부터 1945년 8월 15일까지 일본제국주의에 협력한 대가로 취득하거나 이를 상속받은 재산 또는 친일재산임을 알면서 유증·증여를 받은 재산'으로 규정하고 있는 친일재산귀속법 조항은 재산권을 침해하지 않는다.

O | X

해설

[O] 친일재산귀속법 제2조 제2호 후문은 러·일전쟁 개전시부터 1945.8.15.까지 친일반민족행위자가 취득한 재산을 친일재산으로 추정하고 있으나, 친일반민족행위자 또는 친일반민족행위자로부터 친일재산을 상속받거나 친일재산임을 알면서 이를 유증·증여받은 사람은 그 재산이 친일행위의 대가로 취득한 것이 아니라는 점을 입증하여 언제든지 위 추정을 번복시킬 수 있다. 그리고 친일재산은 그 취득·증여 등 원인행위 시에 이를 국가의 소유로 한다고 규정하고 있는 친일재산귀속법 제3조 제1항 본문이 헌법에 위반되지 않는 이상(헌재 2011.3.31, 2008헌바141), 친일재산의 소유권이 소급적으로 국가에 귀속된 시점 이후에 그 재산이 제3자에게 처분되었다는 사정 내지 당사자가 그 재산의 처분 대가를 모두 소비하였거나 무자력이라는 사정은 모두 친일반민족행위자 등의 개인적이고 우연한 사정에 불과하고, 친일재산귀속법 제3조 제1항 단서는 친일재산의 거래로 인하여 선의의 제3자가 발생할 경우 이를 보호하도록 하는 규정을 둠으로써, 법적 안정성의 훼손을 최소화하고 있다. 이상을 종합하면, 이 사건 친일재산조항이 침해의 최소성에 반한다고 볼 수도 없다(헌재 2018.4.26, 2017헌바88).

053

21. 법원직 9급

영리획득의 단순한 기회 또는 기업활동의 사실적·법적 여건 또한 재산권보장의 대상이 된다.　O | X

해설

[X] 헌법상 보장된 재산권은 사적 유용성 및 그에 대한 원칙적인 처분권을 내포하는 재산가치 있는 구체적인 권리이므로, 구체적 권리가 아닌 영리획득의 단순한 기회나 기업활동의 사실적·법적 여건은 기업에게는 중요한 의미를 갖는다고 하더라도 재산권보장의 대상이 아니다(헌재 2018.7.31, 2018헌마753).

054

20. 국가직

고엽제후유의증 환자지원 등에 관한 법률에 의한 고엽제후유증환자 및 그 유족의 보상수급권은 법률에 의하여 비로소 인정되는 권리로서 재산권적 성질을 갖는 것이긴 하지만 그 발생에 필요한 요건이 법정되어 있는 이상 이러한 요건을 갖추기 전에는 헌법이 보장하는 재산권이라고 할 수 없다.　O | X

해설

[O] 고엽제법에 의한 고엽제후유증환자 및 그 유족의 보상수급권은 법률에 의하여 비로소 인정되는 권리로서 재산권적 성질을 갖는 것이긴 하지만 그 발생에 필요한 요건이 법정되어 있는 이상 이러한 요건을 갖추기 전에는 헌법이 보장하는 재산권이라고 할 수 없다. 결국 고엽제법 제8조 제1항 제2호는 고엽제후유증환자의 유족이 보상수급권을 취득하기 위한 요건을 규정한 것인데, 청구인들은 이러한 요건을 충족하지 못하였기 때문에 보상수급권이라고 하는 재산권을 현재로서는 취득하지 못하였다고 할 것이다. 그렇다면 고엽제법 제8조 제1항 제2호가 평등원칙을 위반하였는지 여부는 별론으로 하고 청구인들이 이미 취득한 재산권을 침해한다고는 할 수 없다(헌재 2001.6.28, 99헌마516).

□□□
055
20. 국가직

토지의 협의취득 또는 수용 후 당해 공익사업이 다른 공익사업으로 변경되는 경우에 당해 토지의 원소유자 또는 그 포괄승계인의 환매권을 제한하고, 환매권 행사기간을 변환 고시일부터 기산하도록 한 구 공익사업을 위한 토지 등의 취득 및 보상에 관한 법률조항은 이들의 재산권을 침해한다. O | X

해설

> [X] 이 사건 법률조항으로 인하여 제한되는 사익인 환매권은 이미 정당한 보상을 받은 소유자에게 수용된 토지가 목적 사업에 이용되지 않을 경우에 인정되는 것이고, 변환된 공익사업을 기준으로 다시 취득할 수 있어, 이 사건 법률조항으로 인하여 제한되는 사익이 이로써 달성할 수 있는 공익에 비하여 중하다고 할 수 없으므로, 이 사건 법률조항은 과잉금지원칙에 위배되어 청구인의 재산권을 침해한다고 할 수 없다(헌재 2012. 11.29, 2011헌바49).

□□□
056
22. 경정승진

국민연금법상 연금수급권 내지 연금수급기대권이 재산권의 보호대상인 사회보장적 급여라고 한다면 사망일시금은 헌법상 재산권에 해당한다. O | X

해설

> [X] 국민연금법상 연금수급권 내지 연금수급기대권이 재산권의 보호대상인 사회보장적 급여라고 한다면 사망일시금은 사회보험의 원리에서 다소 벗어난 장제부조적·보상적 성격을 갖는 급여로 사망일시금은 헌법상 재산권에 해당하지 아니하므로, 이 사건 사망일시금 한도 조항이 청구인들의 재산권을 제한한다고 볼 수 없다(헌재 2019.2.28, 2017헌마432).

□□□
057
22. 경정승진

공무원연금법이 개정되어 시행되기 전에 청구인이 이미 퇴직하여 퇴직연금을 수급할 수 있는 기초를 상실한 경우에는 공무원 퇴직연금의 수급요건을 재직기간 20년에서 10년으로 완화한 개정 공무원연금법 규정이 청구인의 재산권을 제한한다고 볼 수 없다. O | X

해설

> [O] 청구인은 심판대상조항이 자신의 재산권 및 인간다운 생활을 할 권리도 침해한다고 주장하나, 공무원연금법이 개정되어 시행되기 전 청구인은 이미 퇴직하여 퇴직연금을 수급할 수 있는 기초를 상실한 상태이므로, 심판대상조항이 청구인의 재산권 및 인간다운 생활을 할 권리를 제한한다고 볼 수 없다. 심판대상조항은 개정 법률의 적용대상을 법 시행일 당시 재직 중인 공무원으로 한정하여, 공무원의 재직기간이 10년 이상 20년 미만으로 동일하더라도 정년퇴직일이 2016.1.1. 이전인지 이후인지에 따라 퇴직연금의 지급을 달리하고 있으므로, 청구인의 평등권을 제한한다. … 법적 안정성 도모와 연금재정의 건전성 확보, 개정 법률을 시행하기 위한 준비기간의 필요성 등에 비추어 볼 때, 퇴직연금의 수급요건을 완화하면서 유리한 신법을 신법 시행일 이전으로 소급적용하는 경과규정을 두지 않았다고 하더라도 이를 두고 입법재량의 범위를 벗어난 현저히 불합리한 차별이라고 보기 어려우므로, 심판대상조항이 청구인의 평등권을 침해한다고 볼 수 없다(헌재 2017.5.25, 2015헌마933).

058
22. 경정승진

'사업인정고시가 있은 후에 3년 이상 토지가 공익용도로 사용된 경우' 토지소유자에게 매수 혹은 수용청구권을 인정한 공익 사업을 위한 토지 등의 취득 및 보상에 관한 법률의 조항을 통하여 인정되는 '수용청구권'은 사적 유용성을 지닌 것으로서 재산의 사용, 수익, 처분에 관계되는 법적 권리이므로 헌법상 재산권에 포함된다. O | X

해설

[O] 헌법이 보장하고 있는 재산권은 경제적 가치가 있는 모든 공법상·사법상의 권리를 뜻하며, 사적 유용성 및 그에 대한 원칙적인 처분권을 내포하는 재산가치 있는 구체적인 권리를 의미한다. 이 사건 조항을 통하여 인정되는 '수용청구권'은 사적 유용성을 지닌 것으로서 재산의 사용, 수익, 처분에 관계되는 법적 권리이므로 헌법상 재산권에 포함된다고 볼 것이다(헌재 2005.7.21, 2004헌바57).

059
22. 경정승진

잠수기어업허가를 받아 키조개 등을 채취하는 직업에 종사한다고 하더라도 이는 원칙적으로 자신의 계획과 책임하에 행동하면서 법제도에 의하여 반사적으로 부여되는 기회를 활용하는 것에 불과하므로 잠수기어업허가를 받지 못하여 상실된 이익 등 청구인 주장의 재산권은 헌법 제23조에서 규정하는 재산권의 보호범위에 포함된다고 볼 수 없다. O | X

해설

[O] 이 사건의 경우 청구인이 잠수기어업허가를 받아 키조개 등을 채취하는 직업에 종사한다고 하더라도 이는 원칙적으로 자신의 계획과 책임하에 행동하면서 법제도에 의하여 반사적으로 부여되는 기회를 활용하는 것에 불과하므로 잠수기어업허가를 받지 못하여 상실된 이익 등 청구인 주장의 재산권은 헌법 제23조에서 규정하는 재산권의 보호범위에 포함된다고 볼 수 없다(헌재 2008.6.26, 2005헌마173).

제2절 직업선택의 자유

060
05. 사시

직업선택의 자유를 제한함에 있어서 주관적 사유에 의한 제한은 객관적 사유에 의한 제한보다 더 중요한 공익을 위하여 명백한 위험을 방지하려는 경우에 정당화된다. O | X

해설

[X] 주관적 사유에 의한 제한과 객관적 사유에 의한 제한이 바뀌어 있다. 직업선택의 자유를 제한함에 있어서 객관적 사유에 의한 제한은 주관적 사유에 의한 제한보다 더 중요한 공익을 위하여 명백한 위험을 방지하려는 경우에 정당화된다.

061
06. 국가직

법인은 직업수행의 자유의 주체가 될 수 없다. O | X

해설

[X] 자연인뿐만 아니라 사법인도 직업선택의 자유의 주체가 된다. 다만, 공법인인 공공단체와 지방자치단체는 그 주체가 될 수 없다.

062

07. 법무사

행정사 자격이 없는 사람이 일반행정사의 업무를 수행한 경우 형사처벌을 하도록 규정하면서, 등록을 하지 아니하고 외국어번역행정사의 업무를 행하는 사람에 대해서는 과태료만을 부과하도록 규정한 법률은 합리적 이유 없이 외국어번역행정사의 자격이 있는 사람을 차별하는 것이므로 평등원칙에 위반된다.

O | X

해설

[X] 행정법규에 있어서 행정질서의 유지를 위하여 행정벌을 과하는 경우 입법자는 그 입법목적의 달성을 위하여 행정형벌이나 행정질서벌을 선택하여 과할 수 있고, 그 입법목적이나 입법 당시의 실정 등을 종합 고려하여 어느 하나를 결정하는 것이다. 행정사법(1995.1.5. 전문개정된 법률 제4875호) 제35조 제1항 제2호 단서 및 제36조 제1항 제1호는 입법자가 입법목적과 우리나라의 현재의 실정 등을 고려하여 위 법률 제8조에 의한 등록을 하지 아니한 자가 외국어번역행정사의 업무를 행하는 경우에 일반행정사 등의 경우와 달리 형사처벌에서 제외하는 대신 행정질서벌인 과태료를 선택한 것으로서 입법자의 자의에 의하여 외국어번역행정사의 자격이 있는 청구인을 불합리하게 차별한 것으로 볼 수 없으므로 평등원칙에 위반된다고 할 수 없다(헌재 1997.4.24, 95헌마90).

063

08. 법원직

직업결정의 자유나 전직(轉職)의 자유는 그 성격상 직업종사(직업수행)의 자유에 비하여 상대적으로 더욱 넓은 법률상의 규제가 가능하며, 따라서 다른 기본권의 경우와 마찬가지로 국가안전보장, 질서유지 또는 공공복리를 위하여 필요한 경우에는 제한이 가하여질 수 있다.

O | X

해설

[X] 특히 직업결정의 자유나 전직의 자유에 비하여 직업종사(직업수행)의 자유에 대하여서는 공익을 위하여 상대적으로 더욱 넓은 법률상의 규제가 가능하다. 그러나, 직업종사(직업수행)의 자유를 제한할 때에도 그 제한의 방법이 합리적이어야 함은 물론 과잉금지의 원칙에 위배되거나 제한의 한계규정인 헌법 제37조 제2항 후문의 규정에 따라 직업선택의 자유의 본질적인 내용을 침해하는 것이어서는 아니 된다(헌재 2002.9.19, 2000헌바84).

064

08. 법행
05. 법무사 유사

직업의 자유 중 직업결정의 자유는 직업수행의 자유에 비하여 상대적으로 그 침해의 정도가 작다고 할 것이어서 공익상의 이유로 비교적 넓은 규제가 가능하다.

O | X

해설

[X] 직업행사의 자유는 직업결정의 자유에 비하여 상대적으로 그 침해의 정도가 작다고 할 것이어서, 이에 대하여는 공공복리 등 공익상의 이유로 비교적 넓은 법률상의 규제가 가능하다(헌재 1993.5.13, 92헌마80 등).

065

08. 법무사

금고 이상의 형을 선고받고 그 집행이 종료되거나 그 집행을 받지 아니하기로 확정된 후 5년을 경과하지 아니한 경우를 변호사의 결격사유로 규정한 것은 금고 이상의 형의 원인이 된 범죄행위가 그 직무관련범죄로 한정되지 않는 점에 비추어 보면 직업선택의 자유를 본질적으로 침해하는 것으로 입법형성의 재량을 일탈한 것이다.   O | X

해설

[X] 금고 이상의 형을 선고받고 그 집행이 종료된 후 5년을 경과하지 아니한 자가 변호사가 될 수 없도록 제한한 것은 변호사의 공공성과 변호사에 대한 국민의 신뢰를 보호하고자 하는 입법목적의 달성에 적절한 수단이며, 이 사건 법률조항은 결격사유에 해당하는 자의 변호사 활동을 영원히 박탈하는 조항이 아니라 5년간 변호사 활동을 금지하고 윤리의식을 제고할 시간을 주는 것으로서 직업선택의 자유를 일정 기간 제한하는 것이므로, 이로써 보호하고자 하는 공익이 결격사유에 해당하는 자가 직업을 선택할 수 없는 불이익보다 크다. 또한, 법원이 범죄의 모든 정황을 고려한 후 금고 이상의 형의 판결을 하였다면 그와 같은 사실만으로는 사회적 비난가능성이 높다고 할 것이며, 사회질서 유지 및 사회정의 실현이라는 변호사의 사명을 고려할 때, 변호사의 결격사유인 금고 이상의 형의 원인이 된 범죄행위가 그 직무관련범죄로 한정되는 것은 아니다. 그렇다면 이 사건 법률조항이 청구인의 직업선택의 자유를 침해할 정도로 입법형성의 재량을 일탈한 것이라고 볼 수는 없다(헌재 2006.4.27, 2005헌마997).

066

10. 국가직

단계이론에 의하면 직업선택의 자유에 대한 제한이 불가피한 경우 먼저 제1단계로 직업종사의 자유를 제한하고, 그에 의하여 그 목적을 달성할 수 없는 경우 제2단계로 객관적 사유에 의하여 직업결정의 자유를 제한하고, 그에 의해서도 그 목적을 달성할 수 없는 경우 제3단계로 주관적 사유에 의하여 직업결정의 자유를 제한하여야 한다고 한다.   O | X

해설

[X] 단계이론에서 제1단계는 직업수행의 자유를 제한하고, 제2단계는 주관적 사유에 의한 직업결정의 자유를 제한하고, 제3단계는 객관적 사유에 의한 직업결정의 자유를 제한한다.

067

11. 사시

사립학교 교원이 파산선고를 받은 경우에도 그 원인에 따라 교직에 대한 국민의 신뢰에 미치는 영향은 큰 차이가 있다고 보아야 할 것이므로 파산선고를 받은 사립학교 교원을 일률적으로 당연퇴직시키는 것은 과잉금지원칙에 위반되어 직업의 자유를 침해한다.   O | X

해설

[X] 파산선고를 받은 사립학교 교원에 대하여 당연퇴직이라는 신분상 불이익을 가하는 이 사건 법률조항은 교원의 사회적 책임 및 교직에 대한 국민의 신뢰를 제고하고, 교원으로서의 성실하고 공정한 직무수행을 담보하기 위한 법적 조치로서 그 입법목적의 정당성이 인정되고, 파산선고를 받은 교원을 교직에서 배제하도록 한 것은 위와 같은 입법목적을 달성하기 위한 효과적이고 적절한 수단이다. 파산선고를 받은 사립학교 교원이 교직을 계속 수행할 경우 공평무사하게 학생들을 교육하는 본업에 전념할 수 있을지에 관하여는 회의적일 뿐만 아니라 피교육자나 그 학부모 등 사회공동체의 구성원들이 당해 교원의 신뢰성에 근본적인 의문을 가지게 될 개연성이 대단히 높고, 위와 같은 입법목적을 효과적으로 달성할 수 있으면서도 제약이 덜한 대체적인 입법수단의 존재가 명백하지 아니하며, 파산선고에 따른 자격제한을 없앨 경우 파산신청의 남용이 우려되는 점, 파산선고를 받은 교원의 지위가 박탈된다고 하여도 그것이 교원의 사회적 책임과 교직에 대한 국민의 신뢰를 제고한다는 공익에 비해 더 비중이 크다고는 볼 수 없는 점 등을 종합하면, 이 사건 법률조항이 침해의 최소성이나 법익의 균형성을 위반하였다고 볼 수 없다. 따라서 이 사건 법률조항은 청구인의 직업선택의 자유를 침해하지 아니한다(헌재 2008.11.27, 2005헌가21).

□□□
068
12. 변호사 유사
11. 사시

의료인이 아닌 자의 의료행위를 전면적으로 금지하는 것은 매우 중대한 헌법적 법익인 국민의 생명권과 건강권을 보호하는 것이고 국민의 보건에 관한 국가의 보호의무이행에 해당하나, 예외조항이 없어 최소침해성원칙에 위배되어 직업의 자유를 침해한다. O | X

해설

[X] 의료인이 아닌 자의 의료행위를 전면적으로 금지한 것은 매우 중대한 헌법적 법익인 국민의 생명권과 건강권을 보호하고 국민의 보건에 관한 국가의 보호의무를 이행하기 위하여 적합한 조치로서, 위와 같은 중대한 공익이 국민의 기본권을 보다 적게 침해하는 다른 방법으로는 효율적으로 실현될 수 없으므로, 이 사건 조항들로 인한 기본권의 제한은 과잉금지의 원칙에 반하지 않는 것으로서 헌법적으로 정당화되는 것이다 (헌재 2010.7.29, 2008헌가19).

□□□
069
11. 경정승진

일반학원 강사의 자격기준으로서 대학 졸업 이상의 학력을 갖추도록 요구하는 것은, 일반학원의 강사라는 직업의 개시를 위한 객관적 전제조건으로 '대학 졸업 이상의 학력 소지'라는 자격기준을 갖추도록 요구함으로써, 자격제 유사의 진입규제를 설정하는 방법으로 직업선택의 자유를 제한하고 있다. O | X

해설

[X] 일반학원의 강사라는 직업의 개시를 위한 주관적 전제조건으로서 '대학 졸업 이상의 학력 소지'라는 자격기준을 갖추도록 요구함으로써 직업선택의 자유를 제한하고 있다(헌재 2003.9.25, 2002헌마519).

□□□
070
12. 경정승진

직업의 선택 또는 수행의 자유는 주관적 공권의 성격이 두드러진 것이므로 사회적 시장경제질서라고 하는 객관적 법질서의 구성요소가 될 수는 없다. O | X

해설

[X] 직업의 선택 혹은 수행의 자유는 각자의 생활의 기본적 수요를 충족시키는 방편이 되고, 또한 개성신장의 바탕이 된다는 점에서 주관적 공권의 성격이 두드러지고, 한편으로는 국민 개개인이 선택한 직업의 수행에 의하여 국가의 사회질서와 경제질서가 형성된다는 점에서 사회적 시장경제질서라고 하는 객관적 법질서의 구성요소이기도 하다(헌재 2002.4.25, 2001헌마614).

□□□
071
12. 변호사

직업이란 생활의 기본적 수요를 충족시키기 위한 계속적인 소득활동을 의미하며 그 종류나 성질을 묻지 아니하나, 대학생이 방학 또는 휴학 중 학원강사로서 일하는 행위는 직업의 자유의 보호영역에 속한다고 볼 수 없다. O | X

해설

[X] 직업의 자유에 의한 보호의 대상이 되는 '직업'은 '생활의 기본적 수요를 충족시키기 위한 계속적 소득활동'을 의미하며 그러한 내용의 활동인 한 그 종류나 성질을 묻지 아니한다. 이러한 직업의 개념표지들은 개방적 성질을 지녀 엄격하게 해석할 필요는 없는바, '계속성'과 관련하여서는 주관적으로 활동의 주체가 어느 정도 계속적으로 해당 소득활동을 영위할 의사가 있고, 객관적으로도 그러한 활동이 계속성을 띨 수 있으면 족하다고 해석되므로 휴가기간 중에 하는 일, 수습직으로서의 활동 따위도 이에 포함된다고 볼 것이고, 또 '생활수단성'과 관련하여서는 단순한 여가활동이나 취미활동은 직업의 개념에 포함되지 않으나 겸업이나 부업은 삶의 수요를 충족하기에 적합하므로 직업에 해당한다고 말할 수 있다. … 이 사건에 있어 대학생이 방학기간을 이용하여 또는 휴학 중에 학비 등을 벌기 위해 학원강사로서 일하는 행위는 어느 정도 계속성을 띤 소득활동으로서 직업의 자유의 보호영역에 속한다고 봄이 상당하다(헌재 2003.9.25, 2002헌마519).

□□□
072
12. 경정승진

금고 이상의 실형을 선고받고 그 집행이 종료되거나 그 집행이 면제된 날로부터 3년이 지나지 않은 경우를 감정평가사의 결격사유로 정한 부동산 가격공시 및 감정평가에 관한 법률 제24조 제3호는 객관적 요건에 의한 좁은 의미의 직업선택의 자유를 제한하는 규정에 속한다.   O | X

해설

[X] 감정평가사가 되고자 하는 자는 이 사건 법률조항 소정의 결격사유에 해당하는 경우 당해 결격사유가 없어질 때까지는 감정평가사의 자격을 취득하여 감정평가업무에 종사할 수 없게 된다. 이는 일정한 직업을 선택함에 있어 기본권 주체의 능력과 자질에 따른 제한으로서 이른바 '주관적 요건에 의한 좁은 의미의 직업선택의 자유의 제한'에 해당한다(헌재 2009.7.30, 2007헌마1037).

□□□
073
12. 사시

외국인 근로자의 사업장 변경허가기간을 그 신청일로부터 2개월로 제한한 것은 외국인 근로자의 사업장 변경 자체를 금지하는 것이 아니라 허가기간을 제한하는 것에 불과하므로 외국인 근로자의 직장선택의 자유를 침해하지 않는다.   O | X

해설

[O] 이 사건 심판대상조항은 내국인 근로자의 고용기회를 보장하고, 외국인 근로자가 근로의사 없이 국내에 장기간 체류하는 것을 방지함으로써 효율적인 고용관리를 도모하기 위한 것이며, 외국인 근로자의 사업장 변경 자체를 금지하는 것이 아니라 허가기간을 제한한 것에 불과하여 지나치게 불합리하여 자의적이라고 할 수 없으므로 청구인의 직장선택의 자유를 침해하지 아니한다(헌재 2011.9.29, 2009헌마351).

□□□
074
12. 국가직

대학 주변의 학교정화구역에서 납골시설의 설치·운영을 금지한 것은 납골시설의 설치·운영을 직업으로서 수행하고자 하는 자의 직업의 자유를 침해한다.   O | X

해설

[X] 납골시설을 기피하는 풍토와 정서가 과학적인 합리성이 없다고 하더라도 그러한 풍토와 정서가 현실적으로 학생들의 정서발달에 해로운 영향을 끼칠 가능성이 있는 이상, 규제해야 할 필요성과 공익성을 부정하기 어렵다. 대학 부근의 정화구역에서도 납골시설의 설치를 금지하는 것이 불합리하거나 불필요하다고 보기 어렵다. 이 사건 법률조항에 의하여 금지되는 것은 학교 부근 200m 이내의 정화구역 내에 국한되는 것이므로, 그로 인하여 기본권이 침해되는 정도는 크지 않다고 할 수 있다. 결국 이 사건 법률조항은 입법목적을 달성하기 위하여 필요한 한도를 넘어서 종교의 자유, 행복추구권 및 직업의 자유를 과도하게 제한하여 헌법 제37조 제2항에 위반된다고 보기 어렵다(헌재 2009.7.30, 2008헌가2).

기본권론

제2편

2024 해커스경찰 신동욱 경찰헌법 단원별 핵심지문 OX

075
12. 법무사

의료법이 의사 및 한의사의 복수의 면허를 가진 의료인인 경우에도 '하나의' 의료기관만을 개설하고 다른 의료기관의 개설을 금지하도록 규정한 것은 직업의 자유를 침해했다고 보기 어렵다. O | X

해설

[X] 의료인 면허를 취득한 것은 그 면허에 따른 직업선택의 자유를 회복한 것이고, 이렇게 회복된 자유에 대하여 전문분야의 성격과 정책적 판단에 따라 면허를 실현할 수 있는 방법이나 내용을 정할 수는 있지만 이를 다시 전면적으로 금지하는 것은 입법형성의 범위 내라고 보기 어렵다. 환자가 양방과 한방 의료기관에서 순차적·교차적으로 의료서비스를 받는 경우가 금지되지 않는 현실에서 복수면허 의료인은 양방 및 한방 의료행위 양쪽에 대하여 상대적으로 지식이 많거나 능력이 뛰어나고, 그가 행하는 양방 및 한방 의료행위의 내용과 그것이 인체에 미치는 영향 등에 대하여 더 유용한 정보를 취득하고 이를 분석하여 적절하게 대처할 수 있다고 평가될 수 있다. 양방 및 한방 의료행위가 중첩될 경우 인체에 미치는 영향에 대한 과학적 검증이 없다는 점을 고려한다 하여도 위험영역을 한정하여 규제를 하면 족한 것이지 진단 등과 같이 위험이 없는 영역까지 전면적으로 금지하는 것은 지나치다(헌재 2007.12.27, 2004헌마1021).

076
13. 국회직 8급

특허, 실용신안, 디자인 또는 상표의 침해로 인한 손해배상, 침해금지 등의 민사소송에서 변리사에게 소송대리를 허용하지 않는 것은 변리사들의 직업의 자유를 침해한다. O | X

해설

[X] 특허침해소송은 고도의 법률지식 및 공정성과 신뢰성이 요구되는 소송으로, 변호사 소송대리원칙(민사소송법 제87조)이 적용되어야 하는 일반 민사소송의 영역이므로, 소송당사자의 권익을 보호하기 위해 변호사에게만 특허침해소송의 소송대리를 허용하는 것은 그 합리성이 인정되며 입법재량의 범위 내라고 할 수 있다. 그러므로 이 사건 법률조항이 특허, 실용신안, 디자인 또는 상표의 침해로 인한 손해배상, 침해금지 등의 민사소송을 변리사가 예외적으로 소송대리를 할 수 있도록 허용된 범위에 포함시키지 아니한 것은 직업의 자유를 침해하지 아니한다(헌재 2012.8.23, 2010헌마740).

077
15. 법무사

직업이란 생활의 기본적 수요를 충족하기 위한 계속적인 소득활동을 의미하는바, 이에 의하면 휴가기간 중에 하는 일, 무보수 봉사직은 헌법상의 직업의 개념에 포함될 수 없다. O | X

해설

[X] '직업'은 '생활의 기본적 수요를 충족시키기 위한 계속적 소득활동'을 의미하며 그러한 내용의 활동인 한 그 종류나 성질을 묻지 아니한다. 이러한 직업의 개념표지들은 개방적 성질을 지녀 엄격하게 해석할 필요는 없는바, '계속성'과 관련하여서는 주관적으로 활동의 주체가 어느 정도 계속적으로 해당 소득활동을 영위할 의사가 있고, 객관적으로도 그러한 활동이 계속성을 띨 수 있으면 족하다고 해석되므로 휴가기간 중에 하는 일, 수습직으로서의 활동 따위도 이에 포함된다고 볼 것이고, 또 '생활수단성'과 관련하여서는 단순한 여가활동이나 취미활동은 직업의 개념에 포함되지 않으나 겸업이나 부업은 삶의 수요를 충족하기에 적합하므로 직업에 해당한다고 말할 수 있다(헌재 2003.9.25, 2002헌마519).

078
12. 지방직

외국인에게도 직장선택의 자유에 대한 기본권 주체성을 인정한다는 것은 곧바로 이들에게 우리 국민과 동일한 수준의 직장선택의 자유가 보장된다는 것을 의미한다. O | X

해설

[X] 직업의 자유 중 이 사건에서 문제되는 직장선택의 자유는 인간의 존엄과 가치 및 행복추구권과도 밀접한 관련을 가지는 만큼 단순히 국민의 권리가 아닌 인간의 권리로 보아야 할 것이므로 권리의 성질상 참정권, 사회권적 기본권, 입국의 자유 등과 같이 외국인의 기본권 주체성을 전면적으로 부정할 수는 없고, 외국인도 제한적으로라도 직장선택의 자유를 향유할 수 있다고 보아야 한다. 한편, 기본권 주체성의 인정문제와 기본권 제한의 정도는 별개의 문제이므로, 외국인에게 직장선택의 자유에 대한 기본권 주체성을 인정한다는 것이 곧바로 이들에게 우리 국민과 동일한 수준의 직장선택의 자유가 보장된다는 것을 의미하는 것은 아니라고 할 것이다(헌재 2011.9.29, 2007헌마1083 등).

079
13. 국가직

입법자가 변리사제도를 형성하면서 변리사의 업무범위에 특허침해소송의 소송대리를 포함하지 않은 것은 변리사의 직업의 자유를 침해하는 것이다. O | X

해설

[X] 특허침해소송은 고도의 법률지식 및 공정성과 신뢰성이 요구되는 소송으로, 변호사 소송대리원칙(민사소송법 제87조)이 적용되어야 하는 일반 민사소송의 영역이므로, 소송당사자의 권익을 보호하기 위해 변호사에게만 특허침해소송의 소송대리를 허용하는 것은 그 합리성이 인정되며 입법재량의 범위 내라고 할 수 있다. 그러므로 이 사건 법률조항이 특허침해소송을 변리사가 예외적으로 소송대리를 할 수 있도록 허용된 범위에 포함시키지 아니한 것은 청구인들의 직업의 자유를 침해하지 아니한다(헌재 2012.8.23, 2010헌마740).

080
14. 국회직 8급

1919년 바이마르 헌법이 최초로 직업의 자유를 명문화하였다. 우리 헌법은 건국헌법부터 직업의 자유를 명문화하였다. O | X

해설

[X] 우리나라 헌법은 제5차 개정헌법(1962년)에서 직업의 자유를 규정하였다.

081
15. 사시

국가정책에 따라 정부의 허가를 받은 외국인은 정부가 허가한 범위 내에서 소득활동을 할 수 있으므로, 외국인이 국내에서 누리는 직업의 자유는 법률에 따른 정부의 허가에 의해 비로소 발생하는 권리이다. O | X

해설

[O] 직업의 자유는 국가자격제도정책과 국가의 경제상황에 따라 법률에 의하여 제한할 수 있는 국민의 권리에 해당한다. 국가정책에 따라 정부의 허가를 받은 외국인은 정부가 허가한 범위 내에서 소득활동을 할 수 있는 것이므로, 외국인이 국내에서 누리는 직업의 자유는 법률에 따른 정부의 허가에 의해 비로소 발생하는 권리이다(헌재 2014.8.28, 2013헌마359).

로스쿨에 입학하는 자들에 대하여 학사 전공별, 출신 대학별로 로스쿨 입학정원의 비율을 각각 규정한 법학전문대학원 설치 · 운영에 관한 법률 조항은 변호사가 되기 위한 과정에 있어 필요한 전문지식을 습득할 수 있는 로스쿨에 입학하는 것을 제한할 뿐이므로 직업선택의 자유를 제한하는 것으로 보기 어렵다.

O | X

해설

> [X] 다양한 전공자를 대상으로 전문적인 법학교육을 실시하고 다양한 학문풍토를 조성하고자 하는 이 사건 법률 제26조 제2항 및 제3항이 추구하는 입법목적의 정당성이 인정되고, 전공과 출신대학에 따라 로스쿨 입학정원 비율을 제한하는 것은 이 사건 법률 제26조 제2항 및 제3항이 추구하는 입법목적을 달성하기 위한 적절한 방법이 될 수 있고, 입법목적을 달성하는 수단을 선택함에 있어서 입법자의 선택재량의 범위를 일탈하였다고 볼 수 없어서 최소침해성원칙에도 위배되지 아니하며, 로스쿨을 지원함에 있어서 청구인들이 받게 되는 불이익보다 위와 같은 입법목적을 달성하여 얻게 되는 공익이 훨씬 더 크다고 할 것이어서 법익균형성원칙에도 위배되지 아니하므로, 이 사건 법률 제26조 제2항 및 제3항은 비례의 원칙에 위배되지 않기 때문에 청구인들의 직업선택의 자유를 침해하지 아니한다(헌재 2009.2.26, 2007헌마1262).

헌법재판소는 유료직업소개사업을 노동부장관의 허가를 받아야만 할 수 있도록 제한하는 것은 직업선택의 자유의 본질적 내용을 침해하는 것이라고 판단하였다.

O | X

해설

> [X] 직업소개업은 그 성질상 사인이 영리목적으로 운영할 경우 근로자의 안전 및 보건상의 위험, 근로조건의 저하, 공중도덕상 해로운 직종에의 유입, 미성년자에 대한 착취, 근로자의 피해, 인권침해 등의 부작용이 초래될 수 있는 가능성이 매우 크므로 유료직업소개사업은 노동부장관의 허가를 받아야만 할 수 있도록 제한하는 것은 그 목적의 정당성, 방법의 적절성, 피해의 최소성, 법익의 균형성 등에 비추어 볼 때 합리적인 제한이라고 할 것이고 그것이 직업선택자유의 본질적 내용을 침해하는 것으로 볼 수 없다(헌재 1996.10.31, 93헌바14).

농협 · 축협조합장이 금고 이상의 형을 선고받고 그 형이 확정되지 아니한 경우에도 이사가 그 직무를 대행하도록 규정한 농업협동조합법 제46조 제4항 제3호 중 '조합장'에 관한 부분은 조합장의 직무수행에 대한 조합원 내지 공공의 신뢰를 지키고 직무에 대한 전념성을 확보하여 조합의 원활한 운영에 대한 위험을 미연에 방지하기 위한 것이므로 과잉금지원칙에 반하여 조합장들의 직업수행의 자유를 침해하는 것이 아니다.

O | X

해설

> [X] 이 사건 법률조항들의 입법목적을 달성하기 위하여 직무정지라는 불이익을 가한다고 하더라도 그 사유는 형이 확정될 때까지 기다릴 수 없을 정도로 조합장 직무의 원활한 운영에 대한 '구체적인' 위험을 야기할 것이 명백히 예상되는 범죄 등으로 한정되어야 한다. 그런데 이 사건 법률조항들은 조합장이 범한 범죄가 조합장에 선출되는 과정에서 또는 선출된 이후 직무와 관련하여 발생하였는지 여부, 고의범인지 과실범인지 여부, 범죄의 유형과 죄질이 조합장의 직무를 수행할 수 없을 정도로 공공의 신뢰를 중차대하게 훼손하는지 여부 등을 고려하지 아니하고, 단순히 금고 이상의 형을 선고받은 모든 범죄로 그 적용대상을 무한정 확대함으로써 기본권의 최소침해성원칙을 위반하였다. 또한, 이 사건 법률조항들에 의하여 달성하려는 공익은 모호한 반면에, 금고 이상의 형이 선고되었다는 이유만으로 형의 확정이라는 불확정한 시기까지 직무수행을 정지당하는 조합장의 불이익은 실질적이고 현존하는 기본권 침해로서 위와 같은 공익보다 결코 작다고 할 수 없으므로 이 사건 법률조항들은 법익균형성요건도 충족하지 못하였다. 따라서 이 사건 법률조항들은 과잉금지원칙에 위반하여 청구인들의 직업수행의 자유를 침해한다(헌재 2013.8.29, 2010헌마562 등).

085
17. 변호사
14. 국회직 8급
유사

직업의 자유에는 '해당 직업에 합당한 보수를 받을 권리'까지 포함되어 있어서 노동자는 동일하거나 동급, 동질의 유사 다른 직업군에서 수령하는 보수에 상응하는 보수를 요구할 수 있다.　O | X

해설

> [X] 헌법재판소는 직업의 자유에 '해당 직업에 합당한 보수를 받을 권리'까지 포함되어 있다고 보기 어렵다는 입장이다(헌재 2008.12.26, 2007헌마444).

086
17. 변호사

성인대상 성범죄로 형을 선고받아 확정된 자로 하여금 그 형의 집행을 종료한 날부터 10년 동안 의료기관에 취업할 수 없도록 한 것은, 일정한 직업을 선택함에 있어 기본권 주체의 능력과 자질에 따른 제한이므로 이른바 '주관적 요건에 의한 좁은 의미의 직업선택의 자유'에 대한 제한에 해당한다.　O | X

해설

> [O] 이 사건 취업제한조항은 성폭력범죄의 처벌 등에 관한 특례법(이하 '성폭력특례법'이라 한다) 제12조의 범죄로 형을 선고받아 확정된 자에 대하여 그 집행이 종료한 때로부터 10년간 아동·청소년 관련기관 등을 운영할 수 없도록 하거나, 위 기관 등에 취업 또는 사실상 노무를 제공할 수 없도록 하고 있으므로, 청구인의 직업선택의 자유를 제한한다. 직업의 자유도 헌법 제37조 제2항에 따라 국가안전보장, 질서유지 또는 공공복리 등 정당하고 중요한 공공의 목적을 달성하기 위하여 필요한 경우에는 그 본질적 내용을 침해하지 않는 범위 내에서 제한될 수 있지만, 좁은 의미의 직업선택의 자유를 제한하는 것은 인격발현에 대한 침해의 효과가 직업수행의 자유를 제한하는 경우보다 일반적으로 크기 때문에 전자에 대한 제한은 후자에 대한 제한보다 더 엄격한 제약을 받는다. … 이 사건 취업제한조항은 범죄의 경중이나 재범의 위험성 여부를 떠나 형의 집행이 종료된 때로부터 10년이라는 기간 동안 아동·청소년 관련기관 등에 취업제한을 함으로써, 그것이 달성하려는 공익의 무게에도 불구하고, 성폭력특례법 제12조의 범죄로 형을 선고받아 확정된 자의 직업선택의 자유를 과도하게 제한하고 있다. 따라서 이 사건 취업제한조항은 법익의 균형성에도 위배된다(헌재 2016.10.27, 2014헌마709).

087
16. 사시

임원이 건설업과 관련 없는 죄로 금고 이상의 형을 선고받은 경우까지도 법인의 건설업 등록을 필요적으로 말소하도록 규정한 것은 범죄행위로 인하여 형사처벌을 받은 자를 건설업에서 배제하여 건설업자의 자질을 일정 수준으로 담보함으로써 부실공사를 방지하고 국민의 생명과 재산을 보호하기 위한 것으로 법인의 직업수행의 자유를 침해하지 않는다.　O | X

해설

> [X] 심판대상조항이 건설업과 관련 없는 죄로 임원이 형을 선고받은 경우까지도 법인이 건설업을 영위할 수 없도록 하는 것은 입법목적 달성을 위한 적합한 수단에 해당하지 아니하고, 이러한 경우까지도 가장 강력한 수단인 필요적 등록말소라는 제재를 가하는 것은 최소침해성원칙에도 위배된다. 심판대상조항으로 인하여 건설업자인 법인은 등록이 말소되는 중대한 피해를 입게 되는 반면, 심판대상조항이 공익 달성에 기여하는 바는 크지 않아 심판대상조항은 법익균형성원칙에도 위배된다. 따라서 심판대상조항은 과잉금지원칙에 위배되어 청구인의 직업수행의 자유를 침해한다(헌재 2014.4.24, 2013헌바25).

088

17. 법원직

외국인이 국내에서 누리는 직업의 자유는 법률 이전에 헌법에 의해서 부여된 기본권이라고 할 수 없고, 법률에 따른 정부의 허가에 의해 비로소 발생하는 권리이다.　　　　　　　　　　　　　O | X

해설

[O] 직업의 자유는 국가자격제도정책과 국가의 경제상황에 따라 법률에 의하여 제한할 수 있고 인류보편적인 성격을 지니고 있지 아니하므로 국민의 권리에 해당한다. 이와 같이 헌법에서 인정하는 직업의 자유는 원칙적으로 대한민국 국민에게 인정되는 기본권이지, 외국인에게 인정되는 기본권은 아니다. 국가정책에 따라 정부의 허가를 받은 외국인은 정부가 허가한 범위 내에서 소득활동을 할 수 있는 것이므로, 외국인이 국내에서 누리는 직업의 자유는 법률 이전에 헌법에 의해서 부여된 기본권이라고 할 수는 없고, 법률에 따른 정부의 허가에 의해 비로소 발생하는 권리이다. 헌법재판소의 결정례 중에는 외국인이 대한민국 법률에 따른 허가를 받아 국내에서 일정한 직업을 수행함으로써 근로관계가 형성된 경우, 그 직업은 그 외국인의 생활의 기본적 수요를 충족시키는 방편이 되고, 또한 개성신장의 바탕이 된다는 점에서 외국인은 그 근로관계를 계속 유지함에 있어서 국가의 방해를 받지 않고 자유로운 선택과 결정을 할 자유가 있고 그러한 범위에서 제한적으로 직업의 자유에 대한 기본권 주체성을 인정할 수 있다고 하였다(헌재 2011.9.29, 2007헌마1083 등 참조). 하지만 이는 이미 근로관계가 형성되어 있는 예외적인 경우에 제한적으로 인정한 것에 불과하다. 그러한 근로관계가 형성되기 전단계인 특정한 직업을 선택할 수 있는 권리는 국가정책에 따라 법률로써 외국인에게 제한적으로 허용되는 것이지 헌법상 기본권에서 유래되는 것은 아니다(헌재 2014.8.28, 2013헌마359).

089

17. 국회직 8급

초등학교, 중학교, 고등학교의 학교환경위생정화구역 내에서의 당구장 시설을 제한하면서 예외적으로 학습과 학교보건위생에 나쁜 영향을 주지 않는다고 인정하는 경우에 한하여 당구장 시설을 허용하도록 하는 것은 과도하게 직업의 자유를 침해한다.　　　　　　　　　　　　O | X

해설

[X] 초등학교, 중학교, 고등학교 기타 이와 유사한 교육기관의 경계선으로부터 200미터 이내에 설정되는 학교환경위생정화구역 내에서의 당구장 시설을 제한하면서 예외적으로 학습과 학교보건위생에 나쁜 영향을 주지 않는다고 인정하는 경우에 한하여 당구장 시설을 허용하도록 하는 것은 기본권 제한의 입법목적, 기본권 제한의 정도, 입법목적 달성의 효과 등에 비추어 필요한 정도를 넘어 과도하게 직업(행사)의 자유를 침해하는 것이라 할 수 없다(헌재 1997.3.27, 94헌마196).

090

17. 국회직 8급

20년 이상 관세행정분야에서 근무한 자에게 일정한 절차를 거쳐 관세사 자격을 부여한 구 관세사법 규정은 헌법에 위반되지 않는다.　　　　　　　　　　　　O | X

해설

[O] 관세사 자격을 부여함에 있어 공개경쟁시험제도를 통한 자격부여 이외에 20년 이상을 관세행정분야에서 근무한 자라면 관세사로서의 직무수행을 위한 전문지식이 있다고 보아 일반직공무원으로 20년 이상 관세행정에 종사한 자에게 일정한 절차를 거쳐 관세사자격을 부여하는 특별전형제도도 아울러 택한 입법자의 정책적 판단은 입법목적의 정당성과 수단의 합리성이 인정되므로 전문분야 자격제도에 대한 입법형성권의 범위를 넘는 명백히 불합리한 것이라고 볼 수 없다(헌재 2001.1.18, 2000헌마364).

091

17. 경정승진
16. 법원직

직업의 자유를 제한함에 있어서도 다른 기본권과 마찬가지로 헌법 제37조 제2항에서 정한 과잉금지의 원칙은 준수되어야 하므로, 직업수행의 자유를 제한하는 법령에 대한 위헌 여부를 심사하는 데 있어서 좁은 의미의 직업선택의 자유에 비하여 다소 완화된 심사기준을 적용할 수는 없다. O | X

해설

[X] 헌법 제15조에 의한 직업의 자유는 자신이 원하는 직업을 자유롭게 선택하는 좁은 의미의 직업선택의 자유와 선택한 직업을 자기가 원하는 방식으로 자유롭게 수행할 수 있는 직업수행의 자유를 포함하는 직업의 자유를 뜻한다. 헌법재판소는 직업수행의 자유 제한의 경우에는 입법자의 재량의 여지가 많으므로, 그 제한을 규정하는 법령에 대한 위헌 여부를 심사하는 데 있어서 좁은 의미의 직업선택의 자유에 비하여 상대적으로 폭넓은 법률상의 규제가 가능한 것으로 보아 다소 완화된 심사기준을 적용하여 왔다(헌재 2007.5.31, 2003헌마579).

092

17. 경정승진

영업으로 성매매를 알선하는 행위를 처벌하는 성매매알선 등 행위의 처벌에 관한 법률 조항은 과잉금지 원칙에 위배되어 이를 업으로 하고자 하는 사람들의 직업선택의 자유를 침해한다. O | X

해설

[X] 성매매 알선행위를 영업으로 하는 경우, 수익을 극대화하는 과정에서 비자발적 성매매 및 착취, 위력행사 등 불법행위가 발생할 가능성이 높고, 호객행위나 성매매 광고 등 성매매를 외부적으로 드러내어 사회의 건전한 성풍속을 해치므로, 성매매 영업알선은 단순한 성매매 행위 자체와는 구별되는 중한 불법성 및 처벌의 필요성이 인정된다. 또한, 자금과 노동력의 정상적인 흐름을 왜곡하여 산업구조를 기형화시키는바, 영업으로 성매매알선을 하는 행위를 형사적 제재가 아닌 방법으로 규제할 경우에는 충분한 위하력을 가지기 어렵고 성매매 산업의 확대를 막기도 어렵다. 특히 성매매 당사자의 자발적인 의사에 의한 경우만을 알선한다 하더라도, 성매매 영업알선은 그 자체로 인간의 성 및 인격에 대한 착취적 성격을 가지고, 성에 대한 인식을 왜곡하여 성범죄가 발생하기 쉬운 환경을 만들므로, 이를 여타 성매매 유인, 권유 등의 행위와 함께 처벌하고 있다 하더라도 과도한 기본권제한으로 볼 수 없다. 따라서 이 사건 알선조항은 과잉금지원칙에 위배되어 직업선택의 자유를 침해하지 아니한다(헌재 2016.9.29, 2015헌바65).

093

17. 국회직 8급

성적목적공공장소침입죄로 형을 선고받아 확정된 자로 하여금 그 형의 집행을 종료한 날부터 10년 동안 의료기관을 제외한 아동·청소년 관련기관 등을 개설하거나 그에 취업할 수 없도록 하는 것은 직업선택의 자유를 침해한다. O | X

해설

[O] 취업제한조항이 성적목적공공장소침입죄 전력만으로 그가 장래에 동일한 유형의 범죄를 저지를 것을 당연시하고, 10년 동안 일률적인 취업제한을 하고 있는 것은 침해의 최소성원칙과 법익의 균형성원칙에 위배된다. 따라서 성적목적공공장소침입죄로 형을 선고받아 확정된 자로 하여금 그 형의 집행을 종료한 날부터 10년 동안 의료기관을 제외한 아동·청소년 관련기관 등을 개설하거나 그에 취업할 수 없도록 하는 취업제한조항은 직업선택의 자유를 침해한다(헌재 2016.10.27, 2014헌마709).

마약류 관리에 관한 법률을 위반하여 금고 이상의 실형을 선고받고 그 집행이 끝나거나 면제된 날부터 20년이 지나지 아니한 것을 택시운송사업의 운전업무 종사자격의 결격사유 및 취소사유로 정한 구 여객자동차 운수사업법 조항은 직업선택의 자유를 침해한다.　　　　　　　　　　　　　　　　　O | X

해설

[O] '마약류 관리에 관한 법률'을 위반하여 금고 이상의 실형을 선고받고 그 집행이 끝나거나 면제된 날부터 20년이 지나지 아니한 것을 택시운송사업의 운전업무 종사자격의 결격사유 및 취소사유로 정한 심판대상 조항은 구체적 사안의 개별성과 특수성을 고려할 수 있는 여지를 일체 배제하고 그 위법의 정도나 비난 가능성의 정도가 미약한 경우까지도 획일적으로 20년이라는 장기간 동안 택시운송사업의 운전업무 종사자격을 제한하는 것이므로 침해의 최소성원칙에 위배되며, 법익의 균형성원칙에도 반한다. 따라서 직업선택의 자유를 침해한다(헌재 2015.12.23, 2014헌바446).

운전면허를 받은 사람이 다른 사람의 자동차를 훔친 경우 운전면허를 필요적으로 취소하게 하는 것은, 자동차 운행과정에서 야기될 수 있는 교통상 위험과 장해를 방지함으로써 안전하고 원활한 교통을 확보하기 위한 것으로서, 자동차 절도라는 불법의 정도에 상응하는 제재수단에 해당하여 직업의 자유를 침해하지 않는다.　　　　　　　　　　　　　　　　　　O | X

해설

[X] 심판대상조항은 다른 사람의 자동차 등을 훔친 범죄행위에 대한 행정적 제재를 강화하여 자동차 등의 운행과정에서 야기될 수 있는 교통상의 위험과 장해를 방지함으로써 안전하고 원활한 교통을 확보하기 위한 것이다. 그러나 자동차 등을 훔친 범죄행위에 대한 행정적 제재를 강화하더라도 불법의 정도에 상응하는 제재수단을 선택할 수 있도록 임의적 운전면허 취소 또는 정지사유로 규정하여도 충분히 그 목적을 달성하는 것이 가능함에도, 심판대상조항은 필요적으로 운전면허를 취소하도록 하여 구체적 사안의 개별성과 특수성을 고려할 수 있는 여지를 일절 배제하고 있다. 자동차 절취행위에 이르게 된 경위, 행위의 태양, 당해 범죄의 경중이나 그 위법성의 정도, 운전자의 형사처벌 여부 등 제반사정을 고려할 여지를 전혀 두지 아니한 채 다른 사람의 자동차 등을 훔친 모든 경우에 필요적으로 운전면허를 취소하는 것은, 그것이 달성하려는 공익의 비중에도 불구하고 운전면허 소지자의 직업의 자유 내지 일반적 행동의 자유를 과도하게 제한하는 것이다. 그러므로 심판대상조항은 직업의 자유 내지 일반적 행동의 자유를 침해한다(헌재 2017.5.25, 2016헌가6).

096

17. 국가직

허위로 진료비를 청구해서 환자나 진료비 지급기관 등을 속여 사기죄로 금고 이상 형을 선고받고 그 형의 집행이 종료되지 아니하였거나 집행을 받지 않기로 확정되지 않은 의료인에 대하여 필요적으로 면허를 취소하도록 하는 것은, 의료인이 의료관련범죄로 인하여 형사처벌을 받는 경우 당해 의료인에 대한 국민의 신뢰가 손상될 수 있는 것을 방지하기 위한 것이지만, 의료인의 불법의 정도에 상응하는 제재수단을 선택할 수 있도록 임의적 면허취소 내지 면허정지를 규정해도 충분히 목적 달성이 가능하므로, 과도하게 의료인의 직업의 자유를 침해하는 것이다. O | X

해설

[X] 이 사건 면허취소조항은 의료법 제65조 제1항 단서 제1호 가운데 제8조 제4호 중 '형법 제347조(허위로 진료비를 청구하여 환자나 진료비를 지급하는 기관이나 단체를 속인 경우만을 말한다)' 위반과 관련한 부분이다. 형법 제347조(허위로 진료비를 청구하여 환자나 진료비를 지급하는 기관이나 단체를 속인 경우만을 말한다) 위반행위로 금고 이상의 형까지 받은 의료인의 면허를 필요적으로 취소하지 아니하고 그대로 유지하도록 둘 경우 의료인에 대한 공공의 신뢰확보라는 공익이 침해될 위험이 클 것임은 위 2005헌바50 결정 및 2012헌바102 결정과 달리 볼 이유가 없다. 따라서 위 2005헌바50, 2012헌바102 각 결정의 이유는 이 사건에서도 그대로 타당하고, 이를 변경해야 할 만한 특별한 사정의 변경이나 필요성이 있다고 할 수 없다. 이 사건 면허취소조항은 과잉금지원칙에 위배되어 의료인의 직업의 자유를 침해한다고 볼 수 없다(헌재 2017.6.29, 2016헌바394).

097

17. 국가직

마약류 관리에 관한 법률을 위반하여 금고 이상의 실형을 선고받고, 그 집행이 끝나거나 면제된 날부터 20년이 지나지 않은 것을 택시운송사업의 종사자격의 결격사유 및 취소사유로 정하는 것은, 국민의 생명, 신체, 재산을 보호하고 시민들의 택시이용에 대한 불안감을 해소하며 도로교통에 관한 공공안전을 확보하기 위한 것으로서, 택시의 특수성을 고려하면 장기간 동안 택시운송사업의 종사자격을 제한하는 것은 직업의 자유를 침해하지 아니한다. O | X

해설

[X] 일정한 자격제도의 일부를 형성하고 있는 법령에서 결격사유 또는 취소사유의 적용기간을 얼마로 할 것인지에 대해서는 기본적으로 입법자의 입법재량이 인정되는 부분임을 감안하더라도, 20년이라는 기간은 좁게는 여객자동차운송사업과 관련된 결격사유 또는 취소사유를 규정하는 법률에서, 넓게는 기타 자격증 관련 직업의 결격사유 또는 취소사유를 규율하는 법률에서도 쉽게 찾아보기 어려운 긴 기간으로, … 타 운송수단 대비 택시의 특수성을 고려하더라도 지나치게 긴 기간이라 할 수 있다. … 심판대상조항은 구체적 사안의 개별성과 특수성을 고려할 수 있는 여지를 일체 배제하고 그 위법의 정도나 비난가능성의 정도가 미약한 경우까지도 획일적으로 20년이라는 장기간 동안 택시운송사업의 운전업무 종사자격을 제한하는 것이므로 침해의 최소성원칙에 위배되며, 법익의 균형성원칙에도 반한다. 따라서 심판대상조항은 청구인들의 직업선택의 자유를 침해한다(헌재 2015.12.23, 2014헌바446 등).

법인의 임원이 학원의 설립·운영 및 과외교습에 관한 법률을 위반하여 벌금형을 선고받은 경우 법인에 대한 학원설립·운영 등록이 효력을 잃도록 한 법률규정은, 학원을 설립하고 운영하는 법인에게 지나치게 과중한 부담을 지우고 있고, 이로 인하여 법인의 등록이 실효되면 해당 임원이 더 이상 임원직을 수행할 수 없게 될 뿐만이 아니라, 갑작스러운 수업의 중단으로 학습자 역시 불측의 피해를 입을 수밖에 없게 되어 학원법인의 직업수행의 자유를 침해한다.   O | X

해설

[O] 사회통념상 벌금형을 선고받은 피고인에 대한 사회적 비난가능성이 그리 높다고 보기 어려운데도, 이 사건 등록실효조항은 법인의 임원이 학원법의 설립·운영 및 과외교습에 관한 법률을 위반하여 벌금형을 선고받으면 일률적으로 법인의 등록을 실효시키고 있고, 법인으로서는 대표자인 임원이건 그렇지 아니한 임원이건 모든 임원 개개인의 학원법위반범죄와 형사처벌 여부를 항시 감독하여야만 등록의 실효를 면할 수 있게 되므로 학원을 설립하고 운영하는 법인에게 지나치게 과중한 부담을 지우고 있다. 또한, 이로 인하여 법인의 등록이 실효되면 해당 임원이 더 이상 임원직을 수행할 수 없게 될 뿐 아니라, 학원법인 소속 근로자는 모두 생계의 위협을 받을 수 있으며, 갑작스러운 수업의 중단으로 학습자 역시 불측의 피해를 입을 수밖에 없으므로 이 사건 등록실효조항은 학원법인의 직업수행의 자유를 침해한다(헌재 2015.5.28, 2012헌마653).

헌법상 직업의 자유 또는 근로의 권리, 사회국가원리 등에 근거하여 근로자에게 국가에 대한 직접적인 직장존속보장청구권이 헌법상 인정된다.   O | X

해설

[X] 헌법 제15조의 직업의 자유 또는 헌법 제32조의 근로의 권리, 사회국가원리 등에 근거하여 실업방지 및 부당한 해고로부터 근로자를 보호하여야 할 국가의 의무를 도출할 수는 있을 것이나, 국가에 대한 직접적인 직장존속보장청구권을 근로자에게 인정할 헌법상의 근거는 없다(헌재 2002.11.28, 2001헌바50).

치과의사의 치과전문의 자격 인정요건으로 '외국의 의료기관에서 치과의사전문의 과정을 이수한 사람'을 포함하지 아니한 '치과의사전문의의 수련 및 자격 인정 등에 관한 규정'은 직업수행의 자유를 침해한다.   O | X

해설

[O] 심판대상조항은 치과의사로서 외국의 의료기관에서 치과전문의 과정을 이수한 사람이라도 다시 국내에서 치과전문의 수련과정을 이수하도록 하여 국내 실정에 맞는 경험과 지식을 갖추도록 하기 위한 것이므로 입법목적이 정당하고, 그 수단 또한 적합하다. 외국의 의료기관에서 치과전문의 과정을 이수한 사람에 대해 그 외국의 치과전문의 과정에 대한 인정절차를 거치거나, 치과전문의 자격시험에 앞서 예비시험제도를 두는 등 직업의 자유를 덜 제한하는 방법으로도 입법목적을 달성할 수 있고, 이미 국내에서 치과의사면허를 취득하고 외국의 의료기관에서 치과전문의 과정을 이수한 사람들에게 다시 국내에서 전문의 과정을 다시 이수할 것을 요구하는 것은 지나친 부담을 지우는 것이므로, 심판대상조항은 침해의 최소성원칙에 위배되고 법익의 균형성도 충족하지 못한다. 따라서 심판대상조항은 과잉금지원칙에 위배되어 청구인들의 직업수행의 자유를 침해한다(헌재 2015.9.24, 2013헌마197).

101

17. 지방직

입원환자에 대하여 의약분업의 예외를 인정하면서도 의사로 하여금 조제를 직접 담당하도록 한 것은 직업수행의 자유를 침해한다.　　　　　　　　　　　　　　　　　　　　　　O | X

해설

[X] 이 사건 법률조항에서 의약분업의 예외를 인정한 취지를 살리면서도 약사 이외의 사람이 조제를 담당하여 발생할 수 있는 약화사고 등을 방지하기 위해서는, 의과대학에서 기초의학부터 시작하여 체계적으로 의학을 공부하고 상당기간 임상실습을 한 후 국가의 검증을 거친 의사로 하여금 조제를 직접 담당하도록 하는 것이 타당하고, 의사가 손수 의약품을 조제한 것에 준한다고 볼 수 있는 정도의 지휘·감독이 이루어진 경우에는 간호사의 보조를 받아 의약품을 조제하는 것이 허용되는 점 등을 감안하면 침해최소성원칙에 반한다고 볼 수 없으며, 이 사건 법률조항을 통하여 달성하고자 하는 국민보건의 향상과 약화사고의 방지라는 공익은 의약품 조제가 인정되는 가운데 의사가 받게 되는 조제방식의 제한이라는 사익에 비하여 현저히 커 법익균형성도 충족되므로, 이 사건 법률조항은 직업수행의 자유를 침해하지 아니한다(헌재 2015.7.30, 2013헌바422).

102

20. 국회직 8급

의료인의 중복운영 허용 여부는 입법정책적인 문제이나 1인의 의료인에 대하여 운영할 수 있는 의료기관의 수를 제한하는 입법자의 판단은 그 목적에 비해 입법자에게 부여된 입법재량을 명백히 일탈하였다.　　　　　　　　　　　　　　　　　　　　　　O | X

해설

[X] 의료는 단순한 상거래의 대상이 아니라 사람의 생명과 건강을 다루는 특별한 것으로서, 국민보건에 미치는 영향이 크다. 그 외에 우리나라의 취약한 공공의료의 실태, 의료인이 여러 개의 의료기관을 운영할 때 의료계 및 국민건강보험 재정 등 국민보건 전반에 미치는 영향, 국가가 국민의 건강을 보호하고 적정한 의료급여를 보장해야 하는 사회국가적 의무 등을 종합하여 볼 때, 의료의 질을 관리하고 건전한 의료질서를 확립하기 위하여 1인의 의료인에 대하여 운영할 수 있는 의료기관의 수를 제한하고 있는 입법자의 판단이 입법재량을 명백히 일탈하였다고 보기는 어렵다. … 이 사건 법률조항은 과잉금지원칙에 반한다고 할 수 없다(헌재 2019.8.29, 2014헌바212 등).

103

20. 국회직 8급

유사군복을 판매할 목적으로 소지하는 행위를 처벌하는 조항은 오인 가능성이 낮은 유사품이나 단순 밀리터리룩의복을 취급하는 행위를 제외하고 있다고 하더라도 국가안전보장과 질서를 유지하려는 공익에 비추어 볼 때 직업선택의 자유를 과도하게 제한한다.　　　　　　　　　　　　　　　　　O | X

해설

[X] 군인 아닌 자가 유사군복을 입고 군인임을 사칭하여 군인에 대한 국민의 신뢰를 실추시키는 행동을 하는 등 군에 대한 신뢰저하 문제로 이어져 향후 발생할 국가안전보장상의 부작용을 상정해볼 때, 단지 유사군복의 착용을 금지하는 것으로는 입법목적을 달성하기에 부족하고, 유사군복을 판매 목적으로 소지하는 것까지 금지하여 유사군복이 유통되지 않도록 하는 사전적 규제조치가 불가피하다. … 이를 판매 목적으로 소지하지 못하여 입는 개인의 직업의 자유나 일반적 행동의 자유의 제한 정도는, 국가안전을 보장하고자 하는 공익에 비하여 결코 중하다고 볼 수 없다. 따라서 심판대상조항은 과잉금지원칙을 위반하여 직업의 자유 내지 일반적 행동의 자유를 침해한다고 볼 수 없다(헌재 2019.4.11, 2018헌가14).

104
20. 국회직 8급

외국인 근로자의 사업장 변경을 원칙적으로 3회를 초과할 수 없도록 하는 규정은 외국인 근로자에게 일단 형성된 근로관계를 포기하는 것을 제한하기 때문에 직업선택의 자유에 대한 제한이 아니라 근로의 권리에 대한 제한으로 보아야 한다. O I X

해설

[X] 이 사건 법률조항은 외국인 근로자의 사업장 최대변경가능 횟수를 설정하고 있는바, 이로 인하여 외국인 근로자는 일단 형성된 근로관계를 포기(직장이탈)하는 데 있어 제한을 받게 되므로 이는 직업선택의 자유 중 직장선택의 자유를 제한하고 있다(헌재 2011.9.29, 2007헌마1083등).

105
20. 국회직 8급

감차 사업구역 내에 있는 일반택시 운송사업자에게 택시운송사업 양도를 금지하고 감차 계획에 따른 감차 보상만 신청할 수 있도록 하는 조항은 일반택시운송사업자의 직업수행의 자유를 과도하게 제한한다고 볼 수 없다. O I X

해설

[O] 택시운송사업에 사용되는 차량의 총량을 합리적으로 조정함으로써 수요공급의 균형을 이루어 택시운송업의 안정적 발전을 유지하고자 하는 것은 중대한 공익이라고 할 것이다. 심판대상조항으로 인하여 일반택시운송사업자가 원하는 시기에 자유롭게 택시운송사업을 양도하지 못함으로써 직업수행의 자유와 재산권을 제한받게 된다고 하더라도, 그로 인하여 입게 되는 불이익이 심판대상조항을 통하여 달성하고자 하는 공익보다 크다고 할 수 없으므로, 심판대상조항은 추구하는 공익과 제한되는 기본권 사이의 법익균형성 요건도 충족하고 있다. 심판대상조항은 과잉금지원칙을 위반하여 일반택시운송사업자의 직업수행의 자유와 재산권을 침해하지 아니한다(헌재 2019.9.26, 2017헌바467).

106
20. 국회직 8급

현금영수증 의무발행업종 사업자에게 건당 10만원 이상 현금을 거래할 때 현금영수증을 의무발급하도록 하고, 위반시 현금영수증 미발급 거래대금의 100분의 50에 상당하는 과태료를 부과하도록 한 규정은 공익과 비교할 때 과태료 제재에 따른 불이익이 매우 커서 직업수행의 자유를 침해한다. O I X

해설

[X] 투명하고 공정한 거래질서를 확립하고 현금거래가 많은 업종의 과세표준을 양성화하려는 공익은 현금영수증 의무발행업종 사업자가 입게 되는 불이익보다 훨씬 크므로 법익균형성도 충족한다. 따라서 심판대상조항은 직업수행의 자유를 침해하지 아니한다(헌재 2019.8.29, 2018헌바265 등).

107
22. 국가직
18. 국회직 9급

택시운전자격을 취득한 사람이 강제추행 등 성범죄를 범하여 금고 이상의 형의 집행유예를 선고받은 경우 그 자격을 취소하도록 규정한 여객자동차 운수사업법 관련 조항은 과잉금지원칙에 위배되어 직업의 자유를 침해한다. O I X

해설

[X] 택시를 이용하는 국민을 성범죄 등으로부터 보호하고, 여객운송서비스 이용에 대한 불안감을 해소하며, 도로교통에 관한 공공의 안전을 확보하려는 심판대상조항의 입법목적은 정당하고, 또한 해당 범죄를 범한 택시운송사업자의 운전자격의 필요적 취소라는 수단의 적합성도 인정된다. … 운전자격이 취소되더라도 집행유예기간이 경과하면 다시 운전자격을 취득할 수 있으므로 운수종사자가 받는 불이익은 제한적인 반면, 심판대상조항으로 달성되는 입법목적은 매우 중요하므로, 법익의 균형성요건도 충족한다. 따라서 심판대상조항은 과잉금지원칙에 위배되지 않는다(헌재 2018.5.31, 2016헌바14).

108
18. 국가직

아동학대 관련 범죄전력자가 아동 관련 기관인 체육시설 등을 운영하거나 학교에 취업하는 것을 형이 확정된 때부터 형의 집행이 종료되거나 집행을 받지 아니하기로 확정된 후 10년까지의 기간 동안 제한하는 것은 직업의 자유를 침해한다. O I X

해설

[O] 이 사건 법률조항은 아동학대 관련 범죄전력만으로 그가 장래에 동일한 유형의 범죄를 다시 저지를 것을 당연시하고, 형의 집행이 종료된 때부터 10년이 경과하기 전에는 결코 재범의 위험성이 소멸하지 않는다고 보며, 각 행위의 죄질에 따른 상이한 제재의 필요성을 간과함으로써, 아동학대 관련 범죄전력자 중 재범의 위험성이 없는 자, 아동학대 관련 범죄전력이 있지만 10년의 기간 안에 재범의 위험성이 해소될 수 있는 자, 범행의 정도가 가볍고 재범의 위험성이 상대적으로 크지 않은 자에게까지 10년 동안 일률적인 취업제한을 부과하고 있는데, 이는 침해의 최소성원칙과 법익의 균형성원칙에 위배된다. 따라서 이 사건 법률조항은 청구인들의 직업선택의 자유를 침해한다(헌재 2018.6.28, 2017헌마130).

109
20. 법원직 9급

금고 이상의 실형을 선고받고 그 집행이 종료된 날부터 3년이 경과되지 않은 경우 중개사무소 개설등록을 취소하도록 한 공인중개사법 조항은 직업선택의 자유를 침해한 것이다. O I X

해설

[X] 심판대상조항은 공인중개사가 부동산 거래시장에서 수행하는 업무의 공정성 및 그에 대한 국민적 신뢰를 확보하기 위한 것으로서 입법목적의 정당성을 인정할 수 있고, 개업공인중개사가 금고 이상의 실형을 선고받는 경우 중개사무소 개설등록을 필요적으로 취소하여 중개업에 종사할 수 없도록 배제하는 것은 위와 같은 입법목적을 달성하는 데 적절한 수단이 된다. … 따라서 심판대상조항은 과잉금지원칙에 반하여 직업선택의 자유를 침해하지 아니한다(헌재 2019.2.28, 2016헌바467).

연락운송 운임수입의 배분에 관한 협의가 성립되지 아니한 때에는 당사자의 신청을 받아 국토교통부장관이 결정한다는 도시철도법 규정은 도시철도운영자들의 행정절차법에 따른 의견제출이 가능하고 국토교통부장관의 전문성과 객관성도 인정되므로 운임수입 배분에 관한 별도의 위원회를 구성하지 않는다 하더라도 직업수행의 자유를 침해하지 않는다. O | X

해설

[O] 국토교통부장관은 도시철도운영자에 대한 감독 및 조정기능을 담당하는 주무관청으로서 전문성과 객관성을 갖추고 있고, 당사자들은 행정절차법에 따라 의견제출이 가능하며, 공청회를 통한 의견 수렴도 가능하므로, 심판대상조항이 별도의 위원회를 구성하여 그 판단을 받도록 규정하지 않았다는 사정만으로 기본권을 덜 제한하는 수단을 간과하였다고 보기 어렵다. … 심판대상조항으로 인해 제한되는 직업수행의 자유는 도시철도운영자 등이 연락운송 운임수입 배분을 자율적으로 정하지 못한다는 정도에 그치나, 이를 통해 달성되는 공익은 도시교통 이용자의 편의 증진에 이바지하는 것으로서 위와 같은 불이익에 비하여 더 중대하다. 따라서 심판대상조항은 과잉금지원칙을 위반하여 도시철도운영자 등의 직업수행의 자유를 침해하였다고 볼 수 없다(헌재 2019.6.28, 2017헌바135).

세무사 자격 보유 변호사가 세무사로서 세무조정업무를 일체 수행할 수 없도록 한 규정은 이들에게 세무사 자격을 부여한 의미를 상실시키는 것일 뿐만 아니라 세무사 자격에 기한 직업선택의 자유를 지나치게 제한하는 것으로 헌법에 위반된다. O | X

해설

[O] 세무사의 업무에는 세법 및 관련 법령에 대한 전문지식과 법률에 대한 해석·적용능력이 필수적으로 요구되는 업무가 포함되어 있다. 세법 및 관련 법령에 대한 해석·적용에 있어서는 세무사나 공인회계사보다 변호사에게 오히려 전문성과 능력이 인정됨에도 불구하고, 심판대상조항은 세무사 자격 보유 변호사로 하여금 세무대리를 일체 할 수 없도록 전면적으로 금지하고 있으므로, 수단의 적합성을 인정할 수 없다. … 그렇다면, 심판대상조항은 과잉금지원칙을 위반하여 세무사 자격 보유 변호사의 직업선택의 자유를 침해하므로 헌법에 위반된다(헌재 2018.4.26, 2015헌가19).

아동복지법상 아동학대 관련 범죄전력자 취업제한 조항은 아동학대 관련 범죄로 형을 선고받아 확정된 자에 대하여 일정 기간 동안 아동 관련 기관인 체육시설 또는 초·중등교육법 제2조 각 호의 학교를 운영하거나 그에 취업할 수 없도록 규정하고 있는데, 이는 일정한 직업을 선택함에 있어 기본권 주체의 능력과 자질에 따른 제한에 해당하므로 이른바 '주관적 요건에 의한 좁은 의미의 직업선택의 자유'에 대한 제한에 해당한다. O | X

해설

[O] 이 사건 법률조항은 아동학대 관련 범죄전력만으로 그가 장래에 동일한 유형의 범죄를 다시 저지를 것을 당연시하고, 형의 집행이 종료된 때부터 10년이 경과하기 전에는 결코 재범의 위험성이 소멸하지 않는다고 보며, 각 행위의 죄질에 따른 상이한 제재의 필요성을 간과함으로써, 아동학대 관련 범죄전력자 중 재범의 위험성이 없는 자, 아동학대 관련 범죄전력이 있지만 10년의 기간 안에 재범의 위험성이 해소될 수 있는 자, 범행의 정도가 가볍고 재범의 위험성이 상대적으로 크지 않은 자에게까지 10년 동안 일률적인 취업제한을 부과하고 있는데, 이는 침해의 최소성원칙과 법익의 균형성원칙에 위배된다. 따라서 이 사건 법률조항은 청구인들의 직업선택의 자유를 침해한다(헌재 2018.6.28, 2017헌마130 등).

113

20. 법행

아동학대 관련 범죄전력자의 취업제한을 하려면 그러한 대상자들에게 재범의 위험성이 있는지 여부, 만약 있다면 어느 정도로 취업제한을 해야 하는지를 구체적이고 개별적으로 심사하는 절차가 필요하다. O | X

해설

[O] 아동학대 관련 범죄전력자의 취업제한을 하기에 앞서, 그러한 대상자들에게 재범의 위험성이 있는지 여부, 만약 있다면 어느 정도로 취업제한을 해야 하는지를 구체적이고 개별적으로 심사하는 절차가 필요하다. 이 심사의 세부적 절차와 심사권자 등에 관해서는 추후 심도 있는 사회적 논의가 필요하겠지만, 10년이라는 현행 취업제한기간을 기간의 상한으로 두고 법관이 대상자의 취업제한기간을 개별적으로 심사하는 방식도 하나의 대안이 될 수 있다(헌재 2018.6.28, 2017헌마130 등).

114

20. 변호사

직업의 자유에 의한 보호의 대상이 되는 직업은 생활의 기본적 수요를 충족시키기 위한 계속적 소득활동을 의미하며, 그 개념표지가 되는 '계속성'의 해석상 휴가기간 중에 하는 일, 수습직으로서의 활동 등은 이에 포함되지 않는다. O | X

해설

[X] 직업의 자유에 의한 보호의 대상이 되는 직업은 '생활의 기본적 수요를 충족시키기 위한 계속적 소득활동'을 의미하며 그 종류나 성질은 묻지 아니한다. 이러한 직업의 개념표지들은 개방적 성질을 지녀 엄격하게 해석할 필요는 없다. '계속성'에 관해서는 휴가기간 중에 하는 일, 수습직으로서의 활동 등도 이에 포함되고, '생활수단성'에 관해서는 단순한 여가활동이나 취미활동은 직업의 개념에 포함되지 않으나 겸업이나 부업은 삶의 수요를 충족하기에 적합하므로 직업에 해당한다고 본다(헌재 2018.7.26, 2017헌마452).

115

22. 경정승진

직업선택의 자유에는 직업결정의 자유, 직업종사(직업수행)의 자유, 전직의 자유 등이 포함된다. O | X

해설

[O] 직업선택의 자유에는 직업결정의 자유, 직업종사(직업수행)의 자유, 전직의 자유 등이 포함되지만 직업결정의 자유나 전직의 자유에 비하여 직업종사(직업수행)의 자유에 대하여서는 상대적으로 더욱 넓은 법률상의 규제가 가능하다고 할 것이고 따라서 다른 기본권의 경우와 마찬가지로 국가안전보장·질서유지 또는 공공복리를 위하여 필요한 경우에는 제한이 가하여질 수 있는 것은 물론이지만 그 제한의 방법은 법률로써만 가능하고 제한의 정도도 필요한 최소한도에 그쳐야 하는 것 또한 의문의 여지가 없이 자명한 것이다(헌재 1993.5.13, 92헌마80).

직장선택의 자유는 개인이 선택한 직업분야에서 구체적인 취업의 기회를 가지거나, 이미 형성된 근로관계를 계속 유지하거나 포기하는 데에 있어 국가의 방해를 받지 않는 자유로운 선택·결정을 보호하는 것을 내용으로 하는바, 이 기본권은 원하는 직장을 제공하여 줄 것을 청구하거나 한번 선택한 직장의 존속보호를 청구할 권리를 보장하며, 사용자의 처분에 따른 직장 상실로부터 보호하여 줄 것을 청구할 권리도 보장한다. O | X

해설

[X] 직장선택의 자유는 개인이 그 선택한 직업분야에서 구체적인 취업의 기회를 가지거나, 이미 형성된 근로관계를 계속 유지하거나 포기하는 데에 있어 국가의 방해를 받지 않는 자유로운 선택·결정을 보호하는 것을 내용으로 한다. 그러나 이 기본권은 원하는 직장을 제공하여 줄 것을 청구하거나 한번 선택한 직장의 존속보호를 청구할 권리를 보장하지 않으며, 또한 사용자의 처분에 따른 직장 상실로부터 직접 보호하여 줄 것을 청구할 수도 없다(헌재 2002.11.28, 2001헌바50).

경쟁의 자유는 기본권의 주체가 직업의 자유를 실제로 행사하는 데에서 나오는 결과이므로 당연히 직업의 자유에 의하여 보장되고, 다른 기업과의 경쟁에서 국가의 간섭이나 방해를 받지 않고 기업활동을 할 수 있는 자유를 의미한다. O | X

해설

[O] 경쟁의 자유는 기본권의 주체가 직업의 자유를 실제로 행사하는 데에서 나오는 결과이므로 당연히 직업의 자유에 의하여 보장되고, 다른 기업과의 경쟁에서 국가의 간섭이나 방해를 받지 않고 기업활동을 할 수 있는 자유를 의미한다(헌재 1996.12.26, 96헌가18).

헌법 제15조에서 보장하는 '직업'이란 생활의 기본적 수요를 충족시키기 위하여 행하는 계속적인 소득활동을 의미하는바, 성매매는 그것이 가지는 사회적 유해성과는 별개로 성판매자의 입장에서 생활의 기본적 수요를 충족하기 위한 소득활동에 해당함은 부인할 수 없으므로, 성매매를 한 자를 형사처벌하는 성매매알선 등 행위의 처벌에 관한 법률 조항은 성판매자의 직업선택의 자유를 제한한다. O | X

해설

[O] 심판대상조항은 성매매를 형사처벌하여 성매매 당사자의 성적 자기결정권, 사생활의 비밀과 자유 및 성판매자의 직업선택의 자유를 제한하고 있다. … 자신의 성뿐만 아니라 타인의 성을 고귀한 것으로 여기고 이를 수단화하지 않는 것은 모든 인간의 존엄과 평등이 전제된 공동체의 발전을 위한 기본전제가 되는 가치관이므로, 사회 전반의 건전한 성풍속과 성도덕이라는 공익적 가치는 개인의 성적 자기결정권 등 기본권 제한의 정도에 비해 결코 작다고 볼 수 없어 법익균형성원칙에도 위배되지 아니한다. 따라서 심판대상조항은 개인의 성적 자기결정권, 사생활의 비밀과 자유, 직업선택의 자유를 침해하지 아니한다(헌재 2016.3.31, 2013헌가2).

119

22. 국가직

교통사고로 사람을 사상한 후 필요한 조치 및 신고를 하지 아니하여 벌금 이상의 형을 선고 받고 운전면 허가 취소된 사람은 운전면허가 취소된 날부터 4년간 운전면허를 받을 수 없도록 한 도로교통법 조항은 운전자의 직업의 자유를 침해한다.   O | X

해설

> [X] 국민의 생명·신체를 보호하고 도로교통에 관련된 공공의 안전을 확보함과 동시에 4년의 운전면허 결격기 간이라는 엄격한 제재를 통하여 교통사고 발생시 구호조치의무 및 신고의무를 이행하도록 하는 예방적 효 과를 달성하고자 하는 데 그 입법목적을 가지고 있다. 이러한 입법목적은 정당하고, 그 수단의 적합성 또한 인정된다. … 심판대상조항은 직업의 자유 및 일반적 행동의 자유를 침해하지 않는다(헌재 2017.12.28, 2016헌바254).

120

23. 법원직

소송사건의 대리인인 변호사라 하더라도 소송계속 사실 소명자료를 제출하지 못하면 수형자와 변호사접 견을 하지 못하도록 규정한 '형의 집행 및 수용자의 처우에 관한 법률 시행규칙' 제29조의2 제1항 제2호 중 '수형자 접견'에 관한 부분은 변호사의 직업수행의 자유를 침해하지 아니한다.   O | X

해설

> [X] 변호사접견에 '소송계속 사실을 소명할 수 있는 자료'의 제출을 요구함으로써 재심청구 전에는 변호사접견 이 허용되지 않도록 규정한 심판대상조항은 과잉금지원칙에 위배되어 변호사인 청구인의 직업수행의 자유 를 침해한다(헌재 2021.10.28, 2018헌마60).

121

23. 법원직

헌법은 직업의 자유를 보장하고 국민의 보건에 관한 국가의 의무를 인정하고 있으나, 시·도지사들이 한 약업사 시험을 시행하여야 할 헌법상 작위의무가 규정되어 있다고 볼 수 없다.   O | X

해설

> [O] 시·도지사는 무의약면이 존재하고, 해당 무의약면에 대하여 시장·군수·구청장이 한약업사의 수요·공급 을 조절할 필요가 있다고 인정하여 한약업사의 영업허가를 예정하는 경우에 한하여 비로소 한약업사 시험 을 시행할 수 있을 뿐이므로, 시·도지사의 한약업사 시험 시행 여부는 약사법령의 규정뿐만 아니라 지역 별 의료 실태와 시장·군수·구청장의 재량에 따라 좌우된다. 그렇다면, 약사법 제45조 제3항, 같은 법 시 행령 제25조를 들어 피청구인들의 작위의무가 법령에 구체적으로 규정되어 있다고 할 수 없다. 헌법과 약 사법령을 종합하건대, 피청구인들에게 헌법에서 유래하는 작위의무가 특별히 구체적으로 규정되어 있다고 볼 수 없다(헌재 2021.6.24, 2019헌마540).

122

23. 경정승진

등록기준을 법으로 정하고 일정한 등록기준을 충족시켜야 등록을 허용하는 건설업의 등록제는 소위 '객 관적 사유에 의한 직업허가규정'에 속하는 것으로서 직업선택의 자유를 제한한다.   O | X

해설

> [X] 등록기준을 법으로 정하고 일정한 등록기준을 충족시켜야 등록을 허용하는 건설업의 등록제는 '건설업'이란 직업의 정상적인 수행을 담보하기 위하여 요구되는 최소한의 요건을 규정하는 소위 '주관적 사유에 의한 직업허가규정'에 속하는 것으로서 직업선택의 자유를 제한하는 규정이다(헌재 2007.5.31, 2007헌바3).

운전면허를 받은 사람이 자동차를 이용하여 살인 또는 강간 등 행정안전부령이 정하는 범죄행위를 한 때 필요적으로 운전면허를 취소하도록 규정한 구 도로교통법 조항은 직업의 자유 및 일반적 행동자유권을 침해한다. O | X

해설

[O] 자동차등을 이용한 범죄를 근절하기 위하여 그에 대한 행정적 제재를 강화할 필요가 있다 하더라도 이를 임의적 운전면허 취소 또는 정지사유로 규정함으로써 불법의 정도에 상응하는 제재수단을 선택할 수 있도록 하여도 충분히 그 목적을 달성하는 것이 가능함에도, 심판대상조항은 이에 그치지 아니하고 필요적으로 운전면허를 취소하도록 하여 구체적 사안의 개별성과 특수성을 고려할 수 있는 여지를 일체 배제하고 있다. 심판대상조항은 운전을 생업으로 하는 자에 대하여는 생계에 지장을 초래할 만큼 중대한 직업의 자유의 제약을 초래하고, 운전을 업으로 하지 않는 자에 대하여도 일상생활에 심대한 불편을 초래하여 일반적 행동의 자유를 제약하므로 법익의 균형성 원칙에도 위배된다. 따라서 심판대상조항은 직업의 자유 및 일반적 행동의 자유를 침해한다(헌재 2015.5.28, 2013헌가6).

세무사법 위반으로 벌금형을 받은 세무사의 등록을 필요적으로 취소하도록 한 세무사법 조항은 벌금형의 집행이 끝나거나 집행을 받지 아니하기로 확정된 후 3년이 지난 때에 다시 세무사로 등록하여 활동할 수 있는 점 등에 비추어 볼 때 청구인의 직업선택의 자유를 침해하지 않는다. O | X

해설

[O] 심판대상조항으로 인해 세무사 등록이 취소된다 하더라도 영구적으로 세무사 활동이 불가능한 것이 아니라 그 벌금형의 집행이 끝나거나 집행을 받지 아니하기로 확정된 후 3년이 지난 때에는 다시 세무사로 등록하여 활동할 수 있다. 이와 같이 제한되는 사익에 비해 세무사 직무의 공정성 및 직업윤리의식의 유지, 원활한 세무행정의 수행 등 심판대상조항으로 인하여 달성되는 공익은 매우 중대하다 할 것이므로, 심판대상조항은 법익의 균형성도 충족하였다. 따라서 심판대상조항은 과잉금지원칙에 위반되지 아니하므로 세무사법 위반으로 벌금형을 선고받은 세무사의 직업선택의 자유를 침해하지 않는다(헌재 2021.10.28, 2020헌바221).

최저임금의 적용을 위해 주(週) 단위로 정해진 근로자의 임금을 시간에 대한 임금으로 환산할 때, 해당 임금을 1주 동안의 소정근로시간 수와 법정 주휴시간 수를 합산한 시간 수로 나누도록 한 최저임금법 시행령 해당 조항은 사용자의 계약의 자유 및 직업의 자유를 침해한다. O | X

해설

[X] 근로기준법이 근로자에게 유급주휴일을 보장하도록 하고 있다는 점을 고려할 때, 소정근로시간 수와 법정 주휴시간 수 모두에 대하여 시간급 최저임금액 이상을 지급하도록 하는 것이 그 자체로 사용자에게 지나치게 가혹하다고 보기는 어렵다. 따라서 이 사건 시행령조항은 과잉금지원칙에 위배되어 사용자의 계약의 자유 및 직업의 자유를 침해한다고 볼 수 없다(헌재 2020.6.25, 2019헌마15).

126
23. 경찰간부

아동학대관련범죄로 처벌받은 어린이집 원장 또는 보육교사의 자격을 행정청으로 하여금 취소할 수 있도록 규정한 영유아보육법상 조항은 직업의 자유를 침해한다. O I X

해설

[X] 심판대상조항으로 실현하고자 하는 공익은 영유아를 건강하고 안전하게 보육하는 것으로서, 이로 인하여 어린이집 원장 또는 보육교사 자격을 취득하였던 사람이 그 자격을 취소당한 결과 일정 기간 어린이집에 근무하지 못하는 제한을 받더라도, 그 제한의 정도가 위 공익에 비하여 더 중대하다고 할 수 없다. 따라서 심판대상조항은 과잉금지원칙에 반하여 직업선택의 자유를 침해하지 아니한다(헌재 2023.5.25, 2021헌바234).

127
23. 경찰간부

거짓이나 그 밖의 부정한 수단으로 운전면허를 받은 경우 부정 취득하지 않은 기존 보유 운전면허까지 필요적으로 취소하도록 규정한 도로교통법상 조항은 직업의 자유를 침해한다. O I X

해설

[O] 심판대상조항이 부정 취득한 운전면허를 필요적으로 취소하도록 한 것은 과잉금지원칙에 위반되지 아니하나, 부정 취득하지 않은 운전면허까지 필요적으로 취소하도록 한 것은 과잉금지원칙에 위반되어 직업의 자유를 침해한다(헌재 2020.6.25, 2019헌가9).

128
23. 경찰간부

조종면허를 받은 사람이 동력수상레저기구를 이용하여 범죄행위를 하는 경우 조종면허를 필요적으로 취소하도록 규정한 구 수상레저안전법상 조항은 직업의 자유를 침해한다. O I X

해설

[O] 범죄행위의 유형, 경중이나 위법성의 정도, 동력수상레저기구의 당해 범죄행위에 대한 기여도 등 제반사정을 전혀 고려하지 않고 필요적으로 조종면허를 취소하도록 규정하였으므로 심판대상조항은 침해의 최소성 원칙에 위배되고, 심판대상조항에 따라 조종면허가 취소되면 면허가 취소된 날부터 1년 동안은 조종면허를 다시 받을 수 없게 되어 법익의 균형성 원칙에도 위배된다. 따라서 심판대상조항은 직업의 자유 및 일반적 행동의 자유를 침해한다(헌재 2015.7.30, 2014헌가13).

129
23. 경찰간부

시설경비업을 허가받은 경비업자로 하여금 허가받은 경비업무 외의 업무에 경비원을 종사하게 하는 것을 금지하고 이를 위반한 경비업자에 대한 허가를 취소하도록 규정한 경비업법상 조항은 직업의 자유를 침해한다. O I X

해설

[O] 비경비업무의 수행이 경비업무의 전념성을 직접적으로 해하지 아니하는 경우가 있음에도 불구하고, 심판대상조항은 경비업무의 전념성이 훼손되는 정도를 고려하지 아니한 채 경비업자가 경비원으로 하여금 비경비업무에 종사하도록 하는 것을 일률적·전면적으로 금지하고, 경비업자가 허가받은 시설경비업무 외의 업무에 경비원을 종사하게 한 때에는 필요적으로 경비업의 허가를 취소하도록 규정하고 있는 점 등에 비추어 볼 때, 심판대상조항은 침해의 최소성에 위배되고, 경비업무의 전념성을 중대하게 훼손하지 않는 경우에도 경비원에게 비경비업무를 수행하도록 하면 허가받은 경비업 전체를 취소하도록 하여 경비업을 전부 영위할 수 없도록 하는 것은 법익의 균형성에도 반한다. 따라서 심판대상조항은 과잉금지원칙에 위반하여 시설경비업을 수행하는 경비업자의 직업의 자유를 침해한다(헌재 2023.3.23, 2020헌가19).

130
06. 법행

소비자의 권리는 내·외국인을 불문하고 그 주체가 될 수 있으나, 법인은 성질상 이를 향유할 수 없다.
O | X

해설

> [X] 소비자이기만 하면 내·외국인, 자연인·법인을 막론하고 소비자의 권리의 주체가 된다. 소비자기본법 제 2조 제1호에서도 "'소비자'라 함은 사업자가 제공하는 물품 또는 용역(시설물을 포함한다)을 소비생활을 위 하여 사용(이용을 포함한다)하는 자 또는 생산활동을 위하여 사용하는 자로서 대통령령이 정하는 자를 말 한다."라고 정의하고 있다.

131
17. 서울시

소비자불매운동은 헌법이나 법률의 규정에 비추어 정당하다고 평가되는 범위를 벗어날 경우에는 형사책 임이나 민사책임을 피할 수 없다.
O | X

해설

> [O] 헌법상 보장되는 소비자보호운동의 일환으로 행해지는 소비자불매운동은 모든 경우에 있어서 그 정당성이 인정될 수는 없고, 헌법이나 법률의 규정에 비추어 정당하다고 평가되는 범위에 해당하는 경우에만 형사책 임이나 민사책임이 면제된다고 할 수 있다(헌재 2011.12.29, 2010헌바54 등).

132
18. 국가직

헌법이 보장하는 소비자보호운동은 소비자의 제반 권익을 증진할 목적으로 이루어지는 구체적 활동을 의미하고, 단체를 조직하고 이를 통하여 활동하는 형태, 즉 근로자의 단결권이나 단체행동권에 유사한 활동뿐만 아니라, 하나 또는 그 이상의 소비자가 동일한 목표로 함께 의사를 합치하여 벌이는 운동이면 모두 이에 포함된다.
O | X

해설

> [O] 헌법이 보장하는 소비자보호운동이란 '공정한 가격으로 양질의 상품 또는 용역을 적절한 유통구조를 통해 적절한 시기에 안전하게 구입하거나 사용할 소비자의 제반 권익을 증진할 목적으로 이루어지는 구체적 활 동'을 의미하고, 단체를 조직하고 이를 통하여 활동하는 형태, 즉 근로자의 단결권이나 단체행동권에 유사 한 활동뿐만 아니라, 하나 또는 그 이상의 소비자가 동일한 목표로 함께 의사를 합치하여 벌이는 운동이면 모두 이에 포함된다 할 것이다. 이 소비자보호운동이 보장됨으로써 비로소 소비자는 단순한 상품이나 정보 의 구매자로서가 아니라 상품의 구매 및 소비과정에서 발생하는 생산자 또는 공급자로부터의 부당한 지배 와 횡포를 배제하고 소비자의 이익을 수호하는 소비주체로서의 지위를 누릴 수 있게 된다(헌재 2011.12. 29, 2010헌바54 등).

전통시장 등의 보호라는 명분으로 대형마트 등의 영업 자체를 규제하는 유통산업발전법 규정은 시대의 흐름과 소매시장구조의 재편에 역행할 뿐만 아니라 소비자의 자기결정권을 과도하게 침해하는 과잉규제 입법이다.　　　　　　　　　　　　　　　　　　　　　　　　　　　　　　　　　　　　　　　O | X

해설

[X] 건전한 유통질서를 확립하고, 대형마트 등과 중소유통업의 상생발전을 도모하며, 대형마트 등에 근무하는 근로자의 건강권을 보호하려는 심판대상조항의 입법목적은 정당하고, 대형마트 등의 영업시간 제한 및 의무휴업일 지정이라는 수단의 적합성도 인정된다. … 심판대상조항에 따라 대형마트 등이 경제적 손실을 입고, 소비자가 불편을 겪게 될 수도 있으나, 이는 입법목적을 달성하기 위하여 필요한 최소한의 범위에 그치고 있는 반면, 심판대상조항의 입법목적은 매우 중요하므로, 법익의 균형성도 충족한다. 따라서 심판대상조항은 과잉금지원칙에 위배되어 직업수행의 자유를 침해하지 않는다(헌재 2018.6.28, 2016헌바77).

제5장 | 정치적 기본권

001
08. 법원직
05. 법행

주민투표권도 그 성질상 헌법이 보장하는 참정권이다. O | X

해설

> [X] 지방자치법이 주민에게 주민투표권(제13조의2), 조례의 제정 및 개폐청구권(제13조의3), 감사청구권(제13조의4) 등을 부여함으로써 주민이 지방자치사무에 직접 참여할 수 있는 길을 일부 열어 놓고 있지만 이러한 제도는 어디까지나 입법에 의하여 채택된 것일 뿐 헌법에 의하여 보장되고 있는 것은 아니므로 주민투표권은 법률이 보장하는 권리일 뿐 헌법이 보장하는 기본권 또는 헌법상 제도적으로 보장되는 주관적 공권으로 볼 수 없다(헌재 2005.12.22, 2004헌마530).

002
06. 국가직

헌법 제72조의 국가안위에 관한 중요정책의 국민투표 대상에 헌법개정안을 포함시킬 수 있다. O | X

해설

> [X] 헌법 제72조는 가능하면 대통령에 의한 국민투표의 정치적 남용을 방지할 수 있도록 엄격하고 축소적으로 해석되어야 한다고 본다. 헌법 제72조의 정책국민투표를 통하여 헌법개정을 시도하는 것은 헌법 제130조에 명백히 위배되는 것이다. 따라서 헌법 제72조의 중요정책에 헌법개정안 국민투표는 포함시킬 수 없다.

003
17. 경정승진

신행정수도 후속대책을 위한 연기 · 공주지역 행정중심복합도시 건설을 위한 특별법이 수도를 분할하는 국가정책을 집행하는 내용을 가지고 있고 대통령이 이를 추진하고 집행하기 이전에 그에 관한 국민투표를 실시하지 아니하였다면 국민투표권이 행사될 수 있는 계기인 대통령의 중요정책 국민투표 부의가 행해지지 않았다고 하더라도 청구인들의 국민투표권이 행사될 수 있을 정도로 구체화되었다고 할 수 있으므로 그 침해의 가능성이 인정된다. O | X

해설

> [X] 특정의 국가정책에 대하여 다수의 국민들이 국민투표를 원하고 있음에도 불구하고 대통령이 이러한 희망과는 달리 국민투표에 회부하지 아니한다고 하여도 이를 헌법에 위반된다고 할 수 없고 국민에게 특정의 국가정책에 관하여 국민투표에 회부할 것을 요구할 권리가 인정된다고 할 수도 없다. 설사 수도를 분할하는 국가정책을 집행하는 내용을 가지고 있고 대통령이 이를 추진하고 집행하기 이전에 그에 관한 국민투표를 실시하지 아니하였다고 하더라도 국민투표권이 행사될 수 있는 계기인 대통령의 중요정책 국민투표 부의가 행해지지 않은 이상 청구인들의 국민투표권이 행사될 수 있을 정도로 구체화되었다고 할 수 없으므로 그 침해의 가능성은 인정되지 않는다(헌재 2005.11.24, 2005헌마579).

004
19. 국가직

선거권을 제한하는 입법은 헌법 제24조에 의해서 곧바로 정당화될 수는 없고, 헌법 제37조 제2항의 규정에 따라 국가안전보장·질서유지 또는 공공복리를 위하여 필요하고 불가피한 예외적인 경우에만 그 제한이 정당화될 수 있으며, 그 경우에도 선거권의 본질적인 내용을 침해할 수 없다. O | X

해설

[O] 이러한 법률유보는 선거권을 실현하고 보장하기 위한 것이지 제한하기 위한 것이 아니므로, 선거권의 내용과 절차를 법률로 규정하는 경우에도 국민주권을 선언하고 있는 헌법 제1조, 평등권에 관한 헌법 제11조, 국회의원선거와 대통령선거에 있어서 보통·평등·직접·비밀선거를 보장하는 헌법 제41조 및 제67조의 취지에 부합하도록 하여야 한다. 그리고 민주주의 국가에서 국민주권과 대의제 민주주의의 실현수단으로서 선거권이 갖는 이 같은 중요성으로 인해 한편으로 입법자는 선거권을 최대한 보장하는 방향으로 입법을 하여야 하며, 또 다른 한편에서 선거권을 제한하는 법률의 합헌성을 심사하는 경우에는 그 심사의 강도도 엄격하여야 하는 것이다. 따라서 선거권을 제한하는 입법은 위 헌법 제24조에 의해서 곧바로 정당화될 수는 없고, 헌법 제37조 제2항의 규정에 따라 국가안전보장·질서유지 또는 공공복리를 위하여 필요하고 불가피한 예외적인 경우에만 그 제한이 정당화될 수 있으며, 그 경우에도 선거권의 본질적인 내용을 침해할 수 없다(헌재 2007.6.28, 2004헌마644).

005
19. 국가직

국회의원선거권자인 재외선거인에게 국민투표권을 인정하지 않은 것은 국회의원선거권자의 헌법개정안 국민투표 참여를 전제하고 있는 헌법 제130조 제2항의 취지에 부합하지 않는다. O | X

해설

[O] 헌법 제72조의 중요정책 국민투표와 헌법 제130조의 헌법개정안 국민투표는 대의기관인 국회와 대통령의 의사결정에 대한 국민의 승인절차에 해당한다. 대의기관의 선출주체가 곧 대의기관의 의사결정에 대한 승인주체가 되는 것은 당연한 논리적 귀결이다. 재외선거인은 대의기관을 선출할 권리가 있는 국민으로서 대의기관의 의사결정에 대해 승인할 권리가 있으므로, 국민투표권자에는 재외선거인이 포함된다고 보아야 한다. 또한, 국민투표는 선거와 달리 국민이 직접 국가의 정치에 참여하는 절차이므로, 국민투표권은 대한민국 국민의 자격이 있는 사람에게 반드시 인정되어야 하는 권리이다. 이처럼 국민의 본질적 지위에서 도출되는 국민투표권을 추상적 위험 내지 선거기술상의 사유로 배제하는 것은 헌법이 부여한 참정권을 사실상 박탈한 것과 다름없다. 따라서 국민투표법조항은 재외선거인의 국민투표권을 침해한다(헌재 2014.7.24, 2009헌마256·2010헌마394).

006
17. 경정승진

국민투표는 선거와 달리 국민이 직접 국가의 정치에 참여하는 절차이므로, 국민투표권은 대한민국 국민의 자격이 있는 사람에게 반드시 인정되어야 하는 권리이다. O | X

해설

[O] 국민투표는 선거와 달리 국민이 직접 국가의 정치에 참여하는 절차이므로, 국민투표권은 대한민국 국민의 자격이 있는 사람에게 반드시 인정되어야 하는 권리이다(헌재 2014.7.24, 2009헌마256).

007
08. 국가직

지방자치단체장의 계속 재임을 3기로 제한하는 것은 지방자치단체장의 공무담임권을 침해한다. O | X

해설

[X] 지방자치단체장의 계속 재임을 3기로 제한한 규정의 입법취지는 장기집권으로 인한 지역발전 저해방지와 유능한 인사의 지방자치단체장 진출확대로 대별할 수 있는바, 그 목적의 정당성, 방법의 적절성, 피해의 최소성, 법익의 균형성이 충족되므로 헌법에 위반되지 아니한다(헌재 2006.2.23, 2005헌마403).

008
10. 사시

공직선거에 후보자로 등록하고자 하는 자가 제출하여야 하는 범죄경력에 이미 실효된 금고 이상의 형까지 기재하도록 정한 공직선거법 조항은 실효된 금고 이상의 형의 범죄경력을 가진 후보자의 공무담임권을 침해한다.　　　　　　　　　　　　　　　　　　　　　　　　　　　　　　　　　　　　　　　O | X

해설

[X] 이 사건 법률조항은 후보자선택을 제한하거나 실효된 금고 이상의 형의 범죄경력을 가진 후보자의 당선기회를 봉쇄하는 것이 아니므로 공무담임권과는 직접 관련이 없다. 후보자의 실효된 형까지 포함한 금고 이상의 형의 범죄경력을 공개함으로써 국민의 알 권리를 충족하고 공정하고 정당한 선거권 행사를 보장하고자 하는 이 사건 법률조항의 입법목적은 정당하며, ⋯ 청구인들의 사생활의 비밀과 자유를 침해한다고 볼 수 없다. 형이 실효되었다고 하더라도 그 형의 선고가 있었다는 기왕의 사실 자체까지 소멸하는 것은 아닌 이상, 실효된 금고 이상의 범죄경력이 있는 공직선거 후보자가 금고 이상의 형의 범죄경력이 전혀 없는 후보자와 반드시 동일한 취급을 받아야 된다고 볼 수 없고, 선거권자의 신임에 의하여 정당성을 부여받는 지방의회의원의 경우 선거권자는 후보자의 도덕성·준법성 등을 판단하기 위한 충분한 정보를 제공받아야 할 필요성이 큰 반면, 직업공무원인 지방공무원은 그 선발에 있어서 능력주의 내지 성적주의가 바탕이 되어야 하므로 양자를 달리 취급한다 하더라도 이를 불합리한 차별이라고 보기 어렵다. 후보자 등록시 실효된 형을 포함하여 금고 이상의 형의 범죄경력에 관한 증명서류를 제출하도록 한 공직선거법 제49조는 공무담임권, 평등권 및 사생활의 자유를 침해하지 않는다(헌재 2008.4.24, 2006헌마402 등).

009
10. 사시

공무담임권의 보호영역에는 일반적으로 공직취임의 기회보장, 신분박탈, 직무의 정지가 포함될 뿐만 아니라, 여기서 나아가 공무원이 특정의 장소에서 근무하는 것 또는 특정의 보직을 받아 근무하는 것을 포함하는 일종의 공무수행의 자유까지 그 보호영역에 포함된다.　　　　　　　　　　　　　　　　　　　　　　　　　　O | X

해설

[X] 공무담임권의 보호영역에는 일반적으로 공직취임의 기회보장, 신분박탈, 직무의 정지가 포함되는 것일 뿐, 여기서 더 나아가 공무원이 특정의 장소에서 근무하는 것 또는 특정의 보직을 받아 근무하는 것을 포함하는 일종의 '공무수행의 자유'까지 그 보호영역에 포함된다고 보기는 어렵다(헌재 2008.6.26, 2005헌마1275).

010
10. 사시

공무원이 금고 이상의 형의 선고유예판결을 받은 경우를 모두 당연퇴직사유로 규정하는 것은 입법목적을 달성하기 위하여 필요한 최소한의 제한이며, 공직제도의 신뢰성이라는 공익과 공무원의 기본권이라는 사익을 적절하게 조화시키고 있으므로 공무담임권을 침해하지 않는다.　　　　　　　　　　　　　　　　　　O | X

해설

[X] 국가공무원법 제69조 중 제33조 제1항 제5호 부분은 공무원이 금고 이상의 형의 선고유예를 받은 경우에는 공무원직에서 당연히 퇴직하는 것으로 규정하고 있다. 그런데 위 규정은 금고 이상의 선고유예의 판결을 받은 모든 범죄를 포괄하여 규정하고 있을 뿐 아니라, 심지어 오늘날 누구에게나 위험이 상존하는 교통사고 관련 범죄 등 과실범의 경우마저 당연퇴직의 사유에서 제외하지 않고 있으므로 최소침해성의 원칙에 반하고, 오늘날 사회구조의 변화에 따른 공무원 수의 대폭적인 증가 및 민간기업조직의 대규모화·전문화 등, 사회전반의 변화로 인하여 공직은 더 이상 사회적 엘리트로서의 명예직으로 여겨질 수 없는 상황이므로 '모든 범죄로부터 순결한 공직자 집단'이라는 신뢰를 요구하는 것은 지나치게 공익만을 우선한 것이다. 일단 공무원으로 채용된 공무원을 퇴직시키는 것은 공무원이 장기간 쌓은 지위를 박탈해 버리는 것이므로 같은 입법목적을 위한 것이라고 하여도 당연퇴직사유를 임용결격사유와 동일하게 취급하는 것은 타당하다고 할 수 없다. 따라서 구 국가공무원법 제69조 중 제33조 제1항 제5호 부분은 과잉금지원칙에 위배하여 공무담임권을 침해하는 조항이라고 할 것이다(헌재 2003.10.30, 2002헌마684 등).

011
11. 법원직

공무담임권의 보호영역에는 공직취임의 기회의 자의적인 배제만이 포함될 뿐, 공무원 신분의 부당한 박탈은 포함되지 않는다. O I X

해설

[X] 헌법 제25조는 모든 국민은 법률이 정하는 바에 의하여 공무담임권을 가진다고 하여 공무담임권을 보장하고 있고, 공무담임권의 보호영역에는 공직취임의 기회의 자의적인 배제뿐 아니라 공무원 신분의 부당한 박탈도 포함되는 것이다(헌재 2002.8.29, 2001헌마788).

012
13. 법원직
11. 경정승진

국·공립학교 채용시험의 동점자처리에서 국가유공자 등 및 그 유족·가족에게 우선권을 주도록 하고 있는 국가유공자 등 예우 및 지원에 관한 법률 등의 해당 조항들은 일반 응시자들의 공무담임권을 침해한다. O I X

해설

[X] 이 사건 동점자처리조항에 의하여 일반 응시자들은 국·공립학교 채용시험의 동점자처리에서 불이익을 당할 수도 있으므로 일반 응시자들의 공무담임권이 제한된다고 할 것이나, 이는 국가유공자와 그 유·가족의 생활안정을 도모하고 이를 통해 국민의 애국정신함양과 민주사회 발전에 이바지한다고 하는 공공복리를 위한 불가피한 기본권 제한에 해당하며, 앞서 본 바와 같이 비례의 원칙 내지 과잉금지의 원칙에 위반된 것으로 볼 수 없고, 기본권의 본질적인 내용을 침해한다고도 할 수 없다. 따라서 이 사건 동점자처리조항은 일반 응시자들의 공무담임권을 침해하지 아니한다(헌재 2006.6.29, 2005헌마44).

013
12. 사시

지방자치단체장이 '공소제기된 후 구금상태에 있는 경우' 부단체장이 그 권한을 대행하도록 규정한 지방자치법 조항은 지방자치단체의 장의 공무담임권을 침해하여 위헌이다. O I X

해설

[X] 이 사건 법률조항의 입법목적은 주민의 복리와 자치단체행정의 원활하고 효율적인 운영에 초래될 것으로 예상되는 위험을 미연에 방지하려는 것으로, 자치단체장이 '공소제기된 후 구금상태'에 있는 경우 자치단체행정의 계속성과 융통성을 보장하고 주민의 복리를 위한 최선의 정책집행을 도모하기 위해서는 해당 자치단체장을 직무에서 배제시키는 방법 외에는 달리 의미있는 대안을 찾을 수 없고, 범죄의 죄질이나 사안의 경중에 따라 직무정지의 필요성을 달리 판단할 여지가 없으며, 소명의 기회를 부여하는 등 직무정지라는 제재를 가함에 있어 추가적인 요건을 설정할 필요도 없다. 나아가 정식 형사재판절차를 앞두고 있는 '공소제기된 후'부터 시작하여 '구금상태에 있는' 동안만 직무를 정지시키고 있어 그 침해가 최소한에 그치도록 하고 있고, 이 사건 법률조항이 달성하려는 공익은 매우 중대한 반면, 일시적·잠정적으로 직무를 정지당할 뿐 신분을 박탈당하지도 않는 자치단체장의 사익에 대한 침해는 가혹하다고 볼 수 없으므로 과잉금지원칙에 위반되지 않는다(헌재 2011.4.28, 2010헌마474).

014
12. 국가직

경찰대학의 입학자격을 만 17세 이상 21세 미만으로 규정한 것은 나이에 따른 공무담임권의 침해이다.

O | X

해설

[X] 경찰대학에 연령제한을 둔 목적은 젊고 유능한 인재를 확보하고 이들에게 필요한 교육훈련을 일관적이고 체계적으로 실시하여 국민에게 전문적이고 질 높은 행정서비스를 제공하기 위한 것이므로, 이를 위하여 경찰대학 입학에 일정한 상한연령을 규정하는 것은 정당한 목적에 대한 적절한 수단이다. 또한, 고등학교 졸업 후 2-3회의 입학 기회를 부여하고 있는 점, 경찰대학 외에 경찰간부가 될 수 있는 별도의 제도가 마련되어 있는 점 등을 볼 때 이 심판대상 규정으로 확보되는 우수한 경찰간부 양성을 통한 경찰행정서비스의 향상이라는 입법목적을 달성하기 위하여 공무담임권을 보다 적게 제한할 방법은 찾기 어려우므로, 피해최소성의 원칙에 위배되지 아니한다. 그러므로 이 사건 심판대상 규정은 청구인의 공무담임권을 침해하지 아니한다(헌재 2009.7.30, 2007헌마991).

015
13. 법원직

공무원이 특정의 장소에서 근무하는 것 또는 특정의 보직을 받아 근무하는 것을 포함하는 일종의 공무수행의 자유도 그 보호영역에 포함된다.

O | X

해설

[X] 공무담임권의 보호영역에는 일반적으로 공직취임의 기회보장, 신분박탈, 직무의 정지가 포함되는 것일 뿐, 여기서 더 나아가 공무원이 특정의 장소에서 근무하는 것 또는 특정의 보직을 받아 근무하는 것을 포함하는 일종의 '공무수행의 자유'까지 그 보호영역에 포함된다고 보기는 어렵다(헌재 2008.6.26, 2005헌마1275).

016
12. 국회직 9급

승진시험의 응시제한이나 이를 통한 승진기회의 보장 문제는 공무담임권의 보호영역에 포함된다.

O | X

해설

[X] 공무담임권의 보호영역에는 일반적으로 공직취임의 기회보장, 신분박탈, 직무의 정지가 포함될 뿐이고 청구인이 주장하는 '승진시험의 응시제한'이나 이를 통한 승진기회의 보장 문제는 공직신분의 유지나 업무수행에는 영향을 주지 않는 단순한 내부 승진인사에 관한 문제에 불과하여 공무담임권의 보호영역에 포함된다고 보기는 어렵다(헌재 2007.6.28, 2005헌마1179).

017
13. 사시

대통령은 헌법상 국민에게 자신에 대한 신임을 국민투표의 형식으로 물을 수 없지만, 특정 정책을 국민투표에 붙이면서 이에 자신의 신임을 결부시키는 대통령의 행위는 헌법적으로 허용된다.

O | X

해설

[X] 대통령은 헌법상 국민에게 자신에 대한 신임을 국민투표의 형식으로 물을 수 없을 뿐만 아니라, 특정 정책을 국민투표에 붙이면서 이에 자신의 신임을 결부시키는 대통령의 행위도 위헌적인 행위로서 헌법적으로 허용되지 않는다(헌재 2004.5.14, 2004헌나1).

018
13. 국회직

주민소환투표의 청구시 청구사유를 명시하지 아니하고 있는 주민소환에 관한 법률 해당 규정은 주민소환 대상자의 공무담임권을 침해한다. O | X

해설

[X] 주민소환투표의 청구시 주민소환의 청구사유를 명시하지 아니하고 주민소환 청구사유의 진위 여부에 대한 확인을 규정하지 아니하고 있는 주민소환에 관한 법률 규정은 공무담임권을 침해하지 않는다(헌재 2011.3. 31, 2008헌마355).

019
14. 법무사

특정의 국가정책에 대하여 다수의 국민들이 국민투표를 원하고 있음에도 불구하고 대통령이 이러한 희망과는 달리 국민투표에 회부하지 아니하는 것은, 헌법이 보장하는 국민의 국민투표권을 침해한 것으로 헌법에 위반된다. O | X

해설

[X] 헌법 제72조는 국민투표에 부쳐질 중요정책인지 여부를 대통령이 재량에 의하여 결정하도록 명문으로 규정하고 있고 헌법재판소 역시 위 규정은 대통령에게 국민투표의 실시 여부, 시기, 구체적 부의사항, 설문내용 등을 결정할 수 있는 임의적인 국민투표발의권을 독점적으로 부여하였다고 하여 이를 확인하고 있다. 따라서 특정의 국가정책에 대하여 다수의 국민들이 국민투표를 원하고 있음에도 불구하고 대통령이 이러한 희망과는 달리 국민투표에 회부하지 아니한다고 하여도 이를 헌법에 위반된다고 할 수 없고 국민에게 특정의 국가정책에 관하여 국민투표에 회부할 것을 요구할 권리가 인정된다고 할 수도 없다(헌재 2005.11.24, 2005헌마579).

020
15. 법원직

국민은 특정의 국가정책에 관하여 국민투표에 회부할 것을 대통령에게 요구할 권리가 있다. O | X

해설

[X] 특정의 국가정책에 대하여 다수의 국민들이 국민투표를 원하고 있음에도 불구하고 대통령이 이러한 희망과는 달리 국민투표에 회부하지 아니한다고 하여도 이를 헌법에 위반된다고 할 수 없고 국민에게 특정의 국가정책에 관하여 국민투표에 회부할 것을 요구할 권리가 인정된다고 할 수도 없다(헌재 2005.11.24, 2005헌마579 등).

021
15. 법무사

대의기관의 선출주체가 곧 대의기관의 의사결정에 대한 승인주체가 되는 것이 원칙이나, 국민투표권자의 범위가 대통령선거권자 · 국회의원선거권자와 반드시 일치할 필요는 없다. O | X

해설

[X] 헌법 제72조의 중요정책 국민투표와 헌법 제130조의 헌법개정안 국민투표는 대의기관인 국회와 대통령의 의사결정에 대한 국민의 승인절차에 해당한다. 대의기관의 선출주체가 곧 대의기관의 의사결정에 대한 승인주체가 되는 것은 당연한 논리적 귀결이므로, 국민투표권자의 범위는 대통령선거권자 · 국회의원선거권자와 일치되어야 한다(헌재 2014.7.24, 2009헌마256 등).

022

15. 법무사

국민투표는 선거와 달리 국민이 직접 국가의 정치에 참여하는 절차이므로, 국민투표권은 대한민국 국민의 자격이 있는 사람에게 반드시 인정되어야 하는 권리이다. O | X

해설

[O] 선거권이 국가기관의 형성에 간접적으로 참여할 수 있는 간접적인 참정권이라면, 국민투표권은 국민이 국가의 의사형성에 직접 참여하는 헌법에 의해 보장되는 직접적인 참정권이다. 선거는 대의제를 가능하게 하기 위한 전제조건으로서 국민의 대표자를 선출하는 '인물에 관한 결정'이며, 이에 대하여 국민투표는 직접민주주의를 실현하기 위한 수단으로서 특정한 국가정책이나 법안을 대상으로 하는 '사안에 대한 결정'이다. 즉, 국민투표는 선거와 달리 국민이 직접 국가의 정치에 참여하는 절차이므로, 국민투표권은 대한민국 국민의 자격이 있는 사람에게 반드시 인정되어야 하는 권리이다. 대한민국 국민인 재외선거인의 의사는 국민투표에 반영되어야 하고, 재외선거인의 국민투표권을 배제할 이유가 없다(헌재 2014.7.24, 2009헌마256 등).

023

17. 지방직
15. 국회직 8급

수뢰죄를 범하여 금고 이상의 형의 선고유예를 받은 공무원은 당연퇴직하도록 하는 규정은 해당 공무원의 공무담임권을 침해한다. O | X

해설

[X] 심판대상조항은 공무원 직무수행에 대한 국민의 신뢰 및 직무의 정상적 운영의 확보, 공무원범죄의 예방, 공직사회의 질서유지를 위한 것으로서 목적이 정당하고, 형법 제129조 제1항의 수뢰죄를 범하여 금고 이상 형의 선고유예를 받은 국가공무원을 공직에서 배제하는 것은 적절한 수단에 해당한다. 수뢰죄는 수수액의 다과에 관계없이 공무원 직무의 불가매수성과 염결성을 치명적으로 손상시키고, 직무의 공정성을 해치며 국민의 불신을 초래하므로 일반 형법상 범죄와 달리 엄격하게 취급할 필요가 있다. 수뢰죄를 범하더라도 자격정지형의 선고유예를 받은 경우 당연퇴직하지 않을 수 있으며, 당연퇴직의 사유가 직무 관련 범죄로 한정되므로 심판대상조항은 침해의 최소성원칙에 위반되지 않고, 이로써 달성되는 공익이 공무원 개인이 입는 불이익보다 훨씬 크므로 법익균형성원칙에도 반하지 아니한다. 따라서 심판대상조항은 과잉금지원칙에 반하여 청구인의 공무담임권을 침해하지 아니한다(헌재 2013.7.25, 2012헌바409).

024

17. 국회직 9급

한미무역협정(FTA)은 대한민국의 입법권의 범위, 사법권의 주체와 범위, 헌법상 경제조항에 변경을 가져오는 등 실질적으로 헌법개정에 해당함에도, 국민투표절차를 거치지 않고 이 협정을 체결한 것은 대한민국 국민의 국민투표권을 침해한다. O | X

해설

[X] 한미무역협정의 경우, 국회의 동의를 필요로 하는 조약의 하나로서 법률적 효력이 인정되므로, 그에 의하여 성문헌법이 개정될 수는 없으며, 따라서 한미무역협정으로 인하여 청구인의 헌법 제130조 제2항에 따른 헌법개정절차에서의 국민투표권이 침해될 가능성은 인정되지 아니한다(헌재 2013.11.28, 2012헌마166).

025
17. 서울시

금고 이상의 형의 선고유예를 받고 그 기간 중에 있는 자를 임용결격사유로 삼고, 위 사유에 해당하는 자가 임용되더라도 이를 당연무효로 하는 것은 금고 이상의 형의 선고유예의 판결을 받아 그 기간 중에 있는 자의 공무담임권을 침해하는 것이다.　　　　　　　　　　　　　　　　　　　　O | X

해설

[X] 이 사건 법률조항은 금고 이상의 형의 선고유예의 판결을 받아 그 기간 중에 있는 사람이 공무원으로 임용되는 것을 금지하고 이러한 사람이 공무원으로 임용되더라도 그 임용을 당연무효로 하는 것으로서, 공직에 대한 국민의 신뢰를 보장하고 공무원의 원활한 직무수행을 도모하기 위하여 마련된 조항이다. 청구인과 같이 임용결격사유에도 불구하고 임용된 임용결격공무원은 상당한 기간 동안 근무한 경우라도 적법한 공무원의 신분을 취득하여 근무한 것이 아니라는 이유로 공무원연금법상 퇴직급여의 지급대상이 되지 못하는 등 일정한 불이익을 받기는 하지만, 재직기간 중 사실상 제공한 근로에 대하여는 그 대가에 상응하는 금액의 반환을 부당이득으로 청구하는 등의 민사적 구제수단이 있는 점을 고려하면, 공직에 대한 국민의 신뢰보장이라는 공익과 비교하여 임용결격공무원의 사익 침해가 현저하다고 보기 어렵다. 따라서 이 사건 법률조항은 입법자의 재량을 일탈하여 공무담임권을 침해한 것이라고 볼 수 없다(헌재 2016.7.28, 2014헌바437).

026
17. 서울시

사립대학 교원이 국회의원으로 당선된 경우 임기개시일 전까지 그 직을 사직하도록 하는 것은 사립대학 교원의 직업선택의 자유를 제한하는 것이지 공무담임권을 제한하는 것은 아니다.　　　　　　　O | X

해설

[X] 심판대상조항은 국회의원으로 당선된 자에게 사립대학 교원의 직에서 사직할 의무를 부과하고 있어 사립대학교원이라는 직업선택의 자유를 제한함과 동시에, 청구인과 같이 사립대학 교원의 직에 있는 상태에서 향후 국회의원선거에 출마하려는 자에게는 국회의원 출마 자체를 주저하게 만듦으로써 공무담임권의 행사에 적지 않은 위축효과도 가져온다. 따라서 이 사건 심판대상조항은 공무담임권과 직업선택의 자유라는 두 가지 기본권을 모두 제한하고 있다. … 심판대상조항은 국회의원의 직무수행에 있어 공정성과 전념성을 확보하여 국회가 본연의 기능을 충실히 수행하도록 하는 동시에 대학교육을 정상화하기 위한 것이므로, 입법자가 이를 심판대상조항으로 인해 발생하는 공무담임권 및 직업선택의 자유에 대한 제한보다 중시한다고 해서 법익의 균형성원칙에도 위반된다고 보기 어렵다(헌재 2015.4.30, 2014헌마621).

027
17. 법행

공직자선발에 관하여 능력주의에 바탕한 선발기준을 마련하지 아니하고 해당 공직이 요구하는 직무수행능력과 무관한 요소, 예컨대 성별·종교·사회적 신분·출신지역 등을 기준으로 삼는 것은 국민의 공직취임권을 침해하는 것이 되므로, 헌법상 능력주의 원칙에 대한 예외는 허용되지 않는다.　　　　　　　　　O | X

해설

[X] 원칙적으로 공직자선발에 있어 해당 공직이 요구하는 직무수행능력과 무관한 요소인 성별·종교·사회적 신분·출신지역 등을 이유로 하는 어떠한 차별도 허용되지 않는다고 할 것이나, 헌법의 기본원리나 특정조항에 비추어 능력주의 원칙에 대한 예외를 인정할 수 있는 경우가 있다. 그러한 헌법규범 내지 헌법원리로는 우리 헌법의 기본원리인 사회국가원리를 들 수 있고, 헌법조항으로는 여자와 연소자의 근로의 특별보호를 규정한 헌법 제32조 제4항·제5항, 국가유공자·상이군경 및 전몰군경의 유가족에 대한 우선적 근로기회의 보장을 규정한 헌법 제32조 제6항, 여자, 노인과 청소년, 신체장애자 등에 대한 사회보장의무를 규정한 헌법 제34조 제2항 내지 제5항 등을 들 수 있다. 이와 같은 헌법적 요청이 있는 경우에는 합리적 범위 안에서 능력주의가 제한될 수 있다(헌재 2001.2.22, 2000헌마25).

028

18. 지방직

공무원의 재임기간 동안 충실한 공무수행을 담보하기 위하여 공무원의 퇴직급여 및 공무상 재해보상을 보장할 것까지 공무담임권의 보호영역에 포함된다고 보기는 어렵다. O | X

해설

[O] 헌법 제25조가 규정하는 공무담임권은 공직취임의 기회보장을 보호영역으로 하는데, 더 나아가 지방자치단체장의 재임기간 동안 충실한 공직수행을 담보하기 위하여 이들을 위한 퇴직급여제도를 마련할 것까지 그 보호영역으로 한다고 볼 수는 없다(헌재 2014.6.26, 2012헌마459).

029

18. 경정승진

경찰공무원이 자격정지 이상의 형의 선고유예를 받은 경우 당연퇴직하도록 규정하고 있는 구 경찰공무원법 조항은 공무담임권을 침해하지 않는다. O | X

해설

[X] 경찰공무원이 자격정지 이상의 형의 선고유예를 받은 경우 당연퇴직하도록 규정하고 있는 이 사건 법률조항이 헌법 제25조의 공무담임권을 침해한다(헌재 2004.9.23, 2004헌가12).

030

18. 서울시

선거범죄로 인하여 당선이 무효로 된 때를 비례대표지방의회의원의 의석승계 제한사유로 규정한 것은 궐원된 비례대표지방의회의원 의석을 승계받을 후보자명부상의 차순위 후보자의 공무담임권을 침해한다. O | X

해설

[O] 심판대상조항은 필요 이상의 지나친 규제를 정하고 있는 것이라고 보지 않을 수 없다. 따라서 심판대상조항은 과잉금지원칙에 위배하여 청구인의 공무담임권을 침해한 것이다(헌재 2009.6.25, 2007헌마40).

031

19. 법원직

공무담임권은 공직취임의 기회균등을 요구하지만, 취임한 뒤 승진할 때에도 균등한 기회제공을 요구하지는 않는다. O | X

해설

[X] 공무담임권은 공직취임의 기회균등뿐만 아니라 취임한 뒤 승진할 때에도 균등한 기회제공을 요구한다(헌재 2018.7.26, 2017헌마1183).

032

19. 법원직 9급

공무담임권은 국민이 국가나 공공단체의 구성원으로서 직무를 담당할 수 있는 권리를 뜻하고, 여기서 직무를 담당한다는 것은 공무담임에 관하여 능력과 적성에 따라 평등한 기회를 보장받는 것을 의미한다. O | X

해설

[O] 공무담임권은 국민이 국가나 공공단체의 구성원으로서 직무를 담당할 수 있는 권리를 뜻하고, 여기서 직무를 담당한다는 것은 공무담임에 관하여 능력과 적성에 따라 평등한 기회를 보장받는 것을 의미한다(헌재 2018.7.26, 2017헌마1183).

□□□ 033
20. 국회직 9급

대학의 교원인 공무원에게 정당가입의 자유를 허용하면서도 초·중등학교의 교원에게는 이를 금지하는 것은, 양자간 직무의 본질이나 내용 그리고 근무 태양이 다른 점을 고려한 합리적인 차별이다. O | X

해설

[O] 이 사건 정당가입 금지조항은 국가공무원이 정당에 가입하는 것을 금지함으로써 공무원이 국민 전체에 대한 봉사자로서 그 임무를 충실히 수행할 수 있도록 정치적 중립성을 보장하고, 초·중등학교 교원이 당파적 이해관계의 영향을 받지 않도록 교육의 중립성을 확보하기 위한 것이므로, 목적의 정당성 및 수단의 적합성이 인정된다. … 따라서 이 사건 정당가입 금지조항은 과잉금지원칙에 위배되지 않는다(헌재 2020.4.23, 2018헌마551).

□□□ 034
19. 국회직 8급

고용노동 및 직업상담 직류를 채용하는 경우 직업상담사 자격증 보유자에게 만점의 3% 또는 5%의 가산점을 부여한다고 명시한 인사혁신처 2018년도 국가공무원 공개경쟁채용시험 등 계획 공고는 직업상담사 자격증을 소지하지 않은 상태에서 국가공무원 공개경쟁채용시험에 응시하려고 하는 자들의 공무담임권을 침해하지 않는다. O | X

해설

[O] 심판대상조항은 2003년과 2007년경부터 규정된 것이어서 해당 직류의 채용시험을 진지하게 준비 중이었다면 누구라도 직업상담사 자격증이 가산대상 자격증임을 알 수 있었다고 보이며, 자격증소지를 시험의 응시자격으로 한 것이 아니라 각 과목 만점의 최대 5% 이내에서 가산점을 부여하는 점, 자격증 소지자도 다른 수험생들과 마찬가지로 합격의 최저 기준인 각 과목 만점의 40% 이상을 취득하여야 한다는 점, 그 가산점 비율은 3% 또는 5%로서 다른 직렬과 자격증 가산점 비율에 비하여 과도한 수준이라고 볼 수 없다는 점을 종합하면 이 조항이 피해최소성원칙에 위배된다고 볼 수 없고, 법익의 균형성도 갖추었다. 따라서 심판대상조항이 청구인들의 공무담임권과 평등권을 침해하였다고 볼 수 없다(헌재 2018.8.30, 2018헌마46).

□□□ 035
20. 국가직

헌법상 군무원은 국민의 구성원으로서 정치적 표현의 자유를 보장받지만, 그 특수한 지위로 인하여 국가공무원으로서 헌법 제7조에 따라 그 정치적 중립성을 준수하여야 할 뿐만 아니라, 나아가 국군의 구성원으로서 헌법 제5조 제2항에 따라 그 정치적 중립성을 준수할 필요성이 더욱 강조되므로, 정치적 표현의 자유에 대해 일반 국민보다 엄격한 제한을 받을 수밖에 없다. O | X

해설

[O] 헌법상 군무원은 국민의 구성원으로서 정치적 표현의 자유를 보장받지만, 군무원은 그 특수한 지위로 인하여 국가공무원으로서 헌법 제7조에 따라 그 정치적 중립성을 준수하여야 할 뿐만 아니라, 국군의 구성원으로서 헌법 제5조 제2항에 따라 그 정치적 중립성을 준수할 필요성이 더욱 강조되므로, 그 정치적 표현의 자유에 대해 일반 국민보다 엄격한 제한을 받을 수밖에 없다(헌재 2018.4.26, 2016헌마611). 따라서 군무원이 그 정치적 의견을 공표하는 행위 역시 이를 엄격히 제한할 필요가 있다(헌재 2018.7.26, 2016헌바139).

□□□ 036

19. 법원직 9급

공무원연금법에 따른 퇴직연금일시금을 지급받은 사람 및 그 배우자를 기초연금 수급권자의 범위에서 제외하는 기초연금법 조항은 위 퇴직연금일시금을 지급받은 사람 및 그 배우자의 인간다운 생활을 할 권리를 침해하지 않는다.　O | X

해설

[O] 공무원연금법에 따른 퇴직연금일시금 수급자 및 그 배우자를 기초연금 지급대상에서 제외한 것은 노인의 생활안정과 복리향상이라는 기초연금법의 입법목적을 달성하기 위하여 퇴직연금일시금을 받음으로써 소득기반을 제공받은 사람과 나아가 그러한 사람과 하나의 생활공동체를 형성하여 소득기반을 공유하는 사람인 배우자를 제외하기 위한 것으로서, 그 입법목적의 합리성을 인정할 수 있다. … 이상에서 본 바와 같은 심판대상조항의 입법목적의 합리성, 다른 법령상의 사회보장체계 및 공무원에 대한 후생복지제도 등을 종합적으로 고려하여 보면, 심판대상조항으로 인하여 청구인들의 기초연금 수급권행사에 어느 정도의 제한이 초래된다 하더라도, 이로 인해 국가가 실현해야 할 객관적 내용의 최소한도 보장에도 이르지 못하게 된다거나 헌법상 용인될 수 있는 재량의 범위를 명백히 일탈하게 된다고 보기는 어렵다. 따라서 심판대상조항이 공무원연금법에 따른 퇴직연금일시금을 받은 사람과 그 배우자의 인간다운 생활을 할 권리를 침해한다고 할 수 없다(헌재 2018.8.30, 2017헌바197 등).

□□□ 037

20. 법행 · 경정승진
19. 국회직 9급

교원노조를 설립하거나 가입하여 활동할 수 있는 자격을 초 · 중등 교원으로 한정함으로써 '교육공무원이 아닌 대학 교원'에 대하여 근로기본권의 핵심인 단결권조차 전면적으로 부정한 교원의 노동조합 설립 및 운영 등에 관한 법률 조항에 대하여는 입법목적의 정당성과 수단의 적합성을 인정할 수 없다.　O | X

해설

[O] 심판대상조항으로 인하여 교육공무원 아닌 대학 교원들이 향유하지 못하는 단결권은 헌법이 보장하고 있는 근로3권의 핵심적이고 본질적인 권리이다. 심판대상조항의 입법목적이 재직 중인 초 · 중등 교원에 대하여 교원노조를 인정해 줌으로써 교원노조의 자주성과 주체성을 확보한다는 측면에서는 그 정당성을 인정할 수 있을 것이나, 교원노조를 설립하거나 가입하여 활동할 수 있는 자격을 초 · 중등 교원으로 한정함으로써 교육공무원이 아닌 대학 교원에 대해서는 근로기본권의 핵심인 단결권조차 전면적으로 부정한 측면에 대해서는 그 입법목적의 정당성을 인정하기 어렵고, 수단의 적합성 역시 인정할 수 없다. … 최근 들어 대학 사회가 다층적으로 변화하면서 대학 교원의 사회 · 경제적 지위의 향상을 위한 요구가 높아지고 있는 상황에서 단결권을 행사하지 못한 채 개별적으로만 근로조건의 향상을 도모해야 하는 불이익은 중대한 것이므로, 심판대상조항은 과잉금지원칙에 위배된다(헌재 2018.8.30, 2015헌가38).

□□□ 038

20. 법행

'교육공무원인 대학 교원'에 대하여는, 교육공무원의 직무수행의 특성과 헌법 제33조 제1항 및 제2항의 정신을 종합해 볼 때 단결권을 허용하지 않는 것이 입법형성권의 범위를 벗어난 것이라고 보기 어렵다.　O | X

해설

[X] 교육공무원의 직무수행의 특성과 헌법 제33조 제1항 및 제2항의 정신을 종합해 볼 때, 교육공무원에게 근로3권을 일체 허용하지 않고 전면적으로 부정하는 것은 합리성을 상실한 과도한 것으로서 입법형성권의 범위를 벗어나 헌법에 위반된다(헌재 2018.8.30, 2015헌가38).

039

20. 국가직

교육공무원인 대학 교원을 교원의 노동조합 설립 및 운영 등에 관한 법률의 적용대상에서 배제한 것이 교육공무원인 대학 교원의 단결권을 침해하는지 여부는 기본권 침해 여부의 심사에서 과잉금지원칙(비례원칙)이 적용된 경우이다.　　　　　O | X

해설

[X] '교원의 노동조합 설립 및 운영 등에 관한 법률'의 적용대상을 초·중등교육법 제19조 제1항의 교원이라고 규정함으로써, 고등교육법에서 규율하는 대학 교원들의 단결권을 인정하지 않는 '교원의 노동조합 설립 및 운영 등에 관한 법률'은 교원의 단결권을 침해한다. 대학 교원을 교육공무원 아닌 대학 교원과 교육공무원인 대학 교원으로 나누어, 각각의 단결권에 대한 제한이 헌법에 위배되는지 여부에 관하여 살펴보기로 하되, 교육공무원 아닌 대학 교원에 대해서는 과잉금지원칙 위배 여부를 기준으로, 교육공무원인 대학 교원에 대해서는 입법형성의 범위를 일탈하였는지 여부를 기준으로 나누어 심사하기로 한다(헌재 2018.8.30, 2015헌가38).

040

19. 국회직 8급

국립대학교 총장후보자로 지원하려는 사람에게 1,000만원의 기탁금 납부를 요구하고, 납입하지 않을 경우 총장후보자에 지원하는 기회를 주지 않는 것은 공무담임권을 침해한다.　　　　　O | X

해설

[O] 이 사건 기탁금조항의 1,000만원 액수는 교원 등 학내 인사뿐만 아니라 일반 국민들 입장에서도 적은 금액이 아니다. 여기에, 추천위원회의 최초 투표만을 기준으로 기탁금 반환 여부가 결정되는 점, 일정한 경우 기탁자 의사와 관계없이 기탁금을 발전기금으로 귀속시키는 점 등을 종합하면, 이 사건 기탁금조항의 1,000만원이라는 액수는 자력이 부족한 교원 등 학내 인사와 일반 국민으로 하여금 총장후보자에 지원하려는 의사를 단념토록 할 수 있을 정도로 과다한 액수라고 할 수 있다. 이러한 사정들을 종합하면 이 사건 기탁금조항은 침해의 최소성에 반한다. 현행 총장후보자 선정규정에 따른 간선제 방식에서는 이 사건 기탁금조항으로 달성하려는 공익은 제한적이다. 반면, 이 사건 기탁금조항으로 인하여 기탁금을 납입할 자력이 없는 교원 등 학내 인사 및 일반 국민들은 총장후보자에 지원하는 것 자체를 단념하게 되므로, 이 사건 기탁금조항으로 제약되는 공무담임권의 정도는 결코 과소평가될 수 없다. 이 사건 기탁금조항으로 달성하려는 공익이 제한되는 공무담임권 정도보다 크다고 단정할 수 없으므로, 이 사건 기탁금조항은 법익의 균형성에도 반한다. 따라서, 이 사건 기탁금조항은 과잉금지원칙에 반하여 청구인의 공무담임권을 침해한다(헌재 2018.4.26, 2014헌마274).

041

16. 지방직

공무원의 정당가입이 허용된다면, 공무원의 정치적 행위가 직무 내의 것인지 직무 외의 것인지 구분하기 어려운 경우가 많고, 설사 공무원이 근무시간 외에 혹은 직무와 관련 없이 정당과 관련한 정치적 표현행위를 한다 하더라도 공무원의 정치적 중립성에 대한 국민의 기대와 신뢰는 유지되기 어렵다.　　　　　O | X

해설

[O] 정당가입 금지조항은 공무원의 정당가입의 자유를 원천적으로 금지하고 있다. 그러나 공무원의 정당가입이 허용된다면, 공무원의 정치적 행위가 직무 내의 것인지 직무 외의 것인지 구분하기 어려운 경우가 많고, 설사 공무원이 근무시간 외에 혹은 직무와 관련 없이 정당과 관련한 정치적 표현행위를 한다 하더라도 공무원의 정치적 중립성에 대한 국민의 기대와 신뢰는 유지되기 어렵다. 나아가 공무원의 행위는 근무시간 내외를 불문하고 국민에게 중대한 영향을 미친다고 할 것이므로, 직무 내의 정당활동에 대한 규제만으로 공무원의 근무기강을 확립하고 정치적 중립성을 확보하는 데 충분하다고 할 수 없다. 한편, 이 사건 정당가입 금지조항은 공무원이 '정당의 당원이 된다'는 정치적 행위를 금지하고 있을 뿐이므로, 정당에 대한 지지의사를 선거와 무관하게 개인적인 자리에서 밝히거나 선거에서 지지 정당에 대해 투표를 하는 등 일정한 범위 내의 정당 관련 활동은 공무원에게도 허용되고 있다. 이러한 점에서 볼 때 이 사건 정당가입 금지조항은 침해의 최소성원칙에 반하지 아니한다(헌재 2020.4.23, 2018헌마551).

□□□ 042

22. 경정승진

경찰공무원이 자격정지 이상의 형의 선고유예를 받은 경우 공무원직에서 당연퇴직하도록 규정하고 있는 구 경찰공무원법 조항은 자격정지 이상의 선고유예판결을 받은 모든 범죄를 포괄하여 규정하고 있을 뿐만 아니라 심지어 오늘날 누구에게나 위험이 상존하는 교통사고 관련 범죄 등 과실범의 경우마저 당연퇴직의 사유에서 제외하지 않고 있으므로 최소침해성의 원칙에 반한다.　　　　O | X

해설

[O] 경찰공무원이 자격정지 이상의 형의 선고유예를 받은 경우 당연퇴직하도록 규정하고 있는 이 사건 법률조항이 헌법 제25조의 공무담임권을 침해한다(헌재 2004.9.23, 2004헌가12).

□□□ 043

22. 경정승진

헌법 제7조가 정하고 있는 직업공무원제도는 공무원이 집권세력의 논공행상의 제물이 되는 엽관제도를 지양하며 정권교체에 따른 국가작용의 중단과 혼란을 예방하고 일관성 있는 공무수행의 독자성을 유지하기 위하여 헌법과 법률에 의하여 공무원의 신분이 보장되도록 하는 공직구조에 관한 제도로 공무원의 정치적 중립과 신분보장을 그 중추적 요소로 한다.　　　　O | X

해설

[O] 직업공무원제도는 공무원이 집권세력의 논공행상의 제물이 되는 엽관제도를 지양하며 정권교체에 따른 국가작용의 중단과 혼란을 예방하고 일관성 있는 공무수행의 독자성을 유지하기 위하여 헌법과 법률에 의하여 공무원의 신분이 보장되도록 하는 공직구조에 관한 제도로 공무원의 정치적 중립과 신분보장을 그 중추적 요소로 한다(헌재 2004.11.25, 2002헌바8).

□□□ 044

22. 경정승진

공무원이거나 공무원이었던 사람이 재직 중의 사유로 금고 이상의 형을 받거나 형이 확정된 경우 퇴직급여 및 퇴직수당의 일부를 감액하여 지급함에 있어 그 이후 형의 선고의 효력을 상실하게 하는 특별사면 및 복권을 받은 경우를 달리 취급하는 규정을 두지 아니한 구 공무원연금법 규정은 합리적인 이유가 없다고 할 것이므로 청구인의 재산권 및 인간다운 생활을 할 권리를 침해한다.　　　　O | X

해설

[X] 형의 선고의 효력을 상실하게 하는 특별사면 및 복권을 받았다 하더라도 그 대상인 형의 선고의 효력이나 그로 인한 자격상실 또는 정지의 효력이 장래를 향하여 소멸되는 것에 불과하고, 형사처벌에 이른 범죄사실 자체가 부인되는 것은 아니므로, 공무원 범죄에 대한 제재수단으로서의 실효성을 확보하기 위하여 특별사면 및 복권을 받았다 하더라도 퇴직급여 등을 계속 감액하는 것을 두고 현저히 불합리하다고 평가할 수 없다. 나아가 심판대상조항에 의하여 퇴직급여 등의 감액대상이 되는 경우에도 본인의 기여금 부분은 보장하고 있다. 따라서 심판대상조항은 그 합리적인 이유가 인정되는바, 재산권 및 인간다운 생활을 할 권리를 침해한다고 볼 수 없어 헌법에 위반되지 아니한다(헌재 2020.4.23, 2018헌바402).

045

22. 경정승진

형사사건으로 기소된 국가공무원을 직위해제할 수 있도록 규정한 구 국가공무원법의 규정에 의한 공무담임권의 제한은 잠정적이고 그 경우에도 공무원의 신분은 유지되고 있다는 점에서 공무원에게 가해지는 신분상 불이익과 보호하려는 공익을 비교할 때 공무집행의 공정성과 그에 대한 국민의 신뢰를 유지하고자 하는 공익이 더욱 크므로 이 사건 법률조항은 공무담임권을 침해하지 않는다.　　O | X

해설

[O] 이 사건 법률조항의 입법목적은 형사소추를 받은 공무원이 계속 직무를 집행함으로써 발생할 수 있는 공직 및 공무집행의 공정성과 그에 대한 국민의 신뢰를 해할 위험을 예방하기 위한 것으로 정당하고, 직위해제는 이러한 입법목적을 달성하기에 적합한 수단이다. 이 사건 법률조항에 의한 공무담임권의 제한은 잠정적이고 그 경우에도 공무원의 신분은 유지되고 있다는 점에서 공무원에게 가해지는 신분상 불이익과 보호하려는 공익을 비교할 때 공무집행의 공정성과 그에 대한 국민의 신뢰를 유지하고자 하는 공익이 더욱 크다. 따라서 이 사건 법률조항은 공무담임권을 침해하지 않는다(헌재 2006.5.25, 2004헌바12).

046

22. 경찰 1차

공무담임권은 국가 등에게 능력주의를 존중하는 공정한 공직자선발을 요구할 수 있는 권리라는 점에서 직업선택의 자유보다는 그 기본권의 효과가 현실적·구체적이므로, 공직을 직업으로 선택하는 경우에 있어서 직업선택의 자유는 공무담임권을 통해서 그 기본권보호를 받게 된다고 할 수 있으므로 공무담임권을 침해하는지 여부를 심사하는 이상 이와 별도로 직업선택의 자유 침해 여부를 심사할 필요는 없다.　　O | X

해설

[O] 공무담임권은 국가 등에게 능력주의를 존중하는 공정한 공직자선발을 요구할 수 있는 권리라는 점에서 직업선택의 자유보다는 그 기본권의 효과가 현실적·구체적이므로, 공직을 직업으로 선택하는 경우에 있어서 직업선택의 자유는 공무담임권을 통해서 그 기본권보호를 받게 된다고 할 수 있으므로 공무담임권을 침해하는지 여부를 심사하는 이상 이와 별도로 직업선택의 자유 침해 여부를 심사할 필요는 없다(헌재 2006.3.30, 2005헌마598).

047

22. 경찰 1차

공무담임권의 보호영역에는 일반적으로 공직취임의 기회보장, 신분박탈, 직무의 정지가 포함될 뿐이고 '승진시험의 응시제한'이나 이를 통한 승진기회의 보장 문제는 공직신분의 유지나 업무수행에는 영향을 주지 않는 단순한 내부 승진인사에 관한 문제에 불과하여 공무담임권의 보호영역에 포함된다고 보기 어렵다.　　O | X

해설

[O] 공무담임권의 보호영역에는 공직취임 기회의 자의적인 배제뿐 아니라, 공무원 신분의 부당한 박탈이나 권한(직무)의 부당한 정지도 포함된다. 다만, '승진시험의 응시제한'이나 이를 통한 승진기회의 보장 문제는 공직신분의 유지나 업무수행에는 영향을 주지 않는 단순한 내부 승진인사에 관한 문제에 불과하여 공무담임권의 보호영역에 포함된다고 보기는 어렵다고 할 것이다(헌재 2007.6.28, 2005헌마1179).

048
22. 경찰 1차

서울교통공사는 공익적인 업무를 수행하기 위한 지방공사이나 서울특별시와 독립적인 공법인으로서 경영의 자율성이 보장되고, 서울교통공사의 직원의 신분도 지방공무원법이 아닌 지방공기업법과 정관에서 정한 바에 따르는 등, 서울교통공사의 직원이라는 직위가 헌법 제25조가 보장하는 공무담임권의 보호영역인 '공무'의 범위에는 해당하지 않는다.　　　　　　　　　　　　　　　　　　　O | X

해설

[O] 서울교통공사는 공익적인 업무를 수행하기 위한 지방공사이나, 서울특별시와 독립적인 공법인으로서 경영의 자율성이 보장되고, 수행 사업도 국가나 지방자치단체의 독점적 성격을 갖는다고 보기 어려우며, 서울교통공사의 직원의 신분도 지방공무원법이 아닌 지방공기업법과 정관에서 정한 바에 따르는 등, 서울교통공사의 직원이라는 직위가 헌법 제25조가 보장하는 공무담임권의 보호영역인 '공무'의 범위에는 해당하지 않는다(헌재 2021.2.25, 2018헌마174).

049
22. 경찰 1차

금고 이상의 형의 선고유예를 받고 그 기간 중에 있는 자를 임용결격사유로 삼고, 위 사유에 해당하는 자가 임용되더라도 이를 당연무효로 하는 구 국가공무원법 조항은 입법자의 재량을 일탈하여 청구인의 공무담임권을 침해한다.　　　　　　　　　　　　　　　　　　　　　　　　　O | X

해설

[X] 이 사건 법률조항은 금고 이상의 형의 선고유예의 판결을 받아 그 기간 중에 있는 사람이 공무원으로 임용되는 것을 금지하고 이러한 사람이 공무원으로 임용되더라도 그 임용을 당연무효로 하는 것으로서, 공직에 대한 국민의 신뢰를 보장하고 공무원의 원활한 직무수행을 도모하기 위하여 마련된 조항이다. 청구인과 같이 임용결격사유에도 불구하고 임용된 임용결격공무원은 상당한 기간 동안 근무한 경우라도 적법한 공무원의 신분을 취득하여 근무한 것이 아니라는 이유로 공무원연금법상 퇴직급여의 지급대상이 되지 못하는 등 일정한 불이익을 받기는 하지만, 재직기간 중 사실상 제공한 근로에 대하여는 그 대가에 상응하는 금액의 반환을 부당이득으로 청구하는 등의 민사적 구제수단이 있는 점을 고려하면, 공직에 대한 국민의 신뢰보장이라는 공익과 비교하여 임용결격공무원의 사익 침해가 현저하다고 보기 어렵다. 따라서 이 사건 법률조항은 입법자의 재량을 일탈하여 공무담임권을 침해한 것이라고 볼 수 없다(헌재 2016.7.28, 2014헌바437).

050
23. 경찰 1차

피성년후견인인 국가공무원은 당연퇴직한다고 규정한 국가공무원법 조항은 성년후견이 개시되지는 않았으나 동일한 정도의 정신적 장애가 발생한 국가공무원의 경우와 비교할 때 사익의 제한 정도가 과도하여 과잉금지원칙에 위반되므로 공무담임권을 침해한다.　　　　　　　　　　　　　　　O | X

해설

[O] 심판대상조항이 달성하고자 하는 공익은 우리 헌법상 사회국가원리에 입각한 공무담임권 보장과 조화를 이루는 정도에 한하여 중요성이 인정될 수 있다. 그런데 심판대상조항은 성년후견이 개시되지는 않았으나 동일한 정도의 정신적 장애가 발생한 국가공무원의 경우와 비교할 때 사익의 제한 정도가 과도하고, 성년후견이 개시되었어도 정신적 제약을 극복하여 후견이 종료될 수 있고, 이 경우 법원에서 성년후견 종료심판을 하고 있다는 사실에 비추어 보아도 사익의 제한 정도가 지나치게 가혹하다. 또한 심판대상조항처럼 국가공무원의 당연퇴직사유를 임용결격사유와 동일하게 규정하려면 국가공무원이 재직 중 쌓은 지위를 박탈할 정도의 충분한 공익이 인정되어야 하나, 이 조항이 달성하려는 공익은 이에 미치지 못한다. 따라서 심판대상조항은 과잉금지원칙에 반하여 공무담임권을 침해한다(헌재 2022.12.22, 2020헌가8).

051
23. 경찰간부

미성년자에 대하여 성범죄를 범하여 형을 선고받아 확정된 자와 성인에 대한 성폭력범죄를 범하여 벌금 100만원 이상의 형을 선고받아 확정된 자는 초·중등교육법상의 교원에 임용될 수 없도록 한 부분은 그 제한의 범위가 지나치게 넓고 포괄적이어서 공무담임권을 침해한다. O | X

해설

[X] 성인에 대한 성폭력범죄의 경우 미성년자에 대하여 성범죄를 범한 것과 달리, 성폭력범죄 행위로 인하여 형을 선고받기만 하면 곧바로 교원임용이 제한되는 것이 아니고, 100만원 이상의 벌금형이나 그 이상의 형을 선고받고 그 형이 확정된 사람에 한하여 임용을 제한하고 있는바, 법원이 범죄의 모든 정황을 고려한 다음 벌금 100만원 이상의 형을 선고하여 그 판결이 확정되었다면, 이는 결코 가벼운 성폭력범죄 행위라고 볼 수 없다. 이처럼 이 사건 결격사유조항은 성범죄를 범하는 대상과 확정된 형의 정도에 따라 성범죄에 관한 교원으로서의 최소한의 자격기준을 설정하였다고 할 것이고, 같은 정도의 입법목적을 달성하면서도 기본권을 덜 제한하는 수단이 명백히 존재한다고 볼 수도 없으므로, 이 사건 결격사유조항은 과잉금지원칙에 반하여 청구인의 공무담임권을 침해하지 아니한다(헌재 2019.7.25, 2016헌마754).

052
23. 경찰간부

국가공무원법 해당 조항 중 아동복지법 제17조 제2호 가운데 '아동에게 성적 수치심을 주는 성희롱 등의 성적 학대행위로 형을 선고받아 그 형이 확정된 사람은 일반직공무원으로 임용될 수 없도록 한 부분은 아동·청소년 대상 성범죄의 재범률을 고려해 볼 때 공무담임권을 침해하지 않는다. O | X

해설

[X] 심판대상조항은 아동과 관련이 없는 직무를 포함하여 모든 일반직공무원 및 부사관에 임용될 수 없도록 하므로, 제한의 범위가 지나치게 넓고 포괄적이다. 또한, 심판대상조항은 영구적으로 임용을 제한하고, 결격사유가 해소될 수 있는 어떠한 가능성도 인정하지 않는다. 아동에 대한 성희롱 등의 성적 학대행위로 형을 선고받은 경우라고 하여도 범죄의 종류, 죄질 등은 다양하므로, 개별 범죄의 비난가능성 및 재범 위험성 등을 고려하여 상당한 기간 동안 임용을 제한하는 덜 침해적인 방법으로도 입법목적을 충분히 달성할 수 있다. 따라서 심판대상조항은 과잉금지원칙에 위배되어 청구인의 공무담임권을 침해한다(헌재 2022.11.24, 2020헌마1181).

053
23. 경찰간부

비위공무원에 대한 징계를 통해 불이익을 줌으로써 공직기강을 바로 잡고 공무수행에 대한 국민의 신뢰를 유지하고자 하는 공익은 제한되는 사익 이상으로 중요하므로, 공무원이 감봉처분을 받은 경우 12월간 승진임용을 제한하는 국가공무원법 조항 중 '승진임용'에 관한 부분은 공무담임권을 침해하지 않는다. O | X

해설

[O] 징계처분에 따른 승진임용 제한기간을 정함에 있어서는 일반적으로 승진임용에 소요되는 기간을 고려하여 적어도 공무원 징계처분의 취지와 효력을 담보할 수 있는 기간이 설정될 필요가 있다. 감봉의 경우 12개월간 승진임용이 제한되는데 이는 종래 18개월이었던 것을 축소한 것이며, 강등·정직(18개월)이나 견책(6개월)과의 균형을 고려하면 과도하게 긴 기간이라고 보기는 어렵다. 비위공무원에 대한 징계를 통해 불이익을 줌으로써 공직기강을 바로 잡고 공무수행에 대한 국민의 신뢰를 유지하고자 하는 공익은 제한되는 사익 이상으로 중요하다. 이 사건 승진조항은 과잉금지원칙을 위반하여 청구인의 공무담임권을 침해하지 않는다(헌재 2022.3.31, 2020헌마211).

피성년후견인인 국가공무원은 당연퇴직한다고 정한 구 국가공무원법 조항 중 '피성년후견인'에 관한 부분은 정신상의 장애로 직무를 감당할 수 없는 국가공무원을 부득이 공직에서 배제하는 불가피한 조치로서 공무담임권을 침해하지 않는다.　　　　　　　　　　　　　　　　　　　　　　　　　　O | X

해설

[X] 피성년후견인인 국가공무원은 당연퇴직한다고 정한 구 국가공무원법 제69조 제1호 중 제33조 제1호 가운데 '피성년후견인'에 관한 부분, 국가공무원법 제69조 제1호 중 제33조 제1호에 관한 부분은 공무담임권을 침해한다(헌재 2022.12.22, 2020헌가8).

police.Hackers.com

제6장 | 청구권적 기본권

제1절 청원권

001
03. 법행

헌법은 청원에 대한 심사 및 심사결과의 통지의무를 규정하고 있다.　　　　　　　　　O | X

해설

> [X] 헌법 제26조 제2항에서는 청원에 대한 심사의무만을 규정하였고, 심사결과의 통지의무는 청원법 제9조 제 3항에서 비로소 인정하고 있다.

002
04. 국가직

청원인과 직접 이해관계가 있는 사항에 대하여서만 청원할 수 있다.　　　　　　　　　O | X

해설

> [X] 청원은 국가기관뿐만 아니라 지방자치단체나 그 밖의 공공단체에 대해서도 할 수 있는 것으로, 청원권 행 사는 자기의 권리 또는 이익의 침해를 반드시 필요로 요하지 아니한다. 즉, 자기와 직접 이해관계 없는 사 항에 대해서도 청원할 수 있다.

003
21. 소방간부
후보생

국회에 청원을 하려는 자는 의원의 소개를 받거나 국회규칙으로 정하는 기간 동안 국회규칙으로 정하는 일정한 수 이상의 국민의 동의를 받아 청원서를 제출하여야 한다.　　　　　　　　　O | X

해설

> [O] **국회법 제123조【청원서의 제출】**① 국회에 청원을 하려는 자는 의원의 소개를 받거나 국회규칙으로 정하는 기간 동안 국회규칙으로 정하는 일정한 수 이상의 국민의 동의를 받아 청원서를 제출하여야 한다.

004
06. 행시

청원권은 법인과 외국인을 제외한 자연인에게만 인정된다.　　　　　　　　　O | X

해설

> [X] 청원권은 외국인과 법인도 주체가 된다. 특별권력관계에 있는 공무원·군인·수형자 등도 청원을 할 수 있 다. 다만, 공무원·군인·수형자 등은 직무와 관련된 청원과 집단적 청원은 할 수 없다.

005
05. 법행

국가기관은 청원사항을 심사하여 심판서나 재결서에 준하는 이유를 명시한 처리결과를 통지하여야 한다.

O | X

해설

> [X] 헌법상 보장된 청원권은 공권력과의 관계에서 일어나는 여러 가지 이해관계, 의견, 희망 등에 관하여 적법한 청원을 한 모든 당사자에게 국가기관이 청원을 수리할 뿐만 아니라 이를 심사하여 청원자에게 그 처리결과를 통지할 것을 요구할 수 있는 권리를 말하나, 청원사항의 처리결과에 심판서나 재결서에 준하여 이유를 명시할 것까지를 요구하는 것은 청원권의 보호범위에 포함되지 아니하므로 청원 소관관서는 청원법이 정하는 절차와 범위 내에서 청원사항을 성실·공정·신속히 심사하고 청원인에게 그 청원을 어떻게 처리하였거나 처리하려고 하는지를 알 수 있는 정도로 결과통지함으로써 충분하고, 비록 그 처리내용이 청원인이 기대하는 바에 미치지 않는다고 하더라도 헌법소원의 대상이 되는 공권력의 행사 내지 불행사라고는 볼 수 없다(헌재 1997.7.16, 93헌마239).

006
08. 법무사

헌법 제26조는 국민의 청원에 대하여 국가가 심사할 의무뿐만 아니라 통지를 할 의무에 대하여도 명문의 규정을 두고 있다.

O | X

해설

> [X] 청원기관의 장은 청원을 접수한 때에는 특별한 사유가 없으면 90일 이내에 처리결과를 청원인에게 알려야 한다(청원법 제21조). 즉, 통지의무는 헌법이 아닌 청원법에서 규정하고 있다.

007
23. 경찰 1차
21. 소방간부
후보생

교도소 수형자의 서신을 통한 청원을 아무런 제한 없이 허용한다면 수용자가 이를 악용하여 검열 없이 외부에 서신을 발송하는 탈법수단으로 이용할 수 있게 되므로 이에 대한 검열은 수용목적을 달성하기 위한 불가피한 것으로서 청원권의 본질적 내용을 침해하는 것은 아니다.

O | X

해설

> [O] 헌법상 청원권이 보장된다 하더라도 청원권의 구체적 내용은 입법활동에 의하여 형성되며 입법형성에는 폭넓은 재량권이 있으므로 입법자는 수용목적 달성을 저해하지 않는 범위 내에서 교도소 수용자에게 청원권을 보장하는 합리적인 수단을 선택할 수 있다고 할 것인바, 서신을 통한 수용자의 청원을 아무런 제한 없이 허용한다면 수용자가 이를 악용하여 검열 없이 외부에 서신을 발송하는 탈법수단으로 이용할 수 있게 되므로 이에 대한 검열은 수용목적 달성을 위한 불가피한 것으로서 청원권의 본질적 내용을 침해한다고 할 수 없다(헌재 2001.11.29, 99헌마713).

008
12. 국회직 9급

국가기관은 청원을 수리한 후 그 내용에 따라 조치를 취할 의무가 있다.

O | X

해설

> [X] 헌법 제26조 제2항에 의하여 국가가 청원에 대하여 심사할 의무를 지고 청원법 제9조 제4항에 의하여 주관관서가 그 심사처리결과를 청원인에게 통지할 의무를 지고 있더라도 청원을 수리한 국가기관은 이를 성실, 공정, 신속히 심사, 처리하여 그 결과를 청원인에게 통지하는 이상의 법률상 의무를 지는 것은 아니라고 할 것이고, 따라서 국가기관이 그 수리한 청원을 받아들여 구체적인 조치를 취할 것인지 여부는 국가기관의 자유재량에 속한다고 할 것일 뿐만 아니라 이로써 청원자의 권리의무, 그 밖의 법률관계에는 하등의 영향을 미치는 것이 아니므로 청원에 대한 심사처리결과의 통지 유무는 행정소송의 대상이 되는 행정처분이라고 할 수 없다(대판 1990.5.25, 90누1458).

009

12. 국회직 9급

지방의회에 청원할 때에 지방의회의원의 소개를 얻도록 한 것은 헌법 위반이다.　　　　O | X

해설

[X] 지방의회에 청원을 할 때에 지방의회의원의 소개를 얻도록 한 것은 의원이 미리 청원의 내용을 확인하고 이를 소개하도록 함으로써 청원의 남발을 규제하고 심사의 효율을 기하기 위한 것이고, 지방의회의원 모두가 소개의원이 되기를 거절하였다면 그 청원내용에 찬성하는 의원이 없는 것이므로 지방의회에서 심사하더라도 인용가능성이 전혀 없어 심사의 실익이 없으며, 청원의 소개의원도 1인으로 족한 점을 감안하면 이러한 정도의 제한은 공공복리를 위한 필요·최소한의 것이라고 할 수 있다. 그러므로 지방의회에 청원을 하고자 할 때에 반드시 지방의회의원의 소개를 얻도록 한 것은 청원권을 과도하게 제한하는 것이 아니다(헌재 1999.11.25, 97헌마54).

010

23. 경찰 1차
12. 법무사

청원에 대하여 국가기관이 수리·심사하여 그 결과를 청원인에게 통지하였다고 하더라도, 그 결과가 청원인의 기대에 미치지 못한다면 헌법소원의 대상이 되는 공권력의 불행사에 해당한다.　　　　O | X

해설

[X] 청원에 대하여 국가기관이 수리·심사하여 그 결과를 청원인에게 통지하였다면 비록 그 결과가 청원인의 기대에 미치지 못한다 하더라도 헌법소원의 대상이 되는 공권력의 불행사가 있다고 볼 수는 없다(헌재 1994.2.24, 93헌마213 등).

011

16. 법행

청원법 제8조(현 제16조)는 동일내용의 청원서를 동일기관에 2개 이상 또는 2개 기관 이상에 제출할 수 없도록 하고, 이에 위배된 청원서를 접수한 관서는 이를 취급하지 아니하도록 하고 있으므로, 동일내용의 청원에 대하여는 국가기관이 이를 수리, 심사 및 통지를 하여야 할 아무런 의무가 없다.　　　　O | X

해설

[X] 청원기관의 장은 동일인이 같은 내용의 청원서를 같은 청원기관에 2건 이상 제출한 반복청원의 경우에는 나중에 제출된 청원서를 반려하거나 종결처리할 수 있고, 종결처리하는 경우 이를 청원인에게 알려야 한다. 동일인이 같은 내용의 청원서를 2개 이상의 청원기관에 제출한 경우 소관이 아닌 청원기관의 장은 청원서를 소관 청원기관의 장에게 이송하여야 한다(청원법 제16조).

012

16. 국가직

헌법에서는 청원에 대하여 심사할 의무만을 규정하므로 국가기관은 청원에 대하여 그 결과를 통지하여야 할 의무를 지지 않는다.　　　　O | X

해설

[X] 헌법 제26조와 청원법의 규정에 의할 때, 헌법상 보장된 청원권은 공권력과의 관계에서 일어나는 여러 가지 이해관계, 의견, 희망 등에 관하여 적법한 청원을 한 모든 국민에게 국가기관이 청원을 수리·심사하여 그 결과를 통지할 것을 요구할 수 있는 권리를 말하므로, 청원서를 접수한 국가기관은 이를 수리·심사하여 그 결과를 통지하여야 할 헌법에서 유래하는 작위의무를 지고 있고, 이에 상응하여 청원인에게는 청원에 대하여 위와 같은 적정한 처리를 할 것을 요구할 수 있는 권리가 있다(헌재 2004.5.27, 2003헌마851).

013
23. 경찰간부

국가유공자가 철도청장에게 자신을 기능직공무원으로 임용하여 줄 것을 청원하는 경우에 취업보호대상자의 기능직공무원채용의무비율 규정이 있는 때에는 그 국가유공자가 채용시험 없이 바로 자신을 임용해 줄 것을 요구할 수 있는 구체적인 신청권을 갖고 있는 것으로 볼 수 있다. O l X

해설

[X] 헌법과 그 밖의 관련규정을 종합하여 볼 때, 이 사건 청구인이 취업보호대상자의 기능직공무원 채용의무비율 규정만을 근거로 피청구인 철도청장에 대해 채용시험 없이 바로 자신을 임용해 줄 것을 요구할 수 있는 구체적인 신청권을 갖고 있는 것으로 볼 수는 없다(헌재 2004.10.28, 2003헌마898).

014
23. 경찰간부

국민이 여러 가지 이해관계 또는 국정에 관해서 자신의 의견이나 희망을 해당 기관에 직접 진술하여야 하며, 본인을 대리하거나 중개하는 제3자를 통해 진술하는 것은 청원권으로서 보호되지 않는다. O l X

해설

[X] 우리 헌법은 문서로 청원을 하도록 한 것 이외에 그 형식을 제한하고 있지 않으며, 청원권의 행사방법이나 그 절차를 구체화하고 있는 청원법도 제3자를 통해 하는 방식의 청원을 금지하고 있지 않다. 따라서 국민이 여러 가지 이해관계 또는 국정에 관해서 자신의 의견이나 희망을 해당 기관에 직접 진술하는 외에 그 본인을 대리하거나 중개하는 제3자를 통해 진술하더라도 이는 청원권으로서 보호될 것이다(헌재 2005.11.24, 2003헌바108).

015
23. 경찰간부

청원법에 따르면 청원기관의 장은 청원이 허위의 사실로 타인으로 하여금 형사처분 또는 징계처분을 받게 하는 사항에 해당하는 경우에는 처리를 하지 아니한다. O l X

해설

[X] '처리를 하지 아니한다'가 아닌 '처리를 하지 아니할 수 있다'.

청원법 제6조 【청원 처리의 예외】 청원기관의 장은 청원이 다음 각 호의 어느 하나에 해당하는 경우에는 처리를 하지 아니할 수 있다. 이 경우 사유를 청원인(제11조 제3항에 따른 공동청원의 경우에는 대표자를 말한다)에게 알려야 한다.
3. 허위의 사실로 타인으로 하여금 형사처분 또는 징계처분을 받게 하는 사항

□□□ 016
03. 법무사

헌법재판소는 상고심 절차에 관한 특례법 제4조 제1항에서 규정하고 있는 심리불속행제도는 국민의 재판청구권을 제약하는 것이므로 헌법에 위반된다고 결정하였다.　　　　　　　O | X

해설

[X] 헌법이 대법원을 최고법원으로 규정하였다고 하여 대법원이 곧바로 모든 사건을 상고심으로서 관할하여야 한다는 결론이 당연히 도출되는 것은 아니며, '헌법과 법률이 정하는 법관에 의하여 법률에 의한 재판을 받을 권리'가 사건의 경중을 가리지 않고 모든 사건에 대하여 대법원을 구성하는 법관에 의한 균등한 재판을 받을 권리를 의미한다거나 또는 상고심 재판을 받을 권리를 의미하는 것이라고 할 수는 없다. 또한, 심급제도는 사법에 의한 권리보호에 관한 한정된 법 발견 자원의 합리적인 분배의 문제인 동시에 재판의 적정과 신속이라는 서로 상반되는 두 가지의 요청을 어떻게 조화시키느냐의 문제로 돌아가므로 원칙적으로 입법자의 형성의 자유에 속하는 사항이다. 그러므로 상고심 절차에 관한 특례법 제4조 제1항 및 제3항과 제5조 제1항 및 제2항은 비록 국민의 재판청구권을 제약하고 있기는 하지만 위 심급제도와 대법원의 기능에 비추어 볼 때 헌법이 요구하는 대법원의 최고법원성을 존중하면서 민사, 가사, 행정 등 소송사건에 있어서 상고심 재판을 받을 수 있는 객관적인 기준을 정함에 있어 개별적 사건에서의 권리구제보다 법령해석의 통일을 더 우위에 둔 규정으로서 그 합리성이 있다고 할 것이므로 헌법에 위반되지 아니한다(헌재 1997.10.30, 97헌바37 등).

□□□ 017
06 · 02. 법무사

헌법상 재판을 받을 권리에는 대법원에서 상고심 재판을 받을 권리가 포함되어 있다는 것이 헌법재판소의 판례이다.　　　　　　　O | X

해설

[X] 헌법이 대법원을 최고법원으로 규정하였다고 하여 대법원이 곧바로 모든 사건을 상고심으로서 관할하여야 한다는 결론이 당연히 도출되는 것은 아니며, '헌법과 법률이 정하는 법관에 의하여 법률에 의한 재판을 받을 권리'가 사건의 경중을 가리지 않고 모든 사건에 대하여 대법원을 구성하는 법관에 의한 균등한 재판을 받을 권리를 의미한다거나 또는 상고심 재판을 받을 권리를 의미하는 것이라고 할 수는 없다(헌재 1997. 10.30, 97헌바37 등).

□□□ 018
04. 법행

헌법재판소의 결정 및 통설에 의하면 배심재판은 법관자격이 없는 배심원에 의한 재판이기 때문에 배심원이 사실의 인정에만 관여하는 경우에도 헌법에 위반된다.　　　　　　　O | X

해설

[X] 헌법과 법률이 정한 법관이 아닌 배심원이 사실심에만 관여하고 법률심에 관여하지 않는다면(배심재판) 무방하지만, 법률심에까지 관여한다면 헌법 제27조 제1항에 위배된다는 것이 통설의 태도이다. 또한, 참심원이 사실심 외에 법률심에까지 참여하는 참심재판제도를 채택한다면 위헌이라는 것이 통설이다.

019
04. 국가직

재판이라고 함은 법률의 해석·적용을 의미하므로 법관에 의한 사실확정의 기회가 부여되지 않았다고 하더라도 헌법에 위배된다고 할 수 없다. O | X

해설

[X] 법관에 의한 재판을 받을 권리를 보장한다고 함은 법관이 사실을 확정하고 법률을 해석·적용하는 재판을 받을 권리를 보장한다는 뜻이고, 그와 같은 법관에 의한 사실확정과 법률의 해석·적용의 기회에 접근하기 어렵도록 제약이나 장벽을 쌓아서는 아니 되며, 만일 그러한 보장이 제대로 이루어지지 아니한다면 헌법상 보장된 재판을 받을 권리의 본질적 내용을 침해하는 것으로서 우리 헌법상 허용되지 아니한다(헌재 2000. 6.29, 99헌가9).

020
03. 법행

행정소송을 함에 있어서 필요적으로 행정심판을 거치도록 하는 것은 재판청구권을 침해하는 것이다. O | X

해설

[X] 비록 국민의 재판청구권을 제약하는 측면이 있는 것도 사실이나, 심사청구·재심사청구의 전치로 인한 노고와 시간, 즉 재판청구권의 제약의 정도는 경미한 데 비하여 그로 인하여 달성되는 공익은 매우 크다고 할 것이므로, 심사청구·재심사청구제도가 행정심판절차 형성에 관한 입법형성권의 한계를 벗어나 국민의 재판청구권을 침해하는 제도라고 할 수 없다(헌재 2000.6.1, 98헌바8).

021
05. 국가직

재판청구권은 당사자의 동의로 포기할 수 있다. O | X

해설

[O] 헌법은 기본권의 포기에 관하여 명시적으로 규정하고 있지 않다. 다수설은 기본권의 성질과 기능에 따라 기본권의 포기가 인정된다고 본다. 항소심의 재판이나 대법원의 재판을 받지 않겠다는 재판청구권의 포기는 성질상 허용된다.

022
06. 사시

'신속한 재판을 받을 권리'를 규정하고 있는 헌법 제27조 제3항에 의하여, 모든 국민은 법률에 의한 구체적 형성이 없어도 직접 신속한 재판을 청구할 수 있는 권리를 가진다. O | X

해설

[X] 헌법 제27조 제3항 제1문은 "모든 국민은 신속한 재판을 받을 권리를 가진다."라고 규정하고 있다. 그러나 신속한 재판을 받을 권리의 실현을 위해서는 구체적인 입법형성이 필요하며, 다른 사법절차적 기본권에 비하여 폭넓은 입법재량이 허용된다. 특히 신속한 재판을 위해서 적정한 판결선고기일을 정하는 것은 법률상 쟁점의 난이도, 개별사건의 특수상황, 접수된 사건량 등 여러 가지 요소를 복합적으로 고려하여 결정되어야 할 사항인데, 이때 관할 법원에게는 광범위한 재량권이 부여된다. 따라서 법률에 의한 구체적 형성 없이는 신속한 재판을 위한 어떤 직접적이고 구체적인 청구권이 발생하지 아니한다(헌재 1999.9.16, 98헌마75).

023

배심재판은 배심원이 법률판단에까지 관여한다고 하더라도 법관에 의하여 진행되는 이상 헌법에 위반되지 않는다.　　　　O | X

해설

[X] 배심원이 법률판단에까지 관여하는 것은 재판받을 권리에 대한 침해로써 위헌이라는 것이 통설이다.

024

헌법재판소는 구 국가배상법 제16조 중 "심의회의 배상결정은 신청인이 동의한 때에는 민사소송법의 규정에 의한 재판상의 화해가 성립된 것으로 본다."라는 부분에 대해 재판청구권의 침해로 볼 수 없다고 판시했다.　　　　O | X

해설

[X] 이 사건 심판대상조항 부분은 국가배상에 관한 분쟁을 신속히 종결·이행시키고 배상결정에 안정성을 부여하여 국고의 손실을 가능한 한 경감하려는 입법목적을 달성하기 위하여 동의된 배상결정에 재판상의 화해의 효력과 같은, 강력하고도 최종적인 효력을 부여하여 재심의 소에 의하여 취소 또는 변경되지 않는 한 그 효력을 다툴 수 없도록 하고 있는바, 사법절차에 준한다고 볼 수 있는 각종 중재·조정절차와는 달리 배상결정절차에 있어서는 심의회의 제3자성·독립성이 희박한 점, 심의절차의 공정성·신중성도 결여되어 있는 점, 심의회에서 결정되는 배상액이 법원의 그것보다 하회하는 점 및 불제소합의의 경우와는 달리 신청인의 배상결정에 대한 동의에 재판청구권을 포기할 의사까지 포함되는 것으로 볼 수도 없는 점을 종합하여 볼 때, 이는 신청인의 재판청구권을 과도하게 제한하는 것이어서 헌법 제37조 제2항에서 규정하고 있는 기본권 제한입법에 있어서의 과잉입법금지의 원칙에 반할 뿐 아니라, 권력을 입법·행정 및 사법 등으로 분립한 뒤 실질적 의미의 사법작용인 분쟁해결에 관한 종국적인 권한은 원칙적으로 이를 헌법과 법률에 의한 법관으로 구성되는 사법부에 귀속시키고 나아가 국민에게 그러한 법관에 의한 재판을 청구할 수 있는 기본권을 보장하고자 하는 헌법의 정신에도 충실하지 못한 것이다(헌재 1995.5.25, 91헌가7).

025

배당기일에 이의한 사람이 배당이의의 소(訴)의 첫 변론기일에 출석하지 아니한 때에는 소(訴)를 취하한 것으로 보도록 한 민사집행법 제158조는 이의한 사람의 재판청구권을 침해한다.　　　　O | X

해설

[X] 최초변론기일 불출석시 소취하 의제라는 수단은 원고의 적극적 소송수행을 유도하므로 입법목적의 달성에 효과적이고 적절한 것이고, 원고가 최초의 변론기일에만 출석한다면 그 이후의 불출석으로 인하여 다른 사건에 비하여 특별히 불리한 처우를 받게 되지 않으므로 재판청구권에 대한 과도한 제한이라고 할 수 없다(헌재 2005.3.31, 2003헌바92).

026
10. 법행

특별검사가 참고인에게 지정된 장소까지 동행할 것을 명령할 수 있게 하고 동행명령을 받은 참고인이 정당한 이유 없이 이를 거부한 경우 벌금형에 처하도록 하는 것은 영장주의원칙에 위반된다. O | X

해설

[O] 참고인에 대한 동행명령제도는 참고인의 신체의 자유를 사실상 억압하여 일정 장소로 인치하는 것과 실질적으로 같으므로 헌법 제12조 제3항이 정한 영장주의원칙이 적용되어야 한다. 그럼에도 불구하고 법관이 아닌 특별검사가 동행명령장을 발부하도록 하고 정당한 사유 없이 이를 거부한 경우 벌금형에 처하도록 함으로써, 실질적으로는 참고인의 신체의 자유를 침해하여 지정된 장소에 인치하는 것과 마찬가지의 결과가 나타나도록 규정한 이 사건 동행명령조항은 영장주의원칙을 규정한 헌법 제12조 제3항에 위반되거나 적어도 위 헌법상 원칙을 잠탈하는 것이다(헌재 2008.1.10, 2007헌마1468).

027
09. 사시

불복절차에서 행정심판을 임의적 전치제도로 규정하고 있다면, 불복 신청인에게 행정심판을 거치지 아니하고 곧바로 행정소송을 제기할 수 있는 선택권이 보장되어 있으므로, 그 행정심판에 사법절차가 준용되지 않는다 하더라도 헌법에 위반되지 않는다. O | X

해설

[O] 헌법 제107조 제3항은 "재판의 전심절차로서 행정심판을 할 수 있다. 행정심판의 절차는 법률로 정하되, 사법절차가 준용되어야 한다."고 규정하고 있다. 이 헌법조항은 행정심판절차의 구체적 형성을 입법자에게 맡기고 있지만, 행정심판은 어디까지나 재판의 전심절차로서만 기능하여야 한다는 점과 행정심판절차에 사법절차가 준용되어야 한다는 점은 헌법이 직접 요구하고 있으므로 여기에 입법적 형성의 한계가 있다. 따라서 입법자가 행정심판을 전심절차가 아니라 종심절차로 규정함으로써 정식재판의 기회를 배제하거나, 어떤 행정심판을 필요적 전심절차로 규정하면서도 그 절차에 사법절차가 준용되지 않는다면 이는 헌법 제107조 제3항, 나아가 재판청구권을 보장하고 있는 헌법 제27조에도 위반된다 할 것이다. 반면, 어떤 행정심판절차에 사법절차가 준용되지 않는다 하더라도 임의적 전치제도로 규정함에 그치고 있다면 위 헌법조항에 위반된다 할 수 없다. 그러한 행정심판을 거치지 아니하고 곧바로 행정소송을 제기할 수 있는 선택권이 보장되어 있기 때문이다(헌재 2000.6.1, 98헌바8).

028
09. 사시
08. 법무사

반국가행위자의 처벌에 관한 특별조치법 제11조 제1항이 피고인이 체포되거나 임의로 검사에게 출석하지 아니하면 상소를 할 수 없도록 제한한 것과 동법 제13조 제1항에서 상소권회복청구의 길을 전면 봉쇄한 것이 헌법상 재판청구권을 침해하는 것은 아니다. O | X

해설

[X] 반국가행위자의 처벌에 관한 특별조치법 제11조 제1항에 피고인이 체포되거나 임의로 검사에게 출석하지 아니하면 상소를 할 수 없도록 제한한 것과 동법 제13조 제1항에서 상소권회복청구의 길을 전면 봉쇄한 것은 결국 상소권을 본질적으로 박탈하는 것이어서 헌법상 재판청구권을 침해하는 것이다(헌재 1993.7.29, 90헌바35).

소송구조(訴訟救助)는 재판을 받는 국민에게 국가가 일정한 조력을 제공하는 제도이어서, 소송구조를 받지 않는다면 그 국민의 재판청구권이 형해화되거나 그 행사에 직접 제한을 받을 수 있으므로, 소송구조의 거부는 국민의 재판청구권의 본질을 침해한다. O I X

해설

[X] 국가가 소송구조를 하지 않는다고 하여 국민의 재판청구권이 소멸되거나 그 행사에 직접 제한을 받는다거나 하는 일은 있을 수 없으므로 소송구조의 거부 자체가 국민의 재판청구권의 본질을 침해한다고는 할 수 없다. 다만, 소송비용을 지출할 자력이 없는 국민이 적절한 소송구조를 받기만 한다면 훨씬 쉽게 재판을 받아서 권리구제를 받거나 적어도 권리의 유무에 관한 정당한 의혹을 풀어볼 가능성이 있다고 할 경우에는 소송구조의 거부가 재판청구권 행사에 대한 '간접적인 제한'이 될 수도 있고 경우에 따라서는 이것이 재판청구권에 대한 본질적인 침해까지로 확대평가될 여지도 있을 수 있다. 그러나 이러한 '간접적인 제한'의 여부가 논의될 수 있는 경우라는 것은 어디까지나 재판에 의한 권리구제의 가능성이 어느 정도 있는 경우에 한하는 것이므로 그와 같은 가능성이 전혀 없는 경우, 바꾸어 말하면 패소의 가능성이 명백한 경우는 애당초 여기에 해당할 수 없는 것이다. 이렇게 볼 때에 법 제118조 제1항 단서가 "다만, 패소할 것이 명백한 경우에는 그러하지 아니하다."라고 규정하여 소송구조의 불허가 요건을 정하고 있는 것은 재판청구권의 본질을 침해하는 것이 아니다(헌재 2001.2.22, 99헌바74).

030

10. 사시

구속기간을 제한하는 법률 조항은 미결구금의 부당한 장기화로 인한 인권의 침해를 억제하기 위하여 미결구금기간의 한계를 설정하는 것이지만, 법원의 심리기간을 제한하고 나아가 피고인의 공격방어권을 제한함으로써 피고인의 공정한 재판을 받을 권리를 침해한다. O I X

해설

[X] 구속기간을 제한하고 있는 형사소송법 제92조 제1항에서 말하는 '구속기간'은 '법원이 피고인을 구속한 상태에서 재판할 수 있는 기간'을 의미하는 것이지, '법원이 형사재판을 할 수 있는 기간' 내지 '법원이 구속사건을 심리할 수 있는 기간'을 의미한다고 볼 수 없다. 즉, 이 사건 법률조항은 미결구금의 부당한 장기화로 인하여 피고인의 신체의 자유가 침해되는 것을 방지하기 위한 목적에서 미결구금기간의 한계를 설정하고 있는 것이지, 신속한 재판의 실현 등을 목적으로 법원의 재판기간 내지 심리기간 자체를 제한하려는 규정이라 할 수는 없다. 따라서 비록 이 사건 법률조항이 법원의 피고인에 대한 구속기간을 엄격히 제한하고 있다 하더라도 이로써 법원의 심리기간이 제한된다거나 나아가 피고인의 공격·방어권 행사를 제한하여 피고인의 공정한 재판을 받을 권리가 침해된다고 볼 수는 없다(헌재 2001.6.28, 99헌가14).

031

10. 사시

헌법 제27조에서 규정한 재판을 받을 권리에는 대법원의 상고심 절차에 의한 재판을 받을 권리까지 포함된다. O I X

해설

[X] 헌법 제110조 제2항이 군사법원의 상고심을 대법원이 관할하도록 정하고 같은 조 제4항이 군사법원에서의 단심재판을 제한하도록 규정하고 있고, 헌법 제107조 제2항이 명령·규칙 또는 처분의 위헌·위법 여부에 대한 최종적 심사권이 대법원에 있음을 규정하고 있으므로 그 범위 내에서는 대법원에서의 재판을 받을 권리가 헌법상 보장되지만, 그 이외의 다른 모든 경우에도 심급제도를 인정하여야 한다거나 대법원을 상고심으로 하는 것이 헌법상 요구된다고 할 수는 없다(헌재 1997.10.30, 97헌바37 등).

032
10. 지방직 · 법행

현역병의 군대 입대 전 범죄에 대한 재판권을 군사법원에 부여하고 있다고 하더라도 이것이 군인의 재판청구권을 형성함에 있어 그 재량의 헌법적 한계를 벗어났다고 볼 수 없다.　O | X

해설

[O] 군대는 각종 훈련 및 작전수행 등으로 인해 근무시간이 정해져 있지 않고 집단적 병영(兵營) 생활 및 작전위수(衛戍)구역으로 인한 생활공간적인 제약 등, 군대의 특수성으로 인하여 일단 군인신분을 취득한 군인이 군대 외부의 일반법원에서 재판을 받는 것은 군대 조직의 효율적인 운영을 저해하고, 현실적으로도 군인이 수감 중인 상태에서 일반법원의 재판을 받기 위해서는 상당한 비용 · 인력 및 시간이 소요되므로 이러한 군의 특수성 및 전문성을 고려할 때 군인신분 취득 전에 범한 죄에 대하여 군사법원에서 재판을 받도록 하는 것은 합리적인 이유가 있다(헌재 2009.7.30, 2008헌바162).

033
10. 법행

특별검사가 공소제기한 사건의 재판기간과 상소절차 진행기간을 일반사건보다 단축하는 것은 공정한 재판을 받을 권리를 침해한다.　O | X

해설

[X] 이 사건 법률 제10조가 재판기간을 단기간으로 규정한 것은 사안의 성격과 특별검사제도의 특수성을 감안하여 위 기간 내에 가능한 한 신속하게 재판을 종결함으로써 국민적 의혹을 조기에 해소하고 정치적 혼란을 수습하자는 것일 뿐, 피고인의 방어권이나 적정절차를 보장하지 않은 채 재판이 위 기간 내에 종결되어야 한다거나 위 기간이 도과하면 재판의 효력이 상실된다는 취지는 아니다. … 그렇다면 이 사건 법률 제10조가 공정한 재판을 받을 권리를 침해한다 할 수 없고, 이 사건 법률에 의한 특별검사에 의하여 공소제기된 사람을 일반 형사재판을 받는 사람에 비하여 달리 취급하였다 하여 평등권을 침해한다 할 수 없다(헌재 2008.1.10, 2007헌마1468).

034
10. 국회직 8급

헌법 제107조 제3항이 "재판의 전심절차로서 행정심판을 할 수 있다. 행정심판의 절차는 법률로 정하되, 사법절차가 준용되어야 한다."고 규정함으로써, 행정심판은 어디까지나 재판의 전심절차로서만 기능하여야 한다는 점과 행정심판절차에 사법절차가 준용되어야 한다는 점을 헌법이 직접 요구하고 있으므로, 행정심판을 필요적 전심절차로 규정하든 임의적 전심절차로 규정하든 반드시 사법절차가 준용되어야 한다.　O | X

해설

[X] 헌법 제107조 제3항은 행정심판절차의 구체적 형성을 입법자에게 맡기고 있지만, 행정심판은 어디까지나 재판의 전심절차로서만 기능하여야 한다는 점과 행정심판절차에 사법절차가 준용되어야 한다는 점은 헌법이 직접 요구하고 있으므로 여기에 입법적 형성의 한계가 있다. 따라서 입법자가 행정심판을 전심절차가 아니라 종심절차로 규정함으로써 정식재판의 기회를 배제하거나, 어떤 행정심판을 필요적 전심절차로 규정하면서도 그 절차에 사법절차가 준용되지 않는다면 이는 헌법 제107조 제3항, 나아가 재판청구권을 보장하고 있는 헌법 제27조에도 위반된다 할 것이다. 반면, 어떤 행정심판절차에 사법절차가 준용되지 않는다 하더라도 임의적 전치제도로 규정함에 그치고 있다면 위 헌법조항에 위반된다 할 수 없다. 그러한 행정심판을 거치지 아니하고 곧바로 행정소송을 제기할 수 있는 선택권이 보장되어 있기 때문이다(헌재 2000.6.1, 98헌바8).

□□□
035
10. 법행

교통사고처리 특례법 제4조 제1항 본문 중 '업무상 과실 또는 중대한 과실로 인한 교통사고로 말미암아 피해자로 하여금 중상해에 이르게 한 경우' 공소를 제기할 수 없도록 규정한 부분은 업무상 과실 또는 중대한 과실로 인한 교통사고 피해자의 재판절차진술권을 침해한다. O | X

해설

[O] 업무상 과실 또는 중대한 과실로 인한 교통사고로 말미암아 피해자로 하여금 '중상해가 아닌 상해'에 이르게 한 경우에는 재판절차진술권 침해가 아님을 주의하여야 한다(헌재 2009.2.26, 2005헌마764).

□□□
036
12. 경정승진
11. 사시

소환된 증인이 보복을 당할 우려가 있는 경우 재판장이 피고인을 퇴정시키고 증인신문을 할 수 있도록 한 법률 규정은 피고인의 반대신문권을 보장하지 않아 공정한 재판을 받을 권리를 침해한다. O | X

해설

[X] 이 사건 법률조항들은 특정범죄에 관한 형사절차에서 국민이 안심하고 자발적으로 협조할 수 있도록 그 범죄신고자 등을 실질적으로 보호함으로써 피해자의 진술을 제약하는 요소를 제거하고 이를 통해 범죄로부터 사회를 방위함에 이바지함과 아울러 실체적 진실의 발견을 용이하게 하기 위한 것으로서, 그 목적의 정당성 및 수단의 적합성이 인정되며, 피고인 퇴정조항에 의하여 피고인 퇴정 후 증인신문을 하는 경우에도 피고인은 여전히 형사소송법 제161조의2에 의하여 반대신문권이 보장되고, 이때 변호인이 반대신문 전에 피고인과 상의하여 반대신문사항을 정리하면 피고인의 반대신문권이 실질적으로 보장될 수 있는 점, 인적사항이 공개되지 아니한 증인에 대하여는 증인신문 전에 수사기관 작성의 조서나 증인 작성의 진술서 등의 열람·복사를 통하여 그 신문 내용을 어느 정도 예상할 수 있고, 변호인이 피고인과 상의하여 반대신문의 내용을 정리한 후 반대신문할 수 있는 점 등에 비추어, 기본권 제한의 정도가 특정범죄의 범죄신고자 등 증인 등을 보호하고 실체적 진실의 발견에 이바지하는 공익에 비하여 크다고 할 수 없어 법익의 균형성도 갖추고 있으며, 기본권 제한에 관한 피해의 최소성 역시 인정되므로, 공정한 재판을 받을 권리를 침해한다고 할 수 없다(헌재 2010.11.25, 2009헌바57).

□□□
037
22. 경찰 2차
12. 경정승진
10. 법행

재판청구권에 '피고인이 스스로 치료감호를 청구할 수 있는 권리'가 포함된다고 보기 어렵고, 피고인에게까지 치료감호청구권을 주어야만 절차의 적법성이 담보되는 것은 아니므로 치료감호청구권자를 검사로 한정하는 법률 규정은 재판청구권을 침해하지 않는다. O | X

해설

[O] 피고인 스스로 치료감호를 청구할 수 있는 권리가 헌법상 재판청구권의 보호범위에 포함된다고 보기는 어렵고, 검사뿐만 아니라 피고인에게까지 치료감호청구권을 주어야만 절차의 적법성이 담보되는 것도 아니므로, 이 사건 법률조항이 청구인의 재판청구권을 침해하거나 적법절차의 원칙에 반한다고 볼 수 없다(헌재 2010.4.29, 2008헌마622).

038
12. 경정승진

보상금 등의 지급결정에 동의한 때에는 특수임무수행 등으로 인하여 입은 피해에 대하여 재판상 화해가 성립된 것으로 보는 특수임무수행자보상에 관한 법률 제17조의2의 재판상 화해조항은 청구인들의 재판 청구권을 침해한다고 볼 수 없다. O | X

해설

[O] 보상금 수급권에 관한 구체적인 사항을 정하는 것은 광범위한 입법재량의 영역에 속한다. 보상법상의 위원회는 국무총리 소속으로 관련분야의 전문가들로 구성되고, 임기가 보장되며 제3자성 및 독립성이 보장되어 있는 점, 위원회 심의절차의 공정성·신중성이 충분히 갖추어져 있는 점, 보상금은 보상법 및 시행령에서 정하는 기준에 따라 그 금액이 확정되는 것으로서 위원회에서 결정되는 보상액과 법원의 그것 사이에 별 다른 차이가 없게 되는 점, 청구인이 보상금 지급결정에 대한 동의 여부를 자유롭게 선택할 수 있는 상황에서 보상금 지급결정에 동의한 다음 보상금까지 수령한 점까지 감안하여 볼 때, 이 사건 법률조항으로 인하여 재심절차 이외에는 더 이상 재판을 청구할 수 있는 길이 막히게 된다고 하더라도, 위 법률조항이 입법재량을 벗어나 청구인의 재판청구권을 과도하게 제한하였다고 보기는 어렵다(헌재 2011.2.24, 2010헌바199).

039
19. 서울시 7급

'민주화운동 관련자 명예회복 및 보상심의위원회'의 보상금 등 지급결정에 동의한 때 재판상 화해의 성립을 간주함으로써 법관에 의하여 법률에 의한 재판을 받을 권리를 제한하는 법규정은 재판청구권을 침해하지 않는다. O | X

해설

[O] 민주화보상법은 관련 규정을 통하여 보상금 등을 심의·결정하는 위원회의 중립성과 독립성을 보장하고 있고, 심의절차의 전문성과 공정성을 제고하기 위한 장치를 마련하고 있으며, 신청인으로 하여금 위원회의 지급결정에 대한 동의 여부를 자유롭게 선택하도록 정하고 있다. 따라서 심판대상조항은 관련자 및 유족의 재판청구권을 침해하지 아니한다(헌재 2018.8.30, 2014헌바180).

▶ 민주화보상법상 보상금 등에는 정신적 손해에 대한 배상이 포함되어 있지 않은바, 이처럼 정신적 손해에 대해 적절한 배상이 이루어지지 않은 상태에서 적극적·소극적 손해에 상응하는 배상이 이루어졌다는 사정만으로 정신적 손해에 대한 국가배상청구마저 금지하는 것은, 해당 손해에 대한 적절한 배상이 이루어졌음을 전제로 하여 국가배상청구권 행사를 제한하려 한 민주화보상법의 입법목적에도 부합하지 않으며, 국가의 기본권 보호의무를 규정한 헌법 제10조 제2문의 취지에도 반하는 것으로서, 국가배상청구권에 대한 지나치게 과도한 제한에 해당한다. 따라서 심판대상조항 중 정신적 손해에 관한 부분은 민주화운동 관련자와 유족의 국가배상청구권을 침해한다(헌재 2018.8.30, 2014헌바180).

040
12. 사시

러·일전쟁 개전시부터 1945년 8월 15일까지 친일반민족행위자가 취득한 재산을 친일행위의 대가로 취득한 재산으로 추정하는 친일반민족행위자 재산의 국가귀속에 관한 특별법 조항은 추정 번복을 어렵게 하고 있어 법치국가원리가 요구하는 적법절차원칙과 과잉금지원칙에 위배된다. O | X

해설

[X] 친일재산의 국가귀속이 해방 이후 오랜 시간이 경과한 상황에서 이루어지고 있어서 친일재산 여부를 국가 측이 일일이 입증하는 것은 곤란한 반면, 일반적으로 재산의 취득자 측은 취득내역을 잘 알고 있을 개연성이 높다. 또한, 이 사건 추정조항이 친일반민족행위자 측에 전적으로 입증책임을 전가한 것도 아니고, 행정소송을 통해 추정을 번복할 수 있는 방도도 마련되어 있으며, 가사 처분청 또는 법원이 이러한 추정의 번복을 쉽게 인정하지 않는다 할지라도 이는 처분청 또는 법원이 추정조항의 취지를 충분히 실현하지 못한 결과이지 추정조항을 활용한 입법적 재량이 일탈·남용되었다고 보기 어렵다. 따라서 이 사건 추정조항이 재판청구권을 침해한다거나 적법절차원칙에 반한다고 할 수 없다(헌재 2011.3.31, 2008헌바141 등).

041
12. 법원직 · 법무사

피고인에게 스스로에 대한 치료감호를 청구할 기회를 부여하지 아니한 치료감호법 관련 규정은 치료감호 대상자의 재판청구권을 침해한다고 볼 수 있다. O | X

해설

[X] 피고인 스스로 치료감호를 청구할 수 있는 권리가 헌법상 재판청구권의 보호범위에 포함된다고 보기는 어렵고, 검사뿐만 아니라 피고인에게까지 치료감호청구권을 주어야만 절차의 적법성이 담보되는 것도 아니므로, 이 사건 법률조항이 청구인의 재판청구권을 침해하거나 적법절차의 원칙에 반한다고 볼 수 없다(헌재 2010.4.29, 2008헌마622).

042
12. 법원직

헌법 제27조 제5항이 정한 법률유보는 법률에 의한 기본권의 제한을 목적으로 하는 자유권적 기본권에 대한 법률유보의 경우와 같이 보아야 한다. O | X

해설

[X] 재판절차진술권에 관한 헌법 제27조 제5항이 정한 법률유보는 법률에 의한 기본권의 제한을 목적으로 하는 자유권적 기본권에 대한 법률유보의 경우와는 달리 기본권으로서의 재판절차진술권을 보장하고 있는 헌법규범의 의미와 내용을 법률로써 구체화하기 위한 이른바 기본권형성적 법률유보에 해당한다(헌재 1993. 3.11, 92헌마48).

043
20. 국회직 9급

통고처분에 대해 별도로 행정소송을 인정하지 않더라도 헌법이 보장하는 법관에 의한 재판을 받을 권리를 침해하는 것은 아니다. O | X

해설

[O] 통고처분에 대하여 이의가 있으면 통고내용을 이행하지 않음으로써 고발되어 형사재판절차에서 통고처분의 위법 · 부당함을 얼마든지 다툴 수 있기 때문에 관세법 제38조 제3항 제2호가 법관에 의한 재판받을 권리를 침해한다든가 적법절차의 원칙에 저촉된다고 볼 수 없다(헌재 1998.5.28, 96헌바4).

044
13. 경정승진
09. 사시

재심은 확정판결에 대한 특별한 불복방법이고 확정판결에 대한 법적 안정성의 요청은 미확정판결에 대한 그것보다 훨씬 크다고 할 것이지만, 재심청구권은 헌법 제27조에서 규정한 재판을 받을 권리에 당연히 포함되므로 입법형성권의 행사에 의하여 비로소 창설되는 법률상의 권리가 아니다. O | X

해설

[X] 어떤 사유를 재심사유로 하여 재심을 허용할 것인가 하는 것은 입법자가 확정된 판결에 대한 법적 안정성, 재판의 신속, 적정성, 법원의 업무부담 등을 고려하여 결정하여야 할 입법정책의 문제이며, 재심청구권도 입법형성권의 행사에 의하여 비로소 창설되는 법률상의 권리일 뿐, 청구인의 주장과 같이 헌법 제27조 제1항, 제37조 제1항에 의하여 직접 발생되는 기본적 인권은 아니다(헌재 2000.6.29, 99헌바66 등).

045

13. 경정승진

법정형이 사형·무기징역 또는 무기금고에 해당하는 대상사건에 대한 국민참여재판에는 7인의 배심원이 참여하고, 그 외의 대상사건에 대한 국민참여재판에는 5인의 배심원이 참여한다. O | X

해설

[X] 법정형이 사형·무기징역 또는 무기금고에 해당하는 대상사건에 대한 국민참여재판에는 9인의 배심원이 참여하고, 그 외의 대상사건에 대한 국민참여재판에는 7인의 배심원이 참여한다. 다만, 법원은 피고인 또는 변호인이 공판준비절차에서 공소사실의 주요내용을 인정한 때에는 5인의 배심원이 참여하게 할 수 있다(국민의 형사재판 참여에 관한 법률 제13조).

046

13. 서울시

현역병으로 입대하기 이전의 범죄에 대하여 군사법원의 재판권을 인정하는 것은 헌법상 재판청구권을 침해하는 것이다. O | X

해설

[X] 군대는 각종 훈련 및 작전수행 등으로 인해 근무시간이 정해져 있지 않고 집단적 병영(兵營) 생활 및 작전위수(衛戍)구역으로 인한 생활공간적인 제약 등, 군대의 특수성으로 인하여 일단 군인신분을 취득한 군인이 군대 외부의 일반법원에서 재판을 받는 것은 군대 조직의 효율적인 운영을 저해하고, 현실적으로도 군인이 수감 중인 상태에서 일반법원의 재판을 받기 위해서는 상당한 비용·인력 및 시간이 소요되므로 이러한 군의 특수성 및 전문성을 고려할 때 군인신분 취득 전에 범한 죄에 대하여 군사법원에서 재판을 받도록 하는 것은 합리적인 이유가 있다(헌재 2009.7.30, 2008헌바162).

047

14. 국회직 8급

재판절차진술권에 관한 헌법 제27조 제5항이 정한 법률유보는 법률에 의한 기본권의 제한을 목적으로 하는 자유권적 기본권에 대한 법률유보의 경우와 달리 기본권으로서의 재판절차진술권을 보장하고 있는 헌법규범의 의미와 내용을 법률로써 구체화하기 위한 이른바 기본권형성적 법률유보에 해당하지 않는다. O | X

해설

[X] 재판절차진술권에 관한 헌법 제27조 제5항이 정한 법률유보는 법률에 의한 기본권의 제한을 목적으로 하는 자유권적 기본권에 대한 법률유보의 경우와는 달리 기본권으로서의 재판절차진술권을 보장하고 있는 헌법규범의 의미와 내용을 법률로써 구체화하기 위한 이른바 기본권형성적 법률유보에 해당한다(헌재 1993.3.11, 92헌마48).

048

14. 법원직

정의의 실현 및 재판의 적정성이라는 법치주의의 요청에 의해 재심제도의 규범적 형성에 있어서는 입법자의 형성적 자유가 축소된다. O | X

해설

[X] 재심제도의 규범적 형성에 있어서 입법자는 확정판결을 유지할 수 없을 정도의 중대한 하자가 무엇인지를 구체적으로 가려내야 하는바, 이는 사법에 의한 권리보호에 관하여 한정된 사법자원의 합리적인 분배의 문제인 동시에 법치주의에 내재된 두 가지의 대립적 이념, 즉 법적 안정성과 정의의 실현이라는 상반된 요청을 어떻게 조화시키느냐의 문제로 돌아가므로, 결국 이는 불가피하게 입법자의 형성적 자유가 넓게 인정되는 영역이라고 할 수 있다(헌재 2009.4.30, 2007헌바121).

변호사 접견권을 악용하는 수형자들로 인한 부작용을 배제하기 위하여, 수용자 일반을 접촉차단시설이 설치된 장소에서 변호인을 접견하게 하는 행위는 정당화된다. O | X

해설

[X] 이 사건 접견조항에 따르면 수용자는 효율적인 재판준비를 하는 것이 곤란하게 되고, 특히 교정시설 내에서의 처우에 대하여 국가 등을 상대로 소송을 하는 경우에는 소송의 상대방에게 소송자료를 그대로 노출하게 되어 무기대등의 원칙이 훼손될 수 있다. 변호사 직무의 공공성, 윤리성 및 사회적 책임성은 변호사 접견권을 이용한 증거인멸, 도주 및 마약 등 금지물품 반입 시도 등의 우려를 최소화시킬 수 있으며, 변호사 접견이라 하더라도 교정시설의 질서 등을 해할 우려가 있는 특별한 사정이 있는 경우에는 예외를 두도록 한다면 악용될 가능성도 방지할 수 있다. 따라서 이 사건 접견조항은 과잉금지원칙에 위배하여 청구인의 재판청구권을 지나치게 제한하고 있으므로, 헌법에 위반된다(헌재 2013.8.29, 2011헌마122).

군사시설 중 전투용에 공하는 시설을 손괴한 일반 국민이 평시에 군사법원에서 재판을 받도록 하는 것은 헌법과 법률이 정한 법관에 의한 재판을 받을 권리를 침해하지 않는다. O | X

해설

[X] '군사시설' 중 '전투용에 공하는 시설'을 손괴한 일반 국민이 항상 군사법원에서 재판받도록 하는 이 사건 법률조항은, 비상계엄이 선포된 경우를 제외하고는 '군사시설'에 관한 죄를 범한 군인 또는 군무원이 아닌 일반 국민은 군사법원의 재판을 받지 아니하도록 규정한 헌법 제27조 제2항에 위반되고, 국민이 헌법과 법률이 정한 법관에 의한 재판을 받을 권리를 침해한다(헌재 2013.11.28, 2012헌가10).

수용자가 변호사와 접견하는 경우 원칙적으로 접촉차단시설이 설치된 장소에서 하도록 한 규정은, 교정시설의 안전과 질서유지 및 소지금지물품의 반입을 예방하려는 공익이 수형자가 입게 되는 불이익보다 크므로 수형자의 재판청구권을 침해하지 않는다. O | X

해설

[X] 이 사건 접견조항에 따르면 수용자는 효율적인 재판준비를 하는 것이 곤란하게 되고, 특히 교정시설 내에서의 처우에 대하여 국가 등을 상대로 소송을 하는 경우에는 소송의 상대방에게 소송자료를 그대로 노출하게 되어 무기대등의 원칙이 훼손될 수 있다. 변호사 직무의 공공성, 윤리성 및 사회적 책임성은 변호사 접견권을 이용한 증거인멸, 도주 및 마약 등 금지물품 반입 시도 등의 우려를 최소화시킬 수 있으며, 변호사 접견이라 하더라도 교정시설의 질서 등을 해할 우려가 있는 특별한 사정이 있는 경우에는 예외를 두도록 한다면 악용될 가능성도 방지할 수 있다. 따라서 이 사건 접견조항은 과잉금지원칙에 위배하여 청구인의 재판청구권을 지나치게 제한하고 있으므로, 헌법에 위반된다(헌재 2013.8.29, 2011헌마122).

052
15. 사시

헌법 제107조 제3항은 "재판의 전심절차로서 행정심판을 할 수 있다. 행정심판의 절차는 법률로 정하되, 사법절차가 준용되어야 한다."고 규정하고 있는바, 어떤 행정심판절차가 임의적 전치제도로 규정되어 있을지라도 사법절차가 준용되지 않는다면 헌법 제107조 제3항에 위반된다.　　　O | X

해설

[X] 어떤 행정심판을 필요적 전심절차로 규정하면서도 그 절차에 사법절차가 준용되지 않는다면 이는 헌법 제107조 제3항, 나아가 재판청구권을 보장하고 있는 헌법 제27조에도 위반된다 할 것이다. 반면, 어떤 행정심판절차에 사법절차가 준용되지 않는다 하더라도 임의적 전치제도로 규정함에 그치고 있다면 위 헌법조항에 위반된다 할 수 없다. 그러한 행정심판을 거치지 아니하고 곧바로 행정소송을 제기할 수 있는 선택권이 보장되어 있기 때문이다(헌재 2000.6.1, 98헌바8).

053
15. 국회직 8급

재심은 상소와는 달리 확정판결에 대한 불복방법이고 확정판결에 대한 법적 안정성의 요청은 미확정판결에 대한 그것보다 훨씬 크기 때문에, 재심청구권은 상고심재판을 받을 권리와는 다르게 재판을 받을 권리에 포함된다.　　　O | X

해설

[X] 재심청구권 역시 헌법 제27조에서 규정한 재판을 받을 권리에 당연히 포함된다고 할 수 없고, 어떤 사유를 재심사유로 정하여 재심을 허용할 것인가는 입법자가 확정판결에 대한 법적 안정성, 재판의 신속·적정성, 법원의 업무부담 등을 고려하여 결정하여야 할 입법정책의 문제라고 할 것이다(헌재 2004.12.16, 2003헌바105).

054
15. 법원직

도로교통법상 주취운전을 이유로 한 운전면허 취소처분에 대하여 행정심판의 재결을 거치지 아니하면 행정소송을 제기할 수 없도록 한 것은 재판청구권을 침해한 것으로서 위헌이다.　　　O | X

해설

[X] 도로교통법 제101조의3(이하 '이 사건 법률조항'이라 한다)과 관련하여 행정심판 전치주의를 정당화하는 합리적인 이유를 살펴본다면, 교통관련 행정처분의 적법성 여부에 관하여 판단하는 경우, 전문성과 기술성이 요구되므로, 법원으로 하여금 행정기관의 전문성을 활용케 할 필요가 있으며, 도로교통법에 의한 운전면허 취소처분은 대량적·반복적으로 행해지는 처분이라는 점에서도 행정심판에 의하여 행정의 통일성을 확보할 필요성이 인정된다. … 이 사건 법률조항에 의하여 달성하고자 하는 공익과 한편으로는 전심절차를 밟음으로써 야기되는 국민의 일반적인 수고나 시간의 소모 등을 비교하여 볼 때, 이 사건 법률조항에 의한 재판청구권의 제한은 정당한 공익의 실현을 위하여 필요한 정도의 제한에 해당하는 것으로 헌법 제37조 제2항의 비례의 원칙에 위반되어 국민의 재판청구권을 과도하게 침해하는 위헌적인 규정이라 할 수 없다(헌재 2002.10.31, 2001헌바40).

055
23. 법원직
15. 국가직

국민의 형사재판 참여에 관한 법률에서 정하는 대상사건에 해당하는 피고인은 국민참여재판을 받을 헌법상 권리를 가진다.　　　O | X

해설

[X] 우리 헌법상 헌법과 법률이 정한 법관에 의한 재판을 받을 권리는 직업법관에 의한 재판을 주된 내용으로 하는 것이므로 국민참여재판을 받을 권리가 헌법 제27조 제1항에서 규정한 재판을 받을 권리의 보호범위에 속한다고 볼 수 없다(헌재 2009.11.26, 2008헌바12).

056
15. 법무사

'국민참여재판을 받을 권리'는 헌법 제27조 제1항에서 규정한 재판을 받을 권리의 보호범위에 속한다.
O | X

해설

> [X] 우리 헌법상 헌법과 법률이 정한 법관에 의한 재판을 받을 권리는 직업법관에 의한 재판을 주된 내용으로 하는 것이므로 국민참여재판을 받을 권리가 헌법 제27조 제1항에서 규정한 재판을 받을 권리의 보호범위에 속한다고 볼 수 없다(헌재 2009.11.26, 2008헌바12).

057
16. 사시

재심제도의 규범적 형성에 있어서는 재판의 적정성과 정의의 실현이라는 법치주의의 요청에 의해 입법형성의 자유가 축소된다.
O | X

해설

> [X] 재심제도의 규범적 형성에 있어서, 입법자는 확정판결을 유지할 수 없을 정도의 중대한 하자가 무엇인지를 구체적으로 가려내어야 하는바, 이는 사법에 의한 권리보호에 관하여 한정된 사법자원의 합리적인 분배의 문제인 동시에 법치주의에 내재된 두 가지의 대립적 이념, 즉 법적 안정성과 정의의 실현이라는 상반된 요청을 어떻게 조화시키느냐의 문제로 돌아가므로, 결국 이는 불가피하게 입법자의 형성적 자유가 넓게 인정되는 영역이라고 할 수 있다(헌재 2009.10.29, 2008헌바101).

058
16. 사시

미결수용자가 민사재판, 행정재판, 헌법재판과 관련하여 변호사와 접견하는 것도 원칙적으로 변호인의 조력을 받을 권리에 의해 보호된다.
O | X

해설

> [X] 변호인의 조력을 받을 권리에 대한 헌법과 법률의 규정 및 취지에 비추어 보면, '형사사건에서 변호인의 조력을 받을 권리'를 의미한다고 보아야 할 것이므로 형사절차가 종료되어 교정시설에 수용 중인 수형자나 미결수용자가 형사사건의 변호인이 아닌 민사재판, 행정재판, 헌법재판 등에서 변호사와 접견할 경우에는 원칙적으로 헌법상 변호인의 조력을 받을 권리의 주체가 될 수 없다. 헌법 제27조는 "모든 국민은 헌법과 법률이 정한 법관에 의하여 법률에 의한 재판을 받을 권리를 가진다."고 규정하여 재판청구권을 보장하고 있고 이때 재판을 받을 권리에는 민사재판, 형사재판, 행정재판뿐 아니라 헌법재판도 포함된다. 헌법 제27조 제1항이 규정하는 '법률에 의한' 재판청구권을 보장하기 위해서는 입법자에 의한 재판청구권의 구체적인 형성이 필요하지만, 이는 상당한 정도로 권리구제의 실효성이 보장되도록 하는 것이어야 한다. 따라서 현대 사회의 복잡다단한 소송에서의 법률전문가의 증대되는 역할, 민사법상 무기대등의 원칙 실현, 헌법소송의 변호사강제주의 적용 등을 감안할 때 교정시설 내 수용자와 변호사 사이의 접견교통권의 보장은 헌법상 보장되는 재판청구권의 한 내용 또는 그로부터 파생되는 권리로 볼 수 있다(헌재 2013.8.29, 2011헌마122).

059
17. 변호사

공정한 재판을 받을 권리가 보장되기 위해서는 피고인이 자신에게 유리한 증거를 제한 없이 수집할 수 있어야 하므로, 공정한 재판을 받을 권리에는 외국에 나가 증거를 수집할 권리가 포함된다.
O | X

해설

> [X] 심판대상조항은 법무부장관으로 하여금 피고인의 출국을 금지할 수 있도록 하는 것일 뿐 피고인의 공격 · 방어권 행사와 직접 관련이 있다고 할 수 없고, 공정한 재판을 받을 권리에 외국에 나가 증거를 수집할 권리가 포함된다고 보기도 어렵다. 따라서 심판대상조항은 공정한 재판을 받을 권리를 침해한다고 볼 수 없다(헌재 2015.9.24, 2012헌바302).

060

16. 법행

재정신청 기각결정에 대하여 형사소송법의 재항고를 금지하는 것은 대다수의 무고한 피의자의 지위불안을 신속히 해소할 필요성, 대법원의 업무부담 증가 회피 등 합리적 이유가 있으므로 청구인들의 재판청구권을 침해하지 아니한다.

O I X

해설

[X] 재정신청 기각결정에 대한 '불복'에 법 제415조의 '재항고'가 포함되는 것으로 해석하는 한 재정신청인인 청구인들의 재판청구권을 침해하고, 또 법 제415조의 재항고가 허용되는 고등법원의 여타 결정을 받은 사람에 비하여 합리적 이유 없이 재정신청인을 차별취급함으로써 청구인들의 평등권을 침해한다(헌재 2011. 11.24, 2008헌마578 등).

061

16. 법행

인신보호법 제15조는 법원의 결정에 불복하는 경우 3일 이내에 즉시항고를 제기하여야 한다고 규정하고 있는데, 이는 피수용자의 신병에 관한 법률관계를 조속히 확정하려는 입법목적을 가진 것으로서, 형사소송법 제405조도 즉시항고의 제기기간을 3일로 규정하고 있는 점, 국선변호인이 선임되어 있는 점 등을 고려하면, 인신보호법 제15조 소정의 3일의 즉시항고 제기기간이 입법형성권의 한계를 일탈한 것이라고는 볼 수 없다.

O I X

해설

[X] 인신보호법상 피수용자인 구제청구자는 자기 의사에 반하여 수용시설에 수용되어 인신의 자유가 제한된 상태에 있으므로 그 자신이 직접 법원에 가서 즉시항고장을 접수할 수 없고, 외부인의 도움을 받아서 즉시항고장을 접수하는 방법은 외부인의 호의와 협조가 필수적이어서 이를 기대하기 어려운 때에는 그리 효과적이지 않으며, 우편으로 즉시항고장을 접수하는 방법도 즉시항고장을 작성하는 시간과 우편물을 발송하고 도달하는 데 소요되는 시간을 고려하면 3일의 기간이 충분하다고 보기 어렵다. 인신보호법상으로는 국선변호인이 선임될 수 있지만, 변호인의 대리권에 상소권까지 포함되어 있다고 단정하기 어렵고, 그의 대리권에 상소권이 포함되어 있다고 하더라도 법정기간의 연장 등 형사소송법 제345조 등과 같은 특칙이 적용될 여지가 없으므로 3일의 즉시항고기간은 여전히 과도하게 짧은 기간이다. 즉시항고 대신 재청구를 할 수도 있으나, 즉시항고와 재청구는 개념적으로 구분되는 것이므로 재청구가 가능하다는 사실만으로 즉시항고기간의 과도한 제약을 정당화할 수는 없다. 나아가 즉시항고 제기기간을 3일보다 조금 더 긴 기간으로 정한다고 해도 피수용자의 신병에 관한 법률관계를 조속히 확정하려는 이 사건 법률조항의 입법목적이 달성되는데 큰 장애가 생긴다고 볼 수 없으므로, 이 사건 법률조항은 피수용자의 재판청구권을 침해한다(헌재 2015. 9.24, 2013헌가21).

062

16. 국회직 9급

교원에 대한 징계처분에 관하여 재심청구를 거치지 아니하고서는 행정소송을 제기할 수 없도록 하는 것은 재판청구권을 침해하는 것이다.

O I X

해설

[X] 입법자는 행정심판을 통한 권리구제의 실효성, 행정청에 의한 자기시정의 개연성, 문제되는 행정처분의 특수성 등을 고려하여 행정심판을 임의적 전치절차로 할 것인지, 아니면 필요적 전치절차로 할 것인지를 결정하는 입법형성권을 가지고 있는데, 교원에 대한 징계처분은 그 적법성을 판단함에 있어서 전문성과 자주성에 기한 사전심사가 필요하고, 판단기관인 재심위원회의 독립성 및 공정성이 확보되어 있고 심리절차에 있어서도 상당한 정도로 사법절차가 준용되어 권리구제절차로서의 실효성을 가지고 있으며, 재판청구권의 제약은 경미한 데 비하여 그로 인하여 달성되는 공익은 크므로, 재심제도가 입법형성권의 한계를 벗어나 국민의 재판청구권을 침해하는 제도라고 할 수 없다(헌재 2007.1.17, 2005헌바86).

063

16. 국회직 8급

수형자와 소송대리인인 변호사와의 접견 시간은 일반 접견과 동일하게 회당 30분 이내로, 횟수는 다른 일반 접견과 합하여 월 4회로 제한하고 있는 구 형의 집행 및 수용자의 처우에 관한 법률 및 동법 시행령 등의 규정은 이에 대해 폭넓은 예외를 인정함으로써 그로 인한 피해를 최소화할 수 있는 장치를 마련하고 있으므로 수형자의 재판청구권을 침해하는 것이 아니다.　　　　　　　　　　　　　　　　O | X

해설

[X] 수형자와 소송대리인인 변호사가 접견 이외에 서신, 전화통화를 통해 소송준비를 하는 것이 가능하다고 하더라도, 서신, 전화통화는 검열, 청취 등을 통해 그 내용이 교정시설 측에 노출되어 상담과정에서 위축되거나 공정한 재판을 받을 권리가 훼손될 가능성이 있으며, 서신은 접견에 비해 의견교환이 효율적이지 않고 전화통화는 시간이 원칙적으로 3분으로 제한되어 있어 소송준비의 주된 수단으로 사용하기에는 한계가 있다. 따라서 수형자의 재판청구권을 실효적으로 보장하기 위해서는 소송대리인인 변호사와의 접견 시간 및 횟수를 적절하게 보장하는 것이 필수적이다. 변호사 접견시 접견 시간의 최소한을 정하지 않으면 접견실 사정 등 현실적 문제로 실제 접견 시간이 줄어들 가능성이 있고, 변호사와의 접견 횟수와 가족 등과의 접견 횟수를 합산함으로 인하여 수형자가 필요한 시기에 변호사의 조력을 받지 못할 가능성도 높아진다. 접견의 최소시간을 보장하되 이를 보장하기 어려운 특별한 사정이 있는 경우에는 예외적으로 일정한 범위 내에서 이를 단축할 수 있도록 하고, 횟수 또한 별도로 정하면서 이를 적절히 제한한다면, 교정시설 내의 수용질서 및 규율의 유지를 도모하면서도 수형자의 재판청구권을 실효적으로 보장할 수 있을 것이다. 이와 같이 심판대상조항들은 법률전문가인 변호사와의 소송상담의 특수성을 고려하지 않고 소송대리인인 변호사와의 접견을 그 성격이 전혀 다른 일반 접견에 포함시켜 접견 시간 및 횟수를 제한함으로써 청구인의 재판청구권을 침해한다(헌재 2015.11.26, 2012헌마858).

064

17. 국가직 5급

항소심에서 심판대상이 된 사항에 한하여 법령위반의 상고이유로 삼을 수 있도록 상고를 제한하는 형사소송법 규정은 재판청구권을 침해하여 위헌이다.　　　　　　　　　　　　　　　　O | X

해설

[X] 현행 형사소송법은 상고심을 원칙적으로 법률심이자 사후심으로 규정하여, 상고심의 심판대상을 항소심에서 심판대상이 되었던 사항에 한정하고 있다. 따라서 항소이유로 주장하거나 항소심이 직권으로 심판대상으로 삼은 사항 이외의 사유는 항소심의 심판대상이 아니었으므로, 이를 다시 상고심의 심판대상으로 하는 것은 상고심의 사후심 구조에 반한다. 심판대상조항은 상고심의 법률심 및 사후심 구조에 따라 심판대상이 되었던 법령위반 사유를 다시 상고심에서 주장할 수 없도록 상고를 제한함으로써 재판의 신속 및 소송경제를 도모하고 있다. 모든 사건의 제1심 형사재판 절차에서는 법관에 의한 사실적 · 법률적 심리검토의 기회가 충분히 보장되어 있고, 피고인이 제1심 재판결과를 인정하여 항소심에서 다투지 아니하였다면, 심판대상조항에 의하여 상고가 제한된다 하더라도 형사피고인의 재판청구권을 과도하게 제한하는 것은 아니다. 나아가, 항소심의 심판대상이 되지 않았던 사항이라도 항소심 판결에 위법이 있는 경우 대법원은 그 위법이 판결에 영향을 미친 헌법 · 법률 · 명령 또는 규칙의 위반이라고 판단한 때에는 직권으로 심판할 수 있으므로, 항소심 판결 자체의 위법을 시정할 기회는 피고인들에게 보장되어 있다. 그렇다면 심판대상조항이 합리적인 입법재량의 한계를 일탈하여 청구인들의 재판청구권을 침해하였다고 볼 수 없다(헌재 2015.9.24, 2012헌마798).

065
17. 국회직 8급

금고 이상의 형의 선고를 받아 집행을 종료한 후 또는 집행이 면제된 후로부터 5년을 경과하지 아니한 자에 대해서는 집행유예를 하지 못하도록 규정하고 있는 형법 제62조 제1항 단서는 정당한 재판을 받을 권리 및 법관의 양심에 따른 재판권을 침해한다. O | X

해설

[X] 금고 이상의 형의 선고를 받아 집행을 종료한 후 또는 집행이 면제된 후로부터 5년을 경과하지 아니한 자에 대해서는 집행유예를 하지 못하도록 규정하고 있는 형법 제62조 제1항 단서가 정당한 재판을 받을 권리를 침해한다거나 나아가 법관의 양심에 따른 재판권을 침해한다고는 볼 수 없다(헌재 2005.6.30, 2003헌바49).

066
17. 국회직 9급

교원징계에 대한 항고소송을 제기하기 전에 소청위원회 소청절차를 거치도록 한 것은 재판청구권을 침해하는 것이다. O | X

해설

[X] 재심청구는 불복절차로 행정소송을 제기할 수 있으므로 재판의 전심절차로서의 한계를 준수하고 있고, 판단기관인 재심위원회의 구성과 운영에 있어서 심사·결정의 독립성과 공정성을 객관적으로 신뢰할 수 있으며, 교원지위법과 교원징계처분 등의 재심에 관한 규정이 규정하고 있는 재심청구의 절차와 보완적으로 적용되는 행정심판법의 심리절차를 고려하여 보면 심리절차에 사법절차를 준용하고 있으므로, 헌법 제107조 제3항에 위반된다고 할 수 없다(헌재 2007.1.17, 2005헌바86).

067
17. 서울시

행정심판절차의 구체적 형성에 관한 입법자의 입법형성의 한계를 고려할 때, 필요적 전심절차로 규정되어 있는 경우뿐만 아니라 임의적 전심절차로 규정되어 있는 경우에도 반드시 사법절차가 준용되어야 한다. O | X

해설

[X] 헌법 제107조 제3항은 "재판의 전심절차로서 행정심판을 할 수 있다. 행정심판의 절차는 법률로 정하되, 사법절차가 준용되어야 한다."고 규정하고 있다. 이 헌법조항은 행정심판절차의 구체적 형성을 입법자에게 맡기고 있지만, 행정심판은 어디까지나 재판의 전심절차로서만 기능하여야 한다는 점과 행정심판절차에 사법절차가 준용되어야 한다는 점은 헌법이 직접 요구하고 있으므로 여기에 입법적 형성의 한계가 있다. 따라서 입법자가 행정심판을 전심절차가 아니라 종심절차로 규정함으로써 정식재판의 기회를 배제하거나, 어떤 행정심판을 필요적 전심절차로 규정하면서도 그 절차에 사법절차가 준용되지 않는다면 이는 헌법 제107조 제3항, 나아가 재판청구권을 보장하고 있는 헌법 제27조에도 위반된다 할 것이다. 반면, 어떤 행정심판절차에 사법절차가 준용되지 않는다 하더라도 임의적 전치제도로 규정함에 그치고 있다면 위 헌법조항에 위반된다 할 수 없다. 그러한 행정심판을 거치지 아니하고 곧바로 행정소송을 제기할 수 있는 선택권이 보장되어 있기 때문이다(헌재 2000.6.1, 98헌바8).

068

17. 서울시

재심도 재판절차 중의 하나이므로 재심청구권은 헌법 제27조에서 규정한 재판을 받을 권리에 당연히 포함된다. O | X

해설

[X] 재심청구권 역시 헌법 제27조에서 규정한 재판을 받을 권리에 당연히 포함된다고 할 수 없으며, 어떤 사유를 재심사유로 정하여 재심을 허용할 것인가는 입법자가 확정판결에 대한 법적 안정성, 재판의 신속·적정성, 법원의 업무부담 등을 고려하여 결정하여야 할 입법정책의 문제이다(헌재 2004.12.16, 2003헌바105).

069

19. 경정승진

디엔에이감식시료채취영장 발부 과정에서 채취대상자에게 자신의 의견을 밝히거나 영장 발부 후 불복할 수 있는 절차 등에 관하여 규정하지 아니한 디엔에이신원확인정보의 이용 및 보호에 관한 법률 조항은 청구인들의 재판청구권을 침해하지 않는다. O | X

해설

[X] 디엔에이감식시료채취영장에 따른 디엔에이감식시료 채취 및 등록 과정에서 채취대상자는 신체의 자유, 개인정보자기결정권 등 기본권을 제한받게 된다. 그럼에도 불구하고 이 사건 영장절차 조항이 채취대상자에게 디엔에이감식시료채취영장 발부 과정에서 자신의 의견을 진술할 수 있는 기회를 절차적으로 보장하고 있지 않을 뿐만 아니라, 발부 후 그 영장 발부에 대하여 불복할 수 있는 기회를 주거나 채취행위의 위법성 확인을 청구할 수 있도록 하는 구제절차마저 마련하고 있지 않음으로써, 채취대상자의 재판청구권은 형해화되고 채취대상자는 범죄수사 내지 예방의 객체로만 취급받게 된다. … 이상의 사정들을 종합하면, 위와 같은 입법상의 불비가 있는 이 사건 영장절차 조항은 채취대상자인 청구인들의 재판청구권을 과도하게 제한하므로, 침해의 최소성원칙에 위반된다. … 따라서 이 사건 영장절차 조항은 과잉금지원칙을 위반하여 청구인들의 재판청구권을 침해한다(헌재 2018.8.30, 2016헌마344).

070

19. 서울시 7급

디엔에이감식시료채취영장 발부 과정에서 형이 확정된 채취대상자에게 자신의 의견을 밝히거나 영장 발부 후 불복할 수 있는 절차 등에 관하여 규정하지 않은 것은 재판청구권을 침해하지 않는다. O | X

해설

[X] 디엔에이감식시료채취영장 발부 여부는 채취대상자에게 자신의 디엔에이감식시료가 강제로 채취당하고 그 정보가 영구히 보관·관리됨으로써 자신의 신체의 자유, 개인정보자기결정권 등의 기본권이 제한될 것인지 여부가 결정되는 중대한 문제이다. 그럼에도 불구하고 이 사건 영장절차 조항은 채취대상자에게 디엔에이감식시료채취영장 발부 과정에서 자신의 의견을 진술할 수 있는 기회를 절차적으로 보장하고 있지 않을 뿐만 아니라, 발부 후 그 영장 발부에 대하여 불복할 수 있는 기회를 주거나 채취행위의 위법성 확인을 청구할 수 있도록 하는 구제절차마저 마련하고 있지 않다. 위와 같은 입법상의 불비가 있는 이 사건 영장절차 조항은 채취대상자인 청구인들의 재판청구권을 과도하게 제한하므로, 침해의 최소성원칙에 위반된다. 따라서 이 사건 영장절차 조항은 과잉금지원칙을 위반하여 청구인들의 재판청구권을 침해한다(헌재 2018.8.30, 2016헌마344·2017헌마630).

071
20. 입시

형사소송법상 즉시항고 제기기간을 3일로 제한하고 있는 것은 과잉금지원칙을 위반한 것이 아니므로 재판청구권을 침해하지 않는다.　　　　　　　　　　　　　　　　　　　　　　O | X

해설

[X] 형사재판 중 결정절차에서는 그 결정 일자가 미리 당사자에게 고지되는 것이 아니기 때문에 결정에 대한 불복 여부를 결정하고 즉시항고 절차를 준비하는 데 있어 상당한 기간을 부여할 필요가 있다. … 민사소송, 민사집행, 행정소송, 형사보상절차 등의 즉시항고기간 1주나, 외국의 입법례와 비교하더라도 3일이라는 제기기간은 지나치게 짧다. 즉시항고 자체가 형사소송법상 명문의 규정이 있는 경우에만 허용되므로 기간 연장으로 인한 폐해가 크다고 볼 수도 없는 점 등을 고려하면, 심판대상조항은 즉시항고 제도를 단지 형식적이고 이론적인 권리로서만 기능하게 함으로써 헌법상 재판청구권을 공허하게 하므로 입법재량의 한계를 일탈하여 재판청구권을 침해하는 규정이다(헌재 2018.12.27, 2015헌바77).

072
20. 경정승진

취소소송의 제소기간을 처분 등이 있음을 안 때로부터 90일 이내로 규정한 것은 지나치게 짧은 기간이라고 보기 어렵고 행정법 관계의 조속한 안정을 위해 필요한 방법이므로 재판청구권을 침해하지 않는다.　　　　　　　　　　　　　　　　　　　　　　O | X

해설

[O] '처분 등이 있음을 안 날'을 기산점으로 정하여 취소소송의 제소기간에 제한을 둔 것은 법률관계의 조속한 확정을 위한 것으로 입법목적이 정당하다. 처분 등이 위법할 수 있다는 의심을 갖는데 있어 처분 등이 있음을 안 때로부터 90일의 기간은 지나치게 짧은 기간이라고 보기 어렵고, '처분 등이 있음'을 안 시점은 비교적 객관적이고 명확하게 특정할 수 있으므로 이를 제소기간의 기산점으로 둔 것은 행정법 관계의 조속한 안정을 위해 필요하고 효과적인 방법이다. … 따라서 '처분 등이 있음을 안 날'을 제소기간의 기산점으로 정한 심판대상조항은 재판청구권을 침해하지 아니한다(헌재 2018.6.28, 2017헌바66).

073
22. 경정승진

행정심판절차의 구체적 형성에 관한 입법자의 입법형성의 한계를 고려할 때, 어떤 행정심판이 필요적 전심절차로 규정되어 있는 경우 사법절차가 준용되어야 한다.　　　　　　　　　　　　　　　　　　　　　　O | X

해설

[O] 따라서 입법자가 행정심판을 전심절차가 아니라 종심절차로 규정함으로써 정식재판의 기회를 배제하거나, 어떤 행정심판을 필요적 전심절차로 규정하면서도 그 절차에 사법절차가 준용되지 않는다면 이는 헌법 제107조 제3항, 나아가 재판청구권을 보장하고 있는 헌법 제27조에도 위반된다 할 것이다(헌재 2000.6.1, 98헌바8).

상속재산분할에 관한 사건은 상속재산의 범위 등 실체법상 권리 관계의 확정을 전제로 하므로 가사소송절차에 따라야 함에도 불구하고 이를 가사비송사건으로 분류하고 있는 가사소송법의 규정은 입법재량의 한계를 일탈하여 상속재산분할에 관한 사건을 제기하고자 하는 자의 공정한 재판을 받을 권리를 침해한다.

O | X

해설

[X] 상속재산분할에 관한 사건의 결과는 가족공동체의 안정에 커다란 영향을 미친다는 특수성을 감안할 때, 구체적인 상속분의 확정과 분할의 방법에 관하여서는 가정법원이 당사자의 주장에 구애받지 않고 후견적 재량을 발휘하여 합목적적으로 판단하여야 할 필요성이 인정된다. 이와 같은 점을 고려하여 가사비송 조항은 상속재산분할에 관한 사건을 법원의 후견적 재량이 인정되는 가사비송절차에 의하도록 한 것이다. 가사소송법 관계법령은 상속재산분할에 관한 사건을 가사비송사건으로 규정하면서도 절차와 심리방식에 있어 당사자의 공격방어권과 처분권을 담보하기 위한 여러 제도들을 마련하고 있다. 따라서 가사비송조항이 입법재량의 한계를 일탈하여 상속재산분할에 관한 사건을 제기하고자 하는 자의 공정한 재판을 받을 권리를 침해한다고 볼 수 없다(헌재 2017.4.27, 2015헌바24).

검사의 기소유예처분에 대하여 피의자가 불복하여 법원의 재판을 받을 수 있는 절차를 국가가 법률로 마련해야 할 헌법적 의무는 존재하지 않는다.

O | X

해설

[O] 입법자가 기소유예처분에 대하여 피의자가 불복하여 법원의 재판을 받을 수 있는 절차를 전혀 마련하지 아니한 것은 '진정입법부작위'에 해당하는바, 헌법은 공소제기의 주체, 방법, 절차나 사후통제 등에 관하여 직접적인 규정을 두고 있지 아니하며, 검사의 자의적인 불기소처분에 대한 통제방법에 관하여도 헌법에 아무런 규정을 두고 있지 않기 때문에 헌법이 명시적인 입법의무를 부여하였다고 볼 수 없다(헌재 2013.9.26, 2012헌마562).

교원징계재심위원회의 재심결정에 대하여 교원에게만 행정소송을 제기할 수 있도록 하고 학교법인을 제외한 것은 학교법인의 재판청구권을 침해한다.

O | X

해설

[O] 교원이 제기한 민사소송에 대하여 응소하거나 피고로서 재판절차에 참여함으로써 자신의 권리를 주장하는 것은 어디까지나 상대방인 교원이 교원지위법이 정하는 재심절차와 행정소송절차를 포기하고 민사소송을 제기하는 경우에 비로소 가능한 것이므로 이를 들어 학교법인에게 자신의 침해된 권익을 구제받을 수 있는 실효적인 권리구제절차가 제공되었다고 볼 수 없고, 교원지위부존재확인 등 민사소송절차도 교원이 처분의 취소를 구하는 재심을 따로 청구하거나 또는 재심결정에 불복하여 행정소송을 제기하는 경우에는 민사소송의 판결과 재심결정 또는 행정소송의 판결이 서로 모순·저촉될 가능성이 상존하므로 이 역시 간접적이고 우회적인 권리구제수단에 불과하다. 이 사건 법률조항은 분쟁의 당사자이자 재심절차의 피청구인인 학교법인의 재판청구권을 침해한다(헌재 2006.2.23, 2005헌가7).

077

22. 경찰 1차

소환된 증인 또는 그 친족 등이 보복을 당할 우려가 있는 경우, 재판장은 피고인을 퇴정시키고 증인신문을 행할 수 있도록 규정한 특정범죄신고자 등 보호법 조항은 피고인의 형사소송법상의 반대신문권을 제한하고 있어 피고인의 공정한 재판을 받을 권리를 침해한다. O | X

해설

[X] 이 사건 법률조항들은 특정범죄에 관한 형사절차에서 국민이 안심하고 자발적으로 협조할 수 있도록 그 범죄신고자 등을 실질적으로 보호함으로써 피해자의 진술을 제약하는 요소를 제거하고 이를 통해 범죄로부터 사회를 방위함에 이바지함과 아울러 실체적 진실의 발견을 용이하게 하기 위한 것으로서, 그 목적의 정당성 및 수단의 적합성이 인정되며, 피고인 퇴정조항에 의하여 피고인 퇴정 후 증인신문을 하는 경우에도 피고인은 여전히 형사소송법 제161조의2에 의하여 반대신문권이 보장되고, 이때 변호인이 반대신문 전에 피고인과 상의하여 반대신문사항을 정리하면 피고인의 반대신문권이 실질적으로 보장될 수 있는 점, 인적사항이 공개되지 아니한 증인에 대하여는 증인신문 전에 수사기관 작성의 조서나 증인 작성의 진술서 등의 열람·복사를 통하여 그 신문 내용을 어느 정도 예상할 수 있고, 변호인이 피고인과 상의하여 반대신문의 내용을 정리한 후 반대신문할 수 있는 점 등에 비추어, 기본권제한의 정도가 특정범죄의 범죄신고자 등 증인 등을 보호하고 실체적 진실의 발견에 이바지하는 공익에 비하여 크다고 할 수 없어 법익의 균형성도 갖추고 있으며, 기본권제한에 관한 피해의 최소성 역시 인정되므로, 공정한 재판을 받을 권리를 침해한다고 할 수 없다(헌재 2010.11.25, 2009헌바57).

078

22. 경찰 1차

법관기피신청이 소송의 지연을 목적으로 함이 명백한 경우에 신청을 받은 법원 또는 법관은 결정으로 이를 기각할 수 있도록 규정한 형사소송법 제20조 제1항이 헌법상 보장되는 공정한 재판을 받을 권리를 침해하는 것은 아니다. O | X

해설

[O] 심판대상조항은 기피신청 중에서 '소송의 지연을 목적으로 함이 명백한 때'에 한정하여 소송절차의 속행과 당해 법관에 의한 간이기각을 허용한 것이고, 그러한 간이기각결정에 대하여 형사소송법은 즉시항고에 의한 불복을 허용하여 상급심에 의한 시정의 기회를 부여하고 있다. 따라서 심판대상조항으로 인하여 기피신청을 기각당하는 당사자가 입을 수 있는 불이익을 최소화하고 있다고 할 것이다. 나아가 심판대상조항은 형사재판절차에서의 공정성과 아울러 신속성까지도 조화롭게 보장하기 위한 것이라고 할 것이고, 신속한 재판에 치우쳐서 재판의 공정성을 필요한 한도를 넘어서 침해한다고 보기도 어렵다. 따라서 심판대상조항은 헌법 제27조 제1항, 제37조 제2항에 위반된다고 할 수 없다(헌재 2021.2.25, 2019헌바551).

079

22. 경찰 1차

형사재판에 계속 중인 사람에 대하여 출국을 금지할 수 있다고 규정한 출입국관리법 제4조 제1항 제1호는 유죄를 근거로 형사재판에 계속 중인 사람에게 사회적 비난 내지 응보적 의미의 제재를 가하려는 것이라고 보기 어려우므로 무죄추정의 원칙에 위배된다고 볼 수 없다. O | X

해설

[O] 심판대상조항은 형사재판에 계속 중인 사람이 국가의 형벌권을 피하기 위하여 해외로 도피할 우려가 있는 경우 법무부장관으로 하여금 출국을 금지할 수 있도록 하는 것일 뿐으로, 무죄추정의 원칙에서 금지하는 유죄 인정의 효과로서의 불이익 즉, 유죄를 근거로 형사재판에 계속 중인 사람에게 사회적 비난 내지 응보적 의미의 제재를 가하려는 것이라고 보기 어렵다. 따라서 심판대상조항은 무죄추정의 원칙에 위배된다고 볼 수 없다(헌재 2015.9.24, 2012헌바302).

080
23. 법원직

소액사건은 소액사건심판법이 절차의 신속성과 경제성에 중점을 두어 규정한 심리절차의 특칙에 따라 소송당사자가 소송절차를 남용할 가능성이 다른 민사사건에 비하여 크다고 할 수 있는바, 소송기록에 의하여 청구가 이유 없음이 명백한 때 법원이 변론 없이 청구를 기각할 수 있도록 규정한 소액사건심판법 조항은 소액사건에서 남소를 방지하고 이러한 소송을 신속히 종결하고자 필요적 변론 원칙의 예외를 규정한 것이므로 재판청구권의 본질적 내용을 침해한다고 볼 수 없다. O | X

해설

[O] 소액사건은 소액사건심판법이 절차의 신속성과 경제성에 중점을 두어 규정한 심리절차의 특칙에 따라 구술에 의한 소의 제기가 가능하고 배우자 또는 직계혈족 등이 법원의 허가 없이도 소송대리인이 될 수 있으며, 시·군법원의 관할에 해당하여 법원에 대한 접근성이 강화되어 있는바, 이와 같이 소송절차에 편의적인 규정에 따라 소송절차를 남용할 가능성이 다른 민사사건에 비하여 크다고 할 수 있다. … 심판대상조항은 남소를 방지하고 이러한 소송을 신속히 종결하고자 필요적 변론 원칙의 예외를 규정한 것이다. 이러한 사정들을 고려하여 보면, 심판대상조항이 재판청구권의 본질적 내용을 침해한다고 볼 수 없다(헌재 2021.6.24, 2019헌바133).

081
23. 법원직

간이기각제도는 형사소송절차의 신속성이라는 공익을 달성하는 데 필요하고 적절한 방법으로써 즉시항고에 의한 불복도 가능하므로, 소송의 지연을 목적으로 함이 명백한 기피신청의 경우 그 신청을 받은 법원 또는 법관이 결정으로 기각할 수 있도록 한 형사소송법 제20조 제1항은 공정한 재판을 받을 권리를 침해하지 아니한다. O | X

해설

[O] 간이기각제도는 형사소송절차의 신속성이라는 공익을 달성하는 데 필요하고 적절한 방법으로써 즉시항고에 의한 불복도 가능하므로, 심판대상조항은 공정한 재판을 받을 권리를 침해하지 아니한다(헌재 2021.2.25, 2019헌바551).

082
23. 법원직

이해관계인에 대한 매각기일 및 매각결정기일의 통지는 집행기록에 표시된 이해관계인의 주소에 발송하도록 한 민사집행법 제104조 제3항의 이해관계인 중 '민사집행법 제90조 제3호의 등기부에 기입된 부동산 위의 권리자'에 관한 부분은 재판청구권을 침해한다. O | X

해설

[X] 이해관계인에 대한 매각기일 및 매각결정기일의 통지는 집행기록에 표시된 이해관계인의 주소에 발송하도록 한 민사집행법 제104조 제3항의 이해관계인 중 '등기부에 기입된 부동산 위의 권리자'에 관한 부분은 법률유보원칙에 위반되지 아니한다. … 심판대상조항은 포괄위임금지원칙에 위반되지 아니한다. … 따라서 심판대상조항은 재판청구권을 침해하지 아니한다(헌재 2021.4.29, 2017헌바390).

□□□ 083
23. 경찰간부

범죄인인도법 제3조가 법원의 범죄인인도심사를 서울고등법원의 전속관할로 하고 그 심사결정에 대한 불복절차를 인정하지 않은 것은 재판청구권을 침해한다.　　　　　　　　　　　　　　　　　　　O | X

해설

[X] 범죄인인도법 제3조가 법원의 범죄인인도심사를 서울고등법원의 전속관할로 하고 그 심사결정에 대한 불복절차를 인정하지 않은 것은 적법절차원칙에 위배하거나, 재판청구권 등을 침해한 것으로 볼 수 없다(헌재 2003.1.30, 2001헌바95).

□□□ 084
23. 경찰간부

'피고인 스스로 치료감호를 청구할 수 있는 권리'뿐만 아니라 '법원으로부터 직권으로 치료감호를 선고받을 수 있는 권리'는 헌법상 재판청구권의 보호범위에 포함된다.　　　　　　　　　　　　　　　　O | X

해설

[X] '피고인 스스로 치료감호를 청구할 수 있는 권리'가 헌법상 재판청구권의 보호범위에 포함된다고 보기는 어렵고, 검사뿐만 아니라 피고인에게까지 치료감호 청구권을 주어야만 절차의 적법성이 담보되는 것도 아니므로, 이 사건 법률조항이 청구인의 재판청구권을 침해하거나 적법절차의 원칙에 반한다고 볼 수 없다(헌재 2010.4.29, 2008헌마622).

□□□ 085
23. 경찰간부

행정심판이 재판의 전심절차로서 기능할 뿐만 아니라 사실확정에 관한 한 사실상 최종심으로 기능하더라도 재판청구권을 침해하는 것은 아니다.　　　　　　　　　　　　　　　　　　　　　　　O | X

해설

[X] 변호사법 제100조 제4항 내지 제6항은 행정심판에 불과한 법무부변호사징계위원회의 결정에 대하여 법원의 사실적 측면과 법률적 측면에 대한 심사를 배제하고 대법원으로 하여금 변호사징계사건의 최종심 및 법률심으로서 단지 법률적 측면의 심사만을 할 수 있도록 하고 재판의 전심절차로서만 기능해야 할 법무부변호사징계위원회를 사실확정에 관한 한 사실상 최종심으로 기능하게 하고 있으므로, 일체의 법률적 쟁송에 대한 재판기능을 대법원을 최고법원으로 하는 법원에 속하도록 규정하고 있는 헌법 제101조 제1항 및 재판의 전심절차로서 행정심판을 두도록 하는 헌법 제107조 제3항에 위반된다(헌재 2002.2.28, 2001헌가18).
▶ 행정심판이 재판의 전심절차로서 기능할 뿐만 아니라 사실확정에 관한 한 사실상 최종심으로 기능하면 재판청구권을 침해하는 것이다.

□□□ 086
23. 경찰간부

국세기본법 해당 조항 중 주세법 규정에 따른 의제주류판매업면허의 취소처분에 대하여 필요적 행정심판전치주의를 채택한 것이 재판청구권을 침해하는 것은 아니다.　　　　　　　　　　　　O | X

해설

[O] 주세법에 따른 의제주류판매업면허취소처분에 대한 불복절차에 관하여는, 주류의 특성, 주류의 제조 및 유통과정에 대한 지식과 주세법의 관련 내용, 주류의 제조·유통과정에서 부과되는 각종 조세에 관한 관련법령의 내용 등을 감안하여야 하는 전문성과 기술성이 요구되고, 대량·반복적으로 이루어지는 주류판매업면허 및 그 취소처분에 관한 행정의 통일성을 기하여야 하므로, 행정소송 전에 먼저 행정심판을 거치게 하는 것이 적절하다. … 심판대상조항이 재판청구권을 침해한다고 할 수 없다(헌재 2016.12.29, 2015헌바229).

087
06. 사시

지방자치단체에 의하여 '교통할아버지'로 선정된 노인이 어린이 보호, 교통안내, 거리질서 확립 등의 위탁받은 업무범위를 넘어 교차로 중앙에서 교통정리를 하다가 교통사고를 발생시킨 경우, 그 지방자치단체는 국가배상법상의 배상책임을 부담하지 아니한다.　　　　　　　　　　　　　　　　O | X

해설

[X] 지방자치단체가 '교통할아버지 봉사활동 계획'을 수립한 후 관할 동장으로 하여금 '교통할아버지'를 선정하게 하여 어린이 보호, 교통안내, 거리질서 확립 등의 공무를 위탁하여 집행하게 하던 중 '교통할아버지'로 선정된 노인이 위탁받은 업무범위를 넘어 교차로 중앙에서 교통정리를 하다가 교통사고를 발생시킨 경우, 지방자치단체가 국가배상법 제2조 소정의 배상책임을 부담한다(대판 2001.1.5, 98다39060).

088
09. 법무사

행정처분이 후에 항고소송에서 취소된 사실이 있다면 당해 행정처분이 곧바로 공무원의 고의 또는 과실로 인한 것으로서 불법행위를 구성한다고 보아야 한다.　　　　　　　　　　　　　　O | X

해설

[X] 어떠한 행정처분이 후에 항고소송에서 취소되었다고 할지라도 그 기판력에 의하여 당해 행정처분이 곧바로 공무원의 고의 또는 과실로 인한 것으로서 불법행위를 구성한다고 단정할 수는 없는 것이고, 그 행정처분의 담당공무원이 보통 일반의 공무원을 표준으로 하여 볼 때 객관적 주의의무를 결하여 그 행정처분이 객관적 정당성을 상실하였다고 인정될 정도에 이른 경우에 국가배상법 제2조 소정의 국가배상책임의 요건을 충족하였다고 봄이 상당할 것이며, 이때에 객관적 정당성을 상실하였는지 여부는 피침해이익의 종류 및 성질, 침해행위가 되는 행정처분의 태양 및 그 원인, 행정처분의 발동에 대한 피해자 측의 관여의 유무, 정도 및 손해의 정도 등 제반 사정을 종합하여 손해의 전보책임을 국가 또는 지방자치단체에 부담시켜야 할 실질적인 이유가 있는지 여부에 의하여 판단하여야 한다(대판 2000.5.12, 99다70600).

089
16. 법행

행정처분이 항고소송절차에서 위법한 것으로 인정되어 취소하는 판결이 확정된 경우에는 처분청이 소속된 국가 등 공공단체가 처분상대방에게 위법한 처분으로 인해 발생한 손해를 배상할 책임이 성립한다.　　　　　　　　　　　　　　　　　　O | X

해설

[X] 어떠한 행정처분이 후에 항고소송에서 취소되었다고 할지라도 그 기판력에 의하여 당해 행정처분이 곧바로 공무원의 고의 또는 과실로 인한 것으로서 불법행위를 구성한다고 단정할 수는 없는 것이고, 그 행정처분의 담당공무원이 보통 일반의 공무원을 표준으로 하여 볼 때 객관적 주의의무를 결하여 그 행정처분이 객관적 정당성을 상실하였다고 인정될 정도에 이른 경우에 국가배상법 제2조 소정의 국가배상책임의 요건을 충족하였다고 봄이 상당할 것이며, 이때에 객관적 정당성을 상실하였는지 여부는 피침해이익의 종류 및 성질, 침해행위가 되는 행정처분의 태양 및 그 원인, 행정처분의 발동에 대한 피해자측의 관여의 유무, 정도 및 손해의 정도 등 제반 사정을 종합하여 손해의 전보책임을 국가 또는 지방자치단체에게 부담시켜야 할 실질적인 이유가 있는지 여부에 의하여 판단하여야 한다(대판 2003.12.11, 2001다65236).

□□□ 090
17. 입시

공무원의 직무상 불법행위로 손해를 받은 국민이 법률이 정하는 바에 의하여 국가 또는 공공단체에 정당한 배상을 청구하였을 때 공무원 자신의 책임은 면제된다. O | X

해설

[X] 공무원의 직무상 불법행위로 손해를 받은 국민은 법률이 정하는 바에 의하여 국가 또는 공공단체에 정당한 배상을 청구할 수 있다. 이 경우 공무원 자신의 책임은 면제되지 아니한다(헌법 제29조 제1항).

□□□ 091
17. 법행

국가배상법에 따른 손해배상 소송은 배상심의회의 배상금지급 또는 기각결정을 거친 후에 제기할 수 있다. O | X

해설

[X] 이 법에 따른 손해배상의 소송은 배상심의회에 배상신청을 하지 아니하고도 제기할 수 있다(국가배상법 제9조).

□□□ 092
17. 법행

국가배상청구권에 관하여 소멸시효를 인정하는 것은 헌법에 위반되지 않는다는 것이 헌법재판소의 입장이다. O | X

해설

[O] 소멸시효를 배제하는 등의 특별규정을 두지 아니함으로써 국가배상청구권에 대하여 민법 또는 그 외의 법률상의 소멸시효 규정이 적용되도록 한 국가배상법 제8조가 헌법에 위반되지 않는다(헌재 2011.9.26, 2010헌바116).

□□□ 093
17. 법행

입법부가 법률로써 행정부에게 특정한 사항을 위임했음에도 불구하고 행정부가 정당한 이유 없이 시행령을 제정하지 않음으로써 이를 이행하지 않는 것은 불법행위에 해당한다. O | X

해설

[O] 입법부가 법률로써 행정부에게 특정한 사항을 위임했음에도 불구하고 행정부가 정당한 이유 없이 이를 이행하지 않는다면 권력분립의 원칙과 법치국가 내지 법치행정의 원칙에 위배되는 것으로서 위법함과 동시에 위헌적인 것이 되는바, 구 군법무관임용법 제5조 제3항과 군법무관임용 등에 관한 법률 제6조가 군법무관의 보수를 법관 및 검사의 예에 준하도록 규정하면서 그 구체적 내용을 시행령에 위임하고 있는 이상, 위 법률의 규정들은 군법무관의 보수의 내용을 법률로써 일차적으로 형성한 것이고, 위 법률들에 의해 상당한 수준의 보수청구권이 인정되는 것이므로, 위 보수청구권은 단순한 기대이익을 넘어서는 것으로서 법률의 규정에 의해 인정된 재산권의 한 내용이 되는 것으로 봄이 상당하고, 따라서 행정부가 정당한 이유 없이 시행령을 제정하지 않은 것은 위 보수청구권을 침해하는 불법행위에 해당한다(대판 2007.11.29, 2006다3561).

□□□ 094
18. 지방직

생명·신체 및 재산의 침해로 인한 국가배상을 받을 권리는 양도하거나 압류하지 못한다. O | X

해설

[X] 생명·신체의 침해로 인한 국가배상을 받을 권리는 양도하거나 압류하지 못한다(국가배상법 제4조). 재산의 침해로 인한 국가배상을 받을 권리는 양도 등이 가능하다.

095
18. 지방직

국가배상법이 정한 손해배상청구의 요건인 '공무원의 직무'에는 국가나 지방자치단체의 권력적 작용뿐만 아니라 비권력적 작용도 포함되지만 단순한 사경제의 주체로서 하는 작용은 포함되지 않는다. O | X

해설

[O] 국가배상법이 정한 배상청구의 요건인 '공무원의 직무'에는 권력적 작용만이 아니라 행정지도와 같은 비권력적 작용도 포함되며 단지 행정주체가 사경제주체로서 하는 활동만 제외된다(대판 1998.7.10, 96다38971).

096
18. 지방직

헌법재판소는 국가배상법상의 배상결정전치주의가 법관에 의한 재판을 받을 권리와 신속한 재판을 받을 권리를 침해한다고 하였고, 이에 따라 국가배상법상의 배상결정전치주의가 폐지되었다. O | X

해설

[X] 국가배상법에 의한 손해배상청구에 관한 시간, 노력, 비용의 절감을 도모하여 배상사무의 원활을 기하며 피해자로서도 신속, 간편한 절차에 의하여 배상금을 지급받을 수 있도록 하는 한편, 국고손실을 절감하도록 하기 위한 이 사건 법률조항에 의해 달성되는 공익과, 배상절차의 합리성 및 적정성의 정도, 그리고 한편으로는 배상신청을 하는 국민이 치러야 하는 수고나 시간의 소모를 비교하여볼 때, 이 사건 법률조항이 헌법 제37조의 기본권제한의 한계에 관한 규정을 위배하여 국민의 재판청구권을 침해하는 정도에는 이르지 않는다(헌재 2000.2.24, 99헌바17 등). 헌법재판소는 국가배상법상의 배상결정전치주의에 대하여 합헌결정을 하였으나, 임의적 전치주의로 개정되었다.

097
21. 국회직 9급

헌법상 국가배상청구권에 관한 규정은 국가배상청구권을 청구권적 기본권으로 보장하며, 그 요건에 해당하는 사유가 발생한 개별 국민에게는 금전청구권으로서의 재산권으로서도 보장된다. O | X

해설

[O] 헌법상의 국가배상청구권에 관한 규정은 국가배상청구권을 청구권적 기본권으로 보장하며, 국가배상청구권은 그 요건에 해당하는 사유가 발생한 개별 국민에게는 금전청구권으로서의 재산권으로 보장된다(헌재 2015.4.30, 2013헌바395).

098
21. 국회직 9급

국가배상청구권의 성립요건으로서 공무원의 고의 또는 과실을 규정한 국가배상법 조항은, 법률로 이미 형성된 국가배상청구권의 행사 및 존속을 '제한'하는 것이라기보다는 국가배상청구권의 내용을 '형성'하는 것이므로, 헌법상 국가배상제도의 정신에 부합하게 국가배상청구권을 형성하였는지의 관점에서 심사하여야 한다. O | X

해설

[O] 헌법상 국가배상청구권은 청구권적 기본권이고, 앞에서 본 바와 같이 그 요건인 '불법행위'는 법률에서 구체적으로 형성할 수 있는 개념이라 할 것이다. 따라서 이 사건 법률조항이 국가배상청구권의 성립요건으로서 공무원의 고의 또는 과실을 규정한 것은 법률로 이미 형성된 국가배상청구권의 행사 및 존속을 제한한다고 보기보다는 국가배상청구권의 내용을 형성하는 것이라고 할 것이므로, 헌법상 국가배상제도의 정신에 부합하게 국가배상청구권을 형성하였는지의 관점에서 심사하여야 한다(헌재 2015.4.30, 2013헌바395).

□□□
099
22. 경찰 2차

특수임무수행자는 보상금등 산정과정에서 국가 행위의 불법성이나 구체적인 손해 항목 등을 주장·입증할 필요가 없고 특수임무수행자의 과실이 반영되지도 않으며, 국가배상청구에 상당한 시간과 비용이 소요되는 데 반해 보상금등 지급결정은 비교적 간이·신속한 점까지 고려하면, 특수임무수행자 보상에 관한 법률이 정한 보상금을 지급받는 것이 국가배상을 받는 것에 비해 일률적으로 과소 보상된다고 할 수 없으므로 국가배상청구권 또는 재판청구권을 침해한다고 보기 어렵다. O | X

해설

[O] 특수임무수행자는 보상금등 산정과정에서 국가 행위의 불법성이나 구체적인 손해 항목 등을 주장·입증할 필요가 없고 특수임무수행자의 과실이 반영되지도 않으며, 국가배상청구에 상당한 시간과 비용이 소요되는 데 반해 보상금등 지급결정은 비교적 간이·신속한 점까지 고려하면, 특임자보상법령이 정한 보상금등을 지급받는 것이 국가배상을 받는 것에 비해 일률적으로 과소 보상된다고 할 수도 없다. 따라서 심판대상조항이 과잉금지원칙을 위반하여 국가배상청구권 또는 재판청구권을 침해한다고 보기 어렵다(헌재 2021.9.30, 2019헌가28).

□□□
100
23. 경찰간부

5·18 민주화운동과 관련하여 사망하거나 행방불명된 자 및 상이를 입은 자 또는 그 유족이 적극적·소극적 손해의 배상에 상응하는 보상금 등 지급결정에 동의하였다는 사정만으로 재판상 화해의 성립을 간주하는 것은 국가배상청구권에 대한 과도한 제한이다. O | X

해설

[O] 5·18보상법 및 같은 법 시행령의 관련조항을 살펴보면 정신적 손해배상에 상응하는 항목은 존재하지 아니하고, 보상심의위원회가 보상금 등 항목을 산정함에 있어 정신적 손해를 고려할 수 있다는 내용도 발견되지 아니한다. 그럼에도 불구하고 심판대상조항은 정신적 손해에 대해 적절한 배상이 이루어지지 않은 상태에서, <u>5·18민주화운동과 관련하여 사망하거나 행방불명된 자 및 상이를 입은 자 또는 그 유족이 적극적·소극적 손해의 배상에 상응하는 보상금 등 지급결정에 동의하였다는 사정만으로 재판상 화해의 성립을 간주하고 있다. 이는 국가배상청구권에 대한 과도한 제한이고,</u> 해당 손해에 대한 적절한 배상이 이루어졌음을 전제로 하여 국가배상청구권 행사를 제한하려 한 5·18보상법의 입법목적에도 부합하지 않는다. 따라서 이 조항이 <u>5·18보상법상 보상금 등의 성격과 중첩되지 않는 정신적 손해에 대한 국가배상청구권의 행사까지 금지하는 것은 국가배상청구권을 침해한다</u>(헌재 2021.5.27, 2019헌가17).

□□□
101
23. 경찰간부

법관의 재판에 법령의 규정을 따르지 않은 잘못이 있다면 이로써 바로 그 재판상 직무행위가 국가배상법에서 말하는 위법한 행위로 되어 국가의 손해배상책임이 발생하는 것이다. O | X

해설

[X] 법관의 재판에 법령의 규정을 따르지 아니한 잘못이 있다 하더라도 이로써 바로 그 재판상 직무행위가 국가배상법 제2조 제1항에서 말하는 위법한 행위로 되어 국가의 손해배상책임이 발생하는 것은 아니고, 그 국가배상책임이 인정되려면 당해 법관이 위법 또는 부당한 목적을 가지고 재판을 하였다거나 법이 법관의 직무수행상 준수할 것을 요구하고 있는 기준을 현저하게 위반하는 등 법관이 그에게 부여된 권한의 취지에 명백히 어긋나게 이를 행사하였다고 인정할 만한 특별한 사정이 있어야 한다(대판 2003.7.11, 99다24218).

102
23. 경찰간부

행위의 근거가 된 법률조항에 대하여 위헌결정이 선고된 경우에는 위 법률조항에 따라 행위한 당해 공무원에게 고의 또는 과실이 있는 것이므로 국가배상책임이 성립한다. O | X

해설

> [X] 일반적으로 법률이 헌법에 위반된다는 사정은 헌법재판소의 위헌결정이 있기 전에는 객관적으로 명백한 것이라고 할 수 없어, 법률이 헌법에 위반되는지 여부를 심사할 권한이 없는 공무원으로서는 행위 당시의 법률에 따를 수밖에 없으므로, 행위의 근거가 된 법률조항에 대하여 위헌결정이 선고되더라도 위 법률조항에 따라 행위한 당해 공무원에게는 고의 또는 과실이 있다 할 수 없어 국가배상책임은 성립되지 아니한다(헌재 2014.4.24, 2011헌바56).

제4절 형사보상청구권

103
01. 법무사 변형

형사피고인으로서 무죄판결을 받은 자는 구금되지 않았더라도 형사보상청구를 할 수 있다. O | X

해설

> [X] 형사피의자 또는 형사피고인으로서 '구금'되었던 자가 법률이 정하는 불기소처분을 받거나 무죄판결을 받은 때에는 법률이 정하는 바에 의하여 국가에 정당한 보상을 청구할 수 있다(헌법 제28조).

☑ 피고인보상청구권과 피의자보상청구권

구분	'피고인'보상청구권	'피의자'보상청구권
연혁	건국헌법	9차 개정 때 신설
사유	무죄판결	법률이 정하는 불기소처분
청구기간	무죄재판이 확정된 사실을 안 날부터 3년, 무죄재판이 확정된 때부터 5년 이내	검사로부터 공소를 제기하지 아니하는 처분의 고지 또는 통지를 받은 날부터 3년 이내
청구기관	무죄재판을 한 법원	지방검찰청의 피의자보상심의회

104
13. 경정승진
05. 국회직

형사보상청구권은 손실보상적 성격의 청구권으로, 현행 헌법에서 처음 신설되었다. O | X

해설

> [X] 헌법 제28조의 형사보상청구권은 건국헌법부터 규정되었다. 다만, '피의자'보상은 현행 헌법(제9차 개정)에서 추가되었다.

105
17. 법무사

형사보상청구권은 일신전속적 권리이므로, 청구권자 본인이 사망한 경우에는 상속인은 청구할 수 없다. O | X

해설

> [X] 보상을 청구할 수 있는 자가 그 청구를 하지 아니하고 사망하였을 때에는 그 상속인이 이를 청구할 수 있다(형사보상 및 명예회복에 관한 법률 제3조 제1항).

106
16. 국가직

1개의 재판으로 경합범의 일부에 대하여 무죄재판을 받고 다른 부분에 대하여 유죄재판을 받았을 경우 법원은 보상청구의 전부를 인용하여야 한다.　O | X

해설

[X] 1개의 재판으로 경합범(競合犯)의 일부에 대하여 무죄재판을 받고 다른 부분에 대하여 유죄재판을 받았을 경우에 법원은 재량(裁量)으로 보상청구의 전부 또는 일부를 기각(棄却)할 수 있다(형사보상 및 명예회복에 관한 법률 제4조 참조).

107
03. 법행

외국인과 법인은 형사보상청구권의 주체가 될 수 없다.　O | X

해설

[X] 외국인의 경우, 국가배상청구권이나 범죄피해자구조청구권이 상호주의하에서만 인정되는 것과 달리 형사보상청구권은 제한 없이 인정된다는 것이 통설이다. 법인은 성질상 주체가 될 수 없다.

108
04. 법행

형사보상청구권은 압류할 수 없으나 양도할 수는 있다.　O | X

해설

[X] 보상청구권은 양도하거나 압류할 수 없다. 보상금 지급청구권도 또한 같다(형사보상 및 명예회복에 관한 법률 제23조).

109
06. 사시

면소나 공소기각의 재판을 받은 경우에는 무죄재판의 경우와는 달리 형사보상을 청구할 수 없다.　O | X

해설

[X] 형사소송법에 따라 면소 또는 공소기각의 재판을 받아 확정된 피고인이 면소 또는 공소기각의 재판을 할 만한 사유가 없었더라면 무죄의 재판을 받을 만한 현저한 사유가 있었을 경우에는 국가에 대하여 구금에 대한 보상을 청구할 수 있다(형사보상 및 명예회복에 관한 법률 제26조 참조).

110
06. 국가직

형사피의자로서 구금되었던 자가 기소유예처분을 받은 때에는 국가에 정당한 보상을 청구할 수 있다.　O | X

해설

[X] 불기소처분을 받은 형사피의자로서 구금되었던 자는 협의의 불기소처분의 경우에 한해 피의자보상을 청구할 수 있다. 기소중지, 기소유예처분을 받은 피의자는 보상을 청구할 수 없다(형사보상 및 명예회복에 관한 법률 제27조 참조).

　☑ 협의의 불기소처분
　　혐의 없음, 죄가 안 됨, 공소권 없음

피고인으로 구금되었던 자가 무죄판결을 받은 경우에 보상의 청구는 무죄재판이 확정된 때로부터 1년 이내에 하여야 한다.

O | X

해설

> [X] 종전 형사보상 및 명예회복에 관한 법률 제7조에 따르면 옳은 지문이었으나, 해당 조항은 헌법불합치결정을 받았으므로 옳지 않은 지문이다. 헌법불합치결정 후에 법은 "보상청구는 무죄재판이 확정된 사실을 안 날부터 3년, 무죄재판이 확정된 때부터 5년 이내에 하여야 한다."라고 개정되었다(형사보상 및 명예회복에 관한 법률 제8조).
> ▶ 권리의 행사가 용이하고 일상 빈번히 발생하는 것이거나 권리의 행사로 인하여 상대방의 지위가 불안정해지는 경우 또는 법률관계를 보다 신속히 확정하여 분쟁을 방지할 필요가 있는 경우에는 특별히 짧은 소멸시효나 제척기간을 인정할 필요가 있으나, 이 사건 법률조항은 위의 어떠한 사유에도 해당하지 아니하는 등 달리 합리적인 이유를 찾기 어렵고, 일반적인 사법상의 권리보다 더 확실하게 보호되어야 할 권리인 형사보상청구권의 보호를 저해하고 있다. 또한, 이 사건 법률조항은 형사소송법상 형사피고인이 재정하지 아니한 가운데 재판할 수 있는 예외적인 경우를 상정하고 있는 등 형사피고인은 당사자가 책임질 수 없는 사유에 의하여 무죄재판의 확정사실을 모를 수 있는 가능성이 있으므로, 형사피고인이 책임질 수 없는 사유에 의하여 제척기간을 도과할 가능성이 있는바, 이는 국가의 잘못된 형사사법작용에 의하여 신체의 자유라는 중대한 법익을 침해받은 국민의 기본권을 사법상의 권리보다도 가볍게 보호하는 것으로서 부당하다(헌재 2010.7.29, 2008헌가4).

무죄재판을 받아 확정된 사건의 피고인은 무죄재판이 확정된 때부터 2년 이내에 확정된 무죄재판사건의 재판서를 법무부 인터넷 홈페이지에 게재하도록 해당 사건을 기소한 검사가 소속된 지방검찰청(지방검찰청 지청을 포함한다)에 청구할 수 있다.

O | X

해설

> [X] 무죄재판을 받아 확정된 사건의 피고인은 무죄재판이 확정된 때부터 3년 이내에 확정된 무죄재판사건의 재판서를 법무부 인터넷 홈페이지에 게재하도록 해당 사건을 기소한 검사가 소속된 지방검찰청(지방검찰청 지청을 포함한다)에 청구할 수 있다(형사보상 및 명예회복에 관한 법률 제30조).

법률이 형사보상의 청구를 무죄재판이 확정된 때로부터 1년 이내에 하도록 하는 것은 피고인의 형사보상청구권을 침해한 것이다.

O | X

해설

> [O] 권리의 행사가 용이하고 일상 빈번히 발생하는 것이거나 권리의 행사로 인하여 상대방의 지위가 불안정해지는 경우 또는 법률관계를 보다 신속히 확정하여 분쟁을 방지할 필요가 있는 경우에는 특별히 짧은 소멸시효나 제척기간을 인정할 필요가 있으나, 이 사건 법률조항은 위의 어떠한 사유에도 해당하지 아니하는 등 달리 합리적인 이유를 찾기 어렵고, 일반적인 사법상의 권리보다 더 확실하게 보호되어야 할 권리인 형사보상청구권의 보호를 저해하고 있다. 또한, 이 사건 법률조항은 형사소송법상 형사피고인이 재정하지 아니한 가운데 재판할 수 있는 예외적인 경우를 상정하고 있는 등 형사피고인은 당사자가 책임질 수 없는 사유에 의하여 무죄재판의 확정사실을 모를 수 있는 가능성이 있으므로, 형사피고인이 책임질 수 없는 사유에 의하여 제척기간을 도과할 가능성이 있는바, 이는 국가의 잘못된 형사사법작용에 의하여 신체의 자유라는 중대한 법익을 침해받은 국민의 기본권을 사법상의 권리보다도 가볍게 보호하는 것으로서 부당하다(헌재 2010.7.29, 2008헌가4).

114

13. 국회직

형사보상청구는 무죄재판이 확정된 때로부터 1년 이내에 하여야 한다.   O | X

해설

[X] 보상청구는 무죄재판이 확정된 사실을 안 날부터 3년, 무죄재판이 확정된 때부터 5년 이내에 하여야 한다 (형사보상 및 명예회복에 관한 법률 제8조).

115

13. 국회직

형사보상결정에 대하여 불복을 신청할 수 없도록 하는 것은 형사보상청구권 및 재판청구권을 침해한다.   O | X

해설

[O] 보상액의 산정에 기초되는 사실인정이나 보상액에 관한 판단에서 오류나 불합리성이 발견되는 경우에도 그 시정을 구하는 불복신청을 할 수 없도록 하는 것은 형사보상청구권 및 그 실현을 위한 기본권으로서의 재판청구권의 본질적 내용을 침해하는 것이라 할 것이고, 나아가 법적 안정성만을 지나치게 강조함으로써 재판의 적정성과 정의를 추구하는 사법제도의 본질에 부합하지 아니하는 것이다. 또한, 불복을 허용하더라도 즉시항고는 절차가 신속히 진행될 수 있고 사건수도 과다하지 아니한 데다 그 재판내용도 비교적 단순하므로 불복을 허용한다고 하여 상급심에 과도한 부담을 줄 가능성은 별로 없다고 할 것이어서, 이 사건 불복금지조항은 형사보상청구권 및 재판청구권을 침해한다고 할 것이다(헌재 2010.10.28, 2008헌마514).

116

14. 법무사

형사보상액의 산정에 기초되는 사실인정이나 보상액에 관한 판단에서 오류나 불합리성이 발견되는 경우에도 그 시정을 구하는 불복신청을 할 수 없도록 하는 것은 형사보상청구권 및 그 실현을 위한 기본권으로서의 재판청구권의 본질적 내용을 침해하는 것이다.   O | X

해설

[O] 보상액의 산정에 기초되는 사실인정이나 보상액에 관한 판단에서 오류나 불합리성이 발견되는 경우에도 그 시정을 구하는 불복신청을 할 수 없도록 하는 것은 형사보상청구권 및 그 실현을 위한 기본권으로서의 재판청구권의 본질적 내용을 침해하는 것이라 할 것이고, 나아가 법적 안정성만을 지나치게 강조함으로써 재판의 적정성과 정의를 추구하는 사법제도의 본질에 부합하지 아니하는 것이다. 또한, 불복을 허용하더라도 즉시항고는 절차가 신속히 진행될 수 있고 사건수도 과다하지 아니한 데다 그 재판내용도 비교적 단순하므로 불복을 허용한다고 하여 상급심에 과도한 부담을 줄 가능성은 별로 없다고 할 것이어서, 이 사건 불복금지조항은 형사보상청구권 및 재판청구권을 침해한다고 할 것이다(헌재 2010.10.28, 2008헌마514 등).

헌법재판소의 견해에 의하면 형사보상청구권은 국가기관의 고의 또는 과실을 전제로 하지 않는다는 점에서 국가배상청구권과는 구별되나, 그 보상의 범위는 국가배상에서의 손해배상과 동일하여야 한다.

O | X

해설

[X] 형사보상은 과실책임의 원리에 의하여 고의·과실로 인한 위법행위와 인과관계 있는 모든 손해를 배상하는 손해배상과는 달리, 형사사법절차에 내재하는 불가피한 위험에 대하여 형사사법기관의 귀책사유를 따지지 않고 형사보상청구권자가 입은 손실을 보상하는 것이다. … 따라서 형사피고인 등으로서 적법하게 구금되었다가 후에 무죄판결 등을 받음으로써 발생하는 신체의 자유 제한에 대한 보상은 형사사법절차에 내재하는 불가피한 위험으로 인한 피해에 대한 보상으로서, 국가의 위법·부당한 행위를 전제로 하는 국가배상과는 그 취지 자체가 상이한 것이고, 따라서 그 보상 범위도 손해배상의 범위와 동일하여야 하는 것이 아니다. 국가의 형사사법행위가 고의·과실로 인한 것으로 인정되는 경우에는 국가배상청구 등 별개의 절차에 의하여 인과관계 있는 모든 손해를 배상받을 수 있으므로, 형사보상절차로써 인과관계 있는 모든 손해를 보상하지 않는다고 하여 반드시 부당하다고 할 수는 없을 것이다(헌재 2010.10.28, 2008헌마514).

형사보상의 청구기간을 '무죄판결이 확정된 때로부터 1년'으로 규정한 것은 형사보상청구권의 행사를 어렵게 할 정도로 지나치게 짧다고 할 수 없으므로 합리적인 입법재량을 행사한 것으로 볼 수 있다.

O | X

해설

[X] 아무런 합리적인 이유 없이 그 청구기간을 1년이라는 단기간으로 제한한 것은 입법목적 달성에 필요한 정도를 넘어선 것이라고 할 것이다. … 이 사건 법률조항은 입법재량의 한계를 일탈하여 청구인의 형사보상청구권을 침해한 것이다(헌재 2010.7.29, 2008헌가4).

형사보상은 형사피고인 등의 신체의 자유를 제한한 것에 대하여 사후적으로 그 손해를 보상하는 것인바, 구금으로 인하여 침해되는 가치는 객관적으로 평가하기 어려운 것이므로, 그에 대한 보상을 어떻게 할 것인지는 국가의 경제적, 사회적, 정책적 사정들을 참작하여 입법재량으로 결정할 수 있는 사항이고, 이러한 점에서 헌법 제28조에서 규정하는 '정당한 보상'은 헌법 제23조 제3항에서 재산권의 침해에 대하여 규정하는 '정당한 보상'과 동일한 의미를 가진다.

O | X

해설

[X] 형사보상은 형사피고인 등의 신체의 자유를 제한한 것에 대하여 사후적으로 그 손해를 보상하는 것인바, 구금으로 인하여 침해되는 가치는 객관적으로 평가하기 어려운 것이므로, 그에 대한 보상을 어떻게 할 것인지는 국가의 경제적, 사회적, 정책적 사정들을 참작하여 입법재량으로 결정할 수 있는 사항이라 할 것이다. 이러한 점에서 헌법 제28조에서 규정하는 '정당한 보상'은 헌법 제23조 제3항에서 재산권의 침해에 대하여 규정하는 '정당한 보상'과는 차이가 있다 할 것이다. 헌법 제23조 제3항에서 규정하는 '정당한 보상'이란 원칙적으로 피수용재산의 객관적 재산가치를 완전하게 보상하는 것이어야 하는바, 토지수용 등과 같은 재산권의 제한은 물질적 가치에 대한 제한이므로 제한되는 가치의 범위가 객관적으로 산정될 수 있어 이에 대한 완전한 보상이 가능하다. 그런데 헌법 제28조에서 문제되는 신체의 자유에 대한 제한인 구금으로 인하여 침해되는 가치는 객관적으로 산정할 수 없으므로, 일단 침해된 신체의 자유에 대하여 어느 정도의 보상을 하여야 완전한 보상을 하였다고 할 것인지 단언하기 어렵다. 헌법 제23조 제3항에 "보상을 하여야 한다."라고 규정하는 반면, 헌법 제28조는 "법률이 정하는 바에 의하여 … 보상을 청구할 수 있다."라고 규정하고 있는 것은 이러한 점을 반영하는 것이라 할 수 있다(헌재 2010.10.28, 2008헌마514 등).

□□□
120
출제예상

피의자로서 구금되었던 자 중 검사로부터 불기소처분을 받거나 사법경찰관으로부터 불송치결정을 받은 자는 국가에 대하여 그 구금에 대한 보상을 청구할 수 있다. O | X

해설

[O] 형사보상 및 명예회복에 관한 법률 제27조 【피의자에 대한 보상】 ① 피의자로서 구금되었던 자 중 검사로부터 불기소처분을 받거나 사법경찰관으로부터 불송치결정을 받은 자는 국가에 대하여 그 구금에 대한 보상(이하 '피의자보상'이라 한다)을 청구할 수 있다. 다만, 구금된 이후 불기소처분 또는 불송치결정의 사유가 있는 경우와 해당 불기소처분 또는 불송치결정이 종국적(終局的)인 것이 아니거나 형사소송법 제247조에 따른 것일 경우에는 그러하지 아니하다. <개정 2021.3.16.>

▶ 종전에는 검사에게만 수사종결권을 부여하였으나 사법경찰관에게도 1차적 수사종결권을 부여하는 등의 내용으로 형사소송법이 개정(법률 제16924호, 2020.2.4. 공포, 2021.1.1. 시행)됨에 따라, 피의자로서 구금되었던 자 중 국가에 대하여 그 구금에 대한 보상을 청구할 수 있는 사유에 검사의 불기소처분에 대응하여 사법경찰관의 불송치결정을 추가하는 등 관련 규정을 정비하려는 것이다.

□□□
121
22. 경찰 1차

형사보상의 청구에 대한 보상의 결정에 대하여는 불복을 신청할 수 없도록 단심재판으로 규정한 형사보상법 조항은 형사보상인용결정의 안정성을 유지하고, 신속한 형사보상절차의 확립을 통해 형사보상에 관한 국가예산 수립의 안정성을 확보하며, 나아가 상급법원의 부담을 경감하고자 하는 데 그 목적이 있으므로 청구인들의 형사보상청구권을 침해하지 않는다. O | X

해설

[X] 보상액의 산정에 기초되는 사실인정이나 보상액에 관한 판단에서 오류나 불합리성이 발견되는 경우에도 그 시정을 구하는 불복신청을 할 수 없도록 하는 것은 형사보상청구권 및 그 실현을 위한 기본권으로서의 재판청구권의 본질적 내용을 침해하는 것이라 할 것이고, 나아가 법적 안정성만을 지나치게 강조함으로써 재판의 적정성과 정의를 추구하는 사법제도의 본질에 부합하지 아니하는 것이다. 또한, 불복을 허용하더라도 즉시항고는 절차가 신속히 진행될 수 있고 사건수도 과다하지 아니한 데다 그 재판내용도 비교적 단순하므로 불복을 허용한다고 하여 상급심에 과도한 부담을 줄 가능성은 별로 없다고 할 것이어서, 이 사건 불복금지조항은 형사보상청구권 및 재판청구권을 침해한다고 할 것이다(헌재 2010.10.28, 2008헌마514).

□□□
122
22. 경찰 1차

형사보상의 청구를 무죄재판이 확정된 때로부터 1년 이내에 하도록 규정하고 있는 형사보상법 조항은 입법재량의 한계를 일탈하여 청구인의 형사보상청구권을 침해한다. O | X

해설

[O] 권리의 행사가 용이하고 일상 빈번히 발생하는 것이거나 권리의 행사로 인하여 상대방의 지위가 불안정해지는 경우 또는 법률관계를 보다 신속히 확정하여 분쟁을 방지할 필요가 있는 경우에는 특별히 짧은 소멸시효나 제척기간을 인정할 필요가 있으나, 이 사건 법률조항은 위의 어떠한 사유에도 해당하지 아니하는 등 달리 합리적인 이유를 찾기 어렵고, 일반적인 사법상의 권리보다 더 확실하게 보호되어야 할 권리인 형사보상청구권의 보호를 저해하고 있다. 또한, 이 사건 법률조항은 형사소송법상 형사피고인이 재정하지 아니한 가운데 재판할 수 있는 예외적인 경우를 상정하고 있는 등 형사피고인은 당사자가 책임질 수 없는 사유에 의하여 무죄재판의 확정사실을 모를 수 있는 가능성이 있으므로, 형사피고인이 책임질 수 없는 사유에 의하여 제척기간을 도과할 가능성이 있는바, 이는 국가의 잘못된 형사사법작용에 의하여 신체의 자유라는 중대한 법익을 침해받은 국민의 기본권을 사법상의 권리보다도 가볍게 보호하는 것으로서 부당하다(헌재 2010.7.29, 2008헌가4).

123

22. 경찰 1차

형사보상 및 명예회복에 관한 법률에 따르면 본인이 수사 또는 심판을 그르칠 목적으로 거짓 자백을 하거나 다른 유죄의 증거를 만듦으로써 기소, 미결구금 또는 유죄재판을 받게 된 것으로 인정된 경우에는 법원은 재량으로 보상청구의 전부 또는 일부를 기각할 수 있다.　　　　　　　　　　　　O | X

해설

[O] 형법 제9조(형사미성년자) 및 제10조 제1항(심신상실)의 사유로 무죄재판을 받은 경우, 본인이 수사 또는 심판을 그르칠 목적으로 거짓 자백을 하거나 다른 유죄의 증거를 만듦으로써 기소, 미결구금 또는 유죄재판을 받게 된 것으로 인정된 경우, 1개의 재판으로 경합범의 일부에 대하여 무죄재판을 받고 다른 부분에 대하여 유죄재판을 받았을 경우에는 법원은 재량으로 보상청구의 전부 또는 일부를 기각할 수 있다(형사보상 및 명예회복에 관한 법률 제4조).

124

22. 경찰 1차

국가의 형사사법행위가 고의·과실로 인한 것으로 인정되는 경우에는 국가배상청구 등 별개의 절차에 의하여 인과관계 있는 모든 손해를 배상받을 수 있으므로, 형사보상절차로서 인과관계 있는 모든 손해를 보상하지 않는다고 하여 반드시 부당하다고 할 수는 없다.　　　　　　　　　　　　O | X

해설

[O] 형사보상청구권은 헌법 제28조에 따라 '법률이 정하는 바에 의하여' 행사되므로 그 내용은 법률에 의해 정해지는바, 형사보상의 구체적 내용과 금액 및 절차에 관한 사항은 입법자가 정하여야 할 사항이다. 이 사건 보상금조항 및 이 사건 보상금 시행령조항은 보상금을 일정한 범위 내로 한정하고 있는데, 형사보상은 형사사법절차에 내재하는 불가피한 위험으로 인한 피해에 대한 보상으로서 국가의 위법·부당한 행위를 전제로 하는 국가배상과는 그 취지 자체가 상이하므로 형사보상절차로서 인과관계 있는 모든 손해를 보상하지 않는다고 하여 반드시 부당하다고 할 수는 없으며, 보상금액의 구체화·개별화를 추구할 경우에는 개별적인 보상금액을 산정하는 데 상당한 기간의 소요 및 절차의 지연을 초래하여 형사보상제도의 취지에 반하는 결과가 될 위험이 크고 나아가 그로 인하여 형사보상금의 액수에 지나친 차등이 발생하여 오히려 공평의 관념을 저해할 우려가 있는바, 이 사건 보상금조항 및 이 사건 보상금 시행령조항은 청구인들의 형사보상청구권을 침해한다고 볼 수 없다(헌재 2010.10.28, 2008헌마514).

☐☐☐
125
23. 경정승진·
경찰간부

헌법 제28조는 '불기소처분을 받거나 무죄판결을 받은 때' 구금에 대한 형사보상을 청구할 수 있는 권리를 헌법상 기본권으로 명시하고 있으므로, 외형상·형식상으로 무죄재판이 없었다면 형사사법절차에 내재하는 불가피한 위험으로 인하여 국민의 신체의 자유에 관한 피해가 발생하였다 하더라도 형사보상청구권을 인정할 수 없다.   O | X

해설

> [X] 헌법 제28조의 형사보상청구권이 국가의 형사사법작용에 의하여 신체의 자유가 침해된 국민에게 그 구제를 인정하여 국민의 기본권 보호를 강화하는 데 그 목적이 있는 점에 비추어 보면, 외형상·형식상으로 무죄재판이 없다고 하더라도 형사사법절차에 내재하는 불가피한 위험으로 인하여 국민의 신체의 자유에 관하여 피해가 발생하였다면 형사보상청구권을 인정하는 것이 타당하다(헌재 2022.2.24, 2018헌마998).

☐☐☐
126
23. 경찰간부

형사보상 및 명예회복에 관한 법률에 따른 보상을 받을 자가 같은 원인에 대하여 다른 법률에 따라 손해배상을 받은 경우에 그 손해배상의 액수가 형사보상 및 명예회복에 관한 법률에 따라 받을 보상금의 액수와 같거나 그보다 많을 때에는 보상하지 아니한다.   O | X

해설

> [O] 형사보상법 제6조 제2항에 대한 옳은 내용이다.

> **형사보상 및 명예회복에 관한 법률 제6조【손해배상과의 관계】** ② 이 법에 따른 보상을 받을 자가 같은 원인에 대하여 다른 법률에 따라 손해배상을 받은 경우에 그 손해배상의 액수가 이 법에 따라 받을 보상금의 액수와 같거나 그보다 많을 때에는 보상하지 아니한다. 그 손해배상의 액수가 이 법에 따라 받을 보상금의 액수보다 적을 때에는 그 손해배상 금액을 빼고 보상금의 액수를 정하여야 한다.

☐☐☐
127
23. 경찰간부

사형 집행에 대한 보상을 할 때에는 집행 전 구금에 대한 보상금 외에 3천만원 이내에서 모든 사정을 고려하여 법원이 타당하다고 인정하는 금액을 더하여 보상하며, 이 경우 본인의 사망으로 인하여 발생한 재산상의 손실액이 증명되었을 때에는 그 손실액도 보상한다.   O | X

해설

> [O] 형사보상법 제5조 제3항에 대한 옳은 내용이다.

> **형사보상 및 명예회복에 관한 법률 제5조【보상의 내용】** ③ 사형 집행에 대한 보상을 할 때에는 집행 전 구금에 대한 보상금 외에 3천만원 이내에서 모든 사정을 고려하여 법원이 타당하다고 인정하는 금액을 더하여 보상한다. 이 경우 본인의 사망으로 인하여 발생한 재산상의 손실액이 증명되었을 때에는 그 손실액도 보상한다.

128

18. 국회직 9급
유사

대한민국의 주권이 미치는 영역에서 발생한 범죄행위로 인한 피해자인 외국인은 원칙적으로 범죄피해자 구조청구권의 주체가 된다. O | X

해설

[X] 외국인은 해당 국가의 상호 보증이 있는 경우에 한하여 주체가 될 수 있다(범죄피해자 보호법 제23조 참조).

129

13. 국회직

외국인의 경우 국가배상청구권과 달리 범죄피해자보상청구권은 제한 없이 인정된다. O | X

해설

[X] 외국인이 피해자인 경우에는 해당 국가와 상호 보증이 있을 때에만 적용하고(국가배상법 제7조), 외국인이 구조피해자이거나 유족인 경우에는 해당 국가의 상호 보증이 있는 경우에만 적용한다(범죄피해자 보호법 제23조).

130

15. 법무사

범죄피해자인 외국인은 인간으로서의 존엄성을 보장받을 권리가 있기 때문에 해당 국가의 상호 보증 여부와 관계없이 범죄피해자구조를 청구할 수 있다. O | X

해설

[X] 범죄피해자 보호법은 외국인이 구조피해자이거나 유족인 경우에는 해당 국가의 상호 보증이 있는 경우에만 적용한다(범죄피해자 보호법 제23조).

131

09. 국회직

범죄피해자구조청구권의 구조금의 지급에 관한 사항을 심의 · 결정하기 위하여 지방법원에 범죄피해구조 심의회를 둔다. O | X

해설

[X] 구조금 지급에 관한 사항을 심의 · 결정하기 위하여 각 지방검찰청에 범죄피해구조심의회를 두고, 법무부에 범죄피해구조본부심의회를 둔다(범죄피해자 보호법 제24조 제1항).

132

13. 경정승진

범죄피해자 보호법에 의하면, 범죄피해구조금의 신청은 해당 구조대상 범죄피해의 발생을 안 날로부터 2년이 지나거나 해당 구조대상 범죄피해가 발생한 날로부터 5년이 지나면 할 수 없게 되어 있다.
O | X

해설

[X] 구조금의 지급신청은 해당 구조대상 범죄피해의 발생을 안 날부터 3년이 지나거나 해당 구조대상 범죄피해가 발생한 날부터 10년이 지나면 할 수 없다(범죄피해자 보호법 제25조 제2항).

133
18. 지방직

범죄피해구조금은 국가의 재정에 기반을 두고 있는바, 구조금청구권의 행사대상을 우선적으로 대한민국의 영역 안의 범죄피해에 한정하고, 향후 구조금의 확대에 따라서 해외에서 발생한 범죄피해의 경우에도 구조를 하는 방향으로 운영하는 것은 입법형성의 재량의 범위 내라고 할 수 있다. O | X

해설

[O] 범죄피해자 구조청구권을 인정하는 이유는 크게 국가의 범죄방지책임 또는 범죄로부터 국민을 보호할 국가의 보호의무를 다하지 못하였다는 것과 그 범죄피해자들에 대한 최소한의 구제가 필요하다는 데 있다. 그런데 국가의 주권이 미치지 못하고 국가의 경찰력 등을 행사할 수 없거나 행사하기 어려운 해외에서 발생한 범죄에 대하여는 국가에 그 방지책임이 있다고 보기 어렵고, 상호 보증이 있는 외국에서 발생한 범죄피해에 대하여는 국민이 그 외국에서 피해구조를 받을 수 있으며, 국가의 재정에 기반을 두고 있는 구조금에 대한 청구권 행사대상을 우선적으로 대한민국의 영역 안의 범죄피해에 한정하고, 향후 해외에서 발생한 범죄피해의 경우에도 구조를 하는 방향으로 운영하는 것은 입법형성의 재량의 범위 내라고 할 것이다(헌재 2011.12.29, 2009헌마354).

134
18. 지방직

대한민국의 영역 안에서 과실에 의한 행위로 사망하거나 장해 또는 중상해를 입은 경우에도 범죄피해자 구조청구권이 인정된다. O | X

해설

[X] '구조대상 범죄피해'란 대한민국의 영역 안에서 또는 대한민국의 영역 밖에 있는 대한민국의 선박이나 항공기 안에서 행하여진 사람의 생명 또는 신체를 해치는 죄에 해당하는 행위(형법 제9조, 제10조 제1항, 제12조, 제22조 제1항에 따라 처벌되지 아니하는 행위를 포함하며, 같은 법 제20조 또는 제21조 제1항에 따라 처벌되지 아니하는 행위 및 과실에 의한 행위는 제외한다)로 인하여 사망하거나 장해 또는 중상해를 입은 것을 말한다(범죄피해자 보호법 제3조 제1항 제4호).

135
18. 지방직

범죄행위 당시 구조피해자와 가해자 사이에 사실상의 혼인관계가 있는 경우에도 구조피해자에게 구조금을 지급한다. O | X

해설

[X] 범죄행위 당시 구조피해자와 가해자 사이가 부부(사실상의 혼인관계를 포함한다)인 경우에는 구조피해자에게 구조금을 지급하지 아니한다(범죄피해자 보호법 제19조 참조).

136
18. 지방직

범죄피해구조금을 받을 권리는 그 구조결정이 해당 신청인에게 송달된 날부터 1년간 행사하지 아니하면 시효로 인하여 소멸된다. O | X

해설

[X] 구조금을 받을 권리는 그 구조결정이 해당 신청인에게 송달된 날부터 2년간 행사하지 아니하면 시효로 인하여 소멸된다(범죄피해자 보호법 제31조).

범죄피해자 보호법 제17조 제2항의 유족구조금은 사람의 생명 또는 신체를 해치는 죄에 해당하는 행위로 인하여 사망한 피해자 또는 그 유족들에 대한 손해배상을 목적으로 하는 것으로서, 위 범죄행위로 인한 손해를 전보하기 위하여 지급된다는 점에서 불법행위로 인한 적극적 손해의 배상과 같은 종류의 금원이라고 봄이 타당하다. O | X

해설

[X] 범죄피해자 보호법에 의한 범죄피해구조금 중 위 법 제17조 제2항의 유족구조금은 사람의 생명 또는 신체를 해치는 죄에 해당하는 행위로 인하여 사망한 피해자 또는 그 유족들에 대한 손실보상을 목적으로 하는 것으로서, 위 범죄행위로 인한 손실 또는 손해를 전보하기 위하여 지급된다는 점에서 불법행위로 인한 소극적 손해의 배상과 같은 종류의 금원이라고 봄이 타당하다(대판 2017.11.9, 2017다228083).

범죄피해자 보호법에 따르면 구조금의 지급신청은 해당 구조대상 범죄피해의 발생을 안 날부터 3년이 지나거나 해당 구조대상 범죄피해가 발생한 날부터 10년이 지나면 할 수 없다. O | X

해설

[O] **범죄피해자 보호법 제25조【구조금의 지급신청】** ② 제1항에 따른 신청은 해당 구조대상 범죄피해의 발생을 안 날부터 3년이 지나거나 해당 구조대상 범죄피해가 발생한 날부터 10년이 지나면 할 수 없다.

범죄피해자 보호법에 따르면 국가는 구조피해자나 유족이 해당 구조대상 범죄피해를 원인으로 하여 손해배상을 받았으면 그 범위에서 구조금을 지급하지 아니한다. O | X

해설

[O] **범죄피해자 보호법 제21조【손해배상과의 관계】** ① 국가는 구조피해자나 유족이 해당 구조대상 범죄피해를 원인으로 하여 손해배상을 받았으면 그 범위에서 구조금을 지급하지 아니한다.

구조대상 범죄피해를 받은 사람 또는 그 유족과 가해자 사이의 관계, 그 밖의 사정을 고려하여 구조금의 전부 또는 일부를 지급하는 것이 사회통념에 위배된다고 인정될 때에는 구조금의 전부 또는 일부를 지급하지 아니한다. O | X

해설

[X] 구조금의 전부 또는 일부를 지급하는 것이 사회통념에 위배된다고 인정될 때에는 구조금의 전부 또는 일부를 지급하지 아니할 수 있다.

범죄피해자보호법 제19조【구조금을 지급하지 아니할 수 있는 경우】 ⑥ 구조피해자 또는 그 유족과 가해자 사이의 관계, 그 밖의 사정을 고려하여 구조금의 전부 또는 일부를 지급하는 것이 사회통념에 위배된다고 인정될 때에는 구조금의 전부 또는 일부를 지급하지 아니할 수 있다.

141

23. 경찰간부

국가의 주권이 미치지 못하고 국가의 경찰력 등을 행사할 수 없거나 행사하기 어려운 해외에서 발생한 범죄에 대하여 국가에 그 방지책임이 없다고 보기는 어렵다.　　　　　　　　　　　　　　　O | X

해설

[X] 국가의 주권이 미치지 못하고 국가의 경찰력 등을 행사할 수 없거나 행사하기 어려운 해외에서 발생한 범죄에 대하여는 국가에 그 방지책임이 있다고 보기 어렵고, 상호보증이 있는 외국에서 발생한 범죄피해에 대하여는 국민이 그 외국에서 피해구조를 받을 수 있으며, 국가의 재정에 기반을 두고 있는 구조금에 대한 청구권 행사대상을 우선적으로 대한민국의 영역 안의 범죄피해에 한정하고, 향후 해외에서 발생한 범죄피해의 경우에도 구조를 하는 방향으로 운영하는 것은 입법형성의 재량의 범위 내라고 할 것이다. 따라서 범죄피해자구조청구권의 대상이 되는 범죄피해에 해외에서 발생한 범죄피해의 경우를 포함하고 있지 아니한 것이 현저하게 불합리한 자의적인 차별이라고 볼 수 없어 평등원칙에 위배되지 아니한다(헌재 2011.12.29, 2009헌마354).

142

23. 경찰간부

범죄피해 구조금의 지급신청은 해당 구조대상 범죄피해의 발생을 안 날부터 2년간 행사하지 아니하면 시효로 인하여 소멸된다.　　　　　　　　　　　　　　　　　　　　　　　　　O | X

해설

[X] 지급신청 기한과 소멸시효를 구별해야 한다. 구조금지급신청은 범죄피해의 발생을 안 날부터 3년이 지나거나 해당 구조대상 범죄피해가 발생한 날부터 10년이 지나면 할 수 없다.

범죄피해자보호법 제25조 【구조금의 지급신청】 ① 구조금을 받으려는 사람은 법무부령으로 정하는 바에 따라 그 주소지, 거주지 또는 범죄 발생지를 관할하는 지구심의회에 신청하여야 한다.
② 제1항에 따른 신청은 해당 구조대상 범죄피해의 발생을 안 날부터 3년이 지나거나 해당 구조대상 범죄피해가 발생한 날부터 10년이 지나면 할 수 없다.

제31조 【소멸시효】 구조금을 받을 권리는 그 구조결정이 해당 신청인에게 송달된 날부터 2년간 행사하지 아니하면 시효로 인하여 소멸된다.

제1절 인간다운 생활권

□□□
001
08. 사시 유사
01. 법무사

헌법재판소 판례에 의하면 인간다운 생활을 할 권리로부터 인간의 존엄에 상응하는 생활에 필요한 '최소한의 물질적인 생활'의 유지에 필요한 급부를 요구할 수 있는 구체적인 권리가 상황에 따라서 직접 도출될 뿐 아니라 동 기본권으로부터 직접 그 이상의 급부를 내용으로 하는 구체적인 권리가 발생한다는 것이다.   O | X

해설

> [X] 인간다운 생활을 할 권리로부터 인간의 존엄에 상응하는 '최소한의 물질적인 생활'의 유지에 필요한 급부를 요구할 수 있는 구체적인 권리가 상황에 따라서는 직접 도출될 수 있다고 할 수는 있어도, 동 기본권이 직접 그 이상의 급부를 내용으로 하는 구체적인 권리를 발생케 한다고는 볼 수 없다고 할 것이다(헌재 1998. 2.27, 97헌가10 등).

□□□
002
05. 입시

생계보호의 수준이 일반 최저생계비에 못 미치는 것은 헌법이 보장하는 인간다운 생활을 할 권리의 구체적 내용인 공공부조청구권을 침해하는 것이다.   O | X

해설

> [X] 국가가 행하는 생계보호의 수준이 그 재량의 범위를 명백히 일탈하였는지의 여부, 즉 인간다운 생활을 보장하기 위한 객관적 내용의 최소한을 보장하고 있는지의 여부는 생활보호법에 의한 생계보호급여만을 가지고 판단하여서는 아니 되고 그 외의 법령에 의거하여 국가가 생계보호를 위하여 지급하는 각종 급여나 각종 부담의 감면 등을 총괄한 수준을 가지고 판단하여야 하는바, 1994년도를 기준으로 생활보호대상자에 대한 생계보호급여와 그 밖의 각종 급여 및 각종 부담감면의 액수를 고려할 때, 이 사건 생계보호기준이 청구인들의 인간다운 생활을 보장하기 위하여 국가가 실현해야 할 객관적 내용의 최소한도의 보장에도 이르지 못하였다거나 헌법상 용인될 수 있는 재량의 범위를 명백히 일탈하였다고는 보기 어렵고, 따라서 비록 위와 같은 생계보호의 수준이 일반 최저생계비에 못미친다고 하더라도 그 사실만으로 곧 그것이 헌법에 위반된다거나 청구인들의 행복추구권이나 인간다운 생활을 할 권리를 침해한 것이라고는 볼 수 없다(헌재 1997. 5.29, 94헌마33).

003

08. 사시 유사
06. 입시

국가가 행하는 생계보호의 수준이 그 재량의 범위를 명백히 일탈하였는지의 여부, 즉 인간다운 생활을 보장하기 위한 객관적 내용의 최소한을 보장하고 있는지의 여부는 우선적으로 생활보호법에 의한 생계보호급여의 수준을 중심으로 판단하여야 하는 것이지 그 외의 법령에 의거하여 국가가 생계보호를 위하여 지급하는 각종급여나 각종부담의 감면 등을 감안하여야 하는 것은 아니다.   O | X

해설

[X] 국가가 행하는 생계보호의 수준이 그 재량의 범위를 명백히 일탈하였는지의 여부, 즉 인간다운 생활을 보장하기 위한 객관적 내용의 최소한을 보장하고 있는지의 여부는 생활보호법에 의한 생계보호급여만을 가지고 판단하여서는 아니 되고 그외의 법령에 의거하여 국가가 생계보호를 위하여 지급하는 각종 급여나 각종 부담의 감면 등을 총괄한 수준을 가지고 판단하여야 한다(헌재 1997.5.29, 94헌마33).

004

09. 사시

사회보험료를 형성하는 원리 중의 하나인 '사회연대의 원칙'은 사회보험체계 내에서의 소득의 재분배를 정당화하는 근거이고, 보험의 급여수혜자가 아닌 제3자인 사용자의 보험료 납부의무를 정당화하는 근거이기도 하며, 사회보험에의 강제가입의무를 정당화하는 한편, 재정구조가 취약한 보험자와 재정구조가 건전한 보험자 사이의 재정조정을 가능하게 한다.   O | X

해설

[O] 헌재 2000.6.29, 99헌마289

005

06. 사시

교도소에 수용된 때에는 국민건강보험급여를 정지하도록 한 법률조항은 수용자에 대한 국가의 보건의무 불이행을 야기하는 원인이 되므로 수용자의 인간다운 생활을 할 권리를 침해한다.   O | X

해설

[X] 교도소에 수용된 때에는 국민건강보험급여를 정지하도록 한 국민건강보험법 제49조 제4호는 수용자에게 불이익을 주기 위한 것이 아니라, 국가의 보호, 감독을 받는 수용자의 질병치료를 국가가 부담하는 것을 전제로 수용자에 대한 의료보장제도를 합리적으로 운영하기 위한 것이므로 입법목적의 정당성을 갖고 있다. 가사 국가의 예산상의 이유로 수용자들이 적절한 의료보장을 받지 못하는 것이 현실이라고 하더라도 이는 수용자에 대한 국가의 보건의무불이행에 기인하는 것이지 위 조항에 기인하는 것으로 볼 수 없다. 위 조항은 수용자의 의료보장수급권을 직접 제약하는 규정이 아니며, 입법재량을 벗어나 수용자의 건강권을 침해하거나 국가의 보건의무를 저버린 것으로 볼 수 없으므로 수용자의 건강권, 인간의 존엄성, 행복추구권, 인간다운 생활을 할 권리를 침해하는 것이라 할 수 없다(헌재 2005.2.24, 2003헌마31 등).

006
12. 변호사
11. 경정승진
08. 국가직
07. 사시

장애로 인한 추가지출비용을 반영한 별도의 최저생계비를 결정치 않고 가구별 인원수만을 기준으로 최저생계비를 고시하는 것은 비장애인가구 구성원에 비해 장애인가구 구성원의 평등권 및 인간존엄 등 기본권을 침해하는 것이다. O | X

해설

[X] 장애인가구는 비장애인가구와 비교하여 각종 법령 및 정부시책에 따른 각종 급여 및 부담감면으로 인하여 최저생계비의 비목에 포함되는 보건의료비, 교통·통신비, 교육비, 교양·오락비, 비소비지출비를 추가적으로 보전받고 있는 점을 고려할 때, 국가가 생활능력 없는 장애인의 인간다운 생활을 보장하기 위한 조치를 취함에 있어서 국가가 실현해야 할 객관적 내용의 최소한도의 보장에도 이르지 못하였다거나 헌법상 용인될 수 있는 재량의 범위를 명백히 일탈하였다고 보기 어렵고, 또한 장애인가구와 비장애인가구에게 일률적으로 동일한 최저생계비를 적용한 것을 자의적인 것으로 볼 수는 없다. 따라서, 보건복지부장관이 2002년도 최저생계비를 고시함에 있어 장애로 인한 추가지출비용을 반영한 별도의 최저생계비를 결정하지 않은 채 가구별 인원수만을 기준으로 최저생계비를 결정한 것은 생활능력 없는 장애인가구 구성원의 인간의 존엄과 가치 및 행복추구권, 인간다운 생활을 할 권리, 평등권을 침해하였다고 할 수 없다(헌재 2004.10.28, 2002헌마328).

007
09. 국가직

국민연금의 급여수준은 납입한 연금보험료의 금액을 기준으로 결정하여야 하며, 한 사람의 수급권자에게 여러 종류의 수급권이 발생한 경우에는 중복하여 지급해야 한다. O | X

해설

[X] 급여에 필요한 재원은 한정되어 있고, 인구의 노령화 등으로 급여대상자는 점점 증가하고 있어 급여수준은 국민연금재정의 장기적인 균형이 유지되도록 조정되어야 할 필요가 있으므로 한 사람의 수급권자에게 여러 종류의 연금의 수급권이 발생한 경우 그 연금을 모두 지급하는 것보다는 일정한 범위에서 그 지급을 제한하여야 할 필요성이 있고 국민연금의 급여수준은 수급권자가 최저생활을 유지하는 데 필요한 금액을 기준으로 결정해야 할 것이지 납입한 연금보험료의 금액을 기준으로 결정하거나 여러 종류의 수급권이 발생하였다고 하여 반드시 중복하여 지급해야 할 것은 아니므로, 이 사건 법률조항이 수급권자에게 2 이상의 급여의 수급권이 발생한 때 그 자의 선택에 의하여 그중의 하나만을 지급하고 다른 급여의 지급을 정지하도록 한 것은 공공복리를 위하여 필요하고 적정한 방법으로서 헌법 제37조 제2항의 기본권 제한의 입법적 한계를 일탈한 것으로 볼 수 없고, 또 합리적인 이유가 있으므로 평등권을 침해한 것도 아니다(헌재 2000.6.1, 97헌마19).

008
12. 국회직 8급

인간다운 생활을 할 권리란 국가에 대하여 인간의 존엄에 상응하는 최소한의 급부를 국가에 청구할 수 있는 권리를 말하는데, 헌법재판소는 '건강하고 문화적인 최저한도의 생활'을 인간의 존엄에 상응하는 최소한의 보장수준으로 보고 있다. O | X

해설

[X] 인간다운 생활을 할 권리로부터 인간의 존엄에 상응하는 '최소한의 물질적인 생활'의 유지에 필요한 급부를 요구할 수 있는 구체적인 권리가 상황에 따라서는 직접 도출될 수 있다고 할 수는 있어도, 동 기본권이 직접 그 이상의 급부를 내용으로 하는 구체적인 권리를 발생케 한다고는 볼 수 없다고 할 것이다. 이러한 구체적 권리는 국가가 재정형편 등 여러가지 상황들을 종합적으로 감안하여 법률을 통하여 구체화할 때에 비로소 인정되는 법률적 차원의 권리라고 할 것이다(헌재 1998.2.27, 97헌가10 등).

009
12. 사시

형의 집행 및 수용자의 처우에 관한 법률에 의한 교도소 · 구치소에 수용 중인 자는 당해 법률에 의하여 생계유지의 보호를 받고 있으므로, 이러한 자에 대하여 국민기초생활 보장법에 의한 중복적인 보장을 피하기 위하여 기초생활보장제도의 기본단위인 개별가구에서 제외키로 한 입법자의 판단이 헌법상 용인될 수 있는 재량의 범위를 일탈하여 인간다운 생활을 할 권리를 침해한다고 볼 수 없다. **O | X**

해설

> [O] 생활이 어려운 국민에게 필요한 급여를 행하여 이들의 최저생활을 보장하기 위해 제정된 '국민기초생활 보장법'은 부양의무자에 의한 부양과 다른 법령에 의한 보호가 이 법에 의한 급여에 우선하여 행하여지도록 하는 보충급여의 원칙을 채택하고 있는바, '형의 집행 및 수용자의 처우에 관한 법률'에 의한 교도소 · 구치소에 수용 중인 자는 당해 법률에 의하여 생계유지의 보호를 받고 있으므로 이러한 생계유지의 보호를 받고 있는 교도소 · 구치소에 수용 중인 자에 대하여 '국민기초생활 보장법'에 의한 중복적인 보장을 피하기 위하여 개별가구에서 제외키로 한 입법자의 판단이 헌법상 용인될 수 있는 재량의 범위를 일탈하여 인간다운 생활을 할 권리를 침해한다고 볼 수 없다(헌재 2011.3.31, 2009헌마617).

010
12. 국회직 8급

국민연금법 제52조가 수급권자에게 2 이상의 급여의 수급권이 발생한 때 그 자의 선택에 의하여 그중의 하나만을 지급하고 다른 급여의 지급을 정지하도록 한 것은 공공복리를 위하여 필요하고 적정한 방법으로 볼 수 없어 헌법 제37조 제2항의 기본권 제한의 입법적 한계를 일탈한 것으로 볼 수 있다. **O | X**

해설

> [X] 수급권자에게 2 이상의 급여의 수급권이 발생한 때 그 자의 선택에 의하여 그중의 하나만을 지급하고 다른 급여의 지급을 정지하도록 한 것은 공공복리를 위하여 필요하고 적정한 방법으로서 헌법 제37조 제2항의 기본권 제한의 입법적 한계를 일탈한 것으로 볼 수 없고, 또 합리적인 이유가 있으므로 평등권을 침해한 것도 아니다(헌재 2000.6.1, 97헌마190).

011
13. 서울시

사회보장수급권은 헌법 제34조 제1항 및 제2항 등으로부터 개인에게 직접 주어지는 헌법적 차원의 권리이다. **O | X**

해설

> [X] 사회보장수급권은 헌법 제34조 제1항 및 제2항 등으로부터 개인에게 직접 주어지는 헌법적 차원의 권리라거나 사회적 기본권의 하나라고 볼 수는 없고, 다만 위와 같은 사회보장 · 사회복지 증진의무를 포섭하는 이념적 지표로서의 인간다운 생활을 할 권리를 실현하기 위하여 입법자가 입법재량권을 행사하여 제정하는 사회보장입법에 그 수급요건, 수급자의 범위, 수급액 등 구체적인 사항이 규정될 때 비로소 형성되는 법률적 차원의 권리에 불과하다 할 것이다(헌재 2003.7.24, 2002헌바51).

012

17. 변호사

모든 국민은 인간다운 생활을 할 권리를 가지며 국가는 생활능력 없는 국민을 보호할 의무가 있다는 헌법의 규정은 모든 국가기관을 기속하므로, 입법부 또는 행정부의 경우와 헌법재판소의 경우에 있어서 그 기속력의 의미가 다르게 이해되어서는 안 된다. O | X

해설

[X] 모든 국민은 인간다운 생활을 할 권리를 가지며 국가는 생활능력 없는 국민을 보호할 의무가 있다는 헌법의 규정은 모든 국가기관을 기속하지만 그 기속의 의미는 동일하지 아니한데, 입법부나 행정부에 대하여는 국민소득, 국가의 재정능력과 정책 등을 고려하여 가능한 범위 안에서 최대한으로 모든 국민이 물질적인 최저생활을 넘어서 인간의 존엄성에 맞는 건강하고 문화적인 생활을 누릴 수 있도록 하여야 한다는 행위의 지침, 즉 행위규범으로서 작용하지만, 헌법재판에 있어서는 다른 국가기관, 즉 입법부나 행정부가 국민으로 하여금 인간다운 생활을 영위하도록 하기 위하여 객관적으로 필요한 최소한의 조치를 취할 의무를 다하였는지를 기준으로 국가기관의 행위의 합헌성을 심사하여야 한다는 통제규범으로 작용하는 것이다(헌재 2004.10.28, 2002헌마328).

013

15. 사시

헌법 제34조로부터 도출되는 연금수급권과 같은 사회권적 기본권을 법률로 형성함에 있어서는 입법자에게 광범위한 입법재량이 부여되어 있으므로, 그 형성내용이 현저히 자의적이거나 사회권적 기본권의 최소한도의 내용을 보장하지 않더라도 헌법에 위반되는 것은 아니다. O | X

해설

[X] 연금수급권은 국가에 대하여 적극적으로 급부를 요구하는 것이므로 헌법규정만으로는 이를 실현할 수 없고 법률에 의한 형성을 필요로 하며, 그 구체적 내용, 즉 수급요건, 수급권자의 범위, 급여금액 등은 법률에 의하여 비로소 확정된다. 따라서 연금수급권의 구체적 내용을 정함에 있어 입법자는 광범위한 형성의 자유를 누리므로, 국가의 재정능력, 국민 전체의 소득 및 생활수준, 기타 여러 가지 사회적·경제적 여건 등을 종합하여 합리적인 수준에서 결정할 수 있고, 그 결정이 현저히 자의적이거나 국가가 인간다운 생활을 보장하기 위하여 필요한 최소한도의 내용마저 보장하지 않은 경우에 한하여 헌법에 위반된다고 할 것이다(헌재 2012.5.31, 2009헌마553).

014

16. 사시

기초생활보장제도의 보장단위인 개별가구에서 구치소에 수용 중인 자를 제외함으로써 이들로 하여금 국민기초생활 보장법상 급여를 지급받을 수 없도록 하는 규정은 인간다운 생활을 할 권리를 침해한다. O | X

해설

[X] 교도소·구치소에 수용 중인 자에 대하여 '국민기초생활 보장법'에 의한 중복적인 보장을 피하기 위하여 개별가구에서 제외키로 한 입법자의 판단이 헌법상 용인될 수 있는 재량의 범위를 일탈하여 인간다운 생활을 할 권리를 침해한다고 볼 수 없다(헌재 2011.3.31, 2009헌마617 등).

015
18. 서울시

산업재해보상보험법에서 업무상 질병으로 인한 업무상 재해에 있어 업무와 재해 사이의 상당인과관계에 대한 입증책임을 이를 주장하는 근로자나 그 유족에게 부담시키는 것은 사회보장수급권을 위헌적으로 침해한다. O | X

해설

[X] 통상적으로 업무상 재해를 직접 경험한 당사자가 이를 입증하는 것이 용이하다는 점을 감안하면, 이러한 입증책임의 분배가 입법재량을 일탈한 것이라고는 보기 어렵다. … 근로자 측이 현실적으로 부담하는 입증책임이 근로자 측의 보호를 위한 산업재해보상보험제도 자체를 형해화시킬 정도로 과도하다고 보기도 어렵다. 따라서 심판대상조항이 사회보장수급권을 침해한다고 볼 수 없다(헌재 2015.6.25, 2014헌바269).

016
18. 서울시

사립학교 교원에 대한 명예퇴직수당은 장기근속자의 조기퇴직을 유도하기 위한 특별장려금이라고 할 것이고 사회보장수급권에 해당하지 않는다. O | X

해설

[O] 명예퇴직은 근로자의 청약(신청)에 대하여 사용자가 승낙함으로써 합의에 의하여 근로계약을 종료시키는 근로계약의 합의해지라고 할 것이다. 원칙적으로 계약의 자유가 보장되는 사적 자치의 영역이다. 사립학교법상 명예퇴직수당은 교원이 정년까지 근무할 경우에 받게 될 장래 임금의 보전이나 퇴직 이후의 생활안정을 보장하는 사회보장적 급여가 아니라 장기근속 교원의 조기퇴직을 유도하기 위한 특별장려금이라고 할 것이다(헌재 2007.4.26, 2003헌마533).

017
18. 지방직

공무원연금은 기여금 납부를 통해 공무원 자신도 재원의 형성에 일부 기여한다는 점에서 후불임금의 성격도 가지고 있으므로 공무원연금법상 연금수급권은 사회적 기본권의 하나인 사회보장수급권의 성격과 재산권의 성격을 아울러 지니고 있다. O | X

해설

[O] 공무원연금은 기여금 납부를 통해 공무원 자신도 재원의 형성에 일부 기여한다는 점에서 후불임금의 성격도 가지고 있다. 그러므로 공무원연금법상 연금수급권은 사회적 기본권의 하나인 사회보장수급권의 성격과 재산권의 성격을 아울러 지니고 있다(헌재 2016.3.31, 2015헌바18).

일정 범위의 사업을 산업재해보상보험법의 적용대상에서 제외하면서 그 적용제외사업을 대통령령으로 정하도록 규정한 산업재해보상보험법 조항은 근로조건이 열악한 소규모 사업장 등에 근무하는 근로자들에 대하여 최소한의 내용도 보장하지 않고 있는 것이므로 인간다운 생활을 할 권리를 침해한다.

O | X

해설

[X] 헌법 제34조 제1항은 "모든 국민은 인간다운 생활을 할 권리를 가진다."라고 정하고, 같은 조 제2항은 국가의 사회보장·사회복지 증진의무를, 같은 조 제6항은 재해예방 및 그 위험으로부터 국민을 보호하기 위해 노력할 국가의 의무를 정하고 있다. 산재보험수급권은 사회보장수급권의 하나로서 국가에 대하여 적극적으로 급부를 요구하는 권리이나 위와 같은 헌법규정만으로는 실현될 수 없고 법률에 의한 형성을 필요로 한다. … 사업의 종류와 규모 등에 따른 재해발생률, 그로 인한 비용부담의 정도 및 비용부담이 당해 사업에 미치는 영향의 차이와 국가의 산재보험 운용능력 등을 고려한 조치로 보이고, 나아가 심판대상조항에 따른 산재보험 적용제외사업의 사업주도 산재보험에 임의로 가입할 수 있는 점, 행정부가 산재보험의 운용실태를 조사·분석하여 적용제외사업의 범위를 적절히 조정해오고 있는 점 등을 고려하면, 심판대상조항의 내용이 현저히 불합리하여 헌법상 용인될 수 있는 재량의 범위를 명백히 일탈한 경우에 해당한다고 볼 수 없다. 따라서 심판대상조항이 헌법 제34조에 위배된다고 볼 수 없다(헌재 2018.1.25, 2016헌바466).

형의 집행 및 수용자의 처우에 관한 법률 및 치료감호법에 의한 구치소 치료감호시설에 수용 중인 자는 당해 법률에 의하여 생계유지의 보호와 의료적 처우를 받고 있으므로 이러한 자에 대하여 국민기초생활보장법에 의한 중복적인 보장을 피하기 위하여 개별가구에서 제외하기로 한 입법자의 판단이 헌법상 용인될 수 있는 재량의 범위를 일탈하여 인간다운 생활을 할 권리를 침해한다고 볼 수 없다.

O | X

해설

[O] 생활이 어려운 국민에게 필요한 급여를 행하여 이들의 최저생활을 보장하기 위해 제정된 '국민기초생활 보장법'은 부양의무자에 의한 부양과 다른 법령에 의한 보호가 이 법에 의한 급여에 우선하여 행하여지도록 하는 보충급여의 원칙을 채택하고 있는바, '형의 집행 및 수용자의 처우에 관한 법률' 및 치료감호법에 의한 구치소·치료감호시설에 수용 중인 자는 당해 법률에 의하여 생계유지의 보호와 의료적 처우를 받고 있으므로 이러한 구치소·치료감호시설에 수용 중인 자에 대하여 '국민기초생활 보장법'에 의한 중복적인 보장을 피하기 위하여 개별가구에서 제외하기로 한 입법자의 판단이 헌법상 용인될 수 있는 재량의 범위를 일탈하여 인간다운 생활을 할 권리와 보건권을 침해한다고 볼 수 없다(헌재 2012.2.23, 2011헌마123).

인간다운 생활을 할 권리로부터 인간의 존엄에 상응하는 '최소한의 물질적인 생활'의 유지에 필요한 급부를 요구할 수 있는 구체적인 권리가 상황에 따라서는 직접 도출될 수 있다고 할 수는 있어도, 직접 그 이상의 급부를 내용으로 하는 구체적인 권리를 발생케 한다고 볼 수는 없다.

O | X

해설

[O] '인간다운 생활을 할 권리'로부터는, 그것이 사회복지·사회보장이 지향하여야 할 이념적 목표가 된다는 점을 별론으로 하면, 인간의 존엄에 상응하는 생활에 필요한 "최소한의 물질적인 생활"의 유지에 필요한 급부를 요구할 수 있는 구체적인 권리가 상황에 따라서는 직접 도출될 수 있다고 할 수는 있어도, 동 기본권이 직접 그 이상의 급부를 내용으로 하는 구체적인 권리를 발생케 한다고는 볼 수 없다고 할 것이다. 이러한 구체적 권리는 국가가 재정형편 등 여러 가지 상황들을 종합적으로 감안하여 법률을 통하여 구체화할 때에 비로소 인정되는 법률적 차원의 권리라고 할 것이다(헌재 2003.5.15, 2002헌마90).

□□□
021
22. 경정승진

근로자가 사업주의 지배관리 아래 출퇴근하던 중 발생한 사고로 부상 등이 발생한 경우에만 업무상 재해로 인정하는 산업재해보상보험법 규정은 도보나 자기 소유 교통수단 또는 대중교통 수단 등을 이용하여 출퇴근하는 산업재해보상보험 가입 근로자를 합리적 이유 없이 자의적으로 차별하는 것이 아니므로 헌법상 평등원칙에 위배되지 않는다. O | X

해설

[X] 통상의 출퇴근 재해를 산재보험법상 업무상 재해로 인정할 경우 산재보험 재정상황이 악화되거나 사업주 부담 보험료가 인상될 수 있다는 문제점은 보상대상을 제한하거나 근로자에게도 해당 보험료의 일정 부분을 부담시키는 방법 등으로 어느 정도 해결할 수 있다. 반면에 통상의 출퇴근 중 재해를 입은 비혜택근로자는 가해자를 상대로 불법행위 책임을 물어도 충분한 구제를 받지 못하는 것이 현실이고, 심판대상조항으로 초래되는 비혜택근로자와 그 가족의 정신적·신체적 혹은 경제적 불이익은 매우 중대하다. 따라서 심판대상조항은 합리적 이유 없이 비혜택근로자를 자의적으로 차별하는 것이므로, 헌법상 평등원칙에 위배된다(헌재 2016.9.29, 2014헌바254).

□□□
022
22. 경정승진

지방자치단체장은 특정 정당을 정치적 기반으로 하여 선거에 입후보할 수 있고 선거에 의하여 선출되는 공무원이라는 점에서 헌법 제7조 제2항에 따라 신분보장이 필요하고 정치적 중립성이 요구되는 공무원에 해당한다고 보기 어려우므로 헌법 제7조의 해석상 지방자치단체장을 위한 퇴직급여제도를 마련하여야 할 입법적 의무가 도출된다고 볼 수 없다. O | X

해설

[O] 지방자치단체장을 위한 별도의 퇴직급여제도를 마련하지 않은 것은 진정입법부작위에 해당하는데, 헌법상 지방자치단체장을 위한 퇴직급여제도에 관한 사항을 법률로 정하도록 위임하고 있는 조항은 존재하지 않는다. 나아가 지방자치단체장은 특정 정당을 정치적 기반으로 하여 선거에 입후보할 수 있고 선거에 의하여 선출되는 공무원이라는 점에서 헌법 제7조 제2항에 따라 신분보장이 필요하고 정치적 중립성이 요구되는 공무원에 해당한다고 보기 어려우므로 헌법 제7조의 해석상 지방자치단체장을 위한 퇴직급여제도를 마련하여야 할 입법적 의무가 도출된다고 볼 수 없고, 그 외에 헌법 제34조나 공무담임권 보장에 관한 헌법 제25조로부터 위와 같은 입법의무가 도출되지 않는다(헌재 2014.6.26, 2012헌마459).

□□□
023
22. 경찰 1차

국가가 인간다운 생활을 보장하기 위한 헌법적 의무를 다하였는지의 여부가 사법적 심사의 대상이 된 경우에는, 국가가 최저생활보장에 관한 입법을 전혀 하지 아니하였다든가 그 내용이 현저히 불합리하여 헌법상 용인될 수 있는 재량의 범위를 명백히 일탈한 경우에 한하여 헌법에 위반된다. O | X

해설

[O] 국가가 인간다운 생활을 보장하기 위한 헌법적 의무를 다하였는지의 여부가 사법적 심사의 대상이 된 경우에는, 국가가 생계보호에 관한 입법을 전혀 하지 아니하였다든가 그 내용이 현저히 불합리하여 헌법상 용인될 수 있는 재량의 범위를 명백히 일탈한 경우에 한하여 인간다운 생활을 할 권리를 보장한 헌법에 위반된다고 할 수 있다(헌재 1997.5.29, 94헌마33).

65세 미만의 일정한 노인성 질병이 있는 사람의 장애인 활동지원급여 신청자격을 제한하는 장애인활동지원에 관한 법률 제5조 제2호 본문 중 '노인장기요양보험법 제2조 제1호에 따른 노인 등' 가운데 '65세 미만의 자로서 치매·뇌혈관성질환 등 대통령령으로 정하는 노인성 질병을 가진 자'에 관한 부분은 합리적 이유가 있다고 할 것이므로 평등원칙에 위반되지 않는다.   O | X

해설

[X] 65세 미만의 비교적 젊은 나이인 경우, 일반적 생애주기에 비추어 자립 욕구나 자립지원의 요성이 높고, 질병의 치료효과나 재활의 가능성이 높은 편이므로 노인성 질병이 발병하였다고 하여 곧 사회생활이 객관적으로 불가능하다거나, 가내에서의 장기요양의 욕구·필요성이 급격히 증가한다고 평가할 것은 아니다. 또한 활동지원급여와 장기요양급여는 급여량 편차가 크고, 사회활동 지원 여부 등에 있어 큰 차이가 있다. 그럼에도 불구하고 65세 미만의 장애인 가운데 일정한 노인성 질병이 있는 사람의 경우 일률적으로 활동지원급여신청자격을 제한한 데에 합리적 이유가 있다고 보기 어려우므로 심판대상조항은 평등원칙에 위반된다(헌재 2020.12.23, 2017헌가22).

업무상 질병으로 인한 업무상 재해에 있어 업무와 재해 사이의 상당인과관계에 대한 입증책임을 이를 주장하는 근로자나 그 유족에게 부담시키는 산업재해보상보험법 규정이 근로자나 그 유족의 사회보장수급권을 침해한다고 볼 수 없다.   O | X

해설

[O] 업무상 재해의 인정요건 중 하나로 '업무와 재해 사이에 상당인과관계'를 요구하고 근로자 측에게 그에 대한 입증을 부담시키는 것은 재해근로자와 그 가족에 대한 보상과 생활보호를 필요한 수준으로 유지하면서도 그와 동시에 보험재정의 건전성을 유지하기 위한 것으로서 그 합리성이 있다. 입증책임분배에 있어 권리의 존재를 주장하는 당사자가 권리근거사실에 대하여 입증책임을 부담한다는 것은 일반적으로 받아들여지고 있고, 통상적으로 업무상 재해를 직접 경험한 당사자가 이를 입증하는 것이 용이하다는 점을 감안하면, 이러한 입증책임의 분배가 입법재량을 일탈한 것이라고는 보기 어렵다. 또한 산업재해보상보험법 시행령 [별표 3]은 업무상 질병에 대한 구체적인 인정기준을 규정하면서 각 질환별로 업무상 질병에 해당하는 경우를 예시하고 있는바, 적어도 그에 해당하는 질병에 대하여는 근로자 측의 입증부담이 어느 정도 완화되어 있다고 볼 수 있는 점, 대법원도 업무상 질병으로 인한 업무상 재해에 있어 업무와 재해 사이의 상당인과관계에 대한 입증 정도를 완화하는 판시를 하고 있는 점, 산업재해보상보험법 등은 근로복지공단으로 하여금 사업장 조사 등 업무상 재해 여부를 판단할 수 있는 자료를 실질적으로 조사·수집하게 하도록 하고 있는데 이는 근로자 측의 입증부담을 사실상 완화하는 역할을 할 수 있는 점 등을 고려할 때, 근로자 측이 현실적으로 부담하는 입증책임이 근로자 측의 보호를 위한 산업재해보상보험제도 자체를 형해화시킬 정도로 과도하다고 보기도 어렵다. 따라서 심판대상조항이 사회보장수급권을 침해한다고 볼 수 없다(헌재 2015.6.25, 2014헌바269).

026
22. 경찰 1차

공무원연금법에 따른 퇴직연금일시금을 지급받은 사람 및 그 배우자를 기초연금 수급권자의 범위에서 제외하는 것은 한정된 재원으로 노인의 생활안정과 복리향상이라는 기초연금법의 목적을 달성하기 위한 것으로서 합리성이 인정되므로 인간다운 생활을 할 권리를 침해한다고 볼 수 없다.   O I X

해설

[O] 심판대상조항은 공무원연금법에 따른 퇴직연금일시금을 지급받은 사람 및 그 배우자를 기초연금 수급권자의 범위에서 제외하고 있는바, 이는 한정된 재원으로 노인의 생활안정과 복리향상이라는 기초연금법의 목적을 달성하기 위한 것으로서 합리성이 인정되고, 국가가 기초연금제도 외에도 다양한 노인복지제도와 저소득층 노인의 노후소득보장을 위한 기초생활보장제도를 실시하고 있으며, 퇴직공무원의 후생복지 및 재취업을 위한 사업을 실시하고 있는 점을 고려할 때 인간다운 생활을 할 권리를 침해한다고 볼 수 없다(헌재 2018.8.30, 2017헌바197【합헌】).

027
22. 경찰 2차

주거환경개선사업 및 주택재개발사업의 시행으로 철거되는 주택의 소유자에 대해서는 임시수용시설의 설치 등을 사업시행자의 의무로 규정한 반면, 도시환경정비사업의 경우에는 이와 같은 규정을 두지 아니한 것은 청구인의 인간다운 생활을 할 권리를 제한한다.   O I X

해설

[X] 이 사건 법률조항은 국가에 대하여 최소한의 물질적 생활을 요구할 수 있음을 내용으로 하는 인간다운 생활을 할 권리의 향유와는 관련이 없고, 이 사건 법률조항으로 인하여 거주지를 이전하여야 하는 것은 아니므로 거주이전의 자유와도 관련이 없다(헌재 2014.3.27, 2011헌바396).

028
23. 경찰간부

생계급여를 지급함에 있어 자활사업 참가조건의 부과를 유예할 수 있는 대상자를 정하면서 입법자가 '대학원에 재학 중인 사람'과 '부모에게 버림받아 부모를 알 수 없는 사람'을 포함시키지 않은 것은 인간다운 생활을 보장하기 위한 조치를 취함에 있어서 국가가 실현해야 할 객관적 내용의 최소한도의 보장에 이르지 못한 것이다.   O I X

해설

[X] 입법자가 이 사건 시행령조항을 제정함에 있어 '대학원에 재학 중인 사람'과 '부모에게 버림받아 부모를 알 수 없는 사람'을 조건 부과 유예의 대상자에 포함시키지 않았다고 하더라도, 그러한 사정만으로 국가가 청구인의 인간다운 생활을 보장하기 위한 조치를 취함에 있어서 국가가 실현해야 할 객관적 내용의 최소한도의 보장에도 이르지 못하였다거나 헌법상 용인될 수 있는 재량의 범위를 명백히 일탈하였다고는 보기는 어렵다(헌재 2017.11.30, 2016헌마448).

029

23. 경찰간부

재혼을 유족연금수급권 상실사유로 규정한 구 공무원연금법 해당 조항 중 '유족연금'에 관한 부분은 입법재량의 한계를 벗어나 재혼한 배우자의 인간다운 생활을 할 권리를 침해하였다고 볼 수 없다. O | X

해설

[O] 심판대상조항이 배우자의 재혼을 유족연금수급권 상실사유로 규정한 것은 배우자가 재혼을 통하여 새로운 부양관계를 형성함으로써 재혼 상대방 배우자를 통한 사적 부양이 가능해짐에 따라 더 이상 사망한 공무원의 유족으로서의 보호의 필요성이나 중요성을 인정하기 어렵다고 보았기 때문이다. 이는 한정된 재원의 범위 내에서 부양의 필요성과 중요성 등을 고려하여 유족들을 보다 효과적으로 보호하기 위한 것이므로, 입법재량의 한계를 벗어나 재혼한 배우자의 인간다운 생활을 할 권리와 재산권을 침해하였다고 볼 수 없다 (헌재 2022.8.31, 2019헌가31).

030

23. 경찰간부

생계급여를 지급함에 있어 자활사업 참가조건의 부과를 유예할 수 있는 대상자를 정하면서 입법자가 '대학원에 재학 중인 사람'과 '부모에게 버림받아 부모를 알 수 없는 사람'을 포함시키지 않은 것은 인간다운 생활을 보장하기 위한 조치를 취함에 있어서 국가가 실현해야 할 객관적 내용의 최소한도의 보장에 이르지 못한 것이다. O | X

해설

[X] 입법자가 이 사건 시행령조항을 제정함에 있어 '대학원에 재학 중인 사람'과 '부모에게 버림받아 부모를 알 수 없는 사람'을 조건 부과 유예의 대상자에 포함시키지 않았다고 하더라도, 그러한 사정만으로 국가가 청구인의 인간다운 생활을 보장하기 위한 조치를 취함에 있어서 국가가 실현해야 할 객관적 내용의 최소한도의 보장에도 이르지 못하였다거나 헌법상 용인될 수 있는 재량의 범위를 명백히 일탈하였다고는 보기 어렵다(헌재 2017.11.30, 2016헌마448).

제2절 교육을 받을 권리

031

01. 법무사

교육을 받을 권리는 모든 인간에게 부여되는 권리이므로 외국인에게도 보장된다는 것이 통설이다. O | X

해설

[X] 교육을 받을 권리는 실정법상의 권리이므로 국민에게만 보장되고 외국인에게는 보장되지 아니한다.

032

04. 법행

의무교육은 무상으로 하며, 현행 헌법은 의무교육기간을 6년으로 규정하고 있다. O | X

해설

[X] 헌법이 의무교육기간을 '6년으로' 명시적으로 규정하고 있지는 않다.

□□□
033
06. 행시

초등학교 취학연령을 정하는 문제는 원칙적으로 입법자가 우리의 시대상황과 경제·문화여건 등 제반사항을 고려하여 정할 입법정책의 문제이지만, 아동의 성장발달 속도가 빨라지고 조기교육이 보편화되고 있는 현 시점에서 볼 때 만 4세인 아동의 취학을 허용하지 않는 법률 조항은 입법자의 입법재량의 범위를 벗어난 것으로서 아동의 교육을 받을 권리를 침해하는 것이다.　　　　　　O | X

해설

[X] 헌법 제31조 제1항에서 말하는 '능력에 따라 균등하게 교육을 받을 권리'란 법률이 정하는 일정한 교육을 받을 전제조건으로서의 능력을 갖추었을 경우 차별 없이 균등하게 교육을 받을 기회가 보장된다는 것이지 일정한 능력, 예컨대 지능이나 수학능력 등이 있다고 하여 제한 없이 다른 사람과 차별하여 어떠한 내용과 종류와 기간의 교육을 받을 권리가 보장된다는 것은 아니다. 따라서 의무취학 시기를 만 6세가 된 다음 날 이후의 학년초로 규정하고 있는 교육법 제96조 제1항은 의무교육제도 실시를 위해 불가피한 것이며 이와 같은 아동들에 대하여 만 6세가 되기 전에 앞당겨서 입학을 허용하지 않는다고 해서 헌법 제31조 제1항의 능력에 따라 균등하게 교육을 받을 권리를 본질적으로 침해한 것으로 볼 수 없다(헌재 1994.2.24, 93헌마192).

□□□
034
13. 경정승진
08. 사시 유사
06. 국가직
　　입시 유사

학교교육에 관한 한, 국가가 독자적으로 교육권한을 행사할 수 있기 때문에 부모의 교육권을 배제한다.　　　　　　O | X

해설

[X] 자녀의 양육과 교육에 있어서 부모의 교육권은 교육의 모든 영역에서 존중되어야 하며, 다만, 학교교육에 관한 한, 국가는 헌법 제31조에 의하여 부모의 교육권으로부터 원칙적으로 독립된 독자적인 교육권한을 부여받음으로써 부모의 교육권과 함께 자녀의 교육을 담당하지만, 학교 밖의 교육영역에서는 원칙적으로 부모의 교육권이 우위를 차지한다(헌재 2000.4.27, 98헌가16 등).

□□□
035
09. 국가직 유사
07. 법행

헌법 제31조의 '능력에 따라 균등한 교육을 받을 권리'는 국가가 교육제도의 정비·개선 등 적극적인 활동을 통하여 사인간의 출발기회에서의 불평등을 완화해야 할 의무를 규정한 것인 동시에, 교육의 모든 영역에서 균등한 교육이 이루어지도록 하기 위하여 개인이 별도로 교육을 시키거나 받는 행위를 국가가 금지하거나 제한할 수 있는 근거를 부여하는 수권규범이기도 하다.　　　　　　O | X

해설

[X] 헌법 제31조의 '능력에 따라 균등한 교육을 받을 권리'는 국가에 의한 교육제도의 정비·개선 외에도 의무교육의 도입 및 확대, 교육비의 보조나 학자금의 융자 등 교육영역에서의 사회적 급부의 확대와 같은 국가의 적극적인 활동을 통하여 사인간의 출발기회에서의 불평등을 완화해야 할 국가의 의무를 규정한 것이다. 그러나 위 조항은 교육의 모든 영역, 특히 학교교육 밖에서의 사적인 교육영역에까지 균등한 교육이 이루어지도록 개인이 별도로 교육을 시키거나 받는 행위를 국가가 금지하거나 제한할 수 있는 근거를 부여하는 수권규범이 아니다(헌재 2000.4.27, 98헌가16).

036
21. 소방간부
후보생

교육을 받을 권리란 모든 국민에게 저마다의 능력에 따른 교육이 가능하도록 그에 필요한 설비와 제도를 마련해야 할 국가의 과제와 아울러, 사회적·경제적 약자도 능력에 따른 실질적 평등교육을 받을 수 있도록 적극적인 정책을 실현해야 할 국가의 의무를 뜻한다. ○ | X

해설

> [O] 헌법 제31조 제1항은 "모든 국민은 능력에 따라 균등하게 교육을 받을 권리를 가진다."고 규정하여 국민의 교육을 받을 권리를 보장하고 있다. '교육을 받을 권리'란, 모든 국민에게 저마다의 능력에 따른 교육이 가능하도록 그에 필요한 설비와 제도를 마련해야 할 국가의 과제와 아울러 이를 넘어 사회적·경제적 약자도 능력에 따른 실질적 평등교육을 받을 수 있도록 적극적인 정책을 실현해야 할 국가의 의무를 뜻한다(헌재 2000.4.27, 98헌가16 등).

037
09. 국가직

국·공립학교와는 달리 사립학교의 경우에 학교운영위원회의 설치를 임의적인 사항으로 규정한 것은 학부모의 교육참여권을 침해하여 위헌이다. ○ | X

해설

> [X] 사립학교에도 국·공립학교처럼 의무적으로 운영위원회를 두도록 할 것인지, 아니면 임의단체인 기존의 육성회 등으로 하여금 유사한 역할을 계속할 수 있게 하고 법률에서 규정된 운영위원회를 재량사항으로 하여 그 구성을 유도할 것인지의 여부는 입법자의 입법형성영역인 정책문제에 속하고, 그 재량의 한계를 현저하게 벗어나지 않는 한 헌법위반으로 단정할 것은 아니다. 청구인이 위 조항으로 인하여 사립학교의 운영위원회에 참여하지 못하였다고 할지라도 그로 인하여 교육참여권이 침해되었다고 볼 수 없다(헌재 1999.3.25, 97헌마130).

038
10. 지방직

공립학교뿐만 아니라 사립학교에 있어서도 학부모가 참여하는 학교운영위원회를 의무적으로 설치하도록 하는 것은 사립학교의 자율성과 재산권을 침해하는 것으로서 위헌이다. ○ | X

해설

> [X] 사립학교에도 학교운영위원회를 의무적으로 설치하도록 한 것은 사학 설립자 및 재단의 재산권과 교육의 자주성·전문성을 침해하지 않는다(헌재 2001.11.29, 2000헌마278).

039
13. 경정승진

일반적으로 부모의 교육권으로부터 학부모의 학교참여권이 도출된다고 보기 어렵고, 학부모가 미성년자인 학생의 교육과정에 참여할 당위성이 부정되므로, 입법자가 학부모의 집단적인 교육참여권을 법률로써 인정하는 것은 헌법상 허용되지 않는다. ○ | X

해설

> [X] 일반적으로 학부모가 미성년자인 학생의 교육과정에 참여할 당위성은 부정할 수 없으므로, 입법자가 학부모의 집단적인 교육참여권을 법률로써 인정하는 것은 헌법상 당연히 허용된다. 또 교사의 교육권(수업권) 역시 법적으로 보장되어야 할 권리이며, 지역주민의 학교운영위원회 참여제도는 주민자치라는 민주주의 원리와 관계되며 학교의 운영에 지역사회의 특성과 요구를 반영할 수 있다는 장점이 있다. 그렇다면 사립학교에도 국·공립학교처럼 의무적으로 운영위원회를 두도록 할 것인지 여부는 입법자의 정책문제에 속하고, 그 재량의 한계를 현저하게 벗어나지 않는 한 헌법위반으로 단정할 것은 아니다(헌재 2001.11.29, 2000헌마278).

□□□
040
11. 사시

무상의 초등교육과 무상의 중등교육을 받을 권리는 헌법상의 권리로서 이에 근거하여 국가에 대하여 입학금·수업료 등의 면제를 요구할 수 있다. O | X

해설

[X] 헌법 제31조 제1항은 "모든 국민은 능력에 따라 균등하게 교육을 받은 권리를 가진다."고 규정하고 제3항에서는 "의무교육은 무상으로 한다."고 규정하여 의무교육 무상실시의 원칙을 선언하고 있다. … 의무교육의 실시범위와 관련하여 의무교육의 무상원칙을 규정한 헌법 제31조 제3항은 초등교육에 관하여는 직접적인 효력규정으로서 개인이 국가에 대하여 입학금·수업료 등을 면제받을 수 있는 헌법상의 권리라고 볼 수 있다. 그러나 중등교육의 경우에는 초등교육과는 달리 헌법 제31조 제2항에서 직접 중학교교육 또는 고등학교교육 등 중등교육을 지칭하지 아니하고 단지 법률이 정하는 교육이라고 규정하였을 뿐이므로 무상의 의무교육 중 초등교육을 넘는 중학교교육 이상의 교육에 대하여는 국가의 재정형편 등을 고려하여 입법권자가 법률로 정한 경우에 한하여 인정될 수 있는 것이다. 따라서 무상의 중등교육을 받을 권리는 법률에서 중등교육을 의무교육으로서 시행하도록 규정하기 전에는 헌법상 권리로서 보장되는 것은 아니다(헌재 1991.2.11, 90헌가27).

□□□
041
13. 경정승진

개인과외교습이나 인터넷 통신강좌와 같은 사교육의 교습시간을 제한하지 않으면서 학원 및 교습소의 교습시간만 제한하는 것은 합리적 이유가 없는 차별이다. O | X

해설

[X] 이 사건 조항이 학교, 교육방송 및 다른 사교육에 대하여는 교습시간을 제한하지 않으면서 학원 및 교습소의 교습시간만 제한하였다고 하여도 공교육의 주체인 학교 및 공영방송인 한국교육방송공사가 사교육 주체인 학원과 동일한 지위에 있다고 보기 어렵고, 다른 사교육인 개인과외교습이나 인터넷 통신강좌에 의한 심야교습이 초래하게 될 사회적 영향력이나 문제점이 학원에 의한 심야교습보다 적으므로 학원 및 교습소의 교습시간만 제한하였다고 하여 이를 두고 합리적 이유 없는 차별이라고 보기는 어려운바, 이 사건 조항이 학원 운영자 등의 평등권을 침해하였다고 보기는 어렵다(헌재 2009.10.29, 2008헌마635).

□□□
042
12. 법원직

고시 공고일을 기준으로 고등학교에서 퇴학한 날로부터 6월이 지나지 아니한 자를 고등학교 졸업학력 검정고시를 응시할 수 있는 자의 범위에서 제외한 것은 교육을 받을 자유를 침해한다. O | X

해설

[X] 고시 공고일을 기준으로 고등학교에서 퇴학된 날로부터 6월이 지나지 아니한 자를 고등학교 졸업학력 검정고시를 받을 수 있는 자의 범위에서 제외한 것은 교육을 받을 권리를 침해하지 않는다(헌재 2008.4.24, 2007헌마1456).

043

부모가 자녀의 이익을 가장 잘 보호할 수 있다는 점에 비추어 자녀가 의무교육을 받아야 할지 여부를 부모가 자유롭게 결정할 수 없도록 하는 것은 부모의 교육권에 대한 침해이다.　　　　O | X

해설

[X] 학교교육에 관한 한, 국가는 헌법 제31조에 의하여 부모의 교육권으로부터 원칙적으로 독립된 독자적인 교육권한을 부여받았고, 따라서 학교교육에 관한 광범위한 형성권을 가지고 있다. 그러므로 국가에 의한 의무교육의 도입이나 취학연령의 결정은 헌법적으로 하자가 없다. 학교제도에 관한 국가의 규율권한과 부모의 교육권이 서로 충돌하는 경우, 어떠한 법익이 우선하는가의 문제는 구체적인 경우마다 법익형량을 통하여 판단해야 하는데, 자녀가 의무교육을 받아야 할지의 여부와 그의 취학연령을 부모가 자유롭게 결정할 수 없다는 것은 부모의 교육권에 대한 과도한 제한이 아니다. 마찬가지로 국가는 교육목표, 학습계획, 학습방법, 학교제도의 조직 등을 통하여 학교교육의 내용과 목표를 정할 수 있는 포괄적인 규율권한을 가지고 있다(헌재 2000.4.27, 98헌가16 등).

044

실질적인 평등교육을 실현해야 할 국가의 적극적인 의무가 인정되므로, 국민이 직접 실질적 평등교육을 위한 교육비를 청구할 권리가 인정된다.　　　　O | X

해설

[X] 헌법 제31조 제1항에서 보장되는 교육의 기회균등권은 '정신적·육체적 능력 이외의 성별·종교·경제력·사회적 신분 등에 의하여 교육을 받을 기회를 차별하지 않고, 즉 합리적 차별사유 없이 교육을 받을 권리를 제한하지 아니함과 동시에 국가가 모든 국민에게 균등한 교육을 받게 하고 특히 경제적 약자가 실질적인 평등교육을 받을 수 있도록 적극적 정책을 실현해야 한다는 것'을 의미하므로, 실질적인 평등교육을 실현해야 할 국가의 적극적인 의무가 인정되지만, 이러한 의무조항으로부터 국민이 직접 실질적 평등교육을 위한 교육비를 청구할 권리가 도출되는 것은 아니다(헌재 2003.11.27, 2003헌바39).

045

헌법재판소는 의무교육으로 운영되는 중학교에서 급식비의 일부를 학부모에게 부담하도록 한 학교급식법 규정이 의무교육 무상의 원칙에 위반된다고 판단하였다.　　　　O | X

해설

[X] 의무교육 대상인 중학생의 학부모에게 급식 관련 비용 일부를 부담하도록 하는 구 학교급식법 제8조 제1항 후단 및 제2항 전단 중 초·중등교육법 제2조의 중학교에 관한 부분이 의무교육의 무상원칙을 위반하지 않는다(헌재 2012.4.24, 2010헌바164).

046

의무교육 대상인 중학생의 학부모에게 급식 관련 비용 일부를 부담하도록 하는 구 학교급식법 조항은 비록 국가나 지방자치단체의 지원으로 학부모의 급식비 부담을 경감하는 조항이 마련되어 있다고 하더라도 입법형성권의 범위를 넘어 헌법상 의무교육의 무상원칙에 반하는 것이다.　　　　O | X

해설

[X] 중학생의 학부모들에게 급식 관련 비용의 일부를 부담하도록 하고 있지만, 학부모에게 급식에 필요한 경비의 일부를 부담시키는 경우에 있어서도 학교급식 실시의 기본적 인프라가 되는 부분은 배제하고 있으며, 국가나 지방자치단체의 지원으로 학부모의 급식비 부담을 경감하는 조항이 마련되어 있고, 특히 저소득층 학생들을 위한 지원방안이 마련되어 있다는 점 등을 고려해 보면, 이 사건 법률조항들이 입법형성권의 범위를 넘어 헌법상 의무교육의 무상원칙에 반하는 것으로 보기는 어렵다(헌재 2012.4.24, 2010헌바164).

047

17. 경정승진
16. 법행

부모의 자녀교육권이란 부모의 자기결정권이라는 의미에서 보장되는 자유가 아니라, 자녀의 보호와 인격발현을 위하여 부여되는 것이므로, 자녀의 행복이란 관점에서 교육방향을 결정하라는 행위지침을 의미할 뿐 부모의 기본권이라고는 볼 수 없다.   O | X

해설

[X] 자녀의 양육과 교육은 일차적으로 부모의 천부적인 권리인 동시에 부모에게 부과된 의무이기도 하다. '부모의 자녀에 대한 교육권'은 비록 헌법에 명문으로 규정되어 있지는 아니하지만, 이는 모든 인간이 누리는 불가침의 인권으로서 혼인과 가족생활을 보장하는 헌법 제36조 제1항, 행복추구권을 보장하는 헌법 제10조 및 "국민의 자유와 권리는 헌법에 열거되지 아니한 이유로 경시되지 아니한다."고 규정하는 헌법 제37조 제1항에서 나오는 중요한 기본권이다. 부모는 자녀의 교육에 관하여 전반적인 계획을 세우고 자신의 인생관·사회관·교육관에 따라 자녀의 교육을 자유롭게 형성할 권리를 가지며, 부모의 교육권은 다른 교육의 주체와의 관계에서 원칙적인 우위를 가진다(헌재 2000.4.27, 98헌가16 등).

048

19. 국회직 8급

자녀의 교육에 관한 부모의 권리와 의무는 서로 불가분의 관계에 있고 자녀교육권의 본질을 결정하는 구성요소이기 때문에, 부모의 자녀교육권은 '자녀교육에 대한 부모의 책임'으로도 표현될 수 있다. O | X

해설

[O] 부모는 자녀의 교육에 관하여 전반적인 계획을 세우고 자신의 인생관·사회관·교육관에 따라 자녀의 교육을 자유롭게 형성할 권리를 가지며, 부모의 교육권은 다른 교육의 주체와의 관계에서 원칙적인 우위를 가진다. 한편, 자녀의 교육에 관한 부모의 '권리와 의무'는 서로 불가분의 관계에 있고 자녀교육권의 본질을 결정하는 구성요소이기 때문에, 부모의 자녀교육권은 '자녀교육에 대한 부모의 책임'으로도 표현될 수 있다(헌재 2000.4.27, 98헌가16 등).

049

16. 국가직

학교운영지원비를 학교회계 세입항목에 포함시키도록 하는 것은 헌법 제31조 제3항에 규정되어 있는 의무교육의 무상원칙에 위반되지 않는다.   O | X

해설

[X] 학교운영지원비는 그 운영상 교원연구비와 같은 교사의 인건비 일부와 학교회계직원의 인건비 일부 등 의무교육과정의 인적기반을 유지하기 위한 비용을 충당하는 데 사용되고 있다는 점, 학교회계의 세입상 현재 의무교육기관에서는 국고지원을 받고 있는 입학금, 수업료와 함께 같은 항에 속하여 분류되고 있음에도 불구하고 학교운영지원비에 대해서만 학생과 학부모의 부담으로 남아있다는 점, 학교운영지원비는 기본적으로 학부모의 자율적 협찬금의 외양을 갖고 있음에도 그 조성이나 징수의 자율성이 완전히 보장되지 않아 기본적이고 필수적인 학교교육에 필요한 비용에 가깝게 운영되고 있다는 점 등을 고려해보면 이 사건 세입조항은 헌법 제31조 제3항에 규정되어 있는 의무교육의 무상원칙에 위배되어 헌법에 위반된다(헌재 2012.8.23, 2010헌바220).

□□□
050
17. 국회직 8급

초·중·고교 교사는 수업의 자유를 내세워 헌법과 법률이 지향하는 자유민주적 기본질서를 침해할 수 없다.

O | X

해설

[O] 수업의 자유는 무제한 보호되기는 어려우며 초·중·고등학교의 교사는 자신이 연구한 결과에 대하여 스스로 확신을 갖고 있다고 하더라도 그것을 학회에서 보고하거나 학술지에 기고하거나 스스로 저술하여 책자를 발행하는 것은 별론 수업의 자유를 내세워 함부로 학생들에게 여과없이 전파할 수는 없다고 할 것이고, 나아가 헌법과 법률이 지향하고 있는 자유민주적 기본질서를 침해할 수 없음은 물론 사회상규나 윤리도덕을 일탈할 수 없으며, 따라서 가치편향적이거나 반도덕적인 내용의 교육은 할 수 없는 것이라고 할 것이다(헌재 1992.11.12, 89헌마88).

□□□
051
20. 국회직 9급

자율형 사립고등학교를 후기학교로 정하여 신입생을 일반고와 동시에 선발하도록 하는 한편, 자율형 사립고등학교를 지원한 학생에게 평준화지역 후기학교에 중복지원할 수 없도록 한 것은 학교법인의 사학운영의 자유를 침해한다.

O | X

해설

[X] 과학고는 '과학분야의 인재 양성'이라는 설립 취지나 전문적인 교육과정의 측면에서 과학 분야에 재능이나 소질을 가진 학생을 후기학교보다 먼저 선발할 필요성을 인정할 수 있으나, 자사고의 경우 교육과정 등을 고려할 때 후기학교보다 먼저 특정한 재능이나 소질을 가진 학생을 선발할 필요성은 적다. 따라서 이 사건 동시선발조항이 자사고를 후기학교로 규정함으로써 과학고와 달리 취급하고, 일반고와 같이 취급하는 데에는 합리적인 이유가 있으므로 청구인 학교법인의 평등권을 침해하지 아니한다(헌재 2019.4.11, 2018헌마221).

□□□
052
19. 경정승진

'2018학년도 대학수학능력시험 시행기본계획'은 성년의 자녀를 둔 부모의 자녀교육권을 제한하지 않는다.

O | X

해설

[O] 부모는 아직 성숙하지 못하고 인격을 닦고 있는 미성년 자녀를 교육시킬 교육권을 가지지만, 자녀가 성년에 이르면 자녀 스스로 자신의 기본권 침해를 다툴 수 있으므로 이와 별도로 부모에게 자녀교육권 침해를 다툴 수 있도록 허용할 필요가 없다. 따라서 심판대상계획이 청구인 이○경의 자녀교육권을 제한한다고 볼 수 없으므로, 청구인 이○경에 대한 기본권침해 가능성도 인정할 수 없다(헌재 2018.2.22, 2017헌마691).

□□□
053
20. 경정승진

대학수학능력시험을 한국교육방송공사(EBS) 수능교재 및 강의와 연계하여 출제하기로 한 '2018학년도 대학수학능력시험 시행기본계획'은 헌법 제31조 제1항의 능력에 따라 균등하게 교육을 받을 권리를 직접 제한한다고 보기는 어렵다.

O | X

해설

[O] 수능시험을 준비하면서 무엇을 어떻게 공부하여야 할지에 관하여 스스로 결정할 자유가 심판대상계획에 따라 제한된다. 이는 자신의 교육에 관하여 스스로 결정할 권리, 즉 교육을 통한 자유로운 인격발현권을 제한받는 것으로 볼 수 있다. 한편, 청구인들은 심판대상계획으로 인해 교육을 받을 권리가 침해된다고 주장하지만, 심판대상계획이 헌법 제31조 제1항의 능력에 따라 균등하게 교육을 받을 권리를 직접 제한한다고 보기는 어렵다(헌재 2018.2.22, 2017헌마691).

054
19. 변호사

대학수학능력시험의 문항 수 기준 70%를 EBS 교재와 연계하여 출제한다는 대학수학능력시험 시행기본계획은 대학수학능력시험을 준비하는 자의 자유로운 인격발현권을 제한하는데, 이러한 계획이 헌법 제37조 제2항을 준수하였는지 심사하되, 국가가 학교에서의 학습방법 등 교육제도를 정하는 데 포괄적인 규율권한을 갖는다는 점을 감안하여야 한다. O | X

해설

[O] 국가는 학교에서의 교육목표, 학습계획, 학습방법, 학교조직 등 교육제도를 정하는 데 포괄적 규율권한과 폭넓은 입법형성권을 갖는다. 대학 입학전형자료의 하나인 수능시험은 대학 진학을 위해 필요한 것이지만, 고등학교 교육과정에 대한 최종적이고 종합적인 평가로서 학교교육 제도와 밀접한 관계에 있다. 따라서 국가는 수능시험의 출제 방향이나 원칙을 어떻게 정할 것인지에 대해서도 폭넓은 재량권을 갖는다. 국가의 공권력행사가 학생의 자유로운 인격발현권을 제한하는 경우에도 헌법 제37조 제2항에 따른 한계를 준수하여야 한다. 다만, 국가는 수능시험 출제 방향이나 원칙을 정할 때 폭넓은 재량권을 가지므로, 심판대상계획이 청구인들의 기본권을 침해하는지 여부를 심사할 때 이러한 국가의 입법형성권을 감안하여야 한다(헌재 2018.2.22, 2017헌마691).

055
20. 변호사

교수·연구 분야에 전문성이 뛰어난 교사들로서 교사의 교수·연구활동을 지원하는 임무를 부여받고 있는 수석교사를 성과상여금 등의 지급과 관련하여 교장이나 장학관 등과 달리 취급하고 있지만 이는 이들의 직무 및 직급이 다른 것에서 기인하는 합리적인 차별이다. O | X

해설

[O] 수석교사는 교사의 교수·연구활동을 지원하는 임무를 부여받고 있는 반면, 교장 등은 교무를 통할·총괄하고 소속 교직원을 지도·감독하는 관리 임무를 부여받고, 장학관 등은 각급 학교에 대한 관리·감독 업무 등 교육행정업무를 수행할 임무를 부여받고 있다. … 이와 같이 성과상여금 등의 지급과 관련하여 수석교사를 교장 등, 장학관 등과 달리 취급하는 것에는 합리적인 이유가 있으므로, 심판대상조항들은 청구인들의 평등권을 침해하지 않는다(헌재 2019.4.11, 2017헌마602 등).

056
20. 국회직 9급

사립대학 교육기관의 교원을 정관이 정하는 바에 따라 기간을 정하여 임면할 수 있도록 한 구 사립학교법 규정은 교원지위 법정주의에 위반되지 않는다. O | X

해설

[O] 대학교원의 기간임용제를 규정한 구 사립학교법 제53조의2 제3항은 전문성·연구실적 등에 문제가 있는 교수의 연임을 배제하여 합리적인 교수인사를 할 수 있도록 하기 위한 것으로 그 입법목적이 정당하고, 대학교육기관의 교원에 대한 기간임용제와 정년보장제는 국가가 문화국가의 실현을 위한 학문진흥의 의무를 이행함에 있어서나 국민의 교육권의 실현·방법 면에서 각각 장단점이 있어서, 그 판단·선택은 헌법재판소에서 이를 가늠하기보다는 입법자의 입법정책에 맡겨 두는 것이 옳으므로, 위 조항은 헌법 제31조 제6항이 규정한 교원지위 법정주의에 위반되지 아니한다(헌재 1998.7.16, 96헌바33 등).

057
22. 경정승진

서울대학교 재학생이 재학 중인 학교의 법적 형태를 법인이 아닌 공법상 영조물인 국립대학으로 유지하여 줄 것을 요구할 권리는 학생의 교육받을 권리에 포함되지 아니한다. O | X

해설

[O] 서울대학교에 대한 재정 지원 조항이 다른 대학 교직원의 법적 지위나 권리·의무관계에 직접 영향을 미친다고 보기도 어렵다. 일반시민은 심판대상조항의 직접적인 수범자가 아니며, 대학의 자율 및 공무담임권, 평등권의 침해 문제도 발생하지 않으므로 기본권침해 가능성 내지 자기관련성이 인정되지 아니한다. 서울대학교 재학생은 공무담임권이 침해될 가능성이 없고, 재학 중인 학교의 법적 형태를 공법상 영조물인 국립대학으로 유지하여 줄 것을 요구할 권리는 교육받을 권리에 포함되지 아니한다(헌재 2014.4.24, 2011헌마612).

058
22. 경정승진

헌법 제31조 제1항에 따라 국가에게 능력에 따라 균등한 교육 기회를 보장할 의무가 부여되어 있다 하더라도, 군인이 자기 계발을 위하여 해외 유학하는 경우의 교육비를 청구할 수 있는 권리가 도출된다고 할 수는 없다. O | X

해설

[O] 이 사건 법률조항은 군인이 해외유학을 위하여 휴직하는 것 자체를 금지하는 것이 아니라 그 휴직기간 중에 봉급을 지급하지 않는 것으로 정하고 있을 뿐이고, 직업의 자유나 교육을 받을 권리에 자비 해외유학을 위한 휴직기간 중에 보수를 받을 권리까지 포함되어 있다고 할 수는 없으므로, 이 사건 법률조항들로 인하여 청구인의 직업의 자유나 교육을 받을 권리가 침해되었다고 볼 수 없다(헌재 2009.4.30, 2007헌마290).

059
22. 경정승진

국·공립대학 도서관장이 승인하지 아니하여 대학구성원이 아닌 자가 대학도서관에서 도서를 내술할 수 없거나 열람실을 이용할 수 없게 되었다고 하여 그의 교육을 받을 권리가 침해된다고 볼 수는 없다. O | X

해설

[O] 교육을 받을 권리가 국가에 대하여 특정한 교육제도나 시설의 제공을 요구할 수 있는 권리를 뜻하는 것은 아니므로, 청구인이 이 사건 도서관에서 도서를 대출할 수 없거나 열람실을 이용할 수 없더라도 청구인의 교육을 받을 권리가 침해된다고 볼 수 없다(헌재 2016.11.24, 2014헌마977).

060
22. 경정승진

헌법 제31조 제1항에 따라 모든 국민은 능력에 따라 균등하게 교육을 받을 권리를 가지는바, 교육을 받을 권리는 국가에 대하여 특정한 교육제도나 시설의 제공을 요구할 수 있는 권리까지 내포하고 있다. O | X

해설

[X] 교육을 받을 권리가 국가에 대하여 특정한 교육제도나 시설의 제공을 요구할 수 있는 권리를 뜻하는 것은 아니므로, 청구인이 이 사건 도서관에서 도서를 대출할 수 없거나 열람실을 이용할 수 없더라도 청구인의 교육을 받을 권리가 침해된다고 볼 수 없다(헌재 2016.11.24, 2014헌마977).

061
23. 경찰 1차

헌법 제31조 제3항의 의무교육무상의 원칙은 교육을 받을 권리를 보다 실효성 있게 보장하기 위하여 의무교육 비용을 학령아동의 보호자 개개인의 직접적 부담에서 공동체 전체의 부담으로 이전하라는 명령일 뿐, 의무교육의 비용을 오로지 국가 또는 지방자치단체의 예산으로 해결해야 함을 의미하는 것은 아니다.　　　　　　　　　　　　　　　　　　　　　　　　　　　　　　　O | X

해설

[O] 의무교육무상에 관한 헌법 제31조 제3항은 교육을 받을 권리를 보다 실효성 있게 보장하기 위하여 의무교육 비용을 학령아동의 보호자 개개인의 직접적 부담에서 공동체 전체의 부담으로 이전하라는 명령일 뿐이고 의무교육의 비용을 오로지 국가 또는 지방자치단체의 예산, 즉 조세로 해결해야 함을 의미하는 것은 아니다(헌재 2008.9.25, 2007헌가1).

062
23. 경찰간부

'서울대학교 2023학년도 대학 신입학생 입학전형 시행계획' 중 저소득학생 특별전형의 모집인원을 모두 수능위주전형으로 선발하도록 정한 부분이 저소득학생 특별전형에 응시하고자 하는 수험생들의 기회를 불합리하게 박탈하는 것은 아니다.　　　　　　　　　　　　　　　　　　　　　　　　　O | X

해설

[O] 저소득학생 특별전형과 달리 농어촌학생 특별전형은 학생부종합전형으로 실시된다. 저소득학생 특별전형과 농어촌학생 특별전형은 그 목적, 지원자들 특성 등이 동일하지 아니하므로, 전형방법을 반드시 동일하게 정해야 한다고 볼 수 없다. 수능 성적으로 학생을 선발하는 전형방법이 사회통념적 가치기준에 적합한 합리적인 방법인 이상, 대입제도 공정성을 강화하기 위해 수능위주전형 비율을 높이면서 농어촌학생 특별전형과 달리 저소득학생 특별전형에서는 모집인원 전체를 수능위주전형으로 선발한다고 하더라도, 이것이 저소득학생의 응시기회를 불합리하게 박탈하는 것이라고 보기는 어렵다. 결국 이 사건 입시계획은 청구인의 균등하게 교육을 받을 권리를 침해하지 않는다(헌재 2022.9.29, 2021헌마929).

063
23. 경찰간부

검정고시 응시자격을 제한하는 것은 국민의 교육받을 권리 중 그 의사와 능력에 따라 균등하게 교육을 받을 것을 국가로부터 방해받지 않을 권리를 제한하는 것이므로 과소보호금지의 원칙에 따른 심사를 받아야 할 것이다.　　　　　　　　　　　　　　　　　　　　　　　　　　　　O | X

해설

[X] 검정고시 응시자격을 제한하는 것은, 국민의 교육받을 권리 중 그 의사와 능력에 따라 균등하게 교육받을 것을 국가로부터 방해받지 않을 권리, 즉 자유권적 기본권을 제한하는 것이므로, 그 제한에 대하여는 헌법 제37조 제2항의 비례원칙에 의한 심사, 즉 과잉금지원칙에 따른 심사를 받아야 할 것이다(헌재 2012.5.31, 2010헌마139).

자율형 사립고등학교(이하 '자사고'라 함)와 일반고등학교(이하 '일반고'라 함)가 동시선발을 하게 되면 해당 자사고의 교육에 적합한 학생을 선발하는 데 지장이 있고 자사고의 사학운영의 자유를 침해하므로 자사고를 후기학교로 정하여 신입생을 일반고와 동시에 선발하도록 한 초·중등교육법 시행령 해당조항은 국가가 학교 제도를 형성할 수 있는 재량 권한의 범위를 일탈하였다. O | X

해설

[X] 국가가 일반고의 경쟁력을 강화시키는 정책을 시행함과 동시에 자사고를 후기학교로 정한 것은 국가의 공적인 학교 제도를 보장하여야 할 책무에 의거하여 학교 제도를 형성할 수 있는 광범위한 재량 권한의 범위 내에 있는 것이다(헌재 2019.4.11, 2018헌마221).

제3절 근로의 권리

불법체류 중인 외국인 근로자라 해도 형사처벌의 대상이 되는 것과는 별개로 근로계약은 유효하므로 산업재해보상법의 적용대상이 되는 사업 또는 사업장에서 근로를 제공하다가 업무상 질병이 걸린 경우에는 산업재해보상법상의 요양급여를 지급받을 수 있으며, 나아가 국가에 대하여 근로기회의 제공을 청구할 권리도 국민과 대등하게 인정된다는 것이 대법원의 판례이다. O | X

해설

[X] 근로의 권리는 국민의 권리이기 때문에 외국인에게는 근로의 권리의 본래적 내용, 즉 국가에 대하여 근로기회의 제공을 청구할 권리는 당연히 없다(서울고법 1993.11.26, 93구16774).

근로의 권리는 건강한 작업환경, 일에 대한 정당한 보수, 합리적인 근로조건의 보장 등을 요구할 수 있는 권리 등을 포함하는 의미에서의 '일할 환경에 관한 권리'도 내포하지만, 근로의 권리가 기본적으로 사회적 기본권임을 감안할 때 외국인 근로자에 대해서는 그 기본권 주체성을 인정할 수 없다. O | X

해설

[X] 근로의 권리가 '일할 자리에 관한 권리'만이 아니라 '일할 환경에 관한 권리'도 함께 내포하고 있는바, 후자는 인간의 존엄성에 대한 침해를 방어하기 위한 자유권적 기본권의 성격도 갖고 있어 건강한 작업환경, 일에 대한 정당한 보수, 합리적인 근로조건의 보장 등을 요구할 수 있는 권리 등을 포함한다고 할 것이므로 외국인 근로자라고 하여 이 부분까지 기본권 주체성을 부인할 수는 없다. 즉, 근로의 권리의 구체적인 내용에 따라, 국가에 대하여 고용증진을 위한 사회적·경제적 정책을 요구할 수 있는 권리는 사회권적 기본권으로서 국민에 대하여만 인정해야 하지만, 자본주의 경제질서하에서 근로자가 기본적 생활수단을 확보하고 인간의 존엄성을 보장받기 위하여 최소한의 근로조건을 요구할 수 있는 권리는 자유권적 기본권의 성격도 아울러 가지므로 이러한 경우 외국인 근로자에게도 그 기본권 주체성을 인정함이 타당하다(헌재 2007. 8.30, 2004헌마670).

067

12. 경정승진

계속근로기간 1년 미만인 근로자를 퇴직급여 지급대상에서 제외하는 '근로자퇴직급여 보장법' 제4조 제1항 단서는 근로의 권리를 침해한다.　　　　　　　　　　　　　　　　　　　　　　　O | X

해설

[X] 이 사건 법률조항에서 '계속근로기간이 1년 미만인 근로자'를 퇴직급여 대상에서 제외하여 '계속근로기간이 1년 이상인 근로자'와 차별취급하는 것은, 퇴직급여가 1년 이상 장기간 근속한 근로자의 공로를 보상하고 업무의 효율성과 생산성의 증대 등을 위해 장기간 근무를 장려하기 위한 것으로 볼 수 있으며, 입법자가 퇴직급여법의 확대적용을 위한 지속적인 노력을 기울이는 과정에서 한편으로 사용자의 재정적 부담능력 등의 현실적인 측면을 고려하고, 다른 한편으로 퇴직급여제도 이외에 국민연금제도나 실업급여제도 등 퇴직 근로자의 생활을 보장하기 위한 다른 사회보장적 제도도 함께 고려하였다고 할 것이다. 따라서, 그 차별에 합리적 이유가 있으므로 청구인의 평등권이 침해되었다고 보기 어렵다. 헌법 제32조 제1항이 규정하는 근로의 권리는 사회적 기본권으로서 국가에 대하여 직접 일자리를 청구하거나 일자리에 갈음하는 생계비의 지급청구권을 의미하는 것이 아니라 고용증진을 위한 사회적·경제적 정책을 요구할 수 있는 권리에 그치며, 근로의 권리로부터 국가에 대한 직접적인 직장존속청구권이 도출되는 것도 아니다. 나아가 근로자가 퇴직급여를 청구할 수 있는 권리도 헌법상 바로 도출되는 것이 아니라 퇴직급여법 등 관련 법률이 구체적으로 정하는 바에 따라 비로소 인정될 수 있는 것이므로 계속근로기간 1년 미만인 근로자가 퇴직급여를 청구할 수 있는 권리가 헌법 제32조 제1항에 의하여 보장된다고 보기는 어렵다(헌재 2011.7.28, 2009헌마408).

068

17. 법행
14. 법원직

헌법 제32조 제1항이 규정한 근로의 권리는 개인인 근로자 외에 노동조합 또한 그 주체가 된다.　　　　　　　　　　　　　　　　　　　　　　　　　　　　　　　　　　　　O | X

해설

[X] 헌법 제32조 제1항이 규정한 근로의 권리는 근로자를 개인의 차원에서 보호하기 위한 권리로서 개인인 근로자가 그 주체가 되는 것이고 노동조합은 그 주체가 될 수 없으므로, 이 사건 법률조항이 노동조합을 비과세 대상으로 규정하지 않았다 하여 헌법 제32조 제1항에 반한다고 볼 여지는 없다(헌재 2009.2.26, 2007헌바27).

069

16. 사시

근로계약에 별도의 정함이 없는 이상, 근무기간이 6개월 미만인 근로자와 그 이상인 근로자는 근로계약의 계속성에 대한 기대에 본질적인 차이가 있으므로, 해고예고제도를 적용할 때 근무기간이 6개월 미만인 월급근로자를 그 이상 근무한 월급근로자와 달리 취급하는 것은 합리적인 이유가 있다.　　　　O | X

해설

[X] '월급근로자로서 6개월이 되지 못한 자'는 대체로 기간의 정함이 없는 근로계약을 한 자들로서 근로관계의 계속성에 대한 기대가 크다고 할 것이므로, 이들에 대한 해고 역시 예기치 못한 돌발적 해고에 해당한다. 따라서 6개월 미만 근무한 월급근로자 또한 전직을 위한 시간적 여유를 갖거나 실직으로 인한 경제적 곤란으로부터 보호받아야 할 필요성이 있다. 그럼에도 불구하고 합리적 이유 없이 '월급근로자로서 6개월이 되지 못한 자'를 해고예고제도의 적용대상에서 제외한 이 사건 법률조항은 근무기간이 6개월 미만인 월급근로자의 근로의 권리를 침해하고, 평등원칙에도 위배된다(헌재 2015.12.23, 2014헌바3).

최저임금을 도출할 수 있는 권리는 헌법에서 직접적으로 도출된다.　　　　　　　　　　　　　　O | X

해설

[X] 국가는 사회적·경제적 방법으로 근로자의 고용의 증진과 적정임금의 보장에 노력하여야 하며, '법률이 정하는 바'에 의하여 최저임금제를 시행하여야 한다(헌법 제32조 제1항). 최저임금은 근로자의 생계비, 유사근로자의 임금, 노동생산성 및 소득분배율 등을 고려하여 최저임금위원회의 심의를 거쳐 고용노동부장관이 정한다(최저임금법 제4조). 고용노동부장관은 매년 8월 5일까지 최저임금을 결정하여야 한다(최저임금법 제8조 제1항).

근로자가 퇴직급여를 청구할 수 있는 권리는 헌법에서 직접 도출된다.　　　　　　　　　　　　　　O | X

해설

[X] 근로자가 퇴직급여를 청구할 수 있는 권리도 헌법상 바로 도출되는 것이 아니라 퇴직급여법 등 관련 법률이 구체적으로 정하는 바에 따라 비로소 인정될 수 있는 것이므로 계속근로기간 1년 미만인 근로자가 퇴직급여를 청구할 수 있는 권리가 헌법 제32조 제1항에 의하여 보장된다고 보기는 어렵다(헌재 2011.7.28, 2009헌마408).

계속근로기간 1년 이상인 근로자가 근로연도 중도에 퇴직한 경우 중도퇴직 전 1년 미만의 근로에 대하여 유급휴가를 보장하지 않는 것은 근로의 권리를 침해한다.　　　　　　　　　　　　　　O | X

해설

[X] 연차유급휴가는 매년 일정 기간 근로의무를 면제하여 근로자에게 정신적·육체적 휴양의 기회를 부여하려는 것으로, 근로기준법 제60조 제1항이 15일의 연차유급휴가를 부여함에 있어 근로연도 1년간 재직과 출근율 80% 이상일 것을 요건으로 정한 것은 근로자의 정신적·육체적 휴양의 필요성이 기본적으로는 상당기간 계속되는 근로의무의 이행과 불가분의 관계에 있다는 점을 고려한 것이다. 연차유급휴가의 판단기준으로 근로연도 1년간의 재직 요건을 정한 이상, 이 요건을 충족하지 못한 근로연도 중도퇴직자의 중도퇴직 전 근로에 관하여 반드시 그 근로에 상응하는 등의 유급휴가를 보장하여야 하는 것은 아니므로, 근로연도 중도퇴직자의 중도퇴직 전 근로에 대해 1개월 개근시 1일의 유급휴가를 부여하지 않더라도 이것이 청구인의 근로의 권리를 침해한다고 볼 수 없다(헌재 2015.5.28, 2013헌마619).

헌법 제32조 제1항의 근로의 권리는 국가에 대하여 근로의 기회를 제공하는 정책을 수립해 줄 것을 요구할 수 있는 권리도 내포하므로 노동조합도 그 주체가 될 수 있다.　　　　　　　　　　　　　　O | X

해설

[X] 헌법 제32조 제1항은 "모든 국민은 근로의 권리를 가진다. 국가는 사회적·경제적 방법으로 근로자의 고용의 증진과 적정임금의 보장에 노력하여야 하며, 법률이 정하는 바에 의하여 최저임금제를 시행하여야 한다."라고 규정하고 있다. 이는 국가의 개입·간섭을 받지 않고 자유로이 근로를 할 자유와, 국가에 대하여 근로의 기회를 제공하는 정책을 수립해 줄 것을 요구할 수 있는 권리 등을 기본적인 내용으로 하고 있고, 이때 근로의 권리는 근로자를 개인의 차원에서 보호하기 위한 권리로서 개인인 근로자가 근로의 권리의 주체가 되는 것이고, 노동조합은 그 주체가 될 수 없는 것으로 이해되고 있다(헌재 2009.2.26, 2007헌바27).

074

17. 지방직

근로관계 종료 전 사용자로 하여금 근로자에게 해고예고를 하도록 하는 것은 개별 근로자의 인간 존엄성을 보장하기 위한 최소한의 근로조건 가운데 하나에 해당하므로, 해고예고에 관한 권리는 근로의 권리의 내용에 포함된다. O | X

해설

[O] 해고예고제도는 근로조건의 핵심적 부분인 해고와 관련된 사항일 뿐만 아니라, 근로자가 갑자기 직장을 잃어 생활이 곤란해지는 것을 막는 데 목적이 있으므로 근로자의 인간 존엄성을 보장하기 위한 최소한의 근로조건으로서 근로의 권리의 내용에 포함된다. 해고예고제도의 입법 취지와 근로기준법 제26조 단서에서 규정하고 있는 해고예고 적용배제사유를 종합하여 보면, 원칙적으로 해고예고 적용배제사유로 허용될 수 있는 경우는 근로계약의 성질상 근로관계 계속에 대한 근로자의 기대가능성이 적은 경우로 한정되어야 한다(헌재 2015.12.23, 2014헌바3).

075

17. 지방직

연차유급휴가는 근로자의 건강하고 문화적인 생활의 실현에 이바지할 수 있도록 여가를 부여하는 데 그 목적이 있는 것으로, 인간의 존엄성을 보장하기 위한 합리적인 근로조건에 해당하므로 연차유급휴가에 관한 권리는 근로의 권리의 내용에 포함된다. O | X

해설

[O] 헌법 제32조 제3항은 위와 같은 근로의 권리가 실효적인 것이 될 수 있도록 "근로조건의 기준은 인간의 존엄성을 보장하도록 법률로 정한다."고 하여 근로조건의 법정주의를 규정하고 있고, 이에 따라 근로기준법 등에 규정된 연차유급휴가는 근로자의 건강하고 문화적인 생활의 실현에 이바지할 수 있도록 여가를 부여하는 데 그 목적이 있으므로 이는 인간의 존엄성을 보장하기 위한 합리적인 근로조건에 해당한다. 따라서 연차유급휴가에 관한 권리는 인간의 존엄성을 보장받기 위한 최소한의 근로조건을 요구할 수 있는 권리로서 근로의 권리의 내용에 포함된다 할 것이다(헌재 2008.9.25, 2005헌마586).

076

17. 서울시

해고예고제도는 근로자의 인간 존엄성을 보장하기 위한 합리적 근로조건에 해당한다고 보기 힘들므로, 해고예고에 관한 권리는 근로자가 향유하는 근로의 권리의 내용에 포함되지 않는다. O | X

해설

[X] 해고예고제도는 근로조건의 핵심적 부분인 해고와 관련된 사항일 뿐만 아니라, 근로자가 갑자기 직장을 잃어 생활이 곤란해지는 것을 막는 데 목적이 있으므로 근로자의 인간 존엄성을 보장하기 위한 최소한의 근로조건으로서 근로의 권리의 내용에 포함된다(헌재 2015.12.23, 2014헌바3).

077

17. 법행

헌법 제33조 제1항이 규정한 근로3권의 주체는 근로자 개개인과 근로자들로 구성된 노동조합이다. O | X

해설

[O] 근로3권은 근로자들의 집단적 활동을 보장하기 위한 권리로서, 개인인 근로자뿐 아니라 단결체인 노동조합도 근로3권의 주체가 된다(헌재 2009.2.26, 2007헌바27).

근로의 권리는 국가의 개입·간섭을 받지 않고 자유로이 근로를 할 자유와, 국가에 대하여 근로의 기회를 제공하는 정책을 수립해 줄 것을 요구할 수 있는 권리 등을 기본적인 내용으로 하고 있고, 이때 근로의 권리는 근로자를 개인의 차원에서 보호하기 위한 권리로서 개인인 근로자가 근로의 권리의 주체가 되는 것이고, 노동조합은 그 주체가 될 수 없다. O | X

해설

[O] 헌법 제32조 제1항은 "모든 국민은 근로의 권리를 가진다. 국가는 사회적·경제적 방법으로 근로자의 고용의 증진과 적정임금의 보장에 노력하여야 하며, 법률이 정하는 바에 의하여 최저임금제를 시행하여야 한다."라고 규정하고 있다. 이는 국가의 개입·간섭을 받지 않고 자유로이 근로를 할 자유와, 국가에 대하여 근로의 기회를 제공하는 정책을 수립해 줄 것을 요구할 수 있는 권리 등을 기본적인 내용으로 하고 있고, 이때 근로의 권리는 근로자를 개인의 차원에서 보호하기 위한 권리로서 개인인 근로자가 근로의 권리의 주체가 되는 것이고, 노동조합은 그 주체가 될 수 없는 것으로 이해되고 있다. 그렇다면 사업소세 비과세 대상의 근거규정인 이 사건 법률조항이 노동조합을 비과세 대상으로 규정하지 않았다 하여 개인인 근로자를 주체로 하는 권리 규정인 헌법 제32조 제1항에 반한다고 볼 여지는 없다 할 것이다(헌재 2009.2.26, 2007헌바27).

일용근로자로서 3개월을 계속 근무하지 아니한 자를 해고예고제도의 적용제외사유로 규정하고 있는 근로기준법 규정은 일용근로자인 청구인의 근로의 권리를 침해하지 않는다. O | X

해설

[O] 근로제공이 일시적이거나 계약기간이 짧은 경우에는 근로자에게 계속하여 근로를 제공할 수 있다는 기대나 신뢰가 존재한다고 볼 수 없다. 해고예고는 본질상 일정기간 이상을 계속하여 사용자에게 고용되어 근로제공을 하는 것을 전제로 하는데, 일용근로자는 계약한 1일 단위의 근로기간이 종료되면 해고의 절차를 거칠 것도 없이 근로관계가 종료되는 것이 원칙이므로, 그 성질상 해고예고의 예외를 인정한 것에 상당한 이유가 있다. 다만 3개월 이상 근무하는 경우에는 임시로 고용관계를 유지하고 있다고 보기 어렵고, 소득세법이나 산업재해보상보험법의 적용과 관련하여서도 상용근로자와 동일한 취급을 받게 되므로, 근로계약의 형식 여하에 불구하고 일용근로자를 상용근로자와 동일하게 취급하기 위한 최소한의 기간으로 3개월이라는 기준을 설정한 것이 입법재량의 범위를 현저히 일탈하였다고 볼 수 없다. 해고예고제도는 30일 전에 예고를 하거나 30일분 이상의 통상임금을 해고예고수당으로 지급하도록 하고 있는바, 일용근로계약을 체결한 후 근속기간이 3개월이 안 된 근로자를 해고할 때에도 이를 적용하도록 한다면 사용자에게 지나치게 불리하다는 점에서도 심판대상조항이 입법재량의 범위를 현저히 일탈하였다고 볼 수 없다. 따라서 심판대상조항이 청구인의 근로의 권리를 침해한다고 보기 어렵다(헌재 2017.5.25, 2016헌마640).

080

22. 경찰 2차

퇴직급여제도가 갖는 사회보장적 급여의 성격과 근로자의 장기간 복무 및 충실한 근무를 유도하는 기능을 감안하더라도, 소정근로시간이 1주간 15시간 미만인 이른바 '초단시간근로자'에 대해 퇴직급여제도 적용대상에서 제외하는 것은 "근로조건의 기준은 인간의 존엄성을 보장하도록 법률로 정하도록 규정"한 헌법 제32조 제3항에 위배된다. O | X

해설

[X] 인간의 존엄성을 보장하는 근로조건의 보장은 근로자를 두텁게 보호하는 것뿐만 아니라 사용자의 효율적인 기업경영 및 기업의 생산성이라는 측면과 조화를 이룰 때 달성 가능하고, 이것이 헌법 제32조 제3항이 근로조건의 기준을 법률로 정하도록 한 취지이다. 사용자가 모든 근로자에 대하여 퇴직급여 지급의무를 부담하는 것은 근로자의 노후 생계보장이라는 목적을 달성하지도 못한 채 사용자가 감당하기 어려운 경제적 부담만을 가중시켜 오히려 근로조건을 악화시키는 부작용을 초래할 우려가 있다. 퇴직급여제도는 사회보장적 급여의 성격과 근로자의 장기간 복무 및 충실한 근무를 유도하는 기능을 갖고 있으므로, 해당 사업 또는 사업장에의 전속성이나 기여도가 낮은 일부 근로자를 한정하여 사용자의 부담이 요구되는 퇴직급여 지급대상에서 배제한 것이 입법형성권의 한계를 일탈하여 명백히 불공정하거나 불합리한 판단이라 볼 수는 없다. 소정근로시간이 1주간 15시간 미만인 이른바 '초단시간근로'는 일반적으로 임시적이고 일시적인 근로에 불과하여, 해당 사업 또는 사업장에 대한 기여를 전제로 하는 퇴직급여제도의 본질에 부합한다고 보기 어렵다. 소정근로시간이 짧은 경우에는 고용이 단기간만 지속되는 현실에 비추어 볼 때에도, '소정근로시간'을 기준으로 해당 사업 또는 사업장에 대한 전속성이나 기여도를 판단하도록 규정한 것 역시 합리성을 상실하였다고 보기도 어렵다. 따라서 심판대상조항은 헌법 제32조 제3항에 위배되는 것으로 볼 수 없다(헌재 2021.11.25, 2015헌바334).

081

22. 경찰 2차

매월 1회 이상 정기적으로 지급하는 상여금 등 및 복리후생비의 일부를 새롭게 최저임금에 산입하도록 한 최저임금법상 산입조항은 헌법상 용인될 수 있는 입법재량의 범위를 명백히 일탈하였다고 볼 수 없으므로 근로자들의 근로의 권리를 침해하지 아니한다. O | X

해설

[O] 이 사건 산입조항 및 부칙조항이 매월 1회 이상 정기적으로 지급하는 상여금 등 및 복리후생비를 새롭게 최저임금에 산입하도록 한 것이 현저히 불합리하여 헌법상 용인될 수 있는 입법재량의 범위를 명백히 일탈하였다고 볼 수 없으므로, 위 조항들은 청구인 근로자들의 근로의 권리를 침해하지 아니한다(헌재 2021. 12.23, 2018헌마629 · 630).

082

23. 경찰간부

교원의 노동조합 설립 및 운영 등에 관한 법률의 적용대상을 초 · 중등교육법 제19조 제1항의 교원이라고 규정함으로써 고등교육법에서 규율하는 대학 교원들의 단결권을 인정하지 않는 것은 그 입법목적의 정당성을 인정하기 어렵다. O | X

해설

[O] 심판대상조항의 입법목적이 재직 중인 초 · 중등교원에 대하여 교원노조를 인정해 줌으로써 교원노조의 자주성과 주체성을 확보한다는 측면에서는 그 정당성을 인정할 수 있을 것이나, 교원노조를 설립하거나 가입하여 활동할 수 있는 자격을 초·중등교원으로 한정함으로써 교육공무원이 아닌 대학 교원에 대해서는 근로기본권의 핵심인 단결권조차 전면적으로 부정한 측면에 대해서는 그 입법목적의 정당성을 인정하기 어렵고, 수단의 적합성 역시 인정할 수 없다(헌재 2018.8.30, 2015헌가38).

083

23. 경찰간부

출입국관리법령에서 외국인고용제한규정을 두고 있으므로 취업자격 없는 외국인은 노동조합 및 노동관계조정법상의 근로자의 범위에 포함되지 아니한다. O | X

해설

> [X] 타인과의 사용종속관계하에서 근로를 제공하고 그 대가로 임금 등을 받아 생활하는 사람은 노동조합법상 근로자에 해당하고, 노동조합법상의 근로자성이 인정되는 한, 그러한 근로자가 외국인인지 여부나 취업자격의 유무에 따라 노동조합법상 근로자의 범위에 포함되지 아니한다고 볼 수는 없다(대판 2015.6.25, 2007두4995).

제4절 근로3권

084

05. 사시 · 행시 유사

필수공익사업장에서의 노동쟁의를 노동위원회의 직권으로 중재에 회부함으로써 파업에 이르기 전에 노사분쟁을 해결하는 강제중재제도를 채택한 것은 헌법상 정당한 목적을 추구하기 위한 필요하고 적합한 수단이 아니므로 과잉금지원칙에 위배된다는 것이 판례이다. O | X

해설

> [X] 필수공익사업장(철도, 수도, 전기, 가스, 석유정제 및 석유공급, 병원, 한국은행, 통신의 각 사업)에 있어서 강제중재제도를 채택한 것은 헌법상 정당한 목적을 추구하기 위한 필요하고 적합한 수단이므로 과잉금지원칙에 위배되지 아니한다는 것이 헌법재판소의 입장이다(헌재 2001.3.15, 2001헌가1).

085

05. 국회직 8급

법률이 정하는 주요방위산업체에 종사하는 근로자에게 단체행동권을 부인하는 것은 헌법에 반한다. O | X

해설

> [X] 법률이 정하는 주요방위산업체에 종사하는 근로자의 단체행동권은 법률이 정하는 바에 의하여 이를 제한하거나 인정하지 아니할 수 있다(헌법 제33조 제3항).

086

07. 사시

헌법재판소는 헌법 제33조 제1항이 보장하는 단결권은 노동조합을 결성할 적극적 단결권뿐 아니라 단결하지 않을 소극적 단결권도 포함하는 것이며, 소극적 단결권은 행복추구권에서 파생되는 일반적 행동의 자유 또는 헌법 제21조 제1항의 결사의 자유에 대하여 특별관계에 있다고 판단하였다. O | X

해설

> [X] 헌법 제33조 제1항은 "근로자는 근로조건의 향상을 위하여 자주적인 단결권 · 단체교섭권 및 단체행동권을 가진다."고 규정하고 있다. 여기서 헌법상 보장된 근로자의 단결권은 단결할 자유만을 가리킬 뿐이고, 단결하지 아니할 자유 이른바 소극적 단결권은 이에 포함되지 않는다고 보는 것이 우리 재소소의 선례라고 할 것이다. 그렇다면 근로자가 노동조합을 결성하지 아니할 자유나 노동조합에 가입을 강제당하지 아니할 자유, 그리고 가입한 노동조합을 탈퇴할 자유는 근로자에게 보장된 단결권의 내용에 포섭되는 권리로서가 아니라 헌법 제10조의 행복추구권에서 파생되는 일반적 행동의 자유 또는 제21조 제1항의 결사의 자유에서 그 근거를 찾을 수 있다(헌재 2005.11.24, 2002헌바95).

□□□ 087
08. 법원직

단체교섭권에는 단체협약체결권이 포함되지 않는다.　　　　　　　　　　　　　　O | X

해설

> [X] 헌법 제33조 제1항이 "근로자는 근로조건의 향상을 위하여 자주적인 단결권, 단체교섭권, 단체행동권을 가진다."고 규정하여 근로자에게 '단결권, 단체교섭권, 단체행동권'을 기본권으로 보장하는 뜻은 근로자가 사용자와 대등한 지위에서 단체교섭을 통하여 자율적으로 임금 등 근로조건에 관한 단체협약을 체결할 수 있도록 하기 위한 것이다. 비록 헌법이 위 조항에서 '단체협약체결권'을 명시하여 규정하고 있지 않다고 하더라도 근로조건의 향상을 위한 근로자 및 그 단체의 본질적인 활동의 자유인 '단체교섭권'에는 단체협약체결권이 포함되어 있다고 보아야 한다(헌재 1998.2.27, 95헌바44).

□□□ 088
12. 국회직 8급

헌법상 보장된 근로자의 단결권은 단결할 자유만을 의미하므로 근로자가 노동조합을 결성하지 아니할 자유는 헌법상 근거를 찾을 수 없다.　　　　　　　　　　　　　　　　　　　　O | X

해설

> [X] 헌법상 보장된 근로자의 단결권은 단결할 자유만을 가리킬 뿐이고, 단결하지 아니할 자유 이른바 소극적 단결권은 이에 포함되지 않는다. 그렇다면 근로자가 노동조합을 결성하지 아니할 자유나 노동조합에 가입을 강제당하지 아니할 자유, 그리고 가입한 노동조합을 탈퇴할 자유는 근로자에게 보장된 단결권의 내용에 포섭되는 권리로서가 아니라 헌법 제10조의 행복추구권에서 파생되는 일반적 행동의 자유 또는 제21조 제1항의 결사의 자유에서 그 근거를 찾을 수 있다(헌재 2005.11.24, 2002헌바95).

□□□ 089
07. 국가직

정당한 쟁의행위 중에 발생한 손해에 대하여 형사상 책임을 지지는 않으나, 민사상 책임은 인정된다.　　　　　　　　　　　　　　　　　　　　　　　　　　　　　　　　　　　　　　O | X

해설

> [X] 사용자는 이 법에 의한 단체 교섭 또는 쟁의행위로 인하여 손해를 입은 경우에 노동조합 또는 근로자에 대하여 그 배상을 청구할 수 없다(노동조합 및 노동관계조정법 제3조).

□□□ 090
08. 법행

헌법 제33조 제1항은 "근로자는 근로조건의 향상을 위하여 자주적인 단결권·단체교섭권 및 단체행동권을 가진다."라고 규정하고 있다. 여기서 헌법상 보장된 근로자의 단결권은 단결하지 아니할 자유, 이른바 소극적 단결권을 포함하는 개념이다.　　　　　　　　　　　　　　　　　　　　　　　　　　　　O | X

해설

> [X] 헌법상 보장된 근로자의 단결권은 단결할 자유만을 가리킬 뿐이고, 단결하지 아니할 자유, 이른바 소극적 단결권은 이에 포함되지 않는다(헌재 2005.11.24, 2002헌바95 등).

091
10. 사시

법률에서 근로3권이 보장되는 공무원의 범위를 '사실상의 노무'에 종사하는 공무원으로 한정하고 있다면, 이는 헌법상 보장된 근로3권의 범위를 공무원들 중 너무 좁은 일부에게 한정시킨 것이므로 헌법 제33조 제2항이 입법자에게 부여하고 있는 형성적 재량권의 범위를 벗어난 것이다. O I X

해설

[X] 우리 헌법은 제33조 제2항에서 "공무원인 근로자는 법률이 정하는 자에 한하여 단결권·단체교섭권 및 단체행동권을 가진다."고 규정하여 공무원인 근로자에 대하여는 일정한 범위의 공무원에 한하여서만 노동3권을 향유할 수 있도록 함으로써 기본권의 주체에 관한 제한을 두고 있다. 헌법 제33조 제2항이 공무원의 노동3권을 제한하면서 노동3권이 보장되는 주체의 범위를 법률에 의하여 정하도록 위임한 것은 … 입법재량을 부여한 것이다. 그렇다면 국회는 헌법 제33조 제2항에 따라 공무원인 근로자에게 단결권·단체교섭권·단체행동권을 인정할 것인가의 여부, 어떤 형태의 행위를 어느 범위에서 인정할 것인가 등에 대하여 광범위한 입법형성의 자유를 가진다. … 국가공무원법 제66조 제1항은 근로3권이 보장되는 공무원의 범위를 사실상 노무에 종사하는 공무원에 한정하고 있으나, 이는 헌법 제33조 제2항에 근거한 것이고, 전체국민의 공공복리와 사실상 노무에 공무원의 직무의 내용, 노동조건 등을 고려해 보았을 때 입법자에게 허용된 입법재량권의 범위를 벗어난 것이라 할 수 없다(헌재 2007.8.30, 2003헌바51 등).

092
12. 국회직 9급

공무원인 근로자의 노동3권을 인정할 것인가의 여부와 그 인정범위는 과잉금지의 원칙에 따라서 심사된다. O I X

해설

[X] 헌법 제33조 제2항이 규정되지 아니하였다면 공무원인 근로자도 헌법 제33조 제1항에 따라 노동3권을 가진다 할 것이고, 이 경우에 공무원인 근로자의 단결권·단체교섭권·단체행동권을 제한하는 법률에 대해서는 헌법 제37조 제2항에 따른 기본권제한의 한계를 준수하였는가 하는 점에 대한 심사를 하는 것이 헌법원리로서 상당할 것이나, 헌법 제33조 제2항이 직접 '법률이 정하는 자'만이 노동3권을 향유할 수 있다고 규정하고 있어서 '법률이 정하는 자' 이외의 공무원은 노동3권의 주체가 되지 못하므로, 노동3권이 인정됨을 전제로 하는 헌법 제37조 제2항의 과잉금지원칙은 적용이 없는 것으로 보아야 할 것이다(헌재 2008.12.26, 2005헌마971).

093
17. 법행

공무원인 근로자 중 법률이 정하는 자 이외의 공무원은 노동3권의 주체가 되지 못하므로 노동3권이 인정됨을 전제로 하여 헌법 제37조 제2항의 과잉금지원칙을 적용할 수 없다. O I X

해설

[O] 헌법 제33조 제2항이 직접 '법률이 정하는 자'만이 노동3권을 향유할 수 있다고 규정하고 있어서 '법률이 정하는 자' 이외의 공무원은 노동3권의 주체가 되지 못하므로, 노동3권이 인정됨을 전제로 하는 헌법 제37조 제2항의 과잉금지원칙은 적용이 없는 것으로 보아야 할 것이다(헌재 2008.12.26, 2005헌마971).

094
20. 국회직 9급

공무원에게 금지되는 집단행위란 공무 이외의 일을 위한 집단행위 중 공익에 반하는 행위를 말한다.

O | X

해설

[O] 국가공무원법이 위와 같이 '공무 외의 일을 위한 집단행위'라고 다소 포괄적이고 광범위하게 규정하고 있다 하더라도, 이는 공무가 아닌 어떤 일을 위하여 공무원들이 하는 모든 집단행위를 의미하는 것이 아니라, 언론·출판·집회·결사의 자유를 보장하고 있는 헌법 제21조 제1항, 공무원에게 요구되는 헌법상의 의무 및 이를 구체화한 국가공무원법의 취지, 국가공무원법상의 성실의무 및 직무전념의무 등을 종합적으로 고려하여 '공익에 반하는 목적을 위한 행위로서 직무전념의무를 해태하는 등의 영향을 가져오는 집단적 행위'라고 해석된다(대판 2017.4.13, 2014두8469).

095
12. 법행

근로자가 노동조합을 결성하지 아니할 자유나 노동조합에 가입을 강제당하지 아니할 자유, 그리고 가입한 노동조합을 탈퇴할 자유는 근로자에게 보장된 단결권의 내용에 포섭되는 권리로서 헌법 제33조 제1항에서 그 근거를 찾을 수 있다.

O | X

해설

[X] 헌법 제33조 제1항은 "근로자는 근로조건의 향상을 위하여 자주적인 단결권·단체교섭권 및 단체행동권을 가진다."고 규정하고 있다. 여기서 헌법상 보장된 근로자의 단결권은 단결할 자유만을 가리킬 뿐이고, 단결하지 아니할 자유, 이른바 소극적 단결권은 이에 포함되지 않는다고 보는 것이 우리 재판소의 선례라고 할 것이다. 그렇다면 근로자가 노동조합을 결성하지 아니할 자유나 노동조합에 가입을 강제당하지 아니할 자유, 그리고 가입한 노동조합을 탈퇴할 자유는 근로자에게 보장된 단결권의 내용에 포섭되는 권리로서가 아니라 헌법 제10조의 행복추구권에서 파생되는 일반적 행동의 자유 또는 제21조 제1항의 결사의 자유에서 그 근거를 찾을 수 있다(헌재 2005.11.24, 2002헌바95 등).

096
13. 사시

노동조합 및 노동관계조정법상의 교섭창구단일화제도는 근로조건의 결정권이 있는 사업 또는 사업장 단위에서 복수 노동조합과 사용자 사이의 교섭절차를 일원화하고, 소속 노동조합과 관계없이 조합원들의 근로조건을 통일하기 위한 것이지만, 교섭대표노동조합이 되지 못한 소수 노동조합의 단체교섭권을 침해하므로 헌법상 허용될 수 없다.

O | X

해설

[X] '노동조합 및 노동관계조정법'상의 교섭창구단일화제도는 근로조건의 결정권이 있는 사업 또는 사업장 단위에서 복수 노동조합과 사용자 사이의 교섭절차를 일원화하여 효율적이고 안정적인 교섭체계를 구축하고, 소속 노동조합과 관계없이 조합원들의 근로조건을 통일하기 위한 것으로, 교섭대표노동조합이 되지 못한 소수 노동조합의 단체교섭권을 제한하고 있지만, 소수 노동조합도 교섭대표노동조합을 정하는 절차에 참여하게 하여 교섭대표노동조합이 사용자와 대등한 입장에 설 수 있는 기반이 되도록 하고 있으며, 그러한 실질적 대등성의 토대 위에서 이뤄낸 결과를 함께 향유하는 주체가 될 수 있도록 하고 있으므로 노사대등의 원리하에 적정한 근로조건의 구현이라는 단체교섭권의 실질적 보장을 위한 불가피한 제도라고 볼 수 있다. 더욱이 '노동조합 및 노동관계조정법'은 위와 같은 교섭창구단일화제도를 원칙으로 하되, 사용자의 동의가 있는 경우에는 자율교섭도 가능하도록 하고 있고, 노동조합 사이에 현격한 근로조건 등의 차이로 교섭단위를 분리할 필요가 있는 경우에는 교섭단위를 분리할 수 있도록 하는 한편, 교섭대표노동조합이 되지 못한 소수 노동조합을 보호하기 위해 사용자와 교섭대표노동조합에게 공정대표의무를 부과하여 교섭창구단일화를 일률적으로 강제할 경우 발생하는 문제점을 보완하고 있다(헌재 2012.4.24, 2011헌마338).

097

13. 서울시

노동조합의 대표자 또는 노동조합으로부터 위임받은 자에게 단체교섭권과 함께 단체협약체결권을 부여한 것은 헌법에 위반된다. O | X

해설

[X] 노동조합의 대표자 또는 노동조합으로부터 위임을 받은 자에게 단체교섭권과 함께 단체협약체결권을 부여한 규정으로 말미암아 노동조합의 자주성이나 단체자치가 제한되는 경우가 있다고 하더라도 이는 근로3권의 기능을 보장함으로써 산업평화를 유지하고자 하는 중대한 공익을 위한 것으로서 그 수단 또한 필요·적정한 것이라 할 것이므로 헌법에 위반된다고 할 수 없다(헌재 1998.2.27, 94헌바13).

098

13. 사시

근로자의 단결권은 결사의 자유가 근로의 영역에서 구체화된 것으로서 이에 대해서는 헌법 제33조가 우선 적용되므로, 노동조합에는 헌법 제21조 제2항의 결사에 대한 허가제금지원칙이 적용되지 않는다. O | X

해설

[X] 헌법 제33조 제1항은 "근로자는 근로조건의 향상을 위하여 자주적인 단결권, 단체교섭권 및 단체행동권을 가진다."라고 하여 근로자의 노동3권을 규정하면서, 제2항에서 공무원의 노동3권에 관하여 "공무원인 근로자는 법률이 정하는 자에 한하여 단결권, 단체교섭권 및 단체행동권을 가진다."라고 규정하고 있다. 이러한 노동3권 중 근로자의 단결권은 결사의 자유가 근로의 영역에서 구체화된 것으로서, 근로자의 단결권에 대해서는 헌법 제33조가 우선적으로 적용된다. 근로자의 단결권도 국민의 결사의 자유 속에 포함되나, 헌법이 노동3권과 같은 특별 규정을 두어 별도로 단결권을 보장하는 것은 근로자의 단결에 대해서는 일반 결사의 경우와 다르게 특별한 보장을 해준다는 뜻으로 해석된다. 즉, 근로자의 단결을 침해하는 사용자의 행위를 적극적으로 규제하여 근로자가 단결권을 실질적으로 자유롭게 행사할 수 있도록 해준다는 것을 의미한다. 따라서 근로자의 단결권이 근로자 단결체로서 사용자와의 관계에서 특별한 보호를 받아야 할 경우에는 헌법 제33조가 우선적으로 적용되지만, 그렇지 않은 통상의 결사 일반에 대한 문제일 경우에는 헌법 제21조 제2항이 적용되므로 노동조합에도 헌법 제21조 제2항의 결사에 대한 허가제금지원칙이 적용된다(헌재 2012.3.29, 2011헌바53).

099

14. 서울시

노동조합 및 노동관계조정법 그리고 대법원 판례는 해고된 자는 설사 해고의 효력을 다투고 있다고 할지라도 근로자의 지위에 있지 않다고 해석하고 있다. O | X

해설

[X] 근로자가 회사로부터 해고를 당하였다고 하더라도 상당한 기간 내에 법원에 해고무효확인의 소를 제기하여 그 해고의 효력을 다투고 있다면 위 법 규정의 취지에 비추어 노동조합원으로서의 지위를 상실하는 것이라고 볼 수 없다(대판 1997.3.25, 96다55457).

100

14. 법무사

헌법 제33조 제3항에 의하면 법률이 정하는 주요방위산업체에 종사하는 근로자의 단결권은 법률이 정하는 바에 의하여 이를 제한하거나 인정하지 않을 수 있다. O | X

해설

[X] 법률이 정하는 주요방위산업체에 종사하는 근로자의 '단체행동권'은 법률이 정하는 바에 의하여 이를 제한하거나 인정하지 아니할 수 있다(헌법 제33조 제3항).

101
15. 서울시

노동조합을 설립할 때 행정관청에 설립신고서를 제출하게 하고 그 요건을 충족하지 못한 경우 설립신고서를 반려하도록 한 규정은 근로자의 단결권을 침해하는 것이다. O | X

해설

> [X] 노동조합 설립신고에 대한 심사와 그 신고서 반려는 근로자들이 자주적이고 민주적인 단결권을 행사하도록 하기 위한 것으로서 만약 노동조합의 설립을 단순한 신고나 등록 등으로 족하게 하고, 노동조합에 요구되는 자주성이나 민주성 등의 요건에 대해서는 사후적으로 차단하는 제도만을 두게 된다면, 노동조합법상의 특권을 누릴 수 없는 자들에게까지 특권을 부여하는 결과를 야기하게 될 뿐만 아니라 노동조합의 실체를 갖추지 못한 노동조합들이 난립하는 사태를 방지할 수 없게 되므로 노동조합이 그 설립 당시부터 노동조합으로서 자주성 등을 갖추고 있는지를 심사하여 이를 갖추지 못한 단체의 설립신고서를 반려하도록 하는 것은 과잉금지원칙에 위반되어 근로자의 단결권을 침해한다고 볼 수 없다(헌재 2012.3.29, 2011헌바53).

102
16. 법행

취업자격이 없는 외국인도 노동조합 및 노동관계조정법상 근로자에 해당하고, 노동조합 결성 및 가입이 허용된다. O | X

해설

> [O] 노동조합법상 근로자란 타인과의 사용종속관계하에서 근로를 제공하고 그 대가로 임금 등을 받아 생활하는 사람을 의미하며, 특정한 사용자에게 고용되어 현실적으로 취업하고 있는 사람뿐만 아니라 일시적으로 실업 상태에 있는 사람이나 구직 중인 사람을 포함하여 노동3권을 보장할 필요성이 있는 사람도 여기에 포함되는 것으로 보아야 한다. 그리고 출입국관리법령에서 외국인고용제한규정을 두고 있는 것은 취업활동을 할 수 있는 체류자격(이하 '취업자격'이라고 한다) 없는 외국인의 고용이라는 사실적 행위 자체를 금지하고자 하는 것뿐이지, 나아가 취업자격 없는 외국인이 사실상 제공한 근로에 따른 권리나 이미 형성된 근로관계에서 근로자로서의 신분에 따른 노동관계법상의 제반 권리 등의 법률효과까지 금지하려는 것으로 보기는 어렵다. 따라서 타인과의 사용종속관계하에서 근로를 제공하고 그 대가로 임금 등을 받아 생활하는 사람은 노동조합법상 근로자에 해당하고, 노동조합법상의 근로자성이 인정되는 한, 그러한 근로자가 외국인인지 여부나 취업자격의 유무에 따라 노동조합법상 근로자의 범위에 포함되지 아니한다고 볼 수는 없다[대판 2015.6.25, 2007두4995(전합)].

103
15. 서울시

법률이 정하는 주요방위산업체에 종사하는 근로자의 근로3권은 법률이 정하는 바에 의하여 이를 제한하거나 인정하지 아니할 수 있다. O | X

해설

> [X] 법률이 정하는 주요방위산업체에 종사하는 근로자의 '단체행동권'은 법률이 정하는 바에 의하여 이를 제한하거나 인정하지 아니할 수 있다(헌법 제33조 제3항).

□□□
104
15. 서울시

쟁의행위는 업무의 저해라는 속성상 그 자체로 형법상의 여러 가지 범죄의 구성요건에 해당될 수 있음에도 불구하고 그것이 정당성을 가지는 경우에는 형사책임이 면제되지만, 민사상 손해배상책임은 면제되지 아니한다.   O | X

해설

[X] 단체행동권이라 함은 노동쟁의가 발생한 경우 쟁의행위를 할 수 있는 쟁의권을 의미하며, 이는 근로자가 그의 주장을 관철하기 위하여 업무의 정상적인 운영을 저해하는 행위를 할 수 있는 권리라고 할 수 있다. 따라서 쟁의행위는 업무의 저해라는 속성상 그 자체가 형법상의 여러 가지 범죄의 구성요건에 해당될 수 있음에도 불구하고 그것이 정당성을 가지는 경우에는 형사책임이 면제되며, 민사상 손해배상책임도 발생하지 않는다. 이는 헌법 제33조에 당연히 포함된 내용이라 할 것이며, 정당한 쟁의행위의 효과로서 민사 및 형사면책을 규정하고 있는 노동조합 및 노동관계조정법 제3조와 제4조는 이를 명문으로 확인한 것이라 하겠다(헌재 2010.4.29, 2009헌바168).

□□□
105
16. 법행

소위 '소극적 단결권'이란 헌법 제33조 제1항의 단결권에 포함되지 아니하므로, 근로자가 노동조합에 가입하지 아니할 권리 내지 이미 가입한 노동조합에서 탈퇴할 권리는 노동조합의 지위를 약화시키려는 정치적 논리일 뿐 헌법상 기본권으로서 보호되는 권리라고 볼 수 없다.   O | X

해설

[X] 근로자가 노동조합을 결성하지 아니할 자유나 노동조합에 가입을 강제당하지 아니할 자유, 그리고 가입한 노동조합을 탈퇴할 자유는 근로자에게 보장된 단결권의 내용에 포섭되는 권리로서가 아니라 헌법 제10조의 행복추구권에서 파생되는 일반적 행동의 자유 또는 제21조 제1항의 결사의 자유에서 그 근거를 찾을 수 있다(헌재 2005.11.24, 2002헌바95 등).

□□□
106
16. 법원직

'교원의 노동조합 설립 및 운영 등에 관한 법률'의 적용을 받는 교원의 범위를 초·중등학교에 재직 중인 교원으로 한정하고 있는 '교원의 노동조합 설립 및 운영 등에 관한 법률'(2010.3.17. 법률 제10132호로 개정된 것) 제2조가 교원의 근로조건과 직접 관련이 없는 교원이 아닌 사람을 교원노조의 조합원자격에서 배제하는 것이 단결권의 지나친 제한이라고 볼 수 없다.   O | X

해설

[O] 이 사건 법률조항은 대내외적으로 교원노조의 자주성과 주체성을 확보하여 교원의 실질적 근로조건 향상에 기여한다는 데 그 입법목적이 있는 것으로 그 목적이 정당하고, 교원노조의 조합원을 재직 중인 교원으로 한정하는 것은 이와 같은 목적을 달성하기 위한 적절한 수단이라 할 수 있다. 교원노조는 교원을 대표하여 단체교섭권을 행사하는 등 교원의 근로조건에 직접적이고 중대한 영향력을 행사하고, 교원의 근로조건의 대부분은 법령이나 조례 등으로 정해지므로 교원의 근로조건과 직접 관련이 없는 교원이 아닌 사람을 교원노조의 조합원자격에서 배제하는 것이 단결권의 지나친 제한이라고 볼 수 없고, 교원으로 취업하기를 희망하는 사람들이 '노동조합 및 노동관계조정법'(이하 '노동조합법'이라 한다)에 따라 노동조합을 설립하거나 그에 가입하는 데에는 아무런 제한이 없으므로 이들의 단결권이 박탈되는 것도 아니다. 이 사건 법률조항 단서는 교원의 노동조합 활동이 임면권자에 의하여 부당하게 제한되는 것을 방지함으로써 교원의 노동조합 활동을 보호하기 위한 것이고, 해직 교원에게도 교원노조의 조합원자격을 유지하도록 할 경우 개인적인 해고의 부당성을 다투는 데 교원노조의 활동을 이용할 우려가 있으므로, 해고된 사람의 교원노조 조합원자격을 제한하는 데에는 합리적 이유가 인정된다(헌재 2015.5.28, 2013헌마671 등).

□□□
107
16. 법원직

교원이 아닌 사람이 교원노조에 일부 포함되어 있다는 이유로 이미 설립신고를 마치고 활동 중인 노동조합을 법외노조로 하도록 정하는 것은 과잉금지의 원칙에 반한다고 할 것이다. O | X

해설

[X] 교원이 아닌 사람이 교원노조에 일부 포함되어 있다는 이유로 이미 설립신고를 마치고 활동 중인 노동조합을 법외노조로 할 것인지 여부는 법외노조통보 조항이 정하고 있고, 법원은 법외노조통보 조항에 따른 행정당국의 판단이 적법한 재량의 범위 안에 있는 것인지 충분히 판단할 수 있으므로, 이미 설립신고를 마친 교원노조의 법상 지위를 박탈할 것인지 여부는 이 사건 법외노조통보 조항의 해석 내지 법 집행의 운용에 달린 문제라 할 것이다. 따라서 이 사건 법률조항은 침해의 최소성에도 위반되지 않는다. 이 사건 법률조항으로 인하여 교원노조 및 해직 교원의 단결권 자체가 박탈된다고 할 수는 없는 반면, 교원이 아닌 자가 교원노조의 조합원 자격을 가질 경우 교원노조의 자주성에 대한 침해는 중대할 것이어서 법익의 균형성도 갖추었으므로, 이 사건 법률조항은 청구인들의 단결권을 침해하지 아니한다(헌재 2015.5.28, 2013헌마671 등).

□□□
108
17. 국가직

국회는 헌법 제33조 제2항에 따라 공무원인 근로자에게 단결권·단체교섭권·단체행동권을 인정할 것인가의 여부, 어떤 형태의 행위를 어느 범위에서 인정할 것인가 등에 대하여 필요한 한도에서만 공무원의 근로3권을 제한할 수 있을 뿐 광범위한 입법형성의 자유를 갖는 것은 아니다. O | X

해설

[X] 우리 헌법은 제33조 제1항에서 근로자의 자주적인 노동3권을 보장하고 있으면서도, 같은 조 제2항에서 공무원인 근로자에 대하여는 법률에 의한 제한을 예정하고 있는바, 이는 공무원의 국민 전체에 대한 봉사자로서의 지위 및 그 직무상의 공공성을 고려하여 합리적인 공무원제도의 보장과 이와 관련된 주권자의 권익을 공공복리의 목적 아래 통합 조정하려는 것이다. 따라서 국회는 헌법 제33조 제2항에 따라 공무원인 근로자에게 단결권·단체교섭권·단체행동권을 인정할 것인가의 여부, 어떤 형태의 행위를 어느 범위에서 인정할 것인가 등에 대하여 광범위한 입법형성의 자유를 가진다(헌재 2008.12.26, 2005헌마971 등).

□□□
109
17. 서울시

노동조합법상의 근로자성이 인정되는 한, 출입국관리법령에 따라 취업활동을 할 수 있는 체류자격을 받지 아니한 외국인 근로자도 노동조합을 설립하거나 노동조합에 가입할 수 있다. O | X

해설

[O] 노동조합법상 근로자란 타인과의 사용종속관계하에서 근로를 제공하고 그 대가로 임금 등을 받아 생활하는 사람을 의미하며, 특정한 사용자에게 고용되어 현실적으로 취업하고 있는 사람뿐만 아니라 일시적으로 실업 상태에 있는 사람이나 구직 중인 사람을 포함하여 노동3권을 보장할 필요성이 있는 사람도 여기에 포함되는 것으로 보아야 한다. 그리고 출입국관리법령에서 외국인고용제한규정을 두고 있는 것은 취업활동을 할 수 있는 체류자격(이하 '취업자격'이라고 한다) 없는 외국인의 고용이라는 사실적 행위 자체를 금지하고자 하는 것뿐이지, 나아가 취업자격 없는 외국인이 사실상 제공한 근로에 따른 권리나 이미 형성된 근로관계에서 근로자로서의 신분에 따른 노동관계법상의 제반 권리 등의 법률효과까지 금지하려는 것으로 보기는 어렵다[대판 2015.6.25, 2007두4995(전합)].

□□□
110
17. 서울시

노동조합으로 하여금 행정관청이 요구하는 경우 결산 결과와 운영상황을 보고하도록 하고 그 위반시 과
태료에 처하도록 하는 것은 노동조합의 단결권을 침해한다. O | X

해설

[X] 노동조합의 재정 집행과 운영에 있어서의 적법성, 민주성 등을 확보하기 위해서는 조합자치 또는 규약자치
에만 의존할 수는 없고 행정관청의 감독이 보충적으로 요구되는바, 이 사건 법률조항은 노동조합의 재정
집행과 운영의 적법성·투명성·공정성·민주성 등을 보장하기 위한 것으로서 정당한 입법목적을 달성하기
위한 적절한 수단이다. 노동조합의 재정 집행과 운영에 있어서의 적법성·민주성 등을 확보하기 위해 마련
된 이 사건 법률조항 이외의 수단들은 각기 일정한 한계를 가지고, 이 사건 법률조항의 실제 운용현황을
볼 때 행정관청에 의하여 자의적이거나 과도하게 남용되고 있다고 보기는 어려우며, 노동조합의 내부 운영
에 대한 행정관청의 개입과 그로 인한 노동조합의 운영의 자유에 대한 제한을 최소화하고 있다고 할 것이
므로 피해최소성 또한 인정된다. 이 사건 법률조항이 달성하려는 노동조합 운영의 적법성·민주성 등의 공
익은 중대한 반면 이 사건 법률조항으로 말미암아 제한되는 노동조합의 운영의 자유는 그다지 크지 아니하
므로, 법익균형성 또한 인정된다. 따라서 이 사건 법률조항은 과잉금지원칙을 위반하여 노동조합의 단결권
을 침해하지 아니한다(헌재 2013.7.25, 2012헌바116).

□□□
111
출제예상

노동조합에 가입할 수 있는 교원은 유아교육법 제20조 제1항에 따른 교원, 초·중등교육법 제19조 제1항
에 따른 교원, 고등교육법 제14조 제2항 및 제4항에 따른 교원(강사는 제외)이며, 현직 교원뿐만 아니라
교원으로 임용되어 근무하였던 사람으로서 노동조합 규약으로 정하는 사람도 대상으로 한다. O | X

해설

[O] **교원의 노동조합 설립 및 운영 등에 관한 법률 제2조【정의】**이 법에서 '교원'이란 다음 각 호의 어느 하나에
해당하는 사람을 말한다.
1. 유아교육법 제20조 제1항에 따른 교원
2. 초·중등교육법 제19조 제1항에 따른 교원
3. 고등교육법 제14조 제2항 및 제4항에 따른 교원. 다만, 강사는 제외한다.

제4조의2【가입 범위】노동조합에 가입할 수 있는 사람의 범위는 다음 각 호와 같다.
1. 교원
2. 교원으로 임용되어 근무하였던 사람으로서 노동조합 규약으로 정하는 사람

□□□
112
22. 경찰 1차

청원경찰의 복무에 관하여 국가공무원법의 해당 조항을 준용함으로써 노동운동을 금지하는 청원경찰법의 해당 조항 중 국가공무원법의 해당 조항 가운데 '노동운동' 부분을 준용하는 부분은 국가기관이나 지방자치단체 이외의 곳에서 근무하는 청원경찰인 청구인들의 근로3권을 침해한다. O I X

해설

[O] 청원경찰은 일반근로자일 뿐 공무원이 아니므로 원칙적으로 헌법 제33조 제1항에 따라 근로3권이 보장되어야 한다. 청원경찰은 제한된 구역의 경비를 목적으로 필요한 범위에서 경찰관의 직무를 수행할 뿐이며, 그 신분보장은 공무원에 비해 취약하다. 또한 국가기관이나 지방자치단체 이외의 곳에서 근무하는 청원경찰은 근로조건에 관하여 공무원뿐만 아니라 국가기관이나 지방자치단체에 근무하는 청원경찰에 비해서도 낮은 수준의 법적 보장을 받고 있으므로, 이들에 대해서는 근로3권이 허용되어야 할 필요성이 크다. 청원경찰에 대하여 직접행동을 수반하지 않는 단결권과 단체교섭권을 인정하더라도 시설의 안전 유지에 지장이 된다고 단정할 수 없다. 헌법은 주요방위산업체 근로자들의 경우에도 단체행동권만을 제한하고 있고, 경비업법은 무기를 휴대하고 국가중요시설의 경비 업무를 수행하는 특수경비원의 경우에도 쟁의행위를 금지할 뿐이다. 청원경찰은 특정 경비구역에서 근무하며 그 구역의 경비에 필요한 한정된 권한만을 행사하므로, 청원경찰의 업무가 가지는 공공성이나 사회적 파급력은 군인이나 경찰의 그것과는 비교하여 견주기 어렵다. 그럼에도 심판대상조항은 군인이나 경찰과 마찬가지로 모든 청원경찰의 근로3권을 획일적으로 제한하고 있다. 이상을 종합하여 보면, 심판대상조항이 모든 청원경찰의 근로3권을 전면적으로 제한하는 것은 과잉금지원칙을 위반하여 청구인들의 근로3권을 침해하는 것이다(헌재 2017.9.28, 2015헌마653).

□□□
113
22. 경찰 1차

공항·항만 등 국가중요시설의 경비업무를 담당하는 특수경비원에게 경비업무의 정상적인 운영을 저해하는 일체의 쟁의행위를 금지하는 경비업법의 해당 조항은 특수경비원의 단체행동권을 박탈하여 근로3권을 규정하고 있는 헌법 제33조 제1항에 위배된다. O I X

해설

[X] 이 사건 법률조항은 헌법이 인정한 일반근로자의 단체행동권을 전면적으로 박탈하고 있으므로 헌법 제33조 제1항 자체에 위반된다는 반대견해가 있다. 그러나 이 사건 법률조항에 의한 쟁의행위의 금지는, 특수경비원에게 보장되는 근로3권 중 단체행동권의 제한에 관한 법률조항에 해당하는 것으로서, 헌법 제37조 제2항의 과잉금지원칙에 위반되는지 여부가 문제될 뿐이지, 그 자체로 근로3권의 보장에 관한 헌법 제33조 제1항에 위배된다고 볼 수는 없는 것이다. 특히 반대견해에서는 헌법 제33조 제2항과 제3항의 규정에서 '공무원'과 '주요방위산업체에 종사하는 근로자'에 대해서만 특별히 유보조항을 두고 있는 점을 근거로 제시하고 있으나, 이 사건 법률조항에 의한 단체행동권의 제한은 헌법 제33조 제2항과 제3항의 개별유보조항에 의한 것이 아니라 헌법 제37조 제2항의 일반유보조항에 의한 것인 만큼, 헌법 제33조 제2항과 제3항으로부터 이 사건 법률조항이 헌법 제33조 제1항에 위배된다는 결론은 도출될 수 없는 것이다(헌재 2009.10.29, 2007헌마1359).

□□□
114
23. 경찰간부

공항 · 항만 등 국가중요시설의 경비업무를 담당하는 특수경비원에게 경비업무의 정상적인 운영을 저해하는 일체의 쟁의행위를 금지하는 경비업법 해당 조항에 의한 단체행동권의 제한은 근로3권에 관한 헌법 제33조 제2항과 제3항의 개별유보조항에 의한 제한이다.　　　　　　　　　　　　　　　　　O | X

해설

> [X] "헌법 제33조 제1항에서는 근로자의 단결권 · 단체교섭권 및 단체행동권을 보장하고 있는바, 현행 헌법에서 공무원 및 법률이 정하는 주요방위산업체에 종사하는 근로자와는 달리 특수경비원에 대해서는 단체행동권 등 근로3권의 제한에 관한 개별적 제한규정을 두고 있지 않다고 하더라도, 헌법 제37조 제2항의 일반유보 조항에 따른 기본권제한의 원칙에 의하여 특수경비원의 근로3권 중 하나인 단체행동권을 제한할 수 있다."(헌재 2009.10.29, 2007헌마1359).
>> ▶ 특수경비원에게 경비업무의 정상적인 운영을 저해하는 일체의 쟁의행위를 금지하는 경비업법 해당 조항에 의한 단체행동권의 제한은 근로3권에 관한 헌법 제33조 제2항과 제3항의 개별유보조항에 의한 제한이 아니다.

제5절 환경권

□□□
115
03. 법무사

환경소송에도 민법상 불법행위의 법리가 적용되기 때문에 원고에게 엄격한 인과관계의 입증책임이 요구된다.　　　　　　　　　　　　　　　　　O | X

해설

> [X] 환경소송에서는 개연성이론 등을 통하여 입증책임을 완화하고 있다.

□□□
116
06. 법행

환경영향평가 대상지역 밖의 주민들은 공유수면매립면허처분 등으로 인하여 그 처분 전과 비교하여 수인한도를 넘는 환경피해를 받거나 받을 우려가 있고, 나아가 그러한 환경상 이익에 대한 침해 또는 침해 우려가 있다는 것을 입증하더라도 그 처분 등의 무효확인을 구할 원고적격을 인정받을 수 없다.　　　　　　　　　　　　　　　　　O | X

해설

> [X] 공유수면매립과 농지개량사업시행으로 인하여 직접적이고 중대한 환경피해를 입으리라고 예상되는 환경영향평가 대상지역 안의 주민들이 전과 비교하여 수인한도를 넘는 환경침해를 받지 아니하고 쾌적한 환경에서 생활할 수 있는 개별적 이익까지도 이를 보호하려는 데에 있다고 할 것이므로, 위 주민들이 공유수면매립면허처분 등과 관련하여 갖고 있는 위와 같은 환경상의 이익은 주민 개개인에 대하여 개별적으로 보호되는 직접적 · 구체적 이익으로서 그들에 대하여는 특단의 사정이 없는 한 환경상의 이익에 대한 침해 또는 침해우려가 있는 것으로 사실상 추정되어 공유수면매립면허처분 등의 무효확인을 구할 원고적격이 인정된다. 한편, 환경영향평가 대상지역 밖의 주민이라 할지라도 공유수면매립면허처분 등으로 인하여 그 처분 전과 비교하여 수인한도를 넘는 환경피해를 받거나 받을 우려가 있는 경우에는, 공유수면매립면허처분 등으로 인하여 환경상 이익에 대한 침해 또는 침해우려가 있다는 것을 입증함으로써 그 처분 등의 무효확인을 구할 원고적격을 인정받을 수 있다[대판 2006.3.16, 2006두330(전합)].

117

12. 국회직 8급
변형

공직선거법에서 확성장치 사용에 따른 소음제한기준을 두고 있지 않은 것은 국민의 정온한 환경에서 생활할 권리를 보호하기 위한 입법자의 의무를 과소하게 이행하였다고 할 수 있다. O | X

해설

[O] 심판대상조항이 선거운동의 자유를 감안하여 선거운동을 위한 확성장치를 허용할 공익적 필요성이 인정된다고 하더라도 정온한 생활환경이 보장되어야 할 주거지역에서 출근 또는 등교 이전 및 퇴근 또는 하교 이후 시간대에 확성장치의 최고출력 내지 소음을 제한하는 등 사용시간과 사용지역에 따른 수인한도 내에서 확성장치의 최고출력 내지 소음 규제기준에 관한 규정을 두지 아니한 것은, 국민이 건강하고 쾌적하게 생활할 수 있는 양호한 주거환경을 위하여 노력하여야 할 국가의 의무를 부과한 헌법 제35조 제3항에 비추어 보면, 적절하고 효율적인 최소한의 보호조치를 취하지 아니하여 국가의 기본권 보호의무를 과소하게 이행한 것으로서, 청구인의 건강하고 쾌적한 환경에서 생활할 권리를 침해하므로 헌법에 위반된다(헌재 2019. 12.27, 2018헌마730).

118

13. 서울시

환경권을 구체화하는 명문의 법률규정이 없더라도, 헌법 제35조 제1항을 근거로 하여 환경권 침해의 배제를 구하는 민사소송을 제기할 수 있다. O | X

해설

[X] 환경권은 명문의 법률규정이나 관계 법령의 규정 취지 및 조리에 비추어 권리의 주체, 대상, 내용, 행사방법 등이 구체적으로 정립될 수 있어야만 인정되는 것이므로, 사법상의 권리로서의 환경권을 인정하는 명문의 규정이 없는데도 환경권에 기하여 직접 방해배제청구권을 인정할 수는 없다(대판 1999.7.27, 98다47528).

119

21. 소방간부
후보생

환경침해는 사인에 의해서 빈번하게 유발되므로 입법자가 그 허용 범위에 관해 정할 필요가 있다는 점을 고려하면 일정한 경우 국가는 사인인 제3자에 의한 국민의 환경권 침해에 대해서도 적극적으로 기본권 보호조치를 취할 의무를 진다. O | X

해설

[O] 국가가 국민의 기본권을 적극적으로 보장하여야 할 의무가 인정된다는 점, 헌법 제35조 제1항이 국가와 국민에게 환경보전을 위하여 노력하여야 할 의무를 부여하고 있는 점, 환경침해는 사인에 의해서 빈번하게 유발되므로 입법자가 그 허용 범위에 관해 정할 필요가 있다는 점, 환경피해는 생명·신체의 보호와 같은 중요한 기본권적 법익 침해로 이어질 수 있다는 점 등을 고려할 때, 일정한 경우 국가는 사인인 제3자에 의한 국민의 환경권 침해에 대해서도 적극적으로 기본권 보호조치를 취할 의무를 진다(헌재 2019.12.27, 2018헌마730).

120

21. 소방간부
후보생

'건강하고 쾌적한 환경에서 생활할 권리'를 보장하는 환경권의 보호대상이 되는 환경에는 자연환경뿐만 아니라 인공적 환경과 같은 생활환경도 포함되므로, 일상생활에서 소음을 제거·방지하여 정온한 환경에서 생활할 권리는 환경권의 한 내용을 구성한다. O | X

해설

[O] '건강하고 쾌적한 환경에서 생활할 권리'를 보장하는 환경권의 보호대상이 되는 환경에는 자연환경뿐만 아니라 인공적 환경과 같은 생활환경도 포함되므로(환경정책기본법 제3조), 일상생활에서 소음을 제거·방지하여 '정온한 환경에서 생활할 권리'는 환경권의 한 내용을 구성한다(헌재 2019.12.27, 2018헌마730).

□□□
121
21. 법원직 9급

국가가 사인인 제3자에 의한 국민의 환경권 침해에 대해서 적극적으로 기본권 보호조치를 취할 의무를 지는 경우 헌법재판소가 이를 심사할 때에는 과잉금지원칙을 심사기준으로 삼아야 한다. O | X

해설

> [X] 일정한 경우 국가는 사인인 제3자에 의한 국민의 환경권 침해에 대해서도 적극적으로 기본권 보호조치를 취할 의무를 지나, 헌법재판소가 이를 심사할 때에는 국가가 국민의 기본권적 법익 보호를 위하여 적어도 적절하고 효율적인 최소한의 보호조치를 취했는가 하는 이른바 '과소보호금지원칙'의 위반 여부를 기준으로 삼아야 한다(헌재 2008.7.31, 2006헌마711).

□□□
122
21. 법원직 9급

환경권을 행사함에 있어 국민은 국가로부터 건강하고 쾌적한 환경을 향유할 수 있는 자유를 침해당하지 않을 권리를 행사할 수 있고, 일정한 경우 국가에 대하여 건강하고 쾌적한 환경에서 생활할 수 있도록 요구할 수 있는 권리가 인정되기도 하는바, 환경권은 그 자체 종합적인 기본권으로서의 성격을 지닌다. O | X

해설

> [O] 환경권을 행사함에 있어 국민은 국가로부터 건강하고 쾌적한 환경을 향유할 수 있는 자유를 침해당하지 않을 권리를 행사할 수 있고, 일정한 경우 국가에 대하여 건강하고 쾌적한 환경에서 생활할 수 있도록 요구할 수 있는 권리가 인정되기도 하는바, 환경권은 그 자체 종합적 기본권으로서의 성격을 지닌다(헌재 2019. 12.27, 2018헌마730).

□□□
123
22. 경찰 1차

공직선거법이 정온한 생활환경이 보장되어야 할 주거지역에서 출근 또는 등교 이전 및 퇴근 또는 하교 이후 시간대에 확성장치의 최고출력 내지 소음을 제한하는 등 사용시간과 사용지역에 따른 수인한도 내에서 확성장치의 최고출력 내지 소음 규제기준에 관한 규정을 두지 아니한 것은 청구인의 건강하고 쾌적한 환경에서 생활할 권리를 침해한다. O | X

해설

> [O] 공직선거법에는 주거지역과 같이 정온한 생활환경을 유지할 필요성이 높은 지역에 대한 규제기준이 마련되어 있지 아니하다. 따라서 심판대상조항이 선거운동의 자유를 감안하여 선거운동을 위한 확성장치를 허용할 공익적 필요성이 인정된다고 하더라도 정온한 생활환경이 보장되어야 할 주거지역에서 출근 또는 등교 이전 및 퇴근 또는 하교 이후 시간대에 확성장치의 최고 출력 내지 소음을 제한하는 등 사용시간과 사용지역에 따른 수인한도 내에서 확성장치의 최고출력 내지 소음 규제기준에 관한 규정을 두지 아니한 것은, 국민이 건강하고 쾌적하게 생활할 수 있는 양호한 주거환경을 위하여 노력하여야 할 국가의 의무를 부과한 헌법 제35조 제3항에 비추어 보면, 적절하고 효율적인 최소한의 보호조치를 취하지 아니하여 국가의 기본권 보호의무를 과소하게 이행한 것으로서, 청구인의 건강하고 쾌적한 환경에서 생활할 권리를 침해하므로 헌법에 위반된다(헌재 2019.12.27, 2018헌마730).

□□□
124
22. 경찰 1차

독서실과 같이 정온을 요하는 사업장의 실내소음 규제기준을 만들어야 할 입법의무가 헌법의 해석상 곧 바로 도출된다고 보기는 어렵다.　　　　　　　　　　　　　　　　　　　　　　　　　　　　O | X

해설

[O] 헌법 제35조 제1항, 제2항만으로는 헌법이 독서실과 같이 정온을 요하는 사업장의 실내소음 규제기준을 마련하여야 할 구체적이고 명시적인 입법의무를 부과하였다고 볼 수 없고, 다른 헌법조항을 살펴보아도 위와 같은 사항에 대한 명시적인 입법위임은 존재하지 아니한다. 환경권의 내용과 행사는 법률에 의해 구체적으로 정해지므로(헌법 제35조 제2항), 입법자는 환경권의 구체적인 실현에 있어 광범위한 형성의 자유를 가진다. 정온을 요하는 사업장의 실내소음 규제기준을 마련할 것인지 여부나 소음을 제거·방지할 수 있는 다양한 수단과 방법 중 어떠한 방법을 채택하고 결합할 것인지 여부는 당시의 기술 수준이나 경제적·사회적·지역적 여건 등을 종합적으로 고려하지 않을 수 없으므로, 독서실과 같이 정온을 요하는 사업장의 실내소음 규제기준을 만들어야 할 입법의무가 헌법의 해석상 곧바로 도출된다고 보기도 어렵다. 결국 독서실과 같이 정온을 요하는 사업장의 실내소음 규제기준을 제정하여야 할 입법자의 입법의무를 인정할 수 없으므로, 이 사건 심판청구는 헌법소원의 대상이 될 수 없는 입법부작위를 대상으로 한 것으로서 부적법하다 (헌재 2017.12.28, 2016헌마45).

□□□
125
22. 경찰 1차

환경권의 내용과 행사는 법률에 의해 구체적으로 정해지는 것이기는 하나(헌법 제35조 제2항), 이 헌법조항의 취지는 특별히 명문으로 헌법에서 정한 환경권을 입법자가 그 취지에 부합하도록 법률로써 내용을 구체화하도록 한 것이지 환경권이 완전히 무의미하게 되는데도 그에 대한 입법을 전혀 하지 아니하거나, 어떠한 내용이든 법률로써 정하기만 하면 된다는 것은 아니다.　　　　　　　　　　　　O | X

해설

[O] 환경권의 내용과 행사는 법률에 의해 구체적으로 정해지는 것이기는 하나, 이 헌법조항의 취지는 특별히 명문으로 헌법에서 정한 환경권을 입법자가 그 취지에 부합하도록 법률로써 내용을 구체화하도록 한 것이지 환경권이 완전히 무의미하게 되는데도 그에 대한 입법을 전혀 하지 아니하거나, 어떠한 내용이든 법률로써 정하기만 하면 된다는 것은 아니다. 그러므로 일정한 요건이 충족될 때 환경권 보호를 위한 입법이 없거나 현저히 불충분하여 국민의 환경권을 과도하게 침해하고 있다면 헌법재판소에 그 구제를 구할 수 있다(헌재 2008.7.31, 2006헌마711).

□□□
126
23. 경찰간부

헌법 제35조 제1항은 "모든 사람은 건강하고 쾌적한 환경에서 생활할 권리를 침해받지 아니하며, 국가는 환경보전을 위하여 노력하여야 한다."라고 규정하고 있다.　　　　　　　　　　　　　　　O | X

해설

[X] 모든 국민은 건강하고 쾌적한 환경에서 생활할 권리를 가지며, 국가와 국민은 환경보전을 위하여 노력하여야 한다(헌법 제35조 제1항)

헌법 제35조 ① 모든 국민은 건강하고 쾌적한 환경에서 생활할 권리를 가지며, 국가와 국민은 환경보전을 위하여 노력하여야 한다.

001

11. 사시
05. 입시

헌법 제39조 제2항의 병역의무조항에서 금지하는 '불이익한 처우'라 함은 사실상·경제상의 불이익을 모두 포함한다. O | X

해설

[X] 헌법 제39조 제2항은 병역의무를 이행한 사람에게 보상조치를 취하거나 특혜를 부여할 의무를 국가에게 지우는 것이 아니라, 법문 그대로 병역의무의 이행을 이유로 불이익한 처우를 하는 것을 금지하고 있을 뿐이다. 그리고 이 조항에서 금지하는 '불이익한 처우'라 함은 단순한 사실상, 경제상의 불이익을 모두 포함하는 것이 아니라 법적인 불이익을 의미하는 것으로 보아야 한다(헌재 1999.12.23, 98헌마363).

002

06. 법행

국방의 의무나 납세의 의무는 국가 존립의 근간을 이루는 국민으로서의 의무이기 때문에 타인에 의한 대체적 이행이 허용되지 않는다. O | X

해설

[X] 납세의 의무는 타인에 의한 대체적 이행이 불가능한 일신전속적 성격을 가진 의무가 아니고 타인에 의한 대체적 이행이 가능한 의무이다.

003

08. 법원직

납세의무자는 자신이 납부한 세금을 국가가 효율적으로 사용하는가를 감시할 수 있으므로, 재정사용의 합법성과 타당성을 감시하는 납세자의 권리는 헌법에 열거되지 않은 기본권이다. O | X

해설

[X] 행정중심복합도시의 건설로 말미암아 여러 부작용과 폐해가 발생하여 막대한 재원을 투자하였음에도 불구하고 그에 상응하는 결실보다는 엄청난 국력의 낭비가 초래될 수도 있다는 청구인들의 예상이 전혀 근거가 없거나 불합리한 것으로 볼 수는 없다. 그러나 헌법상 조세의 효율성과 타당한 사용에 대한 감시는 국회의 주요책무이자 권한으로 규정되어 있어(헌법 제54조, 제61조) 재정지출의 효율성 또는 타당성과 관련된 문제에 대한 국민의 관여는 선거를 통한 간접적이고 보충적인 것에 한정되며, 재정지출의 합리성과 타당성 판단은 재정분야의 전문성을 필요로 하는 정책판단의 영역으로서 사법적으로 심사하는 데에 어려움이 있을 수 있다. 게다가 재정지출에 대한 국민의 직접적 감시권을 기본권으로 인정하게 되면 재정지출을 수반하는 정부의 모든 행위를 개별 국민이 헌법소원으로 다툴 수 있게 되는 문제가 발생할 수 있다. 따라서 청구인이 주장하는 재정사용의 합법성과 타당성을 감시하는 납세자의 권리를 헌법에 열거되지 않은 기본권으로 볼 수 없으므로 그에 대한 침해의 가능성 역시 인정될 수 없다(헌재 2005.11.24, 2005헌마579 등).

004
11. 사시

병역의무를 완수한 후 직장을 가지고 사회활동을 영위하면서 병력동원훈련에 소집되어 실역에 복무 중인 예비역이 그 소집기간 동안 군형법의 적용을 받는 것은 병역의무의 이행을 이유로 불이익을 받는 것이다.	O | X

해설

[X] 병역의무 그 자체를 이행하느라 받는 불이익은 병역의무의 이행으로 인한 불이익한 처우의 금지(헌법 제39조 제2항)와는 무관한바, 예비역이 병역법에 의하여 병력동원훈련 등을 위하여 소집을 받는 것은 헌법과 법률에 따른 국방의 의무를 이행하는 것이고, 그 동안 군형법의 적용을 받는 것 또한 국방의 의무를 이행하는 중에 범한 군형상의 범죄에 대하여 형벌이라는 제재를 받는 것이므로, 어느 것이나 헌법 제39조 제1항에 규정된 국방의 의무를 이행하느라 입는 불이익이라고 할 수는 있을지언정, 병역의무의 이행으로 불이익한 처우를 받는 것이라고는 할 수 없다(헌재 1999.2.25, 97헌바3).

005
12. 법행

군복무로 인한 휴직기간을 법무사시험의 일부 면제에 관한 법무사법 제5조의2 제1항의 공무원 근무경력에 산입하지 아니한 것은 병역의무의 이행으로 인한 불이익처우금지를 규정한 헌법 제39조 제2항을 위반한 것이다.	O | X

해설

[X] 법무사법 제5조의2 제1항에서 '법원의 법원사무직렬 등의 공무원으로 10년 이상 근무한 경력이 있는 자'에게 법무사시험의 제1차 시험을 면제한다고 규정한 것은 법원사무직렬 등의 공무원으로 근무하면서 관련 직무에 종사한 자는 특별한 사정이 없는 한 그 직무수행과정에서 법무사로서의 업무수행에 필요한 법률지식을 습득하고 실무처리능력을 배양하게 되므로 이러한 지식이나 능력을 갖추었는지 평가하기 위하여 별도로 법무사시험의 제1차 시험을 거칠 필요가 없다는 데에 그 취지가 있다. 군복무로 인하여 휴직함으로써 법원사무직렬 공무원으로 실제 근무하지 못하게 된 사정과 법무사시험의 제1차 시험 면제의 취지에 비추어 보면, 군복무로 인한 휴직기간을 법무사시험의 일부 면제에 관한 법무사법 제5조의2 제1항의 공무원 근무경력에 산입하지 아니하였다고 하여 이를 두고 병역의무의 이행으로 인하여 불이익한 처우를 받지 아니한다고 규정한 헌법 제39조 제2항 위반이라고 할 수 없다(대판 2006.6.30, 2004두4802).

006
22. 경찰 2차

향토예비군설치법에 따라 예비군훈련소집에 응하여 훈련을 받는 것은 국민의 의무를 다하는 것일 뿐만 아니라 국가나 공익목적을 위하여 특별한 희생을 하는 것이므로 보상하여야 한다.	O | X

해설

[X] 교육훈련을 위하여 소집된 예비군에게도 동원훈련을 위하여 소집된 예비군에 준하는 보상이 행해져야 한다고 주장하나, 헌법 제39조 제2항은 병역의무를 이행한 사람에게 보상조치를 취할 의무를 국가에게 지우는 것이 아니라 법문 그대로 병역의무의 이행을 이유로 불이익한 처우를 하는 것을 금지하고 있을 뿐이고, 이 조항에서 금지하는 '불이익한 처우'라 함은 단순한 사실상, 경제상의 불이익을 모두 포함하는 것이 아니라 법적인 불이익을 의미하는 것으로 이해하여야 하므로, 이와 같은 의미를 갖는 헌법 제39조 제2항으로부터 피청구인의 청구인에 대한 훈련보상비 지급의무가 도출된다고 할 수 없다(헌재 2003.6.26, 2002헌마484).

MEMO

MEMO

2024 대비 최신개정판

해커스경찰
신동욱
경찰헌법

단원별 핵심지문 OX

개정 3판 1쇄 발행 2023년 9월 7일

지은이	신동욱 편저
펴낸곳	해커스패스
펴낸이	해커스경찰 출판팀
주소	서울특별시 강남구 강남대로 428 해커스경찰
고객센터	1588-4055
교재 관련 문의	gosi@hackerspass.com
	해커스경찰 사이트(police.Hackers.com) 교재 Q&A 게시판
	카카오톡 플러스 친구 [해커스경찰]
학원 강의 및 동영상강의	police.Hackers.com
ISBN	979-11-6999-496-5 (13360)
Serial Number	03-01-01

경찰공무원 1위,
해커스경찰(police.Hackers.com)

🏛 해커스경찰

· 정확한 성적 분석으로 약점 극복이 가능한 **합격예측 모의고사**(교재 내 응시권 및 해설강의 수강권 수록)

· 해커스 스타강사의 **경찰헌법 무료 동영상강의**

· **해커스경찰 학원 및 인강**(교재 내 인강 할인쿠폰 수록)